CORPS
DE DROIT FRANÇAIS,
CIVIL, COMMERCIAL ET CRIMINEL.

TOME SECOND,

CONTENANT

LES EXPOSÉS DES MOTIFS

DE CHACUN DES TITRES DES CODES NAPOLÉON, DE PROCÉDURE CIVILE, DE COMMERCE, D'INSTRUCTION CRIMINELLE, ET PÉNAL,

PRÉSENTÉS AU CORPS LÉGISLATIF PAR LES ORATEURS DU CONSEIL-D'ÉTAT.

Se trouve aussi à Paris,

Chez RONDONNEAU et DECLE, propriétaires du Dépôt des Lois, place du Palais de Justice, n.° 1.

CORPS
DE DROIT FRANÇAIS,
CIVIL, COMMERCIAL ET CRIMINEL,

CONTENANT

1.° LES CODES NAPOLÉON, DE PROCÉDURE CIVILE, DE COMMERCE, D'INSTRUCTION CRIMINELLE, ET PÉNAL, ET LES TARIFS DES FRAIS ET DÉPENS EN MATIÈRE JUDICIAIRE, CIVILE, CRIMINELLE. CORRECTIONNELLE ET DE POLICE,

IMPRIMÉS SUR LE TEXTE DES ÉDITIONS OFFICIELLES;

2.° LES EXPOSÉS DES MOTIFS DE CHACUN DES TITRES DES CINQ CODES, PRÉSENTÉS AU CORPS LÉGISLATIF PAR LES ORATEURS DU CONSEIL-D'ÉTAT,

AVEC LA CONCORDANCE DES ARTICLES DU TEXTE;

3.° LES SÉNATUS-CONSULTES, LES LOIS, LES DÉCRETS, LES AVIS DU CONSEIL-D'ÉTAT, LES DÉCISIONS ET CIRCULAIRES MINISTÉRIELLES QUI ONT EXPLIQUÉ, CHANGÉ OU MODIFIÉ LES DISPOSITIONS DES DIFFÉRENTS CODES, ET LES ARRÊTS DE LA COUR DE CASSATION QUI ONT FIXÉ LA JURISPRUDENCE SUR LES DISPOSITIONS LES PLUS CONTROVERSÉES DE CES MÊMES CODES.

AVEC DES NOTES ET EXPLICATIONS

Qui indiquent la Concordance des articles dont le Législateur a déterminé la relation;

ET DES TABLES

Par ordre chronologique et alphabétique des Matières;

PAR L. RONDONNEAU.

PARIS,

GARNERY, LIBRAIRE, HOTEL MIRABEAU, RUE DE SEINE.

DE L'IMPRIMERIE DE J.-P. JACOB, A VERSAILLES.

M. DCCC. XI.

TABLE CHRONOLOGIQUE

DES EXPOSÉS DES MOTIFS

DES TITRES COMPOSANT LES CODES NAPOLÉON, DE PROCÉDURE CIVILE, DE COMMERCE, D'INSTRUCTION CRIMINELLE ET PÉNAL,

Présentés au Gorps Législatif par les Orateurs du Conseil-d'État.

Fin de la Table chronologique.

CORPS
DE DROIT FRANÇAIS,
CIVIL, COMMERCIAL ET CRIMINEL.

EXPOSÉS DES MOTIFS DES LOIS,

Présentés au Corps Législatif, par les Orateurs du Conseil-d'État.

CODE NAPOLÉON.

LIVRE PREMIER.

DES PERSONNES.

TITRE PRÉLIMINAIRE.

De la publication, des effets et de l'application des Lois en général.

Décrété le 14 ventôse an XI (5 mars 1803); — Promulgué le 24 du même mois (15 du même mois).

[ARTICLES 1 à 6.]

EXPOSÉ DES MOTIFS, par M. le Conseiller-d'État PORTALIS.

Séance du 4 ventôse an XI (23 février 1803).

LÉGISLATEURS,

Le projet de loi que je viens vous présenter, au nom du Gouvernement, est relatif *à la publication, aux effets et à l'application des lois en général.*

Le moment est arrivé où votre sagesse va fixer la législation civile de la France. Il ne faut que de la violence pour détruire; il faut de la constance, du courage et des lumières pour édifier.

Nos travaux touchent à leur terme.

Le vœu des Français, celui de toutes nos assemblées nationales seront remplis. Jusqu'ici la diversité des coutumes formait, dans un même Etat, cent Etats différents. La loi, partout opposée à elle-même, divisait les citoyens au lieu de les unir. Cet ordre de choses ne saurait exister plus long-temps. Des hommes qui, à la voix puissante de la patrie, et par un élan sublime et généreux, ont subitement renoncé à leurs priviléges et à leurs habitudes, pour reconnaître un intérêt commun, ont conquis le droit inappréciable de vivre sous une commune loi.

C'est dans le moment de cette grande et salutaire révolution dans nos lois, qu'il importe de proclamer quelques-unes de ces maximes fécondes, qui ont été consacrées par tous les peuples policés, et qui servent à diriger la marche de toute législation bien ordonnée. Ces maximes sont l'objet du projet de loi que je présente ; elles n'appartiennent à aucun code particulier ; elles sont comme les prolégomènes de tous les codes.

Mais il nous a paru que leur véritable place était en avant du code civil, parce que cette espèce de code est celle qui, plus que toute autre, embrasse l'universalité des choses et des personnes.

Publication des lois.

Art. 1. — Dans un gouvernement, il est essentiel que les citoyens puissent connaître les lois sous lesquelles ils vivent et auxquelles ils doivent obéir.

De là, les formes établies chez toutes les nations pour la promulgation et la publication des lois.

On a cru devoir s'occuper de ces formes auxquelles l'exécution des lois se trouve nécessairement liée.

Il est sans doute une *justice naturelle* émanée de la raison seule, et cette justice, qui constitue pour ainsi dire le cœur humain, n'a pas besoin de promulgation. C'est une lumière qui éclaire tout homme venant en ce monde, et qui, du fond de la conscience, réfléchit sur toutes les actions de la vie.

Mais, faute de sanction, la justice naturelle qui dirige sans contraindre, serait vaine pour la plupart des hommes, si la raison ne se déployait avec l'appareil de la puissance pour unir les droits aux devoirs, pour substituer l'obligation à l'instinct, et appuyer par les commandements de l'autorité les inspirations honnêtes de la nature.

Quand on a la force de faire ce que l'on veut, il est difficile de ne pas croire qu'on en a le droit. On se résignerait peu à se soumettre à des gênes, si l'on pouvait avec impunité se livrer à ses penchants.

Ce que nous appelons le *droit naturel* ne suffisait donc pas : il fallait des commandements ou des préceptes formels et coactifs.

On voit donc la différence qui existe entre une règle de morale et une loi d'Etat.

Or, ce sont les lois d'État qui ont besoin d'être promulguées pour devenir exécutoires : car ces sortes de lois qui n'ont pas toujours existé, qui changent souvent, et qui ne peuvent tout embrasser, ont leur époque déterminée et leur objet particulier. On ne saurait être tenu de leur obéir sans les connaître.

Sous l'ancien régime, la loi était une volonté du prince.

Cette volonté était adressée aux Cours souveraines, qui étaient chargées de la vérification et du dépôt des lois.

La loi n'était point exécutoire dans un ressort avant que d'y avoir été vérifiée et enregistrée.

La vérification était un examen, une discussion de la loi nouvelle. Elle représentait la délibération qui est de l'essence de toutes les lois. L'enregistrement était la transcription sur le registre de la loi vérifiée.

Les Cours pouvaient suspendre l'enregistrement d'une loi ou même le refuser ; elles pouvaient modifier la loi en l'enregistrant, et dès-lors ces modifications faisaient partie de la loi même.

Une loi pouvait être refusée par une Cour souveraine et acceptée par une autre : elle pouvait être diversement modifiée par les diverses Cours.

La législation marchait ainsi d'un pas chancelant, timide et incertain. Dans cette confusion et dans ce conflit de volontés différentes, il ne pouvait y avoir d'unité, de certitude ni de majesté dans les opérations du législateur. On ne savait jamais si l'Etat était régi par la volonté générale, ou s'il était livré à l'anarchie des volontés particulières.

Tout cela tenait à la constitution d'alors.

La France, dans les temps qui ont précédé la révolution, présentait moins une nation particulière qu'un assemblage de nations diverses, successivement réunies ou conquises, distinctes par le climat, par le sol, par les priviléges, par les coutumes, par le droit civil, par le droit politique.

Le prince gouvernait ces différentes nations sous les titres différents de duc, de roi, de comte : il avait promis de maintenir chaque pays dans ses coutumes et dans ses franchises. On sent que, dans une pareille situation, c'était un prodige quand une même loi pouvait convenir à toutes les parties de l'empire. Une marche uniforme dans la législation était donc impossible.

S'il n'y avait point d'unité dans l'exercice du pouvoir législatif par rapport au fond même des lois, il ne pouvait y en avoir dans le mode de leur promulgation.

Chaque province de France formant un Etat à part, il fallait, pour naturaliser une loi dans chaque province, que cette loi y fût expressément acceptée et promulguée en vertu de cette acceptation.

Il fallait donc dans chaque province une promulgation particulière.

Dans certains ressorts, la loi était censée promulguée, et elle devenait exécutoire pour tous les habitants du pays, du jour qu'elle avait été enregistrée par le parlement de la province.

Dans d'autres ressorts, on ne regardait l'enregistrement dans les Cours que comme le complément de la loi considérée en elle-même, et non comme sa promulgation ou sa publication. On jugeait que la formation de la loi était consommée par l'enregistrement; mais qu'elle n'était promulguée que par l'envoi aux sénéchaussées et bailliages, et qu'elle n'était exécutoire, dans chaque territoire, que du jour de la publication faite à l'audience par la sénéchaussée, ou par le bailliage de ce territoire.

Les choses changèrent sous l'assemblée constituante.

Un décret de cette assemblée, du 2 novembre 1790, porta qu'une loi était complète dès l'instant qu'elle avait été sanctionnée par le roi; que la transcription et la publication de la loi, faites par les corps administratifs et par les tribunaux, étaient toutes également de même valeur, et que la loi était obligatoire du moment où la publication en avait été faite, soit par le corps administratif, soit par le tribunal de l'arrondissement, sans qu'il fût nécessaire qu'elle eût été faite par tous les deux.

Le même décret voulait que la publication fût faite par lecture, placards et affiches.

La convention ordonna l'impression d'un bulletin des lois, et l'envoi de ce bulletin à toutes les autorités constituées. Elle décida que, dans chaque lieu, la promulgation de la loi serait faite dans les vingt-quatre heures de la réception par une publication au son de trompe ou de tambour, et que la loi y deviendrait obligatoire à compter du jour de la promulgation. La même assemblée nationale, après avoir achevé la constitution de l'an IV, et avant de se séparer, fit, le 12 vendémiaire, un nouveau décret sur la promulgation et la publication des lois. Par ce décret, elle supprima les publications à son de trompe ou au bruit du tambour. Elle conserva l'usage d'un bulletin officiel que le ministre de la justice fut chargé d'adresser aux présidents des administrations départementales et municipales, et aux divers fonctionnaires mentionnés dans le décret. Elle déclara que les lois et actes du corps législatif obligeraient, dans l'étendue de chaque département, du jour que le bulletin officiel serait distribué au chef-lieu du département; et que ce jour serait constaté par un registre où les administrateurs de chaque département certifieraient l'arrivée de chaque numéro.

L'envoi d'un bulletin officiel aux administrations et aux tribunaux est encore aujourd'hui le mode que l'on suit pour la promulgation et pour la publication des lois.

Dans le projet de code civil, les rédacteurs se sont occupés de cet objet; ils ont consacré le principe que les lois doivent être adressées aux autorités chargées de les exécuter ou de les appliquer.

Ils ont pensé que les lois dont l'application appartient aux tribunaux devraient être exécutoires dans chaque partie de la République du jour de leur publication par les tribunaux d'appel, et que les lois administratives devraient être exécutoires du jour de la publication faite par les corps administratifs.

Ils ont ajouté que les lois dont l'exécution et l'application appartiendraient à-la-fois aux tribunaux et à d'autres autorités, leur seraient respectivement adressées, et qu'elles seraient exécutoires, en ce qui est relatif à la compétence de chaque autorité, du jour de la publication par l'autorité compétente.

Les avantages et les inconvénients des divers systêmes ont été balancés par le gouvernement, et il a su s'élever aux véritables principes.

Une loi peut être considérée sous deux rapports : 1.° relativement à l'autorité dont elle est émanée; 2.° relativement au peuple ou à la nation pour qui elle est faite.

Toute loi suppose un législateur.

Toute loi suppose encore un peuple qui l'observe et qui lui obéisse.

Entre la loi et le peuple pour qui elle est faite, il faut un moyen ou un lien de communication : car il est nécessaire que le peuple sache ou puisse savoir que la loi existe et qu'elle existe comme loi.

La promulgation est le moyen de constater l'existence de la loi auprès du peuple, et de lier le peuple à l'observation de la loi.

Avant la promulgation, la loi est parfaite relativement à l'autorité dont elle est l'ouvrage; mais elle n'est point encore obligatoire pour le peuple en faveur de qui le législateur dispose.

La promulgation ne fait pas la loi; mais l'exécution de la loi ne peut commencer qu'après la promulgation de la loi: *Non obligat lex, nisi promulgata.*

La promulgation est la vive voix du législateur.

En France, la forme de la promulgation est constitutionnelle: car la constitution règle que les lois seront promulguées, et qu'elles le seront par le premier consul.

D'après la constitution, et d'après les maximes du droit public universel, nous avons établi, dans le projet, que les lois seraient exécutoires en vertu de la promulgation faite par le premier consul. Si la voix de ce premier magistrat pouvait retentir à la fois dans tout l'Univers français, toute précaution ultérieure deviendrait inutile. Mais la nature même des choses résiste à une telle supposition.

Il faut pourtant que la promulgation soit connue ou puisse l'être.

Il n'est certainement pas nécessaire d'atteindre chaque individu. La loi prend les hommes en masse. Elle parle, non à chaque particulier, mais au corps entier de la société.

Il suffit que les particuliers aient pu connaître la loi. C'est leur faute s'ils l'ignorent quand ils ont pu et dû la connaître, *idem est scire, aut scire debuisse, aut potuisse.* L'ignorance du droit n'excuse pas.

La loi était autrefois un mystère jusqu'à sa formation. Elle était préparée dans les conseils secrets du prince. Lors de la vérification qui en était faite par les Cours, la discussion n'en était pas publique; tout était dérobé constamment à la curiosité des citoyens. La loi n'arrivait à la connaissance des citoyens que comme l'éclair qui sort du nuage.

Aujourd'hui il en est autrement. Toutes les discussions et toutes les délibérations se font avec solennité et en présence du public. Le législateur ne se cache jamais derrière un voile. On connaît ses pensées avant même qu'elles soient réduites en commandements. Il prononce la loi au moment même où elle vient d'être formée, et il la prononce publiquement.

Un délai de dix jours précède la promulgation, et pendant ce délai, la loi circule dans toutes les parties de l'Empire.

Elle est donc déjà publique avant d'être promulguée.

Cependant, comme ce n'est là qu'une publicité de fait, nous avons cru devoir encore la garantir par cette publicité de droit qui produit l'obligation et qui force l'obéissance, après la promulgation. Nous avons en conséquence ménagé de nouveaux délais pendant lesquels la loi promulguée dans le lieu où siége le gouvernement, peut être successivement parvenue jusqu'aux extrémités de la République.

On avait jeté l'idée d'un délai unique, d'un délai uniforme, après lequel la loi aurait été, dans le même instant, exécutoire partout.

Mais cette idée ne présentait qu'une fiction démentie par la réalité. Tout est successif dans la marche de la nature: tout doit l'être dans la marche de la loi.

Il eut été absurde et injuste que la loi fût sans exécution dans le lieu de sa promulgation et dans les contrées environnantes, parce qu'elle ne pouvait pas encore être connue dans les parties les plus éloignées du territoire national.

Personne n'est affligé de la dépendance des choses. On l'est de l'arbitraire de l'homme.

J'ajoute que de grands inconvénients politiques auraient pu être la suite d'une institution aussi contraire à la justice qu'à la raison, et à l'ordre physique des choses.

Nous avons donc gradué les délais d'après les distances.

Le système du projet de loi fait disparaître tout ce que les différents systèmes admis jusqu'à ce jour offraient de vicieux.

Je ne parle point de ce qui se pratiquait sous l'ancien régime. Les institutions d'alors sont inconciliables avec les nôtres.

Mais j'observe que dans ce qui s'est pratiqué depuis la révolution, on avait trop subordonné l'exécution de la loi au fait de l'homme.

Partout on exigeait des lectures, des transcriptions de la loi; et la loi n'était pas exécutoire avant ces transcriptions et ces lectures. A chaque instant, la négligence ou la mauvaise foi d'un officier public pouvaient paralyser la législation, au grand préjudice de l'Etat et des citoyens.

Les transcriptions et les lectures peuvent

figurer comme moyens secondaires, comme précautions de secours.

Mais il ne faut pas que la loi soit abandonnée au caprice des hommes. Sa marche doit être assurée et imperturbable. Image de l'ordre éternel, elle doit, pour ainsi dire, se suffire à elle-même. Nous lui rendons toute son indépendance, en ne subordonnant son exécution qu'à des délais, à des précautions commandées par la nature même.

Le plan des rédacteurs du projet de code joignait au vice de tous les autres systêmes, un vice de plus.

Dans ce plan, on distinguait les lois administratives d'avec les autres; et, pour la publication, on faisait la part des tribunaux et celle des administrateurs.

Il fallait donc, avec un pareil plan, juger chaque loi pour fixer l'autorité qui devait en faire la publication. Cela eût entraîné des difficultés interminables, et des questions indiscrètes qui eussent pu compromettre la dignité des lois. Le projet que je présente prévient tous les doutes, remplit tous les intérêts, et satisfait à toutes les convenances.

Effets rétroactifs.

Art. 2. — Après avoir fixé l'époque à laquelle les lois deviennent exécutoires, nous nous sommes occupés de leurs effets.

C'est un principe général que les lois n'ont point d'effet rétroactif.

A l'exemple de toutes nos assemblées nationales, nous avons proclamé ce principe.

Il est des vérités utiles qu'il ne suffit pas de publier une fois, mais qu'il faut publier toujours, et qui doivent sans cesse frapper l'oreille du magistrat, du juge, du législateur, parce qu'elles doivent constamment être présentes à leur esprit.

L'office des lois est de régler l'avenir. Le passé n'est plus en leur pouvoir.

Partout où la rétroactivité des lois serait admise, non-seulement la sûreté n'existerait plus, mais son ombre même.

La loi naturelle n'est limitée ni par le temps, ni par les lieux, parce qu'elle est de tous les pays et de tous les siècles.

Mais les lois positives, qui sont l'ouvrage des hommes, n'existent pour nous que quand on les promulgue, et elles ne peuvent avoir d'effet que quand elles existent.

La liberté civile consiste dans le droit de faire ce que la loi ne prohibe pas. On regarde comme permis tout ce qui n'est pas défendu.

Que deviendrait donc la liberté civile, si le citoyen pouvait craindre qu'après coup il serait exposé au danger d'être recherché dans ses actions, ou troublé dans ses droits acquis, par une loi postérieure?

Ne confondons pas les jugements avec les lois. Il est de la nature des jugements de régler le passé, parce qu'ils ne peuvent intervenir que sur des actions ouvertes, et sur des faits auxquels ils appliquent des lois existantes. Mais le passé ne saurait être du domaine des lois nouvelles, qui ne le régissaient pas.

Le pouvoir législatif est la toute-puissance humaine.

La loi établit, conserve, change, modifie, perfectionne. Elle détruit ce qui est; elle crée ce qui n'est pas encore.

La tête d'un grand législateur est une espèce d'Olympe d'où partent ces idées vastes, ces conceptions heureuses qui président au bonheur des hommes et à la destinée des Empires. Mais le pouvoir de la loi ne peut s'étendre sur des choses qui ne sont plus, et qui, par là même, sont hors de tout pouvoir.

L'homme, qui n'occupe qu'un point dans le temps comme dans l'espace, serait un être bien malheureux, s'il ne pouvait pas se croire en sûreté, même pour sa vie passée: pour cette portion de son existence, n'a-t-il pas déjà porté tout le poids de sa destinée? Le passé peut laisser des regrets; mais il termine toutes les incertitudes. Dans l'ordre de la nature, il n'y a d'incertain que l'avenir, et encore l'incertitude est alors adoucie par l'espérance, cette compagne fidèle de notre faiblesse. Ce serait empirer la triste condition de l'humanité, que de vouloir changer, par le systême de la législation, le systême de la nature, et de chercher, pour un temps qui n'est plus, à faire revivre nos craintes, sans pouvoir nous rendre nos espérances.

Loin de nous l'idée de ces lois à deux faces, qui, ayant sans cesse un œil sur le passé, et l'autre sur l'avenir, dessécheraient la source de la confiance, et deviendraient un principe éternel d'injustice, de bouleversement et de désordre.

Pourquoi, dira-t-on, *laisser* impunis des abus qui existaient *avant la loi* que l'on promulgue pour les *réprimer*? Parce qu'il ne faut pas que le *remède soit* pire que le mal. Toute loi naît d'un abus. Il n'y aurait donc point de loi qui ne dût être rétroactive. Il ne faut point exiger que les hommes soient avant la loi ce qu'ils ne doivent devenir que par elle.

Lois de police et de sûreté.

Art. 3. — Toutes les lois, quoiqu'émanées du même pouvoir, n'ont point le même caractère, et ne sauraient conséquemment avoir la même étendue dans leur application, c'est-à-dire, les mêmes effets; il a donc fallu les distinguer.

Il est des lois, par exemple, sans lesquelles un Etat ne pourrait subsister. Ces lois sont toutes celles qui maintiennent la police de l'Etat, et qui veillent à sa sûreté.

Nous déclarons que des lois de cette importance obligent indistinctement tous ceux qui habitent le territoire.

Il ne peut, à cet égard, exister aucune différence entre les citoyens et les étrangers.

Un étranger devient le sujet casuel de la loi du pays dans lequel il passe, ou dans lequel il réside. Dans le cours de son voyage, ou pendant le temps plus ou moins long de sa résidence, il est protégé par cette loi : il doit donc la respecter à son tour. L'hospitalité qu'on lui donne, appelle et force sa reconnaissance.

D'autre part, chaque Etat a le droit de veiller à sa conservation; et c'est dans ce droit que réside la souveraineté. Or, comment un Etat pourrait-il se conserver et se maintenir, s'il existait dans son sein des hommes qui pussent impunément enfreindre sa police et troubler sa tranquillité? Le Pouvoir souverain ne pourrait remplir la fin pour laquelle il est établi, si des hommes étrangers ou nationaux étaient indépendants de ce pouvoir. Il ne peut être limité, ni quant aux choses; ni quant aux personnes. Il n'est rien s'il n'est tout. La qualité d'étranger ne saurait être une exception légitime pour celui qui s'en prévaut contre la puissance publique qui régit le pays dans lequel il réside. Habiter le territoire, c'est se soumettre à la souveraineté. Tel est le droit politique de toutes les nations.

A ne consulter même que le droit naturel, tout homme peut repousser la violence par la force. Comment donc ce droit qui compète à tout individu, serait-il refusé aux grandes sociétés contre un étranger qui troublerait l'ordre de ces sociétés? Des millions d'hommes réunis en corps d'Etat seraient-ils dépouillés du droit de la défense naturelle, tandis qu'un pareil droit est sacré dans la personne du moindre individu?

Aussi, chez toutes les nations, les étrangers qui délinquent sont traduits devant les tribunaux du pays.

Nous ne parlons pas des ambassadeurs; ce qui les concerne est réglé par le droit des gens et par les traités.

Lois personnelles.

Art. 3. — S'agit-il des lois ordinaires? On a toujours distingué celles qui sont relatives à l'état et à la capacité des personnes, d'avec celles qui règlent la disposition des biens. Les premières sont appelées *personnelles*, et les secondes réelles.

Les lois personnelles suivent la personne partout. Ainsi la loi française, avec des yeux de mère, suit les Français jusque dans les régions les plus éloignées; elle les suit jusqu'aux extrémités du globe.

La qualité de Français, comme celle d'étranger, est l'ouvrage de la nature ou celui de la loi. On est Français par la nature, quand on l'est par sa naissance, par son origine. On l'est par la loi, quand on le devient en remplissant toutes les conditions que la loi prescrit pour effacer les vices de la naissance ou de l'origine.

Mais il suffit d'être Français pour être régi par la loi française, dans tout ce qui concerne l'état de la personne.

Un Français ne peut faire fraude aux lois de son pays pour aller contracter mariage en pays étranger sans le consentement de ses père et mère, avant l'âge de vingt-cinq ans. Nous citons cet exemple entre mille autres pareils, pour donner une idée de l'étendue et de la force des lois personnelles.

Les différents peuples, depuis les progrès du commerce et de la civilisation, ont plus de rapport entre eux qu'ils n'en avaient autrefois. L'histoire du commerce est l'histoire de la communication des hommes. Il est donc plus important qu'il ne l'a jamais été, de fixer la maxime que, dans tout ce qui regarde l'état et la capacité de la personne, le Français, quelque part qu'il soit, continue d'être régi par la loi française.

Lois réelles.

Les lois qui règlent la disposition des biens sont appelées *réelles*: ces lois régissent les immeubles, lors même qu'ils sont possédés par des étrangers.

Ce principe dérive de ce que les publicistes appellent *le domaine éminent du souverain*.

Point de méprise sur les mots *domaine éminent*; ce serait une erreur d'en conclure que chaque Etat a un droit universel de propriété sur tous les biens de son territoire.

Les mots *domaine éminent* n'expriment que le droit qu'a la puissance publique de régler la disposition des biens par des lois civiles, de lever sur ces biens des impôts proportionnés aux besoins publics, et de disposer de ces mêmes biens pour quelque objet d'utilité publique, en indemnisant les particuliers qui les possèdent.

Au citoyen appartient la propriété, et au souverain l'empire. Telle est la maxime de tous les pays et de tous les temps; mais les propriétés particulières des citoyens, réunies et contigues, forment le territoire public d'un Etat; et, relativement aux nations étrangères, ce territoire forme un seul tout, qui est sous l'empire du souverain ou de l'État. La souveraineté est un droit à la fois réel et personnel. Conséquemment, aucune partie du territoire ne peut être soustraite à l'administration du souverain, comme aucune personne habitant le territoire ne peut être soustraite à sa surveillance ni à son autorité.

La souveraineté est indivisible. Elle cesserait de l'être, si les portions d'un même territoire pouvaient être régies par des lois qui n'émaneraient pas du même souverain.

Il est donc de l'essence même des choses, que les immeubles, dont l'ensemble forme le territoire public d'un peuple, soient exclusivement régis par les lois de ce peuple, quoiqu'une partie de ces immeubles puisse être possédée par des étrangers.

Règles pour les juges.

ART. 4. — Il ne suffisait pas de parler des effets principaux des lois, il fallait encore présenter aux juges quelques règles d'application.

La justice est la première dette de la souveraineté; c'est pour acquitter cette dette sacrée que les tribunaux sont établis.

Mais les tribunaux ne rempliraient pas le but de leur établissement, si, sous prétexte du silence, de l'obscurité ou de l'insuffisance de la loi, ils refusaient de juger. Il y avait des juges avant qu'il y eût des lois, et les lois ne peuvent prévoir tous les cas qui peuvent s'offrir aux juges. L'administration de la justice serait donc perpétuellement interrompue, si un juge s'abstenait de juger toutes les fois que la contestation qui lui est soumise n'a pas été prévue par une loi?

L'office des lois est de statuer sur les cas qui arrivent le plus fréquemment. Les accidents, les cas fortuits, les cas extraordinaires, ne sauraient être la matière d'une loi.

Dans les choses même qui méritent de fixer la sollicitude du législateur, il est impossible de tout fixer par des règles précises. C'est une sage prévoyance de penser qu'on ne peut tout prévoir.

De plus, on peut prévoir une loi à faire sans croire devoir la précipiter. Les lois doivent être préparées avec une sage lenteur. Les Etats ne meurent pas, et il n'est pas expédient de faire tous les jours de nouvelles lois.

Il est donc nécessairement une foule de circonstances dans lesquelles un juge se trouve *sans loi*. Il faut donc laisser alors au juge la faculté de suppléer à la loi par les lumières naturelles de la droiture et du bon sens. Rien ne serait plus puéril que de vouloir prendre des précautions suffisantes pour qu'un juge n'eût jamais qu'un texte précis à appliquer. Pour prévenir les jugements arbitraires, on exposerait la société à mille jugements iniques, et, ce qui est pis, on l'exposerait à ne pouvoir plus se faire rendre justice; et, avec la folle idée de décider tous les cas, on ferait de la législation un dédale immense, dans lequel la mémoire et la raison se perdraient également.

Quand la loi se tait, la raison naturelle parle encore : si la prévoyance des législateurs est limitée, la nature est infinie : elle s'applique à tout ce qui peut intéresser les hommes : pourquoi voudrait-on méconnaître les ressources qu'elle nous offre?

Nous raisonnons comme si les législateurs étaient des dieux, et comme si les juges n'étaient pas même des hommes.

De tous les temps on a dit que l'*équité* était le supplément des lois. Or, qu'ont voulu dire les jurisconsultes romains, quand ils ont ainsi parlé de l'*équité*.

Le mot *équité* est susceptible de diverses acceptions. Quelquefois il ne désigne que la volonté constante d'être juste, et dans ce sens il n'exprime qu'une vertu. Dans d'autres occasions, le mot *équité* désigne une certaine aptitude ou disposition d'esprit qui distingue le juge éclairé de celui qui ne l'est pas, ou qui l'est moins. Alors l'*équité* n'est, dans le magistrat, que le coup-d'œil d'une raison exercée par l'observation, et dirigée par l'expérience. Mais tout cela n'est relatif qu'à l'équité morale, et non à cette équité judiciaire dont les jurisconsultes romains se sont occupés, et qui peut être définie un retour à la loi naturelle, dans le silence, l'obscurité ou l'insuffisance des lois positives.

C'est cette *équité* qui est le vrai supplément de la législation, et sans laquelle le ministère du juge, dans le plus grand nombre des cas, deviendrait impossible.

Car il est rare qu'il naisse des contestations sur l'application d'un texte précis. C'est toujours parce que la loi est obscure ou insuffisante, ou même parce qu'elle se tait, qu'il y a matière à litige. Il faut donc que le juge ne s'arrête jamais. Une question de propriété ne peut demeurer indécise. Le pouvoir de juger n'est pas toujours dirigé dans son exercice par des préceptes formels. Il l'est par des maximes, par des usages, par des exemples, par la doctrine. Aussi le vertueux chancelier d'*Aguesseau* disait très-bien, que le temple de la justice n'était pas moins consacré à la science qu'aux lois, et que la véritable doctrine, qui consiste dans la connaissance de l'esprit des lois, est supérieure à la connaissance des lois mêmes.

Pour que les affaires de la société puissent marcher, il faut donc que le juge ait le droit d'interpréter les lois et d'y suppléer. Il ne peut y avoir d'exception à ces règles que pour les matières criminelles; et encore, dans ces matières, le juge choisit le parti le plus doux, si la loi est obscure ou insuffisante, et il absout l'accusé, si la loi se tait sur le crime.

Art. 5. — Mais, en laissant à l'exercice du ministère du juge toute la latitude convenable, nous lui rappelons les bornes qui dérivent de la nature même de son pouvoir.

Un juge est associé à l'esprit de législation : mais il ne saurait partager le pouvoir législatif. Une loi est un acte de souveraineté; une décision n'est qu'un acte de juridiction ou de magistrature.

Or, le juge deviendrait législateur, s'il pouvait, par des réglements, statuer sur les questions qui s'offrent à son tribunal. Un jugement ne lie que les parties entre lesquelles il intervient. Un réglement lierait tous les justiciables et le tribunal lui-même.

Il y aurait bientôt autant de législations que de ressorts.

Un tribunal n'est pas dans une région assez haute pour délibérer des réglements et des lois. Il serait circonscrit dans ses vues comme il l'est dant son territoire; et ses méprises ou ses erreurs pourraient être funestes au bien public.

L'esprit de judicature, qui est toujours appliqué à des détails, et qui ne prononce que sur des intérêts particuliers, ne pourrait souvent s'accorder avec l'esprit du législateur qui voit les choses plus généralement et d'une manière plus étendue et plus vaste.

Au surplus, les pouvoirs sont réglés; aucun ne doit franchir ses limites.

Conventions contraires à l'ordre public et aux bonnes mœurs.

Art. 6. — Le dernier article du projet de loi, porte qu'on ne peut déroger, par des conventions particulières, aux lois qui intéressent l'ordre public et les bonnes mœurs. Ce n'est que pour maintenir l'ordre public, qu'il y a des gouvernements et des lois.

Il est donc impossible qu'on autorise entre les citoyens des conventions capables d'altérer ou de compromettre l'ordre public.

Des jurisconsultes ont poussé le délire jusqu'à croire que des particuliers pouvaient traiter entre eux comme s'ils vivaient dans ce qu'ils appellent l'état de nature, et de consentir tel contrat qui peut convenir à leurs intérêts, comme s'ils n'étaient gênés par aucune loi. De tels contrats, disent-ils, ne peuvent être protégés par des lois qu'ils offensent; mais comme la bonne foi doit être gardée entre des parties qui se sont engagées réciproquement, il faudrait obliger la partie qui refuse d'exécuter le pacte à fournir par équivalent ce que les lois ne permettaient d'exécuter en nature.

Toutes ces dangereuses doctrines, fondées sur des subtilités, et éversives des maximes fondamentales, doivent disparaître devant la sainteté des lois.

Le maintien de l'ordre public dans une société, est la loi suprême. Protéger des conventions contre cette loi, ce serait placer des volontés particulières au-dessus de la volonté générale, ce serait dissoudre l'Etat.

Quant aux conventions contraires aux bonnes

mœurs, elles sont prescrites chez toutes les nations policées. Les bonnes mœurs peuvent suppléer les bonnes lois : elles sont le véritable ciment de l'édifice social. Tout ce qui les offense, offense la nature et les lois. Si on pouvait les blesser par des conventions, bientôt l'honnêteté publique ne serait plus qu'un vain nom, et toutes les idées d'honneur, de vertu, de justice, seraient remplacées par les lâches combinaisons de l'intérêt personnel, et par les calculs du vice.

Tel est le projet de loi qui est soumis à votre sanction. Il n'offre aucune de ces matières problématiques qui peuvent prêter à l'esprit de système. Il rappelle toutes les grandes maximes des gouvernements : il les fixe, il les consacre. C'est à vous, législateurs, à les décréter par vos suffrages. Chaque loi nouvelle qui tend à promulguer des vérités utiles, affermit la prospérité de l'Etat, et ajoute à votre gloire.

TITRE I.er

De la jouissance et de la privation des Droits civils.

Décrété le 17 ventôse an XI (8 mars 1803); — Promulgué le 27 du même mois (18 du même mois).

[ARTICLES 7 à 33.]

EXPOSÉ DES MOTIFS par M. le Conseiller-d'État TREILHARD.

Séance du 14 ventôse an XI (5 mars 1803).

LÉGISLATEURS,

ART. 7. — L'éclat de la victoire, la prépondérance d'un gouvernement également fort et sage, donne sans doute un grand prix à la qualité de *citoyen français* : mais cet avantage serait plus brillant que solide, il laisserait encore d'immenses vœux à remplir, si la législation intérieure ne garantissait pas à chaque Français une existence douce et paisible, et si, après avoir tout fait pour la gloire de la nation, on ne s'occupait pas avec le même succès du bonheur des personnes.

La sûreté, la propriété, voilà les grandes bases de la félicité d'un peuple : c'est par la loi seule que leur stabilité peut être garantie, et l'on reconnaîtra sans peine que la conservation des droits civils influe sur le bonheur individuel, bien plus encore que le maintien des droits politiques, parce que ceux-ci ne peuvent s'exercer qu'à des distances plus ou moins éloignées, et que l'action de la loi civile se fait sentir tous les jours et à tous les instants.

La loi sur la jouissance et la privation des droits civils offre donc un grand intérêt, et mérite toute l'attention du législateur.

Le projet qui vous est présenté contient deux chapitres. Le premier, *De la jouissance des droits civils*; le deuxième, *De la privation des droits civils*. Celui-ci se divise en deux sections, parce que l'on peut être privé des droits civils, ou par la perte de la qualité de Français, ou par une suite des condamnations judiciaires.

A quelles personnes sera donc accordée la jouissance des droits civils? On sent assez que tout Français a droit à cette jouissance; mais si le tableau de notre situation peut inspirer aux étrangers un vif désir d'en partager les douceurs, la loi civile ne doit certainement pas élever entre eux et nous des barrières qu'ils ne puissent pas franchir.

Cependant, cette communication facile, établie pour nous enrichir de la population et de l'industrie des autres nations, pourrait aussi quelquefois nous apporter leur écume : tout n'est pas toujours bénéfice dans un pareil commerce, et l'on ne trouva quelquefois que des germes de corruption et d'anarchie, où l'on avait droit d'espérer des principes de vie et de prospérité.

Cette réflexion si naturelle vous explique déjà une grande partie des dispositions du projet.

Art. 8, 9, 10. — Tout Français jouit des droits civils; mais l'individu né en France d'un étranger, celui né en pays étranger d'un Français, l'étrangère qui épouse un Français, seront-ils aussi réputés Français? Voilà les premières questions qui se sont présentées : le projet les décide d'après les notions universellement reçues.

Art. 12. — La femme suit partout la condition de son mari : elle devient donc Française quand elle épouse un Français.

Le fils a l'état de son père; il est donc Français quand son père est Français : peu importe le lieu où il est né, si son père n'a pas perdu sa qualité.

Quant au fils de l'étranger qui reçoit accidentellement le jour en France, on ne peut pas dire qu'il ne naît pas étranger; mais ses premiers regards ont vu le sol français, c'est sur cette terre hospitalière qu'il a souri pour la première fois aux caresses maternelles, qu'il a senti ses premières émotions, que se sont développés ses premiers sentiments : les impressions de l'enfance ne s'effacent jamais; tout lui retracera dans le cours de la vie ses premiers jeux, ses premiers plaisirs : pourquoi lui refuserait-on le droit de réclamer, à sa majorité, la qualité de Français, que tant et de si doux souvenirs pourront lui rendre chère? C'est un enfant adoptif qu'il ne faut pas repousser quand il promettra de se fixer en France, et qu'il y établira de fait son domicile : c'est la disposition de l'article 9 du projet.

Art. 10. — Si nous recevons l'étranger né en France, rejetterons-nous de notre sein celui qui sera né en pays étranger, mais d'un père qui aurait perdu la qualité de Français? Le traiterons-nous avec plus de rigueur que l'étranger né sur notre sol? Non, sans doute : c'est toujours du sang français qui coule dans ses veines; l'inconstance ou l'inconduite du père n'en ont pas tari la source; le souvenir de toute une famille n'est pas effacé par quelques instants d'erreur d'un père; le fils doit être admis à les réparer, et peut-être encore les remords du père ont-ils mieux fait sentir au fils le prix de la qualité perdue : elle lui sera d'autant plus chère, qu'il saura d'avance de combien de regrets la perte en est accompagnée.

Art. 13. — J'arrive à la question la plus importante, et dont la solution pourrait présenter plus de difficultés. L'étranger jouira-t-il en France des droits civils? Ici la question se divise; l'étranger peut établir son domicile en France, ou il peut continuer de résider dans son pays.

Supposons d'abord que l'étranger fixe son domicile en France.

Ne perdons pas de vue qu'il ne s'agit pas ici du titre de *citoyen français* : la loi constitutionnelle règle les conditions auxquelles l'étranger peut devenir *citoyen*; il faut, pour acquérir ce titre, que l'étranger, âgé de vingt-un ans accomplis, déclare l'intention de se fixer en France, et qu'il y réside pendant dix années consécutives. Quand il aura rempli ces conditions, il sera citoyen Français.

Cependant, quand il aura déclaré son intention de se fixer en France et du moment qu'il y aura transporté son domicile, quel sera son sort dans sa patrie? Dans sa patrie! il n'en a plus depuis la déclaration qu'il a faite de vouloir se fixer en France; la patrie ancienne est abdiquée, la nouvelle n'est pas encore acquise; il ne peut exercer de droits politiques ni dans l'une ni dans l'autre : peut-être même a-t-il déjà perdu l'exercice des droits civils dans sa terre natale, uniquement parce qu'il aura transporté son domicile sur le sol français. S'il faut, pour participer à ces droits dans la nouvelle patrie, attendre encore un long espace de temps, comment pourra-t-on supposer qu'un étranger s'exposera à cette espèce de mort civile pour acquérir un titre qui ne lui sera conféré qu'au bout de dix années?

Ces considérations motivent assez l'article du projet qui accorde l'exercice des droits civils à l'étranger admis par le gouvernement, à établir son domicile parmi nous.

La loi politique a sagement prescrit une résidence de dix années pour l'acquisition des droits politiques; la loi civile attache avec la même sagesse le simple exercice des droits civils à l'établissement en France.

Mais le caractère personnel de l'étranger qui se présente, sa moralité plus ou moins grande, le moment où il veut se placer dans nos rangs, la position respective des deux peuples, et une foule d'autres circonstances, peuvent rendre son admission plus ou moins désirable; et, pour s'assurer qu'une faveur ne tournera pas contre le peuple qui l'accorde, la loi n'a dû faire participer aux droits civils que l'étranger admis par le gouvernement.

Art. 11. — L'étranger qui ne quitte pas le sol natal jouira-t-il aussi en France de la totalité ou d'une partie des droits civils? L'admettra-t-on sans restrictions, sans conditions, ou plutôt ne doit-on pas, adoptant la règle d'une juste réciprocité, restreindre les droits de l'étranger à ceux dont un Français peut jouir dans le pays de cet étranger?

Cette question a été si souvent et si profondément agitée, qu'il est difficile de porter de nouveaux aperçus dans sa discussion; et quelque parti qu'on embrasse, on pourra toujours s'autoriser sur de grandes autorités, ou sur de grands exemples.

Ceux qui veulent accorder aux étrangers une participation totale et absolue à nos droits civils, recherchent l'origine du droit d'aubaine dans celle de la féodalité, et regardent la suppression entiere de ce droit comme une conséquence nécessaire de l'abolition du régime féodal. L'intérêt national, suivant eux, en sollicite la suppression aussi puissamment que la barbarie de sa source. L'ancien gouvernement avait lui-même reconnu la nécessité de le proscrire dans une foule de traités qui en avaient au moins modifié la rigueur; il avait senti que ce droit ne devait plus subsister depuis que le commerce avait rattaché tous les peuples par les liens d'un intérêt commun. Telle a été, disent-ils, l'opinion des plus grands publicistes; Montesquieu avait dénoncé le droit d'aubaine à toutes les nations comme un droit insensé, et l'assemblée constituante, ce foyer de toutes les lumières, ce centre de tous les talents, en avait prononcé l'abolition intégrale et absolue, sans condition de réciprocité, comme un moyen d'appeler un jour tous les peuples au bienfait d'une fraternité universelle.

Le projet de détruire les barrières qui séparent tous les peuples, de confondre tous leurs intérêts, et de ne plus former, s'il est permis de le dire, qu'une seule nation sur la terre, est sans doute une conception également hardie et généreuse : mais ceux qui en ont été capables ont-ils vu les hommes tels qu'ils sont ou tels qu'ils les désirent?

Consultons l'histoire de tous les temps, de tous les peuples, et jetons surtout nos regards autour de nous. Si l'on fit tant d'efforts pénibles et trop souvent inutiles pour maintenir l'harmonie dans une seule nation, dans une seule famille, pouvons-nous raisonnablement espérer la réalisation d'une harmonie universelle, et le mode moral doit-il être, plus que le mode physique, à l'abri des ouragans et des tempêtes.

Au lieu de se livrer aux illusions trop souvent trompeuses des théories, ne vaut-il pas mieux faire des lois qui s'appliquent aux caractères et aux esprits que nous connaissons. L'admission indéfinie des étrangers peut avoir quelques avantages; mais nous ne savons que trop qu'on ne s'enrichit pas toujours des pertes ou des désertions de ses voisins, et qu'un ennemi peut faire quelquefois des présents bien funestes. On sera du moins forcé de convenir que *le principe de la réciprocité*, d'après *les traités*, a cet avantage bien réel, que les traités étant suspendus par le fait seul de la déclaration de guerre, chaque peuple redevient le maître, dans ces moments critiques, de prendre l'intérêt du moment pour unique règle de sa conduite.

Hé! pourquoi donnerions-nous à nos voisins des priviléges qu'ils s'obstineraient à nous refuser? Il sera toujours utile, nous dit-on, d'attirer sur notre sol des étrangers riches de leurs possessions, de leurs talents, de leur industrie; j'en conviens : mais viendront-ils sur notre sol, ces opulents et précieux étrangers, si, par leur établissement en France, ils deviennent eux-mêmes tout-à-coup étrangers à leur sol natal; s'ils ne peuvent aspirer au titre de Français, sans sacrifier tous leurs droits acquis ou éventuels dans leur patrie, parce qu'elle nous refuse les avantages de la réciprocité, et qu'elle persiste à ne voir dans les Français que des étrangers? Encore une fois, méfions-nous des théories, quelque brillantes qu'elles paraissent, et consultons plutôt l'expérience.

Lorsque l'ancien gouvernement français annonça l'intention de supprimer, d'adoucir du moins les droits d'aubaine envers les peuples qui partageaient ces principes, plusieurs gouvernements s'empressèrent de traiter avec la France, et de s'assurer, par un juste retour, le bienfait de la suppression ou de la modification du droit d'aubaine; on donna pour acquérir; car l'intérêt est la mesure des traités, entre gouvernemens, comme il est la mesure des transactions entre particuliers.

Mais depuis l'abolition absolue du droit d'aubaine de la part de la France, de tous les peuples qui n'avaient pas auparavant traité avec elle, il n'en est pas un seul qui ait changé sa législation. Ils n'avaient plus besoin de faire participer chez eux les Français à la jouissance des droits civils pour obtenir la même participation en France; aussi ont-ils maintenu à cet égard, contre les Français, toute la sévérité de leur législation : en sorte qu'il est actuellement prouvé que si l'intérêt général des peuples sollicite en effet l'abolition entière du droit d'aubaine, il faut, pour ce même intérêt, établir une loi de réciprocité, parce que seule elle peut amener le grand résultat que l'on désire.

Est-il nécessaire actuellement de répondre aux autorités? Montesquieu a qualifié le droit d'aubaine de droit *insensé*; mais Montesquieu, dans la phrase qu'on cite, plaça sur la même ligne les droits de naufrage et ceux d'aubaine, qu'il appelle tous les deux des droits *insensés*. Il y a cependant loin du droit barbare de naufrage, qui, punissant le malheur comme un crime, confisquait les hommes et les choses jetés sur le rivage par la tempête, au droit d'aubaine, fondé sur le principe (erroné si l'on veut, mais du moins nullement atroce) d'une jouissance exclusive des droits civils en faveur des nationaux.

Montesquieu, d'ailleurs, a-t-il prétendu qu'une nation seule devait se hâter de proclamer chez elle la suppression absolue du droit d'aubaine, quand ce droit était établi et maintenu chez tous les autres peuples? il savait trop bien que certaines institutions qui, en elles-mêmes, ne sont pas bonnes, mais qui réfléchissent sur d'autres nations, ne pourraient être abolies chez un seul peuple, sans compromettre sa prospérité, tant qu'il existerait chez les étrangers une espèce de conspiration pour les maintenir.

Le régime des douanes a aussi été jugé sévèrement par des hommes graves qui désiraient la chûte de toutes les barrières; en conclura-t-on qu'un peuple seul ferait un grand acte de sagesse en supprimant tout-à-coup et absolument le régime des douanes? et n'est-il pas au contraire plus convenable d'engager les autres nations à nous faciliter l'usage des productions de leur sol qui peuvent nous être utiles, par la libre communication que nous pouvons leur donner des productions françaises dont ils auront besoin?

Tout le monde convient qu'un état militaire excessif est un grand fardeau pour les peuples; mais lorsque cet état militaire, quelque grand qu'il puisse être, n'est que proportionné à l'état militaire des nations rivales, donnerait-il une grande opinion de sa prudence, le gouvernement qui, sans consulter les dispositions de celles-ci, réduirait cet état sur le pied où il devrait être s'il n'avait ni voisins ni rivaux?

Une institution peut n'être pas bonne, et cependant sa suppression absolue peut être dangereuse; et c'est ici le cas de rappeler cette maxime triviale, que *le mieux est souvent un grand ennemi du bien*.

L'assemblée constituante prononça l'abolition du droit d'aubaine! Je sens tout le poids de cette autorité : mais qui osera dire que l'assemblée constituante, que de si grands souvenirs recommanderont à la postérité, ne fut pas quelquefois jetée au-delà d'une juste mesure par des idées philantropiques que l'expérience ne pouvait pas encore régler? Et sans sortir de l'objet qui nous occupe, l'appel que l'assemblée constituante fit aux autres nations, a-t-il été entendu d'elles? En est-il une seule qui ait répondu? N'ont-elles pas, au contraire, conservé toutes leurs règles sur le droit d'aubaine? Concluons de-là que si l'assemblée constituante a voulu préparer l'abolition totale du droit d'aubaine, le plus sûr moyen de réaliser cette conception libérale, c'est d'admettre la règle de la réciprocité, qui peut amener un jour les autres peuples, par la considération de leurs intérêts, à consentir aussi l'abolition de ce droit.

Ces motifs puissants ont déterminé la disposition du projet qui n'assure en France, à l'étranger, que les mêmes droits civils accordés aux Français par les traités de la nation à laquelle les étrangers appartiennent.

Voilà la seule règle qu'on doive établir dans un code civil, parce qu'en préparant pour l'avenir la suppression totale du droit d'aubaine, elle n'exclut d'ailleurs aucune des concessions particulières qui pourraient être dans la suite sollicitées par les circonstances et pour l'intérêt du peuple français.

Je ne crois pas devoir m'arrêter à quelques autres articles du premier chapitre; la simple lecture en fait assez sentir la sagesse ou la nécessité, et je passe au deuxième chapitre *de la privation des droits civils*.

Art. 17, 19, 21. — On peut être privé des droits civils par la *perte de la qualité de Français*, et par une *suite des condamnations judiciaires;* la première section de ce chapitre a pour objet la perte de la qualité de Français.

Il serait superflu de rappeler qu'il ne s'agit pas ici de droits politiques et de la perte du titre de citoyen, mais du simple exercice des droits civils, droits acquis à un grand nombre de Français qui ne sont pas, qui ne peuvent pas être citoyens; ainsi toute cause qui prive du titre de citoyen, ne doit pas nécessairement priver des droits civils et de la qualité de Français. Cette qualité ne doit se perdre que par des causes qui supposent une renonciation à sa patrie.

L'article 17 du projet en présente quatre : 1.° La naturalisation acquise en pays étranger; 2.° l'acceptation non autorisée par le gouvernement de fonctions publiques conférées par un gouvernement étranger; 3.° l'affiliation à toute corporation étrangère qui exigera des distinctions de naissance; 4.° tout établissement fait en pays étranger sans esprit de retour. L'article 19 assigne une cinquième cause; c'est le mariage d'une Française avec un étranger. Enfin l'article 21 place aussi au nombre des causes qui font perdre la qualité de Français, l'entrée, sans autorisation du gouvernement, au service militaire de l'étranger, ou l'affiliation à une corporation militaire étrangère.

Il est assez évident que, dans tous ces cas, la qualité de Français ne peut plus se conserver : on ne peut pas avoir deux patries. Comment celui qui s'est fait naturaliser en pays étranger, celui qui a accepté du service ou des fonctions publiques chez une nation rivale, celui qui a abjuré le principe le plus sacré de notre pacte social, en courant après des distinctions incompatibles avec l'égalité, celui enfin qui aurait abandonné la France sans retour, aurait-il pu conserver le titre de Français ? Cependant, dans le nombre des causes qui détruisent cette qualité, on doit faire une distinction. Il en est quelques-unes qui ne sont susceptibles d'aucune interprétation favorable, celles, par exemple, de la naturalisation en pays étranger, et de l'abjuration du principe de l'égalité, mais il en est d'autres, telles que l'acceptation de fonctions publiques ou de service chez l'étranger, qui peuvent quelquefois être excusées; un peuple ami peut réclamer auprès du gouvernement français, des secours que notre intérêt même ne permet pas de refuser. Aussi n'a-t-on dû attacher la perte de la qualité de Français qu'à une acceptation, non autorisée par le gouvernement, de services ou de fonctions publiques chez l'étranger.

Art. 18. — Mais les Français même qui ont perdu leur qualité par l'une des causes déjà expliquées, ne pourront-ils jamais la recouvrer? Ne peut-on pas supposer qu'en quittant la France, ils ont uniquement cédé à l'impulsion d'un caractère léger, qu'ils ont voulu surtout améliorer leur situation par leur industrie, pour jouir ensuite au milieu de leurs concitoyens de l'aisance qu'ils se seront procurée? Ne doit-on pas supposer du moins que leur désertion a été suivie de vifs regrets? et leurs frères pourront-ils être toujours insensibles, quand ces transfuges viendront se jeter dans leurs bras?

Vous supposer, législateurs, cette rigoureuse insensibilité, ce serait mal vous connaître. Une mère ne repousse jamais des enfants qui viennent à elle. Que les Français qui ont perdu cette qualité reviennent se fixer en France, qu'ils renoncent à toutes distinctions contraires à nos lois, et ils seront encore reconnus Français.

Cependant l'indulgence ne doit pas être aveugle et imprudente; le retour de ces Français ne doit être ni un moyen de trouble dans l'Etat, ni un signal de discordes dans leurs familles : il faut que leur rentrée soit autorisée par le gouvernement, qui peut connaître leur conduite passée et leurs sentiments secrets, et ils ne doivent acquérir que l'exercice des droits ouverts à leur profit depuis leur réintégration.

Art. 21. — Il est même une classe pour qui l'on a dû être plus sévère; c'est celle des Français qui ont pris du service militaire chez l'étranger, sans l'autorisation du gouvernement. Cette circonstance a un caractère de gravité qui la distingue; ce n'est plus un simple acte de légèreté; une démarche sans conséquence; c'est un acte de dévouement particulier à la défense d'une nation, aujourd'hui notre alliée, si l'on veut, mais qui demain peut être notre rivale, et même notre ennemie. Le Français a dû prévoir qu'il pouvait s'exposer, par son acceptation, à porter les armes contre sa patrie. En vain dirait-il que dans le cas d'une rupture entre les deux nations, il n'aurait pas balancé à rompre ses nouveaux engagements : quel garant pourrait-il donner de son assertion? La puissance qui l'a pris à sa solde a-t-elle entendu cette restriction? L'aurait-elle laissé maître du choix ? On a pensé que dans cette circonstance une épreuve plus rigoureuse était indispensable, que l'individu qui se trouve dans cette position ne pouvait rentrer, comme de raison, sans l'autorisation du gouvernement, mais qu'il ne devait encore recouvrer la qualité de Français qu'en remplissant les conditions imposées à l'étranger pour devenir citoyen.

Art. 22. — Je passe actuellement à la seconde section, à la privation des droits civils par suite de condamnations judiciaires.

Le projet qui vous est présenté n'a pas pour objet de déterminer celles des peines dont l'effet sera de priver le condamné de toute participation aux droits civils; c'est dans un autre moment, dans un autre code, que ces peines seront indiquées : il suffit, quant à présent, de savoir qu'il doit exister des peines (ne fût-ce que la condamnation à mort naturelle) qui emporteront de droit, et pour jamais, le retranchement de la société, et ce qu'on appelle mort civile.

Qu'est-ce que la mort civile, me dira-t-on? pourquoi souiller notre code de cette expression proscrite et barbare?

Législateurs, celui qui est condamné légalement pour avoir dissous, autant qu'il était en lui, le corps social, ne peut plus en réclamer les droits; la société ne le connaît plus, elle n'existe plus pour lui ; il est mort à la société : voilà la mort civile. Pourquoi proscrire une expression usitée, qui rend parfaitement ce qu'on veut exprimer, dont tout le monde connaît la valeur et le sens, et que ceux même qui l'improuvent n'ont encore pu remplacer par aucune expression équivalente?

Ce n'est pas du mot qu'il s'agit, c'est de la chose. Quelqu'un peut-il prétendre que l'individu légalement retranché de la société doive encore être avoué par elle comme un de ses membres? Peut-on dire que la faculté et la nécessité de ce retranchement n'ont pas été reconnues par tous les peuples dans des cas rares, il est vrai, mais qui cependant ne se représentent que trop souvent?

Art. 25. — Le principe une fois admis, les conséquences ne sont plus douteuses. La loi civile ne reconnaît plus le condamné ; donc il perd tous les droits qu'il tenait de la loi civile : il n'existe plus aux yeux de la loi : donc il ne peut participer encore à ses bienfaits. Il est mort enfin pour la société : il n'a plus de famille, il ne succède plus, sa succession est ouverte, ses héritiers occupent à l'instant sa place ; et si sa vie physique vient à se prolonger, et qu'au jour de son trépas il laisse quelques biens, il meurt sans héritier, comme le célibataire qui n'a pas de parents.

Vous sentez, législateurs, que l'une des conséquences de la mort civile doit être la dissolution du mariage du condamné *quant aux effets civils* : car la loi ne peut le reconnaître en même temps comme existant et comme n'existant pas : elle ne peut lui enlever une partie de ses droits civils comme mort, et lui en conserver cependant une partie comme vivant. Il pourra bien se prévaloir du droit naturel, tant qu'il existera physiquement; mais il ne pourra réclamer l'exercice d'aucun droit civil, puisqu'il est mort en effet civilement. Toute autre théorie ne produirait que contradictions et inconséquences.

Je n'ai pas besoin, sans doute, d'observer que l'on n'a dû considérer le mariage que comme un acte civil, et dans ses rapports civils, abstraction faite de toute idée religieuse et de toute espèce de culte, dont le code civil ne doit point s'occuper.

Art. 26. — A quelle époque commencera la mort civile? C'est un point sur lequel on ne peut s'expliquer avec trop de précision, parce que c'est l'instant de la mort qui donne ouverture aux droits des héritiers, et qui détermine ceux à qui la succession doit appartenir.

Quand le jugement de condamnation est contradictoire, la mort civile commence au jour de l'exécution réelle ou par effigie.

Art. 27. — Cette règle peut-elle s'appliquer aux jugements de contumace? Le condamné n'a point été présent, et ne s'est par conséquent pas défendu ; la loi lui donne cinq ans pour se représenter; s'il meurt, ou s'il paraît dans cet intervalle, le jugement est anéanti, il meurt alors dans l'intégrité de son état; ou s'il vit et s'il est présent, l'instruction recommence comme s'il n'avait pas été jugé.

Dans l'ancienne jurisprudence, on s'attachait servilement au principe qui fait commencer la mort civile du jour de l'exécution. Par une conséquence rigoureuse de cette maxime, si le condamné décédait après les cinq ans, et sans s'être représenté, il était réputé mort civilement au moment de cette exécution. Mais que d'embarras, de contradictions, et d'inconséquences découlent de ce principe !

L'époux condamné pouvait avoir des enfants dans l'intervalle des cinq années : il aurait donc fallu, pour être conséquent, déclarer ces enfants légitimes, si leur père mourait ou se représentait dans cet intervalle; et les déclarer illégitimes, si leur père mourait après les cinq ans sans s'être représenté. Ainsi leur état eût dû dépendre d'un fait évidemment étranger à leur naissance.

Des successions pouvaient s'ouvrir au profit du condamné dans l'intervalle des cinq années : à qui appartenaient-elles ? Le condamné devait être héritier, s'il mourait ou s'il se représentait dans les cinq ans; il ne devait pas être héritier, s'il mourait après les cinq ans sans s'être représenté. Ainsi son droit, le droit des appelés après lui, eût dû dépendre d'un fait absolument étranger aux règles des successions : le titre d'héritier restait incertain; et comme l'héritier, à l'instant du décès, pouvait ne pas se trouver l'héritier à l'expiration des cinq années, c'est par la volonté du condamné, qui pouvait se représenter ou ne pas se représenter, que se trouvait déféré le titre d'héritier dans la succession d'une tierce personne.

La femme du condamné pouvait se remarier; il eût fallu la déclarer adultère, si le condamné mourait ou se représentait dans les cinq ans : elle eût dû être épouse légitime, s'il plaisait au condamné de ne pas se représenter.

Voilà une partie des embarras que présente l'attachement trop scrupuleux à la règle qui fait commencer, même pour le contumax, la mort civile au moment de l'exécution.

Ces considérations, et une foule d'autres qu'on supprime, nous ont fait adopter une règle différente, et qui ne traîne après elle aucune difficulté.

Puisque le condamné par contumace a cinq ans pour se représenter, que sa mort ou sa comparution dans l'intervalle a l'effet de détruire son jugement, il est, sans contredit, plus convenable de ne fixer qu'à l'expiration des cinq années l'instant où la mort civile commencera : alors seulement la condamnation aura tout son effet; ainsi s'évanouiront tous les embarras du système contraire. Le condamné a vécu civilement jusqu'à ce moment : il a pu succéder; il a été époux et père; mais à cet instant fatal commence sa mort civile.

En vain dirait-on qu'il y a de la contradiction à exécuter le jugement de condamnation par effigie, et à reculer cependant jusqu'au terme de cinq années le commencement de la mort civile.

Cette contradiction, si elle était réelle, serait bien moins choquante que celle qui résulte dans l'autre système d'une mort provisoire suivie d'une résurrection réelle, qui, présentant successivement la même personne comme morte et comme vivante, peuvent laisser dans une incertitude funeste, et même porter de violentes atteintes aux droits de plusieurs familles.

Mais la règle adoptée par le projet ne se trouve en contradiction avec aucune autre. Un jugement peut ne pas recevoir dans le même moment toute son exécution; un tribunal suspend quelquefois cette exécution en tout ou en partie par des motifs très-légitimes : la loi peut, à plus forte raison, en maintenant pour l'exemple l'exécution par effigie au moment de la condamnation, reculer cependant l'époque de la mort civile à l'expiration des cinq ans donnés au contumax pour se représenter : le condamné n'est encore qu'un absent; ce terme arrivé, sa condamnation devient définitive, et produit tout son effet.

Art. 30. — Le contumax peut néanmoins se représenter, même après le terme de cinq années. Quelques fortes présomptions que puisse élever contre lui sa longue absence, quoiqu'on ait droit de soupçonner qu'une comparution si tardive n'est due qu'à l'éloignement des témoins à charge, au dépérissement des preuves que le temps amène toujours après *lui*, à cet affaiblissement des premières impressions qui, disposant les esprits à l'indulgence et à la pitié, peut faire entrevoir au coupable son impunité, l'humanité ne permet cependant pas qu'on refuse d'entendre celui qui ne s'est pas défendu. Il sera jugé, il pourra être absous, il sera absous; *mais* il ne rentrera dans ses droits que pour l'avenir seulement, et à compter du jour où il aura paru en justice.

Il pourra commencer une nouvelle vie, mais sans troubler l'état des familles ni contester les droits acquis pendant la durée de sa mort civile. Ainsi se trouveront conciliés les intérêts du contumax et les intérêts non moins précieux de toute la société.

Voilà, législateurs, voilà les principaux motifs du projet de loi sur la jouissance et la privation des droits civils.

TITRE II.

Des Actes de l'Etat civil.

Décrété le 20 ventôse an XI (11 mars 1803); — Promulgué le 30 du même mois (21 mars 1803).

[ARTICLES 34 à 101.]

EXPOSÉ DES MOTIFS par M. le Conseiller-d'Etat THIBAUDEAU.

Séance du 10 ventôse an XI (1.er *mars* 1803).

LÉGISLATEURS,

Le projet de loi que nous sommes chargés de vous présenter renferme beaucoup de dispositions qui peuvent d'abord paraître minutieuses; cependant elles sont d'une grande importance, puisqu'elles ont pour objet de fixer l'état des individus : il s'agit ici de la base fondamentale de la société et de la constitution des familles. Nous n'analyserons point toutes ces dispositions; il y en a beaucoup qu'il suffira de lire pour que leur utilité soit facilement sentie.

Ce projet de loi contient six parties distinctes; cette division était indiquée par la nature des choses.

Trois grandes époques constituent l'état des hommes, et sont la source de tous les droits civils : la naissance, le mariage, et le décès.

Lorsqu'un individu reçoit le jour, il y a deux choses qu'il importe de constater, le fait de la naissance et la filiation.

Le mariage a pour but de perpétuer régulièrement l'espèce et de distinguer les familles; il faut donc des règles qui impriment à ce contrat un caractère uniforme et légal.

La mort rompt les liens qui attachaient l'homme à la société : en cessant de vivre, il transmet des droits. Les naissances, les mariages et les décès sont donc soumis à des règles qui leur sont particulières.

Il y a néanmoins des règles également applicables à tous ces actes, et des principes généraux qui doivent les régir; on les a compris dans un chapitre préliminaire de dispositions générales; un chapitre règle ce qui concerne les actes de l'état civil des militaires hors du territoire de la République. Enfin, malgré la prévoyance du législateur, il peut se glisser des erreurs dans la rédaction des actes; les parties intéressées ont intérêt d'en demander la rectification; il a fallu déterminer la forme des actions, la compétence des tribunaux, et les effets des jugements. Voilà le système et l'ensemble de la loi.

Avant d'examiner chacun des chapitres, nous devons prévenir une réflexion qui se présente naturellement. On pourrait croire que la loi est incomplète, en ce qu'elle ne parle point du divorce et de l'adoption ; mais il aurait été prématuré de déterminer les formes des actes relatifs à ces institutions, avant de les avoir soumises au législateur : nous ne traitons ici que des formes ; le fond doit faire l'objet d'autres lois. Les naissances et les décès sont des faits physiques ; le mariage est une institution nécessaire et consacrée ; il ne peut y avoir à cet égard de dissentiment, ni aucune espèce de discussion. Il n'en est pas ainsi de l'adoption et du divorce. On a donc cru plus régulier et plus convenable de renvoyer à chacune de ces matières les formes dans lesquelles les actes qui les concernent seront rédigés.

Art. 35, 37, 45. — L'assemblée constituante avait décidé qu'il serait établi pour tous les Français, sans distinction, un mode de constater les naissances, mariages et décès ; elle voulait rendre la validité des actes civils indépendante des dogmes religieux. L'assemblée législative organisa ce principe par la loi du 20 septembre 1792, qui est encore exécutée ; mais cette loi ne statua pas seulement sur les formes des actes, elle régla les conditions du mariage. Tout ce que cette loi contenait d'essentiel sur la forme des actes, a été conservé dans le projet de loi ; on y a seulement fait des additions ou des modifications, qui sont le résultat de l'expérience de plusieurs années ; telle est la disposition qui rappelle expressément aux officiers de l'état civil qu'ils n'ont aucune juridiction (art. 35), et qu'instrument passif des actes, ils ne doivent y insérer que ce qui est déclaré par les comparants ; celle qui veut que les témoins soient du sexe masculin (art. 37), et âgés de vingt-un ans : en effet, il serait inconséquent de ne pas adopter, pour les actes de l'état civil, les mêmes formes que pour les contrats ordinaires ; celle qui permet à toute personne de se faire délivrer des expéditions des actes de l'état civil (art. 45). Les lois qui semblaient avoir limité cette faculté aux parties intéressées, étaient injustes. L'état civil des hommes doit être public, et il y avait de l'inconvénient à laisser les officiers civils juges des motifs sur lesquels pouvait être fondée la demande d'une expédition.

Art. 40. — Quant aux registres, la déclaration de 1736 n'en avait établi que deux ; c'est-à-dire, un seul pour tous les actes, mais tenu double : la loi de 1792 en établit six ; c'est-à-dire, trois tenus doubles, un pour les naissances, un pour les mariages, et l'autre pour les décès. On avait cru que cette multiplicité de registres faciliterait la distinction de chaque espèce d'acte ; mais l'expérience a prouvé que l'on s'était trompé. C'est à cette multiplicité de registres qu'il faut au contraire attribuer l'état déplorable où ils sont dans un trop grand nombre de communes. Comment, en effet, espérer que des administrateurs municipaux, souvent peu instruits, et chargés gratuitement de la rédaction des actes, ne commissent pas un grand nombre d'erreurs et de confusions ? Lorsque le registre des actes de décès était rempli avant la fin de l'année, l'officier de l'état civil inscrivait ces actes sur le registre des naissances, où il restait des feuillets blancs ; et, ce qui n'était qu'une transposition, a souvent paru une lacune ou une omission. On a donc pensé qu'il était plus convenable de n'avoir qu'un seul registre tenu double pour l'inscription des actes de toute espèce à la suite les uns des autres, et que ce procédé était beaucoup plus simple, exigeait moins d'attention, et exposait à moins d'erreurs. Cette forme ne rend pas plus difficiles les relevés que le gouvernement est dans le cas d'ordonner pour les travaux relatifs à la population. Cependant la règle de l'unité des registres n'est pas posée d'une manière si absolue, que le gouvernement ne puisse y faire exception pour les villes où les officiers de l'état civil ont plus de lumières, et où la rédaction des actes est plus multipliée. Cette latitude parut même nécessaire dans les discussions qui précédèrent la loi du 20 septembre : on disait alors que la tenue de six registres serait plus embarrassante qu'utile dans les endroits qui n'étaient pas très-peuplés.

Art. 41, 43, 44. — La loi de 1792 attribuait à l'autorité administrative une sorte de juridiction et de police sur la tenue des registres. En effet, elle disposait qu'ils seraient cotés et paraphés par le président du directoire de district ; que l'un des doubles serait transmis à cette administration, qui vérifierait si les actes avaient été dressés et les registres tenus dans les formes prescrites, et que ce double serait ensuite envoyé au directoire du département avec les observations, déposé et conservé aux archives de cette administration. On motivait ces dispositions sur les relations des citoyens avec les administrations de département, les relations des administrations avec le ministre de l'intérieur et le corps législatif. On prétendait que les registres seraient mieux conservés dans les archives des administrations que dans les greffes; que ce dépôt n'avait rien de commun avec les fonctions judiciaires; que les rapports des citoyens avec les tribunaux, quant à leur état civil, étaient purement accidentels; qu'au contraire l'administration devait donner les états de population, et répartir les contributions, dont la population est une des grandes bases.

D'un autre côté, on dit avec raison que l'état civil des citoyens est une propriété qui repose, comme toutes les autres propriétés, sous l'égide des tribunaux. Les registres doivent être cotés et paraphés par le juge; parce que sans cela, en cas de contestation, il serait obligé de faire vérifier la signature et le paraphe des préfet ou sous-préfet. Ainsi, lorsque les registres étaient tenus par les curés, ils étaient déposés aux greffes des bailliages, et conservés par l'autorité chargée de protéger l'état des citoyens. On n'attente point aux droits de l'autorité administrative : ses fonctions, qui ne sont à cet égard que de police, se bornent à pourvoir les communes de registre; car, s'il y a des altérations, il survient des procès, cela ne regarde plus que les tribunaux. Il importe que le dépositaire du registre soit, autant que possible, permanent; et les agents de l'autorité judiciaire sont plus stables que ceux de l'autorité administrative. Si les préfets ont besoin des registres pour les états de population, on pourra les autoriser à prendre aux greffes des tribunaux tous les renseignements qui leur seront nécessaires; d'ailleurs, le double qui doit être déposé aux archives de chaque commune, est toujours à leur disposition.

C'est d'après ces motifs que l'on propose de faire coter et parapher les registres par le président du tribunal de première instance, de faire déposer l'un des doubles au greffe de ce tribunal, et d'annexer à ce double les procurations ou autres pièces dont la présentation aura été exigée.

Art. 50, 51, 52, 53. — Il ne suffisait pas de régler la forme dans laquelle les registres doivent être tenus, et d'en prescrire le dépôt; il fallait encore rendre les officiers civils responsables, prononcer des peines contre ceux qui se rendraient coupables de contraventions ou de délits, imposer à une autorité étrangère à la tenue des registres, le devoir d'en vérifier l'état et de poursuivre l'application des peines, et réserver les dommages et intérêts des parties lésées.

On doit, en effet, distinguer les simples contraventions qui sont le résultat de l'erreur ou de la négligence, des délits qui supposent des intentions criminelles, tels que les faux ou les altérations. Les contraventions ne sont punies que d'une amende qui ne peut excéder 100 francs; les délits sont punis de peines qu'il n'appartient qu'au code pénal de déterminer.

Le commissaire du gouvernement près le tribunal de première instance vérifie l'état des registres lorsqu'ils sont déposés au greffe; il en dresse procès-verbal sommaire; il dénonce les délits, et requiert la condamnation aux amendes.

Art. 99, 100. — Cette vérification ne lui donne pas le droit, ni au tribunal, de rien changer d'office à l'état des registres; ils doivent demeurer avec leurs omissions, leurs erreurs ou leurs imperfections : il serait du plus grand danger que, même sous le prétexte de régulariser, de corriger ou de perfectionner, aucune autorité pût porter la main sur les registres. L'allégation d'un vice dans un acte est un fait à prouver; il peut être contesté par les tiers auxquels l'erreur prétendue a acquis des droits; c'est la matière d'un procès : les tribunaux ne peuvent en connaître que dans ce dernier cas, comme on le verra au titre de la *rectification des actes.* S'il en était autrement, l'état, la fortune des citoyens seraient à chaque instant compromis et toujours incertains.

Art. 46. — Il n'y a que l'autorité des titres publics et de la possession qui rende l'état civil inébranlable. La loi naturelle a établi la preuve qui naît de la possession; la loi civile a établi la preuve qui naît des registres; la preuve testimoniale seule n'est pas d'un poids ni d'un caractère qui puissent suppléer à ces espèces de preuves, ni leur être opposés.

Toutes les ordonnances animées de cet esprit ont donc voulu que la preuve de la naissance fût faite par les registres publics, et en cas de perte des registres publics, que l'on eût recours aux registres et papiers domestiques des pères et mères décédés, pour ne pas faire dépendre uniquement l'état, la filiation, l'ordre et l'harmonie des familles, des preuves équivoques et dangereuses, telles que la preuve testimoniale seule, dont l'incertitude a toujours effrayé les législateurs.

L'ordonnance de 1767 avait, par une disposition formelle, consacré ces principes : la jurisprudence y a toujours été conforme, et le projet de loi les rappelle.

Art. 47, 48. — Il était nécessaire de régler ce qui concerne l'état civil des Français qui sont momentanément à l'étranger. La loi leur permet de suivre les formes établies dans les pays où ils se trouvent, ou de profiter du bénéfice de la loi française, en s'adressant aux agents diplomatiques de leur nation, qui sont considérés comme officiers de l'état civil. On a donné, à cet égard, quelque extension aux dispositions de l'ordonnance de 1681.

Le chapitre 2 règle ce qui concerne les actes de naissance.

Art. 55, 56. — Les anciennes lois exigeaient simplement dans les actes de baptême la signature du père, s'il était présent, et celle du parain et de la marraine.

La loi de septembre 1792 exigea davantage : elle imposa au père et à l'accoucheur présents à la naissance, ou à la personne chez laquelle une femme serait accouchée, l'obligation de déclarer la naissance à l'officier de l'état civil; elle punit de deux mois de prison la contravention à cette disposition; mais on reconnut bientôt que la loi était incomplète, puisqu'elle ne détermine pas le délai dans lequel la déclaration devait être faite. Cette omission fut réparée par la loi additionnelle du 19 décembre 1792, qui fixa ce *délai à trois jours*, et qui porta la peine jusqu'à six mois de prison en cas de récidive. On ne voit point, dans la discussion de ces lois, le motif de ce nouveau système des déclarations; cependant il est facile de le reconnaître lorsqu'on se reporte aux circonstances. Les dissensions religieuses et politiques faisaient dissimuler les naissances. Il y avait des parents qui, par esprit d'opposition à la nouvelle législation, ou par les alarmes qu'on jetait dans leur conscience, refusaient de présenter leurs enfants à l'officier civil; l'état de ces enfants était compromis; mais il fallait plutôt éclairer que punir. La menace de la peine ne convertit point les parents de mauvaise foi; elle ne décida point les consciences timorées et crédules : tout le monde sait que la loi ne continua pas moins à être éludée.

Maintenant que les circonstances sont changées, que la liberté des cultes existe réellement, que les persécutions religieuses ont entièrement cessé, qu'en attribuant à l'autorité civile la rédaction des actes relatifs à l'état des hommes, on ne défend point aux parents de les faire sanctifier par des solennités de leur religion; il est inutile d'employer des moyens de rigueur, dont l'effet est d'ailleurs toujours illusoire. La *déclaration des naissances* n'a donc été conservée que comme un conseil, et comme l'indication d'un devoir à remplir par les parents ou autres témoins de l'accouchement. On a pensé que la peine ne servirait qu'à éloigner de la mère les secours de l'amitié, de l'art et de la charité, dans le moment où, donnant le jour à un être faible, elle en a le plus besoin pour elle et pour lui. Car quel est celui qui ne redouterait pas d'être témoin d'un fait à l'occasion duquel il pourrait être un jour, quoiqu'innocent, recherché et puni de deux ou six mois de prison? D'ailleurs, pour punir le défaut de déclaration, il faut évidemment fixer un délai dans lequel *cette obligation* devra être remplie; et si, par des circonstances que le législateur ne peut prévoir, cette déclaration n'a pas été faite dans le temps prescrit, il en résultera que l'on continuera à dissimuler la *naissance* de l'enfant, *plutôt que de s'exposer* à subir une peine en faisant une déclaration tardive : ainsi les précautions que l'on croirait prendre pour assurer l'état des hommes, ne feraient au contraire que le compromettre.

Les déclarations de naissance *seront faites* dans les trois jours de l'accouchement à l'officier civil, par le père ou autres personnes qui auront assisté à l'accouchement; l'acte sera dressé de suite en présence de deux *témoins*.

L'enfant sera toujours présenté à l'officier civil. Cette formalité est nécessaire pour prévenir beaucoup d'abus; elle n'interdit point à l'officier civil de se transporter vers l'enfant, suivant l'urgence des cas.

Art. 58. — Un article règle ce qui concerne les enfants trouvés, comme dans la loi de 1792. On a seulement évité d'employer toute expression qui tendrait à occasionner des recherches *sur la paternité*. Constater la naissance de l'enfant, et le lieu où il est déposé, pourvoir à ses besoins, recueillir avec soin tout ce qui peut servir un jour à le faire reconnaître par ses parents, voilà les droits et les obligations de la société, voilà ce qui se pratique chez toutes les nations policées. Les recherches que l'autorité ferait de la paternité seraient funestes aux enfants; elles mettraient aux prises l'honneur avec la tendresse maternelle, la pudeur avec la nature; elles renouvelleraient le scandale de ces crimes affreux que provoquait une législation barbare.

Art. 59, 60, 61. — On a prévu le cas où un enfant naîtrait pendant un voyage de mer; on a pourvu à ce que son acte de naissance ne se perdît point en cas de naufrage.

Art. 62. — Enfin, comme au titre *de la paternité et de la filiation* il est traité de la reconnaissance des enfants nés hors mariage, un article statue que les actes de reconnaissance seront inscrits sur les registres.

Le chapitre 3 traite des actes de mariage.

On en a soigneusement écarté tout ce qui est relatif aux conditions, aux empêchements, aux nullités : tous ces objets tenant à la validité du mariage ont été renvoyés au titre qui concerne cet important contrat.

Art. 63. — Le mariage intéresse toute la société : son premier caractère est d'être public. L'ordonnance de Blois voulait « Que toute personne, de quelque état et condition qu'elle fût, ne pût contracter valablement mariage sans proclamation précédente de bans, faite par trois divers jours de fête, avec intervalle compétent, dont on ne pourrait obtenir dispense, sinon après la première publication, et seulement pour quelque urgente et légitime cause. »

Mais les dispositions de cette loi furent éludées; la formalité des publications n'était plus observée que par ceux qui n'avaient pas le moyen de payer les dispenses; ces trois publications étaient devenues l'exception; et les dispenses, la règle habituelle.

La loi de 1792 n'exigeait qu'une publication faite huit jours avant la célébration du mariage, et affichée pendant ce délai.

Il est si important de prévenir les abus des mariages clandestins, que l'on propose de faire deux publications à huit jours d'intervalle.

Mais les publications ne produisent réellement la publicité que lorsqu'elles sont faites les jours où les citoyens se réunissent; c'est par ce motif que l'on a désigné le dimanche : cependant les publications n'en seront pas moins un acte civil absolument étranger aux institutions religieuses; c'est l'officier civil qui est chargé de les faire, et devant la porte de la maison commune. On a encore ajouté la précaution de l'affiche pendant les huit jours d'intervalle de l'une à l'autre publication, et le mariage ne pourra être célébré que trois jours après la deuxième publication.

Il serait superflu de détailler ici les énonciations qui doivent être faites dans ces sortes d'actes, ainsi que de la forme du registre sur lequel elles doivent être inscrites.

Art. 65. — Il fallait prévoir le cas où le mariage n'aurait pas été célébré après les publications, ni dans l'année qui les suit; alors on dispose qu'il ne pourra plus l'être sans de nouvelles publications : le motif de cette disposition n'a pas besoin d'être développé.

Art. 66, 67, 68, 69. — Plusieurs articles règlent la forme des oppositions, de leur notification et de leur main-levée, la mention sur le registre des publications. En cas d'opposition, l'officier de l'état civil ne peut passer outre au mariage, sous peine de trois cents francs d'amende et des dommages et intérêts.

Art. 70, 71, 72. — Comme la validité du mariage dépend de l'âge des contractants, ils sont tenus de représenter leur extrait de naissance à l'officier de l'état civil : mais il y a des circonstances où la représentation de cet acte est impossible : il est juste alors d'y suppléer; la faveur due au mariage l'exige.

On le fera en rapportant un acte de notoriété qui devra être homologué par un tribunal, qui appréciera les causes qui empêchent de rapporter l'acte de naissance.

Art. 74, 75. — Après avoir pris toutes les précautions pour assurer la publicité du mariage, et après avoir désigné les pièces que les contractants doivent produire relativement à leur état, la loi règle la célébration.

Elle doit avoir lieu dans la commune où l'un des deux époux a son domicile; ce domicile, quant au mariage, s'établit par six mois d'habitation; c'est un principe consacré par toutes les lois : c'est l'officier de l'état civil qui célèbre le mariage au jour désigné par les futurs époux, et dans la maison commune.

L'acte de célébration doit être inscrit sur les registres.

Le chapitre 4 règle ce qui concerne les décès.

Les dispositions de la loi sont conformes à celles de 1792, sauf quelques modifications.

Art. 77. — L'inhumation ne peut être faite sans une autorisation de l'officier de l'état civil, qui ne pourra la délivrer qu'après s'être transporté auprès de la personne décédée, pour s'assurer du décès, et que vingt-quatre heures après le décès; la loi ajoute : *hors les cas prévus par les réglements de police.* Cette exception a été réclamée par plusieurs tribunaux. Il y a en effet des circonstances où le délai de vingt-quatre heures pourrait devenir funeste; il est d'une bonne police d'y pourvoir.

Art. 78, 80. — Le transport de l'officier de l'état civil auprès de la personne décédée, est une précaution indispensable pour constater le décès : la loi l'a exigé dans des cas où celle de 1792 l'avait omis; comme ceux de décès dans les hôpitaux, prisons et autres établissements publics.

Il y a des décès qui, par leur nature et leurs causes, font exception (Art. 81) : la loi de 1792 n'avait réglé que ce qui concernait les corps trouvés avec des indices de mort violente.

Art. 83, 84, 85. — Le projet de loi embrasse encore ce qui concerne les exécutions à mort, ou les décès dans les maisons de réclusion et de détention.

L'usage était d'inscrire sur les registres le procès-verbal d'exécution à mort; la loi du 21 janvier 1790 l'abolit, et ordonna qu'il ne serait plus fait sur les registres aucune mention du genre de mort.

On a pensé qu'il fallait étendre cette disposition à trois espèces qui les renferment toutes.

La mort violente qui comprend le duel, et surtout le suicide.

La mort en prison, ou autre lieu de détention; ce qui comprend l'état d'arrestation, d'accusation et de condamnation.

Enfin, l'exécution à mort par suite d'un jugement.

Quoique, aux yeux de la raison, les peines, et la flétrissure qui en résulte, soient personnelles, on ne peut pas se dissimuler qu'un préjugé contraire a encore beaucoup d'empire sur le plus grand nombre des hommes : dès-lors la loi, qui ne peut l'effacer subitement, doit en adoucir les effets, et venir au secours des familles qui auraient à en supporter l'injustice. Elle a donc consacré formellement le principe de celle de 1790, en disposant que, dans tous ces cas, les actes de décès seront simplement rédigés dans les formes communes aux décès ordinaires.

Art. 86, 87. — Elle règle ensuite ce qui concerne les décès en mer, comme elle l'a fait pour les naissances.

Art. 88. — Après avoir embrassé dans sa prévoyance la naissance, le mariage et la mort; après avoir prescrit toutes les précautions capables d'assurer l'état des hommes, et prévenir les abus que la fraude, la négligence ou l'erreur peuvent introduire, la loi a dû s'occuper de ce qui concerne les militaires hors du territoire de la République; c'est l'objet du chapitre 5.

Les armées de la République sont composées de toute la jeunesse française; ce sont les fils des citoyens que la loi y appelle sans exception. En obéissant à la voix de la patrie, chaque soldat n'en continue pas moins d'appartenir à une famille; il ne cesse point d'avoir le libre usage des droits civils, dans les limites qui sont compatibles avec l'état militaire. Ainsi, lorsqu'il est sur le territoire français, ses droits sont réglés par la loi commune; mais en temps de guerre, lorsque l'armée est sur le territoire étranger, il y a nécessairement exception.

On aurait pu rigoureusement, dans le projet de loi, se contenter de l'article du chapitre des dispositions générales, qui porte : « Que tous « actes de l'état civil des Français, faits en « pays étranger, feront foi, lorsqu'ils auront « été rédigés dans les formes usitées dans ces « pays ».

Mais, quant à cette matière, on a pensé avec raison que la France était momentanément partout où une armée française portait ses pas, que la patrie, pour des militaires, était toujours attachée au drapeau.

Pendant la dernière guerre, on s'est joué du plus saint des contrats, du mariage. Des héritiers dont l'origine a été inconnue aux familles viennent chaque jour y porter le trouble : des parents sont toujours dans l'incertitude sur l'existence de leurs enfants. Il y a eu sans doute des abus que le caractère extraordinaire de cette guerre ne permettait pas de prévenir; mais il en est un grand nombre qu'on peut attribuer à l'imprévoyance de la législation.

Art. 90. — Il y aura donc un registre de l'état civil dans chaque corps de troupes, et à l'état-major de chaque armée, pour les officiers sans troupes et pour les employés.

Les fonctions d'officier de l'état civil seront remplies, dans les corps, par le quartier-maître ; et à l'état-major, par l'inspecteur aux revues (Art. 89).

Art. 90, 93. — Les actes seront inscrits sur ces registres, et expédition en sera envoyée à l'officier de l'état civil du domicile des parties, pour y être inscrite sur les registres. A la rentrée des armées sur le territoire de la République, les registres de l'état civil des militaires seront déposés aux archives de la guerre.

Art. 94. — Les publications de mariage continueront d'être faites au lieu du dernier domicile des époux, et mis en outre à l'ordre du jour des corps ou de l'armée, vingt-cinq jours avant la célébration du mariage.

Le chapitre sixième du projet de loi contient quelques dispositions relatives à la rectification des actes de l'état civil.

Il y a eu à cet égard deux systêmes.

Art. 99. — Dans le projet de code, on proposait de décider que les ratures et renvois non approuvés ne vicieraient point le surplus de l'acte, et qu'on aurait tel égard que de raison aux abréviations et dates mises en chiffres. S'il y avait des nullités, le commissaire près le tribunal devait requérir que les parties et les témoins qui avaient souscrit les actes nuls, fussent tenus de comparaître devant l'officier de l'état civil pour rédiger un nouvel acte, ce qui devait être ordonné par le tribunal. En cas de mort ou d'empêchement des témoins, ils étaient remplacés par d'autres témoins.

La rectification pouvait aussi être ordonnée par les tribunaux, sur la demande des parties intéressées : le jugement ne pouvait jamais être opposé à celles qui n'avaient point requis la réctification ou qui n'y avaient point été appelées.

Les jugements de rectification, rendus en dernier ressort ou passés en force de chose jugée, devaient être inscrits sur les registres, en marge de l'acte réformé.

Ainsi l'on distinguait à cet égard deux juridictions ; l'une, que nous appellerons *gracieuse*, lorsque le tribunal ordonnait d'office la rectification ; l'autre, *contentieuse*, lorsque la rectification était ordonnée sur la demande des parties : ce dernier mode forme le second systême.

Le premier systême a paru susceptible d'inconvénients, en ce que l'on entamait la question des nullités des actes de l'état civil, qu'il est impossible de préciser assez exactement, et qu'il vaut mieux laisser en litige et à l'arbitrage des juges, suivant les circonstances, sauf quelques cas graves spécialement déterminés aux divers titres du code civil, tels que celui du mariage, celui de la paternité et de la filiation.

Ensuite on a pensé que rien ne justifiait cette vérification d'office requise par le commissaire et ordonnée par le tribunal : on ne conçoit pas comment elle pourrait être faite sans donner lieu à de graves inconvénients. Les registres de l'état civil sont, comme nous l'avons déjà dit, un dépôt sacré ; nulle autorité n'a le droit de modifier ou de rectifier d'office les actes qui y sont inscrits. Si le commissaire près le tribunal est tenu de vérifier l'état des registres lorsqu'ils sont déposés au greffe, ce ne peut être que pour constater les contraventions ou les délits commis par les officiers de l'état civil, et pour en requérir la punition ; c'est une vérification de police qui ne doit nullement influer sur la validité des actes : c'est ainsi que la loi de 1792 l'avait décidé. Les erreurs, les omissions et tous les vices qui peuvent se rencontrer dans les actes de l'état civil, acquièrent des droits à des tiers. S'il y a lieu à rectification, elle ne doit être ordonnée que sur la demande des parties, contradictoirement avec tous les intéressés ; en un mot, la rectification officieuse serait absolument inutile, puisque les partisans de ce système ne peuvent pas s'empêcher de convenir qu'elle ne pourrait être opposée à ceux qui n'y auraient pas consenti, ou qui n'y auraient pas été appelés.

Art. 100, 101. — Le projet de loi n'adopte donc la rectification que sur la demande des parties et contradictoirement avec tous les intéressés. La rectification ne peut jamais être opposée à ceux qui y ont été étrangers. Lorsque le jugement qui l'ordonne est rendu en dernier ressort, ou passé en force de chose jugée, il doit être inscrit sur les registres, en marge de l'acte réformé.

Il n'y a point de modèles, ou formules d'actes annexés à la loi. Il peut être utile d'en transmettre aux officiers de l'état civil pour en faciliter la rédaction, et pour la rendre uniforme ; mais ces modèles sont susceptibles de perfection. Il faut que l'on puisse y faire les changements dont l'expérience démontrera l'utilité. Il serait fâcheux d'être lié à cet égard par une loi, par un code civil dont la perpétuité doit être dans le vœu des législateurs et des citoyens. Le code règle la forme des actes : des modèles ne sont plus qu'un acte d'exécution, dont à la rigueur on pourrait se passer ; mais le gouvernement y pourvoira.

TITRE III.

Du Domicile.

Décrété le 23 ventôse an XI (14 mars 1803) ; — Promulgué le 3 germinal (24 mars 1803).

[ARTICLES 102 à 111.]

EXPOSÉ DES MOTIFS par M. le Conseiller-d'État EMMERY.

Séance du 13 ventôse an XI (3 mars 1803).

LÉGISLATEURS,

Le maintien de l'ordre social exige qu'il y ait des règles d'après lesquelles on puisse juger du vrai domicile de chaque individu.

Il n'appartient qu'à la constitution de poser celles du domicile politique.

Les règles du domicile, considéré relativement à l'exercice des droits civils, sont du ressort de la loi civile. Il n'est ici question que de celles-ci.

Le citoyen cité devant un magistrat est obligé de comparaître; mais cette obligation suppose qu'il a été touché de la citation.

Il n'est pas toujours possible de la donner à la personne; on peut toujours la remettre à son domicile.

ART. 102. — On entend par-là le lieu où une personne, jouissant de ses droits, a établi sa demeure, le centre de ses affaires, le siége de sa fortune; le lieu d'où cette personne ne s'éloigne qu'avec le desir et l'espoir d'y revenir dès que la cause de son absence aura cessé.

Le domicile de tout Français, quant à l'exercice de ses droits civils, est donc au lieu où il a son principal établissement.

ART. 108. — L'enfant n'a pas d'autre domicile que celui de son père; et le vieillard, après avoir vécu long-temps loin de la maison paternelle, y conserve encore son domicile, s'il n'a pas manifesté la volonté d'en prendre un autre.

ART. 103. — Le fait doit toujours concourir avec l'intention. La résidence la plus longue ne prouve rien, si elle n'est pas accompagnée de volonté; tandis que si l'intention est constante, elle opère avec la résidence la plus courte, celle-ci ne fût-elle que d'un jour.

Vous voyez que toute la difficulté, dans cette matière, tient à l'embarras de reconnaître avec certitude quand le fait et l'intention se trouvent réunis : tant qu'un homme n'a pas abandonné son premier domicile, on ne peut pas lui prêter une volonté contraire à celle que le fait rend sensible.

La difficulté commence lorsque, de fait, il y a changement de résidence; si les motifs de ce changement restent incertains; s'ils sont tels, qu'on ne puisse pas en conclure l'intention de quitter pour toujours l'ancien domicile et d'en prendre un nouveau.

Ces questions tombent nécessairement dans le domaine du juge; l'ancienne législation les y avait laissées, la nouvelle tenterait vainement de les en tirer; il n'y a pas moyen de prévoir tous les cas.

Ce que peut faire le législateur, c'est d'offrir à la bonne foi de ceux qui veulent changer de domicile, un moyen légal de manifester leur volonté sans équivoque, en sorte qu'il n'y ait plus de prétexte aux argumentations qu'on voudrait leur opposer.

ART. 104. — On propose en conséquence de faire résulter la preuve de l'intention, d'une déclaration expresse qui aurait été faite, tant à la municipalité du lieu qu'on quitte, qu'à celle du lieu où l'on transfère son domicile.

Cette déclaration n'est point obligée :

l'homme qui n'aura que des motifs honnêtes pour user de sa liberté naturelle en changeant de domicile, ne craindra pas d'annoncer hautement sa volonté, que nul n'a le droit de contrarier; le fait concourant avec elle, l'évidence se rencontrera des deux côtés, et il n'y aura plus matière à contestation.

Art. 105. — Mais l'homme qui, par exemple, fuira ses créanciers, n'aura garde de signaler sa fuite par des déclarations; celui-ci ne pourra pas non plus faire admettre comme certain ce qui restera toujours en question, par rapport à lui : à défaut de déclaration expresse, la preuve de son intention dépendra des circonstances dont le juge deviendra l'arbitre.

Un citoyen appelé à des fonctions publiques, hors du lieu où il avait son domicile, le perdra-t-il en acceptant des fonctions qui l'obligent de résider ailleurs? Cette question, d'un intérêt général dans la république, demandait une solution positive.

Il a paru qu'elle sortirait naturellement des principes, si l'on distinguait entre les fonctions temporaires et révocables, et celles qui sont conférées à vie.

Art. 107. — Un fonctionnaire a l'intention de remplir ses devoirs dans toute leur étendue, la loi ne peut du moins admettre une autre supposition. Celui qui accepte des fonctions inamovibles, contracte, à l'instant même, l'engagement d'y consacrer sa vie, lors donc qu'il se transporte au lieu fixé pour l'exercice de ses fonctions, ses motifs ne sont pas douteux; à côté du fait constant se place une intention moralement évidente : il y a donc translation immédiate du domicile de ce fonctionnaire inamovible dans le lieu où il doit exercer ses fonctions.

Art. 106. — Mais si elles ne sont que temporaires ou révocables, la volonté d'abandonner l'ancien domicile n'est plus également présumable : on le quitte pour remplir des obligations auxquelles on voit un terme; quand ce terme est arrivé, il n'y a plus de raison pour prolonger le sacrifice de toutes les habitudes de sa vie, pour induire un changement de domicile de l'acceptation de fonctions temporaires ou révocables : il faudra donc que l'intention de renoncer à son ancienne demeure soit clairement manifestée.

Art. 108. — L'ancien droit, fondé sur la nature même des choses, doit subsister, et subsistera par rapport aux femmes mariées, aux mineurs non émancipés, et aux majeurs interdits. Le domicile des premières est chez leurs maris; celui des autres, chez leurs pères, mères, tuteurs ou curateurs.

Art. 109. — Les majeurs qui servent ou qui travaillent habituellement chez autrui, ont le même domicile que la personne qu'ils servent, ou chez laquelle ils travaillent, pourvu qu'ils demeurent avec cette personne, et dans la même maison. Cette condition suffit pour restreindre le principe général dans ses justes bornes, et prévenir toute incertitude dans l'application.

Art. 110. — On rappelle, pour la confirmer, la règle en vertu de laquelle le lieu d'ouverture de la succession est déterminé par le domicile du défunt. Il importe à tous les intéressés de savoir précisément à quel tribunal ils doivent porter leurs demandes. Un homme peut mourir loin de chez lui, ses héritiers peuvent être dispersés, ces circonstances feraient naître de grands embarras, s'il n'y était pourvu par le moyen qui est en usage, et qu'il a paru sage de maintenir.

Art. 111. — Enfin, législateurs, on a cru devoir autoriser la convention par laquelle des parties contractantes, ou l'une d'elles, éliraient un domicile spécial et différent du domicile réel, pour l'exécution de tel ou tel acte. La loi ne fait en cela que prêter sa force à la volonté des parties, qui n'a rien que de licite et de raisonnable; seulement on exige que l'élection de domicile soit faite dans l'acte même auquel elle se réfère, et pour qu'on ne puisse pas en abuser, on a soin de restreindre l'effet d'une semblable stipulation aux significations, demandes et poursuites relatives à ce même acte : elles seules pourront être faites au domicile convenu, et devant le juge de ce domicile.

TITRE IV.

Des Absents.

Décrété le 24 ventôse an XI (15 mars 1803); — Promulgué le 4 germinal (25 mars 1803).

[ARTICLES 112 à 143.]

EXPOSÉ DES MOTIFS par M. le Conseiller-d'Etat BIGOT DE PRÉAMENEU.

Séance du 14 ventôse an XI (5 mars 1803).

LÉGISLATEURS,

Le titre du code civil qui a pour objet *les absents*, offre les exemples les plus frappants de cette admirable surveillance de la loi, qui semble suivre pas à pas chaque individu pour le protéger aussitôt qu'il se trouve dans l'impuissance de défendre sa personne ou d'administrer ses biens.

Cette impuissance peut résulter de l'âge ou du défaut de raison, et la loi y pourvoit par les tutèles.

Elle peut venir aussi de ce que l'individu absent n'est plus à portée de veiller à ses intérêts.

Ici la loi et les juges ont besoin de toute leur sagesse.

Leur but est de protéger l'absent; mais lors même qu'ils ne veulent que le garantir des inconvénients de son absence, ils sont le plus souvent exposés aux risques de le troubler dans le libre exercice que chacun doit avoir de ses droits.

L'absence, dans l'acception commune de cette expression, peut s'appliquer à ceux qui sont hors de leur domicile, mais dont on connaît le séjour ou l'existence; il ne s'agit ici que des personnes qui se sont éloignées du lieu de leur résidence ordinaire, et dont on n'a point de nouvelles.

Depuis long-temps le vœu des jurisconsultes était qu'il y eût enfin à cet égard des règles fixes.

On n'en trouve presque aucune dans le droit romain.

Il n'a point été rendu en France, à cet égard, de loi générale.

Les relations du commerce extérieur et les temps de troubles ont plus que jamais multiplié les absences.

Enfin, il n'est point de matière sur laquelle la jurisprudence des tribunaux soit plus variée et plus incertaine.

ART. 115. — Lorsque l'absence, sans nouvelles, s'est prolongée pendant un certain temps, on en a tiré, dans les usages des différents pays, diverses conséquences.

Dans les uns, et c'est le plus grand nombre, on a pris pour règle, que toute personne absente et dont la mort n'est pas constatée, doit être présumée vivre jusqu'à cent ans; c'est-à-dire, jusqu'au terme le plus reculé de la vie ordinaire, mais qu'alors même un autre mariage ne peut être contracté.

Dans d'autres pays on a pensé que, relativement à la possession et même à la propriété des biens de l'absent; il devait être présumé mort avant l'âge de cent ans, et que le mariage était le seul lien qui dût être regardé comme indissoluble, avant l'expiration d'un siècle écoulé depuis la naissance de l'époux absent.

D'autres enfin ont distingué entre les absents qui étaient en voyage et ceux qui avaient disparu subitement : dans ce dernier cas on présumait plus facilement leur décès; après un certain temps on les réputait morts du jour qu'ils avaient disparu, et ce temps était moins long lorsqu'on savait qu'ils avaient couru quelque danger.

Ces diverses opinions manquent d'une base solide, et elles ont conduit à des inconséquences que l'on aura occasion de faire observer.

Il a paru préférable de partir d'idées simples et qui ne puissent pas être contestées.

Lorsqu'un long temps ne s'est pas encore écoulé depuis que l'individu s'est éloigné de son domicile, la présomption de mort ne peut résulter de cette absence; il doit être regardé comme vivant.

Mais si pendant un certain nombre d'années on n'a point de ses nouvelles, on considère alors que les rapports de famille, d'amitié, d'affaires, sont tellement dans le cœur et dans l'habitude des hommes, que leur interruption absolue doit avoir des causes extraordinaires, causes parmi lesquelles se place le tribut même rendu à la nature.

Alors s'élèvent deux présomptions contraires, l'une de la mort par le défaut de nouvelles, l'autre de la vie par son cours ordinaire. La conséquence juste de deux présomptions contraires est l'état d'incertitude.

Les années qui s'écoulent ensuite rendent plus forte la présomption de la mort, mais il n'est pas moins vrai qu'elle est toujours plus ou moins balancée par la présomption de la vie; et si, à l'expiration de certaines périodes, il est nécessaire de prendre des mesures nouvelles, elles doivent être calculées d'après les différents degrés d'incertitude, et non pas exclusivement sur l'une ou l'autre des présomptions de vie ou de mort, ce qui conduit à des résultats très-différents.

Nous avons à parcourir les différentes périodes de l'absence, à examiner sur quel nombre d'années il a été convenable de les fixer, et quelles ont été, dans chacune de ces périodes, les mesures exigées par le propre intérêt de l'absent, par celui de sa famille, et par l'intérêt public, qui veut aussi que les propriétés ne soient pas abandonnées ou trop long-temps incertaines.

La première période est celle qui se trouve entre le moment du départ et l'époque où les héritiers présomptifs de l'absent peuvent être envoyés, comme dépositaires, en possession de ses biens.

Les usages sur la durée de cette période étaient très-variés.

A Paris, et dans une partie assez considérable de la France, elle était de trois ans; dans d'autres pays de cinq, dans d'autres de sept et de neuf ans.

Le cours de trois années n'a point paru suffisant : on doit, en fixant la durée de cette première période, considérer la cause la plus ordinaire de l'absence; ce sont les voyages maritimes, pendant lesquels il est assez ordinaire que plusieurs années s'écoulent avant qu'on ait pu donner de ses nouvelles.

Art. 119. — Mais si, pendant cinq années entières, il n'en a été reçu aucunes, on ne pourra plus se dissimuler qu'il y a incertitude sur la vie; et lorsque les tribunaux auront fait, pour découvrir l'existence de l'absent, d'inutiles enquêtes, il y aura dans le langage de la loi, *absence proprement dite.*

Art. 112, 114. — Quant aux précautions à prendre pendant les cinq premières années, la loi ne peut, pour l'intérêt des personnes absentes, que s'en rapporter à la surveillance du ministère public et à la prudence des juges.

L'éloignement fait présumer que l'absence *proprement dite* aura lieu; mais lorsqu'elle n'est encore que présumée, il n'est point censé que la personne éloignée soit en souffrance pour ses affaires; il faut qu'il y en ait des preuves positives; et lors même que cette personne n'a pas laissé de procuration, on droit croire que c'est à dessein de ne pas confier le secret de sa fortune.

Avec quelle réserve les magistrats eux-mêmes, malgré leur caractère respectable et la confiance qu'ils méritent, doivent-ils donc se décider à pénétrer dans le domicile, qui fut toujours un asyle sacré!

Art. 113. — Cependant celui qui s'est éloigné sans avoir donné une procuration, peut avoir laissé des affaires urgentes, telles que l'exécution des congés de loyer, leur paiement, celui d'autres dettes exigibles. Il peut se trouver intéressé dans des inventaires, dans des comptes, des liquidations, des partages.

Ce sont autant de circonstances dans lesquelles les créanciers ou les autres intéressés ne doivent pas être privés de l'exercice de leurs droits. Ils ont celui de provoquer la justice; et tout ce que peuvent les tribunaux en faveur de la personne qui, par son éloignement, s'est exposée à ces poursuites, c'est de se borner aux actes qui sont absolument nécessaires pour que, sur ses biens, il soit satisfait à des demandes justes.

Ainsi, lorsqu'il s'agira du paiement d'une dette, ce sera le magistrat, dont le secret et la bonne foi ne peuvent être suspects à la personne éloignée, qui pénétrera un seul instant dans son domicile, pour en extraire la partie de l'actif absolument nécessaire, afin de remplir ses engagements.

Art. 113. — Les successions, les comptes, les partages, les liquidations, dans lesquels les absents se trouvent intéressés, étaient, avant les lois nouvelles, autant de motifs pour leur nommer des curateurs. Trop souvent ces curateurs ont été coupables de dilapidations; trop souvent même, avec de la bonne foi, ils ont, soit par ignorance, soit par négligence à défendre les intérêts de l'absent, soit même par le seul fait du discrédit que causent de pareilles gestions, opéré leur ruine.

Une loi de l'assemblée constituante du 11 février 1791, avait réglé que, « S'il y avait « lieu de faire des inventaires, comptes, « partages et liquidations dans lesquels se « trouveraient intéressés des absents qui ne « seraient défendus par aucun fondé de pro- « curation, la partie la plus diligente s'adres- « serait au tribunal compétent, qui com- « mettrait d'office un notaire pour procéder « à la confection de ces actes. »

L'absent lui-même n'eût pu choisir personne qui, plus qu'un notaire, fût en état de connaître et de défendre ses intérêts dans ce genre d'affaires.

Une mesure aussi sage a été maintenue.

Il n'en résulte pas que les nominations de curateurs soient interdites dans d'autres cas où les tribunaux le jugeront indispensable, mais ils ne le feront qu'en cherchant tous les moyens d'éviter les inconvénients auxquels cette mesure expose.

Art. 114. — Il peut encore arriver que le père qui s'est éloigné ait laissé des enfants mineurs, il n'est pas de besoin plus urgent que celui des soins qui leur sont dus.

Rien à cet égard n'avait encore été prévu ni réglé.

Il est conforme aux principes qui vous seront exposés au titre *des Tutèles*, que si la femme de l'absent vit, elle ait la surveillance des enfants, et qu'elle exerce tous les droits de son mari relatifs à leur éducation et à l'administration de leurs biens.

C'est l'intérêt des enfants, qui sont, à cet égard, au nombre des tiers ayant droit d'invoquer la justice : c'est le droit naturel de la mère; c'est la volonté présumée et en quelque sorte certaine du père absent, lorsqu'il n'y a aucune preuve d'intention contraire.

Art. 142. — Si la mère n'existe plus, on ne saurait croire que le père n'ait pris à son départ aucune précaution pour la garde et l'entretien de ses enfants; mais aussi on présume que ces précautions n'ont été que pour un temps peu long, et dans l'espoir d'un prochain retour : on présume qu'elles n'ont point été suffisantes pour établir toutes les fonctions et tous les devoirs d'une tutèle.

Ainsi, lorsqu'un temps, que l'on a fixé à six mois depuis la disparition du père, se sera écoulé, la surveillance des enfants sera déférée par le conseil de famille aux ascendants les plus proches, et, à leur défaut, à un tuteur provisoire.

Art. 143. — Cette mesure sera également nécessaire dans le cas où la mère serait morte depuis le départ du père, avant que son absence ait été déclarée, et dans le cas où l'un des époux qui aurait disparu laisserait des enfants mineurs issus d'un mariage précédent.

Art. 115. — Nous sommes parvenus à la seconde période, celle qui commence par la déclaration d'absence.

C'est cette formalité qui doit avoir les conséquences les plus importantes. D'un côté, les biens ne peuvent pas rester dans un plus long abandon; mais d'un autre côté un citoyen ne peut pas être dépossédé de sa fortune avant qu'on ait employé tous les moyens de découvrir son existence, et de lui faire connaître qu'on le met dans son pays au nombre de ceux dont la vie est incertaine.

Des précautions si raisonnables, et qui seront désormais regardées comme étant d'une absolue nécessité, avaient été jusqu'ici inconnues.

La déclaration d'absence ne consistait que dans le jugement qui envoyait les héritiers présomptifs de l'absent en possession des biens. Il n'y avait, pour faire prononcer cet envoi, d'autre formalité à remplir que celle de produire aux juges un acte de notoriété dans lequel l'absence, sans nouvelles, était attestée.

Ceux qui déclarent qu'il n'y a point eu de nouvelles d'un absent ne prouvent rien, si ce n'est qu'ils n'ont point entendu dire qu'il en ait été reçu.

Ce n'est point une preuve positive. Il n'en résulte pas que dans le même pays d'autres personnes n'aient point de renseignemens différents : cela constate encore moins que dans d'autres villes l'existence des absents, dans le cas surtout où ce sont des commerçants, soit inconnue.

Il fallait chercher des moyens plus sûrs de découvrir la vérité; et, s'il en est un dont on puisse espérer de grands succès, c'est celui de donner à la déclaration d'absence une telle publicité, que tous ceux qui, en France, pourraient avoir des nouvelles de l'absent, soient provoqués à en donner, et que l'absent lui-même puisse connaître par la renommée les conséquences fâcheuses de son long silence.

Les formes les plus solennelles pour la déclaration de l'absence et pour sa publication vous sont présentées.

Art. 116. — A la place d'un simple acte de notoriété dans le lieu du domicile, on propose une enquête qui sera contradictoire avec le commissaire du gouvernement.

L'envoi en possession était provoqué par des parents dont la cupidité, dès-lors allumée par l'espoir d'une propriété future, pouvait les porter à séduire le petit nombre de témoins qui étaient nécessaires pour un acte de notoriété; où ils en trouvaient de trop crédules.

Suivant la loi proposée, les témoins seront produits non-seulement par les intéressés qui demanderont la déclaration d'absence, mais encore par le commissaire du gouvernement. Celui-ci se fera un devoir d'appeler tous ceux dont les relations avec l'absent pourront répandre sur son sort quelques lumières.

L'acte de notoriété n'était qu'une formule signée par les témoins : dans l'enquête on verra les différences entre leurs dépositions.

Ce sont ces variations et ces détails qui mettent sur la voie dans la recherche de la vérité.

Il était encore plus facile aux héritiers de trouver des témoins complaisants ou crédules, lorsque la résidence de l'absent, avant son départ, était dans un autre arrondissement que son domicile. Cet inconvénient est écarté par la double enquête qui sera faite, l'une par les juges du domicile, et l'autre par ceux de la résidence.

Art. 117. — La formule en termes positifs que présentaient aux juges les actes de notoriété, commandait en quelque sorte leur jugement d'envoi en possession. Ce jugement n'était lui-même, pour ainsi dire, qu'une simple formule.

Suivant la loi proposée, il sera possible aux juges de vérifier si l'absence n'a point été déterminée par des motifs qui existeraient encore, et qui devraient faire différer la déclaration d'absence.

Tel serait le projet que l'absent aurait annoncé de séjourner plusieurs années dans quelque contrée lointaine; telle serait l'entreprise d'un voyage de terre ou de mer, qui, par son objet ou par les grandes distances, exigerait un très-long temps.

Les juges pourront encore apprendre dans l'enquête si des causes particulières n'ont point empêché qu'on ne reçût des nouvelles de l'absent. Tels seraient la captivité, la perte d'un navire, et d'autres événements qui pourront encore déterminer les juges à prolonger les délais.

Art. 118. — A tous ces moyens de découvrir la vérité, il en a été ajouté un dont on attend des effets avantageux; c'est la publicité que le ministre de la justice est chargé de donner aux jugements qui auront ordonné les enquêtes pour constater l'absence sans nouvelles. Ce ministre emploiera non-seulement la voie des papiers publics, mais encore il provoquera dans les places de commerce les correspondances avec toutes les parties du globe.

Cette publication des jugements deviendra l'enquête la plus solennelle et la plus universelle.

Art. 119. — Les résultats en seront attendus pendant une année entière, qui sera la cinquième depuis le départ. Tous ceux qui auraient eu des nouvelles, ou ceux qui en recevraient, auront le temps d'en instruire la justice; et il suffira qu'un seul de ces avis nombreux parvienne à l'absent pour qu'il multiplie les moyens de faire connaître son existence.

C'est ainsi que la loi viendra au secours de l'absent d'une manière plus efficace, et qui sera exempte d'une grande partie des risques et des inconvénients auxquels il était exposé dans l'ancienne forme d'envoi en possession.

Lorsqu'avec un simple acte de notoriété un absent était dépossédé de tous ses biens, cette mesure présentait une idée dont on ne pouvait se défendre, celle d'un acte arbitraire et sans garantie pour le droit de propriété.

Mais lorsque d'une part les biens se trouveront dans l'abandon depuis cinq années, lorsque de l'autre toutes les recherches possibles sur l'existence de l'absent auront été faites, et tous les moyens de lui transmettre des avis auront été épuisés, la déclaration d'absence ne pourra plus laisser d'inquiétude. Elle ne saurait être dès-lors, aux yeux du public, qu'un acte de conservation fondé sur une nécessité constante, et pour l'absent lui-même un acte de protection qui a garanti son patrimoine d'une perte qui devenait inévitable.

Art. 121. — Le jugement qui déclarera l'absence ne sera même pas rendu dans le délai de cinq ans, si l'absent a laissé une procuration.

Vous aurez encore ici à observer une grande différence entre le droit ancien et celui qui vous est proposé.

L'usage le plus général était de regarder la procuration comme n'étant point un obstacle à l'envoi en possession après le délai ordinaire. Ainsi, l'homme qui prévoyait une longue absence, et qui avait pris des précautions pour que la conduite et le secret de ses affaires ne fussent pas livrés à d'autres qu'à celui qui avait sa confiance, n'en restait pas moins exposé à ce que sa volonté et l'exercice qu'il avait fait de son droit de propriété fussent anéantis après un petit nombre d'années.

Il est vrai que quelques auteurs distinguaient entre la procuration donnée à un parent et celle laissée à un étranger : ils pensaient que la procuration donnée à un parent devait être exécutée jusqu'au retour de l'absent, ou jusqu'à ce que sa mort fût constatée, mais que celle donnée à un étranger était révocable par les parents envoyés en possession.

Cette distinction, qu'il serait difficile de justifier, n'a point été admise, et la cessation trop prompte de l'effet des pouvoirs confiés par l'absent a été regardée comme une mesure qui ne peut se concilier avec la raison ni avec l'équité.

En effet, l'on ne peut pas traiter également celui qui a formellement pourvu à l'administration de ses affaires, et celui qui les a laissées à l'abandon.

Le premier est censé avoir prévu une longue absence, puisqu'il a pourvu au principal besoin qu'elle entraîne. Il s'est dispensé de la nécessité d'une correspondance, lors même qu'il serait long-temps éloigné.

Les présomptions contraires s'élèvent contre celui qui n'a pas laissé de procuration : on croira plutôt qu'il espérait un prompt retour, qu'on ne supposera qu'il ait omis une précaution aussi nécessaire ; et, lorsqu'il y a manqué, il s'est au moins mis dans la nécessité d'y suppléer par sa correspondance.

L'erreur était donc évidente lorsque, dans l'un et l'autre cas, on tirait les mêmes inductions du défaut de nouvelles pendant le même nombre d'années : il a paru qu'il y aurait une proportion juste entre les présomptions qui déterminent l'envoi en possession, si on exigeait, pour déposséder l'absent qui a laissé une procuration, un temps double de celui après lequel on prononcera l'envoi en possession des biens de l'absent qui n'a point de mandataire.

Ainsi, la procuration aura son effet pendant dix années depuis le départ ou depuis les dernières nouvelles, et ce sera seulement à l'expiration de ce terme que l'absence sera déclarée, et que les parents seront envoyés en possession.

Art. 122. — On a aussi prévu le cas où la procuration cesserait par la mort ou par un autre empêchement. Ces circonstances ne changent point les inductions qui naissent du fait même qu'il a été laissé une procuration, et on a dû tirer de ce fait deux conséquences ; la première, que les héritiers présomptifs ne seraient envoyés en possession qu'à l'expiration du même délai de dix ans; la seconde, qu'il serait pourvu, depuis la cessation du mandat, aux affaires urgentes, de la manière réglée pour tous ceux qui ne sont encore que présumés absents.

Art. 120. — Il faut maintenant nous placer à cette époque où les absents, déclarés tels par des jugements revêtus de toutes les formes, ont pu être dépossédés.

On avait à décider entre les mains de qui les biens devaient être remis.

Il suffit que la loi reconnaisse qu'il y a incertitude de la vie, pour que le droit des héritiers, sans cesser d'être éventuel, devienne plus probable : et puisque les biens doivent passer en d'autres mains que celles du propriétaire, les héritiers se présentent avec un titre naturel de préférence.

La jurisprudence a toujours été uniforme à cet égard; toujours les héritiers ont été préférés.

Personne ne peut avoir d'ailleurs plus d'intérêt à la conservation et à la bonne administration de ces biens, que ceux qui en profiteront si l'absent ne revient pas.

Heureusement encore l'affection et la confiance entre parents sont les sentiments les plus ordinaires, et on peut présumer que tels ont été ceux de l'absent.

On propose de maintenir la règle qui donne la préférence aux héritiers présomptifs.

Art. 125. — Au surplus, cette possession provisoire n'est qu'un dépôt confié aux parents. Ils se rendent comptables envers l'absent, s'il revient ou si on a de ses nouvelles.

Art. 126. — La manière de constater quels avaient été les biens laissés par l'absent, était différente suivant les usages de chaque pays.

Dans la plupart, les formalités étaient incomplètes ou insuffisantes.

On a réuni celles qui donneront une pleine sûreté.

La fortune de l'absent sera constatée par des inventaires en présence d'un magistrat. Les tribunaux décideront si les meubles doivent être vendus; ils ordonneront l'emploi des sommes provenant du prix de la vente et des revenus: les parents devront même, s'ils veulent éviter, pour l'avenir, des discussions sur l'état dans lequel les biens leur auront été remis, les faire constater. Ils seront tenus de donner caution pour sûreté de leur administration. (Art. 120.)

En un mot, la loi prend contre eux les mêmes précautions que contre un étranger, elle exige les mêmes formalités que pour les séquestres ordinaires; et lors même qu'elle a été mise par l'absent dans la nécessité de le déposséder, elle semble encore ne le faire qu'à regret, et elle s'arme, contre la cupidité ou l'infidélité, de formes qui ne puissent être éludées.

Art. 123. — La loi proposée a écarté l'incertitude qui avait jusqu'ici existé sur l'exécution provisoire du testament que l'absent aurait fait avant son départ.

En général, les testaments ne doivent être exécutés qu'à la mort de ceux qui les ont faits. La loi romaine portait même la sévérité au point de punir de la peine de faux quiconque se serait permis de procéder à l'ouverture du testament d'une personne encore vivante; mais en même temps, elle décidait que, s'il y avait du doute sur l'existence du testateur, le juge pouvait, après avoir fait les dispositions nécessaires, permettre de l'ouvrir.

Il ne saurait y avoir d'enquêtes plus solennelles que celles qui précéderont l'envoi en possession des biens de l'absent. D'ailleurs, l'ouverture des testaments et leur exécution provisoire doivent être autorisées par les mêmes motifs qui font donner aux héritiers présomptifs la possession des biens. Le droit qu'ils tiennent de la loi, et celui que les légataires tiennent de la volonté de l'absent, ne doivent également s'ouvrir qu'à la mort; si donc, par l'effet de la déclaration de l'absence, le temps où la mort serait constatée et anticipée par l'envoi en possession des héritiers, il doit l'être également par une délivrance provisoire aux légataires.

Ces principes et ces conséquences s'appliquent à tous ceux qui auraient sur les biens de l'absent des droits subordonnés à son décès; ils pourront les exercer provisoirement.

Les mêmes précautions seront prises contre eux tous; ils ne seront, comme les héritiers, que des dépositaires tenus de fournir caution et de rendre des comptes.

Art. 124. — Il n'y a point eu jusqu'ici de loi qui ait décidé si la communauté entre époux continuait lorsque l'un d'eux était absent.

Suivant l'usage le plus général, la communauté, dans le cas de l'absence de l'un des deux époux, était provisoirement dissoute du jour où les héritiers présomptifs avaient, après le temps d'absence requis, formé contre l'époux présent, la demande d'envoi en possession des biens de l'absent.

Elle était pareillement dissoute du jour que l'époux présent avait agi à cet égard contre les héritiers de l'absent.

Si l'absence cessait, on considérait la communauté comme n'ayant jamais été dissoute, et les héritiers qui avaient été mis en possession étaient tenus de lui rendre compte de tous les biens qui la composaient.

Cependant la raison et l'équité veulent que l'époux présent, dont la position est déjà si malheureuse, n'éprouve dans sa fortune que le moindre préjudice, et surtout qu'il n'en souffre pas au profit des héritiers, et par leur seule volonté.

Les héritiers n'ont jamais prétendu que l'époux présent fût tenu de rester malgré lui en communauté de biens avec eux : de quel droit le forceraient-ils à la dissoudre si la continuation lui en était avantageuse, ou plutôt comment pourrait-on les admettre à contester un droit qui repose sur la foi du contrat de mariage? Si l'incertitude a suffi pour les mettre en possession provisoire des biens, ce n'est pas sur une incertitude que des héritiers, n'ayant qu'un droit précaire et provisoire, peuvent, contre la volonté de l'une des parties, rompre un contrat synallagmatique.

Il faut conclure de ces principes, que l'époux présent doit avoir la faculté d'opter, soit la continuation, soit la dissolution de la communauté.

Tel a été le parti adopté dans la loi proposée.

On y a prévu quelles doivent être les conséquences de la continuation ou de la dissolution de communauté.

Dans le premier cas, l'époux présent qui préfère la continuation de communauté, ne peut pas être forcé de livrer les biens qui la composent, et leur administration, aux héritiers de l'absent; ils ne seraient envoyés en possession que comme dépositaires. Et par quel renversement d'idées nommerait-on dépositaires d'une société ceux qui y sont étrangers, lorsque l'associé pour moitié se trouve sur les lieux.

L'époux présent sera le plus ordinairement la femme; mais les femmes ne sont-elles pas aussi capables d'administrer leurs biens? Et dans le cas où, sans qu'il y ait absence, le mari décède laissant des enfants, la femme ne gère-t-elle pas et sa fortune et toute celle des enfants, qui sont plus favorables que les héritiers présomptifs?

L'époux commun en biens, qui veut continuer la communaté, doit donc avoir la faculté d'empêcher l'envoi des héritiers en possession, et de prendre ou de conserver par préférence l'administration des biens.

Au surplus, la déclaration qu'aurait faite la femme de continuer la communauté, ne doit pas la priver du droit d'y renoncer ensuite. Il est possible que des affaires, entreprises avant le départ du mari, réussissent mal; et d'ailleurs, les droits que lui donne l'administration des biens de la communauté, ne sont pas aussi étendus que ceux du mari. Elle ne peut ni les hypothéquer, ni les aliéner; leur administration, occasionnée par l'absence, n'est pour elle qu'une charge qui ne doit pas la priver d'un droit acquis, avant le départ de son mari, par le contrat de mariage ou par la loi.

Dans le cas où l'époux présent demande la dissolution provisoire de la communauté, l'usage ancien sur l'exercice des reprises et des droits matrimoniaux de la femme était abusif; il y avait une liquidation, mais tous les biens restaient dans les mains des héritiers envoyés en possession : le motif était que si le mari reparaissait, la communauté serait regardée comme n'ayant point été dissoute, et que ce serait à eux à lui rendre compte de tous les biens qui la composaient.

Ce motif n'est pas équitable : la conséquence à tirer d'une dissolution provisoire de communauté n'est-elle pas plutôt que la femme reprenne aussi provisoirement tous ses droits? Pourquoi les héritiers seraient-ils plutôt dépositaires de sa propre fortune qu'elle-même? Et s'il est un point sur lequel on a pu hésiter dans la loi proposée, c'est sur la charge imposée à la femme de donner caution pour sûreté des restitutions qui devraient avoir lieu.

C'est ainsi qu'on a réglé tout ce qui concerne l'envoi en possession des biens.

ART. 135. — Il fallait ensuite prévoir ce qui pourrait arriver pendant l'absence, et comment seraient exercés les droits de succession, ou tous autres dans lesquels l'absent se trouverait intéressé.

L'usage ancien à Paris, usage encore existant dans quelques pays, était que l'absent fût considéré, par rapport aux droits qui s'ouvraient à son profit, comme s'il eût été présent. Ainsi on l'admettait au partage d'une succession, et ses créanciers avaient le droit d'exercer pour lui les actions du même genre en donnant caution.

On est ensuite revenu à une idée plus simple et la seule qui soit vraie, celle de ne point considérer la présomption de vie ou celle de mort de l'absent, mais de s'en tenir, à son égard, à la règle suivant laquelle quiconque réclame un droit échu à l'individu dont l'existence n'est pas reconnue, doit prouver que cet individu existait quand le droit a été ouvert, et, jusqu'à cette preuve, doit être déclaré non-recevable dans sa demande.

Art. 136. — *S'il s'agit d'une succession, elle sera dévolue exclusivement à ceux avec lesquels celui dont l'existence n'est pas reconnue, aurait eu le droit de concourir, ou à ceux qui l'auraient recueillie à son défaut.*

Cette règle a été maintenue, et on continuera de l'appliquer aux absents, à l'égard de tous les droits qui pourraient leur échoir.

Art. 127. — Après avoir prévu ce qui peut arriver pendant l'absence, il fallait encore déterminer quels sont les droits de l'absent lorsqu'il revient.

Il est évident que s'il revient, ou si son existence est prouvée pendant l'envoi des héritiers en possession, les effets du jugement qui a déclaré l'absence doivent cesser, et que dans le second cas, celui où l'on sait seulement qu'il existe, sans qu'il soit de retour, on doit se borner, dans l'administration de ses biens, aux mesures conservatoires prescrites pour le temps antérieur à la déclaration d'absence.

Mais un point qui souffrait difficulté, et sur lequel les usages étaient très-variés, c'était celui de la restitution des revenus recueillis par les héritiers envoyés en possession.

Partout on s'accordait sur ce qu'il eût été trop onéreux aux héritiers de rendre compte des revenus qu'ils auraient reçus pendant un nombre d'années. L'existence de l'absent, qui chaque année devient plus incertaine, les malheurs que les héritiers peuvent éprouver, l'accroissement du dépôt, la continuité des soins qu'il serait injuste de laisser aussi long-temps sans aucune indemnité, le refus qui serait fait d'une charge aussi pesante : tous ces motifs ont fait jusqu'ici décider qu'après un certain temps les héritiers doivent profiter des revenus.

L'époque où finissait l'obligation de les restituer à l'absent, dans le cas de retour, était différente selon les divers pays, et, dans tous, la restitution cessait a cette époque d'une manière absolue; en sorte que si l'absent revenait, il se trouvait, même avec une fortune considérable, privé des ressources qui pouvaient lui être nécessaires au temps de son arrivée.

Dans plusieurs provinces, les héritiers n'étaient plus tenus, après dix ans, de restituer les revenus; ailleurs, il fallait pour être dispensé de cette restitution, quinze ans, à compter de l'envoi en possession; à Paris, l'usage était qu'il y eût vingt années depuis cet envoi.

Ce système était vicieux : les sentiments d'humanité le repoussent. Comment concilier, avec les idées de justice et de propriété, la position d'un absent qui voit ses héritiers présomptifs enrichis de ses revenus pendant une longue suite d'années, et qui ne peut rien exiger d'eux pour satisfaire aux besoins multipliés que son dénuement peut exiger.

Et d'ailleurs, la jouissance entière des revenus au profit des héritiers est en opposition avec leur titre, qui n'est que celui de dépositaires. Qu'ils aient à titre d'indemnité une portion de ces revenus, que cette portion soit plus ou moins forte, suivant la longueur de l'absence ; mais que l'absent, s'il revient, puisse se présenter à ses héritiers comme propriétaire ayant droit à une portion des revenus dont ils ont joui.

Telles sont les règles adoptées dans la loi qu'on vous propose : ceux qui, par suite de l'envoi provisoire, ou de l'administration légale, auront joui des biens de l'absent, ne seront tenus de lui rendre que le cinquième des revenus s'il reparaît avant quinze ans révolus d'absence, et le dixième s'il ne reparaît qu'après les quinze ans.

Il vaut mieux, pour l'intérêt de l'absent, qu'il fasse, pendant les premières années, le sacrifice d'une partie de ses revenus, pour ensuite conserver l'autre.

Art. 129. — Cependant il est un terme au-delà duquel il ne serait ni juste ni conforme à l'intérêt public de laisser les héritiers dans un état aussi précaire.

Lorsque 35 ans au moins se sont écoulés depuis la disparition, d'une part le retour serait l'événement le plus extraordinaire, d'une autre part il faut que le sort des héritiers soit enfin fixé. L'état de leur famille peut avoir éprouvé de grands changements par les mariages, par la mort, et par tous les événements qui se succèdent dans un aussi long intervalle de temps. Il faut enfin que les biens de l'absent puissent rentrer dans le commerce; il faut que toute comptabilité des revenus cesse de la part des héritiers.

On a, par ces motifs, établi comme règle d'ordre public, à laquelle l'intérêt particulier de l'absent doit céder, que si 30 ans sont écoulés depuis que les héritiers ou l'époux survivant ont été mis en possession des biens de l'absent, ils pourront, chacun selon leur droit, demander à la justice l'envoi définitif en possession.

Le tribunal constatera dans la forme ordinaire, qui sera celle d'une enquête contradictoire avec le commissaire du gouvernement, que depuis le premier envoi en possession, l'absence a continué sans qu'on ait eu des nouvelles, et il prononcera l'envoi définitif.

L'effet de cet envoi à l'égard des héritiers sera que les revenus leur appartiendront en entier; ils ne seront plus simples dépositaires des biens, la propriété reposera sur leur tête: ils pourront les aliéner.

Art. 132. — Le droit de l'absent, s'il paraît, sera borné à reprendre sa fortune dans l'état où elle se trouvera; si ses biens ont été vendus, il ne pourra en réclamer que le prix, ou les biens provenant de l'emploi qui aurait été fait de ce prix.

Art. 129. — Si depuis l'envoi provisoire en possession, et avant l'envoi définitif, l'absent était parvenu au plus long terme de la vie ordinaire, celui de cent ans révolus, alors la présomption de mort est telle qu'il n'y a aucun inconvénient à ce que l'envoi des héritiers en possession soit déclaré définitif.

Art. 133. — Un cas qui ne sera point aussi rare, est celui où l'absent aurait une postérité, dont l'existence n'aurait point été connue pendant les trente-cinq ans qui doivent au moins s'être écoulés avant que les autres héritiers présomptifs aient été définitivement envoyés en possession.

Les descendants ne doivent pas être dépouillés par les collatéraux, sous prétexte de cet envoi définitif. En effet, s'ils prouvent l'existence ou la mort de l'absent, tout droit des collatéraux cesse; s'ils ne prouvent ni l'un ni l'autre de ces faits, ils ont au moins, dans leur qualité de descendants, un titre préférable pour obtenir la possession des biens.

Néanmoins leur action ne devra plus être admise, s'il s'est encore écoulé trente années depuis l'envoi définitif. Cet envoi a transporté aux collatéraux la propriété des biens, et postérieurement encore ils auront possédé, pendant le plus long temps qui soit requis pour opérer la prescription. Ils doivent avoir le droit de l'opposer même aux descendants de l'absent, qui ne pourront pas se plaindre, si, après une révolution de soixante-cinq ans au moins depuis la disparition, ils ne sont plus admis à une recherche qui, comme toutes les actions de droit, doit être soumise à une prescription.

Art. 139. — Il est de règle consacrée dans tous les temps, qu'on ne peut contracter un second mariage avant la dissolution du premier.

Art. 139. — Suivant une jurisprudence presque universelle, la présomption résultant de l'absence la plus longue et de l'âge le plus avancé, fût-il même de cent ans, n'est point admise comme pouvant suppléer à la preuve du décès de l'un des époux. Le plus important de tous les contrats ne saurait dépendre d'une simple présomption, soit pour déclarer anéanti celui qui aurait été formé, soit pour en former un nouveau, qui ne serait au retour de l'époux absent, qu'un objet de scandale ou de trouble.

Si l'époux d'un absent était contrevenu à des règles aussi certaines, s'il avait formé de nouveaux liens sans avoir rapporté la preuve que les premiers n'existaient plus, ce mariage serait nul, et l'absent qui paraîtrait, conserverait seul les droits d'un hymen légitime.

L'état civil d'un enfant né d'un pareil mariage dépend de la bonne foi avec laquelle il a été contracté par ses père et mère, ou même par l'un d'eux. Non-seulement la personne avec laquelle se fait le second mariage peut avoir ignoré que le premier existait; il est encore possible que l'époux de l'absent ait cru avoir des preuves positives de sa mort, qu'il ait été trompé par de faux extraits, par des énonciations erronées dans des actes authentiques, ou de toute autre manière.

On a voulu, dans la loi proposée, que le mariage contracté pendant l'absence ne pût être attaqué que par l'époux, même à son retour, ou par celui qui serait chargé de sa procuration.

La dignité du mariage ne permet pas de la compromettre pour l'intérêt pécuniaire des collatéraux, et il doit suffire aux enfants nés d'une union contractée de bonne foi, d'exercer leurs droits de légitimité; droits qui, dans ce cas, ne sauraient être contestés par les enfants même nés du premier mariage.

Tels sont, législateurs, les motifs qui ont déterminé les dispositions proposées sur l'absence. Vous verrez sans doute avec plaisir que cette partie de la législation soit non-seulement améliorée, mais en quelque sorte nouvellement créée à l'avantage commun de ceux qui s'absentent de leurs familles et de la société entière.

TITRE V.

Du Mariage.

Décrété le 26 ventôse an XI (17 mars 1803); — Promulgué le 6 germinal (27 mars 1803).

[ARTICLES 144 à 228.]

EXPOSÉ DES MOTIFS par M. le Conseiller-d'État PORTALIS.

Séance du 16 ventôse an XI (*7 mars* 1803).

LÉGISLATEURS,

Les familles sont la pépinière de l'Etat, et c'est le mariage qui forme les familles.

De-là les règles et les solennités du mariage ont toujours occupé une place distinguée dans la législation civile de toutes les nations policées.

Le projet de loi qui vous est soumis sur cette importante matière, est le titre cinq du projet de code civil. Il est divisé en huit chapitres.

Le chapitre premier détermine *les qualités et conditions requises pour pouvoir contracter mariage;* le second prescrit *les formalités relatives à la célébration du mariage;* le troisième concerne *les oppositions au mariage;* le quatrième traite *des demandes en nullité de mariage;* le cinquième, *des obligations qui naissent du mariage;* le sixième, *des droits et des devoirs respectifs des époux;* le septième, *de la dissolution du mariage;* et le huitième, *des seconds mariages.*

Ces différents chapitres embrassent tout. On y a suivi l'ordre naturel des choses.

On s'est d'abord arrêté au moment où les époux s'unissent. On a examiné ce qui est nécessaire pour préparer leur union, et en garantir la validité. On a passé ensuite aux principaux effets que cette union produit au moment où on la contracte et pendant sa durée. Finalement, on a indiqué quand et comment elle se dissout, et l'on s'est expliqué sur la liberté que l'on a de contracter une nouvelle union après que la première a été légitimement dissoute.

Tel est le plan du projet de loi.

Le développement des diverses parties de ce plan doit être précédé par quelques observations générales sur la nature et les caractères essentiels du mariage.

On parle diversement du mariage d'après les idées dont on est diversement préoccupé.

Les philosophes observent principalement dans cet acte le rapprochement des deux sexes; les jurisconsultes n'y voient que le contrat civil; les canonistes n'y aperçoivent qu'un sacrement, ou ce qu'ils appellent le *contrat ecclésiastique.*

Cependant, pour avoir une notion exacte du mariage, il faut l'envisager en lui-même et sous ses différents rapports.

Le mariage en soi, ne consiste pas dans le simple rapprochement des deux sexes. Ne confondons pas à cet égard l'ordre physique de la nature qui est commun à tous les êtres animés, avec le droit naturel qui est particulier aux hommes.

Nous appelons *droit naturel*, les principes qui régissent l'homme considéré comme un être moral, c'est-à-dire, comme un être intelligent et libre, et destiné à vivre avec d'autres êtres intelligents et libres comme lui.

Le désir général qui porte un sexe vers l'autre et qui suffit pour opérer leur rapprochement, appartient à l'ordre physique de la nature. Le choix, la préférence, l'attachement personnel, qui déterminent ce désir et le fixent sur un seul objet, ou qui du moins lui donnent sur cet objet préféré un plus haut degré d'énergie : les égards mutuels, les devoirs et les obligations réciproques qui naissent de l'union une fois formée, et qui s'établissent nécessairement entre des êtres capables de sentiment et de raison : tout cela est de l'empire du droit naturel.

Les animaux qui ne cèdent qu'à un mouvement ou à un instinct aveugle, n'ont que des rapprochements fortuits ou périodiques dénués de toute moralité. Mais, chez les hommes, la raison se mêle toujours plus ou moins à tous les actes de leur vie ; le sentiment est à côté du désir, et le droit succède à l'instinct. Je découvre un véritable contrat dans l'union des deux sexes.

Ce contrat n'est pas purement civil, quoi qu'en disent les jurisconsultes ; il a son principe dans la nature, qui a daigné nous associer en ce point au grand ouvrage de la création ; il est inspiré, et souvent commandé par la nature même.

Ce contrat n'est pas non plus un pur acte religieux, puisqu'il a précédé l'institution de tous les sacrements et l'établissement de toutes les religions positives, et qu'il date d'aussi loin que l'homme.

Qu'est-ce donc que le mariage en lui-même, et indépendamment de toutes les lois civiles et religieuses ? c'est la société de l'homme et de la femme, qui s'unissent pour perpétuer leur espèce, pour s'aider, par des secours mutuels, à porter le poids de la vie, et pour partager leur commune destinée.

Il était impossible d'abandonner ce contrat à la licence des passions. Les animaux sont conduits par une sorte de fatalité ; l'instinct les pousse, l'instinct les arrête : leurs désirs naissent de leurs besoins, et le terme de leurs besoins devient celui de leurs désirs. Il n'en est pas ainsi des hommes : chez eux, l'imagination parle quand la nature se tait. La raison et la vertu, qui fondent et assurent la dignité de l'homme, en lui laissant le droit de rester libre, et en lui ménageant le pouvoir de se commander à lui-même, n'opposeraient souvent que de bien faibles barrières à des désirs immodérés et à des passions sans mesure. Ne craignons pas de le dire : si, dans des choses sur lesquelles nos sens peuvent exercer un empire tyrannique, l'usage de nos forces et de nos facultés n'eût été constamment réglé par des lois, il y a long-temps que le genre humain eût péri par les moyens même qui lui ont été donnés pour se conserver et pour se reproduire.

On voit donc pourquoi le mariage a toujours fixé la sollicitude des législateurs. Mais les réglements de ces législateurs n'ont pu détruire l'essence ni l'objet du mariage, en protégeant les engagements que le mariage suppose, et en régularisant les effets qui le suivent. D'autre part, tous les peuples ont fait intervenir le ciel dans un contrat qui doit avoir une si grande influence sur le sort des époux, et qui, liant l'avenir au présent, semble faire dépendre leur bonheur d'une suite d'événements incertains, dont le résultat se présente à l'esprit comme le fruit d'une bénédiction particulière. C'est dans de telles occurrences que nos espérances et nos craintes ont toujours appelé les secours de la religion, établie entre le ciel et la terre pour combler l'espace immense qui les sépare.

Mais la religion se glorifie elle-même d'avoir été donnée aux hommes, non pour changer l'ordre de la nature, mais pour l'ennoblir et le sanctifier.

Le mariage est donc aujourd'hui ce qu'il a toujours été, un acte naturel, nécessaire, institué par le Créateur lui-même.

Sous l'ancien régime, les institutions civiles et les institutions religieuses étaient intimement unies. Les magistrats instruits reconnaissaient qu'elles pouvaient être séparées ; ils avaient demandé que l'état civil des hommes fût indépendant du culte qu'ils professaient. Ce changement rencontrait de grands obstacles.

Depuis, la liberté des cultes a été proclamée. Il a été possible alors de séculariser la législation. On a organisé cette grande idée, qu'il faut souffrir tout ce que la Providence souffre, et que la loi, qui ne peut forcer les opinions religieuses des citoyens, ne doit voir que des Français, comme la nature ne voit que des hommes.

Vous pouvez juger actuellement, législateurs, quelle a été la marche que l'on a suivie dans la rédaction du projet de loi. En respectant les principes de la raison naturelle, on a cherché à faire le bien des familles particulières, et celui de la grande famille qui les comprend toutes.

Nous avons vu, par la définition du mariage, que cet acte, dans ses rapports essentiels, embrasse à la fois l'homme physique et l'homme moral. En déterminant les qualités et les conditions requises pour pouvoir contracter mariage, nous avons cherché a défendre l'homme moral contre ses propres passions et celles des autres, et à nous assurer que l'homme physique a la capacité nécessaire pour remplir sa destination.

Art. 144. — Notre premier soin a été de fixer l'âge auquel on peut se marier. La nature n'a point marqué d'une manière uniforme le moment où l'homme voit se développer en lui cette organisation régulière et animée qui le rend propre à se reproduire. L'époque de ce développement varie selon les différents climats; et, sous le même climat, elle ne saurait être la même dans les divers individus. Mille causes l'avancent ou la retardent.

Il faut pourtant qu'il y ait une règle, et que cette règle soit générale. La loi ne pourrait suivre dans chaque individu les opérations invisibles de la nature, ni apprécier dans chaque homme les différences souvent imperceptibles qui le distinguent d'un autre homme. On arrive à la véritable puberté par des progrès plus ou moins lents, plus ou moins rapides; c'est une fleur qui se colore peu à peu, et qui s'épanouit dans le printemps de la vie. Mais il est sage, il est même nécessaire que la loi, qui statue sur l'universalité des choses et des personnes, admette un âge après lequel tous les hommes sont présumés avoir atteint ce moment décisif, qui semble commencer pour eux une nouvelle existence.

Dans la fixation de l'âge qui rend propre au mariage, il est des considérations qui naissent de la situation du pays que l'on gouverne, et qu'aucun législateur ne peut raisonnablement méconnaître. Mais partout on peut, jusqu'à un certain point, reculer plus ou moins cet âge. L'expérience prouve qu'une bonne éducation peut étendre jusqu'à un âge très-avancé l'ignorance des désirs et la pureté des sens, et il est encore certain, d'après l'expérience, que les peuples qui n'ont point précipité l'époque à laquelle on peut devenir époux et père, ont été redevables à la sagesse de leurs lois de la vigueur de leur constitution et de la multitude de leurs enfants.

Dans les temps qui ont précédé la révolution, les filles pouvaient se marier à douze ans, et les garçons à quatorze. Un tel usage semblait donner un démenti à la nature, qui ne précipite jamais ses opérations, et qui est bonne ménagère de ses forces et de ses moyens: il n'y avait point de jeunesse pour ceux qui usaient du dangereux privilège que la loi leur donnait; ils tombaient dans la caducité au sortir de l'enfance.

Nous avons pensé que la véritable époque du mariage, pour les garçons, était l'âge de dix-huit ans, et pour les filles, celui de quinze. Cette fixation, fondée sur des motifs que chacun aperçoit, autorisée par des exemples anciens et modernes, est infiniment mieux assortie à l'état de nos sociétés.

Art. 145. — Cependant, comme des circonstances, rares à la vérité, mais impérieuses, peuvent exiger des exceptions, nous avons cru que la loi devait laisser au gouvernement la faculté d'accorder des dispenses.

Art. 148. — Les forces du corps se développent plus rapidement que celles de l'ame. On existe long-temps sans vivre; et quand on commence à vivre, on ne peut encore se conduire ni se gouverner. En conséquence, nous requérons le consentement des pères et des mères pour le mariage des fils qui n'ont point atteint l'âge de vingt-cinq ans, et pour celui des filles qui n'ont point atteint la vingt-unième année.

La nécessité de ce consentement, reconnue par toutes les lois anciennes, est fondée sur l'amour des parents, sur leur raison, et sur l'incertitude de celle de leurs enfants.

Comme il y a un âge propre à l'étude des sciences, il y en a un pour bien saisir la connaissance du monde.

Cette connaissance échappe à la jeunesse, qui peut être si facilement abusée par ses propres illusions, et trompée par des suggestions étrangères.

Ce n'est point entreprendre sur la liberté des époux, que de les protéger contre la violence de leurs penchants.

Le mariage étant de toutes les actions humaines celle qui intéresse le plus la destinée des hommes, on ne saurait l'environner de trop de précautions. Il faut connaître les engagements que l'on contracte, pour être en droit de les former. Un époux honnête, quoique malheureux par sa légèreté ou par ses erreurs, ne violera point la foi promise, mais il se repentira de l'avoir donnée: il faut, dans un temps utile, par des mesures qui éclairent l'ame, prévenir ces regrets amers qui la brisent.

Dans quelques législations anciennes, c'étaient les magistrats qui avaient, sur le mariage des citoyens, l'inspection qu'il est si raisonnable de laisser au père. Mais, nulle part, les enfants, dans le premier âge des passions, n'ont été abandonnés à eux-mêmes pour l'acte le plus important de leur vie.

Dira-t-on que les pères peuvent abuser de leur puissance? Mais cette puissance n'est-elle pas éclairée par leur tendresse? Il a été judicieusement remarqué que les pères aiment plus leurs enfants que les enfants n'aiment leur père.

Chez quelques hommes, la vexation et l'avarice usurperont peut-être les droits de l'autorité paternelle. Mais pour un père oppresseur, combien d'enfants ingrats ou rebelles! La nature a donné aux pères et aux mères un désir de voir prospérer leurs enfants, que ceux-ci sentent à peine pour eux-mêmes. La loi peut donc sans inquiétude s'en rapporter à la nature.

Nous avons prévu le cas où le père et la mère, dans leur délibération, auraient des avis différents. Nous avons compris que dans une société de deux, toute délibération, tout résultat deviendrait impossible, si l'on n'accordait la prépondérance au suffrage de l'un des associés. La prééminence du sexe a partout garanti cet avantage au père.

La différence que l'on a cru devoir mettre, pour le terme de la majorité, entre les filles et les mâles, n'a pas besoin d'être expliquée. Tous les législateurs ont établi cette différence, parce que les mêmes raisons ont été senties par tous les législateurs. La nature se développe plus rapidement dans un sexe que dans l'autre. Une fille qui languirait péniblement dans une trop longue attente, perdrait une partie des attraits qui peuvent favoriser son établissement, et souvent même elle se trouverait exposée à des dangers qui pourraient compromettre sa vertu; car une fille ne voit dans le mariage que la conquête de sa liberté. On ne peut avoir les mêmes craintes pour notre sexe, qui n'est que trop disposé au célibat, et à qui l'on peut malheureusement adresser le reproche de fuir le mariage comme on fuit la servitude et la gêne.

Dans les actions ordinaires de la vie, le terme de la majorité est moins reculé que pour les mariages; c'est que les mariages sont de toutes les actions de la vie, celles desquelles dépend le bonheur ou le malheur de la vie entière des époux, et qui ont une plus grande influence sur le sort des familles, sur les mœurs générales et sur l'ordre public.

Art. 149. — Jusqu'ici, en parlant de la nécessité du consentement des parents, nous avons supposé que le père et la mère vivaient. Si l'un des deux est mort, ou se trouve dans l'impossibilité de donner son suffrage, nous avons pensé que le consentement de l'autre devait suffire.

Art. 150. — Si les père et mère sont décédés, les aïeuls ou aïeules les remplacent.

On fait concourir les aïeuls et aïeules des deux lignes paternelle et maternelle: en cas de partage entre les deux lignes, ce partage vaut consentement, parce que, dans le doute, il faut se décider pour la liberté et pour la faveur des mariages. Je ne dois pas omettre une observation. En exigeant, comme autrefois, le consentement des pères et des mères pour le mariage des enfants, nous ne motivons plus la nécessité de ce consentement par les mêmes principes.

Dans l'ancienne jurisprudence, cette nécessité dérivait de la puissance, et, selon l'expression des auteurs, d'une sorte de droit de propriété qui dans l'origine avait appartenu aux pères sur ceux auxquels ils avaient donné le jour. Ce droit n'était point partagé par la mère pendant la vie du chef. Il ne l'était pas non plus par les ascendants de la ligne maternelle, tant qu'il existait des ascendants paternels. Aujourd'hui ces idées de puissance ont été remplacées par d'autres. On a plus d'égards à l'amour des pères et à leur prudence qu'à leur autorité. De-là ce concours simultané des parents au même degré pour remplir les mêmes devoirs et exercer la même surveillance. Un tel système adoucit et étend la magistrature domestique sans l'énerver. Il communique les mêmes droits à tous ceux qui sont présumés avoir le même intérêt. Il ne relâche point les liens de famille; il les multiplie et les ennoblit.

Art. 160. — A défaut des pères et mères, et des ascendants, les enfants sont obligés de rapporter le consentement de leurs tuteurs et des conseils de famille, qui exercent à cet égard une sorte de magistrature subsidiaire.

Art. 158. — La protection que la loi accorde aux enfants, en les soumettant à rapporter le consentement de leurs père et mère, était limitée aux enfants légitimes, c'est-à-dire, aux enfants nés d'un mariage contracté selon les formes prescrites. Les enfants naturels n'y avaient aucune part; ils étaient abandonnés à leur libre arbitre dans un âge où il est si difficile de se défendre contre les autres et contre soi-même. Cela tenait au principe dont nous avons déjà fait mention, que le consentement des pères n'était qu'un effet de leur puissance, et qu'il ne dérivait pas originairement de l'intérêt des enfants, mais d'un droit inoui de propriété concédé à ceux qui leur avaient donné le jour. Or, comme la puissance paternelle ne pouvait être produite que par un mariage légitime, les enfants naturels étaient hors de cette puissance.

Le projet de loi consacre des idées plus équitables. La raison indique que c'est, non une vaine puissance accordée au père, mais l'intérêt des enfants, qui doit motiver la nécessité du consentement paternel. En conséquence, nous avons cru que l'intérêt des enfants naturels, lorsque ces enfants sont reconnus et peuvent nommer un père certain, n'était pas indigne de fixer la sollicitude du législateur.

Sans doute il serait contre les bonnes mœurs que les enfants nés d'un commerce illicite eussent les mêmes prérogatives que les enfants nés d'un mariage légitime; mais l'abandon absolu des enfants naturels serait contre l'humanité.

Ces enfants n'appartiennent à aucune famille; mais ils appartiennent à l'Etat : l'Etat a donc intérêt à les protéger, et il le doit.

D'autre part, on ne doute pas que les pères naturels ne soient obligés d'élever leurs enfants, de les entretenir et de les nourrir : la loi positive elle-même a placé ce devoir parmi les obligations premières que la nature, indépendamment de toute loi, impose à tous les pères. Or, le consentement paternel au mariage des enfants ne fait-il pas partie de la tendre sollicitude que l'on doit apporter à leur entretien, à leur éducation, à leur établissement? La nécessité de ce consentement, qui est fondée sur des raisons naturelles, ne saurait donc être plus étrangère aux enfants naturels qu'aux enfants légitimes : de-là nous avons appliqué aux uns et aux autres les dispositions relatives à la nécessité de ce consentement.

Art. 159. — Cependant, comme les enfants naturels n'appartiennent à aucune famille, on ne leur a point appliqué la mesure par laquelle on appelle les aïeuls et aïeules, et ensuite les assemblées de parents, après le décès des père et mère. On eût placé dans des mains peu sûres l'intérêt de ces enfants, en les confiant à des familles dont ils sont plutôt la charge qu'ils n'en sont une portion. Cependant, comme il fallait veiller pour eux, on leur nomme, dans les cas prévus, un tuteur spécial chargé d'acquitter à leur égard la dette de la nature et de la patrie.

Art. 151. — Quand les enfants, soit naturels, soit légitimes, sont arrivés à leur majorité, ils deviennent eux-mêmes les arbitres de leur propre destinée; leur volonté suffit : ils n'ont besoin du concours d'aucune autre volonté. Il est pourtant vrai que pendant la vie des père et mère, les enfants majeurs étaient encore obligés de s'adresser aux auteurs de leurs jours pour requérir leur consentement, quoique la loi eût déclaré qu'il n'était plus nécessaire. Il nous a paru utile aux mœurs de faire revivre cette espèce de culte rendu par la piété filiale au caractère de dignité, et, j'ose dire, de majesté que la nature elle-même semble avoir imprimé sur ceux qui sont pour nous, sur la terre, l'image et même les ministres du Créateur.

Art. 146. — Le mariage, quels que soient les contractants, mineurs ou majeurs, suppose leur consentement. Or, point de consentement proprement dit sans liberté : requise dans tous les contrats, elle doit être surtout parfaite et entière dans le mariage; le cœur doit, pour ainsi dire, respirer sans gêne dans une action à laquelle il a tant de part : ainsi l'acte le plus doux doit être encore l'acte le plus libre.

Art. 147. — Il est dans nos mœurs qu'un premier mariage valable et subsistant soit un obstacle à un second mariage. La multiplicité des maris ou des femmes peut être autorisée dans certains climats, elle n'est légitime sous aucun; elle entraîne nécessairement la servitude d'un sexe et le despotisme de l'autre; elle ne saurait être sollicitée par les besoins réels de l'homme, qui, ayant toute la vie pour se conserver, n'a que des instants pour se reproduire; elle introduirait dans les familles une confusion et un désordre qui se communiqueraient bientôt au corps entier de la société; elle choque toutes les idées, elle dénature tous les sentiments; elle ôte à l'amour tous ses charmes, en lui ôtant tout ce qu'il a d'exclusif; enfin, elle répugne à l'essence même du mariage, c'est-à-dire, à l'essence d'un contrat par lequel deux époux se donnent tout, le corps et le cœur. En approchant des pays où la polygamie est permise, il semble que l'on s'éloigne de la morale même.

Le principe qui fait prohiber à un mari la pluralité des femmes, et à une femme la pluralité des maris, ne saurait comporter le concours simultané ou successif de plusieurs mariages.

De deux choses l'une : ou ces mariages subsisteraient ensemble sans se détruire, où ils se détruiraient l'un par l'autre. Dans le premier cas, vous vous plongeriez dans le stupide abrutissement de certaines nations, à-la-fois corrompues et à demi-barbares, de l'Asie. Dans le second, vous apprendriez aux hommes à se jouer des engagements les plus sacrés, puisque vous laisseriez au caprice d'un seul des conjoints le droit inoui de dissoudre un contrat qui est l'ouvrage de la volonté de deux.

Aussi, la maxime qu'on ne peut contracter un second mariage tant que le premier subsiste, constitue le droit universel de toutes les nations policées.

Art. 161. — Dans tous les temps le mariage a été prohibé entre les enfants et les auteurs de leurs jours : il serait souvent inconciliable avec les lois physiques de la nature, il le serait toujours avec les lois de la pudeur ; il changerait les rapports essentiels qui doivent exister entre les pères, les mères et leurs enfants; il répugnerait à leur situation respective, il bouleverserait entre eux tous les droits et tous les devoirs, il ferait horreur.

Ce que nous disons des père et mère et de leurs enfants naturels et légitimes s'applique, en ligne directe, à tous les ascendants et descendants, et alliés dans la même ligne.

Les causes de ces prohibitions sont si fortes et si naturelles, qu'elles ont agi presque par toute la terre indépendamment de toute communication.

Ce ne sont point les lois romaines qui ont appris à des sauvages et à des barbares qui ne connaissent pas ces lois, à maudire les mariages incestueux. C'est un sentiment plus puissant que toutes les lois, qui remue et fait frissonner une grande assemblée, lorsqu'on voit sur nos théâtres Phèdre, plus malheureuse encore que coupable, brûler d'un amour incestueux, et lutter laborieusement entre la vertu et le crime.

Art. 162. — L'horreur de l'inceste du frère avec la sœur et des alliés au même degré dérive du principe de l'honnêteté publique. La famille est le sanctuaire des mœurs; c'est là où l'on doit éviter avec tant de soin tout ce qui peut les corrompre. Le mariage n'est sans doute pas une corruption ; mais l'espérance du mariage entre des êtres qui vivent sous le même toit et qui sont déjà invités par tant de motifs à se rapprocher et à s'unir, pourrait allumer des désirs criminels et entraîner des désordres qui souilleraient la maison paternelle, en banniraient l'innocence, et poursuivraient ainsi la vertu jusque dans son dernier asyle.

Art. 163. — Les mêmes raisons d'honnêteté publique nous ont déterminé à prohiber le mariage de l'oncle avec la nièce, et de la tante avec le neveu. L'oncle tient souvent la place du père, et dès-lors il doit en remplir les devoirs. La tante n'est pas toujours étrangère aux soins de la maternité. Les devoirs de l'oncle et les soins de la tante ne pourraient presque jamais s'accorder avec les procédés moins sérieux qui précèdent le mariage et qui le préparent.

Les lois romaines et les lois ecclésiastiques portaient plus loin la prohibition de se marier entre parents; les lois romaines avaient défendu le mariage entre cousins-germains. D'abord les lois ecclésiastiques n'avaient fait qu'appuyer la prohibition faite par la loi civile. Insensiblement les canonistes étendirent cette prohibition; et, selon *Dumoulin*, leur doctrine sur cet objet ne fut que la suite d'une erreur évidente.

Tout le monde sait que le droit civil et le droit canonique comptent les degrés de parenté différemment. Les cousins-germains sont au quatrième degré suivant le droit civil, et ne sont qu'au second suivant le droit canonique.

Or, les lois romaines ayant défendu les mariages au quatrième degré, on fit une confusion de la façon de compter les degrés au civil et au canonique ; et de là résultèrent des défenses générales de contracter mariage au quatrième degré, c'est-à-dire, jusqu'aux petits-enfants des cousins-germains.

Nous avons corrigé cette erreur, qui mettait des entraves trop multipliées à la liberté des mariages, et qui imposait un joug trop incommode à la société.

Nous n'avons même pas cru que le mariage dût être prohibé entre cousins-germains. Il est incontestable que les mariages entre cousins-germains, permis par le droit naturel, n'ont jamais été défendus par le droit divin. Les mariages entre parents étaient même ordonnés par la loi qui fut donnée aux juifs.

La première défense contre le mariage des cousins-germains est celle portée par une loi de l'empereur Théodose, vers la fin du quatrième siècle. Cette loi est perdue, mais elle est citée par *Libanius*, par *Aurélius Victor*, et par les premiers pères de l'église, qui conviennent que la loi divine ne défendait point ces mariages, et qu'ils étaient permis avant cette loi.

Les prohibitions du mariage entre parents, dans les degrés non prohibés par le droit naturel, ont été plus ou moins restreintes ou plus ou moins étendues chez les différents peuples, selon la différence des mœurs et les intérêts politiques de ces peuples. Quand un législateur, par exemple, avait établi un certain ordre de successions, qu'il croyait important d'observer pour la constitution politique de l'Etat, il réglait les mariages de telle manière qu'ils ne fussent jamais permis entre personnes dont l'union aurait pu changer ou altérer cet ordre. Nous avons vu des exemples de cette sollicitude dans quelques républiques de l'ancienne Grèce. Ailleurs, selon que les familles étaient plus ou moins réunies dans la même maison, et selon l'intérêt plus ou moins grand que l'on avait à favoriser les alliances entre diverses familles, on étendait ou on limitait davantage les prohibitions du mariage entre parents.

Dans nos mœurs actuelles, les raisons qui ont pu faire prohiber dans d'autres temps ou dans d'autres pays les mariages entre cousins-germains, ne subsistent plus. Nous n'avons pas besoin de favoriser, et moins encore de forcer par des prohibitions, les alliances des diverses familles entre elles. Nous pouvons nous en rapporter à cet égard à l'influence de l'esprit de société, qui ne prévaut malheureusement que trop parmi nous sur l'esprit de famille. D'autre part, le temps n'est plus où les cousins-germains vivaient comme des frères, et où l'on voyait une nombreuse famille rassemblée toute entière et ne former qu'un seul ménage dans une commune habitation. Aujourd'hui les frères même sont quelquefois plus étrangers les uns aux autres que ne l'étaient autrefois les cousins-germains. Les motifs de pureté et de décence qui faisaient l'idée du mariage de tous ceux qui vivaient sous le même toit et sous la surveillance d'un même chef, ont donc cessé; et d'autres motifs semblent nous engager au contraire à protéger l'esprit de famille contre l'esprit de société.

Art. 164. — Si les lois de la nature sont inflexibles et invariables, les lois humaines sont susceptibles d'exceptions et de dispenses. Quand on peut le plus, on peut le moins. Un législateur qui serait libre de ne pas porter la loi, peut, à plus forte raison, déclarer qu'elle cessera en certains cas.

Il ne serait ni sage ni possible que ces cas d'exceptions en toute matière fussent toujours spécifiquement déterminés par le législateur. La loi ne doit pas faire par elle-même ce qu'elle ne peut pas bien faire par elle-même. Elle doit confier à la sagesse d'autrui ce qu'elle ne saurait régler d'avance par sa propre sagesse.

De là l'origine des dispenses en matière de mariage; et l'usage de ces dispenses a été universel, relativement à la prohibition du mariage entre parents.

Nous n'avons donc pas hésité d'attribuer au gouvernement le droit d'accorder des dispenses, quand les circonstances l'exigent. Nous avons pourtant limité ce droit à la prohibition faite du mariage entre l'oncle et la nièce, entre la tante et le neveu, parce que nous avons cru que les motifs d'honnêteté publique, qui faisaient prohiber le mariage entre le frère et la sœur, devaient l'emporter, dans tous les cas, sur les considérations particulières par lesquelles on croirait pouvoir motiver une exception.

Je ne parle point de la prohibition en ligne directe, elle ne saurait être susceptible de dispense. Il n'est pas au pouvoir des hommes de légitimer la contravention aux lois de la nature.

Dans l'ancienne jurisprudence, les dispenses étaient accordées par les ministres de l'église; mais en ce point, dans tout ce qui concernait le contrat, les ministres de l'église n'étaient que les vices-gérents de la puissance temporelle. Car, nous ne saurions trop le dire, la religion dirige le mariage par sa morale, elle le sanctifie par ses rits; mais il n'appartient qu'à l'Etat de le régler par des lois dans ses rapports avec l'ordre de la société. Aussi c'est une maxime constante, attestée par tous les hommes instruits, que les empêchements dirimants ne peuvent être établis que par la puissance qui régit l'Etat.

Quand les institutions religieuses et les institutions civiles étaient unies, rien n'empêchait qu'on n'abandonnât à l'église le droit d'accorder des dispenses, même pour le contrat; mais ce droit n'existait que parce qu'il était avoué ou toléré par la loi civile.

La chose est si évidente, qu'elle résulte de tous les monuments de l'histoire. Nous n'avons qu'à jeter les yeux sur ce qui s'est passé dans les premiers âges du christianisme. Ce ne sont point les ministres de l'église, mais les empereurs, qui ont promulgué les premières prohibitions du mariage entre parents; ce ne sont point les ministres de l'église, mais les empereurs, qui ont d'abord dispensé de ces prohibitions. Nous en avons la preuve dans une loi d'*Honorius*, par laquelle ce prince défend de solliciter auprès de lui des dispenses pour certains degrés, et annonce qu'il n'en donnera qu'entre cousins-germains. Cette loi est au titre 10 du code Théodosien.

Il est encore parlé des dispenses que les empereurs donnaient pour mariage, dans une loi de l'empereur *Zénon*, et dans une loi de l'empereur *Anastase*.

Cassiodore, sénateur et conseil des rois goths, rapporte la formule de dispense que ces rois donnaient pour mariage.

D'après le témoignage du père Thomassin, ce n'est que dans le onzième siècle que les papes commencèrent à accorder des dispenses, et nous voyons que, dans des temps postérieurs, les souverains bien avisés continuèrent à user de leurs droits. Ainsi, l'empereur Louis IV, célèbre par ses disputes avec le saint-siége, donna, au commencement du quatorzième siècle, des dispenses de parenté à Louis de Brandebourg et à Marguerite, duchesse de Carinthie.

La transaction arrêtée à Passau en 1552, et suivie en 1555 de la paix de la religion, reconnaît le droit que les électeurs et les autres souverains d'Allemagne avaient d'accorder des dispenses.

En 1592, le roi Henri IV, conformément à plusieurs arrêts des parlements, fit un réglement général par lequel les dispenses en toutes matières furent attribuées aux évêques nationaux.

Ce réglement fut exécuté pendant quatre ans; on vit renaître ensuite l'usage de recourir à Rome pour certaines dispenses que l'on réputa plus importantes que d'autres.

Mais les droits de la souveraineté sont inaliénables et imprescriptibles. La loi civile peut donc aujourd'hui ce qu'elle pouvait autrefois, et elle a dû reprendre l'exercice du droit d'accorder des dispenses, depuis que le contrat de mariage a été séparé de tout ce qui concerne le sacrement.

Si les ministres de l'église peuvent et doivent veiller sur la sainteté du sacrement, la puissance civile est seule en droit de veiller sur la validité du contrat. Les réserves et les précautions dont les ministres de l'église peuvent user pour pourvoir à l'objet religieux, ne peuvent, dans aucun cas ni en aucune manière, influer sur le mariage même, qui en soi est un objet temporel.

C'est d'après ce principe que l'engagement dans les ordres sacrés, le vœu monastique et la disparité de culte qui, dans l'ancienne jurisprudence, étaient des empêchements dirimants, ne le sont plus. Ils ne l'étaient devenus que par les lois civiles, qui prohibaient les mariages mixtes, et qui avaient sanctionné par le pouvoir coactif les réglements ecclésiastiques relatifs au célibat des prêtres séculiers et réguliers. Ils ont cessé de l'être depuis que la liberté de conscience est devenue elle-même une loi de l'Etat, et l'on ne peut certainement contester à aucun souverain le droit de séparer les affaires religieuses d'avec les affaires civiles, qui ne sauraient appartenir au même ordre de choses, et qui sont gouvernées par des principes différents.

Art. 165. — D'après le droit commun, d'après la morale des Etats, ce ne sont point les cérémonies, c'est uniquement la foi, le consentement des parties, qui font le mariage, et qui méritent à la compagne qu'un homme s'associe, la qualité d'épouse; qualité si honorable, que, suivant l'expression des anciens, ce n'est point la volupté, mais la vertu, l'honneur même, qui la font appeler de ce nom.

Mais il importe à la société que le consentement des époux intervienne dans une forme solennelle et régulière.

Le mariage soumet les conjoints à de grandes obligations envers ceux auxquels ils donnent l'être. Il faut donc que l'on puisse connaître ceux qui sont tenus de remplir ces obligations.

Les unions vagues et incertaines sont peu favorables à la propagation. Elles compromettent les mœurs, elles entraînent des désordres de *toute* espèce. Cependant, qui garantirait la sûreté des mariages, si, contractés obscurément et sans précaution légale, ils ressemblaient à ces unions passagères et fugitives que le plaisir produit, et qui finissent avec le plaisir?

Enfin, la *société* contracte elle-même des obligations envers des époux dont elle doit respecter l'union. Elle est intéressée à protéger, contre la licence et l'entreprise des tiers, cette union sacrée qui doit être sous la sauvegarde de tous les gens de bien.

Ces importantes considérations ont déterminé les législateurs à établir des formalités capables de fixer la certitude des mariages, et de leur donner le plus haut degré de publicité. Ces formalités sont l'objet du chapitre second du projet de loi.

Conformément aux *dispositions* que ce chapitre présente, le mariage doit être célébré publiquement, devant l'officier civil du domicile de l'une des deux parties.

Cet officier est le témoin nécessaire de l'engagement des époux. Il reçoit au nom de la loi cet engagement inviolable, stipulé au profit de l'État, au profit de la société générale du genre humain.

La célébration du mariage doit être faite en présence du public, dans la maison commune. On ne peut, sous de vains prétextes, chercher le secret ou le mystère. Rien ne doit être caché dans un acte où le public même à certains égards est partie, et qui donne une nouvelle famille à la cité.

Art. 166. — Nous avons parlé des qualités et des conditions requises pour pouvoir contracter mariage. Pour que ces qualités et ces conditions ne soient pas éludées, deux publications, faites à des distances marquées, doivent précéder le contrat, et ces publications doivent avoir lieu dans la municipalité où chacun des conjoints a son domicile.

Art. 167. — Un domicile de six mois suffit pour autoriser la célébration du mariage dans le lieu où l'un des contractants a acquis ce domicile. On n'a rien changé sur ce point à l'ancienne jurisprudence. Mais il faut alors que les publications soient faites, non-seulement dans le lieu du domicile des six mois, mais encore à la municipalité du dernier domicile.

Art. 168. — Si les contractants sont sous la puissance d'autrui, leur prochain mariage est encore publié dans le domicile des personnes sous la puissance desquelles ils se trouvent.

Art. 169. — On peut, selon les circonstances, obtenir la dispense d'une des deux publications, mais jamais des deux. La dispense sera accordée par le gouvernement ou par ceux qui auront reçu de lui le pouvoir de l'accorder.

Art. 170. — La terre a été donnée en partage aux enfants des hommes. Un citoyen peut se transporter partout, et partout il peut exercer les droits attachés à sa qualité d'homme. Dans le nombre de ces droits, le plus naturel est incontestablement la faculté de contracter mariage. Cette faculté n'est pas locale, elle ne saurait être circonscrite par le territoire; elle est, pour ainsi dire, universelle comme la nature, qui n'est absente nulle part. Nous ne refusons donc pas aux Français le droit de contracter mariage en pays étranger, ni celui de s'unir à une personne étrangère. La forme du contrat est réglée alors par les lois du lieu où il est passé. Mais tout ce qui touche à la substance même du contrat, aux qualités et aux conditions qui déterminent la capacité des contractants, continue d'être gouverné par les lois françaises (Art. 171). Il faut même que, trois mois après son retour, le Français qui s'est marié ailleurs qu'en France, vienne faire hommage à sa patrie du titre qui l'a rendu époux ou père, et qu'il naturalise ce titre en le faisant inscrire dans un registre national.

Art. 172. — Il est plus expédient de prévenir le mal qu'il n'est facile de le réparer. A quoi serviraient les conditions et les formalités relatives à la célébration du mariage, si personne n'avait action pour empêcher qu'elles ne soient éludées ou enfreintes?

Le droit de pouvoir s'opposer à un mariage a donc été reconnu utile et même indispensable. Mais ce droit ne doit point dégénérer en action populaire; il doit être limité à certaines personnes et à certains cas, à moins qu'on ne veuille que chaque mariage devienne une occasion de scandale et de trouble dans la société.

Il est juste, par exemple, que l'on puisse s'opposer au second mariage d'un mari ou d'une femme qui ne respecte pas un premier engagement. Il est juste que celui ou celle qui a été partie dans ce premier engagement, puisse défendre son titre, et réclamer l'exécution de la foi promise.

Art. 173. — Pourrait-on raisonnablement

refuser aux pères et aux mères, aux aïeuls et aux aïeules, le droit de veiller sur l'intérêt de leurs enfants, même majeurs, lorsque la crainte de les voir se précipiter dans des engagements honteux ou inconsidérés donne l'éveil à leur sollicitude?

Art. 174. — Nous avons senti que les collatéraux ne pouvaient avoir la même faveur, parce qu'ils ne sauraient inspirer la même confiance. Cependant il est des occasions où il doit être permis à un frère, à un oncle, à un proche, de parler et de se faire entendre. Il ne faut pas sans doute que ces occasions soient arbitraires. Nous les avons limitées au cas où l'on exciperait de la démence du futur conjoint, et à celui où l'on aurait négligé d'assembler le conseil de famille, requis pour les mariages des mineurs qui ont perdu leurs père et mère et autres ascendants. Nous avons pensé que, dans ces occurrences, on ne pouvait étouffer la voix de la nature, puisque les circonstances ne permettaient pas de la confondre avec celle des passions.

Art. 179. — On soumet à des dommages et intérêts ceux qui succombent dans leur opposition, si cette opposition a été funeste à ceux dont elle a différé ou même empêché le mariage; car souvent une opposition mal fondée peut mettre obstacle à une union sortable et légitime. Il existe alors un préjudice grave; ce préjudice doit être réparé. N'importe qu'il n'y ait eu qu'imprudence ou erreur dans la personne qui a cru devoir se rendre opposante; il n'y a point à balancer entre celui qui se trompe et celui qui souffre.

La même rigueur n'est point appliquée aux pères et aux mères ni aux autres ascendants. Les pères et les aïeuls sont toujours magistrats dans leurs familles, lors même que vis-à-vis de leurs enfants ils paraissent ne se montrer que comme parties dans les tribunaux. Leur tendresse présumée écarte d'eux tout soupçon de mauvaise foi, et elle fait excuser leur erreur. Après la majorité accomplie de leurs enfants, l'autorité des pères finit; mais leur amour, leur sollicitude ne finissent pas.

Souvent on n'a aucune raison décisive pour empêcher un mauvais mariage. Mais un père ne peut point renoncer à l'espoir de ramener son enfant par des conseils salutaires: il se rend opposant, parce qu'il sait que le temps est une grande ressource contre les déterminations qui peuvent tenir à la promptitude de l'esprit, à la vivacité du caractère, ou à la fougue des passions. Pourrait-on punir, par une adjudication de dommages et intérêts, ce père déjà trop malheureux des espérances qu'il avait conçues et des sages lenteurs sur lesquelles il fondait ses espérances? La conscience, le cœur d'un bon père est un asyle qu'il ne faut pas indiscrètement forcer.

Il a existé un temps, et ce temps n'est pas loin de nous, où, sous le prétexte de la plus légère inégalité dans la fortune ou la condition, on osait former opposition à un mariage honnête et raisonnable. Mais aujourd'hui où l'égalité est établie par nos lois, deux époux pourront céder aux douces inspirations de la nature, et n'auront plus à lutter contre les préjugés de l'orgueil, contre toutes ces vanités sociales qui mettaient dans les alliances et dans les mariages, la gêne, la nécessité, et, nous osons le dire, la fatalité du destin même. On a moins à craindre ces oppositions bizarres qui étaient inspirées par l'ambition, ou commandées par l'avarice. On ne craint plus ces spéculations combinées avec tant d'art, dans lesquelles, en fait de mariage, on s'occupait de tout, excepté du bonheur. Toutes les classes de la société étaient plus ou moins dominées par les mêmes préjugés; les vanités étaient graduées comme les conditions: un caractère sûr, des vertus éprouvées, les graces de la jeunesse, les charmes même de la beauté, tout était sacrifié à des idées ridicules et misérables, qui faisaient le malheur des générations présentes, et qui étouffaient d'avance les générations à venir.

Dans le système de notre législation, nous ne sommes plus exposés aux mêmes dangers; chacun est devenu plus maître de sa destinée: mais il ne faut pas tomber dans l'extrémité contraire. Le souvenir de l'abus que l'on faisait des oppositions aux mariages des fils de famille ou des citoyens, n'a pas dû nous déterminer à proscrire toute opposition. Nous eussions favorisé le jeu des passions et la licence des mœurs, en croyant ne protéger que la liberté des mariages.

Le mariage est valable quand il est conforme aux lois. Il est même parfait avant que d'avoir été consommé.

Dans le système du droit civil qui régissait la France, un mari périssait-il par accident, ou par toute autre cause, avant la consommation? la veuve était obligée de porter le deuil; la communauté, dans les pays où elle était admise, avait lieu depuis la célébration du mariage. Les gains nuptiaux, les avantages coutumiers étaient acquis, les donations réciproques s'exécutaient.

On ne s'écartait de ces principes que dans quelques coutumes particulières et isolées qui ne supposaient un mariage réel que lorsque la femme, selon l'expression de ces coutumes, avait *été introduite dans le lit nuptial.*

Presque partout, le caractère moral imprimé au contrat par la foi que les époux se donnent, prévalait sur tout autre caractère.

Art. 191. — Mais si la consommation du mariage n'a jamais été réputée nécessaire pour sa validité, on a du moins pensé dans tous les temps qu'un mariage est nul lorsque les conditions et les formes prescrites par les lois n'ont point été observées.

On sait ce qui a été dit contre les mariages clandestins et contre les mariages secrets. Il importe de fixer l'idée que l'on doit se former de ces deux espèces de mariages. Elles ont donné lieu à beaucoup de méprises, même parmi les hommes instruits, qui n'ont pas toujours su les distinguer avec précision.

Une déclaration de 1639 privait les mariages secrets de tous effets civils. On appelait mariages secrets ceux qui, quoique contractés selon les lois, avaient été tenus cachés pendant la vie des époux. On avait établi en maxime qu'il ne suffisait pas, pour la publicité d'un mariage, qu'il eût été célébré avec toutes les formalités prescrites, mais qu'il fallait encore qu'il fût suivi, de la part des deux époux, d'une profession publique de leur état.

Le législateur, en flétrissant les mariages secrets, craignait pour l'éducation des enfants nés d'une union tenue cachée; il craignait même pour la certitude de leur naissance; il voulait parer au scandale que peut faire naître la vie commune de deux époux, quand le public ne connaît pas le véritable lien qui les unit et les rapproche; il voulait surtout, d'après l'extrême différence qui existait alors dans les rangs et les conditions des citoyens, prévenir ces alliances inégales qui blessaient l'orgueil des grands noms ou qui ne pouvaient se concilier avec l'ambition d'une grande fortune.

C'est par la conduite des époux que l'on jugeait du secret de leur union. Un mariage célébré selon les formes a toujours une publicité quelconque, mais on ne comptait pour rien cette publicité d'un moment, si elle était démentie par la vie entière des conjoints.

On ne réputait un mariage public que lorsque les époux ne rougissaient pas d'être unis, lorsqu'ils manifestaient leur union par leur vie publique et privée, lorsqu'ils demeuraient ensemble, lorsque la femme portait le nom de son mari, lorsque les enfants portaient le nom de leur père, lorsque les deux familles alliées étaient respectivement instruites du lien qui les rapprochait, lorsqu'enfin les relations d'état étaient publiques et notoires.

On appelait en conséquence mariage secret, celui dont la connaissance avait été concentrée avec soin parmi le petit nombre de témoins nécessaires à sa célébration, et avait été attentivement dérobée aux regards des autres hommes, c'est-à-dire, à cette portion de la société qui, par rapport à chaque particulier, forme ce que nous appelons le public.

Nous n'avons plus les mêmes raisons de redouter l'abus des mariages secrets.

D'abord, la liberté des mariages n'ayant plus à lutter contre la plupart des préjugés qui la gênaient, les citoyens sont sans intérêt à cacher à l'opinion un mariage qu'ils ne cherchent pas à dérober aux regards de la loi.

En second lieu, quand les mariages étaient attribués aux ecclésiastiques, le ministre du contrat offrait aux époux qui voulaient contracter un mariage que le respect humain ne leur permettait pas d'avouer, un dépositaire plus indulgent et plus discret. Il n'eût été ni juste, ni raisonnable d'exiger qu'un ministre de la religion eût, dans le conflit des convenances ou des préjugés de la société et des intérêts de la conscience, sacrifié les intérêts de la conscience aux préjugés ou aux simples convenances de la société. Les époux étaient donc assurés, dans les occurrences difficiles, de trouver toutes les ressources et tous les ménagements que leur situation exigeait. Sans blesser les lois qui établissaient les formes publiques de la célébration, on accordait des permissions et des dispenses qui en modifiaient l'exécution et en tempéraient la rigueur. Un mariage pouvait rester secret, malgré l'observation littérale des formes établies pour en garantir la publicité. Dans l'état actuel des choses, le mariage est célébré en présence de l'officier civil, et il est célébré dans la maison commune. Cet officier n'a aucun pouvoir personnel de changer le lieu, ni de modifier les formalités de la célébration ; il n'est chargé que des intérêts de la société. On est obligé de recourir au gouvernement pour obtenir la dispense d'une des deux publications. Le secret devient impossible ; il ne pourrait être que l'ouvrage de la fraude. Vainement les deux époux chercheraient-ils des précautions pour cacher, pendant le reste de leur vie, une union qu'ils n'auraient pu éviter de contracter publiquement. Il est donc clair que la crainte des mariages secrets doit disparaître avec les diverses causes qui la produisaient.

Le vrai danger serait celui de conserver un point de jurisprudence, toujours incertain et arbitraire dans son application. L'observation des formes dans la célébration du mariage doit suffisamment garantir sa publicité de droit et de fait. Si, malgré l'observation de ces formes, des époux pouvaient encore se voir exposés à la privation des effets civils, sous prétexte que par leur conduite postérieure ils ont cherché à rendre leur union secrète, quelle source d'incertitude et de trouble pour les familles ! Toutes les fois que la question d'un mariage prétendu secret se présentait aux tribunaux, les juges manquaient d'une règle assurée pour prononcer. Leur raison se perdait dans un dédale de faits, d'enquêtes, de témoignages plus ou moins suspects, et de présomptions plus ou moins concluantes. Des démarches indifférentes, des circonstances fugitives étaient travesties en preuves ; et, après avoir fidèlement observé toutes les lois, on était exposé à perdre la sûreté qu'elles garantissent à ceux qui les observent et les respectent.

Il en est autrement des mariages clandestins. Ou il faut renoncer à toute législation sur les mariages, ou il faut proscrire la clandestinité ; car, d'après la définition des jurisconsultes, les mariages clandestins sont ceux que la société n'a jamais connus, qui n'ont été célébrés devant aucun officier public, et qui ont constamment été ensevelis dans le mystere et dans les ténèbres. Cette espèce de mariage clandestin n'est pas la seule ; elle est la plus criminelle. On place encore parmi les mariages clandestins ceux qui n'ont point été précédés des publications requises, ou qui n'ont point été célébrés devant l'officier civil que la loi indiquait aux époux, ou dans lesquels le consentement des père et mère, des aieuls et aieules, et des tuteurs, n'est point intervenu. Comme toutes ces précautions ont été prises pour prévenir la clandestinité, il y a lieu au reproche de clandestinité, quand on a négligé ces précautions.

ART. 184. — La nullité des mariages clandestins est évidente.

Mais un mariage peut être nul sans être clandestin. Ainsi le défaut d'âge, le défaut de liberté, la parenté des époux au degré prohibé, annullent le mariage, sans lui imprimer d'ailleurs aucun caractère de clandestinité.

Les mariages contractés à l'extrémité de la vie, étaient encore prohibés par la déclaration de 1639, dont nous parlions tantôt. Il paraissait étrange qu'une personne mourante pût concevoir l'idée de transformer subitement son lit de mort en lit nuptial, et pût avoir la prétention d'allumer les feux brillants de l'hymen à côté des torches funèbres, dont la sombre lueur semblait déjà réfléchir sur une existence presque éteinte. On appréhendait, avec quelque fondement, les surprises et les machinations ténébreuses qui pouvaient être pratiquées en pareille occurrence, pour arracher à la faiblesse ou à la maladie un consentement auquel la volonté n'aurait aucune part. On appréhendait encore que ceux qui aiment les douceurs du mariage sans en aimer les charges, ne fussent invités à vivre dans un célibat honteux ; par l'espoir d'effacer un jour, à l'ombre d'un simulacre de mariage, les torts de leur vie entière.

Il faut convenir que la considération de ces dangers avait quelque poids ; mais qu'était-ce qu'un mariage *in extremis* ? Ici l'art conjectural de la médecine venait ajouter aux doutes et aux incertitudes de la jurisprudence. A chaque instant un mariage légitime pouvait être compromis, et il était difficile d'atteindre un mariage frauduleux. Nous trouvons à peine, dans nos immenses recueils d'arrêts, deux ou trois jugements intervenus sur cette matière ; et ces jugements ne font qu'attester les embarras qu'éprouvaient les tribunaux dans l'application de la loi.

Est-il d'ailleurs certain que cette loi fût bonne et convenable ? L'équité comporte-t-elle que l'on condamne au désespoir un père mourant, dont le cœur, déchiré par les remords, voudrait, en quittant la vie, assurer l'état d'une compagne qui ne l'a jamais abandonné, ou celui d'une postérité innocente dont il prévoit la misère et le malheur ? Pourquoi des enfants qui ont fixé sa tendresse et une compagne qui a mérité sa reconnaissance, ne pourraient-ils pas, avant de recueillir ses derniers soupirs, faire un appel à sa justice? Pourquoi le forcerait-on à être inflexible dans un moment où il a lui-même besoin de faire un appel à la miséricorde? En contemplant la déplorable situation de ce père, on se dit que la loi ne peut ni ne doit aussi cruellement étouffer la nature.

Les différentes nullités d'un mariage ne sont pas toutes soumises aux mêmes règles; dans l'école, on les a distinguées en nullités absolues et en nullités relatives. On a attribué aux unes et aux autres des effets différents. Mais l'embarras était de suivre dans la pratique une distinction qu'il était si facile d'énoncer dans la théorie. De nouveaux doutes provoquaient à chaque instant de nouvelles décisions; les difficultés étaient interminables.

On a compris que le langage de la loi ne pouvait être celui de l'école. En conséquence, dans le projet que nous présentons, nous avons appliqué à chaque nullité les règles qui lui sont propres.

Art. 180. — Une des premières causes qui peuvent faire annuller le mariage, est le défaut de liberté.

Il a été arrêté que l'action produite par le défaut de liberté ne peut être exercée que par les deux époux, ou par celui des deux dont le consentement n'a pas été libre. Cela dérive de la nature même des choses.

Le défaut de liberté est un fait dont le premier juge est la personne qui prétend n'avoir pas été libre. Des tiers peuvent avoir été les témoins de procédés extérieurs, desquels on se croit autorisé à conclure qu'il y a eu violence ou contrainte : mais ils ne peuvent jamais apprécier l'impression continue ou passagère qui a été ou qui n'a pas été opérée par ces procédés.

Il est rare qu'un mariage soit déterminé par une violence réelle et à force ouverte. Un tel attentat dégénérerait en rapt ou en viol; il y aurait plus que nullité, il y aurait crime. Communément, les faits de crainte qui opèrent le défaut de liberté sont des faits graves sans doute, et capables d'ébranler une ame forte, mais plus cachés, et combinés avec plus de prudence que ne l'est un acte caractérisé de violence. C'est conséquemment à la personne qui se plaint de n'avoir pas été libre, à nous dénoncer sa situation. Quel est celui qui aurait le droit de soutenir que je n'ai pas été libre, quand, malgré les apparences, j'assure l'avoir été? Dans une affaire aussi personnelle, mon témoignage ne serait-il pas supérieur à tout autre témoignage? Le sentiment de ma liberté n'en deviendrait-il pas la preuve?

Il y a plus : une volonté d'abord forcée, ne l'est pas toujours; ce que l'on a fait dans le principe par contrainte, on peut dans la suite le ratifier par raison et par choix. Qui serait donc autorisé à se plaindre, quand je ne me plains pas? Mon silence ne repousse-t-il pas tous ceux qui viendraient inconsidérément parler quand je me tais.

Il est incontestable que le défaut de liberté peut être couvert par un simple consentement tacite. Cela était vrai même pour les vœux monastiques. Après un certain temps, le silence faisait présumer le consentement, et l'on refusait d'écouter le religieux même qui réclamait contre son engagement. Aucun tiers n'était admis dans aucun temps à exercer l'action du religieux qui gardait le silence, lorsqu'il aurait pu le rompre s'il avait voulu. Or, si dans l'hypothèse du vœu monastique, où il ne s'agissait que de l'intérêt du religieux, on eût craint, en donnant action à des tiers, de troubler un engagement imparfait dans son origine, mais confirmé dans la suite, au moins par le silence de la partie intéressée, comment permettrait-on à des tiers de venir troubler un mariage existant, au préjudice des enfants, au préjudice de deux familles, au préjudice des époux eux-mêmes qui ne réclament pas?

Donc, rien de plus sage que de n'avoir donné action pour le défaut de liberté qu'aux deux époux ou à celui des deux dont le consentement n'a pas été libre.

Art. 180. — S'il n'y a point de véritable consentement lorsqu'il n'y a point de liberté, il n'y a pas non plus de consentement véritable quand il y a erreur.

L'erreur, en matière de mariage, ne s'entend pas d'une simple erreur sur les qualités, la fortune, ou la condition de la personne à laquelle on s'unit, mais d'une erreur qui aurait pour objet la personne même. Mon intention déclarée était d'épouser une telle personne; on me trompe, ou je suis trompé par un concours singulier de circonstances, et j'en épouse une autre qui lui est substituée à mon insu et contre mon gré : le mariage est nul.

Mais, dans ce cas, l'action ne compète qu'à

moi, parce qu'elle ne peut compéter qu'à l'époux qui a été induit en erreur.

Art. 181. — Dans l'hypothèse de l'erreur et dans celle du défaut de liberté, il fallait prescrire de sages limites à l'action même que l'on donne aux époux. On l'a fait en statuant que la demande en nullité ne sera plus recevable toutes les fois qu'il constera une cohabitation continuée pendant six mois, depuis que l'erreur aura été reconnue, ou que la liberté aura été recouvrée.

Art. 182. — Le mariage contracté sans le consentement des père et mère, des ascendants ou du conseil de famille, dans le cas où ce consentement était nécessaire, ne peut être attaqué que par ceux dont le consentement était requis, ou par celui des deux époux qui avait besoin de ce consentement.

Il est naturel d'interdire aux collatéraux une action qui ne peut compéter qu'aux parents dont le consentement est nécessaire. Ceux-ci vengent leur propre injure en exerçant cette action; ils font plus : ils remplissent un devoir. La loi requérait leur intervention dans le mariage, pour l'utilité même des époux. Ils satisfont au vœu de la loi, ils répondent à sa confiance en cherchant à réparer, par la voie de la cassation, le mal qu'ils n'ont pu prévenir par les voies plus douces d'une tendre surveillance. Que deviendrait la loi qui exige la nécessité du consentement des parents, si ceux-ci ne pouvaient la réclamer quand elle est violée?

Nous avons également cru juste d'accorder aux enfants, à qui le consentement des parents était nécessaire, le droit de faire annuller leur propre mariage par la considération du défaut de ce consentement. En général, il est permis à tous ceux qui ont contracté une obligation nulle et vicieuse de réclamer contre leur engagement, et surtout lorsqu'ils l'ont contracté pendant leur minorité. L'intérêt des parties est la mesure de leur action; et si on reçoit favorablement les plaintes d'un mineur qui prétend avoir été surpris dans une convention peu importante, on doit, avec plus de justice, lui accorder la même faveur, lorsqu'il demande à être restitué contre l'aliénation qu'il a faite de tous ses biens et de sa personne.

Art. 183. — Mais l'action en nullité provenant du défaut de consentement des parents ne peut plus être intentée, ni par les époux, ni par les parents dont le consentement était requis, toutes les fois que le mariage a été approuvé expressément ou tacitement par ceux dont le consentement était nécessaire, ou lorsqu'il s'est écoulé une année sans réclamation de leur part depuis qu'ils ont eu connaissance du mariage. Elle ne peut être intentée non plus par l'époux, lorsqu'il s'est écoulé une année sans réclamation de sa part depuis qu'il a atteint l'âge compétent pour consentir lui-même à son mariage. La sagesse de ces dispositions est évidente par elle-même.

Art. 184. — Les nullités qui dérivent du défaut d'âge, de l'existence d'un premier lien et de l'empêchement de consanguinité, sont d'une autre nature que les nullités précédentes. Elles intéressent l'ordre public et les bonnes mœurs; elles ne sont pas uniquement relatives à l'intérêt privé des époux, elles sont liées aux principes de l'honnêteté publique. Aussi l'action est ouverte, non-seulement aux époux, mais à tous ceux qui y ont intérêt, et même au ministère public qui est le gardien des mœurs et le vengeur de tous les désordres qui attaquent la société.

Cependant le remède deviendrait souvent pire que le mal, si la faculté que l'on donne de dénoncer les nullités dont nous parlons demeurait illimitée dans ses effets comme dans sa durée.

Art. 185. — Par exemple, le défaut d'âge est réparable. Il serait donc absurde qu'il servît de prétexte pour attaquer un mariage, lorsqu'il s'est déjà écoulé un délai de six mois après que les époux auraient atteint l'âge compétent ; alors la nullité n'existe plus : l'effet ne doit pas survivre à sa cause. On donne un délai de six mois, parce que toutes les fois que la loi donne une action, elle doit laisser un temps utile pour l'exercer.

Il serait encore peu raisonnable que l'on pût exciper du défaut d'âge, quand une grossesse survient dans le ménage avant l'échéance des six mois donnés pour exercer l'action en nullité. La loi ne doit pas aspirer au droit d'être plus sage que la nature : la fiction doit céder à la réalité.

Art. 186. — L'action doit être refusée, dans l'hypothèse dont il s'agit, aux pères, mères, ascendants et à la famille, s'ils ont consenti au mariage avec connaissance de cause. Il ne faut pas qu'ils puissent se jouer de la foi du mariage après s'être joués des lois.

Art. 187. — Dans les cas que nous venons d'énumérer, l'action en nullité compète aux collatéraux et à tous ceux qui y ont intérêt. Mais, comme cette action ne peut naître qu'avec l'intérêt qui en est le principe, les collatéraux ou les enfants nés d'un autre mariage ne sont point admis à l'exercer du vivant des deux époux, mais seulement lorsqu'ils ont un droit échu et un intérêt actuel.

En thèse, des collatéraux ou des héritiers avides sont écoutés peu favorablement. Ils n'ont en leur faveur, ni le préjugé de la nature, ni l'autorité de la loi. L'espérance d'accroître leur patrimoine ou leur fortune est le seul mobile de leur démarche; cette espérance seule les anime. Ils n'ont aucune magistrature domestique à exercer sur des individus qui ne sont pas confiés à leur sollicitude. Ils ne doivent donc pas être admis à troubler un mariage concordant et paisible. Ils ne doivent et ils ne peuvent se montrer que lorsqu'il s'agit de savoir s'ils sont exclus d'une succession par des enfants légitimes, ou s'ils sont fondés à contester l'état de ces enfants et à prendre leur part dans cette succession. Hors de là, ils n'ont point d'action.

Art. 188. — Il ne faudrait pas ranger dans la classe des collatéraux ou de toutes autres personnes qui ne peuvent attaquer un mariage nul, pendant la vie des conjoints, l'époux qui se prévaut d'un premier engagement contracté en sa faveur, et toujours subsistant, pour faire anéantir un second engagement frauduleux. Cet époux peut incontestablement attaquer le second mariage du vivant même du conjoint qui était uni à lui par un premier lien; car c'est précisément l'existence de ce premier lien qui fait la nullité du second; et le plus grand profit de la demande en nullité est, dans ce cas, de faire disparaître le second mariage pour maintenir et venger le premier.

Art. 189. — Dans le concours de deux mariages, si l'époux délaissé peut attaquer le second comme nul, ceux qui ont contracté ce second mariage peuvent également arguer le premier de nullité : ce qui est nul ne produit aucun effet. Un premier mariage non valablement contracté ne peut donc légalement motiver la cassation d'un second mariage valable; conséquemment la question élevée sur la validité du premier mariage, suspend nécessairement le sort du second. Cette question est un préalable qu'il faut vider avant tout.

Art. 190. — Nous avons dit que le commissaire du gouvernement, que le ministère public peut s'élever d'office contre un mariage infecté de quelqu'une des nullités que nous avons énoncées comme appartenant au droit public; l'objet de ce magistrat doit être de faire cesser le scandale d'un tel mariage, et de faire prononcer la séparation des époux. Mais gardons-nous de donner à cette censure confiée au ministère public pour l'intérêt des mœurs et de la société, une étendue qui la rendrait oppressive, et qui la ferait dégénérer en inquisition. Le ministère public ne doit se montrer que quand le vice du mariage est notoire, quand il est subsistant, ou quand une longue possession n'a pas mis les époux à l'abri des recherches directes du magistrat. Il y a souvent plus de scandale dans les poursuites indiscrètes d'un délit obscur, ancien ou ignoré, qu'il n'y en a dans le délit même.

Art. 192. — Les publications qui précèdent le mariage ont été introduites pour qu'on puisse être averti, dans un temps convenable, des empêchements qui pourraient rendre le mariage nul. L'omission de ces publications et l'inobservation des délais dans lesquels elles doivent être faites, peuvent opérer la nullité d'un mariage en certains cas : mais, parce que les lois qui ont établi ces formalités, n'ont en vue que certaines personnes et certaines circonstances; lorsque ces circonstances ne subsistent plus, lorsque l'état des personnes est changé, et que leur volonté est toujours la même, ce qui était nul dans son principe se ratifie dans la suite, et l'on n'applique point au mariage cette maxime qui n'a lieu que dans les testaments : *Quod ab initio non valet, tractu temporis non convalescit.*

Art. 191. — La plus grave de toutes les nullités est celle qui dérive de ce qu'un mariage n'a pas été célébré publiquement, et en présence de l'officier civil compétent. Cette nullité donne action aux pères et aux mères, aux époux, au ministère public, et à toux ceux qui y ont intérêt. Elle ne peut être couverte par la possession ni par aucun acte exprès ou tacite de la volonté des parties; elle est indéfinie et absolue. Il n'y a pas mariage, mais commerce illicite entre des personnes qui n'ont point formé leur engagement en présence de l'officier civil compétent, témoin nécessaire du contrat. Dans notre législation actuelle, le défaut de présence de l'officier civil compétent a les mêmes effets qu'avait autrefois le défaut de présence du propre curé. Le mariage était radicalement nul, il n'offrait qu'un attentat aux droits de la société, et une infraction manifeste des lois de l'Etat.

Art. 194. — Aussi, nul ne peut réclamer le titre d'époux et les effets civils du mariage, s'il ne représente un acte de célébration inscrit sur le registre de l'état civil. On admettait les mariages présumés, avant l'ordonnance de Blois. Cet abus a disparu : il faut un titre écrit, attesté par des témoins et par l'officier public que la loi désigne. La preuve testimoniale et les autres manières de preuves ne sont reçues que dans les cas prévus par la loi sur les *actes de l'état civil*, et aux conditions prescrites par cette loi. (Art. 195.) Aucune possession ne saurait dispenser de représenter le titre; car la possession seule ne désigne pas plus un commerce criminel qu'un mariage légitime. (Art. 196.) Si la possession sans titre ne garantit aucun droit, le titre avec la possession devient inattaquable.

Des époux dont le titre aurait été falsifié, ou qui auraient rencontré un officier public assez négligent pour ne pas s'acquitter des devoirs de sa place, auraient action pour faire punir le crime et réparer le préjudice. Si l'officier public était décédé, ils auraient l'action en dommage contre ses héritiers.

Art. 198. — La preuve acquise de la célébration d'un mariage, soit par la voie extraordinaire, soit par la voie civile, garantit aux époux et aux enfants tous les effets du mariage à compter du jour de sa célébration; car la preuve d'un titre n'est pas un titre nouveau, elle n'est que la déclaration d'un titre préexistant, dont les effets doivent remonter à l'époque déterminée par sa date. Mais nous ne saurions trop le dire : pour constater un mariage, il faut un titre, ou l'équivalent.

Art. 197. — Au reste, n'exagérons rien et distinguons les temps. Autre chose est de juger des preuves d'un mariage pendant la vie des époux, autre chose est d'en juger après leur mort et relativement à l'intérêt des enfants. Pendant la vie des époux, la représentation du titre est nécessaire. Des conjoints ne peuvent raisonnablement ignorer le lieu où ils ont contracté l'acte le plus important de leur vie, et les circonstances qui ont accompagné cet acte; mais, après leur mort, tout change. Des enfants, souvent délaissés dès leur premier âge par les auteurs de leurs jours, ou transportés dans des contrées éloignées, ne connaissent et ne peuvent connaître ce qui s'est passé avant leur naissance. S'ils n'ont point reçu de documents, si les papiers domestiques manquent, quelle sera leur ressource ? La jurisprudence ne les condamne point au désespoir. Ils sont admis à prouver que les auteurs de leurs jours vivaient comme époux, et qu'ils avaient la possession de leur état. Il suffit même pour les enfants que cette possession de leurs père et mère soit énoncée dans leur acte de naissance : cet acte est leur titre. C'est dans le moment de cet acte que la patrie les a marqués du sceau de ses promesses; c'est sous la foi de cet acte qu'ils ont toujours existé dans le monde; c'est avec cet acte qu'ils peuvent se produire et se faire reconnaître; c'est cet acte qui constate leur nom, leur origine, leur famille; c'est cet acte qui leur donne une cité et qui les met sous la protection des lois de leur pays. Qu'ont-ils besoin de remonter à des époques qui leur sont étrangères? Pouvaient-ils pourvoir à leur intérêt, quand ils n'existaient pas encore? Leur destinée n'est-elle pas irrévocablement fixée par l'acte inscrit dans des registres que la loi elle-même a établis pour constater l'état des citoyens et pour devenir, pour ainsi dire, dans l'ordre civil, le livre des destinées?

Art. 201. — Quoique régulièrement le seul mariage légitime et véritable puisse faire de véritables époux et produire des enfants légitimes, cependant, par un effet de la faveur des enfants et par la considération de la bonne foi des époux, il a été reçu, par équité, que s'il y avait quelque empêchement caché qui rendît ensuite le mariage nul, les époux, s'ils avaient ignoré cet empêchement, et les enfants nés de leur union, conserveraient toujours le nom et les prérogatives d'époux et d'enfants légitimes, parce que les uns se sont unis et les autres sont nés sous le voile, sous l'ombre, sous l'apparence du mariage.

De là cette maxime commune, que le mariage putatif, pour nous servir de l'expression des jurisconsultes, c'est-à-dire, celui que les conjoints ont cru légitime, a le même effet pour assurer l'état des époux et des enfants qu'un mariage véritablement légitime : maxime originairement introduite par le droit canonique, depuis long-temps adoptée dans nos mœurs, et aujourd'hui consacrée par le projet de loi.

Art. 202. — Quand un seul des conjoints est dans la bonne foi, ce conjoint seul peut réclamer les effets civils du mariage. Quelques anciens jurisconsultes avaient pensé que dans ce cas les enfants devaient être légitimes par rapport à l'un des conjoints, et illégitimes par rapport à l'autre; mais on a rejeté leur opinion sur le fondement que l'état des hommes est indivisible, et que, dans le concours, il fallait se décider entièrement pour la légitimité.

Le mariage soumet à de grandes obligations ceux qui le contractent.

Art. 203. — Parmi ces obligations, la première est celle de nourrir, entretenir et élever ceux auxquels on a donné le jour.

Les aliments et l'entretien ont pour objet la conservation et le bien être de la personne. L'éducation se rapporte à son avantage moral.

Art. 204. — Dans les pays de droit écrit, le père était obligé de doter sa fille pour lui procurer un établissement. Cette obligation n'existait pas pour le père dans les pays de coutume.

Il fallait se décider entre ces deux jurisprudences absolument opposées l'une à l'autre. On a donné la préférence à la jurisprudence coutumière, comme moins susceptible d'inconvénients et d'abus.

L'action qu'une fille avait, dans les pays de droit écrit, pour obliger son père à la doter, avait peu de danger, parce que, dans ces pays, la puissance paternelle était si grande, qu'elle avait tous les moyens possibles de se maintenir contre l'inquiétude et la licence des enfants.

Aujourd'hui cette puissance n'est plus ce qu'elle était. Il ne faut pas l'avilir après l'avoir affaiblie. Il ne faut pas conserver aux enfants les moyens d'attaque, quand on a dépouillé le père de ses moyens de défense.

Dans les pays coutumiers, où la puissance paternelle était plus tempérée, on n'avait eu garde de laisser aux enfants le droit d'inquiéter leur père. il n'y avait donc point à balancer entre la jurisprudence des pays coutumiers et celle des pays de droit écrit. Comme il faut que tout soit en harmonie, il eût été absurde d'augmenter les droits des enfants quand on diminuait ceux des pères. L'équilibre eût été rompu: les familles eussent été déchirées par des troubles journaliers. L'audace des enfants se fût accrue, et il n'aurait plus existé de gouvernement domestique.

En laissant subsister la jurisprudence des pays de coutume, on ne fait aucune révolution dans ces pays. On en eût fait une funeste, si on y eût introduit un droit nouveau.

A la vérité, dans les pays de droit écrit, on opère un changement par rapport au droit des filles, puisqu'on y affaiblit ce droit en y introduisant la jurisprudence des pays de coutume. Mais ce changement, contraire aux droits des enfants, est suffisamment compensé à leur profit par les changements qu'a éprouvés la puissance des pères.

Ce n'est pas dans un temps où tant d'événements ont relâché tous les liens, qu'il faut achever de les briser tous. On va au mal par une pente rapide, et on ne remonte au bien qu'avec effort. S'il est des objets dans lesquels les lois doivent suivre les mœurs, il en est d'autres où les mœurs doivent être corrigées par les lois.

Nous avons donc cru, après avoir pesé les inconvénients et les avantages des diverses jurisprudences qui régissaient la France, que les enfants ne devaient point avoir action contre leurs père et mère pour un établissement par mariage ou autrement.

Art. 205. — Si les père et mère sont obligés de nourrir leurs enfants, les enfants sont obligés à leur tour de nourrir leurs père et mère.

L'engagement est réciproque, et de part et d'autre il est fondé sur la nature.

Art. 206. — Les gendres et les belles-filles sont soumis à la même obligation envers leurs beau-père et belle-mère. Cette obligation cesse, 1.° dans le cas où la belle-mère a contracté un second mariage; 2.° lorsque celui des époux qui produisait l'affinité, et les enfants de son union avec l'autre époux, sont décédés.

Les beaux-pères et les belles-mères sont tenus, de leur côté, quand les circonstances l'exigent, de fournir des aliments à leur gendre et à leur belle-fille.

La parenté d'alliance imite la parenté du sang.

Art. 208. — Les aliments comprennent tout ce qui est nécessaire : mais il faut distinguer deux sortes de nécessaires, l'absolu et le relatif. L'absolu est réglé par les besoins indispensables de la vie; le relatif, par l'état et les circonstances. Le nécessaire relatif n'est donc pas égal pour tous les hommes; l'absolu même ne l'est pas. La vieillesse a plus de besoins que l'enfance; le mariage, que le célibat; la faiblesse, que la force; la maladie, que la santé.

Les bornes du nécessaire absolu sont fort étroites. Un peu de justice et de bonne foi suffisent pour les connaître. A l'égard du nécessaire relatif, il est à l'arbitrage de l'opinion et de l'équité.

Art. 209. — Le devoir de fournir des aliments cesse quand celui à qui on les doit recouvre une fortune suffisante, ou quand celui qui en est le débiteur tombe dans une indigence qui ne lui permet pas ou qui lui permet à peine de se nourrir lui-même. (Art. 210.) Un père et une mère peuvent, suivant les circonstances, refuser de fournir des aliments à leurs enfants, en offrant de les recevoir dans leur maison. (Art. 211.) C'est au juge à déterminer les cas où l'obligation de fournir des aliments est susceptible de cette modification et de ce tempérament. Ces sortes de questions sont plutôt des questions de fait que des questions de droit.

Après nous être occupés des obligations qui naissent du mariage entre les pères et les enfants, nous avons fixé notre attention sur les droits et les devoirs respectifs des époux.

Art. 212. — Ils se doivent mutuellement fidélité, secours et assistance.

Art. 213. — Le mari doit protection à sa femme, et la femme obéissance à son mari.

Voilà toute la morale des époux.

On a long-temps disputé sur la préférence ou l'égalité des deux sexes. Rien de plus vain que ces disputes.

On a très-bien observé que l'homme et la femme ont partout des rapports et partout des différences. Ce qu'ils ont de commun est de l'espèce; ce qu'ils ont de différent est du sexe. Ils seraient moins disposés à se rapprocher s'ils étaient plus semblables. La nature ne les a faits si différents que pour les unir.

Cette différence qui existe dans leur être en suppose dans leurs droits et dans leurs devoirs respectifs. Sans doute, dans le mariage, les deux époux concourent à un objet commun; mais ils ne sauraient y concourir de la même manière. Ils sont égaux en certaines choses, et ils ne sont pas comparables dans d'autres.

La force et l'audace sont du côté de l'homme, la timidité et la pudeur du côté de la femme.

L'homme et la femme ne peuvent partager les mêmes travaux, supporter les mêmes fatigues, ni se livrer aux mêmes occupations. Ce ne sont point des lois, c'est la nature même qui a fait le lot de chacun des deux sexes. La femme a besoin de protection, parce qu'elle est plus faible; l'homme est plus libre, parce qu'il est plus fort.

La prééminence de l'homme est indiquée par la constitution même de son être, qui ne l'assujétit pas à autant de besoins, et qui lui garantit plus d'indépendance pour l'usage de son temps et pour l'exercice de ses facultés. Cette prééminence est la source du pouvoir de protection que le projet de loi reconnaît dans le mari.

L'obéissance de la femme est un hommage rendu au pouvoir qui la protège, et elle est une suite nécessaire de la société conjugale, qui ne pourrait subsister si l'un des époux n'était subordonné à l'autre.

Le mari et la femme doivent incontestablement être fidèles à la foi promise; mais l'infidélité de la femme suppose plus de corruption, et a des effets plus dangereux que l'infidélité du mari : aussi l'homme a toujours été jugé *moins sévèrement* que la femme. Toutes les nations éclairées en ce point par l'expérience et par une sorte d'instinct, se sont accordées à croire que le sexe le plus aimable doit encore, pour le bonheur de l'humanité, être le plus vertueux.

Les femmes connaîtraient peu leur véritable intérêt, si elles pouvaient ne voir dans la sévérité apparente dont on use à leur égard, qu'une rigueur tyrannique plutôt qu'une distinction honorable et utile. Destinées par la nature aux plaisirs d'*un seul* et à l'agrément de tous, elles ont reçu du ciel cette sensibilité douce qui anime la beauté, et qui est sitôt émoussée par les plus légers égarements du cœur; ce tact fin et délicat qui remplit chez elles l'office d'un sixième *sens*, et qui ne se conserve ou ne se perfectionne que par l'exercice de toutes les vertus; enfin, cette modestie touchante qui triomphe de tous les dangers, et qu'elles ne peuvent perdre sans devenir plus vicieuses que nous. Ce n'est donc point dans notre injustice, mais *dans leur vocation naturelle*, que les femmes doivent chercher le principe des devoirs plus austères qui leur sont imposés pour leur plus grand avantage et au profit de la société.

Art. 214. — Des devoirs respectifs de protection et d'obéissance que le mariage établit entre les époux, il suit que la femme ne peut avoir d'autre domicile que celui de son mari, qu'elle doit le suivre partout où il lui plaît de résider, et que le mari est obligé de recevoir sa femme et de lui fournir tout ce qui est nécessaire pour les besoins de la vie, selon ses facultés et son état.

Art. 215, 216. — La femme ne peut ester en jugement sans l'autorisation de son mari. Il n'y a d'exception à cette règle que lorsque la femme est poursuivie criminellement, ou pour fait de police. Alors, l'autorité du mari disparaît devant celle de la loi, et la nécessité de la défense naturelle dispense la femme de toute formalité.

Art. 217. — Le même principe qui empêche la femme de pouvoir exercer des actions en justice sans l'autorisation de son mari, l'empêche, à plus forte raison, d'aliéner, hypothéquer, acquérir à titre gratuit ou onéreux, sans cette autorisation.

Art. 218, 219. — Cependant, comme il n'y a aucun pouvoir particulier qui ne soit soumis à la puissance publique, le magistrat peut intervenir pour réprimer les refus injustes du mari, et pour rétablir toutes choses dans l'état légitime.

Art. 220. — La faveur du commerce a fait regarder la femme, marchande publique, comme indépendante du pouvoir marital, dans tout ce qui concerne les opérations commerciales qu'elle fait. Sous ce rapport, le mari peut devenir la caution de sa femme, mais il cesse d'être son maître.

Art. 222. — Les droits du mari ne sont suspendus, dans tout le reste, que par son interdiction, son absence ou toute cause qui peut le mettre dans l'impossibilité actuelle de les exercer; et, dans ces hypothèses, l'autorité du mari est remplacée par celle du juge.

Art. 224. — L'autorité du juge intervient encore, si le mari est mineur. Comment celui-ci pourrait-il autoriser les autres, quand il a lui-même besoin d'autorisation?

Art. 225. — La nullité des actes faits par la femme, fondée sur le défaut d'autorisation de ces actes, ne peut être opposée que par la femme elle-même, par son mari, ou par leurs héritiers.

Art. 226. — Au reste, la femme peut faire des dispositions testamentaires sans y être autorisée, parce que ces sortes de dispositions, qui ne peuvent avoir d'effet qu'après la mort, c'est-à-dire, qu'après que l'union conjugale est dissoute, ne peuvent blesser les lois de cette union.

Art. 227. — Nous en avons assez dit dans le projet de loi pour faire sentir l'importance et la dignité du mariage, pour le présenter comme le contrat le plus sacré, le plus inviolable, et comme la plus sainte des institutions. Ce contrat, cette société, finit par la mort de l'un des conjoints, et par le divorce légalement prononcé. Elle finit encore, relativement aux effets civils, par une condamnation prononcée contre l'un des époux, et emportant mort civile.

Je n'ai pas besoin de m'expliquer sur la dissolution pour cause de mort. La dissolution de la société conjugale, dans ce cas, est opérée par un événement qui dissout toutes les sociétés. La dissolution pour cause de divorce sera l'objet d'un projet de loi particulier.

Quant à la mort civile, on vous a déjà développé tout ce qu'elle opérait relativement au mariage, dans le projet de loi concernant *la jouissance et la privation des effets civils.*

Art. 228. — Après un premier mariage dissous, on peut en contracter un second. Cette liberté compète au mari qui a perdu sa femme, comme à la femme qui a perdu son mari. Mais les bonnes mœurs et l'honnêteté publique ne permettent pas que la femme puisse convoler à de secondes noces, avant que l'on se soit assuré, par un délai suffisant, que le premier mariage demeure sans aucune suite pour elle, et que sa situation ne saurait plus gêner les actes de sa volonté. Ce délai était autrefois d'un an : on l'appelait *l'an de deuil.* Nous avons cru que dix mois suffisaient pour nous rassurer contre toute présomption capable d'alarmer la décence et l'honnêteté.

Actuellement ma tâche est remplie. C'est à vous, législateurs, en confirmant par vos suffrages le projet de loi que je vous présente au nom du gouvernement, *sur le Mariage*, à consolider les vrais fondements de l'ordre social, et à ouvrir les principales sources de la félicité publique. Quelques auteurs du siècle ont demandé que l'on encourageât les mariages : ils n'ont besoin que d'être réglés.

Partout où il se trouve une place où deux personnes peuvent vivre commodément, il se forme un mariage. Le législateur n'a rien à faire à cet égard; la nature a tout fait. Toujours aimable, elle verse d'une main libérale tous ses trésors sur l'acte le plus important de la vie humaine; elle nous invite, par l'attrait du plaisir, à l'exercice du plus beau privilége qu'elle ait pu donner à l'homme, celui de se reproduire, et elle nous prépare des délices de sentiment mille fois plus douces que ce plaisir même. Il y aura toujours assez de mariages pour la prospérité de la République. L'essentiel est qu'il y ait assez de mœurs pour la prospérité des mariages. C'est à quoi le législateur doit pourvoir par la sagesse de ses réglements; les bonnes lois fondent la véritable puissance des Etats, et elles sont le plus riche héritage des nations.

LOI

Relative aux Actes respectueux.

Décrétée le 21 ventôse an XII (12 mars 1804); — Promulguée le 1.er germinal (22 du même mois).

[ARTICLES 152, 153, 154, 155, 156 et 157 du TITRE V.]

EXPOSÉ DES MOTIFS DE LA LOI, par M. le Conseiller-d'Etat BIGOT DE PRÉAMENEU.

Séance du 15 ventôse an XII (6 mars 1804).

LÉGISLATEURS,

Le but que l'on s'est toujours proposé dans le Code civil est de régénérer et de perfectionner les mœurs publiques en maintenant l'autorité légitime des pères et mères; cette autorité, sans laquelle il n'y aurait point à proprement parler de famille; sans laquelle, d'une part, l'affection des pères et mères voudrait en vain, en dirigeant la conduite de leurs enfants, former des hommes vertueux, leur inspirer l'obéissance aux lois, le dévouement à la patrie, et sans laquelle, d'une autre part, les enfants pourraient donner impunément à la société le scandale de manquer à des devoirs que tous les peuples civilisés ont regardés comme sacrés.

C'est surtout à l'époque où, par leur mariage, les enfants vont former une nouvelle famille, et fixer ainsi leur destinée, qu'ils ont besoin du secours des père et mère pour ne pas être égarés par leurs passions; c'est aussi au moment de cette séparation que les enfants doivent aux auteurs de leurs jours un hommage particulier de reconnaissance et de respect.

L'accomplissement de ces devoirs n'a rien de contraire à cette liberté, dont il est raisonnable que les enfants jouissent pour leur mariage.

Lorsque les fils n'ont pas encore atteint l'âge de vingt-cinq ans, et les filles celui de vingt-un ans, et sous cette expression générale de fils et de filles sont compris ceux qui, avant cet âge, n'auraient point encore été mariés, ou qui seraient veufs, la loi présume que, s'ils ne sont pas aidés par la prudence et par l'affection de leurs parents, leur sort serait le plus souvent compromis.

Il a été statué au titre concernant le mariage, que celui qui aurait été contracté sans le consentement des père et mère, des ascendants ou du conseil de famille dans les cas où ce consentement était nécessaire, peut être attaqué par tous ceux dont le consentement était requis. Les motifs de cette disposition sage et nécessaire vous ont été développés.

Lorsque les enfants de famille sont parvenus à l'âge auquel il convient de leur laisser le droit de pourvoir eux-mêmes à leur mariage, ils doivent encore en l'exerçant, à quelque époque de leur vie que ce soit, écouter la voix et les conseils de ceux qui sont le plus intéressés à leur bonheur, et envers lesquels, après tant de soins prodigués pendant un grand nombre d'années, ils ne peuvent, sans une ingratitude coupable, manquer à cette déférence.

Ces motifs ont déterminé une seconde disposition au même titre du code (Art. 151). Elle porte : (Art. 151.) « Les enfants de famille ayant atteint la majorité fixée par l'article 148, sont tenus, avant de contracter mariage, de demander par un acte respectueux et formel le conseil de leur père et de leur mère, ou celui de leurs aïeuls et aïeules, lorsque leur père et leur mère sont décédés o. dans l'impossibilité de manifester leur volonté. »

Des explications sont nécessaires à l'exécution de cet article. Il ne faudrait pas que l'on appelât respectueux un acte dans lequel les père et mère seraient fondés à ne voir qu'une vaine formalité, qui, loin d'être un témoignage de respect, ne leur paraîtrait qu'une nouvelle preuve d'oubli de leurs bienfaits et de mépris de leur autorité. Pourrait-on porter un autre jugement du fils de famille qui, contre l'esprit et le but de la loi, croirait l'avoir remplie en demandant conseil à ses père et mère, en dédaignant ce conseil au point de ne pas même prendre le temps d'y réfléchir, et de célébrer le mariage à l'instant même que ses père et mère refusent de le bénir?

Un des plus grands malheurs qu'un enfant puisse éprouver, est de ne point avoir le consentement spontané de ses père et mère à son mariage : alors le flambeau de l'hymen serait à-la-fois une torche de discorde, si la loi qui veille à la paix des familles, comme au fondement de l'ordre social, ne venait au secours de l'enfant et des père et mère en les rapprochant, en les forçant de s'expliquer, en donnant à la sagesse des conseils des père et mère un nouveau poids, et à l'enfant, un moyen de désarmer, par des actes de piété filiale, des père et mère dont le refus ne serait pas fondé sur des motifs irrésistibles.

Mais pour parvenir à ce but, il faut qu'il y ait un rapprochement réel de l'enfant et de ses père et mère; il faut qu'il y ait un temps suffisant pour qu'au milieu des passions trop vives et des premiers éléments de la discorde, la tendresse du père et la confiance de l'enfant puissent exercer leur première et mutuelle influence.

C'est dans cet esprit que paraissent avoir été jusqu'à présent rendues les lois françaises sur le même objet; mais aucune n'a tracé des règles assez positives, et l'usage n'y avait suppléé que d'une manière imparfaite. Elles avaient mis dans la main des père et mère auxquels on n'aurait pas fait de sommation respectueuse, le moyen le plus terrible de venger leur autorité, celui de l'exhérédation; et cependant les mesures nécessaires pour rendre efficace le rapprochement des enfants et de leurs pères n'avaient point été prises.

Ni l'autorité donnée par la nature aux pères et mères, ni la piété filiale, ni les préceptes de la religion n'étant des moyens suffisants pour arrêter le scandale et le désordre occasionnés par la multiplicité des mariages clandestins, une ordonnance du mois de février 1556, remit aux mains des pères et mères le soin et le pouvoir de leur vengeance, en les autorisant à prononcer dans ce cas l'exhérédation, et à révoquer les donations et les avantages qu'ils auraient faits.

Cette subordination des enfants fut établie pour les fils jusqu'à trente ans, pour les filles jusqu'à vingt-cinq ans. Au-delà de cet âge, le consentement des pères et mères ne fut plus aussi rigoureusement exigé; on leur enjoignit seulement *de se mettre en devoir de requérir l'avis et conseil de leurs pères et mères.*

Une expérience acquise pendant environ un siècle, fit connaître quels effets on pouvait espérer de ces mesures. On lit dans la déclaration du 26 novembre 1639, que l'indulgence des pères et mères les portant à remettre leur offense particulière, ils oubliaient ce qu'ils devaient eux-mêmes à l'ordre public : on crut donc que le pouvoir d'exhéréder n'était point à la loi une sanction suffisante. Les mariages des fils et filles âgées de moins de vingt-cinq ans, faits en contravention de ces lois, furent déclarés déchus des effets civils à l'égard des contractants et de leurs enfants. Quant aux fils âgés de plus de trente ans, et aux filles âgées de plus de vingt-cinq ans, auxquels la loi de 1556 avait enjoint *de se mettre en devoir de requérir l'avis et conseil de leurs pères et mères*, il fut expliqué que cet avis et conseil serait requis *par écrit*, et on étendit à ce cas, comme à celui où le consentement était nécessaire, la faculté aux pères et mères d'exhéréder.

Telle fut l'origine des actes connus sous le nom de *sommations respectueuses.*

Le plus souvent la foi de ces actes était très-suspecte, et le ministère du sergent qui les dressait les faisait considérer par les pères et mères comme des actes d'agression, et comme un nouvel outrage.

Ces motifs déterminèrent le parlement de

Paris à publier le 27 août 1692, un réglement dans lequel on établit des formes plus respectueuses. On exigea que, pour faire aux pères et mères une sommation de consentir au mariage, les fils et filles en obtinssent du juge la permission; on ordonna que ces sommations seraient faites, à Paris, par deux notaires, et ailleurs, par un notaire en présence de deux témoins.

Ce réglement n'explique point assez clairement si ces sommations doivent être répétées; et, en admettant qu'il exige de les réitérer, il laisse une entière incertitude tant sur le nombre que sur l'intervalle de temps de l'un à l'autre de ces actes.

Aussi le nombre des sommations était à peine déterminé par l'usage. Elles n'excédaient pas celui de trois. Dans plusieurs pays on n'en faisait que deux; et dans aucun on n'a vu les peines de l'exhérédation prononcées contre l'enfant qui n'aurait fait qu'une seule sommation.

L'incertitude sur des points aussi importants serait la même, et le vœu de la loi ne serait point rempli, si, à la suite de la disposition de l'article 151 du nouveau code civil, qui impose l'obligation de demander, par un acte respectueux et formel, le conseil des pères et mères, on ne trouvait pas quelles sont les formes nécessaires pour que cette demande puisse procurer un effet vraiment utile et pour les pères et mères, et pour les enfants, et pour les mœurs publiques.

Le pouvoir d'exhéréder n'a été donné dans aucun cas, par le nouveau code, aux pères et mères. J'ai déjà eu occasion d'en exposer les motifs; mais si on avait à considérer cette peine dans le cas où on voudrait l'appliquer à l'infraction de la loi qui ordonne l'acte respectueux, on serait averti par l'expérience du passé et par l'aveu des anciens législateurs de la France, que ce moyen est inefficace; qu'en donnant aux pères et mères le pouvoir le plus illimité, c'est leur donner occasion d'user d'indulgence, et qu'ils ne doivent pas être chargés de maintenir l'ordre public par des punitions contre leurs enfants.

Lorsque des enfants de famille sont parvenus à l'âge où le consentement des pères et mères n'est plus nécessaire pour leur mariage, la loi qui intervient entre eux doit se borner à suivre et à diriger les mouvements du cœur. Si on peut les rendre à leurs affections, les peines seront inutiles; et si on ne peut atteindre ce but, en vain prononcerait-on des peines: elles deviendraient une cause éternelle d'une dissention, elles aggraveraient le mal plutôt qu'elles ne le répareraient.

La loi doit donc chercher à éclairer les pères et mères sur les préventions et les préjugés qu'ils peuvent avoir, les enfants, sur la passion qui peut les égarer. Les rapprocher les uns des autres plusieurs fois; laisser de part et d'autre à la raison et à l'affection, le temps d'exercer leur influence, c'est un moyen que la nature elle-même indique. Lorsque ce sont des pères et mères vis-à-vis de leurs enfants, se voir et entrer en explication, c'est presque toujours dissiper des nuages et rétablir l'harmonie.

L'obligation imposée en 1692 d'obtenir un jugement qui autorise les sommations respectueuses, n'a paru ni utile, ni convenable. Il vaut mieux ne mêler à ces actes aucune forme judiciaire. Un enfant ne doit point avoir besoin de se faire autoriser par la justice à remplir ses devoirs.

On atteindra le but qu'on se propose, celui de donner aux pères et mères et aux enfants l'occasion et le temps de s'expliquer, en ordonnant que si la réponse à un premier acte respectueux n'est pas conforme au vœu de l'enfant, cet acte sera renouvelé deux autres fois de mois en mois, et que le mariage ne pourra être célébré qu'un mois après le troisième acte.

Art. 153. — La suspension du mariage ne doit pas avoir lieu pendant un plus long délai: la loi serait en contradiction, si, en déclarant qu'après un certain âge le consentement des pères et mères n'est pas nécessaire, et que l'on doit seulement leur demander conseil, elle prononçait une suspension qui, trop longue, pourrait devenir un empêchement au mariage, ou occasionner le scandale le plus dangereux pour les mœurs publiques. Il faut songer que pendant le temps des actes respectueux dans l'une des familles, l'autre est mise en un état fâcheux d'incertitude, et l'on doit entre elle tenir la balance, en n'excédant pas le délai nécessaire pour que les enfants de famille ne se livrent pas au premier mouvement de leur passion, et que la voix des pères et mères puisse pénétrer au fond de leur cœur.

On avait encore à observer que la cause du dissentiment des pères et mères étant presque toujours dans la fougue des passions qui entraîne les enfants, et dans leur inexpérience, qui les empêche de distinguer *leurs véritables* intérêts, la loi ne doit plus *présumer* de pareils motifs lorsqu'une fille *est parvenue* à vingt-cinq ans et un fils à *trente* ans : elle doit toujours maintenir *le respect* dû aux pères et mères par leurs *enfants*; mais alors il n'est plus nécessaire *que* le temps de la suspension du *mariage* soit aussi long : un seul acte respectueux est dans ce cas exigé, et après un mois écoulé depuis cet acte, le mariage pourra être célébré.

Art. 154. — Il était important de donner à ces actes la forme la plus respectueuse, et d'éviter l'impression toujours fâcheuse que fait le ministère des officiers publics chargés d'exécuter les actes rigoureux de la justice. Les actes respectueux ne devront plus être notifiés par des huissiers; on emploiera les notaires : ce sont les officiers publics dépositaires des secrets de familles; ceux dont elles réclament habituellement le ministère pour régler amiablement tous leurs intérêts. On doit éviter l'expression même de sommation, qui désigne mal un acte de soumission et de respect. Cet acte n'aura ni la dénomination ni les formes judiciaires : il sera seulement nécessaire que son existence soit constatée par un procès-verbal, qui d'ailleurs apprenne si le consentement est donné. Mais, en ordonnant de faire mention de la réponse, on n'a point entendu que les pères et mères dont l'avis serait contraire au mariage, fussent obligés d'en donner des motifs. La déclaration de ne vouloir répondre, sera elle-même une réponse suffisante pour manifester la volonté. Si dans le cas même où le défaut de consentement est un empêchement au mariage, la confiance due aux pères et mères, le respect pour leur qualité, la crainte de les compromettre ou de les forcer au silence les ont fait dispenser de révéler, en motivant leur refus, la honte de leurs enfants, ou de dénoncer au moins à l'opinion publique la personne dont ils redoutent l'alliance : à plus forte raison les pères et mères doivent-ils être dispensés d'exposer les motifs de leur réponse, lorsqu'elle n'a d'effet que de suspendre pendant un temps limité la célébration du mariage.

Art. 155. — On a dû prévoir le cas de l'absence de l'ascendant auquel eût dû être fait l'acte respectueux. Lorsque le défaut de consentement n'est plus, à raison de l'âge, un obstacle au mariage, et que l'absence empêche de faire les actes respectueux, le motif de suspendre la célébration du mariage n'existe point. Mais il faut que le fait de l'absence soit certain, et sur ce point on doit se conformer aux règles déjà établies dans le Code.

On ne regardera point comme absent celui qui, pour ses affaires ou par d'autres motifs, serait éloigné de son domicile sans avoir laissé ignorer le lieu où on peut le trouver. Il ne faudrait pas que, sous prétexte d'un simple éloignement, un enfant de famille pût se soustraire à un devoir aussi essentiel : la volonté que cet enfant aurait de se prévaloir d'un pareil éloignement, serait une nouvelle cause pour desirer de connaître la volonté de ses père et mère. Mais si l'ascendant ne se trouve plus dans son domicile, et que l'on ignore où il s'est transporté, le mariage pourra être célébré sans qu'il lui ait été fait d'acte respectueux, en constatant cette absence. Si déjà elle a été déclarée par jugement, ce jugement devra être représenté. La faveur due au mariage, et la nécessité de ne pas trop le différer ont même fait admettre comme preuve suffisante, s'il n'y a point eu de jugement de déclaration d'absence, celui qui aurait ordonné l'enquête; ou enfin, s'il n'y a encore eu aucun jugement, un acte de notoriété délivré par le juge de paix sur la déclaration de quatre témoins appelés par lui d'office.

Art. 156. — On a vu qu'il entrait dans le *système* de la loi actuelle de ne s'occuper qu'à gagner à-la-fois le cœur des pères et mères et des enfants, plutôt qu'à retenir les enfants par la crainte des peines que les pères et mères ne prononceraient point, ou qui rendraient la plaie incurable plutôt que de la guérir. Il a été possible de concilier cette théorie avec la sanction nécessaire à la loi, en prononçant des peines sévères contre les officiers de l'état civil, qui procéderaient à la célébration des mariages des enfants de famille, sans que l'on produise, soit le consentement des ascendants ou des parents, soit les actes respectueux, dans les cas où ils sont exigés.

Art. 157. — Cette espèce de sanction n'avait pas été prononcée dans les titres déjà publiés du Code; il était nécessaire de réparer cette omission. Les peines que l'on propose contre les officiers de l'état civil, sont graduées en raison de la gravité des fautes. Célébrer le mariage d'un fils n'ayant pas vingt-cinq ans, ou d'une fille n'ayant pas vingt-un ans, sans qu'ils aient les consentements exigés, et lorsque ces mariages peuvent par ce motif être attaqués, c'est la plus grande faute dont puissent se rendre coupables ces officiers, dans la mission importante qui leur est confiée, d'exécuter les lois dont dépendent l'état des personnes et les mœurs publiques. La moindre peine qui doive être infligée contre un pareil délit, est la privation de la liberté. Aucune circonstance ne peut atténuer cette faute au point que l'emprisonnement qui devra être prononcé puisse être moindre de six mois. S'il s'agit seulement d'actes respectueux, dont la représentation n'ait pas été exigée par les officiers de l'état civil, les conséquences n'en sont pas aussi fâcheuses, puisque les parents auxquels les actes respectueux eussent dû être faits, ne peuvent par ce motif attaquer le mariage, la peine sera moindre; l'emprisonnement pourra n'être que d'un mois.

On n'a point prévu dans la loi actuelle, le cas où les officiers de l'état civil seraient plus coupables encore. Ce serait celui où il y aurait eu de leur part collusion avec les enfants de famille, pour les soustraire à la loi ou pour l'éluder : un fait aussi coupable, prendrait le caractère d'un crime qu'il sera nécessaire de mettre, dans le Code pénal, au nombre de ceux qui devront être punis d'une peine afflictive.

Il faut encore ici se rappeler que les peines auxquelles on assujétit les officiers de l'état civil, ne seront point la seule garantie contre les mariages clandestins, et que déjà, dans le Code civil, on a réuni toutes les précautions propres à prévenir ce désordre, telles que la proclamation des bans, la célébration dans la commune du domicile, l'assistance des témoins, etc.

Les dispositions que je viens vous proposer, législateurs, jointes à celles que vous avez précédemment consacrées pour conserver l'influence que les pères et mères doivent avoir sur le mariage de leurs enfants, sont nécessaires pour assurer les bons effets de cette influence, et pour que la loi déjà rendue, soit exécutée dans le même esprit qui l'a dictée. Ces nouveaux articles seront un complément du titre du *mariage*, et leur place dans le Code civil, sera déterminée lorsqu'on fixera définitivement l'ordre des numéros et des titres de ce Code.

TITRE VI.

Du Divorce.

Décrété le 30 ventôse an XI (21 mars 1803); — Promulgué le 10 germinal (31 mars 1803).

[ARTICLES 229 à 311.]

EXPOSÉ DES MOTIFS par M. le Conseiller-d'État TREILHARD.

Séance du 19 ventôse an XI (9 mars 1803).

LÉGISLATEURS,

Le gouvernement n'a pas dû se dissimuler les difficultés d'une loi sur le divorce; l'intérêt, les passions, les préjugés, les habitudes, des motifs encore d'un autre ordre, toujours respectables par la source même dont ils émanent, présentent, s'il est permis de le dire, à chaque pas, des ennemis à combattre : tous ces obstacles, le gouvernement les a prévus, et il a dû se flatter de les vaincre, parce que son ouvrage ne doit être offert ni à l'esprit de parti, ni à des passions exaltées, mais à la sagesse d'un corps politique placé au-dessus du tourbillon des intrigues, qui sait embrasser d'un coup-d'œil l'ensemble d'une institution, et consacrer de grands résultats quand ils offrent beaucoup plus d'avantages que d'inconvénients.

C'est dans cette conviction que je présenterai les motifs du projet de loi sur le divorce, et, sans en discuter chaque article en particulier, je m'attacherai aux grandes bases. Leur sagesse une fois prouvée, tout le reste en deviendra la conséquence nécessaire.

Faut-il admettre le divorce? pour quelles causes? dans quelles formes? quelles seront ses effets?

Faut-il admettre le divorce?

Vous n'attendez pas que, cherchant à résoudre cette grande question par les autorités, je fasse ici l'énumération des peuples qui ont admis ou rejeté le divorce, que je recherche péniblement s'il a été pratiqué en France dans les premiers âges de la monarchie, et à quelle époque l'usage en a été interdit : je ne dirais rien qui fût nouveau pour vous, et tout le monde doit sentir qu'une question de cette nature ne peut pas se résoudre par des exemples.

L'autorisation du divorce serait inutile, déplacée, dangereuse, chez un peuple naissant, dont les mœurs pures, les goûts simples assureraient la stabilité des mariages, parce qu'elles garantiraient le bonheur des époux.

Elle serait utile, nécessaire, si l'activité des passions et le déréglement des mœurs pouvaient entraîner la violation de la foi promise et les désordres incalculables qui en sont la suite.

Elle serait inconséquente chez un peuple qui n'admettrait qu'un seul culte, s'il pensait que ce culte établit d'une manière absolue l'indissolubilité du mariage.

Ainsi, la question doit recevoir une solution différente, suivant le génie et les mœurs des peuples, l'esprit des siècles, et l'influence des idées religieuses sur l'ordre politique.

C'est pour nous, dans la position où nous sommes, que la question s'agite; pour un peuple dont le pacte social garantit à chaque individu la liberté du culte qu'il professe, et dont le code civil ne peut par conséquent recevoir l'influence d'une croyance particulière.

Déjà vous voyez que la question doit être envisagée sous un point de vue purement politique. Les croyances religieuses peuvent différer sur beaucoup de points; il suffit pour le législateur qu'elles s'accordent sur un article fondamental, sur l'obéissance due à l'autorité légitime : du reste, personne n'a le droit de s'interposer entre la conscience d'un autre et la divinité, et le plus sage est celui qui respecte le plus tous les cultes.

La question du divorce doit donc être discutée, abstraction faite de toute idée religieuse, et elle doit cependant être décidée de manière à ne gêner aucune conscience, à n'enchaîner aucune liberté; il serait injuste de forcer le citoyen dont la croyance repousse le divorce, à user de ce remède; il ne le serait pas moins d'en refuser l'usage, quand il serait compatible avec la croyance de l'époux qui le sollicite.

Nous n'avons donc qu'une question à examiner; dans l'état actuel du peuple français, le divorce doit-il être permis?

Nous ne connaissons pas d'acte plus solennel que celui du mariage. C'est par le mariage que les familles se forment et que la société se perpétue : voilà une première vérité sur laquelle je pense que tout le monde est d'accord, de quelque opinion qu'on puisse être d'ailleurs sur la question du divorce.

C'est encore un point également incontestable, que de tous les contrats, il n'en est pas un seul dans lequel on doive plus désirer l'intention et le vœu de la perpétuité de la part de ceux qui contractent.

Il n'est pas, et il ne doit pas être moins universellement reconnu, que la légèreté des esprits, la perversité du cœur, la violence des passions, la corruption des mœurs ont trop souvent produit dans l'intérieur des familles des excès tels que l'on s'est vu forcé de permettre de faire la rupture d'unions qu'on regardait cependant comme indissolubles de droit; les monuments de la jurisprudence qui sont aussi le dépôt des faiblesses humaines, n'attestent que trop cette triste vérité.

Telle est notre position; je demande actuellement si l'on peut raisonnablement espérer, par quelque institution que ce puisse être, de remédier si efficacement et si promptement au désordre, que l'on n'ait plus besoin du remède; si l'on peut trouver le moyen d'assortir si parfaitement les unions conjugales, d'inspirer si fortement aux époux le sentiment et l'amour de leurs devoirs respectifs, qu'on doive se flatter qu'ils ne s'en écarteront plus dans la suite, et qu'ils ne nous rendront plus les témoins de ces scènes atroces, de ces scandales révoltants, qui durent forcer si impérieusement la séparation de deux époux. Ah! sans doute, si l'on peut, par quelque loi salutaire, épurer tout-à-coup l'espèce humaine, on ne saurait trop se hâter de donner ce bienfait au monde. Mais s'il nous est défendu de concevoir de semblables espérances, si elles ne peuvent naître même dans l'esprit de ceux qui jugent l'humanité avec la prévention la plus indulgente, il ne nous reste plus que le choix du remède à appliquer au mal que nous ne saurions extirper.

Voilà la question réduite à son vrai point : faut-il préférer au divorce l'usage ancien de la séparation de corps? faut-il préférer à l'usage de la séparation celui du divorce? ne convient-il pas de laisser aux citoyens la liberté d'user de l'une ou de l'autre voie?

Écartons, avant tout et avec le même soin, les déclamations que se sont permises des esprits exaltés dans l'un et l'autre parti : la vérité et la sagesse se trouvent rarement dans les extrêmes.

Les uns ont parlé du divorce comme d'une institution presque céleste et qui allait tout purifier; les autres en ont parlé comme d'une institution infernale et qui achèverait de tout corrompre; ici le divorce est le triomphe, là c'est la honte de la raison. Si nous croyons ceux-ci, l'admission du divorce déshonorera le code; ceux-là prétendent que son rejet laissera ce même code dans un état honteux d'imperfection : le législateur ne se laisse pas surprendre par de pareilles exagérations.

Le divorce en lui-même ne peut pas être un bien; c'est le remède d'un mal. Le divorce ne doit pas être signalé comme un mal, s'il peut être un remède quelquefois nécessaire.

Doit-il être politiquement préféré à la séparation? C'est la véritable et la seule question, puisqu'il est reconnu que la loi doit offrir à des époux outragés, maltraités, en périls de leurs jours, des moyens de mettre à couvert leur honneur et leur vie.

Le mariage, comme tous les autres contrats, ne peut se former sans le consentement des parties : ce consentement en est la première condition, la condition la plus impérieusement exigée; sans ce consentement il n'y a pas de mariage.

On ne doit cependant pas confondre le contrat de mariage avec une foule d'autres actes qui tirent aussi leur existence du consentement des parties, mais qui, n'intéressant qu'elles, peuvent se dissoudre par une volonté contraire à celle qui les a formés.

Le mariage n'intéresse pas seulement les époux qui contractent; il forme un lien entre deux familles, et il crée dans la société une famille nouvelle qui peut elle-même devenir la tige de plusieurs autres familles : le citoyen qui se marie devient époux, il deviendra père; ainsi s'établissent de nouveaux rapports que les époux ne sont plus libres de rompre par leur seule volonté : la question du divorce doit donc être examinée dans les rapports des époux entre eux, dans leurs rapports avec les enfants, dans leurs rapports avec la société.

Le divorce rompt le lien conjugal; la séparation laisse encore subsister ce lien; à cela près, les effets de l'un et de l'autre sont peu différents : cette union de personnes, cette communauté de la vie qui forment si essentiellement le mariage, n'existent plus. Les jugements de séparation prononçaient toujours des défenses expresses au mari de hanter et fréquenter sa femme. Quel est donc l'effet de cette conservation apparente du lien conjugal dans les séparations, et pourquoi retenir encore le nom avec tant de soin, lorsqu'il est évident que la chose n'existe plus? Le vœu principal du mariage n'est-il pas trompé? N'est-il pas vrai que l'époux n'a réellement plus de femme, que la femme n'a plus de mari? Quel est donc encore une fois l'effet de la conservation du lien?

On interdit à deux époux, devenus célibataires de fait, tout espoir d'un lien légitime, et on laisse subsister entre eux une communauté de nom qui fait encore rejaillir sur l'un le déshonneur dont l'autre peut se couvrir. Nous n'avons que trop vu les funestes conséquences de *cet état*, et le passé nous annonce ce que nous devrions en attendre pour l'avenir.

Cependant l'un des époux était du moins sans reproche; il avait été séparé comme une victime de la brutalité ou de la débauche : fallait-il l'offrir une seconde fois en sacrifice par l'interdiction des sentiments les plus doux et les plus légitimes? L'époux même dont les excès avaient forcé la séparation, ne pouvait-il pas mériter quelque intérêt? Était-il impossible que, mûri par l'âge et par la réflexion, il pût trouver une compagne qui obtiendrait de lui cette affection si constamment refusée à la première?

Certes, si nous ne considérons que la personne des deux époux, il est bien démontré que le divorce est pour eux préférable à la séparation.

Je ne connais qu'une objection; on la tire de la possibilité d'une réunion: mais, je le demande, combien de séparations a vu le siècle dernier, et combien peu de rapprochements! Comment pourraient-ils s'effectuer, ces rapprochements?

La demande en séparation suppose déjà des esprits extraordinairement ulcérés; la discussion, par sa nature, augmente encore la malignité du poison. Le réglement des intérêts pécuniaires, après la séparation, lui fournit un nouvel aliment.

Enfin, chacun des deux époux, isolé, en proie aux regrets, quelquefois aux remords, éprouvant le désir bien naturel de remplir le vide affreux qui l'environne, et cependant sans espoir de former une union qu'il pourra avouer, forcé en quelque manière de courir après les distractions par le besoin pressant de se fuir lui-même, se trouve insensiblement entraîné dans la dissipation, et dans tous les désordres qu'elle mène à sa suite.

A Dieu ne plaise que je prétende que ce tableau soit celui de tous les époux séparés! Je dis seulement que l'impossibilité de former un nouveau lien, les expose à toutes les espèces de séductions; qu'il faut, pour résister à des dangers si pressants, un effort peu commun, et dont peu de personnes sont capables, et que l'interdiction d'un lien légitime a souvent plongé, sans retour, nombre de victimes dans les mauvaises mœurs.

J'ajoute qu'il n'y a presque pas d'exemples de réunion entre deux époux séparés, et que ces réunions furent quelquefois plus scandaleuses que la séparation même: l'on a vu au contraire plusieurs fois, dans les lieux où le divorce était admis, deux êtres infortunés, victimes l'un et l'autre, tant qu'ils furent unis, de la violence des passions, former après leur divorce des mariages qui, s'ils ne furent pas toujours parfaitement heureux, du moins ne furent suivis d'aucun éclat, ni d'aucun signe extérieur de repentir.

J'en tire cette conséquence que, pour les époux, le divorce est sans contredit préférable à la séparation.

Mais les enfants, les enfants! que deviendront-ils après le divorce? Je demanderai à mon tour, que deviennent-ils après les séparations?

Sans doute le divorce ou la séparation des pères, forment dans la vie des enfants une époque bien funeste; mais ce n'est pas l'acte de divorce ou de séparation qui fait le mal, c'est le tableau hideux de la guerre intestine qui a rendu ces actes nécessaires.

Au moins les époux divorcés auront encore le droit d'inspirer pour leur personne un respect et des sentiments qu'un nouveau nœud pourra légitimer; ils ne perdront pas l'espoir d'effacer par le tableau d'une union plus heureuse, les fatales impressions de leur union première; et n'étant pas forcés de renoncer au titre honorable d'époux, ils se préserveront avec soin de tout écart qui pourrait les en rendre indignes.

C'est peut-être ce qui peut arriver de plus heureux pour les enfants. L'affection des pères se soutiendra bien plus sûrement dans la sainteté d'un nœud légitime, que dans les désordres d'une liaison illicite, auxquels il est si difficile d'échapper quand on n'a plus droit de prétendre aux honneurs du mariage.

Mais, dit-on, les lois ont toujours regardé d'un œil défavorable les secondes noces; je n'examinerai pas si cette défaveur est fondée sur des raisons sans replique, ou si au contraire, dans une foule d'occasions, un second mariage ne fut pas pour les enfants un grand acte de tendresse; j'observe seulement qu'il ne s'agit point ici d'une épouse à qui la mort a ravi son protecteur et son ami, et dont le cœur, plein de ses premiers sentiments, repousse avec amertume toute idée d'une affection nouvelle.

Il s'agit d'époux dont les discordes ont éclaté, dont tous les souvenirs sont amers, qui éprouvant le besoin de fuir, pour ainsi dire, leur vie passée, et de se créer une nouvelle existence, se précipiteront trop souvent dans le vice, si les affections légitimes leur sont interdites.

Le véritable intérêt des enfants est de voir les auteurs de leurs jours, heureux, dignes d'estime et de respect, et non pas de les trouver isolés, tristes, éprouvant un vide insupportable, ou comblant ce vide par des jouissances qui ne sont jamais sans amertumes, parce qu'elles ne sont jamais sans remords.

Quant à la société, il est hors de doute que son intérêt réclame le divorce, parce que les époux pourront contracter dans la suite de nouvelles unions. Pourquoi frapperait-elle d'une fatale interdiction, des êtres que la nature avait formés pour éprouver les plus doux sentiments de la paternité? Cette interdiction serait également funeste et aux individus et à la société : aux individus, qu'elle condamne à des privations qui peuvent être méritoires quand elles sont volontaires, mais qui sont trop amères quand elles sont forcées; à la société, qui se trouve ainsi appauvrie de nombre de familles dont elle eût pu s'enrichir.

Les formes, les épreuves dont le divorce sera environné pourront en prévenir l'abus: espérons que le nombre des époux divorcés ne sera pas grand; mais enfin, quelque peu considérable qu'il soit, ne serait-il pas également injuste et impolitique de les laisser toujours victimes, de changer seulement l'espèce du sacrifice? et lorsque l'Etat peut légitimement attendre d'eux des citoyens qui le défendront, qui l'honoreront peut-être, faut-il étouffer un espoir si consolant?

Toute personne sans passion et sans intérêt, sera donc forcée de convenir que le divorce qui, brisant le lien, laisse la possibilité d'en contracter un nouveau, est préférable à la séparation qui, ne conservant du lien que le nom, livre deux époux à des combats perpétuels, et dont il est si difficile de sortir toujours avec avantage.

Il faut donc admettre le divorce.

Mais le pacte social garantit à tous les Français la liberté de leur croyance : des consciences délicates peuvent regarder comme un précepte impérieux l'indissolubilité du mariage. Si le divorce était le seul remède offert aux époux malheureux, ne placerait-on pas des citoyens dans la cruelle alternative de fausser leur croyance, ou de succomber sous un joug qu'ils ne pourraient plus supporter? Ne les mettrait-on pas dans la dure nécessité d'opter entre une lâcheté ou le malheur de toute leur vie?

Nous aurions bien mal rempli notre tâche, si nous n'avions pas prévu cet inconvénient: en permettant le divorce, la loi laissera l'usage de la séparation; l'époux qui aura le droit de se plaindre, pourra former a son choix l'une ou l'autre demande : ainsi nulle gêne dans l'opinion, et toute liberté à cet égard est maintenue.

Cependant, il ne serait pas juste que l'époux qui a choisi, comme plus conforme à sa croyance, la voie de la séparation, dût maintenir pour toujours l'autre époux dont la croyance peut n'être pas la même, dans une interdiction absolue de contracter un second mariage. Cette liberté, que la constitution garantit à tous, se trouverait alors violée dans la personne de l'un des deux époux; il a donc fallu autoriser celui-ci après un certain intervalle, à demander que la séparation soit convertie en divorce, si l'époux qui a fait prononcer cette séparation ne consent pas à la faire cesser; et c'est ainsi que se trouvent conciliés, autant qu'il est possible, deux intérêts également sacrés; la sûreté des époux d'un côté, et la liberté religieuse de l'autre.

Après avoir établi la nécessité d'admettre le divorce, je dois parler des causes qui peuvent le motiver.

Le projet de loi en indique quatre: 1.° l'adultère; 2.° les excès, sévices ou injures graves; 3.° la condamnation à une peine infamante; 4.° le consentement mutuel et persévérant des époux, exprimé de la manière prescrite sous les conditions et après les épreuves requises.

En admettant le divorce, il fallait éviter également deux excès opposés: celui d'en restreindre tellement les causes, que le recours fût fermé à des époux pour qui cependant le joug serait absolument insupportable, et celui de les étendre au point que le divorce pût favoriser la légèreté, l'inconstance, de fausses délicatesses ou une sensibilité déréglée; nous croyons avoir évité les deux excès avec le même soin.

Art. 229, 230. — L'adultère brise le lien en attaquant l'époux dans la partie la plus sensible : ses effets sont cependant bien différents chez la femme ou chez le mari; c'est par ce motif, que l'adultère du mari ne donne lieu au divorce que lorsqu'il est accompagné d'un caractère particulier de mépris, par l'établissement de la concubine dans la maison commune, outrage si sensible surtout aux femmes vertueuses.

Art. 231. — Les excès, les sévices, les injures graves sont aussi des causes de divorce : il serait superflu d'observer qu'il ne s'agit pas de simples mouvements de vivacité, de quelques paroles dures échappées dans des instants d'humeur ou de mécontentement, de quelques refus, même déplacés, de la part d'un des époux, mais de véritables excès, de mauvais traitements personnels, de sévices dans la rigoureuse acception de ce mot *sævitia*, cruauté, et d'injures portant un grand caractère de gravité.

Art. 232. — Les condamnations à une peine infamante motivent également une demande en divorce.

Forcer un époux de vivre avec un infame, ce serait renouveler le supplice d'un cadavre attaché à un corps vivant.

Ces trois causes sont appelées des causes déterminées; elles consistent en faits dont la preuve doit être administrée aux tribunaux, qui prononcent ensuite dans leur sagesse.

Art. 233. — La quatrième cause, celle du consentement mutuel, n'est pas susceptible d'une preuve de cette nature; mais on s'en formerait une bien fausse idée, et l'on calomnierait d'une étrange manière les intentions du gouvernement, si l'on pouvait penser qu'il a voulu que le contrat de mariage fût détruit par le seul consentement contraire de deux époux.

La simple lecture de l'article proposé en annonce l'esprit et la véritable intention.

« Le consentement mutuel et persévérant « des époux, exprimé de la manière prescrite « par la loi, sous les conditions et après les « épreuves qu'elle détermine, prouvera suffi« samment que la vie commune leur est in« supportable, et qu'il existe, par rapport à « eux, une cause péremptoire de divorce. »

Ainsi les conditions et les formes imposées doivent garantir l'existence d'une cause péremptoire : le consentement dont il est question ne consiste pas dans l'expression d'une volonté passagère; il doit être le résultat d'une position insupportable. Les épreuves garantiront la constance de cette volonté; la présence des pères en garantira la nécessité; les sacrifices auxquels les époux sont forcés, donneront enfin de nouveaux gages de l'existence d'une cause absolue de divorce.

Art. 275. — Législateurs, parmi les causes déterminées de divorce, il en est quelques-unes d'une telle gravité, qui peuvent entraîner de si funestes conséquences pour l'époux défendeur (telles, par exemple, que les attentats à la vie), que des êtres doués d'une excessive délicatesse préféreraient les tourments les plus cruels, la mort même, au malheur de faire éclater ces causes par des plaintes judiciaires. Ne convenait-il pas, pour la sûreté des époux, pour l'honneur des familles toujours compromis, quoiqu'on puisse dire, dans ces fatales occasions, pour l'intérêt même de toute la société, de ne pas forcer une publicité non moins amère pour l'innocent que pour le coupable?

L'honnêteté publique n'empêcherait-elle pas une femme de traîner à l'échafaud son mari, quoique criminel? Faudrait-il aussi toujours, et nécessairement, pour terminer le supplice d'un mari infortuné, le contraindre à exposer au grand jour des torts qui l'ont blessé cruellement dans ses plus douces affections, et dont la publicité le vouera cependant encore à la malignité du public; l'injustice sans doute est ici du côté du public, mais se trouve-t-il beaucoup d'hommes assez forts, assez courageux pour la braver? est-on maître de détruire tout-à-coup ce préjugé? et ne faut-il pas aussi ménager un peu l'empire de cette opinion, quelquefois injuste, j'en conviens, mais qui peut aussi, sur beaucoup de points, atteindre et flétrir, quand elle est bien dirigée, des vices qui échappent aux poursuites des lois?

Si le divorce pouvait avoir lieu, dans des cas semblables, sans éclat et sans scandale, ce serait un bien; on sera forcé d'en convenir.

Que faudrait-il donc faire pour obtenir ce résultat? tracer un mode de consentement, prescrire des conditions, attacher des privations, vendre enfin, s'il est permis de le dire, vendre si chèrement le divorce, qu'il ne puisse y avoir que ceux à qui il est absolument nécessaire, qui soient tentés de l'acheter.

Alors la conscience du législateur est tranquille; il a fait pour les individus, il a fait pour la société, tout ce que l'on peut attendre de la prudence humaine; et, s'il ne peut pas s'assurer qu'on n'abusera jamais de cette institution, du moins il se rend le témoignage suffisant pour lui, que l'abus sera infiniment rare, et qu'il a atteint la seule espèce de perfection dont les établissements humains soient susceptibles.

Quelques personnes ont paru préférer le divorce pour incompatibilité d'humeurs, au divorce par consentement mutuel : une réflexion bien simple suffira pour les ramener à notre projet.

Si l'allégation d'incompatibilité d'humeurs avait été permise à un seul des époux, on se serait exposé au reproche fondé d'attacher la dissolution d'un contrat formé par le consentement de deux personnes, au seul repentir de l'un des deux contractants; et, sous ce point de vue, la cause d'incompatibilité était susceptible des plus fortes objections.

Si, au contraire, on veut supposer que, pour être admise, l'allégation d'incompatibilité eût dû être proposée par les deux époux, il est clair que cette cause rentrerait dans celle du consentement mutuel; il n'y aurait que le nom de changé.

On a dit aussi que les vœux du législateur seraient presque toujours trompés, et que le coupable d'excès envers l'autre époux refuserait son consentement : ce refus est possible, il n'est pas vraisemblable.

Une femme convaincue d'adultère ne se trouverait-elle pas trop heureuse que, par un excès d'indulgence, l'époux consentît à cacher sa faiblesse? Le conjoint coupable d'un attentat n'aurait-il pas le même intérêt? Leur conscience n'est elle par leur premier juge? et les proches parents, intéressés aussi à cacher des torts de famille, n'auraient-ils pas toutes sortes de moyens pour vaincre des résistances injustes? Enfin, si le coupable persistait dans ses refus insensés, l'autre époux serait toujours libre de former sa demande pour causes déterminées; il aurait satisfait à tout ce que pouvait exiger de lui sa profonde délicatesse; il pourvoirait ensuite à sa sûreté en recourant à l'autorité des tribunaux.

Il ne me reste plus, sur cette partie, qu'à vous développer les précautions prises contre l'abus possible dans l'application de la cause de divorce pour consentement mutuel.

On a dû craindre la légèreté et l'inconstance, les travers passagers, les effets d'un simple dégoût, l'influence d'une passion étrangère; toutes les dispositions du projet sont faites pour prévenir et pour calmer ces craintes.

Art. 275, 276, 277. — D'abord le consentement mutuel des époux ne sera pas admis, si le mari a moins de vingt-cinq ans; et si la femme en a moins de vingt-un; il ne sera pas admis avant le terme de deux ans de mariage; il ne pourra plus l'être après le terme de vingt ans, et lorsque la femme en aurait quarante-cinq.

La sagesse de ces dispositions ne peut pas être méconnue.

Il faut laisser aux époux le temps de se connaître et de s'éprouver : on ne doit donc pas recevoir leur consentement tant qu'on peut supposer qu'il est une suite de la légèreté de l'âge; on doit repousser encore lorsqu'une longue et paisible co-habitation atteste la compatibilité de leur caractère.

Art. 278. — Une garantie plus forte contre l'abus se tire de la disposition qui exige un consentement authentique des père, mère, ou autres ascendants vivants. Lorsque deux familles entières, dont les intérêts et les affections sont presque toujours contraires, se réunissent pour attester la nécessité d'un divorce, il est bien difficile que le divorce ne soit pas en effet indispensable.

Art. 297. — D'ailleurs les deux époux, dans le cas particulier du divorce par consentement mutuel, ne pourront contracter un nouveau mariage que trois ans après la prononciation de l'acte qui aura dissous le premier : ainsi se trouve écartée la perspective d'une union avec l'objet de quelque passion nouvelle.

Art. 305. — Enfin, un intérêt d'une autre nature, mais non moins vif et non moins pressant, vient s'opposer encore à ce qu'on use de la voie du consentement mutuel, si elle n'est pas commandée également à l'un et à l'autre époux par les causes les plus irrésistibles : ils sont dépouillés de la moitié de leurs propriétés, qui passe de droit aux enfants.

Pouvait-on prendre plus de précautions, des précautions plus efficaces, pour s'assurer que le consentement mutuel du mari et de la femme ne sera pas l'effet d'une molle complaisance, d'un caprice passager, mais qu'il sera fondé sur les motifs les plus graves, puisqu'il doit être accompagné de si fortes garanties, et qu'il doit être acheté par de si grands sacrifices? Et supposera-t-on jamais un concert frauduleux entre deux époux, entre deux familles, pour appliquer un remède de cette violence, si en effet le mal ne surpasse pas les forces humaines?

Art. 281. — Les formes de l'instruction augmenteront encore les garanties contre les surprises.

Art. 282, 283, 285. — C'est en personne que les époux doivent faire leur déclaration devant le juge : ils écouteront ses observations, ils seront instruits par lui de toutes les suites de leur démarche. Ils sont tenus de produire des autorisations authentiques de leur père, mère, ou autres ascendants vivants; ils doivent renouveler leur déclaration en personne, trois fois, de trois mois en trois mois : il faudra représenter à chaque fois la preuve positive que les ascendants persistent dans leur autorisation, afin que les magistrats ne puissent avoir aucun doute sur la persévérance dans cette volonté.

Art. 286. — Enfin, après l'expiration de l'année destinée à remplir toutes les formalités, on se représentera devant le tribunal, et, sur la vérification la plus scrupuleuse de tous les actes, le divorce pourra être admis.

Je le répète, il était impossible de s'assurer de plus de manières et par des épreuves plus efficaces de la nécessité du divorce, quand il aura pour cause le consentement mutuel.

Je ne dissimule pas que quelques personnes, admettant d'ailleurs cette cause, désireraient qu'elle ne fût pas écoutée quand il existe des enfants du mariage; mais cette exception serait, dans le projet, une grande inconséquence. On a introduit des formes et prescrit des conditions telles, qu'on a lieu d'espérer que leur observation rigoureuse ne permettra pas même le plus léger doute sur l'existence d'une cause péremptoire de divorce. Pourquoi donc fermerait-on la voie du consentement mutuel, lorsque les époux ont des enfants? Cette circonstance ne change en aucune façon leur position respective, et les motifs donnés pour justifier la mesure, ne s'appliquent pas moins directement au cas où il existe des enfants: quel intérêt peuvent-ils avoir plus pressant que celui de sauver d'un éclat fâcheux le nom qu'ils doivent porter dans le monde, pour ne pas y entrer sous de fâcheux auspices? D'ailleurs, la circonstance des enfants fournit elle-même un nouveau préservatif contre l'abus possible, puisque les époux se trouvent dépouillés de la moitié de leurs propriétés, qui de droit est acquise aux enfants.

En voilà assez, peut-être trop, sur le consentement mutuel. Je me hâte de passer aux formes et aux effets du divorce pour causes déterminées.

Art. 234. — Il fallait, avant tout, indiquer le tribunal où serait portée la demande: à cet égard, point de difficulté; c'est au tribunal de l'arrondissement, dans lequel les parties sont domiciliées, qu'elles doivent se pourvoir.

Un chapitre entier du projet est ensuite destiné à tracer le cours de la procédure.

La marche de l'instruction d'une demande en divorce ne doit pas être confondue avec la marche de l'instruction d'une affaire ordinaire: en général, l'accès des tribunaux ne peut être trop facile, ni la procédure trop rapide; il n'en est pas de même en matière de divorce: une sage lenteur doit donner aux passions le temps de se refroidir; le divorce n'est tolérable que lorsqu'il est forcé, et la société gémit de l'admettre lors même qu'il est nécessaire: chaque pas dans l'instruction doit donc être un grand objet de méditation pour le demandeur, et pour le juge, un nouveau moyen de pénétrer les motifs secrets, les véritables motifs d'une demande de cette nature, de s'assurer du moins que ces motifs sont réels et légitimes. Toutes les dispositions du projet, relatives aux formes, ont été rédigées en conséquence.

Art. 236. — L'époux *en personne* doit présenter sa requête: point d'exception à cette règle; la maladie même ne saurait en affranchir: le juge, dans ce cas, se transporte chez le demandeur.

Art. 237, 238. — C'est surtout dans ce premier instant qu'il convient de faire sentir toute la gravité et toutes les conséquences de l'action. L'obligation en est imposée au magistrat: il ordonne ensuite devant lui une comparution des parties, et ce n'est qu'après cet acte préliminaire que le tribunal entier peut accorder une permission de citer; (Art. 240) encore pourra-t-il suspendre, s'il le juge convenable, cette permission pendant un temps que la loi a dû cependant limiter.

Art. 241. — Une première audition des époux aura lieu à huis clos; ce n'est qu'à la dernière extrémité que l'on donnera de l'éclat à la demande, et qu'elle sera renvoyée à l'audience publique: là seront pesées toutes les preuves; si elles ne sont pas complettes, il pourra en être ordonné de nouvelles. Je crois inutile de vous retracer en détail chaque disposition de cette partie du projet; je ne crains pas de dire qu'il n'en est pas une seule qui ne doive être regardée comme un bienfait de la loi, parce que toutes ont pour objet, ou la réunion des esprits, ou la manifestation de la vérité; et telle a été la crainte d'une décision trop légèrement prononcée, que le tribunal, dans le cas d'action pour excès, sévices ou injures, (Art. 259, 260) est autorisé à ne pas admettre immédiatement le divorce, quoique la demande soit bien établie, et qu'il peut soumettre les époux à une année d'épreuves, pour s'assurer encore plus de la persévérante volonté de l'époux demandeur, et qu'il ne peut y avoir de sa part aucune espérance de retour.

Art. 262. — Après cette longue instruction, le divorce pourra être admis. On n'a pas dû refuser le recours des parties au tribunal supérieur. Le projet contient aussi sur ce point quelques articles, dont la seule lecture fait connaître les motifs ; et lorsque le jugement est confirmé, (Art. 264, 266) deux mois sont donnés pour se pourvoir devant l'officier civil, à l'effet de faire prononcer le divorce, terme fatal, après lequel on ne peut plus se prévaloir des jugements; car si, dans le cours de l'instruction, on n'a pu trop ralentir la marche de la procédure, lorsque toutes les épreuves sont faites, les démonstrations acquises, et le jugement prononcé, on ne peut trop accélérer l'instant qui doit terminer pour toujours une affaire de cette nature.

Art. 272. — En vous exposant la marche de la procédure, je n'ai pas dit qu'au jour indiqué pour l'audience publique le tribunal devait, avant de s'occuper du fond, statuer sur les fins de non-recevoir qu'aurait proposées l'époux défendeur. La justice, dans tous les temps, accueillit avec faveur cette espèce d'exception contre des demandes qu'elle ne peut entendre qu'à regret.

La réconciliation de deux époux est toujours si désirable ! C'est, sans contredit, le premier vœu de la société. Par la réconciliation, toute action pour le passé doit être éteinte; (Art. 273) mais si de nouveaux torts pouvaient occasionner de nouvelles plaintes, ces griefs effaceraient tout l'effet de la réconciliation, comme elle aurait elle-même effacé les premiers griefs; et l'époux maltraité, d'autant plus intéressant qu'il aurait montré plus d'indulgence, rentrerait alors dans tous ses droits.

Art. 267. — Le projet de loi a dû encore s'occuper de quelques mesures préliminaires auxquelles la demande en divorce pourrait donner lieu.

L'administration des enfants nous a paru devoir être provisoirement confiée au mari ; il a pour lui son titre; il est le chef de la famille. Il n'était pas difficile cependant de prévoir que cette règle générale serait quelquefois susceptible d'exceptions ; il faut donc que le tribunal puisse en ordonner autrement sur la demande de la mère, de la famille, ou même du commissaire du gouvernement. Une seule règle est indiquée aux magistrats ; ils doivent consulter le plus grand avantage des enfants; car, dans ce choc funeste, ils sont peut-être les seuls qui n'aient rien à se reprocher.

Art. 268. — Il n'était pas possible de forcer une femme à partager le domicile du mari dans le cours d'une action en divorce ; elle est toujours autorisée à prendre une autre résidence; la décence veut qu'elle ne se retire que dans une maison indiquée par le tribunal : là, et tant qu'elle y restera seulement, (Art. 269) elle touchera une provision que le mari sera tenu de lui payer; si elle quitte cette maison, elle ne sera plus recevable à continuer ses poursuites, dans le cas où elle serait demanderesse.

Art. 270. — Enfin la femme pourra, lorsqu'elle aura obtenu l'ordonnance de comparution, faire apposer, pour la conservation de ses droits, le scellé sur les effets de la communauté, et le mari ne pourra plus en disposer, ni par des engagements, ni par des aliénations.

Voilà tout ce qui concerne la procédure sur le divorce pour causes déterminées. Il me reste encore à vous parler des effets de ce divorce ; déjà vous les connaissez en partie.

Ces effets sont relatifs aux enfants, aux époux, à la société.

Art. 302. — Quant aux enfants, la règle déjà établie de leur plus grand avantage doit être constamment suivie ; l'époux demandeur qui a obtenu le divorce est présumé sans reproche; c'est donc à lui, en général, que doivent être confiés les enfants; mais l'application stricte de cette règle pourrait, dans bien des circonstances, ne leur pas être avantageuse. Il faut donc que le tribunal soit libre de les confier, lorsqu'il le jugera convenable, aux soins de l'un ou l'autre époux, et même d'une tierce personne : les pères et mères conserveront cependant toujours une surveillance de l'entretien et de l'éducation; ils y contribueront en proportion de leurs facultés; ils ont cessé d'être époux, ils n'ont pas cessé d'être pères.

Art. 303. — Il était peut-être superflu d'exprimer que le divorce ne privait les enfants d'aucun des avantages à eux assurés par les lois ou par les conventions matrimoniales de leurs parents; ils ne sont déjà que trop malheureux par le spectacle des dissensions intestines de leur famille.

Mais, *si le* divorce ne doit pas être pour eux une occasion de perte, ils ne *doivent* pas non plus y trouver une occasion de dépouiller les auteurs de leurs jours; les droits des enfants ne s'ouvriront que de la manière dont ils se seraient ouverts s'il n'y avait pas eu de divorce.

On ne doit pas confondre l'espèce de divorce pour cause déterminée, dont les motifs sont susceptibles de discussions et de preuves devant les tribunaux, avec l'espèce des divorces par consentement mutuel; il a fallu, dans ce dernier cas, des garanties particulières, de fortes garanties, contre l'abus qu'on pourrait faire de cette cause: on ne pouvait pas en trouver de plus fortes que l'assurance aux enfants de la propriété de moitié des biens des père et mère, et la jouissance de ces biens à l'époque de leur majorité; cette mesure n'est plus nécessaire; elle serait même très-déplacée dans le cas d'un divorce pour cause déterminée, qui ne doit être prononcé que sur une preuve positive des faits qui le motivent.

Art. 300. — Quant aux effets du divorce respectivement aux époux, on a dû distinguer l'époux demandeur, dont les plaintes sont justifiées, de l'époux défendeur, dont les excès sont reconnus constants. Le premier ne peut et ne doit être exposé à la perte d'aucun des avantages à lui faits par le second. Il les conservera dans toute leur intégrité; la déchéance qu'on prononcerait contre lui serait doublement injuste en ce qu'elle frapperait l'innocent pour récompenser le coupable; il ne faut pas qu'un époux puisse croire qu'il anéantira des libéralités qu'il regrette peut-être d'avoir faites, en forçant l'autre époux à se sauver de sa fureur par le divorce.

Art. 299. — L'époux contre qui le divorce a été prononcé doit-il aussi conserver les avantages qui lui avaient été assurés par son contrat de mariage? Est-il digne de les recueillir? et lorsqu'il se trouve convaincu de faits tellement atroces que le divorce doit en être la suite, jouira-t-il d'un bienfait qui devait être le prix d'une constante affection et des soins les plus tendres? Non; il s'est placé au rang des ingrats; il sera traité comme eux. Il a violé la première condition du contrat; il ne sera plus reçu à en réclamer les dispositions.

Les autres effets du divorce n'intéressent pas moins la société entière que les deux époux.

Ils pourront contracter de nouveaux nœuds: c'est en ce point surtout que le divorce est politiquement préférable à la séparation. Je ne répéterai pas ce que j'ai dit à cet égard; mais, en permettant le mariage à des époux divorcés, la loi a dû pourvoir à ce que l'honnêteté publique et l'harmonie des familles ne fussent pas violées.

Art. 298. — L'époux adultère ne pourra jamais se marier avec son complice; il ne doit pas trouver dans le jugement qui le condamne un titre et un moyen de satisfaire une passion coupable.

Art. 296. — Le bon ordre exige aussi qu'une femme divorcée ne puisse pas, en contractant un nouveau mariage immédiatement après la dissolution du premier, laisser des doutes sur l'état des enfants dont elle pourrait être mère. Elle ne se remariera que dix mois après le divorce prononcé.

Art. 295. — Enfin nous avons pensé que les époux, une fois divorcés, ne devaient plus se réunir.

Le divorce ne doit être prononcé que sur la preuve d'une nécessité absolue et lorsqu'il est bien démontré à la justice que l'union entre les époux est impossible: cette impossibilité une fois constante, la réunion ne pourrait être qu'une occasion nouvelle de scandale.

Il importe que les époux soient d'avance pénétrés de toute la gravité de l'action qu'ils vont intenter; qu'ils n'ignorent pas que le lien sera rompu sans retour, et qu'ils ne puissent pas regarder l'usage du divorce comme une simple occasion de se soumettre à des épreuves passagères, pour reprendre ensuite la vie commune, quand ils se croiraient suffisamment corrigés.

Il faut aussi qu'on ne puisse pas spéculer sur cette action, et que des époux adroits et avides, peu satisfaits des gains assurés par leur contrat de mariage, ne puissent pas envisager le divorce comme un moyen de former dans la suite de nouvelles conventions pour obtenir de plus grands avantages.

Les tribunaux ne sauraient porter une attention trop sévère dans l'instruction et l'examen de ces sortes d'affaires, et la perspective d'une réunion possible entre les époux ne pourrait qu'affaiblir dans l'ame du magistrat, ce sentiment profond de peine secrette qu'il doit éprouver quand on lui parle de divorce.

En un mot, le divorce serait un mal, s'il était prononcé, quand il n'est pas démontré que la vie commune est insupportable; et lorsqu'il est bien reconnu que cette vie commune est insupportable en effet, le second mariage serait lui-même un mal affreux.

On ne se jouera pas du divorce; à Dieu ne plaise qu'on puisse se familiariser avec l'idée qu'il n'est pas prononcé pour toujours ! L'espoir d'une réunion qui pourrait présenter d'abord à des esprits inattentifs l'apparence de quelques avantages, entraînerait de fait et à la longue de funestes conséquences, parce qu'elles corrompraient nécessairement l'opinion qu'on doit se former d'une action de cette nature.

Tels sont, législateurs, les motifs du projet de loi dont je vous ai donné lecture. Ses dispositions ont été long-temps examinées, discutées, mûries, et au conseil d'état, et dans ces conférences salutaires et politiques qui, réunissant toutes les lumières pour la perfection de la loi, garantissent entre les principales autorités un concert si doux pour les amis du peuple français, si triste pour ses ennemis.

Plus vous examinerez ce projet, plus, je l'espère, vous demeurerez convaincus de la nécessité d'en faire une loi de la République.

Dans les maux physiques, un artiste habile est forcé quelquefois de sacrifier un membre pour sauver le corps entier : ainsi des législateurs admettent le divorce pour arrêter des maux plus grands. Puissions-nous un jour, par de bonnes institutions, en rendre l'usage inutile ! C'est par de bonnes lois, mais c'est aussi par de grands exemples que les mœurs publiques se réforment et se purifient : ce n'est pas le langage seul qu'on doit épurer; c'est la morale qu'il faut mettre en action. Que le mariage soit honoré; que le nom et les droits d'époux soient respectés; que l'opinion publique régénérée flétrisse également le séducteur et l'infidèle; et nous n'aurons peut-être plus besoin du divorce : mais jusque-là gardons-nous de repousser un remède que l'état actuel de nos mœurs rend encore et trop souvent nécessaire.

TITRE VII.

De la Paternité et de la Filiation.

Décrété le 2 germinal an XI (23 mars 1803); — Promulgué le 12 du même mois (2 avril 1803).

[ARTICLES 312 à 342.]

EXPOSÉ DES MOTIFS par M. le Conseiller-d'Etat BIGOT DE PRÉAMENEU.

Séance du 20 ventôse an XI (11 mars 1803).

LÉGISLATEURS,

ART. 312. — Il est à regretter que pour établir des règles sur les moyens de constater la paternité, la nature seule ne puisse plus servir de guide.

Elle semblait avoir marqué en caractères ineffaçables les traits de la paternité, lorsqu'elle avait rempli le cœur des père et mère et celui des enfants, des sentiments de tendresse les plus profonds et les plus éclatants.

Mais trop souvent les droits de la nature, qui devraient être invariables, sont altérés ou anéantis par toutes les passions qui agitent l'homme en société. Les replis de son cœur ne permettent plus de le connaître; et comment établir des règles générales sur les sentiments qu'on aurait à découvrir et à constater dans chaque individu ?

D'un autre côté, la nature a couvert d'un voile impénétrable la transmission de notre existence.

Cependant, il était nécessaire que la paternité ne restât pas incertaine. C'est par elle que les familles se perpétuent et qu'elles se distinguent les unes des autres; c'est une des bases de l'ordre social; on doit la maintenir et la consolider.

Il a fallu, pour y parvenir, s'attacher à des faits extérieurs et susceptibles de preuves.

On trouve un premier point d'appui dans cette institution, qui, consacrée par tous les peuples civilisés, a son origine et sa cause dans la nature même; qui établit, maintient et renouvelle les familles; dont l'objet principal est de veiller sur l'existence et sur l'éducation des enfants; dont la dignité inspire un respect religieux; dans le mariage.

Les avantages que la société en retire doivent être principalement attribués à ce que, pour fixer la paternité, il établit une présomption qui, presque toujours, suffit pour écarter tous les doutes.

Cette présomption, admise chez tous les peuples, est devenue une règle d'ordre public, dont l'origine, comme celle du mariage, se perd dans la nuit des temps : *Pater est quem nuptiæ demonstrant.* Quels pourraient donc être les indices plus grands que ceux qui résultent de la foi promise des deux époux, de leur cohabitation, des regards de leurs concitoyens, au milieu desquels ils passent leur vie?

Art. 312. — Cependant, lorsqu'on est forcé d'avouer que cette règle, si nécessaire au maintien de la société, n'est établie que sur des indices, le législateur se mettrait en opposition avec les premiers éléments du droit et de la raison, s'il faisait prévaloir une présomption à une preuve positive ou à une présomption plus forte. Au lieu de soutenir la dignité du mariage, on l'avilirait : on le rendrait odieux, s'il servait de prétexte à légitimer un enfant qui, aux yeux du public, convaincu par des circonstances décisives, n'appartiendrait point au mariage.

Tel serait le cas où le mari aurait été dans l'impossibilité physique de cohabiter avec sa femme.

Cette impossibilité peut avoir pour cause l'éloignement ou quelque accident.

La distance qui a séparé le mari et la femme doit avoir toujours été telle, qu'il ne reste aucun doute sur ce qu'il ne peut y avoir eu de rapprochement.

La loi n'a dû admettre contre la présomption résultant du mariage, que les accidents qui rendent physiquement impossible la cohabitation. Elle a aussi prévenu tous ces procès scandaleux, ayant pour prétexte des infirmités plus ou moins graves, ou des accidents dont les gens de l'art ne peuvent tirer que des conjectures trompeuses.

Art. 318. — Le mari lui-même ne sera point admis à désavouer l'enfant, en alléguant son impuissance naturelle.

Des exemples célèbres ont prouvé que, ni cette cause d'impossibilité de cohabitation, ni la déclaration du mari qui veut s'en prévaloir, ne méritent confiance. Les gens de l'art n'ont eux-mêmes aucun moyen de pénétrer de pareils mystères; et tel mari dont le mariage a été dissous pour cause d'impuissance, a obtenu d'un autre mariage une nombreuse postérité.

En vain la voix du mari s'élèverait-elle contre sa femme pour l'accusation la plus grave, celle de l'adultère : ce crime, fût-il prouvé, ne ferait naître contre l'enfant que le père voudrait désavouer, qu'une présomption qui ne saurait balancer celle qui résulte du mariage. La femme peut avoir été coupable sans que le flambeau de l'hyménée fût encore éteint.

Cependant, si la femme, ayant été condamnée pour adultère, avait caché à son mari la naissance de cet enfant, cette conduite deviendrait un témoignage d'un grand poids.

Il ne saurait y avoir de la part de cette femme d'aveu plus formel, que l'enfant n'appartient point au mariage.

Comment présumer que la mère ajoute à son crime envers son mari, celui de tromper son propre enfant qu'elle exclut du rang des enfants légitimes?

Lorsqu'il est ainsi repoussé de la famille, et par la femme qui cache sa naissance, et par le mari qui a fait prononcer la peine d'adultère; cela forme une masse de présomptions qui ne laisse plus à celle que l'on peut tirer du mariage son influence décisive.

Alors même l'enfant, au milieu de ces dissensions, et malgré la condamnation de sa mère, peut toujours invoquer la règle générale; mais on n'a pas cru qu'il fût possible de refuser au mari la faculté de proposer les faits propres à justifier qu'il n'est pas le père. Comment, en effet, repousser un mari qui, ayant fait déclarer sa femme adultère, ayant ignoré qu'elle eût un enfant, verrait après coup, et peut-être même après la mort de sa femme, cet enfant se présenter comme étant né de son mariage.

C'est dans de pareilles circonstances que l'honnêteté publique et la dignité de l'union conjugale réclament, en faveur du mari le droit de prouver que cet enfant lui est étranger.

Art. 314. — Il est une autre présomption avec laquelle le mari peut contester l'application de la règle générale; c'est lorsque cette règle se trouve en opposition avec la marche constante de la nature. On croit plutôt à la faiblesse humaine qu'à l'intervention de l'ordre naturel.

La naissance de l'homme est précédée du temps où il se forme dans le sein de la mère. Ce temps est ordinairement de neuf mois. On voit des exemples assez fréquents de ce que ce terme est avancé ou retardé; mais il est très-rare qu'un enfant soit né avant que six mois de grossesse ou cent quatre-vingts jours depuis la conception, se soient écoulés; ou qu'il soit resté dans le sein de sa mère plus de dix mois, ou trois cents jours.

Les naissances avancées ou tardives ont été la matière de procès célèbres. il a toujours été reconnu que la physiologie n'a aucun moyen de découvrir la vérité relativement à l'enfant qui est l'objet de la contestation; ces débats scandaleux ne portaient que sur des recherches non moins scandaleuses d'exemples, que de part et d'autre on alléguait souvent sans preuves. Les juges ne pouvaient recevoir aucune lumière sur le fait particulier, et chaque tribunal se formait un système différent sur l'extension ou sur la limitation qu'il devait admettre dans le cours ordinaire de la nature. La jurisprudence n'avait aucune uniformité par le motif même qu'elle ne pouvait être qu'arbitraire.

Il fallait sortir d'un pareil état : ce n'était point une vérité absolue que les rédacteurs de la loi avaient à découvrir; il leur suffisait de donner aux juges une règle qui fixât leur incertitude, et ils devaient prendre cette règle dans la marche tellement uniforme de la nature, qu'à peine pût-on lui proposer quelques exceptions qui ne feraient que la confirmer.

Ce sont les motifs qui ont déterminé à fixer le terme des naissances avancées à cent quatre-vingts jours, et celui des naissances tardives à trois cents jours.

Il n'en résulte pas que l'enfant qui serait né avant les cent quatre-vingts jours, ou depuis les trois cents jours, doive être par cela même déclaré non légitime. Il faudra que la présomption résultant d'une naissance trop avancée ou trop tardive, se trouve confirmée, lorsque le mari vit, par une présomption qui paraîtra plus forte encore à quiconque observe le cœur humain. Il faudra que l'enfant soit désavoué par le mari. Comment croire qu'il étouffe tous les sentiments de la nature, comment croire qu'il allume dans sa main les torches de la discorde, et qu'au dehors il se dévoue à l'humiliation, s'il n'est pas dans la conviction intime que l'enfant n'est point né de son mariage?

La loi ne se borne pas à sonder le cœur et à calculer les véritables intérêts du mari : elle se met en garde contre les passions qui pourraient l'aveugler; elle n'admet point le désaveu qui ne se trouve pas d'accord avec sa conduite antérieure. S'il avait toujours cru que l'enfant lui fût étranger, aucun acte ne démentirait une opinion qui, depuis la naissance de cet enfant, a dû déchirer son ame. S'il a varié dans cette opinion, il n'est plus recevable à refuser à l'enfant l'état qu'il ne lui a pas toujours contesté.

Ainsi, dans le cas où l'enfant serait né avant le cent quatre-vingtième jour (six mois) depuis le mariage, la loi présume qu'il n'a point été conçu pendant cette union; mais le mari ne pourra désavouer l'enfant, si, avant de se marier, il a eu connaissance de la grossesse. On présume alors qu'il n'a contracté le mariage que pour réparer sa faute personnelle; on présume qu'un pareil hymen n'eût jamais été consenti, s'il n'eût été persuadé que la femme portait dans son sein le fruit de leurs amours : et lorsqu'il a eu dans la conduite de cette femme une telle confiance qu'il a voulu que leur destinée fût unie, comment pourrait-on l'admettre à démentir un pareil témoignage?

Le mari ne pourra encore désavouer l'enfant né avant le cent quatre-vingtième jour du mariage, s'il a assisté à l'acte de naissance, et si cet acte est signé de lui, ou contient sa déclaration qu'il ne sait signer.

Comment en effet pourrait-il revenir contre sa propre déclaration, donnée dans l'acte même destiné à constater l'état civil de l'enfant?

Il est une troisième circonstance dans laquelle le mari n'est pas admissible au désaveu, c'est lorsque l'enfant n'a pas été déclaré *viable*.

Il faut, à cet égard, que les gens de l'art prononcent.

L'enfant vivait dans le sein de sa mère. Cette existence peut se prolonger pendant un nombre de jours indéterminé, sans qu'il soit possible qu'il la conserve; et c'est cette possibilité de parcourir la carrière ordinaire de la vie, qu'on entend par l'expression être *viable*.

Lorsque l'enfant n'est pas déclaré viable, la présomption contre la femme n'est plus la même. Il n'y a plus de certitude que ce soit un accouchement *naturel* qui ait dû être précédé du temps *ordinaire* de la grossesse. Toute recherche serait scandaleuse et sans objet.

Quel but le mari pourrait-il se proposer en désavouant un enfant qui ne doit pas vivre, si ce n'est de porter atteinte à la réputation de la femme à laquelle il s'est uni? Il ne peut même pas avoir l'intérêt du divorce pour cause d'adultère, puisqu'il suppose que la faute est antérieure à son mariage. Les tribunaux ne doivent pas l'écouter dans son aveugle ressentiment.

ART. 312. — La règle établie sur les naissances avancées ou tardives, recevra encore son application dans le cas où le mari voudra désavouer son enfant par cause d'impossibilité physique de cohabitation. La loi exige qu'il y ait eu impossibilité pendant le temps qui aura couru depuis le trois-centième jusqu'au cent quatre-vingtième jour avant la naissance de l'enfant; le temps le plus long de la grossesse étant de trois cents jours, et le plus court de cent quatre-vingts, si depuis l'époque où a pu commencer le temps le plus long, jusqu'à celui où a pu commencer le temps le plus court, il y a eu impossibilité, il est évident que la présomption qui naît du cours ordinaire de la nature a toute sa force.

ART. 315. — Enfin, la naissance tardive peut être opposée à l'enfant, s'il naît trois cents jours après la dissolution du mariage.

Néanmoins, la présomption qui en résulte ne sera décisive contre lui qu'autant qu'elle ne sera pas affaiblie par d'autres circonstances.

ART. 316. — On vient de voir que la loi, en donnant au mari un droit de désaveu que la justice et la raison ne permettaient pas de lui refuser, a en même temps repoussé toute attaque qui aurait été précédée d'actes incompatibles.

C'est encore en consultant le cœur humain qu'elle a regardé comme ne devant plus être admise une pareille action judiciaire qui n'aurait pas été intentée dans les plus courts délais.

Le sentiment naturel du mari qui a des motifs suffisants pour désavouer un enfant qu'il croit lui être étranger, est de le rejeter, sur-le-champ, de la famille: son devoir, l'outrage qu'il a reçu, tout doit le porter à faire sur-le-champ éclater sa plainte. S'il diffère, il s'entend appeler du nom de père, et son silence équivaut à un aveu formel en faveur de l'enfant: la qualité de père que l'on a consenti une fois à porter, est irrévocable.

Il devra réclamer dans le mois, s'il se trouve sur les lieux de la naissance de l'enfant; dans les deux mois après son retour, si, à la même époque, il est absent; et dans les deux mois après la découverte de la fraude, si on lui avait caché la naissance.

ART. 317. — Cependant si le mari meurt avant qu'il ait fait sa déclaration, et lorsque le délai pour la former n'était pas encore expiré, l'action qu'il pouvait intenter est au nombre des droits que la loi transmet à ses héritiers. On a considéré que le plus souvent les enfants dont la légitimité peut être contestée, ne sont produits dans la famille qu'après la mort du mari qui aurait eu tous les moyens de les repousser. D'ailleurs, le mari qui meurt dans le court délai que lui donne la loi pour réclamer, a le plus souvent été dans l'impuissance d'avoir d'autres soins que ceux de prolonger ses derniers instants. On eût exposé les familles à être injustement dépouillées, si on eût rejeté leur action contre l'enfant que le mari eût pu désavouer.

Mais en même temps la loi a voulu que l'état de cet enfant ne restât pas incertain, et elle ne donne aux héritiers pour contester sa légitimité que deux mois, à compter soit de l'époque où il serait mis en possession des biens du mari, soit de l'époque où les héritiers seraient troublés par l'enfant dans cette possession.

ART. 318. — On a même prévu que le mari ou ses héritiers pourraient chercher à prolonger ces délais, en se bornant à un acte extrajudiciaire, contenant le désaveu.

La loi déclare que cet acte ne sera d'aucune considération, s'il n'est suivi, dans le délai d'un mois, d'une action en justice, dirigée contre le tuteur nommé à l'enfant, en présence de sa mère.

ART. 319. — Après avoir établi le petit nombre d'exceptions à la règle générale *pater est quem nuptiæ demonstrant*, la loi indique aux enfants légitimes les preuves qu'ils doivent fournir de leur filiation.

Déjà vous avez vu dans un précédent titre du code combien de précautions ont été prises pour constater l'état civil des citoyens. Des actes dressés de manière à établir une preuve complète sont inscrits sur des registres toujours ouverts à ceux qu'ils peuvent intéresser.

S'il existe sur ces registres un acte qui constate l'état réclamé par l'enfant, il ne peut s'élever aucun doute sur sa filiation. C'est un acte public et authentique; il fait foi tandis qu'il n'est point inscrit de faux.

Art. 320. — Mais il est possible que le registre sur lequel l'acte a été inscrit soit perdu, qu'il ait été brûlé, que les feuilles en aient été déchirées ou rongées; il est même encore possible, et surtout dans des temps de trouble ou de guerre civile, que les registres n'aient pas été tenus, ou qu'il n'y ait pas eu d'acte dressé.

C'est pour l'enfant un malheur d'être privé d'un titre aussi commode.

Mais son état ne dépend point de ce genre de preuve.

L'usage des registres publics pour l'état civil n'est pas très-ancien, et c'est dans des temps plus modernes encore qu'ils ont commencé à être tenus plus régulièrement. Ils ont été établis en faveur des enfants, et seulement pour les dispenser d'une preuve moins facile.

Le genre de preuve le plus ancien, celui que toutes les nations ont admis, celui qui embrasse tous les faits propres à faire éclater la vérité, celui sans lequel il n'y aurait plus rien de certain ni de sacré parmi les hommes, c'est la preuve de la possession constante de l'état d'enfant légitime.

Art. 321. — Différente des conventions qui, la plupart, ne laissent d'autres traces que l'acte même qui les constate, la possession d'état se prouve par une longue suite de faits extérieurs et notoires, dont l'ensemble ne pourrait jamais exister s'il n'était pas conforme à la vérité.

On ne peut plus douter que l'enfant ne soit né de mariage, quand il prouve que ses père et mère unis légitimement l'ont constamment traité comme le sont tous les enfants légitimes.

Cette preuve peut se composer de faits si nombreux et si variés, que leur énumération eût été impossible.

La loi se borne à indiquer les principaux.

L'individu a-t-il toujours porté le nom du père auquel il prétend appartenir?

Le père l'a-t-il traité comme son enfant, et a-t-il pourvu, en cette qualité, à son éducation, à son entretien et à son établissement?

A-t-il été constamment reconnu pour tel dans la société?

A-t-il été reconnu pour tel dans la famille?

La loi n'exige pas que tous ces faits concourent; l'objet est de prouver que l'enfant a été reconnu et traité comme légitime : il n'importe que la preuve résulte de faits plus ou moins nombreux, il suffit qu'elle soit certaine.

Lorsque les deux principaux moyens de constater l'état civil d'un individu, qui sont le titre de naissance et la possession conforme à ce titre, se réunissent, son état est irrévocablement fixé.

Art. 322. — Il ne serait même pas admis à réclamer un état contraire; et réciproquement, nul ne serait recevable à le lui contester.

Le titre et la possession d'état ne pourraient être démentis par l'enfant, qu'autant qu'il opposerait à ces faits celui de l'accouchement de la femme dont il prétendrait être né, et qu'il prouverait que c'est lui à qui elle a donné le jour.

Comment entre des faits contraires, celui qui n'est qu'obscur et isolé, tel que l'accouchement, balancerait-il le fait littéralement prouvé par le titre de naissance, ou cette masse de faits notoires qui établissent la possession d'état?

Art. 323. — Lorsque l'enfant n'a ni possession constante, ni titre, ou lorsqu'il a été inscrit, soit sous de faux noms, soit comme né de père et mère inconnus, il en résulte une présomption très-forte qu'il n'appartient point au mariage. Cependant des circonstances extraordinaires, les passions qui auront égaré les auteurs de ses jours, leurs dissensions, des motifs de crainte ou d'autres considérations majeures, peuvent avoir empêché qu'il n'ait été habituellement traité comme enfant légitime. Les faits même qui y auront mis obstacle deviendront des preuves en sa faveur.

Mais il faut que la présomption qui s'élève contre l'enfant soit balancée par celle que présenteront des faits consignés dans des actes écrits, ou qu'ils soient dès-lors constants.

Lorsqu'un enfant veut constater son état par une possession qui se compose de faits continus pendant un certain nombre d'années, la preuve par témoins ne présente aucun inconvénient : elle conduit au plus haut degré de certitude que l'on puisse atteindre. Mais lorsque la question d'état dépend de faits particuliers sur lesquels des témoins subornés ou crédules peuvent en imposer à la justice, leur témoignage seul ne doit point être admis. Une fâcheuse expérience a démontré que, pour des sommes ou des valeurs peu considérables, les témoins ne donnent pas une garantie suffisante. Comment pourrait-on y avoir confiance, lorsqu'il s'agit d'attribuer les droits attachés à la qualité d'enfant légitime, droits qui emportent tous les genres de propriété?

Cependant il peut résulter d'un acte écrit, et dont la foi ne soit pas suspecte, des indices que les juges trouvent assez graves pour que la vérité doive être approfondie par tous les moyens, au nombre desquels se trouve la preuve testimoniale.

Art. 324. — Cet acte est ce qu'on appelle, dans le langage de la loi, *un commencement de preuve par écrit.* Il faut qu'il présente les caractères de la vérité; il faut qu'il émane directement de ceux qui, par leur intérêt personnel, sont à l'abri de tout soupçon. On n'admettrait donc point le commencement de preuve par écrit, s'il ne se trouvait, soit dans les titres de famille, soit dans les actes publics et même privés d'une personne engagée dans la contestation, ou qui y aurait intérêt, si elle était vivante.

Il ne serait pas nécessaire qu'il y eût un acte par écrit, si le commencement de preuve dont se prévaut l'enfant était fondé sur un fait dont toutes les parties reconnaîtraient la vérité, ou qui serait dès-lors constant.

Que le fait qui établit le commencement de preuve soit ou qu'il ne soit pas consigné dans un acte écrit, il suffit que son existence soit démontrée aux juges autrement que par l'enquête demandée.

Art. 327. — La loi craint tellement de faire dépendre entièrement les questions d'état de simples témoignages, qu'elle impose aux juges le devoir de proscrire les moyens indirects que l'on voudrait prendre pour y parvenir. Telles seraient les plaintes en suppression d'état que l'on porterait aux tribunaux criminels, avant qu'il y ait eu par la voie civile un jugement définitif.

Toujours de pareilles plaintes ont été rejetées comme frauduleuses, et les parties ont été renvoyées devant les juges civils.

Cette décision est contraire à la règle générale qui, considérant la punition des crimes comme le plus grand intérêt de l'état, suspend les procédures civiles quand il y a lieu à la poursuite criminelle : mais lorsqu'il y a un intérêt autre que celui de la vengeance publique, intérêt dont l'importance fait craindre que l'action criminelle n'ait pas été intentée de bonne foi; lorsque cette action est présumée n'avoir pour but que d'éluder la règle de droit civil, qui, sur les questions d'état, écarte comme très-dangereuse la simple preuve par témoins; lorsque la loi civile, qui rejette cette preuve, même pour des intérêts civils, serait en opposition avec la loi criminelle qui l'admettrait, quoiqu'elle dût avoir pour résultat le déshonneur et une peine afflictive, il ne peut rester aucun doute sur la nécessité de faire juger les questions d'état dans les tribunaux civils, avant que les poursuites criminelles puissent être exercées.

On ne peut se dissimuler que, même avec ces précautions, il ne soit encore possible que dans des cas très-rares la religion des juges soit trompée. Mais il n'est pas douteux qu'il y aurait des victimes nombreuses, si on repoussait impitoyablement les enfants qui, privés de titre et de possession d'état, ou inscrits, soit sous de faux noms, soit comme nés de père et mère inconnus, se présenteraient avec les moyens qui viennent d'être indiqués. C'est à la sagesse des tribunaux qu'il appartiendra d'apprécier la foi que méritent les témoins, et de se mettre en garde contre l'intrigue.

Art. 325. — La loi veille suffisamment à l'intérêt des familles, lorsque, dans tous les cas où l'enfant peut appeler des témoins, elles sont autorisées à faire la preuve contraire par tous les moyens propres à établir que le réclamant n'est pas l'enfant de la mère qu'il prétend avoir.

La preuve de maternité qui aurait été faite contre la femme, n'est pas regardée comme preuve de paternité contre le mari. En effet, la preuve de la maternité s'établissant sur le fait de l'accouchement d'un enfant, le même que celui qui réclame, il n'en résulte aucune possession d'état, aucune reconnaissance du père, aucun titre.

Art. 328. — Si la loi se montre sévère sur

le genre de preuves qu'elle admet, elle veut que l'accès des tribunaux soit toujours ouvert à l'enfant qui réclame. Elle écarte les obstacles qui s'opposeraient à ce que des actions ordinaires fussent intentées. Celle en réclamation d'état sera imprescriptible à son égard.

La prescription est fondée sur l'intérêt public qui exige que les propriétés ne restent pas incertaines.

Il ne s'agit pas ici d'une simple propriété, l'état civil affecte la personne et les biens. C'est un intérêt qui doit l'emporter sur tous les autres.

Pour qu'une propriété ordinaire cesse d'être incertaine, il suffit qu'après un certain temps on ne puisse plus l'attaquer.

Pour que l'état civil cesse d'être incertain, il faut que l'on puisse toujours, afin de le fixer, recourir aux tribunaux.

Art. 329. — La même faveur ne doit pas s'étendre aux héritiers. Il ne s'agit pas pour eux d'obtenir le rang d'enfants légitimes, et leurs prétentions contre la famille dans laquelle ils veulent entrer doivent dépendre de la conduite qu'a tenue envers cette famille celui qu'ils représentent.

Art. 330. — *Si l'action a été intentée par l'enfant*, les héritiers la trouvent au nombre des droits qu'ils ont à exercer dans sa succession.

Mais si on peut induire de la conduite de l'enfant *qu'il n'ait pas cru avoir des droits*, ou qu'il s'en soit désisté, les héritiers ne doivent plus être admis à s'introduire dans une famille à laquelle leur auteur s'est lui-même regardé comme étranger.

Il n'y aura aucun doute à cet égard, si l'enfant, après avoir intenté son action, s'en est formellement désisté.

L'intention de se désister sera présumée respectivement aux héritiers, s'il a laissé trois années s'écouler sans donner suite à la procédure commencée.

Il sera de même réputé n'avoir jamais eu l'intention de réclamer, s'il est mort sans l'avoir fait, après cinq années expirées depuis sa majorité.

Dans tous ces cas, l'action ne pourra être intentée par ses héritiers.

C'est ainsi que, dans la loi proposée, on a cherché à concilier l'intérêt de ceux qui réclament leur état, et celui des familles. Il n'est point de demande plus favorable que celle d'un enfant qui veut recouvrer son état civil. Mais aussi les exemples d'enfants qui se trouvent injustement dans cette position malheureuse, sont moins nombreux que les exemples d'individus troublant injustement le repos des familles; il y a plus de gens excités par la cupidité, qu'il n'y a de pères et de mères dénaturés.

Après avoir établi les règles sur la filiation des enfants légitimes, la loi s'occupe du sort des enfants nés hors mariage.

Art. 331. — Elle met dans une classe à part ceux qui, étant nés de pères et mères libres, peuvent être *élevés* au rang d'enfants légitimes, lorsque leurs pères et mères s'unissent par les liens du mariage.

La légitimation par le mariage subséquent fut au nombre des lois romaines.

Le droit canonique, *suivi à cet égard* en France depuis un grand nombre de siècles, mit aussi au nombre de ses principes, que la force du mariage rendait légitimes les enfants que les époux avaient eus ensemble antérieurement.

L'ordre public, le devoir du père, l'intérêt de la mère, la faveur due à l'enfant, tout concourt à faire maintenir cette espèce de légitimation.

L'ordre public *est intéressé à ce que l'homme* et la femme qui vivent dans le désordre, aient un moyen d'éviter l'un et l'autre de ces deux écueils, celui de se séparer par dégoût, ou celui de continuer un commerce illicite. La loi leur offre dans une union sainte et respectable, des avantages assez précieux pour les porter à la contracter.

Au nombre de ces avantages, l'homme aura celui de procurer à l'enfant pour qui la nature doit lui avoir inspiré des sentiments de tendresse, toutes les prérogatives que donne dans la société la qualité d'enfant légitime. C'est même de sa part un devoir que sa conscience doit sans cesse lui rappeler.

Cette légitimation est pour la femme le plus heureux moyen de réparer sa faute, de recouvrer son honneur, et de se rendre digne des titres honorables d'épouse et de mère.

Les enfants nés d'un père et d'une mère qui deviennent ensuite époux légitimes, ne sauraient être plus dignes de faveur que quand ils invoquent les effets d'une union qui a des rapports si intimes avec leur naissance antérieure.

Cependant, si l'intérêt des mœurs a fait admettre la légitimation par mariage subséquent, ce même intérêt s'oppose à ce qu'elle ait lieu, si les enfants ne sont pas nés de père et de mère libres. Les fruits de l'adultère ou de l'inceste ne sauraient être ensuite assimilés à ceux d'un hymen légitime.

Il est encore, pour le repos des familles, une condition exigée des pères et mères : ils doivent reconnaître avant le mariage ou dans l'acte de sa célébration, les enfants qu'ils ont à légitimer.

Ceux qui regrettent que la reconnaissance postérieure à la célébration n'ait pas le même effet, pensent que la légitimation est une suite nécessaire du mariage, et ils craignent que la pudeur ou l'intérêt de ne pas aliéner le cœur de parens austères, n'ait empêché les époux de faire à temps les actes de reconnaissance.

La règle suivant laquelle le mariage légitimait de plein droit, avait été admise dans le système où la recherche de la paternité n'était pas interdite. Alors l'enfant conservait toujours le droit de prouver contre ses père et mère l'origine de sa naissance ; il n'avait pas besoin d'être reconnu. Mais lorsqu'il n'y a de paternité constante que par la reconnaissance même du père, ainsi qu'on l'expliquera dans la suite, il est indispensable que l'enfant soit d'abord avoué pour être ensuite légitimé.

La légitimation n'est pas un effet nécessaire du mariage : elle n'est qu'un bénéfice de la loi. Autrefois même, dans plusieurs pays, elle devait être rendue solennelle par des cérémonies publiques au moment de la célébration.

Dans d'autres, tels que l'Angleterre, on ne l'a point adoptée; elle y a été considérée comme favorisant le concubinage.

Dans la loi proposée, si on la regarde comme utile à l'ordre public, ce n'est qu'avec des précautions dictées par l'expérience.

Les enfants nés hors mariage n'ont point en leur faveur de présomption légale de leur naissance; ils n'ont qu'un témoignage : il doit être donné dans un temps non suspect. La loi ne peut laisser à des époux la faculté de s'attribuer des enfants par leur consentement mutuel. Les familles ne doivent pas être dans une continuelle incertitude.

La pudeur ou la crainte par lesquelles on suppose que les père et mère ont pu être enchaînés avant le mariage, et à l'époque de sa célébration, ne sont pas des motifs d'admettre une reconnaissance tardive.

La loi ne saurait faire entrer en considération une fausse pudeur et des vues d'intérêt. Il est au contraire dans ses principes que rien ne peut dispenser d'obéir à la conscience, et de remplir les devoirs de la nature.

Art. 332. — Cette légitimation est admise même en faveur des enfants décédés qui ont laissé une postérité, et, dans ce cas, elle profite à leurs descendants.

L'équité a prescrit cette mesure. La légitimation du père aurait eu, sur le sort et sur la fortune de ses enfants une telle influence, qu'elle ne saurait être regardée comme un bienfait qui lui soit personnel. C'est un chef de famille que la loi a voulu créer; si ce chef n'existe plus, ses descendants doivent être admis à le représenter.

Art. 333. — Une déclaration du 26 novembre 1639 avait déclaré incapables de toute succession les enfants nés de femmes que les pères avaient entretenues, et qu'ils avaient épousées à l'extrémité de la vie.

Cette disposition, qui ne fut d'abord appliquée qu'aux pères, fut ensuite étendue aux femmes, par un édit de 1697, et l'incapacité de succéder fut rendue commune aux enfants même qui naîtraient après ces mariages, et à leur postérité.

Aucune loi semblable n'avait encore été rendue. Elle fut déterminée par quelques arrêts dont les plus anciens sont, de peu d'années, antérieurs à la déclaration de 1639. Elle dérogeait au droit commun, qui donnait alors au mariage la force de légitimer les enfants. Elle a toujours trouvé de nombreux contradicteurs. L'expérience d'un siècle et demi prouve que la société n'en a pas retiré des avantages réels, et il peut en résulter des inconvénients très-graves.

Et d'abord, n'y a-t-il pas contradiction à permettre le mariage à quelque époque de la vie que ce soit, et à priver ce mariage d'un effet aussi important que celui de la légitimation des enfants qui pourraient en naître, ou qui seraient nés antérieurement?

Ce contrat exige des formalités et des cérémonies extérieures, qui donnent la certitude que les époux y ont consenti avec réflexion et avec persévérance.

Comment supposer qu'ils aient été capables de réflexion pour leur mariage, et qu'ils aient été incapables de faire avec discernement la reconnaissance d'enfants qu'ils auraient eus antérieurement.

Le mariage, dans son institution et dans sa fin, est tout en faveur des enfants. Quelle serait donc cette espèce de mariage incompatible avec leur légitimité?

On a senti que dans la loi de 1639, il y avait une inconséquence, en ce que le mariage contracté à l'extrémité de la vie était suffisant pour légitimer les enfants nés postérieurement, tandis que ce mariage était déclaré insuffisant pour légitimer les enfants dont la naissance serait antérieure. On a, dans la loi de 1697, fait cesser cette contradiction par une disposition plus étrange encore et plus destructive de tous les principes. On a enveloppé dans la même proscription les enfants nés depuis un mariage légitime, comme ceux nés antérieurement.

Si on peut citer quelques exemples de reconnaissances suggérées, combien d'autres, dictées par la conscience, auront été étouffées! La seule crainte de la fraude ne doit pas être un motif pour interdire des actes commandés par la justice.

On a craint que le concubinage ne fût encouragé, si les femmes qui se livrent à ce désordre pouvaient se marier à l'époque où l'homme, près du tombeau, ne serait plus arrêté par aucune considération.

L'expérience a prouvé que les recherches sur le concubinage d'une femme devenue épouse légitime, n'ont présenté que des scènes scandaleuses, sans utilité pour les mœurs: l'honnêteté publique ne peut pas permettre que, pour sacrifier des enfants, on commence par déshonorer la mère. Son mariage ne serait pas annullé; elle serait décorée du titre de femme; sa conduite antérieure serait couverte de ce voile respectable; et cette conduite ne pourrait plus être opposée qu'à ceux qui n'en sont pas coupables.

Les mariages à l'extrémité de la vie sont très-rares; ce qui prouve qu'il n'est point dans le cœur de l'homme, surtout lorsqu'il a des enfants, d'attendre ses derniers moments pour assurer leur sort.

Le respect dû aux mœurs, la justice à rendre aux enfants, le désespoir d'un homme qui, surpris par les maux avant-coureurs de la mort, ne pourrait plus réparer ses torts; le malheur d'une femme qui, le plus souvent, a été séduite par des promesses trop long-temps retardées; tous ces motifs ont fait rejeter, dans le nouveau code, la législation sur l'effet des mariages contractés à l'extrémité de la vie.

Une autre espèce de légitimation avait lieu dans l'ancien régime. Elle se faisait par l'autorité du prince; elle n'attribuait point tous les droits de la légitimité. Le principal objet de cette prérogative royale était de faire cesser, pour ceux qui obtenaient cette faveur, l'incapacité de remplir des dignités et des emplois.

Cette incapacité a été regardée comme une proscription inutile et même nuisible à l'ordre social. Depuis long-temps le préjugé qui tenait les enfants naturels dans l'avilissement a été détruit par la raison et par l'humanité.

Cette espèce de légitimation n'a point dû reparaître dans le nouveau code.

Art. 334. — Après avoir réglé le sort des enfants naturels qui peuvent être légitimés par le mariage subséquent, la loi s'occupe de ceux qui ne peuvent aspirer aux droits d'enfants légitimes.

Ce sont des victimes innocentes de la faute de leurs parents. L'odre social a exigé que des prérogatives fussent accordées aux enfants nés de mariages légitimes. La nécessité de maintenir la barrière qui les sépare, a été reconnue par tous les peuples: mais la dignité du mariage n'exige point qu'ils soient étrangers à ceux dont ils tiennent la naissance. La loi serait à la fois impuissante et barbare qui voudrait étouffer le cri de la nature entre ceux qui donnent et ceux qui reçoivent l'existence.

Les pères et mères ont envers leurs enfants naturels des devoirs d'autant plus grands, qu'ils ont à se reprocher leur infortune. La loi a seulement été obligée de poser des bornes au-delà desquelles l'institution du mariage serait compromise.

Lorsqu'il s'agit de fixer le sort des enfants naturels, rien n'est plus difficile que de conserver un juste équilibre entre les droits qu'ils tiennent de leur naissance, et les mesures qu'exige la nécessité de maintenir l'organisation des familles. Il semble que ce soit un écueil contre lequel, jusqu'ici, les législateurs ont échoué; il ont trop exigé pour l'ordre social, ou ils l'ont trop négligé.

Dans l'ancien régime, on donnait aux enfants naturels qui n'étaient point reconnus par leurs pères, trop de facilité à inquiéter des familles auxquelles ils étaient étrangers, et, sous les rapports de la fortune, ils étaient traités avec une rigueur excessive.

Pendant la révolution, la loi ancienne a été réformée en ce qu'elle admettait des recherches odieuses sur la paternité; mais on s'est laissé entraîner par des sentiments de bienfaisance : on leur a donné des droits qui les assimilaient sous un trop grand nombre de rapports aux enfants légitimes.

On a cherché, dans le nouveau code, à réparer ces erreurs, et à poser enfin les justes limites entre lesquelles ni les droits de la nature, ni ceux de la société ne seront violés.

La part que les enfants naturels auront dans les biens de leurs père et mère, et la qualité dans laquelle ils pourront réclamer cette part, seront déterminées au titre *des successions*. Il s'agit seulement ici d'établir les règles, pour reconnaître le lien qui les unit aux auteurs de leurs jours.

Depuis long-temps, dans l'ancien régime, un cri général s'était élevé contre les recherches de paternité. Elles exposaient les tribunaux aux débats les plus scandaleux, aux jugements les plus arbitraires, à la jurisprudence la plus variable. L'homme dont la conduite était la plus pure, celui même dont les cheveux avaient blanchi dans l'exercice de toutes les vertus, n'étaient point à l'abri de l'attaque d'une femme impudente, ou d'enfants qui lui étaient étrangers. Ce genre de calomnie laissait toujours des traces affligeantes. En un mot, les recherches de paternité étaient regardées comme le fléau de la société.

Une loi très-favorable aux enfants naturels fut rendue par la convention, le 12 brumaire an II; cependant elle crut devoir faire cesser l'abus des procès dont les enfants voudraient encore tourmenter les familles sans motifs plausibles.

Il fut réglé pour le passé que « la preuve « de leur possession d'état ne pourrait résulter « que de la représentation d'écrits publics ou « privés du père, ou de la suite de soins « donnés à titre de paternité et sans inter« ruption, tant à leur entretien qu'à leur « éducation, et qu'il en serait de même à « l'égard de la mère. »

Quant à l'avenir, il fut statué que « l'état « et les droits des enfants naturels dont le « père et la mère seraient encore existants « lors de la promulgation du code civil, « seraient en tous points réglés par les dis« positions de ce code, et que, néanmoins, « en cas de mort de la mère avant la pro« mulgation, la reconnaissance du père, faite « devant un officier public, suffirait pour « constater l'état de cet enfant. »

A cette même époque, une partie du code civil était préparée, et on se disposait, à la promulguer d'un jour à l'autre. On y avait établi que la loi n'admet point la recherche de la paternité non avouée, et que la preuve de la reconnaissance du père ne peut résulter que de sa déclaration, faite devant un officier public.

Dans la loi proposée, cette sage disposition qui interdit les recherches de la paternité, a été maintenue. Elle ne pourra jamais être établie contre le père que par sa propre reconnaissance, et encore faudra-t-il, pour que les familles soient, à cet égard, à l'abri de toute surprise, que cette reconnaissance ait été faite, ou par l'acte même de naissance, ou par un acte authentique.

Art. 340. — La loi proposée n'admet qu'une seule exception : c'est le cas d'enlèvement, dont l'époque se rapporte à celle de la conception. Alors le ravisseur pourra, sur la demande des personnes intéressées, être déclaré père de l'enfant.

Dans ce cas le délit du ravisseur et la forte présomption qu'il est l'auteur de la grossesse de la femme, lorsque l'enlèvement se rapporte à l'époque de la conception, sont des motifs suffisant pour qu'il puisse, s'il n'a pas de moyens de défense valables, être déclaré père de l'enfant. On se portera moins facilement à ce genre de crime, et on en subira la peine la plus naturelle, si l'on peut appeler ainsi l'accomplissement des devoirs d'un père.

Art. 341. — La règle exclusive de la recherche de la paternité ne s'applique point à la mère. Il ne s'agit point, à son égard, de pénétrer des mystères de la nature : son accouchement et l'identité de l'enfant sont des faits positifs et qui peuvent être constatés.

Cependant la loi a cru devoir prendre des précautions contre le genre de preuves qui pourra être admis. Si la crainte des vexations et de la diffamation a fait rejeter les recherches de la paternité, ce serait pour les femmes un malheur encore plus grand, si leur honneur pouvait être compromis par quelques témoins complaisants ou subornés. On ne présume point qu'un enfant ait été mis au monde sans qu'il y ait par écrit quelques traces, soit de l'accouchement, soit des soins donnés à cet enfant. Il était donc à-la-fois de justice particulière et d'honnêteté publique de n'admettre l'enfant à prouver qu'il est identiquement le même que celui dont la mère est accouchée, que dans le cas où il aura déjà un commencement de preuves par écrit.

Art. 335. — La reconnaissance des enfants adultérins ou incestueux serait, de la part du père et de la mère, l'aveu d'un crime. Il a été réglé qu'elle ne pourrait avoir lieu qu'au profit d'enfants nés d'un commerce libre.

Art. 342. — On a voulu également éviter le scandale public que causerait l'action judiciaire d'un enfant adultérin ou incestueux, qui rechercherait son état dans la preuve du délit de ceux qu'il prétendrait en même temps être les auteurs de ses jours. Ils ne seront, dans aucun cas, admis à la recherche, soit de la paternité, soit de la maternité.

Art. 336. — La déclaration de la mère sur la paternité, ne pouvant devenir un titre pour inquiéter celui qu'elle aurait désigné, il devait être décidé, par réciprocité et par le même motif d'honnêteté publique, que celui qui se reconnaîtrait pour père ne pourrait point donner des droits contre la femme qu'il indiquerait. La reconnaissance du père, sans l'indication et l'aveu de la mère, n'aura d'effet qu'à l'égard du père.

Il semble, au premier coup-d'œil, que la reconnaissance du père ne devrait être d'aucun effet quand elle est désavouée par la mère. C'est elle qui doit avoir, plus encore que celui qui se reconnaît pour le père, le secret de la paternité. Mais il est possible que la mère, soit par haine contre le père qui s'est reconnu, soit par d'autres considérations, désavoue cette reconnaissance. On a trouvé qu'il serait trop dur que le cri de la conscience et de la nature de la part du père fût étouffé par un seul témoignage qui pourrait même souvent être suspect.

Il faut encore observer qu'il serait contraire aux mœurs que la reconnaissance du père ne pût être faite sans indiquer la mère, afin qu'elle avoue ou désavoue. Il pourrait même arriver qu'elle mourût avant d'avoir fait sa déclaration. Le père doit donc avoir le droit de reconnaître l'enfant sans indiquer la mère; et puisqu'il n'a pas besoin de son secours, c'est un motif de plus pour que le désaveu de la mère indiquée ne puisse nuire aux enfants.

Il est un cas dans lequel un enfant naturel ne pourrait se prévaloir de la reconnaissance du père; c'est celui où elle aurait été donnée par l'un des époux au profit d'un enfant naturel qu'il aurait eu, pendant son mariage, d'un autre que de son époux. Une pareille reconnaissance ne pourra nuire ni à l'autre époux, ni aux enfants nés de ce mariage. Il ne peut pas dépendre de l'un des époux de changer, après son mariage, le sort de sa famille légitime, en appelant des enfants naturels qui demanderaient une part dans les biens. Ce serait violer la foi sous laquelle le mariage aurait été contracté. Si l'ordre public ne permet pas que des époux reconnaissent, après leur mariage, leurs propres enfants qu'ils voudraient légitimer, à plus forte raison les enfants qui sont étrangers à l'un d'eux, ne peuvent-ils acquérir, depuis le mariage, des droits contraires à ceux des enfants légitimes.

Cependant il peut arriver qu'à l'époque de la dissolution de ce mariage, il ne reste pas de descendants. Il n'y a point alors de motif pour que la reconnaissance ne reçoive pas son exécution, comme elle l'aurait eue, s'il n'y avait point eu d'enfants du mariage.

Art. 339. — Une dernière précaution prise par la loi, est, que toute reconnaissance de la part du père ou de la mère, de même que toute réclamation de la part de l'enfant, pourra être contestée par tous ceux qui y auront intérêt.

Les enfants légitimes sont sous l'égide du mariage. Leur état civil n'est pas susceptible d'être attaqué dans les cas où peut l'être une simple reconnaissance d'enfants naturels. Nul ne peut, par son seul témoignage, être utile à l'un, en faisant une injustice à l'autre.

Enfin il a été regardé comme important de rappeler et de constater la maxime qu'il n'appartient qu'aux tribunaux de statuer sur les réclamations d'état. C'est une des principales garanties de la liberté civile.

Tels sont, législateurs, les motifs des dispositions contenues au titre *de la Paternité et de la Filiation*.

Il était nécessaire de remplir dans la législation le vide immense que laissait le défaut de règle générale et positive sur une matière aussi importante, et presque toujours exposée aux variations de jurisprudence des tribunaux. Ce sera sans doute un grand bienfait de la loi, lorsque chacun y trouvera son sort clairement fixé sur des principes que son cœur et sa raison ne pourront méconnaître.

TITRE VIII.

De l'Adoption et de la Tutèle officieuse.

Décrété le 2 germinal an XI (23 mars 1803); — Promulgué le 12 du même mois (2 avril 1803).

[ARTICLES 343 à 370.]

EXPOSÉ DES MOTIFS par M. le Conseiller-d'État BERLIER.

Séance du 21 ventôse an XI (12 mars 1803).

LÉGISLATEURS,

Le gouvernement vous présente aujourd'hui le huitième titre du Code civil, qui traite de *l'adoption* et *de la tutèle officieuse.*

En prononçant le nom d'une institution qui, jusqu'à la révolution, n'avait point figuré parmi les actes de l'état civil des Français, et qui, même depuis cette époque, n'a reçu aucune organisation, je vois votre attention se diriger sur elle avec cet intérêt et peut-être même cette inquiétude qui environnent tout essai en matière de législation.

Cette inquiétude vertueuse, le gouvernement l'a éprouvée aussi; elle lui a imposé le devoir d'approfondir cette importante matière: il croit avoir, sans blesser aucune de nos institutions, trouvé dans celle-ci de nouveaux éléments de bienfaisance et de prospérité publiques.

Pour obtenir ce résultat, il a fallu écarter tout ce qui n'était pas en harmonie avec nos mœurs: mais avant de rejeter les modèles que l'antiquité nous offrait sur cette matière, il convenait de les apprécier, et il n'est pas, en ce moment, inutile d'appeler votre propre jugement, sur ces anciennes institutions.

Je ne parlerai pas de l'adoption que quelques exemples indiquent comme ayant existé chez les Hébreux, et dont l'organisation est restée sans traces, supposé même qu'elle ait jamais été chez ce peuple une institution régulière.

Je dirai peu de chose aussi de l'adoption des Athéniens, qui, selon qu'on peut l'induire de quelques fragments historiques, n'avait lieu qu'en faveur d'enfants mâles, dans la vue de perpétuer le nom, et ne liait pas l'adopté de telle sorte qu'il ne pût retourner à sa famille primitive, pourvu qu'il laissât un fils légitime à la famille dans laquelle il était entré par l'adoption.

Quand la pensée se porte sur l'adoption des anciens, c'est à celle des Romains qu'elle s'arrête, comme à celle dont les documents nous ont été le plus complètement transmis, et peut-être aussi comme ayant appartenu à celui des peuples anciens dont les institutions se sont plus généralement naturalisées chez nous.

Mais qu'était-ce que l'adoption même des Romains? une mutation complète de la famille; l'adopté ou l'adrogé sortait de sa famille et acquérait dans celle de l'adoptant les droits d'*agnat ou* parent par mâles, c'est-à-dire, qu'il succédait non-seulement à l'adoptant, mais aux parents de celui-ci, à l'exclusion des parents par femmes, tant qu'on admit dans les successions la différence entre agnats et cognats.

Tels étaient chez les Romains les effets de l'adoption dont je n'examinerai point les formes primitives si souvent violées sur la fin de la république, et plus encore sous les empereurs.

C'était une image complète de la paternité, et l'on voit que la fiction ne s'arrêtait pas même à la personne de l'adoptant.

Il serait difficile d'admettre en France une législation qui contrarie aussi essentiellement les idées reçues.

Comment, en effet, sans le consentement d'une famille, y introduire, *et dans tous ses degrés*, un individu que la nature n'y a point placé? car c'est la nature qui fait les familles; un contrat peut les unir, mais l'allié n'est point un parent, il n'en a pas les droits, et, dans le contrat de mariage même, l'un des époux n'acquiert à l'égard de l'autre, et à plus forte raison vis-à-vis des parents de l'autre époux, ni la famille, ni la successibilité qui en est la suite.

Et si pour obtenir de si vastes effets en faveur de l'adopté, il eut fallu faire consacrer chaque adoption par un acte solennel du pouvoir politique, quels inconvénients d'un autre ordre n'en eussent pas dérivé?

Au milieu de tant de difficultés, on a senti que l'adoption des Romains, dirigée d'ailleurs par des vues plus politiques que civiles, ne convenait point à nos mœurs, et l'on conçoit bien que celle des Germains, dont parle l'auteur de l'*Esprit des lois*, ne pouvait pas même devenir la matière d'un sérieux examen; car si quelques traits relatifs aux mœurs de nos ancêtres sont lus avec intérêt, comme des débris échappés au naufrage des temps, ils ne peuvent guère, au dix-neuvième siècle, éclairer les travaux du législateur.

Ainsi l'adoption, si elle ne pouvait exister qu'avec les caractères qu'on vient d'examiner, devrait rester bannie de nos institutions. Mais un exemple plus rapproché de nos temps et de nos mœurs existe près de nous.

L'adoption a trouvé place et faveur dans le *code prussien;* là, elle ne rompt pas les liens de la famille entre l'adopté et ses parents; là aussi elle n'établit entre l'adoptant et l'adopté qu'un contrat personnel, et dont les effets circonscrits entre eux n'atteignent nul autre membre de la famille.

Si dans le code cité, l'organisation de cette idée principale est susceptible d'améliorations, du moins le vrai point de départ y est fixé, et nous l'avons suivi, ou plutôt nous nous sommes rencontrés dans la même voie, après avoir examiné beaucoup d'autres systèmes.

Ainsi, la possibilité de faire une bonne loi a été aperçue, et plusieurs adversaires de cette institution s'y sont ralliés lorsqu'ils ont reconnu qu'elle était compatible avec nos habitudes sociales.

Eh, comment, sans faire injure au peuple français, pourrait-on penser que son caractère répugne à une institution qui doit être tout à-la-fois un acte de consolation pour celui qui adopte, et un acte de bienfaisance envers celui qui est adopté?

Que la loi la consacre, et les mœurs y applaudiront: elles y gagneront aussi, car le bien, pour se faire, a souvent besoin d'être indiqué.

Autrefois, dans l'absence de l'adoption, n'a-t-on pas vu des institutions d'héritiers, sous condition de porter le nom de l'instituant? Il faut mieux faire aujourd'hui; il faut donner aux passions humaines un écoulement heureux, en les dirigeant vers un but utile.

Admettez une adoption sagement organisée, et vous verrez les citoyens qui n'ont ni enfants, ni l'espoir d'en obtenir, se choisir de leur vivant, et pour leur vieillesse, un appui dans cette classe nombreuse d'enfants peu fortunés, qui, à leur tour, paieront d'une éternelle reconnaissance le bienfait de leur éducation et de leur état.

Ce ne sera plus l'orgueil qui présidera à cet acte; l'habitant des campagnes adoptera comme celui des villes, et plus souvent peut-être.

Le bien se fera pendant la vie de l'adoptant, il en recueillera lui-même les fruits; et s'il y a au-delà de sa vie des avantages réservés à l'adopté, l'adoptant aura élevé un citoyen pour l'Etat, avant de s'être donné un héritier à lui-même.

Mais pour que cette institution donne tout ce qu'elle promet, il faut qu'elle soit bien organisée; et c'est ici que vient naturellement l'exposition des bases de notre projet.

J'ai déjà suffisamment annoncé que l'adoption n'opérant pas un changement de famille, l'adoptant ne sera qu'un protecteur légal, qui, sans jouir, même fictivement, des droits de la paternité complète, en aura cependant quelques-uns: ce sera, si l'on peut s'exprimer ainsi, une quasi-paternité, fondée sur le bienfait et la reconnaissance.

Mais cette *quasi-paternité*, par qui pourra-t-elle s'acquérir?

ART. 343. — *Par qui?* Puisque l'adoption n'est accordée que comme consolation à l'adoptant, il doit non-seulement être *sans enfants*, mais il doit encore avoir passé l'âge où la société invite au mariage.

Le *mariage!* Je viens, législateurs, de prononcer le mot qui appelle le plus votre attention; car, bonne en soi, l'adoption manquerait son but si elle nuisait au mariage: mais les droits du mariage et ses vrais intérêts ne seront-ils pas suffisamment respectés, quand la faculté d'adopter ne sera accordée qu'aux personnes âgées de plus de cinquante ans?

Voyons d'abord deux époux *arrivés* à cet âge : peuvent-ils espérer que leur *union* stérile jusque-là cessera de l'être, et *la nature* même ne leur interdit-elle point *cet* espoir ?

Ce que j'ai dit de *la femme* mariée s'applique également à *celle* qui ne l'est pas, car le terme de la fécondité leur est commun.

A l'égard des hommes, si cette limite n'existe pas invinciblement pour eux, il en est bien peu qui, après cinquante ans, songent au mariage, et, disons *plus*, il est peu dans l'intérêt social qu'ils y songent.

Mais ici se place la discussion d'un point important, et longuement agité dans les délibérations qui ont précédé l'émission du projet.

Convient-il d'ajouter à la condition d'âge, celle d'être ou d'avoir été marié ; ou, en d'autres termes, convient-il de refuser le bénéfice de l'adoption aux célibataires.

Les lois contre le célibat ont été, chez les différents peuples de la terre, plus ou moins sévères, selon le besoin des sociétés pour lesquelles elles étaient faites.

Les lois de Licurgue sont comptées parmi les plus rigoureuses qui aient été portées contre le célibat ; mais nous ne sommes pas dans la position des Spartiates.

Toutefois, si la faculté d'adopter, accordée aux célibataires âgés de plus de cinquante ans, pouvait être un encouragement général au célibat, il faudrait sans doute leur ravir cette faculté, plutôt que d'exposer la société tout entière aux maux résultant de l'abandon des mariages.

Ce point accordé, voyons si les craintes qu'on a manifestées à ce sujet sont fondées.

Les partisans de l'exclusion des célibataires la fondent moins sur les moyens qui, audelà de cinquante ans, peuvent leur rester encore pour se reproduire, que sur la crainte de voir les jeunes gens même s'éloigner du mariage, dans la perspective de la faculté qu'ils auront d'adopter un jour.

Vaine terreur ! c'est trop accorder à la prévoyance de l'homme, et trop peu aux impulsions de la nature : qu'on s'en fie à celle-ci ; et de même qu'on préfère ses enfants à ceux d'autrui, de même aussi le mariage sera généralement préféré à l'adoption.

Qu'arrivera-t-il avec l'*adoption ?* Ce qui arrivait avant elle et sans elle : il y aura toujours quelques célibataires sans doute, mais ce sera une exception dans la société, et cette exception ne devra point sa naissance au calcul qu'on suppose ; elle existe aujourd'hui, elle a toujours existé.

Tel homme se trouvera parvenu au revers de la vie sans avoir songé au mariage, uniquement par insouciance ; tel autre ne s'en sera abstenu que pour cause de maladies ou d'infirmités ; tel autre enfin pour soutenir de proches parents auxquels il tiendra lieu de père ; car il peut se trouver, jusque dans le célibat, quelques motifs louables, ou du moins quelques excuses légitimes.

Eh bien ! arrêtons-nous d'abord à la première espèce, la moins favorable de toutes.

Cet homme frivole et insouciant n'a point payé sa dette à la patrie : cela est vrai ; mais le temps opportun de la payer sera passé, et les mariages tardifs, rarement heureux pour les individus, sont plus rarement encore utiles à la société.

Pourquoi donc ne pas admettre cet homme à réparer ses torts par la voie la plus convenable à sa situation ? pourquoi lui interdire un acte de bienfaisance? Lui refuser l'adoption, ne serait-ce pas lui dire : *Tu as été inutile jusqu'à présent, nous te condamnons à l'être toujours.*

Mais si l'attention se porte sur les autres classes de célibataires, et principalement sur les individus que des infirmités ont éloignés du mariage, combien l'exclusion ne serait-elle pas plus injuste envers eux !

Ceux-là sont sans reproches, ils ne sont qu'à plaindre : si l'on eût pu avancer pour eux l'époque de l'adoption, peut-être l'eût-on dû ; mais s'il eût été trop dangereux de modifier la règle générale en leur faveur, dans la crainte des applications abusives, comment, lorsqu'à force de ménagements ils auront poussé leur débile existence jusqu'à cinquante ans, leur refuserait-on la faculté d'adopter ? car l'adoption, qui sera pour les autres une simple jouissance, deviendra souvent pour eux un vrai besoin.

Nous avons insisté sur ce point, législateurs ; mais ces détails devenaient nécessaires sur l'objet qui, dans le dernier plan, a été le plus controversé.

Je reprends la série des conditions imposées à l'adoptant : *n'avoir ni enfants ni descendants légitimes, et être âgé de plus de cinquante ans :* Voilà les deux premières.

Il convenait aussi de déterminer le nombre

d'années dont l'adoptant doit être plus âgé que l'adopté : cette protection légale qui doit résulter de l'adoption, perdrait toute sa dignité sans cette condition.

Art. 344. — D'autres règles viennent ensuite : ainsi, plusieurs personnes autres que des époux, ne peuvent adopter le même enfant.

L'exception en faveur des époux est tracée par la nature des choses et par le titre même qui les unit.

Associés dans l'espoir d'obtenir des enfants que la nature leur a refusés, ou que la mort leur a enlevés, ils sont admis à en adopter d'autres, qui, remplaçant à leur égard les enfants du mariage, peuvent appartenir à l'un et à l'autre des époux.

J'ai dit qu'ils *pouvaient* appartenir à l'un et à l'autre; car ils peuvent aussi n'appartenir qu'à un seul si un seul les adopte.

Il est en effet possible que l'un des époux éprouve le désir ou même le besoin d'adopter, sans que ce désir ou ce besoin soit partagé par l'autre époux.

Cette différence naîtra le plus souvent de la différence de leur situation respective vis-à-vis de leurs parents.

L'un des époux aura de proches parents, objet de son affection, et à l'égard desquels il ne voudra point déranger l'ordre naturel de sa succession.

L'autre n'aura que des parents éloignés, à peine connus de lui.

De-là l'adoption qui, dans notre système, pourra être faite séparement par un époux, pourvu que l'autre y consente.

Ce consentement, essentiel en pareil cas, placera l'adopté vis-à-vis de l'époux non adoptant dans une position à-peu-près semblable à celle où se trouve, vis-à-vis d'un beau-père ou d'une belle-mère, l'enfant né d'un autre mariage, mais avec plus d'avantage peut-être, parce qu'il n'y aura pas près de lui d'autres enfants objets d'une préférence assez ordinaire de la part de celui des époux à qui ils appartiennent.

Je viens, législateurs, d'examiner par qui la quasi-paternité résultant de l'adoption pouvait être acquise.

Art. 345. — Le moment est venu d'examiner envers qui elle peut l'être.

L'idée principale qui s'est toujours attachée à l'adoption, et celle qui l'a rendue recommandable aux amis des institutions libérales et philantropiques, c'est qu'elle devait venir au secours de l'être faible; et l'attention s'est immédiatement fixée sur l'enfant, ou du moins sur l'individu mineur.

Le fonds de cette pensée était vrai, et pourtant on a failli en déduire de faux résultats, lorsque, confondant le fait avec le contrat, on supposait que ce contrat devait être passé durant la minorité même : car un acte aussi important n'aurait pu devenir parfait que par la ratification de l'adopté à sa majorité, et ce point était même reconnu.

Mais alors, que seraient devenus les actes intermédiaires? Quel eût été le sort de l'adoption, si l'adopté était mort après l'adoptant, et néanmoins avant sa majorité? Aurait-il été saisi de l'hérédité, l'aurait-il transmise? En matière d'état, tout ce qui n'a pas le caractère absolu de la fixité, devient toujours inquiétant et souvent funeste.

Quelle eût été d'ailleurs la situation d'un adoptant irrévocablement lié, vis-à-vis d'un enfant qui n'eût pas été lié lui-même? et l'adoption n'eût-elle point par-là perdu tout son charme?

En conservant l'idée principale des secours accordés à l'enfance, le projet qui vous est soumis l'a organisée d'après d'autres vues.

Rendre le contrat parfait dès son principe, et n'y faire concourir que des majeurs, sans effacer la cause essentielle du contrat, c'est-à-dire, *les services rendus en minorité*, tel était le problème à résoudre; il a été résolu.

L'adoption ne pourra se conclure qu'à la majorité de l'adopté; mais elle devra avoir été précédée de six ans de soins et de services à lui rendus pendant sa minorité.

Ainsi l'on a conservé ce qu'il y avait de grand et de bon dans les vues primitives, et l'adoption acquerra un nouveau degré d'utilité quand elle ne sera plus seulement dictée par l'espoir des bons offices réciproques, mais par l'expérience qu'on en aura déjà faite, et lorsque, préparée par la bienfaisance, elle sera scellée par la sympathie.

Cette condition des services préalables a paru si essentielle dans le principe du contrat, et si heureuse dans ses effets, qu'on n'a pas cru devoir en dispenser l'oncle vis-à-vis de son neveu, comme cela était demandé par quelques personnes.

Qu'importe ici cette qualité pour motiver l'exception?

La nature place le neveu d'un homme sans enfants au nombre de ses héritiers.

Cette qualité indépendante de l'*adoption* lui assigne des droits que son parent pourra même étendre par des dispositions particulières; mais pour acquérir le droit d'adopter, il y a des soins préalables qui le donnent et dont on ne saurait se départir sans énerver l'institution dès son origine.

Que serait-ce d'ailleurs que cette adoption soudaine, sinon un moyen de dépouiller souvent les frères même de l'adopté, de la réserve légale qui pourra exister pour eux dans l'ordre des successions?

Si donc il s'agit de l'adoption, *même d'un neveu*, qu'elle soit en tout point soumise aux conditions qui la rendent favorable et juste envers tous ceux qui y sont appelés.

Des principes posés, il résulte que celui-là seul pourra être adopté, devenu majeur, qui, pendant sa minorité, aura été secouru par l'adoptant.

Cependant, la majorité de vingt-un ans ne suffira à l'adopté pour former le contrat, qu'autant qu'il se trouvera sans père ni mère.

Si tous deux ou l'un d'eux sont vivants, il faudra suivre les règles établies au titre du mariage, car il s'agit d'un acte non moins important.

Dans ce cas, et jusqu'à vingt-cinq ans accomplis, l'adopté aura besoin du consentement de ses père et mère; à tout âge, il devra requérir leur conseil. Les droits des père et mère de l'adopté seront ainsi respectés autant qu'ils devaient l'être.

Mais jusqu'ici, législateurs, nous n'avons considéré qu'une classe d'adoptés.

Nous avons maintenant à vous entretenir d'une autre espèce d'adoption dirigée, non envers l'individu à qui l'on aura donné l'être moral par tous les soins que l'enfance appelle, mais envers celui dont on aura reçu le service extraordinaire de la conservation de sa propre vie, dans des circonstances propres à signaler un grand dévouement.

Cette position est l'inverse de celle dans laquelle se feront les adoptions ordinaires, mais elle mérite peut-être plus de faveur encore.

Un citoyen sauve la vie à un autre, soit dans un combat, soit en le retirant des flammes ou des flots?

Qui n'applaudirait point à la faculté qu'aura l'homme sauvé, d'acquitter sa dette en adoptant celui qui lui aura conservé la vie?

Ici, le sentiment entraîne, et le premier mouvement porte à rejeter toute entrave, toute condition, dans un cas si favorable.

Cependant, législateurs, s'il est quelques-unes des conditions générales qui peuvent être remises dans ce cas extraordinaire, il en est d'autres aussi que des considérations non moins fortes ne permettent pas d'effacer.

Ainsi, s'il y a des enfants, leurs droits préexistants s'opposent à l'adoption, mais sans exclure tous les autres actes que la reconnaissance admet, qu'elle commande même, et qui deviendraient la propre dette des enfants, si leur père était capable de l'oublier, ou hors d'état de la remplir.

Excepté ce cas, et celui où le libérateur serait plus âgé que l'homme à qui il aurait sauvé la vie, il sera permis à celui-ci de l'adopter : cette dernière modification était commandée par la nature même des choses, car on ne peut adopter plus âgé que soi.

Au surplus, législateurs, cette seconde cause d'adoption que la loi doit consacrer comme un encouragement aux grandes et belles actions; ne sera toujours qu'une exception dans le système général; non que la générosité manque au caractère français, mais parce qu'heureusement peu d'hommes se trouveront dans la situation critique qui seule peut donner naissance à cette exception.

Fixons maintenant les effets de l'adoption, à quelque cause qu'elle se rapporte.

Art. 347. — L'adopté qui ne sort pas de sa famille en conservera le nom, mais il y ajoutera celui de l'adoptant.

L'obligation réciproque de s'aider dans le besoin existera entre eux par le seul effet de l'adoption; ainsi le commandent la morale et le titre qui les unit.

Art. 448. — Il a paru même conforme aux principes de la matière, d'appliquer à l'adopté quelques-unes des prohibitions de mariage qui ont lieu dans la propre famille.

Ainsi le mariage ne pourra avoir lieu entre l'adoptant et l'individu adopté, ni entre les enfants adoptifs du même homme, ni entre l'adopté et les enfants qui pourraient survenir à l'adoptant, ni enfin, en cas de veuvage, entre l'adopté et l'époux de l'adoptant.

L'affinité morale établie par l'adoption entre les personnes de cette qualité, et les rapports physiques que la cohabitation fait naître entre elles, prescrivaient de ne point offrir d'aliment à leurs passions par l'espoir du mariage.

Voyons maintenant quels seront les effets de l'adoption par rapport à la successibilité.

Art. 350. — Le projet accorde à l'adopté, vis-à-vis de l'adoptant, tous les droits d'un enfant légitime.

Je m'arrête ici pour répondre à une objection dirigée contre cette proposition.

Comment, a-t-on dit, cette successibilité qui absorbe tout, se conciliera-t-elle, dans le cas où l'adoptant aurait des frères ou des neveux, avec la réserve que la législation actuelle leur fait, et que la législation projetée modifie sans l'anéantir? Ces frères, ces neveux seront-ils pleinement écartés de la succession?

Oui, ils le seront, mais sans qu'il en résulte d'incohérence dans le système général de nos lois.

Ce sera une prime accordée à l'adoption sur le testament et à l'homme utile qui aura élevé un citoyen, sur celui qui, au terme de son inutile carrière, voudrait *disposer sans réserve*.

Art. 351. — L'on vient de parler de la successibilité de l'adopté, une autre disposition s'y attache.

Comme cette successibilité sort du droit commun, elle a lieu sans réciprocité; mais le projet consacre le droit qui appartient à l'adoptant, de reprendre les choses par lui données à l'adopté, dans le cas où celui-ci mourrait sans enfants.

Rien de plus juste que ce retour; car si les parents de l'adopté succèdent à celui-ci par le principe qu'il est resté dans la famille, leurs droits ne peuvent raisonnablement s'étendre aux choses données par l'adoptant, quand elles existent en nature, et qu'il se présente pour les reprendre.

Art. 353. — Législateurs, vous connaissez maintenant les conditions, les causes et les effets de l'adoption; il reste à vous donner une idée des formes dans lesquelles elle devra être prononcée.

S'il ne s'agissait ici que d'un acte de l'état civil consistant dans un fait simple, tel qu'une naissance, un décès ou même un mariage, il suffirait sans doute de s'adresser directement à l'officier de l'état civil pour le constater; (Art. 336) mais d'assez nombreuses conditions en forment l'essence, pour que leur examen soit la matière d'un jugement préalable.

Art. 354. — Ainsi, après une demande d'adoption reçue par le juge de paix, le tribunal de première instance, et ensuite celui d'appel (sur le renvoi officiel et nécessaire qui lui sera fait de la procédure et du premier jugement), vérifieront si toutes les conditions de la loi sont remplies.

Mais leur mission ne se bornera point à ce simple examen; ils auront aussi à examiner la moralité de l'adoptant et la réputation dont il jouit.

Le besoin de cette disposition s'est fait surtout sentir quand la question a été traitée sous le rapport des mœurs domestiques.

L'adoption pourrait devenir un présent funeste, si l'adoptant était sans mœurs; qu'il soit donc examiné sous ce rapport important.

Et remarquez combien notre institution va, par ce moyen, s'ennoblir encore.

Tout individu qui craindrait les regards de la justice ne se présentera point pour adopter, ou du moins il sera repoussé par les tribunaux; mais celui qui sera admis par eux, obtiendra, par ce seul fait, un éclatant témoignage de sa bonne conduite, un titre d'autant plus honorable, que, donné et confirmé à la suite d'un examen judiciaire par des hommes à qui la loi recommande une juste sévérité, il ne pourra être confondu dans la foule de ces vagues témoignages accordés par la faiblesse à l'importunité; et quand le nom d'un adoptant sera prononcé, l'on pourra ajouter: *C'est un honnête homme*.

Ce qui vient d'être dit indique assez que la procédure doit être secrète et les jugements rendus sans énonciation de motifs; car, si les tribunaux sont appelés à rejeter quelquefois en cette matière des demandes imprudentes faites par des hommes sans mœurs, il serait sans utilité de les mulcter par une fâcheuse publicité.

Cette publicité commencera, quand le tribunal d'appel aura admis l'adoption. C'est alors aussi que l'adoption devra être portée sur les registres de l'état civil, et qu'elle sera véritablement accomplie.

Notre tâche finirait ici, législateurs, si elle n'eût consisté qu'à vous entretenir de l'adoption; mais à côté de cette institution principale, il en a été placé une secondaire, *la Tutèle officieuse*, dont il me reste à vous rendre brièvement compte.

De la Tutèle officieuse.

Art. 361. — Pour en prendre une juste idée, il faut se placer dans les circonstances qui pourront y donner lieu.

Un homme aura le dessein d'adopter un enfant; mais l'adoption ne peut avoir lieu qu'à la majorité de cet enfant, et après six ans au moins de *soins* par lui reçus en minorité.

Cet enfant peut bien, sans tutèle ni aucun contrat préalable, être confié aux soins officieux d'un tiers, et acquérir par-là l'aptitude à l'adoption future; le fait suffira sans le secours d'un contrat.

Mais il peut arriver, et sans doute il arrivera souvent, que la famille de l'enfant ne se décidera à le remettre, qu'en obtenant pour lui une assurance de secours pendant le temps difficile de la minorité; assurance sans laquelle l'enfant pourrait être gardé ou renvoyé, selon la volonté ou le caprice de la personne qui l'aurait recueilli, et se trouverait dans la situation la plus précaire.

D'un autre côté, le désir que l'on vient de supposer à la famille de l'enfant, pourra bien être partagé par la personne même qui l'aura reçue; ce désir naîtra souvent de la prévoyance d'un décès qui laisserait l'enfant sans secours et sans titre pour en obtenir.

Dans l'une et l'autre de ces hypothèses, qu'y a-t-il de plus favorable qu'un contrat qui aura pour objet d'assurer des secours à un mineur et de le mettre en état de gagner *sa vie?*

Faciliter de telles conventions, et même y inviter, tel est le but de la tutèle officieuse; ce n'est point une promesse d'adopter, ni un moyen préliminaire de l'adoption, puisque les soins *sans tutèle* suffisent pour y parvenir.

C'est un contrat renfermé dans le strict objet des secours qu'on promet au mineur; c'est un acte qui complette notre système de bienfaisance, et qui, sans attribuer aucun des effets de l'adoption, ni en être la voie nécessairement *préparatoire*, en est plus exactement l'*auxiliaire*.

Néanmoins, comme cet acte indique le désir d'adopter, et que, s'il était permis de suivre cette première impulsion avant l'âge de cinquante ans, elle pourrait, dès ce moment, étouffer toutes dispositions au mariage, et comme la loi ne doit point affaiblir ces dispositions, tant qu'elles sont dans l'ordre de la nature et dans l'intérêt social, l'on a pensé qu'il convenait, même quant à l'âge, d'imposer au tuteur officieux les mêmes conditions qu'à l'adoptant.

Au surplus, la tutèle officieuse n'offre, dans son organisation, qu'un bien petit nombre de points qui aient besoin d'explications; car on n'a point à s'occuper de tout ce qui peut entrer dans un tel contrat par la seule volonté de l'homme.

Si cette volonté s'est expliquée sur la quotité des secours, ainsi que sur leur nature, il faudra l'exécuter.

La loi ne posera elle-même des règles générales sur ce point, qu'autant que nulle stipulation spéciale n'accompagnerait la tutèle officieuse.

Art. 364. — Dans le silence de l'homme, *secourir* et non *enrichir* le pupille, tel est le principe qui a paru devoir être suivi, et dont on a développé les résultats dans quelques articles du projet, applicables, dans certains cas, aux héritiers même du tuteur officieux.

Art. 366. — Il reste, législateurs, à vous parler d'un acte dont l'objet a paru assez favorable pour faire exception à la règle qui n'admet d'adoption qu'à la majorité de l'adopté.

Dans le cas où il se serait écoulé plus de cinq ans depuis la tutèle officieuse, l'on vous propose d'admettre l'adoption testamentaire, et de lui donner tous les effets de l'adoption ordinaire.

Tel homme, souvent sexagénaire, aura recueilli un enfant de six ans, à qui il aura, pendant huit ou dix ans, prodigué les soins les plus tendres.

Celui-ci y aura répondu par de justes égards et par un naïf attachement, orné de tout ce que l'enfance a d'aimable.

Le vieillard sent sa fin approcher, et voudrait consommer son ouvrage: le pupille est parvenu à son adolescence; mais il n'est point majeur encore.

Placés l'un et l'autre dans le vestibule du temple, ils n'avaient plus que quelques mois, quelques jours peut-être à passer, pour qu'il s'ouvrît entièrement à leurs vœux.

Qu'un testament puisse, en ce cas, effacer les obtacles de la nature, et remplacer l'acte bienfaisant qui allait s'accomplir.

Législateurs, tout le plan du projet relatif à l'adoption et à la tutèle officieuse vient de vous être développé. Nulle matière n'a été plus approfondie; elle était neuve, et elle a été envisagée sous beaucoup de faces, avant qu'on se soit fixé sur le système qui a été adopté.

A force de persévérance, on est arrivé à des résultats simples, faciles, et dégagés de tous les inconvénients des projets antérieurs.

Si ces inconvénients avaient frappé de bons esprits et fermé leurs cœurs aux douces émotions que fait naître le nom seul de l'adoption, elles y renaîtront, lorsque le nouveau plan sera apprécié, et lorsqu'on verra que, sans mutation de familles, sans incertitude sur le sort du contrat, et sans détriment pour la population, le projet soumis à votre sanction n'a pour objet que de consoler les mariages stériles, et les célibataires infirmes, et d'ouvrir pour eux et pour de jeunes enfants, le plus souvent sans appui, une nouvelle source de prospérités réciproques.

TITRE IX.

De la Puissance paternelle.

Décrété le 3 germinal an XI (24 mars 1803); — Promulgué le 13 du même mois (3 avril 1803).

[ARTICLES 371 à 387.]

EXPOSÉ DES MOTIFS par M. le Conseiller-d'État RÉAL.

Séance du 23 ventôse an XI (14 *mars* 1803).

LÉGISLATEURS,

Le projet de loi *sur le mariage* constitue la famille; celui relatif à la *paternité et à la filiation* désigne les individus qui la composent : le projet que j'ai l'honneur de vous présenter, relatif à la *puissance paternelle*, établit les lois qui doivent y maintenir l'ordre, prescrit les principaux devoirs, reconnaît les droits principaux qui obligent et qui lient plus étroitement entre eux les membres de toutes ces petites sociétés naturelles, dont l'agrégation civile forme la grande famille. Ce projet institue, pour veiller à l'observation de ces devoirs, à la conservation de ces droits, la plus sacrée de toutes les magistratures, la magistrature paternelle, magistrature indépendante de toutes les conventions, et qui les a toutes précédées.

Nous naissons faibles, assiégés par les maladies et les besoins; la nature veut que, dans ce premier âge, celui de l'enfance, le père et la mère aient sur leurs enfants une puissance entière, qui est toute de défense et de protection.

Dans le second âge, vers l'époque de la puberté, l'enfant a déjà observé, réfléchi. Mais c'est à ce moment même, où l'esprit commence à exercer ses forces, où l'imagination commence à déployer ses ailes, où nulle expérience n'a formé le jugement; c'est à ce moment où, faisant les premiers pas dans la vie, livré sans défense à toutes les passions qui s'emparent de son cœur, vivant de désirs, exagérant ses espérances, s'aveuglant sur les obstacles, qu'il a surtout besoin qu'une main ferme le protège contre ces nouveaux ennemis, le dirige à travers ces écueils, dompte ou modère à leur naissance ces passions, tourment ou bonheur de la vie, selon qu'une main habile ou maladroite leur aura donné une bonne ou une mauvaise direction. C'est à cette époque qu'il a besoin d'un conseil, d'un ami qui puisse défendre sa raison naissante contre les séductions de toute espèce qui l'environneront, qui puisse seconder la nature dans ses opérations, hâter, féconder, agrandir ses heureux développements. *La puissance paternelle*, qui est alors toute d'administration domestique et de direction, pourra seule procurer tous ces avantages; ajouter la vie morale à l'existence physique, et, dans l'homme naissant, préparer le citoyen.

Enfin, arrive l'âge où l'homme est déclaré par la loi, ou reconnu par son père en état de marcher seul dans la route de la vie. A cet âge, ordinairement il entre dans la grande famille, devient lui-même le chef d'une famille nouvelle, et va rendre à d'autres les soins qui lui ont été prodigués : mais c'est au moment même où la nature et la loi relâchent pour lui les liens de la *puissance paternelle*, que la raison vient en resserrer les nœuds. C'est à ce moment que, jetant les regards en arrière, il retrouve dans des souvenirs qui ne s'effacent jamais, dans l'éducation dont il recueille les fruits, dans cette existence dont seulement alors il apprécie bien la valeur, de nouveaux liens formés par la reconnaissance; c'est surtout dans les soins qu'exigent de lui ses propres enfants, dans les dangers qui assiégent leur berceau, dans les inquiétudes qui déchirent son cœur, dans cet amour ineffable, quelquefois aveugle, toujours sacré, toujours invincible, qui attache pour la vie le père à l'enfant qui vient de naître, que retrouvant les soins, les inquiétudes, l'amour dont il a été l'objet, il puise les motifs de ce respect sacré qui le saisit à la vue des auteurs de ses jours. En vain la loi civile l'affranchirait alors de toute espèce d'*autorité paternelle*; la nature, plus forte que la loi, le maintiendrait éternellement sous cette autorité. Désormais libre possesseur de ses biens, libre dans la disposition qu'il peut en faire, libre dans toute sa conduite et dans les soins qu'il donne à ses propres enfants, il sent qu'il n'est pas libre de se soustraire à la bienfaisante autorité qui ne se fait plus maintenant sentir que par des conseils, des vœux, des bénédictions. La nature et la reconnaissance lui présentent alors les auteurs de ses jours sous l'aspect d'une divinité domestique et tutélaire. Ce n'est plus un devoir dont il s'acquitte envers eux, c'est un culte qu'il leur rend toute sa vie; et le sentiment qui l'attache à eux ne peut plus être exprimé par les mots de respect, de reconnaissance ou d'amour; c'est désormais *la piété filiale* adorant *la piété paternelle*.

Voilà, législateurs, les vérités que la nature a gravées dans nos cœurs; voilà son code sur la *puissance paternelle*. Il faut l'avouer, il n'est pas entièrement semblable à celui que nous trouvons dans nos livres; et le dernier état de notre législation, en provoquant quelques-uns des résultats que je viens de vous offrir, n'y arrive pas par les mêmes moyens. Dans son code, l'homme a substitué l'intérêt au sentiment; il a méconnu, étouffé la voix de la nature; et, au lieu de reconnaître la *puissance*, il a créé le *despotisme* paternel.

Sur cette importante partie de la législation, comme sur beaucoup d'autres, les Français étaient et sont encore gouvernés par des principes différents, opposés; et les principes sont plus ou moins rigoureux, plus ou moins relâchés, selon que la partie du sol français où ils sont professés est régie par le droit écrit ou par le droit coutumier.

La législation des Romains, si conforme en beaucoup de points à la nature, si fidèle interprète de la raison, s'écarte de l'une et de l'autre d'une manière bien étrange lorsqu'elle s'occupe de la *puissance paternelle* : elle méconnaît alors et le droit naturel et le droit des gens, et prend pour règle unique ses institutions civiles.

Aussi Justinien reconnaît-il que la puissance paternelle, telle qu'elle était exercée chez les Romains, était toute particulière à ce peuple.

Sous l'empire de cette législation, et par le droit ancien, le père de famille avait une puissance égale à celle du maître sur l'esclave. Relativement au père de famille, le fils de famille n'était pas même considéré comme une *personne*, mais comme une *chose* dont le père de famille avait l'absolue propriété; il pouvait en user, en abuser. Le père pouvait, sous cette législation, charger de fers son fils; il pouvait le vendre, il pouvait le tuer.

Cette *puissance* durait pendant toute la vie du père de famille, et embrassait alors tous ses biens.

Cette législation peint avec une rare fidélité, et le législateur qui l'a créée, et les féroces compagnons de ses brigandages, et la barbarie du siècle et des lieux auxquels elle a pu convenir.

Mais en même temps que *Romulus* marquait ainsi cette législation d'une ineffaçable empreinte, il lui conférait ce principe de vie, ce caractère de durée, on dirait presque d'éternité, que cet homme extraordinaire a imprimé à toutes ses institutions.

Elle conserva toute sa sévérité aussi long-temps que les mœurs des Romains conservèrent toute leur âpreté; elle ne fléchit qu'avec elles.

Ainsi *Numa* décida que le père ne pourrait vendre le fils qui se serait marié de son consentement; et par la suite ce droit de vendre ne fut permis que dans le cas d'extrême misère des parents, pour des enfants qui viendraient de naître, et sous la condition de pouvoir toujours les racheter.

Ainsi, mais après une longue succession de siècles, le droit de vie et de mort fut restreint à celui d'une correction modérée.

Enfin, le droit accordé au père de famille de s'emparer de tous les biens de son fils, éprouva des restrictions considérables, par les lois qui enlevèrent au père de famille la jouissance de divers *pécules*.

Mais, telle qu'elle est modifiée suivant le dernier état du *droit romain* admis en France, la *puissance paternelle* rappelle encore, par les principes sur lesquels elle repose, par les distinctions qu'elle établit, et par quelques-uns de ses résultats, sa sauvage origine et son farouche auteur.

En effet, dans le dernier état des choses, la *puissance paternelle* n'est fondée que sur les principes du droit civil; elle est étrangère à toutes les affections que le droit naturel commande.

Le père seul est investi de cette puissance, et malgré les droits donnés par la nature, mais, sans doute, en conséquence de cette antique législation qui plaçait jadis l'épouse sous la *puissance paternelle*, la mère n'a aucune participation à cette puissance.

Dans le dernier état de cette législation, le fils de famille reste de droit sous la puissance paternelle pendant toute la vie de son père. Il y est maintenu quand même il aurait soixante ans, à moins qu'il ne plaise au père de l'émanciper.

Comme sous l'empire de l'ancienne législation, le fils de famille marié, non émancipé, n'a point sur ses enfants cette puissance que son père exerce sur lui, ils sont encore sous la puissance de son père; conséquence révoltante, mais nécessaire et exacte, du principe sur lequel toute la théorie de cette législation est établie.

Relativement aux biens qui appartiennent au fils de famille, la loi conserve toute sa première injustice.

A l'exception des *pécules*, tout appartient au père; le père a la propriété des biens d'une certaine nature, et la jouissance de tous les autres pendant tout le temps que subsistera la *puissance paternelle*, c'est-à-dire, pendant toute sa vie.

Pendant la vie de son père, le fils de famille, même majeur, ne peut s'obliger pour cause de prêt.

Il ne peut tester, même avec le consentement de son père.

Voilà, sauf quelques exceptions de détails, les principes fondamentaux qui gouvernent encore aujourd'hui les départements de la république soumis au régime du droit écrit.

Il suffit de les énoncer pour prouver qu'ils sont contraires à toute idée de liberté, d'industrie, de commerce; qu'ils contrarient, dénaturent et anéantissent dans son principe la *puissance paternelle* elle-même; qu'ils flétrissent la vie et nuisent à la prospérité générale.

L'on observera peut-être que ces principes ne sont jamais suivis à la rigueur; que l'émancipation antérieure au mariage, ou par mariage, obvie à tous les abus : l'on prouvera alors qu'il est jugé depuis long-temps que cette législation est incompatible avec nos mœurs, et que son abrogation a été nécessaire.

Quelques-uns des principes du droit écrit sur cette matière ont été adoptés par quelques coutumes. Ils y paraissent en d'autant plus grand nombre, ils y dominent avec d'autant plus de force, que les départements gouvernés par ces coutumes sont plus voisins de ceux qui sont régis par le droit écrit.

Mais ces coutumes si différentes, si opposées entre elles sur tous les autres points de législation, ont été aussi divisées, aussi opposées, soit dans le choix qu'elles ont fait de diverses parties du système de la *puissance paternelle*, soit dans les modifications plus ou moins prononcées qu'elles ont fait éprouver aux dispositions qu'elles empruntaient dans ce système au droit romain.

Ainsi, à l'inconvénient résultant de l'admission d'un système peu moral dans son principe et dans ses conséquences, cette fusion a ajouté l'inconvénient aussi grave résultant d'une multitude de contradictions nouvelles, introduites dans cette multitude de législations coutumières, déjà si discordantes et si opposées entre elles sur tous les autres points.

Et le désordre résultant de toutes ces législations opposées se fait d'autant plus sentir, lorsqu'il s'agit de la *puissance paternelle*, que si ce statut, en tant qu'il donne au père la jouissance des biens du fils de famille, est un statut réel, qui n'a conséquemment de pouvoir que sur les biens de son territoire; ce même statut, en tant qu'il met le fils de famille dans l'incapacité d'agir, de contracter et de tester, est un statut personnel, dont l'effet se règle par la loi du lieu où le père avait son domicile au temps de la naissance du fils de famille; et ce statut étend son empire sur la personne du fils de famille, en quelque lieu que le père et le fils aillent par la suite demeurer.

Il faut donc avouer qu'entre les lois civiles qui, jusqu'à ce moment, ont régi nos personnes et nos biens, il n'en est pas une seule qui ait besoin d'une plus prompte, d'une plus entière réforme, et qui, ramenée à ce que la nature ordonne, doive recevoir une plus uniforme application.

Ne pouvant, sur cette importante question, trouver aucun secours dans la loi romaine; ne trouvant dans les coutumes que des vues imparfaites; marchant entre l'exagération et la faiblesse, le législateur a dû consulter la nature et la raison.

La nature et la raison exigent évidemment l'établissement et l'exercice de la *puissance paternelle*.

Art. 372. — Jusqu'à la majorité, cette puissance est dans les mains des auteurs de nos jours, moyen de défense et de direction; et, si cette puissance est donnée par la nature au père et à la mère, il est facile de reconnaître que la raison exige que le père seul puisse l'exercer (Art. 373), et que la mère ne commence à en jouir réellement qu'à l'instant où elle devient veuve.

Art. 371. — Après la majorité, la puissance paternelle est toute de conseil et d'assistance; elle se borne, dans ses effets, à obtenir du fils de famille des témoignages éternels de respect et de reconnaissance.

Elle appartient au père et à la mère; elle exige le consentement de l'un et de l'autre au mariage du fils de famille; elle donne à l'un et à l'autre le pouvoir de récompenser la piété filiale et de punir l'ingratitude.

Voilà la puissance paternelle.

Voilà, d'après la nature et la raison, l'étendue; mais aussi, voilà les bornes de cette puissance.

Art. 384. — « C'est un droit fondé sur la « nature et confirmé par la loi, qui donne au « père et à la mère, pendant un temps limité « et sous certaines conditions, la surveillance « de la personne, l'administration et la jouis- « sance des biens de leurs enfants. »

Le projet que j'ai l'honneur de vous présenter, ne contient qu'une partie des dispositions qui constituent la plénitude de cette puissance. Tout ce qui est relatif au consentement des pères et mères exigé pour le mariage de leurs enfants, est porté au titre de cette institution; et ce qui a trait à la liberté de disposer, se trouvera sous le titre des testaments.

Le projet actuel s'occupe donc principalement, je dirais presque uniquement, de l'effet de cette puissance pendant la minorité du fils de famille.

Art. 371. — L'article 1.er est le seul du projet qui impose à l'enfant un devoir qu'il devra remplir à tout âge; toutes les autres dispositions de ce titre le supposent dans les liens de la minorité, et c'est sous cet unique point de vue que la puissance paternelle y est traitée.

Art. 372. — Le législateur commence par déclarer que l'enfant, à tout âge, doit honneur et respect à ses père et mère. En étendant à la vie entière la durée de cette obligation, le législateur a obéi à la nature et à la morale; il a écouté la nature, la raison et l'intérêt de la société, lorsque, par l'article qui suit, il prononce que l'enfant ne reste sous l'autorité paternelle que jusqu'à sa majorité ou son émancipation.

Art. 373. — Il règle ensuite que le père seul exerce cette autorité durant le mariage.

Art. 376. — Le législateur a dû prévoir que quelquefois les exemples, les exhortations d'un père, que les privations qu'il imposera, que les peines légères qu'il fera subir, seront insuffisantes, inefficaces pour maintenir dans le devoir un enfant peu heureusement né, pour corriger de perverses inclinations. Il appelle alors l'autorité publique au secours de la magistrature paternelle. Dans certains cas, le magistrat ne fait que *légaliser*, pour ainsi dire, ne fait qu'ordonner l'exécution pure et simple de la volonté du père.

La loi du 24 août 1792 établissait, dans cette occasion, un tribunal de famille, qui pouvait admettre, mais qui pouvait rejeter la plainte du père : la décision de ce tribunal ne pouvait être exécutée qu'en vertu de l'ordonnance du juge rendue en connaissance de cause.

Cet ordre de chose était inconvenant, inefficace.

Il créait un procès entre le père et le fils : procès que le père ne pouvait perdre sans compromettre son autorité.

Il n'établissait aucune nuance relativement à l'âge et à la *situation de l'enfant*.

Le projet produit ces distinctions, il règle le pouvoir du père par des considérations prises de l'âge de l'enfant et de sa situation.

Art. 377. — Autant il est nécessaire de donner au père le droit de faire enfermer, de sa seule autorité et pour quelques jours, un enfant de douze ans, autant il serait injuste de lui abandonner et de laisser, pour ainsi dire, à sa discrétion, un adolescent d'une éducation soignée, et qui annoncerait des talents précoces. Quelque confiance que méritent les pères, la loi ne doit cependant pas être basée sur la fausse supposition que tous sont également bons et vertueux; la loi doit tenir la balance avec équité, et le législateur ne doit pas oublier que les lois dures préparent souvent les révolutions des états.

Le président et le commissaire du tribunal doivent donc être autorisés à peser les motifs d'un père qui veut faire enfermer un jeune homme au-dessus de seize ans. Il doit leur être permis de refuser l'ordre d'arrêter et de fixer la durée de la détention.

Art. 382. — Il faut des précautions plus sévères encore lorsque l'enfant dont un père demande l'arrestation, a des biens personnels, ou lorsqu'il exerce déjà un état dans la société. Si cet enfant a pour père un dissipateur, il est hors de doute que le père cherchera à le dépouiller, qu'il se vengera des refus de l'enfant, et que peut-être il lui fera acheter sa liberté.

Il est même de toute justice dans cette dernière hypothèse, que l'enfant soit autorisé à se pourvoir devant le président et le commissaire du tribunal d'appel, contre la décision du président du tribunal de première instance, qui aura dû recevoir une exécution provisoire.

Art. 381. — Le concours de l'autorité pour l'arrestation du fils de famille n'est accordé qu'avec de grandes précautions, si le père qui se plaint est remarié. La loi ne lui suppose plus alors la même tendresse ni la même impartialité.

Art. 378. — Mais, dans tous les cas, les motifs de la plainte ne paraîtront jamais dans aucun acte, pas même dans l'ordre d'arrestation. Donner de la publicité à des erreurs, à des faiblesses de jeunesse, en éterniser le souvenir, ce serait marcher directement contre le but qu'on se propose; et de ces punitions même qui ne sont infligées à l'enfance que pour épargner des tourments à l'âge mûr, ce serait faire naître des chagrins qui flétriraient le reste de la vie.

Art. 384. — En accordant les mêmes droits à la mère survivante non remariée, le projet veut que *dans tous les cas* elle *ne puisse* faire détenir un enfant qu'avec le concours des deux plus proches parents paternels, et par voie de réquisition, sur laquelle le juge devra prononcer en connaissance de cause.

Le législateur a dû prévoir que la mère, trop faible ou trop légèrement alarmée, pourrait peut-être trop facilement recourir à ces moyens extrêmes; d'un autre côté, il a dû penser qu'une veuve sans défense, dont toutes les actions sont exposées à la critique de la malignité, devait se ménager, dans le concours des deux plus proches parents paternels, des témoins impartiaux qui pussent toujours attester la nécessité de cette mesure de rigueur, et qui fussent les garants de sa bonne administration.

Art. 383. — Un des articles du projet accorde la même puissance et les mêmes droits aux père et mère des enfants naturels légalement reconnus.

D'après ce que nous avons déjà dit, on doit penser que cette disposition ne se trouvait pas dans le droit romain. *L'adoption ou la légitimation* pouvait seule, dans ce cas, donner au père la puissance paternelle; c'est toujours la conséquence très-exacte du principe qui, dans leur législation, tirait la puissance paternelle du seul droit civil. Mais le législateur qui a reconnu que cette puissance, uniquement fondée sur la nature, ne recevait de la loi civile qu'une confirmation, a dû, pour être conséquent, accorder au père ou à la mère qui reconnaissent légalement leur enfant naturel, et sur cet enfant, une puissance et des droits semblables à ceux auxquels donne naissance une union légitime. C'est ainsi, et d'après le *même principe*, que dans le projet relatif au mariage, vous avez vu le législateur exiger de l'enfant naturel qui veut se marier, le consentement du père ou de la mère naturels qui l'auront légalement reconnu.

Art. 384. — Après avoir constitué la puissance paternelle, établi les devoirs qu'elle impose, les droits qu'elle accorde, fixé ses limites et sa durée; après avoir ainsi, de concert avec la nature, donné des aliments, des défenseurs à l'enfance, des soins, des instructions, une bonne éducation à la jeunesse, c'est-à-dire, après avoir établi quels sont les droits onéreux attachés à l'exercice de la *puissance paternelle*, le législateur a dû en déterminer les droits utiles.

La loi romaine accorde au père (sauf l'exception de divers pécules) tout ce qui appartiendra au fils de famille pendant la vie du père.

La plupart des coutumes ne reconnaissent point de droit utile attaché à l'exercice de la *puissance paternelle*, et celle de Paris garde sur ce point le silence le plus absolu; car il ne faut pas confondre avec le droit dont nous parlons, celui qui résultait du droit le *garde noble* ou *bourgeoise* accordé *au survivant* sur les biens des enfants restés en minorité.

Ainsi, une législation accorde tout, pendant que l'autre ne donne rien.

C'est encore en évitant ces deux extrêmes que le gouvernement propose la disposition que contient le quatorzième article du projet.

Il y distingue l'exercice de la puissance paternelle durant le mariage, de l'exercice de cette même puissance après sa dissolution.

Au premier cas, il donne au père la jouissance des biens de ses enfants jusqu'à l'âge de dix-huit ans accomplis, ou jusqu'à l'émancipation qui pourra avoir lieu avant cet âge.

Après la dissolution du mariage, il accorde les mêmes droits au père ou à la mère survivant.

Dans l'un et l'autre cas, le législateur exige qu'à l'époque où l'enfant aura accompli sa dix-huitième année, les père et mère cessent de conserver la jouissance des biens de leurs enfants, parce que si les pères jouissaient des biens de leurs enfants jusqu'à la majorité de ces derniers, on aurait à craindre que pour se conserver cet avantage dans toute son étendue, ils ne se refusassent à consentir à une émancipation ou à un mariage dont pourraient dépendre le bonheur et la fortune de leurs enfants.

Enfin, en prononçant par cet article que la mère jouit, dans cette circonstance, des droits qu'il accorde au père, le législateur établit un droit égal, une égale indemnité là où la nature avait établi une égalité de peines, de soins et d'affections; il répare par cette équitable disposition, l'injustice de plusieurs siècles; il fait, pour ainsi dire, entrer pour la première fois la mère dans la famille, et la rétablit dans les droits imprescriptibles qu'elle tenait de la nature, droits sacrés, trop méprisés par les législations anciennes, reconnus, accueillis par quelques-unes de nos coutumes, et notamment par celle de Paris, mais qui, effacés dans nos codes, auraient dû se retrouver écrits en caractères ineffaçables dans le cœur de tous les enfants biens nés.

Art. 386. — Mais en même temps que, fidèle interprète de la nature, le moderne législateur rend le nom de mère à toute sa dignité; en même temps, gardien austère des bonnes mœurs, il refuse à celui des père et mère contre lequel le divorce aura été prononcé, la jouissance accordée par l'article 384. Celui contre lequel le divorce a été prononcé, a, par un délit grave, brisé les nœuds les plus sacrés : pour lui, il n'y a plus de famille.

Enfin, une dernière disposition prononce que cette jouissance cessera à l'égard de la mère dans le cas d'un second mariage. Quelques motifs parlaient en faveur des mères qui ne se marient que pour conserver à leurs enfants l'établissement formé par leur père, mais cette exception ne peut effacer l'inconvenance qu'il y aurait à établir en principe que la mère peut porter dans une autre famille les revenus des enfants du premier lit, et enrichir ainsi son époux, à leur préjudice.

TITRE X.

De la Minorité, de la Tutèle et de l'Emancipation.

Décrété le 5 germinal an XI (26 mars 1803); — Promulgué le 15 du même mois (5 avril 1803).

[ARTICLES 388 à 487.]

EXPOSÉ DES MOTIFS, par M. le Conseiller-d'État BERLIER.

Séance du 28 ventôse an XI (19 *mars* 1803).

LÉGISLATEURS,

Déjà plusieurs projets de lois destinées à faire partie du Code civil vous ont été présentés, et déjà quelques-uns ont obtenu votre sanction.

Nous vous apportons aujourd'hui la suite, mais non la fin de ce grand travail.

Le titre qui va vous être soumis est celui qui traite *de la minorité, de la tutèle et de l'émancipation.*

Sa division en trois chapitres répond à chacune des matières indiquées dans son titre.

Nous allons en motiver les principales dispositions.

De la minorité.

Le premier chapitre, relatif à la minorité, se compose d'un seul article.

ART. 388. — Cet article, en réglant que le *mineur est l'individu de l'un ou de l'autre sexe qui n'a point encore l'âge de vingt-un ans accomplis*, statue par-là même qu'on est majeur à cet âge.

Cette disposition a été maintenue, quoiqu'elle se trouvât en opposition avec des souvenirs récents; car, avant la loi du 20 septembre 1792, la minorité durait jusqu'à l'âge de vingt-cinq ans sur presque tous les points du territoire français.

L'exemple de plusieurs états voisins dont les lois faisaient cesser la minorité à un âge moins avancé; celui plus frappant encore de quelques-unes de nos anciennes provinces, comme l'*Anjou* et le *Maine*, où la minorité cessait à vingt ans, sans que l'ordre public ni les intérêts privés en souffrissent; les développements surtout de notre organisation morale qui se trouvaient avancés en raison des progrès que les lumières avaient faits depuis plusieurs siècles; toutes ces circonstances sollicitaient depuis long-temps une réforme, et peut-être elles n'eussent point prévalu contre d'anciennes habitudes sans la révolution, qui, en ébranlant tout, dut froisser beaucoup d'intérêts, mais détruisit aussi beaucoup de préjugés.

Alors on osa examiner la question, et l'on reconnut que l'incapacité civile résultant de la minorité, portée au-delà du vrai, mettait la société en perte réelle de toute la somme de travaux et de transactions qu'y eût versée l'individu paralysé par la loi.

On reconnut aussi que la capacité naturelle était la vraie mesure de la capacité légale; et, comme on ne pouvait méconnaître que cette capacité existait, sinon chez tous les individus, du moins chez le plus grand nombre, à vingt-un ans, le terme de la minorité fut fixé à cet âge.

Il ne peut être aujourd'hui question de changer cette importante disposition; car la législation des onze années qui viennent de s'écouler, indépendamment des motifs qui la fondèrent, est ici fortifiée par la constitution, qui, en fixant la majorité *politique* à vingt-un ans, a adopté elle-même la mesure indiquée pour la majorité *civile*, et a voulu les mettre en harmonie.

De la tutèle.

ART. 389. — Tout mineur n'est pas nécessairement en tutèle; celui dont les père et mère sont vivants trouve en eux des protecteurs naturels, et s'il a quelques biens personnels, l'administration en appartient à son père.

Art. 390. — La tutèle commence au décès du père ou de la mère; car alors, en perdant un de ses protecteurs naturels, le mineur réclame déjà une protection plus spéciale de la loi.

Mais quel sera, dans ce cas, le caractère de la tutèle? Quel sera-t-il dans le cas où le mineur aura perdu non-seulement son père ou sa mère, mais tous les deux?

Ici, comme sur beaucoup d'autres points, il y avait à se décider entre des usages fort opposés.

Dans une grande partie de la France, toute tutèle était *dative*, c'est-à-dire, donnée par le juge d'après le choix fait par la famille assemblée.

Dans d'autres parties du territoire français, et plus spécialement dans les pays de droit écrit, on admettait la tutèle *légitime* et la tutèle *testamentaire* : ainsi le père avait de droit la tutèle de son fils, et l'ascendant celle du petit-fils, si le père n'avait, par son testament, désigné un autre tuteur.

Le projet a adopté ce dernier système comme plus conforme au vœu de la nature, et comme honorant davantage ce qu'il y a de plus sacré parmi les hommes, le caractère de père de famille.

Mais en même temps il a paru juste de faire participer les mères aux honneurs de la tutèle *légitime*.

Autrefois elles pouvaient être tutrices de leurs enfants, mais ce n'était que par une espèce de dérogation au droit commun, *nisi à principe filiorum tutelam specialiter postulent*, disait la loi romaine.

Cependant, avaient-elles pour leurs enfants moins de tendresse et d'affection que leurs pères? et, en leur accordant comme un droit ce qu'elles n'obtenaient que comme une grace, ne sera-ce pas leur rendre justice, et relever leur caractère trop long-temps méconnu?

Cette proposition a d'ailleurs une connexion intime avec celle qui vous a été faite, dans le projet relatif à la *puissance paternelle*, d'accorder à la mère survivante les fruits provenant des biens de son enfant, jusqu'à ce que celui-ci ait atteint l'âge de dix-huit ans; car, en jouissant pour elle, elle administrera pour son enfant, et l'ancienne objection tirée du peu de capacité qu'on lui supposait pour administrer des biens, se réduira à bien peu de chose, quand on réfléchira que la mère doit avoir l'usufruit *légal* de ces mêmes biens dont on avait craint jusqu'à ce jour de lui confier l'administration.

Art. 391. — Si toutefois le père de famille, vrai juge de la capacité de sa femme, a lui-même conçu cette inquiétude, il pourra, sans lui ôter la tutèle, lui désigner un conseil, et cette exception satisfera sans doute à l'intérêt du mineur.

Art. 395. — Ce même intérêt appelait une autre exception, dans le cas où la tutrice se remarierait.

Sans vouloir frapper de défaveur ces secondes unions qui, dans les campagnes et chez les artisans, ont souvent pour objet de rendre un nouveau protecteur à des orphelins, il en résulte toujours que la femme passe dans une nouvelle société dont le chef est étranger à ses enfants; et si ce fait ne saurait, sans injustice, lui faire perdre la tutèle de plein droit, du moins suffit-il pour appeler la famille à délibérer si elle doit lui être conservée.

Art. 400. — Dans ce cas encore, si la mère maintenue dans la tutèle choisit un tuteur par son testament, ce choix devra être confirmé par la famille.

Art. 390. — Aux exceptions près que nous venons de tracer, il a paru juste de traiter les mères comme les pères eux-mêmes, et, en effaçant de trop fortes inégalités entre les deux sexes, de resserrer par les droits civils les liens de la nature.

Art. 397. — Ainsi les pères et mères auront de plein droit la tutèle de leurs enfants : ainsi le dernier mourant pourra par son testament leur choisir un tuteur; et ce dernier acte de sa volonté a paru le titre le plus respectable après celui qui l'avait appelé lui-même à la tutèle.

Art. 402. — Au-delà vient la tutèle des ascendants, qui fait partie encore de la tutèle légitime.

Mais la tutèle que nous venons d'envisager comme un droit est aussi une charge.

Une mère (ce cas sera rare) pourrait trouver le fardeau trop pesant; un ascendant très-âgé pourra craindre d'y succomber; l'excuse déduite du sexe, ou celle offerte par l'âge, viendront à leur secours; mais leur volonté seule réglera l'exercice ou l'abandon de leurs droits, car il a paru dangereux de les subordonner à la confirmation d'un conseil de famille qui pourrait capricieusement refuser sa sanction à l'ordre tracé par la nature ; il eût, dans cette hypothèse, été plus simple et moins injurieux de rendre la tutèle purement dative.

Si cependant le tuteur, soit légitime, soit testamentaire, était sans conduite, ou atteint de quelques-unes des autres causes qui excluent de la tutèle, le conseil de famille pourra et devra en poursuivre l'application.

C'est ainsi que les intérêts civils du mineur seront garantis sans altérer la dévolution légitime, et sans que l'exception se mette à la place du principe.

Art. 405. — Mais un enfant peut rester sans père, mère, ni ascendants, et sans que le dernier mourant de ses père et mère lui ait désigné de tuteur ; et c'est ici qu'en l'absence des personnes présumées lui porter une affection supérieure à toutes les autres affections, le concours des collatéraux deviendra nécessaire et la tutèle essentiellement dative.

Art. 407. — Pour parvenir à une bonne organisation des conseils de famille, il a paru nécessaire de les rendre peu nombreux, de n'y admettre que les plus proches parents de chaque ligne, et d'obvier à l'influence d'une ligne sur l'autre, par l'appel d'un nombre égal de parents pris dans chacune.

On apellera donc les trois plus proches parents de chaque ligne. Voila (sauf le cas des frères germains et majeurs, s'ils excèdent ce nombre), la limite qu'on a cru devoir adopter; elle portera le conseil de famille au nombre de sept, en y comprenant le juge de paix, qui en sera membre et président, et dont le caractère impartial dirigera les résultats vers le bien et l'utilité du mineur.

Ainsi disparaîtront beaucoup d'intrigues, et principalement celles à la faveur desquelles on portait souvent sur un parent éloigné et peu affectionné la charge que devait naturellement supporter le parent le plus proche ; abus qui existait déjà du temps de Domat, et dont il se plaint en son discours préliminaire sur le titre des *tutèles*.

L'on n'a pourtant pas dû ériger en principe que le plus proche parent serait toujours et nécessairement tuteur ; c'eût été étendre la tutèle légitime au-delà de ses justes limites, et il est possible que quelquefois un cousin convienne mieux qu'un oncle, ou que l'emploi soit plus facile ou moins onéreux pour lui : on aura toutes les garanties convenables quand, par son organisation, le conseil de famille offrira intérêt d'affection et esprit de justice.

Nous venons, législateurs, d'examiner les diverses espèces de tutèles détaillées dans les quatre premières sections du chapitre en discussion.

Le surplus de ce chapitre contenant les règles relatives à toutes les tutèles, n'offre que peu de difficultés et d'observations.

Art. 420. — En toute tutèle, il doit y avoir un subrogé tuteur dont les fonctions, assez analogues à celles des curateurs des pays coutumiers, sont expliquées en la section V.

La sixième section exprime les causes qui dispensent de la tutèle, et la septième celles qui en excluent.

La plupart des dispositions rédigées sur ces divers points s'écartent peu de l'ancien état de la législation, et leurs différences n'ont pas même besoin d'être analysées.

Art. 467. — Nous en dirons à-peu-près autant des huitième et neuvième sections, relatives à l'administration du tuteur et à la reddition des comptes de tutèles.

Cependant, il est quelques objets d'un ordre supérieur, et sur lesquels il nous a semblé que nous devions plus particulièrement fixer votre attention.

Ainsi, par exemple, le projet contient des vues nouvelles au sujet des transactions qui pourront avoir lieu durant la tutèle.

Les principes admis jusqu'à ce jour, sans repousser ces transactions, en rendaient l'usage impraticable ; car elles ne pouvaient valoir qu'autant qu'elles profitaient au pupille et que celui-ci s'en contentait, *si hoc pupillo expediat ;* et ce point de fait, toujours subordonné à la volonté future du mineur, écartait nécessairement un contrat aussi peu solide.

De cette manière, toutes les difficultés dans lesquelles un mineur était engagé devenaient un dédale d'où l'on ne pouvait sortir qu'à grands frais, parce que les issues conciliatoires étaient fermées, et que si le tuteur n'osait rien faire qui eût l'air d'altérer un droit équivoque, de son côté l'adversaire du pupille ne voulait point traiter avec un homme dont le caractère ne lui offrait aucune garantie.

De-là la ruine de plus d'un mineur ; de-là aussi de nombreuses entraves pour beaucoup de majeurs.

Il convenait de mettre un terme à de si grands inconvénients, et le projet y a pourvu en imprimant un caractère durable aux *transactions* pour lesquelles le tuteur aura été autorisé par le conseil de famille, de l'avis de trois jurisconsultes désignés par le commissaire du gouvernement, et après que le tribunal civil aura homologué la transaction sur les conclusions du même commissaire.

Tant de précautions écartent toute espèce de dangers; elles subviennent aussi aux besoins de la société, qui, en accordant une juste sollicitude aux mineurs, doit aussi considérer les majeurs; elles donnent enfin à l'administration du tuteur son vrai complément. Que serait-ce en effet qu'un administrateur qui ne trouverait pas dans la législation un moyen d'éviter un mauvais procès, ni de faire un arrangement utile?

Art. 475. — Le projet qui vous est soumis contient un autre changement assez grave dans la durée de l'action qui existera contre le tuteur, à raison de son administration.

Jusqu'à ce jour cette action n'a, en général, reçu pour limites que celles de la plus longue prescription immobiliaire, prescription dont la nature était différente selon des pays, mais qui, dans un grand nombre, allait jusqu'à trente ans.

Quelle que doive être désormais la plus longue prescription, il a paru, dans le cas particulier, convenable de s'arrêter à celle de dix ans; car si le pupille est très-favorable, il est impossible de ne pas prendre en considération aussi la situation du tuteur lui-même.

La tutèle fut pour lui, tant qu'elle dura, un acte onéreux, une charge de famille dont les embarras ne doivent pas être immodérément prolongés contre lui : en accordant au pupille, dix ans après sa majorité, pour l'exercice de toutes les actions relatives à la tutèle, on fait assez; et tout excès en cette matière serait un mal réel pour la société tout entière.

Enfin, il existe un point sur lequel nous avons à justifier, non les dispositions écrites, mais le silence du projet : c'est la *responsabilité* qui était demandée contre les parents *nominateurs*, en cas d'insolvabilité du tuteur.

Cette responsabilité était établie par les lois romaines, et elle était spécialement admise par quelques coutumes, notamment par celle de Bretagne; mais, en général, elle était étrangère aux pays coutumiers.

A-t-on remarqué, dans ce pays, que les intérêts des mineurs y fussent plus compromis qu'ailleurs?

Cette réflexion, qui seule eût pu faire écarter la responsabilité dont il s'agit, n'est cependant point la plus forte; car il est reconnu et avoué que, dans les lieux même où la loi avait établi la responsabilité, elle était tombée en désuétude, et n'était appliquée par les tribunaux que dans le cas d'un dol évident : tant il est vrai que cette règle était odieuse vis-à-vis de parents qui avaient de bonne foi rempli cette charge de famille!

Comment d'ailleurs, pour l'intérêt d'un seul, tenir en suspens la fortune d'une famille entière, et d'une famille innocente?

N'y aura-t-il pas aussi quelquefois recours contre le subrogé tuteur, s'il a mal rempli son mandat?

Toutes ces considérations ont dû faire rejeter ce vain épouvantail.

La garantie des bons choix, la seule propre à rendre oiseuse, et sans application, la question qu'on examine, se trouvera dans la bonne composition des conseils de famille, et le projet qui vous est offert aura, par cela seul, résolu beaucoup de difficultés, s'il a atteint ce but principal.

Après avoir vu le mineur en *tutèle*, il reste à le considérer dans un autre état.

De l'émancipation.

Art. 476. — Nous ne nous arrêterons point sur la disposition du projet qui fait résulter l'émancipation du mariage, elle n'a pas besoin d'être justifiée.

Art. 477. — Mais que sera-ce que l'émancipation qui, même hors ce cas, pourra avoir lieu durant la minorité?

Cette institution serait mal comprise, si on lui appliquait les idées de l'émancipation romaine, de cet acte par lequel un père mettait hors de sa puissance son fils souvent majeur.

Il ne s'agit ici que du mineur, et du mineur qui n'a ni père ni mère, comme de celui qui les a tous deux ou l'un d'eux.

Notre projet considère le mineur sous le rapport de la capacité qu'il a pour administrer ses biens et en toucher les revenus.

Il règle à quel âge et de quelle manière le mineur deviendra habile à ce sujet, non plus comme autrefois en obtenant des lettres du prince, appelées *lettres de bénéfice d'âge*, mais en remplissant les conditions qui seront prescrites par la loi.

Ces premières notions posées, et bien que l'émancipation embrasse tous les mineurs, on distinguera entre eux ceux qui ont père et mère ou l'un des deux, et ceux qui n'en ont point.

Le mineur, qui a ses père et mère, ne pourra recevoir l'émancipation que de son père : si l'un des deux est mort, le droit d'émanciper le mineur appartiendra au survivant.

Si le mineur n'a ni père ni mère, l'émancipation sera accordée par le conseil de famille.

Mais l'émancipation accordée par le père ou la mère différera de celle accordée par le conseil de famille, dans deux points qu'il convient de fixer.

Art. 478. — Le père ou la mère pourra émanciper le mineur dès l'âge de quinze ans; les affections de la nature garantissent ici que l'émancipation sera dans l'intérêt de l'enfant; mais le conseil de famille ne pourra émanciper que le mineur âgé de dix-huit ans, parce qu'il y aurait à craindre qu'un simple tuteur, pour se décharger du poids de la tutèle, ne supposât à son pupille une capacité précoce, qu'il ne le persuadât au conseil de famille, et que l'émancipation ne devînt ainsi un funeste abandon.

Art. 479. — Autre différence : s'il s'agit d'un mineur qui soit sous la tutèle d'un simple parent ou d'un étranger, et que ce tuteur, soit pour se maintenir dans une grande gestion ou par tout autre motif, laisse passer à son mineur l'âge de dix-huit ans sans solliciter son émancipation, que l'on suppose méritée par une bonne conduite et une capacité suffisante, tout parent du mineur au degré de cousin-germain ou à des degrés plus proches, pourra lui-même provoquer la réunion du conseil de famille pour délibérer sur l'émancipation; mais cette faculté n'aura jamais lieu contre un père administrateur ou tuteur, ni contre une mère tutrice, parce qu'ils sont juges suprêmes en cette partie, et que leur autorité ne doit, jusqu'à la majorité de leurs enfants, recevoir d'autres limites que celles qu'y mettra leur propre volonté.

Art. 481. — Après avoir posé cette double distinction relative à ces deux espèces de mineurs, si l'attention se porte sur les effets de l'émancipation, on verra qu'ils sont les mêmes pour tous les émancipés.

Administrer ses biens et toucher ses revenus, tel est le droit qu'acquerra l'émancipé; mais il sera loin d'avoir tous les droits du majeur.

Art. 484. — Ainsi, il ne pourra vendre ni aliéner ses immeubles, que selon les formes prescrites pour les autres mineurs, ni recevoir un capital mobilier sans l'assistance d'un curateur.

Art. 483. — Il ne pourra même faire d'emprunt; *les prêts*, fléau de l'inexpérience, ne doivent pas exister pour un mineur même émancipé.

Cependant, puisqu'il est appelé à l'administration de ses biens, il doit avoir les moyens d'y pourvoir.

Art. 484. — Il aura donc la faculté d'acheter les choses utiles à son entretien et à l'exploitation de ses biens; mais, jusque dans l'exercice de cette faculté, il sera placé sous une législation spéciale; car, s'il contractait des obligations immodérées, les tribunaux pourront les réduire, en prenant en considération la fortune de l'émancipé, la nature de ses dépenses, et la bonne ou mauvaise foi des personnes qui auront contracté avec lui.

Art. 485. — Dans ce cas, il y aura preuve d'inconduite, ou tout au moins de mauvaise administration, et ceci a fait naître l'idée d'une disposition tendant à faire rentrer en tutèle l'émancipé qui se serait rendu indigne ou montré incapable de gérer ses biens.

Dans cette disposition, le gouvernement a aperçu des résultats d'une grande utilité; car l'émancipation deviendra un stage pour la jeunesse.

L'émancipé craindra d'en perdre le bénéfice; et, averti que son sort dépend de sa conduite, il contractera, dès le commencement de sa carrière civile, les bonnes habitudes, qui doivent avoir une si heureuse influence sur le reste de la vie : ce point de législation peut seul produire une révolution utile dans l'ordre moral.

Tel est, législateurs, le plan général du projet de loi *sur la minorité, la tutèle et l'émancipation*.

Si nous n'avons motivé que ses dispositions principales, et spécialement celles qui s'écartent le plus de l'ancienne législation, nous avons cru devoir nous arrêter là, dans une matière qui n'offre au surplus que des détails nombreux sans doute, mais simples, faciles, et peu susceptibles de commentaires.

TITRE XI.

De la Majorité, de l'Interdiction, et du Conseil judiciaire.

Décrété le 8 germinal an XI (29 mars 1803); — Promulgué le 18 du même mois (8 avril 1803).

[ARTICLES 488 à 515.]

EXPOSÉ DES MOTIFS par M. le Conseiller-d'État EMMERY.

Séance du 28 ventôse an XI (19 mars 1803).

LÉGISLATEURS,

Nous vous apportons le complément de la première partie du Code civil.

Tout ce qui concerne les personnes sera réglé, lorsqu'aux lois qui vous ont été présentées depuis le commencement de la session, on pourra joindre celle sur la majorité, l'interdiction, et le conseil judiciaire.

Le titre de cette loi annonce sa division en trois chapitres.

Le premier, relatif *à la majorité*, ne comprend qu'un seul article, en vertu duquel la majorité resterait fixée à vingt-un ans accomplis.

Les progrès de la civilisation, en bien comme en mal, ont déterminé l'innovation faite sur ce point il y a douze ans; on n'a pas remarqué qu'il en fût résulté des inconvénients capables de motiver un nouveau changement.

La constitution donne à vingt-un ans l'exercice des droits politiques; la loi ne peut pas refuser au même âge l'exercice des droits civils.

Le majeur de vingt-un ans restera donc capable de tous les actes de la vie civile, à l'exception d'un seul, qui est aussi le plus important de tous : vous entendez, législateurs, que je veux parler du mariage. Il serait superflu que je m'attachasse à reproduire les motifs de cette exception, bien sentis par tous les hommes sages, et déjà développés à cette tribune mieux que je ne pourrais le faire.

ART. 489. — Le chapitre II traite *de l'interdiction.*

Et d'abord quelles personnes sont dans ce cas?

Les majeurs en état habituel d'imbécillité, de démence ou de fureur, lors même qu'il y a des intervalles lucides.

Ce n'est pas sur quelques actes isolés qu'on s'avisera jamais de décider qu'un homme a perdu le sens et la raison : telle est la triste condition de l'humanité, que le plus sage n'est pas exempt d'erreurs. Mais lorsque la raison n'est plus qu'un accident dans la vie de l'homme, lorsqu'elle ne s'y laisse apercevoir que de loin en loin, tandis que les paroles et les actions de tous les jours sont les paroles et les actions d'un insensé, on peut dire qu'il existe un état habituel de démence; c'est alors le cas de l'interdiction.

Le mineur sorti de l'enfance, n'est qu'un interdit frappé par une disposition générale de la loi, qui est uniquement fondée sur les défauts ordinaires de la jeunesse, sur son état habituel. Il est à présumer que ces défauts s'affaibliront de jour à autre; car, chez le mineur, les progrès de la raison doivent naturellement suivre ceux de l'âge. Il est rare, au contraire, que le majeur, qui a une fois éprouvé des pertes en ce genre, parvienne à les réparer complètement : sa condition est pire que celle du mineur; la loi lui doit au moins la même protection et les mêmes secours.

ART. 490. — Par qui l'interdiction peut-elle être provoquée? Ici, la loi distingue le cas de l'imbécillité ou de la démence, et celui de la fureur. On a pensé que la famille devait rester l'arbitre du sort de celui dont l'état n'intéressait, strictement parlant, que la famille. Lorsque la sûreté publique n'est pas compromise, forcerez-vous le fils, le frère, l'épouse, à proclamer l'humiliation d'un père, d'un frère, d'un époux? Si les intéressés à la conservation des biens ne se plaignent pas, personne n'a droit de se plaindre. L'interdiction, pour cause d'imbécillité ou de démence, ne pourra donc être provoquée que par un parent, ou par l'un des époux à l'égard de l'autre.

Il n'y a qu'un cas d'excepté; c'est celui d'une personne imbécille ou en démence, qui n'aurait ni époux, ni épouse, ni parent connu: alors, sans imposer à la partie publique l'obligation d'agir, on lui en donne le pouvoir; elle en usera, si l'intérêt du malade l'exige; cependant, elle ne sera pas forcée de faire, sans nécessité, un éclat fâcheux.

Art. 491. — C'est autre chose, s'il s'agit d'un furieux dont les excès menacent le repos et la sûreté publique; c'est alors, pour le commissaire du gouvernement, un devoir rigoureux de provoquer l'interdiction de l'être dangereux et nuisible. L'intérêt de tous doit ici prévaloir sur les égards et les ménagements particuliers.

Art. 492. — Toute demande en interdiction sera portée devant le tribunal de première instance de l'arrondissement. (Art. 491.) Le conseil de famille sera consulté; (Art. 495.) et, pour que son avis soit plus impartial, on écarte du conseil les parents qui ont provoqué l'interdiction. Ils se sont rendus parties, ils ne doivent pas rester parmi les juges.

Cependant, on a cru convenable que l'époux ou l'épouse, et les enfants de la personne dont l'interdiction est demandée, pussent être admis au conseil de famille, sans y avoir voix délibérative, parce qu'en général ils sont plus en état de donner sur les faits et sur les habitudes du malade, les éclaircissements nécessaires; parce que si l'interdiction était provoquée par d'autres parents plus éloignés l'époux, l'épouse ou les enfants seraient intéressés personnellement à contredire une démarche qui réfléchirait désagréablement sur eux; parce que lors même que l'époux, l'épouse ou les enfants, cédant à la nécessité la plus impérieuse, auraient eux-mêmes formé la demande à fin d'interdiction, ils ne voudraient pas toujours associer le public aux révélations qu'ils seraient disposés à faire à la famille, dont l'avis donné en pleine connaissance de cause serait ensuite d'un plus grand poids.

Art. 496. — Après que la famille a donné son avis, le défendeur est interrogé à la chambre du conseil, à moins qu'il ne puisse s'y présenter; auquel cas, il est interrogé, dans sa demeure, par un des juges, assisté du greffier, et toujours en présence du commissaire du gouvernement.

Lorsque cet interrogatoire ne peut pas avoir lieu en présence de tout le tribunal, ce n'est pas trop que deux magistrats y assistent et puissent former leur opinion sur d'autres et moins fugitives impressions que celles qui laisse après elle la lecture d'un procès-verbal. Le maintien, l'air, le ton, le geste du répondant, déterminent autant et quelquefois plus que ses paroles, le véritable sens de sa réponse, qui sera mieux saisie, plus sainement interprétée par ceux qui l'auront vu et entendu faire.

Art. 500. — Le tribunal d'appel sera toujours le maître d'interroger ou de faire interroger de nouveau la personne dont l'interdiction est demandée; on ne saurait prendre trop de précaution pour préparer un jugement en dernier ressort sur une question d'état.

Art. 499. — Il est possible qu'une personne, dont l'interdiction aura été demandée, pour cause d'imbécillité ou de démence, ne paraisse pas être en cet état, mais qu'il soit bien prouvé qu'à raison de la faiblesse de son esprit, ou de l'ascendant de quelque passion dominante, elle soit peu capable de la direction de ses affaires. Alors le juge serait embarrassé, si la loi ne lui permettait pas d'employer un autre remède que celui de l'interdiction.

Le juge, en semblables circonstances, pourra intimer la défense de plaider, transiger, emprunter, recevoir des remboursements, aliéner ni hypothéquer, sans l'assistance d'un conseil qui sera nommé par le jugement.

Vous appercevez, législateurs, la différence notable qui existe entre l'interdiction absolue et le simple assujétissement à prendre, dans certains cas spécifiés, l'avis d'un conseil.

Ceux auxquels on donne un conseil ne sont pas incapables des actes de la vie civile; ils ne peuvent s'obliger, en contractant dans les cas prévus, sans l'assistance de leur conseil; mais, en général, ils sont habiles à contracter ; ils peuvent se marier, ils peuvent faire un testament ; ce que ne peuvent pas les interdits pour cause d'imbécillité, de démence ou de fureur.

Tout l'objet de la nomination d'un conseil étant de prévenir le préjudice que pourraient éprouver ceux en faveur desquels elle est faite, ce serait aller directement contre le but qu'on se propose, si ceux-ci pouvaient être obligés à renoncer aux avantages certains qu'ils se seraient procurés sans l'intervention de leur conseil.

Art. 498, 501. — Le jugement portant interdiction ou nomination d'un conseil, doit être rendu à l'audience publique. On impose au demandeur l'obligation de le faire lever, signifier à partie et inscrire, dans les dix jours, sur les tableaux qui doivent être affichés dans la salle de l'auditoire, et dans les études des notaires de l'arrondissement. Ces précautions sont prises dans l'intérêt des tiers : il faudra, pour en assurer l'observation, descendre dans quelques détails qui seraient au-dessous de la majesté de la loi. Il y sera pourvu par des réglements d'administration publique, dès que le notariat séra tout-à-fait organisé.

Art. 497, 505. — Aussitôt après le premier interrogatoire, le tribunal saisi de la demande peut, s'il y a lieu, commettre un administrateur provisoire pour prendre soin de la personne et des biens du défendeur ; mais après le jugement définitif, cette administration provisoire cesse, il faut un tuteur et un protuteur à la personne interdite.

Il peut arriver qu'elle soit en tutèle lors de son interdiction ; alors la tutèle continue, sinon le tuteur et le protuteur sont établis dans les formes accoutumées. Cependant le mari est de droit tuteur de sa femme interdite, (Art. 506) et la femme peut être nommée tutrice de son mari.

Art. 508. On a compris que le tuteur d'un interdit, s'il était obligé de porter sa charge, tant que durerait l'interdiction, serait de pire condition que le tuteur d'un mineur.

La minorité a son terme certain marqué par la loi, l'interdiction n'en a d'autre que la vie, dont la durée est incertaine, et peut se prolonger dans une très-longue suite d'années.

On a dû poser en principe qu'après dix ans de gestion, le tuteur de l'interdit serait remplacé, s'il demandait à l'être, à moins que la tutèle ne fût exercée par un mari, par une épouse, par un ascendant ou par un descendant de l'interdit ; car la loi n'impose pas à ceux-ci un devoir nouveau : l'obligation de protéger, de défendre l'être infortuné qui les touche d'aussi près, vient de la nature ; et ils ne voudront pas enfreindre ses sacrés préceptes, tant qu'ils auront la possibilité de les accomplir.

Art. 509, 510. — En général, l'interdit est assimilé au mineur pour tout ce qui concerne sa personne et ses biens ; ses revenus doivent être essentiellement employés à adoucir son sort, et à accélérer sa guérison. Cette dernière disposition de la loi n'aurait peut-être pas le même degré d'utilité, si, en pareil cas, le cri de l'humanité n'était pas trop souvent étouffé, et si l'intérêt ne parlait pas beaucoup plus haut qu'elle. Il est bon que les magistrats soient avertis que la loi condamne la sordide économie qu'on voudrait exercer sur l'infortune la plus touchante et la plus digne de pitié.

Art. 511. — S'il est question de marier l'enfant d'un interdit, les conventions matrimoniales seront réglées par un conseil de famille, dont l'avis aura toujours besoin d'être homologué par le tribunal, sur les conclusions du commissaire du gouvernement. Dans l'intention de la loi, cette homologation ne doit pas être une vaine formalité ; le tribunal, le commissaire du gouvernement, sont étroitement obligés, par les devoirs de leur place, de s'assurer que les intérêts de l'enfant et ceux de l'interdit ne sont pas sacrifiés à des intérêts opposés qui peuvent exister au sein même de leur famille.

Art. 502. — L'interdiction et la nomination d'un conseil produisent leur effet, à l'égard des tiers, du jour du jugement. Tous actes postérieurs, passés par l'interdit, sont nuls de droit ; il en est de même de ceux qu'il est défendu de faire sans l'assistance d'un conseil, si la défense n'a pas été respectée.

Art. 503. — Les actes antérieurs à la défense de contracter sans conseils sont inattaquables : quant à ceux antérieurs à l'interdiction, ils peuvent être annullés, si la cause de l'interdiction existait notoirement à l'époque où ils ont été faits. Celui qui contracte avec une personne notoirement imbécille, notoirement en démence, est lui-même notoirement de mauvaise foi : on suppose que la notoriété de la cause de l'interdiction existe par rapport à lui, et ne lui laisse aucun prétexte pour affecter une ignorance tout-à-fait invraisemblable.

Art. 504. — Après la mort d'une personne interdite, on ne peut plus attaquer, pour cause d'imbécillité ou de démence, les actes par elle faits de son vivant. Deux cas sont exceptés :

1.° Si l'interdiction avait été sinon prononcée, du moins provoquée avant le décès de cette personne ;

2.° Si la preuve de la démence résultait de l'acte même qui serait attaqué.

Les motifs de l'exception, dans le dernier cas, sont d'une évidence frappante et n'ont pas besoin de dévoloppement.

Il faut prendre garde que, dans le premier cas, on ne prescrit pas aux juges l'obligation de rejeter ou d'admettre des actions qui peuvent être légitimes et fondées, et néanmoins paraître suspectes par cela même qu'elles sont tardives ; on laisse aux tribunaux le pouvoir de peser les circonstances qui se présentent sous tant de combinaisons différentes, qu'elles mettent en défaut la sagacité du plus habile législateur.

Art. 512. — Enfin, l'interdiction cesse avec les causes qui l'ont déterminée ; mais, par respect pour le jugement qui l'a prononcée, et plus encore pour la sûreté publique, il faut qu'il intervienne un jugement de main-levée, et que les mêmes formalités qui ont précédé et accompagné le premier, garantissent encore la sagesse du second ; alors seulement l'interdit peut reprendre l'exercice de ses droits.

Art. 513. — Le troisième et dernier chapitre est relatif aux *prodigues*. Vous avez pu remarquer, législateurs, que, jusqu'à présent, il n'en avait pas été question. On a même douté long-temps s'il y avait des mesures à prendre contre la prodigalité.

Elle est sans doute l'abus de la propriété ; mais la propriété elle-même ne se compose-t-elle pas du droit d'user et du droit d'abuser? Comment, dit-on, punir un homme parce qu'il a joui de son droit, parce qu'il a fait de sa chose, non pas le meilleur, non pas même un bon usage, mais enfin un usage qui n'était pas défendu, et qui lui convenait à lui propriétaire, maître à ce titre de disposer de sa propriété selon son bon plaisir?

Cependant les Romains, par qui la propriété avait été définie *jus utendi, abutendi;* les Romains eux-mêmes admirent l'interdiction des prodigues : c'est que l'objet d'une sage législation doit être d'établir ce qui convient le mieux à la société pour qui les lois sont faites, sans s'attacher, avec une minutieuse précision, à toutes les conséquences que le raisonnement peut faire sortir d'un principe abstrait.

L'état, intéressé à la conservation des familles, ne peut admettre que le droit de propriété soit pour un citoyen le droit de ruiner sa famille, en contentant de misérables fantaisies ou même de honteux caprices.

Sans doute, le propriétaire peut impunément abuser de sa chose, et le *jus abutendi* est respecté, puisque l'acte fait par le propriétaire libre est toujours valable ; la preuve de prodigalité ne résulte pas d'un seul abus, ni même de plusieurs, en chose de peu d'importance. Mais si l'abus tourne en habitude, il n'y a plus moyen de dissimuler que le dissipateur est une espèce de fou, qui manque de discernement pour se conduire, et auquel il serait dangereux de laisser l'entier et libre exercice d'un droit dont il n'use pas, dont il ne sait pas user, mais dont il abuse continuellement.

Ce n'était pas pour le punir d'avoir fait des actes qu'il avait eu réellement le droit de faire, qu'on interdisait le prodigue, mais parce qu'on le voyait incapable d'exercer son droit de propriété avec sagesse, et en suivant les lumières de la droite raison.

La loi romaine disait expressément que le prodigue resterait en curatelle, *quamdiù sanos mores receperit*, tant que ses habitudes ne seraient pas rectifiées, et que ses mœurs ne seraient pas devenues saines et pures ; par où nous voyons que la loi romaine portait plus son attention et sa sévérité sur le principe des actions du prodigue, que sur ses actions même : en effet, la prodigalité est presque toujours la suite d'autres passions pernicieuses, d'autres penchants très-condamnables. Ce sont ces vices qu'on attaque, en ôtant au prodigue les moyens d'abuser de sa fortune.

On ne vous propose cependant pas, législateurs, d'user, à l'égard du prodigue, du remède extrême de l'interdiction. Il a paru qu'il suffisait de lui donner un conseil, sans lequel il ne pourrait plaider, transiger, emprunter, recevoir un capital mobilier, en donner décharge, aliéner, ni grever ses biens d'hypothèques. Déjà je vous ai fait remarquer en quoi diffèrent essentiellement l'interdiction et la dation de conseil. Ce que j'ai dit à cet égard me paraît propre à justifier la mesure proposée relativement aux prodigues.

Art. 514. — Ceux qui ont droit de demander l'interdiction pour cause d'imbécillité et de démence, pourront provoquer contre les prodigues la défense de plaider, de contracter sans conseil; leur demande sera instruite et jugée suivant les règles prescrites pour l'interdiction : il en sera de même lorsqu'il sera question de lever cette défense.

CODE NAPOLÉON.

LIVRE II.

DES BIENS ET DES DIFFÉRENTES MODIFICATIONS DE LA PROPRIÉTÉ.

TITRE I.er

De la Distinction des Biens.

Décrété le 4 pluviôse an XII (25 janvier 1804); — Promulgué le 14 du même mois (4 février 1804).

[Articles 516 à 543.]

Exposé des Motifs par M. le Conseiller-d'Etat Treilhard.

Séance du 25 nivôse an XII (16 janvier 1804).

Législateurs,

Art. 516. — Le moment est venu de reprendre l'édifice de notre législation, dont vous avez si heureusement posé les bases dans le cours de votre dernière session, et nous vous apportons le titre premier du second livre du Code civil, *de la Distinction des Biens.*

Après avoir par des lois sages assuré l'état de tous les Français, il convient de s'occuper de leurs propriétés.

C'est pour acquérir avec sécurité, c'est pour jouir en paix que l'homme sacrifie une portion de son indépendance quand il se réunit en société.

Dans un état où tout serait commun à tous, personne ne serait assuré de rien, et celui que la force mettrait aujourd'hui en possession, pourrait demain être dépossédé par la force.

Ce n'est donc pas assez d'avoir considéré l'homme sous tous ses rapports, d'avoir placé sous la sauvegarde des lois son état, l'état de son épouse, celui de ses enfants, d'avoir garanti une protection spéciale aux mineurs, aux absents, à tous ceux enfin qui par la faiblesse de leur âge ou de leur raison, ou pour toute autre cause ne peuvent repousser les attaques qui leur sont livrées; il faut aussi assurer le libre exercice de nos facultés, il faut nous conserver le fruit de nos travaux et de notre industrie, il faut enfin garantir la propriété : la propriété ! base fondamentale et l'un des plus puissants mobiles de la société. Qui pourrait en effet aspirer à la qualité d'époux, désirer celle de père, si, en prolongeant notre existence au-delà du trépas, nous ne transmettions pas avec elle les douceurs qui l'ont embellie ou du moins consolée?

Il est donc nécessaire, après s'être occupé des personnes, de s'occuper des biens : c'est l'objet des livres II et III du Code.

Dans le livre II, on considère les biens sous leurs différentes modifications; dans le livre III, on les considère sous le rapport des différentes manières par lesquelles on peut les acquérir et les transmettre.

Déjà, dans le cours de la dernière session, vous avez sanctionné deux titres de ce dernier livre; celui *des Successions*, et celui *des Donations* : leur importance a fait intervertir pour eux l'ordre du travail, et devancer l'instant où ils devaient vous être présentés, nous allons reprendre la première série des titres, et vous vous occuperez du livre II, c'est-à-dire, des biens considérés sous leurs différentes modifications.

Ce livre renferme quatre titres : — *de la Distinction des Biens ; — de la Propriété, — de l'Usufruit et de l'Habitation ; — des Servitudes* ou *Services fonciers.*

Voilà en effet les seules modifications dont les propriétés soient susceptibles dans notre organisation politique et sociale; il ne peut exister sur les biens aucune autre espèce de droits : ou l'on a une propriété pleine et entière qui renferme également et le droit de jouir et le droit de disposer, ou l'on n'a qu'un simple droit de jouissance sans pouvoir disposer du fonds, ou enfin on n'a que des services fonciers à prétendre sur la propriété d'un tiers; services qui ne peuvent être établis que pour l'usage et l'utilité d'un héritage; services qui n'entraînent aucun assujétissement de la personne; services enfin qui n'ont rien de commun avec les dépendances féodales brisées pour toujours.

Nous ne vous présenterons aujourd'hui que le titre I.er, celui de la *Distinction des Biens* : il ne renferme que trois chapitres ; *des Immeubles ; des Meubles ; des Biens dans leurs rapports avec ceux qui les possèdent.*

Ces titres sont précédés d'un article unique qui distingue tous les biens en meubles ou immeubles; distinction sous laquelle se rangent évidemment toutes les espèces de biens ; il est impossible d'en concevoir qui ne doivent pas être compris dans l'une de ces deux classes.

Il fut un temps où les immeubles formaient la portion la plus précieuse du patrimoine des citoyens ; et ce temps peut-être n'est pas celui où les mœurs ont été le moins saines. Mais depuis que les communications, devenues plus faciles, plus actives, plus étendues, ont rapproché entre eux les hommes de toutes les nations ; depuis que le commerce, en rendant, pour ainsi dire, les productions de tous les pays communes à tous les peuples, a donné de si puissants ressorts à l'industrie, et a créé de nouvelles jouissances, c'est-à-dire, de nouveaux besoins, et peut-être des vices nouveaux, la fortune mobilière des citoyens s'est considérablement accrue, et cette révolution n'a pu être étrangère ni aux mœurs ni à la législation.

On n'a pas dû attacher autant d'importance à une portion de terre, autrefois patrimoine unique des citoyens, et qui aujourd'hui ne forme peut-être pas la moitié de leur fortune. Ainsi ont disparu les affectations des biens aux familles sous la désignation de *propres, propres anciens, retrait lignager*; et les transactions entre les citoyens, comme les lois sur les successions, se trouvent bien moins compliquées.

Il serait déplacé d'examiner ici ce que la société peut avoir perdu, ce qu'elle peut avoir gagné dans ces changements : le législateur adapte ses lois à l'état actuel des peuples pour qui elles sont faites; non que je prétende qu'il doive obéir aveuglément aux directions bonnes ou mauvaises de l'esprit et des mœurs publiques; mais il en prépare la réforme quand elle est devenue nécessaire par des voies lentes et détournées, par des réglements sages qui, agissant insensiblement, rédressent sans briser, et corrigent sans révolter.

Je reviens au chapitre I.er du titre de la *Distinction des Biens*, celui *des Immeubles*.

ART. 517, 518, 519. — Il est des objets

immeubles par leur nature, comme les fonds de terre, les bâtiments : on ne peut pas se méprendre sur leur qualité, elle est sensible; on ne peut pas davantage méconnaître la qualité d'immeuble dans les usines qui font partie d'un bâtiment, dans les tuyaux qui y conduisent des eaux, et dans d'autres objets de la même espèce, qui s'identifient avec l'immeuble, et ne font qu'un seul tout avec lui.

ART. 520, 521. — Il n'est pat moins évident que les récoltes, quand elles sont encore pendantes par les racines, les coupes de bois qui ne sont pas encore abattues, n'ayant pas cessé de faire partie du fonds, sont et restent immeubles jusqu'au moment où elles en seront séparées.

ART. 524. — Mais il est quelques objets qui au premier aperçu peuvent laisser des doutes sur leur qualité.

Regardera-t-on en effet comme immeuble un pressoir, par exemple, dont toutes les pièces peuvent être séparées et enlevées sans dégrader le fonds, mais qui a été placé comme nécessaire à l'exploitation?

ART. 526. — Mettra-t-on aussi dans la classe des immeubles un droit de passage sur un héritage voisin, l'usufruit d'une terre, une action en revendication d'un immeuble.

Vous concevez que le législateur ne se propose pas de donner des décisions particulières sur chaque espèce douteuse qui peut se présenter; son devoir est de tracer des règles larges et générales qui renferment des principes de solution pour toutes les questions; c'est ce que l'on a dû faire, et c'est aussi ce que l'on a fait.

Pour déterminer si un objet doit être ou non considéré comme immeuble il faut rechercher sa destination; il faut examiner quelle est la chose sur laquelle il s'exerce : voilà deux principes féconds en conséquences, et qui doivent résoudre tous les doutes.

Ainsi, toute action tendant à revendiquer un immeuble sera considérée comme immeuble par l'objet auquel elle s'applique : pourrait-on refuser la qualité d'immeuble à une action qui représente l'immeuble et qui en tient la place.

L'usufruit d'un immeuble, les services fonciers sur un immeuble, seront également immeubles par le même motif, car ils s'appliquent sur des immeubles.

ART. 524. — La règle puisée dans la destination du père de famille n'est pas moins juste, moins nécessaire, ni moins facile à appliquer que la précédente.

Tout ce qu'un propriétaire place dans son domaine pour son service et son exploitation prend la qualité d'immeuble par destination; les choses ainsi placées deviennent en effet une partie du fonds, puisqu'on ne pourrait les enlever sans le détériorer et le dégrader essentiellement, et sans rendre son exploitation impossible : la règle établie sur la destination du propriétaire est donc fondée et sur la justice et sur l'intérêt évident de la société.

Cette règle embrasse dans son esprit tous les objets qu'un propriétaire attache au fonds à perpétuelle demeure dans l'intention de l'améliorer ou de l'embellir.

ART. 525. — Ce principe n'est pas nouveau; mais il s'élevait de nombreuses difficultés sur son application : les tribunaux retentissaient de démêlés sur les questions de savoir si des tableaux, des glaces, des statues, avaient été placés ou non à perpétuelle demeure, parce que les lois n'établissaient pas de règle précise pour juger cette question de fait. Nous proposons de prévenir à cet égard toute difficulté dans la suite, en fixant les signes caractéristiques d'une intention de placer des meubles à perpétuelle demeure : ainsi se trouvera tarie une source abondante de procès entre les citoyens, et c'est un grand bien pour la société.

Le chapitre II de ce titre traite des *meubles*.

ART. 528. — Une chose est meuble par sa nature quand elle est transportable d'un lieu à un autre, soit qu'elle se meuve par elle-même, comme les animaux, soit qu'elle ne puisse changer de place que par l'effet d'une force étrangère, comme les choses inanimées.

Cette définition s'entend assez d'elle-même et n'a pas besoin d'être expliquée.

ART. 525. — Il serait sans doute inutile d'observer ici que les choses mobiliaires qui n'ont acquis la qualité d'immeubles que par leur destination reprennent leur qualité de meubles lorsque cette destination est changée : ainsi, une glace ou un tableau enlevé de leur parquet par le père de famille avec l'intention de ne pas les y replacer, redeviennent meubles; ils n'étaient immeubles que par destination; ils cessent d'être immeubles par une destination contraire.

ART. 529. — Mais s'il est difficile qu'il s'élève des difficultés sérieuses sur la question de savoir si une chose est meuble par sa nature, il est permis et même prudent d'en prévoir sur certains objets dont la qualité n'est pas aussi sensible, comme, par exemple, des obligations. (Art. 529.) Des actions ou intérêts dans les compagnies de finance, de commerce ou d'industrie, et enfin des rentes.

Quant aux obligations, vous prévoyez bien qu'on a placé celles qui ont pour objet des sommes exigibles ou des effets mobiliers dans la classe des meubles, par le même motif qui fait réputer immeubles les actions tendant à revendiquer un immeuble.

Les actions ou intérêts dans les compagnies de finance, de commerce ou d'industrie, sont aussi rangés dans la même classe, parce que les bénéfices qu'ils procurent sont mobiliers. Et la règle est juste même lorsque les compagnies de commerce, de finance ou d'industrie ont dû acquérir quelques immeubles pour l'exploitation de l'entreprise. Cette entreprise est toujours le principal objet de l'association dont l'immeuble n'est que l'accessoire, et la qualité d'une chose ne peut être déterminée que par la considération de son objet principal.

Observons cependant que les actions ou intérêts dans les compagnies de commerce, d'industrie ou de finance, ne sont réputés meubles qu'à l'égard de chaque associé seulement et tant que dure la société; car les immeubles appartenant à l'entreprise sont toujours immeubles sans contredit à l'égard des créanciers de ces compagnies, et ils sont encore immeubles à l'égard des associés lorsque la société étant rompue, il s'agit d'en régler et d'en partager les bénéfices ou les pertes.

Nous avons aussi placé les rentes dans la classe des meubles.

C'était autrefois une question très-controversée de savoir si les rentes constituées étaient meubles ou immeubles: la coutume de Paris les réputait immeubles; d'autres coutumes les réputaient meubles: dans cette diversité d'usages, la nature de la rente était réglée par le domicile du créancier à qui elle était due; la rente étant un droit personnel, ne pouvait en effet être régie que par la loi qui régissait la personne: il résultait de là que dans un temps où les héritiers des meubles n'étaient pas toujours héritiers des immeubles, un homme qui ne possédait que des rentes, pouvait, sans dénaturer sa fortune, déranger à son gré l'ordre des successions en rendant sa propriété mobilière ou immobilière, suivant qu'il lui convenait de fixer son domicile sous l'empire de telle ou telle coutume.

Cette bizarrerie a dû disparaître, et, au moment où nous créons une législation fondée sur la nature même des choses, nous n'avons pas dû ranger dans la classe des immeubles des objets purement personnels, qui n'ont eux-mêmes rien d'immobilier, et qui peuvent exister sans même leur supposer une hypothèque sur des immeubles.

Que les rentes constituées aient été considérées comme immeubles lorsqu'il était défendu de stipuler l'intérêt de l'argent, lorsqu'on ne pouvait constituer une rente sans feindre, 1.° que celui qui en fournissait le capital l'aliénait à perpétuité; 2.° que celui qui constituait la rente se dessaisissait d'un héritage et en investissait son créancier, qui, en percevant ensuite les arrérages de cette rente, n'était censé recevoir que les fruits de l'immeuble dont son débiteur s'était fictivement dessaisi: cela peut se concevoir; mais tant de subtilité n'est plus de notre siècle: il faut partir aujourd'hui de vérités généralement reconnues; l'argent peut produire des intérêts très-légitimes, sans qu'il soit besoin de recourir à une aliénation fictive du capital; et une rente ne présentant dans son caractère rien d'immobilier, ne peut être déclarée que meuble dans nos lois.

Art. 533. — Il s'élevait aussi de grandes contestations sur l'acceptation des mots *meubles*, *meubles meublants*, *biens meubles*, *mobilier*, *effets mobiliers*, quand ils étaient employés dans les actes: nous avons cru ne devoir pas laisser subsister une incertitude qui fût quelquefois très-embarrassante pour les juges, et toujours ruineuses pour les plaideurs (*Art.* 533). Nous avons en conséquence fixé le sens précis de toutes ces expressions.

Nous avons aussi fait disparaître les doutes sur quelques autres points qui nous étaient signalés par les nombreux procès dont ils furent l'objet. Il serait superflu de vous en entretenir dans ce moment, et d'entrer dans les détails; la lecture de la loi vous les fera suffisamment connaître, ainsi que la sagesse des motifs qui l'ont provoquée.

Je passe au troisième et dernier chapitre, celui *des biens dans leurs rapports avec ceux qui les possèdent.*

Art. 538. — Les lois romaines distinguaient dans les biens, ceux qui sont communs à tous les hommes, comme l'air, comme la mer, dont un peuple ne peut envahir la domination sans se déclarer le plus odieux et le plus insensé des tyrans; les choses publiques, comme les chemins, les ports, les rivages de la mer et autres objets de cette nature; les choses qui n'appartenaient à personne, *res nullius*, telles étaient celles consacrées au service divin, les choses qui appartenaient aux communautés d'habitants, comme les théâtres et autres établissements de cette espèce; et enfin les choses dites, *res singulorum*, c'est-à-dire, celles qui se trouvaient dans le commerce, parce qu'elles étaient susceptibles de propriété privée.

Les biens compris dans cette dernière classe, sont les seuls dont le Code civil doive s'occuper; les autres sont du ressort ou d'un code de droit public, ou de lois administratives, et l'on n'a dû en faire mention que pour annoncer qu'ils étaient soumis à des lois particulières.

Les biens susceptibles de propriété privée peuvent être dans la possession de la nation ou des communes.

Art. 539. — Déjà vous avez érigé en loi, dans le cours de votre dernière cession, la maxime que les biens qui n'ont pas de maître appartiennent à la nation; conséquence nécessaire à l'abolition du droit du premier occupant, droit inadmissible dans une société organisée.

Art. 539. — En vous proposant aujourd'hui de déclarer que les biens vacants et sans maître, et les biens des personnes qui ne laissent pas d'héritiers appartiennent aussi à la nation, nous ne vous présentons pas une disposition nouvelle; c'est une suite naturelle de ce que vous avez déjà sanctionné.

Art. 537. — Ces biens, quoique susceptibles de propriété privée, sont administrés et aliénés par des règles et dans des formes qui leur sont propres, pendant qu'ils se trouvent hors de la propriété des particuliers.

Ce qu'il importait surtout d'établir solennellement dans le code, c'est que les particuliers ont la libre disposition des biens qui leur appartiennent : voilà la principale disposition du chapitre III; voilà la sauve-garde et la garantie de la propriété.

Cependant cette maxime elle-même pourrait devenir funeste, si l'usage que chacun peut faire de sa propriété, n'était pas surveillé par la loi.

Si un particulier s'obstinait à ne pas réparer sa maison, et à mettre en danger, par cette manière d'user de la chose, la vie de ceux qui traverseraient la rue, point de doute qu'il devrait être forcé par la puissance publique à démolir ou à réparer. Il serait facile de citer d'autres abus de propriété qui compromettraient et la sûreté des citoyens, et quelquefois même la tranquillité de la société entière.

Il a donc fallu, en même-temps qu'on assurait aux particuliers la libre disposition de leurs biens, ajouter à cette maxime inviolable le principe non moins sacré que cette disposition était néanmoins soumise aux modifications établies par les lois, et c'est par cette précaution sage et prudente, que la sûreté et la propriété de tous se trouvent efficacement garanties : ce n'est pas par des mouvements capricieux et arbitraires que la faculté de disposer de sa chose pourra être modifiée: c'est par la loi seule, c'est-à-dire, par la volonté nationale, dont vous êtes les organes; et votre sagesse est un garant que cette volonté n'admet de modification que pour des motifs d'une haute considération.

Art. 543. — Enfin, le dernier article de la loi nous ramène à ce que nous vous annoncions en commençant : on ne peut avoir sur les biens que trois sortes de droits, ou un droit de propriété, ou une simple jouissance, ou seulement des services fonciers : ainsi notre code abolit jusqu'au moindre vestige de ce domaine de supériorité, jadis connu sous les noms de seigneurie féodale et censuelle.

Les titres de la propriété, de l'usufruit, des servitudes, vous seront bientôt présentés; notre mission se borne à vous présenter le titre de la *Distinction des Biens.*

TITRE II.

De la Propriété.

Décrété le 6 pluviôse an XII (27 janvier 1804); — Promulgué le 16 du même mois (6 février 1804).

[ARTICLES 544 à 577.]

EXPOSÉ DES MOTIFS par M. le Conseiller-d'État PORTALIS.

Séance du 26 *nivôse an XII* (17 *janvier* 1804).

LÉGISLATEURS,

ART. 544. — Le projet de loi qui vous est soumis définit la propriété et en fixe les caractères essentiels; il détermine le pouvoir de l'état ou de la cité sur les propriétés des citoyens; il règle l'étendue et les limites du droit de propriété, considéré en lui-même et dans ses rapports avec les diverses espèces de biens.

Dans cette matière, plus que dans aucune autre, il importe d'écarter les hypothèses, les fausses doctrines; et de ne raisonner que d'après des faits simples dont la vérité se trouve consacrée par l'expérience de tous les âges.

L'homme en naissant n'apporte que des besoins; il est chargé du soin de sa conservation; il ne saurait exister ni vivre sans consommer : il a donc un droit naturel aux choses nécessaires à sa subsistance et à son entretien.

Il exerce ce droit par l'occupation, par le travail, par l'application raisonnable et juste, de ses facultés et de ses forces.

Ainsi le besoin et l'industrie sont les deux principes créateurs de la propriété.

Quelques écrivains supposent que les biens de la terre ont été originairement communs. Cette communauté, dans le sens rigoureux qu'on y attache, n'a jamais existé ni pu exister. Sans doute la providence offre ses dons à l'universalité, mais pour l'utilité et les besoins des individus; car il n'y a que des individus dans la nature. La terre est commune, disaient les philosophes et les jurisconsultes de l'antiquité, comme l'est un théâtre public qui attend que chacun vienne y prendre sa place particulière. Les biens, réputés communs avant l'occupation, ne sont, à parler avec exactitude, que des biens vacants. Après l'occupation, ils deviennent propres à celui ou à ceux qui les occupent. La nécessité constitue un véritable droit : or c'est la nécessité même, c'est-à-dire la plus impérieuse de toutes les lois qui nous commande l'usage des choses sans lesquelles il nous serait impossible de subsister. Mais le droit d'acquérir ces choses et d'en user ne serait-il pas entièrement nul sans l'*appropriation*, qui seul peut le rendre utile, en le liant à la certitude de conserver ce que l'on acquiert.

Méfions-nous des systêmes dans lesquels on ne semble faire de la terre la propriété commune de tous que pour se ménager le prétexte de ne respecter les droits de personne.

Si nous découvrons le berceau des nations, nous demeurons convaincus qu'il y a des propriétaires depuis qu'il y a des hommes. Le sauvage n'est-il pas maître des fruits qu'il a cueillis pour sa nourriture, de la fourrure ou du feuillage dont il se couvre pour se prémunir contre les injures de l'air, de l'arme qu'il porte pour sa défense, et de l'espace dans lequel il construit sa modeste chaumière? On trouve, dans tous les temps et partout, des traces du droit individuel de propriété. L'exercice de ce droit, comme celui de tous nos autres droits naturels, s'est étendu et s'est perfectionné par la raison, par l'expérience, et par nos découvertes en tout genre. Mais le principe du droit est en nous; il n'est point le résultat d'une convention humaine ou d'une loi positive; il est dans la constitution même de notre être, et dans nos différentes relations avec les objets qui nous environnent.

Nous apprenons par l'histoire que d'abord le droit de propriété n'est appliqué qu'à des choses mobiliaires. A mesure que la population augmente, on sent la nécessité d'augmenter les moyens de subsistance. Alors, avec l'agriculture et les différents arts, on voit naître la propriété foncière, et successivement toutes les espèces de propriétés et de richesses qui marchent à sa suite.

Quelques philosophes paraissent étonnés que l'homme puisse devenir propriétaire d'une portion de sol qui n'est pas son ouvrage, qui doit durer plus que lui, et qui n'est soumise qu'à des lois que l'homme n'a point faites. Mais cet étonnement ne cesse-t-il pas, si l'on considère tous les prodiges de la main-d'œuvre, c'est-à-dire, tout ce que l'industrie de l'homme peut ajouter à l'ouvrage de la nature?

Les productions spontanées de notre sol n'eussent pu suffire qu'à des hordes errantes de sauvages, uniquement occupées à tout détruire pour fournir à leur consommation, et réduites à se dévorer entre elles après avoir tout détruit. Des peuples simplement chasseurs ou pasteurs n'eussent jamais pu former de grands peuples. La multiplication du genre humain a suivi partout les progrès de l'agriculture et des arts; et cette multiplication, de laquelle sont sorties tant de nations qui ont brillé et qui brillent encore sur le globe, était entrée dans les vastes desseins de la providence sur les enfants des hommes.

Oui, législateurs, c'est par notre industrie que nous avons conquis le sol sur lequel nous existons; c'est par elle que nous avons rendu la terre plus habitable, plus propre à devenir notre demeure. La tâche de l'homme était, pour ainsi dire, d'achever le grand ouvrage de la création.

Or, que deviendraient l'agriculture et les arts sans la propriété foncière, qui n'est que le droit de posséder avec continuité la portion de terrain à laquelle nous avons appliqué nos pénibles travaux et nos justes espérances?

Quand on jette les yeux sur ce qui se passe dans le monde, on est frappé de voir que les divers peuples connus prospèrent bien moins en raison de la fertilité naturelle du sol qui les nourrit, qu'en raison de la sagesse des maximes qui les gouvernent. D'immenses contrées dans lesquelles la nature semble d'une main libérale répandre tous ses bienfaits, sont condamnées à la stérilité, et portent l'empreinte de la dévastation, parce que les propriétés n'y sont point assurées. Ailleurs l'industrie, encouragée par la certitude de jouir de ses propres conquêtes, transforme des déserts en campagnes riantes, creuse des canaux, dessèche des marais, et couvre d'abondantes moissons des plaines qui ne produisaient jusques-là que la contagion et la mort. A côté de nous un peuple industrieux, aujourd'hui notre allié, a fait sortir du sein des eaux la terre sur laquelle il s'est établi, et qui est entièrement l'ouvrage des hommes.

En un mot, c'est la propriété qui a fondé les sociétés humaines. C'est elle qui a vivifié, étendu, agrandi notre propre existence. C'est par elle que l'industrie de l'homme, cet esprit de mouvement et de vie qui anime tout, a été portée sur les eaux, et a fait éclore sous les divers climats tous les germes de richesse et de puissance.

Ceux-là connaissent bien mal le cœur humain qui regardent la division du patrimoine comme la source des querelles, des inégalités, et des injustices qui ont affligé l'humanité. On fait honneur à l'homme qui erre dans les bois et sans propriété de vivre dégagé de toutes les ambitions qui tourmentent nos petites ames. N'imaginons pas pour cela qu'il soit sage et modéré; il n'est qu'indolent. Il a peu de désirs, parce qu'il a peu de connaissances. Il ne prévoit rien, et c'est son insensibilité même sur l'avenir qui le rend plus terrible quand il est vivement secoué par l'impulsion et la présence du besoin. Il veut alors obtenir par la force ce qu'il a dédaigné de se procurer par le travail : il devient injuste et cruel.

D'ailleurs, c'est une erreur de penser que des peuples chez qui les propriétés ne seraient point divisées n'auraient aucune occasion de querelle : ces peuples ne se disputeraient-ils pas la terre vague et inculte, comme parmi nous les citoyens plaident pour les héritages? Ne trouveraient-ils pas de fréquentes occasions de guerre pour leurs chasses, pour leurs pêches, pour la nourriture de leurs bestiaux?

L'état sauvage est l'enfance d'une nation; et l'on sait que l'enfance d'une nation n'est pas son âge d'innocence.

Loin que la division des patrimoines ait pu détruire la justice et la morale, c'est au contraire la propriété, reconnue et constatée par cette division, qui a développé et affermi les premières règles de la morale et de la justice. Car, pour rendre à chacun le sien, il faut que chacun puisse avoir quelque chose. J'ajoute que les hommes portant leurs regards dans l'avenir, et sachant qu'ils ont quelque bien à perdre, il n'y en a aucun qui n'ait à craindre pour soi la représaille des torts qu'il pourrait faire à autrui.

Ce n'est pas non plus au droit de propriété qu'il faut attribuer l'origine de l'inégalité parmi les hommes.

Les hommes ne naissent égaux ni en taille, ni en force, ni en industrie, ni en talents. Le hasard et les événements mettent encore entre eux des différences. Ces inégalités premières, qui sont l'ouvrage même de la nature, entraînent nécessairement celles que l'on rencontre dans la société.

On aurait tort de craindre les abus de la richesse et des différences sociales qui peuvent exister entre les hommes : l'humanité, la bienfaisance, la pitié, toutes les vertus dont la semence a été jetée dans le cœur humain, supposent ces différences, et ont pour objet d'adoucir et de compenser les inégalités qui en naissent, et qui forment le tableau de la vie.

De plus, les besoins réciproques et la force des choses établissent entre celui qui a peu et celui qui a beaucoup, entre l'homme industrieux et celui qui l'est moins, entre le magistrat et le simple particulier, plus de liens que tous les faux systèmes ne pourraient en rompre.

N'aspirons donc pas à être plus humains que la nature, ni plus sages que la nécessité.

Art. 544. — Aussi vous vous empresserez, législateurs, de consacrer par vos suffrages le grand principe de la propriété, présenté dans le projet de loi *comme le droit de jouir et de disposer des choses de la manière la plus absolue*. Mais comme les hommes vivent en société et sous des lois, ils ne sauraient avoir le droit de contrevenir aux lois qui régissent la société.

Il est d'une législation bien ordonnée de régler l'exercice du droit de propriété comme on règle l'exercice de tous les autres droits. Autre chose est l'indépendance, autre chose est la liberté. La véritable liberté ne s'acquiert que par le sacrifice de l'indépendance.

Les peuples qui vivent entre eux dans l'état de nature sont indépendants sans être libres; ils sont toujours forçants ou forcés. Les citoyens sont libres sans être indépendants, parce qu'ils sont soumis à des lois qui les protègent contre les autres et contre eux-mêmes.

La vraie liberté consiste dans une sage composition des droits et des pouvoirs individuels avec le bien commun. Quand chacun peut faire ce qui lui plaît, il peut faire ce qui nuit à autrui; il peut faire ce qui nuit au plus grand nombre. La licence de chaque particulier opérerait infailliblement le malheur de tous.

Il faut donc des lois pour diriger les actions relatives à l'usage des biens, comme il en est pour diriger celles qui sont relatives à l'usage des facultés personnelles.

On doit être libre avec les lois, et jamais contre elles. De-là, en reconnaissant dans le propriétaire le droit de jouir et de disposer de sa propriété de la manière la plus absolue, nous avons ajouté, *pourvu qu'il n'en fasse pas un usage prohibé par les lois ou par les réglements*.

Art. 545. — C'est ici le moment de traiter une grande question : Quel est le pouvoir de l'état sur les biens des particuliers?

Au citoyen appartient la propriété et au souverain l'empire (1). Telle est la maxime de tous les pays et de tous les temps. C'est ce qui a fait dire aux publicistes « que la libre et tranquille jouissance des biens que l'on possède, est le droit essentiel de tout peuple qui n'est point esclave; que chaque citoyen doit garder sa propriété sans trouble; que cette propriété ne doit jamais recevoir d'atteinte, et qu'elle doit être assurée comme la constitution même de l'état (2) ».

L'empire, qui est le partage du souverain, ne renferme aucune idée de domaine proprement dit (3). Il consiste uniquement dans la puissance de gouverner. Il n'est que le droit de prescrire et d'ordonner ce qu'il faut pour le bien général, et de diriger en conséquence les choses et les personnes. Il n'atteint les actions libres des citoyens qu'autant qu'elles doivent être tournées vers l'ordre public. Il ne donne à l'état sur les biens des citoyens que le droit de

(1) *Omnia rex imperio possidet, singuli dominio.* Sénèque, lib. VII, cap. IV et V *de Beneficiis.*

(2) Bohemer, *Introductio in jure publico*, p. 250. Le Bret, *de la Souveraineté*, liv. IV, chap. X. — *Esprit des Lois*, liv. VIII, chap. II.

(3) *Imperium non includit dominium feudorum vel rerum quarumque civium.* Wolf. *Jus naturæ*, part. I, paragr. 103.

régler l'usage de ces biens par les lois civiles, le pouvoir de disposer de ces biens pour des objets d'utilité publique, la faculté de lever des impôts sur les mêmes biens. Ces différents droits réunis forment ce que *Grotius* (1), *Puffendorf* (2), et autres, appellent le *domaine éminent du souverain ;* mots dont le vrai sens, développé par ces auteurs, ne suppose aucun droit de propriété, et n'est relatif qu'à des prérogatives inséparables de la puissance publique.

Cependant des jurisconsultes célèbres craignant que, dans une matière aussi délicate, on ne pût trop aisément abuser des expressions les plus innocentes, se sont élevés avec force contre les mots *domaine éminent,* qu'ils ont regardés comme pleins d'incorrection et d'inexactitude. Les discussions les plus solennelles sur ce point ont long-temps fixé l'attention de toutes les universités de l'Europe (3). Mais il faut convenir que cette dispute se réduisait à une pure question de mots, puisqu'en lisant les ouvrages qui ont été respectivement publiés on s'apperçoit que tous nos controversistes s'accordent sur le fond même des choses, et que ceux d'entre eux qui parlaient des prérogatives du *domaine éminent*, les limitaient aux droits que les autres faisaient dériver de l'*empire* ou de la *souveraineté*.

En France, et vers le milieu du dernier siècle, nous avons vu paraître des écrivains dont les opinions systématiques étaient vraiment capables de compromettre les antiques maximes de l'ordre naturel et social. Ces écrivains substituaient au droit incontestable qu'a l'état ou le souverain de lever des subsides, un prétendu droit de *copropriété sur le tiers du produit net des biens des citoyens*.

Les hommes qui prêchaient cette doctrine se proposaient de remplacer toutes les lois fondamentales des nations par la prétendue force de l'*évidence morale*, presque toujours obscurcie par les intérêts et les passions, et toutes les formes connues de gouvernement par un *despotisme légal* (4), qui impliquerait contradiction jusque dans les termes ; car le mot *despotisme*, qui annonce le fléau de l'humanité, devait-il jamais être placé à côté d'un mot *légal* qui caractérise le règne bienfaisant des lois?

Heureusement toutes ces erreurs viennent échouer contre les principes consacrés par le droit naturel et public des nations. Il est reconnu partout que les raisons qui motivent pour les particuliers la nécessité du droit de propriété, sont étrangères à l'état ou au souverain, dont la vie politique n'est pas sujette aux mêmes besoins que la vie naturelle des individus.

Nous convenons que l'état ne pourrait subsister s'il n'avait les moyens de pourvoir aux frais de son gouvernement; mais en se procurant ces moyens par la levée des subsides, le souverain n'exerce point un droit de propriété; il n'exerce qu'un simple pouvoir d'administration.

C'est encore, non comme propriétaire supérieur et universel du territoire, mais comme administrateur suprême de l'intérêt public, que le souverain fait des lois civiles pour régler l'usage des propriétés privées. Ces propriétés ne sont la matière des lois que comme objet de protection et de garantie, et non comme objet de disposition arbitraire. Les lois ne sont pas de purs actes de puissance ; ce sont des actes de justice et de raison. Quand le législateur publie des réglements sur les propriétés particulières, il n'intervient pas comme maître, mais uniquement comme arbitre, comme régulateur, pour le maintien du bon ordre et de la paix.

Lors de l'étrange révolution qui fut opérée par l'établissement du régime féodal, toutes les idées sur le droit de propriété furent dénaturées, et toutes les véritables maximes furent obscurcies ; chaque prince dans ses états voulut s'arroger des droits utiles sur les terres des particuliers, et s'attribuer le domaine absolu de toutes les choses publiques. C'est dans ce temps que l'on vit naître cette foule de règles extraordinaires qui régissent encore la plus grande partie de l'Europe, et que nous avons heureusement proscrites. Cependant, à travers toutes ces règles, quelques étincelles de raison qui s'échappaient laissaient toujours entrevoir les vérités sacrées qui doivent régir l'ordre social.

Dans les contrées où les lois féodales dominent le plus, on a constamment reconnu des biens libres et *allodiaux ;* ce qui prouve que

(1) *De la paix et de la guerre*, liv. I, ch. I, paragr. 6; ch. III, paragr. 6, liv. II, ch. XIV, paragr. 7; liv. III, ch. XX.

(2) *Du droit de la nature et des gens*, liv. VIII, ch. V.

(3) Fleicher, *Institutiones juris naturæ et gentium*, liv. III, chap. XI, paragr. II.

Leyser, dans sa dissertation *Pro imperio contra dominium eminens*, imprimée à Wirtemberg en 1673.

(4) Voyez un ouvrage intitulé : *de l'Ordre essentiel des sociétés politiques*.

l'on n'a jamais regardé la seigneurie féodale comme une suite nécessaire de la souveraineté. Dans ces contrées, on distingue dans le prince deux qualités, celle de supérieur dans l'ordre des fiefs, et celle de magistrat politique dans l'ordre commun. On reconnaît que la seigneurie féodale ou la puissance des fiefs n'est qu'une chose accidentelle qui ne saurait appartenir à un souverain, comme tel. On ne range dans la classe des prérogatives de la puissance souveraine que celles qui appartiennent essentiellement à tout souverain, et sans lesquelles il serait impossible de gouverner une société politique.

On a toujours tenu pour maxime que les domaines des particuliers sont des propriétés sacrées qui doivent être respectées par le souverain lui-même.

Art. 545. — D'après cette maxime, nous avons établi, dans le projet de loi, que *nul ne peut être contraint de céder sa propriété, si ce n'est pour cause d'utilité publique, et moyennant une juste et préalable indemnité.*

L'état est, dans ces occasions, comme un particulier qui traite avec un autre particulier. C'est bien assez qu'il puisse contraindre un citoyen à lui vendre son héritage, et qu'il lui ôte le grand privilège qu'il tient de la loi naturelle et civile de ne pouvoir être forcé d'aliéner son bien.

Pour que l'état soit autorisé à disposer des domaines des particuliers, on ne requiert pas cette nécessité rigoureuse et absolue qui donne aux particuliers même quelque droit sur le bien d'autrui (1). Des motifs graves d'utilité publique suffisent; parce que, dans *l'intention raisonnablement présumée de ceux qui vivent dans une société civile*, il est certain que chacun s'est engagé à rendre possible par quelque sacrifice personnel ce qui est utile à tous; mais le principe de l'indemnité due au citoyen dont on prend la propriété est vrai dans tous les cas sans exception. Les charges de l'état doivent être supportées avec égalité et dans une juste proportion. Or toute égalité, toute proportion serait détruite, si un seul ou quelques-uns pouvaient jamais être soumis à faire des sacrifices auxquels les autres citoyens ne contribueraient pas.

(1) On sait le droit qu'a tout propriétaire qui n'a point d'issue pour arriver à son domaine, d'obliger les propriétaires à lui donner, en payant, passage sur leurs propres terres.

Après avoir déterminé le pouvoir de l'état sur les propriétés particulières, on a cherché à régler l'étendue et les limites du droit de propriété, considéré en lui-même et dans ses rapports avec les diverses espèces de biens.

Il résulte de tout ce qui a été dit que le droit de propriété s'applique tant aux meubles qu'aux immeubles.

Art. 546. — C'est un principe constant chez toutes les nations policées que la propriété d'une chose soit mobilière soit immobilière s'étend *sur tout ce que cette chose produit.*

En conséquence *les fruits naturels ou industriels de la terre;*

Les fruits civils;

Le croît des animaux, appartiennent au propriétaire;

On appelle *fruits naturels de la terre* ceux qu'elle produit sans le secours de l'art. On appelle *fruits industriels* ceux que la terre ne produirait pas sans le travail de l'homme. On ne croit pas avoir besoin de motiver la disposition qui rend propriétaire de ces fruits celui qui est déjà propriétaire de la terre même; car, dans l'ordre et la marche des idées, c'est la nécessité de reconnaître le droit du cultivateur sur les fruits provenus de son travail et de sa culture, qui, *au moins jusqu'à* la récolte, a fait supposer et reconnaître son droit sur le fonds même auquel il a appliqué ses labours. C'est ainsi que d'année en année le cultivateur s'assurant les mêmes droits par les mêmes travaux, la jouissance s'est changée pour lui en possession continue, et la possession continue en propriété. Il faut donc bien avouer que le propriétaire du fonds est nécessairement propriétaire des fruits, puisque c'est le droit originaire du cultivateur sur les fruits qui a fondé la propriété même du sol.

De plus, la propriété du sol serait absolument vaine, si on la séparait des émoluments naturels ou industriels que ce sol produit. L'usufruit peut être séparé à temps de la propriété par convention ou par quelque titre particulier; mais la propriété et l'usufruit vont nécessairement ensemble, si l'on ne consulte que l'ordre commun et général.

La règle que nous avons établie pour les fruits naturels et industriels de la terre, s'applique au croît des animaux qui sont élevés et nourris par nos soins, et aux fruits civils qui sont le résultat d'une obligation légale ou volontaire.

Art. 548. — Comme on ne peut recueillir sans avoir semé, les fruits n'appartiennent au propriétaire du sol *qu'à la charge de rembourser les frais des labours, travaux et semences faits par des tiers.*

Il serait trop injuste de percevoir l'émolument sans supporter la dépense, ou sans payer les travaux qui le produisent.

Art. 549. — On a toujours distingué le simple possesseur d'avec le véritable propriétaire, la propriété est un droit, la simple possession n'est qu'un fait. Un homme peut être en possession d'une chose ou d'un fonds qui ne lui appartient pas : dès-lors peut-il s'approprier le produit de cette chose ou de ce fonds? On décide, dans le projet de loi, que *le simple possesseur ne fait les fruits siens que dans le cas où il possède de bonne foi.*

Art. 550. — La bonne foi est constatée *quand le possesseur jouit de la chose comme propriétaire et en vertu d'un titre translatif de propriété dont il ignore les vices.*

Il est censé ignorer les vices de son titre tant qu'on ne constate pas qu'il les connaissait.

La loi civile ne scrute pas les consciences. Les pensées ne sont pas de son ressort; à ses yeux le bien est toujours prouvé quand le mal ne l'est pas.

Art. 551. — Non-seulement le droit de propriété s'étend sur tout ce qui est produit par la chose dont on est propriétaire; mais il *s'étend encore sur tout ce qui s'y unit et s'y incorpore, soit naturellement, soit artificiellement.* C'est ce qu'on appelle *droit d'accession.*

Pour bien apprécier le droit d'*accession*, il est nécessaire de parler séparément des choses mobilières et des choses immobilières.

Art. 552. — Nous avons posé le principe que *la propriété du sol emporte la propriété du dessus et du dessous.*

Nous en avons conclu que le propriétaire peut faire *au-dessus toutes les plantations et constructions, et au-dessous toutes les constructions et fouilles qu'il juge convenables.*

On comprend que la propriété serait imparfaite, si le propriétaire n'était libre de mettre à profit pour son usage toutes les parties extérieures et intérieures du sol ou du fonds qui lui appartient, et s'il n'était le maître de tout l'espace que son domaine renferme.

Nous n'avons pourtant pas dissimulé que le droit du propriétaire, quelque étendu qu'il soit, comporte quelques limites que l'état de société rend indispensables.

Vivant avec nos semblables, nous devons respecter leurs droits, comme ils doivent respecter les nôtres. Nous ne devons donc pas nous permettre, même sur notre fonds, des procédés qui pourraient blesser le droit acquis d'un voisin ou de tout autre. La nécessité et la multiplicité de nos communications sociales ont amené sous le nom de *servitudes* et sous d'autres, des devoirs, des obligations, des services, qu'un propriétaire ne pourrait méconnaître sans injustice et sans rompre les liens de l'association commune.

En général les hommes sont assez clairvoyants sur ce qui les touche : on peut se reposer sur l'énergie de l'intérêt personnel du soin de veiller sur la bonne culture. La liberté laissée au cultivateur et au propriétaire, fait de grands biens et de petits maux. L'intérêt public est en sûreté quand, au lieu d'avoir un ennemi, il n'a qu'un garant dans l'intérêt privé.

Cependant, comme il est des propriétés d'une telle nature, que l'intérêt particulier peut se trouver facilement et fréquemment en opposition avec l'intérêt général dans la manière d'user de ces propriétés, on a fait des lois et des réglements pour en diriger l'usage : tels sont les domaines qui consistent en mines, en forêts, et en d'autres objets pareils, et qui ont dans tous les temps fixé l'attention du législateur.

Dans nos grandes cités, il importe de veiller sur la régularité et même sur la beauté des édifices qui les décorent. Un propriétaire ne saurait avoir la liberté de contrarier par ses constructions particulières les plans généraux de l'administration publique.

Un propriétaire, soit dans les villes, soit dans les champs, doit encore se résigner à subir les gênes que la police lui impose pour le maintien de la sûreté commune.

Dans toutes ces occurrences, il faut soumettre toutes les affections privées, toutes les volontés particulières, à la grande pensée du bien public.

Art. 553. — Après avoir averti les propriétaires de l'étendue et des limites naturelles de leurs droits, on s'est occupé des hypothèses dans lesquelles la propriété foncière ou immobiliaire peut accidentellement s'accroître.

Il peut arriver, par exemple, qu'un tiers

vienne faire des plantations dans le bien d'autrui, ou y construire un édifice : à qui appartient cet édifice ou cette plantation? Nous supposons le tiers de bonne foi; car s'il ne l'était pas, s'il n'avait fait qu'un acte d'émulation et de jalousie, son procédé ne serait qu'une entreprise, un attentat. Il ne s'agirait point de peser un droit, mais de réprimer un délit.

Les divers jurisconsultes ne se sont point accordés sur la question de savoir si la plantation faite dans le fonds d'autrui appartient à celui qui a planté, ou au propriétaire du fonds sur lequel la plantation a été faite. Les uns ont opiné pour le propriétaire du fonds, et les autres pour l'auteur de la plantation.

Il en est qui ont voulu établir une sorte de société entre le planteur et le propriétaire foncier, attendu que d'une part les plantes sont alimentées par le fonds, et que d'autre part elles ont par elles-mêmes un prix, une valeur qui ont été fournis par tout autre que celui à qui le fonds appartenait. Il faut, a-t-on dit, faire un partage raisonnable entre les parties intéressées. Cette opinion est celle de *Grotius*, et de quelques autres publicistes célèbres : *Grotius* a été réfuté par *Puffendorf*; ce dernier a fait sentir avec raison tous les inconvénients qu'il y aurait à établir une société forcée entre des hommes qui n'ont pas voulu être associés; il a prouvé qu'il serait impossible de conserver l'égalité entre les parties intéressées dans le partage des produits d'une telle société; il a observé qu'il serait dangereux d'asservir ainsi une propriété foncière à l'insu et contre le gré du propriétaite; et que d'ailleurs chacun étant maître par le droit de faire cesser toute possession indivise et de séparer ses intérêts de ceux d'autrui, il n'y avait aucun motif raisonnable d'imposer au propriétaire d'un fonds une servitude insolite et aussi contraire au droit naturel qu'au droit civil.

A travers les différents systêmes des auteurs, nous sommes remontés au droit romain, qui décide qu'en général tout doit céder au sol qui est immobile, et qu'en conséquence dans la nécessité de prononcer entre le propriétaire du sol et l'auteur de la plantation, qui ne peuvent demeurer en communion malgré eux pour le même objet, le propriétaire du sol doit avoir la préférence, et obtenir la propriété des choses qui ont été accidentellement réunies à son fonds. La loi romaine ne balance pas entre le propriétaire foncier et le tiers imprudent qui s'est permis avec plus ou moins de bonne foi, une sorte d'incursion dans la propriété d'autrui.

Dans le projet de loi, nous sommes partis du principe que toutes les plantations faites dans un fonds sont censées faites par le propriétaire de ce fonds, et à ses frais, si le contraire n'est prouvé.

Art. 555. — Nous donnons au propriétaire du sol sur lequel un tiers a fait des plantations, la faculté de les conserver, ou d'obliger ce tiers à rétablir les lieux dans leur premier état.

Dans le premier cas, nous soumettons le propriétaire à payer la valeur des plantations qu'il conserve et le salaire de la main d'œuvre, sans égard à ce que le fonds même peut avoir gagné par la plantation nouvelle.

Dans le second cas, le tiers planteur est obligé de rétablir les lieux à ses propres frais et dépens; il peut même être exposé à des dommages et intérêts, il supporte la peine de sa légéreté et de son entreprise.

Nous avons suivi l'esprit des lois romaines.

Nous décidons par les mêmes principes les questions relatives aux constructions de bâtiments et autres ouvrages faits par un tiers sur le sol d'autrui; nous donnons au propriétaire la même alternative. Nous avons pensé qu'on ne saurait trop avertir les citoyens des risques qu'ils courrent quand ils se permettent des entreprises contraires au droit de propriété.

Nous avons excepté de la règle générale le cas où celui qui aurait planté ou construit dans le fonds d'autrui, serait un possesseur de bonne foi qui aurait été évincé sans être condamné à la restitution des fruits, et qui aurait planté ou construit pendant sa possession. Dans ce cas, le propriétaire est tenu, ou de payer la valeur des constructions ou plantations, ou de payer une somme égale à l'augmentation de valeur que ces plantations et constructions peuvent avoir apportées au sol.

Art. 554. — Nous nous sommes occupés de l'hypothèse où le propriétaire d'un fonds fait des plantations et constructions avec des matériaux qui appartiennent à un tiers.

Nous avons pensé, dans une telle hypothèse, que ce tiers n'a pas le droit d'enlever ses matériaux, mais que le propriétaire du fonds doit en payer la valeur, et qu'il peut même, selon les circonstances, être condamné à des dommages et intérêts. Cela est fondé sur le principe que personne ne peut s'enrichir aux dépens d'autrui.

Art. 556. — Le projet de loi termine la grande question des *alluvions*. Il décide, conformément au droit romain, que l'*alluvion profite au propriétaire riverain, soit qu'il s'agisse d'un fleuve ou d'une rivière navigable, flotable ou non, à la charge, dans le premier cas, de laisser le marche-pied ou chemin de halage conformement aux réglements.*

L'alluvion est un atterrissement ou accroissement qui se forme insensiblement aux fonds riverains d'un fleuve ou d'une rivière.

Les principes de la féodalité avaient obscurci cette matière; on avait été jusqu'à prétendre que les alluvions formées par les fleuves et rivières appartenaient au prince, lorsqu'il s'agissait d'une rivière ou d'un fleuve navigable; ou au seigneur haut-justicier, lorsqu'il s'agissait d'une rivière ou d'un fleuve non navigable. Les propriétaires riverains étaient entièrement écartés par la plupart des coutumes.

Dans les pays de droit écrit, ces propriétaires s'étaient pourtant maintenus dans leurs droits; mais on voulut les en dépouiller peu d'années avant la révolution, et l'on connaît à cet égard les réclamations solennelles de l'ancien parlement de Bordeaux qui repoussa avec autant de lumières que de courage les entreprises du fisc, et les intrigues ambitieuses de quelques courtisans dont le fisc n'était que le prête-nom.

Il fut établi à cette époque que les alluvions doivent appartenir au propriétaire riverain, par cette maxime naturelle que le profit appartient à celui qui est exposé à souffrir le dommage. Des propriétés riveraines sont menacées plus qu'acune autre. Il existe, pour ainsi dire, une sorte de contrat aléatoire entre le propriétaire du fonds riverain et la nature, dont la marche peut à chaque instant ravager ou accroître ce fonds.

Le système féodal a disparu; conséquemment il ne peut plus faire obstacle au droit des riverains.

Mais dira-t-on que les fleuves et les rivières navigables sont des objets qui appartiennent au droit public et des gens, et qu'ainsi les alluvions produites par ces fleuves et par ces rivières ne peuvent devenir la matière d'une propriété privée.

Nous répondrons, avec *Dumoulin*, que les propriétés privées ne peuvent certainement s'accroître des choses dont l'usage doit demeurer essentiellement public, mais que toutes celles qui sont susceptibles de possession et de domaine, quoiqu'elles soient produites par d'autres qui sont régies par le droit public, peuvent devenir des propriétés privées, et le deviennent en effet, comme les *alluvions* qui sont produites par les fleuves et les rivières navigables, et qui sont susceptibles par elles-mêmes d'être possédées par des particuliers, à l'instar de tous les autres héritages.

Nous avons cru devoir rétablir les propriétaires riverains dans l'exercice de leurs droits naturels. Nous les avons seulement soumis, relativement aux fleuves et rivières navigables, à laisser libre l'espace de terrain suffisant pour ne pas nuire aux usages publics.

Art. 557. — Ce que nous avons dit des *alluvions* s'applique *aux relais que forme l'eau courante qui se retire insensiblement de l'une de ses rives en se portant vers l'autre. Le propriétaire de la rive découverte profite de ces relais, sans que le riverain du côté opposé puisse venir réclamer le terrain qu'il a perdu.* Entre riverains, l'incertitude des accidents forme la balance des pertes et des gains, et maintient entre eux un équilibre raisonnable.

Les délaissements formés par la mer sont régis par d'autres principes, parce qu'ils tiennent à un autre ordre de choses : ils sont exceptés des maximes que nous avons établies.

Art. 559. — Si un fleuve ou une rivière opère une révolution subite dans la propriété d'un riverain, et emporte une partie considérable de cette propriété pour la joindre à une autre, le propriétaire évincé par le fleuve ou par la rivière peut réclamer pendant un an la portion de terrain dont il a été si brusquement dépouillé; mais après ce temps, il ne peut plus réclamer.

Art. 558. — *L'alluvion n'a pas lieu à l'égard des lacs et étangs, dont le propriétaire conserve toujours le terrain que l'eau couvre quand elle est à la hauteur de la décharge de l'etang, encore que le volume de l'eau vienne a diminuer.*

Réciproquement, le propriétaire de l'étang n'acquiert aucun droit sur les terres riveraines que son eau vient à couvrir dans les crues extraordinaires.

La justice de cette disposition est évidente par elle-même.

Art. 560, 561. — Quant aux isles, on

distingue si elles se sont formées dans une rivière navigable ou flottable, ou dans une rivière qui n'a aucun de ces deux caractères. Dans le premier cas, elles appartiennent à la nation; dans le second, elles se partagent entre les riverains des deux côtés, si elles sont sur le milieu de la rivière, ou elles appartiennent au propriétaire riverain du côté où elles se sont formées.

Art. 562. — Si une rivière ou un fleuve, en se formant un bras nouveau, coupe et embrasse le champ d'un propriétaire riverain et en fait une isle, ce propriétaire conserve la propriété de son champ, encore que l'isle se soit formée dans une rivière ou dans un fleuve navigable ou flottable.

C'est la justice même qui commande cette exception. La cité dédaignerait un moyen d'acquérir qui aurait sa source dans la ruine et le malheur du citoyen.

Art. 563. — Un fleuve ou une rivière abandonne-t-elle son ancien lit pour se former un nouveau cours? les propriétaires des fonds nouvellement occupés prennent à titre d'indemnité l'ancien lit abandonné, chacun dans la proportion du terrain qui lui a été enlevé.

Art. 564. — Les animaux peuvent sans doute devenir un objet de propriété. On distingue leurs différentes espèces.

La première est celle des animaux sauvages; la seconde, celle des animaux domestiques; et la troisième, celle des animaux qui ne sont ni entièrement domestiques, ni entièrement sauvages. Les animaux de la première espèce sont ceux qui ne s'habituent jamais au joug ni à la société de l'homme: le droit de propriété sur ces animaux ne s'acquiert que par l'occupation, et il finit avec l'occupation même.

Les animaux domestiques ne sortent pas de la propriété du maître par la fuite; celui-ci peut toujours les réclamer.

Les animaux de la troisième espèce, qui ne sont ni entièrement domestiques ni entièrement sauvages, appartiennent, par droit d'accession, au propriétaire du fonds dans lequel ils ont été se réfugier, à moins qu'ils n'y aient été attirés par artifice.

Les animaux de cette troisième espèce sont l'objet d'une disposition particulière du projet de loi.

Art. 565. — Nous allons examiner actuellement le *droit d'accession* par rapport aux choses mobilières.

Ici la matière est peu susceptible de principes absolus; l'équité seule peut nous diriger.

Art. 566. — La règle générale est que l'accessoire doit suivre le principal, à la charge par le propriétaire de la chose principale, de payer la valeur de la chose accessoire.

Mais dans les choses mobilières, la difficulté est de discerner la chose qui doit être réputée principale, d'avec celle qui ne doit être réputée qu'accessoire.

Art. 567. — On répute chose accessoire celle qui n'a été unie que pour l'usage et l'ornement d'une autre.

Art. 568. — Néanmoins, quand la chose unie est beaucoup plus précieuse que la chose principale, et quand elle a été employée à l'insu du propriétaire, celui-ci peut demander que la chose unie soit séparée pour lui être rendue, même quand il pourrait en résulter quelque dégradation de la chose à laquelle elle a été jointe.

Art. 569. — Dans le doute, on peut regarder comme l'objet principal celui qui est le plus précieux, et regarder comme simplement accessoire celui qui est de moindre prix. Dans les choses d'égale valeur, c'est le volume qui détermine.

Art. 570. — Si un artiste a donné une nouvelle forme à une matière qui ne lui appartenait pas, le propriétaire de la matière doit obtenir la préférence en payant la main-d'œuvre.

Art. 571. — S'il s'agit pourtant d'une vile toile animée par le pinceau d'un habile peintre, ou d'un bloc de marbre auquel le ciseau d'un sculpteur aura donné la respiration, le mouvement et la vie, dans ce cas et autres semblables, l'industrie l'emporte sur le droit du propriétaire de la matière première.

Art. 572. — Une personne a-t-elle employé à un ouvrage quelconque une portion de matière qui lui appartenait et une portion qui ne lui appartenait pas, la chose devient commune aux deux propriétaires dans la proportion de leur intérêt respectif.

Art. 574. — Si une chose a été formée par un mélange de plusieurs matières appartenant à divers propriétaires, le propriétaire de la matière la plus considérable et la plus précieuse peut demander à garder le tout, en remboursant le prix des matières qui ne lui appartenaient pas.

Art. 575. — Si on ne peut distinguer quelle est la plus précieuse des matières mélangées, la chose provenue du mélange demeurera commune à tous les divers propriétaires.

La communauté donne ouverture à la licitation.

Art. 576. — Dans tous les cas où le propriétaire de la matière employée à un ouvrage sans son aveu peut réclamer l'entière propriété du tout, il lui est libre de demander le remplacement de sa matière en même nature, quantité, poids, mesure et bonté, ou d'exiger qu'on lui en paie la valeur.

Art. 577. — Au reste, suivant les circonstances, le propriétaire a l'action en dommages et intérêts, et même l'action criminelle contre celui qui a employé à son insu une matière qui ne lui appartenait pas.

Art. 565. — Les règles qui viennent d'être tracées ne sauraient convenir à toutes les hypothèses. Tout ce que peut le législateur en pareille occurrence, c'est de diriger le juge. C'est à la sagesse du juge, dans une matière aussi arbitraire, à résoudre les différents cas qui peuvent se présenter, et qui n'ont pu être l'objet d'une prévoyance particulière.

Tel est, législateurs, dans son ensemble et dans ses détails, le projet de loi *sur la propriété.*

Vous ne serez point surpris que ce projet se réduise à quelques définitions, à quelques règles générales : car le corps entier du code civil est consacré à définir tout ce qui peut tenir à l'exercice du droit de propriété; droit fondamental sur lequel toutes les institutions sociales reposent, et qui, pour chaque individu, est aussi précieux que la vie même, puisqu'il lui assure les moyens de la conserver.

La cité n'existe, disait l'orateur romain, que pour que chacun conserve ce qui lui appartient. Avec le secours de cette grande vérité, cet orateur philosophe arrêtait de son temps tous les mouvements des factions occupées à désorganiser l'empire.

C'est à leur respect pour la propriété que les nations modernes sont redevables de cet esprit de justice et de liberté qui, dans les temps même de barbarie, sut les défendre contre les violences et les entreprises du plus fort. C'est la propriété qui posa dans les forêts de la Germanie les premières bases du gouvernement représentatif. C'est elle qui a donné naissance à la constitution politique de nos anciens pays d'états, et qui, dans ces derniers temps, nous a inspiré le courage de secouer le joug et de nous délivrer de toutes les entraves de la féodalité.

Art. 544. — Législateurs, la loi reconnaît que la propriété est le droit de jouir et de disposer de son bien de la manière la plus absolue, et que ce droit est sacré dans la personne du moindre particulier. Quel principe plus fécond en conséquences utiles?

Ce principe est comme l'ame universelle de toute la législation; il rappelle aux citoyens ce qu'ils se doivent entre eux, et à l'état ce qu'il doit aux citoyens; il modère les impôts; il fixe le règne heureux de la justice; il arrête dans les actes de la puissance publique les graces qui seraient préjudiciables aux tiers; il éclaire la vertu et la bienfaisance même; il devient la règle et la mesure de la sage composition de tous les intérêts particuliers avec l'intérêt commun; il communique ainsi un caractère de majesté et de grandeur aux plus petits détails de l'administration publique.

Ainsi vous avez vu le génie qui gouverne la France établir sur la propriété les fondements inébranlables de la république.

Les hommes dont les possessions garantissent la fidélité, sont appelés désormais à choisir ceux dont les lumières, la sagesse et le zèle, doivent garantir les délibérations.

En sanctionnant le nouveau code civil, vous aurez affermi, législateurs, toutes nos institutions nationales.

Déjà vous avez pourvu à tout ce qui concerne l'état des personnes : aujourd'hui vous commencez à régler ce qui regarde les biens. Il s'agit, pour ainsi dire, de lier la stabilité de la patrie à la stabilité même du territoire. On ne peut aimer sa propriété sans aimer les lois qui la protègent. En consacrant des maximes favorables à la propriété, vous aurez inspiré l'amour des lois : vous n'aurez pas travaillé seulement au bonheur des individus, à celui des familles particulières, vous aurez créé un esprit public, vous aurez ouvert les véritables sources de la prospérité générale, vous aurez préparé le bonheur de tous.

TITRE III.

De l'Usufruit, de l'Usage et de l'Habitation.

Décrété le 9 pluviôse an XII (30 janvier 1804); — Promulgué le 19 du même mois (9 février 1804).

[Articles 578 à 636.]

Exposé des Motifs par M. le Conseiller-d'État Galli.

Séance du 28 nivôse an XII (19 janvier 1804).

Législateurs,

Nous venons vous présenter, au nom du gouvernement, le titre de l'*Usufruit*, de l'*Usage*, et de l'*Habitation*. C'est le troisième du livre II du projet de Code civil.

Ce titre est divisé en deux chapitres:

Le premier concerne l'*Usufruit;*

Le deuxième, l'*Usage* et l'*Habitation*.

Art. 578. — On commence, dans le premier, par définir ce que c'est que l'*Usufruit*. C'est *le droit de jouir des choses dont un autre a la propriété comme le propriétaire lui-même, mais à la charge d'en conserver la substance.*

Quelque difficile que puisse être toute définition (1), et quoiqu'il soit très-dangereux d'en insérer dans un corps de lois, cependant, comme le Code civil ne contient pas seulement des règles pour les juges, mais aussi des instructions pour chaque citoyen, il est bon d'en trouver quelques-unes briéves et précises, qui, éclairant les juges et les parties en même-temps, dissipent toute incertitude et ne laissent aucune ressource à la chicane.

Aussi ne définit-on pas l'*Usufruit*, comme d'autres l'ont défini (2), *le droit de jouir d'une chose dont on n'est pas le propriétaire, la conservant entière et sans la détériorer ni la diminuer.* Ces dernières paroles auraient emporté l'exclusion des choses qui se consomment par l'usage ou qui se détériorent, et desquelles cependant on peut avoir l'usufruit, sous le nom d'*usufruit impropre*, comme s'expriment les praticiens, ou de *quasi usufructus*, comme le dit formellement le texte dans les *Institutes* (1); et ce, par suite de la règle générale, que l'usufruit peut s'établir sur toutes les choses qui sont en notre patrimoine (2), soit qu'elles se conservent, soit qu'elles se détériorent, soit qu'elles se consomment.

Voilà pourquoi, dans ce Code, on a préféré l'expression de la loi romaine (3), *salvâ rerum substantiâ.*

Art. 581. — Et c'est pour la même raison qu'on déclare, article 581, que *l'usufruit peut être établi sur* toute espèce de *biens meubles ou immeubles*, et par conséquent sur des choses aussi qui se consomment par l'usage, ou qui se détériorent.

Art. 579. — L'article 579 décide que *l'usufruit est établi par la loi ou par la volonté de l'homme :*

Par la loi, tel que l'usufruit légal, appartenant aux père et mère sur le bien de leurs enfants, dont est parlé à l'article 601.

Par la volonté de l'homme, tel que celui qui est porté par un testament, par un contrat. C'est cet usufruit qui nous procure, qui nous facilite des libéralités, des actes de bienfaisance et de gratitude. C'est par le moyen de cet usufruit que des transactions les plus épineuses quelquefois se combinent, que les acquisitions les plus importantes et les plus difficiles se font; c'est

(1) L. CCII ff. *de Regulis juris.*
(2) *Domat*, liv. I, titre II, *de l'Usufruit*, §. 1.

(1) §. 2 *de l'Usufr.*
(2) Liv. I, *de Usufr. juncto*, §. 2, Institut. *de Usufr.*
(3) *In lege primâ, ff.* de Usufr.

par lui que les époux se rendent mutuellement les derniers témoignages de leur tendresse.

Art. 586. — *Les fruits civils sont reputés,* dit l'article 586, *s'acquérir jour par jour, et appartiennent à l'usufruitier, à proportion de la durée de son usufruit.*

L'article applique ensuite cette règle au prix des baux à ferme, comme aux loyers des maisons et aux autres fruits civils dans la classe desquels l'art. 584 range le prix des baux à ferme.

Cette application fait cesser toutes les questions qui s'agitaient autrefois entre le propriétaire et l'héritier de l'usufruitier, sur le mode de répartir un prix qui, représentant des fruits naturels, paraissait devoir suivre la nature de ceux-ci, et non celle des autres.

Art. 590. — A l'égard des arbres qu'on peut tirer d'une pépinière, il est dit, art. 590, que l'on se conformera aux usages des lieux pour leur remplacement.

Art. 593. — Quant aux échalas pour les vignes, qu'on peut prendre dans les bois, et quant aux produits annuels ou périodiques, qu'on peut prendre sur les arbres, l'article 593 statue que l'on doit suivre l'usage du pays ou la coutume du propriétaire.

Ainsi sont respectées et maintenues, partout où il le faut, les coutumes, les habitudes des citoyens.

Cette excellente partie de la législation est également due aux sages réflexions des rédacteurs du projet de Code civil, *puisqu'ils avaient*, dans leur discours préliminaire, manifesté le désir qu'il y eût *une tradition suivie d'usages, de maximes et de règles, afin que l'on fût en quelque sorte nécessité à juger aujourd'hui comme on a déjà jugé hier* (1).

Art. 602. — L'article 602 porte : *Si l'usufruitier ne trouve pas de caution, les immeubles sont donnés à ferme ou mis en séquestre ;*

Les sommes comprises dans l'usufruit sont placées ;

Les denrées sont vendues, et le prix en provenant est pareillement placé ;

Les intérêts de ces sommes et les prix des fermes appartiennent dans ce cas à l'usufruitier.

Cette jurisprudence est bien plus judicieuse, bien plus mûrie que celle de ces pays où, l'usufruitier pauvre, isolé ou étranger, ne trouvant point de caution, l'on doit s'en tenir à la caution juratoire. Mais cette caution juratoire serait-elle aussi satisfaisante pour le propriétaire? Cette caution, qui n'est que de paroles, pourrait-elle valoir au propriétaire autant que lui valent les moyens prescrits par cet article?

Art. 603. — Néanmoins, s'il est juste de n'admettre aucune caution juratoire dans le cas énoncé, il est également conforme à la justice et aux principes d'une équitable commisération de l'avoir adoptée dans le cas de l'article 603, où il est précisément dit que l'*usufruitier peut demander, et les juges peuvent accorder, suivant les circonstances, qu'une partie des meubles nécessaires pour son usage lui soit délaissée sous sa simple caution juratoire.*

Art. 619. — L'article 619 établit que l'*usufruit qui n'est pas accordé à des particuliers ne dure que trente ans.*

On n'a pas adopté ici l'opinion du texte romain (1) : *Placuit centum annis tuendos esse municipes.* A la vérité on ne pourrait trouver bien solide la raison qui y est alléguée, *quia is finis vitæ longævi hominis est.* Comment! parce qu'un homme peut vivre cent ans, il faudra décerner l'usufruit aussi pour cent ans à une ville ou autre communauté? Je ne comprends pas la conséquence de ce principe : mais je comprends bien la doctrine de l'immortel *Domat*, qui, devançant l'opinion de notre Code, pensait qu'il y aurait eu bien plus de raison de fixer cet usufruit à trente années seulement (2).

Après avoir donné avec beaucoup de précision la définition de l'usufruit, après en avoir expliqué la nature, après avoir dit comment et sur quelle chose il peut s'établir, on est passé de suite, art. 582 et suivants, aux droits de l'usufruitier, sans s'occuper des autres distinctions que des interprètes des siècles passés avaient inventées en les exprimant par des locutions étrangères au texte, et vraiment barbares, telle que celle-ci : *Inter usumfructum casualem et usumfructum formalem*, sous le prétexte qu'elles étaient plus propres à l'intelligence des anciens jurisconsultes, tandis qu'au contraire d'interminables disputes et d'innombrables procès ont été les seuls fruits de ces subtilités.

Législateurs, je vous ai peut-être entretenus

(1) Projet de Code, page 12 du Discours préliminaire.

(1) Liv. VIII, ff. *de Usuf. et usuf. legato. L. An Usuf.* 56 *de Usuf.*

(2) Titre XI *de l'Usufruit, in fine.*

plus qu'il ne fallait du droit romain; mais je suis né en Italie, d'où il tire son origine, où les *Pandectes* ont été retrouvées, où ses maximes triomphent, et où il faisait notre droit commun.

En sollicitant votre indulgence, j'emprunterai la voix d'un Français, du célèbre Dumoulin: il s'exprime ainsi dans sa préface de la Coutume de Paris, n.º 110: *E jure scripto mutuamur quod æquitati consonum invenitur, non quod fuerimus subditi Justiniano aut successoribus ejus, sed quia jus illo auctore à sapientissimis viris ordinatum; tam est æquum, rationabile, et undequaque absolutum, ut omnium ferè christianarum gentium usu et approbatione commune sit effectum.*

Je ne ferai pas une analyse plus étendue des dispositions du titre. Elles ne sont susceptibles d'aucune objection, et n'ont par conséquent pas besoin d'être développées: il suffira donc de vous en faire lecture pour que votre sagesse les apprécie.

---

(1) Sans doute, législateurs, c'est un honneur bien grand que celui de pouvoir monter à cette auguste tribune, et il est encore plus grand pour moi, qui seul n'aurais jamais pu y aspirer.

Oui, législateurs, ce c'est que le bénéfice de la réunion accordé au peuple Piémontais qui a fait rejaillir sur moi cet honneur, et non pas mon propre mérite.

Instruit depuis quelque temps par les lumières de mes illustres collègues, j'ai quelquefois espéré pouvoir satisfaire à la tâche qui m'était imposée de parler devant vous pour la première fois; mais, d'autre part, ébloui chaque jour par leur éloquence, frappé de l'énergie de leurs sentiments, pénétré de la justesse de leurs maximes, je n'ai pas le courage d'élever une voix impuissante et timide après tant d'orateurs qui rappellent souvent les Démosthène, les Cicéron et les Eschine.

Je ferai donc beaucoup mieux, de resserrer mon discours, et de le soustraire ainsi à une censure qui paraîtrait juste à plus d'un titre.

Devenu citoyen français, seulement depuis une très-courte époque, il n'est pas surprenant que je n'aie pas suivi le conseil d'un de vos plus célèbres magistrats, d'Aguesseau, lorsqu'il dit qu'une de nos premières études doit être celle de notre patrie, de son histoire, de sa législation, de ses mœurs.

Je ne suis pas à même, autant qu'un Français, de discerner toutes les beautés de votre Code, celles, dis-je, qui résultent de son parallèle avec les abus et les vices du précédent.

Je connais quelques-uns de ces inconvénients, tels que cette masse immense, cet informe chaos de tant de coutumes; mais, je le répète, je ne suis pas à même de calculer exactement, et par une juste comparaison, tout le bien de l'un et tout le mal de l'autre.

En vérité, législateurs, je crains fort que, par suite de ce nouveau Code, ne soient presque ensevelis dans un éternel oubli ces grands jurisconsultes de la France, Duaren, Talon, Térasson, d'Aguesseau, Domat, Pothier; et il me fâcherait plus encore d'y voir ensevelis un Cujas, un Favre.

Voulez-vous savoir le motif de ma juste prédilection? je vous le dirai.

Cujas, natif de Toulouse, fut appelé en Piémont, par Emmanuel Philibert. C'est dans ses écrits que les Piémontais apprirent les vrais éléments de la jurisprudence. Oui, l'université de Turin s'honore toujours de son nom. Les Piémontais furent ses disciples; les Piémontais sont reconnaissants et le seront à jamais.

Et quant à Favre, jadis premier président à Chambéry, il naquit à Bourg, en 1557; la Bresse était alors sous la domination de la Savoie.

D'autre part, il est consolant pour moi de penser que si ce nouveau Code est le fruit de profondes méditations, il fut surtout puisé dans les sources des lois romaines.

Et c'est d'après une source si pure et si sacrée, c'est d'après l'appui de tant d'hommes savants dont la France abonde, que son restaurateur, le génie du monde, s'est intimement persuadé de ce que disait Euripide, *Nihil est in civitate præstantius quàm leges bene positæ.*

(1) Cette dernière partie du discours de M. Galli n'est pas insérée dans la discussion du projet de Code civil, imprimée en 5 vol. in-4; néanmoins nous avons cru devoir la conserver dans cette édition.

TITRE IV.

Des Servitudes ou Services fonciers.

Décrété le 10 pluviôse an XII (31 janvier 1804); — Promulgué le 20 du même mois (10 février).

[Articles 637 à 710.]

Exposé des Motifs, par M. le Conseiller-d'Etat Berlier.

Séance du 29 nivôse an XII (20 janvier 1804).

Législateurs,

Art. 638. — Un projet de loi sur la propriété vous a été soumis il y a peu de jours; ses droits vous ont été développés avec beaucoup d'étendue : mais la propriété est susceptible de modifications comme toutes les institutions de l'ordre social.

Ainsi diverses causes peuvent concourir à l'assujétissement d'un fonds originairement franc; ainsi à côté de la liberté des héritages se placent les *servitudes* ou *services fonciers*, dont nous venons vous entretenir aujourd'hui.

Il ne s'agit point ici de ces prééminences d'un fonds sur l'autre, qui prirent naissance dans le régime à jamais aboli des fiefs.

Il ne s'agit pas non plus de services imposés à la personne et en faveur d'une personne, mais seulement à un fonds et pour un fonds.

Dans ce travail, le gouvernement n'a point aspiré à la création d'un système nouveau : en respectant les usages autant qu'il était possible, il a rapproché et concilié les règles de la matière; et malgré son extrême désir d'établir l'*uniformité* dans cette partie de la législation comme dans les autres, il y a quelquefois renoncé quand des différences locales la repoussaient invinciblement.

Pour vous mettre, législateurs, à même d'apprécier ce travail, je ne m'astreindrai point à justifier en détail chacun de ses nombreux articles.

Tout ce qu'un usage constant et conforme aux règles de la justice a consacré depuis des siècles, n'a pas besoin d'être motivé, et notre projet compte bien peu de dispositions qui ne soient dans ce cas.

Je me bornerai donc à vous offrir quelques notions générales de l'ordre qui a été suivi dans la *rédaction de ce projet*, *et des vues qui y ont présidé.*

Art. 639. — Les servitudes se divisent en trois classes : les unes dérivent de la situation des lieux, les autres sont établies par la loi; la troisième espèce s'établit par le fait de l'homme.

Les deux premières classes ont quelque affinité entre elles; la troisième en est essentiellement distincte : mais comme elles ont chacune un caractère et des effets qui leur sont propres, je vais les examiner séparément et dans l'ordre qui leur est assigné par le projet de loi.

Des servitudes qui dérivent de la situation des lieux.

Art. 640. — Les *eaux* se placent au premier rang des servitudes de cette espèce. C'est par la nature des choses que les fonds inférieurs sont assujétis à recevoir les eaux qui découlent des héritages supérieurs; ainsi le propriétaire d'un héritage inférieur ne peut se soustraire à cette servitude, qui est une charge tracée par la nature elle-même.

De son côté le propriétaire de l'héritage supérieur ne peut aggraver la servitude, ni changer le cours des eaux d'une manière qui porte dommage à l'héritage inférieur.

Ces règles sont fondées, d'une part, sur la nécessité, et de l'autre, sur l'équité. Mais la question des eaux se présente aussi sous un autre rapport.

En effet, de même que les eaux peuvent être pour l'héritage inférieur une chose incommode, onéreuse, en un mot une vraie servitude, de même, et en plusieurs circonstances, elles peuvent lui offrir de grands avantages.

Art. 641. — Cette situation particulière considérée dès son origine, ne confère aucun droit de plus à l'héritage inférieur envers l'héritage supérieur dans lequel il y a une source.

Cette source faisant partie de la propriété comme le terrain même, le propriétaire du terrain où est la source peut en disposer à sa volonté.

Art. 642. — Mais si pendant plus de trente ans ce propriétaire a laissé aux eaux de sa source un cours à l'occasion duquel le propriétaire de l'héritage inférieur ait fait des travaux *apparents*, dans la vue d'user de ses eaux, et qu'en cet état celui-ci en ait acquis la possession trentenaire, cette possession ainsi caractérisée a semblé suffisante pour établir les droits de l'héritage inférieur.

Dans cette espèce les rôles changent; et c'est l'héritage supérieur qui est assujéti envers l'héritage inférieur à respecter une possession qui, accompagnée d'actes *patents* et *spéciaux*, peut être considérée comme la suite d'arrangements passés entre les deux propriétaires ou leurs auteurs.

Art. 643. — Hors ce cas et celui où l'utilité publique ou communale réclame l'usage d'une source, le propriétaire en a l'absolue disposition, de manière toutefois qu'il n'aggrave point la condition de ses voisins.

Tels sont les principes que notre projet pose sur la matière des eaux, en y ajoutant quelques règles sur l'usage que peuvent tirer *des eaux courantes*, les propriétés qui les bordent.

Toutes ces décisions sont conformes à la raison et à la justice.

Art. 646. — Mais si les eaux et leur cours tiennent le premier rang parmi les servitudes *naturelles*, il en est d'autres que la situation des lieux entraine aussi évidemment.

Tels sont en certains cas les clôtures et le bornage.

A la vérité quelques auteurs, en ne considérant comme *servitude* que les devoirs susceptibles d'un exercice journalier, ou du moins périodique, ont pensé que ce qui avait trai aux actions que nous examinons, et notamment *au bornage*, n'était que la matière d'un réglement entre voisins.

Mais en mettant à l'écart toute dispute de mots, si le bornage est un devoir réciproque de tout propriétaire rural envers son voisin qui le réclame, cette règle se place naturellement ici.

J'ai parlé des servitudes qui dérivent de la situation des lieux; je passe à celles qui sont établies par la loi.

Des servitudes établies par la loi.

Art. 650. — Je dirai peu de chose des servitudes qui sont en certains cas établies pour l'utilité publique ou communale.

Un chemin est-il à faire, un édifice public est-il à construire; la propriété particulière cède, moyennant indemnité, au besoin général.

Ce principe exprimé déjà au *titre de la propriété*, n'est rappelé ici que pour le complément du tableau.

Mais cette espèce de servitude, qui, planant sur tous les fonds, en atteint par intervalles quelques-uns et en absorbe plusieurs, peut n'être considérée que comme *accidentelle*, et, malgré son importance, ne tenir ici qu'une place secondaire.

Art. 651. — C'est sous ce point de vue que notre projet la considère; il n'en parle que transitoirement, et s'occupe spécialement des servitudes qui, de leur nature se rattachant à l'état *habituel* des propriétés particulières entre elles, ont leurs effets réglés par la loi, indépendamment de la volonté particulière, et nonobstant toute opposition dont l'un voudrait user envers l'autre.

Art. 652. — Cette classe de servitudes se divise elle-même en un fort grand nombre d'espèces : *la mitoyenneté des murs, la distance requise pour certaines constructions, ou le contre-mur, les vues sur la propriété du voisin, l'égoût des toits, et le droit de passage.*

Peu de mots sur chacune de ces servitudes suffiront pour faire connaître l'organisation qui leur est propre.

L'une des plus importantes sans doute est *la mitoyenneté des murs*, dont nos principales coutumes se sont occupées avec beaucoup d'étendue.

Art. 653. — Le droit romain a bien aussi de nombreux textes relatifs *au mur commun*;

mais cette source n'était point en cette occasion la meilleure; car les maisons de Rome, bâties sans continuité entre elles (ainsi que nous l'apprennent les lois mêmes de ce peuple, où elles sont ordinairement désignées sous le nom d'*iles*, *insulæ*), ne pouvaient donner lieu entre voisins aux mêmes difficultés que chez nous, ou du moins ces difficultés devaient y être bien rares.

Les dispositions de nos coutumes sur le mur mitoyen, nées de nos besoins, et de la forme même de nos habitations, nous offraient un guide plus sûr et plus adapté à notre situation.

Le projet les a donc suivies, et les a puisées surtout dans la coutume de Paris, avec laquelle la plupart des autres s'accordent, et qui même est devenue en plusieurs points la base de la jurisprudence des pays de droit écrit.

Une assez grave divergence pourtant existait entre quelques parties du territoire français, et notamment entre les pays coutumiers et ceux de droit écrit, non sur les effets de la mitoyenneté une fois acquise, mais sur le mode même de l'acquérir.

Dans une partie de la république, *la mitoyenneté* ne s'acquérait et ne s'acquiert encore aujourd'hui que par le concours de deux volontés; il ne suffit pas que l'une des parties veuille l'acquérir, il faut que l'autre y consente : c'est un contrat ordinaire; et si le voisin refuse, à quelque prix que ce soit, de donner part à son mur, celui qui désire la mitoyenneté est tenu d'y renoncer, et de bâtir sur son fonds un mur, qui lui reste en totalité.

Art. 661. — Dans beaucoup d'autres contrées, et notamment dans le vaste ressort de la coutume de Paris, suivie sur ce point par un grand nombre d'autres, l'acquisition de la mitoyenneté s'opère par la disposition de la loi, et sous la seule obligation de rembourser la moitié de la valeur du mur et du sol.

Cette règle est celle que nous avons suivie, comme la seule propre à prévenir des refus dictés par l'humeur ou le caprice, souvent contre l'intérêt même de celui à qui la mitoyenneté est demandée, et toujours contre les devoirs du bon voisinage.

Ainsi la mitoyenneté des murs est justement classée parmi les servitudes *légales*; autrement elle eût appartenu aux servitudes *conventionnelles*.

Je ne parlerai point de la manière dont le projet règle les effets et les droits de la mitoyenneté *des murs*, ainsi que les caractères auxquels devra se reconnaître la mitoyenneté *des fossés et des haies*.

En établissant à ce sujet un droit commun, on l'a fondé sur nos habitudes et sur les usages reçus le plus universellement.

Art. 671. — Mais la conciliation des usages a été jugée impossible lorsqu'il a été question *des plantations limitrophes*, ou du moins il n'a pas été permis de les assujétir à une mesure commune et uniforme.

Les principes généraux, déduits de la seule équité, indiquent suffisamment sans doute que le droit de tout propriétaire cesse là où commencerait un préjudice pour son voisin; mais cette primitive donnée, commune a toutes les parties du territoire, n'écarte point la difficulté que nous venons d'indiquer. En effet, à quelle distance de l'héritage voisin sera-t-il permis de planter des arbres de haute tige, ou autres? Sera-ce à un ou deux mètres pour les premiers, à un demi-mètre pour les seconds? et la fixation précise d'une distance quelconque est-elle compatible avec la variété des cultures et du sol, sur un territoire aussi étendu que celui de la république?

Pour ne rien retrancher du légitime exercice de la propriété, mais pour ne pas blesser non plus les droits du voisinage, il a donc fallu se borner à n'indiquer sur ce point, et par voie de disposition générale, une distance commune, qu'en l'absence de réglements et usages locaux.

Art. 674. — Il n'a pas été moins nécessaire de renvoyer à ces réglements et usages tout ce qui se rapporte aux *contre-murs*, ou, à défaut de contre-murs, aux distances prescrites pour certaines constructions que l'on voudrait faire près d'un mur voisin, mitoyen ou non.

En effet, la loi ne saurait prescrire l'emploi de tels ou tels matériaux qui n'existent pas également partout; ici se trouve la pierre de taille, là il n'y a que de la brique, et pourtant ces éléments sont la vraie, l'unique mesure des obligations ultérieures; car mon voisin, s'il veut construire une cheminée, une forge ou un fourneau, ne peut néanmoins mettre ma propriété en danger, elle y sera selon qu'il emploiera tels matériaux au lieu de tels autres, ou que, selon la nature de mes constructions, il en rapprochera plus ou moins les siennes.

Il a donc fallu encore s'en rapporter sur ce

point aux réglements et usages locaux, et renoncer par nécessité, au bénéfice de l'uniformité dans une matière qui ne la comportait pas.

Au surplus cet obstacle n'existe pas pour les autres servitudes légales que nous avons encore à examiner; savoir, *les vues, l'égoût, et le droit de passage.*

Art. 675. — Les servitudes de *vues* ou *jours* tiennent un rang assez important dans cette matière.

On ne peut, en mur mitoyen, prendre des *vues* ou *jours* sur son voisin, autrement que par convention expresse : c'est une règle qui n'a jamais été contestée. Mais il s'agit plus spécialement ici de déterminer jusqu'à quel point l'exercice de la propriété peut être gêné, même *en mur propre;* et c'est sous ce rapport que l'incapacité d'ouvrir des *vues* ou des *jours* sur son voisin, peut et doit être considérée comme une servitude établie par la loi.

Art. 676. — Ainsi l'on ne peut, même dans son propre mur s'il est immédiatement contigu à l'héritage d'autrui, pratiquer des ouvertures ou prendre des jours sur le propriétaire voisin que sous les conditions que la loi impose.

Cette modification du droit de propriété n'a pas besoin d'être justifiée; l'ordre public ne permet pas qu'en usant de sa propriété, on puisse alarmer les autres sur la leur.

C'est dans ces vues que le projet indique les hauteurs auxquelles les fenêtres doivent être posées au-dessus du sol ou du plancher, avec les distinctions propres au rez-de-chaussée et aux étages supérieurs...

Quelques voix avaient sur ce point réclamé des modifications pour les habitations champêtres; mais une mesure commune et modérément établie, a semblé devoir régir indistinctement les habitations des campagnes comme celles des villes, parce que l'ordre public veille également pour les unes et pour les autres.

Art. 681. — Un article du projet traite de l'*égoût des toits*, et dispose que tout propriétaire doit établir ses toits de manière que les eaux pluviales s'écoulent sur son territoire ou sur la voie publique, sans qu'il puisse les faire verser sur le fonds de son voisin.

Dira-t-on que cette disposition établit plus exactement un devoir qu'une servitude, parce qu'on n'exerce pas de servitude sur son propre fonds; mais l'usage de sa propre chose, limité dans l'intérêt de celle d'autrui, est aussi une servitude légale; et d'ailleurs la cohérence de cette disposition avec les précédentes ne permettait pas de la placer ailleurs.

Art. 682. — Enfin le projet traite du *droit de passage* dû au propriétaire d'un fonds enclavé et sans issue.

Cette servitude dérive tout-à-la-fois et de la nécessité et de la loi; car l'intérêt général ne permet pas qu'il y ait des fonds mis hors du domaine des hommes, et frappés d'inertie, ou condamnés à l'inculture, parce qu'il faudra pour y arriver traverser l'héritage d'autrui.

Art. 684. — Seulement, en ce cas, le propriétaire qui fournit le passage doit être indemnisé, et celui qui le prend doit en user de la manière qui portera le moins de dommage à l'autre.

Législateurs, je viens d'indiquer rapidement les diverses espèces de servitudes *légales* comprises au chapitre II du projet de loi.

De cette dénomination *servitudes légales* ou *établies par la loi*, il ne faut pas au surplus conclure qu'il ne puisse y être apporté des dérogations ou modifications par la volonté de l'homme, mais seulement qu'elles agissent, en l'absence de toute convention, par la nature des choses et l'autorité de la loi.

Je passe à la troisième classe de servitudes dont traite le projet de loi.

Des servitudes établies par le fait de l'homme.

On appelle ainsi toutes servitudes qui dérivent, ou d'une *convention* formelle, ou d'une *possession* suffisante pour faire présumer un accord, ou de la *destination du père de famille.*

Art. 692, 693. — La destination du père de famille équivaut à titre quand il est prouvé que deux fonds actuellement divisés ont appartenu à la même personne, et que c'est par elle que les choses ont été mises dans l'état d'où résulte la servitude.

Art. 686. — Les servitudes conventionnelles imposées sur la propriété n'ont pour limites nécessaires que le point où elles deviendraient contraires à l'ordre public.

Art. 687, 688, 689. — Quelle qu'en soit la cause, elles sont, par l'objet auquel elles s'attachent, *urbaines* ou *rurales*, *continues* ou *discontinues*, *apparentes* ou *non apparentes.*

Notre projet explique cette triple distinction; mais je porterai spécialement votre attention sur les deux dernières, et sur la différence qui, existant entre les servitudes *continues* et *apparentes*, et les servitudes *discontinues* et *non apparentes*, exige qu'à défaut de titres, les unes soient mieux traitées que les autres.

Art. 690. — Ainsi les servitudes continues et apparentes pourront s'acquérir par une possession trentenaire; car des actes journaliers et patents, exercés pendant si long-temps sans aucune réclamation, ont un caractère propre à faire présumer le consentement du propriétaire voisin : le titre même a pu se perdre; mais la possession reste, et ses effets ne sauraient être écartés sans injustice.

Art. 691. — Il n'en est pas de même à l'égard des servitudes continues, non apparentes, et des servitudes discontinues, apparentes ou non.

Dans ce dernier cas, rien n'assure, rien ne peut même faire légalement présumer que le propriétaire voisin ait eu une suffisante connaissance d'actes souvent fort équivoques, et dont la preuve est dès-lors inadmissible.

La preuve de la possession trentenaire sera donc recevable dans la première espèce; mais nulle preuve de possession, *même immémoriale*, ne sera admise dans la seconde.

Cette décision, conforme à la justice et favorable à la propriété, est l'une des plus importantes du projet, et mérite d'autant plus d'attention, qu'elle n'était pas universellement admise dans le dernier état de la jurisprudence.

Nulle part on n'avait pu méconnaître la différence essentielle qui existe entre ces diverses espèces de servitudes; mais tout ce qui en était résulté dans quelques ressorts, c'est qu'au lieu de la possession trentenaire, on exigeait, à défaut de titres, la possession *immémoriale*, pour l'acquisition des servitudes discontinues.

De graves auteurs, et notamment *Dumoulin*, avaient adopté cette opinion : mais qu'est-ce qu'une possession *immémoriale* pouvait ajouter ici, et quelle confiance pouvaient mériter, au-delà de trente ans, les mêmes faits, les mêmes actes que l'on avouait être équivoques et non concluants pendant cette première et longue série d'années?

En rejetant cette possession immémoriale, notre projet a donc fait une chose qui, bonne en soi, s'accordera aussi avec les vues générales de notre nouvelle législation en matière de prescription : la plus longue doit être limitée à trente ans; et les actes qui ne prescrivent pas par ce laps de temps peuvent bien être considérés comme de nature à ne prescrire jamais.

Il me reste peu de choses à dire sur le surplus du projet. Il traite des droits et devoirs respectifs des propriétaires d'héritages, dont l'un doit une servitude à l'autre; et les règles prises à ce sujet dans l'équité et l'usage ne pouvaient présenter ni embarras, ni incertitude.

Art. 706. — Rien d'ardu ni de grave ne s'offrait d'ailleurs dans la partie du travail, qui exprime comment s'éteignent les servitudes établies par le fait de l'homme.

Art. 705. — Le non-usage pendant trente ans, qui en fait présumer l'abandon ou la remise, et la réunion dans les mêmes mains, du fonds qui doit la servitude, et de celui à qui elle est due; telles sont les causes d'extinction, auxquelles il peut s'en joindre accidentellement une troisième, lorsque le fonds qui doit la servitude n'est plus en état de la fournir.

Art. 686. — Au surplus, le but essentiel de toute la partie du projet relative aux servitudes qui s'établissent par le fait de l'homme a été de les protéger, mais de les circonscrire dans les limites précises de leur établissement : ainsi le voulait la faveur due à la liberté des héritages et à la franchise des propriétés.

Législateurs, j'ai parcouru, et plutôt indiqué que discuté, tous les points du projet de loi relatifs aux servitudes ou services fonciers.

Sa sagesse n'échappera point à vos lumières.

Vous n'y trouverez que peu de dispositions nouvelles, et vous remarquerez dans toutes ses parties la circonspection avec laquelle, en faisant disparaître quelques nuances entre divers usages, on a néanmoins respecté les habitudes générales, et même quelquefois les habitudes locales, quand des motifs supérieurs en ont imposé le devoir.

Sous tous les rapports qui viennent d'être examinés, le gouvernement a pensé que ce projet de loi obtiendrait de vous la sanction qui lui est nécessaire pour occuper dans le Code civil la place qui l'y attend.

CODE NAPOLÉON.

LIVRE III.

DES DIFFÉRENTES MANIÈRES DONT ON ACQUIERT LA PROPRIÉTÉ.

TITRE I.er

Des Successions.

Décrété le 29 germinal an XI (19 avril 1803); — Promulgué le 9 floréal (29 du même mois).

[ARTICLES 711 à 892.]

EXPOSÉ DES MOTIFS, par M. le Conseiller-d'État TREILHARD.

Séance du 19 germinal an XI (9 *avril* 1803).

LÉGISLATEURS,

Le gouvernement vous présente par notre organe le projet de loi sur les successions, c'est-à-dire, le testament présumé de toute personne qui décéderait sans avoir valablement exprimé une volonté différente.

La société se perpétue par les mariages : son organisation serait imparfaite, s'il n'existait pas aussi un moyen de transmettre les propriétés de la génération présente à la génération future.

Chacun laisse en mourant une place vacante : nous avons des biens à régir, des droits à exercer, des charges à supporter; l'héritier est un autre nous-même qui nous représente dans la société; il y jouit de nos biens, il y remplit nos obligations.

Ce remplacement ne peut s'opérer que de deux manières, ou par la force de la loi qui nous donne un successeur, ou par la volonté de l'homme qui désigne lui-même la personne qui doit le remplacer.

Toutes les législations sur cette matière sont nécessairement formées de la combinaison diverse de ces deux espèces de transmissions.

Il eût été dur, injuste, d'interdire des actes de confiance, de bienfaisance, j'aurais pu dire de justice, envers ceux dont nous aurions reçu des témoignages constants d'affection pendant tout le cours de notre vie. Il fallait aussi suppléer à l'oubli, à la négligence de l'homme que la mort aurait frappé avant qu'il eût disposé de ses propriétés; la transmission des droits et des biens doit donc s'opérer, soit par la loi, soit par la *volonté* de l'homme; et nous distinguons les *héritiers légitimes* (ceux appelés par la loi), des *héritiers institués* (ceux appelés par des actes de dernière volonté).

Un projet vous sera présenté sur la faculté de disposer : il s'agit aujourd'hui des successions légitimes, de celles qui sont déférées par la force de la loi quand elle supplée au silence de l'homme.

Déjà vous concevez, législateurs, combien il importe de se pénétrer de toutes les affections naturelles et légitimes lorsqu'on trace un ordre de successions : on dispose pour tous ceux qui meurent sans avoir disposé; la loi présume qu'ils n'ont eu d'autre volonté que la sienne. Elle doit donc prononcer comme eût prononcé le défunt lui-même au dernier instant de sa vie, s'il eût pu, ou s'il eût voulu s'expliquer.

Tel est l'esprit dans lequel doit être méditée une bonne loi sur cette matière. Que chacun descende dans son propre cœur, il y trouvera gravé en caractères ineffaçables le véritable ordre de succéder.

Le bienfait de la vie que des enfants tiennent de leur père est pour eux un titre sacré à la possession de ses biens. Voilà les premiers héritiers.

Il n'est pas dans l'ordre de la nature qu'un père ferme les yeux de son fils; mais lorsque l'ordre de la nature est interverti, quel législateur pourrait enlever à un malheureux père la succession de ses enfants.

Enfin, s'il n'existe pas de parents dans la ligne directe, les collatéraux les plus proches sont présumés de droit les premiers dans l'ordre des affections; sans doute cette présomption n'a pas la même force que celle qui appelle respectivement les pères et les enfants. La nature avait en quelque manière établi entre eux une communauté de biens, et leur succession n'est, pour ainsi dire, qu'une jouissance continuée; il n'en est pas de même entre collatéraux : mais, dans le silence de l'homme, la loi n'a pu adopter à leur égard d'autre règle que la proximité.

Voilà en général l'ordre des successions suivant le vœu de la nature. Malheur à ceux qui auraient besoin de raisonnement et de discussion pour reconnaître une vérité toute de sentiment !

Mais ce principe général peut éprouver dans son application de grandes difficultés qu'il a été nécessaire de prévoir et de résoudre.

Elles peuvent naître sur l'époque précise de l'ouverture d'une succession, sur les qualités et les droits de ceux qui se présentent comme héritiers, sur les obligations dont ils sont tenus, sur la nature des biens, sur leur partage.

Je ramènerai toutes les questions à trois points fondamentaux : droits des héritiers légitimes; droits des appelés à défaut de parents; acceptation et partage des successions.

J'expliquerai les principes auxquels se rattachent les nombreuses dispositions de détail. Je ne pourrai peut-être pas donner sur chaque base tout le développement dont elle serait susceptible; mais je tâcherai dans cette vaste matière de saisir les motifs principaux. Votre sagacité suppléera facilement au reste.

Art. 718. — La première question qui peut se présenter dans une succession, c'est celle de savoir à quelle époque elle est ouverte : on conçoit combien cette question est importante; car les héritiers peuvent être différents suivant que la succession est ouverte ou plutôt ou plus tard.

La réponse paraît facile. C'est à l'instant du décès que s'ouvre une succession; c'est dans cet instant physique que l'héritier est censé prendre la place du défunt; c'est ce que nos coutumes avaient si énergiquement exprimé par ces mots, *Le mort saisit le vif.* Les biens, les droits d'un défunt ne peuvent pas rester en suspens; il est remplacé au moment où il décède, et il a pour héritier celui qui, à ce même instant, se trouve appelé par la loi.

Art. 719. — Nulle différence sur ce point entre la mort naturelle et la mort civile; c'est toujours l'époque de la mort qui saisit l'héritier.

Art. 720. — Mais il peut arriver que plusieurs personnes, dont les unes doivent succéder aux autres, décèdent dans un même événement, et sans qu'on puisse connaître précisément laquelle est morte la dernière. C'est cependant celle-ci qui a hérité des autres, et dont la succession se trouve grossie des biens qui appartenaient aux premiers décédés.

Il a bien fallu recourir aux présomptions, à défaut de preuves; et donner des règles certaines pour déterminer un ordre dans lequel on doit supposer que les trépas se sont suivis.

C'est d'abord par les circonstances du fait qu'il faut décider, s'il est possible, la question de la survie; mais si l'on ne peut tirer aucune lumière des circonstances du fait, c'est dans la force de l'âge ou du sexe qu'il faut puiser, je ne dirai pas des preuves, mais les conjectures les plus vraisemblables.

Art. 721 et 722. — Dans l'âge où les forces humaines prennent de l'accroissement, le plus âgé sera présumé avoir survécu, comme étant le plus fort; par la même raison, dans l'âge du dépérissement, la présomption sera pour le moins âgé; dans l'âge intermédiaire, on supposera que c'est le mâle qui aura survécu, comme le plus capable de résister; et, si les personnes sont du même sexe, la présomption de survie qui donnera ouverture à la succession dans l'ordre de la nature sera admise.

Voilà, législateurs, les règles adoptées par le projet. Elles ne sont pas nouvelles : elles avaient été sanctionnées par la jurisprudence; et je ne crois pas que dans la fatale obscurité qui enveloppe un événement de cette nature on ait pu établir des règles sur des bases plus sages.

Art. 725. — Au moment où la succession est ouverte, s'ouvre aussi le droit de l'héritier : la place du défunt ne peut pas rester vacante, ni le sort de ses propriétés incertain; de-là il résulte que pour être habile à succéder à une personne, il faut nécessairement exister à l'instant de son décès; et par conséquent, ni l'enfant qui n'est pas encore conçu, ni l'enfant qui n'est pas né viable, ne peuvent pas être héritiers : le néant ne peut pas occuper une place.

Celui qui est mort civilement n'est pas moins incapable de succéder; c'est le néant dans la vie civile.

Art. 727. — Mais celui qui se trouve en effet parent au degré que la loi appelle à la succession, héritera-t-il toujours et dans tous les cas? la capacité qu'il tient de la nature ne pourra-t-elle pas être effacée par quelque vice inhérent à sa personne?

L'ordre de succéder établi par la loi est fondé sur une présomption d'affection du défunt pour ses parents plus proches. Or il est de la nature de toute présomption de céder à la vérité contraire quand elle est démontrée, ou même à des présomptions plus graves.

Si l'héritier de la loi avait été condamné pour avoir tué ou tenté de tuer le défunt; s'il avait porté contre lui une accusation capitale qu'on aurait déclarée calomnieuse; si étant majeur et instruit du meurtre du défunt il ne l'avait pas dénoncé pour faire punir le meurtrier, la loi qui l'appelle à la succession pourrait-elle s'accorder avec la volonté présumée du défunt, et ce parent coupable ou lâche devrait-il hériter de celui qu'il aurait assassiné, ou dont il aurait laissé les mânes sans vengeance?

Art. 728. — Non certainement : et celui-là ne peut réclamer les droits de la nature qui en a abjuré tous les sentiments : cependant le défaut de dénonciation du meurtrier peut quelquefois n'être pas l'effet d'une indifférence coupable. Si le meurtrier était un père, un fils, un époux, le silence ne serait-il pas un premier devoir, et comment la loi pourrait-elle dans ce cas ordonner de le rompre.

Nous avons donc pensé que le défaut de dénonciation ne pourrait être opposé à ceux qui, unis avec le meurtrier par les liens d'une parenté étroite, ne pourraient le dénoncer sans blesser les règles de la morale et de l'honnêteté publique.

Nous n'avons pas jugé convenable d'étendre davantage les causes d'indignité; il ne faut pas, sous le prétexte spécieux de remplir la volonté présumée d'un défunt, autoriser des inquisitions qui pourraient être également injustes et odieuses. C'est par ce motif que nous n'avons pas cru devoir admettre quelques causes reçues cependant dans le droit romain, comme, par exemple, celles qui seraient fondées sur des habitudes criminelles entre le défunt et l'héritier, ou sur la disposition qu'on prétendrait avoir été faite par l'héritier d'un bien du défunt avant son décès, ou sur l'allégation que l'héritier aurait empêché le défunt de faire son testament ou de le changer.

Ces causes ne présentent pas, comme celles que nous avons admises, des points fixes sur lesquels l'indignité serait déclarée; elles portent sur des faits équivoques, susceptibles d'interprétation, dont la preuve est bien difficile; l'admission en serait par conséquent arbitraire.

Sans doute l'ennemi du défunt ne doit pas être son héritier; mais les causes d'indignité doivent être tellement précises qu'on ne puisse se méprendre dans leur application : autrement, pour venger un défunt, on jeterait dans toute sa famille des semences inépuisables de haine et de discorde.

Art. 732. — Après avoir déterminé l'instant où les successions sont ouvertes, et déclaré les qualités nécessaires pour être habile à succéder, des difficultés nouvelles, et plus sérieuses peut-être, ont dû nous occuper. Fallait-il distinguer dans une succession les différentes espèces de biens dont elle est composée? et l'héritier le plus proche est-il si invinciblement saisi que dans aucun cas il ne doive souffrir la concurrence d'un héritier plus éloigné? Aura-t-on égard, dans la transmission des biens, à leur nature et à leur origine, Admettra-t-on la représentation dans quelque cas? Quel sera l'effet du double lien?

Il existait entre les dispositions du droit romain et celles du droit coutumier une première différence qui en entraînait beaucoup d'autres.

A Rome, un mourant ne laissait qu'une succession; elle était déférée au degré le plus proche.

Dans nos usages, nous connaissions au contraire presque autant de successions que de natures de biens. Un mourant laissait un héritier des meubles et acquêts, un héritier des propres paternels, un héritier des propres maternels. La même personne pouvait quelquefois réunir toutes ces qualités; mais elles étaient souvent disséminées sur plusieurs têtes, qui pouvaient même n'être unies entre elles par aucun lien de parenté.

Le desir de conserver les biens dans les familles, desir louable quand il est contenu dans de justes bornes, avait fait admettre dans nos mœurs la distinction des biens propres, c'est-à-dire, des biens immeubles advenus par succession. Ce vœu de la conservation des biens ne se manifestait pas seulement dans les lois sur les successions, il influait aussi dans les lois qui réglaient la liberté de disposer : un mourant ne pouvait pas transmettre ses propres, ou ne pouvait en transmettre qu'une faible partie; la loi lui assignait un héritier qu'il n'était pas en son pouvoir d'écarter. Nous avions aussi des coutumes plus sévères et qui interdisaient la disposition, même entrevifs, des biens échus par succession. Telle était enfin la tendance à conserver les propres dans les familles, que la disposition de ces biens à titres onéreux n'était pas entièrement libre. Un parent pouvait exercer le retrait sur l'acquéreur; et cette faculté qui ne se prescrivait que par le laps d'une année, laissait pendant tout ce temps sur la personne du propriétaire une incertitude également fâcheuse pour l'intérêt public et l'intérêt particulier.

On conçoit sans peine que cette distinction de plusieurs successions dans une seule, et le concours d'héritiers différents, suivant les diverses origines des biens, devait presque toujours entraîner de nombreuses contestations.

Enfin comment pouvait-on supposer qu'un ordre de choses d'après lequel des héritiers très-éloignés et même inconnus au défunt excluaient de proches parents qu'il avait affectionnés dans le cours de sa vie; comment, disons-nous, pouvait-on supposer que cet ordre se trouvait en accord avec la volonté présumée de l'homme dont la succession était ouverte?

Nous n'avons pas cru convenable de conserver des distinctions qui ne tirent pas leur source des principes du droit naturel, et dont les effets nous ont paru beaucoup plus nuisibles qu'utiles : nous ne connaissons qu'une seule succession, et toute distinction résultante de la diverse origine des biens est abolie.

Art. 733. — Mais en adoptant sur cet article les principes du droit romain, nous n'avons pas dû rejeter ce qu'il pouvait y avoir de bon dans les usages des pays coutumiers; et sans condamner les citoyens à des recherches longues et ruineuses sur l'origine des biens qui composent une succession, nous avons cependant pourvu à l'intérêt des familles : toute succession déférée à des ascendants ou à des collatéraux sera partagée en deux portions égales, l'une pour la branche paternelle, l'autre pour la branche maternelle : ce n'est pas seulement une espèce de biens, c'est la totalité de la succession qui sera ainsi divisée; deux familles s'étaient unies par un mariage, elles resteront encore unies dans le malheur commun qui aura enlevé le fruit de cette union. C'est ainsi que se concilie le vœu de la nature, qui semble appeler les parents les plus proches, avec l'intérêt des deux familles dont le défunt tirait son origine.

Art. 732. — Une autre distinction était admise dans notre droit; c'est celle de la nature des biens. On connaissait des biens nobles, et des biens roturiers. Cette distinction avait introduit dans les successions autant de règles diverses que de coutumes, et notre législation ne présentait sur ce point qu'un amas de ruines entassées au hasard.

Le vœu de tous les hommes éclairés appelait depuis long-temps une réforme; on voulait sur-tout dans les lois cette unité qui semble être de leur essence, puisqu'elles sont l'image de l'ordre éternel.

Mais, pour remplir ce vœu, il fallait un de ces grands événements qui déracinent les empires et changent la face du monde. Il fallait qu'un grand peuple conspirât tout entier pour établir le règne de l'égalité sur la ruine des distinctions et des privilèges.

Je n'ai pas besoin de vous dire que le Code ne présente aucun vestige des dispositions écloses dans l'anarchie féodale. Vous ne voulez pas du privilége des terres plus que du privilége des races. Ce n'est pas, législateurs, que les services des pères doivent être perdus pour les enfants : loin de nous ces maximes funestes et anti-sociales qui étoufferaient dans l'homme le principe le plus pur et le plus actif d'une louable émulation ! mais la gloire des aïeux ne tiendra pas lieu d'énergie, de talents et de vertus; les enfants qui n'auront hérité que du nom resteront accablés sous cet immense fardeau, et la naissance ne dispensera pas du mérite. Voilà l'égalité bien entendue; voilà la véritable égalité.

Art. 740. — En vous présentant le tableau de l'ordre dans lequel les successions sont déférées, j'ai annoncé que la loi appelait les parents les plus proches : cette règle, généralement vraie, serait cependant quelquefois injuste si elle recevait toujours une application rigoureuse. De petits-enfants qui auraient eu le malheur de perdre leur père, seraient-ils encore exposés au malheur d'être exclus par un oncle de la succession de leur aïeul.

Art. 742. — Deux neveux seraient-ils exclus de la succession de leur oncle, parce que celui-ci aurait survécu à leur père? Ces exclusions s'accorderaient-elles avec la volonté présumée du défunt, et la loi qui les admettrait ne se trouverait-elle pas en contradiction avec les affections naturelles? N'est-il pas au contraire plus juste de donner aux enfants, par une fiction favorable, le droit de représenter leur père, et de prendre, comme s'il vivait encore, sa part dans la succession?

A Rome, la représentation dans la ligne directe descendante fut toujours admise. Justinien l'étendit à la ligne collatérale en faveur des neveux qui, ayant perdu leur père, se trouvaient exclus par un oncle de la succession d'un autre oncle.

Nos coutumes présentaient sur cette matière une diversité affligeante.

Les unes rejetaient le droit de représentation même en directe; d'autres l'admettaient en ligne directe seulement. A Paris, la représentation en collatérale était reçue suivant les dispositions du droit romain : quelques coutumes admettaient la représentation à l'infini dans les deux lignes; quelques autres ne l'admettaient qu'en faveur de certaines personnes et pour certains biens. Enfin il y avait encore une classe de coutumes qu'on appelait muettes, parce qu'elles ne s'expliquaient pas sur cette matière.

Nous nous sommes rapprochés des dispositions du droit romain, que nous avons cependant un peu étendues.

La loi qui exclurait la représentation en ligne directe descendante, serait une loi impie et contre nature.

Art. 742. — Le besoin de la représentation ne se fait peut-être pas sentir aussi vivement en collatérale; cependant la fiction qui donne aux neveux la place de leur père, est pour le moins très-favorable. Là se bornaient les dispositions du droit romain. Nous avons cru que la même faveur était due aux petits-neveux, et que la représentation devait être toujours admise dans la succession d'un oncle, en faveur des descendants de ses frères et sœurs : nous avons trouvé les mêmes motifs de convenance et d'affection pour les petits-neveux que pour les neveux; mais la représentation ne peut pas s'étendre plus loin. Si l'on voulait admettre cette fiction dans la succession des cousins, il n'y aurait aucune raison pour s'arrêter, et nous aurions dans notre Code la représentation à l'infini, source intarissable de procès.

Art. 743. — J'ai déjà dit que la représentation était une fiction qui donnait aux enfants la portion qu'aurait eue leur père s'il était encore vivant. Ils ne peuvent pas prétendre plus que lui; en quelque nombre qu'ils se trouvent, ils ne doivent donc former qu'une tête dans la succession, autrement la fiction qui les rappelle serait très-préjudiciable à leurs cohéritiers. Mais comme le trépas de leur père ne doit pas leur nuire, il ne faut pas non plus qu'il leur profite. C'est par cette raison que les partages doivent s'opérer par souche, toutes les fois qu'il y a lieu à représentation.

Art. 733. — La règle d'un partage égal entre les deux branches paternelle et maternelle, nous a fourni un moyen simple, mais efficace, de couper cours à toutes les contestations que faisait naître le privilége du double lien sur le lien simple, c'est-à-dire, le privilége de ceux qui descendent du même père et de la même mère, sur ceux qui ne descendent que de l'un d'eux.

Justinien avait d'abord introduit dans les successions collatérales une préférence en faveur des frères et sœurs conjoints des deux côtés avec le défunt, sur les frères et sœurs qui ne lui tenaient que d'un seul côté. Bientôt il accorda la même préférence aux neveux et nièces qui tenaient au défunt par le double lien.

Nos coutumes présentaient sur ce point la même diversité que sur le droit de représentation. Quelques-unes rejetaient la prérogative du double lien, d'autres l'admettaient selon la disposition du droit romain; là, cette prérogative était étendue aux oncles; ici, elle n'était accordée qu'aux frères, et non aux neveux; ailleurs, elle n'était reçue que pour une certaine espèce de biens: enfin venait encore la classe des coutumes muettes, et les auteurs et la jurisprudence se trouvaient partagés sur la règle qu'on devait y suivre.

Toutes ces variations vont heureusement disparaître. Les parents utérins ou consanguins (qui ne sont liés que d'un côté) ne seront pas exclus par les parents germains (ceux qui sont liés des deux côtés); mais ils ne prendront part que dans leur ligne; les germains prendront part dans les deux lignes: ainsi le parent du côté du père aura sa part dans la moitié affectée à la branche paternelle, le parent du côté de la mère partagera la moitié échue à la branche maternelle, le parent des deux côtés sera admis au partage des deux portions.

Vous connaissez actuellement, législateurs, les bases fondamentales de la première partie du projet: je n'ai pas besoin d'entrer dans d'autres détails; les articles sur les successions déférées aux descendants, aux ascendants, aux collatéraux, sont le résultat fidèle de ce que vous venez d'entendre.

Art. 747. — Je dois seulement, avant de passer à d'autres objets, vous dire un mot de quelques dispositions particulières, qu'il suffira d'exposer pour en prouver la nécessité et la convenance.

1.° Les ascendants succéderont, à l'exclusion de tous autres, aux choses par eux données à leurs enfants décédés sans postérité.

Art. 748. — 2.° Lorsqu'un fils mourra sans postérité, s'il laisse des frères et sœurs, la succession sera divisée, moitié pour les père et mère, moitié pour les frères et sœurs: si le père ou la mère sont morts, ceux-ci auront les trois quarts.

Nous avons encore sur ce point interrogé les affections de la nature. Sans doute des pères et mères doivent succéder de préférence à des collatéraux; mais lorsque, perdant un de leurs enfants, il leur en reste d'autres encore, le partage de la succession entre les pères et les enfants n'est-il pas dans l'ordre de la nature? Dans le droit romain, les ascendants excluaient les frères utérins ou consanguins; ils concouraient avec les frères germains. Dans la plupart de nos coutumes, les père, mère, aïeul et aïeule succédaient aux meubles et acquêts; ils ne succédaient pas aux propres: dans quelques provinces, les aïeul et aïeule ne succédaient pas, mais seulement les père et mère. Nous avons substitué à ces dispositions diverses une règle juste, simple, et d'une application facile. Les père et mère partageront avec leurs autres enfants la succession du fils décédé; ils auront chacun leur quart, et les enfants l'autre moitié. Si l'un des père et mère était décédé, les enfants auraient les trois quarts, qu'ils partageraient entre eux par portions égales, s'ils étaient du même lit. S'ils sont de lits différents, il s'opère une division entre les deux lignes; chaque enfant prend sa part dans la sienne; et s'il n'y a d'enfants que d'un côté, ils recueillent le tout.

Des dispositions si conformes au vœu de la nature, n'ont pas besoin d'être expliquées.

Je passe à un autre article, qui n'aura pas plus besoin d'apologie.

Art. 754. — Lorsque le défunt laisse un père ou une mère, s'il ne laisse d'ailleurs ni descendants, ni frère, ni sœur, ni neveux, ni aucun ascendant dans l'autre ligne, nous avons conservé, dans ce cas, au père ou mère survivant, l'usufruit du tiers des biens dévolus aux collatéraux; faible consolation sans doute pour le père ou la mère, mais consolation qui pourra leur procurer du soulagement dans l'âge des infirmités et des besoins. Cette disposition est encore fondée sur la volonté présumée du fils, qui certainement n'eût pas voulu, pour hâter la jouissance des collatéraux, laisser dans la détresse les auteurs de ses jours.

Art. 755. — Enfin nous avons pensé que les parents au-delà du douzième degré ne devaient pas succéder. Les relations de familles sont effacées dans un si grand éloignement, et une longue expérience nous a prouvé que des successions dévolues à de telles distances étaient toujours en proie à une foule de contestations qui concentraient, pour ainsi dire, toute l'hérédité dans la main des gens de justice: heureux encore lorsque la cupidité enflammée ne soutenaient pas ses prétentions par de fausses généalogies, si difficiles a connaître quand il faut remonter à plusieurs siècles!

Voilà tout ce que j'avais à dire sur cette première partie.

Je passe à la seconde, celle des successions, qu'on nomme irrégulières, parce qu'elles ne sont plus déférées dans l'ordre d'une parenté légitime.

Les anciennes lois appelaient, à défaut de parents, l'époux survivant, et à son défaut le domaine.

Art. 758. — Nous avons admis ces dispositions; mais n'y a-t-il pas des droits plus légitimes encore, et qui doivent précéder ceux du conjoint et de la république? Je veux parler des droits des enfants naturels qui ont été reconnus.

Déjà vous avez sanctionné par votre suffrage une loi qui doit en même-temps préserver les familles de toute recherche odieuse de la part d'enfants dont les pères ne sont pas connus, et laisser aux pères la faculté de constater par leur reconnaissance l'état des enfants.

Si la nature réclame pour ceux-ci une portion de patrimoine paternel, l'ordre social s'oppose à ce qu'ils le reçoivent dans les mêmes proportions et au même titre que les enfants légitimes.

Il faut en convenir, on ne s'est jamais tenu dans une juste mesure envers les enfants naturels. Un préjugé barbare les flétrissait même avant leur naissance; et pendant que nous punissions ces *infortunés* pour la faute de leurs pères, les vrais, les seuls coupables, tranquilles et satisfaits, n'éprouvaient ni trouble dans leur jouissance, ni altération dans leur considération personnelle.

Ce renversement de tous les principes ne devait pas subsister; et si nous ne sommes pas encore parvenus à imprimer au vice toute la flétrissure qu'il mérite, du moins nous avons effacé la tache du front de l'innocent. Nous avons aussi dû mettre un terme à une espèce de réaction qui tendait à couvrir les enfants naturels d'une faveur qui ne leur est pas due.

Ils ne partageront pas avec les enfants légitimes le titre d'héritier; leurs droits sont réglés avec sagesse, plus étendus quand leur père ne laisse que des collatéraux, plus restreints quand il laisse des enfants légitimes, des frères ou descendants.

Enfin, à défaut de parents, l'enfant reconnu succédera. Remarquez, *je vous prie*, que cet avantage n'est accordé qu'à l'enfant reconnu: or, la reconnaissance d'enfants adultérins ou incestueux n'étant pas permise, suivant les dispositions de la loi sur la *paternité* et la *filiation*, ils ne pourront réclamer la portion des enfants naturels.

Art. 762. — Cependant, comme la recherche de la maternité, admise par la même loi, pourrait entraîner la preuve de commerces adultérins ou incestueux, il a bien fallu assurer des aliments aux fruits de ces désordres révoltants; mais on n'a pas dû pousser plus loin l'indulgence: il serait inutile de justifier devant vous cet article; et puisse notre siècle être assez heureux pour n'être jamais témoin de son application!

Art. 765. — Après avoir fixé les droits des enfants naturels sur la succession de leur père, on a dû établir aussi quelques règles sur leur propre succession: elles sont en petit nombre. Les père ou mère qui auront reconnu un enfant naturel lui succéderont, s'il n'a pas *laissé de postérité* (*Art. 766*). *Si les père ou mère sont prédécédés*, les biens seulement que les enfants naturels en avaient reçus passeront aux frères ou sœurs légitimes; les autres biens seront recueillis par les frères ou sœurs naturels, et au surplus la loi générale sur les successions sera exécutée.

Art. 767. — Au défaut d'enfants naturels reconnus, s'ouvre le droit du conjoint survivant, et ensuite celui de la république.

Art. 769. — Je ne ferai qu'une observation sur cette partie. Les successions irrégulières ne peuvent s'ouvrir que dans le cas où il ne se présente pas d'héritiers légitimes; mais ceux-ci ont le droit de réclamer tant que leur action n'est pas prescrite: il a donc fallu veiller à ce que les biens de la succession fussent conservés pour eux, s'ils paraissaient un jour et dans un temps utile. On a dû par conséquent faire constater avec exactitude la masse des biens, et obliger les prétendants à faire un inventaire; (Art. 771) on a dû pareillement les forcer à un emploi du mobilier, ou à donner une caution qui en réponde.

Art. 811. — Mais il peut arriver qu'il ne se présente pour recueillir une succession ni parents, ni enfants naturels, ni époux survivants, ni même la république. La succession est alors vacante. Il faut cependant que les personnes qui ont des droits à exercer contre elle trouvent un contradicteur légitime de leurs prétentions; la loi leur en donne un dans la personne d'un curateur à la succession vacante. Le projet explique, dans une section particulière, comment sera nommé ce curateur, les formalités qu'il doit remplir, les obligations dont il est tenu; il indique la caisse dans laquelle on doit verser les fonds. Tout est prévu pour qu'aucune portion de l'actif ne soit soustraite, qu'aucun droit légitime ne soit éludé, et que le curateur, qui n'est qu'un agent de la succession, ne puisse, par sa négligence ou par ses infidélités, faire tort soit aux créanciers, soit aux héritiers qui pourraient se présenter.

Me voici parvenu à la dernière partie du projet, à la manière d'accepter ou de répudier une succession, au mode du partage, à ses effets et à l'acquit des dettes.

La loi serait imparfaite si elle ne renfermait pas tout ce qui peut avoir trait à une succession, si, après avoir commencé par fixer l'instant où elle est ouverte, elle ne parcourait pas tout l'espace qui se trouve entre cette première époque et le moment où toutes les difficultés sont applanies, toutes les opérations terminées par un partage définitif et irrévocable, qui, fixant la part de chaque héritier et dans les biens et dans les charges, fait disparaître entre eux toute indivision.

Les règles sur cette partie sont renfermées dans les deux derniers chapitres du projet. Ils contiennent un grand nombre d'articles qui présentent le développement de quelques principes, dont l'exposition ne peut être ni longue, ni difficile.

Art. 795. — Deux intérêts opposés doivent toujours occuper le législateur en matière de successions, celui des héritiers, celui des créanciers.

L'héritier recueille les biens; mais la loi ne les lui transmet que sous l'obligation d'acquitter les charges.

Les créanciers peuvent exercer leurs droits contre l'héritier; mais la loi donne à celui-ci un délai suffisant pour connaître l'état de la succession, et pour réfléchir sur le parti qu'il doit prendre d'accepter ou de refuser. Il n'est pas dans cette partie du projet une seule disposition qui ne tende à conserver un juste équilibre entre des intérêts également recommandables, pour ne jamais favoriser l'un au préjudice de l'autre.

Art. 778. — Les précautions ordonnées ne permettront ni de se soustraire à la qualité d'héritier quand on l'aura prise, soit expressément dans un écrit authentique ou privé, soit tacitement en faisant des actes qui supposent nécessairement l'intention d'accepter, ni de charger de cette qualité celui qui n'aurait pas voulu la prendre, et qui ne l'aurait pas prise en effet, de manière à ne laisser aucun doute sur sa volonté.

Art. 785. — Tant qu'un héritier n'a accepté ni expressément, ni tacitement, il conserve sans contredit la faculté de renoncer; et comme son acceptation le rend héritier du moment de l'ouverture de la succession, l'effet de sa renonciation doit aussi remonter à la même époque, et il est réputé n'avoir jamais été héritier.

Art. 784. — Une renonciation appelle d'autres héritiers; elle intéresse aussi les créanciers de la succession : un acte de cette nature doit être nécessairement public; il sera fait au greffe du tribunal d'arrondissement dans lequel la succession est ouverte.

Art. 892. — La clandestinité pourrait couvrir beaucoup de fraudes : il est inutile sans doute de dire que celui-là ne pourra pas exercer la faculté de renoncer à une succession qui en aurait diverti ou recelé quelques effets. (Art. 788.) Il n'est pas moins superflu d'annoncer ici qu'un héritier appelé à une succession utile ne saurait en frustrer ses créanciers par des renonciations dont il aurait peut-être touché secrètement le prix : la bonne foi doit être la base de tous les actes, et les créanciers ont toujours le droit d'accepter du chef de leur débiteur une succession qu'ils peuvent croire avantageuse.

Art. 812. — Mais ne doit-il pas y avoir un terme moyen entre l'acceptation pure et simple qui soumet l'héritier à toutes les charges sans exceptions, quoiqu'elles excèdent de beaucoup les bénéfices et la renonciation qui le dépouille de tout sans retour, encore que par l'événement l'actif se trouve surpasser de beaucoup les dettes? Laissera-t-on nécessairement l'héritier entre la crainte d'une ruine totale par une acceptation hasardée, et la certitude d'un dépouillement absolu par une renonciation méticuleuse?

Ces inconvénients n'avaient pas échappé à nos jurisconsultes; ils avaient dû faire sentir plus vivement encore chez les Romains, qui attachaient une espèce de honte à mourir sans héritiers. Pour rassurer sur le danger des acceptations on avait admis d'abord le droit de délibérer, qui donnait la possibilité de connaître l'état d'une succession : on accordait au moins un délai de cent jours à l'héritier qui le demandait, et pendant ce temps il pouvait prendre connaissance de tous les papiers et de tous les titres.

Cette précaution pouvait cependant se trouver encore insuffisante, et il arrivait qu'une succession acceptée comme bonne était mauvaise en effet, par les charges découvertes dans la suite et qu'on avait d'abord ignorées.

Justinien crut devoir rassurer entièrement les héritiers, en leur accordant la liberté d'accepter sous bénéfice d'inventaire; l'effet de cette acceptation était d'empêcher la confusion des biens d'une succession avec les biens personnels de l'héritier : d'où il résultait, 1.° que celui-ci n'était tenu des dettes que jusqu'à due concurrence du bénéfice; 2.° qu'il conservait l'exercice des actions personnelles qu'il pouvait avoir contre le défunt.

Une institution aussi sage a été admise dans les pays coutumiers. A la vérité, comme le droit romain n'y avait pas force de loi, celui qui voulait jouir du bénéfice d'inventaire était obligé d'obtenir des lettres du prince; mais elles s'expédiaient sans difficulté à la grande chancellerie; c'était une affaire de pure forme : il n'en est plus question depuis plusieurs années.

Nous n'avons pas dû repousser dans notre projet une faculté utile à l'héritier, et nullement préjudiciable aux créanciers.

Art. 795. — L'héritier aura trois mois pour faire inventaire, et ensuite pour délibérer, un délai de quarante jours, qui même pourra être prorogé par le juge, si des circonstances particulières lui en démontrent la nécessité. Pendant ce temps l'héritier ne peut être contraint à prendre qualité, et il ne peut être exercé de poursuite contre lui.

D'un autre côté il a été entièrement pourvu à l'intérêt des créanciers :

Art. 793. — 1.° Par l'obligation imposée à l'héritier de déclarer au greffe qu'il entend jouir du bénéfice d'inventaire;

Art. 794. — 2.° Par la nécessité de faire un inventaire fidèle qui constate le véritable état de la succession;

Art. 796. — 3.° Par les précautions prises pour empêcher le dépérissement ou la soustraction du mobilier;

Art. 801. — 4.° Par la déchéance prononcée contre l'héritier qui n'aurait pas compris tous les effets dans l'inventaire;

Art. 805, 806. — 5.° Par les formes prescrites pour la vente des meubles et des immeubles;

Art. 803. — 6.° Par le compte rigoureux que l'héritier doit rendre de son administration.

C'est ainsi que les intérêts opposés de l'héritier et des créanciers ont été scrupuleusement respectés dans le projet, et il ne paraît pas que cette partie soit plus que les autres susceptible d'objections fondées.

Art. 815. — Il ne me reste plus qu'à vous parler du partage des successions; c'est l'objet du dernier chapitre, il présente cinq sections : du partage et de sa forme; des rapports; du paiement des dettes; des effets du partage et de la garantie des lots; de la rescision en matière de partages.

C'est encore ici l'intérêt des héritiers et l'intérêt des créanciers qu'il s'agit de protéger et de maintenir : toutes les dispositions de ce chapitre, comme celles du chapitre précédent, ne sont que la conséquence de quelques principes dont la vérité ne peut être méconnue.

C'est d'abord un point constant que personne ne peut être contraint de rester avec d'autres dans un état d'indivision. On peut donc toujours demander un partage, s'il est possible; ou la licitation si le partage ne peut pas s'opérer. Cependant il peut exister quelques causes légitimes de différer, et il n'est pas défendu de suspendre l'exercice de cette action pendant un temps limité : une pareille convention doit être exécutée.

Art. 819. — Lorsque le partage s'opère entre héritiers tous majeurs et présents, ils sont libres d'y procéder dans la forme qu'ils trouveront la plus convenable; et s'il s'élève des difficultés, c'est au tribunal du lieu où la succession est ouverte qu'elles doivent être portées.

Mais dans le nombre des cohéritiers il peut se trouver des mineurs, des interdits, des absents, et il a fallu tracer des règles pour maintenir dans leur intégrité des intérêts qui furent toujours placés sous une surveillance spéciale de la loi.

Le législateur doit éviter deux dangers avec le même soin, celui de ne pas pourvoir suffi-

-samment à l'intérêt du plus faible ; et celui de blesser les intérêts des majeurs, en les tenant dans une longue incertitude sur la solidité des actes : le projet a prévenu ces deux inconvénients.

L'apposition des scellés, la nécessité d'un inventaire, les estimations par experts, la formation des masses devant un officier commis à cet effet, les ventes par autorité et sous les yeux de la justice, le tirage des lots au sort ; tout garantit autant que possible la conservation rigoureuse de tous les droits, et dans les opérations préliminaires du partage ; et dans le partage lui-même : (Art 840) l'on a par conséquent dû établir pour règle, que les actes faits avec toutes ces formalités par les tuteurs, sous l'autorisation d'un conseil de famille, ou par les mineurs émancipés, assistés de leurs curateurs, seront définitifs. Ils ne pourront être attaqués que pour des causes communes à toutes les parties, telles que le dol, la violence, ou la lésion de plus du quart.

Art. 843. — Pour faire un partage il faut de toute nécessité former avant tout la masse des biens à partager : cette masse se compose et des biens existants actuellement dans la succession, et de ceux que les héritiers peuvent avoir reçus du défunt pendant sa vie.

Dans le droit romain, les enfants venant à la succession de leur père n'étaient pas tenus de rapporter les donations qu'ils en avaient reçues, si elles leur avaient été faites en préciput et avec dispense de rapport.

Nos coutumes inclinaient plus fortement à maintenir l'égalité entre les héritiers ; quelques-unes ne permettaient même pas de conserver, en renonçant, les avantages qu'on avait reçus, mais dans les autres on avait senti qu'il eût été injuste d'interdire la faculté de marquer une affection particulière à l'un de ses héritiers présomptifs. Celui-ci pouvait retenir l'objet donné, en renonçant à la succession du donateur. Et comme on distinguait dans la même succession autant de successions différentes qu'il y avait de natures de biens, ou de coutumes diverses dans lesquelles ces biens étaient situés, la même personne prenait la qualité de donataire ou de légataire dans certains biens, ou dans certaines coutumes, et la qualité d'héritier dans les autres.

Ces distinctions subtiles font place à des règles plus simples et plus conformes aux notions communes de la justice. Une loi particulière renfermera dans des bornes convenables l'exercice de la faculté de disposer en faveur d'un héritier présomptif : le donateur et le testateur seront libres de déclarer que leurs libéralités sont faites par préciput, et leur volonté recevra son exécution jusqu'à concurrence de ce dont ils auront pu disposer. S'ils n'ont pas affranchi l'héritier de l'obligation du rapport, il ne pourra pas s'y soustraire ; ainsi la volonté du défunt sera toujours la règle qu'on devra suivre, tant qu'elle ne se trouvera pas contraire à la disposition de la loi.

Art. 847. — De nombreuses difficultés s'élevaient autrefois sur les questions, si un fils devait rapporter ce qui avait été donné à son père, un père ce qui avait été donné à son fils, un époux ce qui avait été donné à l'autre époux ; mais la source de toutes ces contestations est heureusement tarie. Les donations qui n'auront pas été faites à la personne même de l'héritier seront toujours réputées faites par préciput, à moins que le donateur n'ait exprimé une volonté contraire.

Toutes les difficultés sur cette matière se rapporteront toujours nécessairement à ces questions : par qui est dû le rapport ? à qui est-il dû ? de quoi est-il dû ? comment doit-il être fait ?

Elles sont résolues dans le projet de manière à ne laisser aucun doute.

Art. 857. — Le rapport est dû par les héritiers ; il est dû aux cohéritiers et non pas aux créanciers ou aux légataires ; il est dû de tout avantage ; mais on ne peut ranger dans la classe des avantages, (Art 852) ni les frais de nourriture, entretien, éducation, apprentissage, ni les frais ordinaires d'équipement ou de noces, ni les présents d'usage : toutes ces dépenses étaient de la part du père une dette et non pas une libéralité ; en donnant le jour à ses enfants il avait contracté l'obligation de les entretenir, de les élever et de les équiper.

Art. 858. — Enfin le rapport doit être fait en nature, s'il est possible, ou en moins prenant.

Chaque héritier doit avoir sa juste part dans la masse à diviser : la justice peut être violée, ou en donnant moins ou en donnant des effets de moindre qualité et valeur.

Art. 859. — Si dans la succession on trouve la possibilité de prélèvements égaux aux objets donnés, le donataire sera dispensé de faire le rapport en nature. Dans le cas contraire ce rapport sera exigé.

Vous sentez, Législateurs, combien toutes ces règles, minutieuses peut-être au premier coup-d'œil, sont cependant essentielles et nécessaires; vous voyez aussi qu'elles sont fondées sur des principes de raison et de justice. Je ne m'étendrai pas davantage sur cet objet; je m'en rapporte à l'impression que la simple lecture fera certainement sur vos esprits.

Art. 882. — Le paiement des dettes est la première et la plus importante obligation des héritiers : les créanciers dont l'intérêt ne peut être révoqué en doute peuvent s'opposer, pour la conservation de leurs droits, à ce que le partage soit fait hors de leur présence; mais ils ne peuvent pas attaquer un partage fait *sans fraude* en leur absence, à moins qu'il n'y eût été procédé au préjudice d'une opposition qu'ils auraient formée : ils sont bien maîtres d'intervenir, mais on n'est pas obligé de les appeler.

Art. 870. — Le projet règle la proportion dans laquelle les cohéritiers et les légataires universels contribuent entre eux au paiement des dettes; il conserve au surplus les droits des créanciers sur tous les biens de la succession; et les règles proposées n'ayant d'ailleurs rien que de conforme à ce qui s'est pratiqué jusqu'à ce jour, je puis, je dois me dispenser d'entrer dans une plus longue explication.

Je crois, Législateurs, vous avoir fait connaître l'esprit qui a dirigé la préparation de la loi : la première intention du gouvernement a dû être de régler l'ordre des successions suivant le vœu de la nature, sa sollicitude a dû s'occuper ensuite des héritiers et des créanciers, véritables parties dans toute succession, pour n'offenser les intérêts ni des uns ni des autres.

Nous avons tracé des règles claires et précises, et nous avons cherché à les disposer dans un ordre qui en facilitât l'étude et l'intelligence.

Trop long-temps la volonté publique fut en quelque manière étouffée sous une masse de dispositions éparses, souvent incohérentes et même contradictoires : chacun pourra désormais, avec un peu d'application, acquérir du moins la connaissance générale des lois qui doivent régir sa personne et ses propriétés : il n'en faut pas davantage dans le cours ordinaire de la vie.

Mais on tomberait dans une étrange et funeste erreur, si l'on pouvait supposer qu'une connaissance des lois, suffisante pour le commun des hommes, dût suffire également au magistrat chargé de les appliquer, ou au jurisconsulte qui exerce aussi une espèce de magistrature, bien flatteuse sans doute, puisqu'elle repose sur une confiance toute volontaire.

Ce n'est que par de longues veilles et par une profonde méditation sur les principes d'ordre naturel et de justice éternelle auxquels doivent se rattacher toutes les bonnes lois, que l'on peut apprendre à en faire une juste et prompte application dans cette variété infinie d'espèces que font éclore tous les jours mille circonstances imprévues, ou la malice inépuisable des plaideurs.

Malgré quelques dispositions bizarres qui ont échappé à d'utiles et successives réformes, il sera encore nécessaire d'étudier dans nos coutumes l'histoire de la législation française, et d'y chercher les premières traces des règles que nous avons dû en extraire, comme plus adaptées au génie français et à nos mœurs actuelles.

Mais c'est surtout dans les lois du peuple conquérant et législateur qu'on puisera, pour me servir des expressions d'un auteur moderne, ces principes lumineux et féconds, ces grandes maximes qui renferment presque toutes les décisions ou qui les préparent; c'est-là qu'il faut chercher, pour se les rendre familières et propres, ces notions sûres et frappantes qu'on peut regarder comme autant d'oracles de la justice.

Les compilations du droit romain ne sont pas, j'en conviens, exemptes de quelques défauts, ni d'un désordre qui doit en rendre l'étude pénible : mais quel courage ne serait pas soutenu par la perspective de cette riche et abondante moisson qui s'offre au bout de la carrière! Les lois romaines, tirant d'elles-mêmes toute leur force sans autre autorité que celle de leur sagesse, ont su commander à tous les peuples l'obéissance et le respect; un consentement unanime les a honorées du titre de raison écrite, et elles devront toujours être l'objet principal des méditations d'un bon magistrat et d'un véritable jurisconsulte.

De tous les privilèges dont l'homme s'enorgueillit, je n'en connais qu'un de réel; c'est celui de pouvoir s'instruire et raisonner : sans doute l'exercice de cette faculté est utile dans tous les *états*; mais il est un besoin absolu pour ceux qui prétendent à l'honneur d'éclairer ou de juger leurs concitoyens.

Pardonnez, législateurs, des réflexions qui ne tiennent peut-être pas directement à l'objet que j'ai dû me proposer; j'espère cependant que vous ne les jugerez pas déplacées dans un siècle où l'on semble épuiser toutes les ressources de l'esprit pour se dispenser d'acquérir de la science.

Je n'ajouterai qu'un mot : le projet que nous vous présentons, long-temps médité au conseil d'état, a encore acquis un degré de perfection par les observations des commissaires du Tribunat.

TITRE II.

Des Donations entre-vifs et des Testaments.

Décrété le 13 floréal an XI (3 mai 1803); — Promulgué le 23 du même mois (13 mai 1803).

[ARTICLES 893 à 1100.]

EXPOSÉ DES MOTIFS, par M. le Conseiller-d'État BIGOT DE PRÉAMENEU.

Séance du 2 floréal an XI (22 *avril* 1803).

LÉGISLATEURS,

ART. 893. — Le titre du Code civil qui a pour objet les donations entre-vifs et les testaments rappelle tout ce qui peut intéresser l'homme le plus vivement, tout ce qui peut captiver ses affections. Vous allez prononcer sur son droit de propriété, sur les bornes de son indépendance dans l'exercice de ce droit; vous allez poser la principale base de l'autorité des pères et mères sur leurs enfants, et fixer les rapports de fortune qui doivent unir entre eux tous les autres parents; vous allez régler quelle est dans les actes de bienfaisance et dans les témoignages d'amitié ou de reconnaissance, la liberté compatible avec les devoirs de famille.

Il est difficile de convaincre celui qui est habitué à se regarder comme maître absolu de sa fortune, qu'il n'est pas dépouillé d'une partie de son droit de propriété lorsqu'on veut l'assujétir à des règles, soit sur la quantité des biens dont il entend disposer, soit sur les personnes qui sont l'objet de son affection, soit sur les formes avec lesquelles il manifeste sa volonté.

Ce sentiment d'indépendance dans l'exercice du droit de propriété acquiert une nouvelle force à mesure que l'homme avance dans sa carrière.

Lorsque la nature et la loi l'ont établi le chef et le magistrat de sa famille, il ne peut exercer ses droits et ses devoirs s'il n'a pas les moyens de récompenser les uns, de punir les autres, d'encourager ceux qui se portent au bien, de donner des consolations à ceux qui éprouvent les disgraces de la nature ou les revers de la fortune : ces moyens sont principalement dans le meilleur emploi de son patrimoine, et dans la distribution que sa justice et sa sagesse lui indiquent.

Celui qui a perdu les auteurs de ses jours, et qui n'a pas le bonheur d'être père, croit encore avoir droit à une plus grande indépendance dans ses dispositions : il n'a de penchant à suivre que celui de ses affections ou de la reconnaissance. Si ses parents ont rompu ou n'ont point entretenu les liens qui les ont unis, il ne croit avoir à remplir envers eux aucun devoir.

C'est surtout lorsque l'homme voit approcher le terme de sa vie, qu'il s'occupe le plus du sort de ceux qui doivent après sa mort le représenter; c'est alors qu'il prévoit l'époque où il ne pourra plus, en tenant une balance juste, rendre heureux tous les membres de sa famille, et où les bons parents envers lesquels il avait réellement des devoirs à remplir, ne se distingueront plus de ceux qui n'aspiraient qu'à la possession de ses biens.

C'est dans le temps où la parque fatale commence à être menaçante, que l'homme cherche sa consolation, et le moyen de se résigner avec moins de peine à la mort, en faisant à son gré la disposition de sa fortune.

Quelques jurisconsultes opposent à ces idées d'indépendance dans l'exercice du droit de propriété, que celui qui dispose pour le temps où il n'existera plus n'exerce point un droit naturel; qu'il n'y a de propriété que dans la possession, qui finit avec la vie; que la transmission des biens après la mort du possesseur appartient à la loi civile, dont l'objet est de prévenir le désordre auquel la société serait exposée, si ces biens étaient alors la proie du premier occupant, ou s'il fallait les partager entre tous les membres de la société, comme une chose devenue commune à tous.

Ces jurisconsultes prétendent que l'ordre primitif et fondamental de la transmission des biens après la mort, est celui des successions *ab intestat*, et que si l'homme a quelque pouvoir de disposer pour le temps où il n'existera plus, c'est un bienfait de la loi; que c'est une portion de son pouvoir qu'elle lui cède, en posant les bornes qu'il ne peut excéder, et les formes auxquelles il est assujéti; que la transmission successive des propriétés n'aurait pu être abandonnée à la volonté de l'homme, volonté qui n'eût pas toujours été manifestée, qui souvent est le jouet des passions, qui, trop variable, n'eût point suffi pour établir l'ordre général que le maintien de la société exige, et que la loi seule peut calculer sur des règles équitables et fixes.

Ce système est combattu par d'autres publicistes, qui le regardent comme pouvant ébranler les fondements de l'ordre social, en altérant les principes sur le droit de propriété : ils pensent que ce droit consiste essentiellement dans l'usage que chacun peut faire de ce qui lui appartient; que si sa disposition ne doit avoir lieu qu'après sa mort, elle n'en est pas moins faite pendant sa vie, et qu'en lui contestant la liberté de disposer, c'est réduire sa propriété à un simple usufruit.

Au milieu de ces discussions, il est un guide que l'on peut suivre avec sûreté; c'est la voix que la nature a fait entendre à tous les peuples, et qui a dicté presque toutes les législations.

Les liens du sang, qui unissent et qui constituent les familles, sont formés par les sentiments d'affection que la nature a mis dans le cœur des parents les uns pour les autres; l'énergie de ces sentiments augmente en raison de la proximité de parenté, et elle est portée au plus haut degré entre les pères et mères et leurs enfants.

Il n'est aucun législateur sage qui n'ait considéré ces différents degrés d'affection comme lui présentant le meilleur ordre pour la transmission des biens.

Ainsi la loi civile, pour être parfaite à cet égard, n'a rien à créer, et les législateurs ne s'en sont écartés que quand ils ont sacrifié à l'intérêt de leur puissance le plus grand avantage et la meilleure organisation des familles.

Lorsque la loi ne doit suivre que les mouvements même de la nature, lorsque, pour la transmission des biens, c'est le cœur de chaque membre de la famille qu'elle doit consulter, on pourrait regarder comme indifférent que la transmission des biens se fît par la volonté de l'homme, ou que ce fût par l'autorité de la loi.

Il est cependant, en partant de ces premières idées, un avantage certain à laisser agir jusqu'à un certain degré la volonté de l'homme.

La loi ne saurait avoir pour objet que l'ordre général des familles; ses regards ne peuvent se fixer sur chacune d'elles, ni pénétrer dans son intérieur pour calculer les ressources, la conduite, les besoins de chacun de ses membres, et pour régler ce qui conviendrait le mieux à sa prospérité.

Ce sont des moyens de conservation que le père de famille peut seul avoir : sa volonté sera donc mieux adaptée aux besoins et aux avantages particuliers de sa famille.

L'avantage que la loi peut retirer en laissant agir la volonté de l'homme est trop précieux pour qu'elle le néglige; et dès-lors elle n'a plus à prévoir que les inconvénients qui pourraient résulter de ce qu'on aurait entièrement livré le sort des familles à cette volonté.

Elle peut n'avoir pas été manifestée, soit par négligence, soit par l'incertitude du dernier moment; elle peut aussi être dégradée par des passions injustes : mais, soit que le chef de famille n'ait pas rempli sa mission, soit qu'il ait violé les devoirs et les sentiments naturels, la loi ne devra se mettre à sa place que pour réparer ses omissions ou ses torts.

Si la volonté n'a pas été manifestée, la loi n'a point à établir une règle nouvelle : elle se conforme, dans l'ordre des successions, à ce que font les parents lorsqu'ils suivent les degrés naturels de leur affection. Si ce n'est pas la volonté déclarée de celui qui est mort, c'est sa volonté présumée qui exerce son empire.

Lorsqu'elle est démentie par la raison, lorsqu'au lieu de l'exercice du plus beau droit de la nature, c'est un outrage qui lui est fait; lorsqu'au lieu du sentiment qui porte à conserver, c'est un sentiment de destruction et de désorganisation qui a dicté cette volonté, la loi ne fait encore que la dégager des passions nuisibles, pour lui conserver ce qu'elle a de raisonnable. Elle n'anéantit point les libéralités excessives, elle ne fait que les réduire. La volonté reste entière dans tout ce qu'elle a de compatible avec l'ordre public.

Ainsi, les propriétaires les plus jaloux de leur indépendance n'ont rien à regretter; ils ne peuvent la regarder comme altérée par la loi civile, soit que cette loi supplée à leur volonté non manifestée en établissant l'ordre des successions, soit que par des règles sur les donations et les testaments elle contienne cette volonté dans des bornes raisonnables.

Que la faculté de disposer de ses biens soit un bienfait de la loi, ou que ce soit l'exercice du droit de propriété, rien n'est plus indifférent, pourvu que la loi ne soit pas contraire aux principes qui viennent d'être exposés. S'il en était autrement, si le législateur, dirigé par des vues politiques, avait rejeté le plan tracé par la nature pour la transmission des biens, si la faculté de disposer était resserrée dans des limites trop étroites, il serait dérisoire de soutenir que cette faculté ainsi réduite fût encore un bienfait, et que sous l'empire d'une pareille loi il y eût un libre exercice du droit de propriété.

Mais heureusement le système dans lequel la faculté de disposer a toute l'étendue que comportent les sentiments et les devoirs de famille, est celui qui s'adapte le mieux à toutes les formes de gouvernements, à moins que le gouvernement ne soit absolument despotique.

En effet, lorsque les familles auront un intérêt politique à ce que la distribution des biens reçoive des modifications, d'une part cet intérêt entrera dans les calculs du père de famille, et de l'autre son ambition ou sa vanité seront contenues par les devoirs que la loi ne lui permettra pas de transgresser. La loi qui donnerait à l'ambition la facilité de sacrifier ces devoirs serait destructive des familles, et sous aucun rapport elle ne pourrait être bonne.

Il faut encore observer que la loi civile, qui s'écarte le moins de la loi naturelle par cela même qu'elle est susceptible de se plier aux différentes formes de gouvernements, est aussi celle qui peut le mieux fixer le droit de propriété, et le préserver d'être ébranlé par les révolutions.

Lorsque la faculté de disposer, renfermée dans de justes bornes, présente de si grands avantages, il n'est point surprenant qu'elle se trouve consacrée dans presque toutes les législations.

Les plus anciens monuments de l'histoire fournissent les preuves de l'usage des testaments, sans que l'on puisse y découvrir l'époque où cet usage a commencé.

Il eut lieu chez les Egyptiens.

On le retrouve dans les villes de Lacédémone, d'Athènes, et dans toutes les contrées de la Grèce.

Lorsqu'environ trois cents ans après la fondation de Rome ses députés revinrent d'Athènes avec le recueil de lois qu'ils adoptèrent, celle qui concerne les testaments est exprimée en ces termes : *Pater familias, uti legassit super familiâ pecuniâque suâ, ita jus esto.*

Ainsi les Romains, pénétrés alors plus que jamais du sentiment de la liberté publique, ne lui trouvèrent pas de fondement plus solide qu'en donnant au père de famille une autorité absolue. Ils craignirent sans doute que la loi ne s'égarât plutôt que l'affection des pères; et cette grande mesure fut une des bases de leur gouvernement.

Les testaments étaient connus dans les Gaules avant que le droit romain y fût introduit. Marculfe, dans son recueil des formules, nous a conservé celles qu'on employait pour transmettre ainsi ses biens.

La faculté de disposer, soit par donation, soit

par testament, fait partie de la législation de tous les peuples de l'Europe.

Chez les uns, et c'est, comme on l'a déjà observé, le plus grand nombre, les législateurs ont pris pour base de tout leur système la présomption des différents degrés d'affection des parents entre eux, et leur confiance dans cette affection les a déterminés à laisser aux parents eux-mêmes toute la liberté qui est compatible avec les devoirs que la nature ne permet pas de transgresser.

D'autres législateurs ont aussi établi l'ordre de succéder sur les présomptions d'affections, suivant les degrés de parenté; mais par une sorte de contradiction, n'ayant aucune confiance dans les parents, ils ont mis des bornes étroites à la faculté de disposer envers leurs parents, cette volonté a même été, dans quelques pays, entièrement enchaînée.

D'autres enfin se sont écartés de ces principes : ils ont cru qu'ils pouvaient mettre au nombre des ressorts de leur autorité le mode de transmission et de répartition des biens. Ils ne se sont pas bornés à donner une impulsion à la volonté de l'homme, ils l'ont rendue presque nulle, en ne lui confiant qu'une petite partie de biens.

On n'a point hésité, dans la loi qui vous est posée, à donner la préférence au système fondé sur les degrés d'affection entre parents, et sur la confiance à laquelle cette affection leur donne droit.

Après avoir posé ce principe fondamental sur la transmission des biens, il a fallu en déduire des conséquences.

Déjà celles qui sont relatives aux biens des personnes qui meurent sans en avoir disposé vous ont été présentées dans le titre des *successions*.

Il reste à régler ce qui concerne les donations entre-vifs et les testaments.

Il faut d'abord établir les principes généraux, fixer ensuite la quotité des biens dont on pourra disposer, et enfin prescrire des formes suffisantes pour constater la volonté de celui qui dispose, et pour en assurer l'exécution. Tel est le plan général et simple de cette importante loi.

Art. 896. — Parmi les règles communes à tous les genres de dispositions, et que l'on a placées en tête de la loi, la plus importante est celle qui confirme l'abolition des substitutions fidéicommissaires.

Cette manière de disposer, dont on trouve les premières traces dans la législation romaine, n'entra point dans son système primitif de transmission des biens. Le père de famille put, avec une entière indépendance, distribuer sa fortune entre ceux qui existaient pour la recueillir. Ils n'eurent point l'autorité de créer à leur gré un ordre de successions, et d'enlever ainsi la prérogative de ceux qui, dans chaque génération, devaient aussi être investis de la même magistrature.

L'esprit de fraude introduisit les substitutions : l'ambition se saisit de ce moyen et l'a perpétué.

On avait réussi à éluder la loi pour avantager des personnes incapables de recevoir : on essaya le même moyen pour opérer une transmission successive au profit même de ceux qui ne seraient point sous le coup des lois exclusives.

Ce ne fut que sous Auguste, dans le huitième siècle depuis la fondation de Rome, que les fidéicommis au profit de personnes capables furent autorisés par les lois.

En France on comptait dix coutumes qui formaient environ le cinquième de son territoire, où la liberté de substituer avait été défendue, ou au moins resserrée dans des bornes très-étroites.

Dans le reste de la France les substitutions furent d'abord admises d'une manière aussi indéfinie que chez les Romains, qui n'avaient point mis de bornes à leur durée.

Il était impossible de concilier avec l'intérêt général de la société cette faculté d'établir un ordre de succession perpétuel et particulier à chaque famille, et même un ordre particulier à chaque propriété qui était l'objet des substitutions. L'ordonnance d'Orléans de 1560 régla que celles qui seraient faites à l'avenir ne pourraient excéder deux degrés; mais ce remède n'a point fait cesser les maux qu'entraîne cette manière de disposer.

L'expérience a prouvé que, dans les familles opulentes, cette institution n'ayant pour but que d'enrichir l'un de ses membres en dépouillant les autres, était un germe toujours renaissant de discorde et de procès. Les parents nombreux qui étaient sacrifiés et que le besoin pressait n'avaient de ressource que dans les contestations qu'ils élevaient, soit sur l'interprétation de la volonté, soit sur la composition du patrimoine, soit sur la part qu'ils pouvaient distraire des biens substitués, soit enfin sur l'omission ou l'irrégularité des formes exigées.

Chaque grevé de substitution n'étant qu'un simple usufruitier avait un intérêt contraire à celui de toute amélioration; ses efforts tendaient à multiplier et à anticiper les produits qu'il pourrait retirer des biens substitués au préjudice de ceux qui seraient appelés après lui, et qui chercheraient à leur tour une indemnité dans de nouvelles dégradations.

Une très-grande masse de propriétés se trouvait perpétuellement hors du commerce; les lois qui avaient borné les substitutions à deux degrés n'avaient point paré à cet inconvénient; celui qui, aux dépens de sa famille entière, avait joui de toutes les prérogatives attachées à un nom distingué et à un grand patrimoine, ne manquait pas de renouveler la même disposition; et si, par le droit, chacune d'elles était limitée à un certain temps, elles devenaient, par le fait de leur renouvellement, des substitutions perpétuelles.

Ceux qui déjà étaient chargés des dépouilles de leurs familles avaient la mauvaise foi d'abuser des substitutions pour dépouiller aussi leurs créanciers; une grande dépense faisait présumer de grandes richesses; le créancier qui n'était pas à portée de vérifier les titres de propriété de son débiteur, ou qui négligeait de faire cette perquisition, était victime de sa confiance, et dans les familles auxquelles les substitutions conservaient les plus grandes masses de fortune, chaque génération était le plus souvent marquée par une honteuse faillite.

Les substitutions ne conservaient des biens dans une famille qu'en sacrifiant tous ses membres pour réserver à un seul l'éclat de la fortune; une pareille répartition ne pouvait être établie qu'en étouffant tous les sentiments de cette affection qui est la première base d'une juste transmission des biens entre les parents : il ne saurait y avoir un plus grand vice dans l'organisation d'une famille, que celui de tenir dans le néant tous ses membres pour donner à un seul une grande existence, de réduire ceux que la nature a faits égaux à implorer les secours et la bienfaisance du possesseur d'un patrimoine qui devrait être commun; et rarement l'opulence, surtout lorsque son origine n'est pas pure, inspire des sentiments de bienfaisance et d'équité.

Enfin, si les substitutions peuvent être mises au nombre des institutions politiques, on y supplée d'une manière suffisante et propre à prévenir les abus, en donnant, pour disposer, toute la liberté compatible avec les devoirs de famille.

Ce sont tous ces motifs qui ont déterminé à confirmer l'abolition des substitutions, déjà prononcée par la loi d'octobre 1792.

Art. 902. — Les règles sur la capacité de donner ou de recevoir par donations entre-vifs, ou par testament, font la matière du deuxième chapitre.

Il résulte des principes déjà exposés sur le droit de propriété, que toute personne peut donner ou recevoir de l'une et de l'autre manière, à moins que la loi ne l'en déclare incapable.

Art. 901. — La volonté de celui qui dispose doit être certaine.

Cette volonté ne peut même pas exister, s'il n'est pas sain d'esprit.

Il a suffi d'énoncer ainsi ce principe général, afin de laisser aux juges la plus grande liberté dans son application.

Art. 903. — Celui qui dispose de sa fortune doit aussi être parvenu à l'âge où il peut avoir la réflexion et les connaissances propres à se diriger.

La loi ne peut, à cet égard, être établie que sur des présomptions.

Il fallait choisir entre celle qui résulte de l'émancipation, et celle que l'on peut induire d'un nombre fixe d'années.

Plusieurs motifs s'opposaient à ce qu'on prît pour règle l'émancipation.

Les père et mère peuvent émanciper leur enfant lorsqu'il a quinze ans révolus. On leur a donné ce droit, en comptant que leur affection continuerait à guider l'enfant qui n'aurait pas encore, dans un âge aussi tendre, les connaissances suffisantes pour diriger sa conduite; c'est aussi par ce motif que le mineur qui a perdu ses père et mère ne peut être émancipé avant dix-huit ans.

Cependant la faculté de disposer doit être exercée par un acte de volonté propre et indépendante des père et mère ou des tuteurs. La volonté ne pouvait pas être présumée raisonnable à l'égard de certains mineurs à quinze ans, à l'égard des autres à dix-huit seulement.

Cette volonté n'eût pas été indépendante, si

les mineurs n'avaient pu l'exercer que dans le cas où ils auraient été émancipés, soit par leurs pères ou mères, soit à la demande de leurs parents. La crainte que le mineur ne fît des dispositions contraires à leurs intérêts eût pu quelquefois être un obstacle à l'émancipation.

D'ailleurs, dans l'état actuel de la civilisation, un mineur a reçu, avant l'âge de seize ans, une instruction suffisante pour être attaché à ses devoirs envers ses parents. La volonté du mineur parvenu à la seizième année peut avoir acquis une maturité suffisante pour qu'il soit à cet égard le maître, non de la totalité de sa fortune, mais seulement de la moitié des biens dont la loi permet au majeur de disposer.

Cependant on a fait une distinction juste entre les donations entre-vifs et celles par testament. La présomption que la disposition faite par le mineur pour le temps où il n'existerait plus serait raisonnable, ne pouvait s'appliquer aux donations entre-vifs, par lesquelles le mineur se dépouillerait irrévocablement de sa propriété. Cela serait contraire au principe suivant lequel il ne peut faire, même à titre onéreux, l'aliénation de la moindre partie de ses biens. Dans les donations entre-vifs, la loi présume que le mineur serait la victime de ses passions. Dans les dispositions testamentaires, l'approche ou la perspective de la mort ne lui permettra plus de s'occuper que des devoirs de famille ou de reconnaissance.

Art. 907. — Il ne suffit pas que la volonté soit certaine, il faut encore qu'elle n'ait pas été contrainte ou extorquée par l'empire qu'aurait eu sur l'esprit du donateur celui au profit duquel est la disposition.

Cet empire est tel de la part d'un tuteur sur son mineur, et les abus seraient à cet égard si multipliés, qu'il a été nécessaire d'interdire au mineur émancipé la faculté de disposer, même par testament, au profit de son tuteur.

On n'a pas voulu que les tuteurs pussent concevoir l'espérance qu'au moyen des dispositions qu'ils obtiendraient de leurs mineurs parvenus à la majorité, ils pourraient se dispenser du compte définitif de tutèle. Tous les droits de la minorité continuent même au profit du majeur contre celui qui a été son tuteur, jusqu'à ce que les comptes soient rendus et apurés; et l'expérience a prouvé qu'il était nécessaire d'interdire au mineur devenu majeur la faculté de renoncer à ce compte. Cette règle serait facilement éludée, si des donations entre-vifs ou testamentaires acquittaient le tuteur et rendaient ses comptes inutiles.

On a seulement excepté les père et mère, ou autres ascendants; et, quoiqu'ils soient tuteurs, la piété filiale doit se présumer plutôt que la violence ou l'autorité.

Art. 909. — La loi regarde encore comme ayant trop d'empire sur l'esprit de celui qui dispose et qui est atteint de la maladie dont il meurt, les médecins, les chirurgiens, les officiers de santé ou les pharmaciens qui le traitent. On n'a point cependant voulu que le malade fût privé de la satisfaction de leur donner quelques témoignages de reconnaissance, eu égard à sa fortune et aux services qui lui auraient été rendus.

Il eût aussi été injuste d'interdire les dispositions, celles même qui seraient universelles, faites dans ce cas par un malade au profit de ceux qui le traiteraient et qui seraient ses parents. S'il y avait des héritiers en ligne directe, du nombre desquels ils ne seraient pas, la présomption, qui est la cause de leur incapacité, reprendrait toute sa force.

Art. 911. — Ce serait en vain que la loi aurait, par ces motifs, déclaré les personnes qui viennent d'être désignées, incapables de recevoir, si on pouvait déguiser la donation entre-vifs sous le titre de contrat onéreux, ou si on pouvait disposer sous le nom de personnes interposées.

C'est à la prudence des juges, lorsque le voile qui cache la fraude est soulevé, à ne se déterminer que sur des preuves, ou au moins sur des présomptions assez fortes pour que les actes dont la fraude s'est enveloppée ne méritent plus aucune confiance. Si c'est un acte déguisé sous un titre onéreux il doit être annullé lorsqu'il est prouvé que celui qui l'a passé n'a pas voulu faire un contrat onéreux qui lui était permis, mais que son intention a été d'éluder la loi, en disposant au profit d'une personne incapable.

On a désigné les personnes que les juges pourront toujours regarder comme interposées: ce sont les père et mère, les descendants, et l'époux de la personne incapable.

La loi garde le silence sur le défaut de liberté qui peut résulter de la suggestion et de la captation, et sur le vice d'une volonté déterminée par la colère ou par la haine. Ceux qui ont entrepris de faire annuller des dispositions par de semblables motifs n'ont presque jamais réussi à trouver des preuves suffisantes pour faire rejeter des titres positifs; et peut-être vaudrait-il mieux, pour l'intérêt général, que cette source de procès ruineux et scandaleux fût tarie, en déclarant que ces causes de nullité ne seraient pas admises; mais alors la fraude et les passions auraient cru avoir dans la loi même un titre d'impunité. Les circonstances peuvent être telles que la volonté de celui qui a disposé n'ait pas été libre; ou qu'il ait été entièrement dominé par une passion injuste. C'est la sagesse des tribunaux qui pourra seule apprécier ces faits, et tenir la balance entre la foi due aux actes et l'intérêt des familles. Ils empêcheront qu'elles ne soient dépouillées par les gens avides qui subjuguent les mourants, ou par l'effet d'une haine que la raison et la nature condamnent.

Art. 910. — On ne met pas au nombre des incapables de recevoir les hospices, les pauvres d'une commune, et les établissements d'utilité publique; il est au contraire à desirer que l'esprit de bienfaisance qui caractérise les Français répare les pertes que ces établissements ont faites pendant la révolution : mais il faut que le gouvernement les autorise. Ces dispositions sont sujettes à des règles dont il doit maintenir l'exécution. Il doit connaître la nature et la quantité des biens qu'il met ainsi hors du commerce; il doit même empêcher qu'il n'y ait dans ces dispositions un excès condamnable.

Art. 912. — Une dernière règle à rappeler sur la capacité de disposer est celle qui établit la réciprocité entre les Français et les étrangers. On ne pourra disposer au profit d'un étranger que dans le cas où un étranger pourrait disposer au profit d'un Français.

Art. 913. — Après avoir établi ces principes préliminaires sur les caractères d'une volonté certaine et raisonnable, sans laquelle on est incapable de disposer, la loi pose les règles qui sont le principal objet de ce titre du Code; règles qui doivent avoir une si grande influence sur les mœurs de la nation et sur le bonheur des familles. Elle fixe quelle sera la portion de biens disponible.

Il est sans doute à présumer que chacun, en suivant son affection, ferait de sa fortune la répartition la plus convenable au bonheur de sa famille et aux droits naturels de ses héritiers les plus proches, et que cette affection serait encore moins sujette à s'égarer dans le cœur de celui qui laisserait une postérité.

Mais lors même que la loi a cette confiance, elle doit prévoir qu'il est des abus inséparables de la faiblesse et des passions humaines, et qu'il est des devoirs dont elle ne peut, en aucun cas, autoriser la violation.

Les pères et mères qui ont donné l'existence naturelle ne doivent point avoir la liberté de faire arbitrairement perdre, sous un rapport aussi essentiel que celui de la fortune, l'existence civile; et, s'ils doivent rester libres dans l'exercice de leur droit de propriété, ils doivent aussi remplir les devoirs que la paternité leur a imposés envers leurs enfants et envers la société.

C'est pour faire connaître aux pères de famille les bornes au-delà desquelles ils seraient présumés abuser de leur droit de propriété, en manquant à leurs devoirs de pères et de citoyens, que, dans tous les temps et chez presque tous les peuples policés, la loi a réservé aux enfants sous le titre de légitime, une certaine quotité des biens de leurs ascendants.

Chez les Romains, le droit du Digeste et du Code avait réduit au quart des biens la légitime des enfants.

Elle fut augmentée par la 18.e novelle qui la fixa au tiers, s'il y avait quatre enfants ou moins; et à la moitié, s'ils étaient cinq ou plus.

On distinguait en France les pays de droit écrit et ceux de coutumes.

Dans presque tous les pays de droit écrit, la légitime en ligne directe et descendante était la même que celle établie par la novelle.

Les coutumes étaient à cet égard distinguées en plusieurs classes.

Les unes adoptaient ou modifiaient les règles du droit écrit.

D'autres, et de ce nombre était la coutume de Paris, établissaient spécialement une légitime.

Quant aux coutumes où elle n'était pas fixée, l'usage ou la jurisprudence y avait admis les règles du droit romain, ou celles de la coutume de Paris, à l'exception de quelques modifications que l'on trouve dans un petit nombre de ces coutumes.

Celle de Paris a fixé la légitime à moitié de la part que chaque enfant aurait eue dans la succession de ses père et mère et des autres ascendants, s'ils n'avaient fait aucune disposition entre-vifs ou testamentaire.

Pendant la révolution, la loi du 17 nivose an II (art. 16) avait limité au dixième du bien la faculté de disposer, si on avait des héritiers en ligne directe.

La loi du 4 germinal an VIII a rendu aux pères et mères une partie de leur ancienne liberté; elle a permis les libéralités qui n'excéderaient pas le quart des biens, s'ils laissaient moins de quatre enfants; le cinquième, s'ils en laissaient quatre; le sixième, s'ils étaient au nombre de cinq, et ainsi de suite.

En faisant le projet de loi qui vous est présenté, on avait à examiner les avantages et les inconvénients de chacune de ces règles, afin de reconnaître celle qui serait fondée sur la combinaison la plus juste du droit de disposer, et des devoirs de la paternité.

A Rome, il entrait dans le système du gouvernement d'un peuple guerrier que les chefs de famille eussent une autorité absolue, sans craindre que la nature en fût outragée. Lorsque sa civilisation se perfectionna, et que l'on voulut modifier les mœurs antiques, il aurait été impossible de les régler comme si c'eût été une institution nouvelle. Non-seulement chaque père entendait jouir sans restriction de son droit de propriété, mais encore il avait été constitué le législateur de sa famille. Mettre des bornes au droit de disposer, c'était dégrader cette magistrature suprême. Aussi pendant plus de douze siècles, la légitime des enfants, quel que fût leur nombre, ne fut-elle pas portée au-delà du quart des biens. Ce ne fut qu'au déclin de ce grand empire, que les enfants obtinrent à ce titre le tiers des biens, s'ils étaient au nombre de quatre ou au dessous, ce qui était le cas le plus ordinaire, et la moitié s'ils étaient en plus grand nombre.

Cette division avait l'inconvénient de donner des résultats incohérents.

S'il y avait quatre enfants, la légitime était d'un douzième pour chacun, tandis que, s'il y en avait cinq, chaque part légitimaire était du dixième. Ainsi la part qui doit être plus grande quand il y a moins d'enfants se trouvait plus petite. Ce renversement de l'ordre naturel n'était justifié par aucun motif.

La coutume de Paris a mis une balance égale entre les droits de propriété et les devoirs de famille. Les auteurs de cette loi ont pensé que les droits et les devoirs des pères et mères sont également sacrés, qu'ils sont également fondamentaux de l'ordre social, qu'ils forment entre eux un équilibre parfait, et que, si l'un ne doit pas l'emporter sur l'autre, le cours des libéralités doit s'arrêter quand la moitié des biens est absorbée.

Le système de la loi parisienne est d'une exécution simple. On y trouve une proportion juste dans le traitement des enfants, eu égard à leur nombre et à leur droit héréditaire.

Mais elle peut souvent donner des résultats contraires à ceux que l'on se propose.

On veut que chaque enfant ait une quotité de biens suffisante pour qu'il ne perde pas l'état dans lequel l'ont placés les auteurs de ses jours. On ne doit donc pas laisser la liberté de disposer d'une moitié dans le cas où les enfants se trouveraient par leur nombre réduits à une trop petite portion.

Le meilleur système est celui dans lequel on a égard au nombre des enfants, en même temps qu'on laisse aux pères et mères toute la liberté compatible avec la nécessité d'assurer le sort des enfants.

La législation romaine a eu égard à leur nombre; mais elle est susceptible de rectification dans les proportions qu'elle établit.

Ainsi, lorsqu'elle donne au père le droit de disposer des deux tiers, si les enfants ne sont pas au-dessus du nombre de quatre, elle n'a point fait entrer en considération que la liberté de celui qui n'est obligé de pourvoir qu'un seul enfant ne doit pas être autant limitée que lorsqu'il en a plusieurs.

La liberté de disposer des deux tiers des biens, lors même que les enfants étaient au nombre de quatre, était trop considérable, comme celle qui est donnée par la loi du 4 germinal an VIII, et qui ne comprend que le quart, s'il y a moins de quatre enfants; et une portion virile seulement, s'il y en a un plus grand nombre, est trop bornée.

La coutume de Paris était fondée sur un principe plus juste, lorsque, balançant le droit de la propriété et les devoirs de la paternité, elle avait établi que dans aucun cas il ne serait permis au père de disposer de plus de la moitié de ses biens.

C'était une raison décisive pour partir de ce point, en restreignant ensuite la liberté dans la proportion qu'exigeait le nombre des enfants.

On n'a pas cru devoir admettre la graduation qui se trouve dans la loi du 4 germinal an VIII, et suivant laquelle la faculté donnée au père, et réduite à une portion virile, devient presque nulle lorsqu'il y a un grand nombre d'enfants.

Il faut en effet considérer que l'ordre conforme à la nature est celui dans lequel les père et mère ne voudront disposer de leur propriété qu'au profit de leurs enfants, et pour réparer les inégalités naturelles ou accidentelles.

Lorsque le nombre des enfants est considérable, la loi doit réserver à chacun d'eux une quotité suffisante, sans trop diminuer dans la main du père les moyens de fournir à des besoins particuliers qui sont alors plus multipliés.

Ce sont toutes ces considérations qui ont déterminé à adopter la proportion dans laquelle les libéralités, soit par actes entre-vifs, soit par testament, ne pourront excéder la moitié des biens s'il n'y a qu'un enfant légitime, le tiers, s'il en laisse deux, et le quart s'il en laisse trois ou un plus grand nombre.

Art. 915. — La loi devait-elle faire une réserve au profit des ascendants?

Les Romains reconnaissaient que si les pères doivent une légitime à leurs enfants, c'est un devoir dont les enfants sont également tenus envers leurs pères.

Quemadmodùm à patribus liberis, ità à liberis patribus deberi legitimam.

En France, d'après le système de la division des biens en propres et acquêts, le sort des ascendants n'était pas le même dans les pays de coutume et dans ceux de droit écrit.

Un très-petit nombre de coutumes leur donnait une légitime; dans d'autres elle leur avait été accordée par une jurisprudence à laquelle avait succédé celle qui la refusait d'une manière absolue.

Les enfants étaient obligés de conserver à leurs collatéraux presque tous les biens propres dont ces ascendants étaient exclus.

Si on n'avait pas laissé à ces enfants la disposition des meubles et des acquêts à la succession desquels les ascendants étaient appelés par la loi, ils eussent été presque entièrement privés de la liberté de disposer.

Dans les pays de droit écrit, et dans quelques coutumes qui s'y conformaient, les ascendants avaient une légitime : elle consistait dans le tiers des biens; le partage de ce tiers se faisait également entre eux. Il n'y avait point de légitime pour les aïeuls, quand les père et mère, ou l'un d'eux, survivaient, parce qu'en ligne ascendante il n'y a point de représentation.

La comparaison du droit écrit avec celui des coutumes, respectivement aux ascendants, ne pouvait laisser aucun doute sur la préférence due au droit écrit.

Le droit coutumier en donnant les propres aux collatéraux, et en laissant aux enfants la libre disposition des meubles et acquêts, ne prenait point assez en considération les devoirs et les droits qui résultent des rapports intimes entre les père et mère et leurs enfants.

Les devoirs des enfants ne sont pas sous le rapport de l'ordre social aussi étendus que ceux des pères et mères, parce que le sort des ascendants est plus indépendant de la portion de biens qui leur est assurée dans la fortune de leurs descendants, que l'état des enfants ne dépend de la part qu'ils obtiennent dans les biens de leurs pères et mères.

La réserve ne sera, par ce motif, que de moitié des biens au profit des ascendants, et sans égard à leur nombre, lorsqu'il y en aura dans chacune des lignes paternelle ou maternelle.

S'il n'y a d'ascendant que dans l'une des lignes, cette réserve ne sera que du quart.

Déjà on a établi dans le titre des successions une règle que l'on doit régarder comme une des bases principales de tout le système de la transmission des biens par mort.

C'est leur division égale entre les deux lignes paternelle et maternelle, lorsque celui qui meurt ne laisse ni postérité, ni frères, ni sœurs. Cette division remplira sans inconvénient le vœu généralement exprimé pour la conservation des biens dans les familles.

Le sort des ascendants n'était point assez dépendant d'une réserve légale pour qu'on pût, en l'établissant, s'écarter d'une règle aussi essentielle; et puisque, suivant cette règle, les biens affectés à la ligne dans laquelle l'ascendant ne se trouve pas lui sont absolument étrangers, la réserve ne peut pas porter sur la portion à laquelle il ne pourrait avoir aucun droit par succession.

Art. 916. — Devait-on limiter la faculté

de disposer en collatéral, ou ne fallait-il pas au moins établir une réserve en faveur des frères et des sœurs?

Toutes les voix se sont réunies pour que les collatéraux en général ne fussent point un obstacle à l'entière liberté de disposer.

Il en avait toujours été ainsi dans les pays de droit écrit.

Dans ceux des coutumes, les biens étaient distingués en propres et acquêts, et la majeure partie des propres était réservée aux collatéraux, sans que l'on pût en disposer gratuitement.

Ce système de la distinction des biens en propres et acquêts avait principalement pour objet de conserver les mêmes biens dans chaque famille.

On voulait maintenir et multiplier les rapports propres à entrenir, même entre les parents d'un degré éloigné, les sentiments de bienveillance, et cette responsabilité morale qui suppléent si efficacement à la surveillance des lois. Resserrer et multiplier les liens des familles, tel fut et tel sera toujours le ressort le plus utile dans toutes les formes de gouvernement, et la plus sûre garantie du bonheur public. Les auteurs du régime des propres et de réserves pensaient que la transmission des mêmes biens d'un parent à l'autre était un moyen de resserrer leurs liens, et que les degrés par lesquels on tenait à un auteur commun semblaient se rapprocher lorsque les parents se rapprochaient réellement pour partager les biens que ses travaux avaient le plus souvent mis dans la famille, et qui en perpétuaient la prospérité.

La conservation des mêmes biens dans les familles sous le nom de propres a pu s'établir et avoir de bons effets dans le temps où les ventes des immeubles étaient très-rares, et où l'industrie n'avait aucun ressort.

Mais depuis que la rapidité du mouvement commercial s'est appliquée aux biens immobiliers comme à tous les autres; depuis que les propriétaires, habitués à dénaturer leurs biens, ont pu facilement secouer le joug d'une loi qui les privait de la faculté de disposer des propres, il a été aussi facile que fréquent de s'y soustraire. Elle est devenue impuissante pour atteindre à son but, et lorsqu'elle eût dû être le lien des familles, elle les troublait par des procès sans nombre.

Déjà la loi des propres avait été abolie pendant la révolution; on ne devait plus songer à la rétablir. C'est ainsi que certaines lois dépendent des mœurs et des usages existants au temps où elles s'établissent, et ne sont que transitoires.

C'est encore ainsi qu'il est facile d'expliquer pourquoi tout le régime des propres et acquêts, et de perpétuité des mêmes biens dans les familles, était inconnu aux Romains, et à ceux qui ont conservé leur législation.

L'ordre public et l'intérêt des familles s'accordent pour que chacun soit maintenu dans le droit de propriété dont résulte la liberté de disposer, à moins qu'il n'y ait des considérations assez puissantes et assez positives pour exiger à cet égard un sacrifice.

C'est ce sentiment d'une pleine liberté qui fait prendre à l'industrie tout son essort et braver tous les périls. Celui-là croit ne travailler que pour soi, et ne voit point de terme à ses jouissances, quand il est assuré que les produits de son travail ne seront transmis qu'à ceux qu'il déclarera être les objets de son affection : l'intérêt général des familles, dans un siècle où l'industrie met en mouvement le plus grand nombre des hommes, est bien différent de l'intérêt de ces familles casanières, au milieu desquelles les coutumes se formèrent il y a plusieurs siècles : il est évident que ce qui maintenant leur importe le plus est que les moyens de prospérité s'y multiplient; et lorsque dans le cours naturel des affections les parents les plus proches seront préférés, ils entendraient mal leurs intérêts s'ils les regardaient comme étant lésés par cette liberté dont ils doivent profiter.

Mais d'ailleurs, quel moyen pourrait-on trouver de s'opposer à cet exercice du droit de propriété? il n'est en ce genre aucune prohibition qui ne soit susceptible d'être éludée.

Lorsqu'il s'agit d'un droit aussi précieux, et qui est exercé depuis tant de siècles par la plus grande partie de la nation, la loi qui l'abolirait serait au nombre de celles qui ne pourraient long-temps résister à l'opinion publique. Nul ne se ferait le moindre scrupule de la violer; l'esprit de mensonge et de fraude dans les actes se propagerait; le règne de la loi cesserait, et la corruption continuerait ses progrès.

On respectera la réserve faite au profit des ascendants et des descendants, parce qu'elle a pour base, non-seulement les sentiments présumés, mais encore des devoirs si sacrés, que ce serait une sorte de délit de les enfreindre ; ni ces sentiments, ni ces devoirs, ne peuvent être les mêmes pour les collatéraux ; il n'y a vis-à-vis d'eux que les devoirs qui sont à-la-fois ceux du sang et de l'amitié.

La loi de réserve pour les collatéraux n'aurait pour objet que les parents qui se seraient exposés à l'oubli ou à l'animadversion ; et par cela même ils ne sont pas favorables.

Enfin, les habitants des pays de droit écrit opposent aux usages introduits dans les pays de coutumes pendant quelques siècles une expérience qui remonte à l'antiquité la plus reculée.

Ils citent l'exemple toujours mémorable de ce peuple qui, de tous ceux de la terre, est celui qui a le plus étudié et perfectionné la législation civile. Jamais il ne fut question d'y établir une légitime en collatérale.

Enfin ils donnent pour modèle cette harmonie qui, dans les pays de droit écrit, rend les familles si respectables : là, bien plus fréquemment que dans les pays de coutume, se présente le tableau de ces races patriarchales, dans lesquelles ceux à qui la providence a donné la fortune n'en jouissent que pour le bonheur de tous ceux qui se rendent dignes par leurs sentiments d'être admis dans le sein de la famille.

C'est dans la maison de ce bienfaiteur que le parent infortuné trouve des consolations et des secours, que l'autre y reçoit des encouragements, que l'on y économise des dots pour les filles. Quelle énorme différence entre les avantages que les parents peuvent ainsi, pendant la vie du bienfaiteur, retirer de ces libéralités entièrement indépendantes de la loi, et le produit d'une modique réserve, dont ils seraient même encore le plus souvent frustrés !

On ne peut espérer, surtout en collatérale, de créer et de conserver cet esprit de famille qui tend à en soutenir tous les membres, à n'en former qu'un corps, à en rapprocher les degrés, qu'en provoquant la bienfaisance des parents entre eux pendant qu'ils vivent. Le seul moyen de la provoquer est de lui laisser son indépendance : il est dans le cœur humain que le sentiment de bienfaisance s'amortisse aussitôt qu'il s'y joint la moindre idée de contrainte ; cette idée ne s'accorde plus avec cette noblesse, avec cette délicatesse, et cette pureté de sentiments qui animaient l'homme bienfaisant ; il cesse de l'être parce qu'il ne croit plus pouvoir l'être ; il n'a plus rien à donner à ceux qui ont le droit d'exiger.

Puisque la France est assez heureuse pour avoir conservé dans une grande partie de son territoire cet esprit de famille nécessaire à la prospérité commune, gardons-nous de rejeter un aussi grand moyen de régénération des mœurs ; c'est un feu sacré qu'il faut entretenir où il existe, qu'il faut allumer dans les autres pays qui ont un aussi grand besoin de son influence, et qu'il peut seul vivifier.

Cependant ne devrait-on pas faire une exception en faveur des frères et sœurs de celui qui meurt ne laissant ni ascendants, ni postérité ?

Ne doit-on pas distinguer dans la famille ceux qui la constituent le plus intimement, ceux qui sont présumés avoir vécu sous le même toit, avoir été soumis à l'autorité du même père de famille, tenir de lui un patrimoine qu'il était dans son cœur de voir répartir entre eux, et que le plus souvent ils doivent à ses économies et à ses travaux ?

Quel serait le frère qui pourrait regarder comme un sacrifice à sa liberté la réserve d'une quotité modique, telle que serait un quart de ses biens à ses frères et sœurs, en quelque nombre qu'ils fussent ?

Peut-il y avoir quelque avantage à lui attribuer le droit de transmettre tout son patrimoine à une famille étrangère en nuisant à la sienne propre, autant qu'il est en son pouvoir, ou de préférer l'un de ses frères ou sœurs à tous les autres ? ce qui serait une cause éternelle de discorde entre celui qui aurait la préférence, et ceux qui se regarderaient comme déshérités.

Si on est forcé de convenir que le législateur doit employer tous ses efforts pour resserrer les liens de famille, doit-il laisser la liberté à ceux que la nature avait autant rapprochés de les rompre entièrement ?

Dans plusieurs autres parties du Code civil, les frères et sœurs sont, à cause des rapports intimes qui les unissent, mis dans une classe à part. Dans l'ordre des successions, on les fait concourir avec les ascendants. Les frères et sœurs auront, pour assurer à leurs neveux et nièces la portion de biens dont ils peuvent disposer, le même droit que les père et mère à l'égard de leurs petits-enfants.

Enfin, il sera contraire aux usages reçus

dans une grande partie de la France depuis plusieurs siècles qu'aucune quotité du patrimoine ne soit assurée même aux frères et sœurs.

Quelque puissants que paraissent ces motifs pour établir une réserve au profit des frères et sœurs, des considérations plus fortes s'y opposent et ont dû prévaloir.

Le guide le plus sûr des législateurs est l'expérience : l'on n'a jamais admis ni à Rome, ni en France, dans les pays de droit écrit, de légitime en faveur des frères; le frère ne pouvait se plaindre de la disposition dans laquelle il avait été oublié, que dans un seul cas, celui où une personne mal famée, *turpis persona*, avait été instituée héritière. La réclamation que le frère pouvait alors faire d'une portion des biens n'était, sous le nom de légitime, qu'une vengeance due à la famille qui avait éprouvé du testateur une aussi grande injure.

Cependant le tableau de l'amitié fraternelle n'a jamais été plus touchant que dans les pays où la liberté de disposer est entière.

Si, comme on l'a prouvé, celui qui ne doit éprouver aucune contrainte dans ses dispositions de dernière volonté est beaucoup plus porté aux actes de bienfaisance pendant sa vie, c'est surtout entre frères que cette assistance mutuelle est vraisemblable, et qu'elle peut influer sur leur prospérité.

Plus la réserve que l'on croirait pouvoir faire au profit des frères et sœurs serait modique, et moins elle pourrait être d'une utilité réelle; moins on doit la préférer aux grands avantages que l'on peut se promettre d'une pleine liberté de disposer.

Si on imposait en collatérale des devoirs rigoureux de famille, ce devrait aussi être au profit des neveux dont les père et mère sont décédés : ce sont ces neveux qui ont le plus besoin d'appui; c'est à leur égard que les oncles tiennent lieu d'ascendants; c'est aux soins et à l'autorité des oncles qu'est entièrement confié le sort de cette partie de la famille.

On ne pourrait donc pas se borner au seul degré de frères et de sœurs, si on voulait, en collatérale, établir une réserve légale; et cependant ceux même qui ont été d'avis de cette réserve n'ont pas pensé qu'on pût l'étendre au-delà de ce degré, sans porter injustement atteinte au droit de propriété.

Il est sans doute dans le cours de la nature que les frères et sœurs soient unis par les liens intimes qu'ont formés une éducation et une naissance communes; mais l'ordre social, qui exige une réserve en ligne directe, n'est point également intéressé à ce qu'il y en ait au profit des frères et sœurs.

Le père a contracté non-seulement envers ses enfants, mais encore envers la société, l'obligation de leur conserver des moyens d'existence proportionnés à sa fortune; ce devoir se trouve rempli à l'égard des frères ou sœurs, puisque chacun a sa portion des biens des père et mère communs.

Les enfants qui n'ont point de postérité ont, envers ceux qui leur ont donné le jour, des devoirs à remplir, qui ne sauraient être exigés par des frères ou sœurs, les uns envers les autres.

C'est après avoir long-temps balancé tous ces motifs pour et contre la réserve légale au profit des frères et sœurs, qu'il a été décidé de n'en établir qu'en ligne directe, et que toutes les fois que celui qui meurt ne laissera ni ascendants ni descendants, les libéralités par actes entre-vifs pourront épuiser la totalité des biens.

Art. 919. — Après avoir ainsi déterminé la quotité disponible, il fallait régler un point sur lequel il y a eu jusqu'ici diversité de législation; il fallait décider si la quotité disponible pourrait être donnée en tout ou en partie, soit par actes entre-vifs, soit par testament, aux enfants ou autres héritiers de celui qui a disposé, sans que le donataire venant à sa succession fût obligé au rapport.

Chez les Romains, et dans les pays de droit écrit, il n'y a jamais eu de variation à cet égard; toujours on a eu le droit de choisir entre les héritiers ceux que l'on voulait avantager, soit par l'institution d'héritier, soit autrement.

Les coutumes étaient sur cette matière très-différentes les unes des autres.

Les unes permettaient à un des enfants d'être en même-temps donataire, légataire et héritier, et n'assuraient aux autres que leur légitime.

D'autres distinguaient la ligne directe d'avec la collatérale, et la qualité de donataire entre-vifs d'avec celle de légataire. Dans ces dernières coutumes, du nombre desquelles se trouve celle de Paris, la même personne ne pouvait être ni donataire, ni légataire, ni héritière en ligne directe : elle pouvait en collatérale être donataire et héritière, mais non légataire et héritière.

Dans d'autres on ne pouvait être donataire et héritier soit en ligne directe, soit en ligne collatérale.

D'autres portaient la défense absolue d'avantager l'héritier présomptif, et ordonnaient le rapport, tant en directe que collatérale, même en renonçant.

Il n'y avait de système complet d'égalité entre les héritiers, que celui des coutumes qui les obligeaient au rapport des donations, lors même qu'ils renonçaient à la succession, et qui ne permettaient en leur faveur aucun legs.

Dans l'opinion exclusive de la faculté de faire des dispositions au profit des héritiers, on les regarde comme ayant un droit égal ; et la loi se met entièrement à la place de la personne qui meurt, non pour contrarier sa volonté présumée, mais pour la remplir de la manière la plus juste.

Cependant, quoique l'intention parût être de suivre la marche de la nature, combien ne s'en écartait-on pas ?

Comment la nature aurait-elle donné des droits égaux à ceux qu'elle traite si diversement ? Où sont les familles dont tous les membres ont eu une part égale à la force physique, à l'intelligence, aux talents, dont aucun n'a, malgré la meilleure conduite, éprouvé des revers, dont aucun n'a été exposé à des infirmités ou à d'autres malheurs de tous genres ?

Ce tableau de l'humanité, quelque affligeant qu'il soit, est malheureusement celui qui se réalise le plus souvent ; il faut l'avoir perdu de vue quand on calcule froidement et arithmétiquement une division égale entre tous ceux qui ont des besoins si différents.

Leur droit naturel est d'obtenir de celui à qui la providence a confié les biens une part proportionnée aux besoins, et qui établisse entre eux, autant qu'il est possible, la balance du bonheur. C'est en s'occupant sans cesse de maintenir cette balance, que le chef de famille se livre aux sentiments les plus équitables d'une affection égale envers tous ses héritiers. Mais s'il lui est défendu par la loi de venir au secours de l'un, s'il ne peut encourager l'autre, s'il a les mains liées pour soulager les maux dont il est témoin, et pour faire cesser des inégalités affligeantes entre ceux qu'il voudrait rendre également heureux, c'est alors qu'il sent tout le poids de ses chaînes, c'est alors qu'il maudit l'erreur de la loi, qui s'est mise à sa place pour ne remplir aucun de ses devoirs, et qui, se trompant sur le vœu de la nature, n'a établi ses présomptions que sur une égalité chimérique : c'est alors qu'il est affligé de sa nullité dans sa propre famille, où le sort de chacun a été réglé d'avance par l'interdiction prononcée contre lui, où il est dépouillé du principal moyen de faire respecter une autorité dont le seul but est de rétablir ou de maintenir l'ordre, où il n'a ni la puissance de faire le bien, ni celle de prévenir le mal.

Peut-on mettre en comparaison tous ces inconvénients avec celui qui paraît avoir fait le plus d'impression sur l'esprit des personnes qui voudraient interdire le droit de disposer au profit des héritiers présomptifs ? Ils craignent la vanité des chefs de famille, qui, favorisés de la fortune, voudraient la transmettre à celui qu'ils choisiraient pour les représenter avec distinction en sacrifiant les autres.

On n'a pas songé que le nombre des riches est infiniment petit, si on le compare à la masse presque générale de ceux qui, vivant avec des facultés très-bornées, sont le plus exposés à toutes les inégalités et à tous les besoins.

On a perdu de vue le père de famille, qui, sous un humble toit, n'a pour patrimoine qu'un sol à peine suffisant pour la nourriture et l'éducation de sa famille. Déjà courbé sous le poids des années, il ne pourrait suffire à un travail devenu trop pénible, s'il n'employait les bras du plus âgé de ses enfants aussitôt qu'ils ont quelque force. Cet enfant laborieux commence dès-lors à être l'appui de sa famille : c'est à la sueur de son front que ses frères devront les premiers secours avec lesquels ils apprendront des professions industrielles, et que ses sœurs devront les petits capitaux, fruit de l'économie, et qui leur auront procuré des établissements utiles.

Croira-t-on que c'est la vanité qui détermine ce père de famille à donner quelque récompense à celui de ses enfants qui s'est sacrifié pour le bonheur de tous, et à conserver dans ses mains, autant que la loi le lui permet, un héritage sur lequel une nouvelle famille ne pourrait s'élever et prospérer s'il était divisé en trop petites portions ?

L'intention de ceux qui ont interdit les dispositions au profit des héritiers est sans doute estimable ; mais il est impossible de méconnaître leur erreur.

Déjà même la loi du 4 germinal an VIII autorisa les libéralités au profit des enfants ou autres successibles du disposant, sans qu'elles soient sujettes à rapport, pourvu qu'elles n'excèdent pas les bornes prescrites.

Cette règle a été maintenue.

Art. 920. — Pour bien connaître la quotité disponible, et celle qui est réservée aux enfants ou aux ascendants, il était nécessaire, d'une part, de désigner les biens auxquels s'applique la faculté de disposer, et, de l'autre, de régler le mode de réduction qui doit avoir lieu, si les dispositions excèdent la quotité fixée.

Art. 922. — La faculté de disposer ne se calcule pas seulement sur les biens qui restent dans la succession après les dettes payées, il faut ajouter à ces biens ceux que la personne décédée a donnés entre-vifs. On n'aurait pas mis de bornes fixes aux libéralités de disposer, si on n'avait pas eu égard à toute espèce de disposition.

Il est sans doute du plus grand intérêt pour la société que les propriétés ne restent pas incertaines : c'est de leur stabilité que dépendent et la bonne culture et toutes ses améliorations.

Mais déjà il a été prouvé que la transmission d'une partie des biens aux héritiers en ligne directe est une des bases de l'ordre social. Les père et mère et les enfants ont entre eux des devoirs qui doivent être remplis de préférence à de simples libéralités; l'accomplissement de ces devoirs est la condition tacite sous laquelle ces libéralités ont pu être faites ou acceptées; et, dans le cas même où les donations n'auraient pas, lorsqu'elles ont été faites, excédé la quotité disponible, les donataires ne seraient point par ce motif préférables à des héritiers directs, s'il s'agit pour les premiers d'un pur bénéfice, et pour les autres d'un patrimoine nécessaire. La diminution survenue dans la fortune du donateur ne saurait même être présumée l'effet de sa malveillance envers le donataire.

Ce sont ces motifs qui ont fait regarder comme indispensable de faire comprendre dans la masse des biens sur lesquels se calcule la quotité réservée par la loi, ceux qui auraient été donnés entre-vifs.

On doit même y comprendre les biens dont la propriété aurait été transmise aux enfants dans le cas du divorce ; il ne peut jamais en résulter pour eux un avantage tel que les autres enfants soient privés de la réserve légale.

Il ne doit être fait aucune déduction à raison du droit des enfants naturels ; ce droit n'est point acquis avant la mort, et c'est, sous le titre de créance, une participation à la succession.

Art. 921. — Les biens sur lesquels les enfants ou les ascendants doivent prendre la portion que la loi leur réserve étant ainsi déterminés, on avait à régler comment ces héritiers exerceront cette reprise lorsque les biens, libres de dettes et déduction faite des dons et des legs, ne suffiront pas pour remplir la quotité réservée.

Il est évident que ce retour sur les legs ou donations n'est admissible que de la part de ceux au profit desquels la loi a restreint la faculté de disposer proportionnellement au droit qu'ils auraient dans la succession.

Art. 923-926. — Si maintenant on examine quelles sont, dans le cas d'insuffisance des biens libres de la succession, les dispositions qui doivent être en premier lieu annulées ou réduites pour que la quotité réservée soit remplie, il ne peut y avoir de doute sur ce que la réduction ou l'annullation doit d'abord porter sur les legs.

Les biens légués font partie de la succession ; les héritiers au profit desquels est la réserve sont saisis par la loi dès l'instant où cette succession est ouverte. Les legs ne doivent être payés qu'après l'acquit des dettes et des charges; la quotité réservée par la loi est au nombre de ces charges.

Chaque légataire ayant un même droit aux biens qui lui sont légués, l'équité veut que cette sorte de contribution soit faite entre eux au marc le franc.

Art. 927. — Si néanmoins le testateur avait déclaré qu'il entendait que certains legs fussent acquittés de préférence aux autres, les légataires ainsi préférés auraient un droit de plus que les autres, et la volonté du testateur ne serait pas exécutée, si les autres legs n'étaient pas entièrement épuisés pour remplir la réserve légale avant qu'on pût réduire ou annuller les legs préférés. On exige seulement, pour prévenir toute contestation sur cette volonté du testateur, qu'elle soit déclarée en termes exprès.

Art. 923. — Il restait à prévoir le cas où tous les biens de la succession, libres de dettes, et tous les biens légués, auraient été épuisés sans que la réserve légale fût encore remplie.

Les donations entre-vifs doivent-elles alors, comme les legs, être réduites au marc le franc?

On peut dire que, pour fixer la quotité réservée, on fait entrer dans le calcul des biens qui y sont sujets la valeur de tous ceux qui ont été donnés, sans égard, aux diverses époques des donations, parce que chacune d'elles, et toutes ensemble, ont contribué à épuiser le patrimoine.

Mais il est plus conforme aux principes que les donations soient réduites, en commençant par la plus récente, et en remontant successivement aux plus anciennes.

En effet, on n'a pas, dans les premières donations, excédé la mesure prescrite, si les biens donnés postérieurement suffisent pour remplir la réserve légale. Si la réduction portait sur toutes les donations, le donateur aurait un moyen de révoquer en tout, ou par de nouvelles donations, celles qu'il aurait d'abord faites.

D'ailleurs, lorsqu'il s'agit d'attaquer des propriétés qui remontent à des temps plus ou moins éloignés, l'ordre public est intéressé à ce que la plus ancienne propriété soit maintenue de préférence. C'est le fondement de cette maxime : *Qui prior est tempore potior est jure.*

Ces principes, déjà consacrés par l'ordonnance de 1731, (Art. 34.) ont été maintenus.

Art. 924. — On a aussi conservé cette autre disposition de la même loi, suivant laquelle, lorsque la donation entre-vifs réductible a été faite à l'un des héritiers ayant une réserve légale, il peut retenir sur les biens donnés la valeur de la portion qui lui appartiendrait comme héritier dans les biens non disponibles, s'ils sont de la même nature. Dans ce cas, il était possible de maintenir ainsi la propriété de l'héritier donataire sans causer de préjudice à ses cohéritiers.

La règle suivant laquelle la réduction doit se faire des donations les plus récentes serait illusoire, si le donataire évincé pouvait se regarder comme subrogé contre le donataire antérieur dans les droits de celui qui l'a évincé.

D'ailleurs, la réduction est un privilége personnel, et dès-lors elle ne peut être l'objet d'une subrogation, soit tacite, soit même conventionnelle.

Art. 921. — Quant aux créanciers de celui dont la succession s'ouvre, ils n'ont de droit que sur les biens qu'ils y trouvent; ces biens doivent toujours, et nonobstant toute réserve légale, être épuisés pour leur paiement : mais ils ne peuvent avoir aucune prétention à des biens dont leur débiteur n'était plus propriétaire. Si les titres de leurs créances sont antérieurs à la donation, ils ont pu conserver leurs droits en remplissant les formalités prescrites.

Si ces titres sont postérieurs, les biens qui dès-lors étaient par la donation hors des mains de leurs débiteurs n'ont jamais pu être leur gage.

Il paraît contraire aux principes de morale que l'on puisse recueillir, même à titre de réserve, des biens provenant d'une personne dont toutes les dettes ne sont pas acquittées; et la conséquence semble être que si le créancier ne peut pas, à cause du droit de propriété du donataire, avoir action contre lui, au moins doit-il exercer ses droits contre l'héritier sur les biens recouvrés par l'effet de la réduction.

Si on s'attachait à l'idée que celui qui a le droit de réduction ne doit pas avoir de recours contre les donataires, à moins que les biens dont ceux-ci auraient été évincés ne devinssent le gage des créanciers du défunt, il vaudrait autant donner à ces créanciers, contre les donataires, une action directe, que de l'accorder aux héritiers pour que les créanciers en profitent; ou plutôt alors, comme il ne s'agirait réellement que de l'intérêt des créanciers, on ne devrait pas faire intervenir les héritiers pour dépouiller les donataires au profit des créanciers : ceux-ci d'ailleurs pourraient-ils espérer que des héritiers se porteraient à exercer un pareil recours? leur délicatesse ne serait-elle pas autant engagée à ne pas détruire le droit de propriété des donataires qu'à payer les créanciers? et si les héritiers manquaient de délicatesse, ne leur serait-il pas facile de traiter, à l'insu des créanciers, avec des donataires qui ne chercheraient qu'à se maintenir dans leur propriété?

Art. 930. — L'action de l'héritier contre le donataire, et les biens donnés qui sont l'objet de ce recours, sont également étrangers à la succession. Le titre auquel l'héritier exerce ce recours remonte au temps même de la donation : elle est présumée n'avoir été faite que sous la condition de ce retour à l'héritier, dans le cas où la réserve ne serait pas remplie.

C'est en conséquence de cette condition primitive de retour que l'héritier reprend les biens sans charges de dettes ou hypothèques créées par le donataire? c'est par le même motif que l'action en réduction ou revendication peut être exercée par l'héritier contre les tiers détenteurs des immeubles faisant partie de la donation et aliénés par le donataire, de la même manière et dans le même ordre que contre le donataire lui-même.

Il faut donc considérer l'héritier qui évince un donataire entre-vifs comme s'il eût recueilli les biens au temps même de la donation.

S'il fallait admettre d'une manière absolue qu'un héritier ne peut recueillir à titre gratuit des biens de celui qui a des créanciers, sans en faire l'emploi au paiement des dettes, il faudrait dire que toutes donations entre-vifs sont susceptibles d'être révoquées par des dettes que le donateur aurait depuis contractées : c'est ce qui n'a été admis dans aucune législation. Il est sans doute à regretter que des idées morales se trouvent ici en opposition avec des principes qu'il serait bien plus dangereux de violer; ce sont ceux sur le droit de propriété non-seulement de l'enfant ou de l'ascendant, mais encore des autres intéressés. En voulant perfectionner la morale sous un rapport, on ferait naître la corruption sous plusieurs autres.

Art. 931. — Après avoir ainsi réglé les qualités requises pour donner et recevoir, après avoir fixé la quotité disponible, et avoir indiqué le mode à suivre pour les réductions, la loi s'occupe plus particulièrement d'abord des donations entre-vifs, et ensuite des testaments; elle prescrit les formes de chacun de ces actes; elle établit les principes sur leur nature et sur leurs effets.

C'est ici que tous les regards se fixent sur ces lois célèbres qui contribueront à rendre immortelle la mémoire du chancelier d'Aguesseau. Les ordonnances sur les donations et sur les testaments ont été, comme le nouveau Code, le fruit de longues méditations; elles n'ont également été adoptées qu'après avoir consulté le vœu de la nation par le seul moyen qui fût alors possible, celui de prendre l'avis des magistrats et des jurisconsultes. Les rédacteurs du Code ont eu recours aux dispositions de ces lois avec le respect qu'inspirent leur profonde sagesse et le succès dont elles ont été couronnées.

Dans les donations entre-vifs, on distingue les formalités à observer dans les actes qui les contiennent, et celles que l'on peut nommer extérieures.

Les formalités à observer dans ces actes ont un double objet, celui de les constater, et celui d'en fixer la nature.

On n'admet comme légalement constatés les actes portant donations entre vifs que quand ils sont passés devant notaires, dans la forme ordinaire des contrats.

La minute doit rester entre les mains du notaire; elle ne doit être délivrée ni au donateur, ni au donataire. La donation entre-vifs est un acte par lequel celui qui l'accepte s'engage à en remplir les conditions : il ne doit être au pouvoir ni de l'une ni de l'autre des parties de l'anéantir, en supprimant l'acte qui en contient la preuve.

C'est encore parce que toute donation entre-vifs est considérée comme un engagement réciproque, qu'il est indispensable que les deux parties y interviennent, celle qui donne et celle qui accepte, cela est conforme au droit romain, qui ne regardait point comme encore existante une libéralité, lorsque celui pour qui elle était destinée l'ignorait ou n'y avait pas consenti.

Art. 932. — L'acceptation étant une condition essentielle de toute donation, on a dû exiger qu'elle fût en termes exprès. Il en résultera, sans qu'il ait été besoin d'en faire une disposition, que les juges ne pourront avoir aucun égard aux circonstances dont on prétendrait induire une acceptation tacite et sans qu'on puisse la présumer, lors même que le donataire aurait été présent à l'acte de donation et qu'il l'aurait signé, ou quand il serait entré en possession des choses données.

Il était seulement une facilité qui n'avait rien de contraire à ces principes, et qu'on ne pouvait refuser sans mettre le plus souvent un obstable insurmontable à la faculté de disposer; c'est surtout au milieu des mouvements du commerce, et lorsque les voyages sont devenus si communs, que les parents les plus proches et les amis les plus intimes sont exposés à vivre dans un grand éloignement.

On a voulu prévenir cet inconvénient, en permettant l'acceptation par un acte postérieur ou par une personne fondée de la procuration du donataire, en regardant cette procuration comme suffisante, soit qu'elle porte le pouvoir d'accepter la donation faite, soit qu'elle contienne un pouvoir général d'accepter les donations qui auraient été ou qui pourraient être faites.

De longues controverses avaient eu lieu entre les auteurs, sur le point de savoir si le donateur doit avoir la liberté de révoquer la donation qui n'est point encore acceptée.

Les uns soutenaient que si on ne fixe point au donataire un délai dans lequel il ne soit plus admis à l'acceptation, le donateur ne peut point lui ôter cette faculté en revenant contre son propre fait.

Les autres pensaient que jusqu'à l'acceptation l'acte est imparfait et ne saurait lier le donateur.

Cette dernière opinion est la plus juste; elle avait été confirmée par l'ordonnance de 1731, et elle est maintenue.

Art. 933. — Quoiqu'une donation soit toujours, indépendamment des conditions qui peuvent y être mises, regardée comme un avantage au profit du donataire, il suffit cependant que ce soit de la part de ce dernier un engagement, pour que la capacité de contracter, ou les formalités qui y suppléent, soient exigées.

Si le donataire est majeur, l'acceptation doit être faite par lui, ou en son nom par la personne fondée de sa procuration.

Art. 935. — S'il est mineur non émancipé, ou s'il est interdit, elle sera faite par son tuteur, conformément à ce qui est prescrit au titre de la minorité.

Si le mineur est émancipé, son curateur l'assistera.

On a même voulu éviter que, pour des actes toujours présumés avantageux, les mineurs fussent victimes des intérêts personnels ou de la négligence de ceux que la loi charge d'accepter. Les liens du sang et l'affection ont été considérés comme étant à cet égard un mandat suffisant; et sans porter atteinte, soit à la puissance paternelle, soit à l'administration des tuteurs, tous les ascendants de l'un et de l'autre sexe, et à quelque degré qu'ils soient, auront le pouvoir d'accepter pour leurs descendants, même du vivant des père et mère, et quoiqu'ils ne soient ni tuteurs, ni curateurs du mineur, sans qu'il soit besoin d'aucun avis de parents.

Art. 934. — Les bonnes mœurs et l'autorité du mari ont toujours exigé que la femme mariée ne pût accepter une donation sans le consentement de son mari, ou, en cas de refus de son mari, sans autorisation de la justice. En imposant cette condition aux femmes mariées en général, on n'admet d'exception ni pour celles qui ne seraient point en communauté avec leurs maris, ni pour celles qui en seraient séparées par jugement.

Art. 936. — Depuis que, par les heureux efforts de la bienfaisance et du génie, les sourds et muets ont été rendus à la société, ils sont devenus capables d'en remplir les devoirs et d'en exercer les droits. Le sourd et muet qui saura par l'écriture manifester sa volonté pourra lui-même, ou par une personne ayant sa procuration, accepter une donation. S'il ne sait pas écrire, l'acceptation devra être faite en son nom par un curateur qui lui sera nommé pour remplir cette formalité.

Art. 937. — Quant aux donations qui seront faites aux hospices, aux pauvres des communes, ou aux établissements d'utilité publique, elles seront acceptées par leurs administrateurs, lorsque le gouvernement, qui veille aux droits des familles comme à l'intérêt des pauvres, les y aura autorisés.

Après avoir ainsi prescrit les formalités de l'acte même de donation, la loi règle celles qui sont extérieures.

Art. 939. — Plusieurs dispositions de l'ordonnance de 1731 sont relatives à la tradition de fait des biens donnés. Cette formalité avait été établie dans plusieurs coutumes, mais elle n'était point en usage dans les pays de droit écrit; elle n'ajoute rien ni à la certitude, ni à l'irrévocabilité des donations entre-vifs. La règle du droit romain, qui regarde les donations comme de simples pactes, est préférable; elle écarte des difficultés nombreuses et sans objet. La donation duement acceptée sera parfaite par le seul consentement des parties, et la propriété des objets donnés sera transférée au donataire, sans qu'il soit besoin d'autre tradition.

Art. 939. — Une autre formalité extrinsèque avait été introduite par le droit romain; c'est celle connue sous le nom d'insinuation. On avait ainsi rendu publiques les donations pour éviter les fraudes, soit par la supposition de pareils actes, surtout entre les proches parens, soit par la facilité de tromper des créanciers qui ignoraient ces aliénations.

En France, la formalité de l'insinuation a

été admise et ordonnée par une longue suite de lois; elles n'ont point applani toutes les difficultés que leur exécution a fait naître. L'ordonnance de 1731 avait levé plusieurs doutes sur l'application de la peine de nullité des donations pour lesquelles cette formalité n'avait pas été exécutée, sur la nécessité de la remplir dans les divers lieux du domicile et de la situation des biens, sur le mode d'insinuation, sur les délais prescrits, et sur les effets de l'inexécution dans ces délais. Des lois interprétatives de l'ordonnance de 1731 ont encore été nécessaires; et une simple formalité d'enregistrement était devenue la matière d'un recueil volumineux de lois compliquées.

Toute cette législation relative à la publicité des actes de donations entre-vifs est devenue inutile depuis que, par la loi qui s'exécute maintenant dans toute la France, non-seulement ces actes, mais encore toutes les autres aliénations d'immeubles, doivent être rendus publics par la transcription sur des registres ouverts à quiconque veut les consulter. L'objet de toutes les lois sur les insinuations sera donc entièrement rempli, en ordonnant que lorsqu'il y aura donation de biens susceptibles d'hypothèques, la transcription des actes contenant la donation devra être faite aux bureaux des hypothèques dans l'arrondissement desquels les biens seront situés.

Quant aux meubles qui seraient l'objet des donations, ils ne sauraient être mis au nombre des gages que les créanciers puissent suivre; il n'est aucun des différents actes par lesquels on peut aliéner des meubles, qui soit assujéti à de semblables formalités.

L'insinuation se faisait, non-seulement au lieu de la situation des biens, mais encore à celui du domicile : cette dernière formalité n'ayant point été jugée nécessaire dans le système général de la conservation des droits des créanciers, il n'y avait pas de motif particulier pour l'employer dans le cas de la transmission des biens par donations entre-vifs; on peut s'en reposer sur l'activité de ceux qui auront intérêt de connaître le gage de leurs créances ou de leurs droits. Quant aux héritiers, l'inventaire leur fera connaître, par les titres de propriété, quels sont les biens; et dans l'état actuel des choses, il n'est aucun héritier qui, ayant le moindre doute sur le bon état d'une succession, ne commence par vérifier, sur les registres du lieu de la situation des biens, quelles sont les aliénations.

Art. 940. — Les personnes qui sont chargées de faire faire la transcription, et qui, par ce motif, ne pourront opposer le défaut de cette formalité, sont les maris, lorsque les biens auront été donnés à leurs femmes; les tuteurs ou curateurs, quand les donations auront été faites à des mineurs ou à des interdits; les administrateurs, quand elles auront été faites à des établissements publics.

Les femmes ont dû, pour la conservation de leurs droits, être autorisées par la loi à faire procéder seules à la formalité de l'inscription, quand elle n'aura pas été remplie par les maris.

Art. 942. — La question de savoir si les mineurs et ceux qui jouissent du même privilége pouvent être restitués contre le défaut d'insinuation des donations entre-vifs, n'était clairement décidée ni par le droit romain, ni par les anciennes ordonnances. Il y avait à cet égard une diversité de jurisprudence; et l'ordonnance de 1731, conformément à une déclaration du 19 janvier 1712, avait prononcé que la restitution n'aurait pas lieu, lors même que les tuteurs ou autres administrateurs seraient insolvables.

Cette règle a été confirmée : elle est fondée sur le principe que si les mineurs ont des priviléges pour la conservation de leur patrimoine, et pour qu'ils ne soient pas surpris par les embûches tendues à la fragilité de leur âge, ils ne doivent pas être dispensés du droit commun, lorsqu'il s'agit seulement de rendre, par des donations, leur condition meilleure.

On a examiné la question de savoir si les donations entre-vifs, qui n'auraient point été acceptées pendant la vie du donateur, et qu'il n'aurait pas révoquées, peuvent valoir comme dispositions testamentaires.

On peut dire que la volonté de donner est consignée dans l'acte de donation; que si le donataire n'a été, par aucune révocation, dépouillé du droit d'accepter, le donateur est mort sans avoir varié dans son intention de lui faire une libéralité; que la volonté de l'homme qui se renferme dans les bornes légales doit être respectée.

Mais cette opinion n'est pas admissible, lorsque, pour les testaments, la loi exige une plus grande solennité que pour les donations entre-vifs. Le donateur, par acte entre-vifs, ne peut dès-lors être présumé avoir entendu faire une disposition testamentaire, pour laquelle cet acte serait insuffisant ; et, dans aucun cas, il ne doit lui être permis de se dispenser ainsi de remplir les formalités prescrites pour les testaments.

Art. 943. — Il n'existe point de donation entre-vifs, à moins que le donateur ne se dépouille actuellement et irrévocablement de la chose donnée en faveur du donataire qui l'accepte. De là ces maximes, que *donner et retenir ne vaut*, et que *c'est donner et retenir, quand le donateur s'est réservé la puissance de disposer librement de la chose donnée.*

On en fait l'application, en décidant que la donation entre-vifs ne peut comprendre que les biens présents du donateur.

On avait, dans l'ordonnance de 1731, déclaré nulle, même pour les biens présents, la donation qui comprenait les biens présents et à venir, parce qu'on regardait ses dispositions comme indivisibles, à moins que l'intention contraire du donateur ne fût reconnue.

Il est plus naturel de présumer que le donateur de biens présents et à venir n'a point eu intention de disposer d'une manière indivisible; la donation ne sera nulle qu'à l'égard des biens à venir.

Art. 944. — Les conséquences des maximes précédemment énoncées sont encore que toute donation entre-vifs, faite sous des conditions dont l'exécution dépend de la seule volonté du donateur, est nulle ; (Art. 945) quelle est également nulle, si elle a été faite sous la condition d'acquitter d'autres dettes ou charges que celles qui existaient à l'époque de la donation, ou qui étaient exprimées dans les actes; que si le donateur n'a pas usé de la faculté de disposer, qu'il s'était réservée à l'égard d'une partie des objets compris dans la donation, ces objets n'appartiendront point au donataire, (Art. 948) et que toute donation d'effets mobiliers doit être rendue certaine par un état estimatif annexé à la minute de la donation.

La réserve d'usufruit et le retour au profit du donateur, n'ont rien de contraire à ces principes.

Art. 953. — Il n'y a d'exception à l'irrévocabilité que dans les cas où le donateur aurait manqué à des conditions formellement exprimées, ou que la loi présume avoir été dans l'intention du donateur.

La révocation pour cause d'inexécution des conditions exprimées est commune à toutes les conventions. Mais il est deux autres conditions que la loi a présumées; la première, que le donataire ne se rendrait pas coupable d'actes d'ingratitude, tels que si le donateur avait pu les prévoir, il n'eût point fait la donation; et la seconde, qu'il ne lui surviendrait point d'enfants.

Art. 955. — On a déterminé les cas dans lesquels les donations pourront être révoquées pour cause d'ingratitude : ce sera lorsque le donataire aura attenté à la vie du donateur, lorsqu'il se sera rendu coupable envers lui de sévices, délits, ou injures graves, lorsqu'il lui aura refusé des aliments.

Art. 959. — Les donations en faveur de mariage sont exceptées, parce qu'elles ont aussi pour objet les enfants à naître, et qui ne doivent pas être victimes de l'ingratitude du donataire.

Art. 960. — Quant à la révocation par survenance d'enfants, on la trouve établie dans le droit romain par une loi célèbre (*Si unquam, cod. De Revoc. donat.*) Elle est fondée sur ce qu'il est à présumer que le donateur n'a point voulu préférer des étrangers à ses propres enfants.

En vain oppose-t-on à un motif aussi puissant, qu'il en résulte une grande incertitude dans les propriétés, que les enfants peuvent ne survenir qu'un grand nombre d'années après la donation, que celui qui donne est présumé avoir mesuré ses libéralités sur la possibilité où il était d'avoir des enfants, que des mariages ont pu être contractés en considération de ces libéralités.

Ces considérations ne sauraient l'emporter sur la loi naturelle, qui subordonne toutes les affections à celles qu'un père a pour ses enfants.

Il n'est point à présumer qu'il ait entendu, en donnant, violer des devoirs de tout temps contractés envers les descendants qu'il pourrait avoir, et envers la société. Si une volonté pareille pouvait être présumée, l'ordre public s'opposerait à ce qu'elle fût accueillie. Ce sont des principes que le donataire ne saurait méconnaître. Il n'a donc pu recevoir que sous la condition de la préférence due aux enfants qui naîtraient.

La règle de la révocation des donations par survenance d'enfants a été maintenue telle que dans l'ordonnance de 1731 on la trouve expliquée et dégagée des difficultés qu'elle avait fait naitre.

Art. 967. — Les règles particulières aux donations entre-vifs sont suivies de celles qui concernent spécialement la forme et l'exécution des dispositions testamentaires.

L'institution d'héritier était, dans les pays de droit écrit, l'objet principal des testaments. Dans l'autre partie de la France, la loi seule faisait l'héritier, l'institution n'y était permise qu'en considération des mariages.

Plusieurs coutumes n'avaient même pas admis cette exception.

Elles avaient toutes réservé aux parents, les unes sous le titre de propres, et les autres sous ce titre et même sous celui d'acquêts ou de meubles, une partie des biens. Cet ordre n'était point en harmonie avec celui des affections naturelles. Il eût donc été inutile et même contraire au maintien de la loi d'admettre pour l'institution d'héritier la volonté de l'homme, qui eût toujours cherché à faire prévaloir le vœu de la nature.

Ces différences entre les pays de droit écrit et ceux de coutumes doivent disparaître lorsqu'une loi commune à toute la France donne, sans aucune distinction de biens, la même liberté de disposer. L'institution d'héritier y sera également permise.

Le plus grand défaut que la législation sur les testaments ait eu chez les Romains, et depuis en France, a été celui d'être trop compliquée. On a cherché les moyens de la simplifier.

On a donc commencé par écarter toute difficulté sur le titre donné à la disposition. Le testament vaudra sous quelque titre qu'il ait été fait, soit sous celui d'institution d'héritier, soit sous le titre de legs universel ou particulier, soit sous toute autre dénomination propre à manifester la volonté.

Art. 968. — On a seulement maintenu et expliqué une règle établie par l'ordonnance de 1735 (art. 77). Un testament ne pourra être fait conjointement et dans le même acte par deux ou plusieurs personnes, soit au profit d'un tiers, soit à titre de donation réciproque et mutuelle. Il fallait éviter de faire renaitre la diversité de jurisprudence qui avait eu lieu sur la question de savoir si, après le décès de l'un des testateurs, le testament pouvait être révoqué par le survivant. Permettre de le révoquer, c'est violer la foi de la réciprocité; le déclarer irrévocable, c'est changer la nature du testament, qui, dans ce cas, n'est plus réellement un acte de dernière volonté. Il fallait interdire une forme incompatible, soit avec la bonne foi, soit avec la nature des testaments.

Art. 969. — Au surplus, on a choisi dans le droit romain et dans les coutumes les formes d'actes qui ont à la fois paru les plus simples et les plus sûres.

Elles seront au nombre de trois; le testament olographe, celui fait par acte public, et le testament mystique.

Ainsi les autres formes de testaments, et, à plus forte raison, les dispositions qui seraient faites verbalement, par signes ou par lettres missives, ne seront point admises.

Art. 970. — Le testament olographe, ou sous signature privée, doit être écrit en entier, daté et signé de la main du testateur.

Cette forme de testament n'était admise dans les pays de droit écrit qu'en faveur des enfants. Au milieu de toutes les solennités dont les Romains environnaient leurs testaments, un écrit privé ne leur paraissait pas mériter assez de confiance; et s'ils avaient, par respect pour la volonté des pères, soumis leurs descendants à l'exécuter lorsqu'elle serait ainsi manifestée, ils avaient même encore exigé la présence de deux témoins.

Devait-on rejeter entièrement les testaments olographes? Cette forme est la plus commode, et l'expérience n'a point appris qu'il en ait résulté des abus qui puissent déterminer à la faire supprimer.

Il valait donc mieux rendre cette manière de disposer par testament commune à toute la France.

Art. 1007. — On a seulement pris une précaution pour que l'état de ces actes soit constaté.

Tout testament olographe doit, avant qu'on l'exécute, être présenté au juge désigné, qui dressera un procès-verbal de l'état où il se trouvera, et en ordonnera le dépôt chez un notaire.

Art. 971. — Quant aux testaments par actes publics, on a pris un terme moyen entre les solennités prescrites par le droit écrit et celles usitées dans les pays de coutume.

Il suffisait dans ces pays qu'il y eût deux notaires, ou un notaire et deux témoins; on avait même attribué, dans plusieurs coutumes, ces fonctions à d'autres personnes publiques, ou à des ministres du culte.

Dans les pays de droit écrit, les testaments nuncupatifs écrits devaient être faits en présence de sept témoins au moins, y compris le notaire.

La liberté de disposer ayant été en général beaucoup augmentée dans les pays de coutume, il était convenable d'ajouter aux précautions prises pour constater la volonté des testateurs; mais en exigeant un nombre de témoins plus considérable que celui qui est nécessaire pour atteindre à ce but, on eût assujéti ceux qui disposent à une grande gêne, et peut-être les eût-on exposés à se trouver souvent dans l'impossibilité de faire ainsi dresser leurs testaments.

Ces motifs ont déterminé à régler que le testament par acte public sera reçu par deux notaires en présence de deux témoins, ou par un notaire en présence de quatre témoins.

Art. 976. — L'usage des testaments mystiques ou secrets était inconnu dans les pays de coutume; c'était une institution à propager en faveur de ceux qui ne savent pas écrire, ou qui, par des motifs souvent plausibles, ne veulent ni faire leur testament par écrit privé, ni confier le secret de leurs dispositions. Elle devenait encore plus nécessaire quand, pour les testaments par acte public, on exige dans tous les cas la présence de deux témoins, et qu'il doit même s'en trouver quatre, s'il n'y a qu'un notaire.

Mais, en admettant la forme des testaments mystiques, on ne pouvait négliger aucune des formalités requises dans le pays de droit écrit.

On doit craindre dans ces actes les substitutions de personnes ou de pièces : il faut que les formalités soient telles que les manœuvres les plus subtiles de la cupidité soient déjouées, et c'est surtout le nombre des témoins qui peut garantir que tous ne sauraient entrer dans un complot criminel. On a donc cru devoir adopter les formalités des testaments mystiques ou secrets, telles qu'on les trouve énoncées dans l'ordonnance de 1735.

Art. 1007. — On a voulu rendre uniformes les formalités relatives à l'ouverture des testaments mystiques. Leur présentation au juge, leur ouverture, leur dépôt, seront faits de la même manière que pour les testaments olographes. On exige de plus que les notaires et les témoins par qui l'acte de souscription aura été signé, et qui se trouveront sur les lieux, soient présents ou appelés.

Art. 981. — Telles sont en général les formalités des testaments. Mais il est possible que le service militaire, que des maladies contagieuses, ou des voyages maritimes, mettent les testateurs dans l'impossibilité d'exécuter, à cet égard, la loi; cependant, c'est dans ces circonstances où la vie est souvent exposée qu'il devient plus pressant et plus utile de manifester ses dernières volontés. La loi serait donc incomplète si elle privait une partie nombreuse des citoyens, et ceux surtout qui ne sont loin de leurs foyers que pour le service de la patrie, d'un droit aussi naturel et aussi précieux que celui de disposer par testament.

Aussi, dans toutes les législations, a-t-on prescrit pour ces différents cas des formes particulières qui donnent autant de sûreté que le permet la possibilité d'exécution; celles qui déjà ont été établies par l'ordonnance de 1735 ont été maintenues avec quelques modifications qui n'exigent pas un examen particulier.

Art. 1004. — Après avoir prescrit les formalités des testaments, on avait à régler quels seraient leurs effets, et comment ils seraient exécutés.

Il n'y aura plus à cet égard aucune diversité.

L'héritier institué et le légataire universel auront les mêmes droits et seront sujets aux mêmes charges.

Dans les coutumes où l'institution d'héritier était absolument défendue, ou n'était admise que dans les contrats de mariage, il n'y avait de titre d'héritier que dans la loi même, ce qu'on exprimait par ces mots, *le mort saisit le vif.* Les légataires universels étaient tenus, lors même qu'ils recueillaient tous les biens, d'en demander la délivrance.

Dans les pays de droit écrit, presque tous les héritiers avaient leur titre dans un testament; ils étaient saisis de plein droit de la succession, lors même qu'il y avait des légitimaires.

On peut dire, pour le système du droit écrit, que l'institution d'héritier étant autorisée par la loi, celui qui est institué par un testament a son titre dans la loi même, comme celui qui est appelé directement par elle; que dès-lors qu'il existe un héritier par l'institution, il est sans objet et même contradictoire qu'il y ait un parent ayant cette qualité sans aucun avantage à en tirer; que le testament, revêtu des formes suffisantes, est un titre qui ne doit pas moins que les autres avoir son exécution provisoire; que la demande en délivrance et la main-mise par le parent qui est dépouillé de la qualité d'héritier, ne peuvent qu'occasionner des frais et des contestations que l'on doit éviter.

Ceux qui prétendent que l'ancien usage des pays de coutume est préférable, lors même que la faculté d'instituer les héritiers y est admise, regardent le principe suivant lequel le parent appelé par la loi à la succession doit toujours être réputé saisi à l'instant de la mort, comme la sauve-garde des familles. Le testament ne doit avoir d'effet qu'après la mort, et, lorsqu'il a été produit, le titre du parent appelé par la loi est certain; l'autre peut n'être pas valable, et il est au moins toujours susceptible d'examen. Le temps de produire un testament, pendant que se remplissent les premières formalités pour constater l'état d'une succession, n'est jamais assez long pour que la saisie du parent appelé par la loi puisse être préjudiciable à l'héritier institué.

Ni l'une ni l'autre de ces deux opinions n'a été entièrement adoptée : on a pris dans chacune d'elles ce qui a paru le plus propre à concilier les droits de ceux que la loi appelle à la succession, et de ceux qui doivent la recueillir par la volonté de l'homme.

Lorsqu'au décès du testateur il y aura des héritiers auxquels une quotité de biens sera réservée par la loi, ces héritiers seront saisis de plein droit par sa mort de toute la succession; et l'héritier institué ou le légataire universel sera tenu de leur demander la délivrance des biens compris dans le testament.

Lorsque l'héritier institué ou le légataire universel se trouve ainsi en concurrence avec l'héritier de la loi, ce dernier mérite la préférence. Il est difficile que dans l'exécution cela puisse être autrement. Ne serait-il pas contre l'honnêteté publique, contre l'humanité, contre l'intention présumée du testateur, que l'un de ses enfants ou que l'un des auteurs de sa vie fût à l'instant de sa mort expulsé de sa maison, sans qu'il eût même le droit de vérifier auparavant le titre de celui qui se présente? Ce dernier aura d'autant moins droit de se plaindre de cette saisie momentanée, qu'il recueillera les fruits à compter du jour du décès, si la demande en délivrance a été formée dans l'année.

ART. 1006. — Si l'héritier institué ou le légataire universel ne se trouve point en concurrence avec les héritiers ayant une quotité de biens réservée par la loi, les autres parents ne pourront empêcher que ce titre n'ait toute sa force et son exécution provisoire dès l'instant même de la mort du testateur.

Il suffit qu'ils soient mis à portée de vérifier l'acte qui les dépouille.

Si cet acte a été fait devant notaires, c'est celui qui par ses formes rend les surprises moins possibles, et il se trouve d'avance dans un dépôt où les personnes intéressées peuvent le vérifier.

S'il a été fait olographe ou dans la forme mystique, des mesures ont été prises pour que les parents appelés par la loi aient la facilité de les vérifier avant que l'héritier institué ou le légataire universel puisse se mettre en possession.

ART. 1007, 1008. — Les testaments faits sous l'une et l'autre forme devront être déposés chez un notaire commis par le juge; on assujétit l'héritier institué ou le légataire universel à obtenir une ordonnance d'envoi en possession, et cette ordonnance ne sera délivrée que sur la production de l'acte du dépôt.

ART. 1009. — Quant aux charges dont l'héritier institué et le légataire universel sont tenus, les dettes sont d'abord prélevées, et conséquemment, s'il est en concurrence avec un héritier auquel la loi réserve une quotité de biens, il y contribuera pour sa part et portion, et hypothécairement pour le tout.

Il est une autre charge qui n'était pas toujours aussi onéreuse pour l'héritier institué que pour le légataire universel.

Dans les pays de droit écrit, l'héritier institué était autorisé à retenir, sous le nom de *falcidie*, le quart de la succession par retranchement sur les legs, s'ils excédaient la valeur des trois quarts.

Les testaments avaient toujours été considérés chez les Romains comme étant de droit politique plutôt que de droit civil; et la loi prenait toutes les mesures pour que cet acte de magistrature suprême reçût son exécution : elle présumait toujours la volonté de ne pas mourir *ab intestat*.

Cependant, lorsque le testateur avait épuisé

en legs la valeur de sa succession, les héritiers institués n'avaient plus d'intérêt d'accepter; l'institution devenait caduque, et avec elle tombait tout le testament.

On présuma que celui qui instituait un héritier le préférait à de simples légataires; et l'héritier surchargé de legs fut autorisé, par la loi qu'obtint le tribun Falcidius, sous le règne d'Auguste, à retenir le quart des biens.

Cette mesure fut ensuite rendue commune à l'héritier *ab intestat*, et à ceux même qui avaient une légitime. Ce droit a été consacré par l'ordonnance de 1735.

Dans les pays de coutume, il n'y avait point de pareille retenue au profit des légataires universels, lors même que les biens laissés par le testateur étaient tous de nature à être compris dans le legs. La présomption légale dans ces pays était que les legs particuliers contenaient l'expression plus positive de la volonté du testateur, que le titre de légataires universels; ceux-ci étaient tenus d'acquitter tous les legs.

Cette dernière législation a paru préférable; les causes qui ont fait introduire la quarte *falcidie* n'existent plus. La loi, en déclarant que les legs particuliers seront tous acquittés par les héritiers institués ou les légataires universels, ne laissera plus de doute sur l'intention qu'auront eue les testateurs de donner la préférence aux legs particuliers : s'il arrive que des testateurs ignorent assez l'état de leur fortune pour l'épuiser en legs particuliers, lors même qu'ils institueraient un héritier ou qu'ils nommeraient un légataire universel, la loi ne doit point être faite pour des cas aussi extraordinaires.

Art. 1010. — Il est une autre classe de legs connus sous le nom de *legs à titre universel;* non qu'ils comprennent, comme le legs dont on vient de parler, l'universalité des biens, mais seulement soit une quote-part de ceux dont la loi permet de disposer, telle qu'une moitié, un tiers, ou tous les immeubles, ou tout le mobilier, ou une quotité des immeubles ou une quotité du mobilier.

Art. 1011. — Ces légataires, comme ceux à titre particulier, sont tenus de demander la délivrance; mais il fallait les distinguer, parce qu'il est juste que ceux qui recueillent ainsi à titre universel une quote-part des biens de la succession soient assujétis à des charges qui ne sauraient être imposées sur les legs particuliers; (Art. 1012.) telle est la contribution aux dettes et charges de la succession, et l'acquit des legs particuliers par contribution avec ceux qui recueillent, sous quelque titre que ce soit, l'universalité des biens.

Art. 1013. — Lorsqu'il y aura un légataire à titre universel d'une quotité quelconque de tous les biens, on devra mettre dans cette classe celui qui serait porté dans le même testament pour le surplus des biens sous le titre de légataire universel.

Art. 1014. — Quant aux legs particuliers, on s'est conformé aux règles de droit commun, et on a cherché à prévenir les difficultés indiquées par l'expérience : il suffit de lire ces dispositions pour en connaître les motifs.

Art. 1025. — Il en est ainsi de celles qui concernent les exécuteurs testamentaires, et de la révocation des testaments ou de leur caducité.

Art. 1048. — La loi établit des règles particulières à certaines dispositions entre-vifs ou de dernière volonté, qui exigent des mesures qui leur sont propres.

Telles sont les dispositions permises aux pères et mères, et aux frères ou sœurs, dont la sollicitude, se prolongeant dans l'avenir, leur aurait fait craindre que des petits-enfants ou des neveux ne fussent exposés à l'infortune par l'inconduite ou par les revers de ceux qui leur ont donné le jour.

Dans la plupart des législations, et dans la nôtre jusqu'aux derniers temps, la puissance paternelle a eu dans l'exhérédation un des plus grands moyens de prévenir et de punir les fautes des enfants : mais en remettant cette arme terrible dans la main des pères et mères, on n'a songé qu'à venger leur autorité outragée, et l'on s'est écarté des principes sur la transmission des biens.

Un des motifs qui a fait supprimer le droit d'exhérédation est que l'application de la peine à l'enfant coupable s'étendait à sa postérité innocente : cependant cette postérité ne devait pas être moins chère au père équitable dans sa vengeance; elle n'en était pas moins une partie essentielle de la famille, et devait y trouver la même faveur et les mêmes droits.

Or, il n'y avait qu'un petit nombre de cas dans lesquels les enfants de l'exhérédé fussent admis à la succession de celui qui avait prononcé la fatale condamnation.

Ainsi, sous le rapport de la transmission des biens dans la famille, l'exhérédation n'avait que des effets funestes : la postérité la plus nombreuse d'un seul coupable était enveloppée dans sa proscription; et combien n'étaient-ils pas scandaleux dans les tribunaux ces combats où, pour des intérêts pécuniaires, la mémoire du père était déchirée par ceux qui s'opposaient à l'exhérédation, et la conduite de l'enfant exhérédé présentée sous les traits que la cupidité cherchait encore à rendre plus odieux?

Cependant il fallait trouver un moyen de conserver à la puissance des pères et mères la force nécessaire sans blesser la justice.

On avait d'abord cru que l'on pourrait atteindre à ce but si on donnait aux père et mère le droit de réduire l'enfant qui se rendait coupable d'une dissipation notoire au simple usufruit de sa portion héréditaire, ce qui eût assuré la propriété aux descendants nés et à naître de cet enfant.

On avait trouvé les traces de cette disposition officieuse dans les lois romaines; mais après un examen plus approfondi, on y a découvert la plupart des inconvénients de l'exhérédation.

La plus grande puissance des pères et mères, c'est de la nature et non des lois qu'ils la tiendront. Les efforts des législateurs doivent tendre à seconder la nature et à maintenir le respect qu'elle a inspiré aux enfants : la loi qui donnerait au fils le droit d'attaquer la mémoire de son père, et de le présenter aux tribunaux comme coupable d'avoir violé ses devoirs par une proscription injuste et barbare, serait elle-même une sorte d'attentat à la puissance paternelle; elle tendrait à la dégrader dans l'opinion des enfants. Le premier principe dans cette législation est d'éviter, autant qu'il est possible, de faire intervenir les tribunaux entre les pères et mères et leurs enfants. Il est le plus souvent inutile et toujours dangereux de remettre entre les mains des pères et des mères des armes que les enfants puissent combattre et rendre impuissantes.

C'eût été une erreur de croire que l'enfant réduit à l'usufruit de sa portion héréditaire ne verrait lui-même que l'avantage de sa postérité, et qu'il ne se plaindrait pas d'une disposition qui lui laisserait la jouissance entière des revenus. Cette disposition officieuse pour les petits-enfants eût été contre le père ainsi grevé une véritable interdiction qui eût pu avoir sur son sort, pendant le reste de sa vie, une influence funeste. Comment celui qui aurait été proclamé dissipateur par son père même pourrait-il se présenter pour des emplois publics? Comment obtiendrait-il la confiance dans tous les genres de professions?

N'était-il pas trop rigoureux de rendre perpétuels les effets d'une peine aussi grave, quand la cause pouvait n'être que passagère?

Il a donc été facile de prévoir que tous les enfants, ainsi condamnés par l'autorité des pères et mères, se pourvoiraient devant les tribunaux; et avec quel avantage n'y paraîtraient-ils pas?

La dissipation se compose d'une suite de faits que la loi ne peut pas déterminer, ce qui est dissipation dans une circonstance, ne l'est pas dans une autre. Le premier juge, celui dont la voix serait si nécessaire à entendre pour connaître les motifs de sa décision, n'existerait plus.

Serait-il possible d'imaginer une scène plus contraire aux bonnes mœurs, que celle d'un aïeul dont la mémoire serait déchirée par son fils réduit à l'usufruit, en même temps que la conduite de ce fils serait dévoilée par ses propres enfants? Cette famille ne deviendrait-elle pas le scandale et la honte de la société? Et à quelle époque pourrait-on espérer que le respect des enfants pour les pères s'y rétablirait? Il aurait donc bien mal rempli ses vues, le père de famille qui, en réduisant son fils à l'usufruit, n'aurait eu qu'une intention bienfaisante envers ses petits-enfants; et s'il eût prévu les conséquences funestes que sa disposition pouvait avoir, n'eût-il pas dû s'en abstenir?

La loi qui eût admis cette disposition eût encore été vicieuse en ce que la réduction à l'usufruit pouvait s'appliquer à la portion héréditaire en entier. C'était porter atteinte au droit de légitime qui a été jusqu'ici regardée comme ne pouvant pas être réduite par les pères et mères eux-mêmes, si ce n'est dans le cas de l'exhérédation. Or, la dissipation notoire n'a jamais été une cause d'exhérédation, mais seulement d'une interdiction susceptible d'être levée quand sa cause n'existait plus.

Quoique la disposition officieuse, telle

qu'on l'avait d'abord conçue, fût exposée à des inconvénients qui ont empêché de l'admettre, l'idée n'en était pas moins en elle-même juste et utile. L'erreur n'eût pas été moins grande si on ne l'eût pas conservée en la modifiant.

Il fallait éviter, d'une part, que la disposition ne fût un germe de discorde et d'accusations respectives; et de l'autre, que la loi qui soustrait une certaine quotité de biens aux volontés du père, ne fût violée.

Ces conditions se trouvent remplies en donnant aux pères et mères la faculté d'assurer à leurs petits enfants la portion de bien dont la loi leur laisse la libre disposition. Ils pourront l'assurer en la donnant à un ou à plusieurs de leurs enfants, et ceux-ci seront chargés de la rendre à leurs enfants. Vous avez vu que la portion disponible laissée au père suffira pour atteindre au but proposé : elle sera, eu égard à la fortune de chacun, assez considérable pour qu'elle puisse préserver les petits-enfants de la misère à laquelle l'inconduite ou les malheurs du père les exposeraient.

L'aïeul ne peut pas espérer de la loi une faculté plus étendue que celle dont il a besoin, en n'écoutant que des sentiments d'une affection pure envers sa postérité; et d'une autre part, la quotité réservée aux enfants est de droit public; sa volonté, quoique raisonnable, ne peut y déroger.

Lorsque la charge de rendre les biens est imposée, ce doit être en faveur de toute la postérité de l'enfant ainsi grevé, sans aucune préférence, à raison de l'âge ou du sexe, et non-seulement au profit des enfants nés lors de la disposition, mais encore de tous ceux à naître.

Ce moyen est préférable à celui de la disposition officieuse; la réserve légale reste intacte; la volonté du père ne s'applique qu'à des biens dont il est absolument le maître de disposer : elle ne peut être contestée ni compromise; elle ne porte plus les caractères d'une peine contre l'enfant grevé de restitution; elle pourra s'appliquer à l'enfant dissipateur comme à celui qui déjà aura eu des revers de fortune, ou qui par son état y serait exposé.

Il est possible que les pères et mères qui sont seuls juges des motifs qui les portent à disposer ainsi d'une partie de leur fortune, avec la charge de la rendre, aient seulement la volonté de préférer à-la-fois l'enfant auquel ils donnent l'usufruit et sa propriété. Mais la loi les laisse maîtres de disposer au profit de celui de leurs enfants qu'il leur plaît; et on a beaucoup moins à craindre une préférence aveugle, lorsque les biens doivent passer de l'enfant grevé de restitution à tous les petits-enfants sans distinction, et au premier degré seulement.

Art. 1049. — C'est dans cet esprit de conservation de la famille que la loi proposée a étendu à celui qui meurt, ne laissant que des frères ou sœurs, la faculté de les grever de restitution jusqu'à concurrence de la portion disponible au profit de tous les enfants de chacun des grevés.

On voit que la faculté accordée aux pères et mères de donner à un ou plusieurs de leurs enfants tout ou partie des biens disponibles, à la charge de les rendre aux petits-enfants, a si peu de rapport avec l'ancien régime des substitutions, qu'on ne lui en a même pas donné le nom.

C'est une substitution, en ce qu'il y a une transmission successive de l'enfant donataire aux petits-enfants.

Mais cela est contraire aux anciennes substitutions, en ce que l'objet de la faculté donnée aux pères et mères et aux frères n'est point de créer un ordre de succession et d'intervertir les droits naturels de ceux que la loi eût appelés, mais plutôt de maintenir cet ordre et ces droits en faveur d'une génération qui en eût été privée.

Dans les anciennes substitutions, c'était une branche qui était préférée à l'autre : dans la disposition nouvelle, c'est une branche menacée et que l'on veut conserver.

En autorisant cette espèce de disposition officieuse, il a fallu établir les règles nécessaires pour son exécution.

On a d'abord déterminé la forme de ces actes. Elle sera la même que pour les donations entre-vifs, ou les testaments.

Art. 1052. — Celui qui aura donné des biens sans charge de restitution, pourra l'imposer par une nouvelle libéralité.

Art. 1053. — Il ne pourra s'élever aucun doute sur l'ouverture des droits des appelés. Ils seront ouverts à l'époque où, par quelque cause que ce soit, la jouissance du grevé cessera : cependant s'il y avait un abandon en fraude des créanciers, il serait juste que leurs droits fussent conservés.

Art. 1054. — La faveur des mariages ne peut, dans ce cas, être un motif pour que les femmes exercent des recours subsidiaires sur les biens ainsi donnés; elles n'en auront que pour leurs deniers dotaux et dans le cas seulement où cela aura été formellement exprimé dans la donation entre-vifs ou dans le testament.

Art. 1055, 1056, 1057. — La loi devait ensuite prévoir les difficultés qui pourraient s'élever sur l'exécution de ces actes. Il fallait éviter qu'à l'occasion d'une charge imposée à un père au profit de ses enfants, il pût s'élever entre eux des contestations. On reconnaîtra, dans toutes les parties du Code civil, qu'on a pris tous les moyens de prévenir ce malheur.

Si le père ne remplit pas les obligations qu'entraîne la charge de restitution, il faut qu'il y ait entre eux une personne dont la conduite, tracée par la loi, ne puisse provoquer le ressentiment du père contre les enfants.

Cette tierce personne sera un tuteur nommé pour faire exécuter, après la mort du donateur ou du testateur, sa volonté.

Il vaudrait mieux, pour assurer l'exécution, que ce tuteur fût nommé par celui même qui fait la disposition : ce choix donnerait au tuteur ainsi nommé un titre de plus à la confiance et à la déférence de l'enfant grevé.

Si cette nomination n'a pas été faite, ou si le tuteur nommé est décédé, la loi prend toutes les précautions pour qu'il ne puisse jamais arriver qu'il n'y ait pas de tuteur chargé de l'exécution.

Le grevé sera tenu de provoquer cette nomination, sous peine d'être déchu du bénéfice de la disposition; et s'il y manque, il y sera suppléé, soit par les appelés, s'ils sont majeurs, soit par leurs tuteurs ou curateurs, s'ils sont mineurs ou interdits, soit par tout parent des appelés majeurs, mineurs ou interdits, ou même d'office, à la diligence du commissaire du gouvernement près le tribunal de première instance du lieu où la succession est ouverte.

Art. 1058. — Des règles sont ensuite établies pour constater les biens, pour la vente du mobilier, pour l'emploi des deniers, pour la transcription des actes contenant les dispositions, ou pour l'inscription sur les biens affectés au paiement des sommes colloquées avec privilège.

Art. 1075. — Il est encore un autre genre de dispositions qui doit avoir sur le sort des familles une grande influence : ce sont les partages faits par le père, la mère, ou les autres ascendants, entre leurs descendants; c'est le dernier et l'un des actes les plus importants de la puissance et de l'affection des pères et mères. Ils s'en rapporteront le plus souvent à cette sage répartition que la loi elle-même a faite entre leurs enfants; mais il restera souvent, et surtout à ceux qui ont peu de fortune, comme à ceux qui ont des biens dont le partage ne sera pas facile, ou sera susceptible d'inconvénients, de grandes inquiétudes sur les dissentions qui peuvent s'élever entre leurs enfants. Combien serait douloureuse pour un bon père l'idée que des travaux dont le produit devait rendre sa famille heureuse, seront l'occasion de haines et de discordes! À qui donc pourrait-on confier avec plus d'assurance la répartition des biens entre les enfants, qu'à des pères et mères, qui mieux que tous autres en connaissent la valeur, les avantages et les inconvénients; à des pères et mères, qui rempliront cette magistrature, non-seulement avec l'impartialité de juges, mais encore avec ce soin, cet intérêt, cette prévoyance que l'affection paternelle peut seule inspirer?

Cette présomption, quelque forte qu'elle soit en faveur des pères et mères, a cependant encore laissé des inquiétudes sur l'abus que pourraient faire de ce pouvoir ceux qui, par une préférence aveugle, par orgueil, ou par d'autres passions, voudraient réunir la majeure partie de leurs biens sur la tête d'un seul de leurs enfants. Il a été calculé que plus les enfants seraient nombreux, et plus il serait facile au père d'accumuler les biens au profit de l'enfant préféré.

Il eût été injuste et même contraire au but que l'on se proposait de refuser au père qui, lors du partage entre ses enfants, pouvait disposer librement d'une partie de ses biens, l'exercice de cette faculté dans le partage même. C'est ainsi qu'il peut éviter des démembrements, conserver à l'un de ses enfants l'habitation, qui pourra continuer d'être l'asile commun, réparer les inégalités naturelles ou accidentelles : en un mot, c'est dans l'acte de partage qu'il pourra le mieux combiner, et en même temps réaliser la répartition la plus équitable et la plus propre à rendre heureux chacun de ses enfants.

Art. 1079. — Mais si l'un des enfants était lésé de plus du quart, ou s'il résultait du partage et des dispositions faites par préciput que l'un des enfants aurait un avantage plus grand que la loi ne le permet, l'opération pourra être attaquée par les autres intéressés.

Les démissions de biens étaient usitées dans une grande partie de la France. Il y avait sur la nature de ces actes des règles très-différentes.

Dans certains pays on ne leur donnait pas la force des donations entre-vifs; elles étaient révocables. Ce n'était point aussi un acte testamentaire, puisqu'il avait un effet présent. On avait, dans ces pays, conservé la règle de droit suivant laquelle on ne peut pas se faire d'héritier irrévocable; il n'y avait d'exception que pour les institutions par contrat de mariage. On craignait que les parents n'eussent à se repentir de s'être trop abandonnés à des sentiments d'affection, et d'avoir eu trop de confiance en ceux auxquels ils avaient livré leur fortune.

Mais, d'un autre côté, c'était laisser dans les pactes de famille une incertitude qui causait les plus graves inconvénients. Le démissionnaire qui avait la propriété sous la condition de la révocation se flattait toujours qu'elle n'aurait pas lieu. Il traitait avec des tiers, il s'engageait, il dépensait, il aliénait; et la révocation n'avait presque jamais lieu sans des procès qui empoisonnaient le reste de la vie de celui qui s'était démis, et qui rendaient sa condition pire que s'il eût laissé subsister sa démission.

On a supprimé cette espèce de disposition; elle est devenue inutile. Les pères et mères pourront dans les donations entre-vifs imposer les conditions qu'ils voudront; ils auront la même liberté dans les actes de partage, pourvu qu'il n'y ait rien de contraire aux règles qui viennent d'être exposées, et suivant lesquelles les démissions des biens, si elles avaient été autorisées, eussent été déclarées irrévocables.

Art. 1082. — Il est deux autres genres de donations qui toujours ont été mises dans une classe à part, et pour lesquelles les règles générales doivent être modifiées.

Ce sont les donations faites par contrat de mariage aux époux et aux enfants à naître de cette union, et les donations entre époux.

Toute loi dans laquelle on ne chercherait pas à encourager les mariages, serait contraire à la politique et à l'humanité. Loin de les encourager, ce serait y mettre obstacle, si on ne donnait pas le plus libre cours aux donations, sans lesquelles ces liens ne se formeraient pas. Il serait même injuste d'assujétir les parents donateurs aux règles qui distinguent, d'une manière absolue, les donations entre-vifs, des testaments. Le père qui marie ses enfants s'occupe de leur postérité; la donation actuelle doit donc être presque toujours subordonnée à des dispositions sur la succession future. Non-seulement les contrats de mariage participent de la nature des actes entre-vifs et des testaments; mais encore on doit les considérer comme des traités entre les deux familles, traités pour lesquels on doit jouir de la plus grande liberté.

Ces principes, sont immuables, et leurs effets ont dû être maintenus dans la loi proposée.

Ainsi les ascendants, les parents collatéraux des époux, et même les étrangers, pourront par contrat de mariage, donner tout ou partie des biens qu'ils laisseront au jour de leur décès.

Ces donateurs pourront prévoir le cas où l'époux donataire mourrait avant eux, et dans ce cas étendre leur disposition au profit des enfants à naître de leur mariage. Dans le cas même où les donateurs n'auront pas prévu le cas de leur survie, il sera présumé de droit que leur intention a été de disposer, non-seulement au profit de l'époux, mais encore en faveur des enfants et descendants à naître du mariage.

Art. 1084. — Ces donations pourront comprendre à la fois les biens présents et ceux à venir. On a seulement pris à cet égard une précaution dont l'expérience a fait connaître la nécessité.

L'époux auquel avaient été donnés les biens présents et à venir, avait, à la mort du donateur, le droit de prendre les biens existants à l'époque de la donation, en renonçant aux biens à venir, ou de recueillir les biens tels qu'ils se trouvaient au temps du décès. Lorsque le donataire préférait les biens qui existaient dans le temps de la donation, des procès sans nombre, et qu'un long intervalle de temps rendait le plus souvent inextricables, s'élevaient sur la fixation de l'état de la fortune à cette même époque : c'était aussi un moyen de fraude envers des créanciers dont les titres n'avaient pas une date certaine. La faveur des mariages ne doit rien avoir d'incompatible avec le repos des familles et avec la bonne foi. Il est donc nécessaire que le donateur qui veut donner le choix des biens présents ou de ceux à venir, annexe à l'acte un état des dettes et des charges alors existantes, et que le donataire devra supporter; sinon le donataire ne pourra, dans le cas où il acceptera la donation, réclamer que les biens qui se trouveront à l'époque du décès.

ART. 1086. — Les donations par contrat de mariage pourront être faites sous des conditions dont l'exécution dépendra de la volonté du donateur. L'époux donataire est presque toujours l'enfant ou l'héritier du donateur. Il est donc dans l'ordre naturel qu'il se soumette aux volontés de celui qui a autant d'influence sur son sort; et si c'est un étranger dont il éprouve la bienfaisance, la condition qui lui est imposée n'empêche pas qu'il ne soit pour lui d'un grand intérêt de l'accepter.

ART. 1089. — Enfin, un grand moyen d'encourager les donations par contrat de mariage était de déclarer qu'à l'exception de celles des biens présents, elles deviendraient caduques, si le donateur survit au donataire décédé sans postérité.

ART. 1091. — Toutes les lois qui ont précédé celle du 17 nivose an II ont toujours distingué les donations que les époux peuvent se faire entre eux par leur contrat de mariage, de celles qui auraient eu lieu pendant le mariage.

Le mariage est un traité dans lequel les mineurs, assistés de leurs parents, ou les majeurs, doivent être libres de stipuler leurs droits et de régler les avantages qu'ils veulent se faire. Les sentiments réciproques sont alors dans toute leur énergie; et l'un n'a point encore pris sur l'autre cet empire que donne l'autorité maritale, ou qui est le résultat de la vie commune. La faveur des mariages exige que les époux aient, au moment où ils forment leurs liens, la liberté de se faire réciproquement, ou l'un des deux à l'autre, les donations qu'ils jugeront à propos.

ART. 1096. — Il en est autrement des donations que les époux voudraient se faire pendant le mariage.

Les lois romaines défendirent d'abord les donations entre époux d'une manière absolue. On craignait de les voir se dépouiller mutuellement de leur patrimoine par les effets inconsidérés de leur tendresse réciproque, de rendre le mariage vénal, et de laisser l'époux honnête exposé à ce que l'autre le contraignît d'acheter la paix par des sacrifices sous le titre de donations.

Cette défense absolue fut modifiée sous le règne d'Antonin, qui crut prévenir tous les inconvénients en donnant aux époux la faculté de révoquer les donations qu'ils se feraient pendant le mariage.

Cette doctrine a été suivie en France dans la plupart des pays de droit écrit.

Dans les pays de coutume, on a conservé l'ancien principe de la défense absolue de toute donation entre mari et femme pendant le mariage, à moins que la donation ne fût mutuelle au profit du survivant; et encore cette espèce de donation était-elle, quant aux espèces et à la quantité de biens qu'elle pouvait comprendre, plus ou moins limitée.

Ces bornes ont été, dans la plupart des coutumes, plus resserrées dans le cas où, à l'époque de la dissolution du mariage, il existait des enfants, que dans le cas où il n'y en avait point.

En modifiant ainsi la défense absolue, il résultait que la condition de réciprocité ou de survie écartait toute intention odieuse de l'un des époux de s'enrichir aux dépens de l'autre, et que les bornes dans lesquelles ces donations étaient resserrées, conservaient les biens de chaque famille.

On a pris dans ces deux systèmes ce qui est le plus convenable à la dignité des mariages, à l'intérêt réciproque des époux, à celui des enfants.

ART. 1094. — Il sera permis à l'époux de donner à l'autre époux, soit par le contrat de mariage, soit pendant le mariage, dans le cas où il ne laisserait point de postérité, tout ce qu'il pourrait donner à un étranger, et en outre l'usufruit de la totalité de la portion dont la loi défend de disposer au préjudice des héritiers directs.

S'il laisse des enfants, ces donations ne pourront comprendre que le quart de tous les biens en propriété, et l'autre quart en usufruit, ou la moitié de tous les biens en usufruit seulement.

ART. 1096. — *Toutes donations faites entre époux pendant le mariage, quoique qualifiées entre-vifs, seront toujours révocables, et la femme n'aura pas besoin, pour exercer ce droit, de l'autorisation de son mari ni de la justice.*

Cette loi donnant la faculté de disposer, même au profit d'un étranger, de tous les biens qui ne sont pas réservés aux héritiers en ligne directe, il n'eût pas été conséquent qu'un époux fût privé de la même liberté vis-à-vis de l'autre époux pendant le mariage. Tel est même l'effet de l'union intime des époux, que, sans rompre les liens du sang, leur inquiétude et leur affection se portent plutôt sur celui des deux qui survivra, que sur les parents qui doivent lui succéder. On a donc encore suivi le cours des affections, en décidant que les époux, ne laissant point d'enfants, pourraient se donner l'usufruit de la totalité de la portion de biens disponible.

Art. 1094. — Si l'époux laisse des enfants, son affection se partage entre eux et son époux, et lors même qu'il se croit le plus assuré que l'autre époux survivant ferait de la totalité de sa fortune l'emploi le plus utile aux enfants : les devoirs de paternité sont personnels, et l'époux donateur y manquerait s'il les confiait à un autre; il ne pourra donc être autorisé à laisser à l'autre époux qu'une partie de sa fortune, et cette quotité est fixée à un quart de tous les biens en propriété, et un autre quart en usufruit, ou la moitié de la totalité en usufruit.

Art. 1097. — Après avoir borné ainsi la faculté de disposer, il ne restait plus qu'à prévenir les inconvénients qui peuvent résulter des donations faites entre époux pendant le mariage.

La mesure adoptée dans la législation romaine a paru préférable. On ne pourra plus douter que les donations ne soient l'effet d'un consentement libre, et qu'il ne faut les attribuer ni à la subordination, ni à une affection momentanée ou inconsidérée : quand l'époux, libre de les révoquer, y aura persisté jusqu'à sa mort; quand la femme n'aura besoin, pour cette révocation, d'aucune autorisation; quand, pour rendre cette révocation plus libre encore, et pour qu'on ne puisse argumenter de l'indivisibilité des dispositions d'un même acte, il est réglé que les époux ne pourront, pendant le mariage, se faire, par un seul et même acte, aucune donation mutuelle et réciproque.

Art. 1098. — Au surplus, on a maintenu cette sage disposition, que l'on doit encore moins attribuer à la défaveur des seconds mariages, qu'à l'obligation où sont les pères ou mères qui ont des enfants de ne pas manquer à leur égard, lorsqu'ils forment de nouveaux liens, aux devoirs de la paternité. Il a été réglé que, dans ce cas, les donations au profit du nouvel époux ne pourront excéder une part d'enfant légitime le moins prenant, et que, dans aucun cas, ces donations ne pourront excéder le quart des biens; il n'a pas été jugé nécessaire de porter plus loin ces précautions.

Tels sont, législateurs, les motifs de ce titre important du Code civil. Vous avez vu avec quel soin on a toujours cherché à y maintenir cette liberté si chère, sur-tout dans l'exercice du droit de propriété, que si une partie des biens est réservée par la loi, c'est en faveur de parents unis par des liens si intimes et dans des proportions telles, qu'il est impossible de présumer que la volonté des chefs de famille en soit contrariée; qu'ils seront d'ailleurs les arbitres suprêmes du sort de leurs héritiers; que leur puissance sera respectée et leur affection recherchée; qu'ils jouiront de la plus douce consolation, en distribuant à leurs enfants, de la manière qu'ils jugeront le plus convenable au bonheur de chacun d'eux, des biens qui sont le plus souvent le produit de leurs travaux; qu'ils pourront même étendre cette autorité bienfaisante et conservatrice jusqu'à une génération future, en transmettant à leurs petits-enfants ou à des enfants de frères ou de sœurs une partie suffisante de biens, et les préserver ainsi de la ruine à laquelle les exposerait la conduite ou le genre de profession des pères et mères. Vous avez vu avec quel soin on a conservé la faveur due aux contrats de mariage, et que la liberté des époux de disposer entre eux sera plus entière, qu'ils seront sur ce point plus indépendants l'un de l'autre; ce qui doit contribuer à maintenir entre eux l'harmonie et les égards.

Enfin, vous avez vu que par-tout on a cherché à rendre les formes simples et sûres, et à faire cesser cette foule de controverses qui ruinaient les familles, et laissaient presque toujours les testateurs dans une incertitude affligeante sur l'exécution de leur volonté.

C'est le dernier titre qui soit prêt à vous être présenté dans cette session. Puisse l'opinion publique sanctionner ces premiers efforts du gouvernement, pour procurer à la France un Code propre à régénérer les mœurs, à fixer les propriétés, à rétablir l'ordre, à faire le bonheur de chaque famille, et dans chaque famille le bonheur de tous ceux qui la composent!

TITRE III.

Des Contrats ou des Obligations conventionnelles en général.

Décrété le 17 pluviôse an XII (7 février 1804);—Promulgué le 27 du même mois (17 février 1804).

[ARTICLES 1101 à 1369.]

EXPOSÉ DES MOTIFS, par M. le Conseiller-d'État BIGOT DE PRÉAMENEU.

Séance du 7 pluviôse an XII (28 janvier 1804).

LÉGISLATEURS,

Le titre du Code civil ayant pour objet les contrats, ou les obligations conventionnelles en général, offre le tableau des rapports les plus multipliés des hommes en société. Les obligations conventionnelles se répètent chaque jour, à chaque instant. Mais tel est l'ordre admirable de la Providence, qu'il n'est besoin, pour régler tous ces rapports, que de se conformer aux principes, qui sont dans la raison et dans le cœur de tous les hommes. C'est là, c'est dans l'équité, c'est dans la conscience, que les Romains ont trouvé ce corps de doctrine, qui rendra immortelle leur législation.

Avoir prévu le plus grand nombre de conventions auxquelles l'état des hommes en société donne naissance, avoir balancé tous les motifs de décision entre les intérêts les plus opposés et les plus compliqués, avoir dissipé la plupart des nuages dont souvent l'équité se trouve enveloppée, avoir rassemblé tout ce que la morale et la philosophie ont de plus sublime et de plus sacré; tels sont les travaux réunis dans cet immense et précieux dépôt, qui ne cessera de mériter le respect des hommes, dépôt qui contribuera à la civilisation du globe entier, dépôt dans lequel toutes les nations policées se félicitent de reconnaître la RAISON ÉCRITE.

Il serait difficile d'espérer que l'on pût encore faire des progrès dans cette partie de la science législative. Si elle est susceptible de quelque perfectionnement, c'est en lui appliquant une méthode qui la rende plus facile à ceux qui se livrent à cette étude, et avec laquelle l'usage puisse en devenir familier à ceux qui, pour diriger leur conduite, voudraient en connaître les principes.

Les jurisconsultes qui, sous Justinien, recueillirent le Digeste et rédigèrent les Institutes, reconnurent combien il serait utile de rassembler les principes qui avaient dicté le nombre infini de décisions dont le Digeste se compose.

Ils réunirent à la fin de cette grande collection, et sous les deux titres *de verborum significatione et de regulis juris*, un assez grand nombre de propositions qui, par leur précision et par leur fréquente application, sont de la plus grande utilité : mais elles ne sont point classées par ordre de matières; elles ne présentent point sur chaque partie du droit des notions suffisantes; il en est même plusieurs qu'il est difficile de concilier ou d'expliquer.

Les Institutes sont, comme les précédents ouvrages, dignes des plus grands éloges; mais on regrette, et surtout dans la matière des obligations et des contrats, de ne pas trouver des éléments assez complets. L'objet d'utilité qu'on se proposait n'a pas été entièrement rempli.

Le Digeste a d'ailleurs un inconvénient, en ce que des réponses données par les jurisconsultes ou par les empereurs, sur des faits particuliers, ont été mises au nombre des règles générales, tandis que les solutions ont pu souvent dépendre de circonstances particulières, tandis qu'il était connu que, pendant un long temps, les jurisconsultes ont été divisés dans le système de leur doctrine, dont les résultats ne pouvaient se concilier.

Les auteurs du projet actuel de Code ont cru que ce serait rendre service à la société, si on retirait du dépôt des lois romaines une suite de règles qui, réunies, formassent un corps de doctrine élémentaire, ayant à-la-fois la précision et l'autorité de la loi.

C'est un ouvrage que, dans le siècle dernier, les jurisconsultes les plus célèbres des diverses parties de l'Europe ont desiré, qu'ils ont préparé par de grands travaux. Déjà ce vœu a été réalisé par plusieurs gouvernements. La France met, sous ce rapport, au nombre des ouvrages les plus parfaits, ceux de Domat et de Pothier.

Mais il était encore nécessaire de choisir dans ces vastes compilations, les principes les plus féconds en conséquences. Il fallait aussi faire cesser les doutes qui, sur plusieurs points importants, n'avaient point encore été levés, et ceux qui, ayant donné occasion à diverses jurisprudences, faisaient regretter qu'il n'y eût pas d'uniformité dans la partie de la législation, qui en est le plus susceptible.

Mais ici, on doit déclarer qu'en cherchant à remplir cet objet, on n'a point entendu arrêter ou détourner la source abondante de richesses, que l'on doit toujours aller puiser dans le droit romain. Il n'aura pas l'autorité de la loi civile de France, il aura l'empire que donne la raison sur tous les peuples. La raison est leur loi commune. C'est un flambeau dont on suit spontanément la lumière. Elles seraient bien mal entendues les dispositions du Code civil relatives aux contrats, si on les envisageait autrement que comme des règles élémentaires d'équité, dont toutes les ramifications se trouvent dans les lois romaines. C'est-là, que sont les developpements de la science du juste ou de l'injuste; c'est-là, que doivent s'instruire tous ceux qui voudront y faire quelques progrès, et en général, tous ceux qui seront chargés de la défense ou de l'exécution des lois consignées dans le Code français.

Le plan général de la division de ses titres, relativement aux contrats, est celui qui, déjà tracé depuis long-temps, est à-la-fois le plus simple et le plus méthodique.

Les contrats, soit qu'ils aient une dénomination propre, soit qu'ils n'en aient pas, sont soumis à des règles générales : elles sont l'objet du titre dont je vais, législateurs, vous exposer les motifs.

On a compris, sous les titres relatifs à certains contrats, les règles qui leur sont particulières, et on a réservé pour les lois commerciales, celles qui concernent spécialement ce genre de transactions.

On a cherché à resserrer dans un cadre étroit, et en évitant l'obscurité ou la confusion, les règles qui sont communes aux contrats et aux obligations conventionnelles en général. Ce sont les bases de l'édifice entier. Il fallait que, malgré son immensité, l'ensemble fût facile à saisir.

Diviser les obligations dans leurs différentes classes, déclarer quelles sont les conditions essentielles pour leur validité, quels doivent eu être les effets, quelles sont leurs principales modifications, de combien de manières elles s'éteignent, comment on peut prouver qu'elles ont été formées ou acquittées, tel est l'ordre dans lequel viennent naturellement se placer les principes qui, dans leur application aux divers contrats, sont le moins susceptibles d'exceptions.

Division des obligations.

ART. 1101. — La division des obligations, telle qu'on la présente, diffère en plusieurs points de celle qui s'était introduite dans le droit romain. Cette différence exige quelque explication.

Les conventions qui peuvent être multipliées et variées à l'infini, ne sauraient, par ce motif, être toutes prévues et réglées par la loi. Cependant la loi seule avait, chez les Romains, une autorité coercitive. Aussi définissent-ils l'obligation JURIS *vinculum quo necessitate astringimur alicujus rei solvendœ,* SECUNDUM NOSTRÆ CIVITATIS JURA.

Les auteurs de la loi des douze tables craignirent de multiplier les procès, et de troubler la tranquillité publique, si l'exécution de toutes les conventions était rigoureusement exigée. Ils eurent encore assez de confiance dans la bonne foi des citoyens, pour que chacun restât son juge : ils excepterent seulement les contrats qui, plus fréquents, plus importants, plus nécessaires à l'ordre social, ne devaient pas être impunément violés. Ils furent spécifiés dans la loi, et on les distingua sous le titre de *contrats nommés. Est contractuum nominatorum origo quibus legum romanorum conditores vim astringendi dederunt sub certo nomine, quo veluti signo secernerentur ab aliis quibus eadem vis tributa non est.*

Bientôt l'inévitable et le plus fâcheux inconvénient de la civilisation se fit ressentir : les rapports des citoyens entre eux se multiplièrent : en vain Numa Pompilius avait-il consacré à la fidélité, sur le Capitole, un temple auprès de celui de Jupiter. Ce culte religieux ne put subjuger la mauvaise foi, et le silence des lois lui laissa prendre un libre et funeste essor.

D'abord, la voix des jurisconsultes, soutenue par l'opinion publique, s'éleva pour que l'exécution des conventions pût être exigée, lorsqu'elles auraient été accomplies par l'une des parties, *ne aliàs contingeret, contra naturalem æquitatem, unum cum alterius jacturâ et detrimento locupletiorem fieri.*

Ce fut alors que l'on voulut comprendre, sous des expressions générales, et régler par des principes communs, les obligations qui, n'étant point désignées spécialement dans les lois, étaient en général appelées contrats innommés. On trouva que tous les genres de contrats se réduisaient à ces formules : *Do ut des, do ut facias, facio ut des, facio ut facias.*

Cependant l'intervention de la loi, pour contraindre l'une des parties à remplir son engagement, n'ayant lieu que quand l'autre partie l'avait exécuté, cela ne suffisait point encore pour faire triompher la bonne foi. Il n'y avait qu'un seul moyen de la maintenir, celui de rendre obligatoires les contrats du moment qu'ils auraient été formés, et avant même qu'ils fussent exécutés par l'une ou l'autre des parties. Les principes de la législation romaine n'atteignirent à la perfection, que quand il fut établi que les contrats auraient, entre les parties, la force de la loi.

Mais, dans les passages de cette législation d'un état à l'autre, il n'y a point eu d'abolition assez générale ou assez précise des anciens usages, et c'est la principale cause des difficultés que présente l'étude des lois romaines.

Dans les premiers temps, des formules avaient été prescrites, pour distinguer les contrats : sans ces formules, l'acte était nul, et l'action judiciaire n'était point admise.

Elles furent pour les gens de loi une science aussi utile qu'elle était obscure.

Appius Claudius, consul en 446, crut prévenir ces abus en faisant publier ces formules sous le titre de *Code Flavien*, du nom de Flavius, son secrétaire, par qui elles furent rédigées. Il paraît que cette mesure ne servit qu'à perpétuer leur usage. Il ne fut aboli que sous le règne de Constantin. Ce sont autant de subtilités fatigantes, et dont le droit romain fourmille.

L'autorité des premiers magistrats et l'organisation des tribunaux furent aussi des obstacles à ce que la marche de la justice, relativement aux contrats, devînt uniforme. Le juge, qui interprêtait les conventions, suppléait à la loi; et cette prérogative ne pouvait, dans la constitution romaine, appartenir qu'au premier magistrat. Ce fut une de ces causes qui fit, en l'an 387, créer un préteur pour le charger du département de la justice, exercée jusqu'alors par les consuls. Il était obligé de se conformer aux lois ; mais, dans tout ce qu'elles n'avaient pas réglé, il avait un pouvoir absolu. Il exerçait sa juridiction, soit en rendant seul ou avec des assesseurs ses jugements sous le nom de *décrets*, soit en renvoyant les parties devant des juges qui, dans certains cas, étaient tenus de se conformer aux formules qu'il prescrivait, et alors les actions étaient appelées *stricti juris*; et qui, dans d'autres cas, pouvaient juger suivant l'équité : c'était les actions dites *bonæ fidei*.

Chaque préteur faisait, à son entrée en charge, afficher l'édit par lequel il déclarait la manière dont il rendrait la justice. Sous le règne et par les ordres d'Adrien, le jurisconsulte Julien fit de tous ces édits l'extrait dont fut composé celui qui, sous le nom d'*édit perpétuel*, servit de règle.

Cette autorité des préteurs, égale à l'autorité de la loi dans tout ce qui n'y était pas réglé, le renouvellement annuel de ces magistrats, la différence dans leurs lumières et dans leurs principes, avaient été autant de causes qui s'étaient opposées à ce que les décisions fussent uniformes.

Ainsi, les lois romaines relatives aux contrats, nous sont parvenues embarrassées de formules et de distinctions sans nombre. Les simples pactes, les stipulations, les contrats y forment autant de classes séparées. Les obligations sont ou civiles, ou prétoriennes : les obligations prétoriennes se subdivisent encore.

Les causes qui ont introduit à Rome, et qui y ont maintenu ces formules et ces distinctions, n'existant point en France, les contrats n'ont été considérés, dans ce dernier pays, que sous les rapports qui naissent de leur nature, et dès-lors on a pu les diviser en un petit nombre de classes.

Art. 1102. — Les parties *s'obligent mutuellement*, et alors le contrat est *synallagmatique* ou *bilatéral*.

Art. 1103. — Si, entre les contractants, il n'y a d'engagement que d'un côté, il est *unilatéral*.

Art. 1104. — Si l'engagement de l'un est regardé comme l'équivalent de l'engagement de l'autre, le contrat est *commutatif*.

Il est *aléatoire*, si l'équivalent consiste dans la chance de gain ou de perte.

Art. 1105. — Le contrat est de *bienfaisance*, si l'une des parties procure à l'autre un avantage gratuit.

Art. 1106. — Il est à *titre onéreux*, si chacune des parties est assujétie à donner ou à faire quelque chose.

Cette division, facile à saisir, et qui renferme tous les genres de contrats, était nécessaire à placer à la tête de ce titre, pour faire connaître que le Code rejette ou regarde comme inutiles toutes les autres distinctions et divisions établies par les lois romaines; c'est à la fois un point de doctrine et de législation.

Conditions pour la validité des obligations.

Art. 1108. — Après avoir ainsi distingué les divers genres de contrats, les premières règles à établir sont celles qui fixent les conditions essentielles pour leur validité. Ces règles, comme toutes celles qui concernent les conventions, ont été prises dans la nature même des choses, c'est-à-dire, dans l'inspiration de l'équité, si on peut s'exprimer ainsi.

L'équité ne peut reconnaître comme obligatoire une convention, si la partie qui s'engage n'y a pas consenti, si elle est incapable de contracter, s'il n'y a pas un objet certain qui forme la matière de l'engagement, si cet engagement n'a pas une cause, et si cette cause n'est pas licite.

Du consentement.

Art. 1109. — Le consentement n'est pas valable, s'il n'a été donné que par erreur; il ne doit pas l'être davantage, s'il a été extorqué par violence, ou surpris par dol.

Art. 1110. — Pour que l'erreur soit une cause de nullité de la convention, il faut qu'elle tombe non sur une qualité accidentelle, mais sur la substance même de la chose qui en est l'objet. Il faut, s'il y a erreur sur la personne que la considération de cette personne ait été la cause principale de la convention. En un mot, il faut que le juge puisse être convaincu que la partie ne se serait point obligée, si elle n'avait pas été dans cette erreur.

C'est en suivant cette règle que l'on doit décider avec Barbeyrac et Pothier, que l'erreur dans les motifs d'une convention, n'est une cause de nullité que dans le cas où la vérité de ces motifs peut être regardée comme une condition dont il soit clair que les parties ont voulu faire dépendre leur engagement.

Art. 1111. — Celui qui consent doit être libre; il n'y a point de liberté pour celui qui est forcé d'agir, soit par la violence de la personne même avec laquelle il contracte, soit par la violence d'une tierce personne.

Art. 1112. — La violence qui prive de la liberté de contracter, est caractérisée par la loi romaine. *Metus non vani hominis, sed qui in homine constantissimo cadat, metus majoris malignitatis, metus præsens, metus in se aut in liberis suis. Leg.* 5, 6, 8, 9, *ff. quod metûs causâ.*

Ces expressions, *in homine constanstissimo*, ont été rendues dans leur véritable sens, en déclarant qu'il y a violence, lorsqu'elle est de nature à faire impression sur une personne raisonnable, et en donnant aux juges pour instruction, qu'ils doivent avoir égard à l'âge, au sexe et à la condition des personnes.

Il faut, comme dans la loi romaine, que ce soit une violence qui puisse inspirer la crainte d'exposer sa personne ou sa fortune à un mal considérable et présent.

Art. 1113. — La loi romaine n'avait égard qu'à la crainte du père pour ses enfants; la crainte des enfants pour leurs ascendants, et des époux l'un pour l'autre, est aussi un sentiment trop vif, pour qu'on puisse le présumer compatible avec une liberté suffisante.

Art. 1114. — Mais ce serait en quelque sorte interdire les contrats entre les ascendants et les descendants, si la seule crainte révérentielle des descendants envers les ascendants, était une cause suffisante de nullité.

Art. 1116. — Le dol se compose de toutes les espèces d'artifices qui sont employés pour tromper : Labeo *definit dolum, omnem calliditatem, fallaciam, machinationem ad circumveniendum, fallendum, decipiendum alterum, adhibitam*, l. 1, § 2, *ff. de dolo*. Celui qui a ainsi extorqué le consentement, ne doit pas en profiter; mais il faut que les manœuvres pratiquées par l'une des parties, soient telles, qu'il y ait évidence que sans ces manœuvres l'autre partie n'eût pas contracté.

Art. 1117. — Quoique dans le consentement il y ait eu erreur, violence ou dol, il n'en est pas moins vrai que le contrat existe avec un consentement apparent, et que dès-lors ce contrat conserve la même force que s'il était légitime, jusqu'à ce que ces exceptions aient été prouvées par celui qui les oppose. Ainsi, le contrat n'est pas nul de plein droit, il faut que l'acte soit *rescindé*, c'est-à-dire, déclaré nul par le juge.

Art. 1119, 1120. — Il résulte de la nécessité du consentement de la personne qui s'oblige, que nul ne peut, sans un pouvoir exprès, en obliger un autre, et que celui auquel on aurait promis le fait d'un tiers, n'aurait qu'une action en indemnité contre la personne ayant donné cette promesse, si le tiers refusait d'y accéder.

Art. 1121. — Mais celui qui consent à s'engager, peut contracter l'obligation non-seulement envers l'autre partie, mais encore envers une tierce personne. Il suffit que ce soit la condition d'une stipulation que l'un des contractants fait pour lui-même. Telle est l'obligation contractée au profit d'un tiers par une donation : alors l'équité ne permet point que la personne ainsi obligée, ne remplisse point la condition de son contrat.

Si la tierce personne a déclaré qu'elle entend profiter de la stipulation, l'engagement devient réciproque, et dès-lors il ne peut plus être révoqué.

De la capacité des parties contractantes.

Art. 1123. — Ce serait en vain qu'une personne aurait donné son consentement à un contrat, si elle n'avait pas la capacité de s'obliger.

La règle générale, à cet égard, est que toute personne à qui la loi ne l'interdit pas est capable de contracter.

Art. 1124. — Les causes d'incapacité sont, ou dans la présomption que ceux qui contractent n'ont pas un discernement suffisant, ou dans des considérations d'ordre public.

Ainsi, les mineurs sont regardés, à cause de la faiblesse de leur raison, et à cause de leur inexpérience, comme incapables de connaître l'étendue de leurs engagements : on peut contracter avec eux; mais s'ils sont lésés, on est censé avoir abusé de leur âge. Leur capacité cesse pour tout acte qui leur est préjudiciable.

L'incapacité du mineur n'étant relative qu'à son intérêt, on n'a pas cru nécessaire d'employer la distinction entre les mineurs impubères, et ceux qui ont passé l'âge de la puberté.

C'est à raison du mariage que l'âge de la puberté a été fixé : suivant la loi romaine, l'homme était regardé comme impubère jusqu'à l'âge de quatorze ans accomplis, et les filles jusqu'à douze. On distinguait même cette puberté, qui suffisait pour rendre le mariage licite, de la pleine puberté, qui le rendait plus conforme à l'honnêteté publique, et qui était, pour les hommes, de dix-huit ans accomplis, et pour les femmes, de quatorze. Le mariage n'est pas permis en France aux hommes avant dix-huit ans révolus, et aux femmes avant quinze.

Malgré l'incertitude du cours de la nature, il fallait, pour le mariage, une règle fixe; mais est-il nécessaire, est-il même convenable que cette incapacité résultant de l'âge, soit appliquée d'une manière absolue aux obligations?

La loi elle-même reconnaît qu'un mineur peut, avant l'âge de dix-huit ans révolus, avoir un discernement suffisant pour contracter tous les engagements que comportent l'administration de sa fortune et la libre disposition de ses revenus, puisqu'elle autorise l'émancipation du mineur qui a perdu ses père et mère, lorsqu'il est parvenu à cet âge, puisqu'il peut même être émancipé par son père, ou, au défaut du père, par sa mère, quoiqu'il n'ait encore que quinze ans révolus.

La loi présume aussi dans le mineur âgé de seize ans, assez d'intelligence pour disposer par testament de la moitié des biens dont peuvent disposer les majeurs.

Il faudrait donc, si l'on voulait prononcer, à raison de l'âge, une incapacité absolue de contracter, il faudrait fixer une époque de la vie; et comment discerner celle où on devrait présumer un défaut total d'intelligence? Ne faudrait-il point distinguer les classes de la société où il y a moins d'instruction? Le résultat d'une opération aussi compliquée et aussi arbitraire, ne serait-il pas de compromettre l'intérêt des impubères, au lieu de le protéger? Dans leur qualité de mineurs, la moindre lésion suffit pour qu'ils se fassent restituer : ils n'ont pas besoin de recevoir de la loi d'autres secours, et, dans aucun cas, des gens capables de contracter ne doivent être admis à faire prononcer la nullité d'un acte qui serait avantageux à des mineurs, même à des pubères.

Supposera-t-on qu'une personne ayant la capacité de s'obliger, contracte avec un enfant qui n'ait point encore l'usage de la raison, lorsqu'elle ne pourra en tirer aucun avantage? On n'a point à prévoir dans la loi ce qui est contre l'ordre naturel et presque sans exemple.

La loi n'admettant l'interdiction que pour cause de démence, il est évident que les interdits sont incapables de s'obliger.

Au nombre des droits et des devoirs respectifs des époux, se trouve l'inhibition à la femme, à celle même qui est non commune ou séparée de biens, de donner, d'aliéner, d'hypothéquer ou d'acquérir, soit à titre gratuit, soit à titre onéreux, sans le concours du mari dans l'acte, ou sans son consentement par écrit; et, en cas de refus du mari, sans l'autorisation de la justice. Cette incapacité civile ne s'étend point au-delà de ce qui est exprimé par la loi.

Enfin, on a compris dans une expression générale, l'incapacité de tous ceux auxquels la loi interdit certains contrats, tels sont ceux qui peuvent être défendus aux administrateurs des communes, des hospices, etc. C'est l'objet des lois particulières, susceptibles de variations, et qui, par ce motif, ne doivent point faire partie du Code civil.

Art. 1125. — Au surplus, l'incapacité du mineur, de l'interdit et de la femme mariée, n'a été prononcée que pour protéger et conserver leurs droits : elle ne peut pas leur être opposée par les personnes qui se sont obligées envers eux.

De l'objet et de la matière des contrats.

Art. 1126. — Il ne peut y avoir d'obligations sans qu'une chose ou un fait en soit l'objet et la matière.

Art. 1128. — Si c'est une chose, elle doit être dans le commerce.

Art. 1129. — Il faut aussi qu'il soit possible de la distinguer, et pour cela il suffit qu'elle soit au moins déterminée quant à son espèce, et que sa quotité puisse, d'après l'obligation, être fixée. Un meuble, en général, ne pourrait être l'objet d'une obligation, lorsqu'on ne pourrait savoir quelle en est l'espèce; il en serait de même, si l'obligation avait pour objet du blé ou du vin, sans que l'intention des parties sur la quantité pût être connue.

Mais si on vend un cheval, l'objet est déterminé quant à l'espèce et quant à la quantité : il est vrai que ce n'est encore qu'un être intellectuel : le créancier ne peut demander que d'une manière indéterminée la chose vendue, et le débiteur a le choix parmi toutes celles du même genre, pourvu qu'elles soient loyales et marchandes.

Art. 1130. — Les choses qui n'existent point encore peuvent être l'objet de l'obligation, qui alors dépend de la condition de leur future existence. Il faut seulement excepter les conventions incompatibles avec l'honnêteté publique; telle serait la renonciation à une succession non ouverte, ou toute autre stipulation sur une pareille succession. Le consentement de celui sur la fortune duquel on stipulerait, ne couvrirait pas un pareil vice.

Il faut encore excepter les ventes sur lesquelles il y a des réglements de police rurale.

Quant aux faits qui peuvent être l'objet d'une obligation, il faut qu'ils soient possibles, qu'ils puissent être déterminés, et que les personnes envers qui l'obligation est contractée aient, à ce que les faits s'accomplissent, un intérêt appréciable.

De la cause.

Art. 1131. — Il n'y a point d'obligation sans cause : elle est dans l'intérêt réciproque des parties, ou dans la bienfaisance de l'une d'elles.

Art. 1132. — On ne peut pas présumer qu'une obligation soit sans cause, parce qu'elle n'y est pas exprimée. Ainsi, lorsque, par un billet, une personne déclare qu'elle doit, elle reconnaît par cela même qu'il y a une cause légitime de la dette, quoique cette cause ne soit pas énoncée. Mais la cause que l'acte exprime ou fait présumer, peut ne pas exister ou être fausse; et si ce fait est constaté par des preuves que la loi autorise, l'équité ne permet pas que l'engagement subsiste.

Art. 1133. — Toute obligation doit être proscrite, si elle a été contractée malgré la défense de la loi, ou si elle est contraire aux bonnes mœurs, ou à l'ordre public.

De l'effet des obligations.

ART. 1134, 1135. — Après avoir rassemblé les éléments nécessaires pour former une obligation valable, le consentement des parties, leur capacité, une chose ou un fait qui soit l'objet et la matière de l'engagement, une cause légitime, on a eu à régler quels sont les effets des obligations.

C'est ici que se présente d'abord le principe qui sert de base à cette partie du Code civil, et qui s'y trouve exprimé en des termes clairs et simples.

« Les conventions légalement formées, « tiennent lieu de loi à ceux qui les ont « faites.

« Elles ne peuvent être révoquées que de « leur consentement, ou pour les causes auto- « risées par la loi.

« Elles doivent être contractées et exécutées « de bonne foi.

« Elles obligent non-seulement à ce qui y « est exprimé, mais encore à toutes les suites « que l'équité, l'usage ou la loi donnent à « l'obligation d'après sa nature. »

Il n'est aucune espèce d'obligations, soit de donner, soit de faire ou de ne pas faire, qui ne repose sur ces règles fondamentales : c'est à ces règles qu'on a recours pour les interpréter, pour les exécuter, pour en déterminer tous les effets.

De l'obligation de donner.

ART. 1136. — L'obligation de donner emporte celle de livrer la chose, et de la conserver jusqu'à la livraison.

ART. 1137. — Les soins que le débiteur doit apporter à la conservation de la chose, sont plus ou moins rigoureusement exigés, suivant la nature des contrats.

Les Romains avaient cru pouvoir distinguer les différents degrés de fautes qui se commettent dans l'exécution des conventions. La faute la plus grave était nommée *lata culpa et dolo proxima.* Ils distinguaient les autres fautes sous ces noms, *culpa levis, culpa levissima.* Dans les contrats qui ne concernaient que l'utilité des créanciers, tels que le dépôt, le dépositaire était seulement tenu *latâ culpâ.* Si le contrat, tel que la vente, avait été formé pour l'utilité des deux parties, le vendeur était tenu *levi culpâ :* si, comme dans le prêt, l'avantage du débiteur avait été seul considéré, il était tenu *culpâ levissimâ.*

Cette division des fautes est plus ingénieuse qu'utile dans la pratique : il n'en faut pas moins sur chaque faute vérifier, si l'obligation du débiteur est plus ou moins stricte, quel est l'intérêt des parties, comment elles ont entendu s'obliger, quelles sont les circonstances. Lorsque la conscience du juge a été ainsi éclairée, il n'a pas besoin de règles générales pour prononcer suivant l'équité. La théorie dans laquelle on divise les fautes en plusieurs classes, sans pouvoir les déterminer, ne peut que répandre une fausse lueur, et devenir la matière de contestations plus nombreuses. L'équité elle-même répugne à des idées subtiles. On ne la reconnaît qu'à cette simplicité qui frappe à-la-fois l'esprit et le cœur.

C'est ainsi qu'on a décidé que celui qui est obligé de veiller à la conservation d'une chose, doit apporter tous les soins d'un bon père de famille, soit que la convention n'ait pour objet que l'utilité d'une des parties, soit qu'elle ait pour objet leur utilité commune ; mais que cette obligation est plus ou moins étendue à l'égard de certains contrats, dont les effets sont expliqués sous les titres qui les concernent.

ART. 1138. — C'est le consentement des contractants qui rend parfaite l'obligation de livrer la chose. Il n'est donc pas besoin de tradition réelle pour que le créancier doive être considéré comme propriétaire, aussitôt que l'instant où la livraison doit se faire est arrivé. Ce n'est plus alors un simple droit à la chose qu'a le créancier, c'est un droit de propriété *jus in re :* si donc elle périt par force majeure ou par cas fortuit, depuis l'époque où elle a dû être livrée, la perte est pour le créancier, suivant la règle, *res perit domino.*

Mais si le débiteur manque à son engagement, la juste peine est que la chose qu'il n'a pas livrée au terme convenu, reste à ses risques. Il faut seulement qu'il soit certain que le débiteur est en faute de ne l'avoir pas livrée ; il faut qu'il ait été constitué en demeure.

ART. 1139. — Lorsqu'à l'époque convenue pour la livraison, le créancier reste dans l'inaction, lorsqu'il ne fait pas au débiteur pour le provoquer au paiement, une sommation ou un autre acte équivalent, on présume qu'il n'avait pas été dans son intention d'exiger cette livraison au terme; il est considéré comme ayant suivi la foi du débiteur, et la chose doit rester aux risques de ce créancier.

Il avait été établi par la jurisprudence que cette présomption ne doit pas cesser dans le cas même où la convention porte non-seulement le terme de la livraison, mais encore que sans qu'il soit besoin d'acte, et par la seule échéance du terme, le débiteur sera en demeure. Le créancier qui, dans ce cas, ne remplit à l'échéance aucune formalité pour constituer en demeure celui qui doit, ne fait que se conformer à sa convention. On ne peut donc pas présumer qu'il y ait renoncé. Cette convention doit donc être exécutée.

Art. 1140. — Les effets de l'obligation de donner ou livrer un immeuble, sont réglés aux titres du contrat de vente et des priviléges et hypothèques.

Art. 1141. — A l'égard des choses mobilières, quoique respectivement aux parties, le transport de la propriété s'opère à l'époque où la livraison doit se faire; cependant on a dû considérer l'intérêt d'un tiers dont le titre serait postérieur en date, mais qui, ayant acquis de bonne foi, aurait été mis en possession réelle. La bonne foi de cet acquéreur, la nécessité de maintenir la circulation libre des objets mobiliers, la difficulté de les suivre et de les reconnaître dans la main de tierces personnes, ont dû faire donner la préférence à celui qui est en possession, quoiqu'il y ait un titre antérieur au sien.

Il ne faut pas perdre de vue que ces règles du Code civil ne dérogent point à celles du commerce.

Obligation de faire ou de ne pas faire.

L'obligation de faire ou de ne pas faire, se résout en dommages et intérêts, en cas d'inexécution de la part du débiteur.

Le motif est que nul ne peut être contraint dans sa personne, à faire ou à ne pas faire une chose, et que si cela était possible, ce serait une violence qui ne peut pas être un mode d'exécution des contrats.

Art. 1143, 1144. — Mais si ce qui a été fait en contravention de l'engagement, est susceptible d'être détruit, et si on peut faire faire par un tiers ce que le débiteur aurait dû faire lui-même, il suffit que ce soient des moyens possibles d'exécution de l'engagement, pour qu'il soit juste de les autoriser, et le débiteur devra, outre la dépense, les dommages et intérêts qui pourront avoir lieu.

Art. 1146, 1147. — Les dommages et intérêts peuvent être dus non-seulement à raison de l'inexécution, mais encore à raison du simple retard. Il faut, dans ce dernier cas, que le débiteur soit en demeure; et il y est constitué non-seulement par une sommation, par un acte équivalent ou par une stipulation formelle, mais encore par l'objet de l'obligation, lorsque la chose que le débiteur devait faire, ne pouvait l'être utilement que dans un certain temps qu'il a laissé passer. On ne saurait douter que le débiteur ne soit en faute, lorsque le fait n'a pas été accompli en temps utile.

Réglement des dommages et intérêts.

Art. 1149. — On entend par ces expressions, *dommages et intérêts*, la perte que le créancier a faite, et le gain dont il a été privé par l'inexécution de l'obligation; ils ne doivent pas en excéder les bornes.

De-là plusieurs conséquences.

Art. 1150. — Les dommages et intérêts ne doivent pas s'étendre au-delà de ce qui a été prévu ou de ce qu'on a pu prévoir lors du contrat.

Si néanmoins le débiteur s'était rendu coupable de dol en manquant à son obligation, il devrait indemniser, non-seulement à raison de ce qu'on eût prévu ou pu prévoir en contractant, mais encore à raison des conséquences particulières que le dol peut avoir entraînées. Le dol établit, contre celui qui le commet, une nouvelle obligation différente de celle qui résulte du contrat; cette nouvelle obligation n'est remplie qu'en réparant tout le tort que le dol a causé.

Art. 1151. — Mais dans ce cas-là même, les dommages et intérêts n'en ont pas moins leur cause dans l'inexécution de la convention: il ne serait donc pas juste de les étendre à des pertes ou à des gains qui ne seraient pas une suite immédiate et directe de cette inexécution. Ainsi, on ne doit avoir égard qu'aux dommages soufferts par rapport à la chose ou au fait qui était l'objet de l'obligation, et non à ceux que l'inexécution de cette obligation aurait d'ailleurs occasionnés au créancier, dans ses autres affaires ou dans ses autres biens.

Ces règles suffisent pour guider le juge: il y

eût eu de l'inconvénient à dire que les dommages et intérêts doivent, lorsqu'il n'y a point de dol, être taxés avec modération. La modération est un des caractères de l'équité; mais lorsqu'il est réellement dû des dommages et intérêts au créancier, il ne fallait pas que, contre l'équité, on pût induire de la loi que sa cause est défavorable.

ART. 1152. — On a prévu le cas où la somme à payer à titre de dommages et intérêts, en cas d'inexécution, aurait été fixée par la convention même. On avait d'abord craint que cette fixation ne fût pas toujours équitable; on avait craint trop de rigueur de la part du créancier, trop de facilité ou d'imprudence de la part du débiteur, qui, ne prévoyant point d'obstacles à l'exécution de sa convention, n'aurait pas imaginé qu'il eût sérieusement à craindre de payer la somme à laquelle il se serait soumis. Il avait paru prudent de faire intervenir le juge, pour réduire la somme qui excéderait évidemment le dommage effectif.

Mais cette évidence, comment la caractériser? Il faut supposer des conventions déraisonnables. Si on eût donné aux juges le droit de réduire la somme convenue, il eût aussi fallu leur donner celui de l'augmenter en cas d'insuffisance. Ce serait troubler la foi due aux contrats. La loi est faite pour les cas ordinaires, et ce n'est pas pour quelques exceptions que l'on devrait ici déroger à cette règle fondamentale, que les conventions sont la loi des parties.

ART. 1153. — Il est néanmoins un cas où la loi générale a pu fixer les dommages et intérêts, et les parties sont obligées de s'y conformer; c'est lorsque l'obligation a pour objet le paiement d'une somme. Dans ce cas, on présume toujours que la perte essuyée par le créancier, et le bénéfice dont il est privé, sont compensés par les intérêts tels que les tribunaux les adjugent conformément à la loi.

Il suffit que le capital n'ait pas été payé, pour que le créancier soit privé de ses intérêts : c'est une perte évidente, il n'a point à la justifier.

Les intérêts ne sont dus que du jour de la demande, si ce n'est dans le cas où la loi les fait courir de plein droit : si néanmoins il a été convenu qu'à défaut de paiement à l'échéance, le débiteur devrait les intérêts, celui-ci sera tenu, par la force de la convention, de les payer.

On ne peut nier que la faculté de stipuler l'intérêt, ne soit par elle-même juste et avantageuse à la société. On a seulement à craindre l'abus que l'on peut faire de cette faculté.

A Rome, l'intérêt, sous le nom de *fœnus* ou *usura*, fut toujours permis : on chercha seulement à en réprimer l'excès, par des lois qui en fixaient le taux.

En France, une interprétation trop rigoureuse de textes religieux, et une fausse conséquence de ce que les métaux ne peuvent par eux-mêmes produire aucuns fruits naturels, avaient conduit à une autre extrémité : le créancier ne pouvait stipuler l'intérêt d'une somme, à moins qu'il ne renonçât à exiger son capital; et, pourvu que sa sûreté lui fût conservée, il ne devait être remboursé que quand il plaisait au débiteur. Il est vrai que cette doctrine n'avait pas été appliquée au commerce, et qu'elle avait pu y faire refluer des capitaux. Mais elle nuisait à la circulation générale; on ne pouvait, par aucun motif d'ordre social, la légitimer : le nombre toujours croissant des transactions de tout genre avait rendu, malgré les lois, le prêt à intérêt d'un usage général, et ces lois n'avaient d'effet que de rendre le débiteur victime de la prohibition, en lui faisant payer un intérêt plus fort. Ainsi, loin de préserver la société des usures excessives, elles en étaient devenues le prétexte.

Il était d'ailleurs facile d'éluder l'autorité du juge, en confondant dans le titre le principal et l'intérêt.

Il y avait même en France, à cet égard, diversité de jurisprudence. Le prêt à intérêt avait été autorisé dans le ressort de quelques parlements.

Dans tous, il était permis, en certains cas, de stipuler l'intérêt; ainsi on pouvait en tirer des sommes qui étaient considérées comme représentatives de fruits : telles étaient les sommes dues pour aliénation d'immeubles, pour revenus. On pouvait aussi stipuler les intérêts au profit des mineurs.

Dans d'autres cas, l'intérêt des sommes dues courait de plein droit, quoiqu'elles ne fussent pas représentatives des fruits : tels étaient l'intérêt des sommes dues aux femmes ou à leurs héritiers pour leurs dots et leurs droits nuptiaux, aux cohéritiers pour les légitimes, pour les rapports, pour les soultes de partage, etc.

Il était d'ailleurs *bizarre* que l'intérêt de l'argent fût, dans le cas de retard de paiement, considéré comme des dommages et intérêts, et que cette indemnité ne dût avoir lieu que par jugement, sans que les parties pussent éviter ces frais par une convention.

Art. 1154. — On demandait encore pourquoi, lorsque le débiteur avait laissé accumuler les intérêts, il n'était pas regardé comme faisant au créancier, par le défaut de paiement, un tort également susceptible d'être réparé par une indemnité, comme il y était condamné pour le retard dans le paiement des sommes principales.

Ces règles, quelque diverses et incohérentes qu'elles soient, offrent cependant un résultat; c'est que l'intérêt de l'argent était même considéré comme une chose en soi légitime, puisqu'en cas de retard de paiement, les tribunaux ne pouvaient pas se dispenser de l'adjuger, puisque dans plusieurs cas on pouvait le stipuler, et que dans d'autres il courait de plein droit.

Ces motifs, qui déterminèrent en 1789 l'assemblée constituante à autoriser la stipulation d'intérêt, ont aussi dû faire consacrer cette règle dans le Code civil.

Il n'en est point qui ne soit susceptible d'abus; mais les mesures qui pourraient être prises, soit pour fixer l'intérêt, soit pour réprimer l'usure, sont susceptibles de varier, et dès-lors elles ne peuvent ni ne doivent trouver place dans ce Code.

On a regardé comme une conséquence de la faculté généralement accordée de stipuler les intérêts, la faculté de les stipuler, ou le droit de les demander en justice, même pour les sommes provenant d'intérêts échus; mais en même temps, on a prévenu l'abus dont se rendent coupables les usuriers, par des accumulations trop fréquentes des intérêts avec les capitaux, pour faire produire aux sommes provenant de ces intérêts, de nouveaux intérêts. On a statué que les intérêts échus des capitaux ne pourraient en produire, soit par convention, soit en justice, à moins qu'il ne fût question d'intérêts dus au moins pour une année entière.

Art. 1155. — Les revenus, tels que fermages, loyers, arrérages de rentes perpétuelles ou viagères, et les fruits à restituer, ne doivent point être assimilés aux intérêts ordinaires des capitaux. Ces revenus peuvent produire intérêt du jour de la demande, quoiqu'ils ne soient pas dus pour une année entière : il suffit qu'ils soient échus.

Quant aux intérêts payés par un tiers en acquit du débiteur, la somme ainsi payée ne peut être considérée, relativement à ce tiers, que comme un capital qui peut, par demande ou par convention, produire intérêt.

De l'interprétation des conventions.

Art. 1156. — La convention sert de loi aux parties : il faut donc, pour interpréter cette loi, rechercher quelle a été l'intention de ceux qui l'ont faite.

Si elle est mal rendue par les termes qu'ils ont employés, il faut plutôt considérer la volonté que le sens littéral des expressions grammaticales : *In conventionibus contrahentium voluntatem potiùs quàm verba spectari placuit.* L. 219 ff. de Verb. signif.

Art. 1157. — Si la clause est susceptible de deux sens, on doit plutôt l'entendre dans celui avec lequel elle peut avoir quelqu'effet, que dans le sens avec lequel elle n'en pourrait produire aucun : *Quoties in stipulationibus consuetudinis ambigua oratio est, commodissimum est id accipi quo res de quâ agitur in tuto sit.* L. 80. ff. de Verb. oblig.

Art. 1158. — Si les termes sont susceptibles de deux sens, ils doivent être pris dans le sens qui convient le mieux à la matière du contrat

Art. 1159. — Ce qui est ambigu s'interprête par ce qui est d'usage dans le pays où le contrat est passé.

Art. 1161. — Toutes les clauses des conventions s'interprêtent les unes par les autres, en donnant à chacune le sens qui résulte de l'acte entier.

Semper in stipulationibus et in cœteris contractibus id sequimur quod actum est, aut si non appareat quod actum est, erit consequens ut id sequamur quod in regione in quâ actum est, frequentatur. (Leg. 34, ff. de reg. jur.)

Art. 1160. — On doit suppléer dans le contrat les clauses qui sont d'usage, quoiqu'elles n'y soient point exprimées. *In contractibus tacitè veniunt ea quœ sunt moris et consuetudinis.*

Art. 1162. — Dans le doute, la convention s'interprête contre celui qui a stipulé, et en faveur de celui qui a contracté l'obligation. *In stipulationibus cùm quœritur quid actum sit, verba contrà stipulatorem interpretanda sunt.* (Leg. 38, §. 18, ff. de verb. obligat.)

Art. 1163. — Quelque généraux que soient les termes dans lesquels une convention est conçue, elle ne comprend que les choses sur lesquelles il paraît que les parties se sont proposé de contracter. *Iniquum est perimi pacto id de quo cogitatum non docetur.* (Leg. 9, ff. de trans.)

Art. 1164. — Lorsque dans un contrat on a exprimé un cas pour l'explication de l'obligation, on n'est pas censé avoir voulu par-là restreindre l'étendue que l'engagement reçoit de droit, aux cas non exprimés. *Quæ dubitationis tollendæ causâ contractibus inseruntur, jus commune non lædunt.* (Leg. 81, ff. de reg. jur.)

Ces axiômes doivent être invariables comme l'équité qui les a dictés. Ils furent à-la-fois l'ornement et le fondement de la législation romaine : ils ont dû être consignés dans le Code civil.

De l'effet des conventions à l'égard des tiers.

Art. 1165. — Après avoir vu comment les conventions doivent s'interpréter, il faut en suivre les conséquences et les effets.

Chacun ne pouvant contracter que pour soi, les obligations ne doivent avoir d'effet qu'entre les parties contractantes et ceux qui les représentent. Il serait injuste qu'un acte auquel une tierce personne n'a point concouru, pût lui être opposé. *Non debet alii nocere, quod inter alios actum est.* (Leg. 10, ff. de jur.)

Art. 1166. — Mais celui qui contracte des dettes engage tous ses biens. Ce gage serait illusoire, si, au préjudice de ses créanciers, il négligeait d'exercer ses droits. Ils doivent donc être admis à agir directement. Leur intérêt et la crainte des fraudes établissent leur qualité.

Si le débiteur négligeait de faire valoir une exception qui fût exclusivement attachée à sa personne, ils ne pourraient pas la faire valoir. C'est leur action directe que les créanciers intentent : ils ne représentent point la personne du débiteur.

Art. 1167. — Il faut encore, pour que les contrats ne puissent nuire aux tierces personnes, que les créanciers aient le droit d'attaquer en leur nom, les actes faits en fraude de leurs droits.

On n'a cependant pas voulu que les créanciers pussent troubler le repos des familles, en attaquant comme frauduleux certains actes qui sont nécessaires, actes qu'ils ne sont point censés avoir ignorés, et dans lesquels on leur donne seulement le droit d'intervenir pour y défendre leurs droits. Ces cas sont prévus dans le Code civil. Tel est celui d'un cohéritier dont les créanciers peuvent s'opposer à ce qu'il soit procédé hors leur présence, au partage des biens de la succession qu'il recueille, et y intervenir à leurs frais, mais sans avoir le droit d'attaquer ce partage lorsqu'il est consommé, à moins qu'on n'eût procédé sans égard a une opposition qu'ils auraient formée.

Des diverses espèces d'obligations.

Après avoir établi les conditions essentielles pour la validité des obligations, après avoir déclaré leurs effets généraux, il faut, en entrant dans un examen plus détaillé, considérer les principales modifications sous lesquelles on peut les former.

Il ne s'agit point ici de ces modifications qui, dans le droit romain, dépendaient des formules d'actions, ou qui étaient nécessaires pour le lien civil : les modifications à examiner sont celles qui sont inhérentes à la convention, qui en diversifient la nature et les effets ; et quoiqu'elles semblent se multiplier et varier comme les conventions elles-mêmes, il en est cependant plusieurs principales dont les règles doivent être posées.

Ainsi, dans la même obligation on peut trouver les modifications suivantes : elle peut être pure et simple ou conditionnelle, à terme, alternative, solidaire, divisible ou indivisible, sanctionnée par une clause pénale.

Des obligations conditionnelles.

Art. 1168. — Il y a des conditions de diverses espèces. En effet, on peut faire dépendre une obligation d'un événement futur et incertain, soit en la suspendant jusqu'à ce que l'événement arrive, et alors elle est nommée *condition suspensive*, soit en la résiliant selon que l'événement arrivera ou qu'il n'arrivera pas, et c'est alors une *condition résolutoire*.

Il est des règles communes à ces deux espèces de conditions.

Art. 1170. — Et d'abord, on prévoit le cas où il serait au pouvoir de l'une ou de l'autre des parties contractantes, de faire arriver ou d'empêcher l'événement dont on aurait fait dépendre l'obligation. Cette condition est nommée *potestative*.

Art. 1169. — Si elle ne dépend que du hasard, elle est désignée sous le nom de *casuelle*.

Art. 1171. — On l'appelle *mixte*, si elle dépend tout à la fois de la volonté de l'une des parties contractantes et de la volonté d'un tiers.

Art. 1174. — Si la condition dépend de l'une des parties contractantes, si elle est la maîtresse de rompre ou de maintenir le lien que l'acte semble former, *il* n'y a point réellement d'obligation, elle est nulle.

Art. 1172. — Si la condition est impossible, si elle est contraire aux bonnes mœurs, si elle est défendue par la loi, elle est nulle, et une convention faite sous une condition nulle, ne peut elle-même avoir aucun effet.

Cette règle n'a rien de contraire à celle qui a été établie pour les conditions apposées à un testament. La clause par laquelle le testateur dispose, est, aux yeux de la loi, sa principale volonté; elle ne présume point qu'il ait réellement voulu la faire dépendre d'une condition impossible, contraire aux bonnes mœurs ou défendue par la loi : la condition n'est alors considérée que comme une simple erreur.

Art. 1173. — Dans toutes les conventions, si la condition était de ne pas faire une chose impossible, cette condition serait extravagante, mais non pas impossible, puisque c'est l'événement contraire qui serait hors de la possibilité. C'est encore un cas où on ne peut pas présumer que la volonté des parties ait été de faire dépendre la convention d'une pareille condition.

Art. 1176, 1177. — Les autres règles communes aux diverses espèces de conditions, sont celles qui sont relatives à leur accomplissement.

On a fait à cet égard, dans le droit romain, une subdivision des conditions, en *négatives* et *positives* : elles sont dites *positives*, si la condition est qu'un événement arrive; *négatives*, si la condition est qu'un événement n'arrive pas : mais cette distinction et les décisions nombreuses qui y sont relatives, peuvent se simplifier, en les réduisant aux propositions suivantes :

« Lorsqu'une obligation est contractée sous « la condition qu'un événement arrivera dans « un temps fixe, cette condition est censée « défaillie, lorsque le temps est expiré sans « que l'événement soit arrivé. S'il n'y a point « de temps fixe, la condition peut toujours être « accomplie, et elle n'est censée défaillie, que « lorsqu'il est devenu certain que l'événement « n'arrivera pas.

« Lorsqu'une obligation est contractée sous « la condition qu'un événement n'arrivera pas « dans un temps fixe, cette condition est ac- « complie, lorsque ce temps est expiré sans « que l'événement soit arrivé; elle l'est éga- « lement si, avant le terme, il est certain que « l'événement n'arrivera pas, et s'il n'y a pas « de temps déterminé, elle n'est accomplie que « lorsqu'il est certain que l'événement n'arri- « vera pas ».

Art. 1178. — Si c'est le débiteur, obligé sous une condition, qui en a empêché l'accomplissement, il doit une indemnité dont l'effet est le même que si la condition avait été accomplie.

Art. 1175. — On a aussi écarté les subtilités de l'école, sur la manière dont les conditions doivent être accomplies.

Doivent-elles être accomplies suivant la lettre de l'obligation *in formâ specificâ*. Peuvent-elles l'être *per æquipollens et pro subjectâ materiâ?* Il ne peut y avoir, à cet égard, d'autre règle générale que la recherche de l'intention des parties : il faut que toute condition s'accomplisse de la manière que les parties ont vraisemblablement voulu et entendu qu'elle le fût.

Il résulte aussi de la règle suivant laquelle on contracte pour soi et pour ses héritiers, que les conditions des actes entre-vifs peuvent s'accomplir après la mort de celui au profit duquel est l'obligation. Il en est autrement de celui qui lègue; il n'a en vue que la personne du légataire; d'où il suit que si, avant l'accomplissement de la condition, le testateur décède, le légataire n'a pas encore de droit : si, dans ce cas, c'est le légataire qui meurt, son héritier n'a rien à prétendre, parce que le legs étant personnel, ne peut lui être transmis qu'autant qu'il aurait été acquis au légataire.

Art. 1180. — Un contrat, pour être subordonné à une condition, n'en est pas moins un engagement dont la condition n'est qu'une modification. Il est donc juste que son effet remonte au jour où il a été contracté, lorsque la condition a été accomplie : *in stipulationibus in tempus spectatur quo contrahimus*. (Leg. 18, ff. de reg. jur.) Cette règle devient un motif pour que celui au profit duquel est l'engagement conditionnel, puisse, avant que la condition soit accomplie, faire tous les actes conservatoires de son droit.

De la condition suspensive.

Art. 1181. — Les règles particulières aux

conditions suspensives et aux conditions résolutoires, ne sont que des déductions de ces principes généraux.

Ainsi, à l'égard de la condition que les parties ont entendu faire dépendre d'un événement futur et incertain, elle ne produit d'effet qu'après l'événement; mais l'effet qu'elle produit alors remonte au temps de l'engagement.

Si, par erreur, les contractants avaient cru futur et incertain un événement déjà existant, mais qui n'était point à leur connaissance, la modification qu'ils auraient eu l'intention de faire à leur engagement, se trouverait remplie; conséquemment il se trouverait valable, et il devrait avoir sur-le-champ son exécution.

Art. 1182. — L'obligation sous une condition suspensive n'étant parfaite que par l'accomplissement de cette condition, il en résulte qu'avant l'accomplissement, la propriété de la chose, qui est la matière de l'engagement, n'est point transportée, et qu'ainsi elle demeure aux risques du débiteur.

Si donc cette chose est entièrement périe sans sa faute, il ne peut plus y avoir d'obligation, lors même que la condition s'accomplirait, puisqu'il ne peut y avoir d'obligation sans une chose qui en soit le sujet.

La loi romaine (VIII ff. *de Peric et com. rei. vend.*) décidait que si avant la condition accomplie il y avait diminution ou détérioration de la chose sans la faute du débiteur, le créancier devait en souffrir, de même qu'il profitait de l'augmentation qui serait survenue.

Cette décision ne s'accorde pas avec le principe suivant lequel, dans le cas de la condition suspensive, il n'y a pas de transport de propriété. Ce doit être aux risques du débiteur encore propriétaire, que la chose diminue ou se détériore, par la même raison que ce serait à ses risques qu'elle périrait. Voici seulement la distinction à laquelle conduit l'équité.

Si le débiteur n'est pas en faute, le créancier doit avoir le choix ou de résoudre l'obligation, ou d'exiger la chose dans l'état où elle se trouve, mais sans pouvoir demander une diminution de prix : il en doit être autrement, si le débiteur est en faute; alors le créancier doit être autorisé à résoudre l'obligation, ou à exiger la chose dans l'état où elle se trouve, avec les dommages et intérêts.

On ne peut pas argumenter contre cette décision, de ce que le créancier profiterait des augmentations qui surviendraient. Le débiteur qui, même sous une condition suspensive, s'est obligé à donner une chose, est, par cela même, présumé avoir renoncé aux augmentations accessoires pour le cas où la condition s'accomplirait.

De la condition résolutoire.

Art. 1183. — L'intention des contractants, lorsqu'ils stipulent une condition résolutoire, est que cette condition, lorsqu'elle s'accomplit, opère la révocation de l'engagement, et qu'elle remette les choses au même état que si l'engagement n'avait pas été contracté.

Art. 1184. — L'exécution de l'obligation n'est point suspendue par cette condition; il en résulte seulement que le créancier est tenu de rendre ce qu'il a reçu, lorsqu'ensuite la condition résolutoire s'accomplit.

Dans les contrats synallagmatiques, chaque partie n'est présumée s'être engagée que sous une condition résolutoire, dans le cas où l'autre partie ne satisferait point à cet engagement.

Mais la partie qui peut réclamer l'effet de cette condition, doit être en même-temps autorisée à contraindre, par les moyens de droit, l'autre partie d'exécuter la convention : il est alors nécessaire qu'elle ait recours aux tribunaux; et lors même que la condition résolutoire serait formellement stipulée, il faudrait toujours constater l'inexécution, en vérifier les causes, les distinguer de celles d'un simple retard; et dans l'examen de ces causes, il peut en être de si favorables, que le juge se trouve forcé par l'équité, à accorder un délai.

Des obligations à terme.

Art. 1185. — Dans une obligation, le terme diffère de la condition, en ce qu'il ne suspend point l'engagement dont il retarde seulement l'exécution.

Art. 1186. — Lorsqu'on dit que *celui qui a terme ne doit rien*, c'est en ce sens seulement que ce débiteur ne peut être poursuivi avant le terme : mais l'obligation n'en existe pas moins; et si elle a été acquittée avant l'échéance du terme, le débiteur a librement, et d'avance, satisfait à son engagement : il ne serait pas juste de l'autoriser à en demander la répétition, pour ne le payer qu'à l'échéance.

Art. 1187. — Le créancier ne peut pas même refuser le paiement offert avant le terme : en effet, on présume que c'est une facilité accordée au débiteur. Mais cette présomption doit cesser, lorsqu'il résulte de la stipulation ou des circonstances, que le terme a *aussi été* convenu en faveur du créancier. Cette règle, que le cours variable du papier-monnaie a souvent fait appliquer, est une de celles consacrées dans le droit romain. (*L.* XVII, *ff. de reg. jur.*)

Art. 1188. — On ne peut pas induire de la stipulation d'un terme, que le débiteur puisse altérer son obligation; et elle serait altérée, s'il avait diminué les sûretés qu'il a données par le contrat. Sur ce fait, comme sur toutes les clauses des contrats, l'équité guidera le juge : mais il est évident qu'en cas de faillite ou de déconfiture, le débiteur ne doit plus être autorisé à réclamer le bénéfice du terme.

Des obligations alternatives.

Art. 1189. — Une obligation peut être alternative; et cette modification est du nombre de celles qui sont susceptibles de règles particulières.

Une obligation est alternative, lorsque quelqu'un s'oblige à donner ou à faire une chose ou une autre, de manière qu'en s'acquittant d'une des choses, il soit entièrement libéré.

Art. 1190. — Si le choix de l'une des choses promises n'a pas été expressément réservé aux créanciers, on présume que le choix a été laissé au débiteur; celui-ci peut alors invoquer la règle suivant laquelle ce qui, dans un contrat, est incertain, doit s'interpréter en faveur de celui qui doit : mais il ne peut pas y avoir de doute sur ce que le débiteur qui a promis l'une des choses ne serait pas libéré en offrant partie de l'une et partie de l'autre. Ce ne serait pas interpréter la convention, ce serait la changer.

Art. 1192. — Si l'une des deux choses promises n'était pas susceptible d'être l'objet de l'obligation contractée, il ne resterait à cette obligation qu'un seul objet; et dès-lors elle serait pure et simple. Le débiteur ne pourrait pas exciper de ce qu'il comptait sur un choix qui n'existait pas. S'il a regardé comme pouvant être l'un des objets de l'obligation, ce qui n'en était pas susceptible, c'est un fait qu'il ne peut imputer au créancier, à moins qu'il n'y ait fraude de la part de ce dernier.

Art. 1193. — Lorsque l'une ou l'autre de deux choses a été promise, il y a incertitude sur celle des choses qui sera délivrée au créancier, et de cette incertitude il résulte qu'aucune propriété n'est transmise au créancier que par le paiement de l'une des choses. Jusqu'alors cette propriété reste sur la tête, et conséquemment aux risques du débiteur.

Si l'une des choses ou si les deux périssent, il faut distinguer le cas où, soit par le silence de l'acte, soit par convention, le débiteur a le choix, et le cas où ce choix a été réservé au créancier.

Dans la première hypothèse, celle où le débiteur a le choix, si l'une des deux choses périt ou ne peut plus être livrée, l'obligation devient pure et simple, et n'a plus pour objet que la chose existante. Il en résulte que, dans ce cas, il ne doit pas offrir le prix de la chose périe, au lieu de celle qui existe; et réciproquement, le créancier ne pourrait pas exiger qu'au lieu de la chose existante, on lui donnât le prix de celle qui est périe : cette prétention ne serait pas fondée, lors même que la perte de l'une de ces choses serait arrivée par la faute du débiteur, parce que celui-ci ayant le choix, le créancier ne peut, même dans ce cas, se plaindre de ce que l'obligation, d'alternative qu'elle était, soit devenue pure et simple.

Si, lorsque le débiteur a le choix, les deux choses sont péries, il est encore indifférent que ce débiteur soit en faute à l'égard de l'une d'elles, ou même à l'égard des deux, puisqu'il résulte également de ce que l'obligation était devenue pure et simple par la perte de la première chose, que c'est le prix de la chose qui est périe la dernière, que le débiteur doit payer, comme il eût dû cette chose si elle n'était pas périe.

Le débiteur doit alors payer le prix de la chose qui est périe la dernière, dans le cas même où il ne serait pas en faute à l'égard de cette chose, mais seulement à l'égard de celle qui est périe la première, parce que cette faute causerait un préjudice évident au créancier, si cette seconde chose étant périe, il n'avait aucun recours. En donnant à celui-ci le prix de la dernière chose périe, on maintient à la fois la règle suivant laquelle la convention, d'alternative qu'elle était, est devenue pure et simple, et la règle qui rend chacun responsable de sa faute.

Art. 1194. — Lorsque le créancier, s'étant réservé le choix, se trouve dans le cas où l'une des choses seulement est périe, il faut examiner si c'est par la faute ou sans la faute du débiteur.

Si le débiteur n'est pas en faute, et il serait en faute s'il était en demeure, le créancier doit avoir la chose qui reste. Il ne peut pas réclamer le prix de celle qui est périe, parce qu'elle a cessé d'être l'objet de l'obligation, sans que le débiteur ait manqué à la bonne foi.

Si celui-ci est en faute, le créancier est fondé à demander soit la chose qui reste, comme étant l'objet direct de l'obligation, soit le prix de la chose périe, comme étant la juste indemnité de la faute du débiteur.

Lorsque les deux choses sont péries, et que le débiteur est en faute, soit à l'égard des deux, soit à l'égard de l'une d'elles, le créancier peut demander le prix de l'une ou de l'autre à son choix. Le motif est que dans le cas même où le débiteur n'est en faute qu'à l'égard de l'une des choses, il doit répondre de ce que cette faute a privé le créancier du choix entre les deux choses, et cette indemnité doit être dans le choix laissé au créancier de demander le prix de l'une ou de l'autre des choses péries.

Art. 1195. — Dans tous les cas, soit que le débiteur ait le choix, soit qu'il ait été réservé au créancier, si les deux choses sont péries sans la faute du débiteur, l'obligation est éteinte, suivant les principes qui seront ci-après expliqués.

Art. 1196. — Les mêmes principes s'appliquent aux cas où il y a plus de deux choses comprises dans l'obligation alternative.

Des obligations solidaires.

Une quatrième modification des obligations est la solidarité, soit à l'égard des créanciers, soit de la part des débiteurs.

De la solidarité entre les créanciers.

Art. 1197. — Lorsque quelqu'un est obligé à une même chose envers plusieurs personnes, chacune d'elle n'est créancière que pour sa part : tel est l'effet ordinaire d'une pareille obligation. Mais si, par une clause particulière, le titre donne à chacun de ces cocréanciers le droit de demander le total de la créance, de manière que, par le paiement entier fait à l'un d'eux, le débiteur soit libéré envers les autres, il y a solidarité d'obligation. Ces créanciers sont nommés en droit *correi stipulandi*.

Cette faculté donnée à chacun des créanciers de demander le paiement total, et la convention qu'ils auraient faite en même-temps de diviser entre eux le bénéfice de l'obligation, n'ont rien d'incompatible.

Art. 1198. — Si le débiteur était poursuivi par l'un des créanciers, il perdrait la faculté de payer à l'autre. Ce débiteur ne pourrait pas, par sa faute, intervertir le droit du créancier qui a poursuivi, et le créancier qui aurait formé sa demande le second, ne pourrait pas se prévaloir d'un droit dont l'autre serait déjà dans une sorte de possession par ses poursuites.

Il semble que chacun des créanciers pouvant exiger toute la dette, on doive conclure de ce droit qu'il a aussi celui de faire la remise au débiteur. On dit pour cette opinion que la remise de la dette est au nombre des moyens de libération, que chacun des créanciers paraît être, relativement au débiteur, comme s'il était l'unique créancier ; qu'il faudrait, pour qu'il ne pût pas user du droit de faire remise, que ce droit fût excepté dans l'obligation, et que, d'ailleurs, le créancier solidaire pouvant recevoir le paiement, il lui est toujours facile de donner la quittance d'un paiement qui ne serait pas réel ; en un mot, que les cocréanciers suivent respectivement leur foi.

Ces raisons avaient été adoptées par la loi romaine. (Leg. 2, ff. *de duobus reis*).

Mais cette décision a paru peu conforme à l'équité, et trop favorable à la mauvaise foi.

On doit suivre l'intention présumée des parties. Chaque créancier solidaire a droit d'exécuter le contrat. La remise de la dette est autre chose que l'exécution : c'est faire un contrat de bienfaisance d'un contrat intéressé. C'est un acte de libéralité personnel à celui qui fait la remise ; il ne peut être libéral que de ce qui lui appartient. S'il est bienfaisant envers le débiteur, il ne doit pas être malfaisant envers ses cocréanciers, qui, sans la remise entière, auraient eu action contre ce débiteur. Une volonté n'est généreuse que quand elle n'est pas nuisible, et lorsqu'elle a ce dernier caractère, l'équité la repousse : elle en conçoit des soupçons de fraude.

Si le cocréancier donne une quittance, le contrat lui a donné le droit de recevoir, et conséquemment celui de donner quittance. C'est l'exécution directe et naturelle du contrat, et c'est à cet égard seulement que ses cocréanciers ont suivi sa foi. Ce serait à eux à prouver que la quittance n'est qu'un acte simulé, et que le cocréancier a fait, contre son droit, la remise de la dette.

Art. 1199. — Quant à tous les actes conservatoires, celui qui peut recevoir le paiement entier de la dette peut, par la même raison, faire les actes propres à la conserver. Ainsi, tout acte qui interrompt la prescription à l'égard de l'un des cocréanciers, profite aux autres.

De la solidarité de la part des débiteurs.

Art. 1200. — L'espèce de solidarité la plus ordinaire, est celle de plusieurs codébiteurs envers leur créancier commun. Il y a solidarité de la part des codébiteurs, lorsqu'ils sont obligés à une même chose, de manière que chacun puisse être contraint pour la totalité, comme s'il était seul débiteur, et que le paiement fait par un seul, libère les autres envers le créancier. Ces codébiteurs sont appelés en droit *correi debendi*.

Il ne suffit pas que l'obligation soit contractée envers le même créancier, il faut qu'elle ait pour objet une même chose : si plusieurs étaient obligés à des choses différentes envers la même personne, chacun de ses débiteurs serait séparément tenu de la chose qui serait l'objet de son obligation; ils ne seraient pas codébiteurs.

Art. 1201. — Mais lorsque plusieurs débiteurs doivent une même chose, ils n'en sont pas moins codébiteurs, quoique l'obligation de chacun d'eux ait été contractée avec des modifications différentes; tel serait le cas où l'un d'eux ne serait obligé que conditionnellement ou à terme, tandis que l'engagement de l'autre serait pur et simple et sans terme. Il suffit que d'une ou d'autre manière le créancier ait le droit d'exiger d'un seul des débiteurs la totalité de la dette, pour qu'il y ait solidarité; mais il ne peut exiger que chaque codébiteur acquitte la dette autrement qu'elle n'a été convenue avec lui.

Art. 1208. — Les exceptions qui résultent de la nature même de l'obligation, sont communes à tous les codébiteurs; mais les exceptions personnelles à l'un d'eux ne peuvent être opposées par les autres. C'est encore une des conséquences de ce que chacun d'eux est tenu de la manière dont il s'est obligé.

Art. 1202. — L'obligation solidaire ne doit pas se présumer : lorsque plusieurs débiteurs s'obligent à une même chose envers la même personne, sans exprimer la solidarité, l'obligation se trouve remplie par le paiement que chacun fait de sa portion : exiger d'un seul la totalité, c'est supposer une obligation de plus : et lors même qu'à cet égard il y aurait du doute, on a vu que l'interprétation doit être en faveur du débiteur.

Il en serait autrement, s'il s'agissait d'obligations pour lesquelles la solidarité serait prononcée par la loi. C'est ainsi qu'elle a été prononcée par l'ordonnance de 1673 (titre VI, art. VII) entre associés en fait de commerce, et, par les lois criminelles, contre ceux qui sont condamnés pour le même délit, etc.

Art. 1203. — Chacun des codébiteurs étant tenu de la totalité de la dette comme s'il se fût obligé seul, il en résulte que le créancier peut s'adresser à celui des débiteurs qu'il veut choisir, sans que celui-ci puisse, en offrant sa part, demander que le créancier soit tenu d'exercer son action contre les autres, chacun pour leur part. La clause de renonciation au bénéfice de division, qui est de style dans les actes des notaires, suppose un droit qui n'existe pas.

Art. 1204. — Non-seulement le créancier n'est point tenu d'accéder à la demande de division; mais encore, dans le cas même où il aurait fait des poursuites contre un ou plusieurs des codébiteurs, il n'est point présumé avoir renoncé à son droit d'en exercer de pareilles, et pour la totalité, contre les autres, jusqu'à ce qu'il soit entièrement payé.

Art. 1206. — Le créancier qui interrompt la prescription à l'égard de l'un des codébiteurs, conserve son droit non-seulement à la totalité de la dette, mais encore à la solidarité. Il n'a point alors d'acte conservatoire à faire contre les autres débiteurs. En agissant contre un d'eux, il a usé de son droit contre tous : aucun ne peut plus se prévaloir de la prescription.

Art. 1207. — C'est par le même motif que, quand le créancier forme une demande d'intérêts contre l'un des débiteurs solidaires, ces intérêts lui sont adjugés pour la totalité de la dette, et dès-lors, c'est comme si la demande avait été formée contre tous.

Art. 1205. — Le créancier ayant le droit d'exiger la totalité de chaque codébiteur, comme si celui-ci était seul obligé, on doit encore en conclure que si la chose due a péri par la faute ou pendant la demeure de l'un des débiteurs solidaires, les codébiteurs ne sont point déchargés de l'obligation de payer le prix de la chose. La faute du codébiteur ne peut être, pour les autres, un moyen de libération.

Mais aussi, de ce que chacun d'eux est tenu comme s'il se fût seul obligé pour le tout, on ne peut pas en induire qu'il se soit engagé à répondre des dommages et intérêts auxquels donnerait lieu la faute ou la demeure de l'un des codébiteurs. Ces dommages et intérêts sont la peine d'une faute qui est personnelle. Si la faute de l'un des débiteurs ne peut pas libérer les autres, il ne peut pas, par la même raison d'équité, aggraver leur sort.

Art. 1209. — Des difficultés assez fréquentes se sont jusqu'ici élevées sur les différents cas où le créancier doit être présumé avoir renoncé à son droit de solidarité.

On doit admettre comme regle générale, que cette renonciation doit être prouvée, ou littéralement, ou au moins par un fait assez positif, pour qu'on ne puisse pas élever un doute raisonnable sur l'intention du créancier.

L'un des débiteurs devient-il l'héritier unique du créancier, ou le créancier devient-il l'unique héritier de l'un des débiteurs? la confusion des droits qui s'opère par leur réunion sur la même tête, ne doit s'appliquer, dans ces deux cas, qu'à la part du débiteur. On doit dire de cette confusion, avec la loi romaine : *Magis personam debitoris eximit ab obligatione, quàm extinguit obligationem.*

Art. 1210. — Si le créancier consent à la division de la dette à l'égard de l'un des débiteurs, doit-on présumer qu'il ait renoncé à la solidarité à l'égard des autres?

Il ne peut pas y avoir de doute, si, dans la quittance, le créancier a fait la réserve de la solidarité, ou si même il y a réservé ses droits en général, puisque, dans ce dernier cas, le droit de solidarité s'y trouve compris.

Mais s'il n'y a pas de réserve, la question peut se présenter sous deux rapports, dont l'un est entre le créancier et le codébiteur, et l'autre entre le créancier et les autres codébiteurs.

Art. 1211-1215.—Le créancier est-il présumé avoir renoncé à son action solidaire à l'égard du codébiteur, dont il a reçu une somme égale à la portion dont il était tenu, lorsque la quittance ne porte point que c'est *pour la part* de ce codébiteur? Il y avait à cet égard diversité d'opinions : on a préféré celle qui maintient la solidarité. Le créancier avait droit au paiement entier. Il résulte sans doute une présomption contre lui de ce que la part reçue est égale à celle du codébiteur; mais une autre présomption résulte aussi en sa faveur de ce qu'aucune expression du créancier ne porte son intention de déroger à son droit, et alors la règle que personne n'est facilement présumé renoncer à son droit, doit l'emporter.

Mais de ces expressions, *pour sa part*, employées dans la quittance, on avait conclu avec raison dans la loi romaine, que le codébiteur avait été reconnu comme étant débiteur d'une part, et dès-lors comme n'étant plus débiteur solidaire.

On a vu dans une quittance ainsi motivée une nouvelle convention que rend parfaite le concours du créancier qui donne la quittance, et du débiteur qui la reçoit.

C'est par cette dernière considération que l'on ne regarde point le créancier comme étant lié par la demande qu'il aurait formée contre l'un des codébiteurs pour sa part, si celui-ci n'a pas acquiescé à la demande, ou s'il n'est pas intervenu un jugement de condamnation.

Lorsqu'il y a plus de deux codébiteurs solidaires, le créancier qui, à l'égard de l'un d'eux, a consenti à la division de la dette, soit en recevant avec la déclaration *pour sa part*, soit autrement, est-il présumé avoir renoncé à la solidarité contre les autres? Il y avait aussi sur ce point partage d'opinions.

On dit pour les codébiteurs, que la division de la dette sans réserve est un fait positif, et que la renonciation à la solidarité se trouve prouvée tant par ce fait en lui-même, que par ses conséquences :

Par le fait, puisqu'il est directement contraire à l'exercice du droit de solidarité. Si quand on agit contre un des codébiteurs, leur sort est commun, l'équité ne demande-t-elle pas que réciproquement ils profitent de la décharge donnée à l'un d'eux?

Par les conséquences de ce fait, qui seraient de changer le contrat; ce qui n'est pas permis au créancier.

En effet, si parmi les codébiteurs il y en a d'insolvables, les autres paient par contribution entre eux la part des insolvables. Si nonobstant la division de la dette à l'égard de l'un d'eux, on voulait encore faire peser sur les autres la solidarité, au moins ce recours respectif devrait-il leur être conservé.

Il faut donc, ou que le créancier lui-même reste responsable des insolvabilités à raison de la part du débiteur acquitté; mais on ne peut pas présumer qu'il ait entendu, en divisant sa dette, s'exposer à ces risques :

Ou que la contribution aux parts des insolvables continue à peser sur le codébiteur à l'égard duquel la dette a été divisée : cependant ce codébiteur a une décharge pure et simple. Comment ne pas admettre l'exception qu'il fondrait sur ce qu'il n'y a contre lui aucune réserve.

Les auteurs qui soutiennent l'opinion favorable au créancier, partent de deux principes qui sont justes :

Le premier est que la renonciation à un droit, ne peut s'établir par présomption.

Ils soutiennent que du fait de la division de la dette, il ne résulte point de renonciation expresse; que ce n'est point un acte qui détruise le droit de solidarité, puisque le créancier, qui pouvait exiger du débiteur la totalité, pouvait à plus forte raison n'exiger que la part du codébiteur; que les conventions ne peuvent faire acquérir de droit qu'aux parties entre lesquelles ces conventions interviennent; que la bonté d'un créancier pour l'un de ses codébiteurs ne doit pas lui préjudicier à l'égard des autres, et que s'il n'en était pas ainsi, aucun créancier ne voudrait être victime de sa complaisance; que l'on ne verrait plus d'exemples de codébiteurs déchargés de la solidarité.

Le second principe dont on part en faveur du créancier, est que l'obligation contractée solidairement envers lui se divise de plein droit entre les débiteurs, qui ne sont tenus entre eux que chacun pour sa part et portion.

Soit que les codébiteurs aient contracté l'obligation solidaire par le même contrat, ou que ce soit par des actes différents, l'équité veut que le codébiteur qui paie la part entière ait son recours contre ses codébiteurs. Chacun s'est obligé à payer la totalité au créancier; aucun ne s'est obligé à payer pour les autres. C'est entre tous les codébiteurs un lien de droit que le créancier n'est pas le maître de rompre, et s'il divise la dette à l'égard des codébiteurs, on ne doit pas en conclure qu'il ait interverti les recours respectifs des codébiteurs entre eux. La division de la dette n'a pu être consentie ni acceptée que sauf le droit d'autrui; ainsi, le codébiteur déchargé de la solidarité envers le créancier, a dû compter qu'il lui restait encore une obligation à remplir à l'égard de ses codébiteurs, en cas d'insolvabilité de quelques-uns d'entre eux.

Les codébiteurs contre lesquels le créancier veut, après cette division de la dette, exercer la solidarité, n'ont point à se plaindre, puisque ce droit, au lieu d'être exercé pour la totalité comme il l'aurait été s'il n'y avait pas un codébiteur déchargé, ne pourrait plus l'être que déduction faite de la portion de ce codébiteur, dont ils n'ont plus d'ailleurs à craindre d'insolvabilité.

Ces considérations en faveur du créancier ont prévalu et par leur justesse au fond, et parce que les créanciers se porteront plus facilement à diviser les obligations solidaires; ce qui peut avoir une heureure influence sur des établissements de tout genre auxquels la dette solidaire de celui qui voudrait les former, pourrait mettre obstacle.

Il est réglé que nonobstant la division de la dette faite sans réserve à l'égard de l'un des codébiteurs, le créancier conservera l'action solidaire contre les autres, et que dans le cas d'insolvabilité d'un ou plusieurs des codébiteurs non déchargés, la part des insolvables sera contributoirement répartie entre tous les débiteurs, même entre ceux précédemment déchargés de la solidarité.

Art. 1213. — Le recours des codébiteurs entre eux, soit lorsque l'un d'eux a payé la totalité, soit lorsqu'il y en a d'insolvables, ne peut être par action solidaire. La solidarité ne doit pas s'étendre au-delà de ce qui est exprimé par la convention; et lors même que le débiteur qui a payé la totalité est subrogé dans tous les droits du créancier, il ne doit pas être admis à exercer celui de la solidarité, parce qu'alors il y aurait un circuit d'actions réciproques dont le résultat serait que chacun ne paierait qu'à raison de ce qu'il aurait participé à la cause de la dette.

Art. 1212. — Lorsque le créancier a reçu divisément et sans réserve la portion de l'un des codébiteurs dans les arrérages ou intérêts de la dette, la solidarité n'est éteinte à l'égard de ce débiteur que pour les arrérages ou intérêts échus, et non pour ceux à échoir, ni pour le capital. Une convention ne doit pas être étendue au-delà de son objet.

Si néanmoins le paiement divisé des arrérages et intérêts avait été continué pendant dix ans consécutifs, cette dérogation à l'exercice de cette partie du droit de solidarité doit faire présumer que le créancier y a renoncé pour l'avenir; et on en doit aussi conclure que la dette est divisée même pour le capital :

en effet les intérêts sont représentatifs du capital dû. Il ne serait pas conséquent de supposer que le créancier eût renoncé à n'exiger que les intérêts représentatifs d'une partie du capital, et qu'il eût entendu conserver contre ce débiteur, son action pour le capital entier.

Des obligations divisibles et indivisibles.

Art. 1217. — On donne à une obligation le nom de *divisible*, lorsqu'elle a pour objet une chose qui dans sa livraison, ou un fait qui dans l'exécution est susceptible de division. L'obligation est appelée *indivisible*, si son objet ne peut se diviser.

La division dont une chose est susceptible, est réelle ou intellectuelle.

Elle est réelle, s'il s'agit d'une chose qui, comme un arpent de terre, peut se diviser réellement en plusieurs parties.

Elle est intellectuelle, s'il s'agit d'un simple droit; tel serait le droit indivis qu'aurait un cohéritier dans un effet quelconque d'une succession : un pareil droit est mis au nombre des choses divisibles, parce qu'il consiste dans une quotité susceptible de subdivision. Il faut même observer qu'un droit indivis peut également se subdiviser, soit qu'il s'applique à une chose divisible réellement, soit même qu'il s'applique à une chose qui en soi est indivisible.

Il y a des droits qui ne sont même pas susceptibles de division intellectuelle; telles sont plusieurs espèces de servitudes.

Art. 1218. — Mais lors même qu'une chose ou un fait serait susceptible de division, si dans l'intention des parties son exécution ne doit pas être partielle, l'obligation doit être regardée comme indivisible : telle serait l'obligation de construire une maison; telle serait l'obligation de donner une chose qui, divisée, ne serait plus propre à sa destination.

Des effets de l'obligation divisible.

Art. 1220. — Les questions qui peuvent naître de ce qu'une obligation est divisible ou indivisible, ne peuvent s'élever entre les personnes même qui ont contracté. Toute obligation, celle même qui serait susceptible de division, doit s'exécuter entre le créancier et le débiteur, comme si elle était indivisible.

Les effets de la divisibilité ou de l'indivisibilité, qui exigent des règles spéciales, ne concernent que les héritiers du débiteur, ou ceux du créancier.

Si l'obligation est divisible, les héritiers du créancier ne peuvent demander la dette que pour les parts et portions dont ils sont saisis comme représentant le créancier; et réciproquement, les héritiers du débiteur ne sont tenus de la payer qu'à raison de leurs parts ou portions comme représentant le débiteur.

Art. 1221. — Mais il peut y avoir d'ailleurs des causes particulières qui empêchent que les héritiers du débiteur ne puissent opposer au créancier la règle générale de la division de la dette entre eux, quoique l'obligation soit divisible.

Ainsi, lorsque la dette est hypothécaire, il résulte de cette obligation une double action : l'action personnelle, qui se divise entre les héritiers; et l'action fondée sur l'hypothèque, par laquelle l'immeuble est devenu le gage indivisible dans quelque main qu'il se trouve.

Si la dette est d'un corps certain qui ait été compris dans le lot de l'un des héritiers, le créancier a le droit de l'exiger de lui en entier; s'il s'adressait aux autres héritiers, il faudrait que ceux-ci revinssent vers le cohéritier qui en serait possesseur. Ce serait un circuit vicieux d'actions.

S'il s'agit de la dette alternative de choses au choix du créancier et dont l'une soit indivisible, les héritiers ne sauraient réclamer une division qui serait contraire au droit que le créancier a de choisir, ou au choix qu'il aurait fait.

Si l'un des héritiers est chargé seul de l'exécution par le titre de l'obligation ou par un titre postérieur, la volonté qu'a eue le débiteur de dispenser son créancier d'une division incommode doit être remplie.

Enfin, s'il résulte, soit de la nature de l'engagement, soit de la chose qui en fait l'objet, soit de la fin qu'on s'est proposée dans le contrat, que l'intention des parties ait été que la dette ne pût s'acquitter partiellement, les héritiers du débiteur ne peuvent se soustraire à cette obligation en demandant la division.

Celui des héritiers qui dans ces divers cas, a payé plus qu'il n'eût dû en cette qualité, a son recours, ainsi que de droit, vers ses cohéritiers, parce que ce n'est pas l'obligation, mais seulement le paiement qui a été à sa charge.

Lorsque la chose divisible périt par la faute

de l'un des héritiers, il est tenu de l'entière indemnité envers le créancier, sans recours contre ses cohéritiers. Ceux-ci sont libérés, comme l'eût été le défunt *lui-même*, par la perte de la chose, arrivée *sans* sa faute. Chaque héritier est tenu des *faits* du défunt; il ne l'est point des faits de cohéritiers.

Les effets de la division de la dette entre les cohéritiers deviendront de plus en plus *sensibles*, en observant que la réunion des portions, soit des héritiers du créancier, soit des héritiers du débiteur en une seule personne, fait cesser la faculté de payer la dette par partie. Le motif est que, nonobstant la division entre les héritiers, il n'y a cependant qu'une obligation; conséquemment si avant le paiement il ne se trouve plus qu'un seul débiteur ou un seul créancier de la dette, la cause de la division n'existe plus.

Des effets de l'obligation indivisible.

ART. 1222. — Une obligation indivisible étant celle d'une chose ou d'un fait qui n'est susceptible de division ni réelle, ni intellectuelle, une pareille obligation ne peut être remplie partiellement; ainsi quiconque en est tenu l'est pour la totalité. Lorsqu'elle a été contractée par plusieurs, aucun ne peut opposer qu'il n'y a point eu de solidarité stipulée; (Art. 1223.) les héritiers du débiteur ne peuvent se prévaloir de ce qu'ils ne lui succèdent que pour une portion; les héritiers de chaque héritier ne pourraient même point, dans ce cas, opposer cette qualité comme ils pourraient le faire, si l'obligation était solidaire sans être indivisible.

ART. 1224. — Par la même raison que quiconque est tenu de l'obligation indivisible doit la remplir entièrement, quiconque aussi a droit à une chose indivisible peut l'exiger en totalité. Ainsi, chacun des héritiers du créancier a ce droit contre le débiteur.

Mais il faut observer que si, par la nature de l'objet indivisible, l'un des héritiers du créancier peut l'exiger en entier, il n'a pas seul droit à la propriété. Ainsi, en cas d'inexécution, les dommages et intérêts qui sont indivisibles ne lui seraient pas dus en entier.

Il résulte encore de ce que le cohéritier n'a pas seul droit à la propriété, qu'il ne peut seul ni faire remise de la dette ni recevoir le prix au lieu de la chose, et que, dans ces deux cas, l'autre cohéritier qui n'a pu être dépouillé de son droit peut l'exercer en demandant la chose entière au débiteur, pourvu qu'il tienne compte à ce débiteur de la valeur ou du prix de la chose jusqu'à concurrence de la portion du cohéritier qui en a fait la remise ou qui en a reçu le prix. C'est ainsi que tous les droits, tant ceux des cohéritiers du créancier que ceux du débiteur, peuvent se concilier avec équité.

ART. 1225. — De même que chaque cohéritier du créancier n'est pas propriétaire de la totalité, de même aussi chaque cohéritier ne doit pas la totalité, quoiqu'il ne puisse point payer partiellement. Les droits du créancier et ceux du cohéritier assigné seront encore conciliés en accordant à celui-ci, lorsqu'il le demandera, un délai pour mettre en cause ses cohéritiers. Si la dette est de nature à ne pouvoir être acquittée que par l'héritier assigné, la condamnation contre lui seul ne sera point ainsi différée. Il aura seulement son recours en indemnité contre ses cohéritiers.

Si l'obligation était de nature à ne pouvoir être acquittée que par tous conjointement, il est hors de doute que l'action ne pourrait être dirigée contre un seul.

Des obligations avec clause pénale.

ART. 1226. — Il nous reste à considérer dans les obligations une dernière espèce de modification, qui est la clause pénale.

On nomme ainsi la clause par laquelle une personne, pour assurer que son obligation sera exécutée, s'engage à quelque chose en cas d'inexécution.

ART. 1227. — La clause pénale n'est donc qu'un accessoire de l'obligation principale.

Ainsi la nullité de l'obligation principale doit entraîner celle de la clause pénale, au lieu que la nullité de la clause pénale n'entraîne point celle de l'obligation principale.

ART. 1228. — La fin qu'on se propose par une clause pénale est d'assurer l'exécution de l'obligation principale. Le créancier doit donc avoir le droit ou de demander la peine stipulée contre le débiteur qui est en demeure, ou de poursuivre l'exécution de l'obligation principale.

ART. 1229. — La peine stipulée est la compensation des dommages et intérêts résultant de l'inexécution de l'obligation principale.

Ainsi, le créancier ne peut demander et l'exécution principale et la peine.

Si la peine n'avait été stipulée qu'à raison du retard, elle serait l'évaluation des dommages et intérêts résultant de ce retard; le créancier pourrait demander et le principal et la peine.

Art. 1230. — Suivant les lois romaines, la peine était toujours encourue par l'échéance du terme. Nos usages avaient modéré cette rigueur : ils ont été en partie maintenus. Ainsi, dans les obligations à terme comme dans celles qui sont sans terme, la peine n'est encourue que lorsque celui qui s'est obligé est en demeure. C'est alors seulement que la faute dont il doit subir la peine est constante. Mais il sera considéré comme étant en demeure par la seule échéance du terme, si telle est la stipulation.

Lorsque la clause pénale est ajoutée à l'obligation de ne pas faire une chose, la peine est due aussitôt que, contre la stipulation, le chose a été faite. La preuve de la faute est alors dans la chose même.

Art. 1231. — La peine stipulée par les contractants fait la loi entre eux. Le créancier ne doit pas être admis à dire que cette peine est insuffisante, ni le débiteur à prétendre quelle est excessive. Quel serait le juge qui, mieux que les parties, pourrait connaître les circonstances et les intérêts respectifs qui ont déterminé la fixation de la peine ? On doit appliquer ici les raisonnements faits sur la fixation d'une somme stipulée pour dommages et intérêts.

L'intervention des juges est nécessaire lorsque l'obligation principale a été exécutée en partie : c'est alors un cas différent de celui qu'elles ont prévu, et auquel la peine a été attachée. Le créancier ne peut pas avoir une partie de la chose, et exiger la peine entière. C'est une évaluation nouvelle pour laquelle le défaut de convention rend indispensable d'avoir recours aux tribunaux.

Les règles établies pour les effets d'une obligation divisible ou indivisible reçoivent leur application à la clause pénale.

Art. 1232. — Si l'obligation est d'une chose indivisible, la peine entière est encourue par la contravention d'un seul des héritiers du débiteur, puisque seul il empêche l'exécution entière; mais la peine n'étant pas indivisible, c'est seulement à raison de la faute que ce cohéritier peut être poursuivi pour la totalité. A l'égard des cohéritiers qui ne sont point en faute, ils ne peuvent être inquiétés que pour leur portion ou hypothécairement pour le tout, et ils ont leurs recours contre celui qui a fait encourir la peine.

Art. 1233. — Si l'obligation principale est divisible, chacun des héritiers, celui même qui contreviendrait à l'obligation n'est tenu de la peine que jusqu'à concurrence de sa part dans l'obligation; et conséquemment il ne doit y avoir aucune action contre les héritiers qui l'ont exécutée en ce qui les concerne.

Il en serait autrement, si la clause pénale ayant été ajoutée dans l'intention que le paiement ne puisse se faire partiellement, un cohéritier a empêché l'exécution de l'obligation pour la totalité. En ce cas, l'obligation est considérée comme indivisible, et conséquemment la peine entière peut être exigée de lui; elle ne peut l'être des autres cohéritiers que pour leur portion seulement et sauf leur recours.

De l'extinction des obligations.

Art. 1234. — Après avoir établi quelles sont les conditions essentielles des obligations, quelles sont leurs diverses espèces, et quels liens se forment, soit entre les contractants ou leurs héritiers, soit vis-à-vis des tiers, on a posé les principes sur les diverses manières dont s'éteignent les obligations.

Elles s'éteignent par le paiement, par la novation, par la remise volontaire, par la compensation, par la confusion, par la perte de la chose, par la nullité ou la rescision, par l'effet de la condition résolutoire, qui a déjà été expliquée, et par la prescription, qui fera l'objet d'un titre particulier.

Du paiement en général.

Art. 1235. — Le paiement est réel lorsque le débiteur accomplit réellement ce qu'il s'est obligé de donner ou de faire.

Tout paiement suppose une dette, et conséquemment ce qui aurait été payé pour une dette qui n'existerait pas pourrait être répété.

Mais cette répétition doit-elle avoir lieu lorsqu'une obligation naturelle a été volontairement acquittée? La loi qui n'eût point admis l'action contre le débiteur, doit-elle le regarder comme étant lié civilement lorsqu'il a payé?

Il ne s'agit point ici de ces obligations qui, dans la législation romaine, avaient été mises au nombre des obligations naturelles, parce que n'ayant ni la qualité du contrat, ni la forme des stipulations, elles étaient regardées comme de simples conventions dont une action civile ne pouvait naître. Ces conventions sont, dans notre législation, au rang des obligations civiles; et on ne regarde comme obligations purement naturelles que celles qui, par des motifs particuliers, sont considérées comme nulles par la loi civile.

Telles sont les obligations dont la cause est trop défavorable pour que l'action soit admise, et les obligations qui ont été formées par des personnes auxquelles la loi ne permet pas de contracter. Telles sont même les obligations civiles, lorsque l'autorité de la chose jugée, le serment décisoire, la prescription ou toute autre exception péremptoire rendraient sans effet l'action du créancier.

Le débiteur qui a la capacité requise pour faire un paiement valable, et qui, au lieu d'opposer ces divers moyens, se porte de lui-même et sans surprise à remplir son engagement, ne peut pas ensuite dire qu'il ait fait un paiement sans cause. Ce paiement est une renonciation de fait aux exceptions sans lesquelles l'action eût été admise; renonciation que la bonne foi seule et le cri de la conscience sont présumés avoir provoquée; renonciation qui forme un lien civil que le débiteur ne doit plus être le maître de rompre.

L'obligation naturelle ne devenant un lien civil que par induction tirée du paiement, cette obligation ne peut avoir d'autre effet que celui d'empêcher la répétition de ce qui a été payé. Mais elle ne peut faire la matière d'une compensation, ni avoir les autres effets que leur donnait la loi romaine, par suite de cette distinction que nous n'avons point admise entre les pactes et les contrats.

Art. 1236. — Il n'est pas nécessaire pour qu'un paiement soit valable, qu'il soit fait par ceux qui y sont intéressés. L'obligation peut être acquittée par un tiers qui n'y a aucun intérêt, lorsqu'il agit au nom et en l'acquit du débiteur. Si, agissant en son nom propre, il se fait subroger aux droits du créancier, ce n'est plus un paiement, c'est un transport de l'obligation.

Le créancier ne pourrait se refuser à recevoir le paiement de ce tiers, à moins qu'il n'eût un intérêt à ce que l'obligation fût acquittée par le débiteur lui-même. C'est ainsi que l'obligation contractée pour un ouvrage d'art est déterminée par le talent personnel de l'artiste, un tiers ne doit pas être admis à le suppléer.

Art. 1238. — Le paiement est un transport de propriété : pour payer valablement, il faut donc être à-la-fois propriétaire et capable d'aliéner.

Cette règle souffre une exception dans le cas où, soit une somme d'argent, soit une autre chose qui se consomme par l'usage, aurait été donnée en paiement par celui qui n'en était pas propriétaire, ou qui n'était pas capable de l'aliéner. L'équité ne permet pas que le créancier, qui de bonne foi l'a consommée, puisse être inquiété. Ce serait une revendication, et il ne peut y en avoir que contre le possesseur de mauvaise foi, ou contre celui qui, par fraude, a cessé de posséder.

Art. 1239. — Un paiement ne serait pas valable, s'il n'était pas fait, soit au créancier, soit à quelqu'un ayant pouvoir de lui, ou autorisé par justice ou par la loi à recevoir pour lui.

La ratification du paiement donnée par le créancier, équivaut à un pouvoir, et il serait injuste qu'il pût contester le paiement lorsqu'il a tourné à son profit.

Art. 1240. — L'équité veut encore que le paiement soit valable, lorsqu'ayant été fait de bonne foi par le débiteur à celui qui était en possession de la créance, ce débiteur avait un juste sujet de le regarder comme le véritable créancier; tel serait un héritier qui, d'abord possesseur légitime de la succession, recevrait le paiement des sommes dues, et serait ensuite évincé par un héritier plus proche.

Art. 1241. — Le débiteur serait en faute s'il faisait un paiement à celui qui, par son âge ou par un autre motif, n'aurait pas la capacité de recevoir. La seule ressource de ce débiteur serait de prouver que la chose payée a tourné au profit du créancier. La protection que la loi accorde à ce créancier, ne saurait être pour lui un moyen de s'enrichir aux dépends d'autrui.

Art. 1242. — Si des tierces personnes, envers lesquelles le créancier est lui-même obligé, ont formé entre les mains des débiteurs une saisie ou une opposition, le débiteur n'est plus, à l'égard des créanciers saisissants, ou opposants, libre de payer. Si dans ce cas il paie à son créancier, le paiement est valable à l'égard de ce créancier : il est nul à l'égard des saisissants ou opposants qui peuvent exiger de ce débiteur un second paiement, sauf son recours contre le créancier.

Art. 1243. — Un créancier ne peut être contraint de recevoir en paiement une autre chose que celle qui lui est due; et, s'il l'avait reçue par erreur, il pourrait, en offrant de la rendre, exiger celle qui a été stipulée.

On n'avait admis que dans une très-petite partie de la France, la Nov, 4, chapitre III, qui permet au débiteur n'ayant pas d'argent ou de mobilier, de donner en paiement son héritage sur le pied de l'estimation, à moins que le créancier n'aimât mieux lui trouver un acheteur. C'est soumettre celui-ci à des charges qui ne sont point dans son contrat; et cette mesure n'est ni nécessaire, ni juste dans un pays où, par la publicité des ventes d'héritage, on se procure facilement des acheteurs. Il ne peut y avoir aucune bonne raison pour contraindre le créancier de recevoir autre chose que celle due; et lorsqu'on lui en affrirait une autre d'une valeur égale ou plus grande, il doit même en ce cas, puisque ce n'est plus l'exécution de son contrat, rester le maître de refuser.

Art. 1244. — Par les mêmes motifs, il ne peut être forcé à recevoir partiellement le paiement d'une dette, lors même qu'elle est susceptible de division. Ainsi on ne pourrait pas lui offrir le capital entier, sans payer en même temps les intérêts.

Si néanmoins le débiteur se trouvait dans des circonstances telles que, par des motifs d'humanité, ou peut-être pour l'intérêt même du créancier, les juges fussent convaincus que, sans porter préjudice à ce créancier, ils feraient un acte d'humanité en accordant des délais modérés pour le paiement, la loi les y autorise, mais en leur rappelant le respect qu'ils doivent aux contrats, et en les avertissant de n'user de ce pouvoir qu'avec la plus grande réserve. Lorsqu'ils prennent sur eux de surseoir ainsi l'exécution des poursuites, ils doivent toujours conserver et les droits et l'effet des procédures du créancier, en ordonnant que toutes choses demeureront en état.

Art. 1245. — Le débiteur d'un corps certain et déterminé, est libéré en livrant la chose au terme convenu, dans l'état où elle se trouve. Il ne répondrait pas de la perte même de la chose, à moins que cette perte ne fût survenue par sa faute ou par la faute de ceux dont il répond, ou à moins qu'il ne fût en demeure. Ainsi, hors ces cas et par les mêmes motifs, il n'est pas responsable des détériorations.

Art. 1246. — Si la dette est d'une chose qui ne soit déterminée que par son espèce, l'équité n'autorise point le créancier à l'exiger de la meilleure qualité, mais aussi elle ne permet pas au débiteur de l'offrir de la plus mauvaise.

Art. 1247. — Le contrat fait la loi pour le lieu du paiement comme sur le reste : lorsque le lieu n'a pas été désigné, le créancier est présumé avoir voulu, s'il s'agit d'un corps certain et déterminé, qu'il lui fût livré dans le lieu où il était lors de l'obligation; ou si l'objet de la dette est indéterminé, le débiteur peut invoquer la règle suivant laquelle, dans le silence du contrat ou dans le doute qu'il fait naître, il doit être interprété de la manière la moins onéreuse pour lui. Le paiement doit donc alors être fait à son domicile.

On n'a point admis l'exception du cas où la demeure du débiteur et celle du créancier sont peu éloignées, et où le transport de la chose à livrer est facile : ce serait une source de procès, et l'hypothèse même dans laquelle on place les contractants, prouve que le créancier n'aurait pas un intérêt réel à ce que cette distinction fût faite.

Art. 1248. — C'est le débiteur qui doit remplir son obligation, et qui a besoin d'avoir la preuve qu'il s'est libéré : les frais du paiement doivent donc être à sa charge.

Du paiement avec subrogation.

Art. 1249, 1250. — L'obligation est éteinte à l'égard du créancier, par le paiement que lui fait une tierce personne subrogée dans ses droits, sans que cette obligation soit éteinte à l'égard du débiteur.

La subrogation est conventionnelle ou légale.

Elle peut s'opérer par convention, de deux manières.

D'abord, lorsque le créancier recevant son paiement d'une tierce personne, la subroge dans ses droits, actions, privilége ou hypothèque contre le débiteur.

Cette convention diffère du contrat de transport de la créance.

Le transport est une aliénation qui, de droit, emporte la garantie à laquelle le créancier reste obligé.

Par le paiement avec subrogation toute obligation est éteinte vis-à-vis du créancier, et conséquemment il n'en contracte aucune à l'égard du subrogé.

De ce que l'obligation s'éteint, à l'égard du créancier, par le paiement, on doit tirer les conséquences suivantes:

La première, que la subrogation doit être faite en même temps que le paiement; le créancier ne pourrait postérieurement exercer aucun droit résultant d'une obligation éteinte à son égard;

La seconde, que la personne qui a payé, ne peut se prévaloir du privilége ou de l'hypothèque dont il n'y aurait pas une réserve expresse à son profit; autrement le paiement fait au créancier aurait opéré l'extinction des droits qu'il avait, tant au fonds que pour sa sûreté.

Il peut encore y avoir subrogation par convention lorsque le débiteur emprunte une somme pour payer sa dette, et subroger le prêteur dans les droits du créancier.

Cette subrogation s'opère sans le concours de la volonté du créancier, qui, obtenant par ce moyen le paiement de la dette, n'a point d'intérêt à s'y opposer.

Mais si la subrogation dans les hypothèques ou priviléges du créancier est un moyen qu'on donne au débiteur pour trouver un créancier moins rigoureux, au moins faut-il, pour que des tiers, ayant des hypothèques ou des priviléges postérieurs, ne puissent se plaindre, qu'il soit certain que la somme a été empruntée pour le paiement, et qu'elle y a été employée. Ainsi, on exige que l'acte d'emprunt, et la quittance soient passés devant notaires, que dans l'acte d'emprunt il soit déclaré que la somme a été empruntée pour faire le paiement; ce qui suppose que l'emprunt précède le paiement de l'ancien créancier, ou au moins que cet emprunt est de même date, enfin, on exige que dans la quittance il soit déclaré que le paiement a été fait des deniers fournis à cet effet par le nouveau créancier. Ce mode de subrogation est celui qui avait été consacré par un arrêt de réglement du parlement de Paris, du 6 juillet 1690.

Art. 1251. — Quant à la subrogation de plein droit, elle a lieu dans tous les cas où un codébiteur, une caution, et en général tous ceux qui étaient tenus avec d'autres ou pour d'autres au paiement de la dette, avaient intérêt de l'acquitter. L'équité ne permettait pas de se prévaloir de ce qu'ils n'ont pas requis la subrogation, ils en avaient le droit; il ne peut être présumé ni que le créancier qui eût dû consentir à la subrogation s'il en eût été requis, ait eu l'intention de ne pas mettre celui qui paie en état d'exercer ses recours, ni que le débiteur ait renoncé à un droit aussi important. Cette interprétation doit donc avoir son effet à l'égard des tiers créanciers. Tel avait été le sentiment de Dumoulin; et, quoiqu'il fût difficile à concilier avec les textes des lois romaines, il a dû être préféré à l'opinion suivant laquelle la subrogation ne devait être accordée par la loi que dans le cas de refus du créancier, sur la réquisition qui lui en aurait été faite.

Les mêmes motifs ont déterminé à regarder également comme subrogé de droit celui qui, étant lui-même créancier, paie un autre créancier qui lui est préférable à raison de ses priviléges ou hypothèques. Il n'y avait pas de doute à cet égard; la loi romaine était expresse (Leg. IV, Cod. *De his qui in prior. cred.*) Le créancier qui a ainsi payé n'a pu avoir d'autre intérêt ni d'autre objet que celui de jouir des avantages de la subrogation.

L'acquéreur d'un immeuble qui emploie le prix de son acquisition au paiement des créanciers auxquels cet héritage était hypothéqué, n'était point subrogé par les lois romaines, ou du moins elles offraient encore à cet égard de l'obscurité. Cependant l'acquéreur ne peut avoir d'autre but lorsqu'il paie des créanciers ayant hypothèque sur l'héritage acquis, que celui d'éviter les poursuites en délaissement; et sur ce point la justice est si évidente, que nonobstant le défaut de loi expresse, la jurisprudence accordait dans ce cas à l'acquéreur les droits de la subrogation, sinon sur tous les biens du vendeur, du moins sur l'héritage vendu que l'acquéreur avait eu intérêt de libérer de l'hypothèque. On avait reconnu que les créanciers postérieurs ne pourraient, sans se rendre coupables de mauvaise foi, prétendre que ce paiement tournât à leur profit.

Enfin, la subrogation s'opère de droit, au profit de l'héritier bénéficiaire qui a payé de ses deniers les dettes de la succession. Il n'est jamais présumé avoir voulu, en cette qualité, confondre ses droits personnels avec ceux de la succession.

Art. 1252. — Lorsqu'un créancier n'a été

payé qu'en partie, les personnes qui lui ont fait des paiements partiels, et qui ont été à cet égard subrogées, ne peuvent venir en concurrence avec ce créancier pour ce qui lui reste dû. La personne qui l'a payé ne doit être à son égard considérée que comme ayant voulu acquitter la dette, et non comme ayant entendu acquérir un droit contre lui, ou en concurrence avec lui.

De l'imputation des paiements.

Art. 1253. — Lorsqu'il se fait un paiement par un débiteur ayant plusieurs dettes; ou ce paiement est imputé sur l'une des dettes, soit par le débiteur, soit par le créancier; ou il n'y a point d'imputation.

Le débiteur a le droit de déclarer, lorsqu'il paie, quelle dette il entend acquitter.

Mais lorsque la loi romaine en donne ce motif: *possumus certam legem dicere ei quod solvimus.* (Leg. 1, ff. *de solut.*) L'expression *certam legem* explique que le débiteur ne doit pas, en usant de ce droit, causer un préjudice au créancier.

Art. 1254. — Si le débiteur d'une dette qui porte intérêts ou produit des arrérages pouvait, sans le consentement du créancier, imputer le paiement qu'il fait sur le capital par préférence aux arrérages ou intérêts, il nuirait au créancier, qui a dû compter que ces arrérages ou intérêts lui seraient payés avant qu'on pût lui rembourser le capital.

C'est par ce motif que, dans le cas même où le débiteur voudrait payer le capital entier, sans comprendre dans le paiement les intérêts ou arrérages dus, le créancier pourrait exiger que l'imputation se fît d'abord sur ces intérêts ou arrérages.

Art. 1255. — Lorsque dans la quittance acceptée par le débiteur, l'imputation a été faite sur l'une des dettes spécialement, il ne doit plus être admis à revenir contre son acquiescement, à moins qu'il y ait eu dol ou surprise de la part du créancier.

Art. 1256. — Lorsqu'aucune imputation n'a été faite, le débiteur peut invoquer la règle suivant laquelle on doit, dans le doute, prononcer ce qui lui est le plus favorable.

Ainsi le paiement doit être imputé sur la dette que le débiteur avait le plus intérêt d'acquitter. On exige néanmoins que les dettes entre lesquelles il faut choisir pour l'imputation, soient toutes échues. Celles non échues ne seraient point présumées avoir été l'objet du paiement, lors même qu'elles seraient plus onéreuses.

Si les dettes étaient d'égale nature, la présomption serait que le débiteur a voulu acquitter la plus ancienne.

Si toutes choses étaient égales, l'imputation se ferait sur chacune d'elles proportionnellement au paiement : ni le créancier, ni le débiteur n'auraient intérêt qu'elle se fît autrement.

Des offres de paiement et de la consignation.

Art. 1257. — Le débiteur qui veut s'acquitter, doit d'abord offrir le paiement; il ne serait pas juste que, par le refus de recevoir, le créancier pût priver le débiteur de l'avantage de se libérer. En ce cas, la loi l'autorise à consigner la somme ou la chose offerte, c'est-à-dire, à la remettre dans le dépôt qu'elle lui indique.

Cette consignation n'est pas un paiement proprement dit, en ce que le transport de propriété de la chose payée n'est pas acceptée par le créancier; mais elle équivaut au paiement; elle met la chose consignée aux risques du créancier, et elle éteint également la dette. Le consignataire est comme un mandataire que la loi donne au créancier, lorsqu'il a fait un refus abusif d'offres légitimes.

Mais elle n'intervient ainsi entre le créancier et le débiteur, qu'en prenant toutes les précautions pour qu'il soit certain que le créancier est en faute d'avoir refusé les offres réelles qui lui ont été faites.

Art. 1258. — Pour que ces offres soient valables, il faut qu'elles soient faites au créancier ayant la capacité de recevoir, ou à celui qui a pouvoir de recevoir pour lui; il faut qu'elles soient faites par une personne capable de payer; il faut que ce ne soient pas des offres partielles, et on les considère comme telles, si elles ne sont pas à-la-fois et de la totalité de la somme exigible, et des arrérages ou intérêts dus, et des frais liquidés, et d'une somme pour les frais non liquidés, sauf à la parfaire. Il faut que le terme soit échu, s'il a été stipulé en faveur du créancier, il faut que la condition sous laquelle la dette a été contractée, soit arrivée. Il faut que les offres soient faites au lieu dont on est convenu pour le paiement. Toutes ces règles sont celles précédemment établies pour les paiements ordinaires.

S'il n'y a pas de convention spéciale sur le lieu du paiement, le débiteur ayant à procéder contre le créancier, est tenu, suivant la règle *actor sequitur forum rei*, de faire les offres, soit à la personne, soit au domicile du créancier, soit au domicile élu pour l'exécution de la convention.

Il ne faut pas qu'il puisse y avoir sur le fait même des offres aucun doute, et en conséquence on exige qu'elles soient faites par un officier ministériel ayant caractère pour ces sortes d'actes.

Art. 1259. — Quant aux formes de la consignation, on les a bornées à celles qui suffisent pour que le créancier, même après son refus de recevoir les offres, soit encore mis à portée d'éviter une consignation, par laquelle la chose déposée est mise à ses risques.

Suivant un usage presque général, la consignation devait être autorisée par le juge: cette procédure n'a point été regardée comme nécessaire. Le débiteur ne doit pas souffrir des délais qu'elle entraînerait, et le créancier, averti par les offres réelles, et ensuite par une sommation qui lui indiquera le jour, l'heure et le lieu où la chose offerte sera déposée et mise à l'abri des surprises. Il peut prévenir la consignation en demandant la nullité des offres réelles. C'est alors seulement qu'un jugement est nécessaire pour autoriser la consignation, s'il est décidé que les offres sont valables.

Telles sont les formes qui précèdent la consignation. Celles qui doivent l'accompagner et la suivre sont, que le versement dans le dépôt indiqué par la loi soit effectif; qu'il y ait un procès-verbal dressé par l'officier ministériel, de la nature des espèces offertes, du refus qu'a fait le créancier de les recevoir, ou de sa non-comparution, et enfin qu'en cas de non-comparution de la part du créancier, le procès-verbal du dépôt lui ait été signifié avec sommation de le retirer.

C'est par cette longue suite de précautions que les droits du créancier sont garantis, sans qu'il puisse se plaindre si la loi ne permet pas qu'un refus arbitraire et injuste nuise au débiteur.

Art. 1261. — Quoiqu'après la consignation la chose déposée soit, quant aux risques, considérée comme la propriété du créancier; cependant il ne peut pas se plaindre, si, avant qu'il ait acquiescé à la consignation, le débiteur retire la chose déposée. Il doit avoir cette liberté même à l'égard des codébiteurs ou des cautions. Ils ne peuvent pas prétendre que la consignation ait plus de force à leur égard, qu'elle n'en a respectivement au créancier lui-même.

Art. 1262. — Il en est autrement si le débiteur a fait juger définitivement que ses offres et la consignation sont valables. Ce jugement équivaut à l'acceptation du créancier; la dette est entièrement éteinte : dès-lors le débiteur ne peut plus, même du consentement du créancier, retirer la consignation au préjudice de ses codébiteurs ou de ses cautions.

Art. 1263. — Il résulte même encore de cette extinction de la dette, que si, depuis le jugement définitif, le créancier a consenti que la chose consignée fût retirée, il perd les droits de privilége ou d'hypothèque qui étaient attachés au titre primitif de la dette. Il n'y a plus l'hypothèque que du jour où l'acte par lequel il a consenti que la consignation fût retirée, aura été revêtu des formes requises pour emporter hypothèque.

Art. 1264. — Si la chose due n'est pas une somme d'argent, et que ce soit un corps certain qui doit être livré au lieu où il se trouve, le débiteur qui a fait sommation de l'enlever, doit, dans le cas où elle ne serait pas enlevée, être autorisé par la justice à la mettre en dépôt dans quelqu'autre lieu.

De la cession de biens.

Art. 1265. — La cession de biens a été placée au nombre des divers modes de paiement.

C'est l'abandon qu'un débiteur fait de tous ses biens à ses créanciers, lorsqu'il se trouve hors d'état de payer ses dettes.

Art. 1267. — Si les créanciers acceptent volontairement cette cession, elle n'a d'autre effet que celui résultant des stipulations même du contrat passé entre eux et le débiteur.

Art. 1268. — Mais si les créanciers refusent la cession, la loi intervient : elle fait examiner si les malheurs du débiteur sont réels, si sa bonne foi est sans reproche; et lorsqu'il paraît que les créanciers n'ont aucun motif raisonnable pour refuser qu'on remette dans leur main le gage entier des créances, la loi regarde comme étant à-la-fois un acte d'humanité et d'utilité générale d'obliger ces créanciers à recevoir la cession, et de leur interdire les poursuites contre la personne du débiteur.

Art. 1269. — La cession ainsi autorisée par les juges n'est point un paiement réel; elle ne transporte point la propriété des biens aux créanciers; elle leur donne seulement le droit de les faire vendre à leur profit, et d'en percevoir les revenus jusqu'à la vente. (Art. 1270.) Elle ne libère le débiteur que jusqu'à concurrence de la valeur des biens abandonnés; et, s'ils sont insuffisants, il est obligé de faire un abandon semblable, et jusqu'à parfait paiement, des biens qui lui surviendraient ensuite.

De la novation.

Art. 1271. — La deuxième manière dont les obligations peuvent s'éteindre est la novation.

On donne le nom de novation à la substitution d'une nouvelle dette à l'ancienne : l'ancienne est éteinte au moyen de ce qu'il y en a une autre contractée à sa place.

Cette novation ou substitution d'une dette à l'autre, peut s'opérer de trois manières :

La première est lorsque le débiteur fait lui-même, avec son créancier, cette substitution d'une dette à l'autre. C'est ce qu'on appelait en droit simplement *novation*.

La deuxième manière est lorsqu'un débiteur est substitué à l'ancien, qui est déchargé par le créancier. Cette deuxième espèce de novation se nommait *ex-promission*.

Enfin, la troisième est lorsqu'un nouveau créancier est substitué à l'ancien, envers lequel le débiteur se trouve déchargé.

Art. 1273. — Toute novation étant un nouveau contrat substitué à l'ancien, il faut que la volonté de former ce contrat résulte clairement de l'acte. La renonciation aux droits que donnait la première obligation ne doit pas dépendre d'une présomption; et si on n'exige pas une déclaration en termes précis et formels, il faut au moins que l'intention ne puisse être révoquée en doute. Ainsi, lorsque la novation s'opère entre le créancier et le débiteur, il faut que l'acte présente des différences suffisantes pour caractériser cette intention.

Art. 1274. — Dans le cas où la novation se fait par la substitution d'un débiteur à l'autre, ce nouveau contrat peut se former sans le concours du premier débiteur : alors la novation n'est autre chose que l'acquittement de la première dette par la nouvelle que le tiers contracte; et ce tiers n'a point eu pour payer en acquit du débiteur, besoin de son intervention.

La délégation ne doit pas être confondue avec la simple novation.

Art. 1275. — La délégation se fait entre trois personnes au moins : l'ancien débiteur, qui donne à son créancier un autre débiteur en sa place : la personne déléguée, qui s'oblige envers le créancier à la place de l'ancien débiteur ou envers la personne indiquée par le créancier; et le créancier, qui accepte l'obligation de la personne déléguée ou indiquée.

Pour que la délégation opère une novation, il faut que le créancier, qui accepte la délégation de la personne déléguée ou indiquée, décharge le premier débiteur : autrement, son obligation ne serait point éteinte.

Art. 1276. — Mais lorsqu'une fois le créancier a consenti à cette décharge, il ne peut plus avoir de recours contre le débiteur, dont l'obligation est éteinte lors même que la personne déléguée deviendrait insolvable.

S'il avait mis dans l'acte de décharge une réserve en cas d'insolvabilité, ce serait une obligation que le premier débiteur serait tenu de remplir. Cette clause de réserve est considérée dans la loi romaine comme un mandat d'après lequel le créancier aurait, aux risques de son premier débiteur, pris un autre débiteur à sa place.

Le créancier pourrait aussi être admis à revenir contre la décharge donnée, si elle avait été surprise; et on le présumerait si la personne déléguée était déjà en faillite ouverte ou tombée en déconfiture au moment de la délégation. L'équité a dû faire consacrer cette opinion. La délégation est un contrat commutatif dans lequel le créancier qui doit recevoir un équivalent de la décharge qu'il consent au profit du premier débiteur, n'en recevrait cependant aucun, si le débiteur substitué était dès-lors notoirement insolvable.

Art. 1277. — La simple indication faite, ou par le débiteur d'une personne qui doit payer à sa place, ou par le créancier d'une personne qui doit recevoir pour lui, n'opère point de novation. Le créancier, le débiteur et l'obligation restent toujours les mêmes. L'indication est un simple mandat donné par le débiteur à la personne indiquée pour payer à sa place, ou par le créancier à la personne indiquée pour recevoir.

Art. 1278. — L'effet de la novation étant d'éteindre l'ancienne dette, cette extinction entraîne celle des hypothèques qui en étaient l'accessoire. Mais il a toujours été permis au créancier de transporter sur la seconde dette, et par l'acte même qui contient la novation, les hypothèques sous lesquelles la première avait été stipulée; la position des autres créanciers hypothécaires reste la même; ils n'ont pas de droit, parce qu'ils n'ont pas d'intérêt de s'y opposer. (Art. 1279.) Mais, pour que l'ancienne hypothèque soit ainsi transférée, il faut que le débiteur reste le même: on ne pourrait pas faire remonter l'hypothèque sur les biens d'un nouveau débiteur à une date antérieure à la novation, sans s'exposer à nuire aux autres créanciers de ce nouveau débiteur.

Art. 1280. — On ne peut aussi, dans l'acte de novation, transporter l'hypothèque sur les biens d'un tiers, lors même que ce tiers aurait été un des codébiteurs solidaires de la première dette.

Art. 1281. — Et en effet, c'est encore une des conséquences de l'extinction de la première dette par la novation, que si cette novation s'opère entre le créancier et l'un des débiteurs solidaires, les codébiteurs sont libérés; si elle s'opère à l'égard d'un débiteur qui ait donné des cautions, le cautionnement cesse avec l'obligation principale.

Si le créancier avait exigé que les codébiteurs ou les cautions accédassent au nouvel arrangement, cette condition devrait être remplie, sinon l'ancienne créance subsisterait.

De la remise de la dette.

Art. 1282. — Les obligations s'éteignent encore par la remise que le créancier fait de la dette.

Dans la législation romaine, la remise pouvait à l'égard des obligations civiles contractées par le seul consentement des parties, se faire par simple convention; mais, à l'égard des autres obligations civiles, il fallait remplir les formalités de l'*acceptation simple*, si l'obligation résultait d'une stipulation et celle de *l'acceptation aquilienne*, si elle résultait d'un contrat réel. Une simple convention n'eût pas éteint de plein droit ces obligations, et n'eût pu servir que d'exception, ou de fin de non-recevoir au débiteur.

Déjà on a vu que ces distinctions et ces subtilités n'ont point été admises en France: une simple convention entre le débiteur et le créancier suffit pour éteindre de plein droit une dette de quelque nature qu'elle soit.

Cette convention peut être expresse ou tacite.

Elle est tacite, si elle résulte de certains faits dont les uns suffisent pour la prouver, et les autres la font seulement présumer.

Ainsi, la remise volontaire du titre original sous signature privée, par le créancier au débiteur, fait preuve de la libération. Cette remise du titre équivaut à une quittance. Le créancier s'est lui-même mis hors d'état d'intenter aucune action.

Il faut que la remise ait été volontaire. Il est possible que le titre ait tombé dans les mains du débiteur à l'insu ou contre le gré du créancier, et qu'il y ait eu surprise ou abus de confiance.

La preuve de ces faits est admissible, lors même qu'il s'agit d'une somme de plus de cent cinquante francs. Ce n'est pas une obligation qu'on veuille établir, c'est l'allégation du fait d'une remise volontaire du titre, qui est contestée.

Cette preuve ne doit pas être à la charge du débiteur, parce que la remise du titre étant un moyen naturel et usité de se libérer, il faut, pour écarter ce moyen, prouver qu'il n'existe pas réellement, et que la remise n'est pas volontaire.

Art. 1283. — S'il s'agit d'une obligation passée devant notaires, la grosse du titre est, sous plusieurs rapports, considérée dans la main du créancier comme le titre original: cependant lors même qu'il serait certain que la grosse aurait été volontairement remise au débiteur, sa délibération n'en serait pas une conséquence nécessaire.

Le créancier a pu avoir plus de facilité à se dessaisir de la grosse et à la remettre au débiteur, en se reposant sur la minute existant sans quittance. Ainsi, quoique la grosse du titre ait été volontairement remise au débiteur, cette remise n'est considérée que comme une présomption, qui peut être écartée par une preuve contraire.

Art. 1285. — La remise ou décharge conventionnelle de la dette au profit de l'un des codébiteurs solidaires, libère tous les autres, à moins que le créancier n'ait expressément réservé ses droits contre ces derniers.

La remise d'une dette à un des débiteurs solidaires, ne doit pas être confondue avec la division de la dette que le créancier consentirait à l'égard de ce débiteur, ou avec le paiement qu'il en recevrait pour sa part.

Lorsque, comme dans ces deux derniers cas, il y a une division certaine de la dette, on a décidé que l'on ne devait pas en exclure l'extinction de la solidarité. Mais dans le cas de la remise, ou décharge de la dette au profit de l'un des débiteurs solidaires, la question est de savoir s'il y a division de la dette, et il ne s'agit pas seulement de l'extinction de la solidarité, mais de l'extinction de la dette même. Or, la loi décide que la division n'est point à présumer dans ce cas, et que la dette est entièrement éteinte s'il n'y a une réserve expresse. Le créancier pouvait remettre la dette totale au codébiteur comme il pouvait l'exiger de lui, et dans le doute, la faveur de la libération doit l'emporter.

Art. 1286.—Lorsque le créancier rend au débiteur le gage donné en nantissement, il est plutôt à présumer qu'il a consenti à se désister du gage, qu'il n'est à présumer qu'il ait voulu remettre la dette.

Art. 1287.—La dette étant éteinte par la remise qu'en fait le créancier, le cautionnement qui en était l'accessoire, cesse également. Mais aussi par la raison que le cautionnement n'est qu'un accessoire de l'obligation, la remise peut en être faite à la caution, sans qu'elle serve au débiteur principal; et s'il y a plusieurs cautions, la remise peut être faite à l'une d'elles sans que les autres puissent s'en prévaloir.

Art. 1288.—Les jurisconsultes étaient partagés sur la question de savoir si ce que le créancier a reçu d'une caution pour le décharger de son cautionnement, doit être imputé sur la dette, et tourner à la décharge du débiteur principal et des autres cautions.

On dit en faveur du créancier, que ce qu'il a reçu est le prix du risque auquel la caution était exposée, et que s'il a bien voulu prendre sur lui ce risque, on ne doit pas en induire qu'il ait donné décharge d'une partie de la dette.

Cette opinion n'est spécieuse que dans le cas où l'insolvabilité du débiteur principal était à craindre. Mais comment prouver qu'il y avait des risques d'insolvabilité; et ne doit-on pas aussi craindre que ce ne soit un moyen de fraude à l'égard des autres cautions, si le créancier et la caution s'entendent pour que la somme payée ne soit pas imputée sur la dette?

Cette imputation a été ordonnée.

De la compensation.

Art. 1289. — Les obligations s'éteignent aussi par la compensation. C'est la libération respective des deux personnes qui se trouvent débitrices l'une envers l'autre.

Art. 1290. — Cette libération est de plein droit. Elle s'opère par la seule force de la loi sans qu'il soit besoin de jugement, et même à l'insu des débiteurs. Ils n'ont pas d'autre intérêt que celui d'être respectivement quittes, et d'être dispensés d'un circuit de procédures long, inutile et dispendieux. C'est pour atteindre à ce but qu'il est établi que les deux dettes s'éteignent réciproquement à l'instant même où elles existent à-la-fois.

Ces motifs de la loi seraient mal appliqués si toutes choses n'étaient pas égales entre les deux débiteurs, si l'un d'eux pouvait avoir, par son action, des droits différents.

Art. 1291, 1292. — Ainsi la compensation n'a lieu qu'entre deux dettes qui ont également pour objet une somme d'argent, ou une certaine quantité de choses *fungibles* de la même espèce.

Il faut que les deux dettes soient exigibles. Celui des débiteurs qui a un terme n'est point, jusqu'à l'échéance, réputé devoir. Un terme de grace qui serait accordé par le juge ou par le créancier, ne serait pas un obstacle à la compensation.

Il faut que les dettes soient liquides. Celle qui est liquide peut être exigée, tandis que la dette non liquide n'est pas encore susceptible de paiement.

Dans plusieurs tribunaux, le desir de prévenir les actions judiciaires, avait introduit l'usage de regarder comme liquides des dettes susceptibles d'une facile liquidation; mais il était impossible qu'il n'y eût pas de l'arbitraire, et l'on a fait, pour prévenir l'inconvénient des procédures, ce que permet le maintien des droits respectifs des deux débiteurs, en décidant que des prestations en grains ou denrées non contestées, et dont le prix serait réglé par les mercuriales, peuvent se compenser avec des sommes liquides et exigibles.

Art. 1296. — On a encore eu le même but en admettant la compensation dans le cas où deux dettes ne sont pas payables au même lieu. Quoiqu'alors toutes choses ne soient pas égales quant au paiement dans lequel les frais de transport peuvent occasionner des différences, et quoique ces frais ne soient pas encore liquidés, la compensation ne s'en opère pas moins; il suffit de faire raison des frais de la remise.

ART. 1293. — Il n'est pas nécessaire que les deux dettes aient une cause semblable, et qu'elles soient de la même somme ou de la même quantité.

Ce n'est point la cause de la dette que l'on considère : on n'a égard qu'au paiement réciproque qui en est la fin, et pour lequel il y a un droit égal.

Il n'est pas nécessaire qu'elles soient de la même somme ou de la même quantité. On ne peut être réellement créancier d'une personne que sous la déduction de ce qu'on lui doit. Ainsi la compensation s'opère jusqu'à concurrence de ce qui est respectivement dû.

Ces règles générales souffrent peu d'exceptions.

La compensation ne peut être opposée par celui qui est spoliateur d'une chose, à la demande de restitution qui lui en est faite. Le spoliateur ne peut, sous quelque prétexte que ce soit, être autorisé à retenir ce qu'il a volé : l'ordre public l'exige. De là cette maxime : *Spoliatus antè omnia restituendus.*

La demande en restitution d'un dépôt ou d'un prêt à usage ne saurait aussi être repoussée par la compensation. La chose déposée ou prêtée est considérée, dans les mains du dépositaire ou de l'emprunteur, comme si elle était dans celles du propriétaire. Vouloir la retenir, même sous prétexte de compensation, c'est faire un acte de spoliation.

Le débiteur d'une somme pour aliments, qui, par le titre, sont déclarés insaisissables, ne peut en refuser le paiement par motif de compensation. Une tierce personne ne pourrait saisir cette somme entre les mains du débiteur : ce serait une sorte de saisie, s'il voulait retenir cette somme en la compensant.

ART. 1294. — La compensation a pour but d'éviter le circuit d'actions entre deux personnes qui se doivent. Chacune d'elles n'ayant pour sa dette d'action que contre l'autre, il en résulte que l'une ne peut pas opposer à l'autre la compensation avec ce qu'un tiers lui devrait.

Ainsi, le débiteur principal ne peut opposer la compensation de ce que le créancier doit à la caution. L'action relative à ce que le créancier doit à la caution ne peut appartenir qu'à la caution elle-même, et la circonstance du cautionnement ne donne à cet égard aucun droit au débiteur principal contre le créancier.

Par le même motif, le débiteur solidaire ne peut opposer la compensation de ce que le créancier doit à son codébiteur.

Mais la caution peut opposer la compensation qui s'est opérée de plein droit entre le créancier et le débiteur principal; l'extinction de l'obligation principale a, dans ce cas, entraîné celle de l'obligation accessoire de la caution.

ART. 1295. — La compensation ne s'opérant qu'entre deux personnes qui se trouvent redevables l'une envers l'autre, elle ne pourrait pas avoir lieu si la créance de l'une d'elles avait été transportée à une tierce personne; mais lorsqu'il s'agit de transport ou de cession de droits, certaines formalités ont été établies pour fixer à quelle époque le débiteur est considéré comme ayant un nouveau créancier. Ainsi, on exige que le créancier notifie la cession au débiteur, ou la lui fasse agréer.

Si le débiteur a accepté la cession qu'un créancier a faite de ses droits à un tiers, ce créancier ne peut plus opposer au cessionnaire la compensation qu'il eût pu, avant l'acceptation, opposer au cédant. Il y a dans ce cas renonciation, de la part de ce débiteur, à proposer l'exception de compensation.

S'il s'agit d'une cession qui n'ait point été acceptée par le débiteur, mais qui lui ait été signifiée, le débiteur ne peut plus compenser avec la créance cédée celle qui lui surviendrait contre le cédant depuis la signification, parce qu'au moyen de cette formalité, le cédant a cessé d'être créancier. Mais si le débiteur avait des créances antérieures à la signification, ni la cession faite, ni cette formalité n'ont pu priver le débiteur d'opposer une compensation qui s'était opérée de plein droit avant la cession.

ART. 1297. — Si l'une des personnes entre lesquelles se fait la compensation était obligée envers l'autre pour plusieurs dettes plus ou moins onéreuses, quelle est entre ces dettes celle que cette compensation doit éteindre? Si de ces dettes il n'y en avait qu'une existante au moment où le débiteur est devenu créancier, il n'y aurait pas de question : cette dette aurait été dès-lors éteinte de plein droit, et la compensation ne pourrait plus s'appliquer à une dette postérieure. Mais, si l'une des deux personnes était obligée pour plusieurs dettes au moment où elle est devenue créancière, la compensation doit être considérée comme un paiement respectif; et ce paiement se trouvant opéré de plein droit, il n'y a pas eu de convention sur l'imputation. Il faut donc alors appliquer les règles établies pour l'imputation.

Art. 1298. — Lorsqu'une saisie-arrêt a été faite entre les mains d'un débiteur, il est devenu, quant à la somme due, dépositaire de justice : il ne peut plus payer au préjudice du saisissant. La compensation ne peut donc plus avoir lieu depuis la saisie-arrêt, puisqu'elle équivaudrait à un paiement que ce débiteur se ferait à lui-même.

Art. 1299. — La compensation s'opérant de plein droit, et éteignant l'obligation, le privilége ou l'hypothèque qui en étaient l'accessoire sont aussi anéantis. Ce serait donc en vain que le créancier voudrait faire revivre l'obligation, en alléguant qu'il n'a point opposé la compensation. Il ne pourrait plus se prévaloir de son privilége ou de son hypothèque, au préjudice des autres créanciers.

Cependant, si le débiteur, ayant une juste cause d'ignorer la créance qui devait compenser sa dette, ne s'était point prévalu de la compensation, l'équité ne permettrait pas qu'il fût dépouillé de l'avantage du privilége ou de l'hypothèque attaché à son ancienne créance.

De la confusion.

Art. 1300. — Lorsque les deux qualités de débiteur et de créancier se réunissent dans la même personne, l'une de ces qualités détruit l'autre : elles se confondent et ne peuvent plus se distinguer. Cette confusion de droits est encore une des manières dont s'éteignent les obligations.

Art. 1301. — Si les deux qualités de caution et de débiteur principal se trouvaient confondues, l'obligation accessoire du cautionnement serait éteinte; mais les qualités de créancier et de débiteur resteraient distinctes, et dès-lors l'obligation principale subsisterait.

Si l'un des codébiteurs solidaires devient créancier, cette confusion de droits ne profite à ses codébiteurs solidaires que pour la portion dont il était débiteur. C'est l'application des principes déjà expliqués.

De la perte de la chose due.

Art. 1302. — On a vu que l'obligation de livrer mettait la chose aux risques du créancier devenu propriétaire dès l'instant où elle aurait dû être livrée, lors même que la tradition n'en aurait point été faite, et que cette chose ne restait aux risques du débiteur que dans le cas où il n'aurait pas apporté les soins d'un bon père de famille pour la conserver, et dans le cas où il serait en demeure.

Plusieurs conséquences naissent de ce principe.

Si la chose périt, si elle est mise hors du commerce, ou si elle se perd sans la faute du débiteur et avant qu'il soit en demeure, l'obligation est éteinte.

Si le débiteur est en faute ou en demeure, l'obligation n'est pas éteinte. Ce n'est plus la chose même qui en est l'objet, mais le prix de cette chose. Il faut néanmoins, lorsque le débiteur est en demeure, excepter le cas où la chose fût également périe chez le créancier, si elle lui eût été livrée. En effet, malgré le défaut de livraison, le créancier n'en est pas moins propriétaire; si le débiteur est responsable de la perte, c'est à titre de dommages et intérêts : mais on ne peut plus lui imputer la perte, ni le condamner aux dommages et intérêts qui seraient la suite de cette faute, lorsque, ne s'étant pas chargé des cas fortuits, il prouve que la chose fût également périe, si elle eût été livrée au créancier.

Si la cause de la dette était un vol, l'ordre public s'opposerait à ce que le débiteur fût admis à proposer contre la demande de restitution aucune exception, pas même celle de la perte de la chose sans sa faute.

Art. 1303. — Lorsque la chose est périe, lorsqu'elle est mise hors du commerce ou perdue sans la faute du débiteur, il n'en répond pas, et à cet égard l'obligation est éteinte; mais il serait injuste que ces événements lui profitassent. Si donc il en résulte quelques droits ou actions en indemnité par rapport à cette chose, il ne peut se dispenser d'en faire la cession au créancier. Ainsi l'arpent de terre qu'on devait livrer, et qui a été pris pour un grand chemin, a été mis hors du commerce; il ne peut plus être l'objet de l'obligation, qui conséquemment est éteinte: mais cet arpent n'ayant pu être pris pour le service public sans une indemnité, celui auquel il devait être livré doit profiter de cette indemnité.

De l'action en nullité ou en rescision des conventions.

Art. 1304. — Au nombre des manières dont les conventions s'éteignent est leur annullation.

Elle se fait toujours par l'autorité du juge, qui prononce sur l'action en nullité ou en rescision.

Un changement important a été fait à l'ancien ordre de choses, quant au délai pendant lequel cette action peut être intentée.

Lorsqu'il s'agissait d'annuller un contrat, ce délai comprenait tout le temps pendant lequel le contrat pouvait être opposé, c'est-à-dire, le long espace de trente années, à moins que la loi n'eût fixé un terme moindre.

Il est vrai que, dans la plupart des cas où il pouvait y avoir lieu à de pareilles actions, on avait senti la nécessité de ne pas laisser dans une aussi longue incertitude le sort des contractants, et le délai avait été limité à dix ans.

Le temps de dix années a été regardé comme le plus long délai dont une partie puisse avoir besoin pour recourir à la justice. Ainsi, dans tous les cas où l'action en rescision ou en nullité n'est pas limitée à un moindre temps par une loi particulière, cette action ne durera que dix ans.

On a maintenu les anciennes règles qui fixent de quelles époques ce temps doit commencer.

Il ne commencera, s'il s'agit de violence, que du jour où elle aura cessé. Pendant tout le temps qu'elle dure, elle renouvelle et confirme le droit de se pourvoir, et le délai ne serait plus de dix ans s'il commençait plus tôt.

Il faut, pour que le délai dans lequel l'action doit être formée commence, qu'il ait été possible de l'intenter: ainsi, dans le cas d'erreur ou dol, ce ne peut être que du jour où ils ont été découverts.

On regarde comme étant dans l'impossibilité d'agir les personnes qui n'ont pas l'exercice de leurs droits ou la capacité.

Ainsi, le temps ne commencera que du jour de la dissolution du mariage, à l'égard des femmes qui reviendront contre les actes passés par elles, sans autorisation, pendant leur mariage.

Ainsi, le temps ne doit courir, à l'égard des actes faits par les interdits, que du jour où l'interdiction est levée; et à l'égard de ceux faits par les mineurs, que du jour de leur majorité.

Art. 1305. — Il résulte de l'incapacité du mineur non émancipé, qu'il suffit qu'il éprouve une lésion pour que son action en rescision soit fondée. S'il n'était pas lésé, il n'aurait pas d'intérêt à se pourvoir; et la loi lui serait même préjudiciable, si, sous prétexte de l'incapacité, un contrat qui lui est avantageux pouvait être annullé. Le résultat de son incapacité est de ne pouvoir être lésé, et non de ne pouvoir contracter: *Restituitur tanquam læsus, non tanquam minor.*

Lorsque le mineur est émancipé, la loi l'assimile au majeur pour un certain nombre d'actes à l'égard desquels il ne doit plus être admissible à réclamer le privilége de minorité.

Art. 1308. — Le mineur est encore assimilé au majeur, lorsqu'étant commerçant, banquier ou artisan, il prend des engagements à raison de son commerce et de son art. Il ne peut pas faire le commerce sans avoir la capacité de contracter avec toute garantie les engagements qui en sont la conséquence nécessaire. L'intérêt général du commerce exige que cela soit ainsi.

Art. 1306. — Le mineur non émancipé ne serait pas admis à se plaindre de lésion, si elle ne pouvait aucunement être attribuée à la personne qui a traité avec lui; tel serait le cas d'un événement casuel et imprévu. On ne l'admet à la restitution contre ses actes, que pour empêcher ceux qui traitent avec lui d'abuser de l'inexpérience de son âge.

On a voulu proscrire un moyen souvent employé pour mettre obstacle à la restitution des mineurs; on leur opposait la déclaration de majorité qu'ils avaient faite dans l'acte. La loi présume que cette déclaration, dont la fausseté pouvait facilement être vérifiée sur les registres des actes de l'état civil, a été demandée par le créancier pour exclure l'action en restitution, et elle ne veut pas qu'une pareille déclaration puisse être opposée. Si néanmoins celui qui veut s'en prévaloir, prouvait que le mineur l'a trompé, s'il prouvait, par exemple, que ce mineur a représenté des actes faux, ce ne serait plus cette simple déclaration dont il s'agit dans la loi.

Art. 1309. — Déjà il a été réglé au titre des *donations entre-vifs et des testaments* (Art. 1095), que le mineur pourrait, avec le consentement et l'assistance de ceux dont le consentement est requis pour la validité de son mariage, donner tout ce que la loi permet à l'époux majeur de donner à l'autre époux. Le motif de cette disposition s'applique aux autres conventions portées dans le contrat de mariage du mineur, et pour lesquelles la formalité se trouve remplie.

Art. 1310. — Les obligations qui naissent d'un délit ou d'un quasi-délit, ne sont point au nombre de celles dans lesquelles le mineur puisse se plaindre de lésion; c'est la réparation d'un tort qu'il a lui-même fait. Ce n'est point une convention dans laquelle la personne qui aurait traité avec lui aurait eu un profit à son préjudice : elle ne profite point, elle ne fait que recevoir l'indemnité; et quiconque peut se rendre coupable d'une faute, doit en subir la peine.

Art. 1311. — Celui qui, devenu majeur, ratifie l'engagement qu'il avait souscrit en minorité, n'est plus recevable à revenir contre cet engagement, soit qu'il y eût nullité dans sa forme, soit qu'il y eût seulement lieu à restitution. Lorsque la ratification est donnée en majorité, elle ne fait plus qu'un acte avec l'engagement, qui rentre dans la classe des actes faits par le majeur.

Art. 1312. — Ce serait en vain que les mineurs, les interdits ou les femmes mariées, seraient admis à se faire restituer contre leurs engagements, si le remboursement de ce qui aurait été, en conséquence de ces engagements, payé pendant la minorité, l'interdiction ou le mariage, ne pouvait pas être exigé. Mais en même temps la bonne foi ne leur permettrait pas de répéter ce qui aurait tourné à leur profit : si la loi ne veut pas qu'ils soient lésés, elle ne veut pas qu'ils s'enrichissent aux dépends d'autrui.

Art. 1313. — Il est certains cas dans lesquels les majeurs eux-mêmes sont restitués pour cause de lésion : ce sont ceux prévus et expliqués aux titres de *la vente et des successions*.

Art. 1314. — Lorsque les formalités requises à l'égard des mineurs ou interdits, soit pour aliénation d'immeubles, soit dans un partage, ont été remplies, ils doivent relativement à ces actes être considérés comme s'ils les avaient faits en majorité, ou avant l'interdiction; ils peuvent conséquemment se faire restituer dans les mêmes cas où la loi donne ce droit aux majeurs. On a voulu par ces formalités mettre le mineur dans la possibilité de contracter, et non le placer dans une position moins favorable que le majeur.

PREUVES.

Titre authentique.

Art. 1315, 1316. — Après avoir ainsi fixé les règles sur la nature des obligations, sur leurs effets, sur leurs diverses espèces, sur leur extinction, il ne reste plus qu'à déterminer par quelles preuves l'obligation dont on réclame l'exécution, et le paiement que la personne obligée prétendrait avoir fait, doivent être justifiés.

Les obligations et leurs paiements sont des faits sur lesquels, comme sur tous les autres, il peut y avoir ou une preuve littérale, ou une preuve testimoniale, ou des présomptions, ou l'aveu de la personne obligée, ou son serment.

La preuve littérale est celle qui, comme le nom l'indique, est fondée sur un écrit. Cet écrit est, ou authentique, ou sous signature privée.

Art. 1317. — Les actes authentiques sont ceux qui ont été reçus par des officiers publics ayant le droit d'instrumenter dans le lieu où ils ont été rédigés, et avec les solennités requises.

Art. 1318. — Si l'officier public qui a reçu l'acte n'était pas compétent, s'il n'a pas rempli les formes prescrites, l'acte n'est pas authentique; mais ce défaut d'authenticité n'entraîne pas la nullité, à moins qu'elle ne soit prononcée par la loi. On ne doit pas présumer que l'intention des parties ait été de regarder l'authenticité de l'acte comme une condition essentielle de l'engagement; et dès-lors que la volonté des parties est constatée par leur signature, l'acte est une preuve de la seconde classe, celle des écrits privés.

Art. 1319. — L'acte authentique fait une pleine foi, et nulle cause ne peut en suspendre l'exécution, à moins qu'il n'y ait inscription de faux.

Dans ce cas-là même, la loi romaine voulait que l'acte fût provisoirement exécuté, parce que le crime ne se présume pas. (Leg. II, Cod. *ad leg. Corn. De fal.*)

Sans doute il ne doit pas dépendre de la personne obligée de suspendre son engagement par une plainte en faux : mais si, lorsqu'il s'agit d'un faux principal, le prévenu a été mis en accusation, et si, lorsqu'il s'agit d'une inscription de faux faite incidemment, les juges sont frappés des apparences de fausseté, n'y a-t-il pas trop d'inconvénients à une exécution provisoire, dont l'effet peut être irréparable? Le prévenu doit subir dans le tribunal criminel, sur la vérité de cet acte, un examen dont dépendent son honneur et une peine corporelle très-grave ; on ne peut donc plus dire que l'acte ait une foi entière. La suspension de l'exécution provisoire des actes étant limitée à ces cas, on n'a point à craindre que la foi due aux contrats soit troublée.

Art. 1320. — Un acte authentique ou sous seing-privé a pour objet les obligations qui y sont contenues; il les constate; mais il peut y avoir dans cet acte des faits énoncés de manière qu'il y ait du doute si les parties ont entendu que par cette énonciation ils fussent constatés.

La règle pour lever ce doute est d'examiner si l'énonciation a un rapport direct avec la disposition, c'est-à-dire, avec les obligations qui sont l'objet de l'acte. Alors l'énonciation fait foi comme le reste de l'acte. Ainsi, dans le cas où il s'agirait d'un prêt à intérêt, s'il était dit que les intérêts en ont été payés, sans qu'il y ait aveu de la partie qui doit les avoir reçus, ce serait une simple énonciation; mais comme elle aurait un rapport direct avec le prêt qui est l'objet de l'acte, elle ferait preuve du paiement.

Si, au contraire, le fait énoncé n'a point de rapport avec les obligations qui sont l'objet de l'acte, les parties ne sont point présumées avoir fixé leur attention sur un pareil fait, ni conséquemment avoir entendu qu'il dût être regardé comme reconnu par elles. Une pareille énonciation ne peut alors servir que d'un *commencement de preuves*, et dans la suite on verra ce qu'on entend par ces expressions.

Art. 1321. — Les contractants peuvent révoquer ou modifier à leur gré leurs obligations : mais le plus souvent, lorsqu'ils reviennent ainsi sur leurs engagements, et surtout lorsque c'est dans le même temps où ils ont été formés, il y a une intention coupable, celle de tromper des tierces personnes par un acte qui est en apparence sérieux. Ce n'est pas un motif pour défendre en général et sans distinction les contre-lettres : les contractants peuvent résoudre ou révoquer leurs engagements comme ils peuvent les former. Le droit naturel des contractants et celui des tierces personnes sont maintenus en déclarant que les contre-lettres n'ont d'effet qu'entre les parties, et ne peuvent être opposées aux tierces personnes. Il n'y a d'exception que pour les cas exprimés au titre du *contrat de mariage*.

De l'acte sous seing-privé.

Art. 1322. — Il y a plusieurs espèces d'écritures privées : ce sont, ou des actes ordinaires sous seing-privé, ou des livres de marchands, ou des registres et des papiers domestiques signés ou non signés.

L'acte sous signature privée ne peut pas avoir, aux yeux du juge, la même foi que l'acte authentique. Il n'est point intervenu entre les parties un officier public n'ayant d'autre intérêt que celui de la vérité. Le crime ne se présume pas; mais aussi l'obligation n'est point prouvée aux yeux du juge par une signature qu'il ne connaît pas; il doit donc avant tout appeler la partie qu'on lui présente comme obligée, pour qu'elle reconnaisse ou qu'elle conteste la vérité de l'acte.

Si elle ne comparaît pas, elle est présumée reconnaître son obligation.

Dans le cas où elle la reconnaît, et dans celui où elle est présumée la reconnaître, l'acte sous seing-privé a entre ceux qui l'ont souscrit, leurs héritiers ou ayant-cause, la même foi que s'il était authentique. (Art. 1324.) Si la partie que l'on présente comme obligée désavoue l'écriture ou la signature, si les héritiers ou ayant-cause déclarent qu'ils ne connaissent point l'écriture ou la signature de leur auteur, la foi que l'on doit donner à l'acte est en suspens jusqu'à ce que la vérification en ait été faite.

Art. 1325. — Pour qu'un acte sous signature privée puisse former un engagement réciproque, il faut que chacun de ceux qui l'ont contracté puisse en demander l'exécution. S'il n'y a qu'une copie de l'acte, elle ne peut servir de titre qu'à la partie qui en est saisie. Les autres parties sont comme si elles n'avaient pas de droit, puisqu'elles n'ont aucun titre pour l'exercer : mais lorsqu'elles n'ont pas un droit qu'elles puissent réaliser, l'engagement doit être considéré comme s'il n'était pas réciproque, et dès-lors il est nul.

Il faut donc pour la validité des actes sous seing-privé qui contiennent des conventions synallagmatiques, qu'ils soient faits en autant d'originaux qu'il y a de parties ayant un intérêt distinct.

Il faut aussi que dans chaque original il soit *énoncé en combien* de doubles il a été fait, afin que chaque partie ne puisse pas nier qu'elle ait eu le sien.

Celui qui aurait exécuté l'obligation ne pourrait plus opposer que, dans l'acte sur lequel on intente l'action contre lui, il ne soit pas fait mention du nombre des originaux. On n'a pas besoin contre lui de cette preuve, lorsqu'il en est une qui résulte de son propre fait.

Art. 1326. — Les billets ou promesses sous seing-privé pour valeur en argent, ont toujours été une occasion d'escroquerie. Des signatures sont données à des actes dont on croit connaître le contenu au moment où on les signe : on abuse d'une signature au-dessus de laquelle se trouve quelque blanc, ou même on parvient à supprimer l'écriture qui est au-dessus du nom. La crainte des peines ne suffisant point pour empêcher un genre de crime qui compromet la foi publique, on a cru pouvoir en France arrêter ce mal à sa source : il a été réglé par une déclaration du roi, du 22 septembre 1733, que le paiement de ces billets ou promesses ne pourrait être ordonné en justice, si le corps du billet n'est écrit de la main de celui qui l'aura signé, ou du moins si la somme portée au billet n'est reconnue par une approbation écrite en toutes lettres de sa main. On a excepté les marchands, les artisans, les laboureurs, les vignerons, les gens de journée et de service. Il était sage de ne pas entraver par des peines de nullité la marche simple et rapide du commerce, et de ne pas priver de la facilité de traiter, sans avoir recours aux notaires, un grand nombre de personnes qui ne savent pas suffisamment écrire.

Art. 1327. — Ces dispositions ont été maintenues, et on a levé les doutes qu'elles avaient fait naître. Ainsi on a prévu le cas où la somme portée au corps de l'acte est différente de celle exprimée au *bon*. On a décidé qu'il n'y a point à distinguer si la somme plus forte se trouve dans le corps de l'acte ou seulement dans le *bon*, et que dans ces deux cas, et lors même que l'acte ainsi que le *bon* seraient écrits en entier de la main de celui qui se serait obligé, on ne peut exiger que la somme moindre. Il n'y a pas de motif pour supposer que celui qui s'oblige ait son attention plus fixée, et qu'il soit moins capable d'erreur quand il écrit le corps du billet que quand il met le *bon*. Il reste, dans ce cas comme dans les autres, un doute suffisant pour que la faveur de la libération doive prévaloir, à moins que ce doute ne soit levé par d'autres circonstances : telle serait l'énonciation faite dans l'acte de la cause de l'obligation, cause qui découvrirait de quel côté est l'erreur.

Art. 1328. — Il est souvent du plus grand intérêt, soit pour les parties, soit pour des tierces personnes, que la date des actes sous seing-privé soit prouvée. Ceux qui les ont écrits ont la facilité de les écrire une seconde fois sous une autre date. La date portée dans un écrit sous seing-privé ne fait donc foi qu'à l'égard de ceux qui ont signé ; il faut qu'à l'égard des autres la date soit d'ailleurs assurée. Ainsi, les écrits sous seing-privé n'ont à l'égard des tierces personnes de date certaine que du jour où ils ont été enregistrés, du jour de la mort de celui ou de l'un de ceux qui l'ont souscrit, du jour où ils sont énoncés en substance dans des actes dressés par des officiers publics.

Art. 1329. — La foi due aux livres des marchands, doit être considérée respectivement à eux-mêmes et respectivement aux autres citoyens.

Il ne s'agit point dans le Code civil des règles ou des usages particuliers aux marchands entre eux.

Quant aux personnes qui ne sont pas dans le commerce, on a dû maintenir la règle suivant laquelle nul ne peut se faire de titre à lui-même, et l'ordre que les marchands sont tenus de tenir dans leurs registres ne saurait garantir que les fournitures qui y sont portées, soient réelles. Ils n'ont à cet égard d'autre droit que celui d'exiger le serment des personnes qui contesteraient leurs demandes.

Art. 1330. — D'un autre côté, il résulte de ce que la tenue des livres est leur propre fait, et de ce qu'ils sont obligés de les tenir régulièrement, qu'ils ne sont point recevables à contester ce qui s'y trouve porté : mais aussi celui qui demande la représentation des livres d'un marchand pour en tirer avantage ne doit pas être admis à nier ce qui lui serait contraire, en ne prenant droit que de ce qui lui serait favorable.

Art. 1331. — Quant aux registres et papiers domestiques, il est sans difficulté qu'ils ne peuvent faire un titre pour celui qui les a écrits. Mais dans quel cas font-ils foi contre lui? C'était la matière de nombreuses controverses. Elles seront au moins en grande partie terminées par les règles suivantes.

Si les registres et papiers domestiques énoncent formellement un paiement reçu, on doit présumer qu'il y a eu une quittance donnée, ou que le débiteur s'est contenté de la mention faite par le créancier; elle fait foi au profit du débiteur.

La mention sur les registres ou papiers domestiques devra encore être un *titre contre* celui qui l'aura faite, *lorsqu'il y sera expressément déclaré* que c'est pour suppléer au défaut de titre en faveur de celui au profit de qui est cette mention expresse de l'obligation: on n'a point admis l'opinion des auteurs qui regardaient comme suffisante la mention sur le journal ou sur les tablettes, lorsqu'elle était signée. On ne doit pas accorder, quand il s'agit d'établir un titre, la même faveur qu'on donne à la libération.

Art. 1332. — L'écriture qu'un créancier met à la suite, en marge ou au dos d'un titre qui est toujours resté en sa possession, fait foi contre lui, quoiqu'elle ne soit ni datée ni signée par lui, lorsqu'elle tend à établir la libération du débiteur.

Il en est de même, et à plus forte raison, de l'écriture qui est mise par le créancier au dos, en marge, ou à la suite du double d'un titre ou d'une quittance, lorsque ce double est entre les mains du débiteur.

Avoir mis cette écriture sur le titre même, c'est lui en avoir donné la force: c'est une sorte de déclaration faite à la justice, sous les yeux de laquelle ce qui a été ainsi écrit sur le titre ne peut plus en être divisé.

Tailles.

Art. 1333. — Lorsque deux personnes se servent des deux parties d'un morceau de bois pour marquer, par des coches correspondantes, la fourniture que l'une fait à l'autre, celle des deux parties qui est aux mains du marchand, se nomme *taille*, et celle qui est aux mains du consommateur, se nomme *échantillon*: ces tailles tiennent lieu d'écritures, et font foi entre les personnes qui sont dans l'usage de constater ainsi les fournitures qu'elles font et reçoivent en détail.

Copies de titres.

Art. 1334. — On vient de voir quelle est la foi due aux titres, soit authentiques, soit privés: mais si on produit seulement des copies de ces titres, quelle confiance mériteront-elles, et comment sera-t-on assuré de leur exactitude?

Il ne peut y avoir de difficultés lorsque l'acte original subsiste: on peut toujours exiger qu'il soit représenté.

Art. 1335. — Mais si le titre original n'existe plus, on doit suivre les règles suivantes.

On ne peut révoquer en doute que les grosses ou premières expéditions n'aient été prises sur la minute même; elles sont, en quelque sorte, considérées dans les mains des contractants, comme le titre original, et déjà on a vu que la remise volontaire qui en est faite au débiteur, fait présumer le paiement.

On doit encore donner une pleine foi aux copies qui ont été tirées par l'autorité du magistrat en présence des parties, ou après les avoir appelées, et aux copies qui ont été tirées en présence des parties, ou de leur consentement. Dans ces cas, les copies tirées sous les yeux des parties, sont, en quelque sorte, leur propre fait, ou si, ayant été appelées, elles ont cru inutile d'être présentes, on peut en induire qu'elles ont regardé comme certaine l'exactitude avec laquelle ces copies seraient faites.

Mais si les copies ont été tirées sans l'autorité du magistrat, ou sans le consentement des parties, si elles l'ont été depuis la délivrance des grosses ou premières expéditions, il faut distinguer le cas où ces copies auraient été tirées sur la minute de l'acte, soit par le notaire qui l'a reçu, soit par l'un de ses successeurs, soit par l'officier public dépositaire des minutes, et le cas où elles auraient été tirées sur la minute par d'autres notaires ou officiers publics.

Dans le premier de ces deux cas, on a égard à l'ancienneté de la copie. Si le temps où elle a été faite n'était pas fort éloigné de celui où on s'en sert, l'impossibilité de la vérifier sur une minute qui n'existerait plus, laisserait des inquiétudes, et mettrait en action toutes les ruses des faussaires. Il n'y aurait pas de certitude lors même que la copie aurait été tirée par le notaire qui aurait reçu la minute. En effet, lorsque, sur la demande des contractants, un notaire atteste un fait, il mérite une foi entière; mais quand il déclare qu'une copie a été tirée sur la minute, c'est un fait qui lui est personnel; et quand il ne peut plus le justifier par la présentation de la minute, il ne peut plus, même comme officier public, mériter le même degré de foi. Mais si la copie tirée sur la minute par le notaire qui l'a reçue ou par ceux qui lui ont succédé, est ancienne, toute idée de fraude est hors de vraisemblance, et la vérité d'une pareille copie peut faire foi. C'est alors que s'applique la règle *In antiquis enunciativa probant.*

On doit regarder comme ancienne une copie qui a plus de trente ans de date. C'est le plus long délai pendant lequel on puisse, en vertu d'un contrat, intenter une action. Quand ce délai s'est écoulé depuis que la copie a été tirée, on doit en conclure que l'on n'avait point alors en vue l'affaire qui a donné occasion de la produire. Si ces copies ont moins de trente ans, elles ne pourront servir que de commencement de preuve par écrit.

Mais si la copie n'avait pas été tirée sur la minute par le notaire, ou par ses assesseurs, ou par les officiers publics dépositaires des minutes, l'ancienneté de cette copie, à quelqu'époque que remonte sa date, ne lui donne point la force d'une preuve complète : le notaire qui l'a tirée est sans caractère pour attester la vérité de minutes qui ne sont pas les siennes ou celles de ses prédécesseurs. Il n'a point alors de garantie de n'être point trompé par celui qui lui produit la minute sur laquelle il donne la copie; il excède les bornes de son ministère; et c'est encore conserver à sa qualité d'officier public une grande confiance, que de considérer cette copie comme un commencement de preuve par écrit; c'est supposer non-seulement qu'il a été de bonne foi quand il a délivré cette copie, mais encore qu'il a pris alors les informations et les mesures qui dépendaient de lui pour n'être pas trompé.

Quant aux copies de copies, la qualité de la personne qui les délivre ne saurait leur donner un caractère de vérité; et lors même que leur conformité au titre original serait vraisemblable, elles ne peuvent servir que de simples renseignements, auxquels les juges ont tel égard que de raison.

Art. 1336. — La transcription d'un acte sur les registres publics ne peut pas suppléer à l'acte même. Cette transcription ne se fait que sur une copie, et il pourrait arriver que l'on ferait transcrire une copie infidèle, mais qui passerait pour vraie en supprimant l'original.

Cependant s'il est constant que toutes les minutes de l'année dans laquelle l'acte parait avoir été fait, soient perdues, ou que la minute de cet acte ait été perdue par un accident particulier, et si en même temps il existe un répertoire en règle du notaire, ces circonstances donnent à la vérité de l'acte transcrit, un tel degré de vraisemblance, que l'on doit regarder cette transcription comme un commencement de preuve par écrit, dont l'effet est de rendre admissible la preuve par témoins. Mais, dans ce cas-là même, si les personnes qui ont été témoins de l'acte existent encore, elles ont une connaissance directe des faits. La loi exige qu'elles soient entendues.

Des actes récognitifs et confirmatifs.

Art. 1337. — On vient d'exposer les règles sur les titres originaux et sur les copies : il est une troisième classe d'actes; ce sont ceux qui n'ont point été faits pour établir une obligation, mais seulement pour reconnaître ou confirmer une obligation déjà existante.

Ces actes ne doivent point être assimilés au titre primordial; ils en supposent la vérité; ils ne sont obligatoires qu'autant qu'ils y sont conformes, et conséquemment ils ne dispensent point de les représenter.

Si néanmoins il était expressément déclaré dans l'acte récognitif ou confirmatif que la teneur du titre primordial y est relatée, celui qui aurait souscrit cet acte ne pourrait plus démentir son propre témoignage.

Quoiqu'en général les parties ne soient pas liées par les actes récognitifs ou confirmatifs, dans tout ce qui diffère du titre primordial, cependant lorsqu'il y a plusieurs reconnaissances conformes soutenues de la possession, et dont l'une a trente ans de date, le créancier peut être dispensé de représenter le titre primordial. Leur date, qui remonte à des temps plus rapprochés du titre primordial, et l'exécution donnée à ces actes pendant le temps nécessaire pour la plus longue prescription, sont des moyens que le juge appréciera; car alors même le créancier n'est pas de plein droit dispensé de la représentation du titre.

Art. 1338. — Lorsqu'on veut confirmer ou ratifier un acte dont la nullité pourrait être prononcée, il faut que l'acte par lequel on confirme ou on ratifie fasse connaître, d'une manière certaine, celui qui est confirmé ou ratifié, en même temps que la volonté de faire disparaître le vice de nullité. Cette preuve ne peut être complète qu'autant qu'on trouvera dans l'acte de confirmation ou de ratification, la substance de l'acte primitif, la mention de la nullité, et l'intention de la réparer. La distinction que l'on faisait entre la confirmation et la ratification a paru inutile. Leur effet est le même, celui d'emporter la renonciation aux moyens et exceptions que l'on pouvait opposer contre l'acte confirmé ou ratifié.

Art. 1339. — Il est, dans certains cas, des vices qui ne peuvent être réparés par ce moyen : ce sont les vices de forme qui, dans un acte de donation entre-vifs, entraînent la nullité aux termes de la loi. Ces vices n'existeraient pas moins, quoique l'acte fût confirmé. D'ailleurs ces formes ont été prescrites pour l'intérêt des tiers; elles ne peuvent être suppléées : il est donc indispensable que l'acte de donation soit refait dans la forme légale.

Art. 1340. — Au nombre des tierces personnes que ces formes intéressent, sont les héritiers ou ayant-cause du donateur : ils ne peuvent, pendant sa vie, renoncer à opposer les vices de forme de la donation; ils n'ont aucun droit ouvert, et ce serait une convention sur une succession non échue : ce qui est défendu. Mais si, après la mort du donateur, ses héritiers ou ayant-cause confirment ou ratifient la donation, ou s'ils l'exécutent volontairement, il en résulte, comme dans tous actes de confirmation ou de ratification, qu'ils renoncent à opposer, soit les vices de forme, soit toute autre exception.

De la preuve testimoniale.

Art. 1341. — Les actes écrits sont le premier genre de preuves et le plus certain. Le second genre est celui de la preuve testimoniale.

Une première règle depuis long-temps consacrée en France, est qu'il doit être passé acte devant notaire, ou sous seing-privé, de toutes choses excédant une somme de cent livres. Cette règle s'applique même aux dépôts volontaires.

Une seconde règle, qui est la suite de la précédente, est que la foi due aux contrats ne peut être détruite par des simples témoignages, quelque modique que soit la somme dont il s'agit, et qu'aucune preuve par témoins n'est admissible, ni contre ce qui est contenu dans les actes, ni pour constater ce qu'on prétendrait y avoir été omis, ni sur ce qui serait allégué avoir été dit avant, lors, ou depuis les actes.

On avait pris toutes les précautions pour que cette règle ne fût point éludée.

Art. 1343. — En vain celui qui aurait formé une demande excédant cent livres eût ensuite voulu la réduire au-dessous de cette somme pour être admis à la preuve testimoniale, on n'aurait point eu d'égard à cette réduction : il suffisait qu'il fût connu que l'obligation avait pour objet une somme ou une valeur de plus de cent livres, pour qu'il fût certain que la loi avait été violée.

Art. 1344. — C'est par ce même motif que la preuve testimoniale n'était point admise sur la demande d'une somme moindre de cent livres, lorsqu'on avait déclaré que cette somme était le restant d'une créance plus forte, qui n'était point prouvée par écrit.

Art. 1345. — Si, dans la même instance, une partie faisait plusieurs demandes dont il n'y avait point de preuves par écrit, et qui, jointes ensemble, excédaient la somme de cent livres, en vain alléguait-elle que ces créances provenaient de différentes causes, et qu'elles s'étaient formées en différents temps. On n'admettait point la preuve de ce fait; les témoins ne méritent pas plus de foi sur la cause ou sur l'époque de la dette, que sur la dette elle-même, et c'eût été un moyen facile d'éluder la loi.

Si néanmoins il s'agissait de droits, procédant par succession, donation ou autrement, de personnes différentes, ces faits, qui étaient autres que ceux de la dette, pouvaient être constatés par le genre de preuve dont ils étaient susceptibles.

Art. 1346. — Enfin il avait été prévu que,

pour ne pas se présenter à la justice, comme formant à-la-fois plusieurs demandes excédant la somme pour laquelle il doit y avoir preuve par écrit, on parviendrait à diviser la dette, en faisant les demandes successivement et par instances séparées. La loi a encore prévenu ce subterfuge en déclarant que toutes les demandes, à quelque titre que ce soit, qui ne seraient pas entièrement justifiées par écrit, seraient formées par un même exploit, après lequel les autres demandes, dont il n'y aurait point de preuves par écrit, ne seraient pas reçues.

On doit observer que cette exclusion de la preuve testimoniale ne s'étend ni au cas de fraude, ni aux tierces personnes.

Telles sont les règles dont les bases avaient été consignées dans l'ordonnance de Moulins, en 1566, et qui ont été développées dans l'ordonnance rendue en 1667, sur la *procédure civile*.

Il eût été imprudent de ne pas maintenir aujourd'hui des mesures que la mauvaise foi des hommes a depuis si long-temps fait regarder comme indispensables.

On n'a même pas cru devoir, en fixant, à cent cinquante francs au lieu de cent livres, la somme que l'on ne pourrait excéder sans une preuve écrite, avoir égard à toute la différence qui existe entre la valeur de l'argent à l'époque de ces lois, et à sa valeur actuelle.

Cependant on peut demander pourquoi la loi a pris tant de précautions pour garantir de l'infidélité des témoignages, pour des intérêts pécuniaires peu considérables, tandis que, pour l'honneur et la vie, elle s'en rapporte à ces mêmes témoignages.

On n'admet en justice criminelle les preuves vocales, que parce qu'il y a nécessité. Les crimes se commettent dans les ténèbres; il n'y a le plus souvent d'autres preuves possibles que celles qui sont données par les témoins: le faux témoignage contre un accusé est un forfait si atroce, que la loi a moins à craindre ce dernier degré de la perversité. Si l'humanité gémit des exemples fort rares des victimes de faux témoignages, l'humanité souffrirait bien davantage si, par l'impunité des crimes, nul n'était assuré de sa fortune ni de son existence.

Art. 1348. — La preuve testimoniale est même admise en matière civile, lorsque celui qui fait une demande n'a pu se procurer un titre pour la justifier. Dans ces cas, on a encore moins à craindre l'infidélité des témoins, qui n'ont pas un intérêt personnel, que l'infidélité du débiteur lui-même, s'il lui était loisible de nier sa dette.

C'est ainsi que la preuve testimoniale est admise, lorsqu'il s'agit d'obligations qui se sont formées sans convention, comme celles qui résultent de quasi-contrats, de délits et de quasi-délits.

Elle est admise pour les dépôts faits en cas d'incendie, de ruine, de tumulte, de naufrage; pour ceux faits par les voyageurs, en logeant dans une hôtellerie.

Dans ces cas, deux faits sont à prouver, celui du dépôt et celui de la quantité de la chose déposée. Il fallait mettre les dépositaires à l'abri des déclarations fausses ou exagérées, en recommandant aux juges d'avoir égard à la qualité des personnes et aux circonstances du fait.

Il peut encore arriver que le créancier ait perdu le titre qui lui servait de preuve littérale; mais la loi qui l'exige serait facilement éludée, si cette perte pouvait être autrement constatée que par un fait susceptible d'une preuve positive: tels sont les cas fortuits, imprévus, et résultant d'une force majeure, comme l'incendie, le naufrage, le pillage.

Il est enfin une modification importante, qui a toujours été faite à la règle exclusive de la preuve testimoniale en matière civile.

Art. 1347. — Lorsque celui qui n'a point, pour établir sa demande, un titre formel, représente néanmoins un écrit émané de la personne contre laquelle cette demande est formée, ou de celui que cette personne représente, lorsque cet écrit rend vraisemblable le fait allégué, les témoins sont admis pour compléter cette preuve. Alors un premier pas est fait vers la vérité: elle n'est plus entièrement dépendante de simples témoignages.

Des présomptions.

Art. 1349. — Au nombre des moyens qui peuvent servir à découvrir la vérité, sont les présomptions, c'est-à-dire, les conséquences que la loi elle-même ou le magistrat tirent d'un fait connu à un fait inconnu.

Art. 1350. — Dans la législation romaine, on avait distingué trois espèces de présomptions:

La présomption dite *juris et de jure*, parce qu'elle était introduite par le droit, et parce que la preuve contraire n'étant pas admissible, elle établissait le droit;

La présomption de droit, qui est aussi établie par la loi, qui dispense de la preuve, mais qui n'exclut pas la preuve contraire;

Et enfin la présomption qui, sans être établie par une loi, se présente à la conscience des juges, et à laquelle ils doivent avoir égard.

Cette distinction, fondée sur une analyse exacte des présomptions, est maintenue dans le Code.

On y pose la règle commune à toutes les présomptions établies par la loi, règle suivant laquelle celui au profit duquel une présomption légale existe, est dispensé de toute preuve.

On y rappelle les principaux exemples de présomptions légales.

Telle est, à l'égard de certains actes, la nullité que la loi prononce, en présumant, d'après leur seule qualité, qu'ils ont été faits en fraude de ces dispositions.

Tels sont les cas dans lesquels la loi déclare que la propriété ou la libération résulte de certaines circonstances déterminées.

Telle est encore la présomption qui donne à la chose jugée une autorité irrévocable : s'il était permis de remettre en question ce qui aurait déjà été jugé, les contestations seraient interminables.

Art. 1351. — Le Code judiciaire détermine les jugements qui ne sont plus susceptibles d'être attaqués : on a posé dans le Code civil la règle suivant laquelle l'autorité de la chose jugée ne doit avoir lieu qu'à l'égard de ce qui a fait l'objet du jugement. Il faut que la chose demandée soit la même, que la demande soit fondée sur la même cause, que cette demande soit entre les mêmes parties, et formée par elles ou contre elles, en la même qualité. Si toutes ces circonstances ne se rencontrent pas, on ne peut pas dire que le second jugement qui serait rendu fût le même que le premier, et la loi n'aurait plus un motif suffisant pour présumer que le premier jugement suffit.

Un quatrième exemple des présomptions de la loi est celui qui résulte de l'aveu de la partie ou de son serment.

Art. 1352. — Après avoir donné les exemples des présomptions légales, on pose une règle générale pour reconnaître entre ces présomptions celles nommées en droit, *juris et de jure*, contre lesquelles nulle preuve n'est admise. Ce sont les présomptions sur le fondement desquelles la loi annulle certains actes, ou dénie l'action en justice. Lorsque la loi elle-même tire du fait connu une telle conséquence qu'elle prononce la nullité, ou qu'elle dénie l'action, le juge ne doit pas tirer une conséquence différente en admettant une preuve contraire. On ne doit excepter que le cas où la loi n'ayant pas cru la présomption assez forte pour prononcer d'une manière absolue, la nullité de l'acte ou la dénégation de l'action, a réservé la preuve contraire.

On fait cesser, par une règle aussi simple et aussi juste, de longues controverses sur les caractères distinctifs de présomptions de droit.

Art. 1353. — A l'égard des présomptions qui ne sont point établies par la loi, elle les abandonne aux lumières et à la prudence du magistrat; en l'avertissant que sa religion ne peut être réellement éclairée que par des présomptions graves, précises et concordantes, et en lui rappelant que de pareilles présomptions ne sont admissibles que dans les cas où la preuve par témoins est permise, à moins que l'acte ne soit attaqué pour cause de fraude ou de dol.

De l'aveu de la partie.

Art. 1354. — Lorsqu'un fait opposé à une partie a été ou est avoué par elle, la présomption qui résulte de cet aveu est si forte et si directe, qu'il ne doit pas être admis à le rétracter.

Cet aveu est extrajudiciaire ou judiciaire.

Art. 1355. — S'il est extrajudiciaire, il faut absolument qu'il soit par écrit. Il vaudrait autant admettre directement la preuve par témoins, pour sommes et valeurs excédant 150 fr. que d'autoriser à prouver ainsi l'allégation d'un aveu verbal de la dette.

Art. 1356. — Quant à l'aveu judiciaire que fait en justice la partie, ou celui qui est fondé d'une procuration spéciale, cet aveu est consigné dans les écrits signifiés, ou il est fait en présence du juge. Il fait pleine foi contre celui qui l'a fait, et s'il l'a été par procuration, il faut que la partie ait, pour le désaveu, des moyens valables.

Il ne serait pas juste que l'adversaire de celui qui fait l'aveu, profitât de la déclaration en ce qu'elle lui est favorable, sans accorder la même foi à ce qui serait défavorable. L'aveu ne peut pas être divisé contre celui qui le fait.

Cependant la preuve qui résulte de l'aveu

n'est pas telle que cet aveu ne puisse être révoqué dans le cas où il serait prouvé qu'il y a erreur, et conséquemment cette présomption n'a pas tout l'effet de celle *juris et de jure*, qui n'admet aucune espèce de preuve contraire. Mais par la même raison que celui qui est dans l'erreur ne donne pas un consentement valable, de même aussi l'aveu de celui qui est dans l'erreur, ne doit point être regardé comme réel : *Non fatetur qui errat*. L. II. de *Conf.*

Il n'est ici question que d'erreur de fait : l'erreur de droit n'est autre chose que l'ignorance de la loi ; ignorance qui ne doit être ni présumée, ni excusée.

Du serment.

Art. 1357. — Au nombre des présomptions légales, est encore celle qui résulte du serment fait en justice.

On distingue les différents cas dans lesquels le serment est fait :

Ou c'est une partie qui le défère à l'autre pour en faire dépendre le jugement de la cause, et alors il est appelé *décisoire* ;

Ou il est déféré d'office par le juge, à l'une ou à l'autre des parties.

Art. 1358. — Lorsqu'une partie se repose sur la probité de l'autre, au point de prendre droit par son serment, ou lorsqu'une partie est dénuée de preuves suffisantes pour établir sa demande, il est juste de l'admettre à déférer le serment, quel que soit l'objet de la contestation.

On n'a point suivi l'opinion des jurisconsultes qui pensent que le serment ne peut être déféré par celui qui n'a pas au moins un commencement de preuve par écrit ; et quoique l'on n'ait pas établi, en France comme à Rome, l'usage de faire prêter, au demandeur, le serment qu'il agit de bonne foi, *juramentum de calumniâ*, on a cru devoir également décider que celui auquel on défère le serment ne peut s'y refuser, parce qu'il n'est censé souffrir aucun préjudice de ce qu'on lui demande la déclaration de la vérité : on a donc admis, sans restriction, ce principe de morale et d'équité consacré dans la loi romaine, qui met au nombre des actions les plus honteuses, le refus du serment, et qui assimile ce refus à un aveu : *Manifestæ turpitudinis et confessionis est nolle jurare nec juramentum referre.* Leg. XXXVIII, ff. *de Jur. jur.*

Art. 1360, 1359. — Il résulte encore de ce principe, qu'il peut être déféré en tout état de cause : il faut seulement que ce soit sur un fait personnel à la partie à laquelle on le défère. On ne peut plus présumer que le fait soit à sa connaissance, ni qu'elle fasse à la justice une dissimulation coupable, quand ce n'est pas son propre fait.

Si la partie à laquelle on défère le serment croit avoir quelque intérêt de le déférer à son adversaire, c'est-à-dire, de prendre elle-même droit par la déclaration de cet adversaire, celui-ci ne peut se refuser de rendre à la justice le même témoignage qu'il voulait exiger de l'autre partie.

Art. 1362. — Il faut seulement, pour que le serment puisse être ainsi référé, que le fait, qui en est l'objet, soit le fait des deux parties, et qu'il ne soit pas purement personnel à celui auquel il avait été déféré. C'est une conséquence de la règle qui n'assujétit au serment la partie à laquelle on le défère, que sur les faits qui lui sont propres.

Art. 1363. — Ce serment, déféré par une partie à l'autre, est décisoire : c'est la condition sous laquelle la loi donne le droit de l'exiger. Ainsi, de l'exercice de ce droit résulte le consentement de se soumettre à la condition, et dès-lors celui qui a déféré le serment, ou qui l'a référé, n'est plus recevable, lorsqu'il a été fait, à en prouver la fausseté ; (Art. 1364) et même avant le serment prêté, le consentement qui résulte de ce qu'on l'a déféré ou référé, ne peut plus être révoqué si l'adversaire a déclaré qu'il est prêt à le faire.

Ce sont ces motifs qui ont fait donner au serment décisoire, respectivement à celui qui l'a déféré ou référé, et respectivement à ses héritiers ou ayant cause, toute la force d'une présomption *juris et de jure*, contre laquelle aucune preuve, pas même celle de pièces nouvellement recouvrées, n'est admissible. *Adversùs exceptionem jurisjurandi replicatio doli mali non debet dari ; cùm prætor id agere debet, ne de jurejurando quæratur.* L. XV. ff. *de except.*

Art. 1365. — Le serment décisoire étant regardé comme une convention entre celui qui prête le serment et celui qui le défère, il en résulte que, comme toute autre convention, il n'a d'effet qu'entre les parties, leurs héritiers ou ayant cause, et à l'égard de la chose qui en a fait l'objet.

Si le débiteur principal est libéré par le serment, ses cautions le sont également. L'obligation principale cessant, celle des cautions, qui n'est qu'accessoire, doit aussi cesser, puisqu'autrement les cautions, qui seraient forcées de payer, auraient leurs recours contre le débiteur, et ce serait, de la part du créancier, éluder l'effet du serment.

Si c'est à la caution que l'on défère le serment sur l'obligation principale, et si elle fait le serment qu'il n'est rien dû, le débiteur principal est libéré, parce que ce serment équivaut à un paiement, et que le paiement fait par la caution libère le débiteur principal.

Par le même motif, le serment déféré à l'un des débiteurs solidaires, profite aux codébiteurs.

Il n'en est pas ainsi du serment déféré par l'un des créanciers solidaires au débiteur : chaque créancier solidaire peut exiger l'exécution entière de l'obligation ; mais il n'a pas seul le droit de changer ou d'anéantir cette obligation : ainsi, on a déjà vu que le débiteur n'est libéré par la remise de la dette que lui fait un des créanciers solidaires, que jusqu'à concurrence de la part de ce créancier. Lorsqu'un cocréancier défère le serment au débiteur, c'est également une convention particulière entre eux, elle ne doit pas lier les autres créanciers. Ce serait une occasion de fraudes.

Art. 1366. — Le serment est au nombre des moyens par lesquels la loi espère que la vérité sera découverte. Ce moyen, comme tous les autres, a dû être confié à la prudence du juge ; soit qu'en le déférant il en fasse dépendre la décision de la cause, soit qu'il le défère seulement pour déterminer le montant de la condamnation.

Art. 1367. — Le juge ne peut pas avoir assez de confiance dans la probité des plaideurs, pour regarder le serment comme une preuve suffisante de la demande : il ne doit donc pas le déférer lorsqu'elle est totalement dénuée de preuve.

Il ne peut également exiger le serment lorsqu'il est inutile, et il l'est à son égard, lorsque la preuve de la demande est complette.

Art. 1368. — Lorsque le juge défère le serment à l'une des parties, c'est un choix dans lequel on a présumé qu'il a été déterminé par des motifs qui doivent influer sur la découverte de la vérité. Il ne doit pas dépendre de la partie à laquelle il a été déféré, de se soustraire à ce jugement en référant ce serment à son adversaire.

Art. 1369. — Le droit de déférer le serment n'étant confié au juge que comme une dernière ressource, à défaut d'autres moyens d'éclairer sa religion, il en résulte encore qu'il ne doit déférer le serment sur la valeur de la chose demandée, que lorsqu'il est d'ailleurs impossible de constater autrement cette valeur. Il ne doit pas même, dans ce cas, avoir une confiance illimitée dans celui auquel il défère le serment : il doit déterminer la somme jusqu'à concurrence de laquelle ce serment fera foi.

Telles sont, législateurs, les différentes espèces de preuves qu'il est possible d'employer pour constater qu'une obligation existe ou qu'elle a été acquittée.

C'est ici que se termine la série des principes dont se compose le titre *des Contrats ou des obligations conventionnelles en général.* Ces principes sont susceptibles de modifications et exceptions relativement à plusieurs contrats qui, par ce motif et par le développement qu'exige leur importance, seront la matière des titres qui vous seront successivement présentés et qui termineront le Code civil.

TITRE IV.

Des Engagements qui se forment sans convention.

Décrété le 19 pluviôse an XII (9 février 1804); — Promulgué le 29 du même mois (19 février).

[ARTICLES 1370 à 1386.]

EXPOSÉ DES MOTIFS par M. le Conseiller-d'Etat TREILHARD.

Séance du 9 pluviôse an XII (30 janvier 1804).

LÉGISLATEURS,

Le titre du Code civil que le gouvernement vous présente aujourd'hui, ne contient qu'un petit nombre d'articles : il a pour objet *les Engagements qui se forment sans convention.*

Une société politique serait bien imparfaite, si les membres qui la composent n'avaient entre eux d'autres engagements que ceux qu'ils auraient prévus et réglés par une convention.

Quel est celui qui pourrait se flatter de lire dans les profondeurs de l'avenir, tous les rapports que les événements établiront entre lui et ses concitoyens? Et quelle opinion devrait-on se former de la sagesse d'un législateur qui laisserait les hommes errants sans guide et sans boussole dans cette vaste mer, dont personne ne sonda jamais les abîmes?

Que le philosophe recherche si l'homme est sorti bon des mains de la nature ; le législateur ne saurait ignorer que les passions ont trop souvent étouffé la raison et fait taire la bonté.

La loi doit donc vouloir pour nous ce que nous voudrions nous-mêmes si nous étions justes, et elle suppose entre les hommes, dans les cas imprévus, les obligations nécessaires pour le maintien de l'ordre social.

Voilà le principe des *engagements qui se forment sans convention.*

ART. 1370. — Ces engagements peuvent être considérés sous deux rapports; ou ils résultent de la seule autorité de la loi, ou ils ont pour cause un fait personnel à celui qui se trouve obligé.

Les engagements des tuteurs, obligés en cette qualité, quoiqu'il n'ait pas été en leur pouvoir de la refuser; les engagements des voisins, obligés entre eux, à raison de leur seule position, et sans aucun acte de leur volonté particulière, sont dans la première classe. Ces obligations et les autres de la même nature, prennent leur racine dans les besoins de la société.

Quel serait le sort d'un malheureux, privé des soins paternels dans sa plus tendre enfance, si la loi ne réparait pas envers lui les torts de la nature !

Où serait la garantie des propriétés, si nos voisins pouvaient jouir de la leur d'une manière qui compromettrait la nôtre? L'autorité du législateur a dû y pourvoir. Mais les engagements de cette espèce ne sont pas l'objet du présent titre; les règles qui les concernent sont répandues dans les diverses parties du Code : il s'agit, dans ce moment, des engagements qui se forment par le fait d'une seule personne. Un projet de loi vous fut présenté, il y a peu de jours, sur les engagements qui résultent du concours des volontés de toutes les parties intéressées : ici, nous ne nous occupons que des engagements qui naissent d'un fait, et sans qu'il intervienne aucune convention.

Les faits qui peuvent donner lieu à ces engagements, sont ou permis ou illicites.

Les faits permis forment ce qu'on a appelé des *quasi-contrats* ; les faits illicites sont des délits ou des *quasi-délits*, cette division fournit la matière de deux chapitres.

ART. 1371. — Dans les contrats, c'est le consentement mutuel des parties contractantes qui produit entre elles l'obligation.

Dans les *quasi-contrats*, au contraire, comme dans les *délits* et les *quasi-délits*, l'obligation, ainsi que je l'ai déjà observé, résulte d'un fait : c'est la loi qui le rend obligatoire. Les engagements de cette espèce sont fondés sur ces grands principes de morale si profondément gravés dans le cœur de tous les hommes, qu'il faut faire aux autres ce que nous désirerions qu'ils fissent pour nous dans les mêmes circonstances, et que nous sommes tenus de réparer les torts et les dommages que nous avons pu causer.

Les dispositions dont vous entendrez la lecture, sont toutes des conséquences plus ou moins éloignées, mais nécessaires, de ces vérités éternelles.

Art. 1372. — Ainsi, celui qui, volontairement et sans mandat, gère l'affaire d'autrui, s'oblige par ce seul fait à continuer sa gestion jusqu'à ce que l'affaire soit terminée : il est tenu d'y porter les soins d'un bon père de famille.

N'est-ce pas là en effet ce qu'il exigerait pour lui dans la même position ? Si c'est une action louable de prendre en main l'affaire d'un absent, cet acte de bienfaisance ne serait-il pas une véritable trahison, si, après avoir commencé de gérer, après avoir peut-être prévu et écarté par une diligence apparente, des amis plus éclairés et plus solides, l'on pouvait abandonner l'affaire sans l'avoir terminée, ou si on ne la suivait qu'avec une incurie fatale au propriétaire.

En prenant la gestion d'une affaire, on contracte donc nécessairement l'obligation de la finir ; et s'il ne faut pas glacer le zèle des amis par trop d'exigence, il ne convient pas moins de se garantir de ces officieux indiscrets, si actif quand il s'agit d'offrir des services, si prompts à se mettre en mouvement, mais dont l'ardeur se calme avec la même promptitude, et dont les empressements seraient une véritable calamité, si la loi ne les chargeait pas de toutes les suites de leur légèreté et de leur inconstance.

Art. 1375. — En forçant celui qui s'est ingéré dans une affaire à la terminer, il est aussi bien juste, lorsqu'il l'aura géré avec loyauté, qu'il puisse réclamer l'indemnité de tous les engagements qu'il aura pris, et le remboursement de toutes les dépenses utiles et nécessaires qu'il aura faites.

Cette indemnité, ce remboursement, sont une obligation étroite et sacrée pour celui dont on a géré l'affaire, l'obligation qui résulte du fait seul de la gestion, et qui se forme sans le consentement et même à l'insu de celui qui est obligé.

Je ne m'attacherai pas à prouver la sagesse de dispositions si constamment fondées sur l'équité naturelle, il ne serait pas moins superflu de m'arrêter sur les autres articles du même chapitre. (Art. 1376.) Qui pourrait en effet contester que celui qui a reçu une somme, ou toute autre chose qui ne lui était pas due, est obligé par le fait à la rendre ; que celui qui l'a reçue de mauvaise foi, est responsable même des cas fortuits ; que celui à qui la chose est restituée, doit, de son côté, tenir compte des dépenses nécessaires et utiles pour sa conservation ?

Toutes ces propositions sont d'une évidence à laquelle il n'est permis à personne de se refuser.

Art. 1382. — Les dispositions du chapitre second, des *délits* et des *quasi-délits*, ne sont pas moins nécessaires, moins justes, moins incontestables.

Celui qui par son fait a causé du dommage, est tenu de le réparer ; il est engagé à cette réparation, même quand il n'y aurait de sa part aucune malice, mais seulement négligence ou imprudence : c'est une suite nécessaire de son *délit* ou *quasi-délit*. Il offrirait lui-même cette réparation, s'il était juste, comme il l'exigerait d'un autre s'il avait éprouvé le dommage.

Dirai-je que de graves docteurs ont mis en question si un interdit pour cause de prodigalité, s'oblige de réparer les torts causés par ses délits ? Dirai-je que quelques-uns ont eu le courage de décider qu'il n'était pas tenu de cette réparation ; qu'il pouvait, à la vérité, compromettre par son délit, sa liberté, même sa vie, mais qu'il ne pouvait pas compromettre sa fortune, parce que toute aliénation lui est interdite.

Vous croirez sans peine, législateurs, que nous n'avons pas dû supposer qu'une pareille question pût s'élever de nos jours, et vous nous approuverez de n'avoir pas fait à notre siècle l'injure de la décider.

Art. 1384. — Les principes une fois établis, nous n'avons eu qu'une disposition à ajouter ; c'est qu'on est responsable, non-seulement du dommage qu'on a causé par son propre fait, mais encore de celui qui a été causé par le fait des personnes dont on doit répondre, ou des choses que l'on a sous sa garde.

La responsabilité des pères, des instituteurs, des maîtres, est une garantie et souvent la seule garantie de la réparation des dommages; sans doute elle doit être renfermée dans de justes limites. Les pères ne répondent que du fait de leurs enfants mineurs et habitant avec eux; les maîtres, que du fait des domestiques dans les fonctions auxquelles ils sont employés; les instituteurs, les artisans, que des dommages causés pendant le temps que les élèves ou les apprentis sont sous leur surveillance.

Ainsi réglée, la responsabilité est de toute justice. Ceux à qui elle est imposée ont à s'imputer, pour le moins, les uns de la faiblesse, les autres de mauvais choix, tous de la négligence : heureux encore si leur conscience ne leur reproche pas d'avoir donné de mauvais principes et de plus mauvais exemples!

Puisse cette charge de la responsabilité, rendre les chefs de famille plus prudents et plus attentifs! puisse-t-elle faire sentir aux instituteurs toute l'importance de leur mission! et puissent les pères surtout, se pénétrer fortement de l'étendue et de la sainteté de leurs devoirs! la vie que nos enfants tiennent de nous, n'est plus un bienfait, si nous ne les formons pas à la vertu, et si nous n'en faisons pas de bons citoyens.

TITRE V.

Du Contrat de Mariage et des Droits respectifs des Epoux.

Décrété le 20 pluviôse an XII (10 février 1804); — Promulgué le 30 du même mois (20 février 1804).

[ARTICLES 1387 à 1581.]

EXPOSÉ DES MOTIFS, par M. le Conseiller-d'Etat BERLIER.

Séance du 10 pluviôse an XII (31 *janvier* 1804).

LÉGISLATEURS,

L'une des lois que vous avez portées dans votre dernière session détermine les conditions requises pour le mariage, en règle les formes, et statue sur les droits et devoirs principaux qu'établit entre les époux le lien justement révéré qui est le fondement des familles et de la société.

Cette loi s'est occupée de tout ce qui touche à l'état civil des époux, et a laissé à d'autres dispositions du Code, le soin de régler ce qui regarde les conventions que les époux peuvent établir par rapport à leurs biens et droits que, dans leur silence, la loi doit suppléer.

C'est ce complément que renferme le projet que nous vous apportons aujourd'hui, intitulé : *Du contrat de mariage et des droits respectifs des époux.*

Dans cette importante matière, le gouvernement a dû ne rien admettre qui pût blesser l'institution fondamentale, ou fût capable de ralentir cet heureux élan que la nature elle-même a pris soin d'imprimer aux hommes en les dirigeant vers le mariage.

Ainsi point d'inutiles entraves; car si la volonté doit essentiellement présider aux contrats, c'est surtout lorsqu'il s'agit de conventions matrimoniales.

Cependant cette volonté doit être limitée en quelques circonstances, éclairée toujours et suppléée quelquefois.

De là la nécessité d'une loi : puisse celle dont nous vous offrons le projet, remplir les vues qu'on s'est proposées!

Pour bien comprendre et surtout pour juger ses dispositions, il n'importe pas seulement de connaître le dernier état de notre législation sur les rapports qui existent entre les époux, *quant aux biens*; mais il ne sera pas inutile, peut-être, de remonter à la source de cette législation, et de porter un coup-d'œil général sur cette partie de notre droit.

Ici, comme en beaucoup d'autres matières, il serait difficile de ne point citer Rome et ses lois. Les femmes, qui y furent long-temps incapables de succéder, ne pouvaient rien apporter à leurs maris : ceux-ci les prenaient sans biens; ils les recevaient de leurs familles sous la formule d'une vente, et ce contrat fut appelé *mariage par achat*.

Mais cet état de choses cessa quand les femmes furent rendues habiles à succéder : alors s'établit le régime dotal, dont les principaux effets consistèrent à donner les fruits de la dot au mari pour soutenir les charges du mariage, en frappant d'inaliénabilité les immeubles dotaux de la femme, et en laissant à celle-ci la pleine disposition de tout ce qui n'avait point été stipulé dotal.

Cette règle de l'inaliénabilité des fonds dotaux de la femme fut puisée dans cette considération d'ordre public qui devint une maxime : *Interest reipublicæ dotes mulierum salvas esse.*

Dans ce dernier état de la législation romaine, la séparation entière des deux patrimoines fut le but constant de ses dispositions: la femme devait, à la dissolution du mariage, recouvrer le principal de sa dot; elle conservait pendant le mariage la disposition de ses biens paraphernaux, et demeurait étrangère à tout le reste.

Cet isolement des intérêts respectifs était en harmonie avec les autres institutions du peuple qui nous a transmis un si grand nombre de ses lois.

Celle-ci pourtant est loin d'avoir obtenu un succès général en France.

Je n'entreprendrai point la recherche de l'époque précise où la communauté conjugale s'introduisit dans un grand nombre de nos provinces.

Le voile qui couvre cette origine, comme tant d'autres, n'a pas besoin d'être levé pour fixer nos résultats.

Il serait sans doute difficile de déterminer le degré d'influence que purent obtenir soit le régime dotal, soit la communauté, quand les lois étaient sans territoire, et lorsque le Romain, le Franc, le Bourguignon et le Gaulois, quoique habitant le même pays, étaient jugés chacun selon les lois personnelles qui pouvaient les régir, d'après le seul titre de leur origine; ce qui a fait dire à Montesquieu que *le territoire était le même, et les nations diverses.*

Sans recourir à de vagues hypothèses, il est du moins certain que la communauté conjugale était déjà, et depuis long-temps, dans les habitudes d'une grande partie de la nation française, lorsque nos coutumes furent rédigées par écrit, et vinrent toutes (à l'exception de celles de *Normandie*, *Reims* et *Auvergne*) consacrer, chacune dans leur ressort, la communauté comme une loi *territoriale*, qui devenait le droit commun de quiconque n'y avait pas formellement dérogé.

Tel est le dernier état des choses qui nous laisse apercevoir la France divisée sur ce point en deux grandes parties, se composant, l'une des pays appelés *de coutume*, et l'autre de pays restés fidèles au droit romain; les premiers vivant sous le régime de la communauté, et les seconds sous le régime dotal.

Dans une telle situation, on comprend combien de ménagements exige la matière que nous traitons; car, loin de heurter des habitudes qui ne nuisent point au corps social, celui-ci doit, sans distinction de lieux, inviter les citoyens au mariage; et cet appel de la patrie sera d'autant mieux reçu, que chacun pourra plus librement régler ses conventions matrimoniales.

Art. 1387. — Que la plus grande liberté y préside donc, et qu'elle n'ait d'autres limites que celles que lui assignent les bonnes mœurs et l'ordre public : car rien en cette matière ne doit être spécialement commandé; mais ce qui serait contraire à l'ordre public peut et doit être positivement défendu.

Art. 1388. — C'est d'après ces vues que notre projet exprime, dans ses dispositions générales, que *les époux ne peuvent déroger ni aux droits résultant de la puissance maritale sur la personne de la femme et des enfants, ou qui appartiennent au mari comme chef, ni aux droits conférés au survivant des époux par le titre de la puissance paternelle et* par le titre *de la minorité, de la tutèle*, etc.; (Art. 1389.) et c'est dans les mêmes vues que toutes conventions, tendant à intervertir l'ordre légal des successions, sont spécialement défendues.

Art. 1390. — Mais sera-t-il aussi défendu

de stipuler, en termes généraux, que les droits des époux seront réglés selon *telle* ancienne loi ou coutume?

Cette disposition, qui au premier coup-d'œil ne semble renfermer rien de contraire à *l'ordre social*, aurait cependant l'inconvénient majeur de perpétuer comme lois de l'Etat cette foule d'usages divers qui couvraient le territoire français.

Le but du Code civil serait totalement manqué, s'il pouvait en être ainsi : notre projet défend donc de tels référés, sans néanmoins porter atteinte à la faculté qui appartient aux époux de stipuler *spécialement*, et sauf les limites ci-dessus indiquées, tout ce qui leur conviendra.

Art. 1391. — Cependant, comme cette spécification même, si elle devait s'appliquer à toutes les parties d'un grand système, serait presque toujours accompagnée de graves difficultés, il a été jugé non-seulement commode, mais utile pour les citoyens, de tracer séparément et les règles qui s'adaptent le mieux au régime de la communauté, et celles qui ont paru le mieux convenir au régime dotal.

Ces règles posées dans deux chapitres distincts, et parallèlement, auront pour avantage certain d'offrir aux citoyens une collection de principes auxquels ils pourront se référer en termes généraux; et s'ils veulent y déroger en quelques points, le soin du rédacteur se bornera à exprimer les modifications dictées par la volonté particulière des contractants.

Jusqu'à présent, législateurs, la marche de notre projet est simple et facile; mais il faut aborder une difficulté plus sérieuse.

Nous n'avons vu encore que des époux stipulant leurs intérêts avec toute la liberté que la matière réclame, adoptant l'un des deux systêmes qui leur sont offerts, ou les modifiant selon leur volonté.

Mais il fallait apercevoir aussi le cas assez fréquent où nulles conventions particulières n'auront précédé l'acte civil du mariage.

Art. 1393. — En l'absence de *toutes* conventions, la loi doit nécessairement régler les droits respectifs des époux, ou, en d'autres termes, il doit y être pourvu par *un droit commun* quelconque : mais quel sera-t-il?

On avait à se décider ici entre les deux systêmes que j'ai exposés : car il n'était pas possible, sans renverser toutes les idées d'uniformité, d'établir un droit commun qui ne fût pas le même pour toute la République, il était nécessaire d'opter, et le plus mûr examen a présidé au *choix qu'a fait le projet*.

Sans doute le régime dotal pourvoit mieux à la conservation de la dot, puisqu'il en interdit l'aliénation.

Sans doute aussi il présente quelque chose de plus simple que la communauté : voilà ses avantages; mais la communauté a aussi les siens.

D'abord l'union des personnes ne conduit-elle pas à la société des biens, et la communauté n'établit-elle point la communauté des *bénéfices*?

A la vérité, quelques personnes ont voulu rapporter au mari seul les bénéfices comme provenant presque exclusivement de son propre travail; mais cette proposition est-elle bien vraie, et doit-elle surtout s'appliquer à la classe nombreuse des artisans et des agriculteurs? Leurs femmes ne travaillent-elles pas autant qu'eux, et ne sont-elles pas ordinairement plus économes? Et comme c'est principalement dans cette classe qu'on se marie sans contrat, n'est-ce pas elle que le législateur doit avoir en vue quand il établit un droit commun précisément pour le cas où il n'y a point de contrat.

Au surplus, si l'on examine la question d'une manière plus générale, on trouvera qu'un grand nombre de femmes, autres que celles dont nous venons de parler, contribuent aux bénéfices, sinon par des travaux semblables à ceux de leurs maris, du moins par les capitaux qu'elles ont versés dans la communauté, et par les soins qu'elles prennent du ménage.

Mais d'ailleurs cette société serait-elle la seule où l'on exigeât une mise parfaitement égale, et la femme devrait-elle rester sans participation aux bénéfices parce qu'elle n'y aurait pas contribué autant que son mari?

Laissons ces froids calculs, et revenons à ce que prescrit, en cette matière, la simple qualité d'époux, en l'absence de toutes conventions; car alors c'est la nature des choses qui exerce son empire, et certes elle ne saurait prononcer la séparation des intérêts pécuniaires de toute espèce entre personnes aussi étroitement unies que le sont un mari et une femme.

Jusqu'ici je n'ai examiné la communauté

que sous les rapports de la *justice*; mais ce régime a paru aussi plus favorable à l'ordre social et plus conforme au caractère national.

Loin de nous l'idée d'imprimer aucun caractère de réprobation au régime dotal; nous avons indiqué ses avantages, et le projet lui réserve une place honorable parmi ses dispositions : cependant si l'on calcule la juste influence des deux régimes sur l'union conjugale, on devra trouver sous l'un plus de froides compagnes, et sous l'autre plus de femmes affectionnées et attachées par leur propre intérêt aux succès communs.

Disons aussi que les mœurs françaises sont généralement plus en harmonie avec le régime de la communauté, et que peut-être les femmes n'ont acquis chez nous la juste considération dont elles jouissent que par ce titre d'*associées*, qui, en leur imprimant plus de dignité, ne saurait être sans influence sur le bonheur domestique.

Comment d'ailleurs pourrait-on méconnaître la tendance de l'esprit national vers la communauté conjugale, quand on voit que les stipulations de sociétés d'acquêts étaient devenues très-communes, même dans plusieurs ressorts soumis au régime dotal?

Tant de considérations ne pouvaient être impuissantes sur l'esprit du gouvernement, et il croit avoir répondu au vœu de la nation en lui présentant la communauté non comme un système absolu qu'il faille suivre, mais comme la loi qui régit les époux quand ils ne l'ont pas exclue.

Art. 1394, 1395 et 1396. — Cette disposition du projet, l'une des plus importantes du chapitre premier, est suivie de deux autres dont l'utilité sera facilement sentie.

L'une porte que *toutes conventions matrimoniales seront rédigées, avant le mariage, devant notaires.*

L'autre interdit tout changement après la célébration du mariage, et prescrit la manière dont les changements faits antérieurement, devront être constatés pour être valables.

Ces dispositions, communes aux deux régimes que nous venons d'examiner, ont eu pour objet d'empêcher, dans l'un et dans l'autre, des fraudes envers les tiers, telles que celles dont le passé n'a offert que trop d'exemples.

Le gouvernement entre certainement dans vos vues toutes les fois qu'il enlève à la mauvaise foi quelques-uns de ces nombreux asiles, où qu'il en rend l'accès plus difficile.

Je viens, législateurs, de vous exposer les dispositions générales comprises au chapitre premier de notre projet de loi; mais je n'ai rempli qu'une très-faible partie de ma tâche, et je dois maintenant vous faire connaître la route qu'on a suivie pour organiser soit le *régime en communauté*, soit le *régime dotal*, objets des chapitres II et III.

Art. 1400. — Le régime en communauté se divise lui-même en deux parties : l'une relative *à la communauté légale* (c'est celle qui a lieu quand les parties se sont mariées sans contrat;) l'autre relative à la communauté *conventionnelle*, ou modifiée par des conventions particulières.

De la communauté légale.

Il n'entre pas dans mon plan, législateurs, de fixer successivement votre attention sur chaque article du projet; il en est beaucoup dont l'extrême simplicité ou la justice évidente repousse tout commentaire.

Je me bornerai donc à motiver les vues principales du système; et si je m'arrête sur quelques dispositions d'un ordre secondaire, je ne le ferai qu'autant qu'elles porteront sur des points controversés, ou qu'elles seront nécessaires pour l'explication ou l'intelligence du plan général.

De quoi la communauté se composera-t-elle? Par qui et comment sera-t-elle administrée? Comment se dissoudra-t-elle? et quels seront, après sa dissolution, les droits des époux, et principalement ceux de la femme? Telles sont les matières dont je vais vous entretenir.

Je reprends successivement ces diverses questions.

De quoi la communauté légale se composera-t-elle?

Art. 1401. — Dans le dernier état des choses, les coutumes variaient entre elles sur la composition de cette communauté : dans quelques-unes, la communauté ne portait que sur les acquêts; mais, dans le plus grand nombre, elle embrassait les meubles comme les acquêts.

Cependant les meubles même étaient régis diversement par les diverses coutumes : ainsi, dans plusieurs, la communauté ne profitait que des meubles existant lors du mariage, tandis qu'ailleurs on ne faisait nulle distinction entre les meubles existant lors du mariage et ceux qui échéaient pendant son cours.

Notre projet a adopté cette dernière vue, et si vous lui accordez votre sanction, la communauté conjugale embrassera, outre les acquêts, les meubles respectifs des époux *présents et futurs ;* car, en toute institution, le but du législateur doit être d'éviter les embarras qui deviennent eux-mêmes des sources de discorde.

Que l'on admette des distinctions en cette matière, et l'on ne pourra plus y faire un pas sans inventaire. Que d'embarras dans cette seule obligation, et que de difficultés dans le recolement! Reconnaîtra-t-on facilement, après un long usage, les meubles qui auront appartenu au mari ou à la femme, et qui auront été long-temps confondus? Et si, à défaut de documents écrits, il faut arriver par la preuve vocale à la connaissance de ce qui appartient à chacun, où en sera-t-on? Que deviendront surtout le bonheur et le repos des familles?

Ces puissantes considérations ont dicté les dispositions de notre projet, contre lesquelles on objecterait vainement que souvent le mobilier peut être d'un grand prix; car, s'il en est ainsi, et que cette considération influe sur les parties, elles stipuleront ce qui leur conviendra le mieux: cette faculté ne leur est point ravie; mais le droit commun pécherait par la base, s'il se réglait sur quelques situations particulières, et non sur les cas généraux.

Art. 1409. — Ainsi les meubles présents et futurs entreront dans la communauté, et, par la même raison, les dettes mobiliaires respectives seront à la charge de cette communauté, soit qu'elles existent au moment du mariage, soit qu'elles dépendent de successions ou de donations échues pendant son cours.

Ces dispositions tendent toutes à simplifier une institution respectable et utile.

Cependant une succesion ou une donation peut être ou purement mobilière ou totalement immobilière, ou composée d'objets qui participent de l'une et de l'autre espèce; et ces cas divers doivent trouver chacun des règles qui leur soient propres, et qui, sans grever la communauté au-delà de son émolument, assurent aux tiers l'exercice de leurs droits légitimes, et aux époux, de suffisantes indemnités quand il y aura lieu. Notre projet y a pourvu.

Je passe à la seconde question.

Par qui et comment la communauté sera-t-elle administrée?

Art. 1421. — Sans doute il est inutile d'énoncer que le mari sera seul administrateur légal de cette communauté; cette qualité ne pouvait être conférée qu'à lui.

Ainsi il pourra seul vendre, aliéner et hypothéquer les biens de la communauté.

Art. 1427. — Ainsi la femme (à moins qu'elle ne soit marchande publique) ne pourra s'obliger, ni exercer aucune action, non-seulement par rapport aux biens de la communauté, mais même relativement à ses propres biens, sans le consentement de son mari.

Art. 1422. — Mais le mari, chef de la communauté et maître des acquêts, ne pourra néanmoins disposer entre-vifs et à titre gratuit ni des immeubles acquis pendant la communauté, ni de l'universalité ou d'une quotité du mobilier.

Art. 1423. — Il ne pourra non plus donner par testament au-delà de sa part dans la communauté, car les facilités qui lui sont dues pour sa gestion, ne vont pas jusqu'à autoriser des dispositions qui, évidemment hors de l'intérêt de la société, ne tendraient qu'à dépouiller la femme.

Art. 1428. — Au surplus, il administrera les immeubles propres à celle-ci, mais il ne pourra les aliéner sans son consentement; car la femme en est essentiellement restée propriétaire, et la mise qu'elle en a faite dans la communauté, n'a eu lieu que pour les *fruits* et non pour le fonds.

Art. 1429, 1430. — Par une suite du même principe, si le mari, simple usufruitier des immeubles appartenants à sa femme, meurt après en avoir passé des baux par anticipation ou à trop long cours, leur effet sera nul ou réductible, selon que les limites ordinaires auront été dépassées.

Dans cette partie du projet, vous reconnaîtrez, législateurs, les soins qu'on a pris pour garantir les biens propres de la femme, autant que cela se pouvait, dans un système qui n'en prescrit point l'inaliénabilité, et qui ne suppose ni le mari disposé à ruiner sa femme (parce qu'il n'y a pas d'intérêt, ou qu'il a même l'intérêt contraire), ni la femme assez faible et docile pour acquiescer à des actes qui mettraient ses biens personnels en péril.

Vous remarquerez aussi qu'en cas d'aliénation de tout ou partie des biens de la femme, ses remplois s'exercent et sur les biens de la communauté et sur ceux de son mari.

Nous voici arrivés à la discussion d'une autre partie du système; je veux parler de la dissolution de la communauté.

Comment la communauté sera-t-elle dissoute ?

Art. 1441. — Toutes les causes qui dissolvent le mariage, opèrent naturellement la dissolution de la communauté, car l'accessoire ne peut survivre au principal. Ainsi la mort naturelle ou civile et le divorce font cesser la communauté; mais elle est aussi dissoute par la *séparation* de corps et par celle des biens, quoiqu'en ces deux derniers cas, le mariage continue de subsister.

Art. 1442. — De ces diverses causes de dissolution de la communauté, la plus fréquente, sans doute, celle qui s'opère par la mort naturelle, recevait néanmoins dans plusieurs coutumes, et notamment dans celle de Paris, une exception que notre projet a rejetée; c'est celle qui, à défaut d'inventaire, faisait continuer la communauté entre l'époux survivant et ses enfants.

Le but de cette disposition était louable sans doute; mais le moyen était-il bien choisi ?

Le défaut d'inventaire n'est pas toujours l'effet de la mauvaise foi; il est plus souvent peut-être le fruit de l'ignorance ou la suite de l'extrême modicité de l'héritage, et du désir d'éviter des frais : et comme les petites successions sont en grand nombre, il est évident que la disposition qu'on examine a dû atteindre beaucoup d'innocents; aussi peu de coutumes l'avaient-elles adoptée; et la raison d'accord avec la justice, la repousse invinciblement aujourd'hui.

Toute société se rompt par la mort de l'un des associés : ce principe est incontestable, et il ne l'est pas moins qu'on ne peut être placé malgré soi dans les liens d'une société qu'on n'a point contractée ni voulu contracter.

L'esprit d'ailleurs conçoit-il les suites d'une pareille disposition et toutes les difficultés naissantes d'une société involontaire? La loi peut infliger des peines, mais son autorité ne doit point faire violence à la nature des choses.

Enfin qu'arrivait-il quand l'époux survivant se remariait? Que le nouvel époux entrant dans la société y prenait une part qui faisait décroître celle des autres associés, et en opérait la division, non plus en deux, mais en trois parties.

Tant d'embarras ne doivent point renaître quand on a d'ailleurs un moyen simple et facile d'atteindre le but qu'on se propose. De quoi s'agit-il en effet? de veiller à la conservation des droits qui appartiennent aux enfants du mariage. Mais, de deux choses l'une, ou ils sont majeurs, ou ils ne le sont pas.

S'ils sont majeurs, et qu'ils ne provoquent point l'inventaire, ils partagent la faute de l'époux survivant : il ne leur est dû aucune indemnité.

S'ils sont mineurs, leur subrogé-tuteur qui aura négligé de faire procéder à l'inventaire, en deviendra personnellement responsable envers eux, et l'époux survivant perdra de plus les droits que la loi lui accordait sur les revenus de ses enfants. Voilà la peine.

Dans tous les cas, la preuve par commune renommée, sera admise pour établir la consistance de la communauté.

Un tel ordre de choses a paru, sur ce point, bien préférable à ce qui était autrefois pratiqué, seulement dans quelques coutumes.

Art. 1443. — Je reviens sur une autre cause de dissolution de la communauté, sur celle qui s'opère par la *séparation de biens*.

Ce mot ne pouvait être prononcé sans rappeler les fraudes qui se sont trop souvent pratiquées à ce sujet; mais il n'était pas possible de rejeter toutes les séparations de biens, parce qu'il y en a eu quelquefois de frauduleuses : de quelle institution n'a-t-on pas abusé !

Le secours de la séparation, dû à l'épouse malheureuse d'un mari dissipateur, ce secours dû dans tous les systèmes, et sous le régime dotal comme sous celui de la communauté, ne pouvait disparaître de nos lois; mais il est aussi du devoir du législateur de rendre la fraude plus difficile, en appelant surtout la surveillance de ceux qu'elle peut blesser.

Notre projet tend à ce but. Mais le complément de la garantie réclamée sur ce point par l'ordre public se trouve dans les formes mêmes qui seront employées pour arriver à la séparation de biens; et ce travail n'a pu qu'être renvoyé au code de la procédure civile. Le zèle du gouvernement pour tout ce qui est bon et utile, vous est un sûr garant que cet objet ne sera point perdu de vue.

Art. 1449. — Dois-je au surplus observer que la femme, simplement séparée de corps ou de biens, ne recouvre point la faculté d'aliéner ses immeubles sans l'autorisation de son mari? Le projet en contient une disposition expresse, dont le principe réside dans la puissance maritale, qui existe toujours tant que le mariage n'est pas dissous.

Art. 1453. — Mais qu'arrive-t-il après la dissolution de la communauté? Il convient de considérer principalement cette dissolution dans sa cause la plus ordinaire, c'est-à-dire, dans la mort de l'un des époux.

La proposition ainsi établie, elle doit être examinée sous le double rapport du prédécès du mari ou du prédécès de la femme.

Si la femme survit, elle pourra accepter la communauté ou y renoncer, sans être privée du droit d'exercer ses reprises ou remplois, relativement à ses biens personnels.

Si la femme prédécède, les mêmes droits appartiendront à ses héritiers.

Quelques coutumes, il est vrai, distinguaient ces deux cas, et considéraient la faculté de renoncer comme un droit personnel à la femme, et qui, *sans stipulation spéciale*, ne passait point à ses héritiers.

Notre projet n'a point admis cette distinction, et ne devait point l'admettre. En effet, la loi n'a introduit la faculté dont il s'agit, qu'en considération des différences qui existent entre la communauté conjugale et les autres sociétés.

Dans la communauté conjugale, le mari est maître absolu; la femme ne peut s'opposer à aucun de ses actes : en un mot, après avoir mis dans la masse commune son mobilier, la jouissance de ses immeubles et son travail, tous les droits de la femme se réduisent à l'espoir de partager les bénéfices, s'il y en a.

Rien donc de plus juste que la faculté dont il s'agit : mais sa justice n'est pas seulement relative, elle est absolue, et n'appartient pas moins aux héritiers de la femme qu'à la femme elle-même. Quels seront-ils d'ailleurs, ces héritiers? Le plus souvent ce seront les enfants du mariage, dignes, sous ce rapport, de toute la faveur des lois.

La faculté accordée à la femme ou aux siens de renoncer à la communauté est essentiellement d'ordre public : sans cette faculté, les biens personnels de la femme seraient à la merci du mari, puisqu'une mauvaise administration donnerait lieu aux créanciers de les atteindre; et c'est bien alors que les détracteurs de la communauté pourraient dire que les biens de la femme restent sans protection dans ce système; mais notre projet a prévenu cette objection en interdisant formellement toute stipulation tendante à l'abandon de ce privilége.

Art. 1459. — Ainsi, par la prévoyance d'une disposition inaltérable, la femme ou ses héritiers pourront, lors même que le contrat de mariage contiendrait une clause contraire, accepter la communauté ou y renoncer; mais cette faculté cessera par l'immixtion, et son exercice sera accompagné de quelques règles propres à ne pas laisser trop long-temps les qualités incertaines; car la loi doit pourvoir aussi aux intérêts des tiers. Il y aura donc, soit pour faire inventaire, soit pour délibérer, un délai passé lequel la femme ou ses héritiers pourront être personnellement poursuivis; et ce que nous avons dit pour le cas où la communauté est dissoute par la mort naturelle, s'applique sans restriction à la dissolution par mort civile, et, sous de très-légères modifications, à la dissolution qui s'opère par le divorce et la séparation de corps.

Je viens de nommer le divorce, et ceci appelle quelques explications; car il résulte de ce qui vient d'être dit, que le divorce ne sera point un obstacle au partage des bénéfices que la communauté pourra offrir, lors même que le divorce aura été obtenu contre la femme.

Le motif de cette disposition est qu'il ne s'agit point d'une libéralité que la femme recueille, comme dans le cas de l'art. 299 du livre I.er du code civil, mais d'un droit qu'elle exerce, et qui ne fait que représenter la mise qu'elle a faite de son mobilier, des fruits de ses immeubles et de son travail, dans la masse commune : tout cela pourrait-il être perdu pour elle, même sans entrer en compte.

Mais reprenons les idées générales qu'appelle le chapitre que nous discutons.

La femme ou ses héritiers accepteront ou répudieront la communauté; la loi doit poser des règles pour cette double hypothèse.

Dans l'un et l'autre cas, ces règles seront fort simples.

Art. 1474. — Si la communauté est acceptée, il faudra faire une masse commune de l'actif et du passif, et après l'acquittement des charges et le prélèvement réciproque des biens personnels de chacun des époux, faire le partage du surplus.

Art. 1470. — Si quelques-uns des biens propres à l'un des époux ont été aliénés, le remploi s'en fera préalablement sur la masse.

Si, au contraire, ces biens ont été améliorés aux frais de la communauté, celle-ci en sera indemnisée ou récompensée.

Rien de plus juste ni de plus clair que ces règles; cependant, comme toutes les choses humaines, elles peuvent se compliquer accidentellement.

Art. 1475. — Il peut arriver, par exemple, que la femme laisse plusieurs héritiers, et que ceux-ci soient divisés entre eux de telle manière que l'un accepte la communauté, tandis que l'autre y renoncera.

Notre projet pourvoit à ce cas d'une manière juste, et que la simple lecture du texte justifiera suffisamment.

Art. 1477. — Il peut arriver aussi que des soustractions ou des recélés aient été faits par l'un des époux; et ce ne serait point faire assez que d'obliger le recéleur à rapporter à la masse ce qu'il a voulu lui dérober; il est juste de le priver du droit de prendre part dans l'effet rapporté ou dans sa valeur.

Ces divers accidents n'offrent d'ailleurs rien qui puisse sensiblement embarrasser le système, et il faut en dire autant de tout ce qui touche au paiement des dettes après le partage, et à la distinction de ce qui est à la charge de chacun des époux, selon les diverses espèces de dettes.

Art. 1483. — Parmi les dispositions de cette cathégorie, comprise dans le projet de loi qui vous est soumis il n'en est qu'une qui soit en ce moment digne de remarque; c'est celle qui statue qu'en tout état la femme n'est tenue des dettes de la communauté que *jusqu'à concurrence de son émolument*, pourvu qu'il y ait eu inventaire, et qu'elle rende compte du contenu en cet inventaire, et de ce qui lui en est échu par le partage.

C'est encore une disposition protectrice, et qui prouve tout le soin qu'on a pris pour que le régime de la communauté ne vînt point compromettre les intérêts de la femme.

Nous venons de voir ce qui a lieu lorsque la communauté est acceptée; et, si toutes les règles qui se rapportent à ce cas ne présentent aucune difficulté sérieuse, celles relatives au cas de renonciation sont plus simples encore.

Art. 1493. — Ici tout se réduit de la part de la femme à poursuivre la reprise de ses biens personnels, s'ils existent en nature, ou de leur valeur, s'ils ont été aliénés, et des indemnités qui peuvent lui être dues.

Art. 1492. — Elle ne peut répéter le mobilier qu'elle a mis dans la communauté, et ne retire que les linges et hardes à son usage.

Art. 1494. — Elle est au surplus déchargée de toute contribution aux dettes de la communauté, excepté de celles pour lesquelles elle se serait personnellement obligée, et sauf en ce cas son recours sur les biens de la communauté ou sur ceux de son mari.

Cette dernière situation qui vous présente le côté malheureux d'un contrat sur lequel les parties avaient fondé de plus grandes espérances, ne fera point sortir de votre mémoire tous les avantages qui doivent généralement résulter du régime auquel elle appartient.

La renonciation à la communauté est une exception, et l'on a même, dans ce cas, pourvu aux intérêts de la femme autant qu'il était possible.

Législateurs, j'ai retracé les principaux caractères du régime en communauté, j'en ai motivé les principales dispositions, et je crois avoir établi moins par des arguments, que par la simple exposition de ses règles, que la société dont il s'agit est beaucoup moins environnée de difficultés et d'embarras que ne l'ont craint de bons esprits peu habitués à en suivre les mouvements et l'action.

Sans doute un système dans lequel, sans participation à la société, la femme n'a qu'à retirer ses apports constatés, est plus simple; mais celui qui vient de vous être exposé, est aussi simple qu'une société puisse l'être, et doit gagner beaucoup aux dispositions qui y font entrer tout le mobilier, car les principales difficultés résultaient des distinctions que plusieurs coutumes admettent à ce sujet.

Amélioré sous ce rapport, et sous plusieurs autres, le régime de la communauté, depuis long-temps si cher à une grande partie du territoire français, le deviendra davantage encore, et remplira mieux son objet.

Art. 1496. — Mais le système que nous venons de vous développer, recevra-t-il quelques modifications ou amendements quand les époux ou l'un d'eux auront des enfants d'un précédent mariage? cette circonstance d'une application assez fréquente, ne pouvait échapper à la sollicitude du gouvernement.

On a donc examiné la question; et sans puiser sa décision dans la loi *Fœminæ*. 3. C *De seq. nup.*, ni dans l'édit de François II sur les secondes noces, on l'a facilement trouvée dans l'article 1098 du Code civil, déjà décrété.

Cet article règle et limite les libéralités que toute personne, ayant des enfants, peut faire à son second époux.

Dans les cas particuliers, il suffit donc de se référer à cet article, en exprimant que, si, par par la mise de son mobilier dans la communauté ou le paiement des dettes de l'autre époux, celui qui a des enfants se trouvait donner au-delà de la portion disponible, les enfants du premier lit auront l'action en retranchement.

De cette manière, et sous cette seule modification, le droit commun peut, sans nul inconvénient, exercer son empire sur cette espèce comme sur toutes les autres.

On conçoit d'ailleurs que la même restriction s'étendra au cas de la communauté *conventionnelle* dont il sera ci-après parlé; mais, dans tous les cas, les simples bénéfices résultant des travaux communs et des économies faites sur les revenus respectifs, quoiqu'inégaux, des époux, ne devront point être classés parmi les avantages sujets à réduction.

Tout ce qui vient d'être dit, législateurs, s'applique à la communauté légale, à cette communauté qui, dans le silence des parties, doit former le doit commun de la France.

Mais si les époux s'y soumettent par leur silence, et à plus forte raison par une adhésion expresse, ils peuvent aussi modifier ce droit commun par des conventions particulières, et la communauté devient alors purement conventionnelle dans les points qui ont été l'objet de stipulations spéciales.

De la communauté conventionnelle.

Art. 1497. — En traitant particulièrement de plusieurs modifications de la communauté légale, comme on l'a fait dans la seconde partie du chapitre II, notre projet n'a pas eu pour but d'embrasser toutes les espèces dont se compose le vaste domaine de la volonté des hommes.

Le tableau de quelques-unes n'entrait donc pas essentiellement et nécessairement dans le plan de ce travail; et, après avoir tracé les règles de la communauté légale, on pouvait se borner à laisser agir au surplus la liberté des conventions, sans autres limites que celles qui sont assignées par le chapitre I.er du projet de loi.

Mais, sans vouloir restreindre cette liberté, si nécessaire et si formellement consacrée en cette matière, le gouvernement a pensé qu'il était digne de sa sollicitude de s'occuper spécialement de certaines modifications, surtout de celles qui sont le plus usitées, et que des stipulations journalières indiquent comme étant plus dans les habitudes de quelques parties de notre immense population.

C'est dans ces vues que le projet exprime ce qui résultera des diverses conventions qui auront eu pour objet d'établir l'un des points suivants; savoir:

1.° Que la communauté n'embrassera que les acquêts;

2.° Que le mobilier présent ou futur n'entrera point en communauté, ou n'y entrera que pour une partie;

3.° Qu'on y comprendra tout ou partie des immeubles présents ou futurs, par la voie de l'ameublissement;

4.° Que les époux paieront séparément leurs dettes antérieures au mariage;

5.° Qu'en cas de renonciation, la femme pourra reprendre ses apports francs et quittes;

6.° Que le survivant aura un préciput;

7.° Que les époux auront des parts inégales;

8.° Qu'il y aura entre eux communauté à titre universel.

Chacune de ces espèces s'éloigne diversement du système général: les sept premières le restreignent, la dernière y ajoute, mais toutes le modifient, et chacune est susceptible de quelques règles qui sont posées ou comme la conséquence du pacte spécial auquel elles se rapportent, ou comme mesures propres à prévenir les difficultés qui naîtraient du texte isolé.

Voilà, législateurs, le but qu'on s'est proposé dans la rédaction d'un assez grand nombre d'articles, dont les dispositions, puisées pour chaque cas, ou dans nos coutumes, ou dans la jurisprudence, seront facilement comprises et appliquées.

Je ne les analyserai donc pas, car elles sont peu susceptibles d'analyse, et il ne s'agit pas ici d'expliquer un système: cette partie de notre projet n'offre qu'une série de propositions indépendantes les unes des autres, quelquefois contraires, et toujours aussi variées que la volonté humaine.

Vous jugerez, lors de la lecture qui en sera faite, si les décisions qu'elles renferment sont en harmonie avec les situations diverses auxquelles elles se portent.

Art. 1529. — Mais je ne puis terminer la discussion relative au chapitre II du projet de loi, sans arrêter un moment votre attention sur la section IX.e et dernière de la seconde partie de ce chapitre.

Cette section fixe la condition des époux qui, sans se soumettre au régime dotal, se marient sans communauté, ou stipulent qu'ils seront séparés de biens.

Au premier coup-d'œil, on serait porté à classer séparément cette espèce, qui exclut tout à la fois et la communauté et le régime dotal; mais si, pour ne rien omettre, il a fallu parler de cette stipulation très-rare, et en régler les effets, c'eût été trop faire pour elle, que de la considérer comme constituant un troisième système, et de la placer sur le niveau des deux autres régimes.

Ce pacte particulier, qui est une preuve de plus de la liberté indéfinie qui régnera dans les conventions matrimoniales, termine convenablement le chapitre où sont placées les conventions qui modifient, quant aux biens, la situation naturelle des époux.

J'atteins, législateurs, la partie du projet qui traite du régime dotal.

Du régime dotal.

Art. 1540. — Déjà vous connaissez les motifs qui ont conseillé de maintenir le régime dotal non plus comme la loi spéciale ou le droit commun d'une partie du territoire français, mais comme un corps de règles auxquelles tous les citoyens de la république, quelque part qu'ils habitent, puissent se référer quand ils préféreront ce régime à celui de la communauté.

De là l'obligation pour nous de motiver encore, sinon tous les détails, du moins les principales dispositions de ce régime.

Le régime dotal ne tire pas son nom de la seule circonstance qu'il y a une dot constituée, car le régime de la communauté admet aussi la constitution de dot.

Le régime dotal n'est donc ainsi appelé qu'à raison de la manière particulière dont la dot se trouve, non pas constituée, mais régie après la constitution qui en a été faite. Il n'est pas inutile de bien connaître la valeur des mots, pour s'entendre sur le fond des choses.

Il peut être utile aussi de remarquer dès-à-présent que, sous les deux régimes, les dots sont aussujéties à plusieurs règles parfaitement semblables.

Telles sont, entre autres, celles relatives à la portion contributoire des constituants, à la garantie de la dot et au paiement des intérêts; dispositions qui, après avoir été placées dans le chapitre II, relatif à la *communauté*, se trouvent dans le chapitre III, relatif au *régime dotal*, et dont on eût pu faire un chapitre commun, si l'on n'eût pas craint de morceler l'un et l'autre systêmes par cette voie, plus courte sans doute, mais moins favorable au but qu'on s'était proposé. En effet ce but a été de réunir dans chacun des chapitres toutes les règles qui étaient propres à chacun des régimes, de manière qu'il n'y eût ni confusion ni renvoi de l'un à l'autre, ou de l'un et de l'autre à un chapitre de dispositions communes.

Après ces observations, je dois fixer votre attention sur les points qui différencient essentiellement le régime dotal d'avec celui de la communauté.

Art. 1549. — Dans le régime dotal, le mari n'a pas, comme dans celui de la communauté, l'administration de tous les biens de la femme, sans distinction de ceux qui ont été constitués en dot à celle-ci, ou qui lui sont échus depuis le mariage; il n'a que l'administration et la jouissance des biens stipulés *dotaux*; (Art. 1554) mais une autre différence existe encore, en ce que les immeubles dotaux deviennent de leur nature inaliénables pendant le mariage.

Ainsi ce n'est point seulement le mari qui ne pourra aliéner les immeubles dotaux de sa femme, car dans aucun système cette aliénation ne saurait être l'ouvrage de celui qui n'est pas propriétaire, mais c'est la femme elle-même qui ne pourra aliéner ses immeubles dotaux lors même que son mari y consentirait.

Cette disposition du droit romain, née du desir de protéger la femme contre sa propre faiblesse et contre l'influence de son mari, est l'un des points fondamentaux du systême. Notre projet l'a conservée.

Art. 1555. — Cependant, comme il est peu de principes qui n'admettent des exceptions, celui que nous discutons aura les siennes.

Ainsi, et sans parler de la dérogation qui pourra y être faite par le contrat de mariage même, la dot de la femme pourra être par elle aliénée avec l'autorisation de son mari pour l'établissement de ses enfants; car la cause de l'inaliénabilité, se plaçant essentiellement dans l'intérêt même de ces enfants, on n'est point censé l'enfreindre quand l'aliénation n'a lieu que pour leur avantage.

Art. 1558. — Après cette exception d'un ordre supérieur, il en est quelques autres que les juges seuls pourront appliquer; car, s'il est sans inconvénient et même avantageux de laisser à la femme autorisée par son mari, le soin de remplir un devoir naturel en dotant ses enfants, en toute autre circonstance la collusion des époux serait à redouter, si l'intervention de la justice n'était ordonnée.

L'aliénation des immeubles dotaux pourra donc être autorisée par la justice dans les cas suivants :

Ou pour tirer de prison le mari ou la femme;

Ou pour fournir des aliments en certains cas et à certains membres de la famille;

Ou pour payer des dettes de la femme antérieures au mariage;

Ou pour pourvoir aux grosses réparations de l'immeuble dotal;

Ou enfin pour sortir d'indivision, quand cette indivision ne peut cesser que par une licitation.

Dans ces divers cas, lorsqu'ils sont bien constatés, il est aisé de reconnaître l'empire de la nécessité; et la loi ne saurait avec sagesse refuser ce que réclame une telle cause.

Mais c'eût été s'arrêter trop rigoureusement à la ligne tracée par le besoin, que de s'en tenir-là.

Dans le cours ordinaire de la vie, il est des choses si éminemment utiles, qu'il y aurait de la dureté à ne les point placer quelquefois sur le niveau des choses nécessaires.

Supposons donc le cas assez fréquent sans doute où l'immeuble dotal sera situé à une grande distance du domicile des époux, tandis qu'il se trouvera à leur portée un autre immeuble de valeur égale, ou à très-peu de chose près, dont l'administration infiniment plus facile offrirait d'immenses avantages.

Dans cette hypothèse, les lois romaines permettaient l'échange avec l'autorisation de la justice, et en reportant sur le fonds acquis, tous les caractères et priviléges du fonds aliéné. Notre projet a adopté cette exception qui a paru ne point blesser les intérêts de la femme.

Art. 1561. — Au-delà des espèces que je viens de récapituler, le principe de l'inaliénabilité du fonds dotal ne peut recevoir aucune atteinte, même par la prescription, à moins qu'elle n'ait commencé avant le mariage.

Art. 1562. — Il restera d'ailleurs peu de chose à dire sur les suites de l'administration du mari, quand on aura exprimé qu'il en est tenu comme tout usufruitier.

Art. 1564, 1565. — Mais au décès de l'un ou de l'autre des époux, la dot devra être restituée à la femme ou à ses héritiers, et ceci appelait quelques dispositions.

Si la dot consiste en immeubles, la restitution s'en fera en nature et sans délai.

Si elle consiste en mobilier, on distinguera si ce mobilier a été estimé ou non : au premier cas le mari sera débiteur du prix, *dos estimata, dos vendita;* au second cas la restitution sera due en nature, quelque dépérissement que la chose ait souffert, si c'est par l'usage et sans la faute du mari.

Telles sont les distinctions essentielles qui devront présider à la restitution dont, en certains cas, notre projet n'ordonne l'accomplissement qu'après des délais dont la faveur est due au souvenir du lien qui a existé entre les époux. L'événement malheureux de la mort de la femme ne doit pas, dans des moments consacrés à la douleur, laisser son mari exposé à de rigoureuses poursuites, de la part des héritiers même de celle qui fut son épouse.

Art. 1572. — Cette partie du projet de loi ne contient au surplus que des dispositions peu susceptibles de discussion. Je ne puis cependant passer à d'autres objets, sans arrêter un moment votre attention sur l'article qui porte que *la femme et ses héritiers n'ont point de privilége pour la répétition de la dot sur les créanciers antérieurs en hypothèque.*

On pourrait demander à quoi sert cette disposition, si elle ne tendait à abolir formellement la loi *Assiduis*, qui, successivement tombée en désuétude dans la plupart des pays même de droit écrit, était pourtant, encore de nos jours, observée dans quelques-uns, notamment dans le ressort du ci-devant parlement de Toulouse.

Cette loi, qui sacrifiait à la dot la société tout entière, et qui fut l'occasion d'une multitude de fraudes envers des tiers de bonne foi, n'était qu'une faveur mal entendue, et ne pouvait trouver place dans notre nouvelle législation.

Art. 1574. — Je viens, législateurs, d'indiquer les principales dispositions, comme les principaux effets du régime dotal; mais dans ce régime, ou plutôt à l'occasion de ce régime, viennent les biens paraphernaux.

Ces biens, qui comprennent tout ce qui n'a pas été expressément stipulé dotal, restaient dans le droit romain à la pleine disposition de la femme qui, pour les aliéner, n'avait pas besoin du consentement de son mari.

Art. 1576. — Notre projet offre un changement notable à ce sujet, ou plutôt ce changement existait déjà dans l'une des lois que vous avez portées dans votre dernière session.

L'article 217 du premier livre du code civil, a posé la règle relative à la nécessité du consentement du mari ou de l'autorisation judiciaire, en cas que le mari refuse son consentement: le projet actuel devait se conformer à cette sage disposition; il l'a fait.

Ainsi le pouvoir de la femme sur ses biens paraphernaux, se réduira, comme le prescrivaient la raison et son propre intérêt, à l'administration et jouissance de cette espèce de biens.

Art. 1577. — Mais qu'arrivera-t-il si le mari gère et jouit lui-même? Notre projet le considère dans l'une des trois situations suivantes:

Ou il n'aura joui qu'en vertu d'un mandat exprès, et il sera tenu des mêmes actions que tout mandataire;

Art. 1579. — Ou il se sera entremis et maintenu dans la jouissance par la force et contre le gré de sa femme; et alors il devra les fruits, car il n'a pu les acquérir par un délit;

Art. 1578. — Ou enfin sa jouissance aura été paisible, ou du moins tolérée; et, dans ce cas, il ne sera tenu, lors de la dissolution du mariage, qu'à la représentation des fruits existants.

Il importait sans doute de prévoir tous ces cas, et de les distinguer; car si les biens paraphernaux ont une existence et une administration à part, s'ils sont *de droit* séparés et de la dot et des biens du mari, souvent et par la nature des choses, ils leur seront unis *de fait*: il fallait donc pourvoir à ce qu'à raison de cette jouissance, les époux ne laissassent pas des procès pour héritage.

Je vous ai exposé, législateurs, tous les points essentiels du régime dotal.

Art. 1581. — Une disposition particulière, terminant le chapitre qui lui est consacré, exprime qu'*en se soumettant au régime dotal, les époux peuvent néanmoins stipuler une société d'acquêts.*

Sans doute les dispositions générales du projet de loi, sainement interprétées, eussent été suffisantes pour établir ce droit ou cette faculté; mais le gouvernement n'a pas cru qu'il dût en refuser l'énonciation précise, réclamée pour quelques contrées du droit écrit, où cette stipulation est fréquente.

Cette mesure aura d'ailleurs le double avantage et de calmer des inquiétudes et de prouver formellement que nos deux régimes ne sont pas ennemis, puisqu'ils peuvent s'unir jusqu'à un certain point.

Législateurs, ma tâche est fort avancée, mais elle n'est pas finie. Je n'ai plus à justifier les dispositions écrites du projet, mais son silence sur certains avantages, qu'en quelques lieux les femmes survivantes obtenaient à titre d'augment de dot, et dans le plus grand nombre de nos coutumes, sous le nom de *douaire*.

Sur ce point, le projet a imité la sage discrétion du droit écrit; et il le devait d'autant plus, qu'en établissant *la communauté* pour droit commun, il donne assez à la femme, si la communauté est utile, puisqu'elle en partagera les bénéfices, et lui accorderait trop, au cas contraire, puisque la libéralité de la loi s'exercerait sur une masse déjà appauvrie ou ruinée.

En se dépouillant d'ailleurs de tous les souvenirs de la routine, il fallait revenir aux premières règles de la raison. Or, la loi permet les libéralités, mais elle ne les fait pas, et ne doit point, en cette matière, substituer sa volonté à celle de l'homme, parce que souvent elle la contrarierait, sous prétexte de la suppléer.

Art. 1581. — Que les époux puissent donc stipuler des droits de survie avec ou sans réciprocité, la loi ne doit point s'y opposer; mais comme les libéralités sont dans le domaine de la volonté particulière, on ne saurait en établir par une disposition de droit commun, sans blesser tous les principes.

Législateurs, je vous ai retracé tout le plan de la loi qui vous est proposée.

Dans une matière de si haute importance,

et que la diversité des usages rendait si délicate et si difficile, on a moins cherché à détruire qu'à concilier, et surtout on a désiré que chacun pût facilement jouir de la condition légale dans laquelle il voudrait se placer.

Si donc on a pu scinder la France pour donner des règles diverses aux diverses contrées qui la composent, on a fait beaucoup, et tout ce qu'il était possible de faire, en disant à tous les citoyens de la République :

« Voilà deux régimes qui répondent à vos « habitudes diverses; choisissez.

« Voulez-vous même les modifier, vous le « pouvez.

« Tout ce qui n'est pas contraire à l'ordre « public ou formellement prohibé, peut devenir « l'objet de vos conventions; mais si vous n'en « faites point, la loi ne saurait laisser les droits « des époux à l'abandon; et la communauté, « comme plus conforme à la situation des époux « et à cette société morale, qui déjà existe « entre eux par le seul titre de leur union, sera « votre droit commun ».

Législateurs, si cette communauté a été bien organisée, et si elle a conservé tout ce qu'il y avait de bon dans nos anciens usages, en rejetant seulement ce qui pouvait l'embarrasser sans fruit;

Si, d'un autre côté, le régime dotal, quoique dirigé vers une autre fin, mais organisé dans les mêmes vues, a recueilli et conservé les meilleurs éléments que nous eussions sur cette matière;

Si enfin le projet a laissé à la volonté la juste latitude qu'elle devait avoir, le gouvernement aura rempli ses vues.

Et vous, Législateurs, en consacrant son travail par votre approbation, vous acquerrez de nouveaux droits à la reconnaissance publique.

TITRE VI.

De la Vente.

Décrété le 15 ventôse an XII (6 mars 1804); — Promulgué le 25 du même mois (16 mars 1804).

[ARTICLES 1582 à 1701.]

EXPOSÉ DES MOTIFS par M. le Conseiller-d'État PORTALIS.

Séance du 7 ventôse an XII (27 février 1804).

LÉGISLATEURS,

Nous vous apportons un projet de loi sur le contrat de vente.

Ce projet est divisé en huit chapitres.

Dans le premier, on s'est occupé de la nature et de la forme de la vente.

Le deuxième déclare quelles sont les personnes qui peuvent acheter ou vendre.

Le troisième est relatif aux choses qui peuvent être vendues.

Dans les quatrième et cinquième on détermine les obligations du vendeur et celles de l'acheteur.

On s'est occupé, dans le sixième, de la nullité et de la résolution de la vente.

Le septième a pour objet la licitation.

Le transport des créances et autres droits incorporels est la matière du huitième et dernier chapitre.

Tel est le plan général du projet de loi.

CHAPITRE PREMIER.

De la nature et de la forme du contrat de vente.

Les hommes ont des besoins réciproques : de là naissent les relations commerciales entre les nations diverses et entre les individus de la même nation.

D'abord on ne connut pas l'usage de la monnaie; on ne trafiqua que par échanges : c'est l'unique commerce des peuples naissants.

L'expérience découvrit bientôt les embarras, et démontra l'insuffisance de ce genre de commerce, car il arrivait souvent qu'un individu qui avait besoin des marchandises d'un autre, n'avait pas celles que celui-ci désirait acquérir lui-même. Deux personnes qui traitaient ensemble ne savaient comment se rapprocher, ni comment solder leurs comptes respectifs. Les difficultés que l'on rencontrait dans les communications entre particuliers, existaient également dans les communications entre les différents peuples; elles opposaient des obstacles journaliers à toutes les spéculations et à toutes les entreprises.

Les nations, éclairées par la nécessité, établirent une monnaie, c'est-à-dire, un signe de toutes les valeurs; avec ce signe, les opérations devinrent moins compliquées et plus rapides; ceux qui prenaient plus de marchandises qu'ils ne pouvaient en donner, se soldaient ou payaient l'excédent avec de l'argent. Dans ce nouvel ordre de choses, on procéda presque toujours par vente et par achat.

Quand on connaît l'origine du contrat de vente, on connaît sa nature.

Art. 1582. — La vente est un contrat par lequel l'*un s'oblige à livrer une chose, et l'autre à la payer.*

Considérés dans leur substance, les contrats appartiennent au droit naturel, et en tout ce qui regarde leur forme, ils appartiennent au droit civil; (Art. 1583) en matière de vente, comme en toute autre matière, c'est le consentement, c'est la foi qui fait le contrat; conséquemment il existe une véritable vente dès que les parties sont d'accord sur la chose et sur le prix.

Mais comment doit-il conster de cet accord, pour qu'il puisse devenir obligatoire aux yeux de la société? Ici commence l'empire de la loi civile.

Les jurisconsultes romains, plus frappés de ce qui tient à la substance du contrat, que de ce qui peut garantir sa sûreté, pensaient qu'il était libre au vendeur et à l'acheteur de traiter par parole ou par écrit.

Parmi nous, il a été un temps où l'on avait presque perdu jusqu'au souvenir de l'usage de l'écriture. Dans ce temps on avait proclamé cet adage qui nous a été conservé par quelques anciens coutumiers : *Témoins passent lettres.* Dans les affaires publiques, on était gouverné par des usages ou des traditions, plutôt que par des lois. Dans les affaires privées, des paroles fugitives, recueillies par quelque affidé ou quelque voisin, faisaient toute la sûreté des contrats.

Les choses changèrent quand l'instruction reparut. On vit s'établir cette autre maxime : *Lettres passent témoins.*

Art. 1582. — L'ordonnance de Moulins et celle de 1667 prohibaient la preuve par témoins en matière de contrats, à moins qu'il n'y eût un commencement de preuve par écrit, ou qu'il ne fût question d'une valeur infiniment modique. La vente ne fut pas distinguée des autres conventions.

Le projet de loi suppose et consacre à cet égard les principes existants.

Quand on parle de l'usage de l'écriture relativement aux différents actes, il faut distinguer les cas. Ordinairement l'écriture est exigée comme simple preuve de l'acte qu'il s'agit de constater. Quelquefois elle est exigée comme une forme nécessaire à la solennité même de l'acte. Dans ce second cas, l'écriture ne peut être suppléée. L'acte est nul s'il n'est pas rédigé par écrit, et dans la forme prescrite par la loi. Mais dans le premier cas, l'écriture n'étant exigée que comme une simple preuve, la seule absence de l'écriture n'opère pas la nullité d'un acte dont il costerait d'ailleurs par d'autres preuves équivalentes et capables de rassurer le juge.

L'ordonnance des *Donations* voulait que toute donation entre-vifs fût rédigée par contrat public, à peine de nullité. Il est évident que dans cette espèce de contrat l'écriture n'était pas simplement exigée pour la preuve de l'acte, mais pour sa solennité et sa validité, *non tantùm ad probationem, sed ad solemnitatem.*

Quelques jurisconsultes, et entre autres l'auteur du *Traité des Assurances*, enseignent que, dans le système de l'ordonnance de la marine, l'écriture est exigée comme une forme essentielle au contrat d'assurance (1).

Dans la vente et dans les autres contrats ordinaires, l'écriture n'est exigée que comme preuve, *tantùm ad probationem.* Ainsi une

(1) Emérigon, *Traité des Assurances*, page 26.

vente ne sera pas nulle par cela seul qu'elle n'aura pas été rédigée par écrit. Elle aura tout son effet s'il conste d'ailleurs de son existence. Il sera seulement vrai de dire, comme à l'égard des autres conventions, que la preuve par témoins n'en doit point être admise, s'il n'y a des commencements de preuve par écrit.

L'écriture n'étant exigée dans la vente que pour la preuve de l'acte, le projet de loi laisse aux parties contractantes la liberté de faire leurs accords par acte *authentique ou sous seing-privé*.

Il est de principe que l'on n'est pas moins lié par un acte que l'on rédige et que l'on signe soi-même, que par ceux qui se font en présence d'un officier public. Les derniers sont revêtus de plus d'authenticité; mais l'engagement que l'on contracte par les premiers n'est pas moins inviolable.

Deux parties, en traitant ensemble sous seing-privé, peuvent s'obliger à passer un contrat public à la première requisition de l'une d'elles. L'acte sous seing-privé n'est pas pour cela un simple projet; on promet seulement d'y ajouter une forme plus authentique, mais le fond du contrat demeure toujours indépendant de cette forme. On peut réaliser ou ne pas réaliser le vœu que l'on a exprimé de donner une plus grande publicité à la convention, sans que la substance des engagements pris puisse en être altérée.

On a jugé constamment qu'une vente sous seing-privé était obligatoire, quoique dans l'acte on se fût réservé de faire rédiger les accords en acte public, et que cette réserve n'eût jamais été réalisée. Toutes les fois qu'en pareil cas une partie a voulu se soustraire à ses engagements, elle a toujours été condamnée à les exécuter.

La rédaction d'une vente privée en contrat public ne peut être réputée essentielle qu'autant qu'il aurait été déclaré par les parties que, jusqu'à cette rédaction, leur premier acte demeurerait aux termes d'un simple projet.

ART. 1583. — On décide, dans le projet de loi, que la vente, en général, est *parfaite, quoique la chose vendue n'ait pas encore été livrée, et que le prix n'ait point été payé.*

Dans les premiers âges, il fallait *tradition et occupation corporelle* pour consommer un transport de propriété. Nous trouvons dans la jurisprudence romaine une multitude de règles et de subtilités qui dérivent de ces premières idées.

Nous citerons entre autres cette maxime: *Traditionibus et non pactis dominia rerum transferuntur.*

Dans les principes de notre droit français, le contrat suffit, et ces principes sont à la fois plus conformes à la raison et plus favorables à la société.

Distinguons le contrat en lui-même d'avec son exécution. Le contrat en lui-même est formé par la volonté des contractants. L'exécution suppose le contrat, mais elle n'est pas le contrat même.

On est libre de prendre un engagement ou de ne pas le prendre; mais on n'est pas libre de l'exécuter ou de ne pas l'exécuter quand on l'a pris. Le premier devoir de toute personne qui s'engage est d'observer les pactes qu'elle a consentis, et d'être fidèle à la foi promise.

Dans la vente, la délivrance de la chose vendue et le paiement du prix sont des actes qui viennent en exécution du contrat, qui en sont une conséquence nécessaire, qui en dérivent comme l'effet dérive de sa cause; et qui ne doivent pas être confondus avec le contrat.

L'engagement est consommé dès que la foi est donnée; il serait absurde que l'on fût autorisé à éluder ses obligations en ne les exécutant pas.

Le système du droit français est donc plus raisonnable que celui du droit romain; il a sa base dans les rapports de moralité qui doivent exister entre les hommes.

Ce système est encore plus favorable au commerce. Il rend possible ce qui ne le serait souvent pas, si la tradition matérielle d'une chose vendue était nécessaire pour rendre la vente parfaite. Par la seule expression de notre volonté, nous acquérons pour nous-mêmes, et nous transportons à autrui toutes les choses qui peuvent être l'objet de nos conventions. Il s'opère par le contrat une sorte de tradition civile qui consomme le transport du droit, et qui nous donne action pour forcer la tradition réelle de la chose et le paiement du prix. Ainsi la volonté de l'homme, aidée de toute la puissance de la loi, franchit toutes les distances, surmonte tous les obstacles, et devient présente partout, comme la loi même.

La règle que la vente est parfaite, bien que la chose vendue ne soit point encore livrée, et que le prix n'ait point encore été payé, ne s'applique qu'aux ventes pures et simples, et non aux ventes conditionnelles ou subordonnées à quelqu'événement particulier. Il faut alors se diriger d'après la nature des conditions stipulées, et d'après les principes qui ont été établis à cet égard sur les conventions en général.

Art. 1591. — Nous avons dit qu'il est de l'essence du contrat de vente que les parties soient d'accord sur la chose et sur le prix; mais comment cet accord pourrait-il exister, s'il n'était intervenu sur une chose déterminée et sur un prix certain?

Art. 1592. — La nécessité de stipuler un prix certain n'empêche pourtant pas qu'on ne puisse s'en rapporter à un tiers pour la fixation de ce prix. Mais la vente est nulle si ce tiers refuse la mission qu'on lui donne, ou s'il meurt avant de l'avoir remplie. Une des parties ne pourrait exiger qu'il fût remplacé par un autre.

On dira peut-être que le prix n'est pas certain quand on s'en rapporte à un tiers pour le fixer. Mais les parties contractantes peuvent convenir de tels pactes que bon leur semble, pourvu que ces pactes ne soient contraires ni à l'ordre public ni aux bonnes mœurs. Sans doute un prix dont la fixation est soumise à l'arbitrage d'un tiers n'est point encore certain; mais il le deviendra après cette fixation, et la vente ne sera parfaite qu'autant que cette fixation aura eu lieu.

Art. 1585. — De la nécessité de s'accorder sur une chose déterminée, il suit que lorsque des marchandises ne sont pas vendues en bloc, mais au poids, au compte ou à la la mesure, la vente n'en est point parfaite en ce sens, que les choses vendues sont aux risques du vendeur jusqu'à ce qu'elles soient pesées, comptées ou mesurées. Mais l'acheteur peut en demander ou la délivrance ou des dommages et intérêts, s'il y a lieu, en cas d'inexécution de l'engagement, car il y a au moins une obligation précise de vendre.

Art. 1587. — A l'égard du *vin*, de l'*huile*, et des autres choses que l'on est dans l'usage de goûter avant d'en faire l'achat, il n'y a pas de vente tant que l'acheteur ne les a pas goûtées et agréées, parce que, jusqu'à cette époque, il n'y a pas même un véritable consentement de sa part.

La vente faite à l'essai est toujours présumée faite *sous une condition suspensive*.

Art. 1589. — *La promesse de vendre vaut vente lorsqu'il y a consentement réciproque des deux parties sur la chose et le prix.*

On trouve effectivement, en pareil cas, tout ce qui est de la substance du *contrat de vente* (1).

Dans l'usage, on traite quelquefois en donnant et en recevant des arrhes. Si les arrhes tiennent à une convention qui en détermine l'effet, il faut suivre exactement cette convention. S'il n'y a point de convention expresse, alors, faute d'exécution du contrat de la part de l'acheteur, les arrhes sont perdues pour lui; et, faute d'exécution de la part du vendeur, celui-ci est tenu de rendre à l'acheteur le double des arrhes qu'il a reçues.

Il est de droit commun et général que les *frais d'acte et autres frais accessoires à la vente sont à la charge de l'acheteur.*

CHAPITRE II.

Qui peut acheter ou vendre.

Art. 1594. — Après avoir déterminé la nature et la forme du contrat de vente, on s'est occupé de ceux qui peuvent vendre et acheter.

En thèse, la faculté de vendre et d'acheter appartient à tous ceux auxquels la loi ne l'interdit pas.

Art. 1595. — Le projet soumis à votre examen restreint cette faculté entre époux. On a craint avec raison l'abus que le mari peut faire de son autorité, et celui qui aurait sa source dans l'influence que la femme peut se ménager par les douces affections qu'elle inspire.

Ces motifs avaient déterminé la loi romaine et la plupart des coutumes à prohiber les donations entre-vifs entre la femme et le mari, hors du contrat de mariage. Entre personnes si intimement unies, il serait bien à craindre que la vente ne masquât presque toujours une donation.

De plus, le mari est chef de la société conjugale; il est l'administrateur des intérêts communs; la femme ne peut faire aucun acte sans son autorisation: pourrait-on se promettre que la même personne sût concilier l'intérêt exclusif et personnel d'un contractant avec la sage vigilance d'un protecteur?

(1) Cochin, tome VI, page 160.

Il répugne que l'on puisse être à la fois juge et partie : *Nemo potest esse auctor in re suâ.* Or, quand on autorise, on est juge, et on est partie quand on traite. On peut, comme partie, chercher son bien propre et particulier ; comme autorisant, on ne doit travailler qu'au bien d'autrui.

Le projet de loi reconnaît pourtant qu'il est des circonstances dans lesquelles il est permis entre époux de vendre et d'acheter. Ces circonstances sont celles où le contrat est fondé sur une juste cause, et où il a moins le caractère d'une vente proprement dite que celui d'un paiement forcé ou d'un acte d'administration.

Art. 1596. — Nous avons renouvelé la défense faite aux *tuteurs, mandataires, administrateurs et officiers publics, de se rendre adjudicataires par eux-mêmes ou par personnes interposées*, des biens qui sont sous leur protection ou leur surveillance.

Les raisons de sûreté et d'honnêteté publiques qui motivent ces défenses sont trop évidentes pour qu'il soit nécessaire de les développer.

Dans l'ancienne Rome, les gouverneurs ne pouvaient rien acquérir dans l'étendue de leur gouvernement, et les magistrats ne pouvaient rien acquérir dans le ressort de leur juridiction. On voulait écarter d'eux jusqu'au soupçon de mêler des vues d'intérêt privé avec les grands intérêts publics confiés à leur sollicitude.

Une novelle de Valentinien vint adoucir la rigueur de cette législation ; et cette novelle, d'après le témoignage de Cujas, a formé le droit de la France.

Mais une foule d'arrêts intervenus en forme de réglements, ont constamment prononcé la nullité des adjudications faites à des juges et à des administrateurs chargés par état de la surveillance des biens adjugés. Si l'on a cru que la condition des officiers publics ne doit pas être pire que celle des citoyens ordinaires dans les choses étrangères au fait de leur administration, on a pensé aussi que le *titre public* de leur charge les soumet à de plus grandes précautions que les *personnes privées*, pour les mettre à couvert du soupçon d'abuser de leur autorité dans les occasions où ils ne peuvent et ne doivent se montrer que comme administrateurs ou comme magistrats.

Art. 1597. — Les ordonnances ont toujours prohibé aux juges, à tous ceux qui exercent quelques fonctions de justice, ou quelque ministère près les tribunaux, de se *rendre cessionnaires d'actions et de droits litigieux qui sont ou peuvent être portés devant le tribunal dans le ressort duquel ils exercent leurs fonctions, à peine de nullité, dépens, dommages et intérêts.*

Cette disposition est rappelée par le projet de loi ; elle est la sauve-garde des justiciables.

Un juge est établi pour terminer les contestations des parties, et non pour en trafiquer. Il ne peut et il doit intervenir entre les citoyens que comme ministre des lois, et non comme l'agent des intérêts, de la haine et des passions des hommes. S'il descend honteusement de son tribunal, s'il abandonne le sacerdoce auguste qu'il exerce pour échanger sa qualité d'officier de justice contre celle d'acheteur d'actions, il avilit le caractère honorable dont il est revêtu ; il menace, par le scandale de ses procédés hostiles et intéressés les familles qu'il ne doit que rassurer par ses lumières et ses vertus, il cesse d'être magistrat, il n'est plus qu'oppresseur.

La prohibition faite aux juges d'acheter des actions litigieuses n'est donc qu'une conséquence nécessaire à des principes religieux qui veillent sur la sainteté de leur ministère. Il importe à la société que ceux par qui la justice doit être rendue puissent être respectés comme s'ils étaient la justice même.

CHAPITRE III.

Des choses qui peuvent être vendues.

Art. 1598. — Toutes les choses qui s'offrent à nous sont ou commerçables, ou hors du commerce.

Parmi les choses qui sont hors du commerce, il faut d'abord ranger celles qui ont été destinées par la providence à demeurer communes, et qui ne pourraient cesser de l'être sans cesser d'être ce qu'elles sont. Ces choses ne sont point susceptibles de devenir l'objet d'une propriété privée, et ne peuvent appartenir, à titre de domaine proprement dit, à qui que ce soit, pas même à l'État, qui, selon le langage des jurisconsultes, n'en a que la simple *tuition*, et qui ne doit que garantir et protéger leur destination naturelle.

La seconde classe des choses qui sont hors du commerce embrasse toutes celles qui sont actuellement consacrées à des usages publics, et qui par cela seul n'appartiennent à personne.

Toutes ces choses ne peuvent devenir l'objet d'une vente.

Il est encore des biens qui, quoique possédés à titre de domaine proprement dit, ne sont point dans le commerce, parce que la loi défend de les aliéner.

De là vient que le projet de loi, en déclarant que *tout ce qui est dans le commerce doit être vendu*, ajoute : *lorsque des lois particulières n'en ont pas prohibé l'aliénation.*

Art. 1599. — On ne peut sciemment acheter ni vendre la chose d'autrui : nous avons écarté à cet égard toutes les subtilités du droit romain. L'acte par lequel nous disposons de ce qui ne nous appartient pas ne saurait être obligatoire si l'acquéreur n'ignore pas le vice de la chose vendue : car dès-lors cet acquéreur n'ignore pas qu'on ne peut céder ni transporter à autrui un droit qu'on n'a pas soi-même ; et il est contre toute raison et contre tous principes que deux parties puissent avec connaissance de cause, disposer d'une propriété qui appartient à un tiers, à l'insu duquel elles traitent.

Art. 1600. — Les lois romaines proscrivaient la vente de la succession d'une personne vivante ; la jurisprudence française s'était conformée à la disposition des lois romaines : nous avons cru qu'il importait de conserver une maxime essentielle aux bonnes mœurs et dictée par l'humanité même.

Il est sans doute permis de traiter sur des choses incertaines, de vendre et d'acheter de simples espérances ; mais il faut que les incertitudes et les espérances qui sont la matière du contrat ne soient contraires ni aux sentiments de la nature ni aux principes de l'honnêteté.

Nous savons qu'il est des contrées où les idées de la saine morale ont été tellement obscurcies et étouffées par un vil esprit de commerce, qu'on y autorise les assurances sur la vie des hommes (1).

Mais en France de pareilles conventions ont toujours été prohibées. Nous en avons la preuve dans l'Ordonnance de la marine de 1681, qui n'a fait que renouveler des défenses antérieures.

L'homme est hors de prix : sa vie ne saurait être un objet de commerce : sa mort ne peut devenir la matière d'une spéculation mercantile.

Ces espèces de pactes sur la vie ou sur la mort d'un homme sont odieux, et ils peuvent n'être pas sans danger. La cupidité qui spécule sur les jours d'un citoyen, est souvent bien voisine du crime qui peut les abréger.

La vente de la succession d'une personne vivante est un contrat éventuel sur la vie de cette personne. Elle a donc tous les vices, tous les dangers qui ont fait proscrire le contrat d'assurance sur la vie des hommes : elle en a de plus grands encore ; elle nous offre le spectacle affligeant d'un parent, d'un proche assez dénaturé pour consulter, avec une sombre et avide curiosité, le livre obscur des destinées ; pour fonder de honteuses combinaisons sur les tristes calculs d'une prescience criminelle, et, je ne crains pas de le dire, pour oser entr'ouvrir la tombe sous les pas d'un parent, d'un bienfaiteur peut-être.

Art. 1601. — Une chose ne pouvant être vendue qu'autant qu'elle existe, la vente est nulle si au moment du contrat la chose vendue n'existe plus. S'il en reste quelque partie, l'acquéreur a le choix de renoncer à la vente, ou de réclamer la partie conservée, ou d'en faire déterminer le prix.

CHAPITRES IV et V.

Des obligations du vendeur et de l'acheteur.

Art. 1603. — Nous arrivons aux obligations qui naissent du contrat de vente.

Les deux principales obligations du vendeur sont de délivrer la chose vendue et de la garantir.

Le projet de loi détermine le mode de délivrance selon la nature des choses mobilières ou immobilières, corporelles ou incorporelles, qu'il s'agit de délivrer. (Art. 1610) Il fixe les droits de l'acquéreur dans les cas où le vendeur est en demeure de faire la délivrance. Il déclare que dans ces cas l'acquéreur a le choix de demander la résolution de la vente ou la mise en possession de la chose vendue, avec dommages et intérêts pour le préjudice qu'il a souffert.

Art. 1612, 1613. — Le vendeur n'est point réputé en demeure de faire la délivrance, si l'acquéreur est en demeure de payer le prix,

(1) En Angleterre, par exemple. *Voyez* Emérigon, *Traité des Assurances.*

ou si depuis la vente il est tombé en faillite, ou dans un état de décadence qui puisse sérieusement menacer la sûreté du vendeur.

Art. 1614. — La chose vendue doit être délivrée en l'état où elle se trouve au moment de la vente et avec tous ses accessoires. On range dans la classe des accessoires tout ce qui était destiné d'une manière permanente à l'usage de la chose.

Art. 1616, 1617, 1618. — *On distingue* dans les ventes d'immeubles faites avec déclaration de contenance, l'hypothèse où l'on a fixé le résultat de cette contenance à un nombre déterminé de mesures, en distribuant proportionnellement le prix sur chaque mesure, d'avec celle où la déclaration de contenance se trouve liée à la vente d'un ou de plusieurs corps certains; séparés ou unis, avec stipulation d'un prix général pour le tout.

Dans la première hypothèse, il peut arriver de deux choses l'une, ou qu'il y ait un déficit dans la contenance déclarée, ou qu'il y ait un excédent. Y a-t-il un déficit? L'acquéreur peut exiger que le vendeur complète la contenance portée par le contrat, ou se contenter d'une diminution proportionnelle dans le prix. Ce dernier parti est même forcé, si le vendeur est dans l'impossibilité de remplir la contenance annoncée. Y a-t il un excédent? cet excédent est-il d'un vingtième au-dessus de la contenance déclarée? L'acquéreur a le choix de fournir le supplément du prix ou de se désister de son achat.

Art. 1619. — Dans l'hypothèse, au contraire, où la déclaration de contenance se trouve liée à la vente d'un ou de plusieurs corps certains, separés ou unis, avec stipulation d'un prix général pour le tout, cette déclaration ne donne lieu à aucun supplément de prix en faveur du vendeur, pour l'excédent de contenance, ni, en faveur de l'acquéreur, à aucune diminution de prix sous prétexte d'un *déficit*; à moins que le *déficit* ou l'excédent ne soit d'un vingtième en plus ou en moins, eu égard à la valeur totale des objets vendus.

Il était essentiel de fixer d'une manière uniforme le degré d'importance que doit avoir l'*excédent* ou le *déficit* de contenance, pour fonder les droits respectifs du vendeur et de l'acquéreur. Les coutumes variaient sur ce point : nous avons opté pour l'usage le plus universel.

Art. 1622. — Nous avons déclaré que, dans les occurrences dont nous venons de parler, l'action en résiliation ou en supplément de prix ne doit durer qu'une année. Ce temps est suffisant pour reconnaître une erreur dont la vérification est possible à chaque instant. Un terme plus long jeterait trop d'inexactitude dans les affaires de la vie.

Art. 1625. — Indépendamment de l'obligation de délivrer fidèlement la chose vendue, le vendeur doit la garantir.

Cette garantie a deux objets : le premier d'assurer à l'acquéreur la paisible possession de la chose vendue; le deuxième, de lui répondre des défauts cachés ou des vices qui donnent lieu à l'action redhibitoire.

Art. 1626, 1627. — La garantie est de droit, elle dérive de la nature même du contrat de vente; mais on peut convenir que le vendeur n'y sera point soumis : car il ne s'agit ici que d'un intérêt privé; et en matière d'intérêt privé chacun peut renoncer à son droit.

Art. 1628. — Nous avons pourtant prévu le cas où l'événement qui ouvrirait l'action en *garantie* aurait sa source dans le propre fait du vendeur. Nous avons pensé avec tous les jurisconsultes, que, dans un pareil cas, le pacte portant dispense de toute garantie ne pourrait être appliqué, et que même si l'on stipulait que le vendeur ne serait pas tenu de répondre de son propre fait, une telle stipulation serait évidemment nulle, comme contraire à la justice naturelle et aux bonnes mœurs.

Le projet de loi détermine l'étendue de la garantie, soit en cas d'éviction, soit en cas de défauts ou de vices cachés dans la chose vendue. Nous n'entrerons point à cet égard dans des détails inutiles; on se convaincra, par la seule lecture du projet, qu'il ne fait que rappeler des maximes consacrées par la jurisprudence de tous les temps, et liées aux principes de l'éternelle équité.

Art. 1650. — Si les principales obligations du vendeur sont de délivrer la chose vendue et de la garantir, la principale obligation de l'acquéreur est de payer le prix.

Art. 1653. — L'acquéreur ne peut suspendre ce paiement qu'autant qu'il serait en péril d'être évincé. Un tel danger l'autorise à garder le prix ou à exiger une caution suffisante et solvable.

Art. 1654. — Si l'acquéreur est en demeure

de satisfaire à ses engagements, le vendeur est fondé à demander la résolution de la vente.

Art. 1655. — Cette résolution doit être prononcée sans hésitation dans le cas où le vendeur court le risque de perdre la chose et le prix; un tel risque n'existant pas, le juge peut accorder à l'acquéreur un délai raisonnable pour se libérer. Une excessive rigueur dans l'administration de la justice aurait tous les caractères d'une tyrannique oppression : *Summum jus, summa injuria*. Le bien se trouve entre deux limites, il finit toujours où l'excès commence.

Art. 1656. — Quelquefois on convient que la vente sera résolue de plein droit, si l'acquéreur ne paye le prix dans un délai déterminé. On demande si, dans une telle situation, l'acquéreur peut utilement, après le délai, satisfaire à ces obligations; l'affirmative est incontestable, tant que cet acquéreur n'a pas été mis en demeure par une sommation. Dira-t-on qu'il était suffisamment averti par le contrat? Mais la rigueur du contrat pouvait être adoucie par la volonté de l'homme; le silence du vendeur fait présumer son indulgence : une sommation positive peut seule empêcher ou détruire cette présomption.

Quand cette sommation a été faite, si l'acquéreur ne paye pas, le juge ne peut plus accorder de délai. Un délai accordé par le juge en pareille circonstance serait une infraction manifeste du contrat. L'équité du juge ne peut intervenir que quand la circonstance du non-paiement dans le temps convenu n'a pas été formellement présentée dans le contrat comme résolutoire de la vente; car alors il reste quelque latitude à cette équité.

Art. 1657. — Ce que nous venons de dire n'est relatif qu'à des ventes d'immeubles. S'il s'agit de denrées et d'effets mobiliers, la vente sera résolue de plein droit et sans sommation préalable au profit du vendeur, après le délai dans lequel il était convenu que l'acheteur retirerait la chose vendue, et en payerait le prix.

Les raisons de différence entre les ventes d'immeubles et les ventes de denrées et d'effets mobiliers sont sensibles. Les denrées et les effets mobiliers ne circulent pas toujours dans le commerce avec le même avantage; il y a une si grande variation dans le prix de ces objets, que le moindre retard peut souvent occasionner un préjudice irréparable : les immeubles n'offrent pas les mêmes inconvénients.

En développant les règles générales sur les obligations respectives du vendeur et de l'acheteur, nous n'avons rappelé que les principes qui appartiennent au droit commun, et qui ont été adoptés par les lois civiles de toutes les nations policées. Mais nous n'avons pas laissé oublier que les règles générales du droit qui ont été posées, peuvent être modifiées de mille manières par les conventions des parties : le contrat est la véritable loi qu'il faut suivre, à moins que les pactes qu'il renferme ne soient vicieux en eux-mêmes ou dans leurs rapports, avec la police de l'état. (Art. 1602.) Quand le contrat est clair, il faut en respecter la lettre; s'il y a de l'obscurité et du doute, il faut opter pour ce qui paraît le plus conforme à l'intention des contractants : les pactes dans lesquels cette intention n'est pas facile à découvrir, doivent être interprétés contre le vendeur, parce qu'il dépendait de lui d'exprimer plus clairement sa volonté.

CHAPITRE VI.

De la nullité et de la résolution de la vente.

Art. 1659. — L'ordre naturel des idées nous a conduits à l'examen des moyens et des causes qui peuvent opérer la nullité ou la dissolution du contrat de vente; nous n'avons pas dû rappeler les règles communes à tous les contrats, et qui ont été exposées dans des projets de loi que vous avez sanctionnés : nous nous sommes attachés à celles qui sont particulières au contrat de vente.

Il a toujours été permis de stipuler dans une vente la faculté de rachat : cette faculté consiste dans la réserve que se fait le vendeur de reprendre la chose vendue, moyennant la restitution du prix, et le remboursement de tout ce qui est de droit.

Par l'exercice de cette faculté, la vente est résolue ou annullée.

Nous avons cru, d'après l'ancienne jurisprudence, devoir autoriser la spéculation de la faculté de rachat. Ce pacte offre au citoyen ou au père de famille malheureux, des ressources dont il ne serait pas juste de le dépouiller, avec la liberté de se réserver le rachat, on peut vendre pour se ménager un secours; sans perdre l'espérance de rentrer dans sa propriété.

Art. 1660. — Mais autrefois la faculté de rachat pouvait être stipulée pour un temps très-long, et même pour un temps illimité; quand on la stipulait pour un temps illimité, elle n'était prescriptible que par le laps de trente ans.

Dans le projet de loi, on limite à cinq ans l'action en rachat; on ne permet pas de stipuler la durée de cette action pendant un plus long terme.

Le bien public ne comporte pas que l'on prolonge trop une incertitude qui ne peut que nuire à la culture et au commerce.

Dans l'ancien régime, on distinguait, en matière de rachat, la prescription légale d'avec la prescription conventionnelle. La prescription légale se vérifiait lorsque la faculté de rachat, stipulée pour un temps illimité, n'était prescrite que par le laps de trente ans. La prescription conventionnelle se vérifiait lorsque la faculté de rachat ayant été stipulée pendant un temps convenu entre les parties, le vendeur avait laissé passer ce temps sans exercer son droit. On pensait que dans l'hypothèse de la prescription légale l'action en rachat était éteinte par la seule force de cette prescription; mais que dans le cas de la prescription conventionnelle il était nécessaire que l'acquéreur obtînt contre le vendeur ou ses ayant-causes un jugement de déchéance.

Cette distinction ne nous a offert qu'une vaine subtilité. Est-il nécessaire de faire déchoir un vendeur d'une action qui n'existe plus? Cette action dont la durée avait été déterminée par le contrat, peut-elle se survivre à elle-même? Pourquoi vouloir qu'une partie soit obligée de rapporter un jugement, quand la sûreté est pleinement garantie par la convention?

Le projet de loi décide que l'action en rachat est eteinte de plein droit après le délai convenu, qui ne peut excéder cinq années.

Art. 1663. — le temps de cinq années court contre toute personne, même contre le mineur, sauf à ce dernier à exercer son recours contre qui de droit. Nous devons encore faire remarquer ici une différence entre l'ancienne jurisprudence et le projet de loi. L'ancienne jurisprudence, en distinguant la prescription légale d'avec la prescription conventionnelle, établissait que quand le rachat ne s'éteignait que par la prescription légale, cette prescription ne courait pas contre les mineurs, et que le mineur ne pouvait être frappé que par la prescription conventionnelle.

Il nous a paru que, dans tous les cas, la prescription, soit légale, soit conventionnelle, doit courir contre toute personne sans exception.

D'abord cette règle ne peut être douteuse dans aucun système; quand il s'agit de la prescription conventionnelle; car, dans ce cas, il s'agit de l'exécution d'un pacte : or, les pactes ne peuvent être que le résultat et l'ouvrage de la volonté. Il serait donc absurde qu'un acquéreur se trouvât soumis, par un événement étranger au contrat, à une prorogation qu'il n'aurait ni voulue ni consentie. Quant à la prescription légale, elle serait acquise dans le système du projet de loi, par le laps de cinq ans, puisque, par ce projet, l'action en rachat ne peut avoir une plus longue durée. Or, une prescription de cinq ans est une prescription abrégée, qui ne saurait être régie comme les prescriptions ordinaires.

Dans les prescriptions ordinaires, les lois ont plus en vue l'intérêt du propriétaire dépouillé, que celui d'un simple possesseur ou d'un usurpateur ambitieux. De là vient qu'elles admettent, avec une grande faveur, dans ces sortes de prescriptions, tout ce qui peut en interrompre le cours.

Dans les prescriptions abrégées, les lois, par quelques considérations majeures d'utilité publique, ont plus en vue l'intérêt de celui qui peut s'aider de la prescription, que l'intérêt de la personne à laquelle la prescription peut être opposée. De là les mineurs mêmes sont frappés par les prescriptions abrégées, parce que les motifs de bien public qui ont fait réduire ces prescriptions à un moindre temps, luttent toujours avec avantage pour les personnes que les lois se proposent de secourir et de protéger.

Le projet de loi, après avoir déterminé la durée de l'action en rachat, rappelle quelques règles connues sur la manière d'exercer cette action, et sur les obligations respectives du vendeur qui rentre dans sa propriété, et de l'acquéreur qui s'en dessaisit.

Art. 1674. — Une question vraiment importante s'est élevée. Doit-on admettre la rescision du contrat de vente pour cause de lésion?

La loi II au Code *de rescindenda venditione*, admet cette rescision lorsque la lésion est d'*outre-moitié du juste prix*.

Cette loi avait été adoptée en France, tant dans les pays de coutume que dans les pays de droit écrit.

L'introduction du papier monnaie pendant la révolution eut une telle influence sur les opérations commerciales, et produisit une si grande mobilité dans la valeur relative de toutes choses, que l'action rescisoire pour cause de lésion parut incompatible avec les circonstances dans lesquelles on vivait.

Les affaires prenant ensuite un cours plus réglé, on proposa de rétablir l'action rescisoire. Il y eut quelque diversité d'avis. On renvoya à statuer sur cet objet, lorsqu'on s'occuperait de la rédaction d'un Code civil.

Le moment est arrivé, et il s'agit aujourd'hui de savoir si l'action rescisoire pour cause de lésion sera ou ne sera pas consacrée par notre législation civile.

En France, nos jurisconsultes ont été uniformes jusqu'ici sur la justice de cette action. Quelques auteurs étrangers, et entre autres des docteurs allemands, ont publié une doctrine contraire à celle de nos jurisconsultes. Parmi ces auteurs il en est qui attaquent le principe même de l'action rescisoire, et qui soutiennent que la lésion, quelque énorme qu'elle soit, ne peut donner lieu à la rescision du contrat de vente. D'autres reconnaissent que le principe sur lequel on fonde l'action rescisoire, est bon en soi; mais qu'il ne peut être réalisé dans la pratique, sans entraîner des dangers et des abus de toute espèce.

Quelques-uns, avec plus de science que de lumières, ont cherché à établir que la loi II, au Code *de rescindenda venditione*, sur laquelle repose tout le système de l'action rescisoire pour cause de lésion n'est pas l'ouvrage des empereurs auxquels on l'attribue; que ce texte se trouve en contradiction avec toutes les lois romaines publiées dans le temps de la république, et avec d'autres lois faites par les empereurs même que l'on suppose auteurs de la loi dont il s'agit.

Nous avons examiné la question sous les différents points de vue qu'elle présente.

D'abord nous avons écarté toutes les discussions de date et de chronologie. Quelle est la véritable époque de la promulgation de la loi II, au code *de rescindenda venditione?* Par quel prince a-t-elle été promulguée? Existe-t-il des lois contraires dans la vaste compilation du droit romain? Dans ce moment, toutes ces recherches sont plus curieuses qu'utiles. Nous savons que la loi II au Code *de rescendenda venditione*, est dans le Recueil de Justinien, et qu'elle a été constamment suivie et respectée parmi nous et dans presque tous les états de l'Europe. Quel poids peuvent donc avoir des dissertations obscures et uniquement relatives à la date de cette loi, lorsque tant de siècles et tant de peuples ont rendu si solennellement hommage à la sagesse de ses dispositions?

Dire que, dans les temps florissants de la république on ne connaissait point à Rome l'action rescisoire pour cause de lésion, c'est proposer une observation inconcluante. Les lois n'ont été faites que successivement, selon les besoins et les circonstances. L'orateur romain remarque qu'il fut un temps où il n'existait aucune loi contre le parricide. Une loi naît ordinairement d'un abus qui se manifeste, et qu'il importe à la société de réprimer. Tant que les mœurs gouvernent on a peu de lois. Les codes des nations se développent et s'étendent à mesure qu'on sent davantage le besoin de faire des lois pour corriger les mœurs. On a établi des lois contre le péculat, quand la fréquence de ce crime les a provoquées. On a vraisemblablement établi l'action rescisoire quand des surprises ou des fraudes jusque-là inouies ont averti le législateur qu'il était temps de ramener la bonne foi dans les ventes et dans les achats. Ainsi, il serait absurde de chercher un préjugé contre la loi II du Code *de rescindenda venditione*, dans l'époque plus ou moins ancienne à laquelle cette loi peut avoir été publiée. Ceux qui croient avoir fait une découverte chronologique veulent tout rapporter à cette découverte, parce qu'on s'attache toujours fortement à ce que l'on sait le mieux. Mais le législateur et le jurisconsulte ont une tâche plus importante à remplir. Ils ne doivent pas se borner à recueillir et à concilier des textes épars; ils doivent choisir au milieu de toutes les idées et de toutes les maximes de législation qui ont été jetées dans le monde, celles qui se combinent le mieux avec les besoins de la société et le bonheur des hommes.

En conséquence, laissant à l'écart tout ce

qui est étranger au fond des choses, nous avons uniquement pesé les principes qui pouvaient éclairer notre détermination.

Les auteurs qui attaquent l'action rescisoire pour cause de lésion jusque dans sa source, prétendent que le contrat fait tout; que les hommes ne doivent pas être admis à revenir contre leur propre fait; que la valeur des choses varie journellement; qu'elle n'est souvent relative qu'à la situation et à la convenance des personnes qui vendent et qui achètent; qu'il est impossible d'avoir une mesure fixe et commune; qu'il serait conséquemment déraisonnable de supposer et de chercher un *juste prix* autre que celui qui a été convenu entre contractants.

A dieu ne plaise que nous veuillons affaiblir le respect qui est dû à la foi des contrats! Mais il est des règles de justice qui sont antérieures aux contrats même, et desquelles les contrats tirent leur principale force. Les idées du juste et de l'injuste ne sont pas l'unique résultat des conventions humaines; elles ont précédé ces conventions, et elles en doivent diriger les pactes. De-là les jurisconsultes romains, et après eux toutes les nations policées, ont fondé la législation civile des contrats sur les règles immuables de l'équité naturelle.

Or, quelles sont ces règles?

Déjà, législateurs, vous les avez consacrées par vos suffrages.

Vous avez proclamé la maxime, qu'aucune obligation ne peut exister sans cause, qu'aucune obligation ne peut même exister sans une cause raisonnable et proportionnée. Quel est donc le sens, quelle est l'application de cette maxime?

Distinguons les contrats de bienfaisance d'avec les contrats intéressés. Pour la validité des uns et des autres, il faut sans doute une cause, car la nécessité de la cause s'applique indéfiniment à toutes les obligations, à tous les contrats.

Pour ce qui concerne les contrats de bienfaisance, la cause se trouve suffisamment dans le sentiment qui les produit. On n'a pas voulu priver les hommes du doux commerce des bienfaits.

On peut examiner, relativement à ces sortes de contrats, si la cause est contraire aux bonnes mœurs, si elle est licite ou si elle ne l'est pas; mais on ne peut jamais exciper du défaut de cause, parce que la cause d'un acte de bienfaisance est toujours dans la bienfaisance même.

Il en est autrement des contrats intéressés. La cause de ces sortes de contrats est, selon les jurisconsultes, l'intérêt ou l'avantage, qui est le motif et comme la raison d'un engagement.

Il y a donc à examiner si cet intérêt ou cet avantage est réel ou imaginaire, s'il est proportionné, c'est-à-dire s'il y a un équilibre raisonnable entre ce que l'on donne et ce que l'on reçoit.

Dans un contrat de vente, la cause de l'engagement est, pour le vendeur, d'échanger une chose quelconque contre de l'argent, et pour l'acquéreur, d'échanger son argent contre la chose qu'on lui transporte. Ce contrat a été rangé dans la classe des contrats commutatifs. On définit le contrat commutatif, celui par lequel on donne une chose pour en recevoir l'équivalent.

De là vient le principe qu'il ne peut exister de vente proprement dite sans la stipulation d'un prix; et puisque le prix doit être l'équivalent de la chose vendue, il faut que le prix réponde à la valeur de cette chose: s'il y a lésion, c'est-à-dire, s'il n'y a point d'équilibre entre la chose et le prix, le contrat se trouve sans cause, ou du moins sans une cause raisonnable et suffisante à l'égard de la partie.

Ainsi, l'action rescisoire pour cause de lésion a son fondement dans les maximes communes *à tous les contrats*, et elle est une conséquence immédiate, une conséquence nécessaire de la nature particulière du contrat de vente.

Tout cela est bon en théorie, dit-on; mais comment connaître dans la pratique que le prix stipulé dans un acte de vente est équivalent à la chose vendue? Peut-on avoir une mesure connue et fixe? la situation respective des parties, leur convenance n'exigeraient-elles pas une mesure particulière pour chaque hypothèse, pour chaque contrat?

Pourquoi donc la convention ne serait-elle pas l'unique loi des parties, puisqu'elle est le plus sûr et même l'unique garant de leur désir et de leurs besoins réciproques?

La réponse à ces objections exige un certain développement.

En général, la valeur de chaque chose n'est que l'estimation de son utilité.

On appelle *prix* la portion ou la somme

d'argent qui, comparée à cette valeur, est réputée lui être équivalente?

On a toujours distingué le *juste prix* d'avec le prix conventionnel : on a eu raison; car le prix conventionnel et le juste prix diffèrent souvent l'un de l'autre.

Le prix conventionnel n'existe que par le fait même de la convention; il ne peut être que le résultat des rapports singuliers qui rapprochent les contractants. Le *juste prix* est déterminé par des rapports plus étendus, qui ne tiennent pas uniquement à la situation particulière dans laquelle deux contractants peuvent accidentellement se trouver.

Le prix conventionnel n'est que l'ouvrage des volontés privées qui ont concouru à le fixer. Le *juste prix* est le résultat de l'opinion commune.

Nous vivons en société. Tout ce qui forme la propriété parmi les hommes réunis dans la même patrie, dans la même cité, n'est pas tout à la fois dans le commerce. Les métaux ou les monnaies, qui sont les signes de la valeur des choses, ne circulent pas toujours en même quantité; la concurrence des vendeurs et des acheteurs n'est pas constamment la même : tout cela dépend de la situation et des besoins variables de ceux qui se présentent pour vendre et pour acheter. Il est vrai, néanmoins, que la situation et les besoins de tous les vendeurs et de tous les achéteurs, ou du plus grand nombre, diffèrent peu, si on considère les choses et les hommes dans le même temps, dans le même lieu, et dans les mêmes circonstances : or, c'est de cette espèce de conformité, de situation et de besoins que se forme par l'opinion publique une sorte de prix commun ou courant qui donne aux objets mobiliers ou immobiliers une valeur à peu-près certaine tant que les mêmes circonstances subsistent. De là on voit journellement le prix des marchandises et des immeubles annoncé dans les feuilles périodiques de nos cités principales.

Il y a donc pour chaque chose un juste prix qui est distinct et indépendant du prix conventionnel. Le prix conventionnel peut s'écarter et s'écarte réellement du juste prix, quand la cupidité d'une part, et la nécessité de l'autre, deviennent la seule balance des pactes ou des accords arrêtés entre les parties qui traitent ensemble.

On reconnaît si bien un juste prix indépendant du prix conventionnel, que l'on confronte tous les jours le prix conventionnel avec le juste prix, pour savoir si un contrat auquel on donne le nom de contrat de vente en a véritablement les caractères et la nature. Ainsi on juge par la vilité du prix stipulé dans un acte, que cet acte, présenté comme une vente, n'est qu'une donation déguisée. On juge encore par la vilité du prix, que, sous la forme d'une vente faite avec faculté de rachat, on a voulu cacher un prêt sur gage. Enfin c'est par la vilité du prix que l'on découvre si l'abandon d'un immeuble sous la condition d'une rente viagère présente un contrat onéreux ou une pure libéralité.

Or, si les lois présupposent l'existence d'un juste prix indépendant du prix conventionnel, lorsqu'il s'agit de prononcer sur les questions que nous venons d'annoncer, comment pourrait-on méconnaître ce juste prix quand il s'agit de lésion? La lésion n'est-elle pas une injustice inconciliable avec les principes d'équité et de réciprocité qui doivent être l'ame de tous les contrats? N'avons-nous pas démontré qu'elle choque l'essence même du contrat de vente? Pourquoi donc voudrait-on renoncer à l'espoir de la découvrir et de la faire réparer?

La lésion, en soi, est odieuse et illicite. Déjà l'action rescisoire, pour cause de lésion, est admise, dans notre Code civil, comme un moyen légal de restitution; car la lésion simple fait restituer les mineurs; et la loi déclare qu'ils ne sont point restitués comme mineurs, mais comme lésés : *Non tanquam minor, sed tanquam læsus.*

Lorsque vous avez adopté la partie du Code qui concerne les successions, vous avez décrété, législateurs, que la lésion du tiers au quart suffit pour faire rescinder un acte de partage passé entre majeurs.

En admettant dans le projet de loi qui vous est aujourd'hui soumis, la lésion comme moyen de rescision contre le contrat de vente, nous n'avons donc fait qu'appliquer à ce contrat un principe récemment et solennellement consacré par vos suffrages.

Les partisans du système contraire à celui du projet de loi remarquent qu'il y a une très-grande différence entre un acte de partage et un contrat de vente; qu'un acte de partage exige une égalité plus parfaite entre les parties; que, dans cette espèce d'acte, chacun doit exactement retirer ce qui lui appartient, tandis que dans un contrat de vente les contractants se livrent en quelque sorte à des spéculations purement volontaires, déterminées par le besoin ou par la convenance du moment, d'où l'on conclut que des majeurs qui sont arbitres de leur fortune, et qui doivent savoir ce qu'ils font, sont peu recevables à se plaindre d'avoir été lésés. On ajoute que si l'action rescisoire pour cause de lésion pouvait être admise en matière de vente, il arriverait souvent que l'on viendrait au secours d'un vendeur qui, après s'être ménagé par son contrat un secours d'argent auquel il serait redevable du rétablissement de ses affaires, ne craindrait pas de revenir ensuite contre son propre fait, et de se jouer de la foi de ses engagements. De plus les propriétés, dit-on, seraient trop incertaines; il n'y aurait plus rien de fixe dans le commerce de la vie. L'intérêt public, la sûreté des contrats et des patrimoines exigent donc qu'une vente ne puisse être rescindée pour cause de lésion.

Ces objections sont visiblement dictées par l'esprit de système, qui ne considère jamais les choses avec une certaine étendue, et qui, dans ses observations, se jette ordinairement d'un seul côté, en perdant de vue tous les autres.

Nous convenons qu'il y a de la différence entre un acte de partage et un contrat de vente; il faut une égalité plus parfaite entre des copartageants qu'entre des individus qui vendent et qui achètent : mais cette différence n'a jamais été méconnue. Les lois qui ont admis l'action rescisoire dans les actes de partage et dans les contrats de vente n'ont exigé qu'une lésion du tiers au quart pour faire rescinder les actes de partage; tandis qu'elles ont requis une lésion plus forte, telle, par exemple, qu'une lésion d'outre moitié du juste prix, pour faire rescinder un contrat de vente. Sans doute, il faut observer l'égalité dans les actes de partage : mais est-il un seul contrat dans lequel il soit permis de ne point garder la bonne foi ou de ne point observer la justice?

On ne cesse de répéter que les contrats de vente ne sont que des spéculations déterminées par le besoin ou par la convenance. Expliquons-nous une fois pour toutes sur ce point. Nous l'avons déjà dit : en matière de vente on appelle en général besoin ou convenance du vendeur le besoin ordinaire que tout vendeur a de vendre pour avoir un argent qui lui convient mieux que sa marchandise ou son immeuble. On appelle besoin de convenance de l'acheteur le besoin que tout acheteur a d'acheter, pour avoir un immeuble ou une marchandise qui lui convient mieux que son argent.

Mais le desir immodéré de s'enrichir aux dépens d'autrui ne saurait être un besoin ni une convenance légitime pour personne.

Il est sans doute naturel que l'on veuille vendre cher et acheter à bon marché : c'est ce que les lois civiles de toutes les nations reconnaissent lorsqu'elles déclarent qu'il est permis, jusqu'à un certain point, à un vendeur et à un acheteur de se circonvenir mutuellement : *sese invicem circumvenire*, pour tirer le meilleur parti possible de leur position respective. Mais il ne faut pas étendre trop loin cette sorte de permission ou de tolérance.

Le juste prix des choses ne réside pas dans un point indivisible; il doit se présenter à nous avec une certaine latitude morale : deux choses, quoique de la même espèce, ne sont jamais absolument ni mathématiquement semblables. L'avantage que l'on peut retirer des mêmes choses n'est jamais exactement le même pour tout vendeur et pour tout acheteur; il serait donc impossible de partir, pour la fixation du juste prix, d'une règle absolue et inflexible dans tous les cas : mais si l'on veut asseoir le règne de la justice, il ne faut pas que l'on puisse s'écarter trop considérablement de ce prix commun, qui est réglé par l'opinion, et qu'on appelle le juste prix, puisqu'il est le résultat équitable et indélibéré de toutes les volontés et de tous les intérêts.

La lésion résulte de la différence qui existe entre le prix commun ou le juste prix, et le prix conventionnel.

Toute lésion pratiquée sciemment est un acte d'injustice aux yeux de la morale, mais ne saurait être un moyen de restitution aux yeux de la loi. La vertu est l'objet de sa morale. La loi a plus pour objet la paix que la vertu. Si la moindre lésion suffisait pour résoudre la vente, il y aurait parmi les hommes presqu'autant de procès qu'il se fait d'acquisitions. C'est pour éviter cet inconvénient général que les lois romaines avaient cru devoir fermer les yeux sur quelques inconvénients particuliers, et prendre une sorte de milieu entre les règles d'une justice trop exacte et les spéculations odieuses de la cupidité humaine. Ces lois avaient en conséquence abandonné à la liberté du commerce tout l'espace qui est entre le juste prix et la lésion d'outre moitié de ce juste prix, espace dans lequel le vendeur et l'acheteur ont *la faculté de se jouer*. Dans le nouveau projet de loi, nous allons plus loin que les législateurs romains : nous exigeons que la lésion excède les sept douzièmes du juste prix; mais il faut convenir que quand une lésion aussi énorme est constatée, on ne pourrait la tolérer sans renoncer à toute justice naturelle et civile.

Il importe peu d'observer que l'on peut rencontrer des hypothèses dans lesquelles un vendeur qui n'aurait aucune ressource s'il ne vendait pas, trouve dans le modique prix qu'on lui donne un secours suffisant pour commencer sa fortune ou la rétablir. Ce sont là des circonstances extraordinaires sur lesquelles on ne saurait fonder un plan de législation. Le plus souvent un acquéreur avide abuse de la misère et de la triste situation de son vendeur pour obtenir à vil prix une propriété arrachée, pour ainsi dire, au malheur et au désespoir.

Nous ajouterons que pour juger si un contrat est lésif, ou s'il ne l'est pas, il faut confronter le prix avec la chose, et non avec des circonstances accidentelles et fortuites, qui ne font pas partie du prix. La vente n'est point ordinairement un contrat aléatoire; elle ne le devient que quand elle porte sur des choses incertaines, et alors l'action rescisoire pour cause de lésion n'a pas lieu : mais toutes les fois qu'une vente porte sur une chose déterminée, il serait absurde qu'au lieu de juger du prix stipulé pour la valeur de la chose vendue, on fût admis à exciper des circonstances singulières et extraordinaires, dont les suites sont incertaines et qui sont absolument étrangères au contrat.

On prétend que des majeurs doivent savoir ce qu'ils font, qu'on ne doit point présumer qu'ils ont été lésés, et qu'ils ne doivent conséquemment pas pouvoir revenir contre la foi de leurs engagements sous prétexte de lésion.

A entendre cette objection, on dirait que des majeurs ne doivent jamais être écoutés quand ils se plaignent. Nous avons pourtant vu que dans le code civil ils sont écoutés, même pour cause de lésion, quand ils se plaignent de l'inégalité qui s'est glissée dans un acte de partage.

Dans tous les contrats, le dol, l'erreur, une crainte grave, sont, par la disposition précise de nos lois, des moyens légitimes et suffisants pour faire restituer les majeurs. Or, la lésion, telle que le projet de loi la fixe, pour qu'elle puisse devenir un moyen de restitution n'équivaut-elle pas au dol? Les jurisconsultes romains appelaient la lésion ultra-dimidiaire un dol réel, *dolum re ipsâ*, c'est-à-dire un dol prouvé, non par de simples présomptions, mais par la chose même.

Nos jurisconsultes français n'ont pas tenu un autre langage (1). Dumoulin, en parlant de celui qui est lésé d'outre moitié du juste prix, dit qu'on peut le regarder, qu'on doit même le regarder par le fait seul d'une telle lésion, comme trompé, *deceptus ultra dimidiam partem*.

Dans plusieurs textes du droit la lésion ultra-dimidiaire est présentée plutôt comme une fraude que comme une simple lésion. *Non læsio, sed potius deceptio.* C'est sous ce même point de vue qu'elle a été présentée par six ou sept de nos anciennes coutumes, qui au lieu de se servir du simple mot de lésion, ont employé celui de *déception d'outre-moitié*.

Ce serait donc évidemment autoriser le dol et la fraude que de refuser l'action rescisoire dans les cas d'une lésion aussi considérable que celle qui est énoncée dans le projet de loi, et qui est plus qu'ultra-dimidiaire.

Au surplus, pourquoi le dol, l'erreur et la crainte sont-ils des moyens de restitution pour les majeurs eux-mêmes? C'est, entre autres raisons, parce que l'on présume qu'il n'intervient point un véritable consentement de la part de celui qui se trompe ou qui est trompé, *errantis aut decepti nullus est consensus*. Or peut-on dire que celui qui est énormément lésé aurait adhéré au contrat, s'il avait connu cette lésion, ou s'il avait été dans une situation assez libre pour ne pas la souffrir?

Quels sont les effets ordinaires du dol, de l'erreur et de la crainte? En dernière analyse ces effets aboutissent à une lésion que les lois veulent prévenir ou réparer, en protégeant les citoyens contre les diverses espèces de surprise qui peuvent être pratiquées à leur égard. Comment donc, dans quelque hypothèse que ce soit, les lois pourraient-elles voir avec indifférence un citoyen lésé au-delà de toutes les bornes, et d'une manière qui constate évidemment quelque fraude ou quelque erreur?

La majorité du contractant qui a été lésé empêche-t-elle qu'on n'assure à ce contractant l'action redhibitoire pour les vices cachés de la chose vendue, une indemnité raisonnable pour

(1) Dumoulin, dans son Traité *De usuris*.

les servitudes non apparentes qui lui auront été dissimulées, ou pour défaut de contenance qui sera d'un vingtième au-dessus ou au-dessous de la contenance annoncée dans l'acte de vente? Ne vient-on pas au secours d'un majeur dans toutes ces occurrences? comment donc pourrait-on penser qu'un majeur qui souffre une lésion plus qu'ultra-dimidiaire n'a aucun droit à la vigilance et à la sollicitude des lois? Est-ce qu'on se montrerait plus jaloux de réparer un moindre mal qu'un mal plus grand?

Nous savons qu'en général les majeurs sont presumés avoir toute la maturité convenable pour veiller sur leurs propres intérêts. Mais la raison dans chaque homme suit-elle toujours les progrès de l'âge? On est aujourd'hui majeur à vingt-un ans. Nous avons devancé à cet égard le terme qui avait été fixé par notre ancienne législation. Or, croit-on qu'un jeune homme de vingt-un ans soit, dans l'instant métaphysique où la loi déclare sa majorité, tout ce qu'il doit devenir un jour par l'habitude des affaires et par l'expérience du monde? Des majeurs peuvent être absents; ils sont alors obligés de s'en rapporter à un procureur fondé. D'autres sont vieux ou infirmes; on peut abuser de leur faiblesse pour surprendre leur bonne foi.

Il en est qui peuvent être travaillés par quelque passion, et à qui l'on peut alors arracher des actes qui, selon le langage des jurisconsultes, ressemblent à la démence, *quasi non sanæ mentis*. Ne faut-il pas protéger les hommes non-seulement contre les autres, mais encore contre eux-mêmes.

Tout majeur, quel qu'il soit, qui éprouve un dommage grave n'est-il pas autorisé à en demander la réparation? Cela n'est-il pas dans le vœu de la nature, dans celui de toutes les lois?

Mais, dit-on, si l'on donne aux majeurs l'action rescisoire pour cause de lésion, toutes les propriétés seront incertaines; il n'y aura plus de sûreté dans le commerce de la vie.

Nous répondrons d'abord que cette objection ne prouve rien, ne fût-ce que parce qu'elle prouverait trop. Car, en lui donnant toute l'étendue dont elle serait susceptible, il faudrait proscrire toutes les actions en nullité, toutes celles qui pourraient être fondées sur le dol, l'erreur, la crainte, la violence; il faudrait proscrire généralement tous les moyens par lesquels on peut ébranler un contrat de vente, parce que tous ces moyens tendent à rendre la propriété plus ou moins incertaine dans les mains des acquéreurs.

En second lieu le projet de loi, en admettant l'action rescisoire pour cause de lésion, ne l'a admise que dans les ventes d'immeubles. Il déclare que la vente des effets mobiliers ne comporte point cette action. On conçoit que les fréquents déplacements des effets mobiliers, et l'extrême variation dans le prix de ces effets, rendraient impossible un système rescisoire pour cause de lésion dans la vente et l'achat de pareils objets, à moins qu'on ne voulût jeter un trouble universel dans toutes les relations commerciales, et qu'on ne voulût arrêter le cours des opérations journalières de la vie. Dans ces matières, il faut faire plus de cas de la liberté publique du commerce que de l'intérêt particulier de quelques citoyens. Il en est autrement des immeubles : leur prix est plus constant, et leur circulation est certainement moins rapide. Des immeubles appartiennent long-temps au même propriétaire. Ils ne sortent guère des mains de celui qui les possède que par l'ordre des successions. Combien de familles dans lesquelles les diverses générations se partagent pendant long-temps le même patrimoine! On peut donc et on doit, quand il s'agit d'immeubles, se montrer plus occupé de réparer la lésion ou l'injustice que peut éprouver un citoyen, que de protéger la cupidité d'un autre.

Dans l'ancien régime, on recevait l'action rescisoire, même pour les objets mobiliers, quand ces objets étaient précieux. Nous avons cru devoir écarter cette exception qui pouvait apporter des gênes trop multipliées dans la circulation des effets mobiliers, et entraîner des discussions trop arbitraires pour savoir si un objet est plus ou moins précieux. Nous avons absolument borné l'action rescisoire à la vente des choses immobilières. Objectera-t-on que si l'action rescisoire, limitée à la vente d'immeubles, n'est point préjudiciable au commerce proprement dit, elle peut l'être à l'agriculture par l'espèce d'inaction dans laquelle se tient un nouveau propriétaire qui n'ose rien entreprendre quand il peut craindre d'être évincé.

Art. 1676. — Nous répondrons qu'il était possible d'avoir ces craintes lorsque l'action rescisoire durait dix ans; mais le projet de loi ne lui donne plus que deux ans de durée à compter du jour de la vente. Ce terme est assez long pour que l'action rescisoire puisse être utile à celui qui est en droit de l'exercer, et il est assez court pour que l'agriculture n'ait point à souffrir d'un délai qui, *loin d'empêcher* les entreprises d'un nouveau propriétaire, ne lui laisse que le temps convenable pour les préparer.

Art. 1678. — Les écrivains qui pensent que l'action rescisoire pour cause de lésion ne doit point être admise se replient ensuite sur les prétendus dangers de la preuve à laquelle on est forcé de recourir pour constater la lésion.

Mais quelle est donc cette preuve qui inspire tant d'inquiétudes? l'estimation par des experts. Rien n'est moins sûr, dit-on, que cette estimation. On sait comment des experts opèrent; chaque partie a le sien. Un tiers est appelé, et l'opinion de ce tiers fait la loi. Ainsi les propriétés se trouvent à *la disposition* d'un seul homme.

Avec des objections semblables, il n'y aurait de sûreté que pour les hommes injustes et méchants. S'agirait-il du dol personnel qui annulle tous les contrats? On dirait que la plainte ne doit point être reçue, parce que le dol personnel ne peut être constaté que par la preuve testimoniale, qui est la plus incertaine et la plus dangereuse de toutes les preuves. On renverserait bientôt tous les moyens de recours contre l'injustice, on assurerait l'impunité de tous les crimes, faute de trouver une preuve qui pût rassurer suffisamment l'innocence.

Heureusement il faut que les affaires marchent, et nous nous résignons par nécessité à chercher non un mieux idéal, mais le bien qui est possible, et qui nous paraît présenter le moins d'imperfection et le moins d'inconvénients.

La preuve par témoins a des dangers, mais l'impunité des délits en aurait davantage. On a donc fait plus d'attention aux dangers de l'impunité qu'à ceux de la preuve testimoniale.

Il serait sans doute à désirer que tout ce que l'on a intérêt de prouver pût être constaté par écrit; mais la force des choses y résiste. L'écriture n'accompagne que les conventions ou les choses qui sont susceptibles d'une certaine publicité. Les coupables se cachent et n'écrivent pas. La preuve testimoniale est la preuve naturelle des faits, la déclaration d'expert est la preuve naturelle de tout ce qui requiert dans certaines matières le jugement ou l'opinion des gens de l'art.

Dans les procès en lésion, les preuves littérales ne sont point exclues. On peut administrer des baux, des documents domestiques, des actes et d'autres titres qu'il serait inutile d'énumérer; mais nous convenons que l'estimation par experts est la véritable preuve en pareille occurrence.

Que peut-on craindre de cette preuve? Elle est bien moins incertaine que celle par témoins. On n'a pour garant de la sincérité d'une déposition que la bonne foi et la mémoire de la personne qui dépose. Un témoin peut être corrompu ou suborné; sa mémoire peut être infidèle. Les faits sur lesquels on rend ordinairement témoignage sont, pour la plupart, fugitifs; ils ne laissent aucune trace après eux. Ainsi, en matière de preuve testimoniale, la nature des choses qui sont à prouver augmente les dangers de la preuve.

Les mêmes inconvénients ne sauraient accompagner l'estimation par experts. Des experts sont des espèces de magistrats qui ont l'habitude de leurs fonctions, et qui ont besoin de conserver la confiance. Ils sont obligés de motiver leur décision : s'ils se trompent ou s'ils veulent tromper, leur erreur ou leur fraude est à découvert. Ils ne peuvent s'égarer dans leurs opérations. Ayant à estimer s'il y a ou s'il n'y a pas lésion dans un contrat de vente, ils ont sous les yeux l'immeuble qui est l'objet de l'estimation, et ils peuvent le confronter facilement avec le prix qui a été stipulé dans le contrat, et avec les circonstances qui établissent le juste prix et qui sont garanties par l'opinion commune, étayée de tout ce que les localités peuvent offrir d'instruction et de lumières : rien de plus rassurant.

La loi sur la propriété, que vous avez récemment décrétée, porte que quand on prendra le fonds d'un particulier pour cause d'utilité publique, on donnera à ce particulier une juste et préalable indemnité, or, ce sont des experts qui fixent cette juste indemnité par un rapport d'estimation.

Tous les jours, pour un partage à faire dans une succession, ou pour la rescision d'un partage déjà fait, on a recours à l'estimation par experts, qui seule peut faire connaître la véritable valeur des immeubles qui seront ou qui ont été l'objet du partage.

L'estimation par experts est encore d'un usage journalier dans le cas où l'on est évincé d'un immeuble, et où l'on demande le remboursement des améliorations qu'on y a faites.

Nous ne finirions pas si nous voulions énoncer toutes les hypothèses dans lesquelles l'intervention des experts est utile et nécessaire.

Pourquoi donc concevrait-on des alarmes sur les prétendus dangers de l'estimation par experts, lorsqu'il s'agit d'un procès de lésion, tandis qu'on n'aurait pas les mêmes inquiétudes pour ce genre de preuves dans les occasions multipliées où elle est d'un si grand usage?

Le projet de loi indique d'ailleurs toutes les précautions qui peuvent empêcher qu'on n'abuse de l'action rescisoire. Il exige une sorte de jugement préparatoire sur l'état du procès, c'est-à-dire sur le point de savoir si les circonstances apparentes présentent quelques doutes assez raisonnables pour faire désirer aux juges de recevoir de plus grands éclaircissements, et d'admettre le demandeur en rescision à tous les genres de preuves dont la matière peut être susceptible; on montre tant de respect pour la sainteté des contrats et pour la sûreté du commerce, qu'une question rescisoire est traitée avec la même circonspection que pourrait l'être une question d'Etat.

On entoure ensuite la preuve de l'estimation par experts de toutes les formes qui peuvent nous rassurer sur l'intérêt de la justice et de la vérité. Les trois experts doivent être nommés à la fois; ils doivent tous être choisis d'office par le juge, ou du commun accord des parties; ils doivent opérer ensemble, ils *sont tenus de dresser un seul procès-verbal commun, et de ne former qu'un seul avis à la pluralité des voix.*

Art. 1679. — *S'il y a des avis différents, le procès-verbal en contiendra les motifs, sans qu'il soit permis de faire connaître de quel avis chaque expert a été.*

Ainsi les experts se trouvent soumis, dans leurs opérations, aux mêmes règles et au même secret que les juges. Est-il donc possible d'offrir aux parties une plus forte garantie contre les abus réels ou imaginaires qu'elles pourraient redouter?

Art. 1683. — Dans l'ancienne jurisprudence on doutait si l'action rescisoire pour cause de lésion devait compéter à l'acquéreur comme au vendeur, ou si elle ne devait compéter qu'au vendeur seul. Les cours souveraines s'étaient partagées sur cette question; il y avait diversité d'arrêts. Le projet de loi déclare que le vendeur seul pourra exercer l'action rescisoire pour cause de lésion. On a cru avec raison que la situation de celui qui vend peut inspirer des inquiétudes toujours étrangères à la situation de celui qui acquiert; on peut vendre par besoin, par nécessité. Il serait affreux qu'un acquéreur avide pût profiter de la misère d'un homme ou de son état de détresse pour l'aider à consommer sa ruine, en cherchant à profiter de ses dépouilles. On ne peut avoir les mêmes craintes pour l'acquéreur lui-même; on n'est jamais forcé d'acquérir; on est toujours présumé dans l'aisance quand on fait une acquisition.

Art. 1681. — Quand un vendeur aura exercé l'action rescisoire pour cause de lésion, et quand cette action aura été accueillie, l'acquéreur aura le choix d'abandonner la chose ou de la garder en fournissant un supplément de prix. Ce supplément consiste dans ce qui manquait pour arriver au juste prix; il doit être payé sous la déduction du dixième du prix total. On voit aisément les motifs qui ont dicté ces deux dispositions. La première, qui donne à l'acquéreur le choix d'abandonner la chose, ou de payer un supplément de prix, a existé dans tous les temps; c'est un hommage rendu à la foi des contrats. Il a toujours été de maxime, quand un contrat n'est pas nul de plein droit, quand il n'est entaché que d'un vice réparable, qu'il faut laisser aux parties tous les moyens de remplir leurs engagements en réparant tout ce qui est vicieux ou injuste, et en respectant tout ce qui ne l'est pas.

La seconde des dispositions que nous discutons, et qui veut que l'acquéreur, s'il garde la chose, paie le supplément du juste prix, sous la déduction du dixième du prix total, présente une décision nouvelle, car autrefois il n'y avait point lieu à cette déduction; mais nous avons cru qu'elle était équitable, parce que l'estimation des experts n'étant pas susceptible d'une précision mathématique, on ne peut l'adopter avec une rigueur qui supposerait cette inexactitude et cette précision.

Art. 1684. — L'action rescisoire n'a pas lieu dans les ventes qui, d'après la loi, sont faites d'autorité de justice. Quand la justice intervient entre les hommes, elle écarte tout soupçon de surprise et de fraude. Elle leur garantit la plus grande sécurité.

ART. 1674. — Au reste, un vendeur ne peut d'avance renoncer par le contrat au droit de se plaindre de la lésion, même sous prétexte de faire don à l'acquéreur de la plus-value. Un tel pacte serait contraire aux bonnes mœurs. Il ne serait souvent que le fruit du dol et des pratiques d'un acquéreur injuste qui arracherait cette sorte de désistement prématuré à l'infortune et à la misère.

De plus, autoriser dans les contrats de vente la renonciation à l'action rescisoire, c'eût été détruire cette action. Tout acquéreur eût exigé cette clause, et la loi n'eût prêté qu'un secours impuissant et illusoire aux malheureux et à l'opprimé.

Il résulte de tout ce que nous venons de dire, que l'équité, que la saine morale ne permettaient pas de retrancher de notre code civil l'action rescisoire pour cause de lésion.

Vainement alléguerait-on que les lois, à cet égard, n'auront d'autre effet que de produire des procès sans prévenir les injustices. Nous convenons qu'il y aura toujours des injustices malgré les lois; mais, sans les lois, les injustices n'auraient point de bornes. C'est mal juger des bons effets d'une loi que de ne s'occuper que du mal qu'elle réprime sans s'occuper de celui qu'elle prévient : il y aura toujours des crimes à punir, donc les lois n'empêchent pas toujours le crime. Mais n'opposez aucune digue au torrent des vices, des délits et des passions, et vous jugerez alors quelle est la force invisible que les lois exercent sur les actions des hommes.

S'il était une fois permis de tromper impunément quand on contracte ou que l'on traite avec ses semblables; si la lésion la plus énorme ne pouvait être utilement dénoncée, il n'y aurait plus de honte ni de pudeur dans les engagements publics : le plus fort ferait la loi au plus faible; la morale, bannie de la législation, le serait bientôt de la société; car, désabusons-nous, si quelquefois les mœurs suppléent les lois, plus souvent encore les lois suppléent les mœurs. La législation et la jurisprudence sont comme les canaux par lesquels les idées du juste et de l'injuste coulent dans toutes les classes de citoyens.

Répétera-t-on que l'intérêt public exige qu'il n'y ait point d'incertitude dans les possessions et les propriétés légitimement acquises : mais l'intérêt public ne veut-il pas aussi qu'on ne soit point perfide et injuste dans la manière de les acquérir?

A ne parler même que d'après des principes, non de morale, mais d'économie politique, quel est le véritable intérêt public et général? Ne consiste-t-il pas à conserver un sage équilibre, à maintenir une juste proportion entre les choses et les signes qui les représentent? Un état est dans la prospérité quand l'argent y représente bien toutes choses, et que toutes choses y représentent bien l'argent, ce qui ne se vérifie que lorsqu'avec une telle valeur en immeubles ou en marchandises, on peut avoir, sitôt qu'on le désire, une valeur proportionnée ou équivalente en argent. Si les lois favorisent un acquéreur avide et injuste, les choses qui appartiennent au vendeur ne représentent pas bien l'argent, puisque celui-ci peut être dépouillé de tout en ne recevant pour les choses qu'il abandonne qu'un prix misérable et infiniment au-dessous de leur valeur.

Nous avons donc cru qu'une loi qui a rétabli l'action rescisoire pour cause de lésion, est aussi favorable à la saine politique que conforme à la bonne morale. Les circonstances les plus impérieuses ne nous invitent-elles pas à faire rentrer le commerce dans le sein de la probité?

CHAPITRE VII.

De la licitation.

ART. 1686. — Après nous être occupés du contrat de vente en général, nous avons fixé notre attention sur un mode particulier de vente qu'on appelle licitation.

La licitation a lieu lorsqu'il s'agit d'une chose commune à plusieurs, qu'il est ou impossible ou bien difficile de diviser, et que l'on est forcé de vendre parce qu'aucun des copartageants ou des copropriétaires ne veut s'en accommoder en payant aux autres ce qui leur revient à chacun.

Cette manière de vente se fait aux enchères. La chose est adjugée au copartageant, au copropriétaire ou à l'étranger qui a été reçu à enchérir. Le prix est partagé entre ceux qui ont droit à la chose.

ART. 1687. — Chacun des copartageants ou des copropriétaires est autorisé à demander que des étrangers soient appelés à la licitation, pour qu'il y ait un plus grand concours d'offrants, et que l'on puisse tirer un meilleur parti de la chose qui est à vendre.

Le concours des étrangers est indispensable s'il y a des mineurs intéressés.

Les formalités à observer pour la licitation sont expliquées ailleurs.

CHAPITRE VIII.

Du transport des créances et autres droits incorporels.

Indépendamment des choses mobilières et immobilières, il est une troisième espèce de biens, celle *des créances et autres droits incorporels.*

Cette espèce de biens est la création de l'homme; elle est l'ouvrage de nos mains; elle est dans le commerce comme tous les autres biens.

Elle est conséquemment susceptible d'être vendue, cédée et transportée. Le projet de loi détermine le mode de délivrance et les cas de garantie. Il rappelle à cet égard des maximes trop connues pour que nous ayons besoin d'indiquer les motifs de sagesse et de justice sur lesquels elles sont apuyées.

Art. 1699. — Par les lois romaines, le débiteur des droits, des actions ou des créances légitimes cédées à un tiers, avait le droit de racheter la cession et de se subroger au cessionnaire, en remboursant uniquement les sommes payées par ce dernier, avec les intérêts, à dater du jour du paiement.

Cette disposition légale était dirigée contre ces hommes avides du bien d'autrui, qui achètent des actions ou des procès pour vexer le tiers ou pour s'enrichir à ses dépens.

La jurisprudence française avait adopté en ce point le droit romain. Nous avons cru devoir consacrer, par le projet de loi, une jurisprudence que la raison et l'humanité nous invitaient à conserver.

Art. 1701. — Nous avons en même-temps indiqué les cas auxquels la règle qui vient d'être posée sera applicable. Ces cas sont tous ceux où l'on ne rapporte cession de quelque droit litigieux que pour se maintenir soi-même dans quelque droit acquis.

Ainsi la règle ne peut être appliquée lorsque la cession est posée par un cohéritier ou copropriétaire du droit cédé, par un créancier qui la prend en paiement de ce qui lui est dû, ou par le cesseur de la chose ou de l'héritage sujet au droit litigieux.

Vous vous apercevrez sans doute, législateurs, de l'attention que nous avons apportée à conserver de notre ancienne jurisprudence, sur les contrats de vente, tout ce qui est juste et utile, et à modifier tout ce qui pouvait ne plus convenir aux circonstances présentes.

Il ne suffit pas de faire de bonnes lois, il faut en faire de convenables. En sanctionnant le projet qui vous est soumis, vous aurez fixé les règles qui veillent sur les pactes, la forme et l'exécution du plus important de tous les contrats, de celui qui est l'ame de toutes nos relations commerciales. Il est dans toute législation civile des choses qui sont particulières au peuple pour qui cette législation est promulguée. Mais quand on proclame des maximes sur des objets qui appartiennent au code de tous les peuples, on travaille au bonheur de la société générale des hommes, on devient pour ainsi dire les législateurs du monde.

TITRE VII.

De l'Echange.

Décrété le 16 ventôse an XII (7 mars 1804); — Promulgué le 26 du même mois (17 mars 1804).

[ARTICLES 1702 à 1707.]

EXPOSÉ DES MOTIFS, par M. le Conseiller-d'État BIGOT DE PRÉAMENEU.

Séance du 28 ventôse an XII (28 février 1804).

LÉGISLATEURS,

Le plus ancien des contrats est l'échange. Si l'imagination pouvait se figurer les temps où le droit de propriété n'était pas encore établi, on verrait les hommes se prêtant des secours mutuels, l'un aidant l'autre de sa force, lorsque l'autre l'aidait de son adresse, et faisant ainsi l'échange des avantages qu'ils avaient reçus de la nature.

Le droit de propriété ayant attribué à chacun exclusivement le produit de son travail, et la civilisation ayant multiplié avec les besoins les divers genres d'ouvrages, aucun n'a pu embrasser tous ces divers genres de travaux pour fournir à tous ses besoins : sans l'échange, le droit de propriété *eût été en vain établi*; c'est à l'échange qu'il faut attribuer et les premiers degrés et les progrès de la civilisation.

La multiplicité toujours croissante des échanges a fait rechercher les moyens de les rendre plus faciles : telle a été l'origine des monnaies, que tous les peuples ont prises pour un signe représentatif de la valeur de tous les travaux et de toutes les choses qui peuvent être dans le commerce.

Les métaux qui servent de monnaie peuvent aussi être un objet direct d'échange, parce qu'ils ont par eux-mêmes une valeur intrinsèque fondée sur l'emploi qu'on en fait en bijoux ou en meubles, et encore plus sur le besoin qu'en ont tous les peuples pour en faire leurs monnaies. Lorsqu'à ce titre, et revêtus des empreintes qui servent de garantie au public, ils sont mis en circulation, on les considère moins comme marchandise que comme signe représentatif des valeurs et comme instrument d'échange; et les transports de propriété qui se font ainsi pour de la monnaie, ont été, dès les temps les plus reculés, désignés par le nom de ventes.

Les échanges faits par le moyen des monnaies et distingués sous le nom de vente, parurent aux législateurs romains d'une telle importance pour l'ordre social, qu'ils mirent le contrat de vente dans la classe des *contrats nommés* à l'exécution desquels la loi contraignait les parties, et ils laissèrent les échanges au nombre des contrats *consensuels*, des simples pactes, dont l'exécution fut d'abord livrée à la bonne foi des contractants, et pour lesquels il n'y eut ensuite, pendant plusieurs siècles, d'action civile que quand ils avaient été exécutés par l'une des parties.

Ces divers effets donnés par la jurisprudence romaine à la vente et à l'échange, ont fixé l'attention sur les différences dans la nature de ces deux contrats. Ces différences ne sont point essentielles, puisque des deux sectes entre lesquelles se divisaient les jurisconsultes, celle des Sabiniens soutenait que l'échange était un vrai contrat de vente. Il fut reconnu par la loi première, ff. *de contrah. emptione*, que l'échange ne doit point être confondu avec la vente; que dans l'échange on ne peut pas distinguer celle des choses échangées, qui est le prix de celle qui est marchandise : au lieu que dans la vente, celui qui livre la marchandise est toujours, sous le nom de *vendeur*, distingué de celui qui ne livrant que la monnaie ou le prix pécuniaire, est appelé *acheteur*.

Aliud est pretium, aliud merx, quòd in permutatione discerni non potest uter emptor, uter venditor sit. L. 1, ff. *de contrah. empt.*

La vente et l'échange ne diffèrent pas seulement dans leur dénomination; ces contrats ont encore quelques effets qui ne sont pas les mêmes.

Dans l'une et l'autre, les deux contractants sont obligés de livrer une chose; mais dans l'exécution de cet engagement il y a une différence entre la vente et l'échange.

Dans la vente celui qui achète doit livrer le prix consistant en une somme d'argent, et cette obligation a les effets suivants :

Le premier, que toute chose pouvant se convertir en argent, il suffit qu'il soit possible à l'acheteur d'en réaliser le prix en vendant lui-même tout ce qu'il possède, pour que l'acheteur ait le droit de l'y contraindre.

Le second effet est que la propriété de ce prix est transférée au vendeur par le seul fait du paiement, sans qu'il reste exposé à aucune éviction. *Emptor nummos venditori facere cogitur.* L. 11, §. 2 ff. *act. vend.*

De son côté, le vendeur doit aussi livrer la chose vendue; mais lorsque c'est un corps certain et déterminé; il est possible que la propriété en soit avec fondement réclamée par une tierce personne; le vendeur doit alors être garant, et l'obligation de transmettre cette propriété ne pouvant plus s'accomplir, il est tenu par l'effet de la garantie de restituer le prix, de rembourser les frais et de payer les dommages et intérêts.

Dans l'échange, il s'agit d'objets mobiliers ou immobiliers qui sont à livrer de part et d'autres; chaque contractant ne peut donc aussi être contraint de livrer la chose même dont il n'est pas propriétaire, et d'en maintenir la possession s'il l'a livrée. Mais alors quelle est l'espèce de garantie que l'équité peut admettre?

L'objet déterminé, qui n'a été promis ou livré que pour un autre objet déterminé, ne peut pas être effectivement remplacé par une somme d'argent.

Art. 1704. — Il est donc juste que si l'un des copermutants a déjà reçu la chose à lui donnée en échange, et s'il prouve ensuite que l'autre contractant n'est pas propriétaire de cette chose, il ne puisse être forcé à livrer celle qu'il a promise en contre-échange, mais seulement à rendre celle qu'il a reçue. Il est également juste que celui qui est évincé de la chose qu'il a reçue en échange, ait le choix de conclure à des dommages et intérêts, ou de répéter sa chose.

Art. 1706. — La rescision pour cause de lésion a été admise dans le contrat de vente d'immeubles en faveur du vendeur. Il était nécessaire de maintenir une règle dictée par des sentiments d'humanité; c'est le moyen d'empêcher que la cupidité n'abuse du besoin, qui, le plus souvent, force le vendeur à ces aliénations.

Ce genre de réclamation n'a point été admis au profit de l'acheteur : c'est toujours volontairement qu'il contracte. S'il donne un prix plus considérable que la valeur réelle, on peut présumer que c'est par des considérations de convenance que lui seul pouvait apprécier; qu'ainsi le contrat doit à cet égard faire la loi.

Les motifs qui ont fait rejeter, à l'égard de l'acheteur, l'action en rescision de vente d'immeubles pour cause de lésion, l'ont aussi fait exclure dans le contrat d'échange. Il est également l'effet de la volonté libre et de la convenance des copermutants. Chacun d'eux est d'ailleurs à-la-fois vendeur et acquéreur. Il y aurait donc contradiction, si dans le contrat d'échange l'action dont il s'agit était admise lorsque dans le contrat de vente elle n'a point été accordée à l'acheteur.

Telles sont les observations particulières dont le contrat d'échange est susceptible : on doit d'ailleurs lui appliquer toutes les règles prescrites par le contrat de vente.

TITRE VIII.

Du Contrat de Louage.

Décrété le 16 ventôse an XII (7 mars 1804); — Promulgué le 26 du même mois (17 mars 1804).

[ARTICLES 1708 à 1831.]

EXPOSÉ DES MOTIFS par M. le Conseiller-d'État GALLI.

Séance du 9 ventôse an XII (29 février 1804).

LÉGISLATEURS,

Le gouvernement vous a présenté, pour être converti en loi, le titre VI *de la vente.*

Celui *de louage*, que l'on vous présente aujourd'hui, lui ressemble beaucoup, et la différence qu'il y a entre eux n'empêche pas qu'ils aient aussi de grands rapports.

Le premier contrat que firent les hommes fut celui de l'échange (1).

Le second fut celui de la vente : *Origo emendi vendendique à permutationibus cœpit*, dit le texte dans la loi première, ff. *de Contrahend. empt.*

C'est par l'invention de la monnaie que l'usage de la vente s'est introduit (2). Or, il est probable que le contrat de louage a suivi immédiatement celui de la vente.

Les anciens jurisconsultes *locationem sæpe venditionem appellârunt et conductorem, emptorem*; et cela *propter vicinitatem emptionis et locationis* : c'est, entre autres, Cujas qui nous l'observe (3).

De là il résulte que plusieurs règles sont communes à l'un et à l'autre des deux contrats.

Nous en avons un exemple dans la loi XXXIX, ff. *de Pactis*, ibi : *veteribus placet pactionem obscuram vel ambiguam venditori, et qui locavit, nocere.* En voici la raison : parce qu'il est au pouvoir, soit du vendeur, soit du locateur, *legem apertius conscribere* (4).

(1) Domat, *Lois civiles*, page 26, colonne 2, édition de Paris, 1771.

(2) *Idem*, page 44.

(3) *Ad* LL. 19 et 20, ff. *de Actionibus empt.*

(4) Domat, page 48.

Le contrat de louage doit être envisagé comme très-utile à l'agriculture. Tel a une métairie qui depuis quelque temps est fort dégradée; tel autre, un héritage qui pourrait être amélioré par des canaux, par des applanissements, tel pourrait en augmenter les revenus au moyen de quelques défrichements ou d'autres variations : mais comment pourrait-il se livrer à ces travaux, s'il n'a pas de fonds suffisants? Un contrat de louage, un fermier, mettent le propriétaire dans le cas de remplir ses vues. D'après ces réflexions, je ne puis comprendre qu'il puisse y avoir une opinion contraire. Un ancien philosophe (1) disait fort bien : *Pauca admodùm sunt sine adversario.*

Mais, quoi qu'il en soit de cette question, examinons la matière et la loi dont il s'agit, voyons quels en furent les principes et les bases.

La plus grande partie des dispositions de ce titre appartiennent à la substance et à la nature du contrat de louage, et ne sont appuyées que sur les règles générales du droit écrit, du droit commun, enfin sur les principes de cette philosophie qui est l'âme et la source de la jurisprudence.

Je me resserrerai donc dans des bornes plus étroites, et je ne vous occuperai que des matières les plus importantes ou les plus douteuses, et susceptibles de discussion.

Les six premiers articles ne consistent que dans la division de plusieurs sortes de louages,

(1) Senec. *natural. Quæst.* lib. 5.

dans leurs définitions, et dans d'autres matières de toute évidence.

Le seul consentement sur la chose qui est louée, et sur le prix, fait le louage (1); il peut donc se faire par écrit ou verbalement, comme il est dit dans l'article 1714; car les actes qui en sont dressés, soit sous signature privée, soit par-devant notaires, ne sont dressés que pour servir à la preuve du contrat, ou pour acquérir des droits d'hypothèque et d'exécution (2).

L'article 1715 porte : « Si le bail sans écrit « n'a encore reçu aucune exécution, et que « l'une des parties le nie;

« La preuve ne peut être reçue par té« moins;

« Quelque modique qu'en soit le prix, et « quoiqu'on allègue qu'il y a eu des arrhes « données;

« Le serment peut seulement être déféré à « celui qui nie le bail ».

Cet article, tel qu'il est conçu, évite bien des procès sans que l'intérêt d'aucun y soit lésé, puisque c'est dans l'hypothèse que le bail n'aura pas encore eu d'exécution.

L'article 1717 déclare que « le preneur (3) « a le droit de sous-louer et même de céder « son bail à un autre, si cette faculté ne lui « a pas été interdite ».

La loi romaine nous l'avait déjà dit : *nemo prohibetur rem quam conduxit, fruendam alii locare, si nihil aliud convenit* (4).

L'article 1720 dit que « le bailleur (5) doit « faire, pendant la durée du bail, toutes les « réparations qui peuvent devenir nécessaires, « autres que les *locatives* ».

Notez *autres que les locatives;* car il y a certaines menues réparations qu'on appelle *locatives*, dont l'usage a chargé les locataires des maisons (6).

Dans le cas de réparations urgentes durant le bail, il est dit, article 1724, que « si elles « durent plus de quarante jours, le prix du « bail sera diminué à proportion du temps et « de la partie de la chose louée, dont le pre« neur aura été privé ».

La fixation du terme ne permettra plus aux parties de s'entraîner dans des questions peut-être de peu d'importance, mais qui toujours ont des suites très-dispendieuses.

L'article 1726 porte que « si le bail a été fait « sans écrit, l'une des parties ne pourra don« ner congé à l'autre qu'en observant les dé« lais fixés par l'usage des lieux ».

On a respecté, dans ce titre comme dans tous les autres, les usages des lieux : *Inveterata consuetudo pro lege custoditur, et hoc est jus quod dicitur moribus constitutum.* L. 32, § premier, ff. *de Legibus.*

Il est bon de remarquer que la loi romaine les respectait également en matière de louage. Loi XIX, cod. *Loc* (1).

L'article 1740 porte que « la caution donnée « par le bail ne s'étend pas aux obligations ré« sultant de la prolongation ». Rien de plus juste, parce que l'obligation de la caution est censée fixée au temps du bail, et non à une prolongation à laquelle celui qui s'est rendu garant n'aurait eu aucune part et à laquelle il n'aurait point acquiescé (2).

Cette disposition doit paraître d'autant plus sage qu'elle est aussi appuyée sur la maxime constatée de tout temps, que *fidejussores in leviorem causam accipi possunt, in duriorem non possunt* (3).

ART. 1743. — La maxime du droit romain, *emptorem fundi necesse non est stare colono cui prior dominus locavit, nisi eâ lege emit,* L. 9, cod. *Locati* (4), a été très-judicieusement rejetée dans l'article 1743, puisqu'il y est dit : « Si le bailleur vend la chose louée, l'acqué« reur ne peut expulser le fermier ou le loca« taire qui a un bail authentique ou dont la « date est certaine, à moins qu'il ne se soit « réservé ce droit dans le contrat de bail ».

Cette loi *emptorem fundi* avait bien son motif; mais ce n'était après tout qu'une subtilité (5). L'acquéreur, disait-on, n'étant que

(1) Pothier, *du Louage*, pag. 3, édit. d'Orléans; 1771.

(2) *Idem*, pages 34, 38 et 39.

(3) Preneur, soit *conducteur*, Domat, titre 4, *du Louage*, pag. 2, 44, colonne 2, édition de Paris, 1771.

(4) L. 16, Cod. *de Locato*. L. 60, ff, *eodem*.

(5) Bailleur, soit *locateur*, Domat, titre 4, *du Louage*, page 44.

(6) Selon ce que dit Pothier, page 176.

(1) Voyez aussi Pothier, page 268.

(2) Domat, *du Louage*, titre 4, section 4, §. 9, p. 49.

(3) L. 8, §. 7, 8 et 9; l. 34, ff. *de Fidejussoribus*, §. 5, *Inst. Cod.* tit.

(4) Pothier, pages 228 à 231.

(5) Aussi ce n'est pas d'aujourd'hui que les Français se vantent, non sans raison, d'avoir banni toute subtilité de leur droit. Pothier, tome II, partie première, chap. 2 *du Prêt*, art. 2, page 717, édit. de 1781.

successeur à titre singulier, ne doit pas, comme le successeur à titre universel, être tenu des engagements personnels de son auteur (1).

Par cet article 1743 du nouveau Code, combien de contestations ne va-t-on pas écarter, surtout dans ces pays où l'on fait à cet égard une foule de distinctions entre les locations verbales et celles faites par instrument; entre l'écriture privée, ayant ou non hypothèque et clause de *constituts;* entre hypothèque générale et hypothèque spéciale (2), etc.

En outre, que d'altercations, que de débats n'y a-t-il pas aussi entre le vendeur et le fermier, pour le plus ou le moins d'indemnité qui peut être dû à ce dernier?

Les articles 1744 à 1747 terminent une foule de difficultés.

Il y est dit : « S'il a été convenu, lors du « bail, qu'en cas de vente, l'acquéreur pour« rait expulser le fermier ou locataire, et qu'il « n'ait été fait aucune stipulation sur les « dommages et intérêts, le bailleur est tenu « d'indemniser le fermier ou le locataire, de « la manière suivante » :

« S'il s'agit d'une maison, appartement ou « boutique, le bailleur paie, à titre de dom« mages et intérêts, au locataire évincé, une « somme égale au prix du loyer pendant le « temps qui, suivant l'usage des lieux, est « accordé entre le congé et la sortie.

« S'il s'agit de biens ruraux, l'indemnité que « le bailleur doit payer au fermier est du tiers « du prix du bail pour tout le temps qui reste « à courir.

« L'indemnité se réglera par experts, s'il « s'agit de manufactures, usines ou autres éta« blissements qui exigent de grandes avances ».

L'article 1749 porte que « les fermiers ou « les locataires ne peuvent être expulsés qu'ils « ne soient payés par le bailleur, ou, à son « défaut, par le nouvel acquéreur, des dom« mages et intérêts, et de toutes les autres « reprises qu'ils peuvent avoir ».

C'est ici une autre disposition bien équitable; car l'objet principal de l'indemnité du fermier ou locataire est précisément celui de ne pas être expulsé qu'il ne soit payé.

(1) Voyez le procès-verbal n.° 13, séance du conseil d'état, du 9 nivôse an 12, page 515.

(2) Pothier, *du Louage*, page 330.

L'article 1754 dit que les réparations locatives sont à la charge du locataire; il explique ensuite que ces réparations locatives sont celles désignées comme telles par l'usage des lieux.

A l'article 1755, il est statué que « le cu« rement des puits doit être à la charge du « bailleur ».

Cela doit être ainsi (1); car dans une maison où il y aurait beaucoup de locataires, cet ouvrage ne se ferait pas, ou serait mal fait, ou pour le moins retardé, s'il dépendait du fait de plusieurs locataires que l'humeur, la fortune et les circonstances empêcheraient de s'accorder entre eux.

Il est statué, par l'article 1761, que « le « bailleur ne peut résoudre la location, encore « qu'il déclare vouloir occuper par lui-même « la maison louée, s'il n'y a eu convention « contraire ».

Cette jurisprudence est en opposition avec le texte du droit romain : *Aede quam te conductam habere dicis, si pensionem in solidum solvisti, invitum te expelli non oportet, nisi propriis usibus dominus eam necessariam esse probaverit* (2).

Or, l'on a trouvé qu'il y avait de très-fortes raisons pour abolir une loi qui n'est fondée sur rien de solide (3).

Effectivement, nous ne la voyons basée que sur le besoin qu'a de sa maison le propriétaire pour l'occuper par lui-même, et sur ce qu'on doit présumer qu'il n'eût pas voulu la louer s'il eût prévu ce besoin. D'où l'on tire la conséquence qu'on doit sous-entendre dans le bail à loyer qu'il en a fait une condition par laquelle il s'est tacitement réservé la faculté de résoudre le bail, en indemnisant le locataire, s'il venait à avoir besoin de sa maison pour l'occuper par lui-même (4).

L'on a donc observé que la loi *Aede* est une décision qui n'a aucun fondement sur la raison

(1) Quoi qu'en dise Desgodets, en son livre des *Lois des bâtiments*, partie 2, sur l'article 172 de la *Coutume de Paris*, n.° 10. Voyez aussi Pothier, *du Louage*, pag. 180 et 181.

(2) L. 3, Cod. *de Locato*.

(3) Cambacérès, *second consul*, Tronchet, *sénateur* (*), deux jurisconsultes des plus savants et des plus profonds que j'aie connus de mes jours.

(4) C'est précisément ce que nous rapporte Pothier, dans son *Appendice du Contrat de Louage*, pages 380 et 381, édition d'Orléans, 1771.

(*) Dans le procès-verbal n.° 13, séance du conseil d'état du 9 nivôse an 12, page 515.

naturelle, et qui est purement arbitraire et contraire aux principes généraux (1).

Sous ce prétexte de nécessité, un locateur pourrait voiler sa malignité, sa vengeance, son injustice, aux dépens d'un locataire. Le serment même du locateur à l'égard de la prétendue nécessité (2) est-il suffisant pour assurer la sincérité de sa prétention? Ne peut-il pas être très-souvent suspect, et ne peut-il pas y avoir une espèce de parjure sans qu'il y ait le moyen de le prouver?

Remarquez ensuite, législateurs, que ce sera en outre un bénéfice pour la société, et un mérite pour le nouveau code, que d'avoir emporté le germe de si fréquents litiges, toujours vifs et toujours coûteux.

L'article 1763 nous invite à parler du colon partiaire, dont parle aussi la loi 25, §. 6, ff. *loc. ibi. Partiarius colonus quasi societatis jure et damnum et lucrum cum domino partitur.*

Leur bail forme entre eux une espèce de société où le propriétaire donne le fonds, et le colon la semence et la culture, chacun hasardant la portion que cette société lui donnait aux fruits (3).

Il est donc dit, à l'article 1763, que celui qui cultive sous la condition d'un partage de fruits avec le bailleur, ne peut ni sous-louer, ni céder, si la faculté ne lui en a été expressément accordée par le bail.

C'est-là une disposition dans toutes les règles, puisque dans ces sortes de contrats, ainsi que disent les patriciens, *electa est industria.*

Or, le colon partiaire étant celui *qui terram colit non pactâ pecuniâ, sed pro ratâ ejus quod in fundo nascetur dimidiâ, tertiâ,* etc.

Il est bien clair que c'est là le cas d'*electa industria* : pour labourer mes terres, pour les exploiter, j'ai choisi l'adresse, la capacité de telle personne et non de telle autre.

Je vendrais bien à qui que ce soit un héritage, pourvu qu'il me le paie ce que j'en demande; mais je ne ferais pas un contrat de colonie partiaire avec un homme inepte, quelque condition onéreuse qu'il fût prêt à subir, et quelques avantages qu'il voulût m'accorder.

Il est établi dans l'article 1774 « que le bail « des terres labourables, lorsqu'elles se divisent « par soles ou saisons, est censé fait pour autant « d'années qu'il y a de soles. »

Par exemple, si les terres de telles métairies sont partagées en trois soles ou saisons, c'est-à-dire, si la coutume est d'ensemencer une partie en blé, une autre en petits grains qui se sèment au mois de mars, et qu'une autre se repose, le bail est présumé fait pour trois ans lorsque le temps que doit durer le bail n'est pas exprimé dans le contrat (1).

Venons au louage d'ouvrage et d'industrie, qui commence par l'article 1779.

Le contrat de louage, ainsi que nous l'avons déjà dit ailleurs, a beaucoup d'analogie avec le contrat de vente; et il est bon de remarquer ici qu'à l'égard des doutes qui peuvent s'élever sur certains contrats, s'ils sont de vente ou de louage, Justinien, dans ses *Institutes* (2), nous donne des règles pour les discerner (3).

A l'article 1780, il est dit « qu'on ne peut en« gager ses services qu'à temps, ou pour une « entreprise déterminée. »

Il serait étrange qu'un domestique, un ouvrier pussent engager leurs services pour toute leur vie. La condition d'homme libre abhorre toute espèce d'esclavage.

Passons maintenant aux devis et marchés.

L'article 1792 porte : « Si l'édifice construit à « prix fait périt en tout ou en partie par le vice « de la construction, même par le vice du sol, « les architecte et entrepreneur en sont res« ponsables pendant dix ans » : *Quod imperitiâ peccavit culpam esse,* dit le texte *in lege* 9, §. 5, ff. *loc. Imperitiam culpæ adnumeratur,* dit la loi 142, ff. *de Regulis juris.*

Quant au bail à cheptel dont il est parlé à l'article 1800 et suivants, il est à observer que « c'est un contrat par lequel l'une des parties « donne à l'autre un fonds de bétail pour le « garder, le nourrir et le soigner sous les con« ditions convenues entre elles. »

L'article 1811 dit formellement : « qu'on ne « peut stipuler que le preneur supportera la « perte totale du cheptel, quoique arrivée par « cas fortuit et sans sa faute,

« Ou qu'il supportera dans la perte une part « plus grande que dans le profit,

« Ou que le bailleur prélèvera à la fin du

(1) Ce sont les paroles précises de Pothier, pag. 380; même édition.

(2) Pothier, pag. 259 et 260.

(3) Domat, pag. 50, art. 3.

(1) Pothier, pag. 23 et 24.

(2) *Lib.* 3, tit. 25, *de Locatione et conductione.*

(3) Pothier, pag. 304.

« bail quelque chose de plus que le cheptel « qu'il a fourni ;

Et que « toute convention semblable est « nulle. »

Cette disposition est fondée sur les principes de la justice, sur les bonnes mœurs, et sur cette égalité qui doit triompher dans les contrats.

Et c'est aussi d'après les mêmes règles qu'il est écrit à l'article 1828, « qu'on ne peut pas « stipuler que dans le cheptel donné au colon « partiaire, celui-ci sera tenu de toute la perte. »

Législateurs, le titre que nous venons de parcourir est à la portée de tout le monde, et les matières que l'on y traite intéressent toute classe, tout ordre de personnes.

Presque toutes les maisons sont louées à baux à loyer; une grande partie des biens ruraux le sont à baux à ferme : tous les citoyens de la France ont donc un égal intérêt pour en être instruits, et par conséquent les Piémontais aussi. Mais, pour bien comprendre une loi dans son véritable esprit, dans la justesse du sens, il faut la lire, il faut l'apprendre dans son original, dans sa langue primitive. C'est donc avec beaucoup de raison que le gouvernement, par son arrêté du 24 prairial an XI, a pour ainsi dire pressé l'ordre administratif et judiciaire du Piémont à étudier votre langue, à s'y familiariser.

Le délai peut-être a été trop court, n'importe : les Piémontais tâcheront de se conformer aux vœux du gouvernement. Les Piémontais seront désormais les émules de leurs frères aînés. Certainement ils le seront dans la bravoure, dans les vertus, dans les sciences, dans les arts. Quant à la langue, je l'avoue, ils auront quelque difficulté, mais avec le temps ils atteindront sans doute le but proposé.

Un Gilles Ménage, d'Anvers; un François Régnier, de Paris, ont su écrire, ont pu imprimer en langue italienne (1), ont pu être inscrits en Toscane, académiciens de la Crusca; les Piémontais ne pourront-ils pas un jour se rendre dignes d'être inscrits dans la classe de la langue et de la littérature française (2)? Je l'espère.

(1) Leurs ouvrages sont très-connus en Italie. On raconte de Régnier que l'académie de Crusca prit pour une production de Pétrarque une ode qu'il avait composée.

(2) Ils ont déjà un bon modèle à suivre dans leur compatriote *Cerutti*, auteur de l'*Apologie des Jésuites*, et d'autres ouvrages.

TITRE IX.

Du Contrat de Société.

Décrété le 17 ventôse an XII (8 mars 1804); — Promulgué le 27 du même mois (18 mars 1804).

[Articles 1832 à 1873.]

Exposé des Motifs par M. le Conseiller-d'Etat Treilhard.

Séance du 10 *ventôse an XII* (1.er *mars* 1804).

Législateurs,

Avant d'exposer les motifs du projet que le Gouvernement présente à votre sanction, il convient d'en bien déterminer l'objet.

Il ne s'agit pas aujourd'hui de cette société que contractent deux personnes d'un sexe différent, qui établit des rapports plus étroits entre deux familles, et enrichit l'Etat d'une troisième; qui, si elle est fondée sur une conformité d'humeur, de goûts, de sentiments, prête un nouvel éclat à tous les charmes de la vie, ou présente des adoucissements à tous ses revers.

Le projet est aussi étranger à une autre espèce de société qui se forme entre des personnes rapprochées par quelque événement quelquefois indépendant de leur volonté particulière, comme, par exemple, entre des cohéritiers tenus de supporter *en commun* les charges d'une succession dont ils partagent les bénéfices, ou entre deux voisins que la loi soumet à des *obligations communes* pour leur sûreté particulière et pour le maintien de l'ordre public.

Enfin, il se forme tous les jours des sociétés de commerce : régies par les lois et les usages de cette matière, elles peuvent être soumises aux règles générales de la société; mais elles ont aussi leurs règles particulières, et n'entrent pas dans le plan du titre dont vous allez vous occuper.

Il s'agit uniquement de cette espèce de société qui se forme entre deux ou plusieurs personnes, à l'effet de mettre en commun ou une propriété ou des jouissances; pour se rendre compte, et partager les bénéfices de l'association.

Ce contrat peut avoir une infinité de causes particulières. On s'associe pour un achat, pour un échange, pour un louage, pour une entreprise, enfin pour toute espèce d'affaires; des associés peuvent donc en cette qualité être soumis à toutes les règles des différents contrats, suivant le motif qui les a réunis.

Tel est le caractère distinctif du contrat de société. Les autres contrats ont des engagements bornés et réglés par leur nature particulière; mais le contrat de société a une étendue bien plus vaste, puisqu'il peut embrasser dans son objet tous les engagements et toutes les conventions.

Art. 1833. — Tout ce qui est licite est de son domaine; il ne trouve de limites que dans une prohibition expresse de la loi. Ainsi, on ne peut s'associer ni pour un commerce de contrebande, ni pour exercer des vols, ni pour tenir un mauvais lieu, ni pour des manœuvres qui tendraient à faire hausser le prix d'une denrée, ni enfin pour aucun fait réprouvé par la loi ou par les bonnes mœurs.

Mais tout ce qui ne se trouve pas frappé de cette prohibition peut être l'objet du contrat de société.

Les parties sont libres d'insérer dans leurs traités toutes les clauses qu'elles jugent convenables; rien de ce qui est honnête et permis ne doit en être exclu.

Ce contrat est de droit naturel; il se forme et gouverne par les seules règles de ce droit; il doit surtout reposer sur la bonne foi : sans doute elle est nécessaire dans tous les contrats; mais elle est plus expressément encore requise dans les contrats de société; elle devrait être excessive, s'il est permis de le dire, et s'il pouvait y avoir des excès dans la bonne foi.

Art. 1855. — Si la société n'était formée que pour l'intérêt d'un seul, la bonne foi ne serait-elle pas étrangement violée? Il faut donc l'unir pour l'intérêt commun des parties qui contractent. C'est là la première règle, la règle fondamentale de toute société. Il est contre la nature qu'une société de plusieurs, de quelque espèce qu'on la suppose, se forme pour l'intérêt particulier, pour le seul intérêt d'une des parties. On n'a pas pu marquer plus fortement les vices d'une pareille société qu'en la qualifiant de *léonine;* c'est, d'une part, la force; de l'autre, la faiblesse : il ne peut y avoir entre elles aucun traité, parce qu'il ne peut exister ni liberté, ni consentement. Or la société est un contrat consensuel, et la loi ne peut voir de consentement véritable dans un contrat de société, dont un seul recueillerait tout le profit, et dont l'intérêt commun des parties ne serait pas la base.

Tel est, législateurs, l'esprit de quelques dispositions générales contenues dans le premier chapitre du projet.

Art. 1834. — Je ne parle pas de la nécessité de rédiger un écrit pour toute espèce de société dont l'objet est d'une valeur de plus de 150 francs. La formalité de l'écriture n'est pas nécessaire pour la substance d'un contrat; elle est prescrite seulement pour la preuve : le contrat est parfait entre les parties contractantes par le consentement, et indépendamment de tout écrit : mais les tribunaux n'en peuvent reconnaître l'existence que lorsqu'elle est prouvée, et la prudence ne permet pas d'admettre d'autres preuves que celles qui résultent d'un acte, quand il a été possible d'en faire. Cette disposition n'est pas particulière au contrat de société; elle s'applique à toute espèce de convention. Vous avez déjà plusieurs fois entendu sur ce point des discussions lumineuses qui me dispensent de m'en occuper. Je passe donc aux diverses espèces de société.

Art. 1836. — Elles peuvent être universelles ou particulières. Elles sont universelles, quand elles comprennent tous les biens des associés, ou tous les gains qu'ils pourront faire.

Art. 1841. — Elles sont particulières, quand elles n'ont pour objet que des choses déterminées.

c'est la volonté, et la volonté seule des parties qui règle ce qui doit entrer dans la *société*, et qui la range par conséquent dans l'une ou l'autre de ces deux classes.

Art. 1837. — Ici, je ne remarquerai que deux dispositions du projet : l'une défend de comprendre dans la société, même universelle, la propriété des biens qui pourraient échoir dans la suite par succession, donation ou legs.

Art. 1840. — L'autre ne permet de société universelle qu'entre personnes respectivement capables de se donner ou de recevoir, et qui ne sont frappées d'aucune prohibition de s'avantager entre elles.

Le motif de cette dernière disposition se fait assez sentir : c'est par des considérations d'une haute importance que vous avez établi entre quelques personnes des *incapacités* de se donner au préjudice de quelques autres. Ces prohibitions ne sont pas nombreuses dans notre législation ; mais enfin il en existe : or, ce que vous avez expressément défendu, ce qu'on ne peut faire directement, il serait inconséquent et dérisoire de le tolérer indirectement ; il ne faut donc pas que, sous les fausses apparences d'une société, on puisse, en donnant en effet, éluder la prohibition de la loi qui a défendu de donner, et que ce qui est illicite devienne permis, en déguisant sous les qualités d'associés celles de donateur et de donataire.

Les motifs de la prohibition de comprendre dans la société la propriété des biens *à venir* ne se font peut-être pas sentir *si promptement* ni si vivement.

Dans le droit romain, les biens à venir pouvaient être mis en société comme les biens présents ; et une pareille convention n'offre, il faut l'avouer, rien qui répugne précisément à l'ordre naturel : mais lorsque nous en avons examiné les conséquences, nous avons pensé qu'il était plus convenable de la défendre.

Les donations des biens à venir étaient aussi permises par le droit romain, et cependant peu de personnes ont refusé des applaudissements à la disposition de l'ordonnance de 1731, qui les a proscrites en général, et sauf les cas du mariage.

Si les actes de société peuvent déguiser des actes de donation, la prohibition de comprendre les biens à venir dans ces derniers doit entraîner, par une conséquence inévitable, la prohibition de les comprendre dans les premiers.

S'il doit y avoir une égalité de mises dans la société, dans quelle classe pourrait-on ranger celle qui se formerait entre deux hommes, aujourd'hui peut-être égaux en fortune, mais dont l'un n'aurait aucune perspective d'augmentation pour la sienne, pendant que l'autre aurait des perspectives immenses, prochaines, immanquables ; et peut on se dissimuler que, dans ce cas, l'égalité ne serait qu'apparente, mais que l'inégalité serait *monstrueuse !*

Enfin, il faut que tout ce qui entre dans la société au moment où elle se forme, puisse être connu et apprécié : c'est le seul moyen d'assurer une répartition de profits proportionnée aux rapports, et de se soustraire aux désastreux effets d'une société léonine, ou quasi-léonine.

Nous n'avons pu voir dans la société des biens à venir aucun avantage réel qui pût compenser les inconvénients qu'elle entraînerait après elle, et nous avons prévenu, en la prohibant, les surprises et les fraudes dont elle serait presque toujours suivie.

Passons actuellement aux engagements des associés, soit entre eux, soit à l'égard des tiers.

Les associés peuvent insérer dans leur contrat toute clause qui ne blesse ni la loi ni les bonnes mœurs ; la mesure de leurs engagements est celle dont il leur a plu de convenir.

Nous l'avons déjà dit, la bonne foi est surtout nécessaire dans le contrat de société ; et comme toute clause (Art. 1855) qui tendrait à jeter sur l'un toutes les charges, et à gratifier l'autre de tous les bénéfices, se trouverait en opposition manifeste avec la bonne foi et la nature de l'acte, pareille convention serait essentiellement nulle. Il faut, pour que l'égalité ne soit pas violée, qu'il y ait entre les associés répartition des charges et des bénéfices : non qu'il soit nécessaire que toutes les mises soient égales ou de même nature, et que la part dans les profits soit la même pour tous ; mais il faut une proportion équitable entre la mise et le profit de chaque associé ; il faut que la différence dans la répartition des bénéfices, s'il en existe une, soit fondée ou sur une mise plus forte, ou sur des risques plus grands, ou sur de plus éminents services, ou enfin sur toute autre cause légitime en faveur de celui qui est le plus avantagé.

La mise de chaque associé peut être différente : l'un peut apporter de l'argent comptant, un autre une maison, un troisième son industrie; et ce n'est peut-être pas celui dont la mise sera la moins utile : mais il faut toujours de la réalité dans cette mise; si elle n'était qu'illusoire et en paroles, la convention serait en effet léonine.

Elle est contraire à l'honnêteté et aux bonnes mœurs, quand la mise ne consiste que dans une promesse de crédit, vaine le plus souvent, mais toujours coupable quand elle est payée. Loin de nous ces vils intrigants qui, vendant leurs manœuvres et leur protection, trompent également et l'autorité dont ils surprennent la confiance, et l'honnête homme qui compte sur eux.

Au reste, toutes les règles que les associés pourront établir sur le mode d'administration et de partage doivent être scrupuleusement observées quand elles ont été faites de bonne foi. Les dispositions que nous présentons à cet égard ne sont applicables qu'à défaut de convention par les parties : on ne doit y avoir recours que dans le cas où l'acte serait muet. Alors seulement la loi est consultée; et comme elle supplée la volonté de l'homme dans un contrat du ressort du droit naturel, et tout de bonne foi, il faut, en cette matière surtout, que la raison dicte, et que le législateur écrive.

Art. 1843. — Vous trouverez ce caractère, j'ose le dire, dans les dispositions qui vous sont présentées : elles règlent l'époque où la société doit commencer, la durée qu'elle doit avoir, les engagements des associés, soit pour fournir la mise, soit pour se faire mutuellement raison de leurs frais et avances, soit pour la réparation des dommages qu'ils ont pu causer, soit pour le mode d'administration, soit pour le partage des bénéfices, soit enfin pour tous les incidents qui peuvent survenir dans le cours d'une société : mais, nous le répétons encore, ces règles ne sont applicables que dans le silence des parties intéressées.

Art. 1844. — Ainsi, à défaut de convention, la société commence à l'instant du contrat; elle dure pendant la vie des associés, ou jusqu'à une renonciation valable de la part de l'un d'eux, ou jusqu'à ce que l'affaire particulière qui en est l'objet soit terminée.

Art. 1845, 1846. — L'associé doit apporter tout ce qu'il a promis : il est garant de l'éviction de ce qu'il a porté; il doit les intérêts à compter du jour où il a dû faire son paiement; il les doit aussi des sommes appartenant à la société qu'il aurait employées à son usage personnel.

Art. 1847. — S'il a promis son industrie, il doit tous les gains qu'elle peut lui procurer.

Art. 1848. — S'il est créancier d'une somme exigible, et que son débiteur soit aussi le débiteur de la société, il doit faire de ce qu'il touche une juste imputation sur les deux créances; la bonne foi ne permet pas qu'il s'occupe moins de celle de la société que de celle qui lui est personnelle.

Art. 1850. — S'il a causé des dommages par sa faute, il est tenu de les réparer, sans offrir en compensation les profits que son industrie a pu d'ailleurs procurer; car ces profits ne sont pas à lui; ils appartiennent à la société.

Art. 1852. — Par le même motif, l'associé a le droit de réclamer les sommes qu'il a déboursées pour elle; il est indemnisé des obligations qu'il a aussi contractées de bonne foi.

Art. 1853. — Si l'acte de société n'a pas déterminé les portions dans les bénéfices ou les pertes, elles sont égales.

Art. 1859-1861. — Si le mode d'administration n'est pas réglé, les associés sont censés s'être donné réciproquement le pouvoir d'administrer l'un pour l'autre : ils peuvent, sans le consentement de leurs coassociés, admettre un tiers à leur part dans la société; mais ils ne peuvent pas l'adjoindre à la société même : la confiance personnelle est la base de ce contrat; et l'ami de notre associé peut n'avoir pas notre confiance.

Art. 1854. — Enfin, si les associés conviennent de s'en rapporter à un arbitre pour le réglement des contestations qui pourraient s'élever entre eux, ce réglement doit être sacré, à moins que quelque disposition évidemment contraire à l'équité n'en sollicitât hautement la réforme : encore a-t-on dû fixer un terme court à la partie lésée, pour faire sa réclamation.

Je crois, législateurs, que de pareilles dispositions se trouvent dans un accord parfait avec l'équité naturelle et la saine raison.

Telles seront les règles des associés entre eux, quand ils n'auront pas fait de conventions différentes : car, on ne saurait trop le répéter, les conventions des associés sont leurs premières lois, si elles ne se trouvent empêchées par aucune prohibition.

Art. 1862. — C'est aussi dans l'acte même de société qu'il faut chercher la mesure des engagements des associés envers des tiers.

Un associé ne peut engager la société qu'autant qu'il contracte en son nom, et qu'il a reçu le pouvoir de le faire. Celui qui traite avec l'associé peut demander, s'il a des doutes, la communication de l'acte de société. S'il n'a voulu que l'engagement personnel de celui avec qui il traitait, (Art. 1864) il n'est certainement pas fondé à prétendre que les autres associés soient engagés avec lui : bien entendu toutefois que tout se passe sans fraude, et que le tiers n'est pas en état de prouver qu'il a été trompé par l'associé, ou que la chose a tourné au profit de la société.

Art. 1863. — Les dettes de la société sont supportées également par tous ses membres ; ils ne sont point solidaires entre eux lorsque l'acte qui les a réunis ne présente rien de contraire : n'oublions pas qu'il ne s'agit pas ici des sociétés de commerce, mais seulement des autres sociétés qui peuvent se former entre les citoyens, et pour tout autre objet.

Vous avez consacré la maxime, qu'une obligation n'est solidaire que lorsque le titre donne expressément le droit de poursuivre chacun des débiteurs pour le tout : la disposition du projet sur ce point n'est qu'une application de cette disposition générale déjà sanctionnée.

Enfin, nous arrivons au dernier chapitre du projet sur les différentes manières dont finit la société.

C'est dans la nature même du contrat qu'il faut rechercher les causes de sa dissolution.

Art. 1865. — Le contrat de société est consensuel : on ne peut pas être en société malgré soi ; la bonne foi est la première base du contrat ; la confiance mutuelle des associés dans leurs personnes respectives en est le véritable lien : il est facile, d'après ces notions, de déterminer la durée des sociétés.

Ce contrat étant formé par le consentement peut se résoudre, sans contredit, par une volonté contraire.

Le contrat peut avoir pour objet une affaire déterminée ; la société expire donc naturellement lorsque l'affaire est finie.

Art. 1871. — Le contrat peut être formé pour un temps limité ; la société cesse donc d'exister à l'expiration du terme convenu : elle ne doit pas finir plutôt, à moins toutefois que l'un des associés n'eût un juste motif d'en provoquer le terme, comme, par exemple, si le coassocié n'exécutait pas les conditions du contrat : la société repose sur la bonne foi, et celui qui viole ses engagements ne peut pas retenir un autre sous des liens qu'il a brisés lui-même.

Art. 1869. — Si le contrat de société avait pour objet des affaires indéterminées, s'il était fait sans limitation de temps, il serait censé, comme on l'a déjà dit, devoir se prolonger pendant la vie des associés : mais comme personne ne peut être perpétuellement retenu en société malgré lui, chaque associé conserve toujours le droit de déclarer sa renonciation ; et la société se termine.

Cette faculté cependant ne peut être exercée, ni de mauvaise foi, ni à contre-temps.

Art. 1870. — Si l'associé renonçait dans un moment où, par l'effet de cette déclaration, il s'approprierait les bénéfices que les associés s'étaient proposé de faire en commun, sa renonciation serait évidemment de mauvaise foi.

Elle serait faite à contre-temps si, les choses n'étant plus entières, elle blessait l'intérêt commun de la société : la volonté particulière et l'intérêt privé de celui qui veut rompre le contrat ne doivent pas seuls être consultés. S'il a le droit de renoncer, parce que sa volonté ou son intérêt ne sont plus les mêmes, il faut aussi qu'il ne compromette pas les intérêts d'autrui par la précipitation excessive qu'il mettrait à pourvoir aux siens.

Art. 1865. — La société se compose d'objets mis en commun ; s'ils viennent à périr, il est évident qu'il n'y a plus de société. Il n'est pas même nécessaire que tous ces objets périssent pour que la société soit rompue (Art. 1867.) Si de deux associés l'un se trouve dans l'impossibilité d'apporter la chose qu'il avait promise, parce qu'elle n'existe plus, il ne peut plus y avoir de société. Il en est de même lorsque deux associés n'ayant mis en commun que des jouissances en conservant chacun sa propriété, si la chose de l'un vient à périr, il n'y a plus de mise de sa part, et par conséquent plus de société.

Art. 1865. — Le contrat est aussi rompu par la mort naturelle ou civile de l'un des associés: on s'associe à la personne; quand elle n'est plus, le contrat se dissout. On tenait si rigoureusement à ce principe dans le droit romain, qu'il était même interdit aux associés de convenir que l'héritier de l'un d'eux prendrait la place du défunt (Art. 1868); nous n'avons pas été jusque-là. Nous ne trouvons rien qui blesse la bonne foi, les convenances, les bonnes mœurs, dans la clause qui admettait l'héritier de l'associé : si telle a été la volonté des parties, pourquoi ne serait-elle pas exécutée?

Art. 1865. — La faillite de l'un des associés opère aussi la dissolution de la société. Il ne peut plus y avoir ni confiance dans la personne, ni égalité dans le contrat, qui tombe aussitôt, parce qu'il reposait principalement sur ces deux bases.

Art. 1872. — Quand la société est finie, les associés procèdent à la liquidation et au partage : c'est dans leurs conventions particulières qu'ils trouvent les règles de la contribution de chacun aux charges, et de sa part dans les bénéfices. A défaut de convention, les règles générales que nous avons établies reçoivent leur application ; mais pour tout ce qui concerne les formes du partage, ses effets, et les causes qui peuvent en opérer la rescision, nous avons dû renvoyer au chapitre VI du titre *des successions*, qui présente sur cette matière des dispositions auxquelles nous n'avons rien à ajouter.

Vous connaissez actuellement, législateurs, tous les motifs du projet qui vous est soumis. Le gouvernement croit avoir rempli dans toute son étendue l'objet qu'il a dû se proposer, mais, il faut en convenir, les dispositions les plus sages peuvent être impuissantes et même devenir dangereuses, quand elles ne sont pas appliquées avec discernement et impartialité. La sagesse des tribunaux est en quelque manière le complément de la loi et la première garantie de son exécution. Nous n'eûmes jamais plus de droit d'espérer qu'ils acquitteront fidèlement cette dette sacrée.

Il est déjà bien loin de nous le temps où des juges nommés par un parti et dans un parti, disparaissaient avec lui.

La nation entière se presse autour d'un gouvernement juste et ferme, et promet à la magistrature, stabilité, confiance, respect : le besoin de la justice est vivement et universellement senti. S'il faut de la force pour réprimer les ennemis de l'état, la justice n'est pas moins nécessaire pour régler sagement les droits des citoyens.

Lorsque toutes les autorités rivalisent entre elles d'amour pour le gouvernement, de talent et de zèle, la magistrature, n'en doutons pas, saura se distinguer encore par les vertus qui lui sont particulières; par cette probité sévère que rien ne peut ébranler; par cette abnégation absolue d'affections, d'opinions, de préjugés, sans laquelle le juge de la nation ne serait plus que l'homme d'un parti; par ces méditations profondes auxquelles rien ne peut échapper de ce qu'il est utile de connaître ; par cette modestie enfin, cette simplicité de mœurs qui font de la vie d'un magistrat une leçon vivante et perpétuelle pour tous ses concitoyens.

Voilà les traits qui distingueront dans tous les âges le véritable magistrat; voilà les vertus qui mériteront à la magistrature le respect et la vénération des peuples.

Nous avons devancé nos rivaux dans bien des carrières : je ne crains pas de dire qu'il n'en est aucune dans laquelle ils nous aient surpassés. Que la vertu de nos magistrats égale la sagesse de nos lois, et rien ne manquera au bonheur des citoyens, comme il ne manque rien à la gloire de la nation.

TITRE X.

Du Prêt.

Décrété le 18 ventôse an XII (9 mars 1804); — Promulgué le 28 du même mois (19 mars 1804).

[ARTICLES 1874 à 1914.]

EXPOSÉ DES MOTIFS par M. le Conseiller-d'État GALLI.

Séance du 11 ventôse an XII (2 mars 1804).

LÉGISLATEURS,

Le gouvernement vous a présenté, ces jours passés, les titres *de la Vente, de l'Échange* et *du Louage*.

On ne peut pas toujours acheter, échanger ou louer pour avoir certaines choses dont nous manquons et dont nous avons besoin. Ce fut donc une suite de notre liaison, de notre humanité, de nous accommoder les uns avec les autres, et de nous aider mutuellement par divers moyens, notamment par celui du *prêt* (1).

C'est la matière du projet de loi qui vous est soumis aujourd'hui : il est divisé en trois chapitres. Le premier traite *du Prêt à usage*, ou *Commodat*; le second *du Prêt de consommation*, ou *simple Prêt*; le troisième *du Prêt à intérêt*.

ART. 1875. — L'article 1875 nous donne la définition du prêt à usage ou commodat. « C'est « un contrat par lequel l'une des parties livre « une chose à l'autre pour s'en servir, à la « charge par le preneur de la rendre après s'en « être servi. »

ART. 1876. — Le prêt à usage n'est pas un contrat commutatif; il est entièrement lucratif vis-à-vis de l'emprunteur (2).

Aussi les jurisconsultes placent-ils le prêt à usage parmi les contrats de bienfaisance, étant de son essence d'être gratuit (3).

Notez bien ces dernières paroles, *à la charge de la rendre après s'en être servi*, autrement ce serait, non pas un prêt à usage, non pas un commodat, mais *un précaire*.

Precarium est, quòd precibus petenti utendum conceditur tamdiù quamdiù is qui concessit patitur (1).

ART. 1876. — L'article 1876 nous dit que « ce prêt est essentiellement gratuit. » Et en effet, s'il y avait un prix, ce serait un louage, §. 11, Inst. : *Quib. mod. re const. oblig. Ibi : Commodata res, tunc propriè intelligitur, si nullâ mercede acceptâ vel constitutâ res utenda data est.... Gratuitum enim debet esse commodatum.*

ART. 1885. — L'article 1885 porte que « l'em« prunteur ne peut pas retenir la chose par com« pensation de ce que le prêteur lui doit. » *Pretextu debiti restitutio commodati non probabiliter excusatur*, L. ult. cod. *commodati*.

ART. 1888. — L'article 1888 s'exprime ainsi : « Le prêteur ne peut retirer la chose prêtée « qu'après le terme convenu, ou, à défaut de « convention, qu'après qu'elle a servi à l'usage « pour lequel elle a été empruntée. »

C'est aussi la doctrine du texte dans la loi 17, §. III, ff. *Commodati*, où cette opinion est confirmée par l'exemple du mandat. *Ibi : Voluntatis est suscipere mandatum, necessitatis consummare.* C'est une suite du principe général : *Quæ sunt ab initio nudæ voluntatis, sæpius fiunt postea necessitatis* (2).

ART. 1889. — Néanmoins (dit l'article 1889) « si pendant ce délai, ou avant que le besoin

(1) Domat, *Lois civiles*, livre premier, titre V, *du Prêt à usage*, page 55, colonnes première et deuxième, édition de Paris, 1781.

(2) Pothier, tome II, *du Prêt à usage*, page 701, édition d'Orléans, 1781.

(3) *Idem*, pag. 669 et 671.
Puffendorff, liv. V, chap. IV, §. VI, *du Droit de la nature et des gens*.

(1) L. première, ff. *de Prec.* L. II, §. *ult.* Cod.

(2) L. 17, §. III, ff. *Commodati*.

« de l'emprunteur ait cessé, il survient au « prêteur un besoin pressant et imprévu de « sa chose, le juge peut, suivant les circons- « tances, obliger l'emprunteur à la lui rendre. »

C'est ici une disposition pleine d'équité. Elle présume, s'il survient au prêteur un besoin pressant et imprévu, la condition tacite de pouvoir résoudre le *commodat*, et demander que la chose lui soit rendue quoique avant l'expiration du temps pour lequel il l'a prêtée, ou avant que le besoin de l'emprunteur ait cessé.

Observez en outre que cette faculté n'est pas absolue en faveur du prêteur; elle dépend du juge, par qui elle peut être accordée ou refusée, suivant les circonstances qu'il doit peser.

L'on n'ignore pas l'aphorisme de Bacon : *Optima est lex quæ minimùm relinquit arbitrio judicis : optimus judex qui minimùm sibi* (1).

Mais cela n'empêche aucunement de laisser cette affaire à la discrétion du juge; c'est-à-dire, rien n'empêche de donner au juge quelque degré de latitude, pour qu'il puisse délibérer dans sa sagesse s'il doit ou non obliger l'emprunteur à rendre la chose avant le terme convenu, ou avant que le besoin de l'emprunteur ait cessé.

Art. 1892. — L'article 1892 définit le prêt de consommation; on ne peut prêter à usage les choses qui se consomment par l'usage, comme du blé, du vin, de l'huile, et autres denrées : *Non potest commodari id quod usu consumitur* (2).

Art. 1899. — A l'article 1899, il est dit que « le prêteur ne peut pas redemander les choses « prêtées avant le terme convenu. »

Art. 1900. — « S'il n'a pas été (dit l'ar- « ticle 1900) fixé de terme pour la restitution, « le juge peut accorder à l'emprunteur un « délai, suivant les circonstances. »

Art. 1901. — Et l'article 1901 ajoute que « s'il a été seulement convenu que l'emprun- « teur paierait quand il le pourrait, ou quand « il en aurait les moyens, le juge lui fixera « un terme de paiement suivant les circons- « tances. »

Voilà d'autres latitudes bien sagement confiées à la prudence du juge, ainsi que je l'ai déjà observé à l'égard de l'article 1889.

(1) *De dignitate et augmentis scientiarum*, aphorisme 46.

(2) L. 3, §. *ult.* ff. *Commod.* Domat, page 45, art. 4, et page 56, art. 6.

Art. 1905. — Le prêt à intérêt est l'objet des articles 1905 et suivants, « il est permis, « article 1905, de stipuler des intérêts pour « simple prêt, soit d'argent, soit de denrées, « ou autres choses mobilières ».

Puffendorff dit (1) qu'il était défendu de prêter à usure de juif à juif, pour deux raisons politiques, l'une tirée du naturel de ce peuple, l'autre de la constitution du gouvernement; mais qu'il leur était permis de mettre en usage toute leur adresse dans le commerce à l'égard des étrangers.... D'ailleurs, en ce temps-là, tous les revenus des Israélites se tiraient du bétail, de l'agriculture ou du travail des artisans. Le commerce y était aussi fort simple et fort petit, les secrets du négoce et l'usage de la navigation ne leur étant pas encore connus, comme ils l'étaient de la plupart des nations voisines.

Dans un pays où les choses sont sur ce pied, tous ceux qui empruntent ne le font que parce que la nécessité et l'indigence les y réduisent.

Le même auteur ajoute que c'est en vain qu'on objecte que la monnaie étant de sa nature une chose stérile qui ne sert de rien aux besoins de la vie, on ne doit rien exiger pour l'usage d'un argent prêté. Car, dit-il, quoiqu'une pièce de monnaie n'en produise pas par elle-même physiquement une autre semblable, néanmoins, depuis que l'on a attaché à la monnaie *un prix éminent*, l'industrie humaine rend l'argent très-fécond, puisqu'il sert à acquérir bien des choses qui produisent ou *des fruits naturels*, ou *des fruits civils* (2); et c'est au rang de ces derniers qu'il met les intérêts qu'un débiteur paie à son créancier.

Par suite de ce sentiment, un auteur célèbre d'une fameuse contrée d'Italie (3) nous observe que l'intérêt ne s'exige pas comme

(1) Tome II, liv. V, chap. VIII, *du Droit de la nature et des gens*.

(2) Voyez Pothier, tome II, pages 765, 766, 768 et 769, §§. 118, 119, 124 et 126, où il est fait mention des intérêts *ratione* AUT *damni emergentis*, AUT *lucri cessantis*, AUT *periculi sortis à mutuante suscepti*.

En Piémont, il s'est introduit depuis long-temps la présomption du DAMNUM EMERGENS et du LUCRUM CESSANS, *ne lites ex litibus fiant, ut contingeret, si lucri cessantis, vel damni emergentis specifica et præcisa exigeretur probatio.* C'est le ci-devant sénat de Piémont qui parle dans sa décision du 10 décembre 1744, *referente Honorato*.

(3) Antoine Genovesi, de Naples, *Lezioni di commercio*, tome II, page 184, édition de Bassano, 1769.

un fruit de l'argent, mais bien comme le prix de la commodité et de l'avantage qui en résulte à celui qui prend l'argent à prêt.

Effectivement, l'on a considéré l'intérêt comme une indemnité juste des bénéfices que le prêteur aurait pu tirer de son argent s'il s'en était réservé l'usage (1).

Le même auteur italien, *Antoine Genovesi*, voudrait cependant que le taux de l'intérêt fût modique, parce que cette modicité invite et engage plusieurs personnes à emprunter de l'argent pour le verser ensuite dans des ouvrages d'industrie, dans la culture des champs, dans l'éducation des animaux, dans des manufactures, dans le commerce (2).

Art. 1907. — L'article 1907 est d'une extrême sagesse; il porte : « L'intérêt est légal « ou conventionnel : l'intérêt légal est fixé « par la loi; l'intérêt conventionnel peut « excéder celui de la loi toutes les fois que « la loi ne le prohibe pas. »

Oui, il appartient à la loi de fixer l'intérêt légal, et il lui appartient également de prohiber l'intérêt conventionnel si les circonstances permettent une telle prohibition.

A l'égard de l'intérêt conventionnel, on doit considérer que celui qui stipule des intérêts les évalue d'après les bénéfices ordinaires que peuvent lui donner les moyens d'emploi qui existent (3).

Mais les circonstances faisant varier l'espoir de ces bénéfices, la loi ne peut les prendre pour base d'une règle générale sur la fixation de l'intérêt.

Et c'est de là qu'il faut conclure que la loi devant se régler sur les circonstances qui changent et qui varient, elle ne peut être invariable (1).

Locke, dans ses *Lettres sur la monnaie*, croyait que le taux de l'intérêt ne devait jamais être déterminé par des lois particulières; mais devait être abandonné à l'estimation, au vœu et à la volonté publique (2).

Quoi qu'il en soit de son opinion, la disposition de notre Code n'est pas moins bonne et moins juste : c'est ce qu'ont fait d'autres nations, c'est ce qui fut fait en Piémont par le manifeste du ci-devant sénat, du 24 avril 1767.

Et d'ailleurs Tite-Live avait dit (3), *Nulla lex satis commoda omnibus est, id modo quæritur si majori parti et in summum prodest.*

L'article 1913 porte « que le capital de « la rente constituée en perpétuel devient « aussi exigible en cas de faillite ou de dé- « confiture du débiteur. »

C'est une disposition très-juste, et basée d'après les principes reçus en France et partout ailleurs.

Quant à l'article 1914, qui est le dernier du titre, il y est dit que « les règles con- « cernant les rentes viagères sont établies au « titre *des Contrats aléatoires*. »

La compilation du Code civil touche à sa fin, le temps de sa publication s'approche : c'est aux soins du Gouvernement que la France en sera redevable; c'est à la sollicitude paternelle du premier magistrat que nous devons ce bénéfice; c'est lui qui, autant par son activité que par ses mûres réflexions, l'a porté à ce point de bonté et de sagesse où il est parvenu; c'est son zèle qui lui a fait accélérer un ouvrage qui fera à jamais la félicité du peuple et la gloire du Gouvernement.

(1) Procès-verbaux, séance du conseil-d'état, du 7 pluviôse an XII, *du Prêt*, page 272.

(2) Genovesi, page 184.

(3) C'est par cette raison qu'autrefois la législation fixait à cinq pour cent l'intérêt de l'argent, parce que c'était le bénéfice ordinaire de tout emploi de fonds (*).

(*) Procès-verbaux, page 273.

(1) Voyez le procès-verbal, pag. 617 et 618.

(2) Voyez aussi Genovesi, tome II, page 166.

(3) L. XXXIV, cap. III.

TITRE XI.

Du Dépôt et du Séquestre.

Décrété le 23 ventôse an XII (14 mars 1804); — Promulgué le 3 germinal (24 mars 1804).

[ARTICLES 1915 à 1963.]

EXPOSÉ DES MOTIFS, par M. le Conseiller-d'Etat RÉAL.

Séance du 18 ventôse an XII (9 mars 1804).

LÉGISLATEURS,

Le gouvernement vous présente aujourd'hui le titre XI du livre III du Code civil; c'est celui qui traite du *dépôt et du séquestre*.

Dans une matière où les principes sont fixés depuis long-temps, il s'agissait non de créer des règles, mais de recueillir celles dont un long usage a démontré la justice et l'utilité; c'est ce que nous faisons dans le projet de loi qui vous est soumis.

Après avoir défini le dépôt, désigné sa *gratuité*, comme son principal caractere, et déclaré qu'il ne peut avoir que des choses mobilières pour objet; le projet conserve sa division naturelle en *dépôt volontaire* et *dépôt nécessaire*.

Le dépôt volontaire est un contrat dont les règles, en ce qui touche à la manière de le former et à la capacité des personnes, ne présentent rien que de conforme aux principes admis dans les conventions en général.

Il faut en dire à-peu-près autant des obligations respectives qui en naissent.

ART. 1927, 1928, 1929. — Ainsi, le dépositaire doit tous ses soins à la chose déposée; et si elle se détériore par son fait ou sa négligence, il en répondra selon le degré d'intensité que donneront à cette responsabilité, soit les conventions des parties, soit les circonstances dans lesquelles le contrat se sera formé; mais il ne répondra des accidents de force majeure qu'autant qu'il aura été mis en demeure de restituer la chose déposée.

Tous les contrats sont de bonne foi, et nulle part dans le Code l'on n'a attribué plus spécialement ce caractère aux uns qu'aux autres; il est néanmoins difficile de ne pas connaître dans le dépôt quelque chose qui place la bonne foi inhérente à ce contrat dans des limites plus étroites que celles qui sont assignées à d'autres contrats.

ART. 1930. — Le dépositaire ne pourra donc se servir de la chose déposée, si l'usage ne lui en a été permis; car la chose peut recevoir du préjudice de ce simple usage.

Si elle lui a été remise scellée ou cachetée, il ne devra rien se permettre pour la découvrir : ce serait un abus de confiance.

ART. 1932. — Quelle que soit cette chose, il devra rendre celle qui lui aura été confiée, la rendre identiquement, et cette règle sera observée même quand il s'agirait de sommes monnoyées; autrement, et s'il suffisait de rendre en pareilles quantités ou espèces, le contrat serait dénaturé, et le dépôt se trouverait converti en un simple prêt ou *commodat*.

ART. 1936. — Si la chose déposée produit des fruits ils appartiennent au déposant, comme un accessoire de la propriété qui n'a point changé de mains : le dépositaire devra donc en faire raison.

Telles sont ses principales obligations; mais il peut accidentellement en être rédimé, comme il peut lui en survenir d'autres : par exemple, si la chose lui a été enlevée par une force majeure et remplacée par une autre, il ne devra plus restitution de la chose déposée, mais bien de celle qui aurait été laissée en remplacement.

ART. 1935. — En thèse générale, l'héritier est tenu de la même manière et avec la même étendue que celui qu'il représente; mais en matière de dépôt, cette règle recevra une exception. Ainsi, si l'héritier du dépositaire aliène la chose déposée, mais qu'il aura cru lui appartenir, sa bonne foi viendra à son secours, et il ne devra que le prix qui aura été convenu dans l'acte de vente.

Art. 1944. — Mais en quel temps la restitution sera-t-elle faite et à qui?

Le dépôt doit être restitué dès qu'il est réclamé; il n'y a point à cet égard de stipulation de délai qui puisse s'opposer à la remise du dépôt; et le dépositaire, qui doit toujours être prêt à le rendre, peut y être nécessairement contraint si d'ailleurs il n'existe pas entre ses mains de saisies ou des oppositions qui empêchent la restitution de la chose déposée.

Cette restitution ne peut être valablement faite qu'au déposant ou à la personne qu'il a proposée; ou, s'il est mort, à ceux qui le représentent, et qui, en cas que le dépôt soit indivisible, doivent s'accorder pour le recevoir.

S'il y a eu changement d'état dans la personne du déposant, comme si le dépôt a été fait par une femme qui depuis est mariée et aura transporté l'administration de ses biens à son mari, la restitution du dépôt sera faite à celui-ci.

Dans l'hypothèse inverse, si un mari ou un tuteur ont déposé une chose appartenante à la femme ou au pupille, et que le titre de l'administration cesse avant la remise du dépôt, la restitution s'en fera soit à la veuve, soit au pupille devenu majeur.

Art. 1938. — L'extrême simplicité de ces règles diverses excluait toute controverse à ce sujet: mais si le dépositaire est instruit que la chose qui lui est remise à ce titre n'appartient pas au déposant, que devra-t-il faire, et comment en ce cas la restitution s'opérera-t-elle?

Cette question, la seule qui présentât quelque difficulté, a été examinée avec soin, et suivie de la décision comprise en l'article 1938.

Quelques avis tendaient à interdire dans l'espèce proposée toute restitution au déposant; mais on a jugé préférable de valider la restitution qui lui sera faite après néanmoins que le dépositaire aurait dénoncé le dépôt au propriétaire, avec sommation de le réclamer dans un délai suffisant.

Cet avertissement satisfait à la morale et à la justice; mais si celui qui a été averti ne fait point ses diligences, la loi doit présumer que le déposant et le propriétaire se sont arrangés: en tous cas le dépositaire ne saurait être astreint ni à des poursuites ultérieures, qui pourraient l'exposer personnellement à des dommages et intérêts, ni à rester indéfiniment chargé du dépôt.

Je vous ai retracé, législateurs, les obligations du dépositaire: celles du déposant sont beaucoup moins étendues.

Art. 1947, 1948. — De la part de ce dernier, tout consiste à rembourser au dépositaire les dépenses qu'il a faites pour la conservation du dépôt, et à l'indemniser des pertes que ce dépôt aurait pu lui causer: mais jusqu'au paiement de ces dépenses et indemnités, le dépôt peut être retenu; car il est naturellement et sans le secours d'aucune stipulation, le gage des créances dont il est la cause.

Après avoir traité du dépôt volontaire, le projet de loi qui vous est soumis règle ce qui est relatif au dépôt nécessaire.

Il ne s'agit plus ici d'un contrat, mais plus exactement d'un *quasi-contrat* fondé sur la nécessité, (Art. 1949) et dont les suites méritent d'autant plus la protection de la loi, que, dans la plupart des cas où il y a lieu d'en faire l'application, cette application est réclamée par des êtres malheureux, victimes d'un incendie, d'une ruine, d'un pillage ou d'un naufrage.

Art. 1950. — Quand au milieu d'une telle catastrophe on peut sauver ses effets, on le fait sans recourir aux moyens que la loi prescrit pour établir les conventions ordinaires; ainsi la preuve par témoins d'un tel dépôt sera admise, quand même son objet s'élèverait au-delà de cent cinquante francs.

Art. 1953. — C'est aussi un dépôt regardé comme nécessaire que celui des effets qu'un voyageur apporte dans une auberge ou hôtellerie; car ils y sont placés sous la foi publique, et l'aubergiste repond et du dommage qui leur aurait été causé et même du vol qui en aurait été fait, à moins qu'il ne soit l'effet d'une force majeure.

Cette disposition depuis long-temps admise par nos lois était trop utile pour n'être pas maintenue dans notre nouveau Code. Sans doute elle impose de grandes obligations aux aubergistes et hôteliers; mais elle pourvoit à l'ordre public, et elle est indispensable pour la sécurité des voyageurs.

Je viens, législateurs, d'indiquer rapidement les dispositions qui s'appliquent au dépôt, et leurs motifs; il me reste à vous entretenir de la partie du projet relatif au séquestre.

Il y a deux espèces de séquestres, le séquestre conventionnel et le séquestre judiciaire.

ART. 1956. — Le séquestre conventionnel et le dépôt diffèrent principalement entre eux, en ce que dans le dépôt, la chose déposée, soit qu'elle soit la propriété d'un seul ou la propriété indivise de plusieurs, appartient sans contradiction à ceux qui font le dépôt, au lieu que le séquestre s'applique de sa nature à des objets litigieux.

Ainsi, lorsque plusieurs personnes se disputent la propriété d'une chose et conviennent néanmoins que durant le litige elle restera en la possession d'un tiers désigné, c'est un séquestre conventionnel.

Un tel séquestre peut s'établir même sur des immeubles, et les obligations de celui qui en est chargé sont d'ailleurs très-peu différentes de celles du dépositaire.

ART. 1960. — Cependant la restitution de l'objet séquestré ne s'accomplit pas toujours d'une manière aussi simple que celle d'un dépôt.

Dans cette dernière espèce les propriétaires sont connus; dans le cas du séquestre, ils sont incertains, puisque leurs droits sont litigieux.

Celui qui est chargé d'un séquestre même conventionnel ne pourra donc le remettre qu'après le jugement du litige, ou, si les parties s'arrangent, du consentement de toutes celles intéressées au séquestre : nous disons du consentement de toutes les parties intéressées; car l'on n'a pas cru que cette disposition dût se borner aux seules personnes qui auraient constitué le séquestre, mais qu'elle devait s'étendre à toutes celles qui, par leur intervention au litige, auraient manifesté des prétentions capables d'exiger leurs concours lors de la remise de l'objet séquestré.

ART. 1963. — Ce qui vient d'être dit à l'égard du séquestre conventionnel laisse peu de chose à dire sur le séquestre judiciaire.

En effet, si l'on en excepte la disposition qui assigne de plein droit un salaire au gardien judiciaire, on trouvera que l'un ou l'autre de ces séquestres sont régis par des règles communes ou semblables, et il ne pouvait en être autrement; car la seule différence qui existe entre ces deux séquestres, c'est que dans l'un le gardien est nommé par les parties, et dans l'autre par la justice, mais dans les mêmes vues, et, dans l'un comme dans l'autre cas, pour la conservation d'une chose litigieuse.

Législateurs, la matière dont je viens de vous entretenir n'offrait point de difficultés sérieuses; simple dans son objet et juste dans ses détails, le projet qui vous est présenté n'a sans doute pas besoin de plus amples développements pour mériter et obtenir votre sanction.

TITRE XII.

Des Contrats aléatoires.

Décrété le 19 ventôse an XII (10 mars 1804); — Promulgué le 29 du même mois (20 mars 1804).

[ARTICLES 1964 à 1983.]

EXPOSÉ DES MOTIFS par M. le Conseiller-d'Etat PORTALIS.

Séance du 14 ventôse an XII (5 *mars* 1804).

LÉGISLATEURS,

Les contrats aléatoires sont la matière du projet de loi qui vous est soumis. Il définit ces contrats; il énumère leurs diverses espèces; et, après avoir distingué ceux qui appartiennent au droit maritime d'avec ceux qui appartiennent au droit civil, il fixe les règles convenables à ces derniers.

Dans l'ordre simple de la nature, chacun est

tenu de porter le poids de sa propre destinée; dans l'ordre de la société, nous pouvons, au moins en partie, nous soulager de ce poids sur les autres. C'est la fin principale des contrats aléatoires. Ces contrats sont le produit de nos espérances et de nos craintes : on veut tenter la fortune, ou être rassuré contre ses caprices.

Aussi, dans tous les temps, on a commercé des choses incertaines et éventuelles. Les plus anciennes lois prouvent que les hommes, toujours jaloux de soulever le voile mystérieux qui leur dérobe l'avenir, ont constamment cherché à embrasser par leurs conventions des objets qu'ils peuvent à peine atteindre par leur faible prescience.

Quel est le résultat de ces conventions? Nous nous créons des biens présents, en assignant un prix à des probabilités plus ou moins éloignées; de simples espérances deviennent des richesses réelles; et des maux qui, peut-être, ne seront que trop réels un jour, sont écartés ou adoucis par la sagesse de nos combinaisons : nous amortissons les coups du sort, en nous associant pour les partager.

Enoncer le principe des contrats aléatoires, c'est avoir suffisamment justifié la légitimité de ces contrats. Quoi de plus légitime que de mettre en commun nos craintes, nos espérances et toutes nos affections, pour ne pas abandonner au hasard ce qui peut être réglé par le conseil, et pour nous aider mutuellement, par des pactes secourables, à courir avec moins de danger les diverses chances de la vie!

Tous les contrats qui peuvent être réputés aléatoires ne sauraient recevoir un nom particulier. Les principaux sont :

Art. 1964. — *L'assurance*, le *prêt à grosse aventure*, le *jeu* et le *pari*, la *rente viagère*.

Parmi ces contrats, il en est dans lesquels une seule des parties contractantes s'expose à un risque au profit de l'autre partie, moyennant une somme que celle-ci donne pour prix de ce risque. Dans le plus grand nombre, chacune des parties court un risque à-peu-près égal.

En conséquence, le contrat aléatoire en général est défini par le projet de loi, *une convention réciproque, dont les effets, quant aux avantages et aux pertes, soit pour toutes les parties, soit pour l'une ou plusieurs d'entre elles, dépendent d'un événement incertain.*

Dans l'énumération des contrats aléatoires, l'assurance et le prêt à grosse aventure occupent le premier rang.

Le prêt à grosse aventure était connu des anciens : nous en avons la preuve dans les lois romaines. L'argent prêté dans la forme, et selon les principes qui régissent cette espèce de contrat, était appelé *Pecunia trajectitia.* L'emprunteur n'était tenu de rendre ni la somme principale ni le change, si le navire venait à périr par fortune de mer dans le cours du voyage déterminé : il était au contraire obligé de tout restituer avec l'intérêt nautique stipulé, si le voyage était heureux.

Mais les anciens n'avaient aucune idée de *l'assurance*, contrat infiniment plus étendu dans son application, et plus important par ses effets.

Avant que la boussole ouvrît l'Univers, on ne connaissait que quelques bords de l'Asie et de l'Afrique; l'existence de l'Amérique n'était pas même soupçonnée. Le commerce maritime avait peu d'étendue et d'activité; les vues des armateurs étaient rétrécies comme leur commerce. Avec la boussole, des voyageurs hardis virent une mer immense qui s'offrait à eux sans bornes; ils s'élancèrent avec intrépidité dans cette vaste région des orages, et ils découvrirent un nouveau ciel et une nouvelle terre. Alors l'industrie humaine se fraya des routes jusque-là inconnues; l'Univers s'étendit, et l'Italie, qui, selon l'expresssion d'un auteur célèbre, avait été si long-temps le centre du monde commerçant, ne se trouva plus sous ce rapport que dans un coin du globe.

Cette époque fut celle des grandes entreprises commerciales. Le négociant ne fut plus étranger nulle part; ses affaires particulières se trouvèrent liées avec les affaires publiques des différents États; il fut obligé d'avoir l'œil sur toutes les nations pour porter à l'une ce qu'il exportait de l'autre; et de grands moyens devinrent nécessaires pour exécuter de grands projets.

Dans le nombre de ces moyens, le plus efficace peut-être fut l'invention du contrat d'assurance. Par ce contrat, qui consiste à prendre sur soi les périls que courent sur mer les marchandises d'un autre, il arrive que la fortune privée d'un armateur se trouve garantie par celle d'une foule d'assureurs de tous les pays, de toutes les contrées, qui consentent à lui répondre de tous les événements. Un seul particulier peut ainsi faire le commerce le plus riche et le plus étendu avec le crédit, la force et les ressources de plusieurs nations.

Ce n'est sans doute pas le moment de développer les règles relatives au contrat d'assurance et au prêt à grosse aventure. Ces deux contrats demeurent étrangers au Code civil : le projet de loi n'en fait mention que pour déclarer qu'ils sont dans la classe des contrats aléatoires, et qu'ils sont *régis par les lois maritimes*.

On s'est occupé du jeu, du pari, et de la rente viagère.

CHAPITRE PREMIER.

Du jeu et du pari.

Art. 1965. — Il est déclaré que *la loi n'accorde aucune action pour une dette du jeu ou pour le paiement d'un pari.*

Art. 1966. — *Les jeux propres à exercer au fait des armes, les courses à pied ou à cheval, les courses de chariot, le jeu de paume, et autres jeux de même nature qui tiennent à l'adresse et à l'exercice du corps, sont exceptés de la disposition précédente.*

Néanmoins on a cru devoir laisser aux tribunaux le droit de *rejeter la demande, quand la somme leur paraît excessive.*

Le principe que la loi n'accorde aucune action pour les dettes du jeu, n'est donc rigoureusement appliqué, dans le système du projet de loi, qu'aux obligations qui ont leur source dans les jeux dont le hasard est l'unique élément. Les lois pourraient-elles protéger de telles obligations?

Nul engagement valable sans cause. La maxime est incontestable.

Or, quelle est la cause d'une promesse ou d'une obligation contractée au jeu? l'incertitude du gain ou de la perte : il serait impossible d'assigner une autre cause.

Nous savons que des événements incertains sont une matière licite à contrat, et que les espérances et les risques peuvent recevoir un prix; mais nous savons aussi qu'il faut quelque chose de plus solide et de plus réel que le désir bizarre de s'abandonner aux caprices de la fortune, pour fonder des causes sérieuses d'obligation entre les hommes.

Il est une grande différence entre un contrat qui dépend d'un événement incertain, et un contrat qui n'a pour cause que l'incertitude quelconque d'un événement. L'assurance, par exemple, le prêt à grosse aventure, dépendent d'un événement incertain. Mais l'incertitude de l'événement n'est pas le seul motif du contrat. La faveur accordée par les lois à l'assurance et au prêt à grosse aventure est fondée sur deux choses : le péril de la mer, qui fait que l'on ne s'expose à prêter son argent, ou à garantir celui des autres, que moyennant un prix proportionné aux chances que l'on court; et la facilité que les assureurs et les prêteurs donnent à l'emprunteur ou à l'assuré, de faire promptement de grandes affaires et en grand nombre : au lieu que les obligations contractées au jeu, n'étant fondées sur aucun motif utile ni raisonnable, ne peuvent appeler sur elles la protection du législateur.

Que font deux joueurs qui traitent ensemble? Ils se promettent respectivement une somme déterminée, dont ils laissent la disposition à l'aveugle arbitrage du hasard. Où est donc la cause de l'engagement? On n'en voit aucune?

Le désir et l'espoir du gain sont pour chaque partie les seuls mobiles du contrat. Ce désir et cet espoir ne s'attachent à aucune action; ils ne supposent aucune réciprocité de service : chaque joueur n'espère que de sa fortune, et ne se repose que sur le malheur d'autrui. A la différence des contrats ordinaires qui rapprochent les hommes, les promesses contractées au jeu les divisent et les isolent.

On ne peut être heureux au jeu que de l'infortune des autres : tout sentiment naturel entre joueurs est étouffé, tout lien social est rompu. Un joueur forme le vœu inhumain et impie de prospérer aux dépens de ses semblables; il est réduit à maudire le bien qui leur arrive, et à ne se complaire que dans leur ruine.

On ne peut donc trouver dans les promesses et les contrats dont nous parlons, une cause capable de les rendre vraiment obligatoires. Sans doute le jeu peut n'être qu'un délassement, et dans ce cas il n'a rien d'odieux ni d'illicite; mais il est également vrai que sous ce rapport il ne saurait être du ressort des lois; il leur échappe par son objet et par son peu d'importance.

Le jeu dégénère-t-il en spéculation de commerce : nous retombons dans la première hypothèse que nous avons posée; car, dès-lors si les obligations et les promesses présentent un intérêt assez grave pour alimenter une action en justice, elles offrent une cause trop vicieuse pour motiver et légitimer cette action.

Il est des choses qui, quoique licites par elles-mêmes, sont proscrites par la considération des abus et des dangers qu'elles peuvent entraîner; conséquemment si le jeu, sous le point de vue que nous l'envisageons, n'était pas déjà réputé mauvais par sa nature, il faudrait encore le réprouver par rapport à ses suites.

Quelle faveur peuvent obtenir auprès des lois les obligations et les promesses que le jeu produit, que la raison condamne, et que l'équité désavoue? Ignore-t-on que le jeu favorise l'oisiveté, en séparant l'idée du gain de celle du travail, et qu'il dispose les ames à la dureté, à l'égoïsme le plus atroce? Ignore-t-on les révolutions subites qu'il produit dans le patrimoine des familles particulières, au détriment des mœurs publiques et de la société générale?

Dans l'administration d'un grand État, la tolérance des jeux est souvent un acte nécessaire de police. L'autorité, qui ne saurait étouffer les passions, ne doit point renoncer aux moyens de surveiller ceux qui s'y livrent. Dans l'impuissance d'empêcher les vices, sa tâche est de prévenir les crimes.

Mais tolérer les jeux ce n'est pas les autoriser.

La loi romaine notait d'infamie ceux qui faisaient profession de jouer aux jeux de hasard. Justinien avait prohibé ces jeux jusque dans les maisons des particuliers.

En France, les lois ont quelquefois puni le jeu comme un délit; elles ne l'ont jamais protégé comme un contrat. Une ordonnance de 1629 déclare *toutes dettes contractées par le jeu nulles, et toutes obligations et promesses faites pour le jeu, quelque déguisées qu'elles soient, nulles et de nul effet, et déchargées de toutes obligations civiles et naturelles.*

La jurisprudence ne s'est jamais écartée des dispositions de cette ordonnance. On admet la preuve par témoins quand un citoyen se plaint de ce qu'une promesse contractée au jeu a été cachée sous la forme d'un simple prêt.

Nous n'avons pas cru devoir abandonner une jurisprudence si favorable aux bonnes mœurs, et si nécessaire pour prévenir les désordres d'une passion dont tous les législateurs ont cherché à réprimer les excès.

Notre ame est froissée; nous frissonnons quand on nous présente sur la scène le spectacle d'un joueur déchiré par ses remords, environné des débris de son patrimoine, accablé sous son infortune, et ne pouvant supporter le fardeau de la vie au milieu des reproches et des pleurs d'une famille désolée. Eh quoi! la justice, en donnant une action utile pour les promesses contractées au jeu, viendrait-elle consommer avec son glaive le sacrifice commencé par la cupidité? Non, législateurs, la morale de nos lois ne peut être ni moins pure ni moins austère que celle de nos théâtres.

Mais en refusant, en général, toute action pour promesses contractées au jeu, nous avons excepté de cette disposition les engagements et les promesses qui ont leur source dans des jeux d'adresse et d'exercice. Ces sortes de jeux sont utiles : on les a peut-être trop négligés dans nos temps modernes.

Cependant d'après une jurisprudence constante, nous avons autorisé les tribunaux, même quand il s'agit du paiement des promesses ou obligations produites par ces sortes de jeux, à rejeter la demande si la somme réclamée leur paraît excessive.

Les motifs de cette jurisprudence, adoptés par le projet de loi, sont évidents. On conçoit que des citoyens qui jouent à un jeu d'adresse ou d'exercice peuvent, pour soutenir entre eux l'émulation et l'intérêt, stipuler un prix pour le plus adroit ou le mieux exercé. Mais si le gain ou le prix convenu est immodéré, il devient illicite, parce que dès-lors la cause d'un tel gain cesse d'être proportionnée à l'objet qui doit le produire. Le jeu, quel qu'il soit, n'est qu'une récréation, et il y aurait du danger à le laisser dégénérer en commerce. Tous les gains qui passent certaines bornes sont injustes, parce qu'ils n'ont point d'autre cause que la corruption du cœur et l'égarement de l'esprit.

Art. 1967. — On a examiné, en terminant ce qui regarde le jeu, si celui qui a volontairement acquitté ce qu'il a promis ou perdu, peut répéter ou faire réduire ce qu'il a payé. On a pensé qu'aucune demande en répétition ou en réduction n'est recevable : cette décision est conforme à l'ordonnance de Moulins, qui, en pareil cas, vient seulement au secours des mineurs. Le droit des majeurs est consommé quand les choses ne sont plus entières; la loi ne saurait les écouter quand ils l'invoquent pour le fait même dans lequel ils l'ont méconnue. Nous ajouterons que le repentir de l'avare, qui a payé volontairement une dette du jeu, n'est pas assez favorable pour réveiller l'attention de la justice.

Le pari, autrement appelé gageure, participe à tous les vices du jeu; il est gouverné par les mêmes principes : les assurances par forme de gageure sont même formellement prohibées par l'ordonnance de la marine de 1681.

CHAPITRE II.

Du contrat de rente viagère.

Art. 1968. — Le projet de loi conserve les constitutions des rentes viagères.

Nous savons tout ce que l'on a dit pour et contre ces sortes de contrats. Mais on ne peut raisonnablement les approuver ni les critiquer, si l'on n'a égard en même temps aux circonstances ou à la situation dans laquelle peuvent se trouver les personnes qui se lient par de semblables engagements.

Les rentes viagères peuvent être considérées sous un point de vue économique et sous un point de vue moral.

Sous un point de vue moral, la rente viagère peut être regardée comme un contrat peu favorable, si elle n'a sa source que dans des principes d'égoïsme et dans la volonté d'augmenter un revenu déjà suffisant, en aliénant des fonds dont la disparition laisse des enfants, des proches, sans ressources et même sans espérances. Mais on n'apperçoit plus rien de répréhensible dans la rente viagère, si elle n'est qu'un moyen de subsistance pour un homme isolé qui n'a point d'héritiers, ou pour une personne âgée et infirme qui a besoin de recourir à cet expédient de finance pour vivre. Ici, comme ailleurs, il faut savoir distinguer la chose de l'abus que l'on peut en faire.

Sans doute le législateur devrait proscrire les rentes viagères, si l'usage n'en pouvait être qu'injuste et dangereux; mais il doit les maintenir, puisque l'usage en est souvent utile et nécessaire.

Dans un vaste Etat comme la France, la situation des hommes peut être modifiée de tant de manières, il y a tant de mobilité dans les choses, et tant de distinctions à faire entre les personnes, qu'il est impossible à la loi de régler, dans un système de justice distributive, ce qui peut être utile à chacun et à tous. La multiplicité des ressources doit être proportionnée à celle des besoins; on doit se reposer sur la liberté de chaque individu du soin de veiller à sa conservation et à son bien être. La loi gouvernerait mal, si elle gouvernait trop; la liberté fait de grands biens et de petits maux, pourvu qu'on ne lui laisse pas franchir les limites que l'intérêt public nous force de lui prescrire. Nous n'avons donc pas cru que l'abus possible des constitutions de rentes viagères fût un motif suffisant de bannir de notre législation civile ces espèces de contrats. Dans le cœur d'un père de famille, la nature saura défendre ses droits. C'est une longue expérience qui a fait consacrer la rente viagère comme une institution qui peut secourir l'humanité souffrante, et réparer, à l'égard d'une foule d'individus, les torts et les injustices de la fortune. Or, on sait que l'expérience est maîtresse et des lois et des hommes.

Dira-t-on que l'usage des rentes viagères habitue les hommes à calculer froidement sur la vie et sur la mort de leurs semblables, et peut leur inspirer des affections contraires à l'humanité? Mais combien d'institutions civiles qui peuvent donner lieu aux mêmes inconvénients et aux mêmes calculs! Nous citerons en preuve les redevances et les servitudes viagères stipulées dans un contrat de vente, les legs et les réserves d'usufruit, les transmissions de propriété d'une tête à l'autre, et une foule d'autres actes de même nature. On a proscrit avec raison les assurances sur la vie des hommes, la vente de la succession d'une personne vivante, parce que de pareils actes sont vicieux en eux-mêmes, et n'offrent aucun objet réel d'utilité qui puisse compenser les vices et les abus dont ils sont susceptibles. Mais parce que le débiteur d'une rente viagère pourra, dans le secret de ses pensées, envisager ma mort comme un échange de bonheur, faudra-t-il que je renonce au droit de me constituer créancier de cette rente, qui doit soutenir mon existence et ma vie?

Si nous considérons les constitutions de rentes viagères sous un point de vue économique, nous pourrons nous convaincre que ces contrats peuvent devenir une spéculation de commerce, et que dans plus d'une occasion ils sont plutôt un moyen d'acquérir que d'aliéner. On peut, par de sages combinaisons, multiplier les chances heureuses. Dans tous les contrats où le hasard entre pour quelque chose, l'imagination n'oublie rien pour atteindre aux bienfaits possibles de la fortune.

Art. 1968. — *Une rente viagère peut être constituée à titre onéreux, moyennant une somme d'argent, ou pour une chose mobilière appréciable, ou pour un immeuble.*

Dans tous ces cas, la constitution d'une rente viagère n'est qu'une manière de vente, même lorsqu'elle est faite à prix d'argent; car l'argent est susceptible d'être loué ou vendu comme toutes les autres choses qui sont dans le commerce. On en dispose par forme de louage quand on le prête à intérêt; on le vend quand on aliène le fonds principal moyennant une rente.

Art. 1969. — *La rente viagère peut aussi être constituée à titre gratuit par donation entre-vifs ou par testament; mais alors elle doit être revêtue des formes requises par la loi dans les actes qui la constituent.*

Quand la constitution d'une rente viagère n'offre qu'une libéralité, elle est nulle si elle est constituée en faveur d'une personne prohibée; elle est réductible si elle excède ce dont le donateur ou le testateur peut disposer.

Art. 1971. — *La rente viagère peut être constituée soit sur la tête de celui qui en fournit le prix, soit sur la tête d'un tiers qui n'a aucun droit d'en jouir.*

Art. 1972. — *Elle peut être constituée sur une ou plusieurs têtes.*

Art. 1973. — *Elle peut être constituée au profit d'un tiers, quoique le prix en soit fourni par une autre personne.*

Dans ce dernier cas, quoiqu'elle ait les caractères d'une libéralité, elle n'est point assujétie aux formes requises pour les donations, sauf les cas de réduction si la libéralité est excessive, et sauf les cas de nullité si une personne prohibée en est l'objet.

Toutes ces règles sont anciennes; le projet de loi ne fait que les rappeler.

Tout contrat de rente viagère créée sur la tête d'une personne qui était morte au jour du contrat, ne produit aucun effet; cela est évident, car le contrat se trouve sans cause.

Art. 1975. — Nous avons cru devoir aussi déclarer la nullité du contrat quand la rente a été créée sur la tête d'une personne atteinte de la maladie dont elle est décédée dans les vingt jours de la date du contrat.

En effet, il est certain que si les contractants eussent connu la maladie de la personne sur la tête de laquelle on se proposait d'acquérir la rente, l'acquisition n'eût pas été faite, puisqu'une rente viagère sur la tête d'une personne mourante n'est d'aucune valeur. Or, on sait qu'il n'y a point de véritable consentement quand il y a erreur ou sur la chose, ou sur les qualités essentielles de la chose qui forme la matière du contrat.

Art. 1976. — Nous décidons que la rente viagère peut être constituée au taux qu'il plaît aux parties contractantes de fixer.

Il ne peut y avoir de mesure absolue pour régler des choses incertaines; aussi l'action rescisoire a toujours été refusée dans les contrats aléatoires; c'est-à-dire, dans tous les contrats qui dépendent d'un événement incertain.

Art. 1977. — La constitution d'une rente viagère est résolue si le constituant ne donne pas les facultés stipulées pour son exécution.

Cette règle est commune à tous les contrats intéressés.

Art. 1978. — Le seul défaut de paiement des arrérages de la rente n'autorise pas celui en faveur de qui elle est constituée à demander le remboursement du capital, ou à rentrer dans les fonds par lui aliénés; il n'a que le droit de saisir et de faire vendre les biens de son débiteur, et de faire ordonner ou consentir, sur le produit de la vente, l'emploi d'une somme suffisante pour le service des arrérages.

S'il en était autrement, il n'y aurait point de solidité dans les contrats; ils seraient dissous par la plus légère infraction de la part d'un des contractants. On ferait prononcer la nullité d'un acte lorsqu'on n'a que le droit d'en demander l'exécution.

Art. 1979. — Le constituant ne peut se libérer du paiement de la rente en offrant de rembourser le capital, et en renonçant à la répétition des arrérages payés; il est tenu de servir la rente pendant toute la vie de la personne ou des personnes sur la tête desquelles la rente a été constituée, quelle que soit la durée de la vie de ces personnes, et quelque onéreux qu'ait pu devenir le service de la rente, car le système contraire changerait entièrement la nature du contrat.

Art. 1980. — La rente viagère n'est acquise au propriétaire que dans la proportion du nombre des jours qu'il a vécu.

Néanmoins, s'il a été convenu qu'elle serait payée d'avance, le terme qui a dû être payé est acquis du jour où le paiement a dû être payé.

On peut constituer une rente viagère successivement reversible sur plusieurs têtes; on peut donc, par majorité de raison, stipuler qu'une rente viagère sera payée d'avance. Cette clause n'entraîne, pour le terme payé d'avance, qu'une sorte de reversion tacite en faveur des héritiers, si celui en faveur de qui la rente est constituée est mort dans l'intervalle.

Art. 1981. — La rente viagère ne peut être stipulée insaisissable que lorsqu'elle a été constituée à titre gratuit.

Les motifs de cette disposition sont sensibles. On a toujours distingué, avec raison, les rentes viagères créées à titre onéreux, d'avec celles qui sont créées à titre gratuit, par don ou par legs. Il a toujours été reconnu que les premières peuvent être saisies par les créanciers du propriétaire, quand même il serait stipulé par le contrat qu'elles ne pourront pas l'être. On conçoit que personne ne peut s'interdire à soi-même la faculté de contracter des dettes, ni à ses créanciers celle de s'en faire payer sur ses biens.

Mais il en est autrement des rentes viagères créées par don ou par legs. Le testateur ou donateur peut valablement ordonner que la rente viagère qu'il lègue ou qu'il donne ne pourra être saisie par aucun créancier du donataire ou légataire. La raison en est que celui qui fait une libéralité peut la faire sous telle condition qu'il juge à propos.

Art. 1982. — La rente viagère ne s'éteint pas par la mort civile du propriétaire, car c'est la vie naturelle que les contractants ont en vue.

Art. 1983. — Mais comme le terme de la vie naturelle est la mesure de la durée d'une rente viagère, le propriétaire d'une telle rente n'en peut demander les arrérages qu'en justifiant de son existence ou de celle de la personne sur la tête de laquelle la rente a été constituée.

Législateurs, tel est le projet de loi sur les contrats aléatoires. En le sanctionnant par vos suffrages vous aurez posé une nouvelle pierre au grand édifice de notre législation civile. Cet édifice s'élève rapidement et avec majesté. Encore quelques jours, et grâces au génie qui gouverne la France, et à votre sagesse qui sait si bien le seconder, nous offrirons à nos amis, à nos ennemis le spectacle le plus imposant qu'une nation puisse donner au monde, et le plus beau monument qu'il puisse consacrer à sa propre gloire et à son propre bonheur.

TITRE XIII.

Du Mandat.

Décrété le 19 ventôse an XII (10 mars 1804); — Promulgué le 29 du même mois (20 mars 1804).

[Articles 1984 à 2010.]

Exposé des Motifs par M. le Conseiller-d'État Berlier.

Séance du 12 ventôse an XII (3 *mars* 1804).

Législateurs,

S'il est dans les affections naturelles de l'homme et dans l'ordre commun de ses habitudes qu'il pourvoie lui-même à ses propres affaires, les maladies, l'absence, les obstacles de tous genres qui prennent leur source et dans la nature et dans l'état social, l'obligent souvent à confier à autrui ce que tant de causes viennent l'empêcher de faire en personne.

De là *le mandat*, objet du titre que nous venons vous présenter aujourd'hui.

Art. 1984. — Le contrat de mandat, comme tous les autres contrats, repose essentiellement sur la volonté réciproquement manifestée des parties qui le forment.

Ainsi le seul pouvoir donné ne constitue point le contrat, s'il n'a été accepté expressément ou tacitement, et réciproquement; sans ce pouvoir, la simple gestion d'un tiers ne le constitue point mandataire.

Dans ce dernier cas, le maître de la chose peut bien poursuivre le gérant à raison de sa gestion, de même que celui-ci peut réclamer ses avances et même des indemnités, s'il a géré utilement pour le propriétaire; mais ces actions n'appartiennent point au contrat qui est l'objet de cette discussion.

De sa nature, le mandat est gratuit; c'est un office de l'amitié: ainsi le définit de droit romain (1), et notre projet lui conserve ce noble caractère.

Art. 1986. — Cependant cette règle tournerait souvent au détriment de la société, si elle était tellement absolue, qu'on ne pût y déroger par une stipulation expresse.

Cette stipulation sera donc permise, car elle n'a rien de contraire aux bonnes mœurs, et même elle sera d'une exacte justice toutes les fois que le mandataire n'aura point assez de fortune pour faire à son ami le sacrifice de son temps et de ses soins; circonstance qui peut arriver souvent, et dans laquelle la rétribution sera moins un lucre qu'une indemnité.

Art. 1989. — Le mandataire devra se renfermer strictement dans les termes de sa procuration.

Si le mandat spécifie les actes qui en sont l'objet, cette spécification deviendra la mesure précise des pouvoirs conférés par le mandant, et tout ce qui serait fait au-delà sera nul.

Art. 1988. — Rien de plus simple ni de plus facile que l'application de cette règle, quand elle sera tracée par le contrat même; mais comment fixera-t-on le sens et l'étendue des mandats conçus en termes généraux?

Parmi les divers modes de constituer de tels mandats, il en est deux qui méritaient une attention particulière, comme plus usités; savoir, le pouvoir de faire *tout ce que le mandataire jugera convenable aux intérêts du mandant*, ou celui de faire *tous les actes que le mandant pourrait faire lui-même*.

Dans l'examen de ces deux locutions, on a vu des jurisconsultes renfermer l'effet de la première dans les simples actes d'administration, et attribuer à la seconde des effets plus étendus, et notamment la faculté de disposer de la propriété même.

L'on n'a pas suivi cette distinction; car en matière de propriété, l'on ne doit pas facilement présumer qu'on ait voulu remettre à un tiers le pouvoir d'en disposer; et si on l'a voulu, il est si facile de l'exprimer formellement, que la loi peut bien en imposer l'obligation, seul moyen de prévenir toute équivoque, et d'obvier aux surprises et aux erreurs.

Ainsi, en suivant et en expliquant à cet égard les dispositions du droit romain (1); tout mandat conçu en termes généraux n'embrassera que les actes d'administration; et s'il s'agit d'aliéner ou hypothéquer, ou de quelque autre acte de propriété, le mandat devra être exprès.

Art. 1990. — Les femmes mariées et les mineurs émancipés pourront être mandataires: cette aptitude, qui n'est pas de droit nouveau, trouve sa cause dans la faveur due à tous les développements d'une juste confiance.

Celui qui remet ses intérêts à une personne de cette qualité a jugé sa capacité suffisante, et la loi peut adhérer à ce jugement, pourvu que les intérêts de la femme mariée et du mineur (mandataires) n'en reçoivent aucune atteinte, et que leur condition n'en soit pas changée; car le mandant ne saurait avoir contre eux les mêmes actions que contre les personnes qui jouissent de tous leurs droits.

Avec de telles précautions, la faculté dont il s'agit a semblé exempte de tout inconvénient, même en n'astreignant point la femme mariée à se munir de l'autorisation de son mari; car ici la question n'est pas de savoir si le mari pourra s'opposer à ce que sa femme reçoive ou exécute le mandat (il a incontestablement ce droit); mais si, à défaut d'une autorisation préalable et expresse, le mandat et ses effets seront nuls à l'égard des tiers et du mandant lui-même.

Une réflexion bien simple lève cette difficulté. En effet, si le mari laisse sa femme exécuter le mandat, il est réputé y consentir; et si des absences ou d'autres empêchements de cette nature écartent cette présomption, comment, en ce cas, la femme pourrait-elle

(1) L. 1, §. ult. ff. *Mand.*

(1) LL. 60 et 63, ff. *de Procur.*

se pourvoir d'une autorisation? Et pourquoi lui lierait-on les mains pour un acte qui ne peut blesser ni ses intérêts, ni les droits de son mari, puisqu'on n'aura d'action contre elle que conformément aux règles établies au titre du *Contrat de mariage et des droits respectifs des époux*.

Législateurs, je viens de parcourir les dispositions du projet qui composent son premier chapitre, intitulé : *De la nature et de la forme du mandat*. Je vais maintenant vous entretenir des obligations qui en naissent.

Art. 1991. — Ces obligations sont de deux sortes, les unes sont imposées au mandataire, les autres au mandant.

Le mandataire doit pourvoir à l'objet du mandat, rendre compte de sa gestion, et même indemniser le mandant, s'il lui a causé du dommage; car s'il était loisible au premier de ne pas accepter le mandat, il ne lui était plus permis, après l'avoir accepté, de ne pas remplir convenablement sa charge.

Art. 1992. — Cependant, en cas de fautes suivies de dommages, l'on fera une distinction entre le mandataire salarié, et celui qui ne l'est pas; car l'on sent que celui qui reçoit un salaire est plus rigoureusement que l'autre astreint à tous les soins que la chose comporte.

Art. 1994. — Responsable de ses faits, le mandataire pourra être tenu, même des faits d'autrui, en certains cas : comme si, par exemple, il s'est substitué quelqu'un sans y être autorisé, ou si, n'ayant à ce sujet qu'une autorisation générale, il a fait choix d'une personne notoirement incapable ou insolvable.

Il devra aussi à son mandant l'intérêt des sommes qu'il aurait touchées comme mandataire, et employées à son propre usage.

Art. 1997. — Enfin, et outre les actions qui peuvent être exercées contre lui de la part du mandant, le mandataire est encore soumis à celle des tiers, s'il a excédé les termes du mandat sans le leur faire connaître; car, s'ils l'ont connu, la faute commune exclut toute action en garantie pour ce qui a été fait au-delà, à moins que le mandataire ne s'y soit personnellement obligé.

Toutes ces règles, déduites de la simple équité, sont assez justifiées par l'heureuse application qui en est faite depuis bien des siècles.

Il faut en dire autant des obligations du mandant.

Art. 1998, 1999, 2000, 2001. — Exécuter envers le tiers ce qu'a fait avec eux, ou ce que leur a promis le mandataire agissant dans les limites de ses pouvoirs; rembourser à celui-ci ses frais et avances; l'indemniser des pertes qu'il aura souffertes à l'occasion du mandat, et payer au mandataire l'intérêt des sommes que celui-ci aurait personnellement avancées, même ses salaires s'il lui en a été promis : tels sont les devoirs du mandant.

Art. 2002. — S'il y a plusieurs mandants pour une affaire commune, ils seront solidairement tenus envers le mandataire.

Cette disposition, tirée du droit romain (1), n'implique point contradiction avec celle qui statue que, lorsqu'il y a plusieurs mandataires, ils ne sont tenus chacun que pour ce qui les concerne; car s'il est juste que, dans un acte officieux et souvent gratuit, celui qui rend le service ait une action solidaire contre ceux qui tirent d'un mandat un profit commun, il serait injuste de le charger du fait d'autrui, sans une convention expresse : l'extrême différence de ces deux situations ne permet pas de conclure de l'une à l'autre.

Je viens, législateurs, de retracer les obligations respectives du mandataire et du mandant; il me reste à examiner de quelle manière le contrat se dissout.

Je n'arrêterai point votre attention sur les causes qui le dissolvent nécessairement, telles que la mort naturelle ou civile, l'interdiction ou la déconfiture, soit du mandant, soit du mandataire.

Art. 2008, 2009. — J'observerai seulement qu'après la mort du mandant, les actes passés par le mandataire, dans l'ignorance de cet événement, sont valides, et qu'après la mort du mandataire, ses héritiers ne sont pas dès l'instant même dégagés de toute obligation envers le mandant, puisqu'ils doivent l'avertir du décès, et pourvoir dans l'invervalle aux choses urgentes.

Dans cette double hypothèse, l'équité proroge l'effet du mandat.

Mais ce n'est point seulement par les causes qu'on vient de désigner que le mandat finit.

Art. 2004. — Quand un homme confie ses intérêts à un autre, il est toujours sous-entendu que celui-ci n'en restera chargé qu'autant que la confiance qui lui a été accordée continuera; car le mandant n'aliène ni à perpétuité, ni

(1) L. 59, §. 3, ff. *Mand.*

même à temps, le plein exercice de ses droits, et le mandat cesse quand il plaît au mandant de notifier son changement de volonté.

ART. 2007. — Il cesse de même quand le mandataire veut se rédimer de cette charge; cependant, si le moment était évidemment inopportun, et qu'il dût en résulter du préjudice pour le mandant, celui-ci devra en être indemnisé.

L'obligation où est le mandataire d'indemniser le mandant dans le cas posé n'admet qu'une exception. Cette exception a lieu si le mandataire établit qu'il n'a pu continuer de gérer les affaires du mandant sans éprouver lui-même des pertes considérables; car la loi ne saurait, sans faire violence aux affections humaines, frapper celui qui, dans le péril imminent de sa chose et de celle d'autrui, aura voulu préserver la sienne.

ART. 2005. — Il ne suffit pas au reste que le mandat ait été révoqué par le mandant, ou qu'il y ait été renoncé par le mandataire, pour qu'il cesse à l'égard des tiers de bonne foi.

En effet, si après la révocation notifiée au mandataire, mais avant que celui-ci ait remis le titre qui contient ses pouvoirs, il en use encore pour traiter avec des tiers qu'on ne puisse soupçonner de connivence avec lui, de tels actes devront être exécutés; car le mandant doit s'imputer d'avoir dès le principe mal placé sa confiance, et des tiers de bonne foi ne sauraient être victimes de cette première faute qui leur est étrangère. Le mandant est donc en ce cas valablement engagé envers eux, sauf son recours contre le mandataire.

Législateurs, j'ai terminé l'exposé des motifs qui ont dicté les dispositions du projet de loi soumis en ce moment à votre sanction.

Dans une telle matière dont les principes étaient fixés depuis long-temps, il était difficile, et il eût été imprudent peut-être, de vouloir innover.

L'idée heureuse et féconde de réunir en un seul corps les lois civiles du peuple français, a donc seule imposé le devoir de recueillir sur le *mandat* des règles qui lui étaient propres, pour les joindre à cette importante collection.

Si, sans être nouvelles, elles ont l'avantage d'être simples, et surtout d'être justes, elles obtiendront encore une place honorable à côté de celles que vous avez déjà décrétées.

TITRE XIV.

Du Cautionnement.

Décrété le 24 pluviôse an XII (14 février 1804); — Promulgué le 4 ventôse (24 février 1804).

[ARTICLES 2011 à 2043.]

EXPOSÉ DES MOTIFS par M. le Conseiller-d'État TREILHARD.

Séance du 13 pluviôse an XII (3 février 1804).

LÉGISLATEURS,

Les hommes ne traitent ensemble que dans l'espoir légitime que leurs engagements respectifs seront exécutés; et toute transaction serait bientôt suspendue si une confiance mutuelle ne rapprochait pas les citoyens pour leur commun intérêt.

Celui qui ne nous inspire pas cette confiance sera-t-il donc absolument exclu de l'avantage de contracter avec nous?

Non, législateurs, la garantie qu'il ne nous offre pas, nous pouvons la recevoir d'un autre qui, le connaissant mieux peut-être, ou par tout autre motif, consent à s'engager pour lui.

Déjà vous voyez quelle grande influence peut avoir sur la vie civile l'usage du cautionnement; et ce titre n'est pas le moins important du code.

Pour établir des règles sur cette matière, il

faut se pénétrer avant tout, et de la nature et de l'objet d'un cautionnement : les difficultés les plus graves en apparence s'applanissent bientôt pour celui qui sait remonter au principe des choses; c'est par cette marche qu'on parvient à les bien connaître : et savoir bien, je ne crains pas de le dire, est encore plus utile que de savoir beaucoup.

Le cautionnement a pour objet d'assurer l'exécution d'un engagement : il faut donc que le fidéjusseur ou la caution remplisse cet engagement au défaut du principal obligé, et il est juste aussi que la caution qui l'a rempli soit subrogée aux droits du créancier.

Toutes les règles de ce titre découlent de ce premier aperçu.

Un cautionnement est l'accessoire d'une obligation principale ; il ne peut donc pas exister de cautionnement quand il n'existe pas une première obligation à laquelle le cautionnement se rattache.

Art. 2012. — Une obligation contractée contre la défense de la loi, surprise par le dol, arrachée par la violence, entachée enfin de quelque vice de cette nature, est absolument nulle; l'acte qui la cautionne tombe par conséquent avec elle.

Mais si l'obligation principale, valable en elle-même, ne se trouvait caduque que par une exception personnelle au principal obligé, la restitution de celui-ci ne détruirait pas l'essence de l'obligation, et le cautionnement devrait produire son effet.

J'ai dit que le cautionnement était l'accessoire d'une obligation; il ne peut donc pas l'excéder : il est contre la nature des choses que l'accessoire soit plus étendu que le principal. Comment peut-on cautionner trois mille francs quand il n'en est dû que deux mille? comment la caution serait-elle contraignable par corps quand le débiteur principal lui-même n'est pas soumis à cette exécution rigoureuse?

Mais le cautionnement, quand il excède l'obligation principale, est-il absolument nul ou seulement réductible aux termes de cette obligation? Cette question fut autrefois controversée ; les deux partis s'appuyaient également sur des textes et sur des autorités. Le règne des subtilités est passé, et comme il est bien évident que celui qui voulut s'engager à plus que l'obligation principale fut dans l'intention de garantir au moins cette obligation, nous avons pensé que le cautionnement excessif n'était pas nul, et qu'il était seulement réductible. Il ne faut pas créer des nullités sans un motif réel : c'est bien assez de voir les nullités partout où elles existent en effet.

Si on ne peut pas dans un cautionnement s'engager au-delà des termes de l'obligation principale, on peut, sans contredit, ne pas s'obliger à cautionner la totalité de cette obligation, ou ne la cautionner que sous des conditions plus douces.

Art. 2016. — L'engagement de la caution est volontaire, il doit être par conséquent renfermé dans les limites qu'elle a posées; si elle s'était engagée indéfiniment, son engagement embrasserait toute l'obligation principale avec ses accessoires. Il n'était pas dans son intention d'y opposer des restrictions, puisqu'elle n'y en a pas opposé en effet.

Art. 2018. — L'objet du cautionnement est d'assurer l'exécution d'une obligation; il faut donc que celui qui se présente pour caution soit capable de contracter, qu'il ait des biens dont la discussion ne soit pas trop pénible.

A quoi servirait l'engagement d'un homme qui ne pourrait pas s'engager? quel fruit tirerait-on d'une caution qu'il faudrait aller chercher et discuter à des distances infinies? La facilité de poursuivre un débiteur fait partie de sa solvabilité, et une discussion qu'il faudrait suivre de loin serait presque toujours plus ruineuse qu'utile. Nous avons donc établi pour règle que la caution devait présenter des biens dans le ressort du tribunal d'appel où elle doit être donnée.

Art. 2019. — La caution doit être solvable, non d'une solvabilité fugitive, telle que celle qu'offrirait une fortune mobilière, ni d'une solvabilité incertaine, telle que celle qui ne serait fondée que sur des biens litigieux, mais d'une solvabilité constante, et assurée par des propriétés foncières et libres.

Art. 2020. — On a demandé si celui qui devait une caution et qui en avait présenté une qu'on avait acceptée, était tenu d'en donner une autre lorsque la première devenait insolvable.

D'un côté on a prétendu que le débiteur n'ayant promis qu'une caution, ayant satisfait à son engagement, puisque le créancier avait accepté comme bonne celle qui lui était offerte, ne pouvait plus être inquiété pour une insolvabilité survenue depuis, et dont il n'était pas le garant; mais on a considéré d'un autre côté qu'un créancier n'exigeait une caution que pour s'assurer invinciblement de l'exécution d'un acte; qu'il était dans son intention d'avoir une caution qui fût toujours solvable, et qui offrît une garantie réelle jusqu'à l'exécution effective de l'obligation. Cette opinion s'accorde mieux avec la nature et l'objet du cautionnement; nous en avons tiré cette conséquence, que si la caution devenait insolvable le débiteur était tenu d'en fournir une autre.

Après avoir considéré le cautionnement dans sa nature et dans son objet, on a dû le considérer dans ses effets. Une caution a des rapports et des engagements avec le créancier, avec le débiteur, avec les autres cautions s'il en existe plusieurs pour la même obligation; ces cofidéjusseurs, le débiteur, le créancier, contractent aussi des engagements envers la caution.

ART. 2021. — Voyons d'abord l'effet du cautionnement entre le créancier et le fidéjusseur : son objet étant d'assurer l'exécution d'une obligation principale, il faut que la caution exécute lorsque le débiteur manque à son engagement.

Il ne peut s'élever ici que deux questions : le créancier s'adressera-t-il au fidéjusseur avant d'avoir discuté le débiteur principal? Une caution poursuivie pour la totalité pourra-t-elle exiger que le créancier divise ses poursuites quand il existera plusieurs fidéjusseurs?

Dans l'ancien droit romain le créancier pouvait contraindre les cautions sans avoir préalablement discuté le principal débiteur : c'était une rigueur bien grande contre des personnes qui souvent ne s'étaient obligées que par un sentiment de bienfaisance et de générosité. Justinien crut devoir apporter des adoucissements à ce droit, et il introduisit en faveur des cautions l'exception qu'on a appellée *de discussion* : son effet est d'obliger le créancier à discuter le débiteur principal avant de l'admettre à la poursuite des fidéjusseurs.

ART. 2022. — Cette exception reçue parmi nous, est toute en faveur des cautions, et de là il résulte 1.° qu'une caution peut y renoncer; 2.° que les poursuites du créancier contre la caution sont valables si celle-ci ne réclame pas le bénéfice de la discussion; 3.° que la caution doit réclamer ce bénéfice dans le principe; toute exception étant couverte par une défense au fond.

ART. 2023. — Suffira-t-il à la caution de dire vaguement qu'elle demande la discussion préalable du débiteur principal, et le créancier ne pourrait-il pas lui répondre qu'il ne connaît pas les propriétés du débiteur? Il faut donc que la caution indique les biens dont elle réclame la discussion; c'est son premier devoir : elle doit indiquer, non pas des biens litigieux déjà absorbés par les charges, car le créancier ne trouverait dans cette indication qu'une source de procès; mais des biens libres et qui présentent une garantie du paiement.

Elle doit indiquer des biens qui ne soient pas dans un trop grand éloignement : nous en avons déjà dit la raison : le créancier a voulu des gages, et des gages à sa portée.

Enfin en indiquant ses biens, la caution doit aussi fournir des moyens suffisants pour poursuivre la discussion : le créancier n'avait exigé un fidéjusseur que pour s'assurer davantage un paiement facile, et lorsque le fidéjusseur réclame une discussion préalable du débiteur, c'est à ses risques et à ses frais que cette discussion doit être faite : quel avantage tirerait donc le créancier de la caution, si, pour faire une discussion réclamée par elle, on était obligé d'avancer des sommes excédant peut-être la créance?

ART. 2024. — Mais si la caution doit faire l'indication des biens et avancer les frais, c'est ensuite au créancier à poursuivre. Là commence son obligation : il est de toute justice qu'il supporte la peine de sa négligence : c'est donc sur lui que retomberont les suites d'une insolvabilité du débiteur, survenue par le défaut des poursuites qu'il était obligé de faire. On a dû pourvoir à la sûreté du créancier; il faut aussi veiller à l'intérêt de la caution et ne pas la rendre victime d'une inertie dont elle n'est pas coupable.

ART. 2025, 2026. — J'ai annoncé une seconde difficulté; celle de savoir si une caution poursuivie pour la totalité de la dette peut demander que le créancier divise son action entre tous les fidéjusseurs.

L'exception de la *division* est puisée dans le droit romain, et elle a été admise parmi nous.

Les cautions, sans contredit, sont tenues de toute la dette; il suit bien de là que si parmi plusieurs cautions une seule se trouvait solvable, elle supporterait la totalité de la charge.

Mais si plusieurs cautions sont en état de payer, pourquoi le créancier ne demanderait-il pas sa part à chacune? Il a voulu assurer son paiement, il ne court aucun risque quand plusieurs des cautions sont solvables; la division de l'action ne porte dans ce cas aucun préjudice, et on n'a pu l'admettre sans blesser l'objet du cautionnement.

L'intérêt du créancier exige seulement que la part des cautions insolvables *au moment où la division est prononcée* soit supportée par les autres, et nous en avons fait une disposition précise.

Art. 2027. — Au reste, la division étant un bénéfice introduit en faveur de la caution, il est hors de doute qu'elle peut y renoncer; comme il est aussi hors de doute que le créancier peut de son côté *diviser volontairement* son action et renoncer au droit de poursuivre une de ses cautions pour la totalité.

Il faut actuellement examiner le cautionnement dans ses effets entre la caution et le débiteur.

Art. 2028, 2029. — La caution paie à défaut de paiement de la part du débiteur. Le premier effet de ce paiement a dû être la subrogation de la caution à tous les droits du créancier. C'est un troisième bénéfice que la loi accorde au fidéjusseur; il n'a pas besoin de requérir cette subrogation; elle est prononcée par la loi, parce qu'elle résulte du seul fait du paiement, et nous avons écarté les vaines subtilités par lesquelles on se croyait obligé de substituer à une subrogation qui n'était pas expressément donnée, une action prétendue de mandat. L'action du créancier passe dans la main de la caution, et le recours de celle-ci contre le débiteur embrasse le principal, les intérêts, les frais légitimes, ceux du moins qui ont été faits par la caution depuis la dénonciation des poursuites.

Art. 2030. — Si le fidéjusseur avait cautionné plusieurs débiteurs solidaires, il aurait le droit de répéter la totalité de ce qui fut payé contre chacun d'eux, parce qu'en effet chacun d'eux était débiteur de la totalité.

Art. 2031. — Nous supposons qu'une caution a payé valablement, qu'elle n'a pas payé à l'insu du débiteur et au préjudice d'une défense péremptoire qu'il aurait pu opposer.

Enfin, si le débiteur, dans l'ignorance d'un paiement fait par la caution, payait lui-même une seconde fois son créancier, cette caution n'aurait pas de recours contre le débiteur, à qui en effet elle ne pourrait adresser aucun reproche.

Il ne me reste qu'une observation à faire sur les effets du cautionnement entre le débiteur et la caution.

Art. 2032. — On ne peut pas refuser à celle-ci le droit de prendre des sûretés contre le débiteur; ainsi elle peut agir pour être indemnisée, lorsqu'elle est poursuivie par le créancier, lorsque le débiteur est en faillite, quoiqu'elle ne soit pas encore poursuivie; elle le peut également quand le débiteur est en demeure de rapporter la décharge promise à une époque déterminée, ou lorsque le terme de la dette est échu. Le créancier peut bien oublier sa créance et ne pas exercer des poursuites; ce n'est pas pour la caution un motif de sommeiller aussi, et elle a dans tous ces cas une action pour poursuivre le débiteur, afin de le forcer d'éteindre son obligation : nous avons même pensé qu'il était de toute justice, lorsque le temps de la durée du cautionnement n'était pas réglé ou lorsque le cautionnement n'était pas donné pour une obligation principale qui, par sa nature, devait avoir un cours déterminé, tel, par exemple qu'une tutèle; nous avons, dis-je, pensé qu'il fallait fixer une époque à laquelle la caution pourrait forcer le débiteur à lui procurer sa décharge. Le principe de cette disposition existe dans la loi romaine. Elle n'avait pas à la vérité indiqué le moment où le fidéjusseur pouvait exercer cette action; ce temps était laissé à l'arbitrage du juge : nous l'avons fixé, et au bout de dix années la caution pourra commencer ses poursuites.

Nous voici parvenus à l'effet du cautionnement entre les cautions.

Art. 2033. — La caution qui paie est subrogée aux droits du créancier; la caution peut donc exercer contre les cofidéjusseurs, chacun pour leur part, les droits que le créancier exercerait lui même s'il n'était pas payé. Il est sans doute inutile de répéter qu'on suppose un paiement valable de la part de la caution; si elle avait payé sans libérer le débiteur, ou lorsque le débiteur ne devait plus rien, elle devrait supporter seule la peine de son imprudence.

Je crois avoir suffisamment développé les divers effets du cautionnement entre le créancier, le débiteur, la caution, et les cautions entre elles : il nous reste à examiner comment s'éteignent les cautionnements.

Art. 2034. — Celui qui cautionne s'oblige;

et les mêmes causes qui éteignent les autres obligations doivent aussi éteindre la sienne.

L'orateur qui vous a présenté le projet de loi sur les obligations conventionnelles en général, a épuisé sur cette partie tout ce qu'on pouvait dire, et je me donnerai bien de garde de traiter ce sujet après lui. Je dois donc me borner à ce qui peut être particulier au cautionnement.

Art. 2036. — La caution peut repousser le créancier par toutes les exceptions inhérentes à la dette qui appartiennent au débiteur principal; elle n'a pas le droit d'opposer une exception qui serait purement personnelle à ce débiteur : mais elle peut s'emparer de toute défense qui ferait tomber l'obligation, telle que celles du dol, de la violence, d'un paiement déjà effectué, de la chose jugée, et de toutes autres défenses de cette nature.

Art. 2037. — Nous avons vu que le paiement fait au créancier devait opérer une subrogation de droit au profit de la caution : le créancier n'est donc plus recevable à la poursuivre quand, par son fait, il s'est mis dans l'impossibilité d'opérer cette subrogation.

Art. 2038. — Enfin, si le créancier a volontairement accepté un immeuble ou toute autre chose en paiement, la caution est déchargée, même quand le créancier se trouverait dans la suite évincé de la chose qu'il aurait reçue. L'obligation primitive avait été éteinte par l'acceptation du créancier, l'accessoire du cautionnement avait cessé avec elle : si le créancier a ensuite une action résultant de l'éviction qu'il souffre, cette action est toute différente de la première, et ce n'est pas elle que la caution avait garantie.

Tels sont, législateurs, les motifs qui ont déterminé les divers articles du titre du *Cautionnement* : je l'annonçais en commençant; toute la théorie de cette loi est fondée sur cette idée bien simple, qu'un cautionnement est l'accessoire d'une obligation première, et que la caution, à défaut du principal obligé, doit payer le créancier, dont elle exerce ensuite les droits contre le débiteur, ou contre les cofidéjusseurs.

Ma tâche serait finie, si je ne devais dire encore un mot de deux espèces de cautions dont il est parlé dans le dernier chapitre de ce titre; c'est la caution légale et la caution judiciaire. Elles sont ainsi appelées, parce qu'elles sont fournies; la première, en vertu d'une loi qui l'a exigée, la seconde, en vertu d'un jugement.

Art. 2040. — Toutes les règles que nous avons établies sur la capacité de contracter, et sur la solvabilité des cautions, s'appliquent avec plus de force aux cautions légales et judiciaires. La caution judiciaire doit même être susceptible de la contrainte par corps, et la discussion de l'obligé principal ne peut jamais être réclamée par elle : il faut des liens plus forts et de plus grandes sûretés pour les obligations qui se contractent avec la justice; et si cette rigueur peut quelquefois être un obstacle à ce qu'on trouve des cautions, le débiteur a du moins la ressource de pouvoir donner un gage en nantissement. La justice est alors satisfaite, puisqu'elle obtient une garantie entière.

Législateurs, le développement des motifs d'une loi sur un acte obscur de la vie civile est nécessairement fort aride; il ne vous présente pas ce grand intérêt qui s'attache à tout ce qui touche l'état des personnes; mais rien de ce qui contribue à maintenir l'ordre et l'union parmi les citoyens ne peut vous être indifférent: en donnant des règles sur les contrats les plus habituels, vous travaillez pour le bonheur et pour la tranquillité de tous les jours; le fléau de l'incertitude en cette matière se ferait sentir à tous les instants. Les dispositions que nous vous avons présentées découlent naturellement d'un principe qui ne fut jamais désavoué; elles ne peuvent donc laisser dans vos esprits aucun doute sur le bon effet qu'elles doivent produire.

TITRE XV.

Des Transactions.

Décrété le 29 ventôse an XII (20 mars 1804); — Promulgué le 9 germinal (30 mars 1804).

[ARTICLES 2044 à 2058.]

EXPOSÉ DES MOTIFS par M. le Conseiller-d'État BIGOT DE PRÉAMENEU.

Séance du 24 ventôse an XII (15 mars 1804).

LÉGISLATEURS,

De tous les moyens de mettre fin aux différends que font naître entre les hommes leurs rapports variés et multipliés à l'infini, le plus heureux dans tous ses effets est la transaction, ce contrat par lequel sont terminées les contestations existantes, ou par lequel on prévient les contestations à naître.

Chaque partie se dégage alors de toute prévention. Elle balance de bonne foi, et avec le désir de la conciliation, l'avantage qui résulterait d'un jugement favorable, et la perte qu'entraînerait une condamnation; elle sacrifie une partie de l'avantage qu'elle pourrait espérer, pour ne pas éprouver toute la perte qui est à craindre; et lors même que l'une d'elles se désiste entièrement de sa prétention, elle se détermine par le grand intérêt de rétablir l'union, et de se garantir des longueurs, des frais et des inquiétudes d'un procès.

Un droit douteux, et la certitude que les parties ont entendu balancer et régler leurs intérêts; tels sont les caractères qui distinguent et qui constituent la nature de ce contrat.

Il n'y aurait pas de transaction, si elle n'avait pas pour objet un droit douteux. On a souvent, en donnant à des actes d'une autre nature, ou même à des actes défendus, le nom de transactions, cherché à leur en attribuer la force et l'irrévocabilité; mais il sera toujours facile aux juges de vérifier si l'objet de l'acte était susceptible de doute. Il n'y avait point, pour une pareille vérification, de règle générale à établir.

ART. 2045. — La capacité nécessaire pour transiger est relative à l'objet de la transaction. Ainsi le mineur émancipé pourra transiger sur les objets d'administration qui lui sont confiés, et sur ceux dont il a la disposition.

ART. 467. — Une transaction excède les bornes de la gestion d'un tuteur : cependant on ne peut se dissimuler qu'il ne soit avantageux pour un mineur même, que ce moyen de terminer ou de prévenir les procès ne lui soit pas absolument interdit; et si la vente de ses biens peut, lorsqu'il y a des motifs suffisants, être faite avec l'autorisation du conseil de famille et de la justice, ces formalités mettront également à l'abri ses intérêts dans les transactions. Plusieurs coutumes avaient, en prenant ces précautions, donné aux tuteurs la faculté de transiger. Lorsqu'au titre *de la minorité*, on en a fait le droit commun, on a de plus assujéti les tuteurs à prendre l'avis de trois jurisconsultes; ils en obtiendront des lumières qui leur sont nécessaires et qui doivent aussi éclairer la famille dans ses délibérations.

ART. 472. — Quant aux transactions que le mineur devenu majeur consentirait à faire avec son tuteur sur son compte de tutèle, on a aussi maintenu et perfectionné l'ancienne règle, en statuant, au même titre *de la minorité*, que tout traité qui pourra intervenir entre le tuteur et le mineur devenu majeur, sera nul, s'il n'a été précédé de la reddition d'un compte détaillé et de la remise des pièces justificatives, le tout constaté par un récépissé ayant au moins dix jours de date avant le *traité*.

ART. 2046. — Un délit peut-il être l'objet d'une transaction?

On trouve dans les lois romaines plusieurs

textes relatifs à cette question. On y distingue, à cet égard, les délits privés et les crimes publics.

A l'égard des délits privés, *quæ non ad publicam lesionem, sed ad rem familiarem respiciunt*, tels que le larcin ou l'injure, il y avait toute liberté de transiger. (*Leg.* 7 *et* 27 ff *de Pact.*)

On pouvait aussi transiger sur les crimes publics lorsqu'ils emportaient peine capitale. Il n'y avait d'exception que pour l'adultère. Cette faculté de transiger sur de pareils crimes était fondée sur le motif qu'on ne peut pas interdire à chacun les moyens de sauver sa vie.

Quant aux crimes publics contre lesquels la peine n'était pas capitale, il n'était pas permis de transiger.

Les accusateurs étaient obligés de poursuivre la punition de ces crimes : il n'y avait point de partie publique.

Le crime de faux était-il excepté? ou doit-on entendre par ces mots, *citra falsi accusationem*, employés dans la loi 18, au Cod. *de Trans.* que tout pacte sur les crimes publics non capitaux était regardé comme une imposture qui pouvait devenir le sujet d'une nouvelle accusation? C'est une question sur laquelle l'obscurité de cette loi et la diversité d'opinion des auteurs laissent encore du doute.

Cette législation sur la poursuite des crimes et sur la faculté de la défense de transiger, était très-défectueuse.

En France, le délit a toujours été distingué des dommages et intérêts qui peuvent en résulter.

Dans tous les délits publics ou privés, contre lesquels s'arme la vengeance publique, elle ne dépend point de l'action des particuliers; un pareil intérêt, qui est celui de la société entière, est confié à des officiers publics.

La vengeance publique étant ainsi assurée, et celui auquel le délit a porté préjudice ne pouvant pas traiter sur le délit même, mais seulement sur son indemnité, cette indemnité a toujours été considérée comme un intérêt privé sur lequel il est permis de transiger.

Mais celui qui exerce la vengeance publique peut-il présenter comme aveu d'un délit l'acte par lequel on a transigé sur l'indemnité qui en résulte?

On avait mis, dans le projet de l'ordonnance de 1670, un article qui portait défense à toute personne de transiger sur des crimes de nature à provoquer une peine afflictive et infamante; et, dans ce cas, une amende de cinq cents livres eût été prononcée tant contre la partie civile que contre l'accusé, qui eût été tenu pour convaincu.

Cet article fut retranché comme trop rigoureux, et comme n'étant point nécessaire dans nos mœurs, où l'intérêt social qui exige que les crimes soient punis, est indépendant de toutes conventions particulières. On a dû encore considérer que celui même qui est innocent peut faire un sacrifice pécuniaire pour éviter l'humiliation d'une procédure dans laquelle il serait obligé de se justifier, et on a dû en conclure que la transaction n'étant pas faite sur le délit même avec celui qui est chargé de le poursuivre, on ne doit pas en induire un aveu. C'est aussi par ce motif que toute transaction entre ceux qui remplissent le ministère public et les prévenus, serait elle-même un délit.

On a établi, comme règle générale dans le projet de loi, que l'on peut transiger sur l'intérêt civil qui résulte d'un délit, mais que la transaction n'empêche pas la poursuite du ministère public.

Cette règle s'applique au crime de faux, comme à tous les délits. Lorsque celui contre lequel on veut se prévaloir d'une pièce fausse, et qui en opposait la faussseté, cesse d'user de cette exception, et transige; on ne peut pas induire de cette transaction, qu'il n'y ait plus de corps de delit, et que non-seulement les dommages et intérêts, mais encore la poursuite du même délit pour l'intérêt public soient subordonnés à la volonté des parties. Si la transaction ne fait pas preuve contre le prévenu, elle ne doit aussi, en aucun cas, lier les mains au ministère public, qui ne pourrait pas lui-même transiger.

Art. 2047. — Quoique la transaction ait pour but de régler définitivement la contestation qui en est l'objet, cependant il est permis, comme dans toute autre convention, de stipuler une peine en cas d'inexécution. Si, pour faire subir cette peine, il s'élève un nouveau débat, c'est une contestation différente de celle réglée par la transaction.

Art. 2048. — La transaction termine les contestations qui y donnent lieu : mais, le plus souvent, elle ne porte pas l'énumération de tous les objets sur lesquels on a entendu transiger; le plus souvent encore elle contient des expressions générales qui peuvent faire douter si tel objet y est compris.

On a rappelé à cet égard les règles les plus propres à guider les juges.

La première est que les transactions ne doivent avoir d'effet qu'à l'égard des contestations qui en ont été l'objet : *iniquum est perimi pacto id de quo cogitatum non est.* Leg. 9. in fine *de transact.*

Quant aux clauses générales, qui sont le plus souvent employées, voici comment on doit les entendre :

Si, dans une transaction sur un différend, il y a renonciation à tous droits, actions et prétentions, cette renonciation ne doit pas être étendue à tout ce qui n'est point relatif au différend.

Art. 2049. — Pour connaître si plusieurs différends sont terminés par la même transaction, il faut ou que les parties aient manifesté leur intention par des expressions spéciales ou générales, ou que l'on reconnaisse cette intention par une suite nécessaire de ce qui est exprimé.

Art. 2050. — Il peut arriver que celui qui aurait transigé sur un droit douteux ait ensuite, du chef d'une autre personne, un droit pareil; quoique l'un et l'autre de ces droits soient d'une nature semblable et présentent le même doute, cependant on ne peut pas dire que celui qui n'était point encore acquis dans le temps de la transaction en ait été l'objet. Il y a même raison de transiger; mais il n'y a point de lien de droit qui puisse, à l'égard du droit nouvellement échu, être opposé. C'est la décision de la loi 9 au Cod. *de transact.*, où on l'applique à l'espèce d'un mineur qui a transigé avec son tuteur sur la part qu'il avait de son chef dans la succession de son père, et qui devient ensuite héritier de son frère pour l'autre part.

Art. 2051. — On tirerait aussi de ce qu'il y a parité de raison pour transiger, une fausse conséquence, si l'on en induisait que la transaction, faite seulement avec l'un de ceux qui ont le même intérêt, doive avoir son effet à l'égard des autres. Il est d'ailleurs de règle générale que les obligations n'ont de force qu'entre ceux qui les ont contractées, et que si celui qui n'a point été partie dans un acte ne peut pas s'en prévaloir, cet acte ne doit pas aussi lui être opposé.

Art. 2052. — Les transactions se font sur une contestation née ou à naître, et les parties ont entendu y balancer et régler leurs intérêts. C'est donc en quelque sorte un jugement que les parties ont prononcé entre elles; et lorsqu'elles-mêmes se sont rendu justice, elles ne doivent plus être admises à s'en plaindre. S'il en était autrement, les transactions ne seraient elles-mêmes qu'une nouvelle cause de procès. C'est l'irrévocabilité de ce contrat qui le met au rang de ceux qui sont les plus utiles à la paix des familles et à la société en général. Aussi, l'une des plus anciennes règles de droit est que les transactions ont entre les parties une force pareille à l'autorité de la chose jugée. *Non minorem auctoritatem transactionum quam rerum judicatarum esse rectâ ratione placuit.* (Leg. 20, Cod. *de trans.*)

Les transactions, comme les jugements, ne peuvent donc point être attaquées à raison des dispositions par lesquelles les parties ont terminé leur différend; il suffit qu'il soit certain que les parties ont consenti à traiter sous ces conditions.

Ce serait donc en vain qu'une partie voudrait réclamer contre une transaction, sous prétexte qu'il y aurait une erreur de droit. En général, les erreurs de droit ne s'excusent point, et dans les jugements auxquels on assimile les transactions, de pareilles erreurs n'ont jamais été mises au nombre des motifs suffisants pour les attaquer.

Mais c'est surtout sous le prétexte de la lésion que les tentatives, pour revenir contre les transactions, ont été le plus multipliées. Cependant il n'y a point de contrat à l'égard duquel l'action en lésion soit moins admissible. Il n'est point en effet dans la classe des contrats commutatifs ordinaires, dans lesquels les droits ou les obligations des parties sont possibles à reconnaître et à balancer par la nature même du contrat. Dans la transaction tout était incertain avant que la volonté des parties l'eût réglé. Le droit était douteux, et on ne peut pas déterminer à quel point il était convenable à chacune des parties de réduire sa prétention ou même de s'en désister.

Lorsqu'en France on a négligé de se conformer à ces principes, on a vu revivre des procès sans nombre qu'aucune transaction ne pouvait plus amortir. Il fallut dans le seizième siècle (avril 1560) qu'une ordonnance fût rendue, pour confirmer toutes les transactions qui auraient été passées entre majeurs sans dol ni violence; et pour interdire sous de grandes peines aux juges d'avoir égard à l'action en rescision pour cause de lésion d'outre moitié ou même de lésion plus grande, aux officiers des chancelleries de délivrer les lettres alors nécessaires pour intenter cette action, et à toutes personnes d'en faire la demande.

Art. 2053. — Il n'y a ni consentement, ni même de contrat, lorsqu'il y a erreur dans la personne. Telle serait la transaction que l'on croirait faire avec celui qui aurait qualité pour élever des prétentions sur le droit douteux, tandis qu'il n'aurait aucune qualité, et que ce droit lui serait étranger.

Il n'y a point de consentement s'il a été surpris par dol, ou extorqué par violence. Ce sont les principes communs à toutes les obligations.

Art. 2054. — Lorsqu'un titre est nul, il ne peut en résulter aucune action pour son exécution : ainsi, lors même que, dans ce titre, il y aurait des dispositions obscures, elles ne pourraient faire naître de contestation douteuse, puisque celui contre qui on voudrait exercer l'action aurait dans la nullité un moyen certain d'en être déchargé. Il faut donc pour que, dans ce cas, la transaction soit valable, que les parties aient expressément traité sur la nullité.

Art. 2055. — Il a toujours été de règle qu'une transaction faite sur le fondement de pièces, alors regardées comme vraies, et qui ont ensuite été reconnues fausses, est nulle. Celui qui voudrait en profiter serait coupable d'un délit, lors même que, dans le temps du contrat, il aurait ignoré que la pièce était fausse, s'il voulait encore en tirer avantage lorsque sa fausseté serait constatée.

Mais on avait dans la loi romaine tiré de ce principe une conséquence qu'il serait difficile d'accorder avec la nature des transactions et avec l'équité. On suppose dans cette loi que, dans une transaction, il peut se trouver plusieurs chefs qui soient indépendants, et auxquels la pièce fausse ne soit pas commune. On y décide que la transaction conserve sa force pour les chefs auxquels la pièce fausse ne s'applique pas.

Cette décision n'est point admise dans le projet de loi. On ne doit voir dans une transaction que des parties corélatives; et lors même que les divers points sur lesquels on a traité sont indépendants, quant à leur objet, il n'en est pas moins incertain, s'ils ont été indépendants quant à la volonté de contracter, et si les parties eussent traité séparément sur l'un des points.

On eût moins risqué de s'écarter de l'équité, en décidant que celui contre lequel on se serait servi de la pièce fausse aurait l'option ou de demander la nullité du contrat en entier, ou d'exiger qu'il fût maintenu, quant aux objets étrangers à la pièce fausse; mais la règle générale que tout est corrélatif dans une transaction, est celle qui résulte de la nature de ce contrat; et ce qui n'y serait pas conforme ne peut être exigé par celui même contre lequel on s'est servi de la pièce fausse.

Art. 2056. — La transaction qui aurait été faite sur un procès terminé par un jugement passé en force de chose jugée, dont les parties, ou l'une d'elles, n'avaient point connaissance, doit être nulle, puisque le droit n'était point douteux lorsque les parties ont transigé.

Si le jugement était ignoré des parties, le fait qu'il n'existait plus ni procès ni doute, n'en serait pas moins certain, il y aurait eu erreur sur l'objet même de la transaction.

Si le jugement n'était ignoré que de l'une des parties, il y aurait une seconde cause de rescision, celle résultant du dol de la partie qui savait qu'elle était irrévocablement condamnée.

Il en serait autrement, si le jugement ignoré des parties était susceptible d'appel. On peut à la vérité présumer que si la partie qui aurait obtenu ce succès l'eût connu, elle eût cherché à en tirer avantage dans la transaction; mais il suffit que le jugement rendu fût alors susceptible d'appel pour qu'il y eût encore du doute; et lorsque la base principale de la transaction reste, on ne saurait l'anéantir sur une simple présomption.

On ne fait point mention dans la loi du pourvoi en cassation qu'elle autorise, en certains cas, contre les jugements qui ne sont pas susceptibles d'appel. Le pourvoi en cassation n'empêche pas qu'il n'y ait un droit acquis, un droit dont l'exécution n'est pas suspendue; mais si les moyens de cassation présentaient eux-mêmes une question douteuse, cette contestation pourrait, comme toute autre, être l'objet d'une transaction.

Art. 2057. — La transaction sur un procès précédemment jugé est nulle, parce qu'il n'y avait pas de question douteuse qui pût en être l'objet. Le motif est le même pour déclarer nulle la transaction ayant un objet sur lequel il serait constaté par des titres nouvellement découverts que l'une des parties n'avait aucun droit. Il eût pu arriver que la partie à laquelle les titres sont favorables eût été condamnée par un jugement sans appel avant que ces titres fussent découverts, et sans que son adversaire fût coupable de les avoir retenus; mais ce n'est pas sur cette espèce d'incertitude que les parties ont traité, et on peut encore moins intervertir le véritable objet de la transaction, lorsque l'effet de cette interversion serait d'enrichir aux dépens de l'une des parties celle qui n'avait même pas un droit douteux.

Il en serait autrement, si les parties ayant transigé généralement sur toutes les affaires qu'elles pouvaient avoir ensemble, des titres alors inconnus eussent été postérieurement découverts.

On doit alors décider, d'après la règle de corrélation entre toutes les clauses de la transaction, que les parties n'ont souscrit aux autres dispositions que sous la condition qu'elles ne pourraient élever l'une contre l'autre de nouvelle contestation sur aucune de leurs affaires antérieures. Cette condition emporte la renonciation à tout usage des titres qui pourraient être postérieurement découverts.

Si, dans les opérations arithmétiques sur les conventions, qui sont le résultat de la transaction, il y avait erreur, cette erreur serait évidemment contre la volonté réciproque des parties.

Art. 2058. — Mais on ne pourrait pas également regarder comme certaine cette volonté, s'il s'agissait d'erreurs de calcul faites par les parties dans l'exposition des prétentions sur lesquelles on a transigé. Ainsi, la transaction sur un compte litigieux ne pourrait être attaquée pour cause de découverte d'erreurs ou d'inexactitude dans les articles du compte.

Telles sont, législateurs, les règles générales sur les transactions, et les observations dont ces règles ont paru susceptibles.

TITRE XVI.

De la Contrainte par corps en matière civile.

Décrété le 23 pluviôse an XII (13 février 1804); — Promulgué le 3 ventôse suivant (23 février 1804).

[Articles 2059 à 2070.]

Exposé des Motifs par M. le Conseiller-d'Etat Bigot de Préameneu.

Séance du 12 pluviôse an XII (2 février 1804).

Législateurs,

Les règles établies dans le Code civil sur la contrainte par corps sont conformes aux sentiments généreux et humains qui sont propres au caractère français : elles sont conformes au respect que toute nation policée doit à la dignité de l'homme et à sa liberté individuelle.

Montesquieu était pénétré de ces sentiments, lorsqu'au sujet de la contrainte par corps il s'exprimait ainsi :

« Dans les affaires qui dérivent des contrats « civils ordinaires, la loi ne doit pas ordonner « la contrainte par corps, parce qu'elle fait « plus de cas de la liberté d'un citoyen que de « l'aisance d'un autre, mais dans les conven« tions qui dérivent du commerce, la loi doit « faire plus de cas de l'aisance publique que « de la liberté d'un citoyen ».

Un système contraire à cette doctrine a toujours été suivi à Rome.

Vivant au milieu des combats, les Romains

ne voyaient, même dans les affaires civiles, que des exécutions militaires. Les créanciers traitaient leurs débiteurs comme des vaincus qu'ils pouvaient réduire à l'esclavage, charger de fers, ou même dépouiller de la vie.

On ne se rappelle point sans surprise et sans indignation les traitements cruels que les débiteurs souffrirent à Rome au commencement et même dans les plus beaux temps de la république.

Le créancier donnait à son débiteur, après que celui-ci avait avoué la dette, ou qu'il avait été condamné à la payer, un délai de trente jours. Si à l'expiration de ce délai la dette n'était pas acquittée, le débiteur était saisi au corps et conduit devant le préteur : s'il était dans l'impuissance de payer, ou si personne ne se rendait sa caution, le préteur le livrait entre les mains de son créancier, qui avait le droit de le tenir dans les fers jusqu'à ce qu'il eût payé. Le débiteur qui se trouvait insolvable à l'égard de plusieurs créanciers pouvait, après quelques formalités, être mis à mort ou vendu à des étrangers.

A ces coutumes barbares succéda l'usage encore très-inhumain d'emprisonner les débiteurs, et de les réduire à une espèce d'esclavage, sous le nom de *Nexi*, pour indiquer qu'ils étaient dans les liens de la servitude jusqu'au paiement de leurs dettes.

Ces lois éprouvèrent ensuite des changements qui adoucirent le sort des débiteurs, et il leur fut enfin permis par la loi *Julia* d'assurer la liberté de leur personne, en faisant une cession entière de leurs biens à leurs créanciers.

Mais ces lois ne sont jamais parvenues à un degré de modération, tel qu'il fût défendu à un créancier de stipuler la contrainte par corps, à moins qu'il n'y fût autorisé par une loi spéciale.

La contrainte par corps pour dette avait autrefois lieu en France lorsqu'il y en avait une clause expresse : mais cette clause était en quelque sorte une formule des actes des notaires. On disait communément alors : *Nullum sine corpore pignus.*

L'ordonnance rendue à Moulins, en 1566, fut encore plus rigoureuse envers les débiteurs, puisque dans le cas même où la contrainte par corps n'avait pas été stipulée, il fut statué que cette mesure serait employée contre quiconque serait condamné pour dette, quelle que fut la cause de cette dette, si elle n'était pas acquittée dans les quatre mois du jour de la condamnation signifiée.

Le chancelier de l'Hôpital avait espéré que par une loi aussi sévère on ferait cesser tous les subterfuges que les condamnés emploient pour ne pas payer, et qu'on préviendrait la multiplicité des jugements par la crainte que les débiteurs auraient d'en subir l'exécution : mais cette loi ne pouvait convenir long-temps aux mœurs douces et bienfaisantes des Français; et les magistrats philosophes qui, en 1667, rédigèrent un code judiciaire, firent adopter, relativement à la contrainte par corps, le système dans lequel on balance le respect dû à la liberté individuelle avec le respect dû à la foi des contrats.

L'exagération des idées dans des temps de trouble et l'oubli des principes sur la liberté civile avaient fait adopter l'opinion que chez un peuple libre il ne doit point exister de loi qui autorise la contrainte par corps; et elle fut abolie. C'était donner un champ libre à la mauvaise foi dans un temps où le besoin de la comprimer était le plus pressant. Aussitôt que les orages révolutionnaires furent un peu calmés, le rétablissement des anciennes lois sur la contrainte par corps fut réclamé avec force par l'opinion publique : ces lois furent remises en vigueur avec quelques modifications par les décrets des 24 ventôse an V et 15 germinal an VI.

On a déclaré dans le décret de l'an VI, ainsi qu'on le fait encore dans le présent Code, comme règle fondamentale, que la contrainte par corps ne peut être prononcée, si elle n'est autorisée par une loi formelle.

Ce qui intéresse la liberté des personnes est ce qui tient le plus essentiellement au droit public; cela ne doit pas dépendre de la volonté des parties, ni même être laissé à l'arbitrage des juges : c'est seulement à la volonté générale, exprimée par la loi, que peut être subordonnée la liberté individuelle, parce qu'alors chacun est sûr d'être à l'abri des passions, et qu'un aussi grand sacrifice ne sera exigé que dans le cas où à l'intérêt particulier du créancier se trouvera jointe une considération assez puissante d'intérêt public.

Il vous sera facile, législateurs, de reconnaître les motifs du petit nombre d'exceptions faites à la règle générale, qui, en matière civile, interdit la contrainte par corps.

Dans ces exceptions, la loi recherche si la cause de la dette n'est pas telle que le débiteur soit indigne de toute protection, et si, lorsque son immoralité ne l'expose pas à des poursuites criminelles, l'ordre social n'exige pas qu'elle soit réprimée par la privation de sa liberté, jusqu'à ce qu'il ait réparé sa faute en payant sa dette. C'est alors le premier degré des peines nécessaires pour maintenir l'ordre public.

Art. 2059. — Le *stellionat* a toujours été au nombre des causes qui ont fait prononcer la contrainte par corps.

Mais l'expression même du *stellionat* n'a jamais été suffisamment déterminée. Dans le droit romain, on regardait comme stellionataire, non-seulement celui qui vendait, cédait, engageait à l'un ce qu'il avait déjà vendu, cédé ou engagé à un autre, ou celui qui donnait en paiement ce qui ne lui appartenait pas, mais encore celui qui avait soustrait ou altéré des effets déjà engagés, ceux entre lesquels il y avait eu collusion au préjudice des tiers, ceux qui faisaient de fausses déclarations dans les actes, et en général tous ceux qui s'étaient rendus coupables de fraude.

Dans le droit français, on a donné le plus communément le nom de stellionat à la déclaration frauduleuse que fait dans un contrat celui qui vend un bien immeuble comme lui appartenant lorsqu'il sait qu'il n'en a pas la propriété, ou celui qui engage comme franc et quitte de toute charge un bien déjà hypothéqué; mais aucune règle fixe n'avait été à cet égard établie. Des personnes ont été condamnées comme stellionataires pour avoir donné en gage une chose au lieu d'une autre ayant plus de valeur, d'autres personnes, pour avoir passé des actes simulés.

La contrainte par corps étant considérée comme une sorte de peine, il était nécessaire de spécifier la faute qui la ferait encourir. Le stellionat a été réduit au cas qui avait été le plus généralement reconnu comme distinguant ce genre de fraude. Il y a stellionat lorsqu'on vend ou qu'on hypothèque un immeuble dont on sait n'être pas propriétaire, et encore lorsqu'on vend comme libres des biens hypothéqués, ou que l'on déclare des hypothèques moindres que celles dont ces biens sont chargés.

Il est possible que le stellionat soit accompagné de circonstances qui caractérisent un vol punissable suivant la loi criminelle; il est possible aussi que, par des circonstances atténuantes, cette fraude ne soit pas au nombre des délits contre lesquels s'arme la vengeance publique; mais, dans tous les cas, la loi présume une faute assez grave pour que la personne envers laquelle on doit la réparer ait le droit de contrainte par corps.

Art. 2060. — Celui qui s'est volontairement établi dépositaire, et qui viole le dépôt, manque à un des devoirs les plus sacrés de l'honneur : mais il ne s'agit alors que de l'intérêt privé du déposant; celui-ci doit s'imputer d'avoir mal placé sa confiance; il n'y a pas d'intérêt général pour lui donner le droit de contrainte par corps.

Mais lorsque l'hôte ou le voiturier a la garde des effets du voyageur; lorsque dans un tumulte, dans un naufrage, dans un incendie, on dépose à la hâte ce qu'il est possible de sauver; dans ces cas, et dans tous ceux de dépôt nécessaire, on doit avoir pour garantie, contre celui qui en est chargé, la contrainte par corps.

C'est sur la foi publique que les effets du voyageur sont mis à la garde de l'hôte ou du voiturier : lorsqu'ils exercent cet état, ils se constituent responsables de la violation de la foi publique.

C'est au nom de l'humanité, c'est sur la foi due à l'infortune, que le dépôt se fait et est reçu en cas d'incendie, tumulte ou naufrage : la société entière est intéressée à ce que les victimes d'aussi grands malheurs ne soient pas privées de la ressource qui peut leur rester dans le dépôt de leurs effets.

A plus forte raison la contrainte par corps doit-elle être ordonnée pour la restitution de tout ce qui ayant été mis sous la main de la justice est confié par elle à ceux qui se constituent ou qu'elle établit ses dépositaires.

D'une part, ce n'est plus alors le dépositaire seul qui répond, c'est la justice elle-même, et l'ordre public veut que tous les moyens, celui même de la contrainte par corps, soient employés pour que la foi qu'elle doit inspirer ne soit pas violée.

D'une autre part, celui dont les biens sont sous la garde de la personne commise par la justice, est dans le cas du dépôt nécessaire : ce n'est point un acte de confiance; par cette raison seule, ce dépositaire devrait être assujéti à la contrainte par corps.

Elle a donc dû être admise contre les personnes publiques établies pour recevoir les deniers consignés, contre les séquestres, les commissaires et autres gardiens.

On doit assimiler à ces dépositaires la caution judiciaire, qui s'oblige également, non-seulement envers le créancier, mais encore envers la justice.

Quant aux cautions des contraignables par corps, dès-lors que par des motifs d'intérêt public l'obligation principale est assujétie à cette exécution rigoureuse, le même intérêt général doit autoriser l'obligation accessoire de la caution.

Lorsqu'il est ordonné à des officiers publics de représenter leurs minutes, s'ils s'y refusent, ils arrêtent le cours de la justice, ils enfreignent un des devoirs sous la condition desquels ils ont été admis à remplir leurs fonctions, ils violent la foi publique; ils doivent être contraints par corps.

Il en est ainsi des notaires, des avoués et des huissiers, pour la restitution des titres qui leur sont confiés, et des deniers qu'ils reçoivent de clients par suite de leurs fonctions. On ne peut employer ces officiers publics sans être dans la nécessité de leur confier les titres et l'argent nécessaires pour agir. Ministres secondaires de la justice, ils doivent être mis dans la classe de ceux qui sont ses dépositaires; et, s'ils manquent ainsi à la confiance publique, ils sont assujétis à la contrainte par corps.

Elle est encore autorisée en cas de réintégrande pour le délaissement ordonné par justice, d'un fonds dont le propriétaire a été dépouillé par voie de fait, ainsi que pour la restitution des fruits perçus pendant l'indue possession, et pour le paiement des dommages et intérêts adjugés au propriétaire.

Dans ce cas il y a une faute très-grave, celle de s'être emparé par voie de fait du fonds d'autrui. Un pareil trouble à la propriété ne serait point suffisamment réprimé par une action civile ordinaire; et c'est pour servir de garantie à la paix publique que la contrainte par corps est décernée contre ceux qui se sont rendus coupables de ces voies de fait. La restitution des fruits et le paiement des dommages et intérêts sont la suite de la même faute, et doivent conséquemment assujétir à la même peine.

Art. 2061. — Dans le cas même où le fonds n'aurait pas été usurpé par voie de fait, si un jugement rendu au pétitoire et passé en force de chose jugée condamne le possesseur à désemparer ce fonds, et s'il refuse d'obéir, il peut être condamné par corps par un second jugement, dans lequel on lui accorde encore un délai.

Si enfin il ne désempare pas ce fonds, ce n'est point une simple désobéissance à la justice, c'est une sorte de rébellion, caractérisée par la sommation d'exécuter le premier jugement, par la signification d'un second jugement qui le constitue en état de résistance ouverte, et enfin par le délai qui lui est encore donné pour venir à résipiscence. L'ordre social exige que l'autorité de la chose jugée soit respectée, que force reste à la justice, et qu'il y ait enfin un terme à l'opiniâtreté des plaideurs. Il faut donc que celui qui est victime de cette coupable résistance puisse alors mettre à exécution la contrainte par corps.

On doit observer combien la loi prend de précautions pour n'autoriser cette mesure que quand elle est devenue absolument nécessaire.

Il faut que le jugement ait été rendu au pétitoire; il faut qu'il soit passé en force de chose jugée; il faut, dans le cas de la réintégrande comme dans celui du simple délaissement, qu'il soit question d'un fonds, parce que la possession de celui qui est condamné à le délaisser est certaine : mais lorsqu'il s'agit d'une somme ou d'une chose mobilière, il n'est pas également possible de prouver qu'elle soit encore dans les mains de celui qui s'en est emparé, ni qu'il soit en état d'acquitter sa dette; l'intérêt public n'est plus le même : cette dette est mise au rang des dettes civiles ordinaires, à moins que par les circonstances il n'y ait un délit caractérisé.

Art. 2062. — Les fermages des biens ruraux sont destinés à la nourriture du propriétaire, et sont représentatifs des fruits que le fermier recueille. Si ce fermier en dispose sans acquitter le fermage, cette infidélité est mise par la loi romaine au nombre des larcins. (L. 3, §. *Locavi. ff. de Furt.*)

Malgré ces motifs, la loi n'autorise point la contrainte par corps contre le fermier, à moins qu'elle n'ait été stipulée formellement dans l'acte de bail.

Mais la loi permet cette stipulation, parce que c'est une sorte de dépôt qui, par sa nature et son objet, constitue le fermier dans une faute qui, si elle n'est pas, comme dans la loi romaine, mise au nombre des délits, est celle qui en approche le plus, parce que les propriétaires, qui la plupart sont éloignés, n'ont presque jamais aucun moyen de se garantir de pareille infidélité ; parce qu'enfin si la soumission à la contrainte est rigoureuse, il peut aussi être utile au fermier le plus honnête de donner cette espèce de garantie au propriétaire, qui ne lui confierait pas son héritage sans exiger des cautionnements que ce fermier ne pourrait pas fournir.

L'intérêt général de l'agriculture veut encore que les fermiers et les colons partiaires puissent être contraints par corps, faute par eux de représenter à la fin du bail le cheptel de bétail, les semences et les instruments aratoires qui leur ont été confiés. Ils ne peuvent s'excuser à l'égard de ceux de ces objets qu'ils ne remettraient pas, qu'en justifiant que s'ils manquent, ce n'est point par leur fait.

L'ordonnance de 1667 sur la procédure civile avait, relativement aux causes qui peuvent motiver la contrainte par corps, consacré en grande partie la doctrine qui vient d'être exposée ; mais elle avait, à l'égard des dépens, maintenu toute la sévérité de la loi de 1566, en statuant que la contrainte par corps pourrait être prononcée, pour les dépens adjugés, après quatre mois écoulés depuis la signification du jugement, et qu'il en serait de même pour la restitution des fruits et pour les dommages et intérêts, lorsque, pour ces divers objets, il s'agirait d'une somme excédent 200 liv.

Cette disposition n'a point été adoptée.

Il est vrai, en général, que les dépens sont la peine du téméraire plaideur : mais il est également certain qu'un grand nombre de contestations ont pour cause des doutes qui s'élèvent de bonne foi dans l'esprit des plaideurs, et c'est aux tribunaux que la loi elle-même leur indique de s'adresser. Cette considération avait sans doute déterminé les auteurs des lois de 1566 et 1667 à ne pas statuer d'une manière absolue, que la contrainte par corps serait prononcée pour les dépens, la restitution des fruits et les dommages et intérêts, et à laisser ce pouvoir à la discrétion des juges.

Les principes que j'ai exposés ne peuvent se concilier avec l'autorisation de la contrainte par corps, dans des cas qui ne sont point spécifiés par la loi ; et quoique le caractère des juges mérite toute confiance, leur autorité ne saurait suppléer celle de la loi, qui seule peut prononcer sur la liberté individuelle.

Les prérogatives des Français, relativement à leur liberté, sont les mêmes, quoiqu'ils se trouvent en pays étrangers ; mais à l'égard des étrangers, , les divers moyens que l'on doit employer contre eux, pour les contraindre à remplir leurs obligations, font partie des lois commerciales et du Code de procédure civile.

Vous venez d'entendre, législateurs, les motifs du petit nombre d'exceptions à la règle générale qui défend, sous peine de nullité, des dépens, dommages et intérêts, à tous juges de prononcer la contrainte par corps en matière civile ; à tous notaires et greffiers, de recevoir des actes dans lesquels elle serait stipulée ; et à tous Français, de consentir pareils actes, lors même qu'ils eussent été passés en pays étranger, si ce n'est dans les cas déterminés par cette même loi, et dans ceux qui pourraient l'être à l'avenir par une loi formelle.

Art. 2064. — Ces exceptions sont elles-mêmes modifiées, et elles ne reçoivent leur application ni dans les cas où ceux qui seraient ainsi contraignables peuvent invoquer les priviléges personnels que la loi leur accorde sous d'autres rapports, ni dans les cas où cette rigueur a paru excessive.

Si on voulait exercer la contrainte par corps pour l'accomplissement d'une obligation contractée par un mineur, il opposerait la loi qui le met à l'abri de toute lésion par suite de ses engagements personnels. Il n'est point de lésion plus grave que la privation de la liberté. La loi lui fait supporter la peine de ses délits ; mais nul, en matière civile, ne peut le priver du privilége de la minorité.

Art. 2065. — La rigueur de la contrainte par corps serait excessive, si elle était prononcée pour une somme de 300 liv. L'impossibilité d'obtenir ce paiement par les voies ordinaires suppose l'indigence du débiteur, et fait présumer que la contrainte par corps ne procurerait pas le paiement. On présume encore qu'en général une somme aussi modique n'a pas assez d'influence sur la fortune du créancier, pour lui sacrifier la liberté du débiteur.

Art. 2066. — La rigueur de la contraite par corps serait encore excessive, si elle était prononcée contre les septuagénaires.

A l'âge de soixante-dix ans, l'homme parvenu à la dernière période de la vie est courbé sous le poids des infirmités ; la privation des soins et des secours de sa famille est une peine qui peut devenir mortelle. L'humanité s'oppose à ce que, pour l'intérêt personnel du créancier, la vie de son débiteur soit exposée.

La contrainte par corps a toujours aussi paru trop rigoureuse contre les femmes et les filles. Ceux qui contractent avec elles connaissent la faiblesse de leur sexe, combien leurs travaux sont en général peu lucratifs. Les bonnes mœurs sont même intéressées à ce qu'on ne les mette pas dans une aussi grande dépendance de leurs créanciers. C'est ce dernier motif qui, dans la loi romaine, avait déterminé la même exception.

Ainsi les septuagénaires, les femmes et les filles ont été, par ce motif, mis à l'abri de la contrainte par corps dans tous les cas, si ce n'est un seul, celui du stellionat. Quand on se rappelle combien cette faute est énorme, on reconnaît que ni la vieillesse ni le sexe ne peuvent servir d'excuse.

Et même encore a-t-on fait à cet égard une distinction entre les femmes mariées qui seraient séparées de biens ou qui auraient des biens dont elles se seraient réservé l'administration, et celles qui, étant en communauté, se seraient obligées conjointement ou solidairement avec leurs maris.

Celles qui sont séparées de biens, et celles qui ont des biens dont elles se sont réservé l'administration, sont soumises à la contrainte par corps pour stellionat, à raison des engagements qui concernent ces biens.

Le stellionat est alors la faute personnelle de la femme, sans qu'elle puisse la rejéter sur son mari, sous prétexte de l'autorisation qui lui aurait été donnée. Cette prérogative du mari ne saurait être un motif pour le rendre responsable de la mauvaise foi de sa femme relativement à des biens qu'il n'a jamais administrés, sur lesquels la loi ne lui donne pas de surveillance. Il faudrait, pour soutenir que le mari est responsable du stellionat, pouvoir dire que, dans le cas où la femme séparée vendrait un bien qu'elle saurait ne pas lui appartenir, le mari, qui n'aurait pas reçu le prix et qui n'en aurait pas profité, serait tenu de rendre ce prix, et pourrait y être contraint par corps. Quelque ascendant que l'on suppose aux maris sur leurs femmes, ce ne peut pas être un motif pour les présumer coupables dans l'exercice d'une prérogative qui ne leur donne aucun droit pécuniaire : s'il en était autrement, aucun mari ne voudrait courir des risques personnels par une autorisation ; les femmes auraient recours à la justice, qui pourrait encore moins que le mari connaître leurs engagements antérieurs. Il n'est pas douteux que la femme qui, coupable de stellionat, aurait surpris la religion du juge, pût être contrainte par corps ; elle n'en doit pas être dispensée, par le motif que c'est d'abord à son mari qu'elle a dû demander l'autorisation.

La loi voit d'un autre œil la femme qui est en communauté. Lorsque dans ce cas elle s'oblige conjointement et solidairement avec son mari, c'est le mari qui, comme chef de la communauté et comme administrateur général des biens, est présumé avoir la connaissance de tout ce qui est relatif au contrat : c'est alors que la femme est présumée ne jouer qu'un rôle secondaire et subordonné. La loi ne voulant atteindre que celui du mari ou de la femme qui doit être présumé coupable, décide qu'en cas de communauté les femmes ne peuvent être réputées stellionataires, à raison des contrats dans lesquels elles se sont obligées conjointement ou solidairement avec leurs maris.

C'est ainsi qu'un édit du mois de juillet 1680 avait interprété l'article 8 du titre XXXIV de l'ordonnance de 1667 *sur la procédure civile.*

Art. 2067. — Enfin la loi donne à ceux même qu'elle asujétit à la contrainte par corps une garantie que les créanciers ne pourront en abuser, et en même-temps un délai pour satisfaire à leur dette. La contrainte par corps ne pourra être appliquée qu'en vertu d'un jugement.

Art. 2068. — Il avait été réglé, par la même ordonnance de 1667 (titre XXXIV, art. 12), que si une partie appelait de la sentence, si elle s'opposait à l'exécution de l'arrêt ou du jugement portant condamnation par corps, la contrainte serait sursise jusqu'à ce que l'appel ou l'opposition eussent été terminés ; mais que si, avant l'appel ou l'opposition signifiés, les huissiers ou sergents s'étaient saisis de sa personne, il ne serait point sursis à la contrainte.

On vous propose une disposition qui a paru plus simple et plus conforme aux règles ordinaires de la procédure.

L'appel ne suspendra point la contrainte par corps prononcée par un jugement provisoirement exécutoire en donnant caution.

Ainsi l'exécution du jugement ne dépendra point de la célérité qu'aura mise le créancier à poursuivre le débiteur, ou de celle qu'aura mise le débiteur à se rendre appelant ou opposant; ce qui n'est pas fondé en raison: mais cette exécution dépendra de l'objet et des circonstances de l'affaire, et ce seront les juges eux-mêmes qui d'après les règles prescrites par le Code de procédure, déclareront dans leur jugement s'il est ou s'il n'est provisoirement exécutoire.

La loi présentée procure d'ailleurs au condamné par corps une garantie qu'il n'avait pas lorsque, conformément à la loi de 1667, il avait été arrêté : c'est celle d'une caution qui lui répondra des dommages et intérêts, s'il est définitivement jugé que la contrainte par corps a été exercée contre lui sans que les faits fussent fondés, ou sans qu'elle eût été autorisée par la loi.

Art. 2070. — Les dispositions du présent titre n'ayant pour objet la contrainte par corps qu'en matière civile, elles ne dérogent ni aux lois particulières qui l'autorisent dans les matières de commerce, ni aux lois de police correctionnelle, ni à celles qui concernent l'administration des deniers publics.

TITRE XVII.

Du Nantissement.

Décrété le 25 ventôse an XII (16 mars 1804); — Promulgué le 5 germinal (26 mars 1804).

[Articles 2071 à 2091.]

Exposé des Motifs par M. le Conseiller-d'État Berlier.

Séance du 22 ventôse an XII (13 *mars* 1804).

Législateurs,

La confiance, qui est la base ordinaire des contrats, n'existe pas toujours entre les hommes à un tel degré qu'il ne leur soit souvent convenable et utile de rechercher les moyens propres à garantir leurs obligations; et la législation ne saurait s'opposer à de telles précautions qui n'offensent point les mœurs, et multiplient les conventions de toute espèce, par la faculté qu'elle laisse de stipuler tout ce qui peut en assurer l'exécution.

Déjà, dans ces vues, le Code a réglé ce qui regarde les cautions *personnelles*.

Nous venons aujourd'hui vous entretenir du *nantissement*, qu'on peut considérer comme un cautionnement *réel*.

Art. 2071. — Le nantissement, ainsi que l'indique sa seule dénomination, est un acte par lequel un débiteur remet une chose à son créancier pour sûreté de la dette.

Art. 2076. — Ainsi la mise effective du créancier en possession de la chose appartenant à son débiteur, est de l'essence de ce contrat.

Sans cette mise en possession, il peut bien, surtout en matière immobilière, exister des affectations propres à assurer les droits du créancier; telles sont les hypothèques, qui ont leurs règles particulières; mais les hypothèques ne doivent point être confondues avec le nantissement.

La distinction qui existe entre le gage et l'hypothèque a été tracée par le droit romain: *propriè pignus dicimus quod ad creditorem transit; hypothecam, cùm non transit, nec possessio ad creditorem.*

Cette distinction, puisée dans les éléments de la matière, n'a pourtant pas toujours été exactement appliquée ou suivie par la législation romaine: le gage et l'hypothèque y sont souvent considérés comme une seule et même chose; et l'expression *res*, employée dans le texte, embrasse souvent la chose mobilière comme la chose immobilière, et celle qui est en la possession effective du créancier, comme celle qui est restée en la possession du débiteur.

Il nous sera facile d'éviter toute confusion à cet égard, puisque la législation hypothécaire des Romains, totalement différente de celle que nous avons adoptée, n'est point un guide à suivre en cette matière, et ne laisse plus, en quelque sorte, apercevoir parmi ses débris que ce qui est relatif au nantissement proprement dit.

En circonscrivant donc, comme nous le devons, le contrat de nantissement dans ses véritables limites, et en le coordonnant avec nos institutions nouvelles, cette matière acquerra beaucoup de simplicité.

Art. 2072. — On peut donner en nantissement ou une chose mobilière, ou une chose immobilière.

Le nantissement d'une chose mobilière s'appelle *gage ;* et cette dénomination qui, dans son sens restreint, pourrait être justifiée par des textes mêmes du droit romain (1), l'est bien mieux encore par l'acception que le mot *gage* a obtenu dans nos usages ; car le langage des lois doit s'accorder avec les idées qu'y attache le peuple pour qui elles sont faites.

Le nantissement d'une chose immobilière s'appellera *antichrèse.*

Le projet de loi s'occupe, en deux chapitres distincts, des règles propres à chacun de ces contrats : je vais les examiner séparément.

Du gage.

Art. 2084. — Pour dégager cette discussion de tout ce qui lui est étranger, il convient de remarquer d'abord que les matières de commerce en sont exceptées, et il n'est pas moins utile d'observer que les maisons de *prêt sur gage ou nantissement,* soit celles qui existent encore aujourd'hui, soit celles qui seront organisées en exécution de la loi du 16 pluviôse an XII, sont, par un article exprès, mises hors des dispositions du projet de loi qui vous est actuellement soumis.

Cet objet, important sans doute, et trop long-temps abandonné aux spéculations particulières, sera enfin ramené à des règles protectrices de l'intérêt des pauvres : mais ce bienfait, préparé par la loi du 16 pluviôse, et que le Gouvernement est chargé d'accomplir, n'est point le sujet de la discussion présente. Il ne s'agit pas aujourd'hui de savoir comment seront organisés des établissements spécialement autorisés à prêter sur gages, mais quels seront, dans les transactions particulières des citoyens, la forme et les effets du contrat par lequel le débiteur aura remis un gage à son créancier.

Art. 2077. — Ce contrat, licite en soi, se forme comme toute autre convention, et le gage peut même être donné par un tiers pour le débiteur ; car la condition de celui-ci ne saurait être blessée par cet office d'ami.

Art. 2073. — Le gage donné n'en transmet pas la propriété au créancier ; mais celui-ci acquiert sur le gage un privilége sans lequel le contrat n'aurait point d'objet.

Art. 2081. — Si le gage produit des fruits, comme si, par exemple, c'est un capital de rente portant intérêts, le créancier doit imputer ces intérêts d'abord sur ceux qui peuvent lui être dus à lui-même, et ensuite sur le capital de sa créance.

Art. 2080. — Détenteur du gage, le créancier doit veiller à sa conservation, sauf à répéter les sommes qu'il aurait dépensées pour y pourvoir.

Ces règles sont d'une telle simplicité qu'il serait superflu de s'attacher à les justifier.

Art. 2078. — Mais que deviendra le gage si le débiteur ne paie pas ? La décision relative à ce point est l'une des plus importantes du projet.

Si vous l'adoptez, législateurs, le créancier ne pourra jamais s'approprier le gage de plein droit et par le seul défaut de paiement au terme ; *ses droits se borneront à faire* ordonner en justice ou que le gage lui restera pour sa valeur estimée par experts, ou qu'il sera vendu aux enchères ; et toute stipulation contraire sera nulle.

Les motifs de cette disposition sont faciles à saisir. Le créancier fait la loi à son débiteur ; celui-ci remet un gage dont la valeur est ordinairement supérieure au montant de la dette : le besoin qu'il éprouve, et l'espoir qu'il a de retirer le gage en *payant,* font que le débiteur s'arrête peu à la différence de valeur qui existe entre le gage et la dette. Si pourtant il ne peut payer au terme convenu, et que le gage devienne, sans autre formalité, la propriété de son créancier, un effet précieux n'aura souvent servi qu'à acquitter une dette modique.

Voilà ce qu'il convenait d'empêcher. Le gage, considéré comme un moyen d'assurer

(1) L. 238, §. II, ff. *de Verb. signif.*

l'exécution des engagements, est un contrat favorable sans doute; mais il deviendrait odieux et contraire à l'ordre public si son résultat était d'enrichir le créancier en ruinant le débiteur.

On a, il est vrai, opposé l'inconvénient de s'adresser toujours à la justice pour la vente d'un gage qui sera quelquefois de très-peu de valeur, et on a paru désirer des exceptions : mais comment pourrait-on les établir, et quelles limites fixerait-on? Le montant de la dette ne fournit aucun document sur la valeur du gage. Combien d'ailleurs n'abuserait-on pas de l'exception?

Si le principe est bon, il faut l'admettre sans restriction, et pourvoir seulement à ce que le recours à la justice soit simple et peu dispendieux : cet objet ne sera pas négligé dans le Code de la procédure.

Je viens d'indiquer, législateurs, de quelle manière le créancier pourra exercer ses actions sur le gage à défaut de paiement.

Art. 2082. — Jusqu'à ce que ce paiement soit effectué, il est fondé à retenir le gage (c'est l'objet du contrat), et il ne peut être contraint à s'en dessaisir avant cette époque qu'autant qu'il en abuserait.

Ici s'est présentée la question de savoir si le créancier payé de la dette pour laquelle le gage lui avait été remis, mais ayant depuis le premier contrat acquis une nouvelle créance dont l'objet est aussi devenu exigible, pourra retenir le gage à raison de cette dernière dette.

Notre projet, en adoptant l'affirmative, n'a fait que se conformer au dernier état de notre législation (1), cependant comme cette décision a été controversée, il ne saurait être superflu d'en indiquer les motifs.

L'opposition qu'elle a éprouvée se déduisait principalement de ce que l'impignoration consentie pour un objet ne pouvait s'étendre à un autre, sans ajouter aux conventions des parties et sans aggraver le sort du débiteur; mais cette objection, appliquée à la situation particulière que nous examinons, n'était que spécieuse.

Sans doute il ne faut pas arbitrairement ajouter aux contrats; mais la circonspection dont le législateur doit user en pareille matière n'est point blessée, lorsque la règle qu'il trace n'est que le complément naturel des conventions, et n'a pour objet que de faire observer ce que les parties ont vraisemblablement voulu elles-mêmes, dans la circonstance sur laquelle le législateur statue.

Or quelle est la situation des parties dans l'espèce proposée? Le créancier a déjà pris un gage pour une première dette; et s'il n'en demande pas pour une seconde dette qui devra être acquittée ou avant la première ou en même-temps qu'elle, ce sera indubitablement parce qu'il aura considéré le gage dont il est déjà saisi, comme suffisant pour répondre de l'une et de l'autre dette.

Quel tort d'ailleurs cette application fait-elle au débiteur, lorsqu'il peut et doit même la faire cesser en payant?

On suppose en effet que la deuxième dette est exigible comme la première (et la disposition dont il s'agit n'est que pour ce cas); mais comment alors le débiteur pourrait-il être admis justement à diviser sa dette, et à réclamer son gage sans payer tout ce qu'il doit?

Art. 2083. — En repoussant l'objection qu'on vient d'examiner, notre projet n'a donc rien fait que de conforme à la stricte équité.

La règle posée touchant l'indivisibilité du gage n'est ni moins juste ni moins nécessaire.

Ainsi l'héritier du débiteur qui aura payé sa portion de la dette ne pourra, avant l'entier paiement de cette dette, exiger la restitution de sa portion dans le gage; car le créancier ne saurait être contraint à scinder ses droits lors même que le gage serait divisible : il l'a reçu d'une seule main et sans division; il n'en doit la restitution que de la même manière et après avoir été totalement payé.

De même l'héritier du créancier qui aurait reçu sa portion de la dette, ne pourra remettre le gage au préjudice de ses cohéritiers non payés, car le gage n'est dans ses mains, et pour la part de ses cohéritiers, qu'une espèce de dépôt qu'il violerait s'il osait s'en dessaisir sans avoir pourvu à leurs intérêts.

Je viens, législateurs, de retracer les principales règles relatives au *gage* proprement dit; il me reste à vous entretenir de l'antichrèse.

De l'Antichrèse.

L'antichrèse, d'après la *définition* qu'en donne le projet, consiste dans la remise que le débiteur fait à son créancier d'une chose

(1) L. uniq. Cod. *Ob chirogr. pecuniam.*

immobilière, pour assurer le paiement de la dette.

Art. 2085. — L'antichrèse est donc à l'immeuble ce que le gage est au meuble.

Cependant la matière du gage et celle de l'antichrèse présentent plusieurs différences.

Ainsi le gage ne produit pas ordinairement de fruits; et l'immeuble, objet de l'antichrèse, est toujours susceptible d'en produire.

Dans le gage, il est nécessaire que le capital réponde de la dette, puisque le plus souvent le gage ne produit pas de fruits.

Dans l'antichrèse, il y a des fruits qui répondent de la dette, et c'est sur la perception de ces fruits que s'exerce spécialement le droit du créancier.

Art. 2091. — Cette dernière disposition, qui semble d'abord attribuer à l'antichrèse des effets moins étendus que ceux qui résultent du gage, n'offre pourtant que la moindre restriction possible; car le droit de percevoir les fruits, combiné avec celui de poursuivre l'expropriation du fonds en cas de non-paiement, donne au créancier tout ce qu'on peut lui attribuer dans un contrat qui ne lui confère ni droit de propriété (car le fonds n'est pas aliéné), ni droit hypothécaire, puisqu'un tel droit ne peut s'acquérir que d'après les formes générales établies par les lois et par une inscription régulière.

Ce qui vient d'être dit met à même d'apprécier la vraie différence qui existe entre le créancier légalement saisi d'un gage, et celui qui se trouve détenteur d'un immeuble à titre d'antichrèse.

Le premier ne saurait craindre l'intervention de personne, si ce n'est celle de tiers qui prouveraient que le meuble donné en gage leur a été dérobé : hors cette exception et les cas de fraude, le créancier muni du gage est préféré à tous autres, même plus anciens que lui, parce que le meuble était sorti de la possession du débiteur, et que *les meubles n'ont pas de suite en hypothèque*, principe qui est devenu une maxime de notre droit français.

Dans l'antichrèse au contraire, si l'expropriation du fonds est poursuivie, soit par le créancier détenteur à défaut de paiement au terme, soit par tout autre créancier, le nantissement de l'immeuble n'établira ni priviléges ni hypothèques.

Le créancier simplement nanti à titre d'antichrèse ne pourrait en effet raisonnablement prétendre qu'un tel acte effaçât les titres des tiers, et lui donnât sur eux une prééminence qui deviendrait subversive de l'ordre social.

L'antichrèse ne saurait donc prévaloir sur les droits hypothécaires acquis par des tiers, ni même concourir avec eux; mais si le créancier nanti est lui-même créancier hypothécaire et inscrit, il exercera ses droits à son ordre et comme tout autre créancier.

La différence qui vient d'être remarquée, et qui existe entre le gage et l'antichrèse, résulte donc de celle que la nature des choses a établie entre les meubles et les immeubles, et du besoin de coordonner entre elles nos diverses institutions sur cette matière.

Après ces observations, celles qui me restent à faire sur la partie du projet relative à l'antichrèse sont fort simples, et d'ailleurs en petit nombre.

Art. 2085. — L'antichrèse ne s'établit que par écrit. Cette règle, qu'il eût été inutile de retracer si l'on eût voulu la laisser circonscrire dans les termes ordinaires de la législation sur les contrats, indique ici que lors même que le fonds vaudrait moins de 150 fr., nul ne peut s'y entremettre ou du moins s'y maintenir contre le vœu du propriétaire, en alléguant des conventions verbales qui, en cette matière, pourraient devenir le prétexte de nombreux désordres.

Au surplus, les obligations que l'antichrèse impose au détenteur de l'immeuble résultent si naturellement de son propre titre, qu'il suffit sans doute de les énoncer pour que la justice en soit aisément reconnue.

Ainsi il devra imputer les fruits qu'il percevra sur les intérêts, s'il lui en est dû, et ensuite sur le capital de sa créance.

Art. 2086. — Il devra de même payer les charges foncières qui courront pendant la jouissance, et pourvoir, sous peine de dommages et intérêts, à l'entretien et aux réparations de l'immeuble, sauf à prélever sur les fruits le montant de ces diverses dépenses.

Art. 2089. — De la situation respective du débiteur et du créancier, il résulte aussi qu'il faudrait entrer en compte des jouissances et de la gestion que l'antichrèse aura procurées au créancier; mais cette obligation de droit commun exclura-t-elle la faculté de stipuler en bloc la compensation des fruits avec les intérêts dus au créancier.

Dans plusieurs des ci-devant parlements, et

surtout dans les ressorts qui suivaient le droit écrit, les pactes de cette espèce étaient souvent invalidés par les arrêts, sur le fondement de la lésion qui pouvait en résulter pour le débiteur.

Ces extrêmes entraves n'ont point paru convenir à notre législation; et ce n'est pas légèrement qu'une convention doit être réputée illicite.

Suppose-t-on un créancier rigoureux à l'excès? il tâchera de se faire céder le fonds à un prix très-médiocre, et il gagnera plus à un tel marché, que dans une clause de l'espèce de celle que nous examinons.

Cette clause, d'ailleurs, n'aura souvent pour objet que d'éviter des embarras au créancier, et des frais au débiteur lui-même. Comment donc l'interdirait-on? et en l'interdisant, ne s'exposerait-on pas à blesser celui-là même qu'on veut protéger? Si d'ailleurs cette voie était fermée, combien ne resterait-il pas d'autres issues à des contrats plus réellement onéreux?

Législateurs, je viens de motiver les principales dispositions du projet qui vous est soumis sur le *nantissement*.

Ce contrat, qui a toujours figuré parmi nos institutions civiles, n'existe pas seulement en faveur du créancier; il est utile au débiteur même, qui souvent ne pourrait traiter sans un tel secours. Le projet de loi aura rempli son objet, s'il a concilié ce double intérêt et posé avec justice les règles qui doivent désormais régir cette matière.

TITRE XVIII.

Des Priviléges et Hypothèques.

Décrété le 28 ventôse an XII (19 mars 1804); — Promulgué le 8 germinal (29 mars 1804).

[ARTICLES 2092 à 2203.]

EXPOSÉ DES MOTIFS par M. le Conseiller-d'Etat TREILHARD.

Séance du 24 ventôse an XII (15 mars 1804).

LÉGISLATEURS,

Le système hypothécaire a successivement occupé toutes les assemblées représentatives depuis 1789.

La mesure qui doit garantir l'efficacité des transactions, et protéger avec un égal succès et le citoyen qui veut du crédit et le citoyen qui peut en faire, méritait en effet de fixer les regards de la nation.

Les rapports qui rapprochent les hommes sont tous fondés ou sur le besoin, ou sur le plaisir, qui est aussi une espèce de besoin.

Quel est donc le premier soin de deux personnes qui traitent ensemble? d'assurer l'exécution de leurs engagements. Le contrat suppose l'intention et contient la promesse de les remplir; mais la promesse n'est pas toujours sincère, et les moyens peuvent ne pas répondre à l'intention.

Concilier le crédit le plus étendu avec la plus grande sûreté, voilà le problème à résoudre.

Si les parties connaissaient leur situation respective, l'un n'obtiendrait que ce qu'il *mérite*, l'autre n'accorderait que ce qu'il peut accorder sans risque; il n'y aurait de part et d'autre ni réserve déplacée ni surprise fâcheuse.

Si donc on trouve un moyen d'éclairer chaque citoyen sur l'état véritable de celui avec lequel il traite, il faut s'empresser de le saisir. On aura alors tout ce que désirent, tout ce que peuvent désirer les personnes de bonne foi; et si la mauvaise foi s'en alarme, ce sera une preuve de plus en faveur de la mesure.

Vous jugerez, législateurs, jusqu'à quel point le gouvernement a approché du but qu'il a dû se proposer; il n'a pas cherché et vous n'attendez pas un degré de perfection que ne comporte pas la nature humaine : la meilleure loi est celle qui laisse subsister le moins d'abus, puisqu'il n'est pas en notre pouvoir de les détruire tous ; mais tout ce qu'on peut attendre des recherches les plus grandes et d'une profonde méditation, vous le trouverez dans le projet, et je me plais à reconnaître qu'il a beaucoup acquis par les communications officieuses avec les membres du tribunat.

L'hypothèque affecte un immeuble à l'exécution d'un engagement : si le contractant n'était pas propriétaire, ou, ce qui revient au même, si cet immeuble était déjà absorbé par des affectations précédentes, l'hypothèque serait illusoire, et les conventions resteraient sans garantie.

Il n'est pas de législateurs qui, frappé de cet inconvenient, n'ait cherché à y porter un remède. Les Grecs plaçaient sur l'héritage engagé des signes visibles qui garantissaient les créanciers de toute surprise : il paraît que cet usage a été connu et pratiqué à Rome ; mais il y avait aussi de l'excès dans cette précaution : s'il est bon que les parties qui traitent aient une connaissance respective de leur état, il n'est pas également nécessaire de le proclamer, pour ainsi dire, par une affiche, et de l'annoncer à tous les instants aux personnes mêmes qui n'ont aucun intérêt de le connaître.

Cet usage disparut, et devait disparaître ; il a suffi depuis, pour hypothéquer un immeuble, d'en faire la stipulation ; même l'hypothèque fut attachée de plein droit à toute obligation authentique.

On réparait un mal par un mal plus grand. Les signes apposés sur l'héritage affecté n'étaient fâcheux que pour le propriétaire dont la situation devenait trop publique ; ils avaient du moins l'avantage de commander à tous les citoyens de la prudence et de la réserve lorsqu'ils traiteraient avec lui.

Mais l'hypothèque donnée par des actes occultes ne laissait aucune garantie contre la mauvaise foi.

L'homme qui semble fournir le plus de sûretés est souvent celui qui en donne le moins, et l'hypothèque acquise par un citoyen modeste et probe se trouvait enlevée par une foule d'hypothèques antérieures dont il n'avait pas même pu soupçonner l'existence.

De là naissaient des discussions multipliées et ruineuses, dont l'effet, le plus souvent, était de dévorer le gage des créanciers, dépouillés comme le débiteur lui-même.

Les lois ne présentaient que de vaines ressources contre tant de maux. Le créancier pouvait faire déclarer par le débiteur que ses biens étaient libres ; et si la déclaration était fausse on avait la contrainte par corps contre le débiteur : mais on n'exigeait pas toujours cette déclaration, et quand on l'avait exigée elle ne tenait pas lieu au créancier du gage qui avait disparu.

Que de plaintes n'avons-nous pas entendues contre ce régime désastreux !

Henri III, en 1581, Henri IV, en 1606, Louis XIV, en 1673, voulurent donner aux hypothèques le degré de publicité nécessaire pour la sûreté des contractants : comment un dessein aussi louable ne fut-il pas suivi de l'exécution ? La cause en est connue ; les hommes puissants voyaient s'évanouir leur funeste crédit ; ils ne pouvaient plus absorber la fortune des citoyens crédules, qui, jugeant sur les apparences, supposaient de la réalité partout où ils voyaient de l'éclat. Sans doute on colora de beaux prétextes les motifs d'attaques contre les mesures salutaires qui étaient proposées ; elles étaient disait-on, entachées de fiscalité ; le crédit des hommes puissants importait à l'éclat du trône ; affaiblir cet éclat c'était diminuer le respect des peuples : d'un autre côté, les efforts d'une classe d'hommes accoutumés à confondre l'habitude avec la raison, et le cri des praticiens qui défendaient leur proie, vinrent fortifier les plaintes des courtisans ; les mesures prises contre la mauvaise foi restèrent sans effets.

Ainsi se prolongea l'usage de l'hypothèque occulte. Ce mal ne se faisait pas sentir peut-être dans les lieux où le défaut de communications et de commerce tenait, pour ainsi dire, les fortunes dans un état absolu de stagnation, parce qu'une vente, un emprunt, y forment un événement que personne n'ignore ; mais partout ailleurs la bonne foi était presque toujours victime de la fraude et de l'impudence.

L'édit de 1771 donna aux acquéreurs d'immeubles un moyen de connaître les hypothèques dont ils étaient grevés, et de payer le prix de leur acquisition sans courir les risques d'être inquiétés par la suite (1).

(1) Les lettres de ratification furent substituées, par l'édit de 1771, aux décrets volontaires : ces deux mesures

Cet édit n'attaquait cependant pas le mal dans sa source. La publicité de l'hypothèque n'était pas établie ; on offrait seulement un moyen d'accélérer la discussion des biens d'un débiteur, et de faire connaître un peu plutôt aux créanciers ceux d'entre eux qui devenaient ses victimes ; les hommes immoraux, accoutumés à en imposer par leur faste et leur assurance, avaient toujours la même facilité de tromper les hommes crédules et de les précipiter dans l'abyme.

Dans les parties de la France assez heureuses pour jouir sur cette matière d'une législation plus saine, les parlements opposèrent à la publication de l'édit de 1771 cette résistance qui prenait à la vérité sa racine dans un vice du gouvernement, mais qui dans l'état sous lequel on vivait alors pouvait être quelquefois utile.

Le parlement de Flandre déclara qu'il regardait *la publicité des hypothèques comme le chef-d'œuvre de la sagesse, comme le sceau, l'appui et la sûreté des propriétés, comme un droit fondamental dont l'usage avait produit dans tous les temps les plus heureux effets, et avait établi autant de confiance que de facilité dans les affaires que les peuples belges traitent entre eux. Par cette forme toutes les charges et hypothèques étaient mise à découvert; rien n'était plus aisé que de s'assurer de l'état de chaque immeuble par la seule inspection des registres.*

Les hypothèques (ajoutait le parlement) *se conservent de la même maniere dans les Pays-Bas français, autrichiens, hollandais, et dans le pays de Liége, et les peuples de ces différentes dominations font entre eux une infinité d'affaires avec une confiance entière.*

Pense-t-on avoir affaibli le poids de cette autorité, fondée sur l'expérience de tant de siècles et de tant de peuples, quand on a dit que les formes pratiquées en Flandre tenaient au système de la féodalité si justement proscrite?

Dans notre ancien droit français, on ne pouvait acquérir sur des immeubles aucun droit de propriété ou d'hypotheque que par la voie du nantissement; l'acquéreur ou le créancier était saisi ou par les officiers du seigneur, ou par les juges royaux dans le ressort desquels était le bien vendu ou hypothéqué.

étaient également insuffisantes, puisqu'elles ne donnaient aux parties contractantes aucun moyen de connaître leur état.

Ces formalités jugées depuis inutiles ne s'étaient conservées que dans quelques coutumes: le nantissement s'y effectuait devant les juges; mais il était si peu un accessoire nécessaire de la féodalité, qu'il avait cessé d'avoir lieu dans la plus grande partie de la France, asservie néanmoins au joug féodal; et Louis XV, qui ne voulait pas certainement relâcher ce joug, prétendit cependant, par son édit de juin 1771, et par sa déclaration du 23 juin de l'année suivante, abroger partout l'usage des nantissements.

Qu'on cesse donc d'appeler sur un système de publicité d'hypothèques la défaveur acquise au système féodal, totalement étranger à l'objet qui nous occupe.

On gémissait encore sous l'empire de l'hypothèque occulte, lorsque la France se réveilla d'un long assoupissement; elle voulut, et à l'instant s'écroula une vieille masse d'erreurs qui depuis long-temps n'était soutenue que par une habitude de respect dont on ne s'était pas encore rendu compte. Heureux si des génies malfaisants n'avaient pas quelquefois égaré notre marche, et si chaque jour, témoin de la destruction de quelque institution avilie, avait pu éclairer aussi son remplacement par une institution plus saine!

Toutes les branches de la législation durent être soumises à la discussion. Le régime hypothécaire occupa toutes les assemblées politiques; les recherches les plus profondes, les discussions les plus vives, amenèrent enfin la loi du 11 brumaire de l'an 7.

Je n'en examine pas les détails dans ce moment; il me suffit d'annoncer qu'elle repose sur deux bases; la publicité et la spécialité; c'est-à-dire que, d'après cette loi, un dépôt public renferme toutes les affectations dont un immeuble est grevé, et que les affectations doivent être spéciales pour mettre le créancier en état de s'assurer de la valeur et de la liberté du gage. C'était notre droit ancien; heureusement conservé dans quelques provinces; ce droit que plusieurs fois on tenta vainement de rétablir, que Colbert avait sollicité, que les auteurs les plus instruits en cette partie avaient provoqué (1), dont on ne put se dissimuler les avantages, même à l'instant où il

(1) Voyez d'Héricourt, *Traité de la vente des immeubles*, chap. 14, vers la fin.

succombait sous l'intrigue (1), que quelques provinces enfin avaient conservé malgré l'édit de 1771.

Les bases de la loi que propose le gouvernement sont celles de la loi du 11 brumaire : nous avons pris un juste milieu entre l'usage de ces marques extérieures apposées sur des héritages affectés, qui plaçaient à tous les instants et sous les yeux de tous la situation affligeante d'un citoyen, et cette obscurité fatale qui livrait sans défense la bonne foi à l'intrigue et à la perversité.

ART. 2134. — Les actes produisant hypothèque seront inscrits dans un registre, et les personnes intéressées pourront vérifier si le gage qu'on leur propose est libre, ou jusqu'à quel point il peut être affecté.

Mais ce principe ne doit-il pas éprouver quelques modifications? Peu de maximes sont également bonnes et applicables dans tous les cas. En général tous les systêmes sont assis sur quelque vérité; celui qui ne porterait que sur des erreurs ne serait pas à craindre, il n'aurait pas de partisans : c'est le mélange adroit de l'erreur avec la vérité qui est en effet dangereux, c'est l'exagération des conséquences qui corrompt tout. Quelle sagacité ne faut-il pas souvent pour discerner le vrai de ce qui n'en a que l'apparence, et pour renfermer l'application d'un principe dans les bornes qu'elle doit avoir? Examinons si dans tous les cas le défaut d'inscription doit nécessairement empêcher l'effet de l'hypothèque.

L'hypothèque peut s'établir de trois manières.

ART. 2117. — Deux personnes se donnent respectivement dans un acte authentique des sûretés pour la garantie de leurs conventions. C'est le cas le plus ordinaire : voilà l'hypothèque conventionnelle.

On obtient des condamnations contre un citoyen; les jugements ont un caractère qui ne permet pas de leur accorder moins d'effet qu'à des contrats authentiques : voilà l'hypothèque judiciaire.

Enfin il est une autre espèce d'hypothèque que la loi donne à des personnes ou à des établissements qui méritent une protection spéciale; c'est l'hypothèque légale.

ART. 2134. — L'hypothèque conventionnelle doit être nécessairement rendue publique par l'inscription, afin qu'on ne puisse pas tromper sans cesse les citoyens en leur donnant pour gage des immeubles cent fois absorbés par des dettes antérieures.

ART. 2129. — Cette hypothèque ne peut frapper que les biens que les contractants y ont soumis spécialement, parce qu'ils sont les seuls juges des sûretés qui leur sont nécessaires; la formalité de l'inscription ne peut jamais leur nuire, et l'ordre public la réclame pour le bien de la société.

ART. 2123. — L'hypothèque judiciaire doit aussi acquérir la publicité par l'inscription; aucun motif raisonnable ne sollicite d'exception pour elle : mais il est juste que celui qui a obtenu une condamnation puisse prendre son inscription sur chacun des immeubles appartenant au condamné, même sur ceux qu'il pourra acquérir, s'il en a besoin pour l'exécution totale de la condamnation qu'il a obtenue.

On ne peut pas dire dans ce cas, comme dans le cas de l'hypothèque conventionnelle, que les parties ont réglé la mesure du gage; les tribunaux condamnent, et leurs jugements sont exécutoires sur tous les biens du condamné.

Quant à l'hypothèque légale, elle est donnée à trois sortes de personnes : aux femmes, sur les biens des maris pour la conservation de leurs dots, reprises et conventions matrimoniales;

ART. 2121. — Aux mineurs et aux interdits, sur les biens des tuteurs à raison de leur gestion;

A la nation, aux communes et aux établissements publics, sur les biens de leurs receveurs et administrateurs comptables.

ART. 2122. — Une première observation s'applique à ces trois espèces d'hypothèques. Elles résultent de la loi; elles ne doivent donc pas avoir moins d'effet que l'hypothèque judiciaire qui résulte des jugements : l'hypothèque légale pourra donc en général être étendue sur tous les biens des maris, des tuteurs, des administrateurs.

(1) Dans l'édit d'avril 1674, portant suppression des greffes d'enregistrement créés par l'édit de mars 1673, on lit :

« Quoique nos sujets *puissent recevoir de très-considérables avantages de son exécution*, néanmoins, « comme il arrive ordinairement que les réglements les « plus utiles ont leur difficulté dans *leur premier établissement*, et qu'il s'en rencontre dans celui-ci qui ne « peuvent être surmontés *dans un temps où nous sommes « obligés de donner notre application principale aux affaires « de la guerre*, etc. »

Art. 2135. — Mais l'inscription sera-t-elle nécessaire pour en assurer l'effet?

Ici nous avons cru devoir adopter une distinction tirée de la différente position de ceux à qui la loi a donné l'hypothèque.

La femme, les mineurs, les interdits sont dans une impuissance d'agir qui souvent ne leur permettrait pas de remplir les formes auxquelles la loi attache le caractère de la publicité : perdront-ils leur hypothèque parce que ces formes n'auront pas été remplies? serait-il juste de les punir d'une faute qui ne serait pas la leur?

Le mari, le tuteur, chargés de prendre les inscriptions sur leurs propres biens, ne peuvent-ils pas avoir un intérêt à s'abstenir de cette obligation, en ne leur supposant pas d'intérêt contraire à celui de la femme? ou des mineurs ne peuvent-ils pas se rendre coupables de négligence? Sur qui retombera le poids de la faute? Sur le mari, dira-t-on, ou sur le tuteur, qui, sans difficulté, sont responsables de toutes les suites de leurs prévarications ou de leur insouciance. Mais le mari et le tuteur peuvent être insolvables, et le recours contre eux, fort inutile : quel est celui qui se trouvera réduit à ce triste recours, ou de la femme et du mineur, ou des tiers, qui, ne voyant pas d'inscription prise sur les biens du mari ou du tuteur, auraient contracté avec eux?

Nous avons pensé que l'hypothèque de la femme ou du mineur ne pouvait pas être perdue parce que ceux qui devaient prendre des inscriptions ne les auraient pas prises, et nous avons été conduits à ce résultat par une considération qui nous a paru sans réplique.

Les femmes, les mineurs, ne peuvent agir; le défaut d'inscription ne peut donc leur attirer aucune espèce de reproche. Celui qui a traité avec le mari ou avec le tuteur en est-il aussi parfaitement exempt? Il a dû s'instruire de l'état de celui avec qui il traitait; il a pu savoir qu'il était marié ou tuteur : il est donc coupable d'un peu de négligence; c'est donc à lui qu'il faut réserver le recours contre le mari ou le tuteur; et l'hypothèque de la femme ou du mineur ne doit pas être perdue pour eux, puisqu'enfin seuls ils sont ici sans reproche : le défaut d'inscription ne leur sera donc pas opposé; c'est un changement aux dispositions de la loi du 11 brumaire an 7 : mais ce changement est une amélioration, puisqu'il est sollicité par les règles d'une exacte justice.

Art. 2136. — Au reste, à côté de cette disposition qui ne permet pas d'opposer aux femmes et aux mineurs le défaut d'inscription, nous avons placé toutes les mesures coërcitives contre les maris et les tuteurs, pour les forcer à prendre les inscriptions que la loi ordonne : s'il a été juste de protéger la faiblesse des mineurs et des femmes, il n'a pas été moins convenable, moins nécessaire de pourvoir à ce que des tiers ne fussent pas trompés.

Les maris et les tuteurs qui n'auront pas fait les inscriptions ordonnées, et qui ne déclareront pas à ceux avec qui ils traitent les charges dont leurs biens sont grevés à raison de la tutèle ou du mariage, seront poursuivis comme stellionataires; (Art. 2139) les parents de la femme et des mineurs demeurent chargés de veiller à ce que les inscriptions soient prises : ce devoir est aussi imposé au commissaire du gouvernement. Enfin on n'a rien omis pour s'assurer que les registres du conservateur présenteront au public l'état des charges dont les immeubles des maris et des tuteurs seront grevés : les inscriptions seront toujours prises, nous avons lieu de l'espérer; mais si elles ne l'étaient pas, celui qui aurait contracté avec un homme marié ou avec un tuteur ne pourrait pas être présumé avoir ignoré leur état; il aurait su qu'il pouvait exister sur leurs immeubles des charges, quoiqu'il n'en eût pas trouvé de traces sur les registres du conservateur; et s'il n'avait pas apporté dans sa conduite une sage circonspection, c'est sur lui seul que devraient retomber les suites de son imprudence.

La faveur attachée à l'état de femme mariée, de minorité ou d'interdiction, a-t-on dû l'attacher à la nation, aux communes et aux établissements publics? nous ne le pensons pas. La loi leur donne une hypothèque sur les biens de leurs agents comptables; mais, pour avoir le droit de l'opposer à des tiers, il faut la rendre publique par l'inscription sur les immeubles qui en sont grevés.

Si l'hypothèque des femmes, des mineurs et des interdits n'est pas perdue par le défaut d'inscription, c'est, comme nous l'avons déjà dit, parce qu'ils sont dans l'impuissance d'agir, et qu'on ne doit pas les punir quand il n'y a pas de faute de leur part : cette exception leur est particulière.

La nation a sur tous les points de la République des préposés qu'on ne peut supposer sans connaissances et sans zèle; le choix du gouvernement garantit dans leurs personnes une intelligence au-dessus, ou du moins égale à l'intelligence commune, et la surveillance des premiers administrateurs ne peut pas laisser craindre l'assoupissement des agents subalternes.

A dieu ne plaise que je méconnaisse toute la faveur qui est due au trésor public; que dans un gouvernement où le peuple ne serait compté pour rien, l'administration couvrirait ses opérations d'un voile impénétrable, où l'emploi des deniers publics serait un profond mystère, le mot seul de fisc dût inspirer la défiance et l'effroi! cela peut être : mais dans une nation dont le gouvernement n'exerce que l'autorité légitime qui lui fut déléguée par le peuple, lorsque des comptes annuels instruisent des besoins, des ressourses et de leur emploi, le trésor public est nécessairement environné d'une grande faveur; elle ne doit cependant pas être portée au point d'en faire un être privilégié et revêtu de droits exorbitants. Tout privilége est pénible pour ceux qui ne le partagent pas; il est odieux quand il n'est pas nécessaire : or nous n'avons vu aucune raison sans réplique qui dût affranchir de l'inscription les hypothèques sur les comptables. Je dirai plus, jamais privilége sur ce point ne fut moins nécessaire que dans le régime hypothécaire actuel; car enfin on n'a qu'un registre à consulter pour savoir si le bien présenté pour gage est libre ou non, et les agents du gouvernement ont aussi, par l'inspection du rôle des contributions, un moyen facile de connaître, au moins à-peu-près, la valeur du gage.

Nous n'avons pas dû par conséquent proposer de soustraire à la nécessité de l'inscription des hypothèques sur les biens des comptables. Le trésor public ne sera pas plus avantagé que les citoyens; le gouvernement s'honore d'avoir placé ce principe libéral dans le Code de la nation; elle est soumise par le même motif aux délais ordinaires de la prescription. Quel citoyen pourrait regretter ensuite d'observer une loi dont le gouvernement lui-même n'est pas affranchi.

J'ai cru, législateurs, devoir présenter avec quelques développements les bases de la loi qui vous est proposée; je vais actuellement m'occuper des attaques qu'on lui a livrées. Lorsque j'aurai répondu aux objections, le projet sera suffisamment motivé; car les principes une fois admis, les conséquences de détails ne sont plus contestées.

On a d'abord opposé au projet une prétendue tache de bursalité, qui, dit-on, a déjà fait plusieurs fois écarter différentes tentatives pour établir un dépôt des actes produisant hypothèque. La tache de bursalité se tire de quelques droits qu'on paie pour les transcriptions ou inscriptions des actes.

Ici je vous prie de ne pas confondre la mesure proposée avec le mode d'exécution.

La mesure est-elle bonne? je crois l'avoir démontré, et l'objection ne suppose pas le contraire.

Que prétend-on ensuite quand on dénonce la mesure comme bursale? Veut-on dire que l'inscription devrait-être faite gratuitement? Mais, dans ce cas, il faudrait que le gouvernement salariât les employés : il ne pourrait les salarier qu'avec des fonds qui lui seraient fournis; il faudrait donc un impôt particulier pour cet objet.

Prétend-on qu'il serait préférable de prélever cet impôt sur tous les citoyens, et de ne pas le prendre sur les seules parties intéressées? je doute que cette opinion trouve des partisans.

Veut-on dire que le droit qu'on exigera sera trop fort? Mais il n'est pas question de le fixer dans le projet qui vous est soumis : ce n'est pas dans un Code civil qu'on doit placer une disposition bursale; ce droit doit être établi par la loi, c'est-à-dire par l'autorité qui sanctionne toutes les contributions, et qui, dans tous les cas, ne doit accorder et n'accorde certainement que ce qui est nécessaire.

Il faut donc écarter cette singulière objection, qui consiste à combattre une chose bonne en elle-même par l'abus possible dans la manière de l'exécuter : comme si cette exécution pouvait être arbitraire de la part du gouvernement.

Mais on attaque le système par le fondement.

« La mesure de l'inscription est, dit-on,
« insuffisante pour atteindre le but qu'on se
« propose. Elle est insuffisante par plusieurs
« motifs.

« Ne pourrait-on pas dans l'intervalle de
« temps qui s'écoulera nécessairement entre le

« moment de la passation de l'acte et l'instant « où il sera inscrit, prendre des inscriptions « qui absorberont la totalité du gage ? Le « créancier n'aura donc plus de sûretés.

« D'ailleurs il y a des hypothèques dont « l'objet est nécessairement indéterminé. « Dans un acte de vente, par exemple, le « vendeur s'oblige à la garantie : quelle sera la « mesure d'un pareil engagement, et com- « ment pourra-t-on prendre une inscription « pour en assurer l'effet ?

« Enfin un créancier voudra toujours la « sûreté la plus entière : il demandera l'affec- « tation de tous les biens de son débiteur, et « la spécialité de l'hypothèque ne sera qu'une « chimère. »

Reprenons chaque partie de cette objection. Observons cependant que rien de tout ce que vous venez d'entendre n'attaque le fond du système : on ne prouve pas que la publicité de l'hypothèque ne soit pas bonne en elle-même, que la spécialité ne soit pas desirable : il résulterait seulement de l'objection que ces deux bases ne produiront pas tout le bien qu'on croit devoir en attendre.

Je ne nierai pas qu'il soit possible qu'entre le moment où se passe un contrat et celui où l'inscription est faite il puisse arriver que des tiers auront pris, ou de bonne foi, ou frauduleusement, des inscriptions qui auront le mérite de l'antériorité.

Mais doit-on supposer que la personne qui contracte cachera ses engagements antérieurs par un mensonge qui serait nécessairement mis à découvert au bout de quelques jours?

Rien d'ailleurs n'est plus facile que de se mettre à l'abri des suites de ce mensonge très-improbable : on peut convenir que l'acte n'aura d'effet que dans un délai suffisant pour obtenir l'inscription, et que, dans le cas d'une inscription antérieure, il demeurera nul.

Enfin, en supposant à l'objection toute la force dont elle est dépourvue, il en résulterait que des parties pourraient éprouver quelques jours d'inquiétude, et cela est sans contredit préférable à l'incertitude perpétuelle dans laquelle on est retenu dans le système des hypothèques occultes.

Quant aux hypothèques indéterminées ou conditionnelles, l'objection qu'on tire de leur qualité n'a pas plus de réalité que la précédente.

Rien n'empêcherait de prendre inscription pour des créances indéterminées, et les tiers seraient du moins avertis qu'un héritage est affecté à des engagements antérieurs : ce serait déjà un avantage ; on prendrait des renseignements sur la mesure de ces engagements, ou si on ne les prenait pas, on ne pourrait imputer qu'à soi, à son insouciance, les préjudices qu'on éprouverait dans la suite.

Mais pourquoi ne forcerait-on pas le créancier qui veut s'inscrire pour une obligation indéterminée à déclarer une valeur estimative d'après laquelle serait faite l'inscription? Voilà l'objection résolue.

Art. 2161. — On dira peut-être que le créancier fera une évaluation trop forte : cela est possible ; mais pourquoi ne donnerait-on pas dans ce cas au débiteur le droit de la faire réduire?

C'est ce que propose le projet; et il trace aux tribunaux des règles faites pour concilier l'intérêt du créancier qui veut des sûretés, et l'intérêt du débiteur qui ne voudrait donner que celles qui sont nécessaires.

Ainsi disparaissent des objections qui, en leur supposant un peu de réalité n'attaqueraient pas même le fond du système.

Mais le créancier voudra toujours la sûreté la plus ample : il fait la loi, il exigera l'affectation de tous les biens du débiteur, et la spécialité ne produira aucun effet.

Cette objection, si elle était fondée, prouverait seulement tout au plus qu'on ne tirera pas de la spécialité tout l'avantage qu'elle semble présenter au premier coup-d'œil.

Est-il bien vrai, au surplus, qu'un créancier voudra toujours qu'on affecte tous les biens que possédera le débiteur qui, dit-on, pour obtenir 10,000 fr. sera forcé de donner hypothèque sur 100,000?

Il y a ici beaucoup d'exagération : certainement un créancier veut une sûreté ample et entière, et il a raison; mais quand on la lui donne, il est satisfait; je parle de ce qui arrive communément, et non pas de ce que peuvent vouloir quelques esprits inquiets outre mesure, et qui sont heureusement fort rares.

Mais quand il serait vrai qu'un créancier voudra une hypothèque sur deux immeubles lorsqu'une seule devrait suffire, il y a toujours de l'avantage dans le système de la loi proposée. Les tiers seront avertis de l'engagement antérieur, et le débiteur ne sera cependant pas pour cela plus grevé, parce que les deux immeubles ne se trouvant affectés l'un et l'autre qu'à la même dette, présenteront toujours la même portion de biens libres qu'ils présenteraient, si l'un des deux seulement en était grevé; le débiteur ne serait donc pas sacrifié, même dans le cas d'une exigence excessive de la part du créancier, et l'avantage de la publicité pour les tiers serait toujours incontestable.

On élève contre nos bases des objections d'une autre nature, et qui seraient alarmantes en effet si elles avaient la moindre réalité.

Art. 2129. — « *La spécialité des hypothèques* « *est incompatible*, dit-on, *avec le droit de* « *propriété.*

« *Quiconque s'est obligé personnellement est* « *tenu de remplir son engagement sur tous ses* « *biens mobiliers et immobiliers, présents et à* « *venir. Le crédit du citoyen se compose non-* « *seulement des biens qu'il a déjà, mais encore* « *de ceux qu'il pourra acquérir. De quel droit* « *proposons-nous de réduire l'action du créancier* « *et de la restreindre à certains biens? De quel* « *droit voulons-nous interdire à un citoyen le* « *crédit qu'il peut obtenir sur les biens qu'il* « *pourra acquérir dans la suite? C'est de notre* « *part une atteinte directe à la propriété.* »

Il serait bien extraordinaire que le gouvernement, qui montre tous les jours un respect si scrupuleux pour les droits de propriété, se fût abusé au point de vous proposer d'y porter quelque atteinte, à vous, législateurs, qui dans toutes les lois émanées de vous, avez établi cette même propriété sur des fondements inébranlables.

Rassurez-vous, cette objection n'a pas plus de réalité que les précédentes; elle ne porte que sur un jeu de mots.

Celui qui est obligé doit remplir ses engagements sur tous ses biens; rien de plus vrai : et cela signifie que tant qu'il lui reste quelque bien, il est soumis à l'action et aux poursuites de son créancier.

Mais l'obligation et l'hypothèque sont deux choses tout-à-fait différentes. Celui qui est obligé par un acte sous signature privée est tenu de remplir son engagement sur tous ses biens mobiliers, immobiliers, présents et à venir, et cependant aucun de ses biens n'est hypothéqué à son engagement.

L'hypothèque est pour le créancier une sûreté particulière sur un immeuble; mais l'obligation du débiteur est indépendante de cette sûreté; elle peut exister avec ou sans hypothèque. On ne porte donc aucune atteinte à la propriété quand on dit que l'hypothèque ne sera pas donnée par une clause générale, mais qu'elle sera spéciale sur un bien qu'on désignera : cela n'empêche pas le créancier de poursuivre le débiteur sur tous ses biens jusqu'à ce qu'il soit payé; cela n'empêche même pas le débiteur d'affecter à une créance tous ses immeubles par des affectations spéciales. On ne proscrit que la clause d'affectation générale sans désignation particulière, parce que cette clause ne présente aucune sûreté réelle, et qu'elle est le plus souvent un piége tendu à la bonne foi.

La défense d'hypothéquer en général les biens à venir est la conséquence de ce que je viens de dire.

Tout ce que peut désirer un citoyen c'est de pouvoir, quand ses facultés présentes sont trop faibles, donner à son créancier le droit de s'inscrire par la suite sur le premier ou le second immeuble qu'il acquerra : c'est une affectation spéciale qui se réalise par l'inscription lorsque l'immeuble est acquis.

Le projet contient cette disposition, et vous pouvez juger par-là que si le gouvernement a voulu pourvoir à ce que les créanciers ne fussent pas exposés aux suites de la mauvaise foi d'un débiteur, il a pourvu avec le même soin à ce que le débiteur ne fût pas la victime de circonstances malheureuses dans lesquelles il pourrait se trouver, et il lui conserve son crédit entier et sans la moindre altération.

J'ai fait de grands pas dans la carrière, et les objections qui me restent à résoudre méritent à peine d'être réfutées.

La publicité viole le secret des familles! Je conçois que si nous voulions rétablir les signes perpétuels et visibles sur les immeubles d'un débiteur, il pourrait en être alarmé; mais le dépôt des hypothèques n'est pas affiché ou exposé à tous les regards; il s'ouvre à ceux qui ont besoin et intérêt de le connaître; depuis cinq ans qu'il existe nous n'avons entendu aucune plainte contre les abus de cette institution. Nous n'avons pas appris que la seule curiosité en ait sollicité l'entrée; et si le débiteur pouvait être affligé de ce que ses engagements y reposent, cet inconvénient serait après tout, bien léger en comparaison des maux que nous a faits la clandestinité des hypothèques.

La publicité des hypothèques altère le crédit et nuit à la circulation!

Renfermons ce reproche dans ses justes limites. Il est possible que l'espèce de circulation qui porte la fortune de l'homme de bonne foi dans la main de l'homme astucieux et immoral soit diminuée par cette publicité ; et c'est un des grands avantages du projet : car la République ne gagne rien ; elle perd au contraire quand le fripon s'enrichit en trompant l'honnête homme.

Mais le crédit de tous les hommes qui ne sont pas dans la classe de ceux dont je viens de parler augmentera nécessairement : le crédit se compose de l'opinion qu'on se forme sur la moralité d'un homme et sur sa fortune, et l'on traite bien plus facilement avec celui qui laisse moins de doute sur l'un et sur l'autre.

Le résultat de la loi doit être nécessairement une diminution du crédit des hommes sans foi, et cette diminution tournera au profit de la loyauté.

Au reste, vous voyez, législateurs, qu'il ne s'agit ici nullement du crédit des commerçants. Ce n'est pas sur leurs immeubles qu'on leur prête, mais sur leur réputation d'intelligence et de probité : on ne demande pas d'hypothèque pour les fonds qu'on place dans le commerce ; on s'y détermine par d'autres combinaisons, par la perspective d'un intérêt plus fort, d'une rentrée plus prompte, [illegible] plus rigoureuses. Et quand il serait vrai, ce que je ne crois nullement, que quelque petite portion des fonds qu'on aurait destinés au commerce se trouvât arrêtée par le régime proposé, qui oserait prononcer que ces fonds, versés dans l'agriculture, ne seraient pas utilement employés pour la République?

Au moins, dit-on, *on ne peut pas désavouer que l'inscription des hypothèques légales est inutile ; car c'est la loi qui donne cette hypothèque : elle ne peut donc pas se perdre par un défaut de formalité.*

Vous ne verrez encore ici, législateurs, qu'un abus de l'art de raisonner.

Toutes les actions reposent sur la loi ; elles périssent toutes cependant lorsqu'on ne les exerce pas dans un temps utile, ou lorsqu'on ne les exerce pas dans les formes prescrites.

La loi donne le droit, on tient d'elle le pouvoir d'agir, mais d'autres lois en règlent le mode, et elles ne sont pas moins respectables, et ne doivent pas être moins respectées que la loi qui a donné le droit.

Une convention aussi est une loi pour les parties ; elle ne les oblige pas moins fortement que la loi publique : cependant l'hypothèque conventionnelle doit être suivie d'inscription pour produire son effet.

La loi qui donne l'hypothèque pourvoit à la sûreté d'une personne, et tient lieu d'une convention ; la loi qui attache l'effet de l'hypothèque à l'inscription, pourvoit à l'intérêt général.

Art. 2135. — Si nous avons proposé une exception pour l'hypothèque des femmes et des mineurs ou interdits, c'est par un motif d'une autre nature, et qui leur est particulier ; la perte de leur hypothèque, pour le défaut d'inscription, les punirait d'une faute qui leur est étrangère : il a donc fallu en rejeter toutes les suites sur les maris et les tuteurs, ou même sur les tiers qui ont traité avec eux, parce que les premiers ont à se reprocher de la prévarication, ou du moins de la négligence, et les derniers au moins de l'imprudence, pendant que les femmes et les pupilles sont bien évidemment exempts de tout reproche.

Dans une matière aussi importante, je ne dois laisser aucune objection sans réponse : il en est une tirée des oublis, *des erreurs* [illegible] *prévarications des* [illegible] *dans leurs registres ou dans leurs certificats, de toutes les inscriptions ; et, soit qu'il y ait de leur part prévarication ou simplement oubli, le créancier se trouvera déchu, sauf son recours contre ce fonctionnaire, qui peut-être ne sera pas solvable.*

Je réponds que cet inconvénient existe dans tous les systèmes et dans tous les établissements : un huissier peut oublier de signer un exploit, et entraîner, par cet oubli, la perte d'une action, perte qui sera souvent irréparable.

Un notaire peut faire une nullité dans un testament qui aurait assuré des millions au légataire, ou dans tout autre acte très-important.

Un avoué peut laisser écouler le délai d'opposition à un jugement par défaut, et opérer ainsi la ruine d'une famille entière.

Faut-il pour cela supprimer les huissiers, les notaires, les avoués? La loi ne suppose pas ces événements qui sont possibles, mais qui n'arrivent pas.

Le conservateur, l'huissier, l'avoué, le

notaire, ne s'exposent pas ainsi à perdre en un instant leur état, leur honneur, leur fortune, et les citoyens dorment heureusement en paix, sans se tourmenter de ces possibilités qui, ne se réalisant pas une fois en un siècle, ne doivent pas entrer dans les calculs du législateur. Nous avons établi des règles claires, précises et sévères pour assurer une tenue exacte des registres, et une grande fidélité dans les extraits qui en seront délivrés : c'est tout ce que nous pouvions faire.

Enfin il ne reste aux partisans de l'hypothèque occulte que l'autorité des Romains, *nos maîtres en législation.*

Je sais tout le respect que méritent les lois romaines; mais, sans me jeter ici dans les justes considérations qui pourraient affaiblir notre vénération, au moins pour quelques parties, je dirai que lorsqu'il s'agit d'opinions, je ne donne à l'autorité, quelle qu'elle soit, que l'avantage de commander un examen plus réfléchi et une méditation plus grande. Nous ne connaissons pas de respect servile; et ces profonds jurisconsultes, dont tant de fois nous avons admiré le savoir et la pénétration, s'indigneraient eux-mêmes d'un hommage qui ne serait rendu qu'à leur nom.

Ils ont été quelquefois nos guides; mais ce n'est pas à leur autorité que nous avons cédé; c'est à leur raison.

Vous vous êtes déjà plusieurs fois écartés de leurs décisions, et votre sagesse ne s'est pas moins manifestée dans ces occasions que dans celles où vous avez adopté le texte des lois romaines.

Sans parler des dispositions qui peuvent être convenables dans un temps, et qui cessent de l'être lorsque les circonstances ne sont plus les mêmes; il est des choses qui ne peuvent jamais être bonnes, et que ni le temps ni l'autorité ne peuvent justifier. Je n'hésite pas à mettre dans cette classe les hypothèques occultes, et je crois avoir suffisamment démontré leurs inconvénients.

Les principes de la loi une fois justifiés, les dispositions de détail, dont vous entendrez la lecture, ne sont pas susceptibles d'être contestées, parce qu'elles en sont les conséquences nécessaires.

Je ne m'arrêterai pas à vous retracer tout ce qui concerne, soit le mode d'inscription, le lieu où elle doit être faite, la manière d'en obtenir la radiation; soit la forme, la tenue et la publicité des registres; soit les devoirs des conservateurs et leur responsabilité. Si on a pu être divisé sur le fond, on ne l'a pas été sur ces détails. Leur nécessité se fait sentir à la simple lecture.

Je ne fixerai votre attention que sur un petit nombre d'articles qu'il convient de signaler pour vous faire connaître la loi dans toutes ses parties.

Les motifs qui ont fait maintenir l'hypothèque des femmes et des mineurs ou des interdits, malgré le défaut d'inscription, vous ont déjà été développés; nous avons été conduits à ce résultat par des considérations d'une justice exacte. Cependant nous n'avons pu nous dissimuler, d'un autre côté, que s'il avait été convenable de protéger la faiblesse des femmes et des mineurs, il était aussi du devoir rigoureux d'un législateur de garantir les autres citoyens de toute surprise; nous avons encore pensé qu'il ne fallait pas enchaîner les maris et les tuteurs au-delà d'une juste nécessité : c'est le seul moyen de ne pas leur rendre odieuses leurs obligations. De toutes les manières d'assurer l'exécution d'une loi, la plus efficace sans contredit est celle de ne pas en outrer les conséquences.

ART. 2140. — C'est dans cet esprit, et même en consultant l'intétêt bien entendu des femmes, que nous avons permis aux contractants majeurs de convenir en se mariant que les inscriptions pour la sûreté des conventions matrimoniales ne seraient prises que sur certains immeubles spécialement désignés, et que les autres immeubles appartenant au mari resteraient libres.

Cette disposition n'est pas nouvelle; elle remplace la disposition usitée, par laquelle on permettait, dans le contrat de mariage, à un mari d'aliéner librement une partie de ses immeubles.

Au moment où deux familles jurent entre elles une alliance qui doit être éternelle, elles ont sans contredit le droit d'en régler les articles suivant leur volonté et leur intérêt; c'est là une maxime déjà reconnue et sanctionnée par le corps législatif. Il est une foule d'occasions où l'usage de cette liberté est infiniment utile à la femme elle-même, par les moyens qu'elle fournit au mari de développer son industrie et son activité.

ART. 2141. — Nous avons pensé qu'il convenait aussi de permettre aux parents réunis pour la nomination d'un tuteur de ne faire prendre inscription que sur une partie de ses immeubles : l'interdiction absolue dont on le frappe en couvrant tous ses biens d'inscriptions, peut quelquefois lui porter les plus grands préjudices. Conservons le bien des pupilles, mais ne ruinons pas les tuteurs, s'il est possible. Il ne faut pas qu'une tutèle soit regardée comme un désastre ; elle est mal exercée quand elle est prise sous des augures aussi sinistres.

C'est à la famille assemblée sous les yeux et par l'autorité du magistrat à fixer la mesure des précautions qui peuvent être utiles, et à faire entrer pour quelque partie dans la balance la moralité, la bonne conduite, et l'intelligence du tuteur.

Art. 2143, 2144. — Lorsque le contrat de mariage ou l'acte de tutèle n'auront pas limité le nombre des inscriptions à prendre, faudra-t-il toujours, et sans aucune exception, que tous les biens des maris et des tuteurs demeurent grevés lors même qu'une partie pourrait suffire et au-delà, pour donner une ample sûreté ?

Un homme peut n'avoir qu'un immeuble quand il se marie ou quand il est nommé tuteur : toute sa fortune est engagée. Depuis ce moment il succède ou il acquiert, par son industrie ou autrement, plusieurs autres immeubles. Le laissera-t-on dans l'impossibilité de disposer de la moindre partie, quelque avantage qui dût résulter [illegible] qu'il ne pourrait faire sans aliéner ?

Nous ne le pensons pas, nous croyons au contraire que lorsque l'hypothèque sur tous les biens excède notoirement les sûretés nécessaires à la femme et au mineur, il est juste qu'il puisse s'opérer une réduction.

Mais cette faculté doit être environnée de précautions qui préviennent tous les abus. Ainsi un tuteur ne pourra former sa demande qu'après une autorisation précise de la famille; sa demande sera formée contre le subrogé tuteur, et elle sera jugée contradictoirement avec le commissaire du gouvernement.

Il en sera de même du mari ; il ne pourra obtenir la réduction qu'avec le consentement de la femme et l'avis de quatre de ses plus proches parents, fort intéressés sans contredit à veiller à la conservation d'un patrimoine dont ils pourront hériter un jour; et c'est encore avec le commissaire du gouvernement que la demande sera instruite et jugée.

Ces dispositions sont faites pour calmer toute inquiétude sur les intérêts des femmes et des mineurs ou interdits; elles leur assurent tout ce qui leur est dû sans accabler les maris et les tuteurs sous le poids d'une chaîne trop pesante.

Art. 2135. — La date de l'hypothèque accordée aux femmes a aussi attiré toute notre attention.

Sans doute elles doivent avoir hypothèque du jour du mariage pour leurs dot et conventions matrimoniales. Mais l'hypothèque pour le remploi des propres aliénés, ou pour l'indemnité des dettes contractées dans le cours du mariage, doit-elle aussi remonter à cette époque? On le jugeait ainsi dans le ressort du parlement de Paris : d'autres cours supérieures avaient adopté une jurisprudence contraire, et ne donnaient l'hypothèque que du jour de l'événement qui en était le principe.

Cette décision nous a paru préférable. La rétroactivité de l'hypothèque pourrait devenir une source intarissable de fraudes. Un mari serait donc le maître de dépouiller ses créanciers légitimes en s'obligeant envers des prête-noms, et en faisant paraître sa femme dans ses obligations frauduleuses pour lui donner une hypothèque du jour de son mariage : il conserverait ainsi, sous le nom de [illegible] Nous avons mis un terme à cet abus en fixant l'hypothèque aux époques des obligations.

Je passe à un autre objet.

Art. 2181. — Les inscriptions, comme vous l'avez déjà vu, conservent les hypothèques : il en résulte que l'héritage n'est transmis à un tiers qu'avec ses charges, dont le nouveau possesseur a pu facilement s'instruire; mais il est juste de lui donner un moyen de libérer sa propriété. Un immeuble ne peut fournir de sûreté au-delà de sa valeur réelle; ainsi, toutes les fois que cette valeur est donnée aux créanciers, l'immeuble doit rester libre.

Il faut pourvoir cependant à ce que les créanciers aient réellement l'intégrité de leur gage, et qu'ils ne soient pas les victimes d'actes clandestins et frauduleux entre le vendeur et l'acquéreur.

Art. 2183, 2184. — Le projet y a pourvu. L'acquéreur qui voudra libérer sa propriété fera transcrire en entier son titre par le conservateur de l'arrondissement ; il sera tenu, dans les délais fixés, de notifier par extrait seulement, aux créanciers, son contrat et le tableau des charges, en leur offrant de payer toutes les dettes jusqu'à concurrence du prix.

J'observe en passant qu'en imposant l'obligation de notifier au créancier ce qu'il lui importe de savoir, nous avons réglé le mode de notification de manière à supprimer tous les frais inutiles (1).

Art. 2185. — Les créanciers ont de leur côté le droit de surenchérir pendant un temps limité : c'est un moyen ouvert pour faire porter l'immeuble à sa juste valeur.

Art. 2186, 2187. — Si les créanciers provoquent la mise aux enchères, on procède suivant les formes usitées pour les expropriations ; mais s'ils n'usent pas de leur droit, il est à présumer qu'ils n'ont pas à se plaindre du prix du contrat, et la valeur de l'immeuble demeure irrévocablement fixée : le nouveau propriétaire est libéré de toute charge en payant ou en consignant.

Art. 2193. — Ce mode de dégager les propriétés est suffisant, sans doute, pour purger toutes hypothèques inscrites ; mais il peut en exister qui ne le soient pas, celles de la femme et de pupilles dont le vendeur aurait la tutèle ; il faut bien qu'il y ait aussi possibilité de purger ces hypothèques comme les autres. L'édit de 1771 en donnait le moyen : et le projet qui vous est soumis serait incomplet, s'il ne présentait pas à cet égard quelque disposition.

Un double intérêt a dû nous occuper, l'intérêt de l'acquéreur et celui des hypothécaires. On a pourvu à l'acquéreur par les formalités qui le conduisent à sa libération, et aux hypothécaires en donnant une telle publicité à la vente qu'il sera impossible de supposer l'existence d'une hypothèque sur le bien vendu, s'il n'a pas été pris en effet d'inscription dans le délai que la loi a fixé.

Art. 2194. — Les nouveaux acquéreurs qui voudront purger les propriétés des hypothèques qu'ils pourraient craindre à raison de mariage ou de tutèle, quoiqu'il n'en existât aucune trace dans les registres du conservateur, seront tenus de déposer copie dûment collationnée de leur contrat au greffe du tribunal civil du lieu de la situation des biens.

Ils notifieront ce dépôt à la femme, s'il s'agit d'immeubles appartenant au mari ; au subrogé tuteur, s'il s'agit d'immeubles du tuteur, et toujours au commissaire du gouvernement.

Indépendamment de ce dépôt, un extrait du contrat sera affiché pendant deux mois dans l'auditoire du tribunal ; pendant ce temps, tous ceux à qui il est enjoint ou permis de prendre les inscriptions seront reçus à les requérir. (Art. 2195.) S'il n'en a pas été pris dans ce délai, les immeubles passeront libres au nouveau propriétaire, parce qu'il sera constant qu'on n'a eu ni la volonté ni le droit d'en prendre.

Si au contraire il a été pris des inscriptions, chaque créancier sera employé à son rang dans l'ordre, et les inscriptions de ceux qui ne seraient pas employés en rang utile seront rayées.

C'est par ces moyens bien simples, mais très-efficaces, que nous avons su concilier les intérêts opposés de toutes les parties.

Art. 2180. — Il me reste, pour terminer tout ce qui concerne les hypothèques, à dire un mot de la manière dont elles s'éteignent.

Vous venez de voir par quelles formalités on peut parvenir à en débarrasser les propriétés : l'hypothèque s'éteint aussi par l'anéantissement de l'obligation principale dont elle n'est que l'accessoire.

Par le consentement ou la renonciation du créancier, toujours maître de renoncer aux droits qui lui sont acquis, et enfin par la prescription, qui met un terme à toutes les actions de quelque nature qu'elles puissent être.

Le désir d'exposer de suite tout ce qui concerne les hypothèques ne m'a pas permis jusqu'à cet instant de vous parler des priviléges ; ils forment cependant le premier chapitre du titre.

L'hypothèque est un droit qu'on tient d'une convention, d'un jugement ou de la loi.

Art. 2095. — Le privilége au contraire est un droit qui dérive de la qualité et de la nature de la créance : ne nous abusons pas sur l'acception du mot *privilége* employé dans ce titre. Cette expression emporte ordinairement avec

(1) La loi du 11 brumaire an VII a dû laisser aux créanciers qui avaient des hypothèques générales acquises suivant les lois antérieures, la faculté de les conserver, en s'inscrivant dans le délai fixé, sur tous les immeubles de leur débiteur. Ils ont usé de ce droit, et un grand nombre d'immeubles se trouvent aujourd'hui grevés d'hypothèques bien au-delà de leur valeur.

Il n'en sera plus de même dans la suite : au moyen de la spécialité des hypothèques, on ne prêtera sur un immeuble que jusqu'à concurrence de la sûreté qu'il pourra offrir ; les ordres seront plus simples et moins dispendieux.

elle l'idée d'une faveur personnelle; ici elle signifie un droit acquis fondé sur une justice rigoureuse, parce que la préférence donnée à celui qui l'exerce lui est due, soit parce qu'il a conservé ou amélioré la chose, soit parce qu'il en est encore en quelque manière le propriétaire, le paiement du prix, condition essentielle de la vente, ne lui ayant pas encore été fait, soit par d'autres motifs de la même force.

On peut avoir privilége sur les meubles ou sur les immeubles, et même sur les uns et les autres.

Art. 2101. — Les priviléges sur les meubles sont ou particuliers, c'est-à-dire, sur certains meubles, comme celui des propriétaires sur les effets qui garnissent une maison ou une ferme, celui du voiturier pour ses frais de transport sur la chose voiturée, etc.; ou généraux sur tous les meubles, comme les frais de justice, de dernière maladie, les salaires domestiques, fournitures de subsistances pendant un temps déterminé : ces créances sont sacrées en quelque manière, puisque c'est par elles que le débiteur a vécu, et c'est par ce motif qu'elles frappent également les meubles et les immeubles.

Art. 2102, 2103. — Quant au privilége sur les immeubles, il est acquis au vendeur pour son prix, ou à celui qui ayant fourni les deniers de l'acquisition se trouve subrogé au vendeur, aux architectes et ouvriers qui ont reconstruit et réparé les choses, ou à ceux qui ont prêté les deniers pour les payer; enfin à des cohéritiers sur les immeubles d'une succession pour la garantie de leurs partages, parce que ces cohéritiers sont pour ainsi dire vendeurs les uns à l'égard des autres.

Le projet règle les formalités nécessaires pour acquérir le privilége; il ne présente rien de nouveau ni sur ce point, ni sur le nombre, ni sur l'ordre des priviléges.

Mais faudra-t-il aussi une inscription pour la conservation du privilége sur les immeubles?

Art. 2106, 2107. — Nous avons distingué dans les créances privilégiées celles pour frais de justice, de dernière maladie, funéraires, gages de domestiques, et fournitures de subsistances, et nous n'avons pas cru qu'il fût ni convenable ni nécessaire de les soumettre à la formalité de l'inscription : ces créances en général ne sont pas considérables, et il n'est pas d'acquéreur qui ne sache ou ne doive savoir si le bien qu'il achète est grevé de cette espèce de charge.

A l'égard des autres créances privilégiées, elles doivent, sans contredit, être publiques par la voie de l'inscription; les tiers ne peuvent pas les supposer : le projet contient sur ce point des dispositions qui n'ont pas besoin d'être justifiées.

TITRE XIX.

De l'Expropriation forcée, et des Ordres entre les Créanciers.

Décrété le 28 ventôse an XII (19 mars 1804); — Promulgué le 8 germinal (29 mars 1804).

[ARTICLES 2204 à 2218.]

Exposé des Motifs par M. le Conseiller-d'État Treilhard.

Séance du 24 ventôse an XII (15 *mars* 1804).

Législateurs,

J'ai l'honneur de vous présenter le titre de l'*expropriation*, c'est-à-dire, la mesure la plus rigoureuse pour forcer un citoyen de remplir ses engagements.

Nous n'avons pas dû nous occuper des formes de la poursuite en expropriation, ni de la manière de procéder à l'ordre et à la distribution du prix : ces objets tombent dans le domaine des lois sur la procédure.

Les articles que nous présentons sont peu nombreux, et ils ont presque tous pour objet de prévenir des excès de rigueur de la part des créanciers aigris peut-être par la mauvaise conduite de leur débiteur, ou égarés par des conseils intéressés.

ART. 2205. — C'est dans cet esprit qu'on défend aux créanciers personnels d'un héritier de mettre en vente les biens indivis d'une succession : la loi leur a donné le droit de provoquer un partage ; c'est tout ce qu'elle a dû faire : il ne faut pas leur laisser la faculté de saisir même les portions des cohéritiers qui ne leur doivent rien.

ART. 2206. — Il est pareillement défendu d'attaquer les immeubles d'un mineur ou d'un interdit avant d'avoir discuté son mobilier. Ne serait-il pas injuste d'employer contre eux les dernières rigueurs, sans s'assurer auparavant qu'elles sont nécessaires.

ART. 2209. — Vous reconnaîtrez le même esprit de modération et de sagesse dans les articles qui ne permettent pas la vente d'immeubles non hypothéqués, lorsque l'insuffisance des biens hypothéqués n'est pas constante : (Art. 2210, 2211.) dans ceux qui défendent de provoquer cumulativement la vente des biens situés dans divers arrondissements, à moins qu'ils ne fassent partie d'une seule et même exploitation ; (Art. 2212.) dans ceux enfin qui ne veulent pas qu'on passe à l'expropriation lorsque le revenu net des immeubles pendant une année suffit pour désintéresser le créancier, et que le débiteur en offre la délégation.

A côté de ces dispositions bienfaisantes nous avons placé celles qui étaient nécessaires pour empêcher qu'on n'en abusât contre le créancier, qui mérite aussi toute la protection de la loi.

Je n'ajouterai pas qu'on ne peut agir en expropriation qu'en vertu d'un titre exécutoire, et après un commandement ; je me hâte de terminer. J'ai été long, je le sens ; mais la matière est vaste et très-importante.

Les titres que nous vous présentons forment le complément du code ; l'hypothèque et l'expropriation sont les vrais garants de l'exécution de toute espèce de contrat, de toute transaction, de toute obligation, de quelque nature qu'elle puisse être. C'est, qu'il me soit permis de le dire, la clef de la voûte qui couronne cet immense édifice.

Le gouvernement l'a élevée avec une constance que n'ont pu altérer ni les embarras d'une administration immense, ni les soins d'une guerre qui nous fut si injustement déclarée, ni les complots obscurs et atroces dont un ennemi donne le honteux exemple chez les peuples civilisés.

Le calme du chef de la nation n'a pas été un seul instant troublé, ni son travail interrompu, et rien n'a été négligé de tout ce qui pouvait en assurer le succès.

Des jurisconsultes d'un savoir profond et d'une haute sagesse en avaient posé les premiers fondements. Le tribunal de la nation, garant auprès d'elle de l'exécution de la loi, les tribunaux chargés de la pénible et éminente fonction de distribuer la justice en dernier ressort, ont transmis sur le projet le résultat de leurs savantes méditations.

Entouré de tant de lumières, dirigé par ce génie qui sait tout embrasser, le conseil d'état en a discuté toutes les parties, sans préjugés, sans préventions, avec calme et maturité.

Les communications officieuses avec le tribunat ont encore amené d'utiles et précieuses observations, et le fruit de tant de veilles et de méditations reçoit enfin de vous, par le caractère que vous lui imprimez, de nouveaux droits à la confiance, et de nouveaux titres au respect de tous les citoyens.

Le gouvernement le présente au peuple français et à notre siècle avec une noble assurance, et sans inquiétude sur le jugement des nations et de la postérité.

TITRE XX.

De la Prescription.

Décrété le 24 ventôse an XII (15 mars 1804); — Promulgué le 4 germinal (25 mars 1804).

[ARTICLES 2219 à 2281.]

EXPOSÉ DES MOTIFS par M. le Conseiller-d'État BIGOT DE PRÉAMENEU.

Séance du 17 ventôse an XII (8 *mars* 1804).

LÉGISLATEURS,

ART. 2219. — La prescription est un moyen d'acquérir ou de se libérer.

Par la prescription une chose est acquise lorsqu'on l'a possédée pendant le temps déterminé par la loi.

Les obligations s'éteignent par la prescription lorsque ceux envers qui elles ont été contractées ont négligé, pendant le temps que la loi a fixé, d'exercer leurs droits.

A la seule idée de prescription il semble que l'équité doive s'alarmer; il semble qu'elle doive repousser celui qui par le seul fait de la possession, et sans le consentement du propriétaire, prétend se mettre à sa place, ou qu'elle doive condamner celui qui, appelé à remplir son engagement d'une date plus ou moins reculée, ne présente aucune preuve de sa libération. Peut-on opposer la prescription et ne point paraître dans le premier cas un spoliateur, et dans le second, un débiteur de mauvaise foi qui s'enrichit de la perte du créancier?

Cependant, de toutes les institutions du droit civil, la prescription est la plus nécessaire à l'ordre social; et loin qu'on doive la regarder comme un écueil où la justice soit forcée d'échouer, il faut, avec les philosophes et avec les jurisconsultes, la maintenir comme une sauve-garde nécessaire du droit de propriété.

Des considérations sans nombre se réunissent pour légitimer la prescription.

La propriété ne consista d'abord que dans la possession, et le plus ancien des axiomes de droit est celui qui veut que dans le doute la préférence soit accordée au possesseur, *Melior est causa possidentis.*

Posséder est le but que se propose le propriétaire : posséder est un fait positif, extérieur et continu, qui indique la propriété. La possession est donc à la fois l'attribut principal et une preuve de la propriété.

Le temps, qui sans cesse et de plus en plus établit et justifie le droit du possesseur, ne respecte aucun des autres moyens que les hommes ont pu imaginer pour constater ce droit. Il n'est point de dépôt, il n'est point de vigilance qui mette les actes publics ou privés à l'abri des événements dans lesquels ils peuvent être perdus, détruits, altérés, falsifiés. La faux du temps tranche de mille manières tout ce qui est l'ouvrage des hommes.

Lorsque la loi protectrice de la propriété voit, d'une part, le possesseur qui paisiblement et publiquement a joui pendant un long temps de toutes les prérogatives qui sont attachées à ce droit, et que d'une autre part on invoque un titre de propriété resté sans aucun effet pendant le même temps, un doute s'élève à la fois et contre le possesseur qui ne produit pas de titre, et contre celui qui représente un titre dont on ne saurait présumer qu'il n'eût fait aucun usage, s'il n'y eût pas été dérogé, ou s'il n'eût pas consenti que le possesseur actuel lui succédât.

Comment la justice pourra-t-elle lever ce doute? le fait de la possession n'est pas moins positif que le titre; le titre sans la possession ne présente plus le même degré de certitude; la possession démentie par le titre perd une partie de sa force : ces deux genres de preuves rentrent dans la classe des présomptions. Mais la présomption favorable au possesseur s'accroît par le temps en raison de ce que la présomption qui naît du titre diminue. Cette considération fournit le seul moyen de décider que la raison et l'équité puissent avouer : ce moyen consiste à n'admettre la présomption qui résulte de la possession que quand elle a reçu du temps une force suffisante pour que la présomption qui naît du titre ne puisse plus la balancer.

Alors la loi elle-même peut présumer que celui qui a le titre a voulu perdre, remettre ou aliéner, ce qu'il a laissé prescrire.

C'est donc dans la fixation du temps nécessaire pour opérer la prescription, qu'il faut *avec tous les calculs*, et sous tous les rapports de l'équité, trouver les règles qui puissent le moins compromettre le droit réel de propriété. Ces règles doivent par ce motif être différentes, suivant la nature et l'objet des biens.

Si ensuite l'équité se trouve blessée, ce ne peut être que dans des cas particuliers. La justice générale est rendue, et dès-lors les intérêts privés qui peuvent être lésés doivent céder à la nécessité de maintenir l'ordre social.

Mais ce sacrifice exigé pour le bien public ne rend que plus coupable dans le for intérieur celui qui ayant usurpé, ou celui qui étant certain que son engagement n'a pas été rempli, abuse de la présomption légale. Le cri de sa conscience, qui lui rappellera sans cesse son obligation naturelle, est la seule ressource que la loi puisse laisser au propriétaire ou au créancier qui aura laissé courir contre lui la prescription.

S'il en était autrement, il n'y aurait aucun terme après lequel on pût se regarder comme propriétaire ou comme affranchi de ses obligations ; il ne resterait au législateur aucun moyen de prévenir ou de terminer les procès ; tout serait incertitude et confusion.

Ce qui prouve encore plus que les prescriptions sont un des fondements de l'ordre social, c'est qu'on les trouve établies dans la législation de tous les peuples policés.

Elles furent en usage chez les Romains dans les temps les plus reculés ; leurs lois n'en parlent que comme d'une garantie nécessaire à la paix publique : *Bono publico usucapio introducta est, ne scilicet quarumdam rerum diù et ferè semper incerta dominia essent, cùm sufficeret dominis ad inquirendas res suas statuti temporis spatium.* (Leg. 1, ff. *de Usurp. et Usuc.*) La prescription est mise, dans ces lois, au nombre des aliénations de la part de celui qui laisse prescrire, *Alienationis verbum etiam usucapionem continet. Vix est enim ut non videatur alienare qui patitur usucapi.* (Leg. 28, ff. *de Verb. signif.*) On y donne à la prescription la même force, la même irrévocabilité, qu'à l'autorité des jugements, qu'aux transactions. *Ut sunt judicio terminata, transactione compositâ, longioris temporis silentio finita.* (Leg. 230, ff. *de Verb. signif.*)

La nécessité des prescriptions, leur conformité avec les principes d'une sévère justice, seront encore plus sensibles par le développement des règles qui font la matière du présent titre du Code civil.

On y a d'abord établi celles qui sont relatives à la prescription en général.

On considère ensuite plus spécialement la nature et les effets de la possession.

On y énonce les causes qui empêchent la prescription, celles qui l'interrompent ou la suspendent.

On finit par déterminer le temps nécessaire pour prescrire.

Après avoir, dans les dispositions générales, indiqué la nature et l'objet de la prescription, on a réglé dans quels cas on peut renoncer à s'en prévaloir.

Art. 2220. — Lorsque le temps nécessaire pour prescrire s'est écoulé, on peut renoncer au droit ainsi acquis, pourvu que l'on ait la capacité d'aliéner ; il ne peut y avoir à cet égard aucun doute.

Mais cette faculté que chacun a de disposer de ses droits peut-elle être exercée relativement à la prescription, avant qu'elle ait eu son cours? Celui qui contracte un engagement peut-il stipuler que ni lui ni ses représentants n'opposeront cette exception?

Si cette convention était valable, la prescription ne serait plus pour maintenir la paix publique qu'un moyen illusoire : tous ceux au profit desquels seraient les engagements ne manqueraient pas d'exiger cette renonciation.

S'agit-il d'une obligation? la prescription est fondée sur la présomption d'une libération effective : non-seulement la loi intervient pour celui qui ayant succédé au débiteur peut présumer que ce dernier s'est acquitté ; mais encore elle vient au secours du débiteur lui-même qui s'étant effectivement acquitté n'a plus le titre de sa libération. Comment croire que celui qui renoncerait à la prescription eût entendu s'exposer lui ou ses représentants à payer plusieurs fois? Ce serait un engagement irréfléchi et désavoué par la raison.

S'agit-il de la prescription d'un fonds? S'il a été convenu entre deux voisins que l'un posséderait le fonds de l'autre sans pouvoir le prescrire, ce n'est point de la part de celui au profit duquel est la stipulation une renonciation à la prescription; c'est une reconnaissance qu'il ne possédera point à titre de propriétaire, et nul autre que celui qui possède à ce titre ne peut prescrire.

Observez encore que la prescription étant nécessaire pour maintenir l'ordre social, elle fait partie du droit public, auquel il n'est pas libre à chacun de déroger, *Jus publicum pactis privatorum mutari non potest.* Leg. ff. *de Pactis.*

Art. 2223. — La prescription n'est, dans le langage du barreau, qu'une fin de non-recevoir, c'est-à-dire, qu'elle n'a point d'effet si celui contre lequel on veut exercer le droit résultant d'une obligation ou contre lequel on revendique un fonds n'oppose pas cette exception.

Telle en effet doit être la marche de la justice: le temps seul n'opère pas la prescription; il faut qu'avec le temps concourent ou la longue inaction du créancier, ou une possession telle que la loi l'exige.

Cette inaction ou cette possession sont des circonstances qui ne peuvent être connues et vérifiées par les juges que quand elles sont alléguées par celui qui veut s'en prévaloir.

Art. 2224. — Mais aussi la prescription peut être opposée en tout état de cause, même devant le tribunal d'appel; le silence à cet égard pendant une partie du procès peut avoir été déterminé par l'opinion que les autres moyens étaient suffisants, et le droit acquis par la prescription n'en conserve pas moins toute sa force jusqu'à ce que l'autorité de la chose définitivement jugée par le tribunal d'appel ait irrévocablement fixé le sort des parties.

Cette règle doit néanmoins se concilier avec celle qui admet la renonciation même tacite à la prescription acquise, cette renonciation résultant de faits qui supposent l'abandon du droit. Ainsi, quoique le silence de celui qui avant le jugement définitif n'a pas fait valoir le moyen de prescription ne puisse seul lui être opposé, les juges auront à examiner si les circonstances ne sont point telles que l'on doive en induire la renonciation tacite au droit acquis.

Art. 2225. — Ce serait une erreur de croire que la prescription n'a d'effet qu'autant qu'elle est opposée par celui qui a prescrit, et que c'est au profit de ce dernier une faculté personnelle. La prescription établit ou la libération, ou la propriété; or les créanciers peuvent, ainsi qu'on l'a déclaré, au titre *des obligations*, exercer les droits et les actions de leurs débiteurs, à l'exception de ceux qui sont exclusivement attachés à la personne; la conséquence est que les créanciers, ou toute autre personne ayant intérêt à ce que la prescription soit acquise, peuvent l'opposer, quoique le débiteur ou le propriétaire y renonce.

Art. 2226. — La prescription est un moyen d'acquérir: on ne peut acquérir et conséquemment on ne peut prescrire que des choses qui sont dans le commerce, c'est-à-dire qui sont susceptibles d'être exclusivement possédées par des individus.

Mais a-t-on dû regarder comme n'étant point dans le commerce les biens et les droits appartenant à la nation, à des établissements publics, ou à des communes.

A l'égard des domaines nationaux, si dans l'ancien régime ils étaient imprescriptibles, c'était une conséquence de la règle suivant laquelle ils ne pouvaient en aucune manière être aliénés. On induisait de cette règle que le domaine ne pouvait être possédé en vertu d'un titre valable et sans mauvaise foi; que cette possession ne pouvait être imputée qu'à la négligence des officiers publics, et que cette négligence ne devait pas entraîner la perte des biens nécessaires à la défense et aux autres charges de l'état.

La règle de l'inaliénabilité a été abrogée pendant la session de l'assemblée constituante par des considérations de bien public qui ne sauraient être méconnues.

Les lois multipliées qui autorisent la vente des domaines anciens et nouveaux, les aliénations générales faites en exécution de ces lois, et l'irrévocabilité de ces aliénations prononcée dans les chartes constitutionnelles, ont dû faire consacrer dans le Code civil, comme une règle immuable, celle qui, en mettant ces domaines dans le commerce, les assujétit aux règles du droit commun sur la prescription.

Ces règles, étant applicables pour ou contre la nation, doivent à plus forte raison être observées à l'égard des établissements publics et des communautés.

Art. 2229. — Pour que la possession puisse établir la prescription, elle doit réunir tous les caractères qui indiquent la propriété; il faut qu'elle soit à titre de propriétaire; il faut qu'il ne puisse y avoir sur le fait même de cette possession aucune équivoque; il faut qu'elle soit publique, qu'elle soit paisible, qu'elle soit continue et non interrompue pendant le temps que la loi a fixé.

Art. 2228. — La possession en général est la détention d'une chose, ou la jouissance d'un droit que nous tenons ou que nous exerçons par nous-mêmes ou par un autre qui tient cette chose ou qui exerce ce droit en notre nom.

Art. 2230. — Cette possession par soi-même ou par autrui est un fait qui ne peut pas d'abord établir un droit, mais qui indique la qualité de propriétaire. Cette indication serait illusoire, si celui qui a la possession pouvait être évincé autrement que par la preuve qu'il possède au nom d'autrui, ou qu'un autre a la propriété.

Art. 2231. — Quand on a commencé à posséder pour autrui doit-on être toujours présumé posséder au même titre?

L'une des plus anciennes maximes de droit est que nul ne peut, ni par sa volonté, ni par le seul laps de temps, se changer à soi-même la cause de sa possession, *Illud à veteribus præceptum est, neminem sibi ipsum causam possessionis mutare posse.* (Leg. 3, §. 19, ff. *de Acquitt. possess.*) Ainsi le fermier, l'emprunteur, le dépositaire, seront toujours censés posséder au même titre. Le motif est que la détention ne peut être à-la-fois pour soi et pour autrui; celui qui tient pour autrui perpétue et renouvelle à chaque instant la possession de celui pour lequel il tient; et le temps pendant lequel on peut tenir pour autrui étant indéfini, on ne saurait fixer l'époque où celui pour lequel on tient serait dépossédé.

La règle suivant laquelle on est toujours présumé posséder au même titre doit être mise au nombre des principales garanties du droit de propriété.

Art. 2238, 2239. — Cette présomption ne doit céder qu'à des preuves positives.

Tel serait le cas où le titre de la possession de celui qui tient pour autrui se trouverait interverti.

Ce titre peut être interverti pour une cause provenant d'une tierce personne.

Il peut l'être par le possesseur à titre de propriétaire, s'il transmet cette espèce de possession à la personne qui ne tenait que précairement.

Enfin la personne même qui tient au nom d'autrui peut intervertir le titre de sa possession, soit à son profit par la contradiction qu'elle aurait opposée au droit du possesseur à titre de propriétaire, soit au profit d'un tiers auquel ce détenteur aurait transmis la chose par un titre translatif de propriété.

Art. 2237. — Le successeur à titre universel de la personne qui tenait la chose pour autrui n'a point un nouveau titre de possession. Il succède aux droits tels qu'ils se trouvent; il continue donc de posséder pour autrui, et conséquemment il ne peut pas prescrire.

Mais le successeur à titre universel et le successeur à titre singulier diffèrent en ce que celui-ci ne tient point son droit du titre primitif de son prédécesseur, mais du titre qui lui a été personnellement consenti. Ce dernier titre peut donc établir un genre de possession que la personne qui l'a transmis n'avait pas.

Cette règle n'a rien de contraire à celle suivant laquelle nul ne peut transmettre plus de droit qu'il n'en a. Le titre translatif de propriété donné par celui qui n'est pas propriétaire ne transmet pas le droit de propriété; mais la possession prise en conséquence de ce titre est un fait absolument différent de la détention au nom d'autrui; et dès-lors cette possession continuée pendant le temps réglé par la loi peut établir le droit résultant de la prescription.

Art. 2240, 2241. Il faut encore, lorsqu'on dit que nul ne peut prescrire contre son titre, distinguer la prescription comme moyen d'acquisition de celle qui est un moyen de libération. Celui qui acquiert en prescrivant ne peut se changer à lui-même la cause et le principe de sa possession, et c'est de lui que l'on dit proprement qu'il ne peut pas prescrire contre son titre.

Mais s'il s'agit de la libération par prescription, cette prescription devient la cause de l'extinction du titre, et alors on prescrit contre son titre en ce sens qu'on se libère quoiqu'il y ait un titre.

ART. 2232. — Les actes de pure *faculté*, ceux de simple tolérance, ne peuvent pas être considérés comme des actes de possession, puisque ni celui qui les fait n'entend agir comme propriétaire, ni celui qui les autorise n'entend se dessaisir.

ART. 2233. — Celui qui, pour acquérir la possession en a dépouillé par violence l'ancien possesseur, a-t-il pu se faire ainsi un titre pour prescrire?

La loi romaine excluait toute prescription jusqu'à ce que la personne ainsi dépouillée eût été rétablie en sa possession, et celui même qui avant cette restitution aurait acheté de bonne foi du spoliateur ne pouvait pas prescrire.

Cette décision ne pourrait se concilier avec le système général des prescriptions.

Sans doute celui qui est dépouillé par violence n'entend pas se dessaisir, et si lorsqu'il cesse d'éprouver cette violence il laisse l'usurpateur posséder paisiblement, ce dernier n'a encore qu'une possession de mauvaise foi; mais cette possession peut alors réunir toutes les conditions exigées pour opérer l'espèce de prescription contre laquelle l'exception de mauvaise foi ne peut pas être opposée.

D'ailleurs la règle exclusive de toute prescription serait injuste à l'égard de ceux qui, ne connaissant point l'usurpation avec violence, auraient eu depuis une possession que l'on ne pourrait attribuer à cette violence.

Ces motifs ont empêché de donner aux actes de violence sur lesquels la possession serait fondée d'autre effet que celui d'être un obstacle à la présomption tant que cette violence dure.

ART. 2242. — La possession de celui qui veut prescrire doit être continue et non interrompue.

Plusieurs causes interrompent ou suspendent le cours de la prescription.

Lorsqu'il s'agit d'acquérir une cause par prescription, l'interruption est naturelle ou civile.

ART. 2243. — Il y a interruption naturelle lorsque le fait même de la possession est interrompu.

Si, quand il s'agit d'un fonds, cette interruption ne s'est pas prolongée un certain temps, on présume que c'est une simple erreur de la part de celui qui s'en est emparé.

On présume aussi que celui qui était en possession s'en est ressaisi, ou a réclamé aussitôt qu'il a eu connaissance de l'occupation, et qu'il n'a aucunement entendu la souffrir.

On a considéré que si l'occupation momentanée d'un fonds suffisait pour priver des effets de la possession, ce serait une cause de désordre; que chaque possesseur serait à tout moment exposé à la nécessité d'avoir un procès pour justifier son droit de propriété.

Dans tous les jugements rendus à Rome en matière possessoire, et qui furent d'abord distingués sous le nom d'*interdits*, il fallait, pour se prévaloir des avantages de la possession nouvelle de toutes choses mobilières ou immobilières contre un précédent possesseur, que cette possession fût d'une année.

La règle de la possession annale a toujours été suivie en France à l'égard des immeubles : elle est la plus propre à maintenir l'ordre public. C'est pendant la révolution d'une année que les produits d'un fonds ont été recueillis; c'est pendant une pareille révolution qu'une possession publique et continue a pris un caractère qui empêche de la confondre avec une simple occupation.

Ainsi nul ne peut être dépouillé du titre de possesseur que par la possession d'une autre personne pendant un an, et par la même raison, la possession qui n'a point été d'un an n'a point l'effet d'interrompre la prescription.

ART. 2244. — L'interruption civile est celle que forment une citation en justice, un commandement, ou une saisie, signifiés à celui que l'on veut empêcher de prescrire.

Il ne peut y avoir de doute que dans le cas où la citation en justice serait nulle.

On distingue à cet égard la nullité qui résulterait de l'incompétence du juge et celle qui a pour cause un vice de forme.

ART. 2246. — Dans le premier cas, l'ancien usage de la France, contraire à la loi romaine, était qu'une action libellée interrompait la prescription lors même qu'elle était intentée devant un juge incompétent : cet usage plus conforme au maintien du droit de propriété a été conservé.

ART. 2247. — Mais lorsque les formalités exigées pour que le possesseur soit valablement assigné n'ont pas été remplies, il n'y a pas réellement de citation, et il ne peut résulter de l'exploit de signification aucun effet.

Au surplus, la citation n'interrompt pas la prescription d'une manière absolue, mais conditionnellement au cas où la demande est adjugée. Ainsi l'interruption est regardée comme non avenue, si le demandeur se désiste de son action, s'il laisse périmer l'instance, ou si la demande est rejetée.

Art. 2249. — Les effets de l'interruption de la prescription à l'égard des débiteurs solidaires ou de leurs héritiers, soit dans le cas où l'obligation est divisible, soit dans le cas où elle est indivisible, ne sont que la conséquence des principes déjà exposés au titre *des obligations en général.*

Art. 2250. — Quant à la caution, son obligation accessoire dure autant que l'obligation principale, et dès-lors la caution ne peut opposer la prescription qui aurait été interrompue contre le débiteur.

Art. 2251. — La possession qui a précédé l'interruption ne peut plus être, à l'avenir, d'aucune considération pour la prescription : c'est en cela que l'interruption de la prescription diffère de la suspension, qui empêche seulement la prescription de commencer à courir, ou qui en suspend le cours jusqu'à ce que la cause de cette suspension ait cessé.

La règle générale est que la prescription court contre toutes personnes, à moins qu'elles ne soient dans quelque exception établie par une loi.

Art. 2252. — Ces exceptions sont fondées sur la faveur due à certaines personnes, et en même-temps sur la nature des prescriptions.

Ainsi, lorsque la prescription est considérée comme un moyen d'acquérir, celui qui laisse prescrire est réputé consentir à l'aliénation : *alienare videtur qui patitur usucapi.* Or, les mineurs et les interdits sont déclarés par la loi incapables d'aliéner. La règle générale est d'ailleurs qu'ils sont restituables en ce qui leur porte préjudice; et par ce motif ils devraient l'être contre la négligence dont la prescription aurait été la suite. Le cours de la prescription doit donc être suspendu pendant le temps de la minorité et de l'interdiction.

La prescription est-elle considérée comme un moyen de libération, le mineur et l'interdit sont réputés ne pouvoir agir par eux-mêmes pour exercer les droits que l'on voudrait prescrire contre eux, et souvent ces droits peuvent être ignorés par leurs tuteurs. La prescription de libération doit donc aussi être à leur égard suspendue : *contra non valentem agere non currit prescriptio.*

Ces règles générales à l'égard des mineurs et des interdits ne souffrent d'exception que dans les cas déterminés par la loi.

Art. 2253. — Quant aux époux, il ne peut y avoir de prescription entre eux; il serait contraire à la nature de la société du mariage que les droits de chacun ne fussent pas l'un à l'égard de l'autre respectés et conservés. L'union intime qui fait leur bonheur est en même temps si nécessaire à l'harmonie de la société, que toute occasion de la troubler est écartée par la loi. Il ne peut y avoir de prescription quand il ne peut même pas y avoir d'action pour l'interrompre.

Art. 2255, 2256. — A l'égard des tiers, la loi prononce au profit des femmes, avec certaines modifications, la suspension de la prescription dans le cas où un fonds constitué suivant le régime dotal a été aliéné. Elle ne court point au profit de l'acquéreur pendant le mariage.

C'est une conséquence de la règle suivant laquelle dans ce régime le fonds dotal est inaliénable; cette incapacité d'aliéner deviendrait souvent illusoire si le fonds dotal pouvait être prescrit.

Art. 2256. — La prescription est encore suspendue contre les tiers pendant le mariage au profit de la femme, soit dans le cas où son action ne pourrait être exercée qu'après une option à faire sur l'acceptation ou la renonciation à la communauté, soit dans le cas où le mari ayant vendu le bien propre de la femme sans son consentement, est garant de la vente, et dans tous les cas où l'action de la femme réfléchirait contre le mari.

Si la femme exerçait contre un tiers une action pour laquelle ce tiers serait fondé à mettre en cause le mari comme garant, il en résulterait une contestation judiciaire entre le mari et la femme. Ainsi la femme est alors considérée comme ne pouvant agir même contre cette tierce personne, qu'il serait injuste de traduire en justice, si elle ne pouvait exercer son recours contre le mari; et la prescription de l'action contre la tierce personne se trouve par ce motif suspendue.

Art. 2257. — La prescription est par la nature même des choses suspendue jusqu'à l'événement de la condition, s'il s'agit d'une créance conditionnelle; jusqu'à l'éviction, s'il s'agit d'une action en garantie; jusqu'à l'échéance, s'il s'agit d'une créance à jour fixe.

Art. 2258. — L'effet du bénéfice d'inventaire est de conserver à l'héritier ses droits contre la succession. La succession ne peut donc pas prescrire contre lui.

La prescription doit courir contre une succession vacante lors même qu'elle n'est pas pourvue de curateur. Cette circonstance ne peut pas nuire aux tiers, qui ne pourraient même pas, sans interrompre la prescription, faire nommer un curateur à raison de cet intérêt.

Art. 2259. — Lorsque la loi donne à l'ouverture d'une succession ou d'une communauté de biens un délai pour faire inventaire et pour délibérer, il est indispensable que la prescription de tous biens et droits soit suspendue pendant le temps que la loi elle-même présume nécessaire pour les connaître.

Après avoir exposé les causes qui empêchent la prescription, celles qui l'interrompent, celles qui la suspendent, il reste à vous rendre compte des règles relatives au temps requis pour prescrire.

Art. 2260. — Et d'abord il faut examiner comment ce temps doit se calculer, de quel moment, de quel jour il commence, à quel jour il expire.

Le temps de la prescription ne peut pas se compter par heures; c'est un espace de temps trop court et qui ne saurait même être uniformément déterminé.

Suivant la loi romaine, lorsque la prescription était un moyen d'acquérir, l'expiration du temps n'était pas réglée de la même manière que quand c'était un moyen de se libérer.

Dans le premier cas, lorsqu'il s'agissait d'une prescription de dix ans entre présents et de vingt ans entre absents, pour laquelle la bonne foi était exigée; on regardait la loi comme venant au secours du possesseur, et il suffisait que le dernier jour du temps requis fût commencé pour que la prescription fût acquise.

Il en était autrement lorsqu'il s'agissait de la prescription de libération. Cette prescription était considérée comme une peine de la négligence, et, jusqu'à ce que le dernier jour du temps requis fût expiré, cette peine n'était pas encourue.

C'était une distinction plus subtile que fondée en raison. L'ancien propriétaire contre lequel on prescrit un fonds n'est pas moins favorable que le créancier contre lequel on prescrit la dette.

Il était plus simple et plus juste de décider que la prescription n'est, dans aucun cas, acquise que quand le dernier jour du terme est accompli.

Art. 2261. — On a également prévenu toute difficulté, en statuant que, dans les prescriptions qui s'accompliront par un certain nombre de jours, les jours complémentaires seront comptés, et que, dans celles qui s'accompliront par mois, celui de fructidor comprendra les jours complémentaires.

Le point le plus important était ensuite à régler celui de la durée du temps pour prescrire.

La prescription connue chez les anciens Romains sous le nom d'*usucapio*, s'acquérait d'abord par un an pour les meubles, et par deux ans pour les immeubles. On exigeait un titre légal, la tradition et la possession. Ce moyen d'acquérir ne s'appliquait qu'aux biens dont le plein domaine pouvait appartenir aux particuliers, et qu'ils distinguaient sous le nom de *res mancipi*. On ne mettait point de ce nombre les biens situés hors de l'Italie, sur lesquels le peuple Romain conservait des droits.

Les conquêtes hors de l'Italie s'étant étendues, et les propriétés des citoyens romains dans ces contrées s'étant multipliées, les jurisconsultes introduisirent par leurs réponses une jurisprudence suivant laquelle celui qui avait possédé pendant dix ans un bien situé hors de l'Italie, et en général un bien de la classe de ceux appelés *res nec mancipi*, pouvait opposer à la demande de revendication l'exception fondée sur le laps de temps, et nommée *præscriptio*, pour la distinguer du droit nommé *usucapio*.

Cette jurisprudence, confirmée par les empereurs, était encore très-imparfaite : l'intervalle d'une et de deux années n'était point suffisant pour veiller à la conservation de la majeure partie des propriétés. Les droits réservés au peuple romain sur les biens situés hors de l'Italie s'étaient abolis. Cette législation fut simplifiée par Justinien, qui supprima des distinctions et des formalités devenues inutiles. Un mode général de prescription fut établi; le terme en fut fixé pour les meubles à trois ans, et pour les immeubles, à dix ans entre présents, et vingt ans entre absents, avec titre et bonne foi.

On avait dans les temps antérieurs à cette dernière loi, senti la nécessité d'admettre un terme après lequel on pût établir en faveur du possesseur une présomption contre laquelle nulle exception pas même celle résultant de la mauvaise foi, pût être admise. Ce terme avait été fixé au nombre de trente années, et c'est de cette prescription que l'on peut dire : *humano generi profundâ quiete prospexit.*

Avant que cette prescription de trente ans fût introduite, les actions personnelles dérivant des obligations n'avaient point été considérées comme susceptibles de prescription, par le motif que celui qui s'est obligé ne peut point se prévaloir d'une possession, et que c'est démentir sa promesse ou celle de la personne qu'on représente.

Mais quand il fut reconnu que pour le maintien de la tranquillité publique il était indispensable d'écarter toute exception, les mêmes considérations s'élevèrent contre celui qui avait pendant trente ans négligé d'exercer ses droits. *Sicut in rem speciales, ità de universitate ac personales actiones ultra triginta annorum spatium non protendantur.* L. 3, Cod. *de Prœsc.*, 30 *et* 40 *ann.*

Cependant toute prescription, quelque importants que soient ces motifs, ne devant pas s'étendre au-delà de ce qui est exprimé dans la loi, il se trouvait encore des droits et des actions qui n'y étaient pas compris, ou ne l'étaient pas assez clairement. Une autre loi ordonna, dans les termes les plus généraux, que ce qui n'aurait pas été sujet à la prescription de trente ans le fût à celle de quarante ans, sans distinction des droits ou actions de l'église, du public et des particuliers. Cette règle ne souffrit d'exceptions que celles qui étaient spécifiées dans une loi.

On est surpris de trouver dans cette législation une règle suivant laquelle, lorsque celui qui s'était obligé personnellement possédait des immeubles hypothéqués à la dette, on regardait l'action hypothécaire dont la durée était de dix ans comme distincte de l'action personnelle qui durait trente ans; de manière qu'une dette hypothécaire n'était prescrite que par quarante ans. Il était contraire aux principes que l'obligation principale fût éteinte par trente ans, et que l'hypothèque conventionnelle, qui n'était qu'une obligation accessoire, ne le fût pas.

En France, le temps des longues prescriptions n'était uniforme ni en matière personnelle, ni en matière réelle.

Dans plusieurs provinces du pays de droit écrit et du pays coutumier on n'avait admis que la prescription de trente ans, soit entre présents, soit entre absents, tant contre les propriétaires que contre les créanciers; et dans la plupart de ces pays la prescription de dix ans entre présents, et de vingt ans entre absents, n'a lieu qu'à l'égard des hypothèques des créanciers.

Dans d'autres, la prescription est acquise par vingt ans en matière personnelle comme en matière réelle, et ces vingt ans sont exigés même entre présents.

Dans d'autres, ces vingt années sont aussi le temps fixé même entre présents, mais en matière réelle seulement.

Suivant plusieurs coutumes, l'action personnelle jointe à l'action hypothécaire ne se prescrivait que par quarante ans. Ailleurs il y avait eu à cet égard diversité de jurisprudence.

D'autres coutumes ne reconnaissaient pour les immeubles que la prescription de quarante ans.

Dans la majeure partie de la France on avait admis à la fois et la prescription générale de trente ans en matière personnelle et réelle, et la prescription de dix et vingt ans avec titre et bonne foi en matière réelle.

Il a fallu choisir entre ces divers modes de prescription.

La première distinction qui se présentait était celle entre les droits personnels et les droits réels.

Art. 2262. — Dans la prescription des actions personnelles on présume qu'elles sont acquittées, ou on considère la négligence du créancier, et on peut sans inconvénient lui accorder contre son débiteur le temps de la plus longue prescription, celui de trente ans.

Art. 2265. — Dans la prescription pour acquérir on n'a point seulement à considérer l'intérêt du propriétaire, il faut aussi avoir égard au possesseur, qui ne doit pas rester dans une éternelle incertitude. Son intérêt particulier se trouve lié avec l'intérêt général. Quel est celui qui bâtira, qui plantera, qui s'engagera dans les frais de défrichement ou de dessèchement, s'il doit s'écouler un trop long temps avant qu'il soit assuré de n'être pas évincé ?

Mais cette considération d'ordre public est nécessairement liée à une seconde distinction entre les possesseurs avec titre et bonne foi, et ceux qui n'ont à opposer que le fait même de leur possession.

Le possesseur avec titre et bonne foi se livre

avec confiance à tous les frais d'amélioration. Le temps après lequel il doit être dans une entière sécurité doit donc être beaucoup plus court.

Art. 2262. — Quant aux possesseurs qui n'ont pour eux que le fait même de leur possession, on n'a point la même raison pour traiter à leur égard les propriétaires avec plus de rigueur que ne le sont les créanciers à l'égard des débiteurs. L'importance attachée aux propriétés foncières pourrait même être un motif pour ne les laisser prescrire que par un temps plus long, comme on l'a fait dans quelques pays; mais d'autres motifs s'y opposent. Si le possesseur sans titre ne veut point s'exposer à des dépenses, il est déjà fort contraire à l'intérêt public que toute amélioration puisse être suspendue pendant trente ans; et après une aussi longue révolution, pendant laquelle le propriétaire doit se reprocher sa négligence, il convient de faire enfin cesser un état précaire qui nuit au bien public.

Art. 2265. — Pour que cette théorie, conforme à l'économie politique, le fût en même temps à la justice, il fallait encore admettre la distinction faite par les Romains entre les possesseurs avec titre et bonne foi, qui prescrivent contre un propriétaire présent, et les possesseurs, qui prescrivent contre un absent.

Dans le cas où le vrai propriétaire est présent, d'une part sa négligence est moins excusable, et d'une autre part sa présence donne au nouveau possesseur une plus grande sécurité. Le propriétaire qui n'est pas à portée de veiller mérite plus de faveur. C'est en balançant ces considérations que l'on a été conduit à fixer, dans le cas de la possession avec titre et bonne foi, le temps de la prescription à dix ans entre présents, et à vingt ans entre absents.

Ainsi la règle générale sera que toutes les actions, tant réelles que personnelles, se prescriront par trente ans, sans que celui qui se prévaudra de cette prescription soit obligé de rapporter un titre ou qu'on puisse lui opposer l'exception déduite de la mauvaise foi; et que celui qui aura acquis de bonne foi et par juste titre un immeuble, en prescrira la propriété par dix ans, si le véritable propriétaire habite dans le ressort du tribunal d'appel où l'immeuble est situé, et par vingt ans, s'il est domicilié hors du ressort.

A Rome la prescription courait entre présents lorsque celui qui prescrivait et celui contre lequel on prescrivait avaient leur domicile dans la même province, sans que l'on eût égard à la situation de l'héritage.

Le plus généralement, en France, on réputait présents ceux qui demeuraient dans le même bailliage royal ou dans la même sénéchaussée royale, et il n'y avait qu'une coutume où on eût égard à la distance dans laquelle l'héritage se trouvait du domicile des parties.

Un changement important a été fait à cet égard dans l'ancienne législation.

Le but que l'on se propose est de donner à celui qui possède une plus grande faveur en raison de la négligence du propriétaire; et cette faute est regardée comme plus grande s'il est présent. Mais ceux qui ne se sont attachés qu'à la présence du propriétaire et du possesseur dans le même lieu ou dans un lieu voisin, n'ont pas songé que les actes possessoires se font sur l'héritage même. C'est donc par la distance à laquelle le propriétaire se trouve de l'héritage qu'il est plus ou moins à portée de se maintenir en possession; il ne saurait le plus souvent retirer aucune instruction du voisinage du nouveau possesseur. Ces lois ont été faites dans des temps où l'usage le plus général était que chacun vécût auprès de ses propriétés.

Cette règle a dû changer avec nos mœurs, et le vœu de la loi sera rempli en ne regardant le véritable propriétaire comme présent que lorsqu'il habitera dans le ressort du tribunal d'appel où l'immeuble est situé.

C'est aussi à raison de la plus grande facilité des communications que l'on a cru qu'il suffisait pour être considéré comme présent que le domicile fût dans le ressort du tribunal d'appel.

La loi exige pour cette prescription de dix ou de vingt ans un juste titre et la bonne foi.

Art. 2267. — Nul ne peut croire de bonne foi qu'il possède comme propriétaire, s'il n'a pas un juste titre, c'est-à-dire s'il n'a pas un titre qui soit de sa nature translatif du droit de propriété, et qui soit d'ailleurs valable.

Il ne serait pas valable s'il était contraire aux lois; et lors même qu'il ne serait nul que par un vice de forme, il ne pourrait autoriser la prescription.

Art. 2269. — Il suffisait dans le droit romain qu'on eût acquis de bonne foi et par juste titre.

On n'était pas admis à opposer au possesseur qu'il eût depuis et pendant le cours de la prescription appris que la chose n'appartenait pas à celui dont il la tenait. Cette règle est consignée dans plusieurs textes du digeste et du Code.

Elle est fondée sur ce que la prescription de dix et vingt ans est, comme celle de trente ans, mise au nombre des longues prescriptions que la prospérité et la paix publiques rendent également nécessaires. Si le temps de la prescription de dix et vingt ans est moins long que le temps de la prescription trentenaire, on n'a eu et on n'a pu avoir en vue que le juste titre et la bonne foi au temps de l'acquisition. Ces deux conditions étant remplies, la loi assimile le possesseur de dix et vingt ans à celui qui prescrirait par trente ans. C'est le laps de temps sans réclamation de la part du propriétaire et la possession à titre de propriété qui sont également le fondement de ces prescriptions. Tels sont les seuls rapports communs à celui qui prescrit et à celui contre lequel on prescrit. Quant à la mauvaise foi qui peut survenir pendant la prescription, c'est un fait personnel à celui qui prescrit : sa conscience le condamne ; aucun motif ne peut dans le for intérieur couvrir son usurpation. Les lois religieuses ont dû employer toute leur force pour prévenir l'abus que l'on pourrait faire de la loi civile ; et c'est alors surtout que le concours des unes dans le for intérieur et de l'autre dans le for extérieur est essentiel. Mais aussi on ne peut pas douter que la nécessité des prescriptions ne l'emporte sur la crainte de l'abus ; et la loi civile deviendrait elle-même purement arbitraire et incohérente, si, après avoir posé des règles fondamentales, on les détruisait par des règles qui seraient en contradiction. Ce sont ces motifs qui ont empêché de conserver celle qu'on avait tirée des lois ecclésiastiques, et suivant laquelle la bonne foi était exigée pendant tout le cours des prescriptions de dix et vingt ans.

Il est un grand nombre de cas relatifs aux obligations et dans lesquels la loi a limité à dix années ou même à un moindre temps celui des prescriptions. Tels sont ceux où il s'agit de faire annuller ou rescinder des actes. Les motifs en ont été exposés en présentant les titres qui contiennent ces dispositions.

Art. 2270. — Il restait un cas qu'il convenait de ne pas omettre, c'est celui de la prescription en faveur des architectes ou des entrepreneurs, à raison de la garantie des gros ouvrages qu'ils ont faits ou dirigés. Le droit commun qui exige dix ans pour cette prescription a été maintenu.

Art. 2272. — Il est encore quelques prescriptions qui sont particulières au droit français, et dont l'usage a fait sentir la nécessité.

Il avait été statué par l'article 68 de l'ordonnance de Louis XII, en 1512, « Que les drapiers, apothicaires, boulangers, pâtissiers, « serruriers, chaussetiers, taverniers, couturiers, cordonniers, selliers, bouchers, « ou distribuant leurs marchandises en détail, « seraient tenus de demander leur paiement « dans six mois pour ce qui aurait été livré « dans les six mois précédents, lors même que « les livraisons auraient continué. »

Ce genre de prescription fut établi sur les présomptions de paiement qui résultent du besoin que les créanciers de cette classe ont d'être promptement payés, de l'habitude dans laquelle on est d'acquitter ces dettes sans un long retard, et même sans exiger de quittance, et enfin sur les exemples trop souvent répétés de débiteurs, et surtout de leurs héritiers contraints en pareil cas à payer plusieurs fois : *Sunt introductæ* (dit Dumoulin en parlant de ces prescriptions, Tract. *de Usuris, quest.* 22) *in favorem debitorum qui sine instrumento et testibus, ut fit, solverunt, et præcipuè hæredum eorum.*

Les rédacteurs de la coutume de Paris observèrent avec raison qu'en s'appuyant sur ces bases le délai de six mois n'était pas suffisant dans tous les cas, et ils firent la distinction suivante.

Ils ne donnèrent que six mois aux marchands, gens de métiers et autres vendeurs de marchandises et denrées en détail, comme boulangers, pâtissiers, couturiers, selliers, bouchers, bourreliers, passementiers, maréchaux, rôtisseurs, cuisiniers et autres semblables.

Ils donnèrent un an aux médecins, chirurgiens et apothicaires, ainsi qu'aux drapiers, merciers, épiciers, orfèvres, et autres marchands grossiers, maçons, charpentiers, couvreurs, barbiers, serviteurs, laboureurs et autres mercenaires.

Cette distinction a été confirmée sans presque aucune différence dans l'ordonnance rendue sur le commerce en 1673.

Mais il est à observer que cette ordonnance ayant particulièrement pour objet le commerce, ne porte point dans sa disposition finale une dérogation formelle aux coutumes contraires, de manière que dans la plupart de celles où il y avait pour ces divers objets des prescriptions plus ou moins longues, on a continué de s'y conformer.

Une autre observation sur ces dispositions de la coutume de Paris et de l'ordonnance de 1673 est qu'il serait difficile de trouver des motifs satisfaisants pour ne pas mettre dans la même classe tous les marchands, à raison des marchandises qu'ils vendent à des particuliers non marchands. S'il est quelques marchands en détail pour lesquels le délai d'un an soit long, il faut songer qu'il s'agit d'une dérogation au droit commun, et qu'il vaut encore mieux éviter le reproche de distinctions arbitraires, et s'en tenir dans une matière aussi délicate, à une règle générale sur la nécessité de laquelle il ne puisse y avoir aucun doute.

Ces motifs ont déterminé à soumettre également à la prescription d'une année tous les marchands pour les marchandises qu'ils vendent aux particuliers non marchands.

Art. 2271. — On a seulement excepté les hôteliers et traiteurs à raison du logement et de la nourriture qu'ils fournissent, parce qu'il est notoire que ce sont des objets dont le paiement est rarement différé.

On a limité leur action à six mois, et par des considérations semblables on a fixé au même temps l'action des maîtres et instituteurs des sciences et arts pour les leçons qu'ils donnent au mois; celle des ouvriers et gens de travail pour le paiement de leurs journées, fournitures et salaires.

Art. 2272. — On a maintenu le droit commun suivant lequel la prescription d'un an court contre les médecins, chirurgiens et apothicaires, pour leurs visites, opérations et médicaments.

Les mêmes raisons se sont présentées à l'égard des maîtres de pension pour le prix de la pension, et des autres maîtres pour le prix de l'apprentissage.

On a aussi conservé à l'égard des domestiques l'usage le plus général, suivant lequel l'action pour le paiement de leur salaire est prescrite par un an, s'ils se sont loués à l'année. Les autres sont dans la classe des gens de travail dont l'action se prescrit par six mois.

Art. 2273. — Quant aux officiers ministériels, le temps pendant lequel l'action, soit à leur profit, soit contre eux, doit durer, dépend de la nature de leurs fonctions.

Il y avait sur la durée de l'action des procureurs contre leurs clients, pour le paiement de leurs frais et salaires, une grande variété de jurisprudence.

Un arrêt du parlement de Paris, du 28 mars 1692, avait réglé que les procureurs ne pourraient demander le paiement de leurs frais, salaires et vacations, deux ans après qu'ils auraient été révoqués, ou que les parties seraient décédées, quoiqu'ils eussent continué d'occuper pour les mêmes parties ou pour leurs héritiers en d'autres affaires.

Il portait encore que les procureurs ne pourraient, dans les affaires non jugées, demander leurs frais, salaires et vacations, pour les procédures faites au-delà des six années précédentes immédiatement, quoiqu'ils eussent toujours continué d'y occuper, à moins qu'ils ne les eussent fait arrêter ou reconnaître par leurs clients.

Le parlement de Normandie avait adopté ces dispositions dans un réglement du 15 décembre 1703, en limitant dans le second cas le temps à cinq années au lieu de six.

Dans d'autres pays, l'action des procureurs était d'une plus longue durée.

Il a paru que l'intérêt des parties et celui de leurs avoués seraient conciliés en maintenant la prescription de deux ans, à compter du temps soit du jugement, soit de la conciliation des parties, soit de la révocation des avoués, et la prescription de cinq ans à l'égard des affaires non terminées; l'événement de la mort du client n'a point paru un motif suffisant pour réduire à deux ans l'action de l'avoué à raison des affaires non finies.

Art. 2272. — Le temps de la prescription, à l'égard des huissiers, ne doit pas être aussi long.

Leur ministère n'est point employé pour des actes multipliés et qui se prolongent autant que ceux des avoués; il est d'usage de les payer plus promptement. Leur action sera prescrite par une année.

Les prescriptions de six mois, d'un, de deux et de cinq ans, dont on vient de parler, étant toutes principalement fondées sur la présomption de paiement, il en résulte plusieurs conséquences déjà reconnues par l'ordonnance de 1673.

Art. 2274. — La première est que la continuation des fournitures, livraisons, services ou travaux pouvant également avoir lieu, soit que le paiement ait été fait, soit qu'il ne l'ait pas été, n'altère point la présomption de paiement; ainsi la prescription ne doit cesser de courir que lorsqu'il y a eu compte arrêté, cédule ou obligation, ou citation en justice non périmée.

Art. 2275. — La seconde, que le serment peut être déféré à ceux qui opposeront ces prescriptions, sur le fait de savoir si la chose a été payée, ou à leurs représentants, pour qu'ils déclarent s'ils ne savent pas que la chose soit due.

Art. 2276. — La prescription établie contre les avoués et les huissiers étant fondée sur la présomption de leur paiement, cette présomption fait naître celle que les parties ont, après le jugement de leurs affaires, retiré leurs pièces.

Il fallait donc aussi fixer un délai après lequel ni les huissiers, ni les avoués, ni les juges eux-mêmes ne pourraient en être à cet égard inquiétés.

Il y avait encore sur ce point une grande variété de jurisprudence.

Quelques parlements rejetaient l'action en remise de pièces après trois ans depuis que les affaires étaient terminées; mais dans le plus grand nombre, les procureurs ne pouvaient plus être, à cet égard, recherchés après cinq ans pour les procès jugés, et après dix ans pour les procès indécis; et cette prescription était, en faveur de leurs héritiers, de cinq ans, soit que les procès fussent jugés, soit qu'ils ne le fussent pas.

Dans la loi proposée, on conserve la prescription de cinq ans après le jugement des procès.

Art. 2277. — Il est une autre prescription établie dans le droit français, concernant les arrérages de rentes. Elle n'est pas seulement fondée sur la présomption de paiement, mais plus encore sur une considération d'ordre public énoncée dans l'ordonnance faite par Louis XII en 1510; on a voulu empêcher que les débiteurs ne fussent réduits à la pauvreté par des arrérages accumulés : l'action pour demander ces arrérages au-delà de cinq années a été interdite.

Il ne fut question dans cette loi que des rentes constituées, qui étaient alors d'un grand usage. Une loi du 20 août 1792 étendit cette prescription aux arrérages des cens, redevances, et rentes foncières.

La ruine du débiteur serait encore plus rapide, si la prescription ne s'étendait pas aux arrérages de rentes viagères; et les auteurs, ni les tribunaux n'ont pas toujours été d'accord sur le point de savoir si ces arrérages étaient prescriptibles par un temps moindre de trente années.

La crainte de la ruine des débiteurs étant admise comme un motif d'abréger le temps ordinaire de la prescription, on ne doit excepter aucun des cas auxquels ce motif s'applique.

On a par ce motif étendu la prescription de cinq ans aux loyers des maisons, au prix de ferme des biens ruraux, et généralement à tout ce qui est payable par année, ou à des termes périodiques plus courts.

Art. 2278. — La faveur due aux mineurs et aux interdits ne saurait les garantir de ces prescriptions.

Si un mineur remplit quelqu'un des états pour lesquels l'action est limitée soit à six mois, soit à un an, soit à cinq ans, il est juste qu'il soit assujéti aux règles générales de la profession qu'il exerce; il ne pourrait même pas l'exercer, s'il n'obtenait le paiement de ce qui lui est dû à mesure qu'il le gagne : lorsqu'il a l'industrie pour gagner, il n'est pas moins qu'un majeur présumé avoir l'intelligence et l'activité pour se faire payer.

Quant aux arrérages et à tout ce qui est payable par année, déjà, suivant le droit commun, cette prescription courait contre les mineurs et interdits, à l'égard des arrérages de rentes constituées. On avait pensé, à cet égard, qu'ils avaient une garantie suffisante dans la responsabilité des tuteurs, dont la fonction spéciale est de recevoir les revenus, et qui seraient tenus de payer personnellement les arrérages qu'ils auraient laissé prescrire. Les mêmes considérations s'appliquent aux autres prestations annuelles.

Art. 2279. — Le droit romain accordait, sous le nom de *interdictum ut rubi*, une action possessoire à ceux qui étaient troublés dans la possession d'une chose mobilière; mais dans le droit français on n'a point admis à l'égard des meubles une action possessoire distincte de celle sur la propriété; on y a même regardé le seul fait de la possession comme un titre : on n'en a pas ordinairement d'autres pour les choses mobilières. Il est d'ailleurs le plus souvent impossible d'en constater l'identité, et de les suivre dans leur circulation de main en main. Il faut éviter des procédures qui seraient sans nombre, et qui le plus souvent excéderaient la valeur des objets de la contestation. Ces motifs ont dû faire maintenir la règle générale suivant laquelle, en fait de meubles, la possession vaut titre.

Cependant ce titre n'est pas tel qu'en cas de vol ou de perte d'une chose mobilière, celui auquel on l'aurait volée ou qui l'aurait perdue n'ait aucune action contre celui qui la possède.

La durée de cette action a été fixée à trois ans : c'est le même temps qui avait été réglé à Rome par Justinien ; c'est celui qui était le plus généralement exigé en France.

Art. 2280. — Si le droit de l'ancien propriétaire est reconnu, la chose perdue ou volée doit lui être rendue; le possesseur a son recours contre celui duquel il la tient : mais si ce possesseur prouvait l'avoir achetée sur la foi publique, soit dans une foire ou dans un marché, soit dans une vente publique, soit d'un marchand vendant des choses pareilles, l'intérêt du commerce exige que celui qui possède à ce titre ne puisse être évincé sans indemnité : ainsi l'ancien propriétaire ne peut dans ces cas se faire rendre la chose volée ou perdue qu'en remboursant au possesseur le prix qu'elle lui a coûté.

S'il s'agissait d'une universalité de meubles, telle qu'elle échoit à un héritier, le titre universel se conserve par les actions qui lui sont propres.

Art. 2281. — Enfin il a été nécessaire de prévoir qu'au moment où ce titre du Code aurait la force de loi, des prescriptions de tout genre seront commencées.

C'est surtout en matière de propriété que l'on doit éviter tout effet rétroactif : le droit éventuel résultant d'une prescription commencée ne peut pas dépendre à la fois de deux lois, de la loi ancienne et du nouveau Code. Or il suffit qu'un droit éventuel soit attaché à la prescription commencée pour que ce droit doive dépendre de l'ancienne loi, et pour que le nouveau Code ne puisse pas régler ce qui lui est antérieur.

Ce principe général étant admis, il ne se présentera aucun cas difficile à résoudre.

Si la prescription qui serait acquise par le droit nouveau ne l'est pas par l'ancienne loi, soit à raison du temps, soit à raison de la bonne foi, il faudra se conformer à l'ancienne, comme si la nouvelle n'existait pas.

Une seule exception a été jugée nécessaire pour qu'il y eût un terme après lequel il fût certain que la loi nouvelle recevra par-tout son exécution. Le temps le plus long qu'elle exige pour les prescriptions est celui de trente années. S'il ne s'agissait ici que des prescriptions qui dans certains pays exigent quarante ans ou un temps plus long, il n'y eût point eu lieu au reproche d'effet rétroactif, en statuant que les trente années prescrites par la loi nouvelle étant ajoutées au temps qui se serait déjà écoulé avant cette loi, suffirait pour accomplir la prescription. Le droit des propriétaires du pays, contre lesquels la prescription qui ne devait s'accomplir que par quarante ans est déjà commencée, n'est pas plus favorable que le droit des propriétaires de ce même pays contre lesquels il n'y a pas de prescription commencée, mais contre lesquels la plus longue prescription va, en vertu de la loi nouvelle, s'accomplir par trente ans.

Ces motifs ont déterminé la disposition finale de ce titre, qui porte que les prescriptions commencées à l'époque de la publication du présent titre s'accompliront conformément aux anciennes lois, et que néanmoins les prescriptions commencées et pour lesquelles il faudrait encore, suivant les lois anciennes, plus de trente ans, à compter de la même époque, seront accomplies par ce laps de trente ans.

Quoique ce dernier article du titre *des prescriptions* ne soit que pour le passage d'un régime à l'autre ; il était néanmoins nécessaire de l'insérer dans le Code, à cause de la longue durée de temps pendant lequel il recevra son exécution.

EXPOSÉ DES MOTIFS DE LA LOI relative à la Réunion des Lois civiles en un seul corps, sous le titre de *Code civil des Français*, par M. le Conseiller-d'État PORTALIS.

Séance du 28 ventôse an XII (19 mars 1804).

LÉGISLATEURS,

Le 30 pluviôse an XI, le titre préliminaire du Code civil fut présenté à votre sanction. Une année s'est à peine écoulée, et nous vous apportons le projet de loi qui termine ce grand ouvrage.

Dans ce projet on s'est proposé de classer les différentes matières dont la législation civile se compose et de *les réunir en un seul corps de lois, sous le titre de* CODE CIVIL DES FRANÇAIS.

Chaque partie de ce Code vous a été successivement soumise. Chaque projet est devenu loi dès qu'il a été consacré par vos suffrages. Dans la présentation des divers projets, on a été forcé de se conformer à l'ordre du travail. Dans leur réunion actuelle, on rétablit l'ordre des matières et des choses. On indique la place naturelle de toutes les lois destinées à former un même tout, quelle qu'ait été l'époque de leur promulgation. Il n'y aura qu'une seule série de numéros pour tous les articles du Code; on a pensé que cette mesure ne devait point être négligée. Elle rend plus apparent le caractère réel d'unité qui convient à l'ouvrage; elle ménage le temps et elle abrège la peine de ceux qui étudient et qui appliquent les lois.

Nous réparons une omission importante. On avait oublié de régler le sort des rentes foncières. Ces rentes seront-elles rachetables, ou ne le seront-elles pas? La question avait été vivement controversée dans ces derniers temps; il était nécessaire de la décider.

On appelle *rentes foncières* celles qui sont établies dans l'instant même de la tradition du fonds.

Il ne faut pas se dissimuler que ces sortes de rentes ont dans l'origine favorisé parmi nous l'utile division des patrimoines. Des hommes qui n'avaient que leurs bras ont pu, sans argent et sans fortune, devenir propriétaires, en consentant à être laborieux. D'autre part, des guerriers, des conquérants, qui avaient acquis par les armes de vastes portions de terrain, ont été invités à les distribuer à des cultivateurs, par la facilité de stipuler une rente non rachetable, qui les associait aux profits de la culture sans leur en faire partager les soins ou les embarras, et qui garantissait à jamais leur fortune et celle de leur postérité.

L'histoire des rentes foncières remonte, chez les divers peuples de l'Europe, jusqu'au premier établissement de la propriété. S'agit-il d'un pays où il y a de grands défrichements à faire et de vastes marais à dessécher? on doit y autoriser les rentes foncières non rachetables. Elles y seront un grand moyen de favoriser l'industrie par l'espérance de la propriété, et d'améliorer un sol inculte, ingrat, par l'industrie.

Mais les rentes foncières non rachetables ne sauraient présenter les mêmes avantages dans les contrées où l'agriculture peut prospérer par les secours ordinaires du commerce, et où le commerce s'étend et s'agrandit journellement par les progrès de l'agriculture. Dans ces contrées on ne peut supporter des charges ou des servitudes éternelles. L'imagination inquiète, accablée par la perspective de cette éternité, regarde une servitude ou une charge qui ne doit pas finir comme un mal qui ne peut être compensé par aucun bien. Un premier acquéreur ne voit dans l'établissement de la rente à laquelle il se soumet que ce qui la lui rend profitable. Ses successeurs ne sont plus sensibles qu'à ce qui peut la leur rendre odieuse.

On sait d'ailleurs combien il fallait de formes et de précautions contre le débiteur d'une rente perpétuelle pour assurer au créancier une garantie suffisante qui pût avoir la même durée que son droit.

Nous eussions cru choquer l'esprit général

de la nation sans aucun retour d'utilité, en rétablissant les rentes non rachetables.

Art. 7. — La disposition la plus essentielle du projet qui vous est soumis est celle par laquelle on déclare qu'*à compter du jour où les nouvelles lois civiles que vous avez sanctionnées sont exécutoires, les lois romaines, les ordonnances, les coutumes générales ou locales, les statuts, les réglements, cessent d'avoir force de loi générale ou particulière dans les matières qui sont l'objet desdites lois composant le présent Code.*

Cette disposition nous rappelle ce que nous étions, et nous fait apprécier ce que nous sommes.

Quel spectacle s'offrait à nos yeux! on ne voyait devant soi qu'un amas confus et informe de lois étrangères et françaises, de coutumes générales et particulières, d'ordonnances abrogées et non abrogées, de maximes écrites et non écrites, de réglements contradictoires et de décisions opposées; on ne rencontrait partout qu'un dédale mystérieux, dont le fil nous échappait à chaque instant; on était toujours prêt à s'égarer dans un immense chaos.

Ce désordre s'explique par l'histoire.

Les nations ont un droit public avant que d'avoir des lois civiles.

Chez les peuples naissants les hommes vivent plutôt entre eux comme des confédérés que comme des concitoyens; ils n'ont besoin que de quelques maximes générales pour régler leur association; la puissance qui s'élève au milieu d'eux n'est occupée qu'à organiser ses moyens de sûreté et de défense. Dans tout ce qui concerne les affaires ordinaires de la vie, on est régi par les usages, par les habitudes, plutôt que par des lois.

Ce serait un prodige que des hommes, tour-à-tour conquérants et conquis, placés dans des lieux différents, sous des climats divers, à des distances plus ou moins éloignées, et souvent sans autres communications entre eux que celles qui naissent du pillage et des hostilités, eussent les mêmes habitudes et les mêmes usages: de là cette diversité de coutumes qui régissaient souvent les différentes provinces du même empire, et même les différentes villes de la même province.

L'Europe, inondée par les barbares, fut pendant des siècles ensevelie dans l'ignorance la plus profonde. On ne pouvait penser à faire des lois quand on n'était pas assez éclairé pour être législateur; de plus, les souverains étaient intéressés à ne pas choquer des peuples enivrés de la prétendue excellence de leurs coutumes. Pourquoi se seraient-ils permis des changements qui eussent pu produire des révolutions?

Charlemagne, fondateur d'un vaste empire, jeta, par ses réglements politiques, les fondements des grandes institutions qui ont tant contribué dans la suite à éclairer l'Europe; il constitua les premiers ordres de l'état: mais dans le gouvernement civil son génie eût vainement aspiré à la gloire de contrarier trop ouvertement les mœurs et les préjugés de son siècle.

Louis IX, dans ses établissements, se proposa d'embrasser l'universalité des matières civiles. Le temps ne comportant pas une si haute entreprise, les vues de ce prince demeurèrent aux termes d'un simple projet. Elles n'eurent quelque réalité que pour les vassaux de ses domaines.

Dans les temps moins reculés on crut avoir fait un grand pas vers le bien quand on eut l'idée et le courage, je ne dis pas de réformer les anciennes coutumes, mais d'ordonner qu'elles seraient rédigées par écrit. Cette époque est célèbre dans l'histoire de notre ancienne législation; car des coutumes écrites, quoique d'ailleurs plus ou moins barbares, plus ou moins sages dans leurs dispositions, firent disparaître les inconvénients attachés à des conditions incertaines et variables. Les affaires de la vie prirent un cours plus fixe et plus régulier; il y eut plus de sûreté dans l'ordre des successions, dans les propriétés privées et dans toutes les transactions sociales.

Par intervalles, dans des moments de crise et de trouble, on promulguait quelque acte solennel de législation destiné à rétablir l'ordre, à réformer quelque abus ou à prévenir quelque danger. C'est au milieu des troubles civils que les belles ordonnances du chancelier de l'Hôpital furent publiées; mais les lois isolées, que le choc des passions et des intérêts faisaient sortir du sein des orages politiques comme l'acier fait jaillir le feu du caillou, ne produisaient qu'une lumière vacillante, passagère, toujours prête à s'éteindre, et incapable de diriger longtemps une nation dans la route de la prospérité et du bonheur.

Insensiblement les connaissances s'accrurent, diverses causes hâtèrent les progrès de l'instruction.

Mais, dans une nation guerrière comme la nôtre, les premières classes de la société se vouaient au service militaire; elles avaient plutôt une discipline qu'une police; elles dédaignèrent long-temps l'étude de la jurisprudence et des lois : cette partie des connaissances humaines, qui n'est certainement pas la moins importante de toutes, était abandonnée à des hommes qui n'avaient ni le loisir ni la volonté de se livrer à des recherches qu'ils eussent regardées comme plus curieuses qu'utiles.

L'antiquité nous avait laissé des collections précieuses sur la science des lois; malheureusement ces collections n'étaient connues que dans les contrées régies par le droit écrit : et encore faut-il observer qu'elles n'y étaient connues que de ceux qui se destinaient à la judicature ou au barreau.

Les littérateurs ne cherchaient dans les anciens que les choses d'agrément; et les philosophes se bornaient à ce qui regarde les sciences spéculatives.

Il ne faut pas s'étonner de cette indifférence. Nous naissons dans des sociétés formées; nous y trouvons des lois et des usages, nous ne regardons point au-delà. Il faut que les événements donnent l'éveil à l'esprit; nous avons besoin d'être avertis pour prendre une direction nouvelle et porter notre attention sur des objets jusque-là inconnus ou négligés.

Ce sont nos découvertes dans les arts, nos premiers succès dans la navigation, et l'heureuse fermentation née de nos succès et de nos découvertes en tout genre, qui produisirent sous Louis XIV les réglements de Colbert sur les manufactures, l'ordonnance des eaux et forêts, l'ordonnance du commerce et celle de la marine.

Le bien naît du bien. Quand le législateur eut fixé sa sollicitude et ses regards sur quelques matières importantes, il sentit la nécessité, et il eut le desir de toucher à toutes. On fit quelques réformes dans l'ordre judiciaire, on corrigea la procédure civile, on établit un nouvel ordre dans la justice criminelle, on conçut le vaste projet de donner un Code uniforme à la France.

Les Lamoignon et les d'Aguesseau entreprirent de réaliser cette grande idée. Elle rencontrait des obstacles insurmontables dans l'opinion publique, qui n'y était pas suffisamment préparée, dans les rivalités de pouvoir, dans l'attachement des peuples à des coutumes dont ils regardaient la conservation comme un privilége, dans la résistance des cours souveraines qui craignaient toujours de voir diminuer leur influence, et dans la superstitieuse incrédulité des jurisconsultes sur l'utilité de tout changement qui contrarie ce qu'ils ont laborieusement appris ou pratiqué pendant toute leur vie.

Cependant les idées de réforme et d'uniformité avaient été jetées dans le monde. Les savants et les philosophes s'en emparèrent; ils portèrent dans les matières législatives le coup-d'œil d'une raison exercée par l'observation et par l'expérience. On compara les lois aux lois; on les étudia dans leurs rapports avec les droits de l'homme, et avec les besoins de la société. Le judicieux Domat et quelques auteurs contemporains commencèrent à se douter que la législation est une véritable science. J'appelle *science* une suite de vérités ou de règles liées les unes aux autres, déduites des premiers principes, réunies en corps de doctrine et de système sur quelqu'une des branches principales de nos connaissances.

Les jurisconsultes ne furent plus de simples compilateurs, les magistrats raisonnèrent. Le public éclairé prit part aux querelles des jurisconsultes; il examina les décisions du magistrat, et, s'il est permis de le dire, il osa juger *les justices*.

Dans les sciences, comme dans les lettres et dans les arts, tandis que les talents ordinaires luttent contre les difficultés et s'épuisent en vains efforts, il paraît subitement un homme de génie qui s'élance et va poser le modèle au-delà des bornes connues. C'est ce que fit, dans le dernier siècle, le célèbre auteur de l'*Esprit des lois*; il laissa loin derrière lui tous ceux qui avaient écrit sur la jurisprudence; il remonta à la source de toute législation; il approfondit les motifs de chaque loi particulière; il nous apprit à ne jamais séparer les détails de l'ensemble, à étudier les lois dans l'histoire, qui est comme la physique expérimentale de la science législative; il nous mit, pour ainsi dire, en relation avec les législateurs de tous les temps et de tous les mondes.

Telle était parmi nous la disposition des esprits; telles étaient nos lumières et nos ressources, lorsque tout à coup une grande révolution éclate.

On attaque tous les abus à la fois; on interroge toutes les institutions. A la simple voix d'un orateur les établissements en apparence les plus inébranlables s'écroulent; ils n'avaient plus de racines dans les mœurs. La puissance se trouve subitement conquise par l'opinion.

Il faut l'avouer, c'était ici une de ces époques décisives qui se rencontrent quelquefois dans la durée des états, et qui changent la position et la fortune des peuples, comme certaines crises changent le tempérament des individus.

A travers tous les plans qui furent présentés pour améliorer les choses et les hommes, l'idée d'une législation uniforme fut une de celles qui occupèrent d'abord plus particulièrement nos assemblées délibérantes.

Proposer une telle idée, c'était énoncer le vœu constant des magistrats les plus distingués et celui de la nation entière; c'était énoncer ce vœu dans un moment où l'on entrevoyait la possibilité de le réaliser.

Mais comment préparer un Code de lois civiles au milieu des troubles politiques qui agitaient la France?

La haine du passé, l'ardeur impatiente de jouir du présent, la crainte de l'avenir, portaient les esprits aux mesures les plus exagérées et les plus violentes. La timidité et la prudence, qui tendent à tout conserver, avaient été remplacées par le desir de tout détruire.

Des privilèges injustes et oppressifs qui n'étaient que le patrimoine de quelques hommes avaient pesé sur la tête de tous. Pour recouvrer les avantages de la liberté, on tomba pendant quelques instants dans les abus de la licence. Pour écarter des préférences odieuses et les empêcher de renaître, on chercha à niveler toutes les fortunes après avoir nivelé tous les rangs.

Des nations ennemies, rivales et jalouses, menaçaient notre sûreté; en conséquence nous voulions par nos lois nous isoler de toutes les nations.

La France avait été déchirée par des guerres religieuses qui avaient laissé dans un grand nombre de familles des souvenirs amers. On crut devoir porter la cognée au pied de l'arbre, et détruire toute religion pour prévenir le retour de la superstition et du fanatisme.

Les premières lois qui furent promulguées par nos assemblées passèrent à travers tous ces systêmes exagérés, et s'y teignirent fortement. On détruisit la faculté de tester, on relâcha le lien du mariage, on travailla à rompre toutes les anciennes habitudes. On croyait régénérer et refaire, pour ainsi dire, la société; on ne travaillait qu'à la dissoudre.

On revint ensuite à des idées plus modérées; on corrigea les premières lois, on demanda de nouveaux plans; on comprit qu'un Code civil devait être préparé avec sagesse, et non décrété avec fureur et précipitation.

Alors le consul Cambacérès publia un projet de Code qui est un chef-d'œuvre de méthode et de précision. Ce magistrat laissa aux circonstances et au temps le soin de ramener des vérités utiles qu'une discussion prématurée n'eût pu que compromettre. Ses premiers travaux préjugèrent dès-lors la sagacité et la sagesse avec lesquelles il devait un jour, sur ces grands objets, éclairer nos délibérations. Les événements publics qui se succédaient rapidement suspendirent tous les travaux relatifs à la confection du Code civil. Mais tous les bons esprits demeurèrent préoccupés de ce grand objet.

Au 18 *brumaire*, le premier soin du héros que la nation a choisi pour son chef fut, après avoir agrandi la France par des conquêtes brillantes, d'assurer le bonheur des Français par de bonnes lois.

Des commissions furent nommées pour continuer des travaux jusque-là toujours repris et abandonnés.

La guerre qui a si souvent l'effet de suspendre le cours des projets salutaires, n'arrêta point les opérations qui devaient amener le résultat de ces travaux. Les tribunaux furent consultés. Chaque magistrat, chaque jurisconsulte, acquitta le tribut de ses lumières: en quelques années nous avons acquis l'expérience de plusieurs siècles. L'homme extraordinaire qui est à la tête du Gouvernement sut mettre à profit le développement d'idées que la révolution avait opéré dans toutes les têtes, et l'énergie de caractère qu'elle avait communiquée à toutes les ames. Il réveilla l'attention de tous les hommes instruits; il jeta un souffle de vie sur des débris et des matériaux épars qui avaient été dispersés par les tempêtes révolutionnaires; il éteignit les haines et réunit les partis: sous ses auspices, la justice et la paix s'embrassèrent; et dans le calme de toutes les passions et de tous les intérêts on vit naître un projet complet de Code civil, c'est-à-dire le plus grand bien que les hommes puissent donner et recevoir.

Législateurs, le vœu de la nation, celui de toutes nos assemblées délibérantes est rempli. Les différentes parties du Code civil, discutées dans le Tribunat par des hommes dont les lumières nous ont été si profitables, ont déjà reçu votre sanction, et vous allez proclamer à la face de l'Europe le Code civil des Français.

Lors de la présentation de chaque loi on vous a exposé les raisons qui la motivaient, et ces raisons ont obtenu vos suffrages. Il nous suffit dans ce moment de jeter un coup-d'œil général sur l'ensemble des lois que vous avez sanctionnées. Ces lois ne sont point l'ouvrage d'une volonté particulière, elles ont été formées par le concours de toutes les volontés; elles paraissent, après la révolution, comme ces signes bienfaisants qui se développent dans le ciel pour nous annoncer la fin d'un grand orage.

Et en effet eût-il été possible de terminer l'important ouvrage du Code civil, si nos travaux et les vôtres eussent été traversés par des factions? Eût-on pu transiger avec les opinions, si déjà on n'avait réussi à concilier les intérêts et à rapprocher les cœurs? Oui, législateurs, la seule existence d'un Code civil et uniforme est un monument qui atteste et garantit le retour permanent de la paix intérieure de l'état. Que nos ennemis frémissent, qu'ils désespèrent de nous diviser, en voyant toutes les parties de la République ne plus former qu'un seul tout! en voyant plus de trente millions de Français, autrefois divisés par tant de préjugés et de coutumes différentes, consentir solennellement les mêmes sacrifices, et se lier par les mêmes lois! en voyant enfin une grande nation, composée de tant d'hommes divers, n'avoir plus qu'un sentiment, qu'une pensée, marcher et se conduire comme si toute entière elle n'était qu'un seul homme!

Quels seront les effets de cette unité de législation établie par le nouveau Code? Les esprits ordinaires peuvent ne voir dans cette unité qu'une perfection de symétrie; l'homme instruit, l'homme d'état, y découvre les plus solides fondemens de l'empire.

Des lois différentes n'engendrent que trouble et confusion parmi les peuples qui, vivant sous le même gouvernement et dans une communication continuelle, passent ou se marient les uns chez les autres, et, soumis à d'autres coutumes, ne savent jamais si leur patrimoine est bien à eux.

Nous ajoutons que les hommes qui dépendent de la même souveraineté, sans être régis par les mêmes lois, sont nécessairement étrangers les uns aux autres; ils sont soumis à la même puissance, sans être membres du même état, ils forment autant de nations diverses qu'il y a de coutumes différentes : ils ne peuvent nommer une patrie commune.

Aujourd'hui une législation uniforme fait disparaître toutes les absurdités et les dangers; l'ordre civil vient cimenter l'ordre politique. Nous ne serons plus Provençaux, Bretons, Alsaciens, mais Français. Les noms ont une plus grande influence que l'on ne croit sur les pensées et les actions des hommes.

L'uniformité n'est pas seulement établie dans les rapports qui doivent exister entre les différentes portions de l'état; elle est établie encore dans les rapports qui doivent exister entre les individus. Autrefois les distinctions humiliantes que le droit politique avait introduites entre les personnes s'étaient glissées jusque dans le droit civil. Il y avait une manière de succéder pour les nobles, et une autre manière de succéder pour ceux qui ne l'étaient pas; il existait des propriétés privilégiées que ceux-ci ne pouvaient posséder, au moins sans une dispense du souverain. Toutes ces traces de barbarie sont effacées; la loi est la mère commune des citoyens, elle accorde une égale protection à tous.

Un des grands bienfaits du nouveau Code est encore d'avoir fait cesser toutes les différences civiles entre les hommes qui professent des cultes différents. Les opinions religieuses sont libres. La loi ne doit point forcer les consciences; elle doit se diriger d'après ce grand principe, qu'il faut souffrir ce que Dieu souffre. Ainsi elle ne doit connaître que des citoyens, comme la nature ne connaît que des hommes.

On n'a pas cherché dans la nouvelle législation à introduire des nouveautés dangereuses. On a conservé des lois anciennes tout ce qui pouvait se concilier avec l'ordre présent des choses; on a pourvu à la publicité des mariages; on a posé de sages règles pour le gouvernement des familles; on a rétabli la magistrature des pères; on a rappelé toutes les formes qui pouvaient garantir la soumission des enfants, on a laissé une latitude convenable à la bienfaisance des testateurs; on a dévelopé tous les principes généraux des conventions et ceux qui dérivent de la nature particulière de chaque contrat; on a veillé sur le maintien des bonnes mœurs, sur la liberté raisonnable du commerce et sur tous les objets qui peuvent intéresser la société civile.

En assurant par de bonnes lois notre prospérité dans l'intérieur, nous aurons encore accru notre gloire et notre puissance au-dehors. L'histoire moderne ne présente aucun exemple pareil à celui que nous donnons au monde. Le courage de nos armées a étonné l'Europe par des victoires multipliées, et il s'apprête à nous venger de la perfidie d'un ennemi qui ne respecte point la foi des traités, et qui ne place sa confiance et sa force que dans le crime. C'est alors que la sagesse du Gouvernement, calme comme si elle n'était pas distraite par d'autres objets, jette les fondements de cette autre puissance qui captive peut-être plus sûrement le respect des nations: je veux parler de la puissance qui s'établit par les bonnes institutions et par les bonnes lois.

Nos ressources politiques et militaires peuvent n'inspirer que de la crainte aux étrangers; mais en nous voyant propager toutes les saines idées d'ordre, de morale et de bien public, ils trouvent dans nos principes et dans nos vertus de quoi se rassurer contre l'abus possible de nos ressources.

Législateurs, vous touchez au terme de vos glorieux travaux. Qu'il sera consolant pour vous, en retournant dans vos départements et dans vos familles, d'y être bénis par vos concitoyens, et d'y jouir personnellement, comme enfants, comme époux, comme pères, de toutes les sages institutions que vous aurez sanctionnées comme législateurs! Vous aurez travaillé à votre bien particulier en travaillant au bien commun; et à chaque instant de la vie, chacun de vous se trouvera heureux du bonheur de tous.

LOIS TRANSITOIRES.

Exposé des Motifs de la Loi relative aux Adoptions faites avant la publication du titre VIII du Code Napoléon, par M. le Conseiller-d'Etat Berlier.

Séance du 17 germinal an XI (7 avril 1803).

Législateurs,

La loi du 2 germinal a posé des règles pour les adoptions futures; mais beaucoup d'adoptions existaient avant cette époque, et appellent aujourd'hui une loi qui, en liant le passé avec le présent, détermine les effets des adoptions antérieures au Code civil.

Vous avez à remplir sur ce point les promesses de plusieurs des assemblées nationales qui vous ont précédés; car on ne peut contester aux adoptions dont nous venons vous entretenir aujourd'hui d'avoir été faites sous les auspices d'une législation incomplète, il est vrai, mais du moins positive dans son objet.

Le premier acte du pouvoir législatif, dans lequel on s'occupa de l'*Adoption*, fut un décret du 18 janvier 1792, qui ordonna de comprendre *dans le plan général des lois civiles, celles relatives à l'adoption.*

Plusieurs adoptions suivirent ce décret; mais elles se multiplièrent surtout quand on vit le législateur lui-même faire une application positive du principe décrété.

Le 25 janvier 1793, la convention nationale adopta, au nom de la patrie, la fille de Michel Lepelletier, et chargea son comité de législation *de lui présenter très-incessamment un rapport sur les lois de l'adoption.*

Peu de temps après, une constitution, qui n'eut à la vérité qu'une existence éphémère, parla de l'*adoption* non-seulement pour la permettre, mais pour la récompenser, puisque l'adoption d'un enfant était l'un des moyens d'acquérir les droits de citoyen français.

Quelque peu favorables que soient à cette constitution les souvenirs qui s'y rattachent, on ne saurait dénier tout effet aux actes qui furent faits sous son empire, et qui tenaient à l'état civil des personnes.

Au reste, cet état fut bien plus textuellement encore assuré par une loi du 16 frimaire an III, qui, sans en déterminer les effets, fit connaître qu'il devait en résulter des droits, puisqu'elle introduisit des actes propres à les conserver.

Jusqu'à ce qu'il ait été statué par la convention nationale, porte cette loi, *sur les effets des adoptions faites antérieurement à la promulgation du Code civil, les juges de paix devront, s'ils en sont requis par les parties intéressées, lever les scellés, pour la vente du mobilier être faite après inventaire, sur l'avis d'une assemblée de parents, sauf le dépôt jusqu'au réglement des droits des parties.*

Au surplus, dès les premiers temps où le nom de l'*adoption* fut prononcé, l'on avait vu la plupart des municipalités lui accorder une place dans les registres de l'état civil; et l'on trouve plus récemment un arrêté du gouvernement, en date du 19 floréal an VIII, qui atteste et confirme cet usage, par la mention qu'il fait de l'*adoption* au nombre des actes de l'état civil.

Après tant d'actes de la puissance publique, l'on ne saurait révoquer en doute que l'adoption n'ait été consacrée en principe long-temps avant la loi du 2 germinal, et que l'introduction de ce principe ne doive remonter au décret du 18 janvier 1792.

Ce point reconnu, comme la législation n'a pu tendre un piége aux citoyens, ni tromper la foi publique, elle doit aujourd'hui régler le sort des adoptions antérieures au Code civil.

C'est un malheur, sans doute, que l'autorité du législateur soit devenue nécessaire pour expliquer le passé, en régler les effets, et donner à cette partie de la législation un complément qui lui manquait; mais la situation extraordinaire qui motive cette mesure n'en est pas moins constante, ni le besoin d'y subvenir moins évident; car le sort de plusieurs milliers d'enfants adoptifs, et la tranquillité de plusieurs milliers de familles, dépendent des questions sur lesquelles vous allez prononcer.

Je vais vous développer les idées qui ont dicté le projet de loi.

Aujourd'hui que l'adoption est organisée pour l'avenir, la première pensée, la première recherche, devait se diriger vers le point de savoir si la loi nouvelle pouvait être déclarée commune aux adoptions anciennes.

Mais en sentant le besoin de rapprocher entre elles les adoptions organisées par le Code civil, et celles qui ont eu lieu antérieurement; en reconnaissant même la possibilité de les assimiler dans quelques parties, on en a aperçu d'autres qui n'admettaient pas d'application commune, et l'on a reconnu que le passé et l'avenir ne pouvaient, en cette matière, s'allier sans plusieurs modifications.

Ainsi d'abord, les formes et conditions prescrites par la loi nouvelle ne sauraient régir les adoptions préexistantes sans les annuller rétroactivement: et l'on sent combien cela serait injuste; car l'adoption annullée serait irréparable toutes les fois que l'adoptant serait décédé, ou qu'il aurait changé de volonté, ou que, persévérant dans cette volonté, il ne pourrait la réaliser à cause des conditions aujourd'hui exigées par la loi.

Ces considérations réclament impérieusement le maintien des anciennes adoptions en l'état où elles se trouvent.

Nulles *formes* spéciales n'étaient prescrites jusqu'au Code civil; les adoptions faites jusqu'à cette époque doivent donc être déclarées valables, pourvu qu'elles soient établies par un titre *authentique*.

Nulles *conditions* n'étaient imposées; ainsi, et sauf les règles générales qui frapperaient de nullité ceux de ces actes que l'on prouverait avoir été extorqués par la violence, ou être l'ouvrage d'un esprit aliéné, les adoptions consommées avant la promulgation du Code devront obtenir leur effet sans consulter la loi nouvelle, et sans examiner si l'adoptant était d'ailleurs capable de conférer le bénéfice de l'adoption, ou l'adopté capable de le recevoir; car l'un et l'autre étaient habiles, puisque la législation ne contenait alors aucune prohibition, et n'offrait au contraire qu'une autorisation indéfinie.

Tout système opposé au maintien *pur et simple* de ces anciennes adoptions serait d'ailleurs évidemment contraire au besoin des circonstances: car si, après le vague dans lequel on est resté durant onze années par rapport à l'adoption, on est enfin parvenu à régulariser cette belle institution, l'application des règles nouvelles aux actes anciens, loin d'être un retour à l'ordre, ne serait qu'un nouveau bouleversement.

Je viens d'établir, surabondamment peut-être, que les formes et conditions de la loi nouvelle ne pouvaient s'appliquer aux adoptions faites avant le Code civil.

Art. 2. — Il se présente entre les adoptions faites jusqu'à ce jour, et celles qui auront lieu à l'avenir, une autre différence qui exigeait une disposition particulière.

Dans le nouveau système, toute adoption sera irrévocable, même de la part de l'adopté, parce que le contrat ne se formera avec celui-ci que lorsqu'il sera devenu majeur.

Mais les anciennes adoptions ont, pour la plupart, été dirigées sur des mineurs, non à titre de *tutèle officieuse* (institution dont l'idée est tout-à-fait nouvelle, et dont le nom n'avait pas encore été prononcé), mais à titre d'*adoption* parfaite.

Dans cette situation, il a paru juste, non d'assimiler les anciennes adoptions à la tutèle officieuse (ce qui tendrait à dénaturer le contrat que l'on a voulu former), mais, en laissant subsister l'adoption, de réserver au mineur la faculté d'y renoncer.

Peu de mineurs sans doute en useront, mais le principe sera respecté; car le consentement est la base essentielle de tout contrat; et il est surtout nécessaire dans un acte aussi important que l'adoption : or ce consentement formel ou tacite est un acte de majeur.

Au reste, l'adoptant lui-même n'aura point à se plaindre de cette disposition, car elle était dans l'opinion commune et dans tous les projets du temps.

Cette heureuse combinaison qui fait de l'*adoption* un contrat entre majeurs, bien qu'elle tire son origine de services rendus à un mineur, n'existait point encore; elle n'avait pas même été aperçue, et l'on ne voyait dans l'adoption conférée à un mineur qu'un acte qui, parfait et irrévocable de la part de l'adoptant, restait néanmoins sujet à la ratification formelle ou tacite de l'adopté à l'époque de sa majorité.

En se reportant vers ce système, pour en accorder les effets avec les principes propres à la minorité, la faculté proposée, dans cette espèce, en faveur de l'adopté mineur, reste suffisamment justifiée.

De ce qui vient d'être dit, il résulte déjà que, soit par rapport aux formes et conditions de l'adoption, soit par rapport à sa révocabilité du chef de l'adopté mineur, les anciennes adoptions ne peuvent être assimilées à celle que régira la loi nouvelle.

Art. 3. — Mais cette assimilation pourra-t-elle au moins avoir lieu dans les effets?

Parvenus à ce point de la discussion, nous n'aurions plus qu'une disposition à vous proposer, s'il devait en être ainsi; ce serait de déclarer quant aux effets, la loi nouvelle commune aux adoptions anciennes : mais ce parti fort simple au premier coup-d'œil ne serait exempt ni de dangers ni d'injustice.

Voyons d'abord le cas où l'adoptant aurait, par un contrat, ou par une disposition quelconque, soit entre-vifs, soit à cause de mort, réglé ce qu'il voulait donner à l'adopté. Dans le silence de la loi sur les effets de l'adoption, il est évident que la volonté de l'homme a pu les régler, et que cette volonté dûment manifestée doit être aujourd'hui respectée et suivie.

Veut-on maintenant supposer soit une transaction avec les héritiers de l'adoptant, soit un jugement qui ait acquis toute la chose de la force de la chose jugée? L'on conçoit que ce serait tout subvertir, que de faire prévaloir les dispositions de la loi nouvelle contre des actes de cette nature.

Le projet qui vous est soumis se serait écarté des vues d'une saine justice et d'une bonne politique, s'il eût apporté la moindre dérogation aux effets réglés de l'une des manières qui viennent d'être indiquées; son premier devoir était de les maintenir.

Art. 4. — Mais il peut n'exister rien de semblable; et c'est alors que la loi doit prononcer, et que son intervention devient nécessaire.

Pour prendre un juste parti à cet égard et pour régler sagement les effets des anciennes adoptions, il faut surtout considérer la position la plus commune des adoptants, et interroger la volonté du plus grand nombre.

Dans cet examen on trouvera que l'adoptant qui n'a pas lui-même expliqué ni limité sa libéralité a voulu qu'elle eût le plus d'étendue possible, ou du moins n'a voulu la soumettre qu'aux limitations que la loi pourrait y apporter elle-même.

L'on peut donc et l'on doit même s'arrêter à cette présomption, comme au meilleur point de départ qu'on ait en cette matière.

Ainsi, et dans le cas où, avant la promulgation du Code, l'adoptant serait mort sans avoir laissé d'actes explicatifs de sa volonté, l'adopté sera irrévocablement investi de tous les droits de successibilité accordés par la loi nouvelle, parce que cette mesure s'accorde avec la volonté présumée de l'adoptant.

Cette présomption de droit ne cessera point si l'adoptant se trouve encore vivant; cependant, et dans ce cas, l'on a cru devoir l'admettre à en écarter l'application par une affirmation contraire, faite dans un bref délai.

Une considération majeure a dicté cette modification; car quelque juste que soit la présomption légale, et l'on ne saurait envisager sans effroi la situation fâcheuse dans laquelle se trouverait un homme dont la loi viendrait étendre les bienfaits au-delà de sa volonté.

Toutes les passions malheureuses que peut déchaîner un faux calcul ne viendraient-elles pas empoisonner sa vie, altérer toutes les douces affections sur lesquelles l'adoption doit reposer, et rendre l'adopté un objet de haine pour l'adoptant?

Art. 5. — Quelque petit que doivent être le nombre des adoptants qui useront de l'affirmation permise, cette modification évitera quelques malheurs, sans anéantir, lors même qu'elle aura lieu, tous les droits de l'adopté, qui conservera au moins le tiers de ceux qu'aurait un enfant légitime.

Il y a lieu d'espérer, au surplus, que des hommes qui ne se sont montrés que comme des bienfaiteurs ne deviendront point parjures; et quand la société aurait sur ce point quelques abus à craindre, elle avait à prévenir des inconvénients plus graves et plus nombreux encore.

J'ai déjà mis sous vos yeux, législateurs, les parties principales du projet de loi : il me reste cependant à expliquer une disposition qui y tient une place assez importante.

Vous avez entendu que, s'il y a un acte quelconque qui règle les droits de l'adopté, il faudra l'observer.

Cela est juste, sans doute, et l'on est fort heureux, quand la vérité apparaît, de la suivre sans restriction.

Art. 6. — Cependant les droits de l'enfant adoptif peuvent avoir été réglés à une quotité faible, et n'être plus en rapport avec l'affection de l'adoptant, accrue en raison des services et des consolations que l'adopté lui aura procurés.

Résultera-t-il de la présence d'un contrat antérieur à la promulgation du Code civil et de sa maintenue prononcée par la loi, que l'adoptant ne puisse rien ajouter à un tel contrat? Ce serait aller au-delà du but qu'on s'est proposé; car si, pour assurer la condition respective de l'adoptant et de l'adopté, l'on a voulu, avec raison, que le premier ne pût donner moins, ni le second exiger plus que ce qui pourrait avoir été réglé par conventions antérieures au Code civil, rien ne s'oppose à ce qu'il intervienne entre eux un nouveau contrat plus favorable à l'adopté, une nouvelle adoption accompagnée de tous ses effets, et pour l'accomplissement de laquelle il convient même de dispenser d'une partie des conditions imposées par la loi nouvelle; car dans cette espèce il ne s'agit point de créer, mais de resserrer des nœuds préexistants.

Art. 7. — Quelques règles tirées de la loi nouvelle terminent le projet qui vous est soumis.

Ainsi le droit accordé à l'adopté de porter le nom de l'adoptant, additionnellement à celui de sa propre famille;

L'obligation réciproque entre l'adoptant et l'adopté de se fournir des aliments dans le besoin;

Les prohibitions de mariage aux degrés exprimés dans la loi du 2 germinal;

Le droit accordé à l'adoptant de succéder aux choses par lui données à l'adopté, quand celui-ci meurt sans postérité :

Voilà plusieurs points qui, étant de l'essence du contrat, s'appliquent sans difficulté aux anciennes adoptions comme aux adoptions futures, et n'offrent d'ailleurs aucun embarras dans leur exécution.

Je viens, législateurs, de vous expliquer tout le plan de la loi transitoire qui vous est proposée.

Dans le passage d'un simple principe à des applications précises et à des résultats positifs, il fallait n'établir les présomptions de la loi qu'après avoir respecté la volonté de l'homme et épuisé tous les documents qu'elle pouvait offrir; il fallait même, en l'absence de ces documents, et lorsque la présomption s'élève à l'autorité de la loi, l'accompagner de modifications propres à éviter des froissements funestes.

Guidé par ces idées principales, le projet qui vous est soumis aura atteint son but, si, juste dans ses moyens, il termine sans crise des difficultés dont la solution, depuis long-temps attendue, va fixer enfin le sort de plusieurs milliers d'individus dignes de toute votre sollicitude.

Exposé des Motifs de la Loi relative aux Divorces prononcés ou demandés avant la publication du titre VI du Code civil, par M. le Conseiller-d'Etat Réal.

Séance du 18 germinal an XI (18 *avril* 1803).

Législateurs,

Avant la révolution, la législation française n'offrait aux époux à qui la vie commune était insupportable d'autre ressource que la *séparation de corps*.

Tous les bons esprits reconnaissaient dès-lors l'insuffisance et les abus de cette incomplète institution, mais la législation qui admettait comme dominante et unique une religion dont le dogme consacre l'absolue indissolubilité du mariage ne pouvait accorder davantage.

Un des premiers bienfaits de la révolution a été la liberté des cultes; et l'admission du divorce a été une des premières conséquences de cette liberté. Mais une législation trop facile ouvrit la porte à de nouveaux abus; et cette institution, demandée par la philosophie, ne fut que trop souvent, surtout à sa naissance, un instrument de l'immoralité et un moyen de dépravation.

Instruits par l'expérience plus que séculaire de la révolution; méprisant les clameurs et les exagérations opposées de tous les partis; pouvant, dans le silence de tous les préjugés, apprécier l'institution en elle-même, ce que la justice exige, ce que la morale conseille, ce que permettent les mœurs et les habitudes de cette grande nation, vous avez, dans votre séance du 30 ventôse dernier, admis le nouveau projet de loi sur le *divorce*; et désormais cette institution sagement restreinte et modifiée, environnée de formes sévères, n'aura plus qu'une salutaire influence, et ne se présentera plus que dégagée de tous ses abus.

Art. 1. — Il était bien évident qu'en proposant ainsi des restrictions, des modifications nouvelles, qu'en créant de nouvelles formes, le législateur ne disposait que pour l'avenir, et que son intention ne pouvait être d'appliquer au passé la nouvelle loi.

Et certes, pour peu que l'on eût suivi la marche du gouvernement et étudié le caractère de ces institutions, on devait avoir reconnu que, pour préparer le bonheur de la génération à venir, le gouvernement ne veut jamais sacrifier la génération présente. Il ignore l'art facile et dangereux de faire le bien avec violence; et ce n'est pas en s'environnant de ruines, ce n'est pas au milieu des décombres, qu'il veut élever un temple à la sécurité.

Il sait que le législateur qui veut assurer aux lois qu'il propose un respect religieux doit lui-même prêcher l'exemple, en maintenant, pour le passé, les effets des lois qu'il réforme pour l'avenir. Donner aux lois réformatrices un effet rétroactif, sous prétexte que les lois réformées consacraient de grands abus, ce serait proclamer que chaque individu ne doit exécuter la loi que quand il aura prononcé lui-même sur sa bonté, ce serait ébranler toutes les transactions, rendre toutes les propriétés incertaines, tous les droits douteux.

Quand tous les jurisconsultes et tous les publicistes ne proclameraient pas avec un admirable ensemble cette consolante vérité, ne suffirait-il pas de consulter les fastes de notre révolution pour la professer, et reconnaître que l'époque où l'effet rétroactif a été introduit dans notre législation civile et criminelle, est une époque de trouble et de désolation, où la fortune, la liberté, la vie de chacun de nous étaient à la merci du plus obscur dénonciateur?

C'est sans doute parce que dans ces temps de trouble dont nous sortons à peine, cette vérité, aujourd'hui si religieusement respectée, a été plus audacieusement foulée aux pieds, que vous retrouverez à la tête du Code civil, sous l'*article* 2, du *titre préliminaire*, la déclaration suivante, que son évidence devait, sans ce motif, dispenser de toute publication:

« La loi ne dispose que pour l'avenir; elle « n'a point d'effet rétroactif ».

Et peut-être que cette solennelle profession de foi, peut-être que cette règle de conduite, placée en tête du Code dont la loi sur le divorce fait partie, pouvait amener à regarder comme inutile la loi transitoire dont le projet vous est soumis. Mais le gouvernement a été instruit que des doutes s'élevaient; que plusieurs bons esprits, en respectant le principe de la *non-rétroactivité* lorsqu'il s'agissait des autres dispositions du Code, croyaient cependant que ce principe ne devait pas recevoir d'application lorsqu'il s'agissait de la loi du divorce, dont ils s'exagéraient les abus; que d'autres croyaient qu'appliquer la loi nouvelle aux instances introduites n'était pas *rétroagir*, parce qu'ils pensaient que le droit n'était pas acquis par la demande formée : enfin le gouvernement n'a pu se dissimuler que lorsqu'il s'agit d'une loi sur le divorce, *l'intérêt, les passions, les préjugés, les habitudes, des motifs encore d'un autre ordre, toujours respectables par la source même dont ils émanent, présentent, s'il est permis de le dire, à chaque pas des ennemis à combattre* (1); que ces mêmes ennemis peuvent reparaître et égarer l'homme faible lorsqu'il s'agirait d'appliquer la loi promulguée; et il a pensé qu'une loi transitoire et spéciale à la question du divorce pouvait seule faire taire tous les intérêts, dissiper toutes les incertitudes, calmer tous les scrupules et enlever tout refuge à la mauvaise foi.

Dans sa disposition générale, le projet de loi que nous vous présentons, appliquant le principe proclamé par l'article 2 du Code, prononce que le droit résultant de la loi ancienne est acquis à celui qui a usé de ce droit antérieurement à la publication de la loi nouvelle, et qu'il n'est acquis qu'à lui.

Et d'abord il est évident que ce droit, qui ne peut naître que par la demande d'un des époux, n'est, dans l'espèce, acquis qu'à celui qui, par une demande formée, a déclaré qu'il en voulait faire usage. Le silence des autres équivaut à une renonciation formelle; et ils sont soumis à l'empire de la nouvelle loi.

Ce droit est acquis à celui qui a formé la demande, comme tous les droits qui naissent de la disposition des lois, par l'effet de la loi elle-même, qui, en thèse générale, saisit du droit qu'elle donne l'individu qui ignore son existence, et l'en saisit malgré lui.

Dirait-on que, lorsqu'il s'agit de divorce, le droit n'est acquis que par le jugement qui le prononce, et qu'après que les formalités exigées par la loi ont été remplies? On énoncerait une grande erreur; car enfin ces formalités, ces délais exigés, ce jugement, sont pour le divorce ce que sont les délais, les formalités, le jugement pour les autres actions. Dans l'un et l'autre cas, le jugement ne donne pas le droit, il ne fait que déclarer son existence. Dans l'un et l'autre cas, les délais, les formalités qui précèdent le jugement, et le jugement lui-même, tiennent à la police judiciaire, et sont étrangers à la substance du droit qui dérive de la loi.

Et cette comparaison est toute à l'avantage de l'action en divorce, parce que le jugement à intervenir sur toutes les autres actions est toujours problématique, toujours indépendant de la volonté de celui qui a dirigé l'action, et très-souvent contraire à cette volonté, au lieu que dans l'action en divorce, au moins dans celle qui avait pour motif l'*incompatibilité*, la volonté du demandeur était la règle unique de l'acte qui terminait la procédure : les délais, les formalités, les assemblées de parents, n'étaient que des moyens tendant à conciliation; ils ne pouvaient rien contre la volonté continuellement manifestée, qui recevait à la fin son exécution : de telle manière que l'acte qui couronnait toute cette procédure n'était pas même un jugement prononcé par un tribunal, mais une déclaration admise par un officier de l'état civil.

Qui oserait nier que dans une pareille espèce, l'application de la loi nouvelle à la procédure introduite d'après le droit ancien, ne fut un effet rétroactif évident?

Et quel en serait le résultat? la réunion forcée de deux êtres dont l'un a déclaré solennellement une haine, une guerre éternelle à l'autre; qui n'a fait cette solennelle et irrévocable déclaration que sous la foi qu'elle serait admise; qu'elle ne pourrait en aucune manière être rejetée ou éludée. Certes, celui des deux époux qui, par l'effet rétroactif donné à la loi nouvelle, rentrerait sous le joug de l'époux qu'il aurait aussi grièvement offensé, ne pourrait-il pas avec raison reprocher au législateur de lui avoir tendu un piége affreux? Sans votre loi, pourrait-il dire, sans l'assurance que ma volonté une fois manifestée serait admise, je me serais bien gardé de former une demande en divorce, j'aurais supporté mes peines sans me plaindre, et je n'aurais pas ajouté à tous

(1) Discours du conseiller-d'état Treilhard. *Voy.* page 57 de ce volume.

les chagrins qui empoisonnaient ma vie, ce tort irréparable, irrémissible, résultant de la demande que j'ai formée.

Observez, législateurs, que si l'effet rétroactif pouvait ainsi anéantir l'effet des demandes introduites et qui ne sont pas jugées, il pourrait, par une conséquence nécessaire, anéantir l'effet de tous les jugements qui ne sont point passés en force de chose jugée; tous les jugements par défaut, si les délais pour former opposition ne sont point expirés; tous les jugements contradictoires, si l'on est encore dans les délais pour l'appel. Calculez tout ce que d'une part la vengeance et de l'autre la crainte pourraient alors enfanter de procès, de troubles, de désolation.

Ce n'est pas tout: et si la loi nouvelle devait seule régler les droits ouverts par les demandes formées avant sa publication, si elle devait régler seule les droits non consommés qui sont ouverts par les jugements rendus sous l'empire de la loi ancienne, deux inconvénients graves, deux injustices manifestes seraient encore la conséquence d'une pareille théorie.

La loi nouvelle et la loi ancienne placent l'adultère au nombre des causes déterminées de divorce: mais la loi nouvelle inflige une peine de détention dont ne parlait pas la loi ancienne. Si donc une demande en divorce fondée sur ce motif, introduite avant la publication de la loi nouvelle, était aujourd'hui pendante devant les tribunaux, et si l'on appliquait à la contestation la loi nouvelle, le jugement infligerait à un délit commis antérieurement à la loi la peine prononcée par cette loi, c'est-à-dire introduirait l'effet rétroactif dans l'application des peines.

La loi ancienne permettait aux époux divorcés de se réunir par les liens d'un nouveau mariage. Cette disposition était la source d'abus graves; mais cette disposition était peut-être nécessaire pour corriger d'autant la funeste facilité avec laquelle la loi permettait le divorce. La loi nouvelle qui a réformé tous les abus, la loi nouvelle qui a rejeté le motif d'*incompatibilité d'humeur*, et qui a environné le divorce de barrières que le caprice et la légèreté ne pourront plus franchir; cette loi qui ne veut pas qu'on se joue du divorce parce qu'elle ne veut pas qu'on se joue du mariage, a prononcé que les époux une fois divorcés ne pourraient plus se réunir.

Régler par la loi nouvelle les droits résultant des jugements qui, sous l'empire de l'ancienne loi, ont prononcé le divorce, serait consacrer une grande injustice.

On ne peut nier d'abord que l'on donnerait à la loi nouvelle un effet rétroactif évident; il faut reconnaître ensuite qu'on appliquerait à une loi trop facile des dispositions qui ne conviennent qu'à la loi devenue plus sévère: ce serait ne conserver de la loi ancienne que les abus, et la priver du seul moyen qui reste d'en diminuer le nombre.

A ces motifs tirés du droit et de la nature des choses, il faut en ajouter un autre non moins important, puisé dans les circonstances et les événements de la révolution. Le gouvernement n'a pu se dissimuler que, sous la foi d'une réunion permise par la loi, quelques époux, séparés par la tempête révolutionnaire, n'ont eu recours au divorce que pour arracher leur fortune à la dévastation; plusieurs d'entre eux se trouvent encore momentanément dans l'impossibilité de renouer des liens que la prudence seule avait brisés: la morale publique repousse l'idée d'éterniser une pareille séparation, et la loi conservera les noms et les droits d'époux à ceux que le gouvernement juge dignes de recouvrer enfin les titres et les droits de citoyens.

Exposé des Motifs de la Loi relative au mode de réglement de l'Etat et des Droits des enfants naturels dont les pères et mères sont morts depuis la loi du 12 brumaire an 2, jusqu'à la promulgation des titres du Code civil sur la Paternité et la Filiation, et sur les Successions, par M. le Conseiller-d'Etat Treilhard.

Séance du 9 floréal an XI (29 *avril* 1803).

Législateurs,

Le projet dont vous venez d'entendre la lecture ne présente que trois articles : le premier seul exige une explication.

Art. 1. — « L'état et les droits des enfants « naturels dont les pères et mères sont morts « depuis la promulgation de la loi du 12 bru- « maire an 2, jusqu'à la promulgation des « titres du Code civil sur la paternité et la « filiation, et sur les successions, seront réglés « de la manière prescrite par ces titres. »

La première question qui se présente est celle de savoir si les lois antérieures avaient déjà prononcé sur cet objet. S'il existe en effet sur ce point quelque disposition légale, nous n'avons plus à nous en occuper; si au contraire nous ne connaissons pas de règle qui ait fixé l'état et les droits des enfants naturels dont les pères et mères seraient morts depuis le 12 brumaire de l'an 2, on ne peut trop se hâter d'en faire une. Celle que nous proposons est sans contredit la plus juste, la plus naturelle, la seule même qu'on puisse raisonnablement présenter. Si, comme on ne saurait en douter, vous avez réglé avec sagesse les droits des enfants naturels sur les successions à venir, pourquoi feriez-vous un réglement contraire pour les droits encore indécis sur les successions ouvertes par le passé?

Nous n'avons donc ici qu'un fait à vérifier : existe-t-il ou non une disposition sur l'état et les droits des enfants naturels dont les pères et mères sont morts depuis la loi du 12 brumaire an 2, et antérieurement à la publication du Code?

Ceux qui supposent l'existence d'une loi sur cette matière la trouvent, ou, pour parler plus juste, la cherchent dans un décret de la convention du 4 juin 1793, et dans la loi même du 12 brumaire.

Le décret du 4 juin 1793, dit que les enfants naturels succéderont à leurs pères et mères, *dans la forme qui sera déterminée.*

Voilà, dit-on, un droit de successibilité acquis aux enfants nés hors mariage. Mais on répond d'une autre part : le mode de successibilité doit être réglé par des lois postérieures; s'il ne l'a pas encore été jusqu'à ce jour, il faut y pourvoir. La question de fait reste donc entière.

Examinons actuellement les dispositions de la loi du 12 brumaire.

L'article premier est ainsi conçu :

« Les enfants *actuellement existants*, nés « hors mariage, seront admis aux successions « de leurs pères et mères *ouvertes depuis le* « 14 *juillet* 1789.

« Ils le seront également à celles qui s'ou- « vriront à l'avenir *sous la réserve portée par* « *l'article* 10 *ci-après.* »

Ainsi l'article distingue très-expressément *les enfants actuellement existants, et les successions ouvertes depuis le* 14 *juillet* 1789, des enfants qui pourront naître, et des successions qui *s'ouvriront à l'avenir.*

Les enfants naturels *actuellement existants* sont admis par le premier paragraphe *aux successions déjà ouvertes;* ils ne sont admis aux successions qui *s'ouvriront à l'avenir, que sous les réserves portées en l'article* 10 *ci après* : il faut donc pour connaître leurs droits recourir à l'article 10.

Les articles 2 et suivants règlent le mode de successibilité des enfants naturels dans les successions déjà ouvertes, ainsi que la manière dont ils pourront constater leur état, et leurs droits dans ces successions.

Vient enfin l'article 10, qui doit prononcer sur les *successions non encore ouvertes, et sur les enfants non existants* à cet époque. Voici cet article :

« A l'égard des enfants nés hors du mariage, « dont le père et la mère seront encore exis- « tants lors de la promulgation du Code civil, « leur état et leurs droits seront en tous points « réglés par les dispositions du Code. »

Il est évident que cet article ne présente aucune disposition sur l'état et les droits des enfants naturels dont les pères et mères seront décédés dans l'intervalle de la publication de la loi du 12 brumaire à la publication du Code; et comme il n'est pas moins constant que l'article 1.er n'a disposé que sur le sort des enfants naturels *lors existants*, et dont les pères et mères *étaient déjà décédés*, la lacune dans la loi est sensible. Elle a prononcé sur les successions ouvertes avant le 12 brumaire, sur celles qui s'ouvriront après la publication du Code; elle est muette sur celles qui pouvaient s'ouvrir dans l'intervalle.

On demande comment il est possible que la loi présente un vide de cette nature, et qu'embrassant dans ses dispositions les successions ouvertes avant le 12 brumaire, et celles ouvertes depuis la publication du Code, elle n'ait rien statué sur les autres?

Législateurs, ce n'est pas à moi à expliquer les causes de ce silence; il suffit, pour mériter votre attention, qu'il soit réel : je pourrais cependant observer qu'il n'est pas aussi étonnant qu'il peut le paraître au premier coup-d'œil. Lorsque la loi du 12 brumaire fut rendue, un projet de Code existait; il était discuté, adopté même en quelque manière, et la publication en paraissait si assurée, si prochaine, qu'on pouvait regarder comme inutile toute disposition sur les successions des pères et mères d'enfants naturels, qui s'ouvriraient entre la publication de la loi du 12 brumaire et celle du Code : mais l'événement trompa les espérances des législateurs; et la loi du 12 brumaire, qui eût pu suffire si elle eût été immédiatement suivie du Code, comme on s'en était flatté, se trouve réellement très-insuffisante, et offre dans le fait une vaste lacune, puisqu'elle n'a aucune disposition sur l'état et les droits des enfants naturels nés depuis le 12 brumaire, ni sur les successions des pères et mères décédés depuis cette époque, et avant la publication du Code.

C'est cette lacune qu'on propose de remplir. Son existence est une vérité à laquelle il est impossible de se refuser, et qui est encore plus démontrée par les efforts même de ceux qui ont soutenu l'opinion contraire. Ils n'indiquent pas dans la loi du 12 brumaire, à l'appui de leur système, d'autres textes que ceux dont j'ai parlé; ils ne prétendent pas que les lois postérieures aient suppléé au silence de la loi du 12 brumaire. S'ils avaient en effet quelques dispositions en leur faveur, il leur suffirait de les montrer, et la question serait toute décidée. C'est seulement par des inductions, par des raisonnements, par des faits depuis survenus, qu'ils tâchent de parvenir à montrer dans la loi du 12 brumaire ce qui n'y est pas en effet. Mais des raisonnements, des inductions, des faits, ne peuvent pas tenir lieu dans une loi d'une disposition qui n'y est pas écrite; je pourrais même dire d'une disposition qu'on n'a pas eu l'intention d'y insérer, parce qu'on la jugeait inutile, dans l'espérance d'une loi qu'on croyait alors très-prochaine, mais qui n'est pas intervenue.

Il est arrivé depuis, comme dans mille autres occasions, que des intérêts particuliers, quelquefois très-grands, ont produit, sur des contestations occasionnées par le silence de la loi, des discussions plus ou moins lumineuses, plus ou moins subtiles; et il y a eu, de l'aveu de tout le monde, une grande diversité d'opinions sur l'état et les droits des enfants naturels dont les pères et mères sont morts depuis le 12 brumaire. Les tribunaux ont jugé diversement : quelques-uns se sont abstenus de juger, et ont demandé des explications. Le tribunal de cassation a aussi varié sur cette question, comme les autres; le directoire a fait des messages au corps législatif; le conseil des cinq-cents et celui des anciens n'ont pas été d'accord : enfin depuis quelques années les décisions définitives sont suspendues, dans l'attente d'une loi.

De tout cela que résulte-t-il? qu'il n'y a pas en effet, dans la loi du 12 brumaire, de disposition sur les droits des enfants naturels dont les pères et mères sont morts depuis cette époque. S'il en avait existé une, tant de personnes recommandables par leurs talents, leurs lumières et leur moralité, n'auraient pas été divisées sur le fait de son existence. Il a donc fallu vous présenter un projet qui terminât enfin toutes les contestations sur cette partie. Ce n'est pas par des lois présumées que le sort des citoyens peut être réglé; et quelque fâcheux que soit le défaut d'une disposition dans la loi du 12 brumaire, par la longue incertitude dans laquelle les citoyens ont été depuis retenus, la supposition d'une loi qui n'a pas existé en effet serait encore plus fâcheuse.

Je n'ai donc plus actuellement qu'à m'occuper de la disposition de la loi en elle-même, puisqu'il est démontré qu'il en faut une. Si vous appliquez aux enfants naturels nés depuis la loi du 12 brumaire, et aux successions des pères et mères ouvertes depuis ce moment, les dispositions de cette loi faites uniquement pour les enfants naturels *alors existants et pour les successions déjà ouvertes*, vous excitez les réclamations des héritiers légitimes qui prétendent que leurs droits ne furent pas assez respectés : si vous appliquez au contraire les dispositions du Code que vous venez de sanctionner, vous excitez les réclamations des enfants naturels qui seraient traités avec plus de faveur par des dispositions pareilles à celles de la loi du 12 brumaire an 2.

Dans cette position, quel parti doit prendre le législateur? S'élever au-dessus de toutes les considérations particulières, et ne consulter dans le réglement qu'il va faire que le plus grand intérêt de la société.

C'est dans cet esprit que vous venez de fixer pour l'avenir l'état et les droits des enfants naturels; vous avez prononcé après les réflexions les plus profondes, et entourés des lumières de dix ans d'expérience.

Ne serait-il pas étrange qu'au moment, pour ainsi dire, où vous venez de tracer la règle pour l'avenir, vous pussiez vous déterminer à en donner une différente pour des intérêts semblables, restés indécis jusqu'à ce jour? Ce serait une contradiction dans laquelle vous êtes incapables de tomber; ce serait même en quelque manière jeter de la défaveur sur la loi que vous avez sanctionnée.

Cette première disposition du projet une fois justifiée, j'ai peu de choses à dire sur les deux autres; je pourrais même me dispenser de les rappeler.

L'article 2 maintient les dispositions entre-vifs ou testamentaires, par lesquelles les pères et mères des enfants naturels auraient pu fixer leurs droits. Nous avons pensé qu'il fallait respecter la sollicitude des parents qui, dans le silence de la loi du 12 brumaire, avaient pourvu au sort de leurs enfants ; cependant il nous a paru convenable de préparer un recours contre les excès dans lesquels aurait pu jeter une passion désordonnée; les libéralités excessives seront réduites à la quotité disponible, aux termes du Code civil, et les dispositions trop parcimonieuses seront augmentées, suivant les dispositions du même Code relatives aux enfants naturels.

Art. 3. — Enfin les conventions des parties et les jugements passés en force de chose jugée sont maintenus : il est sage d'ordonner l'exécution de tout ce qui a été réglé définitivement, quand il n'existait pas de loi. Celle que vous ferez réglera tout ce qui n'est pas déjà terminé : elle serait contraire à la tranquillité des familles et au bon ordre, si elle portait atteinte aux droits irrévocablement acquis avant sa publication.

Tels sont, législateurs, les motifs du projet que nous avons été chargés de vous transmettre; ils se réduisent à un mot. Il n'existe pas de loi qui ait réglé l'état et les droits des enfants naturels dont les pères et mères sont morts dans l'intervalle de la publication de la loi du 12 brumaire an 2 à la publication du Code; il faut donc en faire une.

La loi que nous proposons est sage, puisque c'est la même que celle déjà par vous adoptée pour le réglement de droits semblables : votre sanction mettra enfin un terme à des incertitudes trop prolongées et à des contestations malheureusement trop multipliées.

FIN DU CODE NAPOLÉON.

CODE

DE PROCÉDURE CIVILE.

PREMIÈRE PARTIE.

PROCÉDURE DEVANT LES TRIBUNAUX.

LIVRES I.er ET II.

De la Justice de Paix. — Des Tribunaux inférieurs.

Décrétés le 14 avril 1806; — Promulgués le 24 du même mois.

[ARTICLES 1 à 442.]

EXPOSÉ DES MOTIFS par M. le Conseiller-d'État TREILHARD.

Séance du 4 avril 1806.

LÉGISLATEURS,

SA MAJESTÉ nous a chargés de vous présenter aujourd'hui les deux premiers Livres de la première partie du Code de Procédure.

Que ce mot ne rappelle pas à vos esprits l'idée désastreuse de quelques formes antiques qui trop souvent étouffèrent la justice et ruinèrent les plaideurs.

Loin de nous ces vaines subtilités qui avaient introduit à Rome des formules particulières pour chaque action, et qui attachaient quelquefois en France, à l'omission d'un seul mot, la déchéance absolue d'une prétention avouée par la loi.

Ce n'est pas dans notre siècle qu'une formalité doit cacher un piége tendu à la bonne foi, et, sous l'empire du génie, les règles seront toujours d'accord avec la raison.

Du sein de vos délibérations s'est élevé un Code, qui, déjà, a obtenu l'assentiment des nations, présage infaillible du respect de la postérité : il faut pour le bonheur du peuple français que cet ouvrage soit protégé contre les efforts artificieux de l'intérêt et de la mauvaise foi.

C'est aux tribunaux que l'application en est confiée : c'est là, s'il est permis de le dire, que la loi est vivante en effet; mais n'y serait-elle pas souvent méconnue, si l'on ne traçait pas à l'instruction une marche fixe, et qui présente des garanties contre les erreurs et les surprises?

Tel est, Messieurs, l'objet d'un Code de procédure.

Un réglement est nécessaire pour les plaideurs, qui s'égareraient facilement dans des routes obscures et inconnues; pour les magistrats, qui, devant justice à tous avec le même zèle et la même impartialité, ne peuvent ni retarder ni accélérer la marche d'une affaire, au gré de leurs passions ou de leurs caprices; pour l'ordre public, toujours blessé, lorsque l'absence ou l'inobservation des règles peut faire supposer l'arbitraire ou la faveur.

En préparant la loi qui vous est présentée, on a dû se préserver également et de la tyrannie des vieilles habitudes, dont même les meilleurs esprits ont tant de peine à se défendre, et des écarts de l'inexpérience, trop prompte quelquefois à condamner, parce qu'elle ne peut pas toujours se rendre raison de ce qui est bon et utile.

Il a fallu aussi se tenir en garde contre une manie de réforme, à craindre surtout dans une matière où tout le monde peut se croire en état de tracer des règles, et bien plus dangereuse encore quand elle s'empare d'une ame honnête, mais tourmentée d'une soif immodérée de perfectibilité.

De toutes parts s'élève un cri violent contre la complication des formes. Hé! sans doute il faut que les formes soient simples; mais, pour simplifier les formes, gardons-nous bien de les détruire.

Certes dans un Etat, où la volonté d'un seul fait la loi; où la loi peut être aussi mobile que cette volonté; où la délégation du pouvoir entraîne aussi la faculté de suppléer à la loi qui se tait, les formes sont nécessairement simples; les parties se présentent volontairement, ou sont amenées par la force; on les entend, ou, sans les entendre, on prononce.

Dans une société qui se forme, où la population est faible, et les relations peu multipliées et peu actives, où les mots de sciences, d'arts, de commerce, sont à peine connus, les différends ne peuvent être ni longs ni fréquents; ils sont simples nécessairement, et d'une solution facile.

Mais, chez une nation nombreuse et puissante, livrée à tous les genres de travail et d'industrie, lorsque des masses considérables de citoyens se trouvent réunies sur le même point, au milieu d'un choc violent et perpétuel de besoins, de passions et d'intérêts de toute nature, il doit s'élever une foule de contestations et de contestations compliquées; il faut par conséquent des juges, beaucoup de juges, des juges instruits, probes, laborieux; surtout il faut dans les procès une marche fixe, qui ne permette pas l'arbitraire dans l'instruction, parce qu'il serait bientôt suivi de l'arbitraire dans le jugement.

Voilà un premier besoin, besoin encore plus vivement senti, quand une nation n'est pas étrangère à la formation de la loi, et lorsque la loi est en effet chez elle un garant assuré de la propriété.

Pour apprécier avec justice l'ouvrage qui vous est présenté, il faut ne pas se méprendre sur son objet.

On n'a voulu que tracer la marche des procédures.

Il ne s'agissait pas de faire une loi sur la compétence, ni d'indiquer des règles pour saisir un tribunal plutôt qu'un autre. Ces règles existent déjà, et leur application est facile.

Si, dans l'ordre ancien, il s'élevait sur la compétence des tribunaux des contestations si sérieuses et si multipliées, cet embarras tenait à des causes qui n'existent plus: il était la suite de cette multitude de juridictions qu'avaient entraînées les inféodations des droits de justice; de la vénalité des offices, qui, ayant fait des émoluments de la justice une propriété du juge, donnait aux tribunaux le droit de revendiquer leurs justiciables: d'une foule de tribunaux établis pour connaître de certaines natures d'affaires; enfin, le mal tenait à une multitude de privilèges qui donnaient le droit d'échapper au juge naturel, et de réclamer un juge d'attribution.

Ces sources fécondes de procès sont taries; nous ne pouvons saisir aujourd'hui que la justice paternelle du juge de paix, ou les tribunaux de première instance pour les affaires civiles, et les tribunaux de commerce pour les affaires commerciales: l'on a donc pensé qu'il ne fallait pas s'occuper d'un réglement sur la compétence dans une loi qui n'a pour objet que l'instruction.

Je crois devoir vous prévenir aussi, Messieurs, que vous ne trouverez dans le projet aucuns réglements sur les frais, ni aucunes dispositions sur la police particulière des tribunaux. Non que le besoin de statuer sur ces objets ne soit très-urgent, mais ils n'entraient pas dans le plan de la loi.

Il faut, avant tout, dissiper cette anarchie fatale (suite malheureuse mais inévitable, ou de l'absence, ou de l'opposition et de l'incohérence des lois), qui fatigue les tribunaux et désole les justiciables; mais, si l'instruction des procédures doit être uniforme sur toute la surface de l'Empire, il n'en est pas de même d'une taxe de frais, ou de l'ordre dans lequel les affaires seront expédiées dans chaque tribunal. On sent facilement, avec un peu de réflexion, que ces articles sont susceptibles de quelques modifications, d'après l'organisation particulière des tribunaux qui ne sont pas tous composés du même nombre de juges, et d'après la quantité et la nature des affaires portées à chaque tribunal; peut-être aussi faut-il prendre en quelque considération le placement des tribunaux dans des cités plus ou moins populeuses.

Le Code ne pourra être mis en activité que dans un délai plus ou moins long, mais que vous fixerez. Il sera fait, avant cette époque, des réglements d'administration publique, sur les frais, sur la discipline, sur le régime intérieur des tribunaux. Lorsque la pratique d'un petit nombre d'années aura convaincu que ces réglements sont dignes de votre sanction, tout ce qui devra faire matière d'une loi vous sera présenté. Vous pouvez juger, Messieurs, du prix que Sa Majesté attache à votre suffrage, par la longue préparation des travaux qui vous sont soumis.

C'est ici, je pense, le moment de dissiper, par une briève explication, quelques reproches élevés contre le projet du Code, avant même qu'il fût bien connu.

La loi se divise en deux parties : dans la première, vous trouverez les règles de l'instruction des affaires dans les tribunaux.

Dans la deuxième, on trace la marche à suivre dans beaucoup de circonstances qui peuvent ne pas donner lieu à des débats judiciaires, mais dans lesquelles le recours à l'autorité du juge est cependant nécessaire, comme, par exemple, dans les cas d'apposition ou de levée de scellés, d'un inventaire, d'une nomination de curateur à une succession vacante, et dans plusieurs autres cas de cette espèce : un grand nombre d'articles était nécessaire pour tout prévoir, et il fallait absolument tout prévoir pour sortir de l'arbitraire et de la confusion.

Quelques personnes, qui ne jugeaient que sur l'apparence, se sont hâtées de prononcer que la loi était trop longue.

Nous appelons avec confiance de cette décision indiscrète et prématurée à votre méditation sur l'ouvrage qui vous est présenté.

Le Code sera long, c'est vrai; mais il ne sera long que parce qu'il sera complet.

On a dû prendre une affaire dans son principe, lui faire subir tous les incidents que peut présenter l'instruction, et indiquer une marche pour tous les cas.

Jusqu'ici nous n'avions pas de loi qui eût embrassé toute la matière; les règles étaient disséminées dans l'ordonnance de 1667, dans une multitude de lois et de réglements postérieurs, qui, n'ayant pas même prévu tous les cas, avaient laissé une porte ouverte à des usages particuliers, et par conséquent à beaucoup d'abus. Car il ne peut exister sur le même point plusieurs usages différents, sans qu'il y en ait beaucoup d'abusifs.

Grâces à la loi qui vous est présentée, nous aurons partout, et dans toutes les circonstances, une règle fixe et une instruction uniforme.

Si la loi est longue, parce que la matière est vaste, du moins vous serez convaincus que, sur chaque partie, on n'a dit que ce qui était nécessaire.

C'est dans cet esprit que le Code a été fait; et le Conseil d'État et le Tribunat, dont plusieurs membres se sont associés à nos discussions, nous avons tous fait la perquisition la plus sévère des procédures frustratoires et ruineuses; mais, en écartant sans retour tout ce qui était mauvais ou seulement inutile, nous avons conservé religieusement tout ce qui était essentiel : nous n'aurions pu porter plus loin notre sévérité sans nous rendre en quelque sorte coupables de toutes les injustices que les juges auraient pu commettre par le défaut d'une instruction que la loi n'aurait pas permis de leur donner.

Vous verrez, messieurs, que tous les articles de ce Code se rapportent à un principe bien simple. Le demandeur doit expliquer sa prétention, le défendeur doit répondre; sans cette double faculté, comment le juge pourrait-il prononcer en connaissance de cause?

Mais, me dira-t-on, si la marche est si simple, comment la loi peut-elle être si volumineuse?

Je ne suis nullement surpris de cette question quand elle est faite par des personnes qui, heureusement pour elles, n'ont jamais eu besoin d'approcher des tribunaux.

Pardonnez-moi quelques détails fort arides; ils pourront éclairer ceux qui sentent le besoin, et qui ont envie de l'être.

Nos constitutions ont établi deux degrés de juridiction; il faut bien que les erreurs et les surprises des premiers juges puissent être réparées : cette base de notre ordre judiciaire ne reçoit d'exception que pour des affaires d'un faible intérêt, et qui ne paraissent pas mériter les frais d'une instruction sur l'appel.

Il a donc fallu tracer des règles de procéder devant les tribunaux ordinaires, et devant les cours.

Je parlerai de ces règles dans quelques instants; et je suppose actuellement l'affaire jugée en dernier ressort : ce n'est pas tout d'avoir obtenu un jugement, il faut l'exécuter. Or, il peut être pour cela nécessaire, dans bien des cas, de donner des cautions, de rendre des comptes, de liquider des fruits, des dommages et intérêts, des frais : chacun de ces articles fournit la matière d'un chapitre.

Si la partie condamnée était assez sage pour exécuter son arrêt, tout se trouverait terminé; mais, si elle se refuse à l'exécution, il faut bien qu'on puisse l'y contraindre; on la contraint ou sur ses biens, ou sur sa personne; sur sa personne, par l'emprisonnement, dans les cas où la loi l'autorise; sur ses biens, par la saisie des meubles, des fruits, des rentes, même des immeubles : ce n'est pas le tout que de saisir, il faut vendre; il faut donc établir un mode qui donne aux acquéreurs sûreté, à la partie saisie et aux créanciers garantie que le bien vendu sera porté à sa valeur, et qu'ils ne seront pas les victimes d'une poursuite rigoureuse, mais malheureusement nécessaire.

Quand la vente est faite, plusieurs créanciers peuvent se présenter pour en toucher le prix; ce prix peut être insuffisant pour acquitter toutes les charges : il faut donc, suivant la nature des créances, ou distribuer le prix par contribution entre tous les créanciers, ou établir entre eux l'ordre dans lequel ils doivent être payés suivant leurs priviléges ou leurs hypothèques.

Chacune des circonstances que j'ai remarquées, offre la matière d'un titre, et d'un titre très-important.

Ce travail vous sera présenté dans la suite, messieurs, et vous aurez occasion de vous convaincre que nous avons toujours été fidèles au principe de simplicité déjà annoncé. Tout se réduit toujours à faire expliquer une demande, à entendre la défense, ou à établir des modes de publicité nécessaires dans plusieurs cas, comme dans les cas de vente, par exemple : vous trouverez que, dans cette partie de la procédure, si excessivement dispendieuse autrefois et que les praticiens regardaient comme une riche mine à exploiter, le projet offre des économies incalculables.

Je n'ai parlé jusqu'ici que des procédures qui peuvent devenir nécessaires, même après le jugement d'une affaire en dernier ressort : jetons un coup-d'œil rapide sur l'instruction indispensable pour parvenir à un jugement.

Sans doute, cette instruction serait fort courte si les deux parties se présentaient, et si elles exposaient leur affaire de bonne foi pour mettre le juge en état de prononcer.

Pourquoi cela n'est-il pas toujours ainsi? Je demanderai à mon tour pourquoi tous les hommes, dans tous les états, ne font-ils pas toujours ce qu'ils devraient faire d'après les règles de la convenance, de la justice, du devoir, et même en consultant leur intérêt bien entendu? pourquoi l'insouciance, l'impéritie, la mauvaise foi, l'aigreur, la haine, la puérile vanité et l'intérêt du moment, qui n'est pas toujours d'accord avec l'intérêt de tous les jours, influent si souvent et si fortement sur les actions des hommes? Plusieurs de ces causes agissent peut-être encore plus impérieusement sur l'ame d'un plaideur; et nous ne devons pas être surpris qu'elles retardent et compliquent, dans beaucoup de cas, une marche qui devrait être simple.

Si le défendeur ne se présente pas, on prend contre lui un jugement par défaut; mais des causes légitimes ont pu l'empêcher de paraître : il était absent, l'assignation ne lui a pas été remise, l'homme qu'il avait chargé de se présenter a peut-être été instruit trop tard. Bien d'autres causes peuvent excuser son absence, il faut donc l'écouter quand il se présente; et on a dû tracer une marche sur les oppositions aux jugements par défaut.

Voilà enfin les parties en présence : parcourons actuellement une procédure, en supposant tous les incidents qui peuvent survenir, mais qui néanmoins et très-heureusement ne se présentent pas dans la majeure partie des affaires.

C'est un étranger qui est demandeur; un Français ne doit pas être forcé d'entrer en lice avec un homme qui n'offre aucune garantie pour les condamnations qui seront prononcées contre lui. On peut donc exiger, avant tout, que le demandeur fournisse cette garantie en donnant une caution.

L'assignation est nulle ; on peut en faire prononcer la nullité.

C'est un héritier, une veuve, une femme divorcée, qui sont assignés ; la loi leur donne trois mois pour faire inventaire, et quarante jours pour délibérer sur la qualité qu'il leur convient de prendre : ils peuvent donc suspendre le cours de l'action jusqu'à ce que ce délai soit écoulé.

Le demandeur n'a pas donné copie du titre sur lequel il fonde sa prétention ; le défendeur doit bien avoir le droit d'en demander la communication.

On assigne en vertu d'un écrit sous seing-privé dont l'écriture n'est pas reconnue ; on ne peut s'empêcher de procéder à la vérification, et elle ne peut se faire que par pièces de comparaison, par experts ou par témoins.

Le défendeur soutient que l'acte est faux : on ne peut lui refuser le droit de le prouver et de s'inscrire, c'est-à-dire, de démontrer la fausseté.

Celui qui est assigné a un garant ; c'est un acquéreur qu'un tiers évince ; il faut bien qu'il puisse mettre son vendeur en cause.

Les parties articulent des faits qu'elles démentent respectivement : c'est le cas d'une enquête.

Elles ne sont pas d'accord sur la valeur de ce qui fait l'objet de la contestation ; il faut une estimation, des experts.

La vue des lieux peut être nécessaire pour fixer l'opinion du juge ; il ordonne son transport.

On veut tirer la vérité de la bouche même de son adversaire : c'est le cas d'un interrogatoire sur faits et articles.

Une partie meurt ; il faut bien assigner l'héritier en reprise : ce n'est pas la partie, mais l'avoué qui est décédé : cet événement entraîne une demande en constitution de nouvel avoué.

La même demande a été portée dans plusieurs tribunaux par différentes parties ; un réglement de juge devient donc nécessaire.

Un avoué a outrepassé ses pouvoirs ; il faut bien qu'on puisse le désavouer.

Vous êtes frappés, Messieurs, du tableau effrayant de cette multitude d'incidents particuliers qui peuvent s'élever dans le cours d'une affaire : je pourrais agrandir le cadre et rendre le tableau encore plus effrayant ; je l'eusse fait sans doute si j'avais pu me flatter d'arrêter sur le bord du précipice, je ne dis pas un plaideur de mauvaise foi, cela est impossible, mais un seul de ces hommes qui, exigeant rigoureusement tout ce qu'ils pensent leur être dû, ne sachant et ne voulant se relâcher sur rien, incapables d'aucune espèce de capitulation ni dans les grands, ni dans les petits intérêts, ne manquent pas une seule occasion de se précipiter dans les tribunaux, et courent gaiement et de bonne foi à leur ruine et à celle de leur famille.

Je ne m'étais proposé, quant à présent, que de vous donner une idée générale des causes qui compliquent une procédure, et qui ont nécessité un grand nombre d'articles dans le Code. Je crois avoir suffisamment rempli cet objet. Avant de passer à de nouveaux détails, je ne dois pas me dispenser de m'expliquer encore sur deux autres reproches adressés à cet ouvrage.

Si quelques personnes ont pensé, à la seule inspection du volume, que le Code était trop long, quelques autres, après l'avoir lu, ont trouvé qu'il était trop court : on prétend que la marche tracée sur chaque incident laisse quelque chose à desirer, parce qu'on n'y rappelle pas textuellement la règle générale de procédure qui peut recevoir son application dans le cas particulier.

Nous n'avons pas pu partager cette opinion ; sans doute il a fallu, pour des cas qui sortent de la marche ordinaire, donner des règles qui leur soient propres, mais on n'a pas dû en faire davantage. Tous ces incidents se rattachent à l'affaire et rentrent ensuite dans la marche ordinaire de la procédure : nous devons supposer que les officiers ministériels auront étudié leur Code ; qu'ils se seront pénétrés de ses dispositions, et que les juges auront aussi assez de fermeté pour qu'aucune procédure abusive ne soit passée en taxe.

Enfin on craint que les frais ne soient trop considérables.

Ah ! sans doute, ils seront trop considérables, si la simplicité des formes prescrites est violée, si les délais fixés deviennent arbitraires, si les taxes et réglements sont méprisés.

Mais pourquoi nous livrer à ces inquiétudes et à ces terreurs ? Devons-nous supposer qu'au moment où le Souverain veille avec tant de constance pour embrasser jusqu'aux derniers détails de l'administration ; au moment où les hommes de tous états et de toute profession semblent, pour ainsi dire, pleins de son esprit; au moment où la moitié du globe suit la direction qu'il lui a imprimée, il se trouvera dans la nation française une nation particulière qui résistera à ses volontés justes et prononcées?

Non, la loi sera exécutée, nous en avons pour garant le génie qui préside si constamment à sa formation, et plus encore cette admiration, cet amour dont les cris unanimes se font entendre sur toute la surface de l'Empire.

Au reste, il n'est personne, pour peu de connaissance qu'il ait de cette matière, qui ne doive être convaincu que toutes les sources des gains illicites et abusifs sont taries.

C'était surtout dans les expropriations, dans les contributions, dans les ordres, que l'abus était le plus révoltant; mais tout a été réformé: il ne vous restera à cet égard aucun doute, lorsque les titres sur ces matières vous seront présentés.

Tant d'abus ne tombent pas sans résistance et sans clameurs de la part de ceux qui en profitent: sans doute ils ne mettront pas en avant la cause véritable de leurs cris et de leurs déclamations; ils tâcheront toujours de la masquer sous la fausse apparence de quelque bien public; mais la plainte se dissipe bientôt, quand elle n'a pas un fondement réel, et une institution, également éloignée et de la faiblesse et de l'exagération, s'élève et se consolide chaque jour.

Dans les procédures ordinaires, la grande partie des causes, je veux dire, toutes les affaires sommaires, se porteront à l'audience sans instruction préalablement écrite.

Dans toutes les autres causes, on ne passe en taxe que la demande et la défense. Si le grand nombre de pièces présentées et de questions agitées peut mériter que l'affaire soit mise au rapport, une requête de part et d'autre contiendra les moyens et les pièces. Il n'y a dans cette marche rien qui ressemble aux volumineuses instructions des procès par écrit. Était-il possible d'élever l'édifice sur des bases plus saines?

Si l'on en croyait certaines personnes, on supprimerait toute espèce de procédures, comme si la décision des magistrats pouvait n'être précédée d'aucune instruction: on réduirait arbitrairement tous les droits, comme s'il pouvait exister dans l'état une classe d'hommes, qui seule donnerait gratuitement à ses concitoyens ses soins, ses peines, le fruit de son travail et de son expérience.

Comment peut-on se livrer encore à ces exagérations, après l'épreuve récente que nous avons faite? N'avait-on pas supprimé tous les avoués et toute la procédure dans un accès ou plutôt dans un délire de perfection? Qu'en est-il résulté? On n'a pas eu moins recours aux avoués, parce que l'ignorant et le paresseux seront toujours tributaires de l'homme laborieux et instruit: les avoués ne perdirent que leur titre, ils continuèrent de travailler comme fondés de pouvoirs; mais toute procédure étant supprimée, et l'avoué n'ayant plus d'action en justice pour des salaires légitimes, il se faisait payer arbitrairement, même avant d'avoir examiné l'affaire, beaucoup plus qu'il n'aurait obtenu par une taxe raisonnable de la procédure nécessaire qu'on avait supprimée, et jamais la justice ne fut plus chère.

C'est le plaideur qui en souffrit; j'observe, en passant, que la portion des droits qui aurait été acquise au trésor public sur les actes de la procédure, tourna entièrement au profit de l'avoué.

Ah! sans doute, il faut déclarer une guerre ouverte aux hommes avides, aux exacteurs, aux concussionnaires: malheur à notre siècle si ce sentiment pouvait s'affaiblir! Mais ne commençons pas par une injustice même envers nos ennemis; soyons équitables d'abord, si nous voulons être sages réformateurs.

Que les citoyens trouvent dans chaque état un salaire juste et modéré de leurs peines, c'est alors que les pervers seront véritablement sans excuse, sans prétexte et sans appui; c'est alors aussi que des hommes probes ne repousseront pas un état qu'ils pourront exercer avec fruit sans blesser leur délicatesse.

Il est temps de vous entretenir plus particulièrement de la portion du Code que nous vous présentons.

Le premier livre a pour objet la Justice de paix, le deuxième les Tribunaux inférieurs, ce qui comprend ceux de première instance, et ceux de commerce.

La France doit l'institution des juges de paix à l'assemblée constituante; le besoin s'en faisait sentir universellement depuis longtemps; un magistrat, sous le titre d'auditeur, jugeait, à Paris, les causes légères, sans appareil, sans instruction écrite, sans frais, et les appels de ses jugements étaient portées au *Châtelet*.

Nous avions aussi, depuis environ quarante ans, quelques bailliages autorisés à décider, au nombre de trois juges seulement, dans des audiences particulières et sans ministère de procureurs, des *causes* personnelles non excédant quarante francs; usage salutaire dont les bons effets furent universellement reconnus, et qui fut étendu en 1769, à tous les autres bailliages et sénéchaussées.

Il n'entre pas dans mon plan de rechercher chez d'autres peuples les traces d'établissements pareils ou approchants. L'utilité ne peut en être méconnue, et l'assemblée constituante ne dut pas balancer à adopter et à étendre cette institution morale et bienfaisante.

Il ne s'agit pas ici d'en peser les avantages plus *ou moins* grands, ni de fixer la compétence de la justice de paix, nous ne devons nous occuper que de l'instruction.

Elle ne peut être trop simple, trop rapide, trop dégagée de formes : c'est bien ici que le plaideur doit approcher de son juge sans intermédiaire : ce magistrat est un arbitre, un père plutôt qu'un juge; il doit placer sa véritable gloire moins à prononcer entre ses enfants qu'à les concilier.

Ce livre contient neuf titres.

1.° Des citations; 2.° des audiences du juge de paix, et de la comparution des parties; 3.° des jugements par défaut et des oppositions à ces jugements; 4.° des jugements sur les actions possessoires; 5.° des jugements préparatoires et de leur exécution; 6.° de la mise en cause des garants; 7.° des enquêtes; 8.° des visites des lieux et des appréciations; 9.° de la récusasion des juges de paix.

Les décrets de l'assemblée constituante contenaient deux autres titres; l'un sur les minutes et expéditions des jugements, l'autre sur la taxe des frais; mais l'ordre à établir dans les greffes, et les taxes de frais n'entrant pas dans le plan de la loi, nous ne nous en sommes pas occupés dans ce moment. C'est, comme je l'ai déjà remarqué, l'objet d'un travail ultérieur.

Nous vous avons annoncé un titre sur les actions possessoires; ce titre manquait dans la loi de 1790; nous n'avons pas dû nous dispenser de rappeler quelques règles sur cette matière qui forme une partie si importante des attributions du juge de paix.

Art. 23, 24, 25, 27. — Ces règles ont pour objet le temps où l'action possessoire peut être exercée, la manière de prouver la possession, la défense de cumuler le possessoire et le pétitoire; l'obligation de la part du demandeur qui succombe au possessoire de satisfaire pleinement aux condamnations prononcées contre lui avant qu'il puisse être reçu à former sa demande au pétitoire, c'est-à-dire, à discuter le fond du droit.

Cependant cette obligation de la part du demandeur ne doit pas fournir à son adversaire un moyen d'éluder à son gré le combat sur le fond, et si celui-ci était en retard de faire liquider le montant des condamnations par lui obtenues, le juge du pétitoire fixerait pour cette liquidation un délai après lequel la demande au fond pourrait être admise; du reste les dispositions de ce titre n'ont rien de contraire à celles de l'ordonnance de 1667, et n'offrent rien qui puisse être susceptible du doute le plus léger.

La procédure indiquée dans les autres titres de ce premier livre n'a essuyé que quelques changements de détails, car la marche générale ne devait pas être réformée.

Sur cette partie, comme sur toutes les autres, nous avons conservé tout ce qui nous a paru bon : nous n'avons pas aspiré à la vaine gloire de faire du nouveau; mais à la gloire solide de tracer une marche simple, peu dispendieuse, et qui conduise au but qu'on doit se proposer, c'est-à-dire, à la pleine instruction du juge, sans cependant accabler le plaideur sous des frais inutiles.

Art. 6. — Nous avons supprimé la cédule qu'il fallait demander au juge de paix pour faire une citation devant lui.

Art. 4. — Cette cédule, qui pouvait bien présenter quelques avantages sous certains points de vue, était devenue une affaire de pure forme; il eût été bien difficile d'empêcher que cela ne fût encore ainsi dans la suite. Cet inconvénient n'étant pas balancé par des avantages marqués, nous avons aboli l'usage de la cédule; nous avons substitué à cette formalité l'obligation de faire donner les citations par l'huissier du juge de paix, ou, en cas d'empêchement, par un autre huissier que le juge indiquerait : c'est un moyen infaillible de s'assurer que la citation a été donnée en effet.

Art. 68. — C'était le greffier de la municipalité qui portait les citations, et quand il ne trouvait personne dans la maison, il affichait une copie à la porte : tout le monde s'accorde aujourd'hui à reconnaître l'illusion de pareilles affiches. L'huissier, dans ce cas, sera obligé de laisser la copie au maire ou à l'adjoint qui sont tenus de viser l'original sans frais.

Art. 36. — Lorsqu'il y avait lieu d'entendre les témoins, la loi de 1790, après avoir ordonné qu'ils s'expliqueraient en présence des parties, laissait à celles-ci la faculté de proposer leurs reproches, soit avant, soit après la déposition.

Il a paru plus convenable de se rapprocher de la règle générale qui veut que les reproches soient formés avant la déposition, et qui n'admet après que les reproches prouvés par écrit.

Il est trop à craindre que des reproches fournis après la déposition ne se ressentent de l'aigreur qu'elle a pu laisser dans l'ame d'une partie; et ces accusations tardives sont toujours suspectes.

Art. 40. — Dans les causes non sujettes à appel, et jugées en dernier ressort par le juge de paix, celui-ci ne faisait écrire par son greffier ni la prestation de serment des témoins, ni les reproches fournis contre eux, ni leurs dépositions; nous avons adopté la règle qui supprime le procès-verbal du greffier; mais il a paru convenable d'ordonner que le jugement énoncera les nom, âge, profession et demeure des témoins, leur serment, les reproches, et le résultat des dépositions : il est bon qu'un jugement porte toujours avec lui la preuve de sa sagesse.

Art. 43. — Nous avons appliqué la même règle dans le cas des opérations des experts, et nous avons voulu que les jugements rendus en dernier ressort énoncent les noms des experts, la prestation de leur serment, et le résultat de leur avis.

Art. 44. — La loi de l'assemblée constituante ne connaissait que deux causes de récusation des juges de paix; quand ils ont un intérêt personnel dans la contestation, ou quand ils sont parents ou alliés d'une des parties jusqu'au degré de cousin issu de germain inclusivement.

Sans adopter pour les juges de paix toutes les causes de récusation admises contre les autres juges, il nous a paru juste qu'une récusation fondée sur l'un des trois motifs que je vais énoncer, ne fût pas rejetée.

1.° Si, dans l'année qui a précédé la récusation, il y a eu procès criminel entre les juges et l'une des parties, ou ses parents ou alliés en ligne directe;

2.° S'il y a procès civil existant entre le juge et une partie ou son conjoint;

3.° Si le juge de paix a donné dans l'affaire un avis écrit. Il est bien évident qu'il ne peut alors prononcer comme juge sur une affaire dont il a connu comme conseil.

En introduisant ces trois nouvelles causes de récusation, nous avons restreint celle tirée de la parenté ou alliance au degré de cousin germain inclusivement; l'étendre plus loin, comme on l'avait fait en 1790, c'est se préparer trop d'entraves dans les lieux où le commerce est peu actif, où il s'établit peu de familles étrangères, où, par conséquent les habitants sont presque tous parents et alliés à des degrés plus ou moins éloignés.

Art. 47. — Je dois encore observer sur cet article de la récusation des juges de paix, qu'en adoptant les dispositions de la loi de 1790 sur la première procédure, nous avons beaucoup simplifié la procédure sur l'appel : le greffier enverra les pièces au procureur impérial du tribunal de première instance, et la cause sera jugée sans qu'il soit besoin d'appeler les parties. Toute la cause est en effet dans l'acte qui contient les motifs de la récusation et dans la réponse du juge à ces motifs. L'on ne peut, dans ces sortes d'affaires, avoir trop d'attention à ne pas prolonger sans nécessité une instruction qui ne produit que trop souvent un fond de ressentiment dans l'ame de ceux qui en sont l'objet.

Art. 17. — Enfin nous avons pensé qu'il fallait établir une règle fixe sur l'exécution provisoire des décisions des juges de paix.

S'il arrive quelquefois qu'une personne justement condamnée abandonne, lorsque le jugement est exécuté, un appel qui serait inutile et ruineux pour elle, il peut aussi quelquefois arriver que l'exécution provisoire d'un jugement fasse un tort, peut être irréparable, à celui qui cependant doit parvenir à le faire infirmer.

Sans doute la présomption est dans le principe en faveur du jugement, mais enfin on ne doit pas donner trop d'effet à cette présomption.

La règle qui vous est proposée concilie tous les intérêts : les jugements des juges de paix, seront en général exécutoires par provision, mais à la charge de donner caution ; ainsi le grief qu'aurait pu faire cette exécution sera réparé, et les parties auront du moins cette espérance quand elles poursuivront l'infirmation d'un jugement. Les jugements ne seront exécutoires sans caution que jusqu'à concurrence de trois cents francs, c'est-à-dire pour des objets qui ne sont pas d'une bien grande importance, et dans des cas où il est fort à désirer, même pour les parties, que les appels soient très-rares.

En voilà assez, peut être trop, sur ce premier livre; je passe au second des *Tribunaux inférieurs*, ce qui comprend les tribunaux de première instance et les tribunaux de commerce.

Les deux premiers titres de ce deuxième livre ont pour objet, l'un *la Conciliation*, l'autre *les Ajournements*. Je m'en occuperai particulièrement, mais brièvement; quant aux autres, je ne les prendrai pas tous séparément et en détail.

J'en formerai un petit nombre de classes, et je ferai sur chacune les observations dont elles me paraîtront susceptibles.

Le premier titre est celui de la conciliation.

Art. 48. — Que cette idée était philantropique et salutaire de n'ouvrir l'accès des tribunaux qu'après l'épuisement de toutes les voies de conciliation! pourquoi faut-il qu'une si belle institution n'ait pas produit tout le bien qu'on devait en attendre, et que les effets aient si peu répondu aux espérances? pourquoi faut-il que le mal ait été assez grand, ou du moins le bien assez faible, pour que même de bons esprits proposent aujourd'hui la suppression des tentatives de conciliation?

Cette question a été agitée avec une maturité proportionnée à son importance. On a recherché avec soin les causes du faible succès de la conciliation. On s'est convaincu d'abord qu'en général elle avait plus réussi dans les campagnes que dans les villes, parce que, dans celles-ci, les habitans, plus à portée de conseils habitués à peser rigoureusement les droits plutôt qu'à calmer les passions, ne se présentant qu'avec des opinions déjà formées, sont par conséquent moins disposés à céder à la voix conciliatrice du juge. Mais l'inutilité de la mesure dans les villes, ne devrait pas être un motif pour la supprimer dans les campagnes, si elle y est utile.

D'un autre côté, si dans plusieurs communes, la conciliation a été peu fructueuse, on n'a pu se dissimuler qu'elle avait produit les plus heureux effets dans d'autres; surtout lorsque la place de juge de paix a été occupée par des hommes que la droiture du cœur, la justesse d'esprit, des mœurs douces et conciliantes, l'estime générale enfin avaient recommandés à leurs concitoyens : on connaît des communes dans lesquelles il ne s'est pas élevé un seul différend depuis plusieurs années qui n'ait été assoupi par la sagesse du juge de paix.

On demandera : pourquoi ce bienfait n'a-t-il pas été également acquis à toutes les parties de la France? Vous prévenez ma réponse. C'est parce que, dans le temps de nos discordes, les magistrats n'étaient que trop souvent les hommes d'un parti et non pas les hommes de la nation. On se demandait : de quel bord est le candidat? sans se demander jamais, est-il probe, est-il éclairé? a-t-il cette impartialité, ce courage qui doivent caractériser un magistrat? et le choix alors momentané, pour ainsi dire, d'un juge de paix était livré aux calculs de l'intrigue qui avait à peine élevé un homme, qu'elle calculait sa chûte et son remplacement, s'il ne se montrait pas un instrument servile.

Mais pourquoi partirions-nous d'un ordre de choses qui n'existe plus? pourquoi, lorsque le mode d'élection est soumis à des réglements sages et à une surveillance salutaire, redouterions-nous un mal qui fut la suite de combinaisons aveugles ou perfides? pourquoi, surtout craindrions-nous les erreurs des choix, lorsque personne n'échappe à l'œil perçant de l'aigle qui plane sur nos têtes?

Nous avons pensé unanimement qu'il fallait maintenir l'usage de la conciliation.

Art. 49. — La loi de 1790 avait excepté de la règle générale les affaires qui intéressent la nation, les communes et l'ordre public : le motif de cette exception nous a paru s'appliquer aux mineurs, et en général à tous ceux qui ne sont pas capables de transiger; car le but de la conciliation est une transaction, et l'usage en serait quelquefois funeste à ceux qui, n'étant pas en état de défendre leurs intérêts, pourraient se trouver victimes d'un arrangement peu réfléchi.

On avait aussi fait une seconde exception

pour les affaires de commerce qui ne pourraient, sans de graves inconvénients, supporter les retards d'une tentation de conciliation.

Ce même motif nous a paru s'appliquer à plusieurs demandes qui requièrent célérité, et dont le détail se trouve dans le projet.

On ne devait pas soumettre à la conciliation des actions incidentes à un procès déjà existant, comme les interventions, les garanties, les *Vérifications d'écritures* et autres demandes de cette espèce.

Enfin, lorsque l'action du demandeur est dirigée contre plus de deux personnes, on a cru ne devoir pas exiger la citation préalable en conciliation : les défendeurs peuvent être domiciliés dans des lieux différents et éloignés; devant qui citerait-on dans ce cas? quelle perte de temps! les avantages de la tentative ne seraient-ils pas alors presque toujours moindres que les inconvénients?

Art. 54. — Deux points faisaient difficulté: quel est l'effet des conventions des parties au bureau de conciliation? la citation en consiliation interrompt-elle la prescription?

On a pensé, sur le premier, que ces conventions devaient avoir force d'obligation privée : on ne pouvait pas évidemment leur refuser cet effet, puisque deux hommes, jouissant de leurs droits, pouvant terminer entre eux leurs différends par un écrit privé, ne doivent pas être moins libres, parce qu'ils sont devant le juge. Le juge est un ange pacificateur, il s'efforce de calmer les passions, d'assoupir les haines; il éclaire les parties sur leur intérêt bien entendu, il leur montre l'abîme profond dans lequel elles vont se plonger. Il persuade enfin la conciliation. Là se borne son ministère; dans ce moment, sa compétence ne peut pas s'étendre plus loin. On n'aurait pu attribuer aux conventions des parties le caractère d'un acte public sans porter une atteinte grave aux fonctions des notaires établis pour donner l'authenticité aux actes.

Art. 57. — Sur la deuxième question, si la citation en conciliation interrompt la prescription et fait courir les intérêts d'un capital, on a pensé qu'on ne pouvait refuser cet effet à la citation; mais elle ne le produira qu'autant que la demande au tribunal de première instance sera formée dans le mois à dater du jour où le défendeur a paru ou a dû paraître au bureau de conciliation; disposition sage, sans laquelle on aurait pu prolonger indéfiniment les délais des prescriptions, en donnant successivement des citations en conciliation qui n'auraient aucune suite.

J'ai annoncé que je m'occuperais particulièrement du second titre des *Ajournements*, non que je me propose d'arrêter votre attention sur les articles de ce titre, qui ne présentent ni difficultés, ni dispositions nouvelles, mais parce que l'exploit d'ajournement est la base, la pierre fondamentale de l'instruction, et que cet acte étant sujet à plus de formalités que tout autre, je dois vous démontrer qu'on n'y exige que l'absolu nécessaire.

Art. 61. — Il faut bien que celui qui est assigné sache pourquoi il est cité, par quel motif, à quel tribunal, à quelle époque, quel est l'avoué qui doit occuper pour le demandeur; l'exploit doit le dire.

Il faut bien s'assurer que le défendeur a eu connaissance de l'assignation; par conséquent, l'exploit doit faire mention du nom, de la demeure du défendeur, et de la personne qui a reçu la copie.

Comment sera-t-on certain de la remise d'un exploit? par l'emploi d'un officier qui ait un caractère public : l'exploit doit en conséquence contenir les nom, demeure et immatricule de l'huissier.

Art. 64. — S'il s'agit d'un héritage, peut-on se dispenser de le désigner d'une manière non équivoque? Hé bien, voilà l'exploit tout fait. On n'y veut pas d'autres formalités; et, parmi celles qu'on exige, il n'en est aucune dont la personne la moins versée dans ces matières ne sente parfaitement la nécessité.

Je ne parlerai actuellement de quelques articles de ce titre, que pour faire connaître que, jusque dans les moindres détails, nous avons porté une attention sévère.

Art. 67. — L'huissier sera tenu de mettre le coût de l'exploit au bas de son original et de la copie remise à la partie; nous nous sommes assurés de l'exécution de cet article, en mulctant l'huissier, s'il y manque, d'une amende payable par lui à l'instant où il présentera l'acte à l'enregistrement.

Art. 62. — Il a été pourvu à ce que les parties ne fussent pas grevées par les frais onéreux d'un transport d'huissier dans des lieux éloignés de sa résidence.

Art. 71. — L'huissier sera garant des nullités de son fait, disposition juste, mais nouvelle. Pourquoi exerce-t-il un état qu'il ne sait pas remplir? (Art. 66.) Il ne pourra instrumenter pour ses parents et alliés, jusqu'au degré de cousin issu de germain inclusivement.

Ce titre présente au surplus des règles précises sur le lieu où les exploits doivent être donnés, et sur la personne à qui ils sont remis, ainsi que sur les délais des assignations : c'est surtout le défaut ou l'incertitude de la règle qui sont fâcheux en cette matière : il ne pourra plus désormais exister de doute ; la loi s'est expliquée avec précision et clarté.

Je ne dois pas quitter ce titre sans vous faire observer une disposition qui s'écarte de la règle ancienne, mais qui sera utile dans beaucoup de cas, et ne pourra jamais être nuisible.

Art. 74. — Les assignations données à des personnes domiciliées hors de France, mais remises à leur personne en France, n'emporteront que les délais ordinaires ; il fallait auparavant essuyer toujours les mêmes délais que si l'exploit avait été donné au domicile de la partie en pays étranger, ce qui pouvait souvent devenir très-préjudiciable au demandeur.

Il peut arriver quelquefois, il est vrai, que la personne citée ait besoin, pour sa défense, de faire venir des pièces et des instructions : cela dépend beaucoup de la nature de l'affaire : il eût été par conséquent dangereux d'établir une règle absolue, et qui dût recevoir son exécution dans tous les cas : aussi a-t-on inséré dans l'article une disposition pour autoriser le tribunal à prolonger le délai, *s'il y a lieu* : par cette sage modification, aucun intérêt particulier ne peut être compromis.

Je me hâte d'avancer dans mon exposé : tous les autres titres du livre dont nous nous occupons peuvent se rapporter à deux ou trois points capitaux.

On trace d'abord la procédure la plus ordinaire, c'est-à-dire, dans le cas où les deux parties comparaissent et s'expliquent sans aucun incident particulier.

On examine ensuite ce qu'il faut faire quand le défendeur ne comparaît pas ; on parcourt enfin tous les incidents particuliers que peut subir une affaire ; les règles sur la comparution des défendeurs, sur l'instruction de la procédure contradictoire, et sur le jugement, sont tracées dans les cinq titres suivants.

Tout a été prévu pour rendre la procédure plus simple, plus courte et moins dispendieuse ; toute formalité inutile a été abolie, et toute procédure superflue supprimée.

Art. 75, 77, 78. — Ainsi, plus d'actes de présentation au greffe, plus de défauts aux ordonnances ; la partie constitue avoué, signifie ses défenses, le demandeur répond, et l'affaire est jugée.

Art. 81. — Aucune autre écriture ni signification ne peut entrer en taxe ; on ne pourrait pas en exiger moins sans doute sans compromettre l'intérêt de l'une ou de l'autre des parties, et le scrupule pour la destruction des abus a été porté si loin, qu'on a fait un article exprès (Art. 82) pour ordonner qu'il ne sera passé en taxe qu'un seul acte d'avoué pour la citation à l'audience ; on sait assez que, par un abus répréhensible, on donnait, de part et d'autre, au grand détriment des plaideurs, une foule de ces actes appelés vulgairement *avenir*.

Art. 95, 96, 97. — Si une affaire est trop chargée de pièces pour que la discussion à l'audience dût être trop longue et trop embarrassante, le tribunal pourrait ordonner une instruction par écrit ; mais calmez vos inquiétudes sur l'abus : cette mesure n'a rien de commun avec les anciens appointements ; l'instruction se borne, de part et d'autre, à une requête contenant les moyens et l'état des pièces produites (Art. 102) ; si l'une des parties avait ensuite d'autres pièces à présenter, la production nouvelle devrait être faite par un simple acte, sans qu'il fût passé en taxe ni requête ni écritures.

Art. 104. — Il existait autrefois, et j'aime à croire qu'il n'existe plus aujourd'hui, un abus très-coupable : celui qui avait gagné sa cause et obtenu les dépens, faisait quelquefois, après le jugement, insérer dans sa pièce d'écriture des cahiers de prétendus moyens qui n'avaient pas été signifiés : cela sera désormais impossible, par la précaution prise d'ordonner que les avoués déclareront au bas des originaux et des copies de toutes leurs requêtes, le nombre de rôles dont elles sont composées ; cette déclaration sera aussi énoncée dans l'acte de produit, à peine de rejet de la taxe.

Si je connaissais moins, messieurs, votre zèle ardent pour l'ordre public, je craindrais de m'arrêter sur des détails si minces, si arides ; mais rien de ce qui peut être utile, n'est petit ou étranger pour vous. Je n'hésite donc pas à vous faire observer encore que les délais, pour la signification des écritures autorisées, pour la prise en communication des pièces, pour leur rétablissement au greffe, ont été nettement fixés; que l'on s'est assuré, par de sages dispositions, que la loi serait exécutée sur ce point comme sur tous les autres (Art. 98, 99). Ainsi, à défaut de réponse dans le délai prescrit, on procède au jugement, comme si la réponse avait été signifiée; la partie n'avait rien à dire, puisqu'elle n'a rien dit: à défaut de rétablissement des pièces prises en communication, (Art. 107) l'avoué sera contraint par une amende pour chaque jour de retard, même par corps, s'il y a lieu; enfin, messieurs, nous n'avons rien négligé pour résoudre avec sagesse le grand problème que le législateur doit se proposer dans un Code de procédure, c'est-à-dire, de faire instruire les causes dans le moins de temps, et avec le moins de frais possible, en laissant toutefois une latitude convenable à la défense.

En s'occupant de l'instruction des affaires, on n'a pas dû perdre de vue l'obligation d'en communiquer plusieurs au ministère public, ni la manière dont elles doivent être présentées à l'audience.

Art. 83. — Toutes les affaires dans lesquelles l'ordre public peut être intéressé, seront communiquées; il est sensible que, dans cette classe, doit se trouver tout ce qui touche, soit les établissements publics, soit l'ordre des juridictions, soit les personnes qui ne sont pas en état de se defendre elles-mêmes: le titre IV présente l'énumération de cette espèce d'affaires; mais on a cru nécessaire d'y insérer un article (Art. 84) pour autoriser les procureurs impériaux à prendre connaissance même des autres causes, quand ils penseront que leur ministère pourra y être intéressé; les tribunaux pourront aussi ordonner cette communication d'office.

Art. 87, 88. — Quant aux audiences, je n'ai pas besoin de dire qu'elles seront nécessairement publiques, et que ceux qui y assistent doivent se tenir dans le silence et dans le respect. Malheur au juge qui, n'étant pas pénétré de la dignité de ses fonctions, oubliant qu'il a l'honneur de rendre la justice au nom de l'Empereur, aurait la coupable faiblesse de souffrir des murmures et des mouvements irrespectueux! la loi l'arme d'un pouvoir; il rendra compte également de l'emploi qu'il en aura fait et de l'emploi qu'il aurait dû en faire.

Art. 85. — La défense est de droit naturel; ainsi toute partie peut avoir le droit de se défendre elle-même; mais il faut que l'usage de ce droit ne blesse les intérêts de personne; l'expérience a prouvé qu'il devenait quelquefois une arme bien funeste au plaideur lui-même; le tribunal peut donc lui en interdire l'usage; je ne saurais mieux vous faire connaître l'esprit dans lequel l'interdiction doit être prononcée, qu'en mettant sous vos yeux l'article même.

« Pourront les parties, assistées de leurs « avoués, se défendre elles-mêmes: le tribu- « nal cependant aura la faculté de leur inter- « dire ce droit, s'il reconnaît que la passion « ou l'inexpérience les empêchent de discuter « leur cause avec la décence convenable, ou « la clarté nécessaire pour l'instruction des « juges ».

Art. 86. — Il est arrivé plusieurs fois que des juges et des procureurs impériaux se sont chargés dans des tribunaux, autres que le leur, ou même dans leur propre tribunal, dans des causes dont ils n'étaient pas juges, de la défense de l'une des parties: de graves inconvénients peuvent être attachés à cet usage; sommes-nous bien assurés que notre main tiendra une balance égale, quand nous prononcerons aujourd'hui, comme juges, sur le sort de celui que nous défendions hier comme client? Quand nous aurions cette certitude, est-il aussi obligé de l'avoir, le malheureux plaideur, qui voit assis au milieu de ses juges le conseil de son adversaire?

Ces considérations, qu'on pourrait fortifier de beaucoup d'autres, ont déterminé un article portant prohibition aux juges, procureurs impériaux, substituts, de se charger de la défense des plaideurs, soit verbale, soit par écrit, soit encore à titre de consultation. Vous prévoyez bien, messieurs, que cette disposition ne peut s'appliquer aux causes personnelles des juges ou à celles de leurs femmes, parents ou alliés en ligne directe, ou à celles de leurs pupilles; la défense est alors un devoir.

Art. 87. — J'ai dit que les plaidoiries étaient nécessairement publiques: ce principe est sacré. Vous concevez cependant qu'il peut exister des affaires d'une telle nature, qu'elles ne pourraient être plaidées publiquement sans un grand scandale et sans un notable inconvénient; la publicité serait alors une véritable calamité. Nous avons pensé que, dans ces cas infiniment rares, le tribunal pouvait, comme jadis, ordonner qu'une affaire serait plaidée à huis clos; mais nous avons pris des précautions contre l'abus de cette exception salutaire. Le tribunal doit particulièrement délibérer sur cet objet, et rendre compte des motifs de sa délibération au procureur-général impérial, ou au grand-juge, si la cause est pendante dans une cour d'appel.

Art. 116, 117 et 118. — Quand la cause est plaidée, le juge prononce. Le titre VII a pour objet le jugement : je n'arrêterai pas vos regards sur des règles trop connues; qu'on juge à la pluralité des voix; que s'il se forme beaucoup d'opinions, les plus faibles en nombre sont tenues de se réunir aux deux principales; qu'on peut se retirer à la chambre du conseil pour délibérer; qu'en cas de partage, il faut plaider de nouveau en appelant ou un juge, ou un suppléant, ou un ancien avocat pour vider le partage, etc.

Je me bornerai à faire remarquer les dispositions de la loi sur trois objets sur lesquels il ne convenait de laisser aucune incertitude.

Art. 122. — Le juge ne peut accorder des délais pour l'exécution des condamnations qu'il prononce, que dans les cas où il y est autorisé par la loi, et par un seul et même jugement : ce serait ouvrir la porte à des procédures frustratoires que d'autoriser les demandes tardives afin d'obtenir un délai; des officiers ministériels peu instruits, ou peu délicats, pourraient ainsi faire deux causes et obtenir deux jugements, quand il ne doit y avoir qu'un jugement et une cause.

Art. 124. — En permettant au juge d'accorder des délais, il a fallu pourvoir à ce que cette faculté ne devînt pas funeste à celui qui exerce une poursuite légitime. Sur ce point comme sur beaucoup d'autres, la loi doit compter sur la sagacité et sur la prudence du juge; mais enfin quand le délai est accordé, on ne peut méconnaître qu'il doit cesser au moment où les sûretés du créancier sont compromises, soit par le fait de son débiteur, soit par les poursuites d'autres créanciers, soit enfin par toute autre cause.

Art. 126, 127. — Il n'a pas été moins nécessaire de s'expliquer nettement sur les cas où la contrainte par corps peut être prononcée; elle doit l'être toutes les fois que la loi l'ordonne; mais il est des cas où il a paru convenable et utile, non pas de l'ordonner, mais de la permettre : ces cas ont dû être et ont été déterminés avec précision. C'est pour dommages et intérêts en matière civile au-dessus de trois cents francs, pour reliquats de comptes de tutèle, curatèle, administration de communauté, d'établissements publics ou d'autres objets confiés par justice.

On a cru devoir prendre un sage milieu entre les anciennes lois qui prononçaient la contrainte par corps, et les dernières qui la refusaient.

Il peut y avoir tant de variété dans les circonstances, que la contrainte par corps, nécessaire et juste dans une espèce, pourrait être trop rigoureuse dans l'autre.

La faculté laissée aux juges maintiendra les tuteurs, curateurs et autres comptables, dans une circonspection qui ne peut être que salutaire à des pupilles ou à des établissements qu'on doit protéger.

Art. 135. — Enfin, on a dû, dans le titre des jugements, établir des règles fixes sur leur exécution provisoire : on a distingué les cas où cette exécution doit être ordonnée, et les cas où elle n'est que facultative.

Elle doit être ordonnée sans caution, quand la condamnation a pour cause un titre authentique, une promesse reconnue, ou un précédent jugement qui n'est pas attaqué. Il est bien évident alors que la condamnation est juste et bien appliquée.

Il est d'autres cas où l'exécution provisoire n'est que facultative; ils sont exprimés dans l'article 135 si nettement, qu'il ne restera aucun aliment à la subtilité, si voisine de la mauvaise foi : il me suffit de vous dire que tous ces cas requièrent célérité; et, par ce motif, l'exécution provisoire d'un jugement peut être alors ordonnée, avec ou sans caution, suivant les circonstances : il ne faut pas, en effet, que celui qui se trouverait hors d'état de fournir une caution, soit privé du bienfait de l'exécution provisoire, quand elle est reconnue nécessaire.

Art. 140. — Je ne passerai pas à d'autres titres sans vous avoir fait remarquer une obligation imposée, dans celui-ci, aux procureurs impériaux de se faire représenter tous les mois les minutes des jugements, pour s'assurer qu'elles sont en règle et signées.

Des négligences bien coupables, et qui malheureusement ne sont pas sans exemples, ont troublé le repos d'un grand nombre de familles. Comment a-t-il pu se faire que des jugements, rendus depuis plusieurs mois, n'aient pas été signés? Comment suppléer à la signature du président ou du greffier, morts dans l'intervalle?

Comment s'assurer, après un laps de temps si considérable, et lorsque plusieurs membres du tribunal n'existent peut-être plus, de la véritable teneur d'un jugement?

Cet abus, nous l'espérons, ne se reproduira plus. Les procureurs impériaux sont l'œil d'un Gouvernement qui veut tout voir et tout connaître, et nous ne devons pas supposer qu'une surveillance placée dans leurs mains restera sans effet.

Jusqu'à ce moment, nous avons parlé de la marche de la procédure lorsque le défendeur comparaît, et qu'il ne s'élève aucun incident particulier dans l'instruction; mais le défendeur peut ne pas se présenter : que faut-il faire? Le titre VIII l'indique.

Art. 150. — Au premier coup-d'œil, la matière ne paraît présenter aucune difficulté. On doit prononcer contre celui que son absence seule semble condamner : cette absence cependant peut être excusable et forcée, elle ne peut d'ailleurs donner un droit à l'adversaire qui n'en aurait pas. Les juges doivent donc regarder comme une de leurs premières obligations, celle de vérifier, avant de l'adopter, la demande de la partie qui se présente.

L'extrême confiance dans la justice et dans la sagacité du juge a peut-être seule empêché que le défendeur ne comparût : devrait-il être puni de ce sentiment si honorable pour le tribunal?

Art. 156. — Ici je dois découvrir sans ménagement une grande plaie de l'ordre judiciaire : il n'est que trop souvent arrivé qu'un huissier prévaricateur a manqué de donner une copie de son exploit à la personne qu'il assigne; c'est ce qu'on appelle, en langue vulgaire, *souffler une copie.* L'infortuné qu'on a dû citer ne peut pas se montrer sur une interpellation qu'il ignore : on prend contre lui un jugement par défaut : si la prévarication se prolonge, on lui soustrait encore la copie de la signification du jugement : il vit dans une sécurité profonde, et, lorsque tous les délais pour se pourvoir sont écoulés, le malheureux peut être écrasé par une procédure dont il n'a pas même soupçonné l'existence.

On a dû s'occuper sérieusement du remède à un mal qu'on n'a pu se dissimuler; je crois pouvoir annoncer que l'abus, ou plutôt le délit, est écarté sans retour.

Une première précaution consiste à ordonner que les jugements rendus par défaut contre les parties qui n'ont pas constitué d'avoué seront toujours signifiés par un huissier commis à cet effet par le juge; et l'on peut sans témérité présager que les significations ne seront pas soustraites.

Cette première mesure est suivie d'une seconde plus efficace encore.

Les jugements par défaut, quand il n'y a pas d'avoué constitué, devront toujours être exécutés dans les six mois, sinon ils seront réputés comme non avenus. Pourquoi s'empresse-t-on d'obtenir un jugement, si l'on ne veut pas s'en servir?

Art. 158, 159. — L'opposition de la part du défaillant sera recevable jusqu'à l'exécution; pour couper court à toute espèce de subtilité, on a dû définir ce qu'on entend par exécuter un jugement; l'exécution n'est réputée faite qu'après un acte nécessairement connu de la partie défaillante. Jusque là celle-ci peut se rendre opposante au jugement : la déclaration qu'elle s'oppose suspend toute poursuite; ainsi disparaîtra pour toujours la possibilité d'une procédure frauduleuse et clandestine, dont l'effet était d'égorger un citoyen qui ne pouvait se défendre; ainsi sera extirpé jusque dans sa racine un mal qui, jusqu'à ce jour, avait résisté à tous les efforts employés pour le détruire.

Art. 156. — Quelques personnes semblaient craindre que la précaution de faire signifier par un huissier, commis à cet effet, les jugements rendus contre la partie qui n'a pas d'avoué en cause, n'altérât la confiance dans le ministère des huissiers, et ne tendît à diminuer la portion de considération due à cet état.

Ces inquiétudes sont mal fondées, et l'on tirerait une conséquence peu juste d'une mesure très-sage.

Sans doute, l'exercice pur et sans tache de tous les états, assure des droits à l'estime publique. Est-ce un motif pour fermer les yeux sur les abus dont on est le témoin, et pour empêcher qu'on y porte le remède? Si des officiers peu délicats peuvent gémir des précautions que nous avons prises, je ne crains pas de le dire, tous ceux qui méritent en effet de l'estime se féliciteront d'une règle qui dissipera sans retour des nuages fâcheux élevés sur une profession qu'ils honorent.

On trouvera encore dans le même titre *des Jugements par défaut*, la réforme de plusieurs autres abus moins funestes dans leurs conséquences.

Art. 152. — Quand il y aura plusieurs parties non comparantes, on ne pourra pas prendre contre chacune un jugement, il suffira d'un seul contre toutes. (Art. 161.) Les actes par lesquels on s'oppose à un jugement devront contenir les moyens d'opposition qui ne peuvent être présentés plus tard, sous peine d'être rejetés de la taxe.

Je passe quelques autres détails peu importants, et je me hâte de faire connaître les titres qui suivent; ils ont pour objet les divers incidents qui peuvent s'élever dans l'instruction d'une affaire; j'en ai déjà donné une idée, et j'ose me flatter qu'elle est encore présente à votre esprit. Sans doute, tous ces incidents, aperçus en masse, offrent un coup-d'œil effrayant; mais je vous prie de considérer que fort heureusement la marche de la très-grande partie des affaires n'en est pas embarrassée; il n'en a pas moins fallu établir des règles pour des cas qui peuvent se présenter.

Je distingue ces incidents en deux classes: les uns, que je nomme très-improprement incidents, ne sont que des exceptions contre la demande. Les autres plus sérieux, introduisent, pour ainsi dire, une seconde affaire quelquefois plus grave que la première.

Je ne dirai qu'un mot des incidents de la première classe, ou plutôt des exceptions.

Art. 166, 169, 173, 186, 187. — Les exceptions de caution à fournir de la part de l'étranger, ou de renvoi devant le juge compétent, doivent être présentées préalablement à toutes les autres: celles tirées des nullités d'un exploit sont couvertes, si elles ne sont pas proposées avant toute autre défense: enfin, les exceptions dilatoires doivent être annoncées cumulativement: toutefois ceux à qui la loi accorde un délai pour délibérer sur la qualité qu'ils doivent prendre, comme l'héritier, par exemple, peuvent ne proposer leurs exceptions qu'après l'expiration de ce délai.

Je ne parle de ces détails que pour faire remarquer en passant qu'on n'a négligé aucune précaution pour s'assurer que le temps ne sera pas inutilement consumé; que les procédures ne seront pas grossies par des présentations successives d'exceptions qui doivent toujours être proposées ensemble, quand il est possible de le faire.

Les incidents les plus importants de la seconde classe sont les *Vérifications d'écritures*, les inscriptions de faux, heureusement très-rares, les enquêtes qui le sont moins, les rapports d'experts.

Une ordonnance du mois de juillet 1737 avait établi des règles sur le faux incident et sur la *Vérification d'écriture;* cette loi avait pour objet la révision des titres de l'ordonnance de 1670, *de la Reconnaissance des écritures ou signatures privées, et du faux principal ou incident:* déjà vous pressentez qu'une partie des dispositions d'une loi qui se rattachait à l'ancienne procédure criminelle, ne peut entrer dans notre instruction sur la *Vérification des écritures*, et sur le faux incident en matière civile.

Mais, en écartant tout ce qui peut tenir à une forme d'instruction criminelle si opposée à la nôtre, il reste des règles très-sages sur le mode de vérification, et sur l'apport et le choix des pièces de comparaison: nous nous sommes emparés de ces dispositions, en les dégageant de tout ce qui eût pu embarrasser notre marche sans éclairer le juge.

Art. 195. — Ainsi, quand il sera question de vérifier une écriture privée, un jugement ordonnera cette vérification; elle sera faite par titres, par experts, ou par témoins.

Si la preuve de la vérité ou de la fausseté était acquise par titres, la cause serait bientôt terminée; mais ce n'est pas ce qui arrive le plus communément: il faut souvent recourir aux experts et aux témoins; l'instruction devient alors plus longue.

Art. 206. — Les experts ne peuvent procéder que sur des pièces de comparaison, ou sur un corps d'écriture qu'ils ont dicté et qu'ils ont vu se former. Nous ne nous sommes pas dissimulé tout ce qu'on a dit sur la science conjecturale des experts. Hé! sans doute, on peut quelquefois ne pas acquérir avec ce secours une démonstration complète; mais lorsqu'une partie dénie une écriture, lorsqu'il n'existe pas de titres pour en prouver la vérité ou la fausseté; il faut bien, de toute *nécessité* avoir recours aux experts ou aux témoins, ou à tous les deux, s'il est possible.

Les témoins aussi ne forment pas une preuve d'un degré de force tel que la justice pourrait le desirer; elle est cependant contrainte de les écouter.

Au reste, la conviction du Magistrat s'opère par la réunion de toutes ces preuves, et ce qui pourrait manquer dans l'une pour une parfaite démonstration, peut être suppléé par ce qui résulte de l'autre. Encore une fois, on admet et l'on se contente du concours des trois preuves, par titres, par experts et par témoins, parce qu'il est impossible d'en imaginer une quatrième; et que, dans la nécessité de prononcer sur le sort d'une pièce soutenue vraie d'une part, soutenue fausse de l'autre, on est bien forcé de se déterminer par les seules espèces de preuves que la matière peut comporter.

Art. 196. — Les principales règles de cette procédure consistent, 1.° dans le dépôt de la pièce inculpée et dans le procès-verbal qui en constate l'état; (Art. 199.) 2.° dans le choix des pièces de comparaison qui doivent être, ou convenues par les parties, ou admises par le juge qui doit rejeter toutes celles dont l'écriture ou la signature ne sont pas incontestables; (Art. 209.) 3.° dans la formation d'un corps d'écriture qui, nécessairement, doit être dicté par les experts et écrit en leur présence; (Art. 212.) 4.° dans l'audition des témoins à qui l'on doit représenter les pièces pour qu'ils les paraphent, afin qu'il n'y ait ni erreur ni incertitude sur l'objet de leur déposition.

Ces règles sont accompagnées des dispositions convenables pour assurer l'apport et la conservation des pièces de comparaison, soit qu'elles se trouvent entre les mains de particuliers, soit qu'elles existent dans un dépôt public. La plupart de ces règles trouvent leur application dans le titre du *Faux incident civil*, dont je vais m'occuper.

Art. 214. — Nous avons d'abord écarté l'obligation de consigner une amende préalable pour obtenir la permission de s'inscrire. Cette consignation nous a paru au moins peu convenable; pourquoi donc payer d'avance pour user d'un moyen avoué par la loi? Nous avons écarté, avec encore plus d'empressement, la disposition de l'ordonnance de 1737 (Art. 229). portant *qu'en aucun cas il ne serait donné copie ni communication des moyens de faux au défendeur*; disposition adaptée à l'ancienne procédure criminelle qui paraissait toute dirigée contre l'accusé qu'on traitait d'avance comme un coupable, ou comme un ennemi.

Art. 225. — La marche que nous avons tracée est d'une grande simplicité et toute civile; si la partie persiste à vouloir se servir de la pièce arguée de faux, on en dresse l'état et on la dépose.

Art. 229, 230, 231. — Le demandeur en faux signifie ses moyens; le défendeur répond; et la cause est portée au tribunal qui admet ou rejette les moyens de faux.

Art. 232. — Sont-ils admis? la preuve se fait par titres, par expert, ou par témoins, et la procédure rentre dans celle sur la vérification d'écritures.

Quand l'instruction est achevée, le jugement se poursuit sur un simple acte.

Art. 246, 247, 248. — J'ai dit qu'il n'y avait pas de consignation d'amende préalable, et que l'instruction était toute civile; mais le demandeur qui succombe est condamné à une amende et aux dommages et intérêts de son adversaire; (Art. 239.) et, si de la procédure résultent des indices de faux contre des personnes vivantes, le président du tribunal délivre contre elles des mandats d'amener; elles sont poursuivies suivant les règles de notre Code criminel.

Art. 249. — Enfin, dans une pareille matière, l'ordre public est toujours intéressé; les parties ne sont pas libres, par des conventions privées et secrètes, de faire disparaître les traces d'un crime et de soustraire les coupables aux peines qu'ils ont encourues: aucune transaction ne peut être exécutée qu'après une homologation en justice, sur les conclusions du ministère public, qui doit veiller sans cesse, parce que le crime ne dort jamais.

Le titre sur les *Enquêtes*, quoique composé d'un grand nombre d'articles, ne peut ni éprouver de difficulté ni donner lieu au moindre doute.

Art. 255 et suiv. — Le jugement qui ordonne une preuve, contient les faits admis et la nomination du juge devant qui la preuve doit être faite.

La loi règle les délais pour commencer et pour terminer l'enquête, les déclarations et les serments à faire par les témoins, la forme des procès-verbaux, la nature des reproches qu'on peut admettre, le moment où ils doivent être proposés, la manière de les prouver, tout enfin est prévu : j'abuserais de votre patience si je m'appesantissais sur ces détails.

Art. 303. — La loi présente aussi un titre sur les rapports d'experts ; vous remarquerez une disposition nouvelle ; ces rapports seront toujours faits ou par un seul expert, si les parties y consentent, ou par trois experts, jamais par deux.

Dans l'usage ordinaire, chaque partie nommait son expert, qui se constituait le défenseur de celui de qui il tenait sa mission, sans pouvoir s'élever jamais à la hauteur de ses fonctions, bien plus nobles en effet; car des experts sont une espèce d'arbitres qui doivent se dépouiller de tout intérêt, de toute prévention pour préparer, par leurs lumières, les décisions impartiales des magistrats.

Aussi arrivait-il toujours que les deux experts étaient divisés; la nomination d'un tiers et un nouveau rapport devenaient nécessaires; de là, perte de temps, multiplication de procédures, frais énormes.

La nouvelle règle est plus simple; un expert seul, si les parties le désirent, ou trois experts, mais toujours faculté aux parties de convenir entre elles du choix, et alors les experts reçoivent leur mission de tous les intéressés; si les parties ne s'accordent pas, la nomination est faite d'office.

Après avoir réglé le nombre des experts et le mode du choix, le titre indique la marche qu'ils doivent tenir et la forme de leurs rapports : il ordonne, avec beaucoup de sagesse (Art. 318), qu'on ne présentera qu'un seul résultat; mais s'il y a eu diversité d'avis, les raisons en seront indiquées sans faire connaître l'opinion particulière de chaque expert.

Les titres suivants, jusqu'au XXIII.e, donnent des règles sur quelques autres procédures particulières dans les cas qui peuvent se présenter, comme s'il est nécessaire d'une descente du juge sur les lieux, ou si l'une des parties veut faire interroger l'autre sur faits et articles; le juge peut permettre cet interrogatoire; mais c'est une faculté dont sa prudence doit régler l'usage : (Art. 324.) je n'ai rien à observer sur ces titres, ni sur les demandes en reprise d'instance, ou en constitution de nouvel avoué, quand l'avoué ou la partie sont décédés.

Les titres sur le désaveu d'un avoué qui a agi sans pouvoir, sur les demandes en réglement de juges, lorsque plusieurs tribunaux se trouvent saisis de la même affaire, sur celles en renvoi pour cause de parenté ou alliance, sur la péremption d'instance par discontinuation de poursuites pendant trois ans, offrent des règles si précises, si simples, mais en même-temps si forcées, qu'il suffit de les lire pour les justifier.

Art. 368. — Un seul point doit être remarqué, c'est la cause du renvoi à un autre tribunal, pour parenté ou alliance. Le renvoi pourra être demandé, si la partie a dans un tribunal de première instance deux parents ou alliés au degré de cousin issu de germain inclusivement, ou trois parents ou alliés au même degré en cour d'appel; ou lorsque la partie, étant elle-même membre du tribunal, a encore, aux mêmes degrés, un parent en première instance, ou deux en cour d'appel.

Si l'on peut n'avoir aucun égard aux craintes imaginaires d'un plaideur toujours disposé à l'inquiétude, on ne doit pas mépriser également des appréhensions qui peuvent avoir un fondement. Sans doute la majeure partie des juges, tous peut-être, sont capables de s'élever au-dessus de toute affection du sang et de toute considération d'intérêt de famille; mais enfin la position d'un plaideur mérite, dans ce cas, d'être prise en quelque considération; il serait trop cruel de ne pas lui offrir les moyens de porter son affaire à un autre tribunal.

J'arrive au titre de la *Récusation.*

Art. 378. — On a cru ne devoir pas conserver l'usage de la récusation péremptoire ou sans motif. Elle avait été admise par des raisons bien plus spécieuses que solides. L'expérience a prouvé qu'elle n'était presque toujours employée que pour éloigner, par une injure gratuite, le juge dont on redoutait le plus la pénétration et l'intégrité. Au moins doit-on reconnaître qu'elle peut avoir cet effet, et dès-lors elle doit être aussi dangereuse dans certains cas, qu'on la supposerait utile dans d'autres; et, comme il est évident qu'il n'y a aucun moyen possible d'en régulariser l'usage, on a dû la rejeter.

Les causes de récusation sont retracées dans la loi; elles ne sont pas nouvelles; ce n'est pas sur ces causes qu'on peut être divisé; mais la forme de l'instruction, sur cet incident, peut être plus ou moins parfaite.

Il me semble que celle proposée doit remplir son objet : cette espèce d'affaire, toujours un peu fâcheuse, sera jugée promptement, sans éclat et bien en connaissance de cause.

Art. 384, 385. — Celui qui récuse met au greffe un acte contenant ses motifs : dans les vingt-quatre heures, un jugement, ou rejette la récusation si elle est inadmissible, ou ordonne, 1.° la communication au juge, pour s'expliquer sur les faits dans un délai fixé ; 2.° la communication au ministère public, avec nomination d'un rapporteur, et indication du jour où sera fait le rapport.

Art. 386. — Le juge récusé fait sa déclaration au greffe, à la suite de l'acte de récusation ; s'il convient des faits, il est ordonné qu'il s'abstiendra ; s'il n'en convient pas, le tribunal, ou rejette la récusation ; ou l'admet, si les faits paraissent suffisamment prouvés ; ou enfin ordonne la preuve des faits.

Art. 392, 393, 394. — Lorsque la récusation est jugée, l'appel doit être interjeté dans les cinq jours ; après ce délai, il n'est plus recevable. L'acte d'appel doit être passé au greffe, et contenir ses motifs. Les pièces sont envoyées, dans les trois jours, au greffier de la cour d'appel, qui, dans un pareil délai, est tenu de les remettre au tribunal : un rapporteur est nommé ; au jour indiqué, et sur les conclusions du ministère public, l'affaire est jugée sans appeler les parties, dont tous les moyens se trouvent nécessairement dans l'acte de récusation, d'une part, et dans la déclaration du juge, de l'autre.

Enfin, me voici parvenu aux deux derniers titres de ce livre : celui des *Matières sommaires* et celui *de la Procédure devant les Tribunaux de commerce*.

C'est surtout dans l'instruction des matières sommaires que nous avons pu abréger les formes.

Le premier article de ce titre présente l'énumération des affaires qu'on peut regarder comme matières sommaires : (Art. 404.) telles sont les appels de juges de paix, les demandes pures personnelles, quand il y a titre non contesté ; les demandes provisoires ou requérant célérité ; enfin les demandes en paiement de loyers, fermages et rentes.

Vous remarquerez déjà, Messieurs, que ces affaires forment la grande partie de celles portées devant les tribunaux, et il n'échappe pas à votre sagacité qu'elles sont précisément celles qui peuvent intéresser la classe la plus nombreuse, comme la moins fortunée des citoyens.

Art. 405. — La nature de ces sortes d'affaires, presque toujours d'une solution facile, a permis ici de supprimer toute forme, toute instruction écrite ; elles seront portées à l'audience sur un simple acte. S'il faut entendre des témoins, (Art. 407.) c'est à l'audience qu'on fera l'enquête, et dans la même simplicité que les enquêtes devant les juges de paix. Que n'a-t-il été possible d'appliquer ces règles à toutes les autres affaires ! Mais la sagesse consiste, non à tenter sans choix et dans tous les cas la même espèce de bien, mais à assurer, dans chaque position, l'espèce de bien dont elle est susceptible.

Art. 414. — Le titre de la procédure devant les tribunaux de commerce, dernier objet qui doit nous occuper, n'exige aucun développement particulier : ici tout est simple, tout est rapide ; point d'avoués, il ne faut point d'intermédiaire entre le commerçant qui plaide et le commerçant qui prononce sur une affaire de son état ; tout doit être, tout est sommaire ; l'équité, la bonne foi, sont la base de tous les jugements ; il serait fort à désirer que les parties pussent toujours être entendues contradictoirement et en personne.

Vous connaissez actuellement, Messieurs, les deux premiers Livres du code que nous avons été chargés de vous présenter ; vous avez vu la marche générale de la procédure devant la justice de paix et devant les tribunaux inférieurs. J'ai fait passer sous vos yeux tous les incidents et toutes les variations que peut subir une affaire : vous êtes sans doute bien convaincus que l'instruction sera toujours simple, et que jamais nous ne nous sommes écartés de cette base, qu'il faut entendre celui qui demande et celui qui conteste, avant de prononcer.

Vous avez certainement remarqué que les articles des différents titres qui vous sont soumis n'étaient pas tous présisément et uniquement destinés à marquer un pas dans la procédure : il a fallu quelquefois remplir dans nos lois des lacunes qui auraient suspendu toute la marche de l'instruction : on ne l'a fait qu'avec une lente et sage circonspection ; et je me plais à publier hautement que, sur ce point comme sur tous les autres, nous devons beaucoup aux observations sages et multipliées des membres du tribunat.

Sans doute, notre travail n'est pas parfait, mais j'ose dire qu'il l'est autant qu'il puisse l'être, et que l'exécution y fera reconnaître bien des avantages qui doivent être peu sensibles aujourd'hui. J'observerai seulement que, si quelques critiques nous reprochent une surcharge de procédure, d'autres se plaignent au contraire de l'excessive simplicité de la procédure que nous avons conservée; ainsi nous pouvons nous flatter d'avoir évité les extrêmes si rarement d'accord avec la sagesse.

Cependant, ne nous dissimulons pas que le succès du Code dépendra beaucoup et de l'autorité à qui son exécution est confiée, et de la conduite des officiers ministériels qui le pratiqueront chaque jour.

Quelques personnes semblent mettre peu de prix à l'instruction plus ou moins grande des officiers ministériels : que ceux qui tiennent ce langage ont peu réfléchi sur ce qui les entoure! Hé! chez qui donc se présentera l'homme sans fortune, l'homme de campagne, menacé d'avoir un procès? entreprendra-t-il un long voyage pour s'approcher d'un jurisconsulte distingué? le connaîtra-t-il même de nom? et, lorsqu'il ira frapper à sa porte, ce jurisconsulte, que je supposerai toujours orné de toutes les vertus de son état, pourra-t-il, distrait par une multitude d'affaires d'un haut intérêt, prodiguer toujours son temps et ses soins à des affaires courantes et sans éclat?

Ne fermons donc pas les yeux sur ce dont nous sommes sans cesse les témoins : l'homme de campagne, l'homme sans fortune, sont presque toujours forcés de s'adresser d'abord à un avoué, parce qu'il se trouve plus près d'eux. Mais quel malheur si cet officier manque de lumières ou de délicatesse; s'il flatte la passion d'un client; s'il lui montre comme certain un succès presque toujours douteux et souvent impossible; s'il le pousse enfin dans l'abîme d'un mauvais procès!

Oh! combien de ruines consommées par la perfidie ou par l'ignorance d'un premier conseil.

Puissent des officiers si souvent appelés par état à guider les premiers pas d'un plaideur infortuné, se pénétrer fortement de toute l'importance de leurs fonctions! Puissent-ils ne jamais perdre de vue cette considération touchante, cette estime profonde qui entourait plusieurs modèles que le siècle dernier a produits! Puissent ces exemples entretenir une noble émulation parmi ceux qui fournissent la même carrière, et préparer encore de nouveaux modèles à nos neveux!

Mais si le succès du Code peut dépendre en partie de la conduite pure et éclairée des officiers ministériels, il dépendra surtout des tribunaux, témoins assidus de la manière dont la loi est exécutée.

Ne craignons pas de le dire, les abus en cette matière ne peuvent pas s'introduire et se perpétuer sans qu'il y ait de la part des magistrats au moins faiblesse ou négligence; quand la loi est violée, ils sont en quelque manière complices de l'infraction qu'ils tolèrent, surtout en matière de procédure; parce qu'ils ne peuvent se dissimuler un abus qui se pratique sous leurs yeux, et que la répression est tout entière en leur pouvoir.

Je sais, messieurs, que les désordres dont on se plaignait doivent être rejetés en grande partie sur l'insuffisance des lois, sur le défaut ou l'incohérence des réglements, sur une multitude d'usages que le temps semblait avoir légitimés et qu'on respecte toujours un peu malgré soi, quoiqu'on en reconnaisse les vices.

Mais toutes ces causes vont disparaître; aucun motif désormais ne pourra ralentir le zèle des magistrats.

Osons donc nous flatter, pour l'avenir, que les lois seront entièrement exécutées.

Hé! dans quel temps eut-on plus de motifs pour former cet espoir? Quand les magistrats durent-ils brûler d'un zèle plus pur et plus ardent? Furent-ils jamais couverts d'une faveur plus éclatante, et les cendres du jurisconsulte-magistrat, que ses longs travaux et ses connaissances profondes avaient porté au faîte des honneurs, n'attestent-elles pas à tout l'univers que le Souverain sait apprécier également tous les talents et tous les services?

N'en doutons pas, messieurs, ce grand exemple sera toujours présent au citoyen de tous les états; guerriers ou magistrats; nous ne disputerons tous que de zèle à seconder, dans le poste où la providence nous a placés, le vœu profond de Sa Majesté qui ne respire que pour la stabilité de la gloire et du bonheur du peuple français.

LIVRES III ET IV.

Des Tribunaux d'Appel. — Des Voies extraordinaires pour attaquer les Jugements.

Décrétés le 17 avril 1806; — Promulgués le 27 du même mois.

[ARTICLES 443 à 516.]

EXPOSÉ DES MOTIFS par M. le Conseiller-d'État BIGOT DE PRÉAMENEU.

Séance du 7 avril 1806.

MESSIEURS,

Le III.e et le IV.e livres de la première partie du Code de Procédure civile vont être soumis à votre délibération.

L'un a pour objet l'appel des jugements et l'instruction sur l'appel;

L'autre, les voies extraordinaires pour attaquer les jugements : elles sont au nombre de trois : la tierce opposition, la requête civile et la prise à partie.

De l'Appel.

Je n'ai point ici à examiner si l'usage de l'appel des jugements doit, en France, son origine à l'intention de diminuer l'autorité des seigneurs pour augmenter et concentrer la puissance royale : il suffit que, malgré l'utilité d'abréger les procès, il n'y ait aucun doute sur l'utilité plus grande encore de conserver, au moins dans les affaires d'une certaine importance, un recours à la partie qui peut avoir été injustement condamnée.

Subordonner les premiers jugements à l'appel, c'est donner une garantie qu'ils seront rendus avec une plus scrupuleuse attention. La justice distributive est, comme sauve-garde de l'honneur et de la propriété, le premier besoin des peuples; il suffit que l'appel soit un moyen de plus de s'assurer qu'elle sera rendue, pour que cette forme de procéder doive être conservée.

Il faut seulement, pour qu'il n'en résulte pas d'abus, rechercher quelles peuvent être les règles les plus convenables sur le délai pour appeler, sur les effets de l'appel, et sur une instruction aussi simple qu'il soit possible.

ART. 443. — Tout jugement établit une obligation au profit d'une partie contre l'autre; les obligations ne se prescrivent que par trente ans; la partie au profit de laquelle le jugement a été rendu, doit donc avoir trente ans pour l'exécuter.

Peut-on de ce principe conclure que le débiteur condamné doive aussi avoir le même temps pour interjeter appel?

Cette conséquence, toute fausse qu'elle est, avait été admise avant l'ordonnance de 1667, et elle a même été depuis, malgré les dispositions de cette loi, maintenue dans plusieurs parties de la France.

Cependant le premier devoir de tout débiteur est d'acquitter ses engagements; celui contre lequel un jugement a été rendu est donc tenu ou de remplir sans délai l'obligation que ce jugement lui impose, ou de présenter, par le moyen de l'appel, et aussitôt que cela lui est possible, les motifs sur lesquels il croit que les premiers juges l'ont injustement condamné.

De la faculté d'appeler, il ne résulte point que le jugement n'ait formé qu'une obligation imparfaite, et qu'il reste encore un droit éventuel dont la durée doive être de trente ans pour l'une comme pour l'autre partie.

La propriété de celui dont le droit a été reconnu légitime étant consacrée par le jugement, il ne peut plus, à son égard, être question d'acquérir par prescription cette propriété contre son adversaire. Les règles de la prescription ne peuvent donc point s'appliquer au recours que la loi donne contre un jugement.

Sans doute, la partie condamnée doit, pour être déchue du droit d'appeler, avoir été constituée en demeure. Mais n'est-elle pas constituée en demeure par la signification du jugement, signification dans laquelle on exprime, et qui, lors même qu'on ne l'exprimerait pas, emporte, de droit, la sommation de l'exécuter? On ne saurait, contre une preuve aussi positive, dire qu'il soit encore permis de présumer que celui qui a sommé d'exécuter le jugement, consente à ce que cette exécution soit différée: il n'y a donc de délai juste que celui qui doit être regardé comme nécessaire à la partie condamnée pour prendre conseil et pour préparer ses moyens d'appel.

Les auteurs de l'ordonnance de 1667, semblent avoir craint ce qui est arrivé, au moins dans une partie de la France, c'est-à-dire, de faire une loi qui ne serait point exécutée, s'ils réduisaient, d'après ces principes, l'ancien délai, autant qu'il eût dû l'être: ils le fixèrent à dix ans. Il est vrai qu'en même temps ils firent une exception en faveur de celui qui, ayant obtenu le jugement, aurait fait à son adversaire une sommation d'appeler; mais ils ne voulurent pas que cette sommation pût être faite avant trois ans depuis la signification du jugement, et ils donnèrent encore à la partie condamnée, pour interjeter son appel, six mois depuis la sommation.

Il n'était pas juste que celui qui, déjà par la signification d'un jugement, avait sommé de l'exécuter, fût tenu de provoquer un second procès. Ne lui permettre l'itérative sommation qu'après un délai de trois ans, c'était l'exposer à ranimer par un nouveau défi des passions qu'un aussi long temps avait dû éteindre: les six mois qu'on lui donnait depuis l'itérative sommation, eussent été seuls un délai plus que suffisant.

Quoique l'ordonnance de 1667 n'eût pas, dans la fixation des délais, établi une balance juste entre les parties, cependant c'était un grand pas vers un meilleur ordre, et il serait difficile d'expliquer comment les anciennes idées pour le délai de trente ans, avaient, en plusieurs lieux, prévalu sur l'autorité de la loi.

On pourrait, en toute rigueur, dire que celui qui a succombé a eu le temps de prévoir la possibilité de sa condamnation, et que le moindre délai pour appeler doit suffire.

Dans la législation romaine, le plus long délai a été de dix jours: cette règle a été adoptée avec quelques modifications dans le Code prussien; elle ne conviendrait pas dans un empire aussi grand que la France.

On avait trouvé une juste mesure dans la loi du 24 août 1790, qui ne permet pas de signifier l'appel d'un jugement après l'expiration de trois mois, à dater du jour de la signification à personne ou domicile.

Il n'est personne qui ne reconnaisse que ce temps suffit pour délibérer si on doit interjeter appel et pour s'y préparer. Aucune disposition de nos lois nouvelles n'a eu un assentiment plus général; elle est de nouveau consacrée dans le Code de procédure.

Il n'était mention, ni dans l'ordonnance de 1667, ni dans les lois postérieures, de la manière dont l'intimé doit se pourvoir par appel, s'il croit que ses intérêts soient lésés dans le jugement. Cependant il faut, en établissant des règles sur les délais d'appel, déclarer si l'intimé sera sujet aux mêmes délais, et si la signification qu'il aurait faite du jugement, sans protestation, pourra lui être opposée.

Les délais de l'appel ont été limités pour que le sort de celui contre lequel on peut l'interjeter, ne reste pas trop long-temps incertain. Ces délais fixés contre l'appelant, ne sont plus à considérer en sa faveur, lorsque, par l'appel, il a remis en question ce qui avait été jugé. Dès-lors le droit réciproque d'appel n'est pour l'intimé pendant ce nouveau combat judiciaire, que celui d'une légitime défense.

Cette défense ne saurait lui être interdite, lors même qu'il aurait signifié le jugement sans protestation. C'est l'appelant qui, par son propre fait, change la position et l'intérêt de son adversaire. Le plus souvent, les droits respectifs des parties ont été justement balancés par des condamnations réciproques. L'intimé qui a signifié le jugement sans protester, pouvait être disposé à respecter cette intention des premiers juges; mais lorsque, par l'appel, on veut rompre cet équilibre, la justice demande que, pour le maintenir, l'intimé puisse employer le même moyen.

On a eu encore à réparer une omission très-importante des précédentes lois.

Celle de 1790 n'avait appliqué ses dispositions sur les délais de l'appel qu'aux jugements contradictoires, sans statuer à l'égard de ceux rendus par défaut ; ainsi les anciens réglements sur le délai de l'appel des jugements de cette dernière classe, n'ont point encore perdu leur empire, et, dans une partie de la France, ce délai est de trente ans.

On a dû, à l'égard de ces jugements, songer non-seulement au temps nécessaire pour l'appel, mais encore prendre des précautions particulières, pour que la partie condamnée par défaut en ait connaissance.

Ce double objet a été rempli, en ordonnant que le délai pour interjeter appel des jugements par défaut sera de trois mois, à compter du jour où l'opposition ne sera plus recevable.

Or, suivant une autre disposition du Code, l'opposition contre les jugements rendus par défaut sera recevable pendant la huitaine, à compter du jour de la signification à l'avoué qui aurait été constitué : lorsqu'il n'y aura point eu de constitution d'avoué, l'opposition sera recevable jusqu'à l'exécution du jugement. Après avoir fait ainsi cesser toute inquiétude sur ce que les parties condamnées pourraient, par l'infidélité des huissiers, ou même par d'autres accidents, n'avoir eu aucune connaissance de la condamnation, il n'y avait plus aucune raison pour que le délai de trois mois ne courût pas à l'égard des jugements par défaut, comme à l'égard de ceux rendus contradictoirement.

L'ancienne législation avait admis plusieurs exceptions à la règle générale sur le délai de dix ans pour l'appel.

Art. 444. — Ce délai était double lorsqu'il s'agissait des domaines de l'église, des hôpitaux, des colléges ; il ne commençait à courir contre les mineurs, que du jour de la majorité.

Il est vrai que les intérêts de l'État et des établissements publics, ceux même des mineurs, ne sont que trop souvent compromis par négligence ou par infidélité : il est, à leur égard, des précautions nécessaires ; mais il n'est point indispensable de leur sacrifier, par des délais trop longs, l'intérêt des citoyens qui ont à défendre des droits opposés. Le but est de s'assurer que la religion des juges soit éclairée, sans que le cours de la justice soit arrêté.

On propose, à l'égard des mineurs, un nouveau moyen de sûreté, sans prolonger le délai de l'appel. Le Code Napoléon donne à la fois aux mineurs un tuteur et un subrogé tuteur. Ce dernier est chargé d'agir pour les intérêts du mineur, lorsqu'ils sont en opposition avec ceux du tuteur. Pour que la négligence qui souvent a des effets irréparables ne soit plus à craindre, on exige que tout jugement sujet à l'appel, soit signifié tant au tuteur qu'au subrogé tuteur, lors même que ce dernier n'aurait pas été en cause. Le subrogé tuteur n'est pas alors chargé de la défense du mineur pendant l'appel ; mais il sera, comme le tuteur lui-même, responsable, s'il laisse passer le délai de trois mois depuis la signification qui leur aura été faite, sans avoir pris les mesures prescrites par la loi, pour savoir si l'appel doit être interjeté, et sans l'avoir interjeté.

Par le Code Napoléon, l'interdit est assimilé au mineur pour sa personne et pour ses biens.

Art. 481. — On a d'ailleurs adopté une mesure qui mettra de plus en plus l'État, les établissements publics, les mineurs et les interdits, à l'abri des surprises qui seraient faites à la justice. Ils seront admis, ainsi qu'on l'expliquera dans la suite, à se pourvoir par requête civile, lorsqu'ils n'auront point été défendus, ou lorsqu'ils ne l'auront pas été valablement.

Art. 445. — Celui qui demeure hors de la France continentale, doit avoir les trois mois pour délibérer s'il appellera, et ensuite le temps nécessaire pour transmettre ses instructions : c'est celui fixé pour répondre aux ajournements.

Art. 446. — Quant aux personnes domiciliées en France, mais absentes du territoire européen de l'Empire, pour un service public, l'ordonnance de 1667 s'était bornée à déclarer que les délais prescrits pour l'appel, ne seraient point observés à leur égard, de manière qu'ils ne commençaient à courir contre eux, que quand la cause de leur absence avait cessé.

La faveur due au service public n'est point un motif suffisant pour que celui dont la cause a été trouvée juste, reste ainsi dans une incertitude dont il n'y ait aucun terme.

Les absents pour le service public désigné par la loi, auront le temps ordinaire de trois mois, et en outre celui d'un an : c'est le délai accordé à ceux qui demeurent dans les pays les plus lointains. Il est sans doute encore à craindre que les personnes ainsi employées ne puissent pas être averties à temps; mais ce délai, fût-il plus long, l'inconvénient ne serait pas entièrement prévenu et on ne doit pas sacrifier le bien général, par la crainte d'un inconvénient très-rare.

On a encore à prévoir le cas où la partie condamnée décéderait pendant le délai de l'appel.

Art. 447. — Quoique les héritiers représentent le défunt, il n'en est pas moins nécessaire de leur signifier de nouveau un jugement dont ils peuvent n'avoir eu aucune connaissance personnelle, ou dont les papiers trouvés dans le domicile de ce défunt, ne leur auraient découvert aucunes traces; ils ne doivent point être privés du délai que le Code Napoléon leur donne, pour délibérer s'ils accepteront, ou s'ils répudieront la succession; pendant ce délai, celui de l'appel sera suspendu.

On a, d'une autre part, écarté en faveur de l'appelant une difficulté qui lui faisait souvent éprouver l'ignorance des noms et des qualités des héritiers. Le jugement pourra leur être signifié collectivement et sans désignation individuelle.

L'ordonnance de 1667 avait aussi exigé la signification du jugement aux héritiers, mais elle leur avait de plus accordé, pour l'appel, un délai de six mois, qui ne commençait à courir que du jour de la sommation d'appeler, et cette sommation ne pouvait être faite qu'un an après l'expiration du délai pour faire inventaire et pour délibérer : c'était une suite du système abusif de longs délais pour l'appel.

Art. 448. — Enfin il peut arriver qu'un jugement ait été rendu sur une pièce fausse, ou qu'une partie n'eût pas été condamnée, si elle eût pu représenter une pièce décisive retenue par son adversaire.

La partie condamnée aurait, dans ce cas, si le jugement était en dernier ressort, la voie de la requête civile; mais lorsque le jugement est susceptible d'appel, la partie qui a profité du faux, ou retenu la pièce, s'est elle-même rendue non-recevable à opposer que le délai de l'appel soit expiré. Ce temps ne devra courir que du jour où le faux aura été, soit reconnu, soit juridiquement constaté, ou du jour que la pièce aura été recouvrée.

On a exigé que le jour où la pièce a été recouvrée, fût constaté par écrit; telle serait la preuve résultant d'un inventaire après décès. Il eût été contraire aux principes établis par le Code Napoléon, sur la preuve testimoniale, de faire dépendre de simples témoignages l'autorité qu'a un jugement après le délai de l'appel.

Toutes ces règles sur les délais de l'appel des jugements sont simples; elles ne nuisent à l'intérêt d'aucune des parties, et nulles dispositions du Code de procédure ne contribueront davantage à l'abréviation des procès.

Art. 449, 450. — La loi atteindra encore un but utile en s'opposant à un grand nombre d'appels, qui sont présumés n'avoir pour cause que le premier ressentiment qu'une condamnation fait naître. Les auteurs de la loi du 24 août 1790, ont eu, à cet égard, une idée très-heureuse, lorsqu'ils ont réglé que, pendant la première huitaine depuis le jugement, on ne pourrait ni l'exécuter, ni en interjeter appel. Ils ont donné aux mouvements, qui d'abord agitent un plaideur condamné, le temps de se calmer et de le rendre à la réflexion dont il a besoin pour décider, avec sagesse, s'il exécutera le jugement, ou s'il l'attaquera.

Il a seulement été indispensable d'excepter les jugements exécutoires par provision. Ces condamnations seraient le plus souvent sans effet, si l'exécution pouvait être retardée. D'un autre côté, il peut être utile à la partie condamnée de faire sur-le-champ connaître son recours aux juges supérieurs, afin que son adversaire mette lui-même plus de réflexion en faisant des poursuites, dont le résultat est encore incertain.

La même loi de 1790 déclarait déchu de l'appel, celui qui en avait signifié la déclaration avant que le délai de huitaine depuis le jugement, fût expiré. Priver la partie condamnée du droit d'appeler, par le seul motif qu'avant de prendre ce parti, elle n'avait pas laissé s'écouler le temps de la réflexion, prescrit par la loi, c'était une rigueur excessive et que le Code n'admet point.

Art. 451. — La loi veille, non-seulement à ce qu'il n'y ait point d'appels irréfléchis, mais encore à ce qu'il n'y en ait pas de prématurés ou d'inutiles. (Art. 452.) Tels seraient les appels des jugements qui ne font que régler la procédure. Ces appels peuvent être fondés sur ce que les premiers juges auraient ordonné une procédure, ou entièrement inutile, ou trop longue, ou même contraire à la marche indiquée par la loi. Mais, si ces moyens d'appel, ou d'autres semblables, pouvaient, avant que le jugement définitif fût rendu, être portés devant le tribunal supérieur, on verrait autant d'appels que de jugements d'instruction, et il en naîtrait un désordre qu'il serait impossible d'arrêter.

Il en doit être autrement, lorsque les premiers juges prononcent un interlocutoire qui préjuge le fond. La partie qui, dans ce cas, se croit lésée par un jugement dont elle a les suites à redouter, ne doit point être obligée d'attendre le jugement définitif. Elle pourra également se pourvoir contre les jugements qui auraient accordé une provision.

Art. 453, 454. — Il y avait eu quelque variation dans la jurisprudence, sur le point de savoir si l'on devait se pourvoir au tribunal de cassation, ou si l'on pouvait interjeter appel, lorsqu'un jugement qualifié en dernier ressort avait été rendu par des juges qui ne pouvaient prononcer qu'en première instance, ou encore lorsqu'un jugement qualifié en premier ressort, ou n'étant point qualifié, avait pour objet une contestation sur laquelle le tribunal était compétent pour juger sans appel.

Ces erreurs dans la qualification du ressort ne sauraient être considérées comme abus de pouvoir; elles ne doivent pas être un obstacle au droit d'appeler, si le jugement a été mal à propos qualifié en dernier ressort : de même qu'elles ne doivent pas donner le droit d'appeler, si le jugement qualifié en première instance, ou non qualifié, a été rendu par un tribunal dont le devoir était de juger en dernier ressort.

Art. 455. — L'ordonnance de 1667 n'avait donné le droit de s'opposer dans le délai de huitaine aux jugements par défaut, que dans le cas où la partie condamnée en dernier ressort n'avait plus la ressource de l'appel. Mais l'usage de la plupart des tribunaux de France avait étendu même aux jugements par défaut susceptibles d'appel, la faculté de s'y opposer. On avait justement pensé qu'il était plus utile aux deux parties d'instruire leur affaire devant les premiers juges et de pouvoir ensuite prendre la voie de l'appel; mais le plus souvent, et avant même que le délai de l'opposition fût expiré, on interjetait appel, sous prétexte de sortir plus promptement d'affaire, ou de se soustraire à des préventions.

Ce droit d'opposition est accordé par la loi comme le moyen qui doit être employé, et non pour qu'on ait le choix de prendre cette voie, ou d'interjeter appel. Si le délai pour s'opposer est expiré, la loi présume que la partie condamnée n'a point été à portée, ou à temps, de fournir ses moyens d'opposition, et elle lui conserve encore la ressource de l'appel.

Art. 457, 458. — Après avoir établi dans quels délais et dans quels cas les appels doivent être interjetés, il fallait en expliquer les effets.

Art. 459, 460. — L'appel remet en question ce qui avait été décidé. Le droit de remettre en question une décision semble emporter le droit d'empêcher qu'elle ne soit exécutée.

Mais, d'une autre part, l'appel ne saurait empêcher qu'il n'y ait la plus forte présomption que les premiers juges ne se sont point, par erreur ou autrement, écartés des règles. L'autorité de leur jugement ne cesse entièrement que dans le cas où il est infirmé.

En vain celui qui l'a obtenu invoquerait-il cette autorité, si l'appelant pouvait, en suspendant l'exécution, rendre moins efficace, ou même inutile, la confirmation du jugement.

La conséquence de ces réflexions a été de régler que l'appel est en général suspensif, mais qu'il n'est que dévolutif dans le cas où, par le motif que l'on vient d'énoncer, l'exécution provisoire est prononcée.

Il avait été formellement défendu par l'ordonnance de 1667, aux cours supérieures, et même aux parlements, d'enfreindre les règles qu'elle établissait concernant l'exécution des jugements; mais bientôt on cessa de les respecter.

Les premiers juges, sous le prétexte qu'ils étaient forts de leur conscience sur la bonté de leurs jugements, étaient disposés à en ordonner l'exécution provisoire; et les juges supérieurs se rendaient, dans l'exercice de leur autorité, trop faciles à suspendre l'effet des jugements qui leur étaient soumis.

Dans ce conflit et dans cette confusion de pouvoirs, chaque partie faisait des efforts ruineux pour obtenir l'exécution provisoire ou la suspension.

Nous sommes loin de ces temps où les magistrats des cours souveraines, participant à l'autorité législative, croyaient aussi être revêtus d'un pouvoir illimité dans la distribution de la justice. Il suffira pour nos magistrats actuels qui s'honorent d'être les plus scrupuleux observateurs des règles, de leur exposer celles que le bien public a dictées, pour que ces règles deviennent leur devoir le plus cher et le plus sacré.

Le Code actuel fait connaître les cas où l'exécution provisoire peut être, soit prononcée, soit suspendue : il simplifie les formes de procéder devant les juges d'appel, relativement à cette exécution; s'ils la suspendent sans y être autorisés, leurs jugements seront nuls.

Art. 456. — Après avoir réglé les délais et les effets de l'appel, Le Code en prescrit les formalités et la procédure nécessaire pour l'instruction. Il eût été difficile d'imaginer une marche plus facile et plus prompte.

On oubliera jusqu'aux noms de ces formalités dispendieuses sans avoir jamais été utiles, et qui consistaient à relever l'appel après l'avoir déclaré; à demander que, faute de l'avoir relevé dans le temps prescrit : il fût déclaré désert; à faire convertir en anticipation la demande en désertion.

L'appel sera déclaré par un exploit dans la forme ordinaire et contenant assignation de l'intimé dans les délais de la loi.

Cependant cet exploit n'est point un acte de simple procédure qu'il suffise de signifier à un avoué; c'est un nouveau combat judiciaire que l'appelant engage : la signification doit être faite à personne ou domicile.

Art. 461. — Devant les juges d'appel, comme devant les premiers juges, toutes les affaires doivent être portées à l'audience. Il arrivera souvent que, dans le cas même où les premiers juges auront prononcé sur une instruction par écrit, l'affaire portée devant les juges d'appel se trouvera, ou assez éclaircie, ou réduite à des points assez simples pour être terminée à l'audience. L'un des abus que l'on reprochait le plus dans l'ancienne procédure, était la multiplicité des appels avec instruction par écrit.

Art. 462. — Dans tous les cas, les écritures qui précéderont l'audience, se réduiront à celles qui ont été regardées comme indispensables. Dans la huitaine de la constitution d'avoué par l'intimé, l'appelant signifiera ses griefs contre le jugement. L'intimé répondra dans la huitaine suivante. Toute autre procédure est défendue. La loi a manifesté son intention que ces écritures soient réduites à ce qui est de nécessité absolue, en ne donnant que de très-brefs délais pour les fournir.

Art. 463. — Si l'appel n'a pour objet qu'une matière sommaire, ou si, dans les autres affaires, l'intimé n'a pas, sur l'appel, constitué d'avoué, il suffit que les griefs soient exposés à l'audience; toute écriture est inutile.

Art. 465. — On peut sans doute, devant les juges d'appel, réparer les omissions faites dans l'instruction devant les premiers juges; mais, soit que l'appel ait été porté à l'audience, soit qu'une instruction par écrit ait été ordonnée, toute pièce d'écriture qui ne sera que la répétition de celles fournies, soit en première instance, soit sur l'appel, ne passera point en taxe.

Si le même écrit contient à la fois de nouveaux moyens ou exceptions, et la répétition des anciens, on n'allouera en taxe que la partie relative à ce qui est nouvellement exposé.

Il était impossible que la loi prît plus de précautions contre les écritures inutiles. Son observation dépendra sans doute de la vigilance des magistrats; mais on aura pour garantie le devoir qui leur est imposé et la crainte qu'ils auront d'être regardés comme fauteurs des abus.

Cette simplicité, cette briéveté dans l'instruction devant les juges d'appel, était d'autant plus convenable, qu'ils n'ont à prononcer que sur les points jugés en premier ressort. (Art. 464, 465.) Aucune nouvelle demande n'est admise, à moins qu'il ne s'agisse de compensation; ou que la demande nouvelle ne soit la défense à l'action principale.

On ne regarde point comme demande nouvelle tout ce qui n'est que l'accessoire; tels sont les intérêts, les arrérages, les loyers échus depuis le jugement de première instance, ou les dommages et intérêts pour le préjudice souffert depuis ce jugement. Mais, par le motif même que ces demandes sont regardées comme dépendant de la contestation portée devant les juges d'appel, elles ne pourront servir de prétexte à des écritures. On ne devra les exposer que par de simples actes de conclusions motivées; il en sera de même dans les cas où les parties voudraient changer ou modifier leurs conclusions.

Art. 466. — L'appel ne devant avoir pour objet que la contestation jugée, aucune intervention ne doit être admise, si ce n'est de la part de ceux qui n'auraient point été appelés comme parties devant les premiers juges, et qui, par ce motif, auraient droit de former une tierce opposition au jugement qui serait rendu.

C'est dans ces limites que doivent être resserrés les objets de l'appel.

Il se termine par un jugement, ou par un désistement que fait présumer une longue inaction.

Art. 467, 468. — S'il y a jugement, la loi règle qu'il sera rendu à la majorité des voix, et elle prévoit la difficulté qui s'élèverait, s'il se formait plus de deux opinions, ou s'il y avait partage.

Dans le premier cas, elle indique comment les juges doivent se réunir pour qu'il n'y ait plus que deux opinions, entre lesquelles le plus grand nombre de voix prévale; et, s'il y a partage, on appellera, pour le vider, un ou plusieurs juges n'ayant pas connu de l'affaire. L'ordre du tableau qui devra être suivie, écarte toute idée d'arbitraire : les nouveaux juges doivent être en nombre impair, pour éviter un nouveau partage; enfin, dans le cas où tous les juges auraient connu de l'affaire, trois anciens jurisconsultes seront appelés.

Art. 469. — La péremption sera acquise en cause d'appel dans les mêmes délais et suivant les mêmes formes que devant les premiers juges. Il y a seulement une différence entre les effets de la péremption en première instance, et les effets de la péremption sur appel.

En première instance, la procédure est éteinte, mais non l'action; à moins qu'elle ne soit prescrite ou autrement anéantie.

Lorsque, sur l'appel du jugement, il y a péremption, la partie condamnée est, par sa longue inaction, censée avoir renoncé à son appel, et dès-lors le jugement rendu en première instance acquiert la force de la chose jugée.

Il n'était pas besoin de spécifier les autres cas où un jugement aura la force de la chose jugée, il résulte évidemment des dispositions du Code, que tout jugement en premier ou en dernier ressort a cette force, lorsqu'il n'est point encore attaqué, ou lorsqu'il ne peut plus l'être. L'énumération que présente l'art. 5 du titre XXVII de l'ordonnance de 1667 serait incomplète, ou au moins elle laisserait encore à désirer beaucoup d'explications.

Art. 470. — Les autres règles établies pour l'instruction devant les tribunaux inférieurs, seront observées devant les juges d'appel.

Art. 471. — On a toujours regardé comme nécessaire de réprimer, par des amendes, les divers recours exercés contre les jugements, lorsque ces recours sont dénués de moyens légitimes.

Art. 472. — La procédure pour l'exécution des jugements, après que, sur l'appel, ils ont été confirmés ou infirmés, exige des règles plus précises que celles suivies jusqu'à présent. Dans une partie de la France, l'exécution restait au tribunal qui avait prononcé sur l'appel; dans d'autres, le renvoi pour l'exécution se faisait aux premiers juges; dans d'autres, enfin, il dépendait de la volonté des juges d'appel de renvoyer ou de retenir.

On propose à cet égard un mode uniforme.

Si le jugement est confirmé, il n'y a pas de raison pour que la circonstance d'un appel rejeté dépouille le tribunal de première instance du droit qu'il aurait eu, sans cet appel, d'exécuter son jugement. Tel est aussi l'intérêt des parties dont le domicile et les biens sont presque toujours plus voisins du lieu où siége ce tribunal.

Si le jugement est infirmé, la loi s'en rapporte à la sagesse des cours d'appel, qui retiendront l'exécution ou indiqueront un autre tribunal dans lequel il serait plus facile et moins dispendieux d'exercer les poursuites. Si, dans le cours de ces poursuites, il y a des demandes en nullité d'emprisonnement, ou en expropriation forcée, il faudra, dans ce cas et dans les autres pour lesquels il y a une juridiction déterminée soit par le Code actuel soit par le Code Napoléon, s'y conformer.

Art. 473. — Dans la nouvelle organisation judiciaire, on ne regarde plus la juridiction d'un tribunal comme une sorte de patrimoine; et rien ne s'oppose à ce que le droit de juger soit attribué ou modifié suivant l'intérêt des parties.

L'ordonnance de 1667 avait défendu à tous juges d'évoquer les procès pendants aux tribunaux inférieurs, sous prétexte d'appel ou de connexité, si ce n'était pour juger définitivement en l'audience et sur-le-champ, par un seul et même jugement.

Alors l'appel était reçu de tous les actes

d'instruction : ainsi presque toutes les causes pouvaient être évoquées avant même qu'elles fussent instruites; et la disposition qui ordonnait de juger à l'audience et sur-le-champ était sans cesse et impunément violée.

Avant le jugement définitif, il ne sera plus permis d'appeler que des jugements interlocutoires qui auraient préjugé le fond.

Dans le cas où le jugement interlocutoire serait infirmé, et où la matière serait disposée à recevoir un jugement définitif, les juges d'appel pourront le prononcer. La loi s'en rapporte à leur sagesse, pour décider si, dans ce cas, il ne serait pas inutile, s'il ne serait même pas préjudiciable aux parties, de leur faire encore parcourir deux degrés de juridiction.

Il en doit être ainsi, et, à plus forte raison, lorsque des jugements d'appel infirment des jugements définitifs, soit pour vice de forme, soit pour toute autre cause, et que la matière est réellement disposée à recevoir une décision définitive, puisque, dans ce cas, les premiers juges ayant prononcé sur le fond, déjà deux degrés de juridiction ont été remplis.

De la Tierce Opposition.

Art. 474. — L'appel des jugements n'est pas l'unique moyen par lequel ils puissent être attaqués : il est encore certains cas où il doit être permis de se pourvoir, soit par tierce opposition, soit par requête civile. Il en est d'autres où, sans se borner à attaquer le jugement, on doit être autorisé à prendre les juges eux-mêmes à partie.

Telle est la matière du IVe livre de la Ire partie de ce Code, et dont il me reste à exposer les motifs.

Un jugement ne doit faire loi qu'entre ceux qui ont été entendus, ou appelés; il ne peut statuer que sur des conclusions prises par une partie contre l'autre; si le jugement préjudicie à une tierce personne qui n'ait point été appelée, elle doit être admise à s'adresser aux mêmes juges, afin qu'après l'avoir entendue, ils prononcent à son égard en connaissance de cause. Cette voie est celle connue au barreau sous le nom de *tierce opposition.*

Art. 475, 476. — Une première règle générale est que cette tierce opposition soit faite devant le tribunal qui a rendu le jugement.

Il peut sans doute en résulter que le tiers opposant soit obligé de plaider devant les juges dont autrement il n'eût point été justiciable; mais une tierce opposition ne peut être considérée que comme une intervention pour arrêter ou prévenir l'exécution d'un jugement. Or, nulle intervention ne peut se faire que devant le tribunal où la cause principale est portée.

En partant de ce principe, il restait un cas à prévoir, celui où, à l'occasion d'une contestation qui s'instruit devant un tribunal, l'une des parties se prévaudrait d'un jugement qu'un autre tribunal aurait rendu, et contre lequel son adversaire aurait le droit de former une tierce opposition.

Dans ce cas, les parties sont en présence devant le tribunal saisi de la contestation principale. Doit-on, comme on le faisait autrefois, les renvoyer devant le tribunal qui a prononcé le jugement attaqué par la tierce opposition?

On ne saurait douter qu'il ne soit en général plus convenable à leur intérêt de rester devant le tribunal même où elles se trouvent, et où conséquemment elles peuvent espérer un jugement plus prompt sur l'un et sur l'autre différend.

En prenant ce dernier parti, il fallait seulement éviter que la hiérarchie des tribunaux fût troublée. Un tribunal inférieur ne doit jamais être revêtu du pouvoir de prononcer sur un jugement rendu par un tribunal supérieur.

Il pourra sans doute arriver que, dans le cas où les moyens du tiers opposant seraient précisément les mêmes que ceux qui auraient été rejetés par le jugement attaqué, ces moyens soient admis par un autre tribunal d'un pouvoir égal; mais c'est encore un de ces cas rares et qui ne suffit point pour écarter une mesure d'une utilité certaine et journalière.

Il faut d'ailleurs observer que, si le jugement sur la tierce opposition a été rendu par des juges de première instance, on aura, pour éprouver la bonté de ce jugement, la voie de l'appel.

S'il a été rendu en dernier ressort, la variété d'opinions entre les tribunaux indépendants sur les mêmes questions, est un inconvénient général, contre lequel il n'y a de remède que dans l'autorité de la cour de cassation, lorsqu'il y a lieu de s'y pourvoir, ou même dans l'autorité législative.

Art. 477. — Le cours de la procédure sur la

contestation principale doit-il être suspendu par une tierce opposition incidente? Les motifs de décision à cet égard sont tellement dépendants de la nature et des circonstances de la contestation principale, qu'il doit être entièrement laissé à la prudence des juges de passer outre, ou de surseoir.

Art. 478. — Quant à l'exécution du jugement attaqué par la tierce opposition, incidente ou principale, la règle générale est qu'une tierce opposition ne doit point être un obstacle à l'exécution contre les parties qui, après avoir été appelées, ont été condamnées par ce jugement.

Mais, d'une autre part, cette exécution du jugement contre les parties condamnées ne doit pas préjudicier aux droits du tiers opposant.

Ce sont des principes d'une justice évidente. Tel était l'esprit de l'ordonnance de 1667, et elle s'exécutait ainsi. Mais on s'était borné à y prévoir le cas où le jugement aurait condamné à délaisser la possession d'un héritage; et, dans ce cas, l'exécution était ordonnée, nonobstant les oppositions des tierces personnes, et sans préjudice à leurs droits.

On avait mis cette disposition, tant pour réprimer d'une manière spéciale l'abus des tierces oppositions provoquées par ceux qui étaient condamnés à délaisser des héritages, que pour écarter la difficulté qu'un tiers opposant aurait voulu fonder sur ce qu'il eût souffert préjudice, par le seul fait du délaissement à son adversaire.

Cette disposition salutaire a été conservée en exprimant de plus que, dans les autres cas, les juges pourront, suivant les circonstances, suspendre l'exécution : tel serait le cas où le tiers opposant réclamerait la propriété d'un meuble dont la vente aurait été ordonnée par le jugement : tels seraient en général ceux où l'exécution serait préjudiciable au tiers opposant.

De la Requête civile.

Art. 480. — Non-seulement les parties doivent être admises à s'opposer à un jugement rendu, sans qu'elles aient été appelées, mais encore celui qui, ayant été appelé, a été condamné en dernier ressort, ses héritiers, ses successeurs ou ayant-cause, doivent être admis à représenter aux mêmes juges que leur religion a été surprise et que leur jugement ne porte pas sur les bases essentielles.

Un jugement n'est que la déclaration de ce qui est vrai et juste sur les points contestés, déclaration donnée solemnellement par les organes de la loi.

Lorsque les juges se sont écartés des formes de procéder, qui prescrites, sous peine de nullité, ont été regardées comme nécessaires, leur jugement n'a plus le caractère de solennité.

On n'y trouve point la déclaration de ce qui est vrai et juste, lorsqu'il a été obtenu par dol personnel, soit en retenant des pièces décisives, soit autrement, lorsqu'il a été rendu sur pièces fausses; lorsque des jugements entre eux, ou, dans le même jugement, des dispositions se contredisent.

Enfin leur déclaration est défectueuse, lorsqu'elle ne comprend pas tout ce qui a été l'objet du différend, ou qu'elle a été au-delà.

C'est diverses causes de réclamation sont distinguées au barreau par la forme dans laquelle on est admis à les faire valoir, et cette forme, dont l'origine remonte au droit romain, est indiquée par le nom de *Requête civile.*

Des énonciations générales seraient insuffisantes pour prévenir l'abus que l'on ferait d'un pareil recours. Il ne doit être autorisé que sur des moyens spécifiés dans la loi même.

Art. 481. — Déjà on a eu occasion d'exposer les motifs qui ont fait établir le recours par requête civile, contre les jugements qui auraient condamné l'Etat, une commune, des établissements publics, ou des mineurs, sans qu'ils eussent été défendus, ou sans qu'ils l'eussent été valablement.

On avait, dans un projet d'article pour l'ordonnance de 1667, cherché à désigner les circonstances dans lesquelles ce moyen serait admissible.

« C'est à savoir que les arrêts et jugements « en dernier ressort aient donné contre eux « par défaut, ou par forclusion, s'ils n'ont « pas été valablement défendus, en cas que « les principales défenses de fait ou de droit « aient été omises, quoique ces arrêts ou jugements aient été contradictoires, ou sur les « productions des parties, en telle sorte néanmoins qu'il paraisse qu'ils n'ont point été « défendus, ou non-valablement défendus, et « que le défaut de défenses omises ait donné « lieu à ce qui a été jugé, et qui aurait été « autrement jugé, s'ils avaient été défendus « ou que les défenses eussent été fournies ».

Ce projet d'article ne fut point mis en entier dans l'ordonnance, mais il a toujours été regardé comme une explication utile pour guider les juges et prévenir les abus; ces abus sont encore moins à craindre depuis que les motifs des jugements doivent y être énoncés.

On trouve dans cette ancienne loi, au nombre des ouvertures de requête civile, le cas d'un jugement sur des offres, ou sur des consentements qui aient été désavoués, et le désaveu jugé valable. On a tracé dans le présent Code, à l'égard des effets du désaveu jugé valable, une règle plus simple et plus expéditive.

Art. 483. — Les délais dans lesquels la requête civile doit être signifiée, ont été abrégés par les considérations précédemment développées.

Art. 488. — Il n'y avait rien à ajouter à la sagesse de l'ancienne ordonnance sur le temps où les délais commenceront à courir dans le cas de faux, de dol, de découverte de pièces nouvelles, de contrariété de jugements.

Art. 484. — A l'égard des mineurs, on observera que si, relativement à l'appel, on a cru pouvoir les soumettre au même délai que les majeurs, en prenant la précaution d'ordonner que le jugement sera signifié tant au tuteur qu'au subrogé tuteur, cette mesure ne pouvait s'appliquer à un jugement en dernier ressort, contre lequel il y a des moyens de requête civile. En vain le subrogé tuteur serait-il averti de ce jugement, lorsque ce n'est pas dans ses mains, mais dans celles du tuteur chargé de défendre le mineur, que sont les renseignements et les pièces.

Il n'y a pour le mineur, ainsi condamné, de ressource assurée que dans le droit qui lui est donné de se pourvoir en requête civile, lorsqu'il sera devenu majeur.

Ce n'est pas même prolonger injustement l'incertitude du sort de ceux qui plaident contre les mineurs, puisque, dans presque tous les cas où la requête civile est admissible, celui qui a obtenu le jugement ainsi attaqué ne saurait être présumé avoir ignoré que la religion des juges n'a pas été éclairée, ou qu'elle a été surprise.

Cette considération, jointe à la crainte que le mineur n'ait eu aucune connaissance du jugement et des faits sur lesquels il peut établir son droit, ont paru des motifs suffisants pour imposer à l'adversaire l'obligation de signifier ce jugement au mineur devenu majeur, et ce sera seulement à compter de cette signification que commencera le délai dans lequel la requête civile devra être présentée.

Art. 490, 491. — Elle doit toujours être portée devant le tribunal où le jugement attaqué a été rendu; ainsi, lors même que l'occasion de se pourvoir en requête civile est survenue dans une contestation qui s'instruit en un autre tribunal, cette requête ne peut être présentée qu'au tribunal même qui a rendu le jugement.

Dans ce dernier cas, l'ordonnance de 1667 avait fait, pour établir la compétence, plusieurs distinctions.

S'il s'agissait d'un jugement interlocutoire, ou d'un jugement dans lequel le demandeur en requête civile n'aurait pas été partie, la connaissance en était attribuée au tribunal où le jugement était produit.

La requête civile contre un jugement définitif, contradictoire ou par défaut entre les mêmes parties, devait être portée devant le tribunal qui l'avait rendu, à moins que les parties ne consentissent respectivement qu'il fût procédé sur cette requête devant le tribunal où le jugement était produit, ou qu'il fût sursis au jugement.

Dans ce système, on avait considéré que, quand les parties avaient reçu définitivement la loi d'un tribunal, c'était à ce tribunal seul qu'il devait appartenir de la révoquer, à moins que les parties ne consentissent à se soumettre au tribunal devant lequel elles se trouvaient.

Ces dispositions furent dès-lors regardées comme étant d'une exécution difficile; elles sont tombées en désuétude ou ont été diversement exécutées.

Dans le nouveau code, on est parti, à cet égard, d'une idée plus juste et qui présente le moins d'inconvénients.

La requête civile n'y est, dans tous les cas, considérée que comme une suite, un complément de la procédure sur laquelle est intervenu le jugement ainsi attaqué.

Cette requête doit donc aussi, dans tous les cas, être renvoyée au tribunal qui a rendu le jugement.

Il y avait une grande erreur à faire dépendre du consentement des parties, soit la compétence du tribunal où le jugement était produit, soit le sursis de la procédure.

On était, à l'égard de la compétence, tombé dans l'inconvénient qu'un tribunal inférieur se trouvait investi du pouvoir d'anéantir le jugement d'une cour souveraine.

Quant au sursis de la procédure, il peut, dans le cas dont il s'agit, être un acte d'équité ou même de nécessité qui doit, indépendamment de la volonté des parties, être laissé à la prudence du juge.

A l'égard des jugements dans lesquels les demandeurs en requête civile n'ont pas été parties, on ne peut pas dire qu'elle ne soit que la suite ou le complément d'une procédure; ils ont une autre voie, celle de la tierce opposition, qui, comme moins dispendieuse, était préférée, lors même que l'ordonnance de 1667 ouvrait à la fois aux plaideurs cette voie et celle de la requête civile.

Art. 494, 495. — On a maintenu les précautions prises par nos anciennes lois, pour que, sous le titre de requête civile, l'on ne présente pas des moyens non recevables, ou que l'on mettrait en avant, sans être en état d'en faire la preuve.

Les moyens seront rejetés, comme n'étant pas légitimes, et sans autre examen, si cette légitimité n'est attestée par trois anciens avocats; et si le demandeur en requête civile n'a d'avance consigné les sommes déterminées par la loi, à titre d'amende et de dommages et intérêts.

Art. 497. — Un autre moyen, plus puissant encore, contre les requêtes civiles dictées par la chicane, ou par la passion, se trouve dans la disposition qui ordonne l'exécution du jugement ainsi attaqué. Nulles défenses de l'exécuter ne peuvent être accordées; et même, lorsqu'il s'agira de délaissement d'un héritage, le demandeur en requête civile ne sera reçu à plaider qu'en justifiant que ce délaissement est effectué.

Art. 498. — Une dernière précaution prise pour maintenir le cours de la justice et l'autorité des jugements contre l'abus des requêtes civiles, a été de faire mettre ce genre de procédure au nombre de celles qui intéressent l'ordre public, et dans lesquelles les procureurs impériaux devront être entendus.

Art. 499. — L'ordonnance de 1667 avait autorisé le demandeur en requête civile à présenter, sous le titre d'ampliation, les nouveaux moyens qu'il découvrirait, sans même l'assujétir à une nouvelle consultation d'avocats. Dans cette loi, ainsi que dans les arrêts qui, en l'interprétant, avaient permis, suivant les circonstances, de cumuler les moyens du fond avec ceux de requête civile, il y avait contradiction en ce que, d'une part, l'autorité de la chose jugée ne pouvait être attaquée que dans certains délais et avec de grandes précautions, tandis que, d'autre part, on pouvait, même après le délai, et sans aucune forme, revenir encore contre les jugements.

C'était ouvrir après coup le champ le plus libre aux procédures énormes, qui étaient presque toujours la suite des requêtes civiles. Les moyens énoncés dans la consultation seront les seuls qu'il sera permis de discuter à l'audience ou par écrit.

Art. 501. — Les effets de la requête civile, lorsqu'elle est admise, sont de remettre les parties dans le même état où elles étaient avant le jugement ainsi attaqué; les sommes consignées d'avance seront en conséquence rendues. Les objets de la condamnation qui auraient été perçus, seront restitués, et, dans le cas de deux jugements contraires, le jugement non rétracté reprendra toute sa force.

Art. 503. — Il faut qu'il y ait un terme aux procédures; et si ce motif fait rejeter les requêtes civiles les mieux fondées, lorsqu'elles n'auront pas été signifiées dans les formes et dans les délais prescrits, à plus forte raison ne doit-on point admettre une nouvelle demande en requête civile, soit contre le jugement déjà attaqué par cette voie, soit contre le jugement qui l'aura rejetée, soit enfin contre le jugement rendu sur le rescisoire. Non-seulement une pareille procédure sera nulle, mais l'avoué lui-même qui, ayant occupé sur la première demande, occuperait sur la seconde, sera responsable des dommages et intérêts.

De la Prise à partie.

Art. 505. — Si, dans le Code, on avait pu se décider par les sentiments de respect qu'inspirent en France, plus que dans toute autre partie de l'Europe, l'impartialité, l'exactitude et l'extrême délicatesse des magistrats, on n'y aurait même pas prévu qu'il pût s'en trouver dans le cas d'être pris à partie; mais ne suffit-il pas que des exemples, quelque rares qu'ils soient, puissent se présenter, pour que la magistrature entière doive désirer qu'il y ait une loi sévère, sous l'égide de laquelle les parties lésées obtiendront des dommages et intérêts, ou feront même, suivant les circonstances, prononcer des peines plus graves?

S'il faut que les parties aient l'assurance

d'obtenir justice même contre leurs propres juges, l'intérêt public exige aussi que les ministres de la justice ne soient pas dépouillés de toute dignité, comme ils le seraient, si les plaideurs, au gré de leur ressentiment et de leurs diverses passions, avaient le droit de les obliger de descendre de leur tribunal, pour justifier de leur conduite. Cet abus nous replacerait au temps où, par un reste d'abus encore plus grand de l'ancien régime féodal, les juges étaient eux-mêmes responsables de leurs jugements.

Entre les magistrats et leurs plaideurs, il n'est qu'une seule autorité qui puisse en même-temps convenir à la dignité des uns et à la sûreté des autres; c'est l'autorité de la loi elle-même, qui en spécifiant les cas dans lesquels un plaideur doit être admis à traduire en justice son propre juge, pose la barrière que le respect dû à la magistrature doit empêcher de franchir.

Les causes légitimes de prise à partie, énoncées dans le Code, sont le dol, la fraude ou la concussion, qu'on prétendrait avoir été commis, soit dans le cours de l'instruction, soit lors du jugement.

Les juges peuvent encore être poursuivis pour le paiement de dommages et intérêts, lorsque la loi les déclare responsables sous cette peine. Ces cas sont bornés à ceux où les juges sont inexcusables : ils n'auront point, dans leurs fonctions, à craindre comme un écueil les rigueurs de la loi. Elle prend une juste confiance dans le respect qu'elle leur inspire.

Un fait inexcusable et qui a dû fixer l'attention des législateurs, est le déni de justice.

Les règles, pour caractériser le déni de justice et pour procéder, en ce cas, contre les juges, resteront à peu près les mêmes que celles prescrites par l'ordonnance de 1667.

Art. 506. — Il y a déni de justice, non-seulement lorsque les juges refusent de juger les affaires en état et en tour d'être jugées, comme le porte cette ordonnance, mais encore lorsque, refusant de répondre sur les requêtes que les parties doivent leur présenter, ils mettent obstacle à ce qu'elles puissent obtenir justice.

Art. 507. — Les juges ne sauraient être présumés coupables, ni par les vaines clameurs d'une partie qui les accuserait de négligence, ni par des témoins qu'elle produirait; il faut que le déni de justice soit à la fois prouvé et caractérisé par deux réquisitions faites aux juges, dans la personne des greffiers : si les parties sont en souffrance, elle ne sera que très-peu prolongée par ces réquisitions, qui se feront à des intervalles très-courts, et l'huissier qui refuserait de les signifier serait interdit.

Dans l'ancienne législation, les sommations de juger ne pouvaient être faites qu'aux juges dont la juridiction n'était pas en dernier ressort; on n'avait, à l'égard de ceux dont les jugements étaient souverains, d'autre ressource que de porter ses plaintes au Chancelier ou au Conseil du Roi. On arrêtait ainsi le cours de la justice par égard pour la dignité des magistrats. Mais la dignité de la justice elle-même ne serait-elle pas dégradée si, en considération de ses ministres, sa marche était variable ou chancelante? Ne doit-on pas encore observer que des juges souverains, ordinairement placés dans un plus grand tourbillon d'affaires, et moins rapprochés des plaideurs que les autres juges, sont plus exposés à laisser, contre leur intention, des parties en souffrance!

Peut-être aussi avait-on peine à concilier l'idée du respect envers les magistrats avec l'idée qu'emportait l'expression même de *sommation*. Un acte de réquisition ne pourra blesser la dignité d'aucun juge.

Art. 510. — Ce serait en vain que, dans la loi, on aurait énoncé comme nécessaires les causes qui autorisent la prise à partie, s'il suffisait de les alléguer, pour qu'un juge fût traduit en justice. Il est donc également indispensable que de pareilles allégations soient soumises d'abord à l'examen du tribunal devant lequel la demande sera intentée; il la rejetera si, dénuée de vraisemblance, elle ne lui paraît avoir d'autre fondement que des passions, ou des ressentiments contre la justice, plutôt que contre les juges. « Les parties, disait le célèbre « d'*Aguesseau*, dans un réquisitoire du 4 juin « 1699, doivent garder un silence respectueux « sur la conduite des ministres de la justice, « jusqu'à ce que la justice elle-même ouvre la « bouche à leur plainte ».

Le caractère du juge devra être respecté dans la requête même qui aura pour objet d'être autorisé à le poursuivre. Il est défendu, sous des peines graves contre la partie, et même contre son avoué, d'y employer aucun terme injurieux.

Art. 509. — Une autre garantie donnée à-la-fois aux juges et aux parties, est dans le degré de supériorité des tribunaux chargés de prononcer sur les demandes en prise à partie.

Ces demandes étaient, avant la révolution, considérées comme tenant à la haute police; et les parlements étaient en possession d'exercer cette juridiction sur les juges de tous les tribunaux de leur ressort, sans qu'il y eût, à cet égard, aucune loi générale.

Le recours immédiat au tribunal supérieur a le double avantage d'écarter toute inquiétude de prévention, de partialité, de ménagement, et d'empêcher qu'un juge ne soit traîné d'un tribunal à l'autre. Ces motifs ont fait décider que les cours d'appel prononceront sur les prises à partie contre les juges de paix, contre les tribunaux de commerce, ou de première instance, ou contre quelqu'un de leurs membres; contre un juge d'une cour d'appel, ou d'une cour criminelle.

Les cours d'appel, les cours criminelles, ni même l'une de leurs sections qui, dans ses fonctions, représente la cour entière, ne peuvent être prises à partie que devant la haute-cour impériale. Devant cette puissance suprême, l'autorité d'une cour de justice ne pourra la dispenser de se justifier; et l'éclatante solennité du jugement sera également propre à venger un corps auguste mal-à-propos inculpé, ou la magistrature entière, en frappant les magistrats coupables.

Art. 514. — L'ordonnance de 1667 avait interdit au juge pris à partie, la connaissance du différend qui avait donné occasion à cette attaque, à moins qu'il n'eût été formellement intimé, et que l'une et l'autre partie ne consentissent qu'il demeurât juge.

On a peine à concevoir qu'un plaideur fasse descendre un juge de son tribunal pour l'inculper, et qu'en même-temps il consente à l'avoir pour juge; mais ce qui semble évident, c'est qu'un juge contre lequel une prise à partie a été admise, compromettrait et sa délicatesse et la dignité de la justice, si, même en supposant ce consentement, il connaissait du différend à l'occasion duquel il a été pris à partie. Il ne serait même pas convenable qu'avant qu'il eût été statué sur la prise à partie, il pût connaître des autres causes; que son adversaire, les parents de cet adversaire en ligne directe, ou la personne qui lui serait unie par mariage, pourraient avoir dans le même tribunal.

C'est dans cet esprit que la disposition de la loi de 1667 a été modifiée.

Ainsi, sous tous les rapports, on a pris des précautions pour que la justice soit à l'abri des abus que pourraient commettre ses ministres, et des atteintes que voudrait porter à la dignité des juges l'animosité des plaideurs.

Telles sont, Messieurs, les règles à suivre par ceux qui voudront se pourvoir contre les jugements, soit par appel, soit par tierce opposition, ou requête civile, soit enfin par ceux qui voudront diriger leurs attaques contre les juges mêmes. Vous avez vu que ces règles ont été puisées dans les lois antérieures, ou indiquées par l'expérience. L'exposition qui vous sera faite des autres parties de ce Code, vous convaincra de plus en plus des efforts faits par le Gouvernement pour améliorer cette partie de la législation.

LIVRE V.

De l'Exécution des Jugements.

Décrété le 21 avril 1806, — Promulgué le 1.er mai suivant.

[Articles 517 à 811.]

Exposé des Motifs, par M. le Conseiller-d'Etat Réal.

Séance du 11 *avril* 1806.

Messieurs,

Nous venons vous présenter le cinquième Livre du Code de procédure civile.

Son titre seul suffit pour faire sentir toute son importance. Il s'agit de *l'exécution des jugements*, c'est-à-dire de l'exercice de tous les droits, de l'accomplissement de tous les devoirs et de toutes les conventions. Toutes les parties du Code qui ont précédé celle que nous avons l'honneur d'offrir à votre sanction, ne sont que des *moyens* pour arriver à ce but unique de toute *action intentée*, à cette *exécution*, sans laquelle les devoirs, les droits, les conventions, la propriété, ne seraient que de vaines théories sans application.

Ici, la force vient à l'appui du droit reconnu ou déclaré; mais comme, dans toute société bien organisée, nul ne peut, de sa propre autorité, obliger par la force son adversaire à remplir un devoir, à exécuter une convention, à obéir à un jugement, la force publique supplée à la violence particulière, et les officiers dépositaires de cette force interviennent pour l'exercer.

L'emploi de cette force n'est pas toujours nécessaire; parmi ceux qui sont traduits en justice, il est quelques plaideurs de bonne foi qui obéissent sans contrainte au jugement qui les a éclairés; il en est un plus grand nombre qui, redoutant les résultats déshonorants et dispendieux de *l'exécution forcée*, se résignent. Pour ces plaideurs, il a suffi d'établir quelques dispositions, d'après lesquelles on puisse facilement et promptement opérer et constater l'exécution volontaire. Les premiers titres du livre V, les titres relatifs aux *Offres réelles* et au *Bénéfice de cession*, qui se trouvent dans le livre I.er de la seconde partie, sont consacrés à *l'exécution volontaire;* les autres titres du livre V traitent de l'exécution forcée.

Dans les premiers livres, le législateur a ouvert au plaideur l'entrée du temple de la justice, et lui en a fait parcourir tous les détours. Dans le livre V, le plaideur n'est plus devant les tribunaux; le jugement est prononcé; la partie condamnée est supposée, ou ne vouloir pas, ou ne vouloir plus s'opposer à son exécution.

En comparant cette partie du Code de procédure à la partie correspondante de l'ordonnance de 1667, vous reconnaîtrez d'abord que le projet soumis à votre sanction offre un système entier et complet dont l'ordonnance de 1667 ne présentait que quelques parties.

Ainsi, comme dans l'ordonnance de 1667, vous trouverez dans cette partie du Code de procédure tout ce qui est relatif aux *réceptions de caution*, à la *liquidation des dommages et intérêts*, à la *liquidation des fruits*, aux *redditions de comptes*, à la *liquidation des dépens*, aux *saisies-exécutions* et à la *contrainte par corps;* mais vous trouverez de plus les règles tracées pour les *saisies-arrêts*, pour les *saisies de rentes*, pour les *saisies-immobilières*, pour les *distributions par contribution*, et pour les *ordres* dont l'ordonnance de 1667 n'a point parlé.

Ces règles, il fallait les chercher soit dans les lois antérieures, dont presque toutes les dispositions étaient ou tombées en désuétude ou diversement interprétées, soit dans des déclarations, des arrêts du Conseil, provoqués par des usages, des circonstances ou des besoins qui n'existent plus, soit enfin dans des arrêts des réglements des cours souveraines, arrêts presque toujours opposés entre eux, même dans les dispositions fondamentales. Réunies dans cette partie du Code aux dispositions que consacrait l'ordonnance de 1667, ces règles complètent, dans toutes ses parties, le système de l'exécution forcée.

Agrandi par ces additions importantes, le système vous paraîtra avoir reçu une nouvelle amélioration de quelques suppressions qui ne sont au reste que de simples transpositions.

Ainsi, le titre XXVII de l'ordonnance de 1667 se trouve presque entièrement effacé, quoique, par son intitulé (*de l'exécution des jugements*), il semblât devoir plus particulièrement appartenir à la partie du Code de procédure qui traite de cette exécution. Mais la plupart des dispositions contenues sous ce titre se trouvent dans le Code Napoléon ou dans d'autres parties du Code de la procédure. Par exemple, la disposition contenue dans l'article 8 de ce titre XXVII, par laquelle, en autorisant une saisie réelle en vertu d'une condamnation provisoire on suspendait la vente de l'immeuble saisi jusqu'après la condamnation, ne se trouve pas dans le Code de procédure civile, parce qu'elle se trouve dans l'article 2215 du Code Napoléon. Il en est de même des quatre premiers articles et de l'article 9 du même titre, dont les dispositions se trouvent aussi formellement dans le Code Napoléon.

D'un autre côté, les dispositions contenues aux articles 5, 12, 13, 14, 15, 16 et 17 de ce même titre XXVII de l'ordonnance, et qui expliquent quels étaient les jugements et sentences qui pouvaient acquérir la force de *la chose jugée*; dans quels délais et au moyen de quelles formalités ces sentences et jugements devaient acquérir cette *force de la chose jugée*; ces dispositions ont été plus convenablement placées sous les titres déjà soumis à votre examen, et qui fixent les délais pendant lesquels on peut former opposition aux jugements ou en interjeter appel.

Il ne restait donc plus de toutes les dispositions contenues dans ce titre XXVII, que les articles 6 et 7; Le premier ordonnait que les arrêts s'exécutassent par tout le royaume avec un *pareatis* du grand sceau ou une permission du juge, et le deuxième prononçait des peines contre ceux qui, par violence ou voies de fait, empêchaient l'exécution des jugements : ces deux dispositions ont dû seules entrer dans la partie du Code que nous avons l'honneur de vous présenter, et se trouvent au titre intitulé : *Règles générales sur l'exécution forcée des jugements et actes*, sous les articles 545, 547 et 555.

Vous reconnaîtrez enfin, messieurs, que si, par les additions, les suppressions et les transpositions dont je viens de vous tracer l'aperçu, cette partie du nouveau Code doit l'emporter sur ce qui existait, à cet égard, dans l'ancien ordre de choses, elle doit encore un nouveau degré de perfection aux améliorations nombreuses qu'ont éprouvées les dispositions empruntées soit à l'ordonnance de 1667, soit aux déclarations, arrêts du Conseil et arrêts de réglements qui l'ont suivie, dispositions qui n'ont été conservées et fondues dans le nouveau Code qu'après avoir été pour la plupart débarrassées de formalités dont l'expérience de plus d'un siècle avait démontré l'abus ou l'inutilité.

Cette vérité sortira facilement des observations sommaires que je vais vous présenter sur chacun des titres qui composent le livre de l'exécution des jugements.

TITRE PREMIER.

Des Réceptions de caution.

Art. 517, 518. — Les dispositions contenues aux six articles qui composent ce premier titre, sont presque littéralement extraites du titre XXVIII de l'ordonnance de 1667.

Art. 519, 520. — Mais l'ordonnance ne disait point dans quel délai la caution devait être présentée, acceptée ou contestée. Cette omission était une source de procédure, et d'interlocutoires inutiles.

Art. 521, 522. — D'après l'ordonnance, la caution ne devait justifier de sa solvabilité qu'en cas de contestation; et, dans ce cas, la caution devait donner copie de la déclaration de ses biens (1); les pièces justificatives de cette déclaration devaient être communiquées sur *récépissé*.

L'expérience a démontré que la caution offerte était toujours contestée, ou que discussion de sa solvabilité était toujours demandée;

(1) Titre XXVIII, article 3.

et la présentation de la caution sans dépôt de pièces (1), donnait toujours naissance à une procédure, et presque toujours à un jugement.

D'un autre côté, lorsque la caution est contestée, le dépôt au greffe des titres qui justifient sa solvabilité, rend inutile la copie de ces titres.

Enfin, lorsque la caution était contestée, l'ordonnance exigeait pour tous les cas que la solvabilité fût justifiée par des propriétés; mais l'article 2019 du Code Napoléon a établi des exceptions en matière de commerce, ou lorsque la dette est modique.

Ces diverses observations ont exigé quelques modifications aux dispositions consacrées par l'ordonnance de 1667.

Ainsi (article 517 du projet), le jugement qui ordonnera de fournir caution, fixera le délai dans lequel elle sera présentée, et celui dans lequel elle sera acceptée ou contestée.

Ainsi, l'exploit ou l'acte par lequel la caution est présentée (Art. 518), doit contenir copie de l'acte de *dépôt*, qui sera fait au greffe, *des titres* qui constatent la solvabilité de la caution, *sauf le cas où la loi n'exige pas que la solvabilité soit établie par titres.*

TITRE II.

De la Liquidation des dommages et intérêts.

Art. 523. — Dans ce titre second, on a adopté, avec de légères modifications, toutes les dispositions contenues au titre XXXII de l'ordonnance de 1667; mais dans notre projet, les premiers mots de l'art. 523 rappellent la règle générale établie dans l'un des livres précédents, qui veut que les dommages et intérêts soient, autant que faire se pourra, fixés par le jugement qui les prononcera : les formalités prescrites par les trois articles de ce titre ne sont applicables qu'à l'exception.

TITRE III.

De la Liquidation des fruits.

Art. 526. — L'ordonnance de 1667 avait, par un titre particulier, fixé les règles d'après lesquelles on devait procéder à cette liquidation : l'expérience a démontré qu'elle devait être faite d'après les mêmes principes et avec les mêmes formalités que les autres comptes rendus en justice. Ce résultat de l'expérience a dicté l'article 526.

(1) Titre XXVIII, article 2.

TITRE IV.

Des Redditions de comptes.

Art. 527. — Les dispositions principales de cette partie du projet ont encore été prises dans l'ordonnance de 1667, titre XXIX; mais vous trouverez, dans les détails, des améliorations importantes, quelques points de compétence éclaircis et fixés, une plus grande simplicité dans les formes, plus de rapidité dans la marche de la liquidation.

L'ordonnance ne parlait que de deux espèces de comptables.

Le comptable nommé par justice pouvait *être poursuivi de rendre compte* devant le juge qui l'avait commis; tous les autres devaient être poursuivis devant le juge de leur domicile.

Le projet qui vous est soumis distingue trois espèces de comptables : 1.° ceux commis par justice; 2.° les tuteurs; 3.° les comptables qui ne sont ni tuteurs, ni commis par justice.

Dans l'article 1.er du titre IV (le 527.me du projet) on décide formellement que les comptables nommés par justice, seront poursuivis devant les juges qui les auront commis; les tuteurs, devant les juges du lieu où la tutèle a été déférée; *tous autres* comptables, devant les juges de leur domicile.

Art. 528. — Une autre question de compétence, controversée sous l'empire de l'ancienne législation, est encore décidée dans le nouveau systême.

D'après l'art. 472, si un jugement dont est appel est infirmé, l'exécution entre les mêmes parties appartient, sauf quelques exceptions, à la cour d'appel qui a prononcé.

En appliquant ce principe aux jugements rendus sur les poursuites de comptes, le législateur a dû établir une distinction entre le jugement qui prononcerait sur un compte ordonné et rendu, et le jugement qui rejeterait la demande en reddition de compte.

Au premier cas, les motifs qui ont dicté

l'article 472, doivent conduire à prononcer que l'exécution appartiendra, soit à la cour d'appel, soit au tribunal que cette cour indiquera par l'arrêt infirmatif.

Pour le second cas, il faut reconnaître d'abord que l'on ne peut pas supposer aux premiers juges la même répugnance et la même prévention; et en supposant ensuite qu'il s'élevât contre les juges inférieurs de justes soupçons de répugnance et de prévention qui ne permissent pas de leur renvoyer l'exécution du jugement qui ordonnerait la reddition du compte, au moins ne faudrait-il pas alors que ces motifs pussent conduire à priver les parties intéressées des deux degrés de juridiction que la loi leur accorde; en ce cas, la cour d'appel ne peut que renvoyer à un autre tribunal de première instance, mais ne peut retenir l'*exécution*.

Toutes les sages dispositions de l'ordonnance qui tendaient à simplifier les opérations du compte et à diminuer les frais, sont conservées dans le projet; quelques dispositions nouvelles ajoutent aux précautions prises par les rédacteurs de l'ordonnance.

Art. 530. — Ainsi, non-seulement le jugement portant condamnation de rendre compte, commettra un juge, mais encore ce jugement devra fixer le délai dans lequel le compte sera rendu. (Art. 530.)

Art. 535. — Ainsi, le compte étant présenté et affirmé, si la recette excède la dépense, l'oyant pourra requérir du juge-commissaire exécutoire de cet excédent, sans approbation du compte (Art. 535.)

Art. 536. — Ainsi, à la place de la disposition de l'ordonnance qui fixait, pour tous les cas, à quinzaine, le délai dans lequel les pièces justificatives communiquées à l'oyant devaient être rendues, vous trouverez l'article 536, qui laisse le juge-commissaire arbitre du délai, et qui le fixera suivant le nombre, le volume et l'importance des pièces.

Art. 537. — Vous remarquerez la disposition de l'article 557, qui veut que les quittances des fournisseurs, ouvriers, maîtres de pension, et autres de même nature, produites comme pièces justificatives du compte, soient dispensées de l'enregistrement.

Enfin, c'est surtout dans les articles relatifs aux *débats*, *soutenements* et *jugement* du compte, que vous reconnaîtrez dans le projet qui vous est présenté une simplicité de procédure et une rapidité de marche que ne présentaient point les dispositions correspondantes de l'ordonnance de 1667.

Art. 538. — A la place de ces délais multipliés de huitaines successives, accordés, pour tous les cas, par l'ordonnance, délais trop prolongés pour la grande majorité des comptes ordinaires, trop rapprochés pour quelques autres comptes; à la place des *appointements pris au greffe*, et des longues écritures auxquelles *les débats* et *soutenements* donnaient naissance, le projet de Code substitue une procédure simple, rapide et toute paternelle : c'est le procès-verbal du juge; procès-verbal que l'ordonnance de 1667 a dû proscrire dans le système des épices, et qui ne présente dans le système de leur suppression, que des avantages sans inconvénients.

Le juge-commissaire entend les parties; c'est lui qui indique les jours et heures où elles doivent comparaître devant lui. Plus de citation ni de sommation inutiles. Les *débats* ou *soutenements* qui ne seraient pas fondés en raison, sont facilement écartés dans la conférence. Lorsqu'il y a doute ou difficulté, les *débats* ou *soutenements* sont insérés avec précision, sans prolixité, dans un procès-verbal dont le juge n'a aucun intérêt à augmenter le volume.

Si les parties ne se présentent pas, l'affaire est portée à l'audience sur un simple acte. (Art. 538.)

Art. 539. — Si les parties comparaissent et ne s'accordent pas, le juge-commissaire porte l'affaire à l'audience, et, au jour qu'il indique, les parties sont tenues de s'y trouver sans aucune sommation.

Il est difficile de présenter une marche plus simple, plus rapide, donnant ouverture à moins de procédure; et cependant il est impossible d'en présenter une où tous les droits, tous les intérêts soient plus respectés et mieux défendus.

TITRE V.

De la Liquidation des dépens.

Art. 543. — Pour les citoyens obligés de demander justice aux tribunaux, ce titre est peut-être le plus important du Code de procédure. Il suppose que des réglements seront établis, dans lesquels le prix de chacun des actes exigés ou consentis par le Code de procédure sera fixé. Et c'est la procédure relative à l'application de ces réglements qu'il s'agit d'organiser.

On ne peut se le dissimuler; selon que cette importante matière sera bien ou mal traitée, le temple de la justice sera, ou l'espoir, ou l'effroi de la propriété. On marche ici entre deux écueils qu'il faut également éviter.

Si les salaires des officiers ministériels sont trop élevés, des frais énormes ruineront les plaideurs, l'accès des tribunaux leur sera, pour ainsi dire, interdit; le législateur qui aura donné dans cet excès, aura par une loi légitimé le déni de justice.

Si, par le résultat du réglement et de la loi qui en fera l'application, les salaires sont si modiques qu'un homme probe et instruit ne puisse trouver dans l'exercice de ses fonctions une honnête existence; je ne dirai pas pour cela que vous manquerez d'officiers ministériels; mais, à la place d'hommes qui honorent leur ministère, à la place de ces hommes délicats, premiers conciliateurs des parties, de ces hommes éclairés, premiers juges des contestations qu'ils étouffent à leur naissance, vous aurez des hommes avides, qui sauront retrouver, soit dans le grand nombre de contestations qu'ils auront provoquées, soit dans des actes et des écritures dont ils auront hérissé ces contestations, soit enfin, et sans recourir à la procédure, dans les moyens de séduction et de fraude, un bénéfice scandaleux à la place du salaire légitime que l'indiscrète parcimonie de la loi aura refusé.

Il serait sans doute à désirer que, dans tous les cas, le jugement qui termine la contestation et qui condamne aux dépens pût toujours en contenir la liquidation.

La simplicité de l'instruction organisée pour les causes sommaires, permet que le jugement qui, dans cette matière, condamnera aux dépens, en contienne la liquidation, et vous en trouverez l'obligation imposée aux juges par l'article 543.

Art. 544. — Mais si cette règle était appliquée à toutes les contestations, on ne peut se dissimuler que, surtout pour les tribunaux des grandes villes, ce serait retarder considérablement la levée et l'exécution du jugement, dans lequel la disposition relative aux dépens est presque toujours la moins importante, et dont l'exécution prompte intéresse le moins la partie qui a obtenu l'adjudication de ses conclusions.

Que cette liquidation de dépens soit ou non contenue dans le jugement, la loi doit indiquer les formalités qui doivent y conduire, les officiers qui en préparent les éléments, les juges qui la fixeront.

Dans les autres tribunaux, dans ceux qui siégent dans les villes populeuses, comme à Rouen, à Marseille, à Bruxelles, à Bordeaux, à Lyon, et surtout à Paris, où une population immense, de grands capitaux, une active industrie font naître chaque jour d'innombrables contestations, l'expérience a appris que, soit le tribunal, soit des juges de ce tribunal ne pouvaient s'occuper des détails qui doivent précéder le jugement de cette liquidation.

Quels sont les officiers auxquels, dans ce cas, la loi déléguera les opérations préliminaires dont elle devra toujours réserver le jugement au tribunal? Sera-ce aux chambres de discipline établies près les tribunaux, et qui, par la juste sévérité de leurs avis, font chaque jour applaudir à leur création?

Cette espèce de délégation sera-t-elle attribuée à toutes les chambres de discipline, quel que soit le nombre des membres qui les composent? ou ne faut-il donner cette attribution qu'aux chambres où le grand nombre des avoués offre une assez forte garantie contre toute espèce de coalition, dont le public serait nécessairement victime?

Il est impossible, sans blesser la justice, d'établir sur ces questions une règle générale et uniforme pour tout l'Empire; ce qui serait facile pour un tribunal, serait impossible pour un autre.

Les tribunaux seront consultés; leurs avis permettront de prendre en grande connaissance de cause une mesure qui, modifiée suivant les localités, pourra recevoir partout une facile exécution.

Quelques bons esprits avaient, sous la Constituante, pensé que, sans entrer, par des tarifs et des réglements, dans le détail du coût de chaque acte, de chaque rôle d'écriture; que, sans fixer le nombre de ces actes et de ces rôles, il était possible de distribuer en plusieurs classes peu nombreuses, la totalité des affaires qui se portent devant les tribunaux. Ces bons esprits avaient pensé que, dans chaque classe, et suivant l'importance de l'affaire, il était possible de fixer une somme qui serait allouée à chaque avoué. Si cette idée ou ce rêve avait pu se réaliser, les questions que je viens de présenter trouveraient une solution facile; et l'inappréciable avantage de faire entrer dans chaque jugement la liquidation des frais adjugés, serait obtenu avec la plus grande facilité.

D'autres avantages bien plus importants sortiraient nécessairement de ce système. L'avoué n'ayant plus d'intérêt de faire des frais frustratoires, serait rendu à toute la simplicité, à toute la pureté de ses fonctions; la principale source des gains illégitimes et d'immoralité serait tarie. Le plaideur instruit à l'avance du sacrifice qu'il aurait à faire, et bien convaincu que, par aucun moyen, ce sacrifice ne pourrait être augmenté, entrerait avec sécurité dans le sanctuaire de la justice; et, pour *jamais*, disparaitraient ces procédures énormes, dont les frais ont souvent plus que décuplé le capital dont elles devaient procurer la rentrée.

Il faut bien croire que l'exécution de ce projet a été reconnue impraticable, puisque, malgré les avantages qu'il présentait, il n'a provoqué aucune loi, aucune discussion, à une époque cependant où les théories moins brillantes, plus hasardées, et qui promettaient des résultats bien moins heureux, étaient saisies avec tant d'avidité, et traduites en loi avec une si dangereuse facilité.

Il faudra donc revenir à l'ancien système des tarifs, et à des lois de détail pour en opérer l'application. Les formalités, beaucoup trop multipliées, qui hérissent le système adopté par l'ordonnance de 1667, et son inapplicable uniformité, ne permettraient pas de le présenter à votre sanction. D'un autre côté, il eût été dangereux d'improviser, sur une matière aussi importante, une théorie nouvelle, dont l'exécution eût été problématique; la prudence a conseillé une mesure conciliatrice qui devra produire une loi approchant le plus possible de la perfection, puisqu'elle sera le fruit des méditations, des observations de tous les tribunaux, et d'une expérience de quatre années; c'est ce que décide l'article 454, en prononçant « que la manière de procéder à la liqui-« dation des dépens et frais dans les matières « autres que les matières sommaires, sera dé-« terminée par un ou plusieurs réglements « d'administration publique, qui seront exé-« cutoires le même jour que le présent Code, « et qui, après trois ans au plus tard, seront « présentés en forme de loi au corps législatif, « avec les changements dont ils auront paru « susceptibles ».

J'arrive à la partie la plus importante de ce livre, celle qui traite de l'EXÉCUTION FORCÉE des jugements et actes.

Cette exécution se fait sur les biens ou sur la personne du débiteur.

Les biens sont ou meubles ou immeubles.

Et dans les biens meubles, il faut distinguer encore les sommes et effets qui se trouvent en la possession d'un tiers, des meubles, sommes et effets qui se trouvent en la possession du débiteur condamné; comme aussi il faut placer dans une troisième classe les fruits pendants par racines, et dans une quatrième les rentes constituées sur particuliers.

Il a fallu prescrire autant de règles particulières qu'il y avait de différents moyens d'exécution.

Ainsi, dans le titre VII seront tracées les règles d'après lesquelles on pourra exécuter par la voie de *saisie et opposition* entre les mains d'un tiers.

Le titre VIII contiendra les règles qui dirigeront l'*exécution sur les meubles* et effets qui sont restés en la possession du débiteur.

Le titre IX traitera de la *saisie des fruits pendants par racines*.

On trouvera dans le titre X des règles spéciales à la *saisie des rentes constituées sur particuliers*.

Dans le titre XI, on établira les principes et la procédure d'après lesquels on devra distribuer les deniers qui auront été produits par l'un de ces quatre moyens d'exécution ou par ces quatre moyens cumulés.

Dans les XII.e, XIII.e et XIV.e titres, vous trouverez exposé, avec délai et précision, tout ce qui est relatif à *l'exécution* par *la saisie des immeubles*, ainsi que tout ce qui est la suite nécessaire de *la saisie immobilière*.

Enfin, le titre XV traitera de *l'exécution* sur la personne même du débiteur ou de *l'emprisonnement*.

Mais avant de tracer toutes ces règles particulières, il fallait établir les règles générales, communes à tous ces moyens *d'exécution forcée*; vous les trouverez dans le titre VI que je vais sommairement analyser.

TITRE VI.

Règles générales sur l'Exécution forcée des jugements et actes.

Art. 545. — C'est dans les mains du Souverain qu'est remise la force publique; c'est au nom du Souverain que, dans le jugement, les tribunaux ont appliqué la loi; ce n'est qu'en son nom que les officiers ministériels nommés par lui, dépositaires délégués d'une partie de cette force publique, doivent être sommés de l'exercer.

Cette base fondamentale de toute exécution forcée a été établie par l'acte des constitutions de l'Empire, du 28 floréal an XII; cette disposition, rappelée par l'article 146 de ce projet, reçoit dans l'article 545 une nouvelle application.

Art. 546. — Si les officiers ministériels de l'Empire, si les membres de la grande famille qui le composent ne doivent obéir qu'au nom de l'Empereur, il faut en conclure qu'un jugement émané d'une puissance étrangère n'est ni pour ces officiers ministériels, ni pour les sujets de l'Empire français, un ordre auquel ils doivent obéir. Ce principe se trouvait implicitement énoncé dans plusieurs articles du Code Napoléon, et notamment dans les articles 2123 et 2128; il est ici rappelé et formellement déclaré dans l'article 546, avec les modifications exigées pour les cas prévus par ces deux articles.

Art. 547. — D'après l'article 6 du titre XXVII de l'ordonnance de 1667, les arrêts de cours souveraines, et, à plus forte raison, les sentences des tribunaux inférieurs, ne pouvaient être mis à exécution dans tout le royaume, à moins d'un *parentis* du grand sceau, et, à son défaut, à moins d'un *pareatis* en la chancellerie du parlement dans le ressort duquel il devait s'exécuter, ou de la permission du juge des lieux. C'était déjà un abus, un inconvénient grave qui n'était racheté par aucun avantage; mais la jalousie des cours souveraines ajoutait à cet abus; et, malgré la disposition formelle de l'ordonnance, l'exécution même des décrets en matière criminelle, était souvent empêchée, retardée et quelquefois refusée.

Dans l'ordre des choses actuel, cette jalousie de pouvoirs et de juridiction est anéantie; toutes les prétentions particulières se taisent devant la volonté de l'unique et souverain dépositaire de la force publique, et d'après l'article 547, tous les jugements rendus et tous les actes passés en France sont exécutoires dans tout l'Empire, sans *visa* ni *pareatis.*

L'article 548 donne ensuite aux tiers qui doivent exécuter des jugements, un moyen régulier et loyal de reconnaître s'ils peuvent, avec sécurité, les exécuter.

Autrefois, et lorsque les délais pour l'appel et l'opposition étaient si vaguement prolongés, un procureur, et depuis un avoué, n'ayant, à cet égard, aucun caractère légal, concourait cependant à cette exécution par un certificat constatant *qu'il n'etait parvenu à sa connaissance aucune opposition ou aucun appel.* Ce certificat pouvait être donné par l'erreur; il pouvait être donné par la mauvaise foi; et, dans tous les cas, laissait souvent le tiers obligé d'exécuter le jugement dans une grave inquiétude.

Dans ce Code, cette partie de l'exécution, organisée avec simplicité, offre au tiers comme à l'avoué une garantie contre l'erreur ou la mauvaise foi.

Déjà l'article 263 ordonne qu'il sera tenu au greffe un registre sur lequel l'avoué de l'opposant fera mention sommaire de l'opposition; et, d'après l'article 164, aucun jugement par défaut ne peut être exécuté à l'égard d'un tiers, que sur le certificat du greffier constatant qu'il n'y a aucune opposition portée sur le registre. Cette théorie reçoit ici pour l'appel la même application; et d'après l'article 548 les jugements, qui prononceront une main-levée, une radiation d'inscription hypothécaire, un paiement ou quelque chose à faire par un tiers ou à sa charge, ne seront exécutoires par les tiers ou contre eux, même après les délais de l'opposition ou de l'appel, que sur le certificat de l'avoué de la partie poursuivante, contenant la date de la signification du jugement faite au domicile de la partie condamnée, et sur l'attestation du greffier, constatant qu'il n'existe contre le jugement ni opposition ni appel.

La loi offre ainsi à celui qui a formé opposition ou qui a interjeté appel, un moyen certain et bien légal d'empêcher que le jugement ne puisse être exécuté à l'égard d'un tiers, au préjudice de cet appel ou de cette opposition. Il lui suffit de faire inscrire l'un ou l'autre sur le registre à ce destiné.

Les autres dispositions contenues dans ce titre ne font que rappeler les dispositions plus anciennes qui se trouvent dans l'ordonnance. Il n'y a de disposition nouvelle que celle contenue au dernier article (art. 556), qui prononce que la remise de l'acte ou jugement à l'huissier vaudra pouvoir pour toutes exécutions autres que la saisie immobilière et l'emprisonnement, pour lesquels il sera besoin d'un pouvoir spécial.

Nous allons maintenant examiner les règles spéciales tracées pour chaque mode particulier d'exécution.

Le premier, que la raison et l'humanité indiquent, est la saisie-arrêt ou opposition.

TITRE VII.

Des Saisies-arrêts ou Oppositions.

L'ordonnance de 1667 garde le silence sur ce mode d'exécution. Il n'était réglé que par des usages, des traditions incertaines, et quelques arrêts de cours souveraines. Il est ramené dans ce titre à toute sa simplicité et au seul but de son institution.

Art. 557, 558. — Le créancier porteur d'un titre exécutoire ou privé, les créanciers qui, sans avoir de titre, ont des droits certains et évidents, peuvent saisir-arrêter entre les mains d'un tiers les sommes et effets appartenant à leur débiteur, ou s'opposer à leur remise; mais pour exercer ce droit de saisie, le créancier qui n'a point de titre est obligé d'obtenir une permission du juge du domicile du débiteur ou du domicile du tiers saisi.

Art. 559. — L'exploit de saisie-arrêt ou opposition faite en vertu d'un titre authentique ou privé, doit contenir l'énonciation du titre et de la somme pour laquelle elle est faite.

Art. 563. — Dans la huitaine, le créancier doit dénoncer la saisie-arrêt ou opposition au débiteur saisi, et l'assigner en validité.

Art. 564. — Dans un pareil délai, cette demande en validité doit être dénoncée par le saisissant au tiers saisi, qui ne doit faire aucune déclaration avant que cette dénonciation lui ait été faite.

Art. 565. — Faute de demande en validité, la saisie-arrêt ou opposition est nulle.

Faute de dénonciation de cette demande au tiers saisi, les paiements par lui faits jusqu'à cette dénonciation sont valables.

Art. 568. — Enfin, le tiers saisi ne pourra être assigné en déclaration, s'il n'y a titre authentique ou jugement qui ait déclaré la saisie-arrêt ou l'opposition valable.

Le projet prononce ensuite sur la compétence.

Art. 567. — La demande en validité doit être portée devant le tribunal du domicile de la partie saisie, encore que la saisie fût faite en vertu d'un jugement dont, d'après l'article 472, l'exécution appartiendrait à un autre tribunal; parce qu'une saisie-arrêt est une instance nouvelle qui reçoit l'application de la règle *actor sequitur forum rei.*

La demande en main-levée formée par la partie saisie doit également, et dans tous les cas, être portée devant le tribunal de la partie saisie. Le véritable demandeur est ici celui qui a formé la saisie-arrêt : et le demandeur en main-levée n'est que défendeur à cette saisie.

Art. 570. — Le tiers saisi doit aussi être assigné devant le tribunal du domicile de cette partie saisie; mais si sa déclaration est contestée, il peut demander, pour être jugé sur la contestation, à être renvoyé devant son juge.

Le projet s'occupe ensuite de la *déclaration* que doit le tiers saisi.

Art. 571, 573. — Elle doit être faite au greffe, s'il est sur les lieux, sinon devant le juge de paix de son domicile. Elle doit énoncer les causes et le montant de la dette, les paiements à-compte, si aucuns ont été faits; l'acte ou les causes de libération, si le tiers saisi n'est plus débiteur; et, dans tous les cas, les saisies-arrêts ou oppositions formées entre ses mains.

Art. 574. — Les pièces justificatives de cette déclaration doivent être annexées à cette déclaration; le tout doit être déposé au greffe, et l'acte du dépôt signifié par un simple acte.

Enfin les articles qui terminent ce titre prononcent quels sont les objets que les oppositions ne peuvent atteindre.

Il suffit de comparer ce système à celui, ou plutôt à ceux qu'il doit remplacer, pour prononcer sur son évidente supériorité.

La France entière, ou commerçante ou propriétaire, réclame, depuis cent ans, contre l'abus et les vexations de tout genre, suite des oppositions *sans causes énoncées.* Cet abus est réformé.

Art. 562. — On se plaignait également de

ces oppositions mendiées par la mauvaise foi, ou formées par la méchanceté, au nom de *créanciers* inconnus, et qui, quelquefois n'existaient pas. Cet abus est réformé par l'article 562, qui oblige l'huissier à justifier, s'il en est requis, de l'existence des saisissants, à peine d'interdiction et de dommages et intérêts.

Des oppositions étaient formées, abandonnées ensuite, et au moment où le saisi se présentait pour recevoir ses fonds, il était repoussé par une ou plusieurs oppositions existant depuis plusieurs années. Cet abus est réformé par la sage disposition qui veut que dans la huitaine l'opposition soit dénoncée, et que la demande en validité soit formée.

Art. 564, 568. — De longues contestations s'élevaient souvent entre le saisissant et le tiers saisi, avant que la partie saisie fût seulement instruite qu'une saisie existât, saisie souvent faite en vertu d'un titre privé, dont un jugement prononçait ensuite l'inefficacité ou la nullité; la source de ces procédures illégales est tarie par les articles 564 et 568 : le premier décide que le tiers saisi ne doit faire aucune déclaration avant qu'il soit instruit officiellement que la partie saisie a connaissance de la saisie-arrêt; et le second veut que le tiers saisi ne puisse être assigné en déclaration, s'il n'y a titre authentique ou jugement qui ait déclaré la saisie-arrêt ou l'opposition valable.

Art. 573. — Enfin, souvent le tiers saisi, intéressé lui-même à retarder le paiement de ce qu'il devait, ne dénonçait que l'une après l'autre les diverses oppositions qui existaient en ses mains au jour de la saisie-arrêt, et par des dénonciations successives éternisait la procédure et décuplait les frais. Cet abus est réformé par l'article 573, qui veut que la déclaration affirmative contienne toutes les saisies-arrêts formées entre les mains du tiers saisi, et existant au moment où la déclaration est faite.

Je passe au second moyen d'exécution.

TITRE VIII.

Des Saisies-exécutions.

Art. 583. — Cette matière était traitée sous le titre XXXIII de l'ordonnance de 1667.

La presque totalité des dispositions qu'elle contenait, a été transportée dans le Code; des lacunes existaient dans l'ordonnance; elles sont remplies dans le projet, où l'on trouve aussi sur cette matière plusieurs décisions qu'il fallait chercher dans des déclarations antérieures ou postérieures à l'ordonnance, ou dans des arrêts de réglements, ou même dans des actes de notoriété.

Le but de cette voie d'exécution est que les meubles et effets restés en la possession du débiteur soient, par une vente faite au plus haut prix, convertis en deniers que puisse recevoir le créancier.

Il faut que les formalités qui doivent précéder cette vente soient assez rapides pour que le créancier puisse obtenir promptement son paiement; et cependant ces formalités doivent emporter des délais assez sagement calculés, pour que le débiteur de bonne foi, qui a des ressources, puisse, en les employant, rendre inutile et empêcher le moyen extrême et rigoureux de la vente.

Si l'on est obligé de vendre, il faut que la vente soit publique, qu'elle soit bien connue, bien annoncée, pour que la concurrence des enchérisseurs donne aux effets qui seront mis en vente toute leur valeur.

Il faut que les formalités qui doivent précéder la vente soient si simples, et engendrent si peu de frais, que la presque totalité du prix de cette vente soit employée à la libération du débiteur.

Le système organisé dans le titre VIII, produit tous ces avantages.

La marche est rapide. L'huissier porteur de pièces se présente assisté de deux témoins : si les portes sont fermées ou si l'ouverture en est refusée, il se transporte devant l'officier public le plus voisin, en présence duquel se fait l'ouverture; la saisie se fait, et par le procès-verbal même de saisie le poursuivant doit indiquer la vente, qui peut être faite, huit jours francs, après la saisie.

Art. 584. — Si le débiteur a des ressources et est de bonne foi, ces délais lui suffisent. Dans le projet, nous exigeons, ce que ne demandait pas l'ordonnance de 1667, que la saisie soit annoncée par un commandement préalable, qui contienne élection de domicile jusqu'à la fin de la poursuite dans la commune où doit se faire l'exécution. Le débiteur pourra faire à ce domicile élu toutes significations, même d'offres réelles ou d'appel.

Le système procure à la vente toute la publicité désirable. L'ordonnance contenait, à ce sujet, plusieurs dispositions; nous les avons conservées; nous en avons ajouté de nouvelles, en recommandant surtout l'insertion dans les journaux, dans les lieux où il s'en imprime. (Art. 620.) Nous avons exigé une plus grande publicité et de plus longs délais pour la vente des objets qui, quoique réputés meubles par le Code Napoléon, sont pour le propriétaire d'une toute autre importance qu'un meuble ordinaire. Je veux parler des barques, chaloupes et autres bâtiments de mer du port de dix tonneaux et au-dessous, bacs, galiotes, bateaux et autres bâtiments de rivière, moulins et autres édifices mobiles, assis sur bateaux ou autrement.

Art. 621. — Nous avons, d'accord avec l'ordonnance de 1667, exigé les mêmes moyens de publicité, et les mêmes délais pour la vente de la vaisselle d'argent, bagues et joyaux, pourvu qu'ils fussent d'une valeur d'au moins 300 francs.

Art. 609. — Enfin, nous croyons avoir atteint le troisième but de cette voie d'expropriation, celui qui tend à ce que le produit de la vente soit, dans sa presque totalité, employé à la libération du débiteur, en simplifiant la procédure et en tarissant la source des incidents, dont le résultat était de faire *dévorer* par des frais inutiles le produit de la dépouille du malheureux débiteur.

Dans l'ancien systême, tous les créanciers du saisi formaient des oppositions à la vente. Le résultat de quelques-unes de ces oppositions était, dans certains cas, de retarder la vente jusqu'à ce qu'un jugement rendu contre le créancier opposant eût ordonné qu'elle serait effectuée.

Le motif des autres était de faire appeler, par une sommation, l'opposant pour être présent à la vente. Depuis long-temps l'abus et l'inutilité de ces incidents et de ces sommations était senti; la réforme en est prononcée, 1.° par l'article 609 qui veut que les créanciers du saisi, pour quelque cause que ce soit, même pour loyers, ne puissent former opposition que sur le prix de la vente; 2.° par l'art. 610 qui prononce que l'opposant ne pourra faire aucune poursuite, si ce n'est contre la partie saisie et pour obtenir condamnation; et qu'il ne sera fait aucune poursuite contre l'opposant, sauf à discuter les causes de son opposition lors de la distribution des deniers; 3.° et enfin, par l'art. 615 qui établit que les opposants ne seront point appelés à la vente.

Les poursuites en subrogation donnaient ouverture à beaucoup de procédures; elles sont réformées par l'art. 612. D'après cet article, faute par le saisissant de faire vendre dans le délai fixé, tout opposant, ayant titre exécutoire, pourra, sommation préalablement faite au saisissant, et *sans former aucune demande en subrogation*, faire procéder au récolement des effets saisis et de suite à la vente.

D'après les articles 618 et 619, il n'y aura plus, comme autrefois, double emploi dans les placards imprimés et dans le procès-verbal d'affiche. L'apposition des premiers sera constatée par un exploit auquel sera annexé un exemplaire du placard.

Enfin, par la rapidité imprimée à cette poursuite, les frais de gardien seront considérablement diminués.

Par tous ces moyens, la procédure étant bien simplifiée, les frais étant considérablement diminués, une plus grande partie du prix arrivera à sa destination naturelle et légale, à la libération du débiteur.

Les droits des tiers sont conservés par l'art. 608, qui, en même temps qu'il autorise la réclamation, établit une procédure simple et rapide pour la faire juger.

L'art. 594, veille aussi, dans un objet essentiel, à l'intérêt des tiers. Il prévoit le cas de saisie d'animaux et ustensiles servant à l'exploitation des terres. Les créanciers, le propriétaire lui-même, ont intérêt à ce qu'il soit établi un gérent à l'exploitation : c'est le juge de paix qui doit l'établir; mais comme le propriétaire a le plus grand intérêt à ce que cette exploitation ne soit pas confiée à un homme qui pourrait, par ignorance ou méchanceté, lui faire des torts irréparables, il doit être particulièrement consulté sur ce choix et entendu par le juge.

Enfin par les art. 592 et 593, nous avons désigné avec quelque détail les objets qui ne pourraient être saisis; et nous avons dû sortir du cercle étroit dans lequel l'ordonnaance de 1667 avait resserré ces favorables exceptions.

Ainsi, aux exceptions consacrées par cette ordonnance, nous avons ajouté, 1.° les outils des artisans nécessaires à leurs occupations parsonnelles.

2.° Les machines et instruments servant à l'enseignement, pratique ou exercice des sciences et arts, jusqu'à concurrence d'une somme de 300 francs, et au choix du saisi; 3.° Les livres relatifs à la profession du saisi, jusqu'à la concurrence de la même somme et à son choix.

Après avoir, dans ces trois additions, rendu hommage aux lettres, aux sciences, aux arts et à l'industrie, pouvions-nous, surtout dans les circonstances actuelles, ne pas rappeler la disposition de l'ordonnance de 1629, relative aux équipements militaires? Ah! sans doute il faut respecter les instruments, les machines et les livres qui, dans les mains de l'ouvrier, du savant et de l'homme de lettres malheureux, peuvent encore servir à l'accroissement du bonheur et des lumières dont s'enorgueillit la patrie; mais il faut que la loi laisse dans les mains du guerrier, comme un objet sacré, ces armes qui ont assuré et qui seules encore peuvent maintenir notre indépendance.

TITRE IX.

De la Saisie des fruits pendants par racine ou de la Saisie-brandon.

Les formalités particulières à cette troisième voie d'exécution forcée, ne sont susceptibles d'aucune observation : elles sont simples et peu nombreuses. Il était nécessaire de les recueillir pour substituer ce mode simple et uniforme aux procédures plus ou moins compliquées et toutes opposées entre elles, qui étaient adoptées dans les diverses parties de cet Empire.

TITRE X.

De la Saisie des rentes constituées sur particuliers.

Par sa nature la rente constituée est purement mobilière; mais, dans nos habitudes et comparée aux autres propriétés mobilières, cette rente semble approcher de l'immeuble, et exige, pour être saisie et vendue, des formalités plus sévères que n'en demandent les créances qui peuvent être atteintes par l'opposition ou par la saisie-arrêt.

Nous n'avons pu trouver les éléments du Code spécial de ce quatrième mode d'exécution dans l'ancien ordre de choses. Alors toutes les rentes foncières et quelques autres espèces de rentes étant réputées immeubles, étaient, pour la saisie ou la vente, soumises aux longues et dispendieuses formalités des décrets.

Pour la saisie et la vente des rentes sur le roi, qui étaient réputées mobilières, on avait établi des règles plus simples; mais ces règles, établies sur des bases et des données qui ne subsistent plus, étaient d'ailleurs encore éloignées du degré de simplicité dont cette matière est susceptible; ajoutons qu'elles ne régissaient point les autres rentes constituées réputées mobilières et qui étaient soumises pour la saisie et la vente à autant de formalités différentes qu'il y avait de cours souveraines et de coutumes générales ou particulières.

L'uniformité et la simplicité de la poursuite établie par ce titre X, est donc un nouveau bienfait dont on ne tardera pas à sentir toute l'étendue.

Art. 636. — La rente étant déclarée meuble par nos lois, et touchant à l'immeuble par son importance, se trouve placée dans une classe mitoyenne, entre le meuble et l'immeuble. La poursuite organisée pour parvenir à cette vente, participera donc beaucoup de *la saisie-arrêt*, et *de la saisie immobilière*.

Ainsi, la saisie de la rente comme la saisie de l'immeuble ne pourra avoir lieu qu'en vertu d'un titre authentique et exécutoire.

Comme l'immeuble, la rente doit être vendue sur publication à l'audience du tribunal, sur cahier de charges déposé au greffe, et d'après des placards pour l'apposition desquels tout ce qui est prescrit au titre des saisies immobilières sera observé.

Art. 651, 652. — Les enchères devront être reçues par le ministère d'avoués.

Et les formalités prescrites au titre des saisies immobilières, pour la rédaction du jugement d'adjudication, l'acquit et les conditions du prix et la vente sur folle enchère, seront observées lors de l'adjudication des rentes.

Art. 638. — Mais la rente étant, comme la créance ordinaire, un capital dans les mains d'un tiers, le créancier, qui veut la saisir, doit remplir toutes les formalités prescrites au titre des saisies-arrêts, et le tiers saisi, débiteur de la rente, n'est soumis à d'autres formalités que celles établies pour la déclaration affirmative.

Mais quand il s'agit d'une rente, le silence du tiers saisi, sa déclaration tardive pouvant causer des préjudices plus graves que ceux occasionnés dans une circonstance analogue par le tiers saisi, débiteur d'une *simple créance*, ce silence pouvant occasionner des frais d'affiches, d'enchères et d'adjudications, etc., la loi punit plus sévèrement le silence du tiers saisi, débiteur de la rente, que le silence du tiers saisi débiteur d'une créance ordinaire. Le tiers saisi, débiteur de la rente, qui ne fait pas la déclaration, ou qui la fait tardivement, ou qui ne fait pas les justifications ordonnées, pourra, d'après l'article 638 et selon les cas, être condamné à servir la rente, faute d'avoir justifié de sa libération, ou à des dommages et intérêts résultant, soit de son silence, soit du retard apporté à faire sa déclaration, soit de la procédure à laquelle il aura donné lieu.

Art. 655. — Le prix de la rente vendue, ainsi que celui résultant, soit de la vente par saisie-brandon ou par saisie-exécution, soit de la poursuite par saisie-arrêt, étant chose mobilière, doit, s'il ne suffit pas pour payer tous les créanciers, être distribué entre eux au marc la livre, et par contribution; c'est ce qui est réglé par le titre suivant.

TITRE XI.

De la Distribution par contribution.

L'ordonnance de 1667 était encore muette sur cette partie très-importante de l'exécution; elle était régie par autant de réglements particuliers qu'il y avait de cours souveraines, et, pour ainsi dire, de juridictions particulières.

On ne suivait point au Châtelet de Paris la même marche qu'au Palais; et il fallait encore d'autres règles pour les pays où les meubles étaient susceptibles d'hypothèques.

Le Code Napoléon ayant aplani toutes les difficultés, nous avons pu choisir les formes les mieux appropriées à la matière.

Les formalités observées au Châtelet de Paris étaient d'une assez grande simplicité. Elles consistaient en trois sommations aux créanciers de produire leurs titres devant le commissaire. Ces trois sommations faites, le commissaire dressait un procès-verbal de son opération, et adressait, en conséquence, à chacun des créanciers un mandement pour le montant de ce qu'il devait toucher.

Plus souvent cette opération se faisait à l'amiable.

Il faut croire cependant que, malgré sa simplicité, cette théorie se prêtait à quelques abus; car, même au Châtelet de Paris, une poursuite de contribution dans laquelle il y avait un certain nombre de créanciers et quelques privilégiés, absorbait toujours la majeure partie et quelquefois la totalité du prix à distribuer.

Les abus produits sous l'influence d'une procédure aussi simple peuvent faire deviner quels abus ont dû enfanter des procédures plus compliquées : ils étaient énormes, et la contribution achevait la ruine du débiteur sans aucun profit pour ses créanciers.

Nous avons emprunté au Châtelet de Paris ses formes simples; mais nous avons tari la source des abus, soit en établissant une procédure rapide pour régler le sort des privilégiés, soit en débarrassant ce système et de ces assignations nombreuses données à tous les opposants, et de ces inutiles et dispendieuses dénonciations qui enfantaient tant d'écritures, de jugements et de frais.

Nous ne nous sommes pas dissimulé, cependant, que malgré la simplicité du système que nous avons organisé, on ne devait permettre d'y avoir recours qu'après que tout espoir d'une distribution à l'amiable serait perdu.

Art. 656. — Dans le mois qui suit la vente, les créanciers seront tenus de convenir de la distribution par contribution. Cette disposition, quoique toute facultative, est conçue en style impératif, pour que les juges et les créanciers soient bien pénétrés du vœu du législateur.

Art. 657. — Faute d'un arrangement amiable, la somme à distribuer est consignée.

Art. 658. — Il est tenu au greffe un registre des contributions.

Sur un simple acte fait sur ce registre par le poursuivant, ou, à son défaut, par la partie la plus diligente, le juge nomme un commissaire.

Art. 659. — A l'expiration des délais prescrits, ce juge donne son ordonnance, en vertu de laquelle les créanciers sont sommés de produire, et la partie saisie de prendre communication.

Art. 660. — Dans le mois, les créanciers doivent produire, à peine de forclusion.

Art. 661. — Cette production se fera par un simple acte, qui devra contenir constitution d'avoué et la demande en privilége, s'il y a lieu.

Art. 663. — Le délai expiré, le juge-commissaire dresse, ensuite de son procès-verbal, l'état de distribution sur les pièces produites.

Et, par un simple acte d'avoué, le poursuivant dénonce cette clôture aux créanciers qui ont produit, et à la partie saisie.

Art. 665. — S'il ne s'élève point de contestation, le juge clôt son procès-verbal; et le greffier, d'après l'ordonnance du juge, délivre le mandement à chaque créancier.

Art. 666. — S'il s'élève des difficultés, le commissaire en saisit l'audience qui est suivie sur un simple acte, sans procédure.

Art. 667. — Le créancier contestant, celui contesté, la partie saisie et l'avoué le plus ancien des opposants, seront seuls en cause.

Art. 668. — Et le jugement sera rendu sur le rapport du juge-commissaire.

Cette procédure si simple, et celle établie pour l'ordre sur les mêmes principes, pourront exciter quelques plaintes : vous penserez, messieurs, quelles ne seront formées ni par les débiteurs ni par les créanciers, mais par ceux qui regretteront les abus qui faisaient la ruine des uns et des autres.

Après avoir épuisé tous les moyens d'exécution sur les meubles, le projet de Code organise la procédure à suivre pour l'exécution sur les immeubles.

TITRE XII.

De la Saisie immobilière.

L'ordonnance de 1667, qui avait organisé avec quelques détails la saisie-exécution, ne s'est point occupée de la saisie immobilière. Il est difficile de deviner les motifs de ce silence, qui a laissé la France entière pendant plus d'un siècle et demi, livrée, dans cette partie de la législation, à la plus désastreuse anarchie.

François I.er, en 1539, et Henri II, en 1551, avaient essayé de régler cette importante partie de l'exécution des jugements; mais la majeure partie des dispositions contenues dans ces lois, était regardée par beaucoup de tribunaux, comme tombée en désuétude; beaucoup d'autres tribunaux ne les exécutaient en aucune manière.

Ces deux lois fondamentales de l'ancien *Code des criées*, n'avaient pas, d'ailleurs, prévu avec assez de soin beaucoup de circonstances et de difficultés; il a donc fallu, même dans les ressorts où elles recevaient une sorte d'exécution, ajouter des formalités nouvelles à celles qu'elles prescrivaient. Ces formalités étaient établies par des déclarations générales ou particulières à un tribunal, par des réglements de cours souveraines, par l'usage et la jurisprudence, et par les coutumes.

De là incohérence dans tout le système; obscurité, incertitude dans la législation; de là, d'inextricables difficultés, des procès éternels; de là, ces poursuites dont le premier acte pouvait remonter à plus d'un siècle, qui, transmises et vendues comme un héritage, enrichissaient successivement plusieurs officiers ministériels aux dépens des débiteurs et des créanciers dont les droits s'anéantissaient par l'extinction ou la dispersion de leur postérité.

Nous avons cependant vécu jusqu'en l'an VII, au milieu de ces lois bizarres, incohérentes et contradictoires, que l'opinion publique et la révolution avaient frappées du sceau d'une universelle réprobation.

Qu'arriva-t-il alors? Trop frappés des abus et des inconvénients enfantés par ces formalités bizarres, multipliées et compliquées, les législateurs de l'an VII donnèrent dans l'extrême opposé; et, par eux, la procédure fut simplifiée à cet excès, que le propriétaire pouvait être aussi facilement dépouillé d'un domaine que d'un meuble. Avec les meilleures intentions, ils n'ont pas assez senti que, s'il faut briser les entraves qui paralysent l'action de la justice, il ne faut pas se priver des formes tutélaires qui défendent la propriété contre la surprise; que toutes les saisies ne sont pas également bien fondées, et que le propriétaire, injustement poursuivi, doit obtenir de la loi le temps nécessaire pour démontrer la nullité ou l'inefficacité du titre qu'on lui oppose; qu'il faut qu'il trouve, dans des délais sagement ménagés, un temps raisonnable pendant lequel, s'il doit, il pourra user de ses ressources pour empêcher, par un paiement, une expropriation qui le ruinerait.

Enfin, dans la rédaction de la loi de l'an VII, on ne s'est point assez occupé des tiers-propriétaires, ou ayant des droits quelconques sur le bien saisi; et leur intérêt a été sacrifié au désir d'une simplification exagérée.

Nous marchions entre ces deux écueils; nous les avons évités : et, dans le système que nous vous présentons, nous croyons avoir, autant que cela était possible, concilié tous les intérêts, en évitant tous les excès.

Art. 674. — Un commandement doit précéder d'un mois la saisie.

Art. 673. — Il ne sera plus recordé de témoins; mais copie en sera laissée au maire, qui devra le viser. Cette formalité procure la publicité que ne donna jamais la présence faussement attestée des *recors*.

Art. 675. — Un procès-verbal devra désigner avec précision les objets saisis. L'huissier devra se transporter sur les lieux. Son transport ne sera point prouvé par les *recors*, mais par le visa des maires et greffiers des justices de paix, à qui copie du procès-verbal sera laissée.

Aux moyens exigés jusqu'à ce jour pour procurer une désignation précise des objets saisis, nous avons cru devoir ajouter que le procès-verbal de saisie contiendra l'extrait de la matrice du rôle de la contribution foncière, pour tous les articles saisis. Cette disposition donne aux propriétaires une sécurité qu'aucune loi ne leur avait encore pu procurer. Elle remplace pour eux, avec beaucoup d'avantage, même le bail judiciaire et la publicité que donnait l'expropriation qui en était le résultat. En effet, cette expropriation, et par conséquent la publicité qui n'avait que cette expropriation pour base, ne pouvait être appliquée dans plusieurs circonstances; par exemple, dans la saisie d'une nue propriété; et, dans tous les cas, l'avertissement, résultat de cette expropriation quelquefois impossible et souvent équivoque, ne pouvait être donné que par autrui.

Dans notre système, au contraire, le propriétaire n'a pas besoin d'être troublé, n'a pas même besoin d'être averti. Il suffit pour sa parfaite sécurité qu'il fasse porter son nom sur le rôle des contributions; et, par cette précaution bien simple qu'on ne peut l'empêcher de prendre, il se met lui-même hors d'atteinte de tout trouble, de toute perte, de toute surprise.

Je reviens à la marche de la procédure.

Art. 677. — Le procès-verbal de saisie immobilière, doit être transcrit au bureau des hypothèques de la situation des biens.

Art. 680. — Il doit l'être dans la quinzaine suivante au greffe du tribunal où se fera la vente.

Art. 681. — Le procès-verbal doit, dans la quinzaine du jour du dernier enregistrement, être dénoncé au saisi.

Art. 682. — Dans les trois jours de l'inscription au greffe, il doit être mis par extrait dans un tableau placé dans l'auditoire.

Art. 683. — Pareil extrait doit être inséré dans les journaux; imprimé en forme de placards et affiché.

Art. 695. — Un exemplaire de ce placard doit être, huit jours au moins avant la publication du cahier des charges, notifié aux créanciers inscrits, au domicile élu par leurs inscriptions.

Art. 697. — Et quinzaine au moins avant cette première publication, le poursuivant dépose au greffe le cahier des charges qui doit contenir une mise à prix.

Art. 700, 701. — La première publication doit se faire un mois au moins, et six semaines au plus, après la notification faite à la partie saisie, du procès-verbal d'affiche.

Art. 702. — Trois publications, au moins, de quinzaine en quinzaine, doivent précéder l'adjudication préparatoire. Il a paru superflu de faire un article pour expliquer que par ces expressions de *quinzaine en quinzaine*, on entend ce qui se pratique journellement; c'est-à-dire, que la publication faite, par exemple, un des jours de la première semaine du mois doit être renouvelée à pareil jour de la troisième semaine.

Art. 703. — Huit jours au moins avant cette adjudication préparatoire, insertion nouvelle aux journaux et apposition de placards dont l'impression a été faite pour servir à la première apposition. Ces nouveaux placards contiendront, en outre, par une addition manuscrite, l'indication du jour où se fera l'adjudication préparatoire.

Art. 704, 706, 707. — Enfin, six simaines au moins après l'adjudication préparatoire, et au jour indiqué par une nouvelle annonce insérée aux journaux, et par de nouveaux placards qui contiendront la mention de l'adjudication préparatoire, et du prix moyennant lequel elle a été faite, l'adjudication définitive sera faite à l'extinction des feux.

Voilà, en quelques lignes, tout le système de l'expropriation forcée. Comparé au système trop rapide et incomplet de la loi de l'an VII, comparé au système incohérent, bizarre et spoliateur qui l'a précédé, il n'a aucun des inconvénients qui flétrissent ces deux systèmes; il réunit tous les avantages qu'on demanderait vainement à l'un ou à l'autre.

Dans un intervalle de cinq mois et quelques

jours, à compter du commandement, et de quatre mois à compter du procès-verbal de saisie, le créancier pourra mettre à fin une poursuite qu'aucun incident n'aura arrêtée.

Mais aussi, sans susciter aucune difficulté mal fondée, la partie saisie obtient de la loi ces cinq mois, pendant lesquels elle peut trouver les moyens d'opérer sa libération autrement que par la vente de ses propriétés.

Art. 305. — Dans ce système, vous aurez remarqué que c'est encore en évitant les excès opposés, que c'est encore en conciliant les intérêts différents du saisi, du saisissant et des tiers, que nous avons fixé le nombre des actes de formalité dont se compose cette poursuite. Nous nous sommes tenus également éloignés et d'une parcimonie qui, anéantissant toute publicité, aurait compromis tous ces intérêts; et d'une prodigalité qui, multipliant sans mesure ces formalités et ces actes, aurait sacrifié tous ces intérêts à l'intérêt des officiers ministériels. (Art. 686.) Mais cette modération même nous a permis d'exiger avec sévérité que chacun de ces actes ne pût être la cause ou l'occasion de quelque abus. C'est surtout dans cette vue, qu'en prononçant, (art. 686), que *les originaux du placard et le procès-verbal d'opposition ne pourraient être grossoyées sous aucun prétexte*, nous avons rayé de cette procédure ces volumineux procès-verbaux dont les nombreuses copies présentaient aux hommes de justice peu délicats, au détriment du saisi et de ses créanciers, d'aussi scandaleux bénéfices.

Art. 710. — Quoique les moyens de publicité exigés pendant le cours de la procédure, quoique les placards affichés à trois différents intervalles, quoique les délais sagement accordés, dussent suffire pour assurer qu'aucune surprise ne pourrait être faite et que l'immeuble saisi serait vendu au meilleur prix, cependant on a pensé qu'il y avait beaucoup d'avantage sans aucun inconvénient à autoriser une surenchère.

Mais en l'autorisant, il a paru juste, 1.° d'exiger qu'elle fût au moins du quart du prix principal de la vente; (Art. 711.) 2.° que cette surenchère ne fût reçue qu'à la charge par le surenchérisseur d'en faire, à peine de nullité, la dénonciation dans les 24 heures aux avoués de l'adjudicataire, du poursuivant et de la partie saisie; (Art. 712.) 3.° qu'il ne pût y avoir de concours qu'entre l'adjudicataire et le surenchérisseur.

Art. 717. — Enfin, et sans m'arrêter a quelques autres dispositions dont la sagesse est évidente, je finirai mes observations sur ce titre, en vous faisant remarquer que l'article qui le termine, et qui en est en quelque sorte la disposition pénale, empêchera bien des contestations de naître, au moyen de ce qu'il énonce avec précision quelles sont celles des formalités prescrites par la loi, qui devront être observées *à peine de nullité*.

TITRE XIII.

Des Incidents sur la poursuite de saisie immobilière.

La théorie de la vente forcée des immeubles serait incomplète, si l'on n'avait pas prévu les incidents que cette poursuite voit naître ordinairement, et si l'on n'avait pas établi des règles particulières pour faire prononcer promptement sur ces incidents.

Ces incidents sont ou antérieurs, ou postérieurs, à l'adjudication définitive.

Ceux antérieurs à l'adjudication sont élevés, ou par un créancier qui a fait une saisie ou antérieure ou plus ample, et qui demande une subrogation; ou par un tiers qui demande, soit la conservation d'une charge dont l'héritage saisi est grevé à son profit, soit la distraction d'une partie des immeubles saisis, soit la totalité de ces immeubles, comme lui appartenant; ou par la partie saisie elle-même, qui attaque le titre en vertu duquel se fait la saisie, ou qui fait valoir contre la poursuite quelques moyens de nullité.

Art. 718. — On commence par établir une règle commune à tous ces incidents. Ils doivent être jugés sommairement dans les cours et dans les tribunaux.

Art. 719. — Les articles suivants règlent tout ce qui concerne les contestations qui peuvent s'élever entre deux saisissants qui se disputent une poursuite ou qui demandent une subrogation.

Ces contestations engendraient autrefois des frais immenses, et faisaient perdre un temps considérable; les intéressés finissaient le plus ordinairement par s'accorder, et les frais de l'incident étaient presque toujours payés par privilége.

Vous verrez par les articles 719 et suivants,

jusqu'à l'article 724, ces contestations appréciées à leur juste importance ; vous verrez de simples actes remplacer de longues procédures, et un jugement prompt terminer le débat.

ART. 722. — L'article 722 définit la *négligence* sur laquelle peut s'établir une demande en subrogation ; et d'après l'article 724, *si le poursuivant a contesté la subrogation*, les frais de la contestation *seront à sa charge et ne pourront, en aucun cas, être employés en frais de poursuite et payés sur le prix.*

Tout ce qui regarde les demandes en distraction est réglé par les articles 726 et suivants, jusqu'à l'article 731.

Dans ces articles, en conservant les anciennes règles relatives aux demandes en distraction, on en a simplifié la procédure ; et, pour ces cas, les délais accordés pour l'appel ont été abrégés.

Ces articles ne disent point à quelle hauteur de la procédure les demandes à fin de charge ou de distraction doivent être formées ; ils n'opposent, à cet égard, aucune fin de non-recevoir ; et l'art. 731 du projet, rappelant dans les mêmes termes la disposition consacrée par l'art. 25 de la loi de l'an VII, *décide que l'adjudication définitive ne transmet à l'adjudicataire d'autres droits à la propriété que ceux qu'avait le saisi.* C'est en grande connaissance de cause que cette disposition a été insérée dans le Code, et qu'il a été, par conséquent, décidé que l'*adjudication sur poursuite de saisie immobilière ne purgeait point la propriété.*

On ne s'est point dissimulé que le système opposé procurait quelques avantages, mais on a été obligé de reconnaître qu'ils étaient balancés par de plus graves inconvénients. Un respect profond pour la propriété a dû l'emporter sur toute autre considération ; et, lorsque l'article 1599 du Code Napoléon prononce que la vente de la chose d'autrui est nulle, il était impossible que le Code de procédure consacrât une maxime qui eût produit un résultat contraire.

L'article 726, l'article 733 et suivants règlent la procédure relative aux incidents que peut élever le saisi.

S'il attaque le titre en vertu duquel se fait la saisie, c'est-à-dire, s'il interjette appel du jugement qui fait la base de la poursuite, l'article 726 veut qu'il soit tenu d'intimer sur cet appel, et de dénoncer l'intimation au greffier du tribunal devant lequel se poursuit la vente ; et ce, trois jours au moins avant la mise du cahier des charges au greffe : sinon l'appel ne sera pas reçu.

La procédure relative aux incidents élevés par le saisi, et qui n'ont pour objet que des nullités, est tracée par l'article 733 et suivants.

Les moyens de nullité contre la procédure qui précède l'adjudication préparatoire, ne peuvent plus être proposés après ladite adjudication.

ART. 734. — Si les moyens proposés en temps utile ont été rejetés par jugement, l'appel de ce jugement ne sera pas reçu s'il n'est interjeté avec intimation dans la quinzaine de la signification à avoué.

ART. 735. — S'il s'agit de nullités contre les procédures postérieures à l'adjudication préparatoire, elles devront être proposées par requête avec avenir à jour indiqué, vingt jours au moins avant celui indiqué pour l'adjudication définitive, (Art. 736.) et l'appel du jugement qui aura prononcé ne sera plus recevable huitaine après la prononciation du jugement.

Il vous paraîtra sans doute difficile de présenter, pour la discussion et la conservation d'intérêts aussi graves, des formes de procéder qui, avec moins de formalités et plus de rapidité, laissent cependant autant de latitude à la défense.

Tous ces incidents sont antérieurs à l'adjudication. La loi a dû s'occuper de ceux ou plutôt de l'unique incident qui peut la suivre, c'est-à-dire, de celui qui s'élève lorsque l'adjudicataire n'exécutant pas les clauses de l'adjudication, l'immeuble adjugé doit être vendu à sa folle enchère ; les articles 737 et suivants règlent la procédure pour parvenir à cette revente, ainsi que l'article 744, en prononçant *que le fol enchérisseur est tenu par corps de la différence de son prix d'avec celui de la revente sur folle enchère ;* car la loi mettra sans doute un terme à la scandaleuse multiplicité des folles enchères, et bannira des audiences ces bandes d'agioteurs qui spéculent avec tant d'audace sur ces abus.

TITRE XIV.

De l'Ordre.

L'immeuble est vendu ; il ne s'agit plus

maintenant que d'en distribuer le prix aux créanciers.

Aucune loi générale ne réglait cette distribution, sur laquelle l'ordonnance de 1667, qui ne s'est point occupée des saisies immobilières, a dû garder le silence.

Autant d'usages que de juridictions. Dans quelques provinces de France, en très-petit nombre, l'ordre se dressait avant la vente et pendant la poursuite.

Dans la grande majorité, l'ordre suivait l'adjudication.

Dans quelques tribunaux, les frais d'ordre montaient à des sommes extraordinaires; dans quelques autres des formes plus simples n'occasionnaient que des frais modérés.

La théorie développée dans le titre qui traite de *la Distribution par contribution*, doit encore faire sentir ici son heureuse influence; et, pour la distribution par ordre comme pour la distribution par contribution, une longue expérience a démontré tous les avantages de cette théorie. Elle était suivie au Châtelet de Paris. Le système hypothécaire nous a permis de la simplifier encore; l'expérience nous a autorisés à la débarrasser de quelques abus; et dans peu d'années, nous osons le prédire, par son application uniforme, par sa simplicité, par la rapidité de sa marche, et par le peu de frais qu'elle exige, elle aura provoqué et obtenu l'approbation de tous les bons esprits, et les bénédictions des débiteurs et de leurs créanciers.

Art. 749. — Quelque simple que soit cette procédure, on a pensé qu'un ordre fait à l'amiable, était encore moins lent, moins dispendieux. C'est dans cette vue que la loi accorde à la partie saisie et aux créanciers un mois, pendant lequel ils peuvent se régler entre eux.

Art. 750. — Le mois expiré, l'ordre se poursuit en justice.

Art. 751. — Il doit être tenu au greffe de chaque tribunal un registre des adjudications.

Sur ce registre, le requérant l'ordre fait son requisitoire à la suite duquel le tribunal nomme un juge-commissaire.

Art. 752. — Celui-ci ouvre son procès-verbal d'ordre auquel est annexé l'extrait, délivré par le conservateur, de toutes les inscriptions existantes.

Art. 753. — Il délivre son ordonnance en vertu de laquelle les créanciers sont sommés de produire leurs titres.

Art. 754. — Dans le mois, cette production doit être faite par un simple acte.

Art. 755. — Le mois expiré, l'état de collocation est dressé.

Sa confection est dénoncée aux produisants et à la partie saisie avec sommation de prendre communication et de contredire, s'il y échet, sur le procès-verbal du commissaire, et dans le mois.

Art. 756, 759. — Faute de satisfaction à la sommation, la forclusion est acquise sans nouvelle sommation ni jugement.

L'ordre est clos, les frais sont réglés, les mandements sont délivrés, et les paiements effectués.

Rarement, sans doute, on pourra appliquer ce système dans toute sa simplicité.

Il y aura des retards dans les productions.

Il y aura des contestations entre les créanciers.

Art. 757. — Tant que l'ordre n'est point clos, il serait injuste de rejeter un créancier, parce qu'il se présenterait après les délais indiqués; mais il serait également injuste de ne pas lui faire supporter, et les frais auxquels sa production tardive aura donné lieu, et les intérêts que le retard aura fait courir; c'est ce qui a été réglé par l'article 557.

Art. 758. — S'il y a des contestations, elles peuvent ne s'élever qu'entre des créanciers qui ne seraient pas des premiers en ordre d'hypothèques; ces contestations ne peuvent point arrêter, ni retarder le paiement des créanciers qui les précèdent; et l'article 758 décide que ces créanciers seront payés sans être tenus à aucun rapport envers ceux qui produiraient postérieurement.

Art. 761. — Le commissaire renvoie les contestants à l'audience. Elle est poursuivie sur un simple acte sans procédure.

Art. 762. — Le jugement est rendu sur le rapport du juge-commissaire.

Art. 763. — S'il y a appel, il doit être interjeté dans les dix jours de la signification à avoué.

Art. 770. — Une disposition sévère, mais aussi sage que sévère, empêchera qu'aucun créancier n'élève légèrement une contestation: c'est celle que contient l'article 770, qui veut que la partie saisie et le créancier sur lequel les fonds manqueront, puissent avoir leur recours contre ceux qui ont succombé dans la contestation pour *les intérêts et les arrérages qui auront couru pendant le cours desdites contestations.*

Art. 775. — Après avoir réglé avec soin tout ce qui a rapport à la radiation des inscriptions, la loi s'occupe des ordres qui peuvent être la suite d'aliénation, autre que celle par expropriation; elle rappelle et consacre le principe qui veut que l'ordre ne puisse, dans ce cas, être provoqué, s'il n'y a plus de trois créanciers inscrits.

Enfin, l'article 778, en autorisant les oppositions en sous ordre, ordonne que le montant de la collocation soit distribué, comme chose mobilière, entre tous les créanciers inscrits ou opposants *avant* le jugement d'ordre.

TITRE XV.

De l'Emprisonnement.

Après avoir établi les règles d'après lesquelles les jugements doivent être exécutés sur les biens du débiteur, le législateur a dû s'occuper de celles qui doivent diriger le plus rigoureux de tous les moyens d'exécution, celui qui s'exerce sur le débiteur lui-même par l'emprisonnement de sa personne.

Dans les treize articles qui composent le titre XLIII de l'ordonnance de 1667; les rédacteurs de cette ordonnance avaient traité une matière plutôt analogue que semblable à celle dont il s'agit dans ce titre. La majeure partie du titre de l'ordonnance est employée à spécifier quelles condamnations et quelles personnes sont susceptibles de contrainte par corps; les moyens d'exécution n'ont presque point occupé les rédacteurs.

Notre Code Napoléon a prononcé sur les questions du fond. Nous n'avions plus à traiter, dans la partie du Code que j'ai l'honneur de vous présenter, que les formes de la procédure qui doivent procurer l'exécution du jugement qui a prononcé la contrainte par corps.

Cette partie de notre législation était, plus que toutes les autres encore, dans l'ancien ordre de chose, remplie d'abus et de contradictions.

Les cas de contrainte par corps étaient, malgré les formes établies en 1667, beaucoup trop multipliés; et, pour parer à cet inconvénient de la loi, on avait introduit dans son application, et surtout dans l'exécution du jugement, une foule de nullités. C'était autant de piéges tendus aux plaideurs.

On avait reconnu qu'il était très-facile au débiteur de se soustraire à cette exécution, soit par la fuite, soit en restant enfermé dans un domicile que la loi déclarait toujours inviolable. Pour échapper à ces inconvénients, les huissiers ne se faisaient aucun scrupule de dérober au débiteur la connaissance de la signification du jugement, que le débiteur ne connaissait presque jamais qu'au moment même de la capture.

Peu à peu les tribunaux sentirent la nécessité de faire faire la signification du jugement par un huissier commis; et enfin, par un édit de 1778 qui créa les officiers gardes du commerce, des formes et des règles nouvelles furent établies, à la faveur desquelles le créancier pût exercer avec plus d'effet ses droits contre le débiteur, qui ne fut plus exposé à des surprises.

Mais cette amélioration dans la législation ne fut établie que pour Paris; le reste du royaume resta sous l'influence des mêmes abus, des mêmes prévarications.

Ces abus sont réformés, ces prévarications deviennent impossibles dans cette partie du projet de Code, qui, en rendant praticable et facile ce rigoureux moyen d'exécution, en écarte les vexations qui l'ont souvent rendu odieux.

Art. 780. — Aucune contrainte par corps ne pourra être mise à exécution qu'un jour après la signification, avec commandement, du jugement qui l'a prononcée; et cette signification devra être faite par un huissier commis.

Le projet fixe ensuite les heures, jours et lieux où le débiteur ne pourra être arrêté; mais, en prononçant, sous le paragraphe 5 de l'article 781, qu'il ne pouvait être arrêté dans une maison quelconque, même dans son domicile, la loi ajoute, *à moins qu'il n'eût été ainsi ordonné par le juge de paix du lieu, lequel juge de paix devra, dans ce cas, se transporter dans la maison avec l'officier ministériel.*

Par cette disposition ainsi modifiée, le principe de l'inviolabilité du domicile est respecté; les abus criants, qui seraient la conséquence nécessaire du principe contraire, sont écartés; et cependant la loi qui a établi la contrainte par corps, cesse d'être une illusion; le jugement recevant sans trouble son exécution, les créanciers ni les huissiers n'ont plus besoin de recourir à des violences qui étaient souvent suivies des plus funestes accidents.

Je ne m'arrêterai point sur les articles suivants, qui ne font que rappeler les principes qui n'ont jamais été contestés, et qui sont relatifs, soit aux formalités qui doivent être constatées par le procès-verbal d'emprisonnement et par l'écrou du débiteur, soit aux aliments, soit aux recommandations; je me contenterai d'arrêter un moment votre attention sur quelques articles qui contiennent, ou des dispositions nouvelles, ou des décisions sur quelques points controversés.

Ainsi, dans l'article 792, vous remarquerez la disposition d'après laquelle *celui qui est arrêté comme prévenu d'un délit peut aussi être recommandé, et doit être retenu par l'effet de la recommandation, encore que son élargissement ait été prononcé et qu'il ait été acquitté du délit.*

Ainsi, l'article 796 décide que la nullité de l'emprisonnement, pour quelque cause qu'elle soit prononcée, n'emporte point la nullité des recommandations.

Ainsi, d'après les articles 797 et 799, le débiteur dont l'emprisonnement a été déclaré nul, peut obtenir des dommages et intérêts; mais aussi il peut être arrêté un jour franc après sa sortie.

Ainsi, le paragraphe V de l'article 800 décide la question long-temps controversée, que le privilége du septuagénaire s'applique à celui qui *commence* sa 70.e année.

Dans ce titre, le législateur ne doit pas craindre d'établir franchement les conséquences nécessaires d'un principe dont l'admission a été jugée indispensable; et puisque la contrainte par corps a été adoptée par le Code, cette contrainte doit recevoir son exécution. Qu'elle soit une peine, comme l'ont pensé quelques jurisconsultes, qu'elle ne soit, comme d'autres l'affirment, qu'un moyen de forcer au paiement un débiteur que l'on présume tenir ses biens cachés, tous doivent au moins convenir que cette disposition rigoureuse inspire une crainte salutaire, prévient des spéculations hasardées, et peut seule arracher de quelques commerçants ce que la bonne foi obtient du plus grand nombre. Nous avons donc dû écarter toutes ces nullités fondées sur des moyens de pure considération; nous n'avons pas dû voir surtout l'affranchissement de la contrainte par corps dans un défaut de formes. (Art. 786.) Nous avons aussi dû sans doute rassurer le débiteur contre toute espèce de surprise; mais, à cet égard, les plus grandes précautions ont été prises; et parmi ces précautions, il en est une que vous aurez remarquée, celle qui laisse au débiteur arrêté la faculté de se faire conduire devant le juge du lieu, qui, après l'avoir entendu, rend un jugement provisoire sur référé.

Ces jugements sur *référé*, introduits par la seule force des choses, inconnus dans quelques parties de l'empire, avaient besoin d'être mieux définis et régularisés; c'est ce qui a été fait par le titre qui termine cette partie du Code.

TITRE XVI.

Des Référés.

Notre projet de Code, comme toutes les lois qui ont traité de la procédure, fixe des délais avant l'expiration desquels aucun jugement ne peut être prononcé.

On a reconnu que les mêmes délais ne pouvaient convenir à tous les cas; et ils ont été pour certaines circonstances plus rapprochés, selon que ces circonstances requièrent plus ou moins de célérité.

Mais il n'est pas un homme, ayant l'expérience des affaires, qui n'ait eu occasion de reconnaître très-souvent qu'il est des circonstances dans lesquelles le délai d'un seul jour, et même le délai de quelques heures, peuvent être la source des plus grandes injustices, et causer des pertes irréparables.

C'est dans les grandes villes, c'est surtout dans cette capitale et au milieu de son immense population que cette vérité est, à chaque instant du jour, reconnue.

Aussi, dès 1685, un édit donné pour l'administration de la justice du Châtelet de Paris, ordonne que dans plusieurs cas, dont il fait une longue énumération, *le lieutenant civil pourra ordonner que les parties comparaîtront le jour même dans son hôtel pour y être entendues et être par lui ordonné par provision ce qu'il estimera juste.*

L'existence de cet édit nous permet de supposer qu'il n'a fait que confirmer ou régulariser un usage introduit bien antérieurement; usage que nous retrouvons encore dans cette assignation verbale, dans cette *clameur de haro*, à laquelle les habitants de l'ancienne Normandie obéissaient avec une respectueuse soumission.

Ce qui pouvait en 1685 n'être qu'utile, doit être, sans contredit, reconnu indispensable en 1806. Il ne s'agit plus que de coordonner cette institution au système général, et d'empêcher qu'on ne puisse en abuser.

D'après l'article 806, on ne doit prendre la voie du *référé* que dans les cas d'*urgence*, ou lorsqu'il s'agira de statuer provisoirement sur les difficultés relatives à l'exécution d'un titre exécutoire ou d'un jugement.

Les lignes tracées par la seconde partie de cette disposition sont assez fortement prononcées pour qu'on ne puisse les franchir sans une évidente mauvaise foi.

Quelques personnes ont paru craindre qu'il ne fût plus facile d'abuser du cas d'urgence dont parle la première partie, et de faire porter, sous cette dénomination, à l'hôtel du président ou à l'audience des référés dont parle l'article 807, des contestations qui devaient être portées à l'audience ordinaire du tribunal.

Nous croyons que cette inquiétude n'est pas fondée, et que, sans rappeler la longue nomenclature des cas prévus par l'édit de 1685, la loi s'explique assez clairement en n'attribuant à l'audience des *référés* que les *cas d'urgence*. Le discernement et la probité du président ou du juge délégué feront le reste. Renvoyant à l'audience les contestations qui ne seraient portées en l'hôtel que par une indiscrète et avide précipitation, il n'hésitera point à prononcer sur celles auxquelles le moindre retard, ne fût-il que de quelques heures, peut porter un préjudice irréparable.

L'article 809, qui ordonne l'exécution provisoire de ces ordonnances, et qui les soustrait à l'opposition, empêche en même temps les abus qui pourraient en résulter, en prononçant que ces ordonnances ne font aucun préjudice au principal; que par conséquent elles sont essentiellement provisoires, et qu'elles ne pourront jamais devenir définitives que par un jugement d'audience.

CODE DE PROCÉDURE CIVILE.

DEUXIÈME PARTIE.

PROCÉDURES DIVERSES.

LIVRE Ier.

Décrété le 14 avril 1806; — Promulgué le 2 mai suivant.

[ARTICLES 812 à 906.]

EXPOSÉ DES MOTIFS par M. le Conseiller-d'État BERLIER.

Séance du 12 avril 1806.

MESSIEURS,

Le projet que SA MAJESTÉ nous a chargés de vous présenter fait partie de ceux qui doivent entrer dans la composition du Code de la procédure civile.

Déjà vous connaissez la partie de ce travail qui s'applique au mode ordinaire d'instruire et de juger les contestations qui s'élèvent entre les citoyens.

L'on vous a donné connaissance aussi de ce qui regarde l'exécution des jugements.

Mais l'instruction des procès, dans le sens attaché à ce mot, et l'exécution des jugements, sont loin d'embrasser toutes les actions judiciaires que comportent les besoins de la société.

C'est d'après cette pensée que les hommes qui, les premiers, s'étaient occupés du grand et utile projet de donner à la France un Code civil, se proposaient d'y insérer un livre intitulé : des *Actions*, dans lequel la procédure eût été comprise, comme l'espèce l'est dans le genre, et où se fussent réunies toutes les autres actions judiciaires.

Si ce premier plan n'a pas été suivi, et si l'on a renoncé à un titre plus exact peut-être, mais dont la généralité eût rendu l'acception plus vague, le fond de la pensée est resté, et va se réaliser aujourd'hui, en insérant dans le Code dit *de la Procédure*, toutes les actions, même celles qui, sans constituer essentiellement des procès, peuvent intéresser le ministère du juge, ou celui des officiers de justice.

Sous ce point de vue, le Code qui vous est soumis aura l'avantage d'avoir réglé beaucoup d'objets que n'embrassait point l'ordonnance de 1667.

En effet, cette ordonnance, dont plusieurs dispositions ont mérité d'être maintenues dans la partie du nouveau Code qui traite de la procédure ordinaire, n'en offre qu'un bien petit nombre d'analogues aux titres qui vont vous être présentés.

C'est dans des édits ou déclarations du Roi, dans des statuts locaux et dans la jurisprudence, que se trouvent la plupart des règles qu'on appliquait aux procédures diverses, et il est inutile de dire qu'il y avait, sur plusieurs points, très-peu d'uniformité.

Ces sources ont été consultées; l'expérience a été respectée, non en maître qui commande, mais en guide qui éclaire.

Si l'on a adopté d'assez graves changements en quelques parties, ils ont été, ou indiqués par les vices reconnus de ce qui se pratiquait autrefois, ou prescrits par le besoin de mettre les nouvelles procédures en harmonie avec les règles posées par le Code Napoléon; car le but serait manqué, si le nouveau Code n'avait pas toujours en vue la loi fondamentale dont il doit être l'appui, et quelquefois le développement.

Législateurs, après cette exposition générale des vues qui ont présidé à cette partie du travail, je dois vous en faire connaître plus particulièrement les détails, en appliquant séparément à chacun des titres qui composent le premier livre de la II.e partie du Code de procédure, les observations qui les concernent.

Ces titres sont au nombre de douze.

Art. 812. — Le premier traite *des Offres de paiement et de la Consignation.*

Déjà le Code Napoléon (art. 1257 et suivants), a posé les principes propres à ce mode d'extinction des obligations, et il ne s'agit pas aujourd'hui de les remettre en discussion, mais de régler tant la forme du procès-verbal d'offres, que la procédure à suivre pour faire statuer sur les offres et la consignation.

Les dispositions relatives à cet objet, peu nombreuses et extrêmement simples, n'ont nul besoin d'analyse.

Art. 819, 820, 821. — Le titre II traite *de la Saisie-gagerie et de la Saisie-arrêt sur débiteurs forains.*

La saisie-gagerie, ou, en d'autres termes, la saisie à laquelle les propriétaires et principaux locataires de maisons ou biens ruraux font procéder, pour loyers et fermages à eux dus, sur les effets et fruits étant dans leurs bâtiments, ou sur leurs terres, a toujours été considérée comme une action digne de la plus grande faveur.

Cette faveur est due à l'origine de telles créances; elles ont toujours été privilégiées, et l'article 2102 du Code Napoléon leur a conservé ce caractère.

Ainsi, les effets mobiliers qui garnissent une maison, ou les fruits qui proviennent de la terre, sont le gage naturel du propriétaire de la maison ou du champ.

Mais ce gage est mobile et pourrait échapper, si la loi n'en permettait pas l'appréhension par des voies promptes et faciles.

Art. 822. — La saisie-arrêt sur débiteurs forains n'a pas sans doute la même faveur d'origine; mais la présence accidentelle du débiteur devient pour le créancier un juste motif de pourvoir à ses intérêts par des mesures promptes; car il y a péril dans le retard.

Dans l'une comme dans l'autre de ces espèces, il y a lieu de subvenir au créancier, en dégageant les saisies de quelques-unes des formalités ordinaires, sans néanmoins les en rédimer à tel point qu'elles puissent devenir vexatoires.

Ce sont ces vues qui ont présidé à la rédaction des sept articles qui composent le titre II, et leur simple lecture vous convaincra sans doute que leur objet a été rempli.

Art. 826-829. — Le titre III traite de la *Saisie-revendication.*

Il ne s'agit pas ici de cette revendication qui, en matière de commerce, s'exerce sur la chose vendue et livrée, mais restée intacte dans les mains de l'acheteur.

Ce sera une question peut-être que de savoir si un tel privilége doit exister, et s'il n'engendre pas plus de fraudes que de réels et justes avantages; mais cette question est réservée à la discussion qui s'ouvrira sur le Code de commerce, et notre projet a pris un soin extrême de ne rien préjuger sur les questions de cette nature.

La saisie-revendication, objet de ce titre, est celle que le propriétaire exerce sur sa chose non aliénée et détenue par un tiers.

Comme, dans une telle position, et en matière mobilière surtout, le détenteur de la chose aura ordinairement pour lui la présomption de propriété, si elle n'est pas détruite par un titre qui fasse voir que sa possession n'est que précaire, une grande circonspection sera souvent nécessaire pour permettre la saisie; non pourtant qu'il faille toujours l'exhibition d'un acte, mais du moins un examen judiciaire.

Ainsi, nulle saisie-revendication ne pourra procéder que d'une permission accordée par le président du tribunal, et sauf même, s'il y a, après cette permission, refus d'ouvrir les portes ou opposition à la saisie, à en référer au juge; pendant lequel temps il sera sursis aux poursuites.

Je passe au titre IV.

Ce titre traite *de la Surenchère sur aliénation volontaire.*

Il peut être considéré comme le complément des dispositions du Code Napoléon sur cette matière, et l'importance de quelques-uns des articles ajoutés m'impose le devoir de fixer plus spécialement votre attention sur eux.

Art. 832. — D'après le Code Napoléon, les créanciers hypothécaires peuvent surenchérir et requérir une nouvelle mise aux enchères du fonds vendu par le débiteur, sous diverses conditions, notamment sous celle de *donner caution jusqu'à concurrence du prix et des charges.*

Mais le délai pour remplir cette condition n'est point indiqué, et ce silence a donné lieu ou du moins fourni le prétexte de douter si cette obligation devait s'effectuer avant la nouvelle adjudication, ou s'il suffisait d'offrir à cette époque la caution prescrite.

La seule raison indiquait sans doute que la caution devait être fournie avant la seconde adjudication; un nouvel article l'exprime formellement, et désigne l'acte dans lequel cette offre doit être faite, ainsi que le délai pour la réaliser.

Art. 834, 835. — Un objet plus grave se présente à la discussion; ça été la question de savoir si les créanciers, ayant un titre hypothécaire antérieur à la vente, mais non inscrit à cette époque, pouvaient, comme les créanciers inscrits, ou ayant des hypothèques légales, requérir la mise aux enchères du fonds vendu par leur débiteur.

Pour l'affirmative, on se prévalait surtout des expressions générales de l'article 2182 du Code Napoléon; on ajoutait que le créancier ne pouvait perdre son hypothèque et les droits en résultant, par le seul fait de son débiteur vendant à son insu, et que le créancier devait au moins être mis en demeure par un acte ayant une grande publicité, tel que la transcription du contrat de vente : d'où l'on concluait que le droit du créancier même non inscrit subsistait jusqu'à cette transcription, à laquelle, en la considérant comme un avertissement d'agir, il convenait même d'ajouter un délai quelconque.

Pour la négative, on opposait principalement l'art. 2166 du Code Napoléon, qui n'accorde le droit de suivre l'immeuble, en quelques mains qu'il passe, qu'aux créanciers ayant privilége ou *hypothèque inscrite;* on ajoutait que tout le système de la publicité reposait sur l'inscription, sans laquelle il ne pouvait y avoir d'autres hypothèques valables que les hypothèques *légales*, affranchies de cette formalité. L'on niait que le tiers acquéreur, eût besoin de transcrire son acte pour mettre son acquisition à l'abri des hypothèques non inscrites; et l'on observait, à l'appui de cette opinion, que la formalité de la transcription, consacrée par la loi du 11 brumaire an VII (Art. 26), et reproduite dans le projet de Code Napoléon, en avait été formellement retranchée : d'où l'on concluait que la volonté du législateur s'était prononcée contre la transcription, en ce sens qu'elle fût utile pour purger les hypothèques non inscrites, ou pour empêcher qu'il n'en fût établi de nouvelles.

Il était difficile de ne point reconnaître cette dernière opinion comme la plus conforme au Code Napoléon; mais il était aisé de sentir que la première avait un but juste et utile, et présentait une modification qu'il était bon d'accueillir.

Dans cette conjecture, on a adopté pour le passé et l'avenir un parti qui respecte les droits de l'un et de l'autre temps.

Comme la disposition nouvelle n'atteindra *que les aliénations qui seront faites à l'avenir*, les tiers-acquéreurs qui auront contracté sous l'empire de la loi qui nous régit en ce moment, n'en recevront aucun dommage.

A l'égard des créanciers, ils conserveront désormais la faculté de s'inscrire jusqu'à l'expiration de la quinzaine qui suivra la transcription de l'acte d'aliénation.

Leur inscription tardive leur assignera, parmi les créanciers, un rang inférieur, mais elle n'éteindra pas leurs droits sur le fonds aliéné, et envers le tiers-acquéreur.

Celui-ci pourtant ne sera pas tenu de leur faire les significations prescrites à l'égard des créanciers inscrits; il est censé ne point connaître ceux dont l'inscription n'existe pas, et la loi ne saurait lui imposer une obligation qu'il lui serait impossible de remplir.

L'une des dispositions du projet contient cette dispense aussi juste que nécessaire.

Les autres règlent quelques points qui ne sont pas sans importance, mais qui ne présentent aucune difficulté.

J'arrive au titre V.

Ce titre, qui règle *les voies à prendre pour avoir expédition ou copie d'un acte, ou pour le faire réformer*, embrasse plusieurs espèces.

Art. 839. — La première est celle où les parties intéressées en nom direct, héritiers ou ayant droit, réclament une expédition ou copie de leur acte : il n'y a là qu'exercice d'un droit qui n'est soumis à aucune formalité; et cette expédition ne peut leur être refusée, sans donner lieu à poursuites contre le notaire ou autre dépositaire refusant.

Art. 841 - 843. — Mais l'acte peut être resté imparfait, ou n'avoir pas été enregistré, et dans ce cas, il faut, pour en obtenir l'expédition, une permission du juge, sauf même à lui référer du refus que pourrait faire le notaire ou autre dépositaire d'un tel acte; car ce refus peut être légitime.

Art. 844. — S'agit-il d'une seconde grosse? L'ordre public impose d'autres obligations, car un second titre exécutoire ne peut être fourni sans connaître l'emploi qui a été fait du premier, et sans que les parties intéressées à contredire soient appelées à le faire, s'il y a lieu.

Art. 854. — Les mêmes réflexions et la même règle s'appliquent aux secondes *expéditions exécutoires* des jugements.

Art. 846 et suivants. — S'agit-il d'une demande formée par des parties étrangères à l'acte? La justice ne les y admettra qu'après s'être assurée de l'intérêt qu'elles peuvent y avoir, et avec toutes les précautions propres à empêcher que l'intérêt d'autrui n'en reçoive aucune lésion : c'est *le compulsoire*, objet du titre XII de l'ordonnance de 1667.

Art. 853. — Toutefois il ne faudra pas justifier de son intérêt, ni recourir au compulsoire pour obtenir copies d'actes consignés dans les registres publics, tels que ceux de l'état civil qui sont ouverts à tout le monde; l'article 18 du titre XX de l'ordonnance de 1667, donnait une extrême facilité pour cet objet, elle est maintenue par le projet de Code: c'était une loi imposée par les besoins journaliers de la vie civile.

Art. 855. — Après avoir réglé ce qui touche à la simple expédition des actes, le projet s'occupe de ce qui regarde la rectification des actes de l'état civil.

Ici la matière s'agrandit; l'état des personnes, les grands intérêts de la société, tout réclame l'intervention de la justice avec les solennités introduites pour le maintien de l'ordre public.

Art. 856. — *Ainsi*, et soit qu'il y ait instance ou non, le ministère public devra être entendu sur les demandes de cette nature.

Art. 857. — Si le jugement admet la rectification, notre projet, conforme en ce point à une déclaration du 9 avril 1736 (art. 30), statue que la rectification ne sera point matériellement faite sur le corps même de l'acte réformé; mais que le jugement sera inscrit aux registres de l'état civil, et mentionné en marge de l'acte réformé qui ne pourra plus être expédié qu'avec les rectifications.

Telles sont les diverses et principales dispositions du titre V que l'on peut justement considérer comme la loi la plus complète qui ait paru sur cette matière.

Art. 859, 860. — Le titre VI n'a eu pour objet que de remplir une légère lacune remarquée dans le titre IV du Code Napoléon relatif *aux Absents*.

Les deux articles qui composent ce titre sont assez simples, et leur but assez évidemment utile pour que toute analyse à ce sujet devienne superflue.

Art. 861. — Le titre VII traite de l'*autorisation de la femme mariée*.

Art. 862. — L'autorisation dont il s'agit n'est point celle qui a lieu quand la femme est défenderesse.

Dans ce cas, l'action du demandeur ne peut être subordonnée à la volonté du mari, ni paralysée par elle; si le mari est assigné pour autoriser sa femme, parce qu'il lui est dû connaissance des actions dirigées contre elle, comme à son protecteur naturel, cette autorisation n'est au surplus, et en ce qui regarde l'action du tiers demandeur, qu'une simple formalité que la justice supplée, quand le mari la refuse.

L'objet de notre titre n'est pas non plus d'examiner ce qui a lieu quand le mari et la femme procèdent ensemble, en demandant; car si, en ce cas, l'autorisation n'est pas expresse, elle est au moins tacite, et résulte du seul concours des deux parties, comme l'ont observé les commentateurs (1), et comme le prescrit surtout la raison.

Mais ce qu'a voulu et dû régler le titre qui est soumis à la discussion, c'est la procédure à faire quand la femme veut poursuivre ses droits, et que son mari, interpellé de l'y autoriser, en a fait le refus.

En ce cas, l'autorisation devient l'objet d'un débat particulier, et l'on pourrait dire préalable.

Ici l'interposition de la justice est nécessaire pour prononcer entre deux volontés contraires, et pour statuer sur l'usage ou l'abus que le mari voudrait faire de son autorité; car cette autorité est celle d'un protecteur et non celle d'un despote.

Si le refus d'autorisation est juste, le devoir des magistrats sera de l'accueillir; si, au contraire, il ne tend qu'à dépouiller la femme des moyens légitimes de conserver ses droits, la justice viendra à son secours, et la préservera de l'oppression et de sa ruine, en lui accordant l'autorisation refusée par son mari.

Du reste, cette procédure sera non-seulement sommaire, mais exempte d'une publicité que la qualité des parties et la nature du débat rendraient toujours fâcheuse.

Ainsi, ce sera à la chambre du conseil que le mari sera cité, que les parties seront entendues, et que le jugement sera rendu sur les conclusions du ministère public.

Art. 863, 864. — Ce qui vient d'être dit touchant l'autorisation de la femme mariée, en général, se modifie relativement aux femmes des *absents* ou des *interdits;* car, bien que l'absence du mari ou son interdiction ne dissolvent point le mariage, ni l'autorité maritale, et que la femme ne recouvre point par-là son indépendance primitive, ce n'est plus à son mari qu'elle peut demander l'autorisation dont elle a besoin, mais à la justice seule, comme suppléant, soit l'absent qui n'est point là pour donner l'autorisation, soit l'interdit qui n'a plus de volonté aux yeux de la loi; et le tout en présence et sur les conclusions du procureur impérial, dont le ministère devient d'autant plus nécessaire en cette circonstance, que les qualités de toutes les parties en requièrent l'emploi.

Art. 865. — Je passe au titre VIII, l'un des plus importants du projet; c'est celui qui traite des *Séparations de biens.*

Cette action, très-favorable quand la bonne foi y préside, est l'une de celles où la fraude s'est souvent introduite jusqu'au scandale.

Plus d'une fois elle a appelé la sollicitude du législateur, et tout récemment encore, dans la discussion du Code Napoléon, on a voulu apporter remède à un mal que l'expérience n'a que trop signalé (1).

C'est dans ces vues qu'il avait été proposé d'astreindre la femme qui veut obtenir la séparation, à appeler tous les créanciers du mari pour y consentir ou s'y opposer.

Cette proposition qui tendait à donner à l'instance en séparation de biens, le caractère d'une procédure pleinement contradictoire avec tous les intéressés, eût sans doute atteint son but, et eût peut-être été admise, malgré les frais considérables qui en eussent résulté, si l'exécution n'en eût été reconnue impossible. Comment, en effet, supposer qu'une femme connaisse tous les créanciers de son mari, surtout si celui-ci veut lui en dérober la connaissance, et comment lui imposer une obligation que, le plus souvent, elle ne pourra remplir? La prévoyance contre la fraude serait portée trop loin si, pour empêcher l'abus, elle anéantissait l'usage légitime ou l'exercice du droit accordé par la loi.

On a donc écarté cette proposition, mais en reconnaissant la nécessité que les demandes en séparation et les jugements qui y statuent, fussent environnés de la plus grande publicité.

C'est cet engagement pris en quelque sorte dans le Code Napoléon, que le Code de procédure vient remplir aujourd'hui.

La simple publication à l'audience du tribunal de commerce, avec insertion sur un tableau affiché dans le même local, n'atteindrait pas ce but.

C'est pourtant tout ce que prescrivait à cet égard l'ordonnance de 1673 (tit. VIII, art. 2), en renvoyant pour le surplus *aux formalités en tel cas requises.*

Quelles étaient ces formalités ultérieures? c'était, en quelques endroits, la lecture qu'on faisait de la demande en séparation à la porte de l'église à l'issue de la messe paroissiale; mais cette lecture fugitive et souvent faite,

(1) Voyez *Jousse*, sur l'art. 2 du titre II de l'ordonnance de 1667.

(1) Voyez les procès-verbaux du Conseil d'Etat, séance du 13 vendémiaire an XII.

même avec dessein, d'une manière inintelligible, ne pouvait être qu'un bien frêle document.

Ajoutons que ces dispositions semblaient n'être prescrites que pour les femmes des négociants, marchands et banquiers, tandis que la séparation de bien, qui est une action du droit commun, un bénéfice introduit en faveur de toutes femmes dont les droits sont en péril, doit être soumise à des règles générales.

Le projet de code établit de telles solennités, qu'il est difficile de croire que l'intérêt des tiers ne soit point suffisamment averti par l'une au moins des nombreuses voies qui sont ouvertes à cet effet.

Art. 866, 867. — Affiches de la demande sur des tableaux exposés dans l'auditoire, tant du tribunal de première instance, que de celui de commerce;

Mêmes affiches dans les chambres d'avoués et des notaires;

Art. 868. — Insertion dans le journal du lieu, ou, s'il n'y en a point, dans l'un des journaux qui s'impriment dans le département.

Art. 869. — Voilà ce qui devra avoir lieu, à peine de nullité, toutes les fois que les établissements indiqués existeront; et il faudra qu'un mois entier se soit écoulé depuis l'accomplissement de toutes ces formalités, avant qu'il puisse être prononcé aucun jugement. Cet intervalle est prescrit dans la vue de laisser aux tiers ainsi avertis, un délai suffisant pour intervenir, s'ils le jugent convenable.

Art. 870. — S'ils interviennent, ils opposeront leurs moyens sans que jamais le simple aveu du mari fasse preuve en faveur de sa femme; car la collusion est aisément présumable entre ces derniers.

Cet aveu ne fera point preuve, lors même qu'il n'y aurait point de créanciers; car si en ce cas, il n'y a pas un intérêt actuel qui s'y oppose, il reste l'intérêt prochain d'enfants ou autres héritiers qu'on pourrait dépouiller par cette voie; il reste au législateur le devoir d'empêcher que le mari ne confère, par des voies indirectes, des avantages que la loi réprouve.

Art. 872. — Quand le jugement sera rendu, il sera soumis pendant un an à la même publicité que la demande, et bien qu'après les affiches et insertion de ce jugement, la femme puisse en poursuivre l'exécution, le délai d'une année est accordé à tout créancier pour se pourvoir par tierce opposition.

Art. 873. — S'il ne s'est pas pourvu dans ce délai, et après l'accomplissement exact de toutes les formalités, il n'y sera plus reçu; car tout doit avoir un terme; et si le créancier en souffre il ne fera que subir la peine de sa négligence, puisque la loi aura épuisé tous ses *bienfaits* envers lui.

Telles sont, messieurs, les vues qu'on a suivies pour concilier le double intérêt et des femmes et des tiers, et pour ne point priver les premières d'un droit qu'elles tiennent de leur position et de la loi, mais en même temps pour obvier aux abus dont tout le monde a été témoin, et dont beaucoup ont été les victimes.

L'organisation de cette partie peut être considérée comme toute nouvelle, et comme une grande amélioration dans nos lois sur cette matière.

Le titre IX du projet de loi traite de la *séparation de corps et du divorce.*

Art. 881. — En ce qui concerne la procédure du divorce, notre projet n'avait rien à ajouter aux dispositions contenues dans le Code Napoléon qui ne s'est point borné à en poser les règles pincipales, mais qui, à raison de l'importance, et peut-être aussi de la nouveauté de cette institution, a cru devoir prendre le soin d'en régler les détails.

A l'égard de la séparation de corps, notre projet avait plus à s'occuper des mesures préliminaires à la contestation en cause, que du mode même de terminer un tel procès, quand il est engagé.

Art. 879. — En effet, une instance en séparation de corps est un différent grave, soumis aux formes communes de la procédure, et de plus au concours du ministère public comme toute cause qui touche à l'état des personnes.

Mais plus la société doit s'affliger d'un tel débat, plus il est important de le prévenir, et d'en arrêter le cours.

Art. 875, 876, 877. — Un simple exploit ne suffira donc pas pour saisir les tribunaux d'une cause de cette nature; et l'ordre public serait même peu satisfait si l'on ne procédait aux voies conciliatrices que comme dans les causes ordinaires. Il faut ici, à raison de la gravité des circonstances, un Magistrat plus éminent pour exercer le ministère de paix et de conciliation, et c'est le président même du tribunal que la loi désigne.

On ne pourra d'abord s'adresser qu'à lui, et il devra entendre les époux, non par l'organe de conseils et d'avoués qui, en leur supposant les vues les plus pacifiques, ne pourraient suppléer les parties.

Les époux seront donc tenus de comparaître en personne et le juge tentera de les rapprocher.

Art. 878, 880. — S'il échoue dans cette noble tentative, et après qu'il aura désigné la maison où la femme pourra se retirer provisoirement, la procédure suivra son cours; et si le jugement prononce la séparation de corps, ce jugement sera assujéti pour sa publicité aux formes introduites pour les séparations de biens.

Cette publicité est nécessaire tant à l'égard des tiers qui auraient des droits à exercer pour le passé, qu'à l'égard de ceux qui pourraient contracter à l'avenir avec des époux dont l'état a changé.

Le titre X traite *des Avis de parents.*

Ce titre n'est, à proprement parler, que le complément du Code Napoléon dans ses dispositions relatives aux conseils de famille, et n'offre pas de matière à beaucoup d'observations.

Néanmoins, parmi les dispositions nouvelles, il en est plusieurs qui doivent améliorer cette partie de nos institutions.

Art. 883. — Ainsi, lorsque les délibérations ne seront pas unanimes, l'avis de chacun des parents devra être mentionné au procès-verbal, et les membres dont l'avis aura été rejeté pourront se pourvoir contre la délibération ou le vœu de la majorité.

Cette mesure rendra chacun plus attentif à ses devoirs. En effet, nul ne pourra, par la suite se disculper particulièrement d'aucun mauvais résultat, que par l'exhibition de son propre avis, et la faute des particuliers ne sera point couverte par celle des masses.

L'intérêt du pupille sera donc mieux protégé et le vœu du législateur mieux rempli; car il ne saurait y avoir ici rien de vain qui ne pût bientôt devenir funeste.

Il était bon aussi de donner à chaque membre du conseil de famille une espèce d'action contre le tuteur pour l'obliger à remplir certaines formalités et même pour l'y faire personnellement condamner.

Dans une matière où, loin d'être stimulés par le grand mobile de l'intérêt personnel, trop de gens n'aperçoivent que des charges, il convient d'appeler le plus de garanties possible contre une inertie justement redoutable.

Le titre XI traite *de la procédure relative à l'Interdiction.*

Le Code Napoléon contient sur la matière de l'interdiction, beaucoup de dispositions dont plusieurs appartiennent déjà à la procédure qu'il ne s'agissait que de compléter; telle est la simplicité des nouveaux articles qu'il serait superflu, du moins pour le plus grand nombre, de vouloir en développer l'esprit, quand le texte seul remplit évidemment ce but.

Personne, au surplus, ne s'étonnera de quelques additions au Code Napoléon que semble comporter le projet actuel, et qu'avec une légère attention, l'on reconnaîtra facilement n'en être que le développement nécessaire.

Art. 893. — Ainsi, le Code Napoléon (article 496) statue qu'*après avoir reçu l'avis du conseil de famille, le tribunal interrogera le défendeur.*

Était-il par-là prescrit d'interroger de suite, sans aucun acte intermédiaire et notamment sans que l'avis du conseil de famille eût été signifié au défendeur?

Non sans doute; et si cette signification n'était pas textuellement ordonnée par la première loi, c'est remplir son vœu que de l'exprimer dans celle-ci, et d'en imposer l'obligation réclamée d'ailleurs par le droit naturel de la défense, droit toujours respectable et sacré, surtout quand il s'agit de l'état des personnes.

Art. 894, 895. — C'est par une suite de ce droit, que la personne, dont l'interdiction est provoquée, pourra appeler du jugement qui l'aurait prononcée, et plaider en cause d'appel, sans être pourvue de tuteur; car, aux yeux de la loi, son état est encore entier; et il ne cesse de l'être que par la décision suprême, ou par l'adhésion au premier jugement.

Art. 896. — Au surplus, comme l'interdiction n'est, de sa nature, qu'une mesure suspensive, la main-levée en sera prononcée, s'il y a lieu, en observant la même *instruction* et suivant les *mêmes formes* que celles qui ont eu lieu pour l'interdiction même.

Les espèces sont sans doute fort opposées, mais la procédure peut-être identique; car les mêmes procédés qui font connaître si un homme a perdu la raison, font également connaître s'il l'a recouvrée.

Si l'humanité souffre dans la première de ces positions, elle sourit à la seconde; voilà la seule différence, et il n'en résulte point dans la procédure.

Je passe au douzième et dernier titre du livre qui vous est en ce moment présenté.

Ce titre traite du *bénéfice de cession*: et, comme la cession volontaire est dans la classe des contrats, toute idée de procédure ne peut s'attacher qu'à la cession judiciaire, c'est-à-dire, au droit que l'ancienne législation accordait, et que le Code Napoléon a conservé au débiteur malheureux et sous le poids de la contrainte par corps, de se rédimer, non de sa dette, mais de l'emprisonnement, en cédant ou abandonnant ses biens à ses créanciers.

Art. 898. — Comme ce bénéfice repose essentiellement sur la bonne foi du débiteur, il devra, pour l'obtenir, déposer tous les livres et titres propres à justifier sa conduite et à éclairer ses créanciers.

Art. 900. — Sa demande et l'assignation qu'il aura fait donner à ses créanciers, ne suspendront pas l'effet de leurs poursuites, et ne suffiront point pour assurer au débiteur la liberté de sa personne.

Une disposition contraire existait dans l'ordonnance du mois d'octobre 1535, on n'a pas dû la suivre : en effet, il ne saurait dépendre du débiteur de changer sa condition et le droit des tiers par son seul et propre fait, mais c'est à la justice à examiner sa position et à lui accorder un sursis, si elle l'en juge digne.

Art. 901. — Si le débiteur est admis au bénéfice de cession, il devra, quel que soit son état, la réitérer en personne et avec publicité.

Le lieu le plus propre à cet objet, quoique le jugement émane du tribunal ordinaire, a semblé être l'auditoire du tribunal de commerce, et, à défaut, la salle des séances de la maison commune.

Il ne s'agit pas ici d'une faveur clandestine, et celui qui la recueille peut bien être astreint à cette démarche solennelle qui, si elle semble onéreuse, sera une garantie de plus contre l'abus de l'institution.

Art. 903. — Mais cette solennité passagère ne suppléerait pas à la publicité permanente que requiert l'intérêt des tiers; et, quelques égards que mérite l'infortune, il est juste et utile que la position du débiteur admis au bénéfice de cession, soit connue de ceux qui peuvent contracter avec lui.

Cet intérêt est surtout celui du commerce; et il a, par ce motif, semblé convenable que, quelle que fût la profession du débiteur, ses nom, prénoms, profession et demeure fussent insérés dans un tableau affiché en l'auditoire du tribunal de commerce.

Le même avertissement, dû aux autres classes de la société, a donné lieu d'ordonner la même affiche au lieu des séances de la maison commune.

Ces vues, Messieurs, vous paraîtront sans doute bien préférables à celles de l'ordonnance de 1673, sur la matière des cessions.

Deux articles seulement, et dont le premier renvoie *aux formalités ordinairement observées*, composent le titre X de cette ordonnance.

Dans le vague de telles dispositions, et surtout dans le silence qu'elles gardent sur les causes personnelles d'inadmissibilité, autres que la qualité d'étranger, l'on a vu les statuts particuliers et les arrêts régir diversement cette matière.

Ainsi, dans le ressort de la commune d'Orléans, les acheteurs de certaines denrées, de même que les acquéreurs de biens vendus à l'encan, n'étaient point admis au bénéfice de cession.

Dans le Nivernais, le fermier de biens ruraux n'y était point admis, quand la contrainte par corps avait été stipulée dans le bail.

Ailleurs, le bénéfice de cession était refusé aux cautions judiciaires et à toutes personnes qui avaient contracté en justice.

Tant de diversités vont cesser enfin, et la loi seule posera les exceptions en les restreignant aux termes indiqués par les besoins de la société.

Art. 905. — Ainsi, les étrangers ne seront point admis au bénéfice de cession; car la détention de leurs personnes est la principale et quelquefois l'unique sûreté de leurs créanciers.

Il y aura aussi exclusion pour les stellionataires, banqueroutiers frauduleux, et personnes condamnées pour vol ou escroquerie : de tels débiteurs sont évidemment indignes du bienfait de la loi.

Ce bienfait ne sera point accordé non plus aux comptables, tuteurs, administrateurs et dépositaires : ainsi l'exigent la nature de la dette, et la faveur due soit au trésor public, soit aux pupilles, soit même à toutes autres personnes dont la confiance a été trahie.

Telles sont les exceptions que le nouveau Code admet : appliquées à des cas précis, et justes en elles-mêmes, elles ne peuvent qu'être accueillies.

ART. 906. — Il me reste, Messieurs, à vous entretenir des causes qui ont dicté la disposition finale de notre projet, celle qui exprime qu'il n'est rien préjugé par le titre XII à l'égard du commerce.

Comme la cession de biens est un bénéfice du droit commun introduit en faveur du débiteur malheureux, *marchand ou non*, la procédure qui y est relative trouvait naturellement sa place dans la loi générale dont vous vous occupez en ce moment, et la connaissance devait en être attribuée, ou, pour parler plus exactement, conservée aux tribunaux ordinaires qui l'ont aujourd'hui et l'avaient sous l'ancienne législation, sans distinction des personnes.

Cependant des hommes, dont l'opinion mérite des égards, ayant observé que peut-être il y aurait lieu d'admettre sur la compétence une exception en faveur des tribunaux de commerce *quand le débiteur serait commerçant*, on a voulu se réserver le temps d'examiner cette proposition.

Tel est le but de l'article, et il serait au surplus prématuré de s'arrêter aujourd'hui sur un objet dont la discussion se lie au Code commercial, ce nouveau monument de législation dont la bienveillante sollicitude de l'Empereur fera bientôt jouir les Français.

Législateurs, je vous ai rendu sommairement compte des vues principales qui ont présidé à la confection et à la rédaction des douze titres composant le premier livre de la deuxième partie du Code de procédure; d'autres orateurs vous présenteront la suite de ce grand travail.

Je sens que, malgré mes efforts pour être succinct, j'ai eu besoin de toute votre indulgence pour me suivre dans l'exposition nécessairement aride d'un projet dont tous les titres, sans aucune cohérence entre eux, ne constituent pas un système dont l'esprit puisse embrasser l'ensemble et sur lequel l'attention puisse se reposer.

Vous le jugerez au reste d'après le bien qu'il peut faire, et il méritera votre assentiment, s'il n'opère que des changements utiles, s'il conserve ce qui était bon et achève ce qui était incomplet.

LIVRE II.

Procédures relatives à l'Ouverture d'une Succession.

Décrété le 28 avril 1806; — Promulgué le 8 mai suivant.

[ARTICLES 907 à 1002.]

EXPOSÉ DES MOTIFS par M. le Conseiller-d'Etat SIMÉON.

Séance du 16 avril 1806.

MESSIEURS,

La seconde partie du Code de procédure civile est consacrée aux *procédures diverses*. Le livre premier vous a déjà été présenté. Nous vous apportons aujourd'hui le second livre, où sont tracées les *procédures relatives à l'ouverture des successions*.

Le projet rédigé par la commission que le Gouvernement avait composée de magistrats et d'hommes si versés dans la pratique des tribunaux, et qui est devenu, après avoir été soumis aux observations des cours d'appel, la riche matière dont le conseil d'état a formé ce Code, contenait un troisième livre, intitulé : *des procédures relatives aux faillites*.

On y avait indiqué les formes à suivre dans les scellés que la faillite rend nécessaires, dans leur levée, et dans les contrats d'union que les créanciers ont coutume de former.

Il a paru que ces formes, qui ne sont pas nouvelles, pourraient continuer d'être observées sans être formellement prescrites, jusqu'à ce que le Code de commerce donne un système complet de lois où seront comprises, avec étendue, les *faillites*, ce qui les constitue, ce qui les rend frauduleuses et criminelles, la manière de les constater, de les poursuivre, et de les terminer.

Ce n'est pas qu'on ait entendu rien préjuger sur la question, diversement décidée dans l'ancienne législation, de savoir à qui doit appartenir la connaissance des faillites : si c'est aux tribunaux de commerce, ou aux tribunaux ordinaires. Beaucoup de motifs sont allégués pour et contre ; ils seront mûrement pesés et discutés; et l'on ne prononcera que lorsqu'on réglera, dans le Code de commerce, les attributions de ces tribunaux. Alors, soit qu'on y comprenne les faillites, soit qu'on les laisse aux tribunaux ordinaires, qui n'en ont été dessaisis qu'intermédiairement, et pendant un temps assez court, on retracera, même avec plus de détail, et avec les amendements dont elles seront suceptibles, les règles de procédure que contenait le projet.

Voilà, Messieurs, les motifs qui ont déterminé le retranchement du troisième livre, composé de deux titres, des *Procédures relatives aux faillites*, et d'un titre du *Bénéfice de cession*, qui, rapporté à la suite du premier livre des *Procédures diverses*, vous a été présenté avec ce livre.

Je n'ai donc à vous entretenir que des procédures qu'entraîne l'ouverture des successions.

Avec notre vie finissent nos droits, et commencent ceux de nos héritiers. Ils auront à partager nos biens; il faut les leur conserver, sans préjudice des droits préexistants de nos créanciers.

De là, les appositions de scellés après décès, la vente du mobilier et celle des immeubles, les partages, les licitations, la renonciation à la communauté ou à la succession, la curatèle aux successions vacantes.

Le Code Napoléon a fixé les principes qui régissent ces matières. Le Code de procédure devait prescrire la manière de les réclamer et de les appliquer. C'est le sujet des neuf titres du livre second de la seconde partie, soumis à votre délibération.

Les motifs des dispositions qu'il renferme, n'exigent pas de longs développements, elles s'expliquent par leur évidente utilité. La plupart étaient déjà consacrées par nos lois ou par la pratique; seulement on a choisi, on a rassemblé en un seul corps ce que les usages et les réglements avaient de meilleur, et l'on s'est appliqué à les simplifier et à les améliorer. Le Code de procédure civile aura le même avantage que le Code Napoléon, celui, non de changer ce qui avait été sagement et utilement statué, mais d'étendre à tout l'Empire ce qu'il y avait de mieux dans les diverses jurisprudences ; de donner des règles uniformes et complètes à tous les tribunaux.

Art. 909. — L'apposition des scellés après décès est une mesure conservatrice des successions; souvent superflue, elle est plusieurs fois utile et même nécessaire. Dans ces deux cas, elle peut être requise par tous ceux qui y ont intérêt. On regarde comme tels, les prétendant-droit à la succession ou à la communauté, les créanciers fondés en titre exécutoire, et même ceux qui, sans un pareil titre, en produisent un assez apparent pour que le président du tribunal d'arrondissement, ou, en cas d'urgence, le juge de paix, trouve convenable de les autoriser à requérir le scellé.

Si ceux qui ont un intérêt résultant de leur qualité, le conjoint survivant, ou des héritiers sont absents et non représentés, les personnes qui demeuraient avec le défunt, ainsi que ses serviteurs et domestiques, pourront requérir pour eux. Ils tiennent leur mission de ce sentiment de bienfaisance qui nous porte à prendre soin des affaires des absents, de ce devoir réciproque qui nous suggère de faire pour autrui ce que nous voudrions que l'on fit pour nous. Dans plusieurs occasions, les lois doivent supposer ce devoir et inviter à le remplir.

Art. 911. — Le juge de paix agira même d'office; il doit, plus encore que d'autres, veiller pour ceux qui ne sont pas à portée de pourvoir à leurs droits. Mais il ne lui est pas permis de prévenir ou de suppléer la vigilance des héritiers s'ils sont tous présents, ou celle des tuteurs et curateurs qui sont responsables et qui peuvent avoir de justes motifs d'éviter des formalités et des frais superflus. La justice ne portera pas des regards indiscrets dans l'intérieur des familles, lorsque son intervention ne sera pas réclamée par les parties ou par la nécessité. Le motif de prévenir la négligence des tuteurs et des abus possibles; n'autorise pas à une surveillance inquiétante qui deviendrait elle-même un abus certain et général. Les tuteurs, qui souvent sont les pères ou les mères, et qui toujours doivent en avoir les sentiments, sont investis, comme les juges de paix, de la confiance de la loi. Les juges de paix ne sont tuteurs, à cet égard, que de ceux qui n'en ont point. Les scellés ne seront donc apposés d'office que dans trois cas : si le mineur n'a point de tuteur et qu'un de ses parents ne requière pas; si le conjoint ou l'un des héritiers est absent; si le défunt était dépositaire public, et, dans ce cas même, le scellé d'office ne portera que sur les objets du dépôt.

Art. 913. — Le but du scellé étant de prévenir les soustractions, il importe de l'apposer aussitôt après le décès. Si l'on a différé d'y procéder jusqu'après l'inhumation, ce retard sera mentionné, les causes en seront expliquées; elles peuvent mettre sur la voie des fraudes.

Art. 916. — Il est toujours urgent de connaître les testaments qui sont la loi domestique des familles et des successions. Si l'on a des indices qu'il en existe quelqu'un, le juge de paix en fera la recherche; il en décrira l'état, il s'en saisira pour le présenter au président du tribunal de l'arrondissement qui, aux termes des articles 1007 et 1008 du Code Napoléon, doit donner son attache pour l'exécution, et l'ouvrir s'il est clos.

Art. 919. — Les mêmes règles s'étendent aux papiers sous cachets. Quoiqu'ils paraissent appartenir à des tiers, ils peuvent être réellement au défunt et à sa succession, à laquelle il aurait eu dessein de les soustraire : ils seront portés au président du tribunal qui en fera l'ouverture, les tiers appelés, et les leur remettra s'ils en sont véritablement propriétaires.

On a concilié les égards dus à des tiers, avec la justice qui ne permet pas que des simulations de dépôt soient pratiquées au préjudice des créanciers ou de la réserve que la loi fait aux héritiers du sang.

Art. 921, 922. — Le juge de paix n'est chargé de l'apposition des scellés que comme le magistrat le plus à portée de procéder promptement; il n'a que les opérations conservatoires. S'il se présente des obstacles, s'il s'élève des difficultés, il n'est pas compétent pour les décider, si ce n'est en cas d'urgence et par provision. Il en chargera son procès-verbal, et en référera au président du tribunal de l'arrondissement qui statuera sur le procès-verbal même.

Art. 923. — Les scellés deviennent inutiles lorsque l'inventaire est terminé; car l'inventaire doit présenter le détail des objets que les scellés conservaient en masse, et en opérer le chargement. Après l'inventaire on ne recourra donc point aux scellés, à moins qu'il n'y en ait des motifs vérifiés et jugés par le président du tribunal.

Art. 926. — L'opposition aux scellés, c'est-à-dire l'acte par lequel on notifie que rien ne doit être fait au préjudice des droits qu'on déduira (Art. 927), a été réduite aux formes les plus simples.

Art. 928. — Les scellés ne doivent être levés que trois jours après leur apposition, afin de donner aux intéressés le temps d'y comparaître (Art. 931). On y appelle ceux d'entre eux qui ne sont pas à un trop grand éloignement. On nomme un notaire pour représenter ceux qui se trouvent à plus de cinq myriamètres.

Art. 932. — Le droit d'être présent à la levée des scellés et à l'inventaire, est réglé sur le degré d'intérêt.

Ceux qui ont un intérêt direct et important, tels que le conjoint survivant, l'exécuteur testamentaire, les héritiers, les légataires universels et à titre universel, peuvent assister chacun à toutes les séances de la levée du scellé et de l'inventaire.

Art. 933. — Les opposants ne peuvent assister qu'à la première séance; ils n'ont que la faculté de se faire représenter aux autres par un seul mandataire ou avoué : ils ne seraient pas même autorisés à y assister à leurs frais, à moins qu'ils n'eussent des intérêts opposés ou différents de ceux de la majorité.

Art. 934. — Les opposants qui n'ont pas d'intérêt direct et qui n'agissent que du chef d'un débiteur dont ils veulent conserver les droits, ne sont pas admis même à la première vacation, ni par conséquent à concourir au choix du mandataire ou représentant commun.

Art. 935. — Lors de la levée des scellés, on convient des notaires qui feront l'inventaire, des commissaires-priseurs pour l'estimation des meubles, et des experts pour celle des immeubles.

Art. 944. — L'inventaire suit la levée des scellés. S'il s'élève dans le cours de l'inventaire des difficultés sur lesquelles on ne s'accorde pas, les notaires pourront en référer eux-mêmes au président du tribunal d'arrondissement, s'ils résident dans la même ville, et ce président statuera sur la minute de leur procès-verbal.

Art. 945. — Souvent le mobilier des successions doit être vendu, soit pour qu'il ne périsse pas, soit pour l'acquit des dettes et charges. On procédera à cette vente avec les formalités prescrites au titre des *Saisies-exécutions* (Art. 952), à moins que toutes les parties majeures, présentes, et sans qu'il y ait des tiers intéressés, ne s'accordent à éviter des frais qui ne sont indispensables que lorsque l'intérêt des absents, des mineurs ou des refusants exigent les solennités et la garantie d'une vente publique.

S'il y a lieu de vendre les immeubles d'une succession, ils appartiennent à des majeurs, ou des mineurs en sont propriétaires en tout ou en partie.

Art. 953.—Des majeurs procéderont comme il leur conviendra, ils ont l'entière et libre disposition de leurs biens et actions. Cela est trivial, cependant on a voulu le dire afin de ne pas perdre l'occasion de marquer que les formalités ne sont pas imposées à tout le monde, mais seulement à ceux auxquels elles sont nécessaires pour les garantir des préjudices dont ils ne pourraient autrement se défendre.

Art. 954. —Si les immeubles appartiennent à des mineurs, ils ne peuvent être vendus que par permission de justice donnée sur l'avis de leurs parents.

Cet avis n'est pas exigé lorsque la nécessité de la vente résulte, ou d'un partage, ou d'une licitation à faire entre les mineurs et des majeurs copropriétaires; dans ce cas, la famille ne pourrait se refuser au droit que l'on a de faire cesser l'indivision.

La vente des immeubles des mineurs doit toujours être faite publiquement et aux enchères. Le Code Napoléon avait retracé ce principe de tous les temps. La manière de s'y conformer, qui ne se trouvait autrefois que dans quelques arrêts de réglement, est organisée dans le titre de *la Vente des biens immeubles*.

Art. 965. —Le Code Napoléon permet la vente des immeubles des mineurs indifféremment devant un juge commis par le tribunal, ou devant un notaire. Les formalités essentielles à la vente, c'est-à-dire, l'estimation, les enchères, leur publicité annoncée par des placards, seront les mêmes; seulement les enchères qui ne sont admises dans les tribunaux que par le ministère des avoués, pourront être reçues chez les notaires de la part de toute personne. Cette différence vient de la plus grande solennité inséparable des ventes en justice; de ce que les avoués sont dans les tribunaux les organes nécessaires des clients qui s'y présentent; enfin de l'espèce de garantie qu'on y exige de la part des avoués qui enchérissent.

Chez les notaires, on procède plus tractativement; y forcer le ministère des avoués serait un contresens à la forme volontaire et contractuelle qui doit y être suivie. L'avoué que la confiance de son client y enverra, y paraîtra donc comme un conseil volontaire ou comme tout autre mandataire; comme le client lui-même pourrait y paraître.

Art. 855. — La faculté que le Code Napoléon a donnée de procéder à la vente soit devant un juge, soit devant un notaire à ce commis, sera appliquée selon les circonstances. On doit cette confiance aux magistrats, que leur choix sera déterminé par le vœu des familles et par l'utilité qu'ils verront eux-mêmes pour les mineurs, ou d'épargner des frais ou de sacrifier cette épargne à la probabilité, si elle se rencontre, de parvenir à une adjudication plus solennelle et à une vente à plus haut prix.

Soit que les effets mobiliers et les titres de la succession aient eu besoin d'être conservés par les scellés et décrits dans un inventaire; soit qu'il ait été nécessaire de vendre tout ou partie des meubles et des immeubles; soit qu'on ait pu sabstenir de tous ces préalables; la succession doit être partagée. Le Code Napoléon contient dans le titre important des Successions, un chapitre de l'action de *Partage et de sa forme*. Le Code de procédure vient y ajouter ce qui lui appartient, la marche de cette action, celle de l'instance et la manière de la terminer.

Art. 971. — On y a adopté, pour les cas où des estimations sont nécessaires, la nomination d'experts en nombre impair, déjà introduite dans le titre des *Rapports*, afin de prévenir les partages et les frais d'une nouvelle expertise.

Art. 974. — On y a décidé une question importante relative aux licitations. Il peut arriver que divers immeubles existant dans une succession, aucun ne soit susceptible de partage. Faudra-t-il les vendre? Non, si la totalité peut se partager commodément; si l'on en peut former des lots qui, donnant à chaque cohéritier sa part en nature, épargnent la nécessité et les frais d'une licitation.

Art. 975. — Si le partage n'a pour objet que la division d'un ou plusieurs immeubles sur lesquels les droits des parties sont déjà liquidés, il ne sera besoin ni d'acte ni de jugement de partage, les experts formeront les lots à la suite de l'estimation des biens.

Art. 976. — Si le partage embrasse des biens de toute nature, exige une composition de succession, des distractions, des calculs, des rapports de dons et de sommes reçus, en un mot, s'il n'a pas la simplicité rare, prévue par l'art. 975, alors il peut exiger la décision d'un tribunal pour les questions contentieuses et l'intervention d'un notaire qui rassemble les éléments du partage, les classe, les coordonne et en établisse les résultats.

Avant la révolution, les commissaires au Châtelet faisaient les partages entre les mineurs et même entre toutes personnes, lorsque les partages étaient ordonnés par justice; ils avaient prétendu faire aussi tous ceux où des mineurs seraient intéressés, même quand le partage ne serait pas ordonné par la justice. Leur prétention avait été réprimée; et lorsque le partage était volontaire, les notaires avaient été maintenus dans la faculté d'y procéder, quoique des mineurs y fussent intéressés.

La suppression des commissaires fit cesser les contestations trop fréquentes entre eux et les notaires. Elles ont été à la veille de se renouveler depuis la promulgation du Code Napoléon, non entre les commissaires, puisqu'il n'y en a plus, mais entre les avoués et les notaires.

Sans doute, disait-on, un partage peut être fait par un notaire, comme par tout autre amiable compositeur, lorsqu'on est d'accord; le notaire est un fonctionnaire public, mais pour donner seulement l'authenticité aux conventions qu'on veut lui porter à rédiger. L'action en partage appartient comme toutes les autres actions, aux tribunaux. Le refus ou l'impossibilité d'y procéder amiablement qui donne ouverture à cette action, la classe nécessairement parmi les affaires contentieuses ou judiciaires auxquelles les notaires sont étrangers.

Les notaires faisaient valoir l'intérêt des familles dont ils ont la confiance, conservent les titres, connaissent les affaires; la nature de leur ministère qui, n'ayant rien de contentieux, peut remplacer par une conciliation utile la décision des tribunaux; ils invoquaient le texte même du Code Napoléon qui dit, article 828, que le juge commis pour les opérations du partage, renvoie les parties devant un notaire pour y procéder aux comptes que les copartageants se doivent, à la formation de la masse générale, à la composition des lots, et aux fournissements à faire à chacun des copartageants.

On répondait que le renvoi au notaire était une faculté accordée au juge, pour le soulager, et point une obligation qui le soumît à se dépouiller de ce qu'il croyait pouvoir faire; et que s'il voulait terminer lui-même les opérations du partage, le recours au notaire devenait un circuit inutile.

La juridiction des tribunaux à conserver dans son intégrité, l'intérêt des avoués qui est, à plus d'un égard, celui du public qu'ils servent et dont ils sont les mandataires nécessaires; l'intérêt des notaires, qui n'est pas moins celui des citoyens lorsqu'ils veulent recourir à eux pour faire rédiger et authentiquer leurs accords; l'intérêt prédominant du public auquel sont subordonnés les droits et les prérogatives des officiers et même des tribunaux établis pour son utilité, enfin la nécessité de prévenir des incertitudes et des contestations, ont donné de l'importance à cette question.

Sa Majesté y a donné une attention particulière; elle a permis aux notaires de présenter eux-mêmes leurs observations, et d'assister dans le conseil d'Etat, à la discussion à laquelle elle a pris la plus grande part. Ils ont été témoins de ce que voient tous les jours ceux qui ont l'honneur d'y siéger, que Sa Majesté n'est étrangère à aucune des matières qu'on y traite; qu'on n'y délibère pas seulement sous son autorité et sous sa sanction, mais sous l'éclat du jour que ses lumières y répandent. Ils se sont retirés avec la conviction que Sa Majesté administre et gouverne, comme elle commande : qu'elle conçoit et prépare les lois dans ses conseils, comme elle trace dans son cabinet ou dans les camps, des plans de campagne et s'assure des triomphes : que si elle avait éclairé les parties les plus importantes du Code Napoléon, et les questions les plus abstraites du droit, elle sait encore traiter et résoudre celles de forme.

Il a été reconnu que les partages se compliquent souvent d'opérations de calcul et de combinaisons qui ne sont pas plus du ministère des juges que des vérifications ou des opérations d'experts ; que les juges doivent décider les questions contentieuses, et abandonner l'application de leurs décisions a ceux qui ont charge par la loi de les exécuter; que lors même qu'on donnerait aux juges la faculté de s'y livrer, ainsi qu'on se l'était d'abord proposé, ou ils se seraient détournés de leurs occupations essentielles, ou ils s'en seraient remis aux greffiers, à des commis ou aux avoués; que les juges qui s'assujétiraient à procéder eux-mêmes aux comptes, à la formation de la masse générale, à la composition des lots, ne pourraient le faire pour les parties avec le même avantage que le notaire qui a plus de temps à leur donner, dont les fonctions ont un caractère plus amiable, plus propre à la conciliation.

On s'est convaincu que le véritable esprit du Code Napoléon est d'appeler les notaires comme les délégués naturels des tribunaux dans tout ce que les partages n'offrent pas de contentieux.

Art. 978. — Il en sera donc commis un, lorsque le cas le requerra, pour les opérations du partage, comme il est commis un juge. La division de leurs fonctions est faite par la nature des opérations : (Art. 979.) le juge-commissaire, pour le rapport au tribunal et pour préparer ses décisions; le notaire, pour les calculs et l'application de ce qui est décidé. Il procédera seul et sans témoins, parce qu'il ne fait pas un contrat, mais un acte qui est ordonné par justice et qui devra être sanctionné par elle. (Art. 981.) Son procès-verbal ou acte de partage sera présenté à l'homologation, et l'obtiendra sur les conclusions du ministère public, dans le cas où ce ministère est requis.

Art. 983. — Le notaire restera en possession de sa minute. Les parties intéressées y recourront chez lui, comme à leurs autres actes de famille; elles pourront aussi, selon qu'il leur sera plus convenable, en prendre des expéditions ou des extraits au greffe, dans lequel l'expédition homologuée sera conservée avec tous les titres judiciaires.

Art. 977. — On a pourvu à ce que le renvoi du juge au notaire ne transporte pas, dans le siége ordinaire des conventions, l'arène judiciaire. On ne pouvait pas exclure de l'étude des notaires les conseils que les parties voudraient y amener pour l'éclaircissement et la défense de leurs droits. Mais on a statué que les honoraires de ce conseil n'entreront point en frais de partage, chacun paiera les secours qu'il aura voulu employer. La raison en est simple; si les conseils eussent été à la charge de la succession, aussitôt qu'un seul copartageant ferait cette dépense commune, tous voudraient la faire; lorsqu'elle sera au compte de chacun, on en sera plus avare, on n'y recourra que par nécessité et sans préjudice pour ceux qui ne l'auront pas regardée comme utile à leurs intérêts.

Art. 985. — Une disposition expresse consacre encore ici que les formes judiciaires ne sont requises dans les partages que lorsque l'intérêt des mineurs et autres personnes semblables les exigent, ou lorsque des majeurs ne peuvent se mettre d'accord; mais lorsqu'ils parviennent à s'entendre, ils peuvent abandonner les voies judiciaires, quelque chemin qu'ils y aient déjà fait, et terminer leur différend ainsi qu'il leur plaît.

Le Code Napoléon a conservé l'antique et utile institution du bénéfice d'inventaire qui, sans donner aux successions une caution personnelle dans la personne des héritiers, assure à ces mêmes successions des défenseurs intéressés à les liquider avec sagesse et économie. On devait déjà aux lois nouvelles la suppression des lettres et des requêtes en bénéfice d'inventaire. Une simple déclaration d'y vouloir recourir suffit. Le Code Napoléon a réglé que cette déclaration sera faite au greffe. Il ne nous restait plus qu'à déterminer de quelle manière l'héritier bénéficiaire vendra, s'il y a lieu, les meubles et les immeubles de la succession, donnera caution, et rendra son compte.

Art. 986. — Si l'héritier bénéficiaire veut vendre des meubles, il s'y fera autoriser par le président du tribunal dans le ressort duquel la succession est ouverte. Il vendra aux enchères afin d'obtenir le juste et véritable prix.

Art. 987. — S'il a besoin de vendre des immeubles, la même autorisation sera nécessaire; mais elle devra être accordée avec plus de solennité par un jugement rendu sur les conclusions du ministère public.

Art. 988, 989. — Si l'héritier vend, soit des meubles, soit des immeubles, sans se conformer aux règles qui lui sont prescrites, il aura renoncé par ce seul fait, au bénéfice d'inventaire et se sera constitué héritier pur et simple puisqu'il aura agi comme tel.

Ceci décide une question importante. On avait demandé si l'héritier bénéficiaire ayant vendu un immeuble sans autorisation et sans formalités, la vente serait nulle. Bien que les tiers qui auraient traité avec lui ne seraient pas sans reproche, on a voulu respecter leurs droits; on a trouvé une garantie suffisante pour les créanciers dans la déchéance du bénéfice d'inventaire, et dans la caution qu'ils ont déjà pu demander à l'héritier.

Art. 997. — Les renonciations aux successions et aux communautés n'ont besoin que d'un simple acte ou déclaration au greffe.

Art. 1002. — La vacance des successions n'exige que la nomination d'un curateur, qui est soumis au même mode d'administration et de compte que l'héritier bénéficiaire. Il serait sans doute superflu de dire qu'il n'est pas, comme l'héritier bénéficiaire, tenu de donner caution; on ne saurait la demander à quelqu'un qui est appelé à remplir un ministère de confiance.

Tel est, messieurs, l'aperçu des neuf titres qui forment l'ensemble des procédures relatives à l'ouverture des successions.

Les formes, dont on s'épouvante trop légèrement et contre lesquelles il est aussi commun qu'injuste de déclamer, occupent dans l'application de la science du droit, la place que tiennent dans les sciences mathématiques les formules destinées à faire trouver avec plus de facilité la solution des problêmes. Le but des formes est de régler d'une manière générale et aussi simple qu'il est possible, la marche des parties dans l'exposition de leurs demandes, de leurs défenses, et la marche des tribunaux dans leurs jugements. Tout ce qui s'en écarte, est une *superfluité*, une faute, un abus, et presque toujours une nullité.

Tel homme qui se plaint de la gêne des formes qui l'arrêtent aujourd'hui, leur devra, dans une autre occasion, la conservation de ses droits, de sa fortune, de son honneur. Les formes sont à la fois des moyens d'attaque et de défense, et des obstacles à la précipitation des jugements. Sans instruction, et la forme n'est que la manière dans laquelle il est prescrit d'instruire, la justice la plus exacte ne paraîtrait qu'arbitraire. Les formes sont les sauve-gardes de la propriété; il y a long-temps qu'on l'a dit, et cependant il faut le répéter, non pour des personnes aussi instruites que vous, messieurs, mais pour la plupart des hommes, qui paraissent l'oublier trop souvent lorsqu'ils entendent parler de procédure, et qui confondent ses abus et ses inconvénients, avec son utilité et sa nécessité.

L'examen que vous faites de chaque partie du nouveau Code qui vient la régler, vous convaincra de plus en plus des efforts, j'ose dire heureux, qui viennent en écarter les abus, et en augmenter les avantages.

LIVRE III.

Des Arbitrages.

Décrété le 29 avril 1806; — Promulgué le 9 mai suivant.

[Articles 1003 à 1042.]

Exposé des Motifs par M. le Conseiller-d'État Galli.

Séance du 18 avril 1806.

Messieurs,

Le Gouvernement français par son nouveau Code Napoléon, vient de nous faire de très-grands avantages, entre autres, celui d'écarter de nous les énormes abus dont un illustre personnage de la France, l'abbé de Clervaux, avait déjà porté ses plaintes dans le siècle douzième (1).

Néanmoins, messieurs, ce même Gouvernement va encore nous combler d'un autre bienfait, par le Code de la procédure civile dont la discussion est au moment de se terminer devant vous.

Il ne suffit pas à un Etat d'avoir de bonnes lois, il faut aussi des moyens pour que l'exécution en soit aisée, il faut que la marche en soit commode; il est besoin de prévenir les chicanes, l'astuce de ceux qui auraient intérêt à entraver les dispositions de la loi (2). Des formes trop minutieuses, trop subtiles, trop longues ne conviennent jamais, il faut les élaguer, les bannir; seule, la simplicité doit triompher.

Une contrée peut avoir l'esprit processif plus qu'une autre; la cupidité de quelques défenseurs peut s'y manifester plus qu'ailleurs. L'on a vu souvent, dans des provinces, dominer une vaine éloquence, une prolixité autant utile aux orateurs, qu'elle est onéreuse aux parties; un style de mordacité qui doit toujours déplaire, et ne peut jamais convaincre (3). Que trop, il est quelque part où l'on ne veut pas se persuader de ce que disait Cicéron (4) *erit eloquens is qui in foro, causisque civilibus ita dicet ut probet.....* Et certes, ce n'est qu'une éloquence mâle, concise et robuste, qui puisse convenir à la justice, au barreau : le reste, qui éblouit seulement, n'est qu'illusion et fausse éloquence (5).

Hélas! Messieurs, ce n'est pas partout que l'on s'occupe sérieusement des vrais moyens de parvenir dans le moins de temps et avec le moins de frais possible, à la découverte de la vérité (6). Il est cependant de toute évidence que, si l'on s'éloigne de ces principes, il peut s'ensuivre ce que disait Platon (1) : *ars oratoria est veluti ars venatoria quæ homines quasi in laqueos inducit.*

Enfin, c'est à un bon législateur de prévenir les inconvénients; c'est ce que fera le Code judiciaire qui va être publié.

Oui, messieurs, je vous garantis un Code judiciaire net, simple, affranchi de tout verbiage, de toutes formalités inutiles.

Des inculpations arbitraires peut-être ont déjà été faites, mais un peu de temps, un peu d'expérience saura les détruire.

La France avait bien la célèbre ordonnance de Louis XIV, de 1667 (2), et en eut aussi d'autres bien bonnes dans les temps postérieurs, toutes méditées par des personnes les plus savantes et d'un rare mérite. Cependant, ces hommes, tout grands qu'ils étaient, ne le furent pas assez pour perfectionner cet ouvrage; il fallait encore un génie supérieur, l'astre du jour.

Par ces deux Codes, civil et judiciaire, nous voilà bien à l'abri d'anciennes censures. Un Favre (3), un Terrasson (4), Gravina (5), un Muratori (6), un Filangeri (7) et autres, ne pourront désormais nous faire les reproches dont ils nous accablaient autrefois, et l'on n'osera plus nous contester la gloire d'avoir vaincu tant de préjugés et d'avoir réparé le mal qu'on déplorait alors.

Sans doute, messieurs, par de tels ouvrages si sagement combinés dans ces derniers temps, nous voici à la veille d'une heureuse amélioration judiciaire, bien entendu d'une amélioration en tant qu'elle tient en général à l'objet important de l'Etat et à l'ordre civil et social.

Pour le reste, tous ceux qui connaissent quelque peu la marche des matières contentieuses, doivent être convaincus que tel désir d'un gain immodéré, et telles ruses, telles manœuvres, sont bien souvent hors la disposi-

(1) *De consideratione*, lib. I, cap. X et XI.

(2) *Nemo ex industriâ protrahat jurgium*, l. VI, §. 4, *Cod. de postulando. Pandectæ justinianæ*, tome I.er, pag. 87. Paris, 1748.

(3) *Advocati in perorando agant quod causa desiderat, temperent se ab injuriâ*, L. VI, §. 2. *Cod. de postulando. Pandectæ justinianæ. Parisiis*, tome I, page 88.

Voyez aussi l'art. 1036 du projet du Code.

(4) *Orator*, n. 21.

(5) Bossuet. *Discours sur l'Histoire universelle*, III.e partie, chap. III.

Les Egyptiens, disait-il, craignaient cette fausse éloquence.

(6) Voyez les observations préliminaires des rédacteurs du projet de Code de procédure civile, page 1.

(1) *In Euthydemum.*

(2) M. de Lamoignon, alors premier président, y eut beaucoup de part.

(3) *De erroribus pragmaticorum.*

(4) Histoire de la Jurisprudence romaine.

(5) *De origine juris.*

(6) *De Diffetti della Giurisprudenza.*

(7) *Della legislazione*, tome I, pag. 80, 81, 93 et 94, édition de Gênes, 1798.

tion des lois pénales, et n'ont d'autres juges que Théophraste et la Bruyère; heureux celui qui puise leur doctrine dans son sein, sans la chercher dans leurs livres!

Passons maintenant à déployer les motifs des articles qui sont à notre charge, concernant le titre des arbitrages, soit compromis, et quelques dispositions générales, ce qui forme en entier le livre III de la II.e partie.

Le compromis est un moyen accéléré, tranquille et honorable de finir beaucoup de procès où des circonstances, même fâcheuses, pourraient nous avoir amenés (1); il est aussi moins dispendieux.

L'usage des compromis et des arbitres remonte à des siècles bien reculés; il en est parlé dans le Digeste par un titre particulier (2). Il en est de même dans le Code de Justinien (3); et c'est là aussi où nous apprenons (4) que dans les matières civiles, les laïcs pouvaient *in episcopum quasi arbitrum et cognitorem compromittere: ejusque judicium firmum erat* (5).

Art. 1007. — Le compromis est un contrat comme tout autre quelconque; il est donc obligatoire dès sa stipulation (6); c'en est un principe bien incontestable.

Art. 1008-1014. — De là il résulte que, pendant le délai de l'arbitrage, les arbitres ne peuvent être révoqués que du consentement unanime des parties (7), et qu'ils ne peuvent être récusés, si ce n'est pour cause survenue depuis le compromis (8).

Ces principes, disais-je, sont incontestables; néanmoins il fut quelqu'un, d'ailleurs très-éclairé et très-bon philosophe (1), qui n'a pas hésité à les combattre.

La loi, disait-il, ne devrait pas s'occuper de compromis, leur usage n'est que la satire de l'administration judiciaire; il convient d'obliger les citoyens à ne reconnaître pour juges que les ministres de la loi; les citoyens ne sont obligés de se soumettre qu'aux juges qu'elle leur donne; pourquoi les forcerait-on de déférer à ceux qu'ils se choisissent eux-mêmes, et ne laisserait-on pas à chacun le droit de leur retirer sa confiance? faute de cela, on ne pourrait compromettre sans aliéner sa liberté.

Mais on lui observait (2), que le compromis étant une convention, elle doit, comme les autres, recevoir les règles de la loi et lier les parties. La liberté n'est pas plus aliénée dans un compromis que dans tout autre contrat. Tout homme use de sa liberté, ensuite il se trouve engagé, mais parce qu'il l'a voulu.

La réponse ne pouvait être ni plus satisfaisante, ni plus juste (3).

Art. 1003. — « Toutes personnes, dit l'ar-« ticle 1003, peuvent compromettre sur les « droits dont elles ont la libre disposition. » C'est une suite de la règle du droit commun: *illi possunt compromittere qui possunt efficaciter obligari* (4).

Par exemple, la femme, le pupille, le mineur, *non possunt efficaciter obligari, stare ergo non potest compromissum.* (5).

Art. 1004. — « On ne peut compromettre « sur les dons et legs d'aliments, logement « et vêtement, art. 1004. » Voilà une prévoyance bien sage et bien humaine; aussi, avions-nous déjà la loi 8 *in principio* ff *de transact.* ainsi conçue: *Cum hi quibus alimenta relicta erant facilè transigerent, contenti modico præsenti, D. Marcus oratione in senatu recitatâ effecit ne aliter alimentorum transactio rata esset, quàm si auctore Prætore facta.*

« On ne peut compromettre sur les sépa-« rations d'entre mari et femme, divorces, « questions d'état, ni sur aucune des contes-« tations qui seraient sujettes à communica-

(1) *Compromissum ad finiendas lites pertinet*, l. 1, ff. *de receptis.*
Compromissum est conventio quâ litigantes promittunt se parituros sententiæ arbitri qui hoc negotium in se recepit: Pand. just. Paris, tome I, pag. 150, col. 1.

(2) Lib. IV, tit. VIII, *De receptis, qui arbitrium receperunt ut sententiam dicant.*

(3) Lib. II, tit. LVI, *De receptis arbitris.*

(4) L. VII, Cod. *De episcopali audientia, cum notis Gothofredi.*

(5) Les empereurs ont d'abord établi les évêques arbitres nécessaires des causes entre les clercs et les laïcs; ils décidaient sans procédure les affaires ecclésiastiques qui étaient portées à leurs tribunaux, et ils n'étaient regardés alors que comme des arbitres et d'amiables compositeurs. Héricourt, *Lois ecclésiastiques de France*, pag. 18, 91 et 131, édit. de Paris, 1748.

(6) *Pand. just.* Paris, tome I, pag. 150, col. 1, et pag. 151, col. 1, not. D.

(7) Art. 1008.

(8) Ainsi qu'il est dit art. 1014.

(1) Feu M. Mounier, conseiller d'état.

(2) M. Treilhard, conseiller d'état.

(3) Voyez la loi 17, §. 3, ff. *Commodati*; et la loi 22, §. 11, ff *Mandati.*

(4) *Pand. just.* Paris, tome I, pag. 151, col. 1.

(5) *Pand. just.* Paris, d. pag. 151, col. 1.

« tion au ministère public. » Des principes généraux nous persuadent la justesse de cette disposition, *de liberali causâ compromisso facto, rectè non compelletur arbiter sententiam dicere, quia favor libertatis est ut majores judices habere debeat* (1).

De liberali causâ, dit le jurisconsulte. Or, c'est bien à ce principe ou à un autre pareil, qu'il faut rapporter les matières et causes susdites; c'est bien sous cet aspect qu'il faut les envisager; ne serait-ce pas de *liberali causâ compromittere*, s'il s'agissait de savoir si un homme est légitime, ou s'il ne l'est pas?

L'importance de la cause, dit le jurisconsulte, exige *ut majores judices habeat*. C'est donc de ce principe qu'il résulte que toutes ces affaires, dont la communication au ministère public est forcée, c'est-à-dire, que par force de la loi, elles doivent être communiquées au ministère public, sont d'une nature *ut majores judices habeant*, et par conséquent ne sont pas susceptibles de compromis.

Art. 1015. — « S'il est formé inscription de « faux, même purement civile, ou s'il s'élève « quelque incident criminel, les arbitres dé« laisseront les parties à se pourvoir, et les dé« lais de l'arbitrage continueront à courir du « jour du jugement de l'incident. »

L'on a fort bien remarqué (2) qu'on ne peut mettre en arbitrage certaines causes que les lois et les bonnes mœurs ne permettent pas qu'on expose à un autre événement qu'à celui que doit leur donner l'autorité naturelle de la justice, et qu'on ne peut compromettre sur des matières criminelles, comme d'une fausseté et d'autres semblables (3), car ces sortes de causes renferment l'intérêt public qui y rend partie le procureur impérial dont la fonction est de poursuivre la vengeance du crime indépendamment de ce qui se passe entre les parties.

Art. 1009. — Le compromis *ad similitudinem judiciorum redigitur* (4). Le compromis *judicium imitatur* (5), c'est le langage des jurisconsultes.

Art. 1019. — « Les parties, donc, et les ar« bitres suivront dans la procédure, les délais « et les formes établis pour les tribunaux, si « les parties n'en sont autrement conve« nues (1). » Et du même principe il s'ensuit également que « les arbitres et tiers-arbitres « décideront d'après les règles du droit, à « moins que le compromis ne leur donne pou« voir de prononcer comme amiables compo« siteurs, art. 1019 ».

Il est ici à noter que tous ceux qui ont accepté le compromis, sont appelés arbitres ou arbitrateurs, ou amiables compositeurs (2). Notez aussi que quoique des auteurs français nous aient dit (3) qu'entre arbitres, arbitrateurs et amiables compositeurs, il n'y avait chez eux aucune différence, d'autres français nous ont depuis observé (4) que proprement, l'arbitre est dit celui qui doit juger selon la rigueur du droit, et suivre l'ordre judiciaire; et l'arbitrateur, celui qui peut juger d'équité sans être astreint à suivre l'ordre judiciaire.

Même, ont-ils ajouté (5), qu'en France, les arbitres étaient plutôt arbitrateurs et amiables compositeurs, que vrais arbitres, c'est-à-dire, obligés à suivre la rigueur de la loi.

Art. 1010. — « Les parties pourront, lors et « depuis le compromis, renoncer à l'appel (6). »

La disposition est très-sage en soi-même, et il n'est besoin de discours pour la démontrer telle. Abondamment, pourrait-on alléguer qu'elle est basée sur deux lois du Digeste et du Code (7), où il est dit formellement que la sen-

(1) Livre XXXII, §. VI, ff. *De receptis*.
L. *Ult. Cod. ubi causa status agi debeat*.

(2) Domat, tome I, tit. XIV, *des Compromis*, art. 16, page 151.

(3) L. XXXII, §. VI, ff. *De receptis*.

(4) L. I, ff. *De receptis qui arbitrium receperunt ut sententiam dicant*.

(5) L. XIV, *Cod. de judiciis*.

(1) Art. 1009.

(2) Despeisses, tom. III, tit. XI, section I, n. 2, édit. de Lyon, 1685, page 64.

(3) Entre autres, Rebuffe, Languedocien, *de arbitr. glossa* 3, *n.* 8.

(4) Despeisses, page 64, précitée. Il était aussi Languedocien.

(5) *Idem. n.* 2, *in fine*, page 64.

(6) Art. 1010.

(7) *Stari debet sententiæ arbitri quam de re dixerit, sive æqua, sive iniqua sit, et sibi imputet qui compromisit*. L. XXVII, §. 2, ff. *de receptis*, etc.

Ex sententia arbitri ex compromisso jure perfecto aditi appellari non posse sæpè rescriptum est, quia nec judicati actio inde præstari potest, et ob hoc invicem pœna promittitur, ut metu ejus a placitis non recedatur. L. I, *de receptis arbitris*.

Mais remarquez bien que ces deux lois d'Ulpien et d'Antonin se trouvent en contradiction avec la loi IX ff. *qui satisdare*, où le jurisconsulte Gaius nous dit : *Arbitro ad fidejussores probandos constituto, si in alterutram partem iniquum arbitrium videatur, perindè ab eo atque ab judicibus appellare licet*. Suit la glosse, et dit : *Imò non licet*.

tence de l'arbitre est obligatoire quelle qu'elle soit, juste ou injuste, et qu'il n'est pas permis d'en appeler.

Art. 1012. — Il est plusieurs cas qui mettent fin au compromis. C'en est un, le partage d'opinions, si les arbitres n'ont pas le pouvoir de prendre un tiers-arbitre; c'est ce que dit l'article 1012. Voilà pourquoi il est bon que, dans le compromis, il soit donné aux arbitres la faculté de prendre un tiers; il est bon, en outre, que les parties aient le soin de nommer ce tiers, parce qu'il pourrait arriver que les arbitres même fussent divisés pour le choix de ce tiers-abitre (1).

Art. 1037. — On a dit à l'article 1037, « qu'aucune signification ni exécution ne « pourra être faite, depuis le premier oc- « tobre jusqu'au 31 mars, avant six heures « du matin, et après six heures du soir; et « depuis le premier avril jusqu'au 30 sep- « tembre avant quatre heures du matin, et « après neuf heures du soir ».

Il en est qui n'ont pas partagé entièrement cette opinion; ils auraient préféré l'ancienne règle, *avant le lever et avant le coucher du soleil.* Mais quoi qu'il en soit d'une telle différence, il est toujours vrai que cette disposition est tirée de la fameuse loi des douze tables (2).

(1) Domat, tome I, liv. I, tit. XIV, *des Compromis*, page 150.

(2) *Gothofredus, fragmenta legum duodecim tabularum, tabula prima.*

Même chose à peu près avait été statuée dans le Code du Roi de Sardaigne, livre III, titre III, §. 20.

Le même article 1037, porte aussi « qu'au- « cune signification ni exécution ne pourra « se faire les jours de fêtes légales. » Notez, messieurs, sont fêtes légales, le dimanche et toutes les autres fêtes autorisées par le gouvernement (1).

Cette expression de fêtes légales nous rappèle une espèce de fêtes bien connues chez les Romains, sous le nom de *feriæ repentinæ*, ainsi appelées, parce qu'elles étaient du moment. Des succès brillants, une victoire remportée les faisaient éclore, *pro re notâ indicebantur* (2). Le droit d'ordonner ces féries était réservé au seul prince; *undè etiam imperiales dictæ* (3).

Telles sont, messieurs, les fêtes augustes d'alégresse, de récompense et d'amour après lesquelles la nation soupire.

Ce que nous avons dit jusqu'ici n'est qu'une simple paraphrase des articles précités; nous allons à présent vous en donner une lecture complète ainsi qu'il suit, depuis l'article 1003; jusques et compris l'article 1042.

(1) Voyez les articles organiques de la convention du 26 messidor an IX, titre III *du Culte*, §. 41. *Ibi*, « Aucune « fête, à l'exception du dimanche, ne pourra être établie « sans la permission du Gouvernement ».

Et l'arrêté des Consuls, du 19 germinal an 10, qui ordonne la publication de l'indult du 9 avril 1802, concernant les jours de fêtes.

(2) *Puta, ob res prospere gestas. Pand. Just.* Paris, tome I, page 58.

(3) *Pand. Just.*, même page 58.

CODE DE COMMERCE.

LIVRE PREMIER.

DU COMMERCE EN GÉNÉRAL.

TITRES I A VII.

Décrétés le 10 septembre 1807 ; — Promulgués le 20 du même mois.

[ARTICLES 1 à 109.]

EXPOSÉ DES MOTIFS par M. le Conseiller-d'État REGNAUD (de Saint-Jean-d'Angely).

Séance du 1.er septembre 1807.

MESSIEURS,

Un siècle et demi s'est écoulé depuis qu'un ministre habile jeta les premiers fondements de la richesse commerciale de la France : il dirigea l'activité, l'habileté d'une nation déjà si grande, quoiqu'elle ne fût qu'à l'aurore de sa puissance, vers les manufactures, alors presqu'inconnues, vers les arts presqu'entièrement négligés; vers les expéditions maritimes, délaissées, même sur nos côtes, à nos voisins; vers les vastes opérations de commerce avec les deux mondes, dont la Hollande et l'Angleterre avaient usurpé le monopole.

Ce n'était pas assez d'avoir développé les principes généraux du commerce; d'avoir, par la création de grandes compagnies, offert aux individus des exemples à suivre; d'avoir dirigé l'industrie vers la manipulation des matières premières, indigènes ou exotiques; enfin, ce n'était pas assez d'avoir imprimé à la nation un grand mouvement, il fallait établir des règles pour les actions des individus; il fallait mettre à la portée de tous les commerçants les principes fondamentaux de la profession qu'on voulait faire fleurir. Il fallait déduire de ces principes leurs conséquences les plus importantes, les appliquer aux transactions les plus habituelles; il fallait, enfin, donner aux commerces intérieur et maritime une législation civile qui fût adaptée à tous leurs besoins.

L'ordonnance du commerce, et, quelques années après, l'ordonnance de la marine, parurent.

Certes, la France comptera toujours parmi ses plus beaux monuments de législation ces deux ouvrages préparés, publiés sous l'influence du génie de Colbert : résultats heureux de l'étude des jurisconsultes les plus habiles, et de l'expérience des négociants les plus célèbres.

Mais ces lois, messieurs, ne pouvaient plus convenir ou suffire au commerce de l'Empire français.

Depuis leur publication, la superficie du territoire de la France est presque doublée; des états entiers au midi, de vastes provinces au nord, ont ajouté à l'étendue de ses frontières maritimes, au nombre de ses fleuves ou canaux navigables, à l'immense variété de ses productions agricoles, à la diversité toujours croissante des produits de son industrie.

D'un autre côté, d'abord sous les règnes des derniers rois, ensuite pendant l'interrègne qu'on a appelé la révolution, et enfin sous la dynastie qui s'élève, pour effacer toute la gloire et réparer tous les malheurs de ces dernières époques, les mœurs de la nation, en général, les mœurs commerciales, en particulier, ont subi de grands changements, et ces mœurs ne sont pas encore fixées.

Il est d'une haute importance de les saisir dans ce moment d'oscillation, de les arrêter dans des habitudes heureuses, honorables; de les diriger, osons le dire, de les ramener vers cette loyauté, cette bonne foi dont nos grandes places de commerce furent l'antique berceau, et dont elles conservent de nobles modèles.

Il est d'une haute importance de fondre, dans un système commun, les usages et la jurisprudence de la Métropole et des pays réunis; de faire disparaître l'influence de ces arrêts de réglements émanés des parlements, et qui formaient une seconde législation au sein de la législation primitive; d'effacer la trace des règles établies par les coutumes locales, par les lois municipales, premier bienfait et dernier inconvénient de notre ancienne législation civile.

Il est d'une haute importance que les lois commerciales de France conviennent également au commerce de consommation des vastes cités, au commerce spéculateur des grands entrepôts, au commerce industriel des grandes fabriques, à la navigation immense des grands ports, au cabotage actif des plus petites rades, aux marchands de toile de Courtrai, de Gand, de Brétagne, de Maine et Loire, et aux fabricants des soieries de Gênes, de Lyon, de Tours; à ceux qui font tisser la laine à Elbœuf, à Sedan, à Louviers, à Verviers, et à ceux qui font tisser le coton à Tarare, à Rouen, à Alençon, à Paris, à Troies.

Il est enfin d'une haute importance que le Code du commerce de l'Empire Français soit rédigé dans des principes qui lui préparent une influence universelle, dans des principes qui soient adoptés par toutes les nations commerçantes, dans des principes qui soient en harmonie avec ces grandes habitudes commerciales qui embrassent et soumettent les deux mondes.

A peine l'Empereur tenait les rênes du Gouvernement, et déjà il avait senti et développé les vérités que je viens de vous retracer. Dès le 13 germinal an 9, une commission fut nommée pour préparer un projet de Code de commerce; et moins d'une année après, le 13 frimaire an 10, les membres de cette commission, MM. Vignon, Boursier, Legras, Vital, Roux, Coulomb et Mourgues, présentèrent au Gouvernement l'utile travail qui les recommande à la reconnaissance publique.

Mais ce travail n'était encore que la pensée d'un petit nombre d'hommes. Sa Majesté voulut s'environner d'autres lumières; elle desira recueillir, pour ainsi dire, l'opinion générale du commerce et des magistrats; et, par son ordre, le projet fut envoyé aux conseils ou chambres de commerce, aux tribunaux de commerce et aux cours d'appel.

Tous ont donné leurs observations; et les rédacteurs du Code, après avoir présenté l'analyse raisonnée de cette longue collection, ont fait à leur premier travail d'utiles corrections, et de notables changements.

Présenté ainsi au Conseil de Sa Majesté, le Code de commerce y a été discuté par son ordre, pendant qu'elle portait au fond du Nord ses aigles triomphantes.

La victoire faisait le présent du Code Napoléon aux Polonais affranchis, et la sagesse dirigeait, des bords de la Vistule, le travail d'une loi nouvelle, destinée à donner le Code commercial à l'Europe.

La rédaction, la publication de ce Code occupaient tellement la pensée de Sa Majesté, ses dispositions principales étaient tellement présentes à son esprit, que, le lendemain de son retour dans sa capitale, elle a voulu les soumettre, en sa présence, à une discussion nouvelle, à une sorte de revision générale, dont nous vous ferons, Messieurs, connaître l'influence et les résultats lors de la discussion successive des divers titres que nous vous apporterons.

Les premiers rédacteurs avaient partagé le Code de commerce en trois livres seulement, dont le dernier traitait à-la-fois des faillites et des tribunaux de commerce; au moyen de la séparation du troisième livre en deux parties, le Code de commerce vous sera présenté en quatre grandes divisions.

La première contient les lois qui régissent le commerce en général;

La deuxième, les lois particulières au commerce maritime;

La troisième traitera des faillites et banqueroutes;

La quatrième, de la compétence des tribunaux pour les affaires de commerce, et de la manière d'y procéder dans les divers cas.

Déjà, messieurs, vous pouvez apercevoir que cette classification donne au nouveau Code de commerce un premier avantage sur l'ordonnance de 1673.

En effet, le commerçant était obligé d'aller chercher, dans l'ordonnance de la marine de 1681, toutes les règles relatives au commerce maritime, qu'il ne trouvait pas dans l'ordonnance de 1673.

Elles étaient confondues dans la première, avec des dispositions dont les unes sont du ressort de l'administration publique, comme l'instruction et l'examen des navigateurs; les autres, de l'organisation militaire de la marine, comme les attributions du grand-amiral : elles y étaient mêlées avec des objets dont les uns appartiennent au Code Napoléon, et ont été réglés lors de sa rédaction, comme le titre des testaments en mer; les autres appartiennent à la police, comme le placement des navires dans les rades et ports; ou à la haute politique, comme le droit d'y entrer, d'y séjourner, d'y importer des denrées.

Dans le Code, tel qu'il vous sera soumis, messieurs, tout commerçant, tout agent du commerce trouvera l'ensemble de la législation à laquelle sa profession l'assujétit. Il trouvera les règles des obligations personnelles, les règles des obligations synallagmatiques ou réciproques, les règles pour le cas où les obligations personnelles et réciproques ne sont pas remplies; c'est-à-dire, lorsqu'il y a faillite ou banqueroute : enfin, les règles de juridiction, de compétence et de procédure.

Dans un autre temps, bientôt peut-être, messieurs, les autres dispositions de l'ordonnance de la marine pourront être soumises à leur tour à une utile revision. Bientôt le génie vengeur du droit des gens sur le continent vengera aussi le droit des gens sur les mers; et le monde, l'empire français du moins, lui devra le bienfait d'un acte de navigation, que des ministres sans pudeur ne feront plus déchirer par un peuple de pirates.

Dans le système général de la loi, messieurs, vous trouverez qu'on a imposé des obligations étroites, établi des règles sévères, prononcé des peines rigoureuses, restreint des droits accordés par le Code Napoléon.

Mais cette austérité législative a paru un contre-poids nécessaire du relâchement de la morale dans les classes commerçantes.

Avant 1789, indépendamment des trois grands ordres dans lesquels le peuple français était classé, chaque ordre était encore subdivisé par degrés, par rangs, par professions; chaque fraction de la grande société avait son étage marqué, son gradin assigné, son cercle tracé par la loi, l'usage ou l'opinion.

Mais, à cette époque de gloire et de malheurs en même temps, où la raison d'un grand nombre essaya sans succès ce que la volonté d'un seul a fait depuis sans effort; à cette époque de l'humiliation et de la vengeance de toutes les vanités, toutes les classes furent abaissées ou élevés sur le même plan, les liens de toutes les corporations furent brisés, les limites de toutes les professions furent effacées : les Français se crurent d'abord égaux devant la loi; ils se sentirent bientôt égaux dans la misère, et devinrent enfin égaux sous la terreur.

Alors, chaque citoyen isolé par la crainte, et commandé par le besoin, chercha des moyens de subsistance dans la seule profession qui pût en procurer dans ces temps de richesse nominale et individuelle, de pauvreté effective et générale.

Tout le monde fut commerçant; chaque maison devint un magasin, chaque rez-de-chaussée ouvrant sur la rue devint une boutique, qui, décorés à grands frais par l'espérance, et sur des crédits, étaient fermés bientôt avec scandale par une banqueroute, et dans lesquels se succédaient ainsi l'ignorance ou la mauvaise foi, l'impéritie ou l'improbité.

Depuis que la société s'est réorganisée sur des bases nouvelles, depuis que l'ordre va renaissant, chacun ou a repris son ancien état, ou s'est fixé dans la profession qu'il avait embrassée, ou est entré dans une nouvelle carrière; enfin, les citoyens se sont classés comme d'eux-mêmes sous l'impulsion insensible de la main qui les dirige.

Toutefois, les traces du mal se sont pas effacées, les sources n'en sont pas taries.

La richesse n'est pas encore descendue à sa valeur, l'honneur n'est pas encore remonté à la sienne.

L'ordre et l'économie, ces deux sources de toute prospérité dans une maison commerciale, ne règnent pas encore généralement, et sont trop peu observés surtout dans les grandes cités. Le luxe des magasins ou des boutiques, des appartements ou des personnes, est encore l'enseigne de trop de commerçants, et remplace la vigilance scrupuleuse, la probité modeste, l'exacte fidélité qui, jadis, faisaient de l'acheteur une pratique, de la pratique un ami.

On a vu des commerçants sans livres, des livres sans exactitude et sans suite; et trop souvent des livres où l'exactitude apparente d'une année n'était que la fraude effective d'une semaine, des ecritures arrangées pour masquer la mauvaise foi aux créanciers, ou dérober l'improbité à la justice.

On a vu la banqueroute mise au nombre des moyens de s'enrichir; on a vu des femmes se créer de l'opulence au prix de la ruine des créanciers de leur mari, et par une séparation de biens concertée, mettre d'avance à l'abri les moyens de conserver à une seule personne les jouissances d'un luxe coupable payé par la misère de plusieurs familles.

Et les mœurs mêmes ont été, sont encore trop indulgentes pour une telle conduite; les lois sont insuffisantes contre des délits aussi graves : Sa Majesté l'a reconnu avec regret, avec douleur; elle a voulu porter au mal un remède prompt, efficace.

De là, messieurs, la sévérité des dispositions que vous trouverez dans le Code de commerce, sur la tenue des livres, sur les séparations de biens entre époux, sur les avantages indirects faits aux femmes, sur les faillites même qui peuvent être reconnues innocentes, sur les banqueroutes que l'inconduite a amenées, sur celles que la fraude a préparées.

La probité rassurée applaudira à la rigueur des règles qui vont être établies; la mauvaise foi s'en effrayera : tel accomplira d'abord ses devoirs par crainte, qui bientôt s'y soumettra par habitude, et finira par trouver du bonheur à les remplir. Les bonnes mœurs renaîtront du sein des bonnes lois.

Telles sont, messieurs, les observations que nous avons cru nécessaire de vous présenter sur la classification générale des matières, sur l'ensemble du Code de commerce, et sur les principes qui en ont dirigé la rédaction.

Nous vous apportons aujourd'hui les sept premiers titres du premier livre; les autres titres vous seront incessamment soumis, et une dernière loi fixera l'époque de la mise en activité du Code entier, dont aucune partie ne sera exécutée séparément ou successivement.

Au commencement du livre I.er, et sous le titre de *Dispositions générales*, les rédacteurs avaient posé des règles, établi des définitions, dont quelques-unes ont paru purement théoriques et superflues; quelques autres ont été jugées susceptibles d'occuper une place différente.

Ainsi, nous n'avons pas pensé qu'il fût nécessaire de dire *qu'en France toute personne a droit de faire le commerce;* mais bien de fixer le caractère auquel on reconnaît un commerçant, de dire quelles personnes peuvent, et comment elles peuvent le devenir, et nous avons fait un premier titre intitulé *des Commerçants.*

Nous avions placé ensuite et immédiatement, pour établir complètement les bases de la juridiction commerciale, quels étaient les actes de commerce.

Mais leur nomenclature a été ultérieurement renvoyée au titre *de la Compétence et de la Juridiction.*

Art. 1. — Comme elle s'exercera désormais, et sur ceux qui feront la profession de commerçant, et sur les actes de commerce, par quelques personnes qu'ils soient pratiqués; comme la juridiction résultera à la fois, et de la qualité de la personne et de la nature de la transaction, la loi sera claire dans ses définitions, et facile dans son application.

Art. 2. — En parlant des commerçants, il fallait bien parler des femmes et des mineurs.

L'ordonnance de 1673 s'était trop peu occupée de ces deux classes d'individus; un mineur, une femme pouvaient trop aisément compromettre, l'un, sa fortune propre, l'autre, sa fortune et celle de son mari en même temps.

Art. 3. — Tous deux ne pourront plus se livrer au commerce sans être autorisés, le mineur, par ses parents, s'il les a encore; la femme, par son époux, même quand elle sera séparée de biens.

Art. 6, 7. — Tous deux alors, le mineur

et la femme, pourront engager ou vendre leurs immeubles, hors le cas où les biens auront été stipulés dotaux; stipulation qui leur conservera les priviléges établis au Code Napoléon.

Le deuxième titre traite *de la Tenue des livres*, dont le titre III de l'ordonnance de 1673 établissait les règles.

Celles que nous prescrivons sont plus strictes à la fois et plus étendues.

L'ordonnance n'enjoignait au commerçant d'inscrire sur le journal que *son négoce*, *ses lettres de change*, etc.

Mais on a senti que ce n'était pas assez: la conscience du commerçant doit être tout entière dans ses livres; c'est là que la conscience du juge doit être sûre de la trouver toujours.

On a donc exigé beaucoup du négociant sur le point essentiel.

L'art. 8 du Code lui prescrit d'inscrire, 1.° tout ce qu'il reçoit et paie, à quelque titre que ce soit, et conséquemment même, la dot de sa femme, ou des produits de successions, donations; enfin, des sommes provenant de causes étrangères *au négoce*;

2.° Tout *endossement* d'effets; car ces endossements ont souvent constitué une partie considérable du passif d'un failli, sans être inscrits sur ses livres, et sans qu'on en ait pu trouver d'autres traces que dans les bordereaux fugitifs des agents de change, ou dans les notions incertaines des opérations et circulations frauduleuses qui se sont pratiquées.

Art. 9. — L'inventaire prescrit par l'ordonnance de 1673, était un acte isolé qui n'était pas soumis à la transcription sur un registre, et ne devait avoir lieu que tous les deux ans. Il se fera désormais tous les ans, et son authenticité sera garantie par sa copie sur un registre spécial.

Le titre III traite *des Sociétés*.

Art. 19. — L'ordonnance semblait n'en reconnaître que deux: la société générale, et la société en commandite; encore les règles de cette dernière étaient-elles mal établies.

Les rédacteurs en avaient ajouté deux autres: la société par actions, et la société en participation; et ainsi, en reconnaissaient de quatre sortes.

Nous les avons réduites aux trois premières, comme le Code Napoléon, parce que la société en participation n'est qu'un acte passager, qu'une convention qui s'applique à un objet unique, et qui, ne reposant pas sur les mêmes bases, ne peut avoir les mêmes résultats que les trois autres genres d'association.

Nous nous sommes attachés à caractériser exactement les divers contrats de société.

Art. 20. — La définition de la société générale ou en nom collectif a offert peu de difficultés; elle est généralement connue et adoptée.

Art. 23. — Mais, s'il importait de favoriser la société en commandite, qui permet à tout propriétaire de capitaux de s'associer aux chances commerciales; qui donne un aliment à la circulation; qui ajoute à son activité; qui multiplie les liens sociaux par une communauté d'intérêts entre le propriétaire foncier et le fabricant, entre le capitaliste et l'armateur, entre les premiers personnages de l'état et le commerçant le plus modeste; il importait d'empêcher les spéculations frauduleuses faites avec audace, sous un nom inconnu, à l'aide duquel on faisait les plus hasardeuses opérations de commerce, de banque ou d'agiotage, et qu'on livrait, en cas de mauvais succès, au déshonneur obscur d'une banqueroute calculée d'avance.

Art. 27. — L'interdiction de toute gestion aux commanditaires, sous peine de solidarité absolue, la publicité et l'affiche du contrat de société, pour qu'on connaisse la somme donnée ou promise par le commanditaire, et conséquemment la mesure des ressources et du crédit du commandité, sont les principales règles établies par la loi.

Art. 429. — Les sociétés anonymes ou par actions ont dû aussi fixer l'attention des rédacteurs du Code.

Elles sont un moyen efficace de favoriser les grandes entreprises, d'appeler en France les fonds étrangers; d'associer la médiocrité même, et presque la pauvreté, aux avantages des grandes spéculations; d'ajouter au crédit public et à la masse circulant dans le commerce. Mais trop souvent des associations mal combinées dans leur origine; ou mal gérées dans leurs opérations, ont compromis la fortune des actionnaires et des administrateurs, altéré momentanément le crédit général, mis en péril la tranquillité publique.

Art. 37. — Il a donc été reconnu, 1.° que nulle société de ce genre ne pouvait exister que d'après un acte public, et que l'intervention du gouvernement était nécessaire pour vérifier d'avance sur quelle base on voulait faire reposer les opérations de la société, et quelles pouvaient en être les conséquences.

Avec ces précautions, avec celles de la publicité commune aux trois espèces de sociétés, les administrateurs de la société anonyme, ou par actions, géreront avec sécurité pour eux et pour les actionnaires; ils ne seront plus exposés à ces recours en garantie, à ces poursuites solidaires qui ont troublé le repos, détruit l'aisance et ruiné le crédit des hommes les plus estimables.

Art. 51. — Si, dans les sociétés ainsi organisées, soumises à des règles précises qui offrent tous les moyens pour arriver au bien, toutes les garanties pour préserver du mal, il survient des contestations, la loi en enlève la connaissance aux tribunaux; elle ordonne le jugement par arbitre, et indépendamment des dispositions sur les arbitrages portés au Code de procédure civile, elle fixe un mode particulier qui assure la prompte expédition des affaires, et tarit entre les individus ou la famille la source de toute discorde.

Art. 65. — Le titre IV, qui traite *des Séparations de biens*, ajoute d'utiles et sévères dispositions aux précautions déjà prises par le Code Napoléon, art. 865 et suivants.

Mais le Code Napoléon ne pourvoit qu'à la solennité, à la publicité, à l'exécution réelle des séparations prononcées par jugement et depuis le mariage.

Art. 67, 69. — Le Code de commerce pourvoit aussi à ce qui peut arriver, si un homme déjà commerçant se marie séparé de biens, ou sous le régime dotal; et si un homme déjà séparé de biens, ou marié sous le régime dotal, se fait commerçant.

Art. 68. — Il exige, dans ces deux suppositions, l'affiche et publication du contrat; il associe le notaire qui le reçoit à l'obligation de remplir les formalités que la loi prescrit.

Art. 70. — Enfin, il assujétit aux mêmes règles tout commerçant qui sera dans l'un ou l'autre de ces deux cas lors de la publication du Code, et lui accorde un an pour remplir les formalités qu'il détermine.

C'est ainsi que la fraude des séparations concertées disparaîtra; c'est ainsi que cessera pour les femmes cet isolement d'intérêt, ce sentiment d'égoïsme qui les rend presque étrangères dans la maison de leur mari, qui les laisse indifférentes sur la prospérité de leurs affaires, qui va quelquefois plus loin, et en fait, au sein d'un établissement florissant, un vampire destructeur; lequel, pour satisfaire une cupidité honteuse, ou fournir à un luxe ruineux, aspire peu à peu les capitaux destinés à vivifier un commerce qui s'anéantit faute d'aliment, tombe avec honte, ou s'écroule avec scandale.

Après avoir parlé des commerçants et des règles que la sûreté générale leur impose, le Code devait s'occuper *des agents que le commerce emploie*.

Déjà une loi a consacré l'existence *des Agents de change et Courtiers*, intermédiaires toujours utiles, nécessaires quelquefois sur les places et ports de commerce.

Le titre V du livre I.er ajoute aux dispositions de la loi déjà rendue, et le titre VI traite *des Commissionnaires* dont nulle loi n'avait encore parlé.

Art. 76. — Et, d'abord, les fonctions des agents de change et courtiers sont plus spécialement fixées et limitées, leurs devoirs plus positivement consacrés.

Art. 82. — Les courtiers, interprètes conducteurs de navires, créés d'abord par l'ordonnance de la marine, sont circonscrits dans leurs vraies fonctions, desquelles sont exclus désormais les courtiers de roulage qu'on y avait, par erreur, associés dans quelques endroits.

Art. 84. — Les agents de change et courtiers sont astreints à tenir des livres, et à y consigner toutes leurs opérations: le secret demandé souvent par prudence, mais plus souvent exigé par mauvaise foi, ne sera jamais trahi par l'indiscrétion, mais il pourra être dévoilé par la justice.

Art. 85. — Aucun agent de change, aucun courtier ne pourra faire d'affaires personnelles et pour son compte. Ainsi cesseront des abus de confiance fort rares sans doute, mais dont les affligeants exemples ont prescrit la prévoyance au législateur.

Art. 86. — Nul agent de change ou courtier ne pourra être garant de l'exécution des marchés faits par son entremise. Ainsi nulle banqueroute d'un agent de change ou courtier n'aura lieu sans que cette banqueroute soit coupable, et sans qu'elle conduise au déshonneur, à la punition.

Art. 90. — Indépendamment de ces règles, applicables aux transactions générales du commerce, le Gouvernement pourvoira aux règles de la négociation des effets publics, par des réglements particuliers qui ajouteront au bienfait de la loi et feront cesser toutes les incertitudes des tribunaux sur cette matière.

ART. 91. — Le titre *des Commissaires* règle leurs devoirs et établit leurs droits; il consacre les usages les plus accrédités, les vœux les plus sages des commerçants.

ART. 93. — Un commissionnaire qui reçoit des marchandises pourra désormais, avec sécurité, faire des avances sur ces marchandises, s'il les a dans ses magasins, ou s'il en a les lettres de voiture ou les connaissements. La loi lui garantit un privilége équitable, et favorise, par ce moyen, le cultivateur, le négociant et le consommateur. Les commissionnaires de transports par terre et par eau, les voituriers trouvent dans les sections II et III du même titre, tous les principes qui leur sont applicables, et les tribunaux, des règles précises et universelles, au lieu d'une jurisprudence douteuse et diverse.

ART. 109. — Enfin, messieurs, le titre VII, le dernier de ceux que nous vous présentons en ce moment, détermine les formes, la manière dont *les Ventes et Achats* peuvent être commercialement établis.

Il lève l'incertitude où l'on était sur la valeur du témoignage isolé d'un agent intermédiaire du commerce, d'un agent de change ou courtier; remet à l'autorité discrétionnaire du tribunal la faculté de chercher la vérité dans la correspondance, dans les livres des parties, et même, dans tous les cas, et quelle que soit la somme, dans l'admission de la preuve testimoniale.

Je vous ai d'abord exposé rapidement, messieurs, les principes généraux d'après lesquels le Code entier a été rédigé; vous avez dû voir que les dispositions particulières que je viens d'analyser sont des conséquences immédiates ou éloignées de ces principes : celles qui vous seront successivement présentées en dériveront de même, et la France aura un autre Code, qu'elle pourra, comme le Code Napoléon, montrer avec orgueil, donner comme un bienfait à ses voisins, à ses alliés.

Elle le pourra, parce que ce second Code, comme le premier, portera l'empreinte du génie sous l'inspiration duquel il fut conçu, discuté, écrit; parce qu'on y retrouvera ce besoin de l'ordre, ce sentiment du juste, ce respect de toutes les propriétés, qui caractérisent tous les actes de législation, de gouvernement et d'administration de SA MAJESTÉ.

La reconnaissance des Français n'oubliera pas que c'est au sein de la gloire militaire la plus enivrante que SA MAJESTÉ préparait des monuments d'une autre gloire plus durable, et, quoique moins éclatante, plus chère peut-être à son cœur. Elle n'oubliera pas que sur le champ de bataille où sa tête auguste, exposée à tant de périls, réglait le sort des combats et les destinées de l'Europe, SA MAJESTÉ concevait en même temps des lois, projetait des institutions pour le *Grand et bon Peuple*, fier aussi d'avoir un monarque si grand pour l'univers, et si bon pour ses sujets; qui ne veulent plus le louer que par leur amour, et le récompenser que par leur bonheur.

TITRE VIII.

De la Lettre de change, du Billet à ordre, et de la Prescription.

Décrété le 11 septembre 1807; — Promulgué le 21 du même mois.

[ARTICLES 110 à 189.]

EXPOSÉ DES MOTIFS par M. le Conseiller-d'Etat BÉGOUEN.

Séance du 2 septembre 1807.

MESSIEURS,

Nous sommes chargés par S. M. L'EMPEREUR ET ROI de vous présenter le titre VIII du livre I.er du projet du Code de commerce : ce titre est celui *de la Lettre de change et du Billet à ordre.*

Ce mot, *lettre de change*, ne peut être prononcé sans se lier aussitôt, par la pensée, au commerce; sans rappeler son influence sur le bonheur des peuples, sur la prospérité, la richesse et la puissance des états.

Le commerce, qui, par la distribution du travail, combat l'oisiveté corruptrice des mœurs, qui encourage l'industrie, en fournissant les matières premières aux manufactures, et en procurant la vente de leurs produits; qui fait prospérer l'agriculture, en activant la reproduction par la consommation; qui a créé la navigation, par qui le monde s'est agrandi; qui a porté la civilisation dans toutes les parties du globe; et lié l'une à l'autre toutes les nations de la terre.

Le commerce, dont l'importance profondément sentie a dicté au plus grand homme de l'histoire, au héros pacificateur de l'Europe, ces paroles mémorables, « *que la paix générale* « *est l'objet de tous ses vœux; mais qu'il veut,* « *pour la France, du commerce et des colonies;* » le commerce, dis-je, est redevable à la lettre de change de la plus grande partie de ses progrès, et des immenses développements qu'il a acquis depuis quelques siècles.

Dans les temps même où les peuples étaient parvenus à donner aux métaux précieux la forme de monnaie, les frais et les risques du transport indispensable pour solder au dehors les achats ou les échanges, lui imposaient de grandes entraves dans l'intérieur, et le rendaient presque impraticable avec l'étranger.

La lettre de change a été inventée.

Cet événement, qui forme dans l'histoire du commerce une époque presque comparable à celle de la découverte de la boussole et de l'Amérique, a fait disparaître toutes ces entraves. — La lettre de change a affranchi les capitaux mobiliers, elle en a facilité les mouvements et la disposition; elle a créé une somme immense de crédit : le commerce dès-lors n'a plus connu d'autres limites que celles du monde.

Soit que l'Europe ait l'obligation de cette belle conception au génie commercial des Juifs chassés de France et réfugiés en Lombardie, soit qu'il faille la reporter aux Florentins expulsés de leur patrie et retirés en France, par suite de leurs divisions intestines, ce contrat si concis dans sa rédaction, si énergique dans son expression, si simple dans son objet, si fécond en résultats, tient le premier rang parmi les papiers de crédit.

A ce titre, il a fixé l'attention des jurisconsultes les plus distingués.

Leur sagacité s'est exercée à en examiner scrupuleusement l'essence. Dans l'analyse qu'ils en ont faite, ils y ont trouvé réuni le contrat de mandat, et celui de change ou de vente.

C'est de la nature de ces contrats que découlent tous les principes et que sont dérivées toutes les règles qu'a établies le législateur, relativement à la lettre de change.

Les principales sont :

Art. 136. — Que celui à l'ordre de qui la lettre est tirée, en transfère la propriété par un endossement régulièrement fait, sans qu'il soit besoin de signification de transport ;

Art. 140. — Que le tireur et les endosseurs sont tenus de garantir le paiement de la lettre à l'échéance; comme réciproquement le porteur est obligé de se présenter à ce même terme d'échéance, pour en exiger le paiement ;

Art. 164. — Que le porteur qui a fait à l'échéance, à défaut de paiement, les actes prescrits par la loi, peut exercer son recours, c'est-à-dire, répéter son remboursement, des endosseurs, du tireur, ainsi que des donneurs d'aval, s'il y en a; tous les signataires de la lettre de change étant solidairement garants les uns des autres, et tenus au remboursement sous cette solidarité.

Art. 110. — Tous les commentateurs ont aussi pensé qu'il est du caractère essentiel de la lettre de change qu'il y ait remise d'argent d'un lieu à un autre, c'est-à-dire, qu'elle doit être payable dans un autre lieu que celui où elle a été créée.

L'ordonnance de 1673 ne l'avait pas textuellement prononcé; mais cette opinion unanime des jurisconsultes avait fixé la jurisprudence sur ce point; et quoique plusieurs chambres et tribunaux de commerce, et même quelques tribunaux civils, eussent exprimé le vœu de voir fléchir ce principe devant des considérations d'avantages, de commodité et de facilités pour le commerce intérieur, on a cru devoir au contraire le consacrer par une disposition textuelle. On a pensé que ce contrat, environné par la loi d'une protection si particulière, doit avoir des formes et un caractère qui le distinguent éminemment de tous autres effets négociables.

Je dois, messieurs, vous entretenir d'un petit nombre de changements faits à l'ordonnance, indiqués par l'expérience d'un siècle, sollicités par la justice, ou par les besoins du commerce; et d'abord vous remarquerez celui apporté aux dispositions de l'article 16 du titre 5 de l'ordonnance de 1673.

Cet article relevait, tant envers les endosseurs qu'envers le tireur, le porteur négligent, de la déchéance qu'elle avait prononcée contre lui par l'article 15, et soumettait en conséquence les endosseurs comme le tireur, à prouver, en cas de dénégation, que ceux sur qui la lettre était tirée, avaient provision à l'échéance.

Art. 117, 168. — Il résulte au contraire des dispositions des articles 117 et 168 du projet de loi, qu'en cas de protêt tardivement fait par le porteur, la déchéance qu'il a encourue est fatale et sans retour à l'égard des endosseurs.

Pour établir la justice de cette disposition, il suffit de considérer que si d'une part le tireur contracte l'obligation de faire trouver les fonds à l'échéance dans le lieu où la lettre doit être payée, le porteur, de son côté, contracte non moins rigoureusement celle de se présenter à cette époque pour les recevoir.

De la combinaison de ces deux obligations, dérivent les droits de tous les signataires.

Si le protêt a été fait en temps utile, le porteur exerce son recours contre les endosseurs et le tireur, dans les formes et les délais prescrits.

Si, au contraire, le protêt a été tardivement fait, le porteur n'a plus d'action ni contre le tireur ni contre les endosseurs ; sa déchéance, en ce cas, était expressément prononcée par l'article 15 de l'ordonnance.

Art. 170. — Cependant, il est de toute justice que le porteur soit relevé de cette déchéance, à l'égard du tireur, si ce dernier ne prouve pas que celui sur qui la lettre était tirée, lui était redevable ou avait provision au temps où elle aurait dû être protestée.

Rien n'est plus juste à son égard; car, le tireur en livrant la lettre de change, en a reçu la valeur, il a pris l'obligation personnelle d'en faire trouver les fonds à l'échéance, chez celui sur qui il a tiré. S'il ne l'a pas fait, le porteur ne lui a pu porter aucun préjudice par le retard du protêt; il profiterait au contraire, très-injustement, de la déchéance prononcée contre le porteur, et le montant de la lettre de change, dont il aurait reçu le prix sans le payer, serait de sa part un véritable vol.

Il n'en est pas de même des endosseurs; et s'il est juste, si tel est le texte et le vœu de la loi, que le tireur qui justifie avoir fait la provision soit libéré, la conséquence rigoureuse et de droit, est que les endosseurs soient déchargés sans être astreints à faire cette preuve; parce que chacun d'eux a payé la lettre de change en l'acquérant;

Parce que la garantie solidaire des endosseurs avec le tireur est expirée le jour où le porteur a encouru la déchéance prononcée par la loi, pour n'avoir pas rempli son obligation expresse, celle de se présenter à l'échéance.

Parce qu'il ne doit pas dépendre du porteur d'empirer, par son fait, la condition des endosseurs, en prolongeant indéfiniment leur garantie : prolongation qui entraînerait pour eux une augmentation de risques, puisque, pendant ce temps, leurs cédants et le tireur lui-même pourraient être tombés en faillite;

Parce qu'il serait injuste que l'endosseur, qui a déjà payé la lettre, qui a rempli toutes ses obligations, fût exposé à la payer une seconde fois, tandis que le porteur seul en faute serait indemne;

Enfin, parce qu'il n'y a aucun motif fondé de faire renaître, au préjudice des endosseurs, le titre du porteur réprimé par la déchéance prononcée contre lui, et de recréer en sa faveur la solidarité des endosseurs, éteinte avec le terme de leur engagement.

Art. 161. — Une disposition remarquable encore dans la loi nouvelle, est l'abrogation de tous délais de grâce, de faveur, d'usage ou d'habitudes locales pour le paiement des lettres de change.

L'ordonnance de 1673 avait accordé dix jours au porteur pour faire le protêt, faute de paiement; mais une déclaration du roi ayant donné au payeur le droit d'exiger ces dix jours, il en était résulté qu'ils étaient devenus une extension absolue du terme d'échéance exprimé par la lettre de change, de telle manière que le porteur ne pouvait faire valablement protester que le dernier des jours appelés jours de grâce. Ainsi, la véritable échéance de la lettre était fixée à ce dernier jour, au lieu de celle exprimée dans la lettre. Il y avait donc cette discordance convenue entre l'expression et l'intention des contractants.

Il n'en résultait aucun avantage pour personne : le porteur, comme le payeur d'une lettre tirée à soixante jours de date, savaient également, l'un, qu'il ne devait la présenter, l'autre, qu'il ne devait la payer ou en subir le protêt, que le soixante-dixième jour. Cette espèce de tromperie, dans les expressions, était donc sans objet, et c'était une erreur, quoique ce fût l'opinion de quelques commentateurs, que ces prétendus dix jours de grâce fussent avantageux au commerce et également favorables au porteur, au tireur et à l'accepteur où au débiteur de la lettre. Dans le fait, rien de plus insignifiant, de plus inutile aux uns comme aux autres.

Par l'article 161, la loi veut que le porteur exige le paiement de la lettre le jour même de son échéance exprimée; et par l'article 162, que le protêt, faute de paiement, en soit fait le lendemain, et si ce lendemain est un jour férié légal, le jour suivant.

Plusieurs tribunaux et chambres de commerce auraient désiré qu'on eût accordé trois jours pour faire le protêt. Quel que soit le poids de leur opinion et la confiance qu'elle inspire, on a cru devoir résister à ce vœu, qui a paru moins le fruit de la réflexion que celui de l'habitude et de l'empire des mots.

En effet, on vient de voir qu'il n'y avait pas de véritables jours de grâce pour faire le protêt, puisqu'ils appartenaient rigoureusement au payeur; que le jour même de l'échéance réelle, était le seul jour où le protêt dût être fait. La loi nouvelle qui statue que le protêt sera fait le lendemain, accorde donc un jour de plus, conséquemment une plus grande facilité.

Une considération décisive, d'ailleurs, est celle-ci : qu'il importe singulièrement au commerce que le jour de l'échéance et celui où le protêt doit être fait, soient fixés et ne puissent varier au gré du porteur.

Si celui-ci pouvait, à son choix, resserrer ou étendre son échéance par la faculté de faire protester quelques jours plutôt ou plus tard, le tireur et les endosseurs seraient souvent exposés à être les victimes de la complaisance qu'il aurait eue de différer le protêt, ou plutôt l'usage ne manquerait pas de s'établir, de ne faire protester que le dernier jour, et on rentrerait dans l'ancien système.

L'article 145 du projet présente une disposition essentielle sur un point que l'ordonnance de 1673 avait laissé dans le droit commun, et sur lequel la jurisprudence des tribunaux avait extrêmement varié.

Il a paru nécessaire que le législateur se prononçât.

Cet article décide que celui qui paie une

lettre de change à son échéance et sans opposition, sera *présumé* valablement libéré.

Plusieurs arrêts des cours avaient jugé diversement. Des jurisconsultes célèbres étaient partagés d'opinions.

Pothier, Jousse et autres, qui se sont attachés au principe, que nul ne peut transporter à autrui plus de droit qu'il n'en a, ont soutenu que le paiement n'est pas valable s'il n'est fait au véritable créancier; que celui qui payait sur un faux acquit ou sur un faux ordre, n'était pas libéré envers le vrai propriétaire de la lettre.

Mais ces principes, ces règles de droit, dont il ne peut être permis de s'écarter dans les affaires civiles ordinaires, sont-elles ici applicables?

La lettre de change, cette espèce de monnaie, frappée au coin du commerce, lancée dans la circulation générale, qui parcourt avec une si grande rapidité tant de villes et de pays, qui devient en si peu de temps la propriété d'un si grand nombre de personnes, dont les noms et les signatures sont inconnues de celui qui doit la payer à l'échéance, au jour, à l'instant même où elle lui sera présentée, peut-elle être assujétie à ces mêmes règles?

Pour que l'application des principes fût entière, il ne suffirait pas d'exiger la vérité de l'acquit ou du dernier ordre; il faudrait encore exiger celle de tous les endossements, en remontant d'ordre en ordre jusqu'au premier endosseur.

Ce système, érigé en loi positive, rendrait presque impossible le paiement des lettres de change, et détruirait leur circulation.

Cependant, comme on ne peut méconnaître qu'une disposition qui déclarerait sans restriction valablement libéré celui qui paie une lettre de change à son échéance, sans opposition, présenterait aussi des inconvénients; qu'elle semblerait affranchir le payeur de toute précaution, de toute prudence; qu'elle assimilerait en quelque sorte la lettre de change à un effet au porteur; qu'elle paraîtrait élever contre le vrai propriétaire une fin de non-recevoir, insurmontable même en cas de collusion entre le payeur et le porteur, ou, en cas d'une négligence excessive, voisine de la collusion et du dol: la loi déclare seulement que le payeur est *présumé* valablement libéré. Il aura en sa faveur la présomption légale. C'est le demandeur qui sera tenu de prouver les faits par lesquels il prétendrait l'inculper et le rendre responsable du paiement. Les tribunaux feront justice.

Art. 177. — En ce qui touche le rechange et comptes de retraite, le projet de loi ne s'écarte point de l'ordonnance de 1673.

Le principe de l'ordonnance était tout entier dans l'article 5 du titre VII, portant:

« La lettre de change étant protestée, le « rechange ne sera dû par celui qui l'aura « tirée, que pour le lieu où la remise aura « été faite, et non pour les autres lieux où « elle aura été négociée, sauf à se pourvoir, « par le porteur, contre les endosseurs pour « le paiement du rechange des lieux où elle « aura été négociée suivant leur ordre. »

Ce principe ne reçoit aucune altération, et se retrouve seulement plus développé dans les articles 179, 180, 181, 182 et 183 du projet.

On aurait pu, à la rigueur, considérer que le tireur, en livrant à la circulation du commerce une lettre à ordre, est censé avoir véritablement donné la faculté indéfinie, de négocier dans tous les lieux; que les rechanges ne sont occasionnés que par son manquement à l'obligation de faire les fonds à l'échéance, et en conséquence faire retomber sur lui seul la charge de tous les rechanges accumulés.

Mais si, tout bien considéré, ce n'eût été que justice, cette justice a semblé trop sévère, et, comme chaque endosseur a réellement profité pour ses propres intérêts de la faculté de négocier en tous les lieux qu'il lui a convenu, il a paru qu'il y aurait plus de mesure, de modération et même d'équité dans la disposition adoptée, conforme d'ailleurs à l'usage le plus général du commerce de l'Europe, comme à notre ancienne ordonnance.

A côté et parallèlement, pour ainsi dire, à la lettre de change, marche et circule une autre espèce d'effet de commerce, dont l'usage s'est singulièrement étendu depuis l'époque de 1673; c'est le billet à ordre.

Art. 187. — Le principal caractère de différence est que, la lettre de change ne peut être tirée que d'un lieu sur un autre. Au lieu que le billet à ordre est le plus souvent payable dans le lieu même où il a été souscrit; de sorte qu'il n'y a pas, comme pour la lettre de change, remise d'argent de place en place: caractère de différence qui, cependant, s'efface en quelque sorte dans certaines circonstances, c'est-à-dire, lorsque le billet à ordre est fait payable à un domicile étranger au lieu de la résidence du confectionnaire.

Au reste, le billet à ordre circule dans le commerce comme la lettre de change, par le moyen de l'endossement; cet endossement en transfère également la propriété, sans aucune formalité et sans signification du transport. Les signataires sont solidaires les uns des autres, comme les signataires de la lettre de change; le porteur est tenu des mêmes devoirs et obligations, et sous les mêmes peines. — Il aura aussi le même droit, faute de paiement, de prendre de l'argent sur la place à rechange, et d'exercer, d'endosseur à endosseur, retraite sur les lieux où le billet a été négocié.

Tout cela est ainsi décidé et réglé par l'article 187, section II.

Ces dispositions ont paru la conséquence nécessaire de la nature et des fonctions de ces effets, devenus d'un si grand usage dans les opérations commerciales, et qui, concurremment avec les lettres de change, remplissent tous les canaux du commerce, comme ils satisfont à tous ses besoins, à toutes ses convenances.

Art. 189. — Enfin, messieurs, l'ordonnance, par son article 21 du titre *des Lettres et Billets*, avait fixé à cinq ans la prescription en fait de lettres ou billets de change, et n'avait rien dit sur les simples billets à ordre; ce qui laissait la prescription à leur égard dans les termes du droit commun, fixée à trente ans.

On a pensé que la rapidité de la marche des affaires commerciales, considération qui avait sans doute porté le législateur de 1673 à restreindre à cinq ans la prescription en fait de change, justifiait la convenance et l'utilité de la même disposition à l'égard du billet à ordre.

C'est une juste conséquence de la similitude de fonctions et de services de ces deux espèces d'effets de commerce.

Tels sont, messieurs, les motifs du projet de loi que nous vous présentons; nous espérons qu'ils vous paraîtront suffisants pour lui concilier vos suffrages et votre assentiment.

CODE DE COMMERCE.

LIVRE II.

DU COMMERCE MARITIME.

TITRES I.er A VIII.

Décrétés le 15 septembre 1807; — Promulgués le 25 du même mois.

[ARTICLES 190 à 310.]

EXPOSÉ DES MOTIFS par M. le Conseiller-d'Etat BÉGOUEN.

Séance du 8 septembre, 1807.

MESSIEURS,

SA MAJESTÉ L'EMPEREUR et ROI a ordonné que le deuxième livre du Code de commerce vous soit présenté.

Ce livre comprend toutes les transactions maritimes; et il remplace, sous ce rapport, l'ordonnance de 1681.

Vous annoncer, messieurs, que nous avons détaché de cette belle ordonnance tout ce qui appartient à l'administration, à la police, au droit public, et qui n'a pas été jugé devoir faire partie du Code du commerce maritime; que nous avons, du reste, conservé tous les principes qu'elle a consacrés, en quelque sorte, en ce qui touche les *contrats maritimes*; que nous ne nous sommes permis qu'un petit nombre de changements, qui nous paraissent justifiés par ceux mêmes qu'ont éprouvés le commerce et la navigation dans le laps d'un siècle, ou par la justice la plus évidente : c'est vous dire, ce me semble, que l'amour de l'ordre, le respect dû à la sagesse de nos ancêtres, et une juste circonspection ont dirigé nos travaux; et que, si c'est avec confiance que nous venons soumettre ce projet de loi à votre examen, cette confiance nous est inspirée par notre admiration même pour l'ordonnance sur laquelle nous nous appuyons.

Héritiers, si nous pouvons nous exprimer ainsi, d'un tel dépôt de lumières et de connaissances, nous avons cru qu'en distribuer les dispositions avec méthode dans un plan facile et suivi; les dégager de toute espèce d'incertitude et de nuage; les mettre encore plus, s'il est possible, à la portée de tout homme de bonne foi et d'un sens droit, c'était rendre un service signalé à la navigation et au commerce, donner à la législation qui en régit les intérêts, une nouvelle garantie par sa simplicité même, et remplir les vues aussi étendues que profondes de l'Empereur.

Combien de siècles se sont écoulés avant d'avoir amassé d'aussi riches matériaux, avant d'être parvenus à de si heureux résultats! et quel imposant spectacle offre la marche progressive de la législation maritime!

Le courage, le besoin, la pauvreté et même l'amour du pillage ont enfanté la navigation chez les anciens; mais cette source s'est épurée : des communications utiles et un commerce régulier, fondé sur la foi réciproque, ont succédé au brigandage.

Les Phéniciens paraissent des premiers sur cette grande scène, se distinguent entre toutes les nations par la hardiesse de leurs courses sur mer, par l'étendue de leurs entreprises, par la grandeur et la puissance des colonies qu'ils ont fondées.

Les vaisseaux de Tyr ont couvert la Méditerranée dans des temps où l'Océan n'existait pas encore pour le commerce; ses lois maritimes ont passé à Rhodes, à Carthage.

Sous le nom de lois rhodiennes, elles furent adoptées par les Romains, qui en admirèrent la sagesse.

Elles régirent, à cette époque, le monde commerçant; mais la destruction de l'empire romain, par l'invasion des Barbares, les fit, pour ainsi dire, disparaître : elles tombèrent dans le plus profond oubli.

Ce n'est que vers le douzième siècle qu'a reparu en Europe l'aurore d'une législation maritime.

C'est alors qu'a paru le *consulat de la mer*, que les nations commerçantes s'empressèrent d'adopter.

A une époque plus rapprochée, Wisbuy, Bruxelles, Lubeck, Amsterdam, Anvers, se glorifient de leurs réglements maritimes. La Guyenne revendique *les jugements d'Oleron*; et Rouen, cette industrieuse capitale de la fertile Neustrie, cite avec orgueil le *Guidon de la mer*.

C'est à ces sources riches et fécondes, que les rédacteurs de l'ordonnance de 1681 ont puisé les principes d'équité et de sagesse qui caractérisent leurs ouvrages; et c'est sans doute un grand malheur que les procès-verbaux de cette belle loi n'aient point été conservés, nous y aurions puisé des renseignements lumineux.

Ils auraient ajouté aux secours que nous avons trouvés, et dans les observations des habiles jurisconsultes qui ont commenté l'ordonnance, et dans le travail précieux des premiers commissaires chargés par le Gouvernement, il y a peu d'années, de préparer le Code de commerce, qui s'en sont si dignement acquittés.

Quoi qu'il en soit, c'est déjà justifier en grande partie le projet qui vous est présenté, que de dire que nous avons suivi presque toujours l'ordonnance de 1681.

Les huit premiers titres de ce projet que nous vous apportons ici, vous fourniront la preuve de cette vérité.

Les articles nouveaux qui règlent les droits, les devoirs des propriétaires des navires, les priviléges des créanciers, les obligations et les fonctions du capitaine, le sort des équipages, sont, à très-peu d'exceptions près, en harmonie avec les anciennes dispositions.

Cependant, quelques additions et même

quelques changements nous ont paru nécessaires.

Par exemple, nous avons cru qu'il était utile d'établir plus complètement l'ordre des priviléges, et il a été jugé indispensable de prendre des précautions, que le législateur de 1681 avait négligées, pour constater l'existence et la légitimité des créances privilégiées; ce qui était d'autant plus essentiel, que ces créances peuvent quelquefois absorber le gage commun des créanciers ordinaires : tel est l'objet des neuf paragraphes de l'article 193.

L'ordonnance avait voulu que les intéressés au navire dont on saisirait une portion au moment où il serait prêt à mettre à la voile, ne pussent le faire naviguer qu'en donnant caution jusqu'à concurrence de l'estimation de la portion saisie. On les autorisait, à la vérité, à faire assurer cette portion, et à emprunter à la grosse pour payer le coût de l'assurance; mais on leur assignait le remboursement de l'emprunt seulement, sur le profit du retour.

Il a paru évident que la charge d'une caution, pour la valeur de la portion saisie, imposée aux copropriétaires, était aussi onéreuse que peu juste.

Le créancier saisissant ne pouvait réclamer plus de droits que son débiteur : celui-ci ne pouvait avoir avec ses copropriétaires que des comptes à régler; jamais il n'aurait pu leur demander caution de sa portion; jamais il n'aurait pu soustraire, tant que l'association durait, cette portion aux chances de la navigation, que par le moyen d'une assurance qui aurait été entièrement étrangère à ces associés.

Comment donc le créancier qui le remplace pouvait-il être admis à rejeter sur ces copropriétaires ces mêmes chances sous la simple autorisation de se faire assurer pour leur compte.

Car il est constant que, suivant le texte et le sens de l'ordonnance, cette assurance devait se faire pour le compte des copropriétaires, puisqu'ils étaient obligés de donner caution, jusqu'à concurrence de la portion saisie.

Il était évident encore que le remboursement du coût d'assurance délégué en faveur des copropriétaires, sur *le profit de retour*, pouvait être assez souvent illusoire, par la raison qu'il n'est pas rare qu'il n'y ait ni retour ni profit.

La justice paraissait donc demander que les copropriétaires eussent pu faire naviguer le navire dont une portion serait saisie au moment où il serait prêt à faire voile, à la charge de rendre compte de cette même portion au créancier saisissant, et de donner caution à cet effet.

Mais en traitant ce sujet, nous sommes arrivés à des résultats d'une plus grande importance.

Nous avons dû examiner s'il est dans l'intérêt général de la navigation et de la chose publique, de permettre la saisie d'un navire au moment où il est prêt à faire voile; si l'intérêt d'un seul, de celui qui a négligé jusqu'alors de mettre en avant ses prétentions ou ses droits, peut entraver les spéculations des chargeurs, compromettre leur fortune, frustrer les espérances de ses copropriétaires, faire manquer peut-être l'entreprise la mieux calculée; et nous sommes parvenus à une solution négative : nous avons cru qu'un navire prêt à faire voile ne devait pas être saisissable : la législation de quelques nations commerçantes venait encore à l'appui de cette opinion et de la disposition établie en conséquence par l'article 215.

L'activité de la navigation, l'intérêt des tiers, la faveur du commerce nous ont paru justifier le sacrifice temporaire et léger du droit quelquefois équivoque d'un créancier négligent.

Une seule exception a paru juste, et elle est prononcée. Cette exception porte sur les dettes contractées pour le voyage. On peut supposer que, sans ces dettes, le bâtiment n'aurait pas été mis en état de faire voile. Il faut donc les payer. Et, dans ce cas même, une caution peut encore, dans la disposition du projet, concilier tous les intérêts.

Art. 221. — Les devoirs du capitaine et ses fonctions ont dû aussi attirer toute l'attention et la vigilance de la loi : combien ne sont-elles pas importantes ces fonctions, et ces devoirs sacrés !

Le capitaine est le mandataire des propriétaires du navire : il répond, sauf les événements de force majeure, aux chargeurs, de leurs marchandises; il répond à l'Etat, de son équipage; en mer, en voyage, il est presque exclusivement chargé de tous ces intérêts : ses fonctions s'ennoblissent sous tous ces rapports, et sa responsabilité n'en est que plus grande. C'est à ce titre, messieurs, qu'il a été reconnu qu'il devait répondre des fautes, même légères, dans l'exercice de ses fonctions. Et telle est en effet la disposition de l'article 221, qui rentre d'ailleurs, même avec quelque modification favorable, dans la théorie générale qui règle les obligations de tout mandataire salarié.

En arrivant aux matelots, vous remarquerez sûrement, messieurs, avec intérêt, que par l'article 252 leur sort est amélioré dans le cas où, étant loués au mois pour un voyage déterminé, le voyage déjà commencé est rompu par le fait des propriétaires ou du capitaine.

L'article 252 du titre de l'*engagement* de l'ordonnance, contenait, à cet égard, des dispositions discordantes, et telles que le matelot loué au mois pouvait se trouver exposé à recevoir de moindres loyers si la rupture arrivait après le voyage commencé, que dans le cas où elle aurait eu lieu avant le voyage.

Le quatrième paragraphe de l'article 252 du projet, fait disparaître cette contradiction et redresse le tort qui était fait aux matelots; il leur est alloué la moitié de leurs gages pour le reste de la durée présumée du voyage, et des moyens de retour chez eux. Cette disposition paraît concilier ce que prescrivent en leur faveur l'humanité et la justice, avec les justes ménagements dus aux intérêts des propriétaires de navires, qui ne peuvent en pareil cas se séparer de l'intérêt même de la navigation.

L'addition portée à l'article 298 du projet est susceptible de quelque examen.

Cet article suppose que le capitaine ait été obligé de vendre des marchandises pour subvenir aux besoins pressants du navire, et prescrit que, *si le navire se perd, le capitaine tiendra compte de ces marchandises sur le pied qu'il les aura vendues, en retenant le fret porté aux connaissements.*

L'ordonnance n'avait rien statué, à cet égard, dans le cas de la perte du navire. Les commentateurs professaient une doctrine contradictoire : les uns considéraient les marchandises vendues avant la perte, et pour subvenir aux besoins du navire, comme le sujet forcé d'un contrat à la grosse, et en refusaient le paiement; les autres accordaient ce paiement, en les regardant comme sauvées, puisqu'on en avait disposé avant que le navire eût éprouvé aucun événement sinistre. Il a fallu se fixer sur ce point. Il a paru équitable de penser que les marchandises vendues pour subvenir aux besoins du navire, constituaient un titre de créance en faveur de leur propriétaire; que dès-lors elles avaient cessé d'être en risque; que le capitaine et les propriétaires du navire, qui étaient chargés de pourvoir à ses besoins, avaient contracté une dette individuelle en appliquant ces marchandises à l'accomplissement de leur devoir personnel; qu'en pareille circonstance, un contrat à la grosse ne saurait, par sa spécialité, être présumé ni supposé; qu'il serait étrange de vouloir considérer comme perdues les marchandises vendues avant la perte du navire, tandis qu'elles auraient pu être sauvées dans la circonstance même du naufrage; qu'enfin, le propriétaire de ces marchandises vendues, si elles ne lui étaient pas payées par le capitaine, se trouverait dépouillé sans pouvoir exercer aucun recours contre ses assureurs, qui ne seraient pas tenus au remboursement, puisqu'il n'y aurait pas eu d'objet de risques à bord lors du naufrage.

Ces réflexions ont conduit à la disposition exprimée au second paragraphe de l'article 298.

En substituant dans les articles 306, 307 et 308, un dépôt en mains tierces, et le privilége du capitaine pour son fret sur les marchandises déposées, à la faculté d'arrêter et de saisir ces mêmes marchandises, que lui donnait l'ordonnance, nous avons adopté une mesure qui paraît mieux assortie aux formes conciliatrices du commerce.

Cette mesure conserve les intérêts du capitaine qui a le droit d'être payé de son fret, avant de livrer irrévocablement son gage, en même temps qu'elle pourvoit aussi à la sûreté du consignataire, qui, avant de payer le fret, a le droit à son tour de reconnaître l'état des marchandises qui doivent lui être délivrées.

Tels sont, messieurs, les principaux changements faits à l'ordonnance de 1681; dans les huit premiers titres de la loi que nous vous présentons.

Des modifications plus légères, des transpositions, des différences de simple rédaction, se justifient par elles-mêmes, et leur utilité, quoique tout à fait secondaire, n'échappera pas à votre sagesse.

En adoptant ce projet, vous seconderez, messieurs, les vues paternelles et les intentions bienfaisantes du héros qui se plaît à entrelacer à l'olivier de la paix les lauriers qu'il a cueillis, qui ne régénère toute la législation commerciale, et ne veut la liberté des mers que pour *la prospérité* de ses peuples et pour *celle du commerce.*

TITRES IX ET X.

Des Contrats à la grosse. — Des Assurances.

Décrétés le 15 septembre 1807; — Promulgués le 25 du même mois.

[ARTICLES 311 à 396.]

EXPOSÉ DES MOTIFS par M. le Conseiller-d'État CORVETTO.

Séance du 8 septembre 1807.

MESSIEURS,

Les contrats à la grosse aventure et les assurances forment le sujet des titres IX et X du livre qui vous est présenté.

Ces contrats se ressemblent sous bien des rapports.

Dans l'un, dit un écrivain éclairé, *le donneur est chargé des risques maritimes, et dans l'autre, c'est l'assureur.*

Dans l'un, le change nautique est le prix du péril, et dans l'autre, la prime est le prix des risques maritimes.

Le taux de cette charge ou de cette prime est plus ou moins haut, suivant la durée et la nature des risques.

Cette analogie influe sur leur essence. Ils sont régis dans leurs effets par les mêmes principes : ils ne sauraient être, ni l'un ni l'autre, des moyens d'acquérir : ils ont pour base un risque réel : ils n'ont pour but que de relever le preneur de la restitution de la somme empruntée et d'indemniser l'assuré d'une perte intrinsèque et réelle, en cas d'accident malheureux : ils contribuent par-là, quoique dans une proportion bien différente, à la prospérité du commerce maritime.

C'est en suivant ces principes que vous apprécierez, messieurs, le projet qui concerne ces contrats. Ici encore l'ordonnance de 1681 a éclairé nos travaux, et nous nous bornerons à vous indiquer avec soin les cas, extrêmement rares, dans lesquels il nous a paru nécessaire d'en suppléer ou d'en changer les dispositions.

Je vais parcourir rapidement une matière dont tant d'habiles jurisconsultes, tant de commerçants instruits ont développé les principes : heureux si, en tâchant d'être court, je ne deviens pas obscur !

L'article 312 règle les formalités auxquelles les contrats à la grosse doivent être assujétis tant en France qu'à l'étranger : il était important de suppléer ici l'ordonnance.

Un contrat à la grosse emportant privilége, l'existence et l'époque de ce contrat doivent être constatées d'une manière à ne pas exposer les créanciers ordinaires à devenir les victimes d'une supposition collusoire ; l'enregistrement au greffe du tribunal de commerce, en France, et l'intervention du magistrat, à l'étranger, nous ont paru remplir un objet si juste et si salutaire.

C'est encore un supplément à l'ordonnance, que l'article 313 qui rend tout acte de prêt à la grosse négociable par la voie de l'endossement. L'usage avait prévenu la disposition de la loi; l'intérêt du commerce demandait que cet usage fût adopté; c'était le vœu des écrivains les plus éclairés.

Mais il faut, à cet effet, que le billet à la grosse soit *à ordre*, sans cela, l'acquéreur ne serait qu'un simple cessionnaire; il serait passible de toutes les exceptions que l'on pourrait opposer à son cédant.

Ici une question assez importante s'est élevée. L'endossement produit une action en garantie. L'endosseur, qui cautionne le billet à la grosse, répondra-t-il du profit maritime? Son obligation est indéfinie : le profit maritime ne forme que l'accessoire de la somme prêtée ; la garantie doit porter sur l'une et sur l'autre.

Nous n'avons point partagé cet avis.

Ce n'est pas que l'on puisse contester que

l'endossement constitue un cautionnement, et qu'il donne lieu à une action en garantie; mais il s'agit de voir jusqu'à quel point cette garantie doit s'étendre : elle doit avoir pour limite la somme que l'on reçoit. Le prêteur à la grosse a endossé son billet; c'est-à-dire, il en a fait le transport pour une somme égale à celle qu'il a donnée lui-même, et qui se trouve exprimée par le texte du billet. Il est juste, il est dans l'ordre et dans la nature des choses qu'il cautionne jusqu'à cette somme; mais pourquoi cautionnerait-il pour une somme plus forte? Quel dédommagement recevrait-il pour cette nouvelle garantie? Garant pour la somme qu'il reçoit, il le serait encore, sans motif, de 25 ou 30 pour 100 de profit maritime, qu'il ne reçoit pas : et l'équité et la justice semblent repousser cette idée.

" Mais, tout en adoptant cette opinion, nous avons pensé qu'il était convenable de laisser aux parties la liberté d'une convention contraire; car il est bien à croire que l'endosseur, en courant un risque plus étendu, ne manquerait pas de stipuler en sa faveur une indemnité proportionnée à l'extension conventionnelle de sa garantie.

L'article 3 de l'ordonnance défendait de *prendre deniers à la grosse sur le corps et quille du navire, ou sur les marchandises de son chargement au-delà de leur valeur, à peine d'être contraint, en cas de fraude, au montant des sommes entières, nonobstant la perte ou prise du vaisseau.*

La rédaction de cet article paraissait incomplète, parce qu'il n'y avait pas de raison pour que l'on n'appliquât pas la disposition relative à la perte ou prise du vaisseau au cas de la perte ou prise des marchandises. Elle paraissait équivoque, parce qu'on ne savait, que d'après l'opinion des commentateurs, *si les sommes entières* comprenaient ou ne comprenaient pas *les profits maritimes.* Elle n'était pas assez dans les intérêts du prêteur, parce que, en cas de fraude, on aurait pu penser qu'elle prononçait toujours la nullité du contrat.

Ces considérations nous ont amenés à une rédaction que nous avons cru plus exacte. L'article 316 du projet porte la nullité du contrat, *quel que soit l'objet* sur lequel le prêt est affecté; mais cette nullité ne doit être déclarée que sur *la demande* du prêteur.

L'expression générique des objets sur lesquels le prêt est affecté, comprend, suivant la différence des cas, la totalité, ou la partie du navire ou des marchandises. Le contrat étant déclaré nul n'a pu produire aucun effet, ni par conséquent aucun profit maritime. L'option accordée au prêteur n'est qu'une suite naturelle des principes que l'on doit appliquer à cette espèce, et une nouvelle garantie de ses véritables intérêts. En effet, il s'agit de fraude. Ce n'est pas celui-là même qui est en fraude qui pourrait l'alléguer, ce serait le prêteur, à la charge de la prouver. Et si le prêteur préfère de ne point intenter cette action, dont l'instruction pourrait être difficile et le résultat incertain, comment lui en contester la faculté? ce serait, dans la supposition contraire, le condamner, sans exception, aux chances d'un procès qui pourrait tourner à son préjudice; il se trouverait quelquefois compromis ou ruiné par la faveur apparente de la loi.

Il est bien vrai que le prêteur, ne réclamant pas la nullité d'un contrat fait en fraude, pourrait, dans le cas de l'arrivée du navire ou des marchandises, exiger la somme prêtée et le profit maritime, quoiqu'il n'eût point couru un risque proportionné; mais cette faveur lui est due d'un côté, d'après ce que nous venons de dire; et cette punition est due, de l'autre, à l'emprunteur qui est en fraude. Celui-ci gagne même à cette espèce de transaction : il rachète, par ce paiement, la honte d'un procès, et le risque d'une condamnation criminelle.

Le développement que je viens de donner à l'article 316 m'impose le devoir de justifier les dispositions de l'article 318, qui rétablit la peine de nullité, sans aucun égard à la demande du prêteur, toutes les fois que le prêt est affecté sur quelqu'un des objets prohibés par la loi.

La différence des deux cas est sensible : l'emprunteur est le seul coupable dans les cas de l'article 316. Ici le prêteur est son complice; car ils connaissaient l'un et l'autre la disposition prohibitive de la loi.

Le prêteur, à la vérité, est le seul puni dans ce cas; car il ne reçoit aucun intérêt de la somme prêtée; et l'emprunteur en a joui, en attendant : mais aussi le plus sûr moyen de prévenir les prêts prohibés, est précisément de punir les prêteurs. On ne trouvera point à emprunter toutes les fois qu'il n'y aura qu'à perdre en prêtant.

L'article 319 généralise la défense que l'ordonnance avait rendu partielle, de prêter à la grosse sur les loyers des gens de mer.

Qu'il me soit permis d'entrer ici dans quelques détails.

On conçoit, disaient les commentateurs de l'ordonnance, *de quelle dangereuse influence il serait de permettre aux matelots d'emprunter sur leurs loyers, puisque le gain de leurs loyers les attache autant que la crainte de la mort à la conservation du navire.* Et d'abord, n'y aurait-il pas peut-être de l'inconséquence à affaiblir ce motif, en diminuant presque de la moitié, comme le permettait l'ordonnance, l'intérêt du matelot à la conservation du navire?

Mais il faut consulter l'expérience; il faut remonter à des principes.

Les contrats à la grosse sont sans doute nécessaires; mais, en général, ils sont onéreux. Le profit maritime que l'on y stipule est au-dessus, non-seulement de tout intérêt ordinaire, mais de toute prime d'assurance; et quoique cet intérêt puisse être juste, il n'en écrase pas moins le preneur, toutes les fois que celui-ci n'a pas en vue une spéculation assez lucrative et assez grande pour lui faire espérer un bénéfice extraordinaire. Or, il faut avouer qu'un simple matelot ne se trouve guère dans ce cas : et quand même ce cas se présenterait en effet, quelle somme le matelot pourrait-il tirer d'un emprunt à la grosse, qui n'aurait pour base que quelque chose de moins que la moitié de ses minces loyers? Il essuyerait tous les inconvénients d'un prêt onéreux, sans pouvoir jamais espérer d'en atteindre les avantages.

Mais il y a plus : l'article 4 de l'ordonnance défend les emprunts à la grosse, *sur le frêt à faire;* et, en consultant l'esprit général de ce bel ouvrage, nous voyons que ses rédacteurs ont exigé partout un risque réellement existant, pour base d'un contrat à la grosse ou d'une assurance. De là, la réduction des contrats, ou même leur annullation en cas de fraude, toutes les fois que le risque est évalué au-dessus de sa réalité. De là, la défense de prêter sur des profits espérés. De là, l'obligation imposée à l'emprunteur et à l'assuré de prouver l'existence d'un risque proportionné à l'emprunt ou à l'assurance. Il s'ensuit que tout prêt ou toute assurance qui n'auraient point pour objet un risque véritable, ne seraient dans le fond qu'une gageure. L'assureur et le prêteur pariraient que le bâtiment arriverait à bon port : l'assuré et le preneur pariraient le contraire. Par ce système, tout se trouverait renversé. Au lieu d'intéresser tout le monde à la navigation heureuse d'un navire, on établirait des intérêts contradictoires. L'assuré aurait tout à gagner à la perte du navire : en payant une faible prime, il exigerait le montant de l'assurance : le preneur à la grosse n'aurait, en cas de perte, pas même de prime à payer. Il est facile de sentir les inconvénients d'un pareil système; et, si l'on citait en sa faveur quelques exemples, nous n'hésiterions pas à répondre que ce ne sera certainement pas en France, et dans une matière de tant d'importance, que la législation naturalisera la fureur du jeu et l'immoralité des paris.

Il n'y a qu'à faire l'application de ces principes à l'objet qui nous occupe. Le loyer du matelot dépend de l'arrivée du navire, de la durée du service : il n'est par conséquent qu'espéré; il n'existe pas; il n'a pas existé; il ne constitue pas un véritable risque au moment du contrat; il est même impossible de prévoir jusqu'à quel point il existera dans la suite.

Nulle différence dans ce cas entre *le frêt à faire* par le navire, et le loyer à gagner par le matelot, et si l'ordonnance prescrivait elle-même que *le frêt à faire* ne pourrait fournir le sujet d'un emprunt à la grosse, comment se refuser à la déduction exacte d'un principe reconnu, quand il s'agit de l'appliquer à bien plus forte raison, aux loyers des gens, dont l'intérêt ne saurait être trop lié à la conservation du navire.

Une observation importante se présente encore sur l'article 331 du projet, et le dernier du titre qui concerne les contrats à la grosse.

S'il y a contrat à la grosse et assurance sur le même navire ou sur le même chargement, l'article 142 (331) établit une concurrence entre le donneur à la grosse et l'assureur sur le produit des effets sauvés du naufrage : il accorde même quelque avantage à ce dernier; pendant que l'ordonnance accordait au contraire un privilége au donneur à la grosse.

Il est à observer que le contrat à la grosse était, à l'époque de l'ordonnance, bien plus répandu et plus utile qu'il ne l'est de nos jours. Le système des assurances s'étant amélioré depuis cette époque, les rapports ont entièrement changé. Il serait actuellement impossible qu'un grand commerce subsistât sans assurances, et il serait impossible qu'il subsistât long-temps avec les contrats à la grosse. La raison de la préférence accordée à cette dernière espèce de contrat, a donc cessé, et il a fallu rentrer, par une route presque opposée, dans ce même système d'équité que l'ordonnance avait établi sous des rapports différents.

Nous arrivons, messieurs, au contrat d'assurance, et je touche presque à la fin des observations que je devais vous soumettre.

Il est agréable de reposer un instant l'attention fatiguée sur ce beau contrat, noble produit du génie, et premier garant du commerce maritime.

Les chances de la navigation entravaient ce commerce. Le système des assurances a paru; il a consulté les saisons; il a porté ses regards sur la mer; il a interrogé ce terrible élément; il en a jugé l'inconstance; il en a pressenti les orages; il a épié la politique; il a reconnu les ports et les côtes des deux mondes; il a tout soumis à des calculs savants, à des théories approximatives; et il a dit au commerçant habile, au navigateur intrépide: Certes, il y a des désastres sur lesquels l'humanité ne peut que gémir; mais quant à votre fortune, allez, franchissez les mers, déployez votre activité et votre industrie: je me charge de vos risques. Alors, messieurs, s'il est permis de le dire, les quatre parties du monde se sont rapprochées.

Tel est le contrat d'assurance. En traçant les dispositions qui le concernent, avec combien de plaisir nous nous sommes renfermés dans le beau système de l'ordonnance! Elle forme presque, sous ce rapport, le droit commun des nations.

Peu de modifications nous ont paru nécessaires; je n'en indiquerai que les plus importantes.

Nous avons exigé, dans l'article 332, l'indication du jour où le contrat d'assurance est souscrit: nous avons même voulu qu'il y fût énoncé si la souscription a lieu *avant* ou *après midi*: ces dispositions sont nouvelles, et elles n'en sont pas moins nécessaires.

Il est généralement senti combien il est utile de dater le contrat. Les assurances, qui, en couvrant tout le risque, se trouvent antérieures à d'autres qu'on aurait faites sur le même risque dans la suite, annullent ces dernières. L'époque du contrat, le point fixe, l'heure même de cette époque, seraient d'ailleurs nécessaires à établir pour régler les cas où il pourrait y avoir présomption de la nouvelle de l'arrivée ou de la perte du navire au temps de l'assurance; et, en général, pour régler les droits de tous les créanciers qui pourraient avoir intérêt dans le bâtiment ou dans l'objet assuré.

Il faut convenir que ce raisonnement nous conduisait à imposer le devoir de l'indication de l'heure précise où le contrat serait souscrit. Mais ici, la stricte sévérité des principes a dû s'accommoder aux formes larges et faciles du commerce. On ne saurait, dans la pratique, exiger sans beaucoup d'inconvénients une précision plus grande que celle que nous avons demandée.

Nous avons dit à l'article 334 que toutes les *valeurs estimables à prix d'argent* et sujètes aux risques de la navigation, peuvent former un sujet d'assurance.

Cette rédaction nous a paru répondre avec une plus grande exactitude à l'esprit des articles 9 et 10 de l'ordonnance, qui permettent d'assurer la liberté des hommes, et qui défendent de faire des assurances sur leur vie. La liberté est estimable à prix d'argent; la vie de l'homme ne l'est pas. Cependant il y a une exception à ce second principe; la vie des esclaves de la Guinée est estimable à prix d'argent, quoique ce soient des hommes; car l'application qu'on leur a faite de la jurisprudence romaine n'est pas allée jusqu'à leur refuser cette qualité. L'ordonnance, en défendant en général l'assurance sur la vie des hommes, paraissait, ou supposer que les nègres ne l'étaient pas, ou prescrire l'assurance sur leur vie. La rédaction du projet écarte toute équivoque.

L'article 348 peut encore, messieurs, fixer votre attention: *toute réticence*, y est-il dit, *toute fausse déclaration de la part de l'assuré, toute différence entre le contrat d'assurance et le connaissement, qui diminueraient l'opinion du risque, ou en changeraient le sujet, annulle l'assurance.*

L'assurance est nulle même dans le cas où la réticence, la fausse déclaration ou la différence n'auraient pas influé sur le dommage ou la perte de l'objet assuré.

Quoique cet article soit nouveau, il est moins une addition à l'ordonnance qu'un sommaire des principes qu'elle avait consacrés. L'expérience a prouvé, cependant, que cet article, par la disposition surtout de son second paragraphe, pouvait prévenir des discussions spécieuses, qui ont quelquefois retenti dans les tribunaux de commerce.

L'assureur a le droit de connaître toute l'étendue du risque dont on lui propose de se charger : lui dissimuler quelque circonstance qui pourrait changer le sujet de ce risque, ou en diminuer l'opinion, ce serait lui faire supporter des chances dont il ne voulait peut-être se charger, ou dont il ne se chargerait, qu'à des conditions différentes : ce serait en un mot le tromper.

Dès-lors, le consentement réciproque, qui seul peut animer un contrat, viendrait à manquer. Le consentement de l'assuré se porterait sur un objet, et celui de l'assureur sur un autre, les deux volontés, marchant dans un sens divergent, ne se rencontraient pas : et il n'y a cependant que la réunion de ces volontés, qui puisse constituer le contrat.

La seconde partie de la disposition découle nécessairement de ces principes.

Le contrat n'ayant pas existé, aucune conséquence, aucun effet n'en ont pu résulter. Dès-lors il est indifférent, à l'égard de l'assureur, que le navire périsse, ou ne périsse pas, ou qu'il périsse par une chance, sur laquelle la réticence ou la fausse déclaration n'auraient pas influé : l'assureur serait toujours autorisé à répondre, qu'il a assuré un *tel risque*, et que ce risque n'a pas existé.

C'est ici, messieurs, que finissent les changements ou les innovations importantes que nous avons portés à l'ordonnance : au reste, elle justifie assez notre projet, partout où il se trouve d'accord avec elle : ainsi les dispositions successives du projet ne pourraient présenter que le sujet d'une discussion stérile, et inutilement prolongée.

Nous espérons, messieurs, que vous jugerez digne de vos suffrages cette importante partie du code maritime.

TITRES XI, XII, XIII ET XIV.

Des Avaries, du Jet et de la Contribution, des Prescriptions, des Fins de non-recevoir.

Décrétés le 15 septembre 1807 ; — Promulgués le 25 du même mois.

[ARTICLES 397 à 436.]

EXPOSÉ DES MOTIFS par M. le Conseiller-d'Etat MARET.

Séance du 8 septembre 1807.

MESSIEURS,

Nous présentons à votre sanction les derniers titres du livre II du Code de commerce, *des Transactions maritimes.* Ces titres traitent des avaries, du jet et de la contribution, des prescriptions, des fins de non-recevoir.

Vous y reconnaîtrez l'esprit, et le plus souvent les termes de l'ordonnance de 1681. Elle est devenue la législation maritime de l'Europe; elle n'a dû éprouver, dans la loi que nous vous présentons, que de légers changements et quelques additions réclamées par l'expérience. C'est donc en quelque sorte plutôt une nouvelle rédaction de l'ordonnance de 1681, qu'une loi nouvelle.

Nous commençons par définir l'avarie en général; nous distinguons ensuite et nous classons les diverses sortes d'avaries; nous appliquons à chaque espèce la disposition qui lui est propre ; nous posons enfin les exceptions, et nous établissons les fins de non-recevoir.

Cet ordre, indiqué par l'analyse des idées, nous a paru devoir remplacer avec avantage celui de l'ordonnance, où les articles 1 et 2 sont des définitions, où l'article 3 dispose, où les articles 4, 5 et 6 contiennent des définitions; ce qui rend l'ordre du titre VII pénible et embarrassant.

Ainsi que nous vous l'avons déjà dit, quelques

changements et quelques additions nous ont paru devoir être faits à l'ordonnance.

Cette disposition de l'article 6 : *Les frais de la décharge pour entrer dans un havre ou dans une rivière, sont avaries grosses ou communes*, nous a paru nécessiter une addition. Nous avons examiné s'il y avait avarie *grosse* ou *commune* dans tous les cas, et dans celui de la crainte d'un naufrage ou d'une prise, et dans celui où le navire, arrivé dans la rade du port de sa destination, ne peut entrer dans un havre, dans un port, dans une rivière, sans décharger, suivant l'usage, des marchandises dans des alléges. Nous sommes aussi convaincus que l'ordonnance laissait une incertitude qu'il fallait faire disparaître ; et la loi dit que *ces frais* sont avaries communes, seulement quand le navire est contraint à entrer par tempête ou par la poursuite de l'ennemi. La raison en est que, dans ce cas, il s'agit du salut commun du navire et des marchandises qu'il porte ; tandis que, dans l'autre, les frais ne regardent que ceux auxquels appartiennent les marchandises chargées dans les alléges.

L'article 8 de l'ordonnance porte : *les lamanages, rouages, pilotages, pour entrer dans les havres ou rivières, ou pour en sortir, sont menues avaries.* La loi a dû dire, (Art. 406) *les lamanages, rouages et pilotages etc.*, ne sont point *avaries, mais ils sont de simples frais à la charge du navire.*

Les motifs sont, qu'il est évident, par la nature des choses, qu'il ne s'agit que des frais de navigation qu'on a pu prévoir et calculer à l'avance, et qui, par conséquent, ne sont point des *avaries ;* que, s'il est question de frais extraordinaires, ils sont prévus au n.° 7 de l'art. 400 ; que, s'il s'agit de dépenses ordinaires, il est plus simple de les faire entrer dans le montant du fret ; car c'est là qu'est leur place : au surplus, en disposant ainsi, la loi ne fait que confirmer ce qui est établi par l'usage ; et en effet, jamais on ne dresse des comptes d'avaries pour de pareils articles ; mais, par le connaissement, on convient d'une somme fixe avec le capitaine.

Nous passons à l'article 407 de la loi, qui indique par qui le dommage est payé en cas d'abordage. L'ordonnance avait statué sur deux cas (articles 10 et 11) : l'un, quand l'abordage a été fait par la faute de l'un des capitaines ; l'autre, quand il y a doute sur les causes de l'abordage. Il en est un troisième, quand l'abordage est un effet du hasard qu'on ne peut imputer ni à l'intention, ni à la maladresse, ni à la négligence de personne ; alors c'est un événement dont quelqu'un peut souffrir, mais dont nul ne doit répondre. La loi ajoute en conséquence aux dispositions de l'ordonnance : « en cas d'abordage de navires, si l'événement a été purement fortuit, « le dommage est supporté, sans répétition, « par celui des navires qui l'a éprouvé. »

Après avoir défini l'avarie en général, après avoir classé les différentes sortes d'avaries, après avoir appliqué à chaque espèce la disposition qui lui est propre, après avoir posé les exceptions, nous sommes arrivés à cette question : Une demande pour avarie sera-t-elle toujours recevable ? Nous avons considéré que la demande ne devait point être admise, quand, pour jouir de son effet, il faudrait dépenser en frais autant ou plus que le dommage qu'on obtiendrait, parce qu'alors il n'y avait d'intérêt pour personne, soit à demander, soit à défendre. Cependant, nous n'établissons ce principe que dans les cas où le silence des parties n'aurait pas fait connaître leurs volontés.

Art. 410, 435 et 430. — Tels sont les motifs qui ont déterminé quelques changements et additions au titre des avaries de l'ordonnance. La loi n'en présente aucun d'essentiel au titre du jet et de la contribution, et à celui des fins de non-recevoir. A l'égard de celui des prescriptions, nous y avons distingué l'action en délaissement de celle dérivant d'un contrat à la grosse, ou d'une police d'assurance.

Art. 431. — L'action en délaissement est prescrite dans le terme de six mois, à partir du jour de la réception de la nouvelle de la perte, suivant l'art. 373 dont l'un des orateurs qui nous a précédés à cette tribune vous a fait connaître les motifs.

Art. 432. — En ce qui concerne l'action dérivant d'un contrat à la grosse et d'une police d'assurance, elle est prescrite après cinq ans, à compter de la date du contrat. Le commerce réclamait ce changement à l'article 48 de l'ordonnance, dont l'exécution a été accompagnée d'un grand nombre de procès, parce qu'il établissait une grande diversité de prescriptions.

Mais si des prescriptions doivent être établies contre les négociants qui négligent d'user de leurs droits, il était aussi de la justice de dire qu'elles ne *pourront avoir lieu que* quand il y aura eu cédule, obligation, arrêté de compte, ou interpellation judiciaire, et c'est ce que veut l'article 434 de la loi.

Le livre dont nous venons de vous faire connaître les dispositions, complète le Code de commerce. — Comme les ordonnances de Louis XIV qu'il va remplacer, c'est, environné des trophées de la victoire, qu'il prend sa place parmi les lois, quil vient régler les transactions commerciales d'un peuple dont les rapports de tout genre se trouvent étendus par les armes, par les négociations politiques, et plus encore par cette influence qu'un grand homme exerce sur les nations voisines de son Empire, surtout quand les unes l'ont voulu pour législateur, quand les autres l'ont proclamé leur protecteur.

Par suite de cette augmentation de rapports commerciaux entre le peuple français et les autres peuples de l'Europe, l'action du Code ne sera pas renfermée dans les limites de la France; il peut même devenir une loi commune aux peuples que leur intérêt place dans notre système de fédération et d'alliance. Notre auguste Empereur l'avait ainsi prévu, quand il a demandé que les dispositions du Code de commerce fussent, le plus possible, en harmonie avec les autres législations commerciales de l'Europe; quand il a demandé qu'on interrogeât tous les intérêts; quand, après avoir confié une première rédaction du Code à des hommes habiles, il l'a fait discuter dans les cours de cassation et d'appel, dans les tribunaux, dans les chambres et dans les conseils de commerce. Nous devons le dire, cette discussion a été honorable pour ceux qui y ont pris part; ils ont été dirigés par le seul sentiment d'améliorer un travail déjà très-recommandable en lui-même.

Les résultats de cette discussion lumineuse formaient une collection immense; recueillie par les ministres de la justice et de l'intérieur, il fallait analyser toutes les observations qu'elle contenait; il fallait les comparer; il fallait profiter de ce faisceau de lumière pour faire à la première rédaction du Code tous les changements que réclamaient les besoins du commerce et l'intérêt national. La commission instituée en l'an IX, ayant rempli sa tâche, se regardait comme dissoute; trois des membres de cette commission, MM. Gorneau, Legras et Vital-Roux, jurisconsultes et négociants éclairés, pleins de zèle, mais surtout forts de leur dévoûment à l'Empereur, sollicitent, des ministres de Sa Majesté, la permission d'entreprendre, à leurs frais, la revision du Code; ces ministres les y autorisent; ils font plus, ils les y encouragent. Bientôt, ils se livrent avec ardeur à ce nouveau travail; ils accroissent leurs lumières de celles de MM. Vignon et Boursier, de celles qu'ils trouvent dans les auteurs français, dans la législation des autres peuples de l'Europe; ils s'établissent juges impartiaux d'un ouvrage auquel ils avaient pris tant de part; ils mettent ainsi Sa Majesté à même d'ordonner, en l'an XI, l'impression du Code de commerce, revisé, lequel a servi de base aux méditations du ministre de l'intérieur, aux discussions du Conseil d'état.

Si le sentiment de la reconnaissance nous a déterminés à vous désigner ceux qui nous ont plus particulièrement aidés à répondre au vœu de Sa Majesté et du commerce, qu'il nous soit permis d'exprimer le même sentiment à ceux d'entre vous, messieurs, qui ont éclairé de leurs lumières les cours, les tribunaux et la chambre de commerce dont ils sont membres.

C'est cette réunion de lumières qui a produit le Code de commerce; il n'est l'ouvrage de personne en particulier : c'est une sorte de monument national élevé par le concours de tous les hommes éclairés de l'Empire.

CODE DE COMMERCE.

LIVRE III.

DES FAILLITES ET DES BANQUEROUTES.

Décrété le 15 septembre 1807; — Promulgué le 22 du même mois.

TITRES I A V.

[ARTICLES 437 à 614.]

EXPOSÉ DES MOTIFS par M. le Conseiller-d'État SÉGUR.

Séance du 3 septembre 1807.

MESSIEURS,

L'EMPEREUR a établi et porté au plus haut degré la réputation de nos armes; il a fait renaître la justice dans nos lois, l'ordre dans notre administration; il veut plus encore, il veut ressusciter la morale publique, parce qu'il sait que sans elle les nations qui jettent le plus d'éclat n'ont point de grandeur réelle, de puissance solide, de prospérité durable: nous avons assez de gloire, il nous faut des mœurs.

C'est dans cette vue qu'il nous charge de vous présenter une loi sévère : son titre suffit pour vous faire connaître son importance; c'est une loi sur les faillites et les banqueroutes.

Malheureusement, cette loi répressive est devenue un besoin public; l'indignation générale l'appelle, le vœu universel l'attend, tout ce que la France renferme de négociants honnêtes la réclament; et peut-être, pour la première fois, on serait tenté de croire que la vigilance infatigable de notre souverain, qui, jusqu'à présent, a prévenu tous les vœux du peuple français, n'a fait aujourd'hui qu'y répondre.

Mais vous le savez comme nous, messieurs, celui qu'on n'oubliera jamais et qui jamais n'a rien oublié s'est occupé sans relâche, depuis plusieurs années, de cette partie importante de la législation.

Un projet de Code de Commerce, rédigé en l'an IX, par des hommes habiles, contenait déjà des remèdes salutaires pour les maux dont on se plaignait, et semblait offrir un frein suffisant pour arrêter le scandale public de ces banqueroutes audacieuses et répétées, qui laissaient tant de coupables sans honte, et tant de victimes sans ressources et sans vengeance; cependant la voix publique y demandait plus de sévérité.

Mais personne ne sait mieux que Sa Majesté, combien il faut de rapidité pour faire de grandes conquêtes et de lenteur pour faire de bonnes lois : plus les maux sont grands, plus il faut que le législateur se méfie de l'indignation qu'ils lui inspirent. Un acte d'administration peut être rigoureux sans danger; cet acte n'est que pour un temps : la loi est pour toujours; elle doit s'appliquer non à une circonstance mais à toutes; non à une capitale où le luxe relâche la morale, mais à l'étendue des provinces d'un immense Empire, où les bonnes mœurs sont encore respectées; cette loi doit encourager la probité, secourir le malheur, corriger l'inconduite et punir le crime; elle doit être indulgente pour les uns, inexorable pour les autres, juste pour tous.

Pour mieux connaître la vérité, l'Empereur a voulu nous environner de lumières: le projet de Code a été envoyé à toutes les chambres, à tous les tribunaux de commerce, à toutes les cours, à tous les tribunaux de France; leurs observations sur ce projet ont été imprimées. Le Code a été modifié par les premiers rédacteurs, d'après ces observations; et, depuis plusieurs années, le conseil d'état s'est occupé, pour obéir aux ordres de Sa Majesté, à comparer ensemble ce projet de Code et ces observations avec les anciennes ordonnances et les lois des nations les plus commerçantes de l'Europe.

Nous vous offrons aujourd'hui le résultat de ce travail, avec d'autant plus de confiance, qu'il est le fruit de longues discussions éclairées par l'expérience de tout ce que notre pays renferme de négociants honnêtes et d'habiles magistrats.

Chargé particulièrement de vous présenter le troisième livre de ce Code, qui traite *des Faillites et des Banqueroutes*, je vais, le plus rapidement qu'il me sera possible, vous en développer le système, et vous rendre compte des motifs qui nous l'ont fait adopter.

Pour remédier aux désordres qui depuis quelques années ont si scandaleusement flétri le commerce en France, il fallait d'abord en reconnaître les véritables causes. Il en existe deux principales. La première, c'est la révolution, qui, par son mouvement violent, bouleversant les hommes, les fortunes, les classes, offrant aux espérances comme aux craintes les plus déréglées des chances sans bornes et des abîmes sans fonds, mettant à la place de l'argent un papier dont le cours forcé et la chûte rapide ne laissait à rien de valeur fixe, et de crédit réel à personne, a ouvert un champ libre aux calculs de l'avidité et aux spéculations de la mauvaise foi.

Les faillites, loin d'être un sujet de honte, étaient devenues un moyen de fortune, dont on prenait à peine le soin de déguiser la source; et si ces nombreuses banqueroutes n'étaient pas toujours l'ouvrage de la fraude, elles étaient au moins celui de l'ignorance, parce que tout le monde voulait faire le commerce, sans rien savoir de ce qu'exige cette profession.

Le remède au mal que je viens de décrire est dans le temps; déjà l'on en ressent les heureux effets: le retour de la tranquillité publique, la sage fermeté du gouvernement, la disparition du papier, le rétablissement du crédit, remettent peu à peu les choses dans leur cours ordinaire, et les hommes dans leur ordre naturel; le honteux agiotage disparaît; les professions se classent; les liens se resserrent, et l'honneur national achevera bientôt de dissiper tout ce qui peut rester encore de cette déplorable anarchie.

Ainsi, cette première cause des désordres de notre commerce, n'a dû influer que faiblement sur le travail dont nous étions chargés, puisque, pour ainsi dire, elle cesse d'elle-même d'agir.

La seconde cause plus durable du fléau des banqueroutes, vient de l'imperfection des lois.

Nous ne prétendons pas ici atténuer la juste estime due aux ordonnances de Louis XIV, et aux travaux immortels de Colbert; l'ordonnance de 1673 était une loi sage et suffisante pour le temps où elle a été rendue: on commençait alors, en France, à s'occuper du commerce; il était, pour ainsi dire, à son berceau: tout ce qui vient de naître veut des règles simples. Une très-faible partie de la population française se livrait au commerce; les mœurs des négociants étaient pures; la marche des affaires était lente; le cours des spéculations était borné. Depuis cette époque, le commerce, par des progrès rapides, a changé les mœurs des hommes et les destins des états, et, transportant le sceptre de la domination là où il établissait la puissance du crédit, il est devenu un des plus grands objets de l'étude des législateurs et l'ambition des peuples.

Cette étendue, cette importance, cette activité du commerce exigent à présent une législation plus prévoyante et qui offre plus de garantie: la réflexion suffit pour le faire sentir, et une triste expérience l'a démontré.

Nos anciennes lois s'étaient bornées à prescrire au débiteur failli des formes dont l'exécution était sans danger pour lui; la contrainte par corps était la seule garantie des créanciers.

Les transactions se faisaient sans aucune surveillance de l'autorité publique; elle ne se montrait que pour sanctionner des traités surpris par la mauvaise foi, ou arrachés au découragement.

La faillite, qui n'était regardée que comme un malheur tant que la fraude n'était pas prouvée, laissait le failli indépendant pour l'administration de ses biens.

L'insouciance des créanciers, qui étaient sans guide et sans appui, les plaçait forcément dans la dépendance du débiteur.

Les syndics, choisis dans les premiers moments de la faillite, quelquefois par des créanciers supposés, souvent par des amis ou parents du failli, presque toujours par un petit nombre de créanciers présents qu'on désintéressait aux dépens des absents, déguisaient les malversations du failli, la vraie situation de la faillite, et forçaient les créanciers découragés à des traités désastreux, dont l'effet était d'ôter au banqueroutier la honte, à ses victimes les trois quarts de leurs propriétés, et de laisser au débiteur les moyens d'afficher un luxe insultant.

Si le traité n'avait pas lieu par la résistance de quelques créanciers indignés, l'union se formait; mais les liquidations étaient livrées à des hommes qui trouvaient leur intérêt à les éterniser : aucune autorité ne les surveillait, et les créanciers, fatigués par des lenteurs interminables, finissaient par renoncer à un espoir qu'aucune répartition ne soutenait.

Je ne parlerai pas des droits divers et souvent opposés des créanciers, de ceux des femmes qui, après avoir favorisé le luxe et le désordre de leurs maris, plaçaient sous leur nom, à l'abri de toutes poursuites, les dépouilles qu'ils avaient enlevées à leurs victimes : un orateur plus savant et plus éloquent que moi s'est chargé de vous exposer les lacunes de nos lois sur cette matière, et les moyens que nous avons cru devoir prendre pour remédier à ces abus.

L'ordre public n'était pas plus garanti que la propriété particulière. La loi ne connaissait que le malheur ou la friponnerie; elle présumait le malheur, il fallait prouver la fraude : le créancier en était chargé à ses frais; il était naturel qu'il s'occupât plus de sa propriété que de sa vengeance; aussi, malgré la sévérité de la loi contre les banqueroutes frauduleuses, rien n'a été plus rare que son application, et certes, rien n'était plus encourageant que cette impunité.

Après avoir exposé le tableau fidèle des abus qui existent, tableau dont nous ne croyons pas qu'on puisse contester la vérité, je dois vous expliquer le système de la loi nouvelle que nous proposons, afin de vous mettre à portée de juger si, comme nous osons nous en flatter, elle offre un remède suffisant à ces désordres, une protection assez vigilante aux créanciers, un frein assez redoutable pour l'inconduite et la fraude, et une garantie assez solide pour l'ordre public.

Le législateur, en s'occupant d'une loi si grave, se trouve d'abord placé entre deux écueils qu'il doit également éviter; celui d'être trop sévère pour le malheur, ou trop indulgent pour la mauvaise foi : aussi, la première question qui nous a occupés, et celle dont la solution sert de base à tout le système de la loi, est celle-ci :

Art. 439. — Un négociant qui manque à ses engagements, et qui fait faillite, doit-il être, par sa faillite, présumé frauduleux, ou considéré comme malheureux, jusqu'au moment où l'examen de tous ses livres et de toutes les créances aura fait reconnaître la vérité?

Nous vous avons démontré tous les abus nés de l'ancienne loi, qui, ne regardant le failli que comme malheureux, le laissait dans l'indépendance, lui conservait presque l'impunité, et forçait presque toujours les créanciers à signer à son gré son absolution et leur ruine.

D'un autre côté, il aurait paru bien rigoureux de considérer toute faillite comme un crime, et de traîner devant les tribunaux criminels tout négociant que le malheur du temps ou la force des circonstances auraient mis dans l'impossibilité de remplir ses engagements.

Très-souvent la faillite est un naufrage dont on ne peut accuser que le sort : le commerce a ses orages comme l'Océan : les événements du monde, les mouvements de la politique, la guerre, la paix, la disette, l'abondance même, apportent des changements imprévus, donnent des commotions subites au commerce, et trompent ses combinaisons les plus sages; souvent, enfin, un négociant, trompé par sa confiance, et accablé à la fois par plusieurs banqueroutes qu'il éprouve, est contraint lui-même de manquer à des engagements qu'il se croyait certain de pouvoir tenir.

Ces considérations, justes et puissantes, doivent fixer fortement l'attention du législateur, et l'éloigner également, et d'une sévérité trop inflexible, et d'une indulgence trop dangereuse.

On a donc cru qu'il fallait considérer tout failli, non comme un coupable, non comme un homme innocent, mais comme un débiteur dont la conduite exigeait un examen rigoureux et une solide garantie.

Il existe un délit, puisqu'il y a eu violation d'engagements et de propriétés. Celui qui a commis ce délit peut y avoir été conduit par le malheur, par l'inconduite ou par la mauvaise foi.

Si c'est par le malheur, il doit être protégé; si c'est par inconduite, il doit subir une correction; si c'est par fraude, il doit être livré à toute la sévérité de la justice criminelle.

Le malheur doit être démontré par le failli; l'inconduite, prouvée par les créanciers ou la partie publique; la fraude, poursuivie par l'autorité.

Dans tous les cas, le failli ne doit plus disposer de l'administration de ses biens; ils sont le gage et la propriété de ses créanciers; il ne doit même avoir la liberté de sa personne que lorsque l'examen de sa conduite offre la présomption de son innocence.

Tant que ses créanciers sont inconnus, ne sont pas vérifiés; tant que les créanciers absents n'ont pas été mis à portée de faire valoir leurs droits, l'administration de ses biens, l'examen de ses papiers, la conduite de ses affaires, doivent être confiés à des mains désintéressées, nommées par le tribunal de commerce, et surveillées par un juge de ce tribunal. Les créanciers, dès qu'ils sont connus, doivent intervenir dans le choix des hommes chargés de leurs intérêts : on leur donne connaissance de toute la marche, de tous les détails de l'administration de la faillite; le commissaire accélère leur réunion, leur vérification; aucun traité ne peut être conclu entre eux et le débiteur, qu'à la majorité des voix, combinée avec une majorité en sommes égales aux trois quarts de leurs créances.

S'il n'y a pas de concordat, les créanciers, tous réunis, tous vérifiés, éclairés par les comptes que leur rend une administration impartiale, nomment des syndics, qui, sous la surveillance du commissaire et l'autorité du tribunal, font une liquidation prompte et des répartitions égales.

Pendant toute la marche de ces opérations, le commissaire, les agents, les syndics, sont tenus de faire connaître au magistrat de sûreté toutes les circonstances de la faillite; il peut, par lui-même, prendre les renseignements nécessaires, et, dès qu'il lui apparaît quelque indice ou d'inconduite ou de fraude, il doit appeler le failli devant le tribunal correctionnel, ou le traduire devant le tribunal criminel.

Tel est l'esprit général du système de la loi que Sa Majesté nous ordonne de vous présenter; nous croyons que ses utiles résultats seront,

Premièrement, d'offrir aux créanciers une garantie solide, une protection active et surveillante, une certitude ou de terminer leurs affaires par un juste concordat, ou d'obtenir une prompte liquidation;

Deuxièmement, de réprimer le luxe scandaleux et l'imprudence des spéculations hasardées, par la crainte du nom de banqueroutier et des peines correctionnelles appliquées à la banqueroute d'inconduite;

Troisièmement, d'assurer le châtiment de la mauvaise foi, et d'effrayer par d'utiles exemples;

Quatrièmement, enfin, d'offrir à tout négociant honnête et malheureux les moyens de se tirer de la position incertaine et cruelle où l'ancienne législation le laissait, et de conserver au moins son honneur en perdant sa fortune; car la rigueur même de la loi offre une garantie certaine pour la probité, et tout négociant que des circonstances forcées auront réduit à la nécessité de ne pas remplir ses engagements, ne sera plus confondu avec l'imprudent qui a joué l'argent de ses créanciers, ou le fripon qui l'a volé. Le négociant probe, mais infortuné, après avoir subi toutes les rigueurs des formes dont je viens d'indiquer l'ensemble, et après avoir vu ses livres, ses créances, ses papiers, sa conduite, soumis à une surveillance si active, si impartiale, si rigide; sa liquidation opérée sans que les agents, les syndics, les commissaires, les créanciers, la partie publique aient pu trouver la moindre cause de le conduire devant les tribunaux, pourra exiger hautement l'estime et la pitié; il pourra même conserver l'espoir, en complétant ses paiements, si quelques circonstances lui en offrent les moyens, d'obtenir une réhabilitation d'autant plus honorable, que nous avons cherché a la rendre plus difficile.

Je viens de vous faire connaître l'esprit du système de la loi nouvelle; je vais à présent en suivre la marche, et vous exposer sommairement les motifs des principales dispositions qu'elle renferme.

Art. 439. — Je ne vous parlerai pas des dispositions générales qui sont placées à la tête de la loi ; l'exposé que je viens de faire du système qui les a dictées, vous a, je l'espère, suffisamment expliqué la distinction que nous croyons nécessaire d'établir entre la faillite, la banqueroute, et la banqueroute frauduleuse.

Art. 440, 441, 444. — Le chapitre premier contient les dispositions que les rédacteurs du projet de Code et les chambres et tribunaux de commerce avaient jugé convenable d'ajouter aux dispositions de l'ordonnance de 1673, pour fixer avec plus de précision l'ouverture de la faillite, et pour empêcher l'existence de tous les actes frauduleux que le négociant qui prévoit sa faillite pourrait être tenté de faire dans les dix jours qui la précèdent.

Art. 442. — L'article 6 de ce chapitre fixera particulièrement votre attention; il déclare que le failli, à dater du jour de sa faillite, est dessaisi de plein droit de l'administration de tous ses biens : cette disposition seule suffirait déjà pour mettre un frein au scandale qui vous a le plus frappé dans les faillites, et pour offrir aux créanciers une juste espérance de ne plus voir disparaître ce que le malheur ou l'inconduite ont pu leur laisser.

Art. 449. — Dans le chapitre second, vous remarquerez le soin avec lequel la loi veille à la promptitude de l'apposition des scellés, précaution salutaire et sans laquelle le sort des créanciers serait si facilement compromis.

Art. 454, 455. — Après avoir dessaisi le failli de l'administration de ses biens, et apposé le scellé sur ses effets et ses papiers, il fallait, premièrement, s'assurer de la personne du débiteur jusqu'au moment où l'on aura reconnu s'il est innocent, imprudent ou coupable ; deuxièmement, organiser l'administration de ses biens, qui ne sont, pour ainsi dire, déjà plus sa propriété, et qui doivent servir de gage à des créanciers que l'on ne connaît pas encore. Autrefois, les premiers venus, se disant créanciers, nommaient des syndics, et je crois vous avoir prouvé combien cette première imprudence avait été favorable à la mauvaise foi, et funeste pour ses victimes.

Art. 456. — Nous avons pensé que cette administration temporaire devait être confiée à des hommes désintéressés, à des agents nommés par le tribunal du commerce, et, quoiqu'il parût difficile de prendre un parti plus sage et qui offrît plus de garantie à l'ordre public et à l'intérêt privé, on a cru devoir placer ces agents sous la surveillance immédiate d'un commissaire choisi parmi les juges du tribunal de commerce. Le besoin d'une telle surveillance était si généralement senti, que lorsque les rédacteurs du projet de Code proposèrent d'établir pour les faillites un commissaire du Gouvernement près des tribunaux de commerce, la majorité des chambres de commerce approuva cet établissement, dont les inconvénients étaient cependant palpables. L'influence d'un tel magistrat sur les tribunaux de négociants, dénaturait leur institution ; et d'ailleurs, nous croyons superflu de démontrer combien il pourrait y avoir de danger à donner constamment aux mêmes hommes des fonctions si délicates, dans lesquelles on se trouve sans cesse exposé aux piéges de la séduction et à la méfiance du malheur.

Art. 459. — La durée de l'administration des agents est fixée à quinze jours, et ne peut se prolonger plus d'un mois. Ce terme nous a paru suffisant pour connaître un grand nombre de créanciers légitimes ; et, dès qu'ils sont connus, il est juste de les appeler à l'examen et à l'administration de leurs affaires.

Art. 462, 463, 464. — L'objet du chapitre IV est de régler les fonctions des agents, et la conduite qu'ils doivent tenir à l'égard du failli ; presque toutes ces dispositions tendent à assurer le prompt examen des livres et des effets du failli, à reconnaître si le débiteur peut être mis provisoirement en liberté, et appelé pour donner les éclaircissements nécessaires sur sa situation : les agents peuvent recevoir les sommes dues, et vendre les denrées sujètes à un dépérissement prochain. On a pris toutes les précautions nécessaires pour la sûreté des sommes perçues, et pour borner les attributions de cette administration provisoire aux mesures d'une urgente nécessité.

Art. 470. — Le bilan est l'objet que traite le chapitre V. Les anciennes lois et les usages avaient tout prévu à cet égard ; nous n'y avons ajouté que le droit donné au juge-commissaire d'interroger tous les individus qui pourraient lui donner des renseignements utiles pour la formation ou rectification du bilan.

Art. 476, 481, 482. — Le chapitre VI est relatif à la nomination des syndics provisoires ; lorsque les créanciers connus se sont réunis en certain nombre, ils proposent une liste triple du nombre des syndics provisoires qu'ils jugent devoir être nommés : sur cette liste, le tribunal fait sa nomination. On a cru que cette disposition était la seule qui pût concilier le droit et l'intérêt des créanciers avec la certitude d'un bon choix. Après la nomination des syndics provisoires, les agents cessent leurs fonctions, et ces agents ne reçoivent d'indemnités que s'ils ne sont pas créanciers ; c'est presque donner la certitude que les agents seront toujours pris par le tribunal parmi les créanciers, hors les cas très-rares où le tribunal aurait eu de justes motifs de suspecter les titres des premiers créanciers qui se seraient fait connaître au moment de la faillite.

Nous insistons sur ce point, car l'apparente complication qu'offre le système qui crée des agents, des syndics provisoires, et des syndics définitifs, doit disparaître dans l'exécution de la loi, et il est plus que probable que les choix faits par le tribunal inspireront une juste confiance aux créanciers, et presque toujours les mêmes hommes dans une faillite, qui auront été agents, seront confirmés comme syndics provisoires, et deviendront, s'il y a lieu, syndics définitifs.

Art. 486. — Les syndics provisoires doivent procéder diligemment à la levée des scellés et à l'inventaire; ces opérations sont l'objet du chapitre VII; c'est là qu'on a cru devoir placer la disposition importante qui oblige les agents, les syndics, à mettre sous les yeux du magistrat de sûreté tous les renseignements qui peuvent lui faire connaître les circonstances de la faillite, et cette mesure sévère sera l'effroi du crime et la sauve-garde de l'innocence.

Art. 497. — Vous remarquerez encore, dans ce chapitre, la disposition qui ordonne de verser à la caisse d'amortissement tous les fonds perçus par les agents et syndics; vous penserez, sans doute, comme nous, qu'on peut être assuré de la promptitude des liquidations, lorsque personne ne pourra plus avoir d'intérêt à en prolonger la durée.

Art. 501, 505, 514, 515, 519. — La vérification des créances est soumise à des formes consacrées par l'approbation de toutes les chambres de commerce; et la surveillance du commissaire que nous y avons ajoutée doit donner, sur cet objet important, une complète sécurité : les enquêtes autorisées, l'apport des registres ordonné dans certains cas, doivent rassurer tout créancier légitime, et dissiper toute crainte d'erreur ou de fraude à cet égard. Les créanciers étant tous reconnus et vérifiés, s'assembleront, et recevront les comptes des syndics provisoires; ils pourront faire avec leur débiteur un traité, mais ce traité ne peut s'établir que par le concours d'un nombre de créanciers formant la majorité, et représentant en outre, par leurs titres, les trois quarts de la totalité des sommes dues. C'est par ce moyen que nous avons cru mettre une digue à ces traités désastreux, que la collusion d'un petit nombre de gros créanciers surprenait à la majorité, lorsqu'on ne considérait que la force des créances, ou à ces traités tout aussi désavantageux qu'une majorité en nombre de petits créanciers, pressés par le besoin, pouvait faire contre le vœu et l'intérêt des créanciers auxquels il était dû des sommes considérables : nous croyons, par cette mesure, avoir rempli ce que veut la justice et ce que l'ordre exige. Ce traité ne peut être valable qu'après avoir été homologué, et jamais l'homologation n'aura lieu lorsque le failli se trouvera prévenu d'inconduite ou de fraude.

Art. 527. — Si le traité n'a pas lieu, les créanciers formeront un contrat d'union, et nommeront des syndics définitifs, chargés, sous la surveillance du commissaire et l'autorité du tribunal, de rectifier le bilan s'il y a lieu, d'administrer la faillite, de percevoir, de vendre et de procéder à la liquidation de la masse, selon l'ordre des diverses espèces de créances.

C'est ici que, nous reposant du devoir d'exposer les motifs d'une loi sévère, nous pouvons, après tant de mesures dictées par une sage défiance et par une rigueur nécessaire, vous parler de celle que le malheur inspire à l'humanité.

Art. 530. — Dans ce chapitre, vous trouverez des dispositions qui règlent les secours que la masse doit donner au failli avec lequel elle n'a point traité : ces secours seront proportionnés à ses besoins, à son état, surtout à sa conduite, et au plus ou moins de perte qu'il fera supporter à ses créanciers. Vos sentiments sont trop conformes aux nôtres pour craindre que vous n'approuviez pas une mesure de bienfaisance, lorsqu'elle est réglée par la justice.

M. Treilhard, mon collègue, vous développera les motifs des dispositions contenues dans les chapitres IX, X et XI, relatifs aux différentes natures de créances.

Art. 566. — Je passe au titre II du projet

de la loi; il règle les formes à suivre pour la cession des biens; mais comme toutes les dispositions qu'il renferme sont tirées du Code de procédure civile, il n'exige aucune observation particulière.

Art. 576. — Le titre III contient une innovation importante, et mérite par conséquent de fixer votre attention.

La revendication était d'usage en France depuis long-temps, et cette faveur, accordée au vendeur de reprendre sa marchandise lorsqu'il pouvait en prouver l'identité, lorsqu'il la retrouvait sous balle, sous corde et sans altération, n'était réglée par aucune loi, et variait suivant les localités : cet usage était la source d'un grand nombre de contestations, et le sujet perpétuel des plaintes des créanciers dans toutes les faillites; ils supportaient avec peine ce privilége, et le regardaient comme une injustice. Les rédacteurs du projet de Code avaient supprimé et interdit toute revendication; le plus grand nombre des chambres et des tribunaux de commerce avaient approuvé ce changement par leur silence; d'autres avaient motivé leur approbation; quelques-uns avaient voté pour le maintien de la revendication, s'appuyant principalement sur cette raison, qu'il ne fallait pas changer sans nécessité un usage anciennement établi en France, et suivi dans quelques autres pays.

Art. 577, 578. — Après un examen approfondi, on a reconnu que l'usage de la revendication était une source de procès et un moyen de fraude, que la sagesse voudrait en vain régler un usage qui n'est fondé ni sur le droit, ni sur l'équité, et que son plus grand inconvénient était surtout de laisser, par ce privilége, le sort des créanciers à la merci de la volonté du failli, qui pouvait à son gré favoriser l'un, sacrifier l'autre, en conservant ou en dénaturant les signes qui peuvent constater l'identité, et en retardant ou accélérant la vente des effets qui lui auraient été livrés. D'après ces considérations, on s'est décidé à ne permettre la revendication que pour la marchandise en dépôt, pour celles qui sont en route, et qui n'ont pu encore être sujètes à aucune confusion dans les magasins de l'acheteur : nous l'admettons encore pour les remises en effets non encore échus, ou échus et non encore payés, si ces remises ont été faites avec le simple mandat d'en recouvrer et d'en garder la valeur à la disposition du propriétaire.

On espère, par cette décision, rendre un service essentiel au commerce, tarir la source d'une foule de procès, et remplir le vœu de la majorité des chambres des tribunaux dont on a consulté l'opinion.

Art. 586, 587, 588. — Le titre IV traite de la banqueroute simple; il paraît démontré qu'en en consacrant les dispositions, vous porterez le remède le plus efficace au scandale qui excitait l'indignation générale; car, on ne peut se le dissimuler, la fraude n'est pas la cause la plus commune de ce désordre; l'ignorance, le luxe, l'imprudence, en sont les véritables sources, et, par l'ancienne loi, l'impunité leur était assurée; dès que la fraude n'était pas démontrée, l'innocence était reconnue; le crime pouvait être puni; mais rien ne réprimait l'immoralité. La nouvelle loi soumet à des punitions correctionnelles le négociant qui a fait des dépenses excessives, qui, malgré la connaissance du danger de sa situation, a compromis la fortune de ses créanciers par des spéculations imprudentes : il sera même accusable de banqueroute s'il n'a tenu régulièrement ses livres et rempli les formalités que lui prescrit la loi. Le nom de banqueroutier que cette loi lui fait craindre, sera, n'en doutons point, un frein puissant, et, si elle n'épouvante pas ces hommes coupables, nés pour le crime et que rien n'arrête, elle préservera d'une chûte funeste les hommes faibles, et ils sont pourtant en majorité.

C'est donc avec une pleine confiance que nous vous proposons cette mesure qui, dans le fait, sera plus préservatrice que rigoureuse, et qui, livrée à la conscience de juges impartiaux et respectés, nous paraît un des moyens les plus efficaces pour rétablir l'ordre et ressusciter les mœurs.

Art. 593. — Le chapitre II de ce titre, qui concerne les banqueroutes frauduleuses, ne fait que développer avec plus de détails les dispositions qu'on trouve sur cette matière dans l'ordonnance de 1673.

Tous les cas prévus dans ces articles méritent l'inflexibilité de la loi, et il n'y a point d'observations à faire, là où il n'a pu exister aucun partage d'opinions.

Art. 600. — L'objet du chapitre III a été d'empêcher que l'intérêt privé ne fût sacrifié aux soins de la vindicte publique, et que la procédure correctionnelle ou criminelle ne retardât la marche des liquidations, et ne nuisît à l'intérêt des créanciers.

Art. 604. — Le titre V établit les formes que doit suivre le failli pour obtenir sa réhabilitation; nous avons rendu cette réhabilitation difficile, elle en sera plus honorable : lorsqu'un homme veut remonter à l'honneur, il doit desirer que personne ne puisse douter de son innocence; et ce n'est jamais la bonne foi qui peut redouter la lumière.

Nous venons de vous expliquer ce nouveau système de législation, de vous développer tous les motifs qui en ont dicté les dispositions; nous vous en avons fait sentir l'importance; nous espérons que vous en reconnaîtrez l'utilité, et qu'en l'adoptant vous remplirez les vues sages, justes et bienfaisantes d'un Monarque qui veut terrasser tous les vices, comme il a vaincu ses ennemis; qui a commencé son règne illustre par ses triomphes sur l'anarchie, et qui veut mettre le comble à sa célébrité et à notre reconnaissance, en rendant au crédit sa puissance, au commerce sa bonne foi, et en portant notre bonheur aussi haut que sa gloire.

Continuation de l'Exposé des Motifs du Livre III, par M. le Conseiller-d'Etat, Treilhard.

Séance du 3 septembre 1807.

Messieurs,

L'orateur du Gouvernement qui m'a précédé à cette tribune, vous a exposé tout l'ensemble de la loi sur les faillites; et la manière dont il s'est acquitté de sa mission vous fait sans doute regretter qu'il m'ait laissé quelque chose à dire : vos regrets seront moindres, parce qu'il me reste peu d'objets à traiter.

Vous avez vu qu'au premier moment où la faillite éclate, on s'assure de la personne et des biens du failli : de la personne, pour répondre des délits; des biens, pour payer les créanciers.

Tout est placé sous la surveillance d'un commissaire dont le caractère garantit le choix des agents et des syndics, une sévère vérification de créances, une vente prompte et peu dispendieuse; enfin, tout ce qui peut soulager et consoler dans le malheur commun.

Je dois actuellement vous parler *des droits des créanciers, des répartitions à faire entre eux, de la liquidation du mobilier; enfin, du mode de vente des immeubles du failli* : c'est la matière des chapitres IX, X et XI du premier titre.

Je commencerai par ce qui concerne les créanciers en général; je terminerai par l'exposition des droits des femmes sur les biens du mari en cas de faillite.

On n'a jamais perdu de vue dans le projet ce grand principe, qu'il faut être économe du temps et des procédures : c'est surtout dans le commerce qu'une prompte rentrée des fonds est desirable; un paiement tardif n'est jamais un paiement complet.

Art. 533, 534. — Aussi a-t-on pris les mesures nécessaires pour que les premiers recouvrements fussent employés sans délai au paiement des créances privilégiées : le privilége assure la préférence dans les paiements; personne n'a le droit de les retarder quand le privilége est une fois reconnu ou jugé : s'il y a difficulté sur son existence, c'est à la justice à prononcer. Tout créancier a évidemment intérêt, et par conséquent le droit de discuter et de débattre une prétention de privilége, qui, si elle est adoptée, peut souvent laisser sans aucune espérance les simples créanciers chirographaires.

Art. 535, 536. — Dans le nombre des privilégiés, on ne peut se dispenser de ranger le créancier sur le gage dont il est nanti; mais on a dû laisser à la masse le droit de retirer le gage en désintéressant celui qui en est saisi par le remboursement de sa créance; il ne peut prétendre autre chose, et si le gage excède ce qui lui est dû, c'est aux autres créanciers qu'appartient le bénéfice.

Vous remarquerez sans doute que je ne m'occupe que de quelques règles particulières aux affaires de commerce; il n'entrait pas dans le projet de la loi de tracer les principes constitutifs des priviléges; ils sont déjà parfaitement établis dans le Code Napoléon.

Cette réflexion s'applique aux autres espèces de créances, aux hypothèques par exemple; le même Code contient toutes les règles générales sur cette matière, et il ne s'agit en cet instant, que de quelques difficultés particulières qui peuvent s'élever.

Vous savez qu'un créancier hypothécaire a l'avantage d'une préférence sur le prix de l'immeuble qui lui fut affecté; cette préférence n'est nullement exclusive des droits sur tous les autres biens d'un débiteur.

Celui qui est obligé personnellement, est tenu de remplir ses engagements sur tous ses biens, meubles et immeubles : ils sont tous le gage commun de ses créanciers : c'est la disposition textuelle des articles 2092 et 2093 du Code Napoléon, qui ne sont eux-mêmes que l'expression de ce qui résulte nécessairement d'une obligation contractée : comment celui qui l'a souscrite pourrait-il échapper à son exécution, tant qu'il lui reste quelques effets?

L'affectation spéciale d'un immeuble à une dette donne donc au créancier un droit de préférence sur le prix de cet immeuble, sans néanmoins préjudicier en aucune manière à son droit général sur tous les autres biens.

Il suit de là que le créancier hypothécaire, qui ne peut être payé en tout ou en partie sur le prix de l'immeuble, doit concourir avec les autres créanciers sur les autres biens pour ce qui lui reste dû.

Art. 539, 540, 541. — Mais ici s'élève une difficulté : lorsque le premier en ordre d'hypothèques aura reçu une partie de sa créance par des distributions antérieures de deniers mobiliers, si le prix de l'immeuble est plus que suffisant pour achever son paiement, à qui passera tout l'excédent? Est-ce au deuxième créancier? ou bien la masse chirographaire doit-elle reprendre d'abord sur cet excédent les deniers mobiliers que le premier créancier avait reçus?

Le projet qui vous est présenté offre sur ce point quelque dérogation à ce qui se pratiquait anciennement, au moins dans une grande partie de la France.

On a pensé que les deniers mobiliers touchés par le créancier premier en hypothèque n'étaient qu'une espèce d'avance faite par la masse chirographaire, avance dont elle devait être remboursée sur le prix de l'immeuble, lorsqu'il était plus que suffisant pour parachever le paiement du premier créancier.

Dans le système ancien des hypothèques, lorsqu'elles étaient occultes et acquises à tout homme qui avait pour lui une obligation authentique ou un jugement, un créancier pouvait de bonne foi regarder l'immeuble de son débiteur comme un gage certain de son paiement; à la vérité, son espoir était souvent trahi par la découverte successive d'une foule de créanciers qu'il n'avait pas connus : c'était là un vice radical du système qui, heureusement, n'existe plus.

Dans cet ordre de choses, il eût été dur et peut-être injuste d'enlever à ce créancier le prix de l'immeuble qui formait son gage, sous le prétexte que le créancier qui le possédait avait été payé en tout ou partie avec le prix du mobilier; rien ne l'avait averti de cette première hypothèque, et il avait dû croire par conséquent que son gage assurait son paiement.

Il n'en est pas de même aujourd'hui; l'hypothèque est spéciale et publique; un créancier n'a de droit que sur l'immeuble qui lui est spécialement affecté par son titre et sous la charge d'une inscription qui donne de la publicité à son droit, et qui avertit ainsi tous ceux qui peuvent y avoir intérêt, que le gage est déjà absorbé en tout ou en partie.

Le créancier qui survient ne peut plus se faire illusion. Lorsque l'immeuble est évidemment engagé pour des sommes équivalentes à son prix, celui qui l'accepterait encore pour gage aurait une grande imprudence à se reprocher; il faut même supposer que cela n'arrivera que bien rarement.

Ce changement dans la législation a dû en entraîner un autre dans le réglement des droits des créanciers en matière de faillite.

Le second créancier n'a dû compter sur l'efficacité de son gage qu'après le paiement intégral du premier sur le même objet; il n'a donc pas à se plaindre si on restreint l'exercice de son droit sur ce qui peut rester après ce paiement.

Ainsi le premier créancier ayant touché une partie de sa créance aux dépens de la masse chirographaire, celle-ci se rembourse de l'avance sur le prix de l'immeuble, lorsqu'il suffit pour acquitter toute la créance.

Voilà les règles établies dans le projet, règles qui paraissent d'accord avec l'équité, qui n'atèrent en aucune manière l'espoir légitime des créanciers postérieurs, et qui conservent tout le droit des créanciers chirographaires; ils sont presque toujours dans une faillite, les plus intéressants et les plus malheureux.

Art. 558. — En réglant ce qui concernait les créanciers hypothécaires, on n'a pas dû perdre de vue les autres classes; il a fallu veiller à ce que les répartitions fussent promptes, que les paiements ne fussent faits que sous la surveillance du commissaire, sur la représentation des titres, et à la charge de quittances valables : c'est l'objet du chapitre X.

Art. 563. — Un seul article dans ce chapitre, peut exiger une courte explication; c'est l'article 127 (563).

Il permet à l'union des créanciers de traiter à forfait des droits et actions, dont le recouvrement n'aura pas été opéré.

Il existe souvent dans les faillites des créances d'un recouvrement difficile, ou parce qu'elles sont litigieuses, ou parce que le débiteur est peu solvable; il faudrait beaucoup de temps et des frais pour parvenir à un recouvrement qui même est souvent incertain. Des poursuites de cette nature conviennent mieux à un particulier qu'à une administration; elle dépenserait presque toujours plus qu'elle ne pourrait recouvrer : le grand intérêt des créanciers demande que l'administration termine ses opérations le plutôt possible, et qu'elle puisse aliéner des droits dont la poursuite serait trop longue ou très-difficile.

Mais l'abus pourrait être à côté de la règle, et l'on a dû y pourvoir. L'union ne peut traiter que sous l'autorisation du tribunal de commerce, et surtout il faut que le failli soit appelé : il a un grand intérêt à s'opposer à des traités désavantageux, puisqu'il reste toujours sous la main de ses créanciers, tant qu'ils ne sont pas payés.

Art. 564. — Je ne dirai qu'un mot sur le chap. II, *du Mode de vente des immeubles du failli.*

On vendra sous l'autorisation du commissaire, et avec les formes prescrites par le Code Napoléon pour la vente des biens des mineurs; c'est assez vous dire qu'il y aura célérité et économie dans une opération jadis si lente et si dispendieuse.

Art. 565. — L'intérêt qu'inspirent des créanciers malheureux a cependant fait adopter encore une nouvelle précaution pour s'assurer que les immeubles vendus seront portés à leur valeur. Tout créancier pourra surenchérir pendant la huitaine qui suivra l'adjudication; il fallait cependant régler l'exercice de cette faculté, et ne pas repousser les acquéreurs par la perspective des surenchères, qui ne seraient que de véritables tracasseries.

La surenchère ne sera pas reçue si elle est au-dessous du dixième du prix de l'acquisition.

Art. 544. — Je me hâte de venir au dernier objet dont je dois m'occuper, *aux Droits des Femmes*, dans les cas de faillite.

Il n'est que trop vrai qu'une grande partie des faillites qui ont affligé le commerce dans ces derniers temps, a eu pour cause au moins de grandes imprudences, ou d'affreuses dissipations.

On a trop oublié que la prospérité du commerce ne peut être fondée que sur l'économie, sur l'ordre sans lequel il ne peut y avoir d'économie, et sur la bonne foi.

Le véritable crédit tient toujours à l'opinion qu'on inspire de sa bonne conduite et de son intelligence. Quels sont les hommes qui ont acquis une grande réputation dans le commerce, dont la signature, respectée jusqu'aux extrémités du globe, faisait exécuter les ordres avec une ponctualité, que ne pouvaient pas toujours se promettre les souverains eux-mêmes.

Des particuliers dont les commencements furent obscurs, qui, par de longs travaux, des conceptions heureuses, de sages combinaisons, des méditations profondes sur leur état, et surtout par une modestie soutenue et par une loyauté inaltérable, parvinrent à captiver la confiance de toutes les nations civilisées.

A Dieu ne plaise qu'on puisse me supposer la pensée que ces hommes recommandables n'ont pas de successeurs; mais, enfin, que voyons-nous le plus souvent?

Des hommes qui entrent dans leur état avec une légèreté révoltante, qui y portent une avidité incompatible avec la délicatesse, qui pensent obtenir un crédit en cachant un dénuement réel sous l'apparence trompeuse d'une aisance chimérique, qui débutent par se ruiner pour se procurer la possibilité d'entraîner avec eux d'autres imprudents dans l'abîme.

Je sais que les lois seules ne suffisent peut-être pas pour arrêter entièrement ces désordres; et que, lorsque l'opulence dénuée de mérite obtient encore une considération à laquelle le mérite dénué d'opulence ne peut pas atteindre, peu de personnes ont la force de résister au courant qui les entraîne.

Voilà cependant le mal dont il faut chercher le remède : et quel moyen plus efficace d'y parvenir, que de faire concourir à la bonne conduite du mari l'intérêt même de la femme, d'appeler au secours des mœurs l'influence d'un sexe, qui ne sera jamais trop grande quand il ne méconnaîtra pas les vertus qui sont aussi ses charmes les plus durables.

C'est dans cet esprit qu'ont été médités les articles sur les droits des femmes. Trop souvent un commerçant a reconnu, en se mariant, une forte dot qu'il ne touchait pas, soit qu'il voulût faire illusion par l'annonce d'un actif supposé, soit qu'il préparât de loin un moyen de soustraire un jour sa fortune à ses créanciers légitimes.

Le mari faisait à sa femme des avantages proportionnés à une dot qu'il ne devait pas recevoir. Souvent aussi il acquérait, sous le nom de sa femme, des immeubles qu'il payait de ses propres deniers, ou plutôt des deniers de ses créanciers.

Enfin, par des séparations frauduleuses et des actes simulés, les meubles, les bijoux, l'argenterie, tout passait dans la propriété de la femme, et au moment d'une catastrophe, souvent méditée de longue main, la femme, avec sa dot factice, ses avantages matrimoniaux, ses indemnités pour des dettes qu'elle n'avait pas payées, et ses acquisitions prétendues, absorbait toute la fortune de son mari.

Les malheureux créanciers étaient condamnés à passer leurs jours dans les privations et dans les larmes, pendant que la femme coulait des jours tranquilles dans la molesse et dans l'oisiveté. Tous les arts concouraient pour décorer le palais qu'elle habitait; une cour nombreuse prévenait ses désirs et flattait ses goûts; et, lorsqu'elle daignait faire tomber quelques faibles secours sur un petit nombre de malheureux, non par bienfaisance, car la bienfaisance n'habite pas avec le vol, mais dans l'espoir que les bénédictions de quelques infortunés étoufferaient les malédictions de la multitude, ces actes prétendus d'humanité étaient encore proclamés avec éclat par des écrivains officieux jusque dans les cours étrangères.

Il est temps enfin de poser un terme à ces scandales. Eh! dans quel moment a-t-on pu se flatter de les arrêter avec plus de succès?

Lorsque le souverain donne lui-même, dans sa vie privée, l'exemple de toutes les vertus sociales et domestiques, lorsqu'il veille sans cesse pour établir un ordre rigoureux dans toutes les parties d'une administration immense, n'est-il pas en droit d'attendre que les particuliers, ramenés aux pratiques des vertus modestes et à l'habitude d'une vie réglée, rassureront la société alarmée, en préparant en même temps pour eux-mêmes et pour leur famille des jouissances durables, parce qu'elles seront fondées sur des calculs sages et purs, parce qu'elles seront sans remords.

Je reviens aux dispositions relatives aux droits des femmes.

Art. 545. — La femme du failli retirera ce qu'elle aura réellement apporté; elle ne pourra rien prétendre au-delà.

Voilà la base des articles qui vous sont proposés.

Art. 546, 549. — Ainsi, tous les immeubles dont la femme aura été dotée, ou qui lui seront échus par succession ou donation, seront par elle repris; il en sera de même des bijoux, diamants et vaisselle qu'elle justifiera lui avoir été donnés par contrat de mariage, ou lui être avenus par succession; mais elle devra établir sa propriété par des états légalement dressés et par de bons et loyaux inventaires; encore son action en reprise ne pourra, comme de raison, être exercée qu'à la charge des hypothèques dont les biens seront grevés, soit qu'elle se soit volontairement obligée, soit qu'elle ait été judiciairement condamnée.

Art. 554. — Sous quelque régime que le mariage ait été formé, la loi présume que tous les meubles, sans exception, appartiennent au mari, et nous ne verrons plus les vrais créanciers repoussés par la représentation d'actes frauduleusement fabriqués pour transmettre à la femme une propriété qu'elle ne doit pas avoir.

Art. 550. — Vainement aussi la femme réclamerait une indemnité pour les prétendues dettes payées en l'acquit de son mari, si elle ne justifiait pas, par des pièces légales, l'origine des deniers qu'elle prétendrait avoir employés à cet usage. Ne serait-il pas également honteux;

et pour la femme et pour le mari, qu'elle réclamât des deniers dont la source serait inconnue?

ART. 547. — Par les mêmes motifs, toutes les prétendues acquisitions de la femme sont réputées faites par le mari et payées de ses deniers.

Avec quel scandale des femmes mariées, sans fortune et sans dot réelle, sont-elles, à l'ombre d'acquisitions prétendues, actuellement en possession de toute la fortune d'un mari reliquataire de plusieurs millions envers ses créanciers!

ART. 551. — Enfin, la femme d'un commerçant qui prétendra avoir été dotée en argent ou en effets mobiliers, ou qui réclamera, soit le remploi de ses propres aliénés pendant le mariage, soit l'indemnité des dettes qu'elle aura contractées avec son mari, n'aura d'hypothèque pour tous ces objets que sur les immeubles appartenant en effet au mari à l'époque du mariage.

Tout ce que le mari a acquis depuis, n'a pu l'être qu'aux dépens et avec les deniers de ses créanciers; il serait révoltant que la femme du banqueroutier vînt enlever ces gages, et sortir triomphante d'une catastrophe dont elle fut souvent la première cause.

ART. 549. — Vous pensez bien que les avantages faits à la femme par son mari, ne peuvent pas être réclamés par elle dans la faillite; c'était encore là un des grands moyens de préparer la ruine des créanciers, voyant avec désespoir une femme que tout le monde avait connue sans fortune, jouir tranquillement des biens immenses dont ils étaient dépouillés.

ART. 552. — Ce que nous avons dit pour les femmes mariées dans le commerce, s'applique également aux femmes qui auront épousé des fils de négociants, n'ayant, à l'époque de leur mariage, aucun état, ni profession déterminée, et qui deviendraient eux-mêmes négociants.

Il est sensible que, pour échapper à la sévère justice des règles que nous avons établies, ces fils de négociants se marieraient sans annoncer dans leur contrat une profession que cependant ils auraient le désir de prendre, et qu'ils prendraient en effet dans la suite.

ART. 553. — Cette réflexion ne s'applique pas à la femme dont le mari avait, à l'époque du mariage, une profession déterminée autre que celle de négociant; elle doit jouir dans ce cas de tous les droits hypothécaires accordés par le Code Napoléon; elle n'avait pas pris un mari dans le commerce, et son union était formée sous une autre loi.

On a dû prévoir cependant qu'on pourrait encore abuser de cette exception; aussi déclare-t-on que la femme n'en pourra réclamer l'avantage, qu'autant que son mari n'aura pas fait le commerce dans l'année qui suivra le mariage.

ART. 555. — Je crois bien superflu de vous faire remarquer dans le projet les articles d'après lesquels une femme qui aurait détourné, recélé, diverti des effets, ou qui aurait pris une part directe à des actes faits en fraude des créanciers, pourrait être poursuivie comme complice de la banqueroute.

Vous connaissez actuellement toute la partie de la loi dont l'exposition m'a été confiée. L'esprit de justesse a dicté ces dispositions; le sentiment profond d'indignation dont on ne peut se défendre contre des brigandages, n'a jamais altéré le calme du magistrat qui médite la loi.

La femme qui ne sera pas complice pourra reprendre tout ce qui sera justifié lui appartenir en effet. Elle recevra cet acte de justice de la masse infortunée des créanciers; ils n'auront ensuite le droit de rien exiger d'elle. Mais elle, se croira-t-elle dégagée de toute obligation? Jouira-t-elle sans une peine secrète de tout ce qui peut lui appartenir, pendant qu'une foule de malheureux languiront dans le besoin, par la faute de l'homme dont elle est la compagne? et n'entendra-t-elle pas, au fond de son cœur, une voix qui lui criera sans cesse : La loi vous rendait votre bien, mais l'honneur vous défendait de l'accepter en totalité; le sacrifice que la loi ne pouvait vous commander, l'humanité devait vous l'inspirer; vous n'avez pas blessé la loi, mais vous avez prouvé que vous êtes dépourvue de sensibilité, et vous ne savez pas saisir les moyens de vous honorer par des actes de bienfaisance.

N'en doutons pas, messieurs, cette voie ne sera pas toujours étouffée; nous verrons encore, j'ose l'assurer, des ames fortes qui, dans un état d'humiliation, sauront se former des titres à la gloire. Heureux les enfants qui, ayant à gémir des fautes d'un père, pourront rappeler avec orgueil la mémoire de celle qui leur donna le jour!

CODE DE COMMERCE.

LIVRE IV.

DE LA JURIDICTION COMMERCIALE.

Décrété le 14 septembre 1807; — Promulgué le 24 du même mois.

TITRES I A IV.

[Articles 615 à 648.]

Exposé des Motifs par M. le Conseiller-d'État Maret.

Séance du 4 septembre 1807.

Messieurs,

Sa Majesté nous a chargés de présenter à votre sanction le livre IV du Code de commerce...... *de la Juridiction commerciale.*

Ce livre traite de l'organisation des tribunaux de commerce, de leur compétence, de la forme de procéder devant eux, de celle de procéder devant les cours d'appel.

L'organisation des tribunaux de commerce diffère peu de ce qu'elle est depuis plusieurs années. Ils auront des présidents, des juges et des suppléants. La fixation du nombre des juges, ainsi que celui des tribunaux, celle des lieux où ils siégeront, n'ont pas paru du domaine de la loi; et en effet, Sa Majesté peut seule bien juger des besoins des localités. Il n'est pas à craindre qu'elle diminue le nombre actuel de ces tribunaux, dont, pour la presque totalité, une existence ancienne justifie le besoin : elle connaît d'ailleurs les services qu'ils ont rendus au commerce; elle compte sur ceux qu'ils lui rendront encore.

Art. 618. — Tout Français faisant le commerce, est actuellement appelé à l'élection des juges; elle sera confiée seulement à des commerçants, chefs des maisons les plus anciennes et les plus recommandables par la probité, l'esprit d'ordre et d'économie. (Art. 619.) Leurs noms seront placés sur une liste de notabilité, rédigée par les préfets, et approuvée par le ministre de l'intérieur. Ce mode doit garantir la continuation des bons choix.

Art. 623. — La question de savoir si les présidents et les juges pouvaient être réélus indéfiniment, a été résolue négativement. La loi dispose qu'ils ne pourront être réélus qu'après un an d'intervalle. On ne s'est pas dissimulé qu'en prononçant ainsi, la loi pourrait quelquefois priver, pendant un an, un tribunal d'un ou plusieurs de ses membres les plus distingués; on ne s'est pas dissimulé qu'un tribunal fort rapproché de nous, où président depuis long-temps la probité et les lumières, pourrait sentir plus vivement cette privation; mais fallait-il mettre tels autres juges également probes et éclairés, dans la position de souffrir d'une non réélection. Car, on ne peut se le taire, si la réélection sans intervalle était permise, tout juge qui ne l'obtiendrait pas, se croirait blessé dans son honneur. Or, la loi doit-elle placer dans cette situation des hommes qui abandonnent leurs affaires personnelles pour se livrer à un service pénible et gratuit? Il a paru d'ailleurs que, si la perpétuité des fonctions, dans les tribunaux civils et criminels était un bienfait pour les justiciables, il était plus dans l'intérêt du commerce, que des commerçants fussent successivement appelés à juger leurs pairs. C'est donc dans l'intérêt du commerce et dans celui des commerçants, appelés par l'estime publique à la fonction de juges, que la loi a prononcé.

Art. 642, 645. — Ce même intérêt réclame des décisions promptes, une exécution rapide; la forme de procéder, tant en première instance qu'en appel, doit être simple : le fait doit être rapporté avec une sorte de naïveté, et, autant que possible, par les parties elles-mêmes, afin que le juge soit plus à portée d'apprécier leur bonne foi. C'est dans cet esprit que les titres III et IV du livre que nous examinons sont rédigés ; que l'art. 33 (647) du titre IV défend aux cours d'appel d'accorder des défenses, ni de surseoir à l'exécution des jugements des tribunaux de commerce, quand même ils seraient attaqués d'incompétence; c'est dans cet esprit, que l'art. 13 (627) de la loi que nous vous présentons interdit le ministère des avoués; disposition que vous avez déjà sanctionnée dans le Code de procédure civile, article 414, mais dont l'art. 13 (627) précité organise l'exécution. C'est dans cet esprit, que l'art. 11 (625) établit, pour la ville de Paris seulement, des gardes du commerce pour l'exécution des jugements emportant la contrainte par corps. La loi ne fait que redonner la vie à un établissement regretté par le commerce de Paris, parce que les gardes procuraient sûreté dans l'exécution, sans employer des formes trop dures.

Art. 631. — L'organisation des tribunaux de commerce, la forme de procéder devant eux, était la partie facile de la loi dont nous vous exposons les motifs. Le titre II, *de la Compétence*, a présenté des questions plus importantes.

Art. 632. — Depuis la publication de l'ordonnance de 1673, mais surtout depuis 1789, le commerce est devenu la profession d'un bien grand nombre de Français; la volonté seule donne le droit de faire le commerce. Tel se livre habituellement au négoce, tel autre ne fait qu'accidentellement des actes qui, sous certains rapports, sont de véritables actes de commerce. — De là, on avait conclu que la compétence des tribunaux de commerce se déterminait par le fait qui donnait lieu à la contestation; que si ce fait était un acte de commerce, celui qui y avait pris part, quelle qu'en fût la cause, quelle que fût sa qualité, était justiciable d'un tribunal de commerce; qu'en définissant les actes de commerce, on réglerait invariablement la compétence des tribunaux de commerce; que, passant ensuite à la reconnaissance des actes de commerce, on devait considérer comme tels.... tous actes de trafic et négoce de denrées et marchandises.... toutes signatures données sur des lettres de change, ou billets à ordre.... toutes entreprises de manufactures, etc., etc.... Ainsi, la compétence aurait été déterminée par le fait seul, sans exception.

L'application rigoureuse de ce principe a paru présenter de graves inconvénients, en ce que tous les Français, faisant des actes de trafic plus ou moins étendus, seraient tous, par ce seul fait, justiciables des tribunaux de commerce.

Par exemple, un magistrat achète des denrées pour le besoin de sa maison; quelques circonstances le déterminent à en vendre une partie. D'après le principe que le fait détermine la compétence, comme dans l'espèce, il y a eu achat et vente, et conséquemment trafic de denrées : le jugement des contestations nées sur la vente faite par le magistrat, appartiendrait au tribunal de commerce; cependant, en soi, l'acte de ce magistrat n'est pas un véritable acte commercial; c'est un acte civil qui, en cas de contestation, doit conduire les contractants devant les tribunaux civils.

La loi n'a donc pu admettre le principe dans sa généralité, mais elle a dû considérer que le Français non négociant, que celui exerçant une profession civile ou militaire, que le capitaliste qui achète des marchandises ou des denrées au-delà de ses véritables besoins, fait alors un acte commercial de sa nature, puisque la quantité de la chose achetée prouve l'intention de la revendre, ce qui constitue le trafic. Cependant il n'y a encore que présomption; le fait qu'il a acheté au-delà de ses véritables besoins, n'est pas reconnu; la loi a dû réputer ce marché, acte de commerce, et laisser aux juges l'examen du fait et les conséquences à en tirer.

Mais si la loi a dû dire, tel acte est réputé fait de commerce, n'en est-il pas tels autres qui le sont si évidemment, qu'il n'y a point d'examen à faire pour les qualifier?... Oui, sans doute; mais c'est en considérant, comme le fait la loi, la qualité des personnes qui ont contracté....

Et en effet, il est constant que les engagements et transactions entre négociants, marchands et banquiers, sont des actes positifs de commerce, à moins qu'il ne s'agisse de denrées et marchandises achetées pour leur usage particulier; car, dans ce dernier cas, ce n'est plus comme négociants qu'ils ont contracté, mais comme citoyens.

Il suit de ces considérations, que la compétence des tribunaux de commerce a dû être déterminée, soit par la nature de l'acte sur lequel il y aura contestation, soit par la qualité de la personne.

ART. 631. — Ainsi, les tribunaux de commerce connaîtront.... de toutes contestations relatives aux engagements et transactions entre négociants, marchands et banquiers.... Entre toutes personnes, des contestations relatives aux actes de commerce... et la loi définit ce qu'elle répute acte de commerce.

Il serait superflu de vous entretenir, avec détail, de ces définitions comprises aux art. 632 et 633 de la loi; leur clarté paraît devoir nous en dispenser, et nous passons aux dispositions des articles 636 et 637, qui ont des rapports avec ce que dit l'article 18 sur la lettre de change.

Nous sommes obligés de rappeler l'article 112 du livre I.er du Code de commerce, il porte : « Sont réputées simples promesses toutes lettres « de change contenant supposition, soit de « nom, soit de qualité, soit de domicile, soit « des lieux d'où elles *sont* tirées, ou dans les- « quels elles *sont* payables. » Les motifs de cet article sont... que certaines circonstances changent la nature de l'engagement souscrit *sous le titre de lettres de change*, qu'alors il n'est qu'une obligation civile, dont l'examen appartient aux tribunaux civils; conséquemment, l'article 636 dispose que, sur la réquisition du défendeur, le tribunal de commerce sera tenu de renvoyer au tribunal civil.

Mais il peut arriver que la lettre de change, réputée simple promesse aux termes de l'article 112, porte, en même temps, des signatures d'individus négociants et d'individus non négociants; l'article 637 veut alors que le tribunal de commerce en connaisse, mais qu'il ne puisse prononcer la contrainte par corps contre les individus non négociants, à moins qu'ils ne se soient engagés à l'occasion d'opérations de commerce, trafic, change, banque ou courtage. Dans ce second cas, il y a, sauf celui d'engagement commercial, obligation civile de la part du signataire non négociant, et obligation commerciale de la part du signataire négociant; celui-ci a paru devoir entraîner l'autre devant les juges de commerce.

Les mêmes articles 636 et 637, dont nous venons de rapporter des obligations relatives aux lettres de change réputées simples promesses, règlent encore la compétence des tribunaux de commerce, en ce qui concerne les billets à ordre.

On demandait que le billet à ordre fût, en tout, assimilé à la lettre de change, et pour la juridiction, et pour la contrainte par corps, quels qu'en fussent les signataires....

Après de longues discussions, les raisons, en faveur de cette opinion, ont paru plus spécieuses que justes, et, conséquemment aux principes suivis pour le réglement de la compétence des tribunaux de commerce, l'on s'est arrêté aux principes suivants.

ART. 636. — Le billet à ordre portant des signatures d'individus non négociants, et n'ayant pas pour occasion des opérations de commerce; trafic, change, banque ou courtage, est une obligation civile qui ne peut être soumise aux tribunaux de commerce.

ART. 637. — Le billet à ordre portant, en même temps, des signatures d'individus négociants et d'individus non négociants, est, tout à la fois, une obligation civile pour les uns, et une obligation commerciale pour les autres; l'intérêt du commerce veut, dans ce cas, que les tribunaux de commerce en connaissent. Mais il ne faut pas qu'ils puissent prononcer la contrainte par corps contre les individus non négociants, à moins qu'ils ne se soient engagés à l'occasion d'opérations de commerce, trafic, change, banque ou courtage.

L'application de ces principes accorde au commerce tout ce que son intérêt, bien entendu, exigeait de la loi.... Aller au-delà, c'était mettre les individus non négociants dans le cas de ne pouvoir plus se servir d'un papier qui, avec un usage modéré, peut leur être utile dans leurs transactions sociales.... Aller au-delà, c'était étendre la faculté de se soumettre à la contrainte par corps, quand il est dans l'intérêt de l'état et dans nos mœurs qu'elle soit limitée.... Enfin, cette faculté eût fait prendre une autre direction aux emprunts pour affaires civiles, direction contraire à l'intérêt des familles, en ce qu'elle eût offert plus de facilités pour mobiliser les fortunes immobilières.

C'est donc par des considérations d'ordre public que la loi a refusé d'assimiler, en tout, le billet à ordre à la lettre de change; mais, en même temps, elle a su ménager l'intérêt particulier du commerce; il a toujours été le but que nous avons tâché d'atteindre.

Aussi, c'est dans cet intérêt que la loi dispose, art. 639, que les tribunaux de commerce jugeront, en dernier ressort, toutes les demandes dont le principal n'excédera pas la valeur de mille francs, ainsi que toutes celles où les parties justiciables de ces tribunaux auront déclaré vouloir être jugées définitivement et sans appel.

Art. 635. — C'est dans cet intérêt, que la loi accorde aux tribunaux de commerce une action fort étendue dans les faillites, le jugement des oppositions au concordat lorsque les moyens de l'opposant seront fondés sur des actes ou opérations dont la connaissance leur est attribuée, l'homologation du traité entre le failli et ses créanciers.

Art. 634. — C'est dans cet intérêt, que les tribunaux de commerce connaîtront des actions contre les facteurs, commis des marchands ou leurs serviteurs, pour le fait seulement du trafic du marchand auquel ils sont attachés; qu'ils connaîtront des billets faits par les receveurs, payeurs, percepteurs et autres comptables des deniers publics.

Art. 638. — C'est enfin dans cet intérêt, que les billets souscrits par un commerçant sont censés faits pour son commerce, et que ceux des receveurs, payeurs, percepteurs et autres comptables de deniers publics, sont censés faits pour leur gestion, lorsqu'une autre cause n'y est point énoncée.

Il nous reste à vous entretenir, messieurs, de la disposition de la loi qui excepte de la compétence des tribunaux de commerce les actions intentées contre un propriétaire, cultivateur ou vigneron, pour vente de denrées provenant de son crû; elle se justifie d'elle-même, car il est évident que ces ventes ne sont point assimilables à celles que fait un commerçant.

Exposé des Motifs de la Loi portant fixation de l'époque à laquelle le Code de Commerce sera exécuté, présenté au Corps Législatif, par M. le Conseiller-d'Etat Corvetto.

Séance du 8 septembre 1807.

Messieurs,

Le Code de Commerce s'élève à côté du Code Napoléon : de nouveaux bienfaits vont se répandre sur la France. Pendant que la victoire marchait sous les aigles françaises aux bords de la Vistule étonnée, la législation commerciale recevait en silence des améliorations que l'expérience avait indiquées.

Le commerce va prendre une nouvelle direction : les lois seront en harmonie avec ses besoins, avec ses habitudes, avec ses véritables intérêts : ces lois seront simples et faciles ; elles ne déploieront de sévérité que contre la fraude ; elles préviendront l'imprudence, elles corrigeront l'inconduite, elles soulageront le malheur. Le scandale insultant des faillites ne révoltera plus l'homme juste et sensible. Les transactions commerciales reposeront sous l'égide de la bonne foi et sous la garantie des tribunaux éclairés, qui honoreront eux-mêmes le commerce. L'artisan industrieux dans son atelier, l'honnête commerçant au milieu de ses sages combinaisons, le navigateur intrépide, du sein même des tempêtes, béniront le nom auguste et chéri du grand homme qui, après avoir recomposé et vengé la patrie, lui prépare toutes les sources d'une prospérité permanente, qui ne connaît de repos que dans un changement de travail, et dont le bonheur ne se compose que de la félicité de son peuple !

Mais il est temps, messieurs, d'accélérer ces bienfaits. Sa Majesté a pensé que le premier jour de l'année qui s'avance doit être signalé par l'époque de l'exécution du Code de Commerce.

Le temps n'est pas loin, sans doute, où la victoire ou la paix rouvriront les mers aux nations et ses routes ordinaires au commerce. Le Code que vous aurez adopté deviendra alors le droit commun de l'Europe.

Associé depuis long-temps aux travaux pacifiques du plus grand des princes, vous vous empresserez sans doute d'élever ce nouveau monument à sa gloire : et quelle récompense que de pouvoir vous dire à vous-mêmes : Nous avons contribué au bien de la patrie sous les auspices de Napoléon !

FIN DU CODE DE COMMERCE.

CODE D'INSTRUCTION CRIMINELLE.

LIVRE Ier.

DE LA POLICE JUDICIAIRE, ET DES OFFICIERS QUI L'EXERCENT.

Décrété le 17 novembre 1808 ; — Promulgué le 27 du même mois.

CHAPITRES I A IX.

[ARTICLES 1 à 136.]

EXPOSÉ DES MOTIFS par M. le Conseiller-d'Etat TREILHARD.

Séance du 7 novembre 1808.

MESSIEURS,

Vous êtes appelés par SA MAJESTÉ IMPÉRIALE à donner au Peuple Français, dans le cours de votre session, un Code d'instruction criminelle, et nous vous en présentons le premier livre.

Il ne suffit pas que nos lois sur l'instruction publique fassent espérer une grande amélioration, en préparant le développement des vertus et des talents que la nature a placés dans nos ames; des réglements sages dirigeront, il est vrai, les premiers pas d'un citoyen dans la ligne de ses devoirs; il apprendra de bonne heure cette grande vérité, qu'il n'est pas, pour ceux qui s'écartent de cette ligne, de vraie prospérité ni de bonheur durable.

Mais lorsque les barrières qui doivent nous séparer du crime sont une fois rompues, il faut bien qu'on se saisisse des méchants pour les ramener à l'ordre, s'il est possible, ou pour effrayer, par l'exemple de leur punition, tous ceux qui seraient tentés de les imiter.

Voilà, messieurs, l'objet des lois criminelles: ils seraient imparfaits, ces monuments de législation que SA MAJESTÉ élève à la raison et à la philosophie pour le bonheur de l'humanité, si l'on n'y trouvait pas des moyens de répression contre les pervers.

Constater les atteintes portées à l'ordre social, convaincre les coupables, appliquer les peines, voilà le devoir du magistrat.

Le devoir du législateur est de tracer au magistrat des règles sûres qui le mèneront promptement à la connaissance des faits.

Le législateur établira ensuite contre chaque espèce de crimes et de délits, des peines proportionnées, des peines justes, des peines suffisamment réprimantes, et jamais atroces.

C'est ainsi que le Peuple Français pourra s'honorer de deux Codes, qui, réunis, formeront l'ensemble du Code criminel.

Nous ne nous occupons, quant à présent, que du premier, du Code d'instruction.

Est-il nécessaire d'observer que la marche d'une instruction criminelle est d'une toute autre importance que celle d'une procédure civile? Ici, deux citoyens se présentent à la justice pour un objet qui n'intéresse qu'eux : l'un expose sa demande, l'autre sa défense;

ils produisent leurs titres, et le juge prononce.

En matière criminelle, ce n'est pas contre un citoyen isolé qu'il faut se défendre : c'est le corps social qui est la véritable partie; c'est la société entière, blessée par l'infraction de la paix et de la sûreté publique, qui presse le jugement et la condamnation d'un coupable.

En matière civile, la partie publique est toujours muète; ou si elle se montre, c'est pour l'avantage de quelques citoyens que leur âge, leur faiblesse ou leur absence mettent dans l'impossibilité d'agir; ou pour l'intérêt de quelque administration, ou pour l'observation de quelques formes, utiles sans doute, mais presque toujours relatives à des intérêts particuliers. Mais en matière criminelle, le ministère de la partie publique est toujours forcé; elle recherche, elle poursuit, elle requiert; chaque pas dans la procédure est, pour ainsi dire, un acte du magistrat.

Ce n'est pas ici une portion seulement de la fortune du citoyen qui est en péril, c'est toute son existence; c'est sa *vie*, c'est son honneur qui répondent à la société de la réparation qui lui est due; et l'erreur du magistrat ferait toujours une vaste plaie à l'ordre public, soit en frappant un innocent, soit en déchaînant un coupable.

Si une mûre discussion a dû préparer le Code de procédure civile que vous avez sanctionné, quelle réflexion profonde, quelle attention religieuse n'a-t-on pas dû porter dans la rédaction d'un Code d'instruction criminelle?

Les lois dont il est composé ont toutes pour objet, ou la marche de la procédure, ou le jugement, ou l'exécution.

A qui sera confiée l'instruction? quelle est l'autorité qui prononcera?

Déjà se présente à vos esprits la grande distinction du fait et du droit; aurons-nous des personnes particulièrement et uniquement chargées de prononcer sur le fait? Cette faculté sera-t-elle déléguée à des citoyens choisis parmi les plus éclairés et les plus probes, à des citoyens fortement intéressés au maintien de la société, par les avantages qu'ils en retirent, à des citoyens enfin dont la moralité notoire pourra garantir aux accusés cette attention bienfaisante et soutenue que chacun réclamerait pour soi-même, dans l'état pénible d'une accusation?

Si le jury ne pouvait être dégagé des vices dont il fut souillé à des époques funestes (encore trop près de nous, si nous ne calculons que les jours, mais qui sont à mille siècles si nous considérons les événements), cette institution devrait être proscrite.

Mais si nous n'avons pas oublié qu'elle fut provoquée par le vœu national; si nous nous rappelons les effets salutaires qu'elle produisit jusqu'à l'époque où nos agitations intestines en corrompirent le principe; si nous ne voulons pas nous dissimuler qu'aucune institution n'échappa à l'influence fatale qui dénatura le jury; enfin, si nous sommes convaincus, comme nous devons l'être, que le corps social est entièrement dégagé de l'atmosphère impure qui l'enveloppait; si nous voyons dans toutes les parties se dissiper entièrement l'éclipse des principes d'ordre et de justice, il sera difficile aux personnes qui réfléchissent de renoncer à l'institution du jury. Hé! pourquoi ne verrions-nous pas reluire l'éclat des premiers jours de cet établissement? La nation française est-elle aujourd'hui moins jalouse de sa liberté civile? Le sang d'un citoyen est-il moins précieux? La haine du crime est-elle moins fortement gravée dans nos ames? Sommes-nous moins disposés à acheter par le sacrifice de quelques instants, dans le cours de la vie, un bien dont nous nous montrâmes si jaloux? Aimons-nous moins un gouvernement dont nous éprouvons tous les jours la sagesse? et lorsque le génie qui a porté la gloire du nom français jusqu'aux extrémités de la terre, propose de confier la sûreté du peuple et le sort des générations futures à l'institution du jury, lorsque les regards et les bienfaits du souverain doivent se fixer sur les citoyens qui en auront dignement rempli les fonctions, qui de nous pourrait s'y porter avec dégoût ou avec tiédeur?

Il faut, il faut sans doute, des réformes salutaires dans la pratique actuelle de cette institution. On a dû circonscrire le cercle dans lequel les jurés seraient choisis, afin de garantir de bons choix à la nation; il a fallu assurer aux citoyens une faculté d'exercer des récusations qui ne seraient pas illusoires, et trouver un mode qui ne donnât pas aux accusés une connaissance prématurée de leurs jurés; il était convenable de prévenir, par une organisation sagement combinée, l'appel trop fréquent d'une même personne. Ce n'est pas un état d[illegible]uré qu'on a dû créer, et l'exercice répété de cette honorable fonction aurait le double inconvénient d'affaiblir par l'habitude cette vénération profonde dont le juré doit être pénétré quand il pose le pied dans le sanctuaire, et de lui devenir onéreuse en l'enlevant trop souvent à ses occupations habituelles. Enfin, en interrogeant la conscience du jury, il ne faut exiger d'elle qu'une réponse simple, dégagée de toutes formes, inspirée par la force d'une profonde conviction.

L'expérience dictait ce qu'on a dû faire et ce qu'on a fait. Qu'on cesse actuellement de nous répéter que les jurés sont dépourvus de la connaissance du droit et des formes judiciaires! Hé! quel besoin les jurés ont-ils de connaître le droit et les formes? Est-ce aux jurés qu'est confiée l'observation des formes et des lois? Ils auront, pour prononcer sur un fait, des qualités bien plus précieuses; la justesse d'esprit, la droiture du cœur, et la connaissance du monde.

Ils porteront toujours cette attention profonde et salutaire qui ne manque jamais dans l'exercice d'une fonction auguste, quand on la remplit rarement; ils seront pénétrés d'un religieux respect pour le malheur (car jusqu'au moment de la condamnation il n'y a pas de coupable reconnu), respect qui s'affaiblit sensiblement quand on a tous les jours devant soi le spectacle de l'infortune : surtout ils n'auront pas contracté une certaine insensibilité dont on a tant de peine à se défendre pour des maux dont on est habituellement le témoin. Au reste, messieurs, on a dit depuis long-temps tout ce qu'on pouvait dire pour et contre l'institution du jury; et la loi sur cette matière vous sera bientôt présentée par un orateur aux talents duquel vous avez déjà plusieurs fois applaudi.

En maintenant le jury on n'a pas dû renoncer à une autre institution, dont l'expérience de plusieurs années a fait connaître la nécessité, je veux parler des tribunaux spéciaux, établis pour certains crimes dont la poursuite ne peut être trop active, le jugement trop prompt et la punition trop exemplaire; et contre certaines personnes qui, loin de présenter à la société le moindre gage, sont déjà d'avance signalées comme ses fléaux : aussi votre sagesse a-t-elle déjà sanctionné une première fois cet établissement.

La marche générale de l'instruction ne pourrait pas s'appliquer à toutes les espèces de crimes, ni à toutes les circonstances qui se présentent dans le cours d'une affaire; on a dû y pourvoir. Le Code offrira des règles appropriées à l'instruction du crime de faux, espèce de crime qui attaque si désastreusement la fortune publique et les fortunes particulières, qui se fabrique dans l'ombre, dont les auteurs se cachent avec un art si perfide, et dont la conviction ne s'opère qu'à l'aide de toute la sagacité et de toute l'expérience des gens de l'art chargés des vérifications et des comparaisons.

Vous trouverez aussi, messieurs, dans la suite des lois qui vous seront présentées, une forme d'instruction pour les contumaces, un mode de suppléer aux minutes des arrêts rendus en matière criminelle, et des autres pièces enlevées ou détruites par des causes extraordinaires, et une manière de constater l'identité des individus condamnés, évadés et repris.

Vous pensez bien que nous n'aurons [illegible] oublié [illegible] pour parvenir à un réglement de juges, ou pour obtenir un renvoi à un autre tribunal; deux ressources que la loi réserve aux citoyens, ou pour calmer des inquiétudes légitimes, ou pour fixer tous les doutes sur la compétence des magistrats.

Vous trouverez aussi, messieurs, dans la suite du travail, la manière de se pourvoir contre les arrêts rendus en matière criminelle, soit par la voie de la cassation pour l'inobservation des formes rigoureusement prescrites à peine de nullité, ou pour les contraventions expresses à la loi, soit par la voie de la revision dans quelques cas, heureusement très-rares, comme, par exemple, celui d'un condamné pour meurtre d'un homme qui se représente.

Enfin, messieurs, il est une classe de citoyens qui mérite l'attention spéciale du législateur dont la conduite doit être plus exempte de reproches, en raison de ce qu'ils sont eux-mêmes chargés de faire observer les lois, je parle des juges. Il faut les garantir des passions qui peuvent se soulever contre eux, souvent peut-être parce qu'ils auront rempli des devoirs austères, et il faut aussi garantir à la société que leurs fautes ne resteront pas impunies; la loi indique un mode d'instruction des délits par eux commis dans l'exercice et hors l'exercice de leurs fonctions.

Je n'entrerai pas dans d'autres détails; tout ce que je peux dire, c'est que le Code d'instruction criminelle sera complet. Les citoyens y trouveront une marche fixe dans toutes les circonstances, et les magistrats une règle sûre pour toute leur conduite.

Une dernière loi aura pour objet quelques points d'intérêt public et d'utilité générale. Là se trouveront les règles sur la réhabilitation des condamnés.

La réhabilitation! A ce mot votre ame commence à respirer.

C'est un devoir bien pénible, c'est un cruel ministère que celui de poursuivre des accusés et de condamner des coupables : toujours sous les yeux la prison, les fers, la mort!

Il faut bien semer quelques consolations sur cette triste perspective.

L'homme condamné à la réclusion, ou aux travaux forcés à temps, serait-il donc perdu pour toujours pour la société? N'existe-t-il aucun moyen de le rappeler à ses devoirs? Est-il absolument impossible d'effacer de son front la tache d'infamie dont il est couvert? et ne peut-on pas le recréer encore pour la vertu?

Elle est difficile cette métamorphose, j'en conviens; mais ne repoussons cependant pas tout espoir.

L'ordre qui doit régner dans les maisons de force peut contribuer puissamment à régénérer les condamnés. Les vices de l'éducation, la contagion des mauvais exemples, l'oisiveté, l'oisiveté! proclamée avec tant de raison la mère de tous les vices, ont enfanté tous les crimes.

Hé bien! essayons de fermer ces sources de corruption; que les règles d'une morale saine soient constamment pratiquées dans les maisons de force; qu'obligés à un travail qu'ils finiront par aimer quand ils en recueilleront le fruit, les condamnés y contractent l'habitude, le goût et le besoin de l'occupation; qu'ils se donnent respectivement l'exemple d'une vie laborieuse, elle deviendra bientôt une vie pure; bientôt aussi ils commenceront à connaître le regret du passé, premier avant-coureur de l'amour des devoirs.

Et ne croyez pas, messieurs, que je me livre en ce moment à de vaines illusions. Il existe déjà l'établissement que je désire, il existe sous nos yeux; il n'est heureusement pas le seul de ce genre sur la surface de l'empire. Encore quelques jours, et l'organisation de toutes les maisons de force sera parfaite; le bien s'opère aujourd'hui avec la rapidité de l'éclair. Ainsi les condamnés auront trouvé, dans un séjour de deuil et de misère, la source des biens les plus solides, l'habitude du travail et le talent d'une profession.

Ils sortiront, après avoir subi leur peine, non plus comme autrefois, sans ressource, livrés à la plus triste indigence, abandonnés sur le penchant de ce précipice dont ils venaient de sortir; mais avec le fonds d'un pécule réservé sur les produits de leur industrie, et en état du moins de pourvoir aux besoins les plus pressants.

C'est déjà un grand pas vers la vertu; mais cet homme, dans son état de régénération, pourra-t-il soutenir l'idée accablante de sa proscription perpétuelle? Comment parviendra-t-il à aspirer à sa propre estime, s'il est toujours sous le poids de la honte et de l'infamie?

Vous lui auriez fait connaître, vous lui auriez fait aimer la vertu, et vous le retiendriez à jamais dans la société sous le costume du crime! Ah! s'il est repentant en effet, la mort, la mort serait moins cruelle pour lui.

Sans doute on ne vous proposera pas d'effacer la tache dont il est couvert, sans qu'il ait subi les épreuves qui donneront une pleine garantie de son changement; mais lorsque cette garantie sera entière, vous ne refuserez certainement pas, messieurs, de le rendre à sa famille, à ses concitoyens, tel qu'il était avant sa chûte.

C'est l'objet de la réhabilitation : les bienfaits de cette loi vous seront développés dans la suite bien mieux que je ne pourrais le faire.

J'ai cru, messieurs, que l'exposition particulière de chaque loi, dont le Code d'instruction criminelle sera composé, devait être précédée d'un tableau qui vous en présentât l'ensemble.

La première loi, celle que nous vous apportons aujourd'hui, a pour objet la police judiciaire.

Qu'est-ce que la police judiciaire? En quoi diffère-t-elle de la police administrative?

Tant qu'un projet reste enseveli dans le cœur de celui qui le forme, tant qu'aucun acte extérieur, aucun écrit, aucune parole ne l'a manifesté au dehors, il n'est encore qu'une pensée, et personne n'a le droit d'en demander compte.

Il est cependant vrai que des hommes exercés de longue main à surveiller les méchants, et à pénétrer leurs intentions les plus secrètes, préviennent souvent bien des crimes par une prévoyance utile et par des mesures salutaires : voilà l'un des premiers objets de la police administrative, police en quelque manière invisible, mais d'autant plus parfaite qu'elle est plus ignorée, et dont nous jouissons sans songer combien elle coûte de soins et de peines.

La vigilance d'une bonne police ne laisse souvent ni l'espoir du succès, ni la possibilité d'agir au méchant qui la trouve partout, sans la voir nulle part, et qui rugit des obstacles que le hasard semble lui offrir, sans jamais se douter que le hasard prétendu est dirigé par une profonde sagesse.

Un autre résultat d'une bonne police administrative est que l'homme se trouve enveloppé, au premier pas qu'il fait pour consommer son crime. C'est alors l'instant où la police judiciaire peut et doit se montrer : il n'y a pas un moment à perdre; le moindre retard ferait disparaître le coupable et les traces du crime; il faut donc que les agents de la police judiciaire soient répandus sur toute la surface de l'empire, et que leur activité jamais ne se ralentisse.

La loi que nous vous présentons déterminera avec précision l'espèce et les devoirs de chacun de ces agens, vous y trouverez la marche calculée de l'instruction, jusqu'au moment où les citoyens inculpés sont renvoyés à la cour ou au tribunal qui doit s'occuper de leur sort.

Art., 1, 2, 3, 4. — Mais, avant d'aller plus loin, jobserverai qu'un petit nombre d'articles préliminaires présentent quelques dispositions générales qu'on n'a pas dû omettre, encore qu'elles soient universellement reconnues; elles ont pour objet l'exercice, soit de l'action publique pour l'application des peines, soit de l'action particulière et civile pour la réparation des dommages reçus.

Sans m'arrêter sur des points qui ne sont susceptibles d'aucune difficulté sérieuse, je fixerai seulement votre attention sur les dispositions des art. 5, 6 et 7 de la loi.

L'article 5 veut que tout Français qui se sera rendu coupable, hors du territoire de France, d'un crime attentatoire à la sûreté de l'Etat, de la contrefaction du sceau de l'Etat, de monnaies nationales ayant cours, de papiers nationaux ou billets de banque autorisés par la loi, puisse être poursuivi, jugé et puni en France, d'après les dispositions des lois françaises.

L'article 6 applique la même disposition aux étrangers qui, auteurs ou complices des mêmes crimes, seraient arrêtés en France, ou dont le gouvernement obtiendrait l'extradition.

L'article 7 porte que tout Français qui se sera rendu coupable, hors du territoire de l'Empire d'un crime contre un Français, pourra, à son retour en France, y être poursuivi et jugé, s'il n'a pas été poursuivi et jugé en pays étranger.

Ces articles n'ont été adoptés qu'après une longue et profonde discussion dans laquelle je ne crois pas devoir entrer en ce moment.

Sans doute la règle générale en cette matière, est que le droit de poursuivre un crime n'appartient qu'au magistrat du territoire sur lequel il a été commis, ou du territoire sur lequel le crime s'est prolongé.

Mais il est des attentats, tels que ceux énoncés en l'article 6, qui attaquent la sûreté et l'essence même de tous les états, dont l'intérêt commun des nations doit provoquer la poursuite, lorsque le coupable a l'audace de se montrer dans le sein du gouvernement qu'il a voulu détruire.

Quant au Français qui a attenté, hors du territoire de l'Empire, à la vie d'un autre Français, il est évident qu'il a blessé les lois de son pays.

Les dispositions de ces articles sont justes, et certainement très-morales.

Je me hâte de passer aux détails de la loi sur la police judiciaire.

Art. 8. — Les infractions des lois peuvent être plus ou moins graves; les unes blessent les réglements de police simple; d'autres portent atteinte aux dispositions de police correctionnelle, d'autres enfin attentent encore plus directement et plus fortement à la sûreté des citoyens. On les a appelées indifféremment jusqu'ici crimes ou délits, ce qui opérait souvent une confusion qu'il est utile de prévenir pour la suite. Désormais la loi qualifie particulièrement de *crimes* les faits qui emportent contre le coupable une peine afflictive ou infamante; elle qualifie *délits* les faits du ressort de la police correctionnelle, et qui sont punis d'un emprisonnement à temps ou d'une amende. Enfin, l'expression de *contravention* est réservée aux faits de simple police, punissables d'une amende plus légère, ou peu de jours d'emprisonnement.

Art. 9 et 10. — Il faut des agents pour rechercher et constater toutes ces espèces d'atteintes à la loi; il en faut partout, et surtout il faut qu'ils soient actifs, instruits et probes.

Le premier chapitre de la loi indique d'abord l'objet de la police judiciaire; elle recherche les crimes, les délits, les contraventions; elle en rassemble les preuves; elle en livre les auteurs aux tribunaux chargés de les punir.

La loi détermine ensuite les agents et les officiers qui doivent exercer la police judiciaire.

Tous ces agents n'ont pas la même destination.

Art. 11. — Les uns sont chargés de la recherche des contraventions de police; savoir: les commissaires de police, et dans les communes où il n'y en a point, les maires, à leur défaut, les adjoints.

Art. 16. — D'autres sont chargés particulièrement de la recherche des délits forestiers et ruraux: ce sont les gardes-champêtres et forestiers.

Art. 20, 21. — Les juges de paix, les officiers de gendarmerie, les commissaires généraux de police reçoivent les dénonciations des crimes ou délits commis dans les lieux où ils exercent leurs fonctions habituelles; et comme on ne peut trop faciliter aux citoyens les moyens de faire entendre leurs plaintes, on a aussi donné aux maires, adjoints de maires, et aux commissaires de police, le droit de recevoir ces dénonciations.

Art. 22. — C'est dans la main du procureur impérial que se réunissent tous les renseignements recueillis par les autres agents de la police judiciaire. C'est ce magistrat qui est particulièrement chargé de la recherche et de la poursuite de tous les crimes et délits; les autres officiers de la police ne sont que ses auxiliaires.

Art. 45. — Un autre magistrat dirigera l'instruction sur la poursuite et les requisitions du procureur impérial; et déjà vous pouvez juger qu'aucune partie de l'Empire n'est privée de surveillance; qu'aucun crime, aucun délit, aucune contravention, ne doit rester sans poursuite, et que l'œil du génie qui sait tout animer embrasse l'ensemble de cette vaste machine, sans néanmoins que le moindre détail puisse lui échapper.

Les devoirs de tous les officiers dont je viens de parler sont tracés dans les différents chapitres de la loi. Je ne me propose pas de dérouler ici toutes les dispositions qui les concernent; il est nécessaire d'en prendre une lecture réfléchie pour en saisir l'enchaînement.

Art. 10. — Le premier vœu de la loi est que toute infraction des règles soit connue, soit poursuivie, soit jugée; c'est par ce motif que l'exercice de la police judiciaire est confié à un grand nombre de personnes, et c'est aussi dans la même intention qu'on a voulu que des magistrats supérieurs de l'ordre administratif, qu'on ne doit aucunement confondre avec les officiers de police judiciaire, puissent quelquefois requérir l'action des officiers de police, et même faire personnellement quelques actes tendant à constater les crimes.

J'ai déjà observé que la police administrative prévenait beaucoup de maux, en pénétrant les intentions secrètes des méchants: il n'est pas difficile de se convaincre qu'il peut être infiniment urgent de saisir le coupable et les instruments du crime, et qu'un instant perdu serait souvent irréparable; il a donc paru très-utile de donner ce droit aux préfets qui, par des voies administratives, obtiennent quelquefois des lumières dont le fruit pourrait s'évanouir par le retard d'un recours à l'officier de police judiciaire. C'est ainsi qu'on légalise des actes de leur part, qui, jusqu'à ce jour, n'étant considérés que comme de simples renseignements, ne faisaient réellement pas une partie essentielle de la procédure.

L'inconvénient en avait été vivement senti dans plusieurs occasions; la société en sollicitait le remède, et la défense des accusés n'en peut jamais être en aucune manière altérée.

Art. 11. — En donnant aux maires, adjoints de maires et commissaires, la recherche des contraventions de police, on n'a pas manqué de leur faire entendre qu'ils devaient s'attacher dans leurs procès-verbaux à ne laisser échapper rien de ce qui peut constater la nature du fait, ses circonstances, le temps, le lieu, les preuves, les indices à la charge du coupable, ou ceux qui peuvent le justifier.

Art. 12, 13. — On a dû aussi prévenir le refus que pourrait faire le commissaire de police d'un arrondissement, de constater les contraventions commises dans un autre arrondissement de la même commune; ces divisions de territoire ne limitent, ni ne circonscrivent leurs pouvoirs respectifs; et lorsque l'un est empêché, il doit être suppléé par l'autre, car la répression du mal est le premier besoin de la société.

Art. 16. — En traçant les obligations des gardes forestiers et champêtres, on n'a pu se dispenser de leur donner le droit de suivre les choses enlevées dans les lieux où elles auraient été transportées; mais une sage circonspection a exigé qu'il ne leur fût permis de s'introduire dans les maisons et enclos qu'assistés du juge de paix ou du maire.

Art. 48. — Les juges de paix, officiers de gendarmerie et commissaires généraux de police sont établis, comme je l'ai déjà annoncé, pour recevoir les dénonciations de tous les crimes et délits commis dans les lieux où ils exercent leurs fonctions habituelles, et ils sont tenus de les transmettre sans délai au procureur impérial. Mais on a dû étendre leur devoir et leur compétence, dans les cas de flagrant délit; ils ne se bornent pas alors à donner des avis au magistrat; il faut agir sur le-champ. L'apparition subite de l'officier de police judiciaire peut empêcher quelquefois la consommation entière du crime; elle prévient du moins la fuite du coupable et l'enlèvement de toutes les pièces de conviction. Tous les actes que pourrait faire le juge d'instruction dans ce moment, les juges de paix, les officiers de gendarmerie, et les commissaires généraux de police, sont autorisés à les faire. Il a même paru utile, dans les cas de flagrant délit, d'accorder les mêmes droits et d'imposer les mêmes devoirs aux maires et commissaires de police.

J'arrive à un officier de police judiciaire d'un autre ordre, à un officier revêtu d'une confiance bien plus entière et plus intime, à un officier investi d'un tel pouvoir, et jouissant d'une telle influence, que j'oserais presque assurer qu'il ne peut pas être sans reproches, toutes les fois qu'on a droit de se plaindre de l'infraction fréquente de l'ordre public, dans le lieu où il exerce ses fonctions.

Je parle du procureur impérial.

Art. 22. — C'est lui qui est spécialement chargé de la recherche et de la poursuite de tous les crimes et de tous les délits, et qui doit, aussitôt qu'ils sont parvenus à sa connaissance, en instruire le procureur général; car il est, s'il est permis de le dire, l'œil du procureur général, comme le procureur général est l'œil du gouvernement. C'est par le résultat d'une communication active et fidèle du procureur impérial avec le procureur général, et du procureur général avec le ministre de Sa Majesté, que peuvent être connus les abus qui se glissent dans les institutions, la tiédeur qui s'empare des personnes, l'insouciance qu'on peut pardonner à un particulier, mais qui est un vice dans le magistrat; et, si l'on supposait du relâchement, de la faiblesse ou du déguisement dans les communications des procureurs généraux et impériaux, le mal aurait fait d'immenses progrès avant d'éclater, et, sans qu'il y eût aucune crise, on se trouverait tout-à-coup dans un grand état de langueur et tout près de la décrépitude.

Art. 32. — Le ministère du procureur impérial ne se borne pas à la recherche et à la poursuite des crimes; il est aussi chargé de les constater par lui-même, dans les cas de flagrant délit.

Art. 33, 34, 35, 36. — Aussitôt qu'il a l'oreille frappée d'un crime qui se commet actuellement, il doit, sans aucun retard, se transporter sur le lieu, dresser tous les procès-verbaux nécessaires à l'effet de constater le corps du délit, son état, et l'état des lieux. C'est dans ce premier instant surtout, qu'on peut saisir utilement tous les indices; le procureur impérial doit recevoir les déclarations des personnes présentes, ou qui peuvent lui donner quelques renseignements : il appelle les parents, voisins, domestiques, tous ceux enfin qu'il présume en état de lui faire des déclarations utiles; il peut défendre que qui que ce soit sorte de la maison ou s'éloigne du lieu, jusqu'après la clôture du procès-verbal : il saisit tout ce qui peut avoir servi à commettre le crime, ou tout ce qui en est le produit : il peut même se transporter dans le domicile du prévenu pour y faire la perquisition des papiers et autres objets qu'il juge nécessaires à la manifestation de la vérité; enfin, la loi l'investit de tout pouvoir nécessaire pour faire saisir les prévenus, s'ils sont présents, ou pour les faire amener devant lui, s'ils sont absents, et rien de ce qui peut servir à préparer la conviction du coupable ne lui est interdit.

Art. 43. — Je n'ai pas besoin d'observer que la loi a dû établir des formalités qui donneront plus de force et plus de poids aux actes du procureur impérial, et qu'elle enjoint à ce magistrat de se faire assister de gens de l'art, quand leur présence est nécessaire pour apprécier la nature et les circonstances du crime.

Il n'est pas moins superflu de rappeler qu'en

cas d'empêchement, les procureurs impériaux sont remplacés par leurs substituts. Mais je ne peux me dispenser de vous faire remarquer : 1.° que la loi définit ce qu'on doit entendre par ces mots *flagrant délit* (Art. 41.), et qu'il ne pourra plus s'élever à cet égard de doute raisonnable ; (Art. 46.) 2.° que les attributions faites au procureur impérial, en cas de flagrant délit, sont les mêmes dans tous les cas où le chef d'une maison requiert le transport de ce magistrat pour faire constater des crimes commis chez lui ; (Art. 23.) 3.° enfin qu'un article très-précis lève toute incertitude sur la compétence des procureurs impériaux ; la loi déclare également compétents, le procureur impérial du lieu du délit, celui de la résidence du prévenu, et celui du lieu où le prévenu peut être saisi ; cette heureuse concurrence nous autorise à croire que le crime ne restera jamais sans poursuite.

Art. 45. — Le procureur impérial, dans tous les cas, transmet les pièces au juge d'instruction, et requiert de lui tout ce qu'il estime convenable.

Le titre seul de juge d'instruction vous annonce assez les obligations de ce magistrat.

Art. 55. — Ce juge instruit la procédure ; il reçoit les plaintes, entend les témoins, réunit les preuves par écrit, et les pièces de conviction. Il peut refaire ceux des actes, à lui transmis par les officiers de police judiciaire, qui ne lui paraissent pas complets ; enfin il fait son rapport à la chambre du conseil.

Art. 59. — En accordant au procureur impérial le droit de constater personnellement les crimes dans les cas de *flagrant délit*, nous n'avons certainement pas entendu interdire cette faculté au juge d'instruction ; il a, sans contredit, le droit de faire lui-même dans ces cas, tout ce que le procureur impérial ferait en son absence. Aussi a-t-on chargé le procureur impérial de prévenir le juge d'instruction de son transport sur le lieu du crime ; et, si les deux magistrats se réunissent, chacun d'eux se renferme dans sa fonction : l'un requiert, l'autre statue sur les requisitions.

Art. 61. — La première obligation imposée au juge d'instruction, c'est de ne faire aucun acte sans communication préalable au procureur impérial, qui, de son côté, ne peut apporter trop de promptitude dans l'examen de la procédure.

Cette règle générale souffre cependant une exception pour les mandats d'amener, ou de dépôt, qu'il peut être très-urgent de lancer ; le juge d'instruction a cette faculté, sans attendre les conclusions du procureur impérial.

Art. 69. — Une seconde obligation du juge d'instruction est de se hâter, lorsque le délit n'a pas été commis dans son ressort, ou que le prévenu n'y aura pas sa résidence, ou qu'il n'y aura pas été trouvé, de renvoyer l'affaire au juge qui doit en connaître.

Art. 63. — L'instruction se fait sur la poursuite de la partie publique ; mais toute personne qui se prétend lésée, a aussi le droit de rendre plainte, et de se constituer partie civile, en le déclarant formellement, soit dans l'acte même de la plainte, soit par un acte subséquent antérieur au jugement.

Art. 66, 71 et 80. — Vous trouverez, messieurs, dans le chapitre des juges d'instruction, des règles très-détaillées sur les plaintes, sur la manière de se rendre partie civile, sur celle dont les témoins doivent être entendus, sur les serments qu'ils doivent prêter, sur l'obligation de comparaître quand ils sont cités, sur les voies de coaction quand ils font défaut, et sur le transport du juge pour les entendre quand ils sont hors d'état de se présenter. J'indique seulement ces dispositions qui ne peuvent être susceptibles d'aucune difficulté, et qui d'ailleurs ne sont point nouvelles.

Art. 87. — C'est un devoir indispensable du juge d'instruction, de réunir avec le soin le plus scrupuleux, tout ce qui peut tendre à la découverte du coupable ; il devra donc se transporter quand il en sera requis, et même d'office, s'il le juge utile, soit dans la maison de l'inculpé, soit dans tous les autres lieux où pourraient être cachées des pièces propres à manifester la vérité. Enfin le juge d'instruction ne doit absolument rien négliger de ce qui peut tendre au but qu'il doit se proposer.

Il serait impossible d'instruire une procédure criminelle, si le magistrat n'était pas armé du pouvoir de contraindre, soit les inculpés, soit les témoins, à se présenter devant lui quand il le juge nécessaire : il donne à cet effet des actes qu'on appelle mandats.

Art. 91. — On distingue les mandats de comparution, les mandats d'amener, les mandats de dépôt et les mandats d'arrêt ; la loi détermine, autant que possible, les cas où chacun de ces mandats peut être donné, suivant la gravité du fait; elle en règle les formes, ainsi que le mode d'exécution.

Je passe sur ces détails dont la seule lecture fait sentir la sagesse; mais ce que je ne dois pas oublier, c'est de vous faire remarquer qu'on n'a pas négligé d'imposer au magistrat (Art. 93) une obligation stricte d'interroger sans retard tous ceux qui seraient amenés devant lui, en vertu de ces mandats.

Art. 114. — Cependant tout homme contre lequel aurait été lancé un mandat d'arrêt, devra-t-il toujours attendre son jugement dans cet état d'arrestation?

Non, messieurs; et si l'on doit veiller avec sollicitude et pour le bien de la société, à ce que les coupables ne puissent pas échapper, on ne doit pas veiller avec moins de scrupule à ce qu'un citoyen ne soit privé de sa liberté, que lorsqu'on ne peut lui en laisser l'usage sans inconvénient.

Ainsi, lorsque le fait dont il s'agit n'emportera ni peine afflictive, ni peine *infamante*, l'inculpé pourra obtenir sa liberté provisoire en donnant caution (Art. 115); mais cet avantage est entièrement refusé aux vagabonds, et aux repris de justice, parce que leur personne ne présente aucune espèce de garantie.

Art. 114. — La liberté provisoire sera également refusée, toutes les fois qu'il s'agira d'un fait qui emporte peine afflictive ou infamante: c'est surtout dans ces occasions, que l'exemple de la peine infligée est utile à la société; et si l'on admettait ici des libertés provisoires sous caution, il serait bien à craindre que les hommes opulents ne trouvassent toujours le moyen de se soustraire à l'application des peines qu'ils paraissent cependant mériter plus que les autres, parce que, jouissant de tous les avantages de la société, ils étaient plus fortement obligés à ne pas en troubler l'harmonie.

Enfin, l'instruction est complète, le juge a constaté tout ce qu'il était possible de connaître, il a entendu les témoins, réuni toutes les preuves, et mis les prévenus sous la main de la justice.

C'est le moment de décider s'il y a lieu ou non à accusation, et de saisir de l'affaire une autorité compétente pour en connaître.

Art. 127. — Nous ne pouvons le dissimuler, messieurs, le jury d'accusation, tel qu'il existe, n'a pas répondu aux espérances qu'on avait conçues de cet établissement; trop souvent une poursuite qu'on n'aurait pas dû interrompre fut étouffée par une déclaration indulgente et peu réfléchie. Le remède qu'on a cherché quelquefois à opposer au mal n'est pas lui-même sans inconvénients; les plaintes à cet égard se sont fait entendre plusieurs fois; il a donc paru indispensable d'organiser autrement cette partie. Les mêmes hommes, qui, témoins d'une instruction complète, donnent un bon résultat de leur profonde conviction, ne sont pas toujours aussi propres à décider sur un premier aperçu (nécessairement incomplet, puisqu'on n'a sous les yeux ni les accusés, ni les témoins), s'il y a lieu ou non à mettre en accusation.

Le jury de jugement manifeste ce qu'il sent fortement, d'après une connaissance entière du fait; le jury d'accusation, au contraire, doit raisonner sur ce qu'il connaît pour former une présomption sur ce qui est encore inconnu: ce calcul étonne des hommes qui n'y sont pas exercés; et dans cet embarras, la balance entre l'accusateur et l'accusé n'est pas toujours tenue d'une main bien sûre. Il faut donc, en plaçant ailleurs le droit de déclarer s'il y a ou non lieu à accusation, mettre également à couvert l'intérêt social et l'intérêt individuel de l'accusé.

Vous pensez bien, messieurs, qu'une question aussi importante a mérité l'attention de Sa Majesté, et c'est déjà le plus fort des préjugés pour la manière dont elle a été résolue.

Le juge d'instruction a dû porter dans sa marche toute l'activité compatible avec le devoir de ne rien négliger de ce qu'il peut être utile d'approndir.

La loi l'oblige ensuite à faire, au moins une fois par semaine, un rapport à la chambre du conseil, des affaires dont l'instruction est achevée.

Art. 128. — Il arrivera peut-être quelquefois que le fait bien vérifié ne présentera ni crime, ni délit, ni contravention; si telle est l'opinion des juges, la chambre déclarera qu'il n'y a pas lieu à poursuite, et ordonnera que l'inculpé, s'il avait été arrêté, sera mis en liberté.

Art. 129. — Lorsque le fait ne présentera qu'une simple contravention de police, l'inculpé sera renvoyé au tribunal de police simple, et sa liberté sera pareillement ordonnée, s'il est détenu.

Art. 130. — Si le délit est de nature à être

puni par des peines correctionnelles, le prévenu sera renvoyé au tribunal qui doit en connaître.

Mais aurait-on dû laisser encore la société exposée aux suites d'une déclaration hasardée qui arrêterait la poursuite d'un crime bien réel, sous la fausse supposition que le fait ne présente ni crime, ni délit, ni contravention, ou parce qu'on penserait qu'il est uniquement du ressort des tribunaux de la police, ou simple ou correctionnelle.

Non, messieurs, et nous en avons dû prévenir ce malheur, car c'est un malheur sans doute que l'impunité d'un crime.

Art. 133. — La chambre du conseil, lorsque le juge d'instruction fait son rapport, doit être composée au moins de trois juges, y compris le rapporteur. Si un seul de ces juges, quelle que puisse être l'opinion des autres, estime que le fait est de nature à être puni de peines afflictives ou infamantes, et que la prévention contre l'inculpé est suffisamment établie, les pièces seront transmises au procureur-général de la cour impériale, déjà instruit de l'affaire par la connaissance que le procureur impérial a dû lui en donner dans le principe; dans ce cas, il est procédé à un nouvel examen, dont les règles font la matière d'une autre loi.

Art. 135. — D'un autre côté, le procureur impérial, toujours partie dans ces sortes d'affaires, aura le droit, lorsqu'il ne partagera pas l'opinion, même unanime, des juges, de s'opposer à l'ordonnance qui mettrait l'inculpé en liberté.

Art. 136. — Ce droit accordé à la partie publique, on n'a pas dû le refuser à la partie civile qui peut aussi former son opposition à ses risques et périls; dans tous les cas d'opposition, les pièces sont encore nécessairement transmises au procureur général, et l'affaire est soumise à une révision.

Vous verrez, messieurs, dans un autre projet de loi, avec quelle sagesse on a préparé un examen rigoureux, mais prompt; et comme on a pourvu à ce que la partie publique, la partie civile et l'inculpé fissent parvenir leurs réclamations, sans que la désision fût aucunement retardée.

Ces détails ne font pas partie du projet que nous sommes chargés de vous présenter; nous devons nous arrêter au moment où l'affaire parvient à la cour impériale.

Daignez, messieurs, saisir l'ensemble de la marche que nous avons suivie; au premier aspect, elle peut paraître compliquée; dans la réalité elle est bien simple.

Des officiers de police judiciaire, répandus sur toute la surface de l'Empire, veillent sans cesse pour la répression des crimes, des délits et des contraventions; ils constatent les faits, chacun dans sa partie; le procureur impérial est le centre où tout vient aboutir.

Le juge d'instruction réunit toutes les preuves, de quelque nature qu'elles puissent être, et soumet l'affaire à la chambre du conseil.

Enfin s'élève au-dessus des premiers tribunaux, un corps de magistrature fortement constitué, inaccessible à la séduction et à la crainte, éloigné de tous les motifs de considérations locales qui ont pu égarer les premiers magistrats. C'est là que se formera la déclaration importante, s'il y a lieu à accusation.

Je ne crois pas, messieurs, qu'il fût possible de réunir plus de garantie pour la sûreté publique et pour la sûreté particulière. Sans doute nous ne nous flattons pas d'avoir créé une institution dégagée de la possibilité de tout abus; mais nous les avons prévenus autant qu'il a été en nous; et, je dois le dire, nous avons été parfaitement secondés par votre commission législative. Puissiez-vous trouver que nous avons atteint le degré de perfection auquel il est permis à la faible humanité de prétendre!

CODE D'INSTRUCTION CRIMINELLE.

LIVRE II.

DE LA JUSTICE.

TITRE Ier.

Des Tribunaux de Police.

Décrété le 15 novembre 1808; — Promulgué le 29 du même mois.

[ARTICLES 137 à 216.]

EXPOSÉ DES MOTIFS par M. le Conseiller-d'État TREILHARD.

Séance du 9 novembre 1807.

MESSIEURS,

Le premier livre du Code d'instruction criminelle qui vous est actuellement soumis, pourvoit sagement à ce qu'aucun crime, aucun délit, aucune contravention, ne restent sans poursuite.

Lorsque les officiers de police judiciaire, établis par la loi, auront rempli toutes les obligations dont ils sont tenus, lorsque la nature du fait, objet d'une plainte, sera constatée, et que toutes les pièces de conviction ou de décharge seront réunies, lorsque le juge d'instruction aura fait son rapport, les personnes inculpées passeront des mains de la police judiciaire dans celles de la justice.

Vous le savez, messieurs, la société n'est pas également blessée par tous les actes qui en troublent l'harmonie : il en est qui offrent de grands attentats à la sûreté et à la propriété, premières bases de tout bon gouvernement; des cours sont établies pour en connaître : le débat public et solennel qui doit précéder leurs arrêts, en garantira d'avance la justice.

Mais des faits moins graves doivent être réprimés avec moins d'appareil, par des peines moins sévères et avec des formes moins lentes; cette tâche est déléguée aux tribunaux de police.

Sans doute, tout acte qui trouble l'ordre public est attentatoire à la police d'un gouvernement; car ce mot *police*, dans son acception générale, renferme tout ce qui sert de fondement et de règle à la société; ce mot est employé aussi pour désigner plus particulièrement des manquements moins graves, mais plus fréquents, qui ne compromettent pas la vie des citoyens, mais qui blessent sensiblement la paix dont ils doivent jouir, qui ne renversent pas toujours leur fortune, mais qui en altèrent la jouissance.

C'est dans cette dernière acception qu'il faut prendre le mot *police*, quand on parle des tribunaux de police, soit simple, soit correctionnelle.

Les faits de police attaquent en général les personnes, par des insultes, par des violences, par des imprudences, par des négligences à exécuter les réglements; les propriétés, par des dégâts, par des escroqueries, par des refus d'un service dans des temps calamiteux; la tranquillité publique, par la mendicité, par des attroupements : si ces faits ne se trouvent pas accompagnés de circonstances qui caractérisent des crimes, ils ne sont réprimés que par des emprisonnements ou par des amendes, et quelquefois par l'une et l'autre de ces peines. Au reste, vous sentez, messieurs, que je n'ai pas prétendu faire l'énumération de tous les délits et contraventions du ressort de la police : j'ai seulement indiqué leurs causes les plus fréquentes.

C'est par la force de l'amende, ou par la durée de l'emprisonnement que la compétence est réglée entre les tribunaux de police simple, et ceux de police correctionnelle; les faits les plus graves, susceptibles d'une peine plus forte, sont du ressort de la police correctionnelle; la police simple applique des peines plus légères.

Le projet de loi dont nous sommes porteurs est donc divisé en deux chapitres; l'un a pour objet les tribunaux de police simple; l'autre les tribunaux de police correctionnelle.

La compétence de ces tribunaux, leur composition, la procédure qui s'y observe, sont réglés par le projet. (*Art.* 137) Le tribunal de police simple connaît des faits qui n'entraînent qu'une amende de 15 fr., et au-dessous, ou un emprisonnement qui n'excède pas cinq jours; les faits qui sont punis par la loi d'un emprisonnement plus long ou d'une amende plus forte, sont caractérisés *délits* et du ressort de la police correctionnelle.

Art. 138. — Après avoir réglé la compétence, le projet s'occupe de la composition des tribunaux.

Toutes les nations civilisées ont eu des magistrats particulièrement chargés de connaître des faits de police; leur juridiction a été plus ou moins circonscrite, suivant les mœurs des peuples et les besoins de leur gouvernement; cette recherche n'est pas ce qui doit nous occuper aujourd'hui.

En France le peu d'accord qui existait dans nos lois et dans nos usages, se trouvait pareillement dans les matières de police; la connaissance en était disséminée entre des officiers du roi, des juges de seigneurs et des magistrats de la commune, ce qui devait opérer, et opérait en effet de la confusion et de fréquents débats sur la compétence. Le tableau de ces variations pendant plusieurs siècles pourrait être curieux, mais il serait ici hors de place et très-inutile.

L'assemblée constituante, frappée des cris qui s'élevaient de toutes parts et depuis longtemps contre cette diversité infinie de lois et de tribunaux, conçut et exécuta le projet d'établir l'unité de la loi, et l'unité du mode de rendre la justice civile, criminelle et de police. Elle distingua certaines affaires d'une moindre importance, dont elle attribua la connaissance aux municipalités; elle renvoya à des tribunaux correctionnels de sa création, des affaires plus graves, mais qui n'étaient cependant pas susceptibles de peines afflictives ou infamantes; celles-ci furent portées aux tribunaux criminels établis dans chaque département.

Nous ne nous occupons aujourd'hui que des affaires de police. Le Code du mois de brumaire an IV apporta du changement dans les dispositions faites par l'assemblée constituante; il établit dans chaque administration municipale un tribunal de police composé du juge de paix et de ses assesseurs. Ainsi se trouvèrent dépouillées les municipalités, de l'attribution qui leur avait été faite par une loi du 11 juillet 1791. Le même Code introduisit aussi une réforme dans l'administration de la justice en police correctionnelle. On créa des tribunaux au nombre de trois au moins et de six au plus dans chaque département. Ces tribunaux furent composés de juges de paix avec un président pris parmi les membres du tribunal civil.

Enfin la loi du 24 ventôse an VIII plaça les tribunaux de police correctionnelle dans les tribunaux de première instance; et depuis, une loi du 29 ventôse an XI, en supprimant les assesseurs des justices de paix, investit le juge seul de la connaissance des faits de police simple qu'il avait partagée jusqu'a ce moment avec les assesseurs.

Ce dernier état n'a pas excité de réclamations, et rien n'a dû engager à priver, soit les juges de paix de leur juridiction en matière de police simple, soit les tribunaux de première instance du droit de juger en matière correctionnelle.

Cependant on a pensé qu'il serait utile de faire participer les maires au droit de prononcer sur une partie des contraventions de police.

L'assemblée constituante avait imposé aux municipalités une obligation au-dessus de leur force, du moins dans un très-grand nombre de communes, lorsqu'elle leur avait délégué toute la compétence en cette matière; mais en l'an IV on tomba dans une autre extrémité, en ne leur laissant pas la portion de cette compétence qu'elles auraient pu exercer utilement, et en attribuant aux juges de paix seuls la connaissance entière de toutes les affaires de police. Nous devons aujourd'hui profiter de l'expérience du passé : en assurant aux juges de paix la connaissance exclusive de celles de ces affaires qui peuvent demander des hommes plus exercés, pourquoi ne laisserions-nous pas aux maires le droit de connaître des contraventions qui sont plus à leur portée, qu'ils réprimeront plutôt et tout aussi bien que les juges de paix?

Art. 140. — C'est dans cet esprit que nous proposons de donner aux maires la connaissance des contraventions commises dans leurs communes, par des personnes prises en flagrant délit, ou par des personnes qui résident dans la commune, *ou qui y sont présentes*, et lorsque les témoins y seront aussi résidents ou présents.

Par quel motif refuserait-on dans ces cas une juridiction au maire? Le fait se passe sous ses yeux, les délinquants et les témoins sont présents; faut-il forcer les plaignants à recourir au juge de paix qui peut être à une grande distance?

En attribuant cette connaissance au maire, nous n'avons pas prétendu l'interdire au juge de paix, et les parties seront toujours libres de le saisir quand elles le jugeront convenable.

Art. 166. — Le motif de proximité qui a déterminé à établir le maire, juge de police, ne subsistant plus dans les communes chefs-lieux de canton, on a laissé la connaissance exclusive des contraventions qui y sont commises, aux juges de paix qu'on peut y trouver aussi facilement que le maire.

Observons encore que, lorsque la partie conclut à des dommages et intérêts excédant la somme de 15 francs, ou lorsqu'elle conclut à une somme indéterminée, qui peut être plus considérable, c'est le juge de paix qui seul est compétent pour en connaître; l'affaire se complique dans ce cas, et il ne faut pas surcharger le maire du fardeau de l'instruction.

Telles sont, messieurs, les mesures qu'on a prises pour ne laisser aux maires que la connaissance de faits sur lesquels ils pourront prononcer facilement, promptement et sans frais, pour ainsi dire.

Toutes les autres affaires de cette nature sont exclusivement du ressort des juges de paix; le projet règle l'ordre de leur service dans les communes où il s'en trouve plusieurs.

Art. 145, 146. — Il faut actuellement s'expliquer sur la procédure qui s'observera en simple police. Je commence par le tribunal du juge de paix. Les citations y seront données à la requête du ministère public, ou à celle de la partie lésée. Le délai ne pourra être moindre de vingt-quatre heures, il pourra être abrégé par le juge, si le cas l'exige : nous rentrons au surplus dans la marche générale de la procédure en justice de paix.

Art. 144. — Je remarquerai seulement, 1.° que le ministère public, toujours partie dans ces sortes d'affaires, parce qu'elles troublent toujours un peu l'ordre public, est exercé par le commissaire de police du lieu, en son absence par le maire, qui peut se faire remplacer par son adjoint;

Art. 148. — 2.° Que le juge de paix peut, avant le jour de l'audience, et sur la requisition de la partie publique, ou de la partie civile, estimer ou faire estimer les dommages et intérêts, dresser ou faire dresser les procès-verbaux; enfin, faire ou ordonner tous actes requérant célérité;

Art. 153. — 3.° Que *l'instruction* à l'audience doit se faire publiquement et dans l'ordre qui suit :

Les procès-verbaux, s'il y en a, sont lus par le greffier; les témoins appelés par le ministère public ou par la partie civile, sont entendus; la partie civile prend ses conclusions, la personne citée propose sa défense, fait entendre ses témoins; le ministère public donne ses conclusions; le tribunal prononce.

En autorisant la preuve par témoins, on n'a pas dû permettre d'en faire entendre contre le contenu aux procès-verbaux ou rapports des officiers de police ayant reçu de la loi le pouvoir de constater les délits ou les contraventions jusqu'à inscription de faux.

Vous pensez bien, messieurs, que tous les autres agents n'impriment pas à leurs actes le même degré de confiance; aussi peuvent-ils être débattus par des preuves contraires.

Art. 155. — Je ne parle pas des dispositions relatives au serment des témoins, aux personnes qui peuvent être entendues, aux peines qu'on peut infliger aux témoins défaillants; c'est ici le droit commun.

Art. 160, 161. — Lorsque les parties se sont

respectivement expliquées, le juge de paix ne doit pas manquer, si l'affaire se trouve du ressort de la police correctionnelle, de la renvoyer avec les pièces devant le procureur impérial; si l'affaire est de simple police, le juge prononce ce que de droit, et statue sur les dommages et intérêts qui peuvent être dus, soit à la personne lésée, soit à la personne mal à propos inculpée.

Art. 163. — Vous trouverez encore dans le projet de loi des dispositions sur la signature du jugement, sur la nécessité de le motiver et d'y insérer le texte de la loi appliquée. Je n'ai aucune observation à faire à cet égard.

Art. 166. — La procédure devant le maire, comme juge de police, est encore plus simple que celle devant le juge de paix. La partie civile, le défendeur et les témoins étant sur les lieux, le maire peut les faire tous approcher par un simple avertissement qui annonce le fait et le moment de l'audience. Le ministère des huissiers n'y est donc pas nécessaire pour les citations.

Art. 167. — Le ministère public sera rempli auprès du maire par l'adjoint, à son défaut, par un membre du conseil municipal qui sera à cet effet désigné, pour une année entière par le procureur impérial.

Art. 168. — Les fonctions de greffier seront exercées par un citoyen que le maire proposera, et qui prêtera serment en cette qualité, au tribunal de police correctionnelle. Il recevra pour ses expéditions les mêmes émoluments que le greffier du juge de paix.

Art. 171. — Le maire, au surplus, donnera son audience dans la maison commune, et entendra publiquement les parties.

Art. 172. — Quelque confiance que puissent inspirer les juges de paix et les maires, il a bien fallu permettre l'appel de leur jugement : il sera porté au tribunal de police correctionnelle.

Cependant, lorsque les restitutions et autres réparations civiles n'excéderont pas ensemble la somme de 5 fr., outre les dépens, le droit d'appeler serait un présent funeste aux parties, et l'appel ne sera pas reçu.

Art. 174. — Le délai pour l'appel, dans le cas où il sera recevable, n'est que de dix jours, à compter de celui de la signification du jugement; l'appel sera instruit et jugé dans la même forme que les appels des sentences des justices de paix.

Art. 176. — Les témoins pourront encore être entendus, si le ministère public, ou l'une des parties le requiert. Le tribunal prononcera en audience publique.

Il est temps de passer au chapitre des tribunaux de police correctionnelle.

Art. 179. — C'est à une section du tribunal de première instance que la connaissance des délits correctionnels continuera d'appartenir.

J'ai déjà annoncé quels étaient ces délits; j'observe seulement qu'il faut ranger dans cette classe tous les délits forestiers, poursuivis à la requête de l'administration. Il serait impossible à ses agents de se transporter dans toutes les justices de paix, pour y obtenir la réparation des dommages causés en cette partie.

Art. 182. — Le tribunal correctionnel sera saisi, soit par le recours de la partie, soit par un renvoi prononcé sur le rapport du juge d'instruction à la chambre du conseil, soit en conséquence d'un renvoi par le tribunal de police simple.

Les règles pour la marche de la procédure sont expliquées avec beaucoup de détail dans le projet; elles sont faites pour préparer une prompte décision.

Art. 184, 187, 188, 189, 190. — Les obligations de la partie civile, les jugements par défaut, l'opposition à ces jugements, l'espèce de preuves qui est reçue, le moment où le tribunal doit prononcer, la forme du jugement, rien n'est oublié; et, sur ces différents articles, on ne s'est pas écarté de ce qui est généralement prescrit pour la procédure sur les contraventions de police simple; le but est le même dans l'un et l'autre tribunal de police, et les moyens d'y parvenir ne doivent pas être différents.

La personne citée au tribunal de police correctionnelle peut se faire représenter par un avoué, si le délit n'est pas de nature à emporter la peine d'emprisonnement.

Art. 185. — Le tribunal pourra néanmoins ordonner sa comparution en personne, toutes les fois qu'il jugera sa présence utile.

Art. 181. — Lorsqu'un délit correctionnel sera commis dans l'enceinte, et pendant la durée des audiences, soit dans les cours, soit dans les tribunaux civils ou correctionnels, faudra-t-il que la répression en soit retardée par un défaut de pouvoir dans les magistrats, ou par la nécessité d'une instruction préparatoire? C'est bien dans des occasions de cette nature que l'application de la peine ne doit éprouver aucun retard. Le respect dû à la justice exige que les témoins du délit soient aussi les témoins de la réparation. C'est par ce motif qu'il est enjoint, dans ce cas, au président du tribunal de dresser un procès-verbal du fait, d'entendre le prévenu et les témoins; le tribunal applique ensuite les peines de la loi, sans désemparer, bien entendu que les tribunaux correctionnels et civils ne prononcent que sauf l'appel.

Art. 193. — Je ne dois pas omettre de vous parler d'une dernière disposition de la loi; elle charge le procureur impérial d'envoyer un extrait de tous les jugements rendus en police correctionnelle, au procureur général. Ainsi le magistrat aura toujours sous les yeux tous les renseignements qui pourront lui faciliter l'exercice d'une police active dans l'étendue de son ressort, et déjà vous pressentez les heureuses conséquences qui en résulteront pour le maintien de l'ordre public.

Art. 202. — Les jugements rendus en police correctionnelle, seront susceptibles d'être attaqués par la voie de l'appel: cette faculté appartiendra aux parties prévenues ou responsables, à la partie civile quant à ses intérêts civils seulement, à l'administration forestière, au procureur impérial, enfin au ministère public du tribunal ou de la cour qui prononcera sur l'appel.

Art. 203. — Le délai pour appeler est de dix jours après celui où le jugement aura été prononcé; ou si le jugement est par défaut, de dix jours après la signification. Cependant le ministère public près le tribunal ou la cour qui prononcera sur l'appel jouit d'un délai plus long, mais la mise en liberté du prévenu ne pourra jamais être suspendue, lorsqu'aucun appel n'aura été déclaré ni notifié dans les dix jours de la prononciation du jugement contradictoire.

Art. 200. — L'autorité qui statuera sur les appels, ne doit pas être trop éloignée du premier tribunal; elle devra souvent entendre les témoins, et il ne faut pas que leur transport devienne un obstacle à l'administration de cette partie de la justice, soit par l'énormité des frais, soit par l'impossibilité où l'on pourrait se trouver de faire approcher les témoins au jour indiqué.

C'est par ces considérations qu'on a voulu que l'appel des jugements en police correctionnelle fût porté au tribunal du chef-lieu du département, qui sera organisé en conséquence de cette attribution.

Les appels des jugements rendus en police correctionnelle au chef-lieu du département, seront portés au tribunal du chef-lieu du département voisin, sans toutefois que jamais des tribunaux puissent être respectivement juges d'appel de leurs jugements.

Art. 201. — Mais lorsque le chef-lieu d'un département sera aussi le siége de la cour impériale, c'est par elle que seront jugés les appels des jugements rendus en police correctionnelle dans le département, et c'est aussi devant elle et non devant le tribunal du chef-lieu, que seront portés les appels des jugements rendus en cette partie au chef-lieu du département voisin; il n'y a plus de motif pour ne pas en saisir la cour impériale.

Vous voyez, messieurs, que jusque dans les plus légers détails, nous avons cherché tout ce qui pouvait convenir le mieux aux véritables intérêts des parties.

L'instruction sur l'appel et la forme du jugement qui peut intervenir, ne donnent lieu à aucune observation.

Vous connaissez actuellement l'esprit dans lequel a été rédigée la loi dont nous vous présentons le projet; j'en ai mis sous vos yeux les dispositions principales; les détails en sont nécessairement fort arides, et je n'aurais pas pu me flatter de soutenir votre attention, si votre zèle pour le bien public ne garantissait pas un vif intérêt de votre part à tout ce qui peut y avoir quelque rapport.

Il ne me reste plus qu'un souhait à former: puissent tous ceux à qui sera confiée l'exécution de cette loi, et de la loi sur la police judiciaire, que déjà vous connaissez, se pénétrer fortement de toute l'importance de leurs fonctions? puissent-ils assurer à leurs concitoyens, par leur activité et par leur prudence, une heureuse tranquillité, premier objet de ces deux lois, comme elle est le premier bien de la société!

TITRE II.

Des Affaires qui doivent être soumises au Jury.

Décrété le 9 décembre 1808; — Promulgué le 19 du même mois.

[ARTICLES 217 à 406.]

EXPOSÉ DES MOTIFS par M. le Conseiller-d'Etat FAURE.

Séance du 29 novembre 1808.

MESSIEURS,

Le projet de loi que SA MAJESTÉ nous a chargés de vous présenter, est destiné à former la troisième partie du nouveau Code d'instruction criminelle.

Dans la première que vous avez décrétée, sont tracés les devoirs des officiers de police judiciaire et des juges instructeurs. Ses dispositions embrassent tout ce qui doit être fait jusqu'au moment où l'affaire est renvoyée, soit au tribunal de police simple, s'il s'agit d'une contravention de police, soit au tribunal de police correctionnelle, s'il est question d'un délit, soit à la cour impériale, lorsque le fait qui constitue la prévention est qualifié crime.

La seconde partie que vous avez aussi convertie en loi, règle la manière de juger les prévenus de contraventions et de délits.

Maintenant quel sera le mode de juger le prévenu de crime? La peine qui l'attend, s'il est coupable, entraînera toujours pour lui, la perte de l'honneur, souvent celle de la liberté, quelquefois celle de la vie. Il était donc nécessaire de donner à l'instruction des formes moins rapides et plus solennelles. Telle est, messieurs, la matière du projet de loi soumis à votre sanction.

La première disposition de ce projet se rattache aux articles 133 et 135, qui déterminent les cas où les pièces du procès doivent être transmises à la cour impériale. C'est cette cour qui décidera s'il y a lieu de mettre en accusation le prévenu.

Nous ne répéterons point, messieurs, les observations qui vous ont déjà été présentées sur les inconvénients de l'organisation présente, et sur la nécessité de placer ailleurs le droit attribué au jury d'accusation.

L'expérience a démontré qu'autant il est facile au jury de jugement d'apprécier le mérite des preuves dans l'état de perfection où la procédure se trouve alors, et d'après les débats qui ont lieu devant lui, autant il est difficile au jury d'accusation, tel qu'il existe, de calculer la valeur des présomptions d'après une instruction encore incomplète.

La difficulté d'apprécier ces présomptions lui fait chercher des preuves dont il n'a pas besoin pour se déterminer; et comme il ne les trouve pas, il arrive souvent que, malgré les indices, au lieu de renvoyer le prévenu pour être jugé, il le juge lui-même, et prononce son acquittement.

Trop souvent aussi le directeur du jury d'accusation, témoin de l'embarras qu'éprouvait le jury, s'est vu réduit à l'alternative fâcheuse de le laisser, par son silence, dans une obscurité d'où il ne pouvait sortir, et de l'influencer malgré lui par ses explications, de telle sorte que la déclaration donnée par le jury n'était plus autre chose que l'opinion du directeur du jury lui-même.

Les membres de la cour impériale, en exerçant les fonctions du jury d'accusation rempliront parfaitement le vœu de la loi; guidés par l'expérience que donne l'habitude des affaires, ils distingueront sans peine les fortes présomptions des indices trop faibles, et saisiront les nuances délicates d'après lesquelles ils seront obligés de se décider.

Le devoir de la cour impériale est de s'occuper du prévenu ; aussitôt qu'il est traduit devant elle. Tous les intérêts se réunissent à cet égard : celui de l'individu, s'il est innocent, sa captivité doit cesser le plus tôt possible ; celui de la société, s'il est criminel, de trop longs retards pourraient occasionner le dépérissement des preuves, et par une suite inévitable, l'impunité du crime.

Le projet accorde dix jours au procureur général pour mettre l'affaire en état et présenter son rapport.

Ce délai n'empêchera pas qu'il ne fasse son rapport plus tôt, toutes les fois qu'il y aura possibilité.

Art. 218. — Une section de la cour entendra le procureur général, et statuera sur ses requisitions. Cette section sera composée suivant le mode que doit déterminer la loi organique. Elle prononcera dans les trois jours au plus tard.

Ainsi tous les délais seront extrêmement courts, et leur brièveté ne permettra pas la plus légère négligence.

Art. 229. — La cour examine d'abord si le fait est défendu par la loi ; s'il ne l'est pas, son auteur ne peut être puni ; dès-lors, on ne doit pas le poursuivre. Quelque mauvaise que soit l'action, sous le rapport moral, le coupable ne sera condamné qu'au tribunal de l'opinion publique.

Art. 220. — Le fait est-il défendu par la loi, la cour doit s'assurer si la connaissance n'en est pas réservée à la haute cour impériale ou à la cour de cassation, et le renvoyer s'il y a lieu. Aussitôt qu'elle a reconnu sa compétence, elle examine s'il existe des présomptions suffisantes contre le prévenu. Ces présomptions sont-elles vagues ou légères, n'existe-t-il aucun moyen d'en acquérir de plus fortes, elle doit mettre le prévenu en liberté ; une rigueur plus longue ne serait pas seulement inutile, elle serait encore injuste à l'égard de la personne poursuivie, et alarmante pour la société entière.

Art. 230. — Lorsque les présomptions paraissent suffisantes, la cour renvoie le prévenu pour être jugé, et désigne le tribunal d'après la qualité du délit.

Art. 231. — Elle ne prononce la mise en accusation du prévenu, que dans le cas où le fait emporte peine afflictive ou infamante.

Mais, pour statuer sur *tous* ces points, un mode d'examen était indispensable. Ce mode est réglé par le projet de loi ; vous y retrouverez plusieurs dispositions de la législation actuelle.

Art. 223. — Les juges ne voient ni le prévenu, ni la partie civile, ni les témoins de l'un et de l'autre.

Art. 224. — Aussitôt après la lecture des pièces, le procureur général se retire en laissant sur le bureau sa réquisition écrite et signée.

Le plus grand secret doit présider aux délibérations de la cour impériale dans toutes les affaires criminelles qui lui sont soumises.

Le projet contient une addition importante.

Art. 228. — Comme cette cour est à portée, par la nature de ses attributions, de connaître les relations des affaires entre elles et les points, souvent délicats, par lesquels elles se rapprochent et se tiennent, elle peut informer et faire informer d'office sur les faits survenus à sa connaissance. Le soin d'apprécier les cas qui l'exigent est abandonné à sa prudence. En un mot, le projet lui donne tous les moyens nécessaires pour empêcher qu'aucun crime ne reste impuni.

Art. 239. — Dans tous les cas où la cour impériale trouve qu'il y a lieu de mettre le prévenu en accusation, le même arrêt qui l'ordonne renvoie à la cour qui doit juger. Nous ne parlerons ici que de la cour d'assises. Ce qui concerne la cour spéciale fera la matière d'un autre projet de loi.

Art. 241. — Aussitôt que la mise en accusation est prononcée, le procureur général rédige l'acte d'accusation.

Un changement essentiel est à remarquer.

Aujourd'hui l'acte d'accusation se rédige avant qu'il soit dit qu'il y a lieu d'accuser ; aussi le jury d'accusation admet - il souvent des actes contenant des circonstances qu'il rejeterait, si les questions étaient simplement posées, et que l'acte ne fût rédigé que postérieurement à la déclaration.

Suivant le projet, les juges faisant les fonctions de jury, statueront sur toutes les questions, et n'admettront que les circonstances qui doivent être admises, de sorte que le procureur général n'aura plus dans son acte d'accusation qu'à présenter le développement des faits, et l'acte ne contiendra aucun fait, aucune particularité sur laquelle il n'y ait de fortes présomptions reconnues par les magistrats qui ont prononcé l'accusation. Le projet veut aussi que le procureur général termine l'acte d'accusation par un résumé où l'on verra d'un seul coup-d'œil quel est le crime et quelles sont les circonstances. Ce résumé sera d'autant plus facile à faire, que l'arrêt de mise en accusation en sera le type. Il sera de son côté le régulateur de la question sur laquelle les jurés auront à répondre, lorsqu'on leur demandera si l'accusé est coupable.

Nous passerons sous silence des dispositions de détail, qui sont conformes à la loi de brumaire.

Nous sommes arrivés à l'époque où l'accusé doit être jugé.

L'accusé ne sera condamné ou acquitté que sur une déclaration du jury (nous parlerons, dans la suite, de son organisation).

Le jury, pour statuer sur le sort de l'accusé, s'assemblera devant une cour qui portera le nom d'*Assises*.

Art. 251. — L'établissement des cours d'assises se fonde sur les motifs les plus puissants.

Le ressort des cours impériales sera trop étendu pour que toutes les affaires criminelles puissent être portées au chef-lieu. Sans parler du déplacement des jurés, la seule nécessité de faire venir les témoins serait une source d'inconvénients; il en résulterait d'abord une charge considérable pour l'Etat : car, quoique les frais de justice criminelle doivent être supportés par les condamnés, la plupart sont dans l'impossibilité absolue d'y satisfaire, et d'ailleurs il y a des accusés qui ne sont pas déclarés coupables; en second lieu, les témoins, forcés de s'absenter si long-temps au grand préjudice de leurs affaires, emploieraient toute espèce de moyens pour s'en dispenser. Souvent des personnes bien instruites des circonstances importantes, aimeraient mieux ne pas se présenter devant l'officier de police judiciaire que de s'exposer, par une déclaration volontaire, aux résultats quelquefois incalculables d'une absence trop prolongée. Il faudrait bientôt que la loi autorisât la cour impériale à se contenter des déclarations écrites; ainsi disparaîtrait la publicité des débats, cette publicité qui est tout à la fois la sauve-garde de l'innocence et la terreur du crime, et que tous les hommes éclairés n'ont cessé de reconnaître comme la plus précieuse des garanties.

Il est donc indispensable que les procès criminels soient jugés dans chaque département du ressort de la cour impériale. Tel est le but de l'établissement des cours d'assises.

Art. 258. — Les assises se tiendront dans le chef-lieu de chaque département, à moins que des circonstances extraordinaires ne demandent un autre lieu. C'est la cour impériale qui décidera si le changement est nécessaire. Lorsqu'un autre lieu lui paraîtra devoir être préféré, c'est elle qui le désignera.

L'expérience ayant démontré que les affaires criminelles étaient, dans la majeure partie des départements, trop peu nombreuses pour exiger une session tous les mois, il n'y aura qu'une session par trimestre; cependant, partout où le besoin l'exigera, les assises se tiendront plus souvent.

Art. 259. — Ainsi la cour n'existera qu'autant qu'elle sera occupée, et lorsqu'elle cessera de l'être les juges qui la composeront retourneront à leurs fonctions civiles, à l'exception de ceux qui pourraient en être empêchés, soit par les travaux préparatoires, soit par quelque autre cause.

Art. 252. — La cour d'assises sera une émanation de la cour impériale. Elle sera donc composée entièrement de membres pris dans la cour impériale, toutes les fois que les assises se tiendront dans le lieu où siége cette dernière cour. Cette disposition n'offre aucune difficulté, puisqu'alors aucun juge n'est obligé de se déplacer.

Art. 253. — A l'égard des assises qui se tiendront ailleurs, ce sera toujours un membre de la cour impériale qui présidera. Mais, pour ne pas entraver le service de cette cour, les autres juges qui assisteront le président seront des membres pris dans le tribunal de première instance du chef-lieu. Si cependant la cour impériale estime nécessaire de déléguer un ou plusieurs juges pris dans son sein, elle en aura la faculté; car aux assises, les juges de première instance ne peuvent être considérés que comme suppléant les membres de la cour impériale.

Nous n'avons pas besoin d'observer que les présidents des assises seront environnés d'un éclat proportionné à l'éminence de leur qualité.

Art. 257. — Une disposition formelle défend aux juges de la cour impériale qui ont concouru à l'accusation, ainsi qu'au juge instructeur du procès, de remplir, dans la même affaire, aucune fonction à la cour d'assises. Cette prohibition porte en elle-même sa justification.

Quant à la distribution du service dans les tribunaux de première instance et dans les différentes cours, un réglement particulier aura pour objet de prévenir toute espèce d'entrave et d'inconvénient. Les fonctions des présidents de la cour d'assises et celles du ministère public seront les mêmes que le sont aujourd'hui les fonctions des présidents et procureurs généraux des cours de justice criminelle.

Art. 271. — C'est au nom du procureur général de la cour impériale que les poursuites seront faites, tant à cette cour qu'à toutes les cours d'assises. Chacun d'eux exercera la surveillance dans les divers départements qui dépendront de la cour à laquelle il sera attaché. Indépendamment de ses autres substituts, il aura, dans le chef-lieu de chaque département autre que celui où siége la cour impériale, un substitut particulier qui portera le titre de procureur impérial criminel, et qui le remplacera près la cour d'assises; si le procureur général représente lui-même, c'est lui qui remplira les fonctions du ministère public.

Art. 279.—Le procureur impérial criminel surveillera les officiers de police judiciaire de son département, et rendra compte au procureur général impérial, au moins une fois par trimestre (Art. 290), de l'état des affaires criminelles, de police correctionnelle et de simple police de ce même département.

Cette correspondance habituelle avec le procureur général mettra ce dernier à portée d'être exactement informé de tout ce qui se passe dans le ressort de la cour impériale, et d'en rendre compte lui-même à l'autorité supérieure.

Le projet de loi contient quelques changements importants sur la manière de procéder avant et pendant les débats.

Art. 294.—Il faudra, comme dans la législation actuelle, que l'accusé soit interpellé de déclarer le choix qu'il aura fait d'un conseil pour l'aider dans sa défense; et s'il n'a pas de défenseur, le juge doit lui en désigner un sur-le-champ, autrement toute la procédure sera nulle.

Art. 295. — Mais l'expérience a réclamé contre la faculté illimitée donnée à l'accusé pour le choix de son défenseur. Les accusés ont le plus souvent accordé leur confiance à des hommes qui les dépouillaient au lieu de les défendre, et qui, par la conduite qu'ils tenaient dans le sanctuaire même de la justice, faisaient le plus grand tort à la cause de leurs clients dans l'esprit des jurés et des juges.

Suivant le nouveau Code, les défenseurs qui seront nommés, soit par l'accusé, soit d'office, doivent être pris parmi les avocats ou avoués de la cour impériale ou de son ressort.

Ce cercle est assez grand pour que l'accusé puisse facilement trouver un défenseur digne de sa confiance; s'il n'est pas en état de pourvoir à ses honoraires, et qu'il ne puisse trouver lui-même un défenseur gratuit, celui que le juge lui donnera ne refusera point cette honorable commission, et sera jaloux, sans doute, de justifier le choix du juge, en remplissant sa tâche avec zèle et désintéressement. Enfin si l'accusé demande la permission de nommer pour défenseur un de ses parents ou amis, et que le juge pense que cette nomination peut lui être utile, elle ne sera point refusée. Ainsi le changement qui résulte de cette disposition du nouveau Code, est commandé par l'intérêt de l'accusé.

Art. 296.—Un autre changement, dont il ne sera pas moins facile de connaître les avantages, est de ne commencer un débat qu'avec la certitude qu'il ne sera point annullé par suite de quelque nullité antérieure.

Les nullités qui pourront être commises par la cour impériale, relativement à l'accusation, sont réduites à trois, et ne peuvent porter que sur l'arrêt de renvoi a la cour d'assises.

L'arrêt est nul:

Art. 299. — 1.° Si le fait n'est pas qualifié crime par la loi;

2.° Si le ministère public n'a pas été entendu;

3.° Si l'arrêt n'a pas été rendu par le nombre de juges déterminé.

L'accusé ou le ministère public trouve-t-il qu'une ou plusieurs de ces nullités existent, il faut qu'il les propose dans les cinq jours, à compter de l'interrogatoire. Garde-t-il le silence durant le délai fixé, les nullités sont couvertes.

Art. 297, 298. — Cependant la déchéance ne peut avoir lieu contre l'accusé qu'après lui avoir donné connaissance du délai. S'il n'a pas été averti, il peut se pourvoir après l'arrêt définitif. L'accusé ne sera donc jamais victime de son ignorance.

Art. 300. — Enfin, si les nullités sont proposées dans les cinq jours, l'arrêt de la cour impériale sera transmis sur-le-champ à la cour de cassation, et celle-ci doit prononcer, toutes affaires cessantes. On sera maintenant certain, lorsque cinq jours seront écoulés sans qu'aucune nullité ait été proposée ni par l'accusé, ni par le ministère public, que tout ce qui est antérieur aux débats est inattaquable, et que si les autres formes sont bien observées, tout est à l'abri de la cassation. Au contraire, dans l'état actuel de la législation, les nullités qui peuvent être commises antérieurement à l'accusation sont très-nombreuses : on n'est point obligé de les proposer avant l'ouverture des débats, et si elles ne le sont qu'après le jugement, c'est-à-dire, au moment où l'on peut se pourvoir en cassation, la cour de cassation, en prononçant la nullité de l'acte attaqué, ne peut se dispenser d'annuller tout ce qui a été fait, à partir de cet acte, ce qui entraîne une plus grande perte de temps, des frais plus considérables, et souvent la disparution de preuves à l'absence desquelles il est impossible de suppléer.

Quant aux dispositions du Code relatives à l'examen, au jugement et à l'exécution, les changements sont peu nombreux, mais d'une haute importance.

Le premier concerne la déclaration du jury.

Art. 336. — Le mode qui s'observe depuis 1791 est extrêmement compliqué; et si la complication est telle qu'il en résulte de l'embarras pour les hommes doués de la mémoire la plus heureuse et accoutumés à la plus grande contention d'esprit, quel effet ce mode n'a-t-il pas dû produire en beaucoup d'affaires sur des jurés pris indistinctement dans toutes les classes des citoyens?

La défense faite par la loi de 1791, et renouvelée par celle de brumaire an IV, de présenter aux jurés aucune question complexe, a eu pour résultat la division et subdivision des questions à l'infini; on en a compté jusqu'à six mille dans une seule affaire. Ces questions sont nécessairement très-multipliées, toutes les fois que l'accusation comprend plusieurs chefs et un certain nombre d'accusés auxquels ils s'appliquent. Alors le juré, ne pouvant plus voir qu'isolément chacune des circonstances, perd souvent de vue à quel chef d'accusation et à quel accusé telle circonstance se réfère. Sans doute, quand il est incertain, il ne se permet pas de voter contre l'accusé; mais l'expérience atteste que des déclarations erronées, dont la société a plus d'une fois gémi, doivent être attribuées à ce mode.

Ce n'est pas tout : la nécessité de poser la question intentionnelle eût seule suffi pour donner lieu, en diverses occasions, à l'impunité du crime. Dès que celui qui a commis une action défendue par la loi n'a pu ignorer que cette action était défendue, n'est-il pas absurde d'interroger les jurés sur l'intention qui l'a déterminée? Combien de fois est-il arrivé que le juré, ne sachant comment résoudre une question si étrange, a donné le scandale de faire rentrer dans la société celui qui devait en être exclu à jamais ! Il suffira de citer un exemple. Dans une accusation de fabrication de fausse monnaie, le jury déclara que le fait était constant, que l'accusé en était convaincu, qu'il avait agi sciemment, mais qu'il n'avait pas agi dans le dessein de nuire à autrui. Le coupable fut mis en liberté. La cause de cette déclaration ne resta point inconnue. Le juré se disait à lui-même : « Il « n'est pas douteux que l'accusé s'est rendu « coupable d'un crime; mais il est possible « qu'il y ait été déterminé par l'intention de « subvenir à ses propres besoins, plutôt que « par celle de commettre une action criminelle; son dessein réel est impénétrable pour « nous. Si l'on s'était contenté de nous demander, Est-il coupable? nous aurions répondu *oui*, sans la moindre hésitation ».

Le nouveau mode remédie à ces graves inconvénients.

Il établit un juste milieu entre des questions trop divisées et une seule question indivisible.

Pour que le jury puisse toujours voter selon sa conscience, le projet lui donne un moyen à l'aide duquel il distinguera ce qu'il aura besoin de distinguer.

Ce moyen est aussi simple que facile.

Art. 337. — Le président pose la question; il est tenu de se conformer au résumé de l'acte d'accusation. Il demande, en conséquence, au jury, si l'accusé est coupable d'avoir commis le crime avec telle et telle circonstance.

Art. 345. — Si le jury pense que le fait principal n'est point prouvé, il lui suffit de répondre *non* sur le fait; il n'a pas besoin de s'expliquer sur les circonstances : tout est compris dans sa réponse négative. Si le jury pense, au contraire, que le fait principal est prouvé, et si chacune des circonstances lui paraît également prouvée, il répond *oui* sur le tout. Enfin, si quelque circonstance ne lui paraît aussi bien prouvée que le fait principal, sa réponse est affirmative sur une partie de la question, et négative sur le reste.

Art. 338. — Il en sera de même s'il se présente des circonstances résultant des débats, mais non mentionnées dans l'acte d'accusation, le président posera une question qui comprendra toutes ces circonstances, et le jury procédera comme nous venons de l'exposer.

Ce nouveau mode fera disparaître les embarras, préviendra les erreurs et ne produira que des effets avantageux non moins pour la facilité de la délibération que pour la simplicité du vote.

Art. 339. — Ajoutons que dans tous les cas où un fait allégué comme excuse en faveur de l'accusé serait admis comme tel par la loi, la question sera soumise au jury. Ainsi, tout concourt à tranquilliser la conscience de chacun des jurés, et rien n'est négligé pour obtenir d'eux une déclaration parfaitement juste.

Art. 347. — Suivant une autre disposition du projet de loi, la déclaration du jury sera rendue à la majorité.

La loi de 1791 voulait que l'accusé fût acquitté, s'il réunissait seulement trois boules blanches en sa faveur. Il en résulta l'impunité de beaucoup de crimes, à cause de l'extrême facilité qu'on avait d'obtenir trois votes favorables.

La loi de brumaire ne changea rien à cet égard; mais enfin de tous côtés s'élevèrent des réclamations. On reconnut le besoin de remédier au mal. Une nouvelle loi porta qu'à l'avenir le jury donnerait sa déclaration à l'unanimité; que, si cependant l'unanimité ne pouvait être acquise, il pourrait donner sa déclaration à la majorité simple, mais seulement après vingt-quatre heures de délibération. On conçoit que cette unanimité prétendue n'était presque jamais qu'un acquiescement de la minorité à la majorité; aussi la délibération n'a-t-elle duré vingt-quatre heures que dans les occasions fort rares où quelque membre de la minorité a voulu persister jusqu'au dernier moment, espérant peut-être que, dans l'intervalle, un ou plusieurs membres de la majorité s'en détacheraient pour faire prévaloir son avis : mais il ne paraît pas que cette disposition ait produit jamais d'autre effet qu'une perte de vingt-quatre heures qu'on aurait pu employer à juger plusieurs autres affaires.

Il est bien plus convenable que le jury puisse toujours donner sa déclaration aussitôt que sa conviction est formée.

D'abord la majorité simple doit nécessairement excéder de deux voix la minorité, puisque les jurés ne délibèrent qu'en nombre pair.

Art. 351. — Mais, dans la crainte que sept voix sur douze ne suffisent pas pour mettre l'innocence à l'abri de tout danger, une disposition du projet porte que l'accusé déclaré coupable, à la majorité simple, sera cependant acquitté, si l'opinion favorable à l'accusé est adoptée par un nombre de juges tel que ce nombre réuni à celui de la minorité des jurés, forme au total la majorité.

Il est évident que les juges appelés à délibérer en cette occasion, ne peuvent être que ceux qui ont assisté aux débats, comme membres de la cour d'assises.

De cette disposition nouvelle, il résulte que la majorité simple des jurés suffira toujours pour acquitter, et qu'elle ne suffira jamais lorsqu'il s'agira de condamner.

Art. 365. — Le projet se décide formellement contre la cumulation des peines, de sorte que, si l'accusé est déclaré coupable de plusieurs crimes ou délits, la cour ne pourra prononcer contre lui que la peine la plus forte. Jusqu'ici, les cours de justice criminelle se sont interdit cette cumulation, plutôt d'après une jurisprudence, que d'après un texte formel. Mais en telle matière, tout doit être réglé par la loi.

Art. 377. — Enfin, depuis 1791, la loi n'a point prévu le cas où le condamné, au moment même de l'exécution de l'arrêt, veut faire une déclaration : chaque cour a son usage. Plusieurs se contentent de la faire recevoir par un huissier ou par un agent de police : le projet établit une règle uniforme. On y voit qu'elle sera reçue par un des juges du lieu de l'exécution, assisté du greffier. Il est possible, en effet, que ces déclarations contiennent quelquefois des révélations importantes contre d'autres individus, quelquefois des aveux rassurants pour la justice, et il convient que ces sortes d'actes ne soient pas dépourvus de solennité.

Art. 381. — Nous devons maintenant, messieurs, appeler votre attention sur ce nouveau mode d'organisation du jury.

Nous ne parlerons point de l'institution considérée en elle-même.

Que pourrait-on ajouter aux arguments qui ont été produits tant de fois en sa faveur? Elle compte parmi ses plus zélés défenseurs des écrivains distingués, et des magistrats que la nature de leurs fonctions a mis à portée d'en apprécier les salutaires effets. Ils assurent que les imperfections qu'on a pu remarquer dans son organisation actuelle ne tiennent point à son essence, et qu'il est facile d'y apporter remède. Ils regardent comme infiniment précieuse la distinction établie entre les juges du fait et les juges du droit; distinction sans laquelle le magistrat, occupé continuellement à prononcer sur la vie et l'honneur des accusés, pourrait se laisser entraîner par l'habitude à de fâcheuses préventions, contracter une dureté dont il ne se douterait pas lui-même, et cesser d'être impartial pour ne pas être trop indulgent.

Cette matière, où il s'agit d'une si belle cause, est féconde en observations du plus haut intérêt.

Mais ne perdons pas de vue, messieurs que la question n'est point si le jury doit être établi; cette institution existe, et Sa Majesté propose, non de l'abolir, mais de l'améliorer.

Plusieurs causes ont empêché jusqu'à présent que la France ne retirât de l'établissement du jury tous les avantages qu'elle avait droit d'en attendre. En vain les cours de justice criminelle déploient un zèle qui ne laisse rien à désirer : le remède au mal n'était point en leur pouvoir; il dépendait de la loi seule.

Dans les premiers temps, la composition du jury fut soignée, et les effets en furent très-satisfaisants; mais bientôt on n'y donna plus les mêmes soins, et ce fut la première cause du mal. Lorsque la loi laisse trop de facilité pour le choix, lorsqu'elle appelle presque indistinctement tous les citoyens, lorsque la liste est trop nombreuse, doit-on s'étonner d'y voir une foule de noms peu ou point connus? Combien de fois n'y a-t-on pas trouvé des individus absents depuis beaucoup d'années, d'autres qui n'existaient plus? est-il possible ensuite que sur une liste ainsi formée, le ministère public soit en état d'exercer ses récusations? Il n'a ni le temps ni les moyens de faire des recherches. L'accusé souffre bien plus encore de cet ordre de choses, puisqu'il est privé de sa liberté. D'ailleurs, on ne peut voir ceux qu'il a droit de récuser, en un mot, il ne récuse point, ou récuse d'après les seules indications que son défenseur lui donne. Ainsi le but de la loi n'est point atteint.

La seconde cause qui s'est opposée au succès de l'institution, est l'inconvénient résultant de la multiplicité des questions, et surtout de la question intentionnelle. Nous ne reviendrons pas sur cet objet, dont nous avons eu l'occasion de parler. Nous avons fait connaître le mal, et les moyens d'y apporter remède.

La troisième cause provient, dit-on, de ce que les jurés, malgré l'avertissement qu'on leur donne sans cesse de ne jamais s'occuper de la peine, y pensent presque toujours, et sachant bien que les juges n'ont aucune latitude pour en augmenter ou diminuer la durée, aiment mieux, en oubliant leur devoir, faire grâce à l'accusé qui leur inspire quelqu'intérêt, que de se résoudre à le voir punir suivant toute la rigueur de la loi.

S'il convient d'accorder plus de latitude aux juges pour l'application des peines, la nécessité de ces réformes n'échappera point au génie dont les regards sont portés sur tout ce qui peut tendre au perfectionnement de la législation.

Une dernière cause, qui tient uniquement aux circonstances, a présenté, pendant longtemps, le jury sous les couleurs les plus défavorables. Cette cause est l'esprit de parti qui, durant les époques de troubles, ne permit point de trouver des hommes impartiaux. Alors il eût fallu couvrir l'institution des jurés d'un voile religieux. L'aveuglement était porté à un tel point que, lors même qu'il s'agissait d'un fait qui ne dépendait en rien des opinions politiques, le juré se montrait plus ou moins favorablement disposé, suivant que l'individu sur le sort duquel il avait à prononcer lui paraissait tenir à son parti plutôt qu'à tout autre. De là tant de décisions injustes dont la source était dans la violence des factions, mais qu'on ne peut nullement attribuer à l'institution du jury, et qui eussent été les mêmes quand elles auraient été rendues par des juges.

Aujourd'hui tous les partis sont dissipés. Il n'existe plus d'autre lutte entre tous les citoyens que celle de prouver son amour pour la patrie et pour le chef suprême dont la vie entière est consacrée à la gloire et au bonheur de son peuple. Il faut donc bien se garder de chercher des objections dans un état de choses si différent de notre situation actuelle.

Voici, messieurs, le nouveau mode qui vous est proposé pour la composition des listes de jurés et la formation du tableau.

Art. 382. — Lorsqu'il sera nécessaire de former une liste de jurés, le président de la cour d'assises avertira le préfet; celui-ci formera la liste : elle sera de 60. Il ne pourra prendre les jurés que dans les classes désignées par la loi, et le projet appelle les personnes âgées de trente ans accomplis, jouissant des droits politiques et civils, et offrant la plus grande garantie par leurs fonctions, leur état, leurs lumières et leur fortune.

Art. 386. — Les classes sont déterminées par le projet, d'une manière précise. De plus, le projet indique à ceux qui n'appartiendraient pas à l'une de ces classes, et qui désireraient être admis à l'honneur de remplir les fonctions de jurés, un moyen d'obtenir cette admission, en justifiant de leurs talents ou de leurs services.

Art. 387. — Cette liste de soixante jurés est envoyée au président de la cour d'assises; il la réduit à trente-six et la renvoie au préfet.

Art. 389. — Le préfet notifie à chacun des jurés composant la liste ainsi réduite, l'extrait qui constate que son nom y est porté. Jusqu'à présent, la liste entière a été notifiée à chaque juré, ce qui était inutile, mais non susceptible d'un grand inconvénient, vu que la liste était fort nombreuse. Désormais que la liste ne sera composée que d'un petit nombre de personnes, il pourrait être dangereux de lui donner cette publicité. Plus le cercle des jurés est circonscrit, plus il importe qu'on ne les connaisse pas d'avance. Par le moyen proposé, la découverte d'un nom ne fera pas connaître les autres.

Art. 395. — Au jour indiqué, les trente-six jurés se rendent à la cour d'assises, s'ils sont moins de trente non excusés ni dispensés, le sort complète ce dernier nombre, en appelant les citoyens résidant au lieu où siége la cour, et réunissant les conditions prescrites pour être jurés.

Art. 396. — La peine établie contre le juré absent, ne consistera pas seulement en une amende. La quotité de cette amende sera plus forte qu'elle ne l'était, et le nom du juré sera de plus inscrit sur une note que chaque préfet doit adresser ou grand-juge, lorsqu'une liste est renouvelée. La liste et la note seront envoyées ensemble.

Art. 391. — Tous les ans le grand-juge fera un rapport à Sa Majesté, sur la manière dont les jurés auront rempli leurs fonctions. A l'égard de ceux qui se seront distingués par leur zèle, Sa Majesté se réserve de leur donner des témoignages honorables de satisfaction.

Art. 392. — Enfin, on ne pourra plus, étant âgé de trente ans, obtenir une place administrative ou judiciaire, sans avoir justifié qu'on a satisfait à toutes les requisitions relatives au service du jury, et qu'on avait une excuse dont la validité a été reconnue, ou qu'on n'a pas encore été appelé au service.

Art. 399. — Le jour où l'affaire doit être soumise aux débats, et avant l'ouverture de l'audience, on fait, en présence de l'accusé et du ministère public, l'appel des jurés qui, comme nous l'avons dit, ne peuvent pas être moins de trente. A mesure que chaque juré répond à l'appel, son nom est déposé dans une urne. On fait ensuite le tirage, et à mesure qu'un nom sort de l'urne, l'accusé d'abord, et le ministère public ensuite, déclarent s'ils entendent récuser le juré. Si l'un d'eux récuse, le nom est mis à l'écart; si tous deux gardent le silence, le nom est conservé. Dès qu'il y a douze noms contre lesquels il n'existe aucune récusation, le tableau est formé. L'accusé et le ministère public ont la faculté d'exercer des récusations jusqu'à ce qu'il ne reste plus que douze noms dans l'urne.

Art. 400. — Arrivées à ce point, les récusations doivent s'arrêter, et les douze noms restants composent le tableau. S'il y a plusieurs accusés, ils peuvent récuser les jurés ensemble ou séparément. C'est à eux de se concerter à cet égard; il suffit que le nombre de leurs récusations n'excède pas les limites déterminées pour un seul accusé. Dans tous les cas, il est défendu de motiver les récusations. Tel est le nouveau mode : quelques observations suffisent pour le justifier.

Il en résultera d'abord que, pour la majeure partie de l'Empire, le déplacement des jurés ne sera pas aussi grand qu'il est aujourd'hui.

Daprès la législation actuelle, une session a lieu tous les mois, n'y eût-il qu'une seule affaire en état d'y être portée; et quinze jurés au moins devant être appelés à chaque session, il en résulte le déplacement de quarante-cinq jurés par trimestre.

Suivant le mode proposé, les assises ne se tiendront qu'une fois tous les trois mois, et trente-six jurés seulement seront appelés aux assises. Le besoin peut exiger, à la vérité, qu'en quelques départements les assises aient lieu plus souvent; mais ces départements seront en petit nombre, et offriront, par leur population, beaucoup de ressources pour le renouvellement des jurés.

D'un autre côté, l'accusé et le ministère public n'exerceront plus de récusation sans avoir vu la personne qu'ils croient devoir récuser. Ils ne seront plus exposés à des méprises fondées soit sur l'identité de noms, quand ils récusent une personne pour une autre, soit sur l'oubli du nom, quand ils laissent parmi les jurés celui qu'ils auraient récusé s'ils avaient pu le voir. « On n'ignore pas, observe un « écrivain célèbre (1), que souvent le seul « aspect d'un individu et sa manière d'être « excitent en nous des impressions subites et « des préjugés défavorables, sans que nous « puissions en rendre compte, et l'on conçoit « combien il est nécessaire qu'un accusé, « obligé de défendre ce qu'il a de plus cher, « ait bonne opinion des jurés qui doivent pro« noncer sur son sort, sans quoi il pourrait « se déconcerter entièrement. »

Vous remarquerez aussi, messieurs, comme une amélioration importante, que le tableau du jury ne sera formé qu'à l'instant même où les débats commenceront, et qu'à ce moyen on n'aura pas le temps de solliciter les jurés, et de chercher à les circonvenir.

La séduction sera également impossible, lorsque les débats seront commencés; car les jurés ne pourront désemparer qu'après avoir donné leur déclaration.

Ils n'auront point à s'occuper de délits politiques; ils ne connaîtront que des crimes ordinaires, surtout de ceux dont la preuve se compose d'éléments faciles à saisir et à discerner.

Art. 391. — Enfin, les jurés n'auront point à craindre que leur service ne se renouvelle trop souvent, puisque ceux qui l'auront fait avec exactitude pendant une session, ne pourront, durant les quatre sessions suivantes, être compris malgré eux sur une nouvelle liste.

Ici, messieurs, se termine l'analyse du projet de loi. Les bases sur lesquelles il repose ont été l'objet de longues et profondes méditations; en se défiant des vaines théories, on s'est bien gardé de confondre avec elles toutes les idées libérales. On n'a pas voulu renoncer à la plus belle des institutions, sous le prétexte qu'elle exigeait trop de zèle et de dévouement; comme si ces qualités ne distinguaient pas éminemment la nation française. Le but de quelques changements a été d'accroître la considération des corps judiciaires. On a donné plus de mouvement et de force au ministère public. Enfin tous les efforts ont été réunis pour que le projet vous paraisse digne de votre sanction, et les améliorations dont il est redevable à votre commission législative ajoutent encore aux titres qui le recommandent à vos suffrages.

Ne doutons point que les présidents des cours d'assises n'apportent dans l'exercice de leurs fonctions cette attention et cette dignité qui commandent la confiance et le respect. Ne doutons point que les procureurs généraux ne se distinguent à l'envi par cette surveillance active, occupée sans cesse à la recherche des crimes, et, ce qui est mieux encore, habile à les prévenir. Ne doutons point que les préfets ne justifient les espérances du gouvernement, en composant les listes de jurés des personnes les plus recommandables. Ne doutons pas, enfin, que les jurés ne soient vivement pénétrés du sentiment de leurs devoirs, et ne se montrent dignes du ministère auguste qui leur sera confié; bientôt alors seront recueillis tous les avantages d'une législation au succès de laquelle chacun s'empresse de concourir.

Vous peserez dans votre sagesse, messieurs, les motifs que nous avons eu l'honneur de vous exposer, et nous allons maintenant vous donner lecture des articles du projet.

(1) Blackstone.

TITRE III.

Des Manières de se pourvoir contre les Jugements.

Décrété le 10 décembre 1808; — Promulgué le 20 du même mois.

[ARTICLES 407 à 447.]

EXPOSÉ DES MOTIFS par M. le Conseiller-d'Etat BERLIER.

Séance du 30 novembre 1808.

MESSIEURS,

Déjà vous connaissez le nouveau plan de procédure criminelle; les orateurs qui m'ont précédé à cette tribune ont mis sous vos yeux toute l'instruction qui, soit en matière de police simple ou correctionnelle, soit en matière criminelle, doit avoir lieu devant les autorités chargées par la loi de distribuer la justice ou de préparer ses arrêts.

Mais de quelque respect qu'on doive environner la chose jugée, l'intérêt de la société et celui des accusés réclament une garantie ultérieure.

Cette garantie est l'objet du projet de loi que nous sommes chargés de vous soumettre, et qui est destiné à entrer dans le nouveau Code criminel, sous le titre III, *des Manières de se pourvoir contre les arrêts et jugements.*

Ce titre se divise en trois chapitres. Le premier traite *des Nullités;* le deuxième, *des Demandes en cassation,* et le troisième, *des Demandes en revision.*

Un seul et même titre de la loi du 3 brumaire an IV, embrasse aujourd'hui tout ce qui concerne les nullités et la cassation des jugements; mais ces deux objets, malgré leur affinité, ont semblé susceptibles de division; et si les nullités sont la base ou le fondement de la cassation, ce principe et ses corollaires qui peuvent se prêter à diverses formes, seront mieux saisis quand ils ne seront point mêlés avec elles.

Je vais, messieurs, vous exposer succinctement, et dans l'ordre du projet, les principales vues qui s'y rattachent.

Vous n'attendez pas de moi que j'insiste sur une foule de détails que votre sagacité et votre expérience vous mettront à même d'apprécier facilement. Cette matière n'est point neuve dans la plupart de ses dispositions, et je me bornerai à fixer plus spécialement votre attention sur celles qui, comparées avec la législation actuelle, tendent à y introduire des changements, et sur celles qui ont été l'objet de sérieuses controverses.

ART. 407. — La première modification que présente le chapitre intitulé *des Nullités,* consiste plus dans la forme que dans le fond même. Les causes de nullité sont assez clairement exprimées dans les lois qui nous régissent aujourd'hui, mais elles sont présentées dans un ordre qui ne distingue point suffisamment les actions qui en résultent, et les personnes au profit desquelles ces actions sont ouvertes.

ART. 412. — Cette distinction avait besoin d'être tracée : l'on s'est demandé si en matière criminelle une partie civile pouvait se prévaloir de toute espèce de nullité pour demander la cassation d'un arrêt; et il a été facilement reconnu qu'il n'appartenait point à un simple particulier de se constituer, en cette matière, vengeur de la violation des lois; et que de simples intérêts civils ne pouvaient être un motif suffisant pour investir une partie privée d'un droit aussi étendu.

Mais en matière correctionnelle ou de police simple, les intérêts civils méritent plus de considération, parce qu'ils y jouent un rôle plus considérable, et de là est née, quant à l'exercice des actions résultant des nullités, la distinction établie par le projet; de là, la division de ce projet en deux paragraphes distincts, dont le premier regarde les matières criminelles, et le second, les matières de police simple ou correctionnelle.

Art. 413. — Dans cette dernière cathégorie, à moins qu'il ne s'agisse de la violation ou omission de formes spécialement prescrites pour assurer la défense du prévenu, la partie civile peut, comme ce dernier, et avec la même latitude, demander la cassation d'un arrêt ou d'un jugement en dernier ressort, contre lequel il s'élève des nullités, et cette faculté commune est assez justifiée par l'intérêt à peu près équipondérant des parties; mais en matière criminelle, si l'on aperçoit encore des intérêts contraires, ils sont loin de se balancer; un intervalle immense les sépare, et la législation, en se conformant à la nature des choses, ne doit pas accorder des droits de recours égaux à des parties dont la position est si différente.

Au reste, cette distinction était plutôt à expliquer qu'à créer; mais une question beaucoup plus ardue s'est élevée sur le pouvoir même du ministère public en fait de recours.

Art. 409. — La difficulté ne s'applique point au cas où, après une déclaration portant que l'accusé est coupable, il interviendrait un arrêt d'absolution sur le fondement de la non existence d'une loi pénale qui pourtant existerait; car il n'y a là qu'une erreur de droit ou une infraction palpable à réparer; et si la voie de la cassation est, en ce cas, ouverte au ministère public, elle ne saurait blesser en rien l'institution du jury, puisque même, dans cette espèce, le recours ne tend qu'à donner effet à sa déclaration.

Il ne peut non plus y avoir de difficulté à accorder au ministère public, comme à la partie elle-même, les droits de recours contre tout arrêt de condamnation.

Mais qu'arrivera-t-il si l'accusé est déclaré non coupable, et après que le président aura en conséquence prononcé qu'il est acquitté? Le recours en cassation pourra-t-il être exercé par le ministère public?

Si l'on ouvre la loi du 3 brumaire an IV, l'on n'y trouve point la question textuellement décidée, et l'on a paru douter qu'elle le fût, même implicitement, par la disposition qui ordonne que l'acquitté sera sur-le-champ mis en liberté.

Il convenait donc de s'expliquer formellement sur un point aussi important, et cela était d'autant plus nécessaire que quelques voix s'étaient élevées, et réclamaient qu'il fût accordé un court délai à la partie publique, pour se pourvoir, même en cas d'acquittement, contre une instruction vicieuse; mais cette prétention a semblé peu compatible avec toutes les autres parties d'un système essentiellement favorable à la liberté.

C'est un grand et terrible spectacle que celui d'un accusé placé devant les suprêmes arbitres de son sort; mais plus cette position est imposante, plus aussi l'humanité réclame-t-elle qu'après l'arrêt solennel qui brise les fers de l'innocent, son existence et son honneur ne restent point soumis aux nouvelles chances d'un second procès.

Sans doute l'ordre public réclame aussi beaucoup de sollicitude et de respect; sans doute le ministère public doit être armé d'assez de pouvoir pour empêcher la violation des lois; mais s'il n'a pas employé, pendant l'instruction, tous les moyens qui lui étaient offerts pour rendre cette institution légale, ou s'il a négligé de surveiller la procédure, convient-il que cette conduite, étrangère à l'accusé, puisse ravir à celui-ci le bénéfice de sa libération? Que si au contraire le ministère public a été vigilant, peut-on supposer que les cours n'aient pas déféré à ses vues, toutes les fois qu'il a requis une chose juste? Enfin, et quand on se livrerait à la supposition extrême de quelques omissions qui auraient eu lieu, nonobstant les réquisitions du ministère public, faudra-t-il, pour des cas aussi rares, et qui ne sauraient se reproduire qu'à de longs intervalles, retenir toutes les personnes acquittées dans les liens d'un sursis, qui, quelque courte que soit sa durée, n'offre qu'une sévérité incompatible avec la faveur due à la liberté, et au titre solennel qui proclame l'innocence.

De si graves motifs ont dicté les restrictions que vous trouverez établies dans notre projet, relativement au droit de recours attribué au ministère public.

Rien, sans doute, ne doit s'opposer à ce qu'en tout état les officiers chargés de ce ministère puissent se pourvoir, dans l'intérêt de la loi, contre un arrêt qui en aurait blessé les dispositions, mais sans préjudicier à la partie acquittée.

Au surplus, cette limitation du droit de recours est plus grave peut-être dans ses termes qu'elle ne le sera dans ses résultats, et elle est, de toutes les dispositions que contient le premier chapitre, celle qui appelait le plus d'explications; car les autres points de différence entre la législation actuelle et celle qui vous est proposée en cette partie, consistent plus dans la rédaction et la distribution des matières que dans le fond même des dispositions.

Art. 408. — Ainsi, messieurs, vous ne trouverez plus l'*excès de pouvoir* au nombre des nullités, mais cette suppression d'un mot vague et qui n'a jamais été bien défini, se trouve éminemment remplacée par le maintien seul de la cause de nullité tirée de l'*incompétence;* et s'il convient d'éviter les expressions oiseuses ou redondantes, c'est surtout dans les lois.

Je pourrais terminer ici mes observations sur le chapitre des *Nullités*, si ce mot même ne rappelait à la pensée le desir long-temps exprimé par les hommes les plus versés dans cette matière, de voir disparaître de notre législation une foule de nullités peu importantes, et plus propres à entraver les affaires que les dispositions auxquelles elles se rattachaient n'étaient propres à éclairer la justice et à assurer la bonté de ses arrêts.

Ce vœu a été entendu et exaucé. Ce n'est pas le titre qui vous est présenté aujourd'hui qui en contient particulièrement la preuve; elle se trouve répandue dans l'ensemble du nouveau Code; et déjà, messieurs, vous avez pu remarquer s'il a été pourvu à cet important objet avec cet esprit de sagesse qui prescrivait d'admettre les causes utiles et de rejeter celles qui ne l'étaient point.

En restreignant ainsi les causes de nullités, l'on a cru qu'il était juste, en cas de fautes très-graves, de faire supporter les frais de la procédure recommencée à l'officier ou juge instructeur qui aura commis la nullité.

Cette disposition, dont sans doute l'application sera très-rare, deviendra un éveil à l'attention des officiers instructeurs, et il est permis d'espérer que désormais très-peu de procédures seront dans le cas d'être cassées; mais quelques-unes resteront susceptibles de l'être, et c'est ici que vient se placer la discussion relative au chap. II, *des Demandes en cassation.*

Art. 416. — Cette partie du projet, dans laquelle sont retracées les formes du recours en cassation et la manière d'y statuer, ne sont pas susceptibles de beaucoup d'observations, parce que la marche en est simple et d'ailleurs conforme presqu'en tous points à la procédure usitée depuis 1791.

Je remarquerai pourtant qu'il convenait de réunir des dispositions qui sont aujourd'hui éparses dans plusieurs lois, et que, sur ce point, le nouveau projet aura le mérite d'être plus complet que le titre qui lui correspond dans la loi du 3 brumaire an IV.

Art. 429. — Mais ce que je dois plus particulièrement faire observer, c'est une disposition nouvelle qui tend à faire cesser l'obligation que la législation actuelle impose à la cour de cassation, de renvoyer, quand elle a cassé un arrêt ou un jugement, les parties *devant les tribunaux* LES PLUS VOISINS.

L'expérience a appris que cette règle, posée d'une manière absolue, n'était pas sans inconvénient: sans doute le voisinage, en matière de renvoi, est une indication naturelle que l'on suivra sans qu'elle soit prescrite: cette voie, toutes choses égales d'ailleurs, promet ordinairement plus de célérité et moins de frais, parce que les témoins sont placés plus près; mais quelque grands que soient ces avantages, ils peuvent disparaître quelquefois devant des considérations plus importantes encore.

Ainsi, des circonstances locales peuvent exiger qu'on éloigne la scène pour la soustraire à l'influence des passions, et l'espoir d'un jugement impartial mérite bien le sacrifice de quelque temps et de quelques frais.

Que la cour de cassation soit donc juge de ces circonstances: cette cour suprême, constitutionnellement investie du droit de prononcer sur les demandes en renvoi d'un tribunal à un autre, pour cause de suspicion légitime, fait-elle, en ce cas, autre chose que d'exercer le pouvoir discrétionnaire que le projet lui attribue d'une manière plus étendue?

La sagesse de cette cour et son propre intérêt sont garants de l'emploi qu'elle fera de cette attribution, et le projet pourvoit d'ailleurs à ce que nulle délibération sur ce point n'intervienne qu'avec des formes qui en garantissent la maturité.

Art. 440. — Le deuxième chapitre ne présente pas d'autres observations importantes; car je n'ai point à reporter votre attention sur la question célèbre et long-temps agitée, de savoir comment on procédera dans le cas d'un second arrêt qui, après une première cassation, serait attaqué par les mêmes moyens.

Cette question a été résolue par la loi du 16 septembre 1807, et le projet, en renvoyant à cette loi, ne donne lieu à aucuns nouveaux débats sur ce point, solennellement terminé.

Art. 443. — J'arrive, messieurs, au troisième chapitre du projet de loi, intitulé *des Demandes en revision.*

Ici, tout est nouveau, et rien n'est emprunté de la législation actuelle : je serai donc forcé d'entrer dans de plus grands développements que je ne l'ai fait sur les autres parties.

Pour prendre une juste idée des demandes en revision dont je vais parler, il faut d'abord bien se garder de les confondre avec les demandes en cassation.

Rien de commun n'existe entre ces deux voies de rétractation des arrêts, sinon le but qu'on s'y propose de faire tomber une condamnation.

La cassation s'applique à tous les arrêts infectés de nullités : c'est un bénéfice accordé à tous les condamnés qui peuvent établir que la loi a été violée envers eux.

La revision n'a lieu que pour quelques cas déterminés.

La cassation a son fondement dans les seules infractions de la loi.

La revision peut atteindre une procédure régulière, s'il y a, d'après les caractères que la loi tracera elle-même, une erreur à réparer.

Depuis l'installation du jury jusqu'à ce jour, une loi du 15 mai 1793, unique en cette espèce, avait adopté pour cause de revision l'existence simultanée de deux condamnations inconciliables.

Nulle autre cause n'était admise, et celle-ci même n'a pas été maintenue par la loi du 3 brumaire an IV.

Il est aisé de se rendre compte des motifs qui ont placé notre législation dans cet état.

Long-temps, messieurs, on a cru que toute revision, quelque plausible qu'en fût le motif, était incompatible avec l'institution du jury, et cette tribune a plus d'une fois retenti de discussions relatives à cette importante question : mais ces discussions ont été stériles, parce qu'en admettant des causes de revision, l'on eût craint d'attaquer la base même sur laquelle repose tout le système de notre procédure criminelle.

Sans doute cette crainte eût été, et serait encore légitime, s'il s'agissait de généraliser la revision et de l'appliquer, hors un petit nombre de cas où il y a, soit erreur évidente, soit du moins une juste présomption d'erreur.

Qu'y a-t-il donc à examiner dans ce moment, si la revision, ainsi restreinte, est juste et praticable?

C'est d'abord une idée consolante, que de pouvoir se dire qu'on agite cette question dans celui de tous les systêmes qui admet le moins d'erreurs funestes à l'innocence; et, en effet, s'il est un ordre de choses conforme à ce beau rescript de Trajan, devenu proverbe : *Il vaut mieux absoudre un coupable que de condamner un innocent*, c'est sans doute une institution où les accusés sont jugés par leurs pairs, et par des hommes qui, non endurcis par l'habitude, ni enchaînés par des préjugés de profession, ne suivent que le cri impérieux de leur conscience.

Toutefois et bien que les condamnations erronées doivent être rares dans un tel systême, il sort de la main des hommes, et sa perfection n'est pas telle que l'erreur n'y puisse pénétrer jamais. N'y aura-t-il, en ce cas, aucun remède?

Je vais emprunter, messieurs, les expressions d'un jurisconsulte étranger, et qui, appartenant à un pays où le jury est en grand honneur, ne croyait pas pourtant que ses décisions dussent être plus fortes que l'évidence qui viendrait les détruire. « Tant que les « hommes, dit cet écrivain (1), n'auront au« cun caractère certain pour distinguer le vrai « du faux, une des premières sûretés qu'ils « se doivent réciproquement, c'est de ne pas « admettre, sans une nécessité démontrée, « des peines absolument irréparables. N'a-t-on « pas vu toutes les apparences du crime s'ac« cumuler sur la tête d'un accusé dont l'in« nocence était démontrée quand il ne restait « plus qu'à gémir sur les erreurs d'une préci« pitation présomptueuse? Faibles et incon« séquents que nous sommes! Nous jugeons « comme des êtres bornés, et nous punissons « comme des êtres infaillibles ».

Ces réflexions ont un double but. Appliquer le moins possible la peine capitale (ce qui est du ressort du Code pénal), et réparer, autant qu'il sera possible, la peine qui aurait été infligée par erreur.

Mais à quels caractères reconnaîtra-t-on l'erreur, et quels seront les preuves ou indices suffisants pour admettre la revision? C'est ici qu'une grande circonspection est né-

(1) Jérémie Bentham, *Traité de Législation civile et pénale.*

cessaire; car tout excès serait nuisible, et, sans des limites tracées avec sagesse et précision, ce ne serait plus la justice appliquée à quelques espèces, mais l'arbitraire planant sur toutes, et tendant, sous de frivoles prétextes, à tout remettre en question.

L'écueil a été aperçu et évité.

Vous ne trouverez pas, messieurs, inscrites dans le projet de loi, comme moyens de revision, ces déclarations collusoires et banales par lesquelles un homme poursuivi et condamné pour un crime se charge sans aucuns risques, du crime d'autrui. Cette tactique usée, dont les simples citoyens ne sont plus dupes aujourd'hui, ne peut que mériter le mépris des législateurs.

Mais, en parcourant avec soin tous les points du vaste horizon que présente cette matière, trois cas seulement ont été recueillis comme dignes de fixer votre attention.

Le premier est celui où deux condamnations successivement prononcées pour le même crime ne sauraient se concilier, et seraient la preuve de l'innocence de l'un ou de l'autre des condamnés.

Ainsi un vol est commis, et Paul est condamné comme en étant l'auteur : six mois après Philippe est poursuivi pour le même vol et en est reconnu coupable : voilà deux hommes condamnés sur des poursuites distinctes et sans complicité pour le même crime, et il devient évident que l'une des deux condamnations est erronée.

Dans une telle conjoncture, la justice et l'humanité réclament une nouvelle instruction et de nouveaux débats, qui, devenus communs aux deux condamnés mis en présence l'un de l'autre, puissent signaler celui qui a été victime de l'erreur.

Art. 444. — Le second cas prévu par le projet est encore plus frappant : un homme passe pour avoir été tué, et son prétendu meurtrier est condamné; cependant l'individu supposé mort se représente, et efface, par sa seule présence, toute idée du crime qui a été la base de la condamnation : l'on sent assez que, s'il en est temps encore, il faut se hâter de briser les fers du condamné, sans autre condition que celle de reconnaître l'existence et l'identité de la personne prétendue homicidée.

Art. 445. — Enfin, il se présente un troisième cas de revision, c'est celui où, après une condamnation, l'un ou plusieurs des témoins qui ont déposé à la charge du condamné, sont eux-mêmes convaincus de faux témoignage porté dans la même affaire.

Cette espèce est exactement celle qui forma, il y a plusieurs années, le sujet de la réclamation élevée dans l'intérêt des nommés *Petit-Renault*, condamnés à Besançon.

Ici toutefois l'erreur de la condamnation ne se montre pas avec la même évidence que dans les autres espèces citées; car il est strictement possible que le faux témoignage n'ait pas seul dicté la déclaration du jury devant les cours criminelles, ou formé l'opinion des juges dans les matières qui leur sont spécialement réservées; le degré d'influence qu'il a pu obtenir ne saurait se calculer, dans une procédure qui ne laisse point de traces, ni aucunes données sur les causes qui ont amené la conviction.

Mais si l'erreur de la condamnation ne résulte pas évidemment de la seule circonstance d'un faux témoignage, depuis reconnu et puni, du moins faut-il convenir que ce fait est assez grave pour établir une suffisante présomption que l'accusé a été victime d'une horrible calomnie.

Dans une telle position, ce serait être sourd à la voix de l'humanité que de ne pas recourir à une nouvelle instruction, dégagée des funestes éléments qui ont corrompu la première.

Je viens, Messieurs, de vous exposer les cas de revision admis par le projet et leurs motifs, mais je n'ai pas tout dit encore à ce sujet.

Art. 447. — Les articles rédigés sur cette partie, en ordonnant une nouvelle instruction propre à réparer l'erreur autant qu'elle sera réparable, statuent que cette instruction sera recommencée avec les parties condamnées.

Ces parties sont supposées vivantes, mais elles peuvent ne l'être plus, et cette position, quoiqu'elle présente moins d'intérêt, ne laisse pas d'appeler encore l'examen du législateur.

Quand la condamnation résulte d'une erreur matérielle et évidente, comme dans le cas où elle a eu pour base la mort supposée d'une personne qui se représente, il est aisé de rendre à la mémoire du condamné la justice qu'elle réclame : mais en est-il de même dans les autres cas qui exigent une instruction et des débats ?

Dans le concours de deux condamnations

inconciliables, et quand les deux condamnés sont vivants, rien de plus simple que de considérer les condamnations respectives comme non avenues, et d'établir une instruction commune dans laquelle les deux accusés, en présence l'un de l'autre, viennent subir le nouvel examen de la justice; mais si l'un des deux est mort (et dans cette hypothèse, ce sera toujours celui qui aura subi la première condamnation), que ferait-on effectivement en annullant les deux arrêts, sinon de rengager un combat qui ne saurait plus être égal, et d'arrêter l'exécution de la dernière condamnation portée le plus ordinairement en pleine connaissance du premier arrêt et avec d'autant plus de circonspection que la peine déjà antérieurement infligée à un autre prévenu pour le même fait, était pour la justice, à cette seconde époque, un préjugé ou tout au moins un avertissement dont tout l'avantage restait à l'individu ensuite accusé du même crime.

Annuller de plein droit le second arrêt, quand le premier condamné ne vit plus, ce serait, sans profit pour l'homme qui était peut-être innocent, accorder une faveur extraordinaire à celui que le dernier état des choses proclame comme le vrai coupable.

Ainsi, l'on irait directement contre le but que la justice doit se proposer, et il a fallu, dans ce cas, renoncer à une revision qui, dépouillée de son motif et de ses moyens, offrait plus d'inconvénients que d'avantages.

Il n'était pas plus possible, mais par d'autres considérations, d'admettre hors la présence du condamné, la revision d'une condamnation portée sur un faux témoignage; car, comme il a déjà été observé, si ce faux témoignage rend la condamnation suspecte, il ne lui imprime pas nécessairement le cachet de l'erreur; et s'il suffit pour autoriser une nouvelle instruction et de nouveaux débats, il ne saurait suffire pour proclamer, sans autre formalité, l'injustice de la condamnation.

Mais, puisque de nouveaux débats sont nécessaires, pourrait-on donner ce nom à une instruction qui aurait lieu hors la présence du condamné?

Dans les deux espèces que je viens de rappeler, il a fallu s'arrêter devant les barrières posées par la nature elle-même; et, quand l'erreur possible ou présumée n'est d'ailleurs plus réellement réparable, il ne faut pas ouvrir d'indiscrètes issues aux réclamations.

Ce qu'il était possible de faire sans nuire au plan général de l'institution, le projet le fait, et il améliore la législation actuelle en remplissant une lacune qui affligeait l'humanité.

Je vous ai exposé, messieurs, les principales vues de tout le projet: il est soumis à vos lumières et n'attend plus que votre sanction pour prendre sa place dans le nouveau Code promis à la France, et que la patrie va recevoir de vos mains comme un nouveau témoignage de votre zèle à concourir aux vues qui animent l'auguste chef de l'empire, pour l'amélioration des lois qui influent tant sur le bonheur des peuples.

TITRE IV.

De quelques Procédures particulières.

CHAPITRES I A V.

Décrétés le 12 décembre 1808; — Promulgués le 22 du même mois.

[ARTICLES 448 à 517.]

EXPOSÉ DES MOTIFS par M. le Conseiller-d'État BERLIER.

Séance du 1.er décembre 1808.

MESSIEURS,

S'il est peu de principes qui ne soient susceptibles d'exceptions, il est également peu de systèmes qui ne comportent des modifications dans quelques-unes de leurs parties.

Les dispositions du Code d'instruction criminelle qui vous sont déjà connues, ont posé dans cette matière les règles du droit commun : le titre dont nous venons aujourd'hui vous offrir les cinq premiers chapitres, traite de *quelques procédures particulières.*

Le nom seul de ce titre indique qu'il se compose d'objets divers et qui n'ont pas entre eux une vraie connexité; si ce travail, pour être bien compris, n'a pas besoin de cette attention forte et soutenue qu'appelle l'exposition d'un plan général, il a, pour être écouté avec patience, besoin de tout l'intérêt que vous savez accorder aux nombreux détails de notre législation.

Art. 448. — Le premier chapitre du titre des procédures particulières, traite *du Faux* : telle est la nature de ce crime, qu'il exige une instruction spéciale, principalement dans tout ce qui tend à constater l'état de la pièce fausse, et à régler les caractères et l'emploi de celles qui doivent lui être comparées.

Cette partie de l'instruction ne saurait, par sa nature même, ne pas admettre une certaine conformité dans quelqu'ordre de procédure que ce soit : aussi la loi du 29 septembre 1791 avait-elle sur ce point emprunté plusieurs dispositions de l'ordonnance criminelle de 1670; et la loi du 3 brumaire an IV qui nous régit aujourd'hui, a-t-elle, en beaucoup de points, copié la loi de 1791.

Le projet qui vous est soumis en ce moment, apporte bien peu de changements à cette loi du 3 brumaire an IV; et, en me conformant à la marche suivie jusqu'à ce jour par les orateurs qui vous ont présenté les premières parties du Code en discussion, je me bornerai à fixer votre attention sur les dispositions du nouveau projet qui tendent à introduire des changements ou des modifications de quelque importance dans la législation qui nous régit aujourd'hui.

Dans l'état actuel de cette législation, la plus légère infraction des formes prescrites pour assurer l'état des pièces arguées de faux, ou même des pièces de comparaison, entraîne la peine de nullité.

Ainsi, en quelque nombre que soient ces pièces, elles doivent être paraphées à chaque page par les personnes que la loi désigne, et l'omission du paraphe de l'une d'elles à une seule page d'un volumineux cahier, peut faire tomber toute la procédure.

Cette sollicitude de la loi a semblé excessive: sans doute les citoyens doivent trouver leur garantie dans les formes, mais ces formes ne doivent pas être un piége tendu à la plus légère inattention : la cassation d'une procédure est un remède grave et qui ne doit pas être appliqué sans les plus fortes raisons.

Cet inconvénient pouvait être évité sans renoncer à des formalités reconnues utiles; il fallait seulement les pourvoir d'une autre espèce de sanction, et c'est ce que le projet a fait : toute infraction de l'espèce que je viens de décrire donnera lieu désormais à une amende contre le greffier; or, l'intérêt personnel est vigilant, et nous sommes fondés à croire que cette garantie vaudra bien celle qu'elle est destinée à remplacer.

Toutefois la punition du greffier pourrait être considérée comme insuffisante relativement aux parties et notamment à l'accusé, si celui-ci ne pouvait pas pourvoir à l'entier accomplissement d'une formalité qu'il regarderait comme utile à ses intérêts; mais il le peut, c'est son droit, et s'il en a réclamé l'application, et qu'il n'y ait pas été statué, (Art. 408.) il y aura ouverture à cassation, d'après d'autres dispositions du Code qui vous sont déjà connues et qui font partie du titre III présenté dans l'une de vos dernières séances.

Par là, le but est atteint; mais s'il s'agit d'une omission qui, essentiellement légère ou indifférente à l'accusé, n'ait pas mérité qu'il en demandât le redressement pendant l'instruction, pourquoi y trouverait-il ensuite un moyen de cassation ?

Je crois avoir suffisamment justifié cette nouvelle disposition, et je vais en soumettre d'autres à votre examen.

La loi du 3 brumaire an IV, sans exclure formellement les écritures privées de la classe de celles qui peuvent être prises pour pièces de comparaison, n'en parle pas, et cependant il convient de s'expliquer sur un point aussi important.

Sans doute des pièces dénuées de toute authenticité ne sauraient être admises jusqu'à ce qu'elles aient acquis ce caractère; mais s'il leur est conféré par une reconnaissance formelle, pourquoi seraient-elles exclues? la raison s'oppose à cette exclusion; et, à défaut d'actes notariés, la nécessité peut commander d'y recourir.

Aussi, et même dans le silence de la loi, paraît-il que cela s'est ainsi pratiqué; mais, s'il n'y avait sur ce point que matière à explication, l'objet sur lequel je vais maintenant porter votre attention présente un changement assez grave.

Art. 454. — La législation actuelle établit en termes positifs que les dépositaires publics *seuls* peuvent être contraints à fournir des pièces de comparaison; cette disposition, qui a sans doute eu pour but d'éviter des vexations envers de simples citoyens, a cependant porté trop loin sa sollicitude; car, puisque des écritures privées peuvent, si elles ont été antérieurement reconnues en justice, ou si elles sont suivies de reconnaissance, faire office de pièces de comparaison et qu'elles seront quelquefois nécessaires, il est conséquent et juste que le simple particulier, dépositaire de telles écritures, puisse être obligé à les produire; (Art. 455.) quand l'ordre public qui veille pour la société entière réclame cette production, c'est pour tout citoyen un devoir d'y déférer, et ce principe est d'ailleurs puisé dans le droit romain (1).

Art. 456. — Toutefois il ne faut pas qu'une telle disposition dégénère en abus, ni que le dépositaire privé soit exposé à une contrainte immédiate; car il peut n'avoir pas les écritures qu'on aurait articulé être en sa possession; ou s'il avoue les avoir, il peut être gravement intéressé à ne pas les produire toutes; et il est possible que la justice se contente d'une production partielle, lorsqu'elle sera jugée suffisante : ceci est donc l'objet d'explications préalables que les juges apprécieront de manière à concilier ce qui est dû au tiers dépositaire, avec ce qu'il doit lui-même à l'ordre public.

Art. 464. — Je n'ai plus, messieurs, à vous entretenir, sur les matières contenues au chapitre *du Faux*, que d'une disposition finale relative à la fausse monnaie, aux faux papiers nationaux et aux faux billets de banque.

Cet objet est d'une si haute importance, et le crime qu'il est question d'atteindre compromet si essentiellement la fortune publique, qu'on a senti le besoin de donner la plus grande activité aux recherches, et c'est dans ces vues que la loi du 3 brumaire an IV a écarté toutes les entraves qui pouvaient résulter des limites territoriales de la juridiction.

Les motifs qui ont dicté cette disposition n'ont rien perdu de leur force et subsisteront dans tous les temps; il serait fâcheux que le juge ou l'officier de police judiciaire qui, muni des premiers documents, a commencé les visites nécessaires en pareil cas, ne pût les continuer hors de son ressort : car il en résulterait des lenteurs qu'il importe essentiellement d'éviter.

Mais, si cette extension de territoire peut être utilement attribuée à des magistrats qui s'occupent habituellement de la distribution de la justice, elle a semblé ne pas convenir également à une multitude d'autres agents désignés dans la loi du 3 brumaire an IV.

Cette restriction obtiendra sans doute votre assentiment, car le droit extra-territorial que nous examinons, pourrait, comme la plupart des institutions qui sortent du droit commun, dégénérer en abus, s'il n'était pas confié à des mains exercées, et si l'emploi n'en était pas sagement dirigé.

J'ai indiqué les principaux changements que subira l'instruction sur le faux; instruction d'ailleurs qui ne s'applique qu'au cas où l'auteur du faux est désigné et poursuivi; car, s'il s'agit simplement de statuer sur le sort d'une pièce arguée de faux, sans incrimination de personne, c'est le cas du faux incident civil, réglé par les articles 214 et suivants du Code de procédure civile.

Je passe au chapitre II, intitulé *des Contumaces*.

Art. 465. — Parmi les innovations que présente ce chapitre, il en est une qui, par son importance, mérite d'être traitée la première; c'est celle qui tend à attribuer aux cours le jugement des contumax, *sans assistance ni intervention de jurés*.

Art. 470. — Les cours consultées sur le projet de Code, ont, pour la plupart, donné leur adhésion formelle ou tacite à ce changement; mais cependant quelques-unes d'entre elles ont manifesté des inquiétudes, et leur intérêt s'est porté sur les hommes faibles que l'appareil d'une procédure criminelle épouvante, et qui, bien qu'innocents, n'osent se présenter à la justice.

Cette sollicitude serait juste sans doute, s'il pouvait résulter de la nouvelle disposition, que la seule absence dût être considérée comme la preuve de la culpabilité, et si les juges qu'on propose de substituer aux jurés recevaient le mandat exprès de déclarer toujours le contumax coupable; mais une doctrine aussi barbare

(1) *Vid. Leg.* 22, *C. de fide instrumentorum.*

est loin de l'esprit et du texte de notre projet, et la seule question est de savoir par qui sera prononcée ou l'absolution ou la condamnation du contumax : de puissants motifs ont fait préférer, dans cette espèce, les juges aux jurés.

Le ministère de ceux-ci paraît peu compatible avec des formes de procédure où il n'y a ni débats, ni dépositions orales de témoins ; ce qui doit amener la conviction du jury, c'est ce drame terrible où tout est en action autour de lui ; ce qui doit l'éclairer, c'est cette multitude de circonstances qu'il ne peut saisir qu'en voyant les accusés et les témoins.

Otez ces éléments et le jury est sans base : comment donc la loi de brumaire an IV a-t-elle pu maintenir le ministère des jurés dans le jugement des contumax, tout en reconnaissant qu'en ce cas il suffisait de leur lire la procédure et les dépositions écrites des témoins qui ne sont pas même appelés pour déposer devant eux ?

Puisque tout se réduit à des lectures de pièces, à l'examen d'une procédure écrite, et à une froide analyse de circonstances plus ou moins établies au procès, c'était déplacer toutes les idées que de ne pas laisser aux juges le soin d'y statuer. Les rétablir dans ce droit, c'est d'ailleurs dégager l'instruction de la contumace, d'éléments qui la compliquent sans utilité et sans intérêt pour le contumax, puisqu'en l'absence de preuves suffisantes, il devra également être absous, et qu'en cas de condamnation, il pourra, en se représentant, anéantir l'arrêt qui la prononce.

C'en est assez sans doute pour justifier ce changement, et il me reste à vous en indiquer un autre qui, fondé sur les idées les plus libérales, ne saurait manquer d'obtenir votre assentiment ; je veux parler de la restitution des fruits ou revenus des biens séquestrés durant la contumace.

Art. 471. — Dans l'état présent de notre législation, ces fruits et revenus sont séquestrés au profit de l'état et *lui appartiennent irrévocablement ;* la loi du 3 brumaire an IV contient une disposition expresse à ce sujet.

Cette confiscation des fruits était-elle juste et commandée par l'intérêt public ? On ne l'a point pensé. A la vérité, si l'on recourt aux anciens usages de la monarchie, l'on y voit le contumax placé *extra sermonem Regis ;* ce que Montesquieu traduit par ces mots, *hors la protection du Roi ;* et l'on sent bien qu'un tel état de choses devait entraîner les confiscations à sa suite.

Mais, sans considérer ce qui existait dans ces anciens temps, ou même à des époques plus rapprochées de nous, qu'y a-t-il d'essentiellement important dans la matière qu'on discute, et quel est le but que la loi doit se proposer ? C'est d'obliger le contumax à se représenter ; tout ce qui tend à cette fin est utile, tout ce qui irait au-delà est de trop.

D'après ces données, l'on conçoit toute l'utilité du séquestre : en effet, il ne faut pas en laissant au contumax la possession de ses biens et la jouissance de ses revenus, le mettre dans le cas de perpétuer sa désobéissance à la loi.

En le privant de la jouissance de ses biens, la loi emploie le plus puissant mobile qu'elle ait en son pouvoir, pour l'obliger à se représenter ; mais l'expectative de la réintégration sera une prime d'autant plus efficace, qu'elle sera moins accompagnée de restrictions, et que la soumission du contumax lui sera plus profitable.

La confiscation irrévocable des fruits et revenus échus durant la contumace irait donc contre le but qu'on doit se proposer, et elle serait surtout extrêmement dure envers l'homme qui, ayant purgé sa contumace, serait reconnu innocent.

Je crois en avoir assez dit, messieurs, pour justifier cette nouvelle disposition.

Le surplus du chapitre sur la contumace n'offre rien qui diffère sensiblement des dispositions qui régissent aujourd'hui cette matière, et surtout il n'en présente aucune dont la simple lecture ne suffise pour en justifier la convenance et l'utilité.

Je passe donc au chapitre III, intitulé, *des Crimes et délits commis par des juges hors de leurs fonctions et dans l'exercice de leurs fonctions.*

L'instruction dont les règles sont posées dans cette partie du projet, ressemble peu à celle comprise dans le titre XVII de la loi du 3 brumaire an IV. Les changements qui ont eu lieu depuis cette époque, et dans les constitutions politiques de l'état, et dans l'organisation même des tribunaux, ont prescrit de grandes innovations dans la matière que nous allons traiter.

Je ne chercherai donc point à rapprocher ce qui échappe à toute comparaison, et je me bornerai à vous exposer les nouvelles vues qui ont présidé à cette partie du projet.

Art. 479. — Il s'agit ici de crimes ou délits commis par des membres de l'ordre judiciaire, et, s'il est pénible d'avoir à se placer dans des hypothèses où la conduite de quelques-uns de ces magistrats pourra donner lieu à des poursuites contre eux, il est consolant de penser que leur bonne composition et la régularité de leurs travaux, rendront ces hypothèses bien rares, et que, s'il convient de s'en occuper, c'est que la loi doit prévoir ce qui arrive très-rarement, comme ce qui arrive tous les jours.

Si un juge de paix ou un membre de tribunal correctionnel ou de première instance, commet un délit susceptible d'une peine correctionnelle, par qui sera-t-il poursuivi et jugé? Le sera-t-il par les mêmes voies et par les mêmes juges qu'un simple particulier?

Le projet attribue la connaissance de ces délits aux cours impériales qui y statuent en premier et dernier ressort : les motifs de cette attribution sont faciles à saisir.

En effet, s'il s'agit d'un simple délit commis dans l'exercice des fonctions, le droit de discipline naturellement dévolu au supérieur sur l'inférieur, devient ici attributif de la juridiction; et s'il est question d'un délit commis hors les fonctions, l'ordre public réclame encore cette attribution, surtout si l'inculpation est dirigée contre un magistrat, membre d'un tribunal de première instance ou de police correctionnelle, car s'il avait son propre tribunal pour juge, ne devrait-on point redouter ou une trop excessive indulgence, ou une trop grande rigueur?

Dans une telle conjoncture, et même lorsqu'il s'agit d'un délit imputé à un juge de paix, il est bon que les dispensateurs de la justice soient pris dans un ordre plus élevé, et parmi des hommes assez forts pour rassurer la société entière contre l'impunité de certains fonctionnaires, et pour protéger ceux-ci contre d'injustes poursuites.

Cette double garantie se trouve dans la compétence donnée aux cours impériales pour connaître immédiatement des délits de police correctionnelle commis par les juges de première instance ou de paix, dans leurs fonctions ou dehors : point d'impunité, point de vexations ; voilà le but qu'on atteindra par une mesure qui tend d'ailleurs à investir les cours d'une plus grande considération, et à établir dans la hiérarchie judiciaire un ressort qui lui manque aujourd'hui.

Je n'ai jusqu'ici parlé que des délits de police correctionnelle; mais il peut s'agir de la répression de crimes beaucoup plus graves, et qui soient l'ouvrage ou d'un tribunal entier, ou de quelques juges individuellement.

Déjà le sénatus-consulte du 28 floréal an 12, a statué que la forfaiture des cours serait poursuivie devant la haute cour impériale, et jugée par elle; et il eût été non moins inconvenant qu'inutile de répéter des dispositions consacrées par un acte aussi solennel ; mais il convenait de le prendre pour régulateur de ce qui reste à faire dans cette partie.

Art. 481. — Ainsi le sénatus-consulte du 28 floréal an 12 n'a statué que sur la forfaiture qui serait commise collectivement par une cour, et non sur celle qui serait individuellement imputable à l'un ou plusieurs membres de cette cour; dans ce cas, comme dans celui où il s'agirait d'un crime imputé à un tribunal entier de police correctionnelle, de commerce ou de première instance, il a paru convenable d'attribuer à la cour de cassation une première juridiction qu'elle exercera avec solennité et avantage pour l'ordre public et les prévenus.

Art. 480. — De même, s'il s'agit de forfaiture ou autre crime imputé individuellement, et dans l'exercice de ses fonctions, à un juge de rang inférieur, les fonctions du juge d'instruction et du procureur impérial seront immédiatement remplies par le premier président de la cour impériale et le procureur général près cette cour.

Dans cette combinaison, l'on est resté fidèle à ce principe, que dans la répression des crimes imputés à des juges, les premières autorisations devaient venir d'assez haut pour obvier tout à la fois à l'impunité des juges qui seraient vraiment coupables, et aux vexations auxquelles se trouvent quelquefois en butte ceux qui remplissent un grave et difficile ministère.

Voilà la clef de toute cette partie du projet; et si j'ai indiqué des attributions qui sortent de l'ordre commun, elles ne s'appliquent qu'à certains actes ou jugements qui, constituant l'accusation, ne vont jamais au-delà, et après lesquels le juge ou le tribunal prévenu de crimes est renvoyé devant la cour compétente, et reste soumis aux formes ordinaires.

En lisant dans tous leurs détails les articles

qui se rapportent à cette espèce de procédure, vous jugerez, messieurs, s'ils remplissent bien les vues que je vous ai exposées.

Art. 504. — Je dois rendre compte maintenant de celles qui ont dicté le chapitre IV, intitulé : *des Crimes et des Délits contraires au respect dû aux autorités constituées.*

Un titre semblable existe dans la loi du 3 brumaire an 4, et nulle législation ne saurait être entièrement muète sur un point qui intéresse aussi essentiellement l'ordre public.

Toutefois, messieurs, ce n'est point ici que se trouveront retracées les peines qu'il convient d'infliger à de tels crimes ou délits, ces peines appartiennent au Code pénal, et il n'est en ce moment question que du mode de poursuivre et de juger.

Si l'on jette un coup d'œil sur la législation actuelle, il sera aisé de se convaincre qu'elle n'est point assez répressive et que les magistrats ne sont pas armés d'un pouvoir suffisant pour se faire respecter.

Un emprisonnement de huit jours, par forme de police, est le *maximum* de la peine que les cours mêmes peuvent infliger incontinent à ceux qui les ont outragées dans l'exercice de leurs fonctions, et si le fait mérite une peine plus grave, elles ne peuvent que renvoyer le délinquant devant les autorités compétentes, pour y subir l'épreuve d'une instruction correctionnelle ou criminelle, selon la nature et la gravité du crime ou du délit.

Un tel renvoi, qui ne fait qu'attester l'impuissance des magistrats outragés, a semblé peu propre à leur garantir le respect qui leur est dû, et le besoin de chercher des vengeurs hors de leur propre enceinte a paru, en ce qui regarde les cours et tribunaux, contraster avec leur institution même.

Ecoutons la loi romaine : *Omnibus magistratibus........ Secundùm jus potestatis suæ concessum est juridictionem suam defendere pœnali judicio.* (Leg. unic. ff.) *Si quis jus dicenti non obtemperaverit.*

Ce texte renferme d'une manière précise la pensée principale qui a présidé à la rédaction du chapitre que nous examinons, et qu'il convient de coordonner avec quelques autres idées prises dans la constitution hiérarchique de l'ordre judiciaire.

Art. 505. — Ainsi, en accordant aux cours et tribunaux le droit de statuer incontinent sur les crimes ou délits qui les blessent, et qui ont été commis à l'audience même, l'on conçoit pourtant que toutes les autorités judiciaires ne sauraient jouir d'un tel droit, avec la même latitude, et qu'un juge seul, par exemple, ne peut être investi du même pouvoir qu'une cour tout entière, ni un tribunal sujet à l'appel, revêtu de la même autorité qu'une cour qui prononce en dernier ressort.

C'est d'après ces données que le projet statue que les peines de simple police prononcées en cette matière seront sans appel, de quelque tribunal ou juge qu'elles émanent, et que celles de police correctionnelle seront seulement prononcées à la charge de l'appel, si elles émanent d'un tribunal sujet à l'appel ou d'un juge seul.

Art. 506. — C'est aussi en suivant le même plan, que, lorsqu'il s'agit d'une poursuite criminelle et des peines afflictives ou infamantes, les juges inférieurs, qui ne peuvent y pourvoir, doivent renvoyer le prévenu devant le juge compétent.

Art. 507. — Mais, si le crime a été commis devant des juges supérieurs et à l'audience d'une cour, l'élévation de tels juges, leur nombre et le besoin de les faire jouir de tout le respect qui leur est dû, ont tracé leur compétence, et la leur ont assurée sans restriction.

Cette attribution accidentelle est faite même à la cour de cassation, quoique par son institution elle ne doive prononcer sur le fond d'aucune affaire; mais il s'agit ici d'atteintes portées à sa dignité, dans le sanctuaire même de la justice, et la cour suprême ne saurait, en de telles conjonctures, être armée d'un pouvoir moindre que celui des autres cours de l'Empire.

Au reste, si, dans les cas très-rares sans doute, où les cours auront à faire usage de ce pouvoir, l'instruction doit être rapide, il doit aussi être pourvu à la défense du délinquant, et le projet n'a point perdu de vue cet objet important.

Art. 508. — Il exige une forte majorité de voix pour opérer la condamnation, et la raison en est sensible, car dans un crime flagrant qui se passe sous les yeux d'une cour, l'évidence du fait ne saurait admettre un dissentiment notable dans les opinions; et si ce dissentiment existe à un certain degré, il doit tourner au profit du prévenu.

Art. 509. — Telles sont, messieurs, les vues principales du chapitre IV dans lequel on a regretté de ne pouvoir donner à l'autorité administrative offensée dans ses fonctions, des moyens de repression aussi directs et aussi étendus que ceux qui sont attribués à l'autorité judiciaire ; mais la nature de nos institutions s'y opposait ; et si des administrateurs peuvent faire saisir et conduire dans la maison d'arrêt *tout* individu qui les a offensés, outragés ou *blessés* dans l'exercice de leur ministère, c'est à la justice à les venger ultérieurement.

Il me reste à vous entretenir très-sommairement de l'objet du chapitre V, relatif à la manière dont sont reçues *les dépositions des princes et de certains fonctionnaires de l'Etat.*

La loi du 3 brumaire an IV ne contient nulles dispositions correspondantes à celles de ce chapitre; elle fut faite dans des circonstances différentes de celles où nous sommes, et l'on conçoit que les changements politiques opérés depuis ce temps ont dû en apporter aussi dans nos institutions civiles.

En considérant notre position actuelle, on a pensé que certaines personnes, à cause de l'éminence de leur rang dans l'Etat, et un plus grand nombre, à cause de l'importance de leurs fonctions, ne devaient pas être facilement distraites de leur résidence pour témoigner en justice; et l'on a substitué pour ce cas, aux formes communes, un mode particulier de dépositions écrites qui rempliront éminemment le vœu général de la loi pour la partie de l'instruction qui précède les débats.

Art. 517. — A l'égard des débats mêmes, on ne s'est pas dissimulé toute la difficulté qu'il y avait de suppléer par des témoignages écrits à des dépositions orales : aussi le projet, en ce qui regarde les hauts fonctionnaires, qui y sont désignés, ne les délie-t-il point de l'obligation commune de comparaître devant le jury, mais admet-il seulement la possibilité d'une dispense par décret impérial : remarquons d'ailleurs que, si cette dispense est un privilége légal pour les princes, ce privilége cessera toutes les fois que l'Empereur, sur la demande d'une partie ou sur le rapport du grand-juge, aura autorisé ou ordonné la comparution en personne.

Ainsi les modifications que renferme ce chapitre et qui ont semblé commandées par la nature des choses, se trouvent elles-mêmes susceptibles d'être restreintes selon les circonstances que le souverain seul peut apprécier, comme placé au sommet de l'ordre politique dans l'intérêt duquel l'exception est introduite.

Espérons donc que l'application n'en sera point abusive, et que la comparution en témoignage, devant le jury même, des personnes qui sont l'objet de cette discussion, aura lieu toutes les fois qu'éminemment utile au procès, elle ne sera pas radicalement empêchée par des motifs d'un ordre supérieur.

Je vous ai exposé, messieurs, les vues principales du cinquième projet de la loi dépendant du Code d'instruction criminelle.

Les changements sur lesquels j'ai spécialement porté votre attention promettent des améliorations que nous espérons voir bientôt confirmées par l'expérience.

Au premier rang de ces améliorations, vous placerez sans doute les nouveaux moyens de force et de considération dont le projet tend à environner l'ordre judiciaire.

Dans cette partie surtout, nous n'avons fait que suivre l'impulsion du génie qui préside à nos institutions et les vivifie toutes. La volonté de l'Empereur est de donner à la magistrature des fondements solides, et vous vous empresserez sans doute de seconder des vues aussi utiles.

TITRE IV.

De quelques Procédures particulières.

CHAPITRES VI ET VII.

Décrétés le 13 décembre 1808; — Promulgués le 23 du même mois.

[ARTICLES 518 à 524.]

EXPOSÉ DES MOTIFS par M. le Conseiller-d'État ALBISSON.

Séance du 2 décembre 1808.

MESSIEURS,

Les trois premiers titres du livre II du Code d'instruction criminelle, et les premiers chapitres du titre IV, formant ensemble cinq projets de loi, vous ont été successivement présentés, et vous en avez déjà sanctionné deux par vos suffrages.

Nous venons aujourd'hui vous présenter le sixième projet qui complète le titre IV et règle la marche et les formes *de quelques procédures particulières*, notamment le mode de reconnaissance de l'identité des individus condamnés, évadés et repris.

ART. 518. — Notre ancienne législation criminelle était muète sur la manière de reconnaître et de constater l'identité d'un individu présenté à la justice comme un coupable condamné, évadé et repris.

Cette lacune n'était rien moins qu'indifférente.

S'il importe à la société que le crime n'échappe pas à la peine que la loi lui inflige; s'il lui importe de ne pas voir rentrer dans son sein le scélérat qui l'a déjà troublée et qui viendrait y apporter de nouveaux sujets d'alarmes, ou y consommer de nouveaux attentats, il n'importe pas moins à la sûreté individuelle, et à la tranquillité personnelle du citoyen, de pouvoir, dans le cas possible d'une arrestation qui pourrait n'être fondée que sur une méprise causée par une de ces décevantes ressemblances qui ont trop souvent égaré la justice, et lui ont préparé de si vifs et de si vains regrets; de pouvoir, dis-je, trouver dans une procédure légale, une ressource assurée contre le prestige qui aurait mis son honneur, sa vie ou sa fortune en danger.

Le besoin d'une telle procédure se fit sentir légalement vers la fin de l'an VIII, et excita la sollicitude du tribunal criminel de l'Ardèche.

Un individu lui avait été amené comme ayant été de nouveau arrêté, après s'être soustrait par la fuite à l'exécution d'un jugement qui l'avait condamné à mort.

Plusieurs questions s'élevèrent.

Et d'abord, était-ce bien là l'individu condamné?

Comment constater l'identité de celui-ci avec l'individu arrêté?

Le tribunal pourrait-il y procéder seul et se rendre, seul et sans assistance de jurés, juge d'une question si grave, roulant tout entière sur un seul et unique point de fait dont la loi semblait réserver la décision à un jury?

Si un tribunal pouvait en connaître seul, était-ce à celui qui avait prononcé la condamnation à prononcer sur l'identité?

L'individu amené pouvait-il être reçu à produire des témoins pour repousser la prétention d'identité?

Enfin, le jugement serait-il susceptible de recours en cassation?

Sur ces questions proposées le 4 frimaire an VIII au corps législatif, par la commission consulaire exécutive, il fut rendu, le 22 du même mois, une loi qui lève tous les doutes qu'elles avaient fait naître, en statuant:

1.° Que la reconnaissance de l'identité d'un

individu condamné, évadé et repris, appartient au tribunal qui l'a jugé.

2.° Que cette reconnaissance doit être faite sans assistance de jurés, après que le tribunal a entendu les témoins appelés, tant à la requête du ministère public qu'à celle de l'individu arrêté, si ce dernier le juge nécessaire.

3.° Que tout doit être fait publiquement, en présence de l'individu arrêté, et sauf le recours au tribunal de cassation.

Les motifs de ces dispositions sont sensibles.

C'est devant le tribunal qui a prononcé la condamnation que l'identité sera discutée; nul autre ne pourrait puiser dans son propre sein autant de lumières et de moyens de discerner la vérité.

Nulle nécessité d'appeler des jurés, parce qu'il s'agit bien moins d'un jugement à rendre que de l'exécution d'un jugement déjà rendu avec des jurés; qu'il n'y a plus, dès-lors, d'autre fait à constater que l'existence identique de l'individu amené, avec l'individu condamné; et que ce fait n'est pas un délit sur lequel des jurés, dont aucun d'eux pourrait n'avoir jamais connu l'individu condamné, pussent être tenus de prononcer.

Liberté entière laissée au prévenu dans ses moyens de défense. Il pourra faire entendre ses témoins, récuser, reprocher et combattre ceux qui lui seront opposés. Rien ne sera fait hors de sa présence, l'audience sera publique, et enfin le recours sera ouvert contre l'arrêt qui interviendra.

Art. 519. — Tout cela a paru plein de raison et de justice, et a été, en conséquence, adopté sans extension ni restriction. Nous y avons joint seulement une disposition relative aux condamnés à la déportation ou au bannissement, pour autoriser les juges à leur appliquer la peine attachée par la loi à l'infraction de leur ban, en prononçant l'identité. Ce délit particulier n'a besoin, en effet, d'aucune sorte d'instruction, lorsque l'identité en est une fois légalement avérée.

Art. 521. — La législation était encore restée muète sur la manière de procéder en cas de destruction ou d'enlèvement des pièces ou du jugement d'une affaire.

Le Code de brumaire an IV s'en était occupé et en avait fait la matière d'un titre particulier.

Nous en avons adopté les principaux articles, sauf quelques corrections de rédaction et d'appropriation à la procédure actuelle.

Ainsi, lorsque par l'effet d'un incendie, d'une inondation ou d'une autre cause extraordinaire, des minutes d'arrêts rendus en matière criminelle ou correctionnelle, et non encore exécutés, ou des procédures encore indécises, auront été détruites, enlevées, ou se trouveront égarées, et qu'il n'aura pas été possible de les rétablir; ou il existera une expédition de l'arrêt, ou il n'existera que la déclaration du jury sur laquelle l'arrêt, qui ne se trouve plus, a été ou a pu être rendu; ou enfin, la déclaration du jury n'existera pas, soit qu'elle ait disparu, soit que l'affaire ait été jugée sans jurés.

Art. 522. — Au premier cas, c'est-à-dire, s'il existe une expédition ou copie authentique de l'arrêt, elle sera considérée comme minute, et en conséquence remise dans le dépôt destiné à la conservation des arrêts.

A cet effet, tout officier public, ou tout individu dépositaire d'une expédition ou d'une copie authentique de l'arrêt, sera tenu, sous peine d'y être contraint par corps, de la remettre au greffe de la cour qui l'a rendu sur l'ordre qui lui en sera donné par le président de cette cour, et qui lui servira de décharge envers ceux qui auraient intérêt à la pièce.

Ici, messieurs, votre commission législative, prévoyant le cas où ce dépositaire, après s'être dessaisi de l'expédition ou minute authentique qu'il avait en son pouvoir, pourrait en avoir besoin pour lui-même, a desiré qu'il pût avoir, en la remettant dans le dépôt public, la liberté de s'en faire délivrer une expédition, sans frais; et ce vœu, plein de justice, a été rempli par une disposition ajoutée à l'article.

Art. 523. — Au second cas, c'est-à-dire, lorsqu'il n'existera plus en matière criminelle, d'expédition ni de copie authentique de l'arrêt, mais que la déclaration du jury existera encore en minute ou en copie authentique, on procédera, d'après cette déclaration, à un nouveau jugement.

Art. 524. — Enfin, la déclaration du jury ne pouvant plus être représentée, ou lorsque l'affaire aura été jugée sans jurés, et qu'il n'en existera aucun acte par écrit, l'instruction sera recommencée, à partir du point où les pièces se trouveront manquer, tant en minute qu'en expédition ou copie authentique.

Ces dispositions trouveront rarement, désormais, leur application, grace aux précautions consignées dans le présent Code, pour la conservation des procédures et des jugements, pour le rassemblement et la transmission de tous les documents propres à éclairer sur la marche et la conclusion de chaque affaire jugée dans les tribunaux correctionnels et les cours d'assises et spéciales.

Telles sont, messieurs, les dispositions des deux chapitres qui complètent le *titre IV, relatif à quelques procédures particulières*, et sur lesquelles il serait superflu d'entrer dans de plus grands détails.

TITRE V.

Des Réglements de Juges, et des Renvois d'un Tribunal à un autre.

Décrété le 14 décembre 1808; — Promulgué le 24 du même mois.

[Articles 525 à 552.]

Exposé des Motifs par M. le Conseiller-d'État Albisson.

Séance du 3 décembre 1808.

Messieurs,

Le septième projet de loi du Code d'instruction criminelle, sur lequel vous êtes aujourd'hui appelés à fixer votre attention, forme le titre V du livre II du Code.

Il se compose de deux chapitres qui statuent sur tout ce qui a rapport au *réglement de juges et au renvoi d'un tribunal à un autre.*

Les conflits de juridiction ont accusé longtemps en France l'organisation de l'ordre judiciaire, et ce serait aujourd'hui une occupation bien futile qu'un travail, même superficiel, sur les vices de cette organisation, si étrangement compliquée par les empiétements de la féodalité et les besoins de la fiscalité.

Vous connaissez déjà, messieurs, la simplicité de l'organisation actuelle; aussi la loi que nous sommes chargés de vous proposer est-elle extrêmement simple, et n'en est que plus complète dans les détails dont elle a dû s'occuper. Il me suffira de les parcourir pour vous en convaincre.

Art. 526. — Elle établit d'abord qu'il n'y a vraiment de conflit, en matière criminelle, correctionnelle ou de police, que lorsque des cours, tribunaux ou juges d'instruction, ne ressortissant point les uns aux autres, se trouvent saisis du même délit, ou de délits connexes, ou de la même contravention, et elle a déjà expliqué, dans le chapitre I.er du titre II de ce livre, ce qu'il faut entendre par *délits connexes.*

Art. 527. — Elle ajoute qu'il y a lieu également au réglement de juges, lorsqu'un tribunal militaire ou maritime, ou tout autre tribunal d'exception, se trouve saisi d'un même délit, concurremment avec une cour impériale, ou d'assises, ou spéciale, ou un tribunal correctionnel ou de police, ou un juge d'instruction.

Art. 528. — Et dans tous ces cas, la cour de cassation peut seule juger le conflit.

Ce jugement sera provoqué par une requête sur laquelle la cour, en section criminelle, ou ordonnera que le tout soit communiqué aux parties, ou statuera définitivement, sauf l'opposition.

Art. 532. — Si l'arrêt statue d'abord sur la simple requête, le procureur général de la cour de cassation est chargé de le notifier, par l'intermédiaire du grand juge ministre de la justice, à l'officier chargé du ministère public près la cour, le tribunal ou le magistrat dessaisi.

La notification doit aussi en être faite au prévenu ou accusé, et à la partie civile, s'il y en a une.

Art. 531-534. — Ainsi, de quelque manière

que la cour de cassation prononce sur la requête, soit en ordonnant qu'elle soit communiquée, soit en y statuant de suite, tous les intéressés en auront une connaissance légale; et dans tous les cas, deux dispositions précises déclarent qu'il sera sursis de plein droit au jugement du procès.

Art. 529, 530. — D'autre part, la cour de cassation recueillera toutes les lumières nécessaires pour prononcer sur le conflit, en chargeant les officiers qui exercent le ministère public près les autorités concurremment saisies, de lui transmettre les pièces du procès, et leurs avis motivés sur le conflit.

La marche de l'affaire est ensuite réglée de manière à prévenir les lenteurs affectées.

Art. 533. — La loi soumet le prévenu ou l'accusé, et la partie civile, pour la présentation de leurs moyens sur le conflit, aux formes déjà réglées pour le recours en cassation; elle fixe le délai dans lequel elles peuvent former leur opposition à l'arrêt rendu sur simple requête, et l'état dans lequel elles doivent s'être mises pour que leur opposition puisse être reçue.

Art. 536. — Elle veut qu'en jugeant le conflit la cour de cassation statue sur tous les actes qui pourraient avoir été faits par la cour, le tribunal ou le magistrat qu'elle ressaisira, et prévient par-là tout prétexte de querelle sur ce qui aura précédé le jugement du conflit.

Art. 541. — Mais ce conflit peut avoir été élevé de bonne foi. La loi ne punit donc pas indistinctement celui qui y succombe; elle permet seulement de le condamner à une amende qui toutefois n'excédera point la somme de 300 francs, dont la moitié sera pour la partie.

Art. 539. — Enfin, il est deux cas où la cour de cassation ne doit pas connaître d'un conflit : le premier, lorsqu'il se forme entre deux juges d'instruction ou deux tribunaux de première instance établis dans le ressort de la même cour impériale, auquel cas c'est à celle-ci à en connaître selon la forme qui vient d'être établie, et sauf le recours, s'il y a lieu, à la cour de cassation.

Art. 540. — Le second, lorsque le conflit se forme entre deux tribunaux de police simple : dans ce cas, le réglement de juges est prononcé par le tribunal auquel ils ressortissent l'un et l'autre; et s'ils ressortissent à différents tribunaux, il est statué sur le réglement de juges par la cour impériale, sauf le recours, s'il y a lieu, à la cour de cassation.

Art. 525. — Je finis sur ce chapitre par où j'aurais pu commencer, par le premier article, qui porte que *toutes demandes en réglement de juges seront instruites et jugées sommairement et sur simples mémoires.*

Art. 542. — Mais, comme la même règle s'applique aux demandes en renvoi d'un tribunal à un autre, auxquelles tous les articles du chapitre des réglements de juges, relatifs à la procédure, sont déclarés communs, il ne me restera sur le chapitre du renvoi d'un tribunal à un autre, qu'à vous présenter les dispositions particulières à la matière de ce chapitre.

Quelque confiance que la loi professe pour les tribunaux, elle doit prévoir que, composés d'hommes sujets à toutes les passions de l'humanité, ils peuvent se trouver dans des circonstances capables d'inspirer quelque défiance de l'impartialité de leurs décisions.

Le gouvernement peut éprouver ce sentiment dans sa sollicitude pour la *sûreté publique*; les particuliers, par des motifs personnels de *suspicion légitime.*

La loi, toujours sage, autorise donc le renvoi de la connaissance d'une affaire d'un tribunal dans un autre, pour cause *de sûreté publique* ou de *suspicion légitime.*

Mais dans ces deux cas la cour de cassation peut seule connaître de la demande en renvoi, sur la requisition du procureur général près cette cour.

Art. 544. — Si cette demande est formée pour cause de *sûreté publique*, elle ne peut l'être que par les officiers chargés du ministère public, qui sont tenus pour lors d'adresser leurs réclamations, leurs motifs et leurs pièces au grand juge ministre de la justice, qui les transmet, s'il y a lieu, à la cour de cassation.

Art. 545. — Sur le vu de la requête et des pièces, cette cour, section criminelle, statuera définitivement, sauf l'opposition, ou ordonnera que le tout soit communiqué, ou prononcera telle autre disposition préparatoire qu'elle jugera nécessaire.

Art. 548. — Si la cour de cassation statue définitivement, son arrêt sera à la diligence du Procureur général près cette cour, et par l'intermédiaire du grand juge ministre de la justice, notifié, soit à l'officier chargé du ministère public près la cour, le tribunal ou le juge d'instruction dessaisi, soit à la partie civile, au prévenu ou à l'accusé en personne, ou au domicile élu.

Art. 549. — Cet arrêt sera susceptible d'opposition aux termes de la loi, mais l'opposition ne sera pas reçue, si elle n'est pas faite d'après les règles et dans le délai fixé au chapitre précédent; comme aussi l'opposition reçue emportera de plein droit sursis au jugement du procès.

Art. 543. — Le renvoi peut aussi être demandé par les parties intéressées, pour cause de *suspicion légitime*; mais celle qui aurait procédé volontairement devant une cour, un tribunal ou un juge d'instruction, ne sera recevable à demander le renvoi qu'à raison des circonstances survenues depuis, lorsqu'elles seront de nature à faire naître une suspicion légitime.

Art. 546. — Si le renvoi est demandé par le prévenu, l'accusé ou la partie civile, et que la cour n'ait pas jugé à propos d'accueillir ni de rejeter cette demande, sur-le-champ, l'arrêt en ordonnera la communication à l'officier chargé du ministère public près la cour, le tribunal ou le juge d'instruction saisi de la connaissance du délit; il enjoindra à cet officier de transmettre les pièces avec son avis motivé sur la demande en renvoi, et ordonnera de plus, s'il y a lieu, que la communication sera faite à l'autre partie.

Art. 552. — Enfin, après le jugement et la rejection de la demande en renvoi, il pourra être survenu des faits qui auraient autorisé cette demande, s'ils avaient existé. La loi y a pourvu en déclarant que l'arrêt qui aura rejeté une demande en renvoi n'exclura pas une nouvelle demande en renvoi, fondée sur des faits survenus depuis; disposition qui concilie parfaitement le respect dû à la chose légitimement jugée, avec les égards que sollicite la justice pour des droits légitimement acquis depuis, et sur lesquels les juges n'ont pu prononcer.

Vous voyez, messieurs, combien tout ce système est simple et complet, et combien il importe à la perfection du Code d'instruction criminelle qu'il obtienne la sanction de vos suffrages.

TITRE VI.

Des Cours spéciales.

Décrété le 15 décembre 1808; — Promulgué le 25 du même mois.

[ARTICLES 553 à 599.]

EXPOSÉ DES MOTIFS par M. le Conseiller-d'Etat RÉAL.

Séance du 5 décembre 1808.

MESSIEURS,

Nous venons vous présenter le titre VI du livre II du projet de *Code d'instruction criminelle,* celui qui établit les *Cours spéciales*, fixe leur compétence, et règle leur organisation.

La matière traitée dans cette loi ne le cède en importance à aucune des parties du même Code, déjà soumises à votre sanction.

Sous les titres précédents, qui règlent le droit commun, il semble que la loi s'occupe plus particulièrement des intérêts privés et de la sûreté des *individus.*

Art. 553. — Dans le sixième titre, qui établit l'exception, la loi s'occupe plus essentiellement de la société considérée en masse, en poursuivant par des moyens plus répressifs, soit certains crimes, quels qu'en soient les auteurs, parce que ces crimes, tels que la rebellion armée et la fausse monnaie, troublent et désorganisent l'ordre social; soit certaines classes d'individus, quels que soient leurs crimes, parce que les accusés, vagabonds ou déjà repris de justice, sont en guerre ouverte avec la société, et devraient être traités par elle moins comme des criminels que comme des ennemis armés pour sa destruction.

L'expérience de tous les siècles et de tous les pays avait proclamé la nécessité de cette institution spéciale, parce que dans tous les temps et dans tous les pays il a existé des classes particulières composées de vagabonds et de brigands, malheureusement nés pour le mal, habitués au mal, gens sans propriété, sans patrie, dont la seule industrie est le crime, et dont la constante étude est dirigée vers le moyen de le commettre avec impunité.

Les lois établies pour maintenir dans le devoir les autres classes de la société, seraient évidemment insuffisantes contre ces bandits; d'un autre côté, les lois que le besoin d'une légitime défense provoque contre eux, les lois assez fortes pour les comprimer, seraient trop pesantes pour les autres citoyens; il a donc fallu, précisément pour maintenir l'égalité devant la loi, que deux codes inégaux en force et en sévérité fussent établis.

Je n'examinerai pas ce que ces institutions particulières furent chez les Grecs et les Romains. Dans le système des lois civiles, les peuples que les temps, les climats, les habitudes et les idées religieuses ont le plus séparés les uns des autres, ont encore pu s'entr'aider de leurs institutions; cet heureux échange devient presque nul lorsqu'il s'agit d'institution criminelle. De l'étude de la législation ancienne analogue à celle que nous traitons, tout ce qu'on peut recueillir, c'est que pour comprimer les bandits de tous les pays, les peuples de tous les temps ont toujours créé des magistrats spéciaux, des institutions et des lois particulières; mais ces institutions, ces lois particulières, bonnes pour les époques et les pays qui les ont vues naître, sont presque toujours inapplicables à d'autres époques, à d'autres pays, et ne conviennent du moins ni à nos moyens, ni à nos mœurs, ni à nos opinions.

Les lois criminelles faites pour comprimer les passions des hommes, portent toujours, par cela même, l'empreinte des lieux et des époques qui les ont vues naître; c'est une de ces plantes qui, produisant sur le sol natal d'excellents fruits, ne peuvent se transplanter, ni s'acclimater, ni produire sur un sol étranger.

Par les mêmes motifs, je ne rechercherai point ce que fut en France cette institution sous des règnes et à des époques qui, plus rapprochés de nous par les dates, sont peut-être, par le changement des circonstances, encore plus éloignés de nos besoins, de nos habitudes et de nos mœurs.

Il suffira au besoin de la discussion, de remarquer que, rétablie sur toutes les parties de la France par François I.er, au commencement du seizième siècle, une institution spéciale, analogue à celle que nous proposons, fut reconnue, réclamée par les états généraux tenus à Orléans, à Moulins et à Blois, sanctionnée et réorganisée dans les célèbres ordonnances rendues sur les remontrances de ces états (en 1560, 1566 et 1572).

L'ordonnance de 1670 ne fit que recueillir et rapprocher, dans les articles relatifs aux *cas prévôtaux*, les dispositions anciennes éparses dans les diverses ordonnances, édits et déclarations sur cette matière: et soixante ans après, en 1731, à la suite d'une organisation nouvelle donnée aux officiers de la maréchaussée, parut le 5 février, la déclaration du roi, qui fixa d'une manière plus précise la *juridiction prévôtale*.

Tel était le dernier état des choses au moment où les notables furent convoqués.

L'ordonnance de 1670 et tout notre système criminel était depuis long-temps jugé par la nation. Cette instruction toute secrète, toute à charge, cet accusé sans défenseur, cette question préparatoire, cette question préalable, avaient excité une réclamation universelle.

Les états généraux s'ouvrirent; toutes les députations étaient chargées de demander la réforme du Code criminel; on reconnut que la réforme entière exigeait une mûre et solennelle délibération, mais dès le mois d'octobre 1789, un décret supprima les tortures, ordonna la publicité de l'instruction, et donna un défenseur a l'accusé.

Le dernier article de cette loi, en prononçant qu'au surplus l'ordonnance de 1670, et les autres édits et déclarations concernant la matière criminelle, continueraient d'être observés, conserva implicitement dans leurs fonctions les prévôts des maréchaux qui en effet continuèrent d'exister jusqu'aux premiers mois 1790. Mais le 6 mars, dans une séance du soir, à l'occasion d'une plainte rendue à la barre de l'assemblée, par la municipalité de Paris, contre un prévôt de la maréchaussée du Limousin, un membre de l'assemblée, par une motion incidente, demanda que toutes les juridictions prévôtales fussent dès-à-présent supprimées. Il est vrai que cette suppression fut ajournée, mais il fut à l'instant décrété provisoirement que toutes les procédures commencées par les prévôts seraient suspendues; ce singulier provisoire décidait la question du fond, et équivalait par ses résultats à la suppression définitive des juridictions prévôtales, dont en effet depuis on n'a plus entendu parler.

La grande question du jury fut soumise à l'assemblée, enleva ses suffrages, et fut reçue de la nation entière avec enthousiasme.

Occupés uniquement de cette grande et belle institution, dominés, et pour ainsi dire subjugués par elle, les grands hommes qui l'organisèrent avec tant de succès, ne parlèrent d'aucune institution exceptionnelle. Peut-être n'en eurent-ils pas la pensée. A cette grande et heureuse époque, l'assemblée nationale réunissait à beaucoup d'enthousiasme, un peu de cette inexpérience qui caractérise aussi bien la jeunesse des assemblées politiques que la jeunesse de l'homme. A cette époque brillante où toutes les idées philantropiques étaient exaltées, le législateur, plongé dans le centre de l'exaltation, dans le moment même où, mûrissant les éléments du Code criminel, il s'occupait des moyens de comprimer les passions de l'homme, supposa que les hommes étaient ce qu'ils devraient être, et dans son Code philantropique, oubliant les hommes tels qu'ils sont, ce législateur fut bien éloigné de s'occuper de l'homme dépravé, plus méchant encore, du vagabond et du bandit. Chose étrange! il semblait que les vagabonds fussent alors moins à craindre que les *prévôts*; il semblait que les juridictions prévôtales fussent au nombre de ces priviléges anéantis dans la nuit mémorable du 4 août 1789, et que la nation entière dût en conséquence renoncer à l'honorable privilége qui la séparait des méchants.

Au moment où s'élaborait le nouveau Code criminel, les idées de ce style sévère et simple, que de grands talents avaient introduit dans les beaux arts, s'étaient emparées de tous les esprits; au même moment, les principes de l'égalité marchaient, avec quelque rapidité, vers l'exagération; les législateurs ne purent entièrement se soustraire à l'influence de cette double impulsion, et, dans la construction du système criminel, ils sacrifièrent quelquefois la solidité à la régularité. Dans la réparation de cet antique édifice, la colonne qui en soutenait une partie essentielle, cette *juridiction spéciale*, dont on ne devinait ni la force ni l'importance, fut supprimée, parce qu'elle contrariait peut-être un peu la symétrie des détails et l'unité du plan. Cette institution, semblable à quelques autres dont les bienfaits sont aujourd'hui si bien sentis, était alors peu populaire, parce que son heureuse influence était toute négative, parce que le bien produit par elle résultait seulement de ce qu'elle empêchait le mal : elle fut sacrifiée à une époque à laquelle il faut se replacer par la pensée, pour concevoir comment les grands hommes qui élevaient des constructions aussi évidemment utiles, en supprimaient de si évidemment nécessaires.

Il faut bien se rappeler qu'à cette époque l'expérience, les vieilles maximes et les faits même étaient quelquefois sacrifiés, avec légèreté, à la théorie la plus nouvelle, la plus hasardée, la plus étrange; qu'à cette époque, l'assemblée, toujours en défiance, toujours armée contre un pouvoir ennemi qu'elle avait détrôné, était dominée par une seule idée, celle d'affaiblir le pouvoir de cet ennemi, de relâcher tous les ressorts de la puissance, et de briser tous les instruments qui pouvaient la servir avec quelque énergie; il faut se rappeler ces circonstances, pour s'expliquer comment ce moment même fut choisi pour se priver du secours puissant qu'offrait dans l'organisation criminelle la conservation de cette institution *spéciale* dont l'expérience avait proclamé les bienfaits.

Alors tous les liens qui rattachent le peuple au devoir étaient brisés. Le désordre et le provisoire s'introduisaient dans toutes les administrations; l'indiscipline désorganisait tous les corps; des étrangers, des inconnus, commençaient à souffler le feu de la sédition dans les villes, et les bandits errants dans les campagnes menaçaient les châteaux; je sais bien qu'à la même époque l'enthousiasme national, l'orgueil de la liberté, la grandeur et la nouveauté des scènes qui se succédaient, je sais que la violence même du mouvement dans lequel nous étions tous lancés retardaient l'explosion, comme on voit ces vents impétueux, précurseurs des orages, en suspendre par leur violence même pendant quelques moments les coups; mais il était impossible que l'homme de bonne foi, il était impossible que le législateur qui se trouvait au centre de toutes les agitations, qui devait en soupçonner les secrets moteurs, ne fût pas tourmenté d'une crainte prophétique; et on ne peut lui pardonner d'avoir manqué de prévoyance au moment surtout où, environné de pareilles circonstances, il s'occupait du Code criminel.

Eh! c'était précisément au moment où un Code plus approprié aux mœurs, aux besoins, aux opinions de la nation et du siècle, et par conséquent plus doux et plus humain, allait remplacer le Code de 1670, qu'il fallait surtout conserver une *juridiction exceptionnelle* quelle qu'elle fût, qui devait comprimer les brigands.

Comment, en effet, ne venait-il pas à la pensée de ces législateurs, que ce qui aurait été simplement utile sous le régime de 1670, devenait de nécessité absolue, indispensable sous le régime plus doux, plus humain, qui allait le remplacer.

Quoi! sous ce régime de 1670, lorsque l'instruction était toute à charge, lorsque cette instruction était toujours secrète, lorsque l'accusé, sans défenseur, chargé de fers, sur la sellette, sortant de *la question préparatoire*, pour arriver au jugement, voyait encore *la question préalable* entre la condamnation et l'exécution; sous ce régime où la peine et quelquefois la mort, résultat possible de la première torture, pouvait précéder la condamnation; sous ce régime où, dans d'horribles exécutions, livré à des tourments horribles, le condamné appelait et recevait la mort comme un bienfait; sous ce régime de fer, qui était alors le *régime ordinaire*, l'expérience plus forte que tous les raisonnements avait, depuis des siècles, proclamé qu'il fallait encore contre une certaine classe de criminels, et contre certains crimes, une instruction spéciale plus prompte, plus repressive que l'instruction ordinaire; des hommes inexpérimentés, des hommes animés d'une philantropie cruelle, ont pu penser que les brigands, que le régime ordinaire de 1670 ne pouvait contenir, seraient bien comprimés par le régime plus juste sans doute, mais beaucoup plus doux, et par conséquent beaucoup moins fort, et beaucoup moins repressif, qui lui succédait!

Sans doute il fallait, même pour le vagabond, qu'à la voix de l'humanité, qu'à la voix trop long-temps étouffée de la religion, les portes du temple de la justice vengeresse fussent ouvertes; sans doute il fallait que, même pour le vagabond, à la nuit qui enveloppait l'instruction et l'accusé, succédât la lumière de la discussion: il lui fallait un défenseur; pour lui, comme pour les autres citoyens, la torture et la roue devaient disparaître; mais fallait-il aller plus loin, et traiter cet ennemi déclaré, à qui il faut rendre guerre pour guerre, comme un des enfants de la famille surpris dans une première faute?

Quels ont été les résultats de la fatale erreur dans laquelle une pitié cruelle, une fausse idée d'égalité firent tomber alors le législateur?

L'édifice social a été ébranlé: les brigands se sont emparés des grandes routes; des bandes de chauffeurs, de garotteurs, sont entrées dans les propriétés particulières; le vol, le pillage, la mutilation ont répandu partout la terreur; et pour voyager sur les belles routes de France, il a fallu un instant établir une garnison armée sur l'impériale de chaque voiture publique; et il ne fallut rien moins que la main puissante de l'Hercule qui arriva à notre secours pour exterminer les brigands et empêcher la ruine de l'édifice social que tant de secousses allaient renverser.

Tous ces maux sont présents à votre mémoire; et certes vous n'aurez pas oublié non plus les remèdes opposés aux désordres, remèdes souvent plus cruels que le mal; vous n'aurez point oublié toutes ces institutions éphémères, plus sévères les unes que les autres; institutions que la nécessité, ce législateur impatient et inexorable, a improvisées pendant dix ans; ces tribunaux extraordinaires établis sur toute la surface de l'Empire, leur compétence embrassant tous les délits, toutes les personnes; cette procédure, simplifiée au point que, dans plusieurs circonstances, le jugement d'identité était le jugement du fond; cette loi des ôtages, et autres antérieures au 18 brumaire, dont les créations successives ne servirent qu'à démontrer la nécessité d'une institution exceptionnelle, et l'imprévoyance de ceux qui avaient supprimé l'ancienne, sans s'occuper de la remplacer sur des bases avouées par la justice.

Les gouvernements qui se succédèrent alors, et demandèrent ces lois, furent accusés de cruauté, tandis qu'il ne fallait en accuser que les législateurs imprudents qui avaient oublié que la seule garantie contre la cruauté des lois de circonstance, se trouve dans la force, je devrais dire dans la sévérité du Code ordinaire.

Je sais bien que cette institution isolée n'eût pas suffi seule pour arrêter l'effroyable débordement révolutionnaire qui a inondé et bouleversé la France; je sais bien que, si cette institution eût subsisté à l'époque de cette épouvantable tempête, elle eût, comme toutes les autres, été momentanément engloutie; mais qui pourra nier que cette institution, appropriée au nouveau Code, rendue après la tempête à toute son énergie, n'eût purgé la France d'une grande partie des brigands, dont les forfaits et les pillages ont si douloureusement prolongé les maux de la révolution? Ce n'est pas ici, du moins, ce n'est pas devant vous, législateurs, qu'on pourrait nier les avantages de cette institution spéciale, vous dont la sagesse et l'humanité ont sanctionné la loi du 18 pluviôse an IX; loi discutée avec tant de solennité, attaquée avec tant d'aigreur, tant calomniée avant sa publication, et qui cependant a concouru si efficacement à la prompte extermination des brigands, au retour de la sécurité publique; loi dont le succès incontesté, répondant à toutes les théories, à toutes les déclamations, complète d'une manière si heureuse la série de preuves appuyées sur des faits qui démontrent a tous les hommes de bonne foi l'utilité, la nécessité d'une institution spéciale contre certains crimes et certaine classe de criminels.

Maintenant que l'expérience, cette grande raison du législateur, a prononcé sur la nécessité d'une institution particulière, occupons-nous des principes qui ont dû diriger son organisation.

Et d'abord il a fallu examiner si cette exception serait permanente et universelle, ou limitée à certains temps et à certains lieux; car à la décision de cette question était naturellement subordonnée celle du plus ou du moins d'étendue qui doit être donnée à la compétence, du plus ou moins de sévérité qui doit être donnée à l'instruction. En effet, dans une loi de circonstance faite pour comprimer un désordre grave, mais passager, dans une loi qui ne doit s'appliquer qu'à une partie bien circonscrite du territoire, le législateur peut, sans un grand danger, déployer plus de sévérité; mais la loi qui devra être permanente et universelle ne devra contenir que la dose de force et de sévérité que tous pourront en tout temps supporter; son organisation devra perdre en sévérité et même en force précisément en proportion de ce qu'elle gagnera en étendue et en durée.

Il a été bientôt reconnu que la loi devait être permanente et universelle. La même expérience qui avait prononcé sur la nécessité de son existence avait aussi prononcé sur la nécessité de sa permanence et de son universalité; et les célèbres ordonnances, les ordonnances vraiment populaires et nationales d'Orléans, de Moulins et de Blois avaient décrété cette institution spéciale pour tous les temps, pour tous les lieux. Les commissaires qui rédigèrent l'ordonnance de 1670 avaient eu le bon esprit de placer l'exception à côté de la règle commune; et ce n'est que pendant la révolution qu'obligés de traduire chaque jour tous les actes d'administration en autant de lois, les législateurs, métamorphosés en gouvernants, donnèrent à presque toutes leurs lois ce caractère local et passager, qui ne peut convenir qu'aux actes d'administration; et douze années d'abus avaient dépravé l'opinion à ce point, qu'au moment même où l'on revenait aux principes, un gouvernement instruit et fort, mais modéré et prudent, et qui ne voulait rien obtenir que de l'expérience et de la conviction, fut obligé de transiger avec cette opinion; et la loi du 18 pluviôse an IX reçut, non dans son universalité, puisque le gouvernement pouvait l'appliquer à tous les départements, mais dans sa durée, une limitation, puisqu'elle devait cesser d'exister deux ans après la paix.

Mais, s'il était de la sagesse d'un gouvernement réparateur de n'arriver à la permanence de l'institution qu'après avoir passé par l'épreuve de l'établissement momentané; ce gouvernement devrait être accusé d'imprévoyance et de cruauté, si aujourd'hui, foulant aux pieds les leçons de l'expérience des siècles passés, l'expérience plus récente de nos derniers malheurs, l'expérience incontestée de l'efficacité du remède, il indiquait, en ne présentant qu'une institution passagère, une époque de malheurs et de désolation où la sécurité publique serait encore une fois livrée à la merci de tous les brigands.

Une institution provisoire sur cette matière,

et dans les circonstances où nous nous trouvons, ne pourrait qu'encourager les méchants, et condamnerait le gouvernement à des demandes en prorogation de délai qui accuseraient sa marche de faiblesse et sa législation d'instabilité.

Les lois de circonstances sont presque toujours des lois de colère, et ne peuvent convenir qu'à la multitude en révolution.

Les lois de circonstances, que l'homme voit périr, renaître et périr encore, accoutument l'homme au mépris des lois; l'homme obéit sans doute avec plus de ponctualité aux lois nouvelles; mais il n'adore que les vieilles lois; et les lois de circonstances les empêchent de vivre et les étouffent.

Les lois de circonstances, les lois provisoires, ne conviennent plus à la nation; elles conviennent encore moins à ce génie qui n'enfante que des projets séculaires, au héros qui fonde des empires et des dynasties; qui, après avoir long-temps mûri ses vastes conceptions, les grave sur le bronze et leur donne ce caractère d'éternité que les fondateurs de Rome avaient seuls jusqu'à ce jour imprimé à leurs lois, comme à leurs impérissables constructions.

Puisque l'institution doit être permanente et universelle, elle doit faire partie du Code général; elle doit, comme exception, se trouver à côté de la règle, parce que, ici, l'exception est permanente et durable comme la règle elle-même.

Mais aussi, puisque l'institution est permanente et universelle, sa compétence peut être plus circonscrite que celle des lois passagères; et vous reconnaîtrez, législateurs, que, dans le projet présenté, cette compétence est moins étendue que celle accordée, soit par l'ordonnance de 1670, soit par l'édit de 1731, qui étaient cependant des lois permanentes; et que cette compétence est par conséquent plus restreinte que celle accordée par la loi du 18 pluviôse an IX.

La compétence de la juridiction prévôtale était, avant la révolution, fixée par l'édit du 5 février 1731, qui avait apporté aux dispositions de l'ordonnance de 1670, sur la matière, de notables changements, d'importantes modifications : par l'édit du 5 février 1731, les cas déclarés prévôtaux par la *qualité des accusés*, étaient fixés à six, et consistaient dans tous les crimes commis, 1.° par les vagabonds, gens sans aveu; 2.° par les mendiants valides; 3.° par les condamnés à peine corporelle, bannissement ou amende honorable; 4.° par les infracteurs de ban; 5.° par les gens de guerre; 6.° par les déserteurs, leurs fauteurs et subornateurs.

Suivant la même loi, les cas déclarés prévôtaux *par la nature du crime*, étaient fixés à cinq; savoir : 1.° le vol sur les grands chemins; 2.° le vol avec effraction, port d'armes et violences publiques; 3.° le sacrilége avec effraction; 4.° les séductions et émotions populaires; 5.° la fabrication, altération ou exposition de fausse monnaie.

Dans le dernier état des choses, la compétence des cours spéciales avait été fixée par la loi du 18 pluviôse an IX.

Par cette loi, les crimes soumis à la juridiction des cours spéciales par *la qualité des personnes*, étaient 1.° les crimes et délits emportant peine afflictive ou infamante, commis par des vagabonds et gens sans aveu; 2.° les mêmes crimes et délits commis par les condamnés à peine afflictive; 3.° le vagabondage et l'évasion des condamnés.

Les crimes déclarés *spéciaux* par la *nature du crime*, sont, d'après la même loi, 1.° les vols dans les campagnes et dans les habitations et bâtiments de campagne : dans les cas d'effraction, ou de port d'armes, ou de réunion; 2.° l'assassinat prémédité qui est aussi déclaré cas ordinaire; 3.° l'incendie; 4.° la fausse monnaie; 5.° les assassinats préparés par des attroupements armés; 6.° les menaces, excès et voies de fait contre les acquéreurs de biens nationaux à raison de leurs acquisitions; 7.° le crime d'embauchage et de machinations hors l'armée, et par des individus non militaires pour corrompre ou suborner les gens de guerre, les requisitionnaires et conscrits; 8.° les rassemblements séditieux à l'égard des personnes surprises en flagrant délit dans lesdits rassemblements.

A la compétence accordée par ces deux lois, que l'on compare celle établie par le projet de loi que nous présentons, et l'on sera étonné, en voyant dans quel cercle relativement plus étroit nous proposons de la restreindre.

Art. 553. — Nos constitutions, et des lois d'attributions consenties par elles, ont enlevé aux juridictions spéciales les délits militaires ou commis par des militaires : et la compétence des cours spéciales, en ce qui concerne les crimes déclarés *crimes spéciaux* par la *qualité des accusés*, se réduisent par le projet présenté *aux crimes commis par des vagabonds, gens sans aveu, et par des condamnés à des peines afflictives ou infamantes.*

Les crimes *déclarés spéciaux* par la *nature du crime*, seront, d'après le projet, restreints aux quatre espèces qui suivent, savoir :

Art. 554. — 1.° Le crime de rébellion armée à la force armée.

2.° Celui de la contrebande armée.

3.° Le crime de fausse monnaie.

Et 4.° les assassinats, s'ils ont été préparés par des attroupements armés.

La compétence ainsi fixée se trouve restreinte aux seuls crimes qui (soit par la nature du crime, soit par la qualité des accusés) menacent la tranquillité publique, et tendent à désorganiser la société; parce que c'est seulement contre cette espèce de crimes, et contre cette classe d'accusés qu'est établie une juridiction spécialement instituée pour la conservation de la société considérée en masse, et de la sécurité publique. Les autres crimes, les autres accusés qui attaquent plus particulièrement les individus que la société, et les propriétés particulières que la tranquillité de tous, sont du ressort du juge et des tribunaux ordinaires.

Sous ce point de vue, il était impossible de ne pas conserver dans les attributions des cours spéciales les vagabonds, les gens sans aveu et les condamnés qui récidivent, parce qu'ils se sont placés hors des lois sociales, parce que leur intérêt est toujours en guerre avec celui de la société; parce qu'ils se sont fait du crime une habitude, un besoin.

Sous ce point de vue, il était impossible de ne pas soumettre à la juridiction *des cours spéciales*, 1.° celui qui fait rébellion armée à la force armée, parce qu'il est rebelle envers le prince dépositaire de la force publique; parce qu'opposant sa force à la force de la loi, sa volonté à la volonté de tous, il appelle la sédition, l'anarchie.

2.° Celui qui se livre à la contrebande armée, parce que, destructeur de l'industrie nationale, il est toujours le stipendiaire, le correspondant et le complice de l'ennemi; parce que l'expérience a appris que tous les séditieux ont trouvé dans ces bandits des auxiliaires déjà organisés, toujours prêts à commettre et à seconder les plus affreux désordres.

3.° Le faux monnayeur, voleur public, qui par son crime discrédite souvent la véritable monnaie, inspire partout la défiance, et paralyse le commerce, en stérilisant le moyen unique des échanges.

4.° Et enfin les assassinats, s'ils ont été préparés par des attroupements armés; parce que le crime commis par ce moyen répand une terreur générale, et détruit la sécurité publique.

Par ces motifs aussi, le vol sur les grands chemins, le vol avec effraction, le vol dans les campagnes, l'assassinat, même prémédité, l'incendie, qui se trouvaient, par les lois précédentes, de la compétence de la juridiction spéciale, rentrent dans la compétence du tribunal ordinaire.

A plus forte raison a-t-on dû renvoyer devant les tribunaux ordinaires les crimes qui portaient atteinte à la sécurité des acquéreurs des biens nationaux. Les dispositions qui ont fait momentanément de ces acquéreurs une classe privilégiée, doivent tomber au moment où les motifs de ces dispositions ne subsistent plus. Cette sauve-garde particulière était bonne lorsque, sous un gouvernement naissant, sous un gouvernement dont la durée était incertaine, les restes de la chouannerie inspiraient encore à certains individus l'affreux désir, l'horrible espoir de rentrer dans d'anciennes propriétés, par le retour des troubles et du brigandage. Aujourd'hui tout espoir de retour aux troubles est ravi; les principes qui garantissent aux acquéreurs des domaines nationaux leur propriété, consacrés par des lois fondamentales, ont été chaque jour depuis neuf ans rappelés dans les nombreux arrêtés du conseil d'état : la jurisprudence de ce conseil sera celle des tribunaux civils; et au moment où ces biens vont rentrer dans la masse des autres biens, vont être soumis aux mêmes lois, confiés à la surveillance des mêmes juges qui garantissent les autres possessions; au moment où les *propriétés* qui font le motif de l'exception rentrent dans l'ordre commun, il eût été contradictoire que les *propriétaires* n'y rentrassent pas également. Le maintien plus long-temps prolongé du privilége pour les personnes et les biens, devenait une sorte d'inconvenance publique, nuisait à la propriété même, que le privilége frappait d'un discrédit sans compensation, calomniait en quelque sorte l'esprit actuel de la nation, la force et la bonté de son gouvernement.

Art. 589. — Enfin, législateurs, et relativement à la fixation de la compétence, vous remarquerez les dispositions de l'article 589 du projet. Si, par le résultat des débats devant la cour spéciale, le fait dont l'accusé serait convaincu était dépouillé des circonstances qui le rendaient justiciable de la cour spéciale, la cour doit alors renvoyer, par un arrêt motivé, le procès et l'accusé devant la cour d'assises qui prononcera, dit l'article, quel que soit ensuite le résultat des débats, c'est-à-dire quand même les débats devant la cour d'assises auraient rendu au délit son caractère de *spécialité ;* parce que, dans cette circonstance, qui d'ailleurs sera nécessairement rare, il vaut mieux accorder au brigand une grâce, que de courir le risque de priver le citoyen d'un droit que la constitution lui assure.

De la comparaison que je viens d'établir, législateurs, entre la compétence proposée par le projet et la compétence fixée par la loi ancienne et par celle de l'an IX, s'il pouvait encore résulter quelque crainte, elle ne pourrait naître que de la restriction et du peu d'étendue que le projet donne à cette compétence. Mais, sur ce point comme sur tout le reste, le Sage qui nous gouverne a calculé avec précision ce que le besoin de l'institution exigeait, et ce qui suffisait à un gouvernement fortement constitué. Il sait que la sécurité publique se compose des sacrifices individuels que chacun fait d'une portion de sa liberté naturelle, comme les finances publiques se composent du sacrifice que chaque individu fait d'une partie de son revenu ; et l'économie qui préside à la rédaction du budjet, où il s'agit de la fortune du peuple, se retrouve tout entière dans la rédaction du Code criminel ; parce qu'on y détermine la portion de liberté dont chaque individu fait le sacrifice, dont chaque individu doit la *contribution* au maintien de la sécurité de tous.

Art. 556. — Je vais maintenant vous entretenir, législateurs, de l'organisation particulière et de la composition de la cour spéciale ; vous reconnaîtrez facilement que l'organisation de l'institution devenue permanente, est aussi supérieure à l'organisation consacrée par la loi du 18 pluviôse an IX, que celle-ci était elle-même supérieure à l'organisation des *juridictions prévôtales*. L'organisation des tribunaux spéciaux de pluviôse convenait à une institution passagère et locale ; la loi que nous vous présentons faite pour tous les temps et pour tout l'Empire, devait avoir une construction plus régulière, et prendre une physionomie plus judiciaire, tout en conservant les traits qui la caractérisent *juridiction extraordinaire*.

La loi de pluviôse demande huit ou six juges : mais de ces six ou huit juges, trois seulement doivent être pris dans les juges du tribunal criminel. Parmi les cinq juges restants, trois doivent être militaires, les deux autres doivent être des citoyens qui, sans être juges, aient les qualités requises pour l'être.

Les succès étonnants et incontestables des cours spéciales pendant les huit années écoulées depuis leur création, placent leur organisation au-dessus de toute critique ; et point de doute que, s'il s'agissait encore aujourd'hui d'élever contre un désordre passager une institution passagère et locale, un gouvernement sage et prudent ne pourrait que vous présenter l'heureuse institution de pluviose ; mais la loi, devenue permanente et universelle, exige quelques modifications essentielles. Ainsi, dans le projet, le nombre de juges est invariablement fixé à huit.

Ainsi, dans ces huit juges, cinq devront être membres soit de la cour impériale, soit du tribunal de première instance, et par conséquent, à la différence des cours de pluviose, la majorité du tribunal sera toujours composée de membres de l'ordre judiciaire dont l'inamovibilité constitue l'indépendance légale, et semble garantir plus particulièrement l'impartialité.

Trois militaires compléteront le nombre des huit juges. De tout temps leur présence a été jugée nécessaire dans cette institution. Ils y paraissaient comme partie principale dans le code de 1670. Le prévôt et son assesseur faisaient seuls toute l'instruction ; et le jugement, quoique prononcé par le président de la juridiction ordinaire, était intitulé au nom du prévôt. Cette constitution, plus militaire que judiciaire, pouvait convenir aux mœurs, aux besoins du temps, et aux *juridictions prévôtales*, mais ne pouvait convenir ni à nos besoins ni à nos institutions.

Les militaires introduits dans le tribunal n'y paraissent plus ni comme *titulaires* ni comme *partie principale*. Ils y arrivent comme auxiliaires, mais comme auxiliaires utiles, indispensables; et l'expérience nous a appris qu'à ce titre ils ont rendu tous les services que les fondateurs de l'institution en attendaient. Presque toujours ces utiles auxiliaires ont été choisis dans l'arme de la gendarmerie, parmi ces braves qui, toujours à cheval, semblent avoir établi leur domicile sur les grandes routes; qui, par leur adresse et leur patience, découvrent tous les projets des méchants; qui, dans les combats journaliers livrés par eux aux brigands armés, montrent tant de dévouement, et dont l'intrépidité inspire tant de terreur aux bandits, que l'uniforme du gendarme suffit souvent pour les faire reculer d'épouvante et d'effroi. Ces militaires connaissent toutes les habitudes, toutes les ruses de ces brigands, tous les signes et jusqu'au langage de convention adopté par eux, et donnent aux juges des connaissances de détail et décisives que l'on demanderait vainement à d'autres juges.

Un autre bienfait, déjà remarqué, résulte de cet heureux amalgame. Tous les accusés ne sont pas coupables, et beaucoup d'individus très-suspects, arrêtés sur des motifs graves par la gendarmerie, sont souvent rendus à la liberté par les tribunaux; ce résultat a pu décourager ces militaires, tant qu'ils ont pu penser que la peur ou d'autres considérations avaient dicté des décisions pusillanimes. Ils croiront avec plus de facilité à l'innocence des accusés absous, quand leurs frères d'armes auront concouru à la prononcer.

Dans l'institution projetée, l'on ne peut craindre l'ascendant des militaires sur les juges civils. Cet ascendant ne s'est point fait remarquer sous l'influence de la loi de pluviôse qui les introduisait en nombre égal; comment pourrait-il se faire sentir dans un système où ils se trouvent toujours en minorité?

Mais le caractère principal de cette *institution spéciale*, celui qui la distingue de la *juridiction ordinaire*, c'est que les juges y sont en même temps appréciateurs du fait et applicateurs de la peine, c'est-à-dire, qu'ils prononcent sur les accusés sans le concours des jurés.

La force des choses le voulait ainsi; et les membres de la Constituante auraient dû prévoir que l'institution du jury, excellente pour prononcer sur les délits et contre des criminels ordinaires, serait insuffisante pour procurer la punition de certaines espèces de crimes, et pour comprimer certaines classes des criminels. Ils devaient bien prévoir que la terreur que ces bandes inspirent, que leurs menaces et les représailles de leurs complices paralyseraient le courage des jurés, et procureraient souvent aux brigands une scandaleuse et désastreuse impunité. Quinze ans d'une funeste expérience nous permettent aujourd'hui d'apprécier toutes ces théories générales et cette horreur de certains publicistes pour les exceptions. Le seul reproche, ou du moins le seul reproche bien fondé dirigé contre l'institution du *jury*, a été son insuffisance incontestable et constante contre les crimes et les criminels qui compromettent la sécurité publique; c'est l'impuissance de l'institution dans ces cas particuliers, qui a élevé contre l'institution elle-même un préjugé si défavorable dans l'esprit de quelques personnes, et mis dans les mains de ses ennemis des armes qui ont compromis son existence. Et je ne doute pas que même l'exécrable abus que des bêtes féroces, déguisées en hommes, ont fait pendant quelques mois de cette libérale institution, lui a moins nui dans l'esprit des hommes qui savent calculer les effets des passions déchaînées par l'anarchie, que l'impunité scandaleuse des bandits; l'impunité procurée par l'impuissance relative de cette institution, à l'époque même où l'on voyait partout renaître l'ordre et l'empire des lois.

C'est donc servir l'institution du jury, c'est assurer et protéger sa durée, que cesser de l'employer dans des circonstances où son impuissance est incontestable; où, par l'impunité qu'elle a procurée elle a si souvent compromis la sécurité publique.

Art. 566. — J'arrive à la dernière partie du projet, à celle où le législateur, après avoir réglé la compétence et organisé le tribunal, et fixé les époques et les lieux de ses sessions, traite *de la Poursuite, de l'Instruction, du Jugement et de l'Exécution*.

C'est surtout dans la comparaison que vous établirez, législateurs, entre cette partie de notre *Code spécial* et la partie analogue et correspondante du Code de 1670, que vous pourrez prononcer combien l'institution que nous vous présentons est, sous tous les points de vue, supérieure aux *juridictions prévôtales* de l'ancien système.

C'est surtout par la manière dont se faisait l'instruction que cette *juridiction prévôtale* était vue avec une défaveur marquée ; c'était l'instruction déjà bien sévère de 1670, confiée au prévôt et à son assesseur. Ainsi le juge extraordinaire, le juge militaire seul, saisissait d'abord le prévenu, ne le quittait point pendant l'instruction ; l'assesseur était le rapporteur du procès ; et nous avons déjà eu occasion de remarquer que, si les juges ordinaires concouraient à la formation du jugement, la loi voulait qu'il ne pût être rendu qu'en présence du prévôt, et toujours intitulé de son nom. Qu'on ajoute à cette procédure, toute extraordinaire, la sévérité des formes, les deux questions, le perpétuel secret qu'elle empruntait à la procédure ordinaire de 1670 ; qu'on ajoute l'influence dangereuse, mais immanquable, que devait, dans cette instruction toute écrite, exercer sur le juge ordinaire la poursuite faite uniquement par le prévôt, et l'on conviendra que les hommes même les plus prononcés pour la conservation d'une *juridiction spéciale* ont pu regarder avec effroi les *juridictions prévôtales ;* et l'on concevra comment, dans la séance du 16 mars 1790, sans qu'aucune voix osât les reclamer ou les défendre, elles furent subitement proscrites par un décret, qui, si j'ose m'exprimer ainsi, présentait lui-même quelque chose de *prévôtal* dans la manière dont il fut proposé, rendu, et à l'heure même, séance tenante, exécuté.

Dans la loi que nous vous présentons, au contraire, le juge ordinaire instruit, dans les formes ordinaires, contre le crime ou le prévenu qui seront de la compétence de la cour spéciale ; parce que cette première instruction, secrète et rapide, suffit pour les deux cas. Ainsi nous évitons, pour cette première partie de l'instruction, de sortir de l'ordre commun ; nous évitons cette concurrence et ces conflits auxquels la théorie de 1670 donnait si souvent naissance, et qui, retardant toujours l'instruction dans le moment où elle doit être le plus rapide, laissaient périr des preuves et procuraient très-souvent l'impunité.

Nous devons cet inappréciable avantage à la suppression des jurés d'accusation ; nous le devons à cette belle théorie qui remet les fonctions exercées par les jurés entre les mains des magistrats des cours impériales, qui, chargés par la loi nouvelle de remplacer le jury d'accusation, présentent dans leurs lumières et leur impartialité la plus grande garantie pour l'innocence et la plus grande certitude que tous les crimes et tous les criminels seront poursuivis.

C'est au moment où cette cour impériale est saisie que la compétence est jugée, et jugée par elle.

Art. 567, 570. — Le jugement, notifié à l'accusé avec l'acte d'accusation, est soumis à la cour de cassation, qui prononcera en même-temps sur les nullités qui pourraient se trouver dans l'*arrêt de renvoi.*

Art. 571. — Sans attendre l'arrêt de cassation, l'instruction devra être continuée sans délai, mais *jusqu'à l'ouverture des débats exclusivement*, à la différence de la disposition analogue de la loi de pluviose, qui (article 27) prononce que le recours en cassation ne peut suspendre ni l'examen, ni même le *jugement définitif*, mais seulement l'exécution.

Art. 572. — Arrivé devant ses juges, l'accusé y trouve tous les moyens de défense que le tribunal ordinaire offre à l'innocence. Les débats sont publics, et l'accusé est auprès de son défenseur ; les jurés seuls ne paraissent point ; mais sur tout le reste et dans tous les détails, les règles qui dirigent l'instruction, les débats et le jugement à la *cour d'assises*, dirigent l'instruction, les débats et le jugement à la *cour spéciale.*

Art. 597, 599. — Mais le jugement prononcé par la cour spéciale n'est point susceptible de recours en cassation, et doit être exécuté dans les vingt-quatre heures.

Législateurs, la loi qui punit ne se venge pas : le supplice n'est établi que pour l'exemple. La loi qui institue les *juridictions spéciales* veut surtout que la punition du coupable soit prompte, et que le supplice rapproché le plus possible du crime, comprime par cela même plus fortement, dans le cœur du méchant, le desir d'imiter le malfaiteur.

Tout le bienfait de l'institution, le triste et unique avantage du supplice sont perdus, si l'instruction est trop prolongée, si la peine n'arrive qu'au moment où le crime est oublié. L'expérience n'a même que trop appris que le supplice infligé long-temps après le crime, et lorsque l'indignation inspirée par le forfait était refroidie, produisait un effet tout à fait opposé à celui qu'en espérait le législateur ; la peine présente semble alors effacer le forfait ancien et la pitié pour le condamné a souvent étouffé l'indignation qu'avait inspirée le malfaiteur.

Il a donc fallu que dans l'institution *spéciale* la peine suivit de près le jugement.

Il a donc fallu supprimer le *recours en cassation*, qui met un intervalle d'au moins deux mois entre le jugement et l'exécution.

Mais, pour que la rapidité ne pût enlever à l'innocence aucune de ses ressources, à l'accusé aucune de ses espérances et de ses légitimes consolations, il a fallu par des précautions préalables rendre ce recours en cassation inutile et surabondant, et c'est ce qui a été fait.

Nous avons vu que jusqu'au moment où le procès et l'accusation arrivent à la cour impériale, l'accusé d'un crime qui est de la compétence de la *cour spéciale*, court la même chance, exerce les mêmes droits que les accusés de crimes qui sont attribués aux *cours d'assises*. Nous avons vu que, même jusqu'au jugement qui, en fixant la compétence, prononce la mise en accusation, l'accusé qui doit être jugé par la *cour spéciale* jouit des mêmes droits que les accusés de crimes qui seront jugés par les *tribunaux ordinaires*. La loi n'a donc point dû jusque-là s'occuper de précautions particulières et spéciales, puisque l'un et l'autre accusés se trouvent jusque-là dans la même situation.

Mais cette situation change au moment où le jugement de compétence est rendu, au moment où l'accusé est renvoyé à la *cour spéciale;* à ce moment aussi la loi s'occupe de toutes les précautions qui doivent garantir l'accusé du résultat de quelques erreurs.

A ce moment le jugement de compétence est soumis à la cour de cassation; à ce moment l'accusé peut présenter, à cette cour suprême, les seuls, les mêmes moyens de nullité que l'accusé, renvoyé devant le *tribunal ordinaire*, pourra présenter à la même cour après la condamnation.

Ces précautions suffisent.

En effet, la loi ne peut plus offrir d'autres recours, ou ne donnerait que des recours dont l'inutilité et la surabondance ont été reconnues.

Il faut écarter en effet les nullités qu'on supposerait pouvoir naître des débats; tout y est oral.

Il faut écarter toutes les nullités auxquelles peut donner ouverture l'intervention du jury; elles sont inapplicables à l'institution *spéciale*.

Prévoira-t-on qu'il peut y avoir un *mal jugé*, parce que les preuves auront été mal appréciées? mais la cour de cassation ne peut jamais connaître du *mal jugé*.

Reste donc les nullités qu'on supposerait devoir résulter de la fausse application de la peine.

Mais d'abord il est reconnu que, même sous l'ancien système et dans les jugements qui ont le plus soulevé l'opinion, les reproches toujours établis sur le mal jugé et sur une trop grande légèreté dans l'appréciation des preuves, n'ont jamais porté sur la fausse application des peines : c'est déjà, ce nous semble, un puissant motif de sécurité.

Mais ici la compétence est extrêmement restreinte; elle se trouve limitée à cinq espèces de délits bien précisés, et caractérisés au point que l'erreur est impossible.

Il faut ajouter que le jugement de compétence n'est plus prononcé par un tribunal inférieur, comme sous le système de 1670, ni par le directeur du jury, comme le permettait une loi postérieure, ni par le tribunal spécial lui-même, comme le veut la loi de pluviôse an IX; mais par la cour impériale composée des magistrats les plus expérimentés, les plus éclairés.

Enfin, ce jugement de compétence est soumis à un tribunal suprême, à la cour de cassation, sentinelle vigilante, éclairée, gardien sévère et éprouvé des lois qui garantissent à chaque citoyen la conservation de son honneur, de sa vie et de sa fortune.

Comment pourra-t-il arriver qu'une erreur sur la compétence échappe à ces yeux ouverts pour la découvrir?

Or, la compétence étant bien déterminée, le délit est bien caractérisé, bien défini, et l'application de la peine n'est plus qu'une opération presque mécanique, d'une facilité telle, que pour imaginer qu'elle donnerait ouverture à cassation, il faudrait supposer les juges ou tout à fait aveugles, ou atroces; et Dieu nous garde de présenter des lois qui seraient établies sur d'aussi étranges hypothèses!

ART. 595, 598. — En terminant, législateurs, je dois fixer vos regards sur la disposition de l'article 595, *qui permet à la cour, pour des motifs graves, de recommander l'accusé à la commisération de Sa Majesté;* et sur l'article 598, qui, *dans ce cas seulement, permet le sursis à l'exécution.*

Quelques personnes avaient pensé que cette disposition pouvait être commune et aux *cours d'assises* et aux *cours spéciales;* mais il fut bientôt reconnu que cette disposition, dangereuse et inutile en *cour d'assises* et devant les *jurés*, pouvait être utile, quelquefois nécessaire, et serait toujours sans aucun danger dans les *cours spéciales*.

Il eût été dangereux de confier à des jurés, juges passagers, l'exercice de ce droit, dont ils auraient presque toujours abusé, en rejetant l'odieux de l'exécution sur le gouvernement, qui ne doit jamais intervenir que pour faire grâce.

Il était sans danger, mais il était inutile de confier l'exercice de ce droit aux juges des *cours d'assises*, parce que leur jugement étant toujours soumis à la *cassation*, les délais qu'exige l'instruction devant cette cour suprême, mettent entre le jugement et l'exécution un intervalle pendant lequel l'accusé, ses parents, ses amis, peuvent recourir à la *commisération de Sa Majesté*.

Mais l'accusé traduit devant la cour spéciale est privé de tous ces avantages; point de recours en cassation; l'arrêt doit s'exécuter dans les vingt-quatre heures.

Et cependant qui peut ignorer que, parmi les coupables qui sont traduits devant ces cours, il s'en trouve que le hasard ou la complicité a rendus dépositaires de secrets horribles dont la manifestation peut intéresser la société? Tant qu'ils espèrent l'impunité, ils gardent un silence homicide; mais au moment où l'arrêt est prononcé, au moment où les exécuteurs s'approchent, au moment où ils voient le supplice et se trouvent aux prises avec la mort, ils cherchent à racheter leur vie par des révélations, et quelques-unes ont été grandement utiles; si la loi, que tous ces bandits connaissent bien, enlève au condamné tout espoir, il périra, et emportera avec lui le secret fatal dont la révélation eût intéressé la société tout entière.

D'un autre côté, ce n'est presque jamais que pendant les débats, souvent quelques instants avant la condamnation, que la cour a pu démêler parmi les accusés tel complice que des dépositions inattendues peuvent rendre digne de la commisération de Sa Majesté. Le juge sévère et probe qui sait bien qu'à Sa Majesté seule appartient le droit de faire grâce, prononcera la condamnation; mais dans quelle situation placez-vous ce même juge, ce juge bien humain, s'il est bien juste, si vous le supposez convaincu que cet homme qu'il va faire périr eût obtenu la vie par une *grâce* qu'il ne peut plus demander?

Ces grandes considérations ont dicté l'article 595; les dispositions qu'il renferme nous laissent, législateurs, sur la consolante idée que les juges criminels, chargés de fonctions bien augustes, mais bien terribles, de fonctions qui doivent souvent briser leur âme, pourront quelquefois goûter le plaisir pur, le plaisir ineffable de porter aux pieds du trône les supplications des malheureux.

TITRE VII.

De quelques Objets d'intérêt public et de sûreté générale.

Décrété le 16 décembre 1808; — Promulgué le 26 du même mois.

[Articles 600 à 643.]

Exposé des Motifs par M. le Conseiller-d'Etat Réal.

Séance du 6 décembre 1808.

Messieurs,

Nous avons l'honneur de présenter à votre examen et à votre sanction la dernière partie du projet de Code d'*Instruction criminelle*, celle qui, sous le titre VII, renferme dans cinq chapitres *divers objets d'intérêt public et de sûreté générale*.

Peu de mots suffiront pour démontrer l'utilité et la nécessité de ces diverses dispositions.

Le chapitre premier est intitulé *du Dépôt général de la notice des jugements.*

Art. 600. — Par l'article 1.er de ce chapitre, formant l'article 600 du Code, les greffiers des tribunaux correctionnels et des cours d'assises et spéciales, seront tenus de consigner, par ordre alphabétique, sur un registre particulier, les nom, prénoms, profession, âge et résidence de tous les individus condamnés à un emprisonnement correctionnel ou à une peine plus forte. Ce registre contiendra une notice sommaire de chaque affaire et de la condamnation.

Art. 601. — Par l'article qui suit, tous les trois mois les greffiers enverront une copie de ces registres au grand-juge ministre de la justice, et une copie pareille au ministre de la police générale.

Art. 602. — Enfin, d'après le dernier article, ces deux ministres feront tenir dans la même forme un registre général composé de ces diverses copies.

Il est facile de reconnaître tout ce que ces simples mesures d'ordre et de police doivent procurer d'avantages.

Comme la vertu, le crime a ses degrés; rarement un forfait atroce est un coup d'essai; presque toujours son auteur a été flétri de quelques précédentes condamnations. On désigne les mauvais sujets d'un canton aussi facilement qu'on en cite les honnêtes gens, et s'il est bon que le gouvernement ait toujours dans la pensée le nom des bons citoyens qui peuvent lui être utiles, la justice, la police et les tribunaux ont besoin que des registres exactement tenus conservent les noms, les demeures, les habitudes des malfaiteurs, les noms et les signalements des complices que l'instruction découvre ou que les condamnés révèlent.

Qu'il se commette un crime dans un canton, il a presque toujours suffi à la gendarmerie de faire subir une espèce de revue à tous les mauvais sujets signalés, de se faire rendre compte de l'emploi de tous leurs moments, pour mettre la main sur le vrai coupable. La classe des malfaiteurs d'habitude, heureusement pour la nation, est la seule qui n'ait point renoncé à son privilége, à l'horrible privilége du crime. Le contrôle de ces bandits existera dans chaque chef-lieu de département, dans le greffe de chaque cour d'appel, pour la facilité des recherches.

Un contrôle général sera établi à Paris; et les deux ministères les plus intéressés à la poursuite et à la compression des méchants, la police qui les recherche et les arrête, la justice qui les frappe, trouveront dans une désolante biographie la statistique bien exacte de tous les crimes, et la statistique personnelle aussi exacte de tous les criminels.

L'expérience avait, au reste, depuis long-temps conseillé ces mesures d'ordre et de police; le besoin avait déjà fait dresser ces tables dans les deux ministères; leurs résultats et leurs succès étaient depuis long-temps incontestables; mais les dispositions qui en procuraient les éléments, étant plutôt de conseil que de précepte, ne s'exécutaient point partout avec la même sévérité. Les trois articles proposés permettront de dresser ces listes avec plus de perfection, et d'en obtenir encore de plus grands succès. Eh! ne sera-ce pas déjà un très-moral résultat, que la crainte inspirée à l'homme sur le point de commettre une faute, de voir son nom figurer sur ces fastes de la honte et du crime! Cette peine d'infamie survivra à la flétrissure, et la réhabilitation seule pourra l'effacer.

Le chapitre qui suit traite *des Prisons, maisons d'arrêt et de justice.*

Art. 603. — Cette partie du Code est peut-être celle dont la sévère exécution exercera sur la morale publique une influence plus directe, plus prompte et plus marquée.

Ce n'est guère que depuis trente ans, ce n'est même que depuis la Constituante, que l'on a bien connu, bien établi les principes qui doivent diriger le législateur sur cette importante matière.

Les établissements de l'ancien régime, à quelques exceptions près, ne se prêtaient à aucunes des améliorations et des changements qu'exigeaient le progrès des lumières et le triomphe des idées libérales. Les dispositions les plus sages, les vues les plus humaines se trouvaient cependant dans les ordonnances de nos rois, et surtout dans les arrêts de réglements des cours, la surveillance continuelle et sévère du ministère public, les visites et descentes fréquentes des premiers magistrats des cours, les visites moins solennelles, mais plus utiles encore aux détenus, faites par des personnes charitables et pieuses, empêchaient beaucoup de vexations et portaient quelques consolations dans les prisons; mais la construction de ces vieux bâtimens, l'impossibilité de diviser ces emplacements trop resserrés, la difficulté d'y renouveler et d'y purifier l'air, l'impossibilité d'y construire des ateliers; d'un autre côté, les priviléges et les droits des hautes, moyennes et basses justices seigneuriales, et d'autres abus, ont rendu impuissantes les plus sages dispositions et paralysé les plus philantropiques institutions. Croirait-on qu'il fût un temps, et que ce temps est très-voisin de nous, où le seigneur haut-justicier donnait à bail les produits de la geole? Les baux des prisons royales avaient aussi fait partie du domaine de nos rois. Ce n'est que dans le dernier siecle que, par la déclaration du 11 juin 1726, Louis XV supprima cette redevance dans ses domaines: mais son exemple ne fut point imité, et au moment de la révolution beaucoup de hauts-justiciers affermaient encore leurs geoles. Pouvait-on, législateurs, espérer sur cette matière des améliorations prononcées; et surtout un système régénérateur sous un régime qui tolérait ou qui se sentait dans l'impuissance de supprimer de pareils abus?

Débarrassé de toute espèce d'entraves, la Constituante put poser franchement les principes, et son Code les a développés.

Art. 604 — Il est évident que le citoyen simplement prévenu de crime ne peut être traité avec la même sévérité que l'accusé décrété d'accusation. Comme aussi le prévenu, devenu accusé, ne peut pas être soumis au même régime, placé sous les mêmes verroux que le condamné.

D'un autre côté, la loi, infligeant des peines plus graves les unes que les autres, ne peut pas permettre que l'individu condamné à des peines légères, se trouve enfermé dans le même local que le criminel condamné à des peines plus graves.

La morale publique exige quelquefois une distinction motivée sur la différence d'âge, et la pudeur commande toujours la séparation des sexes.

Enfin, si la peine infligée par la loi a pour but principal la réparation du crime, elle veut aussi l'amendement du coupable, et ce double but se trouvera rempli, si le malfaiteur est arraché à cette oisiveté funeste qui, l'ayant jeté dans la prison, viendrait l'y retrouver encore et s'en saisir pour le conduire au dernier degré de la dépravation.

Frappée de ces grandes considérations, la Constituante avait donc inséré dans le Code pénal de 1791, qu'il y aurait des maisons d'arrêt, pour y déposer le prévenu qui n'est point *décrété;*

Des maisons de justice pour recevoir le prévenu devenu accusé;

Enfin, des prisons pour renfermer les condamnés.

Elle décréta que dans toutes, les hommes et les femmes seraient enfermés dans des maisons séparées.

Elle ordonna que les différentes peines seraient subies dans des prisons différentes.

Enfin, elle ordonna que tous seraient condamnés à un travail quelconque, dont le produit procurerait le triple résultat, 1.° de régénérer le condamné par l'habitude de l'occupation, et souvent par l'apprentissage d'un métier;

2.° De lui procurer quelques épargnes pour le moment de la sortie, et pour adoucir les peines de sa captivité;

3.° De diminuer les frais de prison, que la société vengée par la condamnation du crime dont elle a souffert, ne devrait jamais supporter.

Toutes ces dispositions se trouvent dans le Code de 1791; mais pour qu'elles pussent recevoir leur exécution, il fallait créer de grands établissements.

Par les articles 12, 18 et 27 du titre I.er de la première partie du Code pénal, la Constituante décida que, par des décrets ultérieurs, il serait statué dans quel nombre et dans quels lieux seraient formés les établissements des maisons de force, pour recevoir les condamnés *aux fers, à la gêne et à la détention.*

Elle légua ces travaux importants à l'assemblée législative qui lui succédait. Des bâtiments immenses, des couvents en grand nombre pouvaient alors, au moyen de quelques constructions nouvelles, remplir le but proposé; des circonstances terribles enlevèrent cette assemblée à ces travaux de détail, et à la veille de l'époque où la France fut couverte de prisons *révolutionnaires*, l'établissement des prisons légales que le Code demandait, fut oublié.

A chaque instant, cependant, l'état affreux des prisons anciennes, le besoin sans cesse senti des établissements que la loi demandait, provoquait les plaintes des tribunaux et des administrations.

A peine le directoire fut-il installé, que, par un message, il appela sur les prisons l'attention des conseils, et qu'il les conjura, 1.° de fixer par une loi le nombre des maisons de détention et leur emplacement; 2.° de donner enfin une législation complète sur cette partie de l'administration publique.

De temps en temps, à des intervalles assez éloignés les uns des autres, divers membres de ces assemblées, par des discours qui respirent la philantropie la plus éclairée, imploraient la pitié des divers législateurs qui se sont succédés.

Les plaintes des tribunaux et des administrations, les messages du directoire, les diverses motions des membres des conseils ne produisirent d'autre résultat que la création de quelques commissaires et des rapports où l'excès du mal et la nécessité du remède sont peints avec autant d'humanité que d'éloquence; mais rien dans l'exécution. Et si l'on en excepte quelques établissements particuliers que le besoin local a créés ou conservés, le système général de cette partie de l'administration publique n'avait, à l'époque du 18 brumaire, reçu aucune amélioration.

Depuis, et par suite de la régénération totale du système social, par suite de cette guerre à outrance déclarée à tous les abus, par suite de cette impulsion donnée à l'esprit public et de cet élan de la nation vers toutes les idées saines, justes et grandes, le nombre des ateliers de charité s'est augmenté; l'industrie et le travail sont entrés dans un plus grand nombre de prisons, et des modèles de perfection ont du moins été présentés à l'imitation, à l'émulation; mais la grande majorité des prisons était restée et se trouve encore hors d'état de remplir le vœu de la loi; et dans plusieurs parties de l'empire, l'administration et les tribunaux se trouvent encore dans l'impossibilité de séparer non-seulement les uns des autres, les condamnés à des peines différentes, mais même ceux qui sont simplement *accusés* de ceux qui sont *condamnés*.

A plus forte raison n'a-t-on pas pu, dans ces circonstances, établir des ateliers.

Et de ce mélange et de l'oisiveté résultent encore les plus graves inconvénients.

L'oisiveté qui a conseillé le crime, en est devenu la récompense; les détenus, pour se distraire de ces longs jours, de ces longs ennuis qui les accablent, se racontent mutuellement leurs aventures, leurs fautes, leurs succès; ils inventent des initiations, ils perfectionnent leur langage, ils se font des doctrines.

Ces horribles entretiens fortifient les forts, soutiennent les faibles, et font évanouir ce qui pourrait rester de crainte, de repentir, de pudeur dans l'âme des moins coupables.

Ainsi, l'individu qu'une faute légère fait condamner à une année de détention, se corrompt rapidement à cette affreuse école, et il rentre dans la société scélérat consommé, avec des théories toutes apprises et des projets tout formés.

Respirons, législateurs, en pensant que ce désordre va cesser. Le génie bienfaisant qui nous gouverne, dans ce voyage de plus de *mille lieues fait dans l'intérieur de son empire*, a vu le mal; et le décret impérial, rendu à Bayonne le 16 *juin*, a sur-le-champ réalisé les vœux si inutilement formés pendant vingt ans.

Ce décret, en réunissant les divers départements qui doivent par arrondissement concourir à l'établissement des prisons centrales, ce décret, en fixant les lieux de quelques-uns de ces établissements, vous tranquillise, législateurs, sur le succès de la loi que nous présentons à votre sanction; enfin, en l'adoptant, vous aurez l'intime conviction que cette loi n'aura pas le sort des théories de la Constituante, et que cette belle conception, en partie son ouvrage, améliorée par vous, sanctionnée par vous, recevra prochainement sa bienfaisante organisation.

Vous considérerez alors avec plus d'intérêt chacune de ces dispositions, qui ne se présenteront plus comme des théories brillantes qui n'étaient susceptibles d'aucune application.

Vous reconnaîtrez dans les articles que nous vous présentons tous les principes qui garantissent les distinctions, les séparations dont la nécessité vous a été démontrée; vous verrez dans les registres que doivent tenir les gardiens de ces divers établissements, dans les devoirs qui leur sont imposés, dans la responsabilité que la loi fait peser sur eux, l'absolue impossibilité qu'un citoyen puisse être victime d'une détention illégale; vous reconnaîtrez dans les visites multipliées que le projet commande; dans le nombre et la qualité des hauts fonctionnaires qu'il charge de ce triste, mais sacré ministère, avec quel intérêt, avec quelle tendre sollicitude, le gouvernement veille à ce que le détenu, qui, malgré son crime, ne cesse point d'être un homme, jouisse d'un air salubre et d'une nourriture saine.

Cette fois, le mode d'exécution de la loi ancienne, mis sous les yeux du législateur, détermine son opinion en faveur de la loi nouvelle, qui consacre les principes anciens, et lui permet d'espérer, dans les réglements que ce mode d'exécution suppose, ce systême complet de législation si instamment et si vainement sollicité depuis vingt ans.

Le chapitre III présente *les Moyens d'assurer la liberté individuelle contre les détentions illégales ou d'autres actes arbitraires.*

Art. 615. — Dans le chapitre qui précède, l'établissement des registres que doit tenir le gardien, les formalités exigées pour l'*écrou* du prisonnier, l'énumération des pièces qui doivent justifier l'emprisonnement aux yeux du gardien; enfin, la responsabilité qui pèse sur celui-ci, toutes ces précautions semblent être autant de garanties même contre la possibilité du crime *de détention illégale.* Les visites ordonnées par le même chapitre permettent de penser que, si ce crime pouvait se commettre, le gardien et ses complices ne resteraient pas long-temps impunis, et les dispositions que contient le chapitre III pourraient en conséquence paraître inutiles ou surabondantes; mais, d'une part, lorsqu'il s'agit de fournir aux citoyens les moyens d'empêcher qu'on ne puisse illégalement attenter à leur liberté, le législateur ne peut se montrer trop libéral, et il vaut mieux, dans ce cas, pécher par la surabondance que par l'économie. D'un autre côté, les moyens consignés dans le chapitre II ne sont pas dans la main des particuliers, et la loi qui, après avoir chargé les magistrats, les administrateurs de s'opposer d'office à cet attentat, comme à tous les autres, s'en reposerait uniquement sur eux du soin de les réprimer, commettrait une injustice, et priverait chaque citoyen du plus beau de ses droits; affranchirait les enfants, les parents, les amis du détenu du devoir le plus doux, le plus sacré. Il a donc fallu, par quelques articles, mettre entre les mains des particuliers les moyens d'exécuter les articles constitutionnels sur cette matière, et de les garantir contre toute espèce de déni de justice.

Les quatre articles du chapitre III suffisent pour procurer ce résultat. Ils ne contiennent aucune théorie nouvelle; ce sont les principes et les droits consacrés par nos vieilles ordonnances, reproduits par la Constituante; et l'expérience a démontré que, s'ils étaient nécessaires, ils suffisaient et n'étaient susceptibles d'aucun abus.

Je passe au chapitre IV, intitulé *de la Réhabilitation des condamnés.*

Art. 619. — La réhabilitation dont il est question dans ce projet, n'est point, vous le savez, législateurs, une théorie nouvelle. Ce systême se retrouve en entier, dans la théorie de notre ancienne législation. Il est reconnu et défini dans les articles 5, 6 et 7 du titre XVI de l'ordonnance de 1670: *c'est la réhabilitation du condamné* en ses biens et bonne renommée, lorsque, disent les auteurs, *il a satisfait à la peine, amende et intérêts civils, et que la tache et note d'infamie, et l'incapacité qui lui reste d'agir civilement, lui ôtent les moyens d'exister.*

La réhabilitation dans l'ordonnance de 1670, et dans notre ancienne jurisprudence criminelle, faisait partie d'un systême plus étendu, et qui comprenait en même-temps, 1.° les lettres de justice; 2.° les lettres de grâce.

Pour peu qu'on ait étudié la théorie de notre législation criminelle et de nos constitutions, on s'expliquera facilement pourquoi le projet actuel n'a emprunté à l'ancien systême que la réhabilitation.

Le systême de 1670 sur cette matière, se divisait en deux parties principales; la première comprenait, ainsi que nous venons de le dire, les *lettres de justice*, la seconde traitait des *lettres de grâce.*

Les *lettres de justice* étaient ainsi appelées parce qu'elles s'accordaient pour des cas remissibles, suivant les règles de l'exacte justice. Elles comprenaient les lettres de *remission* et de *pardon.*

Les lettres de remission s'accordaient *pour des homicides involontaires ou pour ceux commis dans la nécessité d'une légitime défense.* (1670, titre 16, art. 2.)

Les lettres de pardon s'accordaient pour les cas auxquels, dit l'ordonnance de 1670 (titre 16, art. 3), *il n'échéait pas peine de mort, et qui néanmoins ne peuvent être excusés*: comme, par exemple, disaient les commentateurs, lorsqu'on s'est trouvé présent dans une occasion où il s'est commis un meurtre que l'on n'a point empêché, le pouvant faire.

Ces lettres étaient de pure forme, et s'obtenaient aux *chancelleries établies près les cours appelées petites chancelleries.*

On voit par le simple énoncé des motifs qui les faisaient accorder, qu'elles rentraient dans le domaine de la justice; qu'elles ne participaient en rien au système des *lettres de grâce*, et l'on ne conçoit pas facilement par quel motif l'ancienne procédure criminelle était obligée de recourir à ce moyen extrajudiciaire pour rendre justice à l'accusé; à moins qu'on ne suppose que, dans cet ancien système, les tribunaux se regardaient, en ce cas, uniquement institués comme juges du *fait*, et dans l'incapacité absolue d'en juger la *moralité*, sans être autorisés par ces lettres, que le prince était censé délivrer.

Quoi qu'il en soit, il est évident que, dans la théorie actuelle, le juge du fait étant le juge de la *moralité* de ce fait, et ne pouvant jamais condamner *l'auteur d'un fait*, mais seulement le *coupable d'un crime*, les hypothèses qui provoquaient les lettres de remission et de pardon, ces *lettres de justice* que délivraient les *petites chancelleries*, rentrant dans le domaine des cours d'assises ou des cours spéciales, sont jugées par elles et ne devaient point reparaître dans ce chapitre.

Un autre motif devait en écarter également tout ce qui constituait la théorie des *lettres de grâce*, ou lettres obtenues en *grande chancellerie*, telles que les lettres d'abolition, commutation de peines, etc., parce que cette matière a été réglée par le sénatus-consulte organique du 16 thermidor an x, qui a statué sur *le droit de faire grâce.*

Mais une différence essentielle ne permettait pas que la réhabilitation, telle qu'elle est définie par le *projet*, fût confondue avec les cas purement *graciables*. Dans ceux-ci, il s'agit toujours ou d'abolir une peine ou de la commuer, et dans tous les cas de faire remise au condamné d'une partie des condamnations par lui méritées.

Dans la réhabilitation au contraire la peine est subie, l'amende et les frais sont soldés, et la partie civile est désintéressée; l'accusé est quitte envers la loi, quitte envers le fisc, envers les particuliers.

Mais la tache d'infamie lui reste; mais il est retenu dans les liens d'une incapacité dont la réhabilitation seule peut le débarrasser. Environnée de toutes ces circonstances, si la réhabilitation n'est pas de droit, au moins faut-il convenir qu'elle est de toute équité. Il est évident qu'elle ne peut être confondue avec la remise ou la commutation de peine, et autres cas purement graciables; mais elle s'y rattachait parce que le prince seul pouvait effacer la tache d'infamie imprimée par la condamnation, et faire cesser les incapacités produites par le jugement.

D'un autre côté, puisqu'il n'est plus question du droit de grâce et de son application pure et simple, puisqu'il s'agissait aussi de la reconnaissance d'un droit acquis, les dispensateurs de la justice, les tribunaux, ne pouvaient rester étrangers à l'instruction qui doit précéder le jugement; il a donc fallu dans cette matière, mixte de sa nature, admettre le concours des tribunaux, en ouvrant le recours au prince.

Les mêmes principes ont déterminé la nature et les formes de l'instruction qui doit procurer les lettres de réhabilitation.

La Constituante, qui avait anéanti le droit de faire grâce, avait substitué à la sanction du prince l'intervention des tribunaux; mais le juge n'était appelé que pour donner une forme légale à l'avis de la municipalité par un entérinement qu'il ne pouvait refuser.

Cette procédure, où la municipalité prononçait véritablement le jugement, était inconvenante; le projet présenté n'a pu l'admettre: l'ancienne forme était également contre la nature des choses et répugnait d'ailleurs aux formes nouvelles, admises dans l'exercice du recours à la commisération de Sa Majesté.

Art. 620. — Le projet présente une instruction simple, où les municipalités jouent un rôle convenable.

Leur attestation nécessaire, indispensable, sera la base de la procédure.

Art. 629. — Les tribunaux, après information prise, et dans des délais raisonnables, donneront un avis motivé.

Art. 630, 631. — Ces attestations, cet avis, et le jugement de condamnation, seront transmis au grand-juge ministre de la justice, et Sa Majesté donnera, dans les formes prescrites par l'article 87 du sénatus-consulte organique du 16 thermidor an x, les lettres de réhabilitation.

Jusqu'à ce jour, législateurs, peu de réhabilitations ont eu lieu, parce que, jusqu'à ce jour, le régime des prisons semblait s'opposer à toute espèce de régénération; parce que, jusqu'au décret du 16 juin dernier, rien n'avait été fait pour mettre à exécution le beau système de 1791 : grâces à ce décret, nous touchons au moment où, par des moyens doux, par un régime salutaire, on pourra espérer d'améliorer l'ame du malfaiteur, le rendre à l'habitude de l'ordre, du travail et de l'obéissance aux lois. Espérons que les théories qui ont obtenu quelques succès dans la Hollande, espérons que les institutions, plus heureuses encore, qui ont procuré en Pensylvanie de si miraculeux résultats, pourront être imitées en France, appropriées à nos usages, à nos mœurs, et nous procureront souvent le consolant spectacle du criminel, rendu, par le travail et les mœurs, au bonheur et à la société.

Le chapitre V et dernier traite *de la Prescription* en matière criminelle.

Art. 635. — Cette partie de notre législation faisait désirer quelques réformes, et demandait quelques dispositions nouvelles : elle avait éprouvé beaucoup de variations qui ne l'avaient point améliorée.

Avant le Code de 1791, en général, les crimes et les peines dont ils doivent être punis, se prescrivaient par vingt ans, quand il n'y avait point eu de jugement. Quelquefois le jugement seul non suivi d'exécution, et toujours l'exécution *par effigie*, prorogeaient la prescription jusqu'à trente ans.

Lorsque la prescription était opposée à un jugement emportant mort civile, elle n'avait d'autre effet que de dérober l'accusé au supplice, et le laissait toujours en état de mort civile. L'infamie ne se prescrivait pas, elle était perpétuelle.

La prescription opérait la décharge de l'accusé, non-seulement pour la peine prononcée par la loi, mais encore par rapport à la peine pécuniaire et aux réparations civiles; mais pour l'extinction de cette action, quelques parlements exigeaient trente ans. Le plus grand nombre se contentait de vingt ans.

La prescription de vingt ans se comptait du jour où le crime avait été commis.

Mais la prescription prorogée à trente ans pour un jugement exécuté par effigie, se comptait du jour de l'exécution.

La règle de vingt ans souffrait quelques exceptions; l'action pour le faux incident durait autant que l'action civile.

Le duel ne se prescrivait ni par vingt ans, ni par trente ans.

L'ancienne législation admettait encore d'autres prescriptions, par exemple, celle d'un an contre les injures verbales, celle de cinq ans contre l'adultère, etc.

Cette législation était susceptible de quelques améliorations : on les chercherait en vain dans les deux Codes de 1791 et de l'an IV.

La Constituante appliqua la même prescription à toutes les espèces de délits.

Elle était de trois ans lorsqu'il n'y avait point eu de poursuite, et de six ans lorsque le crime, ayant été poursuivi, n'avait point été jugé.

Par une innovation remarquable, elle faisait courir le délai seulement du jour où le délit aurait été connu ou légalement constaté.

La prescription contre le jugement était de vingt ans, et les délais pour l'obtenir se comptaient de la date du jugement.

La Constituante laissait par conséquent indécise la question de savoir si l'action civile s'éteignait comme l'action criminelle.

La théorie du Code de brumaire an IV, sur la prescription criminelle, est renfermée dans quatre articles (1) de ce Code.

L'action publique et l'action civile résultant d'un délit, sont, d'après ce dernier Code, éteintes par la prescription de trois ans, lorsqu'il n'y a point eu de poursuites.

Les poursuites portent à six ans les délais qui se comptent, comme dans le Code de 1791, du jour où le délit a été connu, ou légalement constaté.

Après ce terme (de six ans), dit l'article 10, nul ne peut être recherché, soit au criminel, soit au civil, si dans l'intervalle *il n'a pas été condamné par défaut ou contumace.*

La peine portée dans le jugement de condamnation par contumace, est prescrite par vingt ans, à compter de la date du jugement.

Le projet que nous présentons offre un travail plus méthodique et plus complet sur cette importante partie de la législation.

Il crée différentes espèces de prescriptions, suivant qu'il s'agit d'un *crime*, d'un *délit* ou d'une simple *contravention* de police.

Art. 640. — Ainsi, l'action publique et l'action civile, pour une *contravention* de police, seront prescrites après une année révolue,

(1) Articles 9 et 10, 480, 481.

si, dans cet intervalle, il n'est point intervenu de condamnation.

Art. 638. — La prescription de trois ans est exigée contre un *délit* de nature à être puni correctionnellement.

Art. 637. — Dix ans sont nécessaires pour obtenir la prescription contre ces deux *actions*, lorsqu'il s'agit d'un crime de nature à entraîner la peine de mort ou des peines afflictives personnelles, ou de tout autre crime emportant peine afflictive ou infamante.

Lorsqu'il ne s'agit que d'une contravention de police, quoiqu'il y ait eu ou non poursuite, s'il n'est point intervenu de jugement, le délai pour la prescription courra du jour où l'infraction aura été commise.

Dans les deux autres cas, s'il y a eu poursuite sans jugement, le délai pour la prescription courra à compter du dernier acte.

Art. 642. — Est-il intervenu jugement? il prononce des condamnations civiles et des peines. Les condamnations civiles se prescriront d'après les règles établies par le Code Napoléon.

Art. 635, 636, 639. — Les peines se prescriront, savoir : par vingt ans, s'il s'agit de *crimes;* par cinq ans, s'il s'agit de *délits correctionnels;* par deux ans, s'il s'agit de *contravention de police;* les délais se comptent des dates des arrêts ou jugements.

Art. 641. — En aucun cas, les condamnés par défaut ou par contumace, dont la peine est prescrite, ne pourront être admis à purger le défaut ou la contumace. La sagesse de cette ancienne disposition sera facilement sentie. S'il en était autrement, le contumace attendrait, pour se présenter, que les preuves du délit fussent effacées, que les témoins fussent morts ou éloignés.

Art. 635. — Enfin, lorsque la prescription efface le crime et anéantit la peine, le législateur ne doit pas oublier que le forfait vit encore dans la mémoire de ceux qui en furent les victimes, et la prescription serait une institution barbare, si son résultat pouvait être tel qu'à une époque quelconque le fils d'un homme assassiné dût voir s'établir à côté de lui le meurtrier de son père.

Une disposition de l'article premier prononce que le condamné qui aura usé de la prescription ne pourra résider dans le département où demeuraient soit celui sur lequel ou contre la propriété duquel le crime aurait été commis, soit ses héritiers directs. Le gouvernement pourra assigner au condamné le lieu de son domicile.

Ainsi améliorée, la prescription, exempte de tout abus, est rendue à toute sa bienfaisante influence. Elle assure l'état, l'honneur et la vie des hommes; elle arrache le condamné qui se cache, à des forfaits nouveaux, en lui inspirant l'espoir que le crime ancien pourra s'oublier; et cependant elle-même se charge de la punition de ce crime, par les délais qu'elle exige.

Peut-on en effet imaginer un supplice plus affreux que cette incertitude cruelle, que cette horrible crainte qui ravit au criminel la sécurité de chaque jour, le repos de chaque nuit! Vingt ans de terreur pendant le jour! une insomnie de vingt ans!

Le glaive de la loi, suspendu pendant vingt ans sur la tête du coupable! Législateurs, ce supplice, plus cruel que la mort, n'a-t-il pas assez vengé le crime, et légitimé la prescription?

FIN DU CODE D'INSTRUCTION CRIMINELLE.

CODE PÉNAL.

LIVRE I.er

DES PEINES EN MATIÈRE CRIMINELLE ET CORRECTIONNELLE, ET DE LEURS EFFETS.

Décrété le 12 février 1810; — Promulgué le 22 du même mois.

CHAPITRES I A IV.

[ARTICLES 1 à 58.]

EXPOSÉ DES MOTIFS par M. le Conseiller-d'État TREILHARD.

Séance du 1.er février 1810.

MESSIEURS,

Si la lecture des lois pénales d'un peuple peut donner une juste idée de sa morale publique et de ses mœurs privées, le Code pénal qui vous est annoncé, et dont nous vous portons le premier livre, attestera les progrès immenses qu'ont faits parmi nous la raison et la philosophie.

Vous n'y trouverez que des peines nécessaires, des peines clairement énoncées, répressives, et jamais atroces; vous y verrez aussi des dispositions faites pour diminuer la masse des désordres, parce qu'elles placeront sous une surveillance active et salutaire les hommes dont les intentions perverses auront éclaté.

L'assemblée constituante a dégagé notre législation pénale de plusieurs dispositions contre lesquelles l'humanité réclamait depuis long-temps; elle a réduit la peine de mort à la simple privation de la vie; elle a fait disparaître les supplices barbares du feu, de la roue, et d'être tiré à quatre chevaux. Toute mutilation est défendue, et les peines de lèvre coupée, de langue percée, et autres de cette nature, ne souillent plus le Code Français. C'est déjà un grand pas vers la perfection; mais cette assemblée célèbre, qui se distingua par tant de *conceptions utiles*, qui détruisit *tant d'abus*, qui avait, sans contredit, pour elle *la pureté des intentions*, ne se tint pas toujours en garde contre l'*enthousiasme du bien* : le flambeau de l'expérience qui lui manquait, a fait apercevoir depuis d'utiles améliorations, dont le Code de 1791 est susceptible.

L'assemblée constituante crut devoir poser en règle qu'aucune peine ne serait perpétuelle; celle des fers, la première après celle de mort, ne dut jamais être prononcée que pour un temps qui, dans aucun cas, n'excéderait vingt-quatre années.

La durée des peines fut déterminée pour chaque espèce de crime, d'une manière invariable; la marque et la confiscation furent supprimées; enfin, un coupable qui avait subi sa condamnation, fut lancé sans précaution dans la société pour y jouir de toute la liberté des autres citoyens.

Les bases du projet qui vous est soumis diffèrent, sur ces points importants, de celles posées pas l'assemblée constituante.

Art. 7, 17. — Nous avons pensé que, pour parvenir à une juste gradation des peines, il fallait en établir de perpétuelles.

Il nous a paru suffisant de régler la nature des peines à appliquer, et de fixer les termes qu'elles ne pourraient excéder, sans déterminer la durée précise de celle qui serait prononcée contre chaque condamné;

Art. 19. — Les magistrats la régleront dans la latitude que la loi leur laisse.

Art. 20. — Nous avons rétabli la peine de la marque.

Art. 37. — La confiscation pourra être prononcée dans certains cas.

Art. 47, 48. — Enfin les condamnés, après avoir subi leur peine, seront placés sous une utile surveillance.

J'aurai occasion de remarquer dans la suite quelques autres différences moins importantes, entre la législation pénale de l'assemblée constituante et celle qui vous est proposée.

Quant à présent, je dois me borner à exposer, en peu de mots, les motifs qui ont fait adopter nos nouvelles bases.

Art. 7, 17, 18. — Et d'abord, pour peu qu'on veuille y réfléchir, on sera bientôt convaincu que la distance entre une peine temporaire et la mort est si immense que, pour la combler, il faut nécessairement établir une peine perpétuelle; sans elle, plus de gradation, et toute proportion entre la peine et certains crimes, est absolument rompue.

Art. 145, 146, 147. — On ne peut disconvenir, par exemple, qu'un fonctionnaire coupable de faux en écriture authentique, et dans l'exercice de ses fonctions, doit être puni beaucoup plus sévèrement qu'un particulier qui a commis le même crime; et lorsque celui-ci subit une simple peine temporaire, si on ne prononce pas la peine de mort contre le premier, parce qu'il est dangereux de donner trop souvent au peuple le spectacle du sang versé, il mérite certainement de subir, à perpétuité, la peine prononcée temporairement contre l'autre.

Art. 132, 133. — Le faux monnayeur qui a altéré ou fabriqué des espèces d'or ou d'argent est puni de mort; convient-il d'appliquer la même peine à celui qui n'a altéré ou fabriqué que des espèces de cuivre? Si la gravité du crime et ses funestes conséquences ne permettent pas de se borner en ce cas à une simple peine temporaire, n'est-il pas plus convenable, dans l'alternative de la peine de mort ou d'une peine perpétuelle, de se borner à cette dernière?

La règle posée par l'assemblée constituante, que nulle peine ne serait perpétuelle, détruit donc les proportions qui doivent exister entre les peines et les crimes; dans son système on est souvent exposé, ou à infliger au coupable une peine trop sévère, ou à lui faire grâce d'une partie de celle qu'il a encourue.

Vivement frappée de quelques erreurs graves reprochées aux tribunaux, l'assemblée constituante ne crut pas pouvoir resserrer dans des bornes trop étroites la délégation de pouvoir faite à la magistrature; elle régla, en conséquence, avec une exacte précision, la durée de la peine qui devait être appliquée à chaque fait particulier, et elle voulut qu'après *la déclaration du jury, la fonction du juge* fût bornée à l'application mécanique du texte de la loi.

Sans doute le magistrat ne doit et ne peut prononcer que la peine de la loi; mais n'y a-t-il pas *quelque distinction à faire* entre deux hommes convaincus du même crime?

Art. 66, 67. — Doit-on placer sur la même ligne le jeune homme séduit, que des conseils désastreux et son inexpérience ont précipité dans l'abîme, et l'homme dont la profonde corruption est manifeste et dont toute la vie est souillée de crimes?

Ici nous avons pensé qu'une saine politique et la justice bien entendue appelaient sur la magistrature une marque honorable de confiance, non que les cours puissent changer la nature de la peine indiquée par la loi; mais la loi voudra que chaque espèce de peine puisse être prononcée pour un temps qui ne doit être moindre ni excéder les limites qu'elle prescrit. C'est dans cette latitude que les magistrats, après avoir présidé à toute l'instruction, pesant le degré de perversité de chaque accusé, connaissant parfaitement toutes les circonstances qui peuvent aggraver ou atténuer le fait, c'est, disons-nous, dans cette latitude que les magistrats fixeront la durée de la peine légale qu'ils doivent appliquer.

Art. 20. — La peine de la marque ou de la flétrissure fut proscrite par l'assemblée constituante, parce qu'elle offre un caractère de perpétuité que l'opinion d'alors repoussait; vous avez déjà vu que la perpétuité de quelques peines était nécessaire pour la perfection du système pénal, et l'on ne peut se dissimuler que l'apposition publique de la marque produit, et sur le coupable et sur les spectateurs, une impression qui ne peut être que vive et profonde.

Je pourrais ajouter que la marque est un des moyens les plus efficaces pour constater les récidives dont il est si important de s'assurer; mais je ne crois pas qu'il soit nécessaire de s'appesantir sur cet article, puisque déjà vous avez adopté le rétablissement de la peine de la marque pour certains crimes, et que l'expérience a démontré les bons effets de cette mesure.

Art. 37. — La confiscation générale fut aussi écartée du Code de 1791; nous n'hésitons pas à en proposer le rétablissement.

Les intentions philantropiques de l'assemblée constituante, quand elle rejeta la confiscation et la marque, étaient certainement louables; mais, ne craignons pas de le dire, cette assemblée a trop souvent considéré les hommes, non *tels qu'ils sont*, mais *tels qu'il serait à désirer qu'ils fussent*; elle était mue par un espoir de perfectibilité qui malheureusement ne se réalise pas; et si, dans le mouvement rapide qui l'entraînait, cette erreur fut excusable, nous ne le serions pas, nous qui, éclairés par l'expérience, méditons dans le calme des passions; nous ne serions, dis-je, pas excusables de persister à méconnaître l'efficacité incontestable de quelques moyens de répression qui ne furent pas bien appréciés en 1791.

Art. 38. — On objecte que la peine de la confiscation réfléchit sur des enfants qui peuvent n'être pas complices du crime de leur père : mais qui donc souffrira pour les fautes des pères, si ce ne sont les enfants? Lorsqu'un homme a consumé tout son patrimoine par des spéculations insensées, ou par des voies souvent plus répréhensibles, ses enfants ne supportent-ils pas la peine des égarements de leur père?

Lorsque des réparations civiles prononcées en faveur d'une victime du crime, absorbent toute la fortune du coupable, peut-on se récrier contre sa condamnation sous le frivole prétexte que sa succession est ruinée?

Art. 76, 77 et 81. — Or, qu'est-ce que la confiscation prononcée pour des crimes qui ont pour but de renverser l'État, le gouvernement, et la fortune publique (car la confiscation n'est proposée que pour des crimes de cette nature), qu'est-ce, dis-je, que la confiscation dans des cas de cette espèce? C'est évidemment une indemnité légitime, toujours trop faible pour la réparation du tort que l'on a fait, et qui ne couvre presque jamais les dépenses qu'on a occasionnées; la confiscation qui doit être odieuse, quand on l'appliquait sans choix et sans discernement, n'aura rien que de convenable, rien que de juste, lorsqu'elle sera appliquée avec mesure et discrétion.

Je ne vous dirai pas qu'en rejetant la confiscation pour des crimes contre la sûreté de l'État, il serait souvent fort à craindre qu'on ne laissât aux ennemis de la chose publique des moyens de lui nuire; je n'ai pas besoin de ces considérations secondaires pour justifier une mesure toute fondée sur un principe de justice; déjà même la confiscation a été rétablie pour les crimes de fausse monnaie. Au reste, vous verrez dans la suite, combien la rigueur de cette peine est adoucie dans l'exécution, (Art. 38, 39,) et vous serez convaincus qu'on a su concilier ce que prescrivait la justice et ce que conseillait l'humanité.

Art. 11, 44, 47, 48, 49. — Enfin en nous occupant des voies de répression, nous n'avons pas négligé les moyens de prévenir le mal; les condamnés, après avoir subi leur peine, demeureront, dans les cas prévus par la loi, sous la surveillance de la haute police.

Dans un petit État, tout le monde est surveillé, parce qu'on est pour ainsi dire réuni sur un même point, et que personne ne peut se soustraire à l'œil vigilant de ses concitoyens; dans un empire immense, il est nécessaire qu'une institution sage et active remplace cette surveillance respective qui ne peut pas y exister; (Art. 47.) il faut que les hommes pervers ne soient jamais perdus de vue; or, quelle dénonciation plus pressante que celle qui résulte d'un arrêt de condamnation.

Je crois, messieurs, que cette mesure sera vue avec reconnaissance par tous les amis de la paix publique. Je dirai dans la suite comment elle s'effectuera; dans ce moment je ne dois vous parler que des bases en général du projet qui vous est soumis.

J'ai justifié celles que nous avons adoptées en matière criminelle; j'ai peu d'observations à faire sur celles en matière correctionnelle.

L'assemblée constituante punissait les délits par l'amende, la confiscation, en certains cas, de la matière du délit, et par l'emprisonnement.

Art. 9, 11. — Nous avons cru devoir ajouter à ces peines celle de l'interdiction, à temps, de certains droits civiques, civils, ou de famille, et même, dans quelques cas, le renvoi sous la surveillance spéciale du gouvernement. Je n'ai rien à ajouter à ce que j'ai dit sur cette dernière. Quant à la privation temporaire de certains droits, je demanderai quelle peine plus convenable on peut infliger à celui qui, par exemple, aura troublé la paix et commis quelque délit dans une assemblée politique, que celle de lui en interdire l'entrée pendant un certain temps? Au reste, on a dû prévoir l'abus et ne rien laisser à l'arbitraire du juge; les peines de cette nature, ainsi que celle de la mise en surveillance, ne seront prononcées que dans les cas où elles seront autorisées par une loi précise.

Après avoir développé les nouvelles bases du projet de Code pénal, je dois vous donner une idée du plan que nous avons suivi.

Art. 6, etc. — L'ouvrage est divisé en quatre livres : le premier énonce les peines établies par la loi; il prescrit le mode de leur exécution, et il en règle les effets.

Art. 59, etc. — Le second a pour objet les personnes punissables, excusables, ou responsables, pour crimes ou pour délits.

Art. 132, etc. — Le troisième détermine la nature de la peine encourue pour chaque crime ou chaque délit commis, soit contre la chose publique, soit contre les particuliers.

Art. 464, etc. — Le quatrième enfin, est destiné aux contraventions de police et aux peines dont elles sont susceptibles.

Cette division embrasse l'ensemble des matières criminelle et de police; et vous verrez dans la discussion de ces différents livres, que nous avons rempli plusieurs lacunes du Code de 1791.

Nous n'apportons aujourd'hui que le premier livre: il expose, en général, les peines que les tribunaux pourront infliger, sans s'occuper, en aucune manière, de leur application aux faits particuliers. Il règle, comme je l'ai déjà annoncé, le mode d'exécution de ces peines, et leurs effets: ces dispositions sont précédées d'un petit nombre d'articles préliminaires.

Art. 1. — Le premier de ces articles définit les expressions de *crime*, *délit*, *contravention*, trop souvent confondues et employées indifféremment. Désormais le mot *crime* désignera les attentats contre la société qui doivent occuper les cours criminelles. Le mot *délit* sera affecté aux désordres moins graves qui sont du ressort de la police correctionnelle. Enfin, le mot *contravention* s'appliquera aux fautes contre la simple police.

Art. 2. — Le second article préliminaire punit des mêmes peines que le crime, les tentatives manifestées par des actes extérieurs, et suivies d'un commencement d'exécution, lorsque cette exécution n'a *été suspendue* ou n'a manqué son effet que par des circonstances fortuites, indépendantes de la volonté du coupable.

Il a commis le crime autant qu'il était en lui de le commettre; il a donc encouru la peine prononcée par la loi contre le crime; la sûreté publique avait déjà provoqué cette disposition, qui se trouve textuellement écrite dans une de nos lois. On peut même dire qu'elle est un développement nécessaire de deux articles du Code pénal de 1791, qui infligent aux tentatives d'assassinat et d'empoisonnement, les mêmes peines qu'au crime consommé.

Art. 3. — Mais cette disposition ne peut pas être si généralement adoptée pour les délits, parce que les caractères n'en sont pas aussi marqués que les caractères du crime; leur exécution peut très-bien *avoir été préparée* et commencée par des circonstances et des démarches qui, en elles-mêmes, n'ont rien de répréhensible, et dont l'objet n'est bien connu, que lorsque le délit est consommé; il a donc été sage de déclarer que les tentatives du *délit* ne seraient considérées et punies comme le délit même, que dans des cas particuliers, déterminés par une disposition *spéciale* de la loi.

Art. 4. — Le dernier des articles préliminaires retrace une maxime que l'on peut regarder comme la plus forte garantie de la tranquillité des citoyens : « Nulle contravention, nul délit, nul crime, ne peut être puni « de peines qui n'étaient pas prononcées par « la loi, avant qu'ils fussent commis. »

Un citoyen ne doit être puni que d'une peine légale; il ne doit pas être laissé dans l'incertitude sur ce qui est ou n'est pas punissable; il ne peut être poursuivi pour un acte qu'il a pu, de bonne foi, supposer au moins indifférent, puisque la loi n'y attachait aucune peine.

Vous pouvez, messieurs, juger par la disposition de cet article, de l'esprit qui a présidé à la rédaction du Code pénal. Vous voyez que si l'on s'est occupé efficacement de la recherche et de la poursuite des hommes qui se constituent en état de guerre avec la société, on n'a pas apporté moins de soin pour ne pas troubler la sécurité du citoyen paisible, qui ne transgresse les dispositions d'aucune loi.

Le premier livre, dont vous entendrez bientôt la lecture, donne le tableau des peines que les tribunaux pourront prononcer.

Art. 6, 7, 8. — Celles adoptées en matière criminelle, sont : la mort, les travaux forcés à perpétuité, la déportation, les travaux forcés à temps, la réclusion, le carcan, le bannissement, la dégradation civique, la marque, la confiscation, et le renvoi sous la surveillance de la haute police.

Art. 7, 8, 9. — L'assemblée constituante n'avait inséré dans son Code que les peines de mort, des fers, de réclusion, de la gêne, de la détention, de la déportation, de la dégradation civique, et du carcan. Nous en avons conservé une partie et nous avons apporté quelques modifications dans les autres.

Il nous a paru à propos de remplacer par la peine des travaux forcés, celle des fers, qui, n'étant établie que pour les hommes, avait mis dans la nécessité d'introduire, particulièrement pour les femmes, la peine de la réclusion ; celle des travaux forcés, que nous substituons, peut être appliquée aux deux sexes, en donnant à chacun l'espèce de travail qui peut lui convenir.

Art. 15, 16. — Ainsi, les femmes ne pourront être employées à ces travaux que dans une maison de force ; les hommes pourront être employés à toute espèce de travaux pénibles, avec les précautions suffisantes pour prévenir leur révolte ou leur évasion.

Art. 7, 21. — La peine des travaux forcés étant commune aux deux sexes, nous avons fait de la peine de la réclusion, qui, dans le Code de 1791, est particulière aux femmes, une peine également commune, et nous avons pu supprimer la peine de la détention.

Art. 7, 8, 9. — Nous avons aussi supprimé la peine de la gêne, qui consistait à être enfermé dans une maison de force, sans aucune communication à l'extérieur, ni avec les autres prisonniers : cette peine était prononcée quelquefois pour vingt ans.

Nous avouerons que nous n'avons pas reconnu, dans cette occasion les sentiments philantropiques de l'assemblée constituante.

Quel est donc le sort d'un homme enfermé pour vingt ans, sans espoir de communication ni à l'intérieur, ni à l'extérieur ? N'est-il pas plongé vivant dans son tombeau ? Quelle peut être d'ailleurs l'utilité de cette peine ? On ne peut pas dire qu'elle est établie pour l'exemple, puisque le condamné, soustrait à tous les yeux, est mort, pour ainsi dire, à la société ; d'ailleurs, il est presque impossible qu'une disposition qui introduit une séquestration aussi sévère, soit jamais exécutée ; nouveau motif pour faire disparaître du Code la peine de la gêne.

Art. 7. — En supprimant cette peine, nous avons rétabli celle de la relégation ou du bannissement ; elle nous a paru convenable pour certains crimes politiques qui, ne supposant pas toujours un dernier degré de perversité, ne doivent pas être punis des peines réservées aux hommes profondément corrompus.

Vous jugerez, messieurs, dans la suite, si les peines que nous avons cru devoir adopter, sont appliquées avec sagesse aux crimes et aux délits : le premier livre du Code que nous vous présentons, ne s'occupe, je le répète, en aucune manière, de cette application, les règles en seront tracées dans les autres livres ; j'ai dû me borner aujourd'hui à vous faire connaître notre système pénal, et à vous donner une idée du mode d'exécution et des effets des peines qui pourront être infligées.

J'aurai peu d'observations à faire sur le mode d'exécution ; il s'éloigne peu du mode actuel, et les dispositions que nous vous présentons sont du nombre de celles qu'il suffit de lire pour les justifier.

Art. 12, 13. — L'assemblée constituante a réduit la peine de mort à la simple privation de la vie ; en applaudissant à cette mesure, nous avons cependant pensé qu'elle devait éprouver une légère dérogation pour un crime qu'on ne peut pas se dispenser de prévoir, puisqu'il ne nous est malheureusement pas permis de le regarder comme impossible, pour le parricide ; le monstre aura le poing coupé ; puisse notre siècle n'avoir jamais à rougir de cet horrible forfait !

Art. 20. — Les condamnés à la peine des

travaux forcés à perpétuité, seront toujours flétris sur la place publique, par l'application d'une empreinte avec un fer chaud, sur l'épaule droite; les condamnés à d'autres peines ne subiront cette flétrissure que dans les cas où la loi l'aura attachée à la peine qui leur est infligée.

Art. 22. — Ceux qui seront condamnés à la peine des travaux forcés à perpétuité, ou à temps, et à la peine de réclusion, seront, avant de subir leur peine, attachés au carcan sur la place publique, pour y demeurer exposés aux regards du peuple, durant une heure.

Art. 17. — La déportation s'effectuera par un transport dans un lieu déterminé par le gouvernement, hors du territoire continental de l'empire, et pour y demeurer à perpétuité.

Art. 32, 33. — Les condamnés au bannissement seront transportés hors du territoire de l'empire; s'ils y rentrent avant le temps prescrit, ils seront punis de la peine de la déportation.

Art. 17. — *Si les déportés* rentrent, ils subiront la peine des travaux forcés à perpétuité.

Art. 21. — Celui qui aura été condamné à la réclusion sera renfermé dans une maison de force et employé à des travaux, dont le produit pourra être, en partie, appliqué à son profit.

Art. 9, 34. — La dégradation civique consistera toujours dans la destitution et l'exclusion des condamnés de *toutes* fonctions ou emplois publics; ces dispositions ne présentent rien de nouveau, rien qui exige une explication.

Quant à la durée des peines temporairement infligées, l'échelle en a été graduée de manière à correspondre à l'échelle des crimes, en sorte que la proportion entre le fait et la peine ne sera jamais rompue.

Art. 465, 40. — Vous avez vu dans le Code d'instruction criminelle, art. 137, que les tribunaux de police ne pourront prononcer la peine d'emprisonnement que pour cinq jours; la peine d'emprisonnement, en matière correctionnelle, ne pourra être prononcée pour moins de six jours, ni pour plus de cinq ans, sauf les cas de récidive.

Art. 21, 32. — La durée de la peine du bannissement et de celle de la réclusion sera, au moins, de cinq ans, et de dix ans, au plus.

Art. 19. — La peine des travaux forcés ne pourra, comme les précédentes, être moindre de cinq années; elle ne pourra pas en excéder vingt.

Art. 23, 25, 26. — Le projet règle, au surplus, avec précision, le moment où commencera la peine, le lieu où seront faites les exécutions, les jours où il ne sera pas permis d'en faire.

Art. 7, 8, 18. — Il serait superflu d'entrer dans des explications sur ces objets de détail; je passe aux effets des peines prononcées. Je crois pouvoir me dispenser de remarquer que toute peine, en matière criminelle, est infamante, et que les peines des travaux forcés à perpétuité, et de la déportation, emportent la mort civile.

Art. 28. — L'effet de la condamnation aux travaux forcés à temps, au bannissement, à la reclusion, ou au carcan, ne doit pas être aussi étendu; mais la tache d'infa[illegible], ne permet pas que l[illegible] sur le front des cor[illegible]gnage soit admis en justice, et surtout leur présence ne doit jamais souiller les rangs des braves qui ont porté si loin la gloire du nom français; ils sont, en conséquence, déclarés déchus du droit de servir dans les armées de Sa Majesté.

Art. 29. — Ceux qui ont été condamnés à la peine des travaux forcés à temps et de la reclusion, sont, de plus, pendant la durée de leur peine, dans un état d'interdiction légale; il ne faut pas, comme il est trop souvent arrivé, que des profusions scandaleuses fassent d'un séjour d'humiliation et de deuil, un théâtre de joie et de débauche.

Art. 31. — Le curateur qui administrera le bien du condamné, ne pourra lui faire aucune remise de ses revenus pendant la durée de la peine; lorsqu'elle sera subie, le curateur rendra compte de son administration.

Art. 30, 38. — La confiscation ne pourra jamais porter le moindre préjudice aux droits acquis par des tiers sur les biens du condamné; si une sévérité juste et politique a nécessité l'adoption de cette mesure, l'humanité en tempérera la rigueur dans l'exécution; non-seulement les biens confisqués demeurent grevés des dettes légitimes, ce qui est de toute justice, *mais* les enfants et la famille du condamné éprouveront encore la bienfaisance du gouvernement: les enfants recevront la moitié de la portion dont leur père n'aurait pu les priver dans sa succession; les parents qui pouvaient avoir droit à des aliments, n'en seront pas déchus, et l'Empereur pourra encore disposer en tout ou en partie des biens confisqués, en faveur des père, mère, enfants, ou des autres parents des condamnés.

Art. 39. — C'est ainsi qu'après avoir assuré la punition du coupable, la loi prépare le moyen de récompenser la bonne conduite des membres de sa famille.

Art. 44. — Je passe aux effets du renvoi sous la surveillance de la haute police de l'Etat.

Nous devons attendre, comme je l'ai déjà observé, des résultats heureux de cette mesure; mais il a fallu prévoir les abus de l'exécution, et ne tolérer que la rigueur qui est indispensable.

Celui qui sera placé sous cette surveillance donnera une caution solvable de bonne conduite; on pourra exiger une caution de ses père, mère, tuteur ou curateur, s'il est en minorité; toute personne pourra même être admise à [illegible] pour lui cette caution; à son défaut, le gouvernement [illegible] l'éloignement du condamné, même lui ordonner [indi]quer une résidence dans un lieu déterminé; et s'il n'obéit point à l'ordre qu'il aura reçu, le gouvernement pourra le faire arrêter, et le détenir pendant tout le temps fixé pour l'état de surveillance.

Art. 51, 52, 53, 54, 55. — Indépendamment des peines dont je viens de parler, les cours et tribunaux peuvent encore prononcer des restitutions, des amendes, des condamnations de frais; le projet pourvoit aussi au mode d'exécution de ces dispositions; mais les articles ne sont susceptibles d'aucune observation particulière.

Il ne me reste plus actuellement qu'à vous faire connaître le dernier chapitre du premier livre du Code pénal; il est relatif aux peines de la récidive pour crimes et délits.

Un premier crime ne suppose pas toujours nécessairement l'entière dépravation de celui qui s'en est rendu coupable; mais la récidive annonce des habitudes vicieuses et un fond de perversité, ou au moins de faiblesse non moins dangereuse pour le corps social que la perversité.

Un second crime doit donc être réprimé avec plus de sévérité que le premier.

L'assemblée constituante n'a établi contre le second crime que la peine prononcée par la loi, sans distinction de la récidive, mais elle a voulu qu'après la peine subie, les condamnés, pour récidive, fussent déportés; disposition qui ne nous paraît pas conforme aux règles d'une justice exacte, puisqu'elle ne fait aucune différence entre celui dont le second crime entraîne la peine de la réclusion, et celui dont le second crime emporte la peine de vingt-quatre années de fers, la plus grave du Code de 1791, après celle de mort.

Il nous a paru convenable de chercher une autre règle plus compatible avec les proportions qui doivent exister entre les peines et les crimes; elle se présente naturellement: c'est d'appliquer au crime, en cas de récidive, la peine immédiatement supérieure à celle qui devrait être infligée au coupable, s'il était condamné pour la première fois.

Art. 56. — Ainsi, si le second crime emporte la peine de la dégradation civique, le coupable sera puni de celle du carcan; si le second crime emporte la peine du carcan, ou celle du bannissement, le coupable sera condamné à celle de la réclusion; il sera condamné à la peine des travaux forcés à temps si le second crime emporte la peine de la réclusion; à la peine des travaux forcés à perpétuité si le second crime emporte celle des travaux forcés à temps ou de la déportation; et enfin, il sera condamné à la mort, si le second crime emporte la peine des travaux forcés à perpétuité.

Art. 57. — Lorsque le condamné pour un crime, n'aura commis depuis qu'un délit de nature à être puni correctionnellement, il sera toujours condamné, dans ce cas, au *maximum* des peines correctionnelles, et même la condamnation pourra s'élever jusqu'au double, c'est-à-dire, jusqu'à dix ans.

Vous connaissez actuellement, messieurs, toutes les bases sur lesquelles s'est élevé le nouveau Code; nous le proposons avec confiance; l'adoption que vous en ferez complétera notre législation criminelle.

Le Code d'instruction que vous avez sanctionné dans l'avant-dernière session, garantit que les méchants seront poursuivis, atteints et punis. Le Code pénal garantira les proportions qui doivent exister entre les peines et les crimes, ou les délits.

Nous n'avons jamais perdu de vue le but que nous devions atteindre, celui de concilier la sûreté publique qui réclame des peines répressives, le vœu de l'humanité qui repousse toute rigueur qui n'est pas nécessaire.

J'ose dire que cet ouvrage porte l'empreinte

de la sagesse profonde qui caractérise tous les Codes que Sa Majesté a donnés à la nation : le Code pénal méritera aussi la reconnaissance du peuple français, l'hommage des contemporains, et le respect de la postérité.

CODE PÉNAL.

LIVRE II.

DES PERSONNES PUNISSABLES, EXCUSABLES OU RESPONSABLES POUR CRIMES OU POUR DÉLITS.

Décrété le 13 février 1810; — Promulgué le 23 du même mois.

[ARTICLES 59 à 74.]

EXPOSÉ DES MOTIFS par M. le Conseiller-d'État FAURE.

Séance du 3 février 1810.

MESSIEURS,

Vous avez entendu dans la dernière séance, l'exposé du système pénal qui forme la base du nouveau Code des délits et des peines.

Tel est l'objet du livre premier.

SA MAJESTÉ nous a chargés de vous présenter aujourd'hui le second livre, qui contient plusieurs dispositions générales, destinées à faciliter l'application des cas particuliers, et à prévenir un grand nombre de difficultés qu'ils pourraient faire naître.

Cette partie regarde spécialement les complices et les personnes excusables ou responsables pour crimes ou délits.

Le Code pénal de 1791 ne parle que des complices de crimes; la loi rendue dans le cours de la même année sur les délits de police correctionnelle est muète à l'égard de la complicité. L'usage autorisé par la raison a rendu communes à cette dernière loi les règles établies par la première.

Comme le Code actuel ne s'occupe pas seulement de la répression des crimes, et que celle des délits est également l'objet de sa prévoyance, ses dispositions sur les complices s'appliquent aux uns et aux autres; les expressions mêmes du Code ne permettraient pas d'élever le plus léger doute sur ce point.

ART. 59. — Le Code établit d'abord pour règle générale que le complice d'un crime ou délit sera puni de la même peine que celui qui en est l'auteur. Cependant comme cette règle est susceptible de quelques exceptions, quoique très-rares, le Code permet ces exceptions, pourvu qu'elles soient le résultat d'une disposition de la loi; elles trouveront leur place naturelle dans les articles relatifs aux cas pour lesquels elles seront jugées nécessaires.

ART. 60. — La définition donnée par le Code, de ce qui constitue la complicité, est à-peu-près la même que celle de la loi de 1791; elle s'applique à toute personne convaincue d'avoir préparé ou facilité l'action, par des moyens qu'elle savait devoir y servir.

ART. 61. — Provocations faites, instructions données, armes fournies, peu importe le moyen; c'est d'après le même esprit que le Code ajoute une disposition qui n'était point dans la loi de 1791, il veut que ceux-là soient déclarés complices, et punis comme tels, qui, connaissant la conduite criminelle des malfaiteurs, les logeront habituellement chez eux, ou souffriront qu'ils s'y réunissent habituellement. Car dès qu'ils n'ignorent pas que ces hommes ne vivent que de crimes, ils ne peuvent se dissimuler que la retraite qu'ils leur donnent est un moyen de faciliter l'exécution de leurs desseins criminels; la même observation s'applique aux recéleurs d'objets volés.

Nous remarquerons une distinction établie par le nouveau Code et réclamée depuis longtemps par l'expérience.

Art. 62. — Lorsque le vol ne donne lieu qu'à des peines temporaires, il faut, quelque rigoureuses qu'elles soient, que le recéleur subisse la même peine; il s'est soumis à ce risque dès qu'il a bien voulu recevoir une chose

Art. 63. — Mais d'un vol [illegible] pagné de circonstances si graves [illegible] est accom-traînent la peine de mort, ou toute autre peine perpétuelle, on peut croire que si au temps du recélé ces circonstances eussent été connues du recéleur, il eût mieux aimé ne pas recevoir l'objet volé que de s'en charger avec un si grand risque; il convient donc, en pareil cas, pour condamner le recéleur à la même peine que l'auteur du crime, qu'il y ait certitude qu'en recevant la chose il connaissait toute la gravité du crime dont elle était le fruit. A défaut de cette certitude, la sévérité de la loi doit se borner à prononcer contre lui la peine la plus forte parmi les peines temporaires. C'est ce que décide le nouveau Code. L'absence d'une distinction si sage a souvent été cause que des recéleurs sont restés impunis. On a déclaré des recéleurs non convaincus de complicité, pour ne pas leur faire subir une peine dont l'excessive rigueur paraissait injuste.

Art. 64. — Une autre règle commune à tous les prévenus, soit du fait principal, soit de complicité, est qu'on ne peut déclarer coupable celui qui était en état de démence au temps de l'action, ou qui, malgré la plus vive résistance, n'a pu se dispenser de céder à la force. Tout crime ou délit se compose du fait et de l'intention : or, dans les deux cas dont nous venons de parler, aucune intention criminelle ne peut avoir existé de la part des prévenus, puisque l'un ne jouissait pas de ses qualités morales, et qu'à l'égard de l'autre, la contrainte seule a dirigé l'emploi de ses forces physiques.

Art. 65. — Après cette disposition, le Code rappelle que nulle excuse ne peut être admise, à moins que la loi même ne déclare le fait excusable : ce principe est déjà consacré par l'article 339 du Code d'instruction criminelle.

Il ajoute que nulle peine ne peut être mitigée, excepté dans les cas où la loi l'autorise formellement.

Ces deux dispositions ont pour but de prévenir l'arbitraire, qui substitue les passions, toujours mobiles et souvent aveugles de l'homme, à la volonté ferme et constante de la loi.

Le Code détermine ensuite l'influence de l'âge des condamnés, sur la nature et la durée des peines. [illegible]

Art. 66. — Il s'occupe d'abord de celui qui, au moment de l'action, n'avait pas encore seize ans. On se rappelle que le Code d'instruction criminelle (Art. 340), a décidé qu'à l'égard de l'accusé qui se trouverait dans cette classe, la question de savoir s'il a commis l'action [illegible]ernement, serait examinée. Les dispositions actuelles [illegible] qui doit être ordonné d'après le résultat de l'examen. Si la décision est négative, l'accusé doit nécessairement être acquitté, car il serait contradictoire de le déclarer coupable d'un crime, et de dire en même-temps que ce dont il est accusé a été fait par lui sans discernement. Les juges prononceront donc qu'il est acquitté; mais ils ne pourront pas le faire rentrer dans la société, sans pourvoir à ce que quelqu'un ait les regards fixés sur sa conduite : ils auront l'option de le rendre à ses parents, s'ils ont en eux assez de confiance, ou de le tenir renfermé durant un espace de temps qu'ils détermineront. Cette détention ne sera point une peine, mais un moyen de suppléer à la correction domestique, lorsque les circonstances ne permettront pas de la confier à sa famille.

Sa plus longue durée n'excédera jamais l'époque où la personne sera parvenue à l'âge de vingt ans accomplis. Ces limites laissent un intervalle suffisant pour que les juges puissent proportionner la précaution au besoin; mais si la décision porte que l'action a été commise avec discernement (Art. 67), il ne s'agit plus de correction : c'est une peine qui doit être prononcée. Seulement ce ne sera ni une peine afflictive, ni une peine infamante. La loi suppose que le coupable, quoique sachant bien qu'il faisait mal, n'était pas encore en état de sentir toute l'étendue de la faute qu'il commettait, ni de concevoir toute la rigueur de la peine qu'il allait encourir. Elle ne veut point le flétrir, dans l'espoir qu'il pourra devenir un citoyen utile; elle commue, en sa faveur, les peines afflictives en peine de police correctionnelle; elle ne le soumet point à l'exposition aux regards du peuple.

Art. 68. — Enfin, elle consent, par égard pour son jeune âge, à le traiter avec indulgence, et ose se confier à ses remords.

Quant à la proportion établie pour la durée de ces peines, relativement a celles qu'eût subies le condamné, s'il avait eu plus de seize ans, nous nous abstiendrons d'entrer dans des détails qui seront suffisamment connus par la lecture des articles; ils sont d'ailleurs conformes à la loi de 1791.

Art. 70, 71. — Après avoir parlé de l'indulgence de la loi pour un âge où l'inexpérience atténue la faute, nous allons faire connaître son humanité pour une autre époque de la vie, où les forces du corps sont présumées n'être plus capables de supporter une peine très-rigoureuse. Le Code fixe cette époque à soixante-dix ans. Celui qui sera parvenu à cet âge, au moment de son jugement, ne sera condamné ni aux travaux forcés à perpétuité, ni à la déportation, ni même aux travaux forcés à temps; les juges prononceront contre lui la reclusion pour le temps qu'eût duré la peine qu'il aurait subie s'il n'eût pas été septuagénaire; (Art. 72.) lorsqu'il n'atteindra les soixante-dix ans que depuis sa condamnation, la peine de la reclusion doit remplacer aussi celle à laquelle il avait été condamné, et il subira cette nouvelle peine jusqu'à l'expiration du temps que portait le jugement.

On observera cependant que le dernier cas regarde seulement les condamnés aux travaux forcés à perpétuité ou à temps. Quant à celui contre qui la déportation a été prononcée, il est facile de sentir que, lorsqu'il ne devient septuagénaire qu'après avoir été transporté hors du territoire continental de l'empire, et s'être fixé dans le lieu déterminé par le gouvernement, sa nouvelle situation rend moins désirable pour lui cette commutation de peine, et qu'il ne trouverait pas assez d'avantage dans un retour, dont l'unique effet serait une reclusion perpétuelle.

En rapprochant le mode proposé de celui qu'adopta l'assemblée constituante, on aperçoit plusieurs différences. Suivant la loi de 1791, il faut, pour que le sort du septuagénaire soit adouci, qu'il ait atteint l'âge de soixante-quinze ans. Alors la durée de la peine est réduite à cinq années : ici la commutation n'est que pour la durée; il ne s'en opère aucune dans la nature du châtiment. Si le crime emporte les fers, le coupable doit subir cette peine, quel que soit son âge, sauf la réduction du temps.

Pour nous, messieurs, nous avons pensé qu'il serait plus convenable de ne rien changer à la durée de la peine, mais d'y substituer la reclusion comme mieux appropriée à l'état d'un vieillard. Les travaux forcés seraient trop rigoureux pour la plupart des septuagénaires : il n'en est pas ainsi de la reclusion; et comme le but de la loi ne peut être de faire rentrer dans la société le coupable qui a soixante-dix ans, plutôt qu'un autre coupable moins âgé, comme il s'agit uniquement d'empêcher qu'il ne succombe par l'effet de travaux et de fatigues excessives, on a donné la préférence au mode proposé.

Art. 73. — Il nous reste à parler d'une espèce de responsabilité qu'il appartenait au Code pénal de consacrer dans ses dispositions; c'est celle des aubergistes et hôteliers qui n'auront pas inscrit sur leurs registres, le nom, la profession et le domicile des personnes qu'ils ont logées.

Si ces personnes ont, pendant leur séjour, commis un crime ou délit, ils seront responsables de tout dommage qui en sera résulté. Ils devront s'imputer d'avoir négligé de prendre ces précautions salutaires, qu'une sage police a prescrites dans tous les temps. On ne doit pas perdre de vue qu'ils ne seront soumis à cette responsabilité, que lorsque le coupable qu'ils ont reçu dans leur maison y aura passé plus de vingt-quatre heures. Il eût été trop rigoureux, et même injuste, de leur appliquer la peine, quelque courte qu'eût été la durée de son séjour. Lorsqu'un voyageur ne s'arrête que pendant quelques heures dans une hôtellerie, et disparaît pour faire place à d'autres qui n'y restent pas plus long-temps, il serait le plus souvent impossible de remplir, à l'égard du premier comme à l'égard de ceux qui lui succèdent, toutes les formalités exigées par la loi. L'hôtelier ne doit répondre que de celui qu'il a été à portée de voir; mais il est inexcusable de ne s'être pas mis en règle, lorsque la personne qu'il a logée n'a quitté sa maison qu'après les vingt-quatre heures.

Art. 74. — Cette responsabilité est ajoutée aux différentes espèces prévues par le Code Napoléon. Nous nous contenterons de rappeler l'article 1384 de ce Code, qui porte qu'on est responsable, non-seulement du dommage que l'on cause par son propre fait, mais encore de celui qui est causé par le fait des personnes dont on doit répondre, ou des choses que l'on a sous sa garde. Les cas spécifiés dans ce même article et dans les articles suivants, serviront d'appendice à cette partie du Code pénal.

Tels sont, messieurs, les motifs sur lesquels repose le projet de loi soumis à votre sanction. Vous trouverez sans doute que les améliorations qu'il contient sont une nouvelle preuve des soins constants que Sa Majesté apporte à tout ce qui peut contribuer au perfectionnement des lois.

CODE PÉNAL.

LIVRE III.

DES CRIMES, DES DÉLITS, ET DE LEUR PUNITION.

TITRE I.er

CHAPITRES I.er ET II.

Décrétés le 15 février 1810; — Promulgués le 25 du même mois.

[ARTICLES 75 à 131.]

EXPOSÉ DES MOTIFS par M. le Conseiller-d'État BERLIER.

Séance du 5 février 1810.

MESSIEURS,

La nature des peines instituées par le nouveau projet de Code, vous est déjà connue.

Il s'agit aujourd'hui d'en faire l'application aux diverses espèces de crimes et de délits qui affligent la société, et de commencer la nombreuse et triste nomenclature des actes qui portent ce caractère.

Ce tableau sera long, bien qu'il ne doive pas embrasser, d'une manière générale et absolue, tout ce qui est nuisible ou funeste; ainsi, vous n'y verrez point figurer beaucoup d'actes qui, simplement contraires à la bonne foi ou à la délicatesse, peuvent être quelquefois réprimés par la seule voie civile; vous n'y verrez pas non plus retracer les trop nombreux générateurs des crimes, je veux dire, les vices; redoutables fléaux qui échappent à l'empire des lois pénales, et dont il n'appartient qu'à d'autres institutions de prévenir ou de diminuer les ravages.

En ne traitant ici que *des crimes et délits*; et de leur punition, le sujet est vaste encore et n'a que trop d'étendue.

Il n'y a sur ce point que bien peu de lumières à puiser dans les anciens usages de la monarchie? Qu'était-ce, en effet, que notre législation pénale jusqu'à l'époque où une assemblée mémorable vint poser sur cet important objet des règles qui, reçues alors avec enthousiasme, doivent encore aujourd'hui être méditées avec respect, parce qu'elles émanaient de vues très-pures et de principes généralement vrais.

Toutefois, malgré les lumières de cette assemblée, il était difficile qu'un si grand ouvrage atteigne, dès le début, toute la perfection dont il était susceptible.

Aussi le Code pénal de 1791 a-t-il déjà éprouvé d'assez importantes modifications.

L'on entreprend aujourd'hui de l'améliorer encore, et l'auguste chef de l'empire qui a porté son active sollicitude sur les autres parties de la législation, ne pouvait refuser à celle-ci ce vigilant et sage intérêt par lequel son règne sera illustré autant que par ses victoires.

Dans les détails qui vont, messieurs, passer sous vos yeux, l'on n'a pas oublié que des lois qui statuent sur tout ce que les hommes ont de plus cher, la vie et l'honneur, ne doivent effrayer que les pervers, but qui serait manqué si elles imprimaient trop légèrement le caractère de crime à des actes qui ne sont pas essentiellement criminels.

L'on a soigneusement cherché à établir de justes proportions entre les peines et les délits.

L'on a enfin mis une extrême attention à n'omettre aucuns délits et à les bien préciser, car dans une société bien organisée, où les hommes sont placés sous l'égide de la loi, de telle sorte que nul ne peut être puni que des peines et pour les délits qui y sont exprimés, une juste inquiétude naîtrait dans l'ame de tous, si un seul pouvait être poursuivi criminellement pour des faits auxquels la loi n'aurait pas attaché ce caractère par une disposition formelle et non équivoque.

Ces idées fondamentales sont des guides dont on ne saurait, dans le travail qui nous occupe, s'écarter un seul instant.

Que dirai-je du plan et de la distribution des matières? deux grandes divisions s'y présentent; d'abord *les crimes et délits contre la chose publique*, ensuite *les crimes et délits contre les particuliers*.

Il eût sans doute été facile de multiplier les classes principales : un traité récent et estimé (1) donne un frappant exemple du vaste champ que la seule division des matières ouvrait aux combinaisons du législateur; mais s'il y a quelque fruit à recueillir de ces profondes méditations des jurisconsultes et des publicistes, c'est en les rattachant à la loi par des points imperceptibles. La métaphysique et la législation ont des formes et un langage différents.

Loin donc de multiplier les cadres principaux, le projet de la loi resserre même ceux qui existent aujourd'hui.

Ainsi dans l'état présent de notre législation, les crimes d'une part et les délits de l'autre, sont classés séparément, et placés même dans deux Codes distincts.

Au premier aspect, cette division séduit et paraît utile, parce qu'elle s'applique à des faits qui n'ont pas la même gravité, et à des peines qui ne sont pas du même ordre.

Cependant les avantages de cette division ne sont qu'éphémères, et ces inconvénients sont réels; car tel délit de police correctionnelle peut, avec une circonstance de plus, s'élever à la qualité de crime, et tel crime peut, avec une circonstance de moins, n'être plus qu'un délit.

Un fait parfaitement identique, s'il est considéré sans acception de personnes, peut changer de classe selon, par exemple, qu'il a été commis par un fonctionnaire public, ou par un simple particulier, ou suivant qu'il l'a été contre les ministres de la loi ou contre d'autres personnes.

Dans cette position, il a semblé convenable de ne point diviser en plusieurs tableaux les crimes et délits qui s'appliquent à des faits de même cathégorie quoique d'une intensité différente : pourquoi le même titre n'embrasserait-il pas le faux commis dans un testament, comme celui commis dans un passeport? ce qui est important et juste, c'est qu'un délit ne soit pas puni aussi sévèrement qu'un crime, mais ce qui est utile aussi, c'est que l'on puisse embrasser du même coup-d'œil tous les crimes et délits qui s'appliquent à la même cathégorie de faits.

Unir ce qui a de tels rapports, ce n'est point confondre, et la confusion ou du moins l'embarras commencerait bien plutôt, là où il faudrait sur des questions analogues, recourir à des règles éparses.

Le nouveau projet de Code traitera donc à-la-fois des *crimes et délits* sur chaque

(1) Traité de Législation, par *Jérémie Bentham*.

matière, et des peines qui leur sont applicables.

Art. 1. — Au surplus, si, dans le langage ordinaire, le mot *délits* a une double acception et est pris tantôt pour le genre, tantôt pour l'espèce, il n'aura dans notre classification, que cette dernière acception, et ne s'appliquera qu'à des infractions de moindre gravité que les crimes.

Le nouveau projet divise donc les crimes et délits en deux classes principales, les uns *contre la chose publique* et les autres *contre les particuliers* : vaste division à laquelle viennent nécessairement aboutir toutes les infractions que l'imagination peut embrasser.

C'est en partant du même point que les lois romaines s'étaient bornées à la distinction des délits *publics*, pour lesquels le droit d'accusation était accordé à tout citoyen, et des délits *privés*, dont la réparation ne pouvait être poursuivie que par les parties lésées.

Si le droit d'accusation est chez nous soumis à d'autres règles, et si notre classification des crimes et délits diffère beaucoup dans les détails avec la classification romaine, la division principale en crimes et délits *publics* et *privés*, ou, ce qui est la même chose, en crimes et délits *contre la chose publique* et *contre les particuliers*, n'en a semblé ni moins juste ni moins utile; non, sans doute, qu'il n'existe entre l'état et ses membres une connexion intime et telle que les membres de l'association souffrent quand le corps de l'état est attaqué et réciproquement : à Dieu ne plaise que la division proposée porte jamais à oublier ou méconnaître un principe d'une si haute utilité; mais il est pourtant dans la nature des choses que l'atteinte directe regarde principalement quelquefois la chose publique, quelquefois les particuliers, et cette définition a pu être prise pour base première de la division des crimes et délits.

La loi qui vous est aujourd'hui proposée, messieurs, et celle qui la suivra immédiatement, ne traitent que des crimes ou délits *contre la chose publique*.

Ces crimes ou délits sont sous divisés en trois espèces, ceux *contre la sûreté de l'état*, ceux *contre les constitutions de l'empire*, et ceux *contre la paix publique*.

Les crimes ou délits contre la sûreté de l'état sont eux-mêmes de deux sortes; ils attaquent la sûreté *extérieure*, ou compromettent la sûreté *intérieure*.

Sous l'un comme sous l'autre rapport, ils sont d'une extrême gravité : l'on va néanmoins, pour obtenir plus de clarté, retracer séparément les dispositions relatives à chacune de ces espèces, en commençant par les crimes ou délits dirigés contre la *sûreté extérieure de l'état*.

Art. 75, 76, 77, 80, 81, 82, 83. — C'est ici que figureront ces Français dénaturés qui portent les armes contre leur patrie, qui entretiennent des intelligences avec l'ennemi, qui recèlent ses espions, ou qui lui livrent soit des plans, soit le secret d'une négociation.

De si grands crimes n'admettent d'autre peine que la mort; peine terrible que le législateur n'inflige qu'avec regret, mais qui, selon les expressions de Montesquieu (1), est *comme le remède de la société malade*.

Toutefois, il convenait de bien caractériser les intelligences criminelles, pour qu'elles ne fussent point confondues avec des correspondances imprudentes.

Il convenait aussi de tracer une ligne de démarcation entre les communications données par les dépositaires eux-mêmes ou par d'autres personnes.

C'est ce qui a été fait en punissant toujours, mais en punissant moins ceux qui sont coupables à un moindre degré.

Art. 84, 85. — Ceux qui, par des actions hostiles ou des actes non approuvés par le gouvernement, exposent l'état à une déclaration de guerre, compromettent sans doute la sûreté extérieure.

La loi les proclamera donc coupables, bien que nul soupçon d'intelligence avec l'ennemi ne plane sur eux; mais comme relativement à leurs actes, il n'est pas d'éléments susceptibles d'indiquer jusqu'à quel point les conséquences pouvaient en être connues de leurs auteurs, ceux-ci ne seront pas punis de la peine capitale, mais déportés ou bannis, selon les suites plus ou moins graves qu'auront eues leurs téméraires démarches.

En suivant l'ordre du projet, je dois maintenant vous entretenir des peines infligées aux crimes dirigés contre *la sûreté intérieure de l'état*.

Au premier rang de ces crimes est celui de

(1) Esprit des lois; liv. XII, chap. 4.

lèse-majesté, L'on a long-temps abusé de ce mot : plusieurs lois des empereurs romains déclaraient sacrilèges, ou coupables de lèse-majesté, ceux qui avaient *osé* douter du mérite des personnes appelées par le prince à quelque emploi (1), ceux qui attentaient contre les ministres ou officiers du prince (2), et même les fabricateurs de fausse monnaie (3).

L'on admit aussi le crime de lèse-majesté divine, et l'on distingua le crime de lèse-majesté proprement dit, en plusieurs espèces; il fut selon les circonstances, qualifié au premier ou au deuxième chef.

Cette législation diminuait, par de fausses applications, l'horreur que doit inspirer le crime de lèse-majesté.

Art. 86. — Ce crime est, par notre projet, réduit à des termes simples; celui-là seul en est coupable, qui a eu part à un *attentat ou complot dirigé contre la personne ou la vie de l'Empereur*, et comme ce crime ainsi qualifié est le plus énorme de tous, il sera puni de la peine réservée au parricide; c'est-à-dire, de la seule qui soumette le coupable à quelques mutilations avant qu'il reçoive la mort.

Art. 87. — Si l'attentat ou le complot est dirigé, non contre la personne ou la vie du Prince, mais contre l'autorité impériale ou contre les membres de la famille régnante, un tel crime, quelle que soit sa gravité, ne sera point assimilé au parricide, mais il n'entraînera pas moins la peine capitale, bien due, sans doute, à un forfait qui répand une si grande alarme dans la société.

Au surplus, ces mots mêmes, *attentat* et *complot*, avaient-ils un sens assez déterminé pour qu'il ne fût pas utile de les définir? Si les définitions ne conviennent point aux faits dont le caractère est vulgairement fixé, et si alors elles sont plus dangereuses qu'utiles, il n'en est pas ainsi quand il s'agit d'imprimer un caractère spécial de crime à des projets qui, s'ils s'appliquaient à des délits ordinaires, seraient toujours odieux, mais ne seraient point alors considérés comme le délit même.

Deux hommes ont-ils le dessein de voler leur voisin; cette horrible et funeste pensée ne sera pourtant pas réprimée comme le vol, si elle n'a été suivie d'aucun commencement d'exécution; mais dans les crimes d'État, le complot formé est assimilé à l'attentat et au crime même.

Art. 88, 89. — Ainsi, dans cette matière, le crime commence et existe déjà dans la seule résolution d'agir, arrêtée entre plusieurs coopérateurs : le suprême intérêt de l'État ne permet pas d'attendre et de ne considérer comme criminels que ceux qui ont déjà agi.

Art. 90. — La simple proposition non agréée de former un complot est punissable elle-même, mais à un moindre degré; car, bien qu'il n'ait manqué à celui qui a fait la proposition, que de trouver des gens qui voulussent s'associer à ses desseins criminels, cependant le danger et l'alarme n'ont pas été portés au même point que si le complot eût réellement existé.

Hors la classe des attentats ou complots dirigés d'une manière *spéciale contre le chef* de l'État, sa famille ou son autorité, il est d'autres crimes qui compromettent encore la sûreté intérieure.

Art. 91, 92, 93, 94, 95. — Ici se présentent les complots tendant à exciter la guerre civile, le massacre ou le pillage, soit des propriétés publiques, soit de celles qui appartiendraient à une généralité de citoyens; les enrôlements illicites; la rétention illégale du commandement de la force publique; l'emploi de cette force contre la levée des gens de guerre; la destruction des ports, arsenaux et autres établissements de cette espèce; crimes qui sont tous bien dignes du dernier supplice.

Mais, quand quelques-uns de ces crimes, ou d'autres de même nature, seront commis ou tentés par des bandes séditieuses, il faudra infliger les peines avec la juste circonspection que commandent des affaires aussi complexes.

Dans cette multitude de coupables, *tous* ne le sont pas au même degré, et l'humanité gémirait si la peine capitale était indistinctement appliquée à tous, hors les cas où la *sédition* serait dirigée contre la personne ou l'autorité du prince, ou aurait pour objet quelques crimes approchant de cette gravité.

Art. 96, 97, 98. — Les chefs et directeurs de ces bandes toujours plus influents et plus coupables ne sauraient être trop punis; en déportant les autres individus saisis sur les lieux,

(1) ..... *Dubitare an is dignus sit quem elegerit imperator*. Leg. 3, C. de Crim. sacril.

(2) ..... *Nam et ipsa pars corporis nostri sunt*. Leg. 5, C. ad leg. Jul. majest.

(3) ..... *Majestatis crimen committunt*. Leg. 2. C. de falsâ Monetâ.

on satisfera aux besoins de la société, sans alarmer l'humanité.

ART. 100. — L'on pourra même user d'une plus grande indulgence envers ceux qui n'auront été arrêtés que depuis, hors des lieux de la réunion séditieuse, sans résistance et sans armes.

La peine de la sédition sera, sans inconvénients, remise à ceux qui se seront retirés au premier avertissement de l'autorité publique; ici la politique s'allie à la justice, car s'il convient de punir les séditieux, il n'importe pas moins de dissoudre les séditions.

Nous venons, messieurs, de fixer votre attention sur les principales dispositions ayant trait aux crimes et complots qui attaquent la sûreté de l'état : mais comment, en cette matière, traitera-t-on les provocateurs?

ART. 102. — Quelque grave que soit la peine que le projet leur destine, puisqu'il les considère comme complices; quand la provocation a été suivie d'effet, ce n'est point sans doute ce qui peut alarmer, si d'ailleurs la provocation est bien caractérisée; or, elle ne pourra résulter que de discours tenus en lieux ou réunions publics ou d'écrits placardés ou imprimés.

A ces premiers caractères, il faut en ajouter un autre; la provocation devra être directe.

Ainsi, quelques vœux insensés, ou quelques rêves criminels, couchés sur un papier manuscrit et non colporté, ne constitueront pas la provocation que la loi assimile au crime même, et s'ils sont découverts et de nature à appeler la surveillance de l'autorité publique, ce sera sans excéder les bornes posées par une sage prévoyance : un gouvernement fort et juste ne relèvera ni l'échafaud de *Sydney*, ni celui de ce malheureux Syracusain qui, ayant rêvé qu'il avait tué *Denis* le tyran, fut condamné à mort parce que ses juges trouvèrent, dans son rêve même, la preuve qu'il s'était occupé de cet objet pendant ses veilles : une telle extension du droit de punir, est trop loin de nos mœurs et de la justice.

Parmi les peines qui seront infligées à certains crimes d'état, je n'ai point nommé encore *la confiscation*, qui, en cette matière, suivra ordinairement peine de mort.

La confiscation ! Ce mot, qui laisse de si tristes souvenirs, sera, dans son application actuelle, facile à justifier.

Il ne s'agit point, comme on vous l'a déjà annoncé, de faire revivre ce système de confiscation qui, s'appliquant à une foule de délits communs, semblait n'exister que pour l'avantage du fisc ou des seigneurs hauts-justiciers.

C'est avec raison, sans doute, que de graves écrivains ont censuré ce déplorable usage; ils s'étonnaient justement que la législation punit les enfants du crime de leurs pères, et que le fisc s'enrichit du malheur des familles (1).

De si puissantes considérations ne pouvaient manquer de partisans dans le conseil d'un prince qui, lui-même, y rappellerait les idées libérales, si elles cessaient d'y régner; mais odieuse, lorsqu'elle s'étend à une multitude de délits communs, la confiscation n'est plus que juste, quand*, restreinte comme dans notre Code, aux principaux crimes d'état et à la fabrication de la fausse monnaie, et ne s'exerçant d'ailleurs qu'après de fortes et nombreuses déductions au profit des familles, elle ne saurait plus être considérée que comme une faible et très-insuffisante représentation de l'indemnité due à l'Etat pour le vaste et inappréciable dommage qu'il a souffert.

Observons d'ailleurs qu'en admettant, dans des cas peu nombreux et très-graves, la peine de confiscation, qui eût pu recevoir un autre nom, s'il s'en fût présenté un qui eût été jugé propre à ce remplacement, le projet de loi se garde bien d'en étendre les effets au-delà des biens que le condamné possédait lors de sa condamnation, et ne consacre point cette barbare fiction de la corruption du sang, qui rend en Angleterre le fils d'un homme frappé de confiscation, inhabile à succéder à son aïeul (2).

Une telle disposition, évidemment dirigée contre les descendants du coupable, ne pouvait trouver place dans notre législation, et nous ne saurions admettre non plus cette loi romaine (3) qui vouait les enfants des criminels d'état à un tel degré d'abjection et de pauvreté, que la vie fût pour eux un supplice, et la mort un bienfait: *Mors solatium et vita supplicium.* Leur condition est assez malheureuse pour ne point l'aggraver par un tel anathème : ah ! laissons-leur plutôt l'espoir de recouvrer comme un bienfait du prince, ce qu'ils ont perdu par le

(1) Esprit des lois, tome I, livre V, chap. 11.
Beccaria, *passim*, et Commentaires à la suite, §. 2.
Jérémie Bentham, troisième partie, chap. 4.
Voyez aussi le *Parallèle du Code pénal de l'Angleterre avec les Lois pénales de France*, par Bexon, chap. 19.

(2) *Des Lois de police et criminelles de l'Angleterre*, ouvrage traduit de Blackstone, par Ludot, chap. 12.

(3) *Leg. quisquis* 5. *Cod. ad leg. Jul. majest.*

crime de leurs pères. Cette expectative consolante pour eux, deviendra aussi un moyen politique de les rattacher par la reconnaissance au gouvernement de leur pays.

Je vous ai rendu compte, messieurs, de la partie du projet qui regarde des crimes d'état et fixe les peines qui leur sont applicables.

Mais ici se présente un nouveau sujet de discussion; en matière de complots ou crimes contre l'état, remettra-t-on la peine à ceux d'entre les coupables qui révéleront ce qu'ils savent, ou procureront l'arrestation de leurs complices? infligera-t-on des peines à ceux qui, instruits d'un complot, même non approuvé par eux, ne l'auront point révélé?

Art. 108 — De ces deux questions, la première, quoique fort controversée dans les assemblées législatives qui ont précédé la constitution de l'an VIII, ne devait pas donner naissance à tant d'hésitation. Si les peines sont instituées dans l'intérêt de la société, comment le même intérêt ne porterait-il pas à en faire la remise, quand la révélation peut procurer de grands avantages à l'état ou le soustraire à de grands dangers?

La deuxième question offrait plus de difficulté.

Art. 103. — Elle ne saurait être résolue par la loi que le sombre et farouche Louis XI porta contre ceux qui, sachant qu'il existait une conspiration, ne la dénonçaient pas.

L'application qui fut faite de cette loi, dans le procès du Grand Ecuyer *d'Effiat Cinq-Mars*, au malheureux *Augustin de Thou*, l'a depuis long-temps marquée d'un juste sceau de réprobation.

Tout le monde sait que loin d'approuver le complot plus exactement tramé contre le cardinal de Richelieu que contre le roi Louis XIII, *de Thou* avait cherché lui-même à en dissuader le Grand-Ecuyer: L'instruction en fournissait la preuve; il n'y avait donc nulle complicité à lui imputer, mais il avait eu connaissance du complot et ne l'avait point révélé; il fut, pour cette réticence, condamné à mort.

L'opinion publique plus forte que les arrêts s'est depuis long-temps prononcée contre cette terrible exécution; mais qu'est-il arrivé? que l'énormité de la peine appliquée, dans cette malheureuse circonstance, n'en a plus laissé appercevoir d'applicable: des hommes éclairés (1) ont même écrit qu'on ne pouvait obliger personne à devenir délateur, ni à s'exposer aux peines de la calomnie en révélant des complots dont ils seraient rarement en état de fournir la preuve.

Ne nous laissons point aveugler par le prestige des mots; le délateur odieux est celui qui crée des complots imaginaires: mais puisque notre législation invite partout les citoyens à faire connaître aux magistrats les délits et leurs auteurs, comment ne pourrait-elle point le leur prescrire sous de certaines peines, relativement aux crimes qui attaquent la sûreté de l'Etat? Si la patrie n'est pas un vain mot, ceci ne saurait être un vain devoir.

Mais si c'est un devoir, il faut le remplir, lors même qu'il en résulterait des embarras ou dangers personnels; la loi d'ailleurs protégera toujours le révélateur véridique.

Qu'y a-t-il donc dans cette matière de sage et utile? C'est qu'en introduisant une peine contre la non révélation des crimes d'Etat, elle ne soit point effrayante par son énormité; par là l'on servira mieux, non-seulement l'autorité publique, mais encore l'humanité, que par un silence absolu sur cette espèce de délit, car que pourrait-il arriver, surtout sous un gouvernement qui serait faible et soupçonneux? qu'au lieu de peines justes et modérées, il porterait, dans son inquiétude, des lois de colère, et irait peut-être jusqu'à frapper la non-révélation de propos simplement indiscrets ou vagues, aussi bien que celle d'un complot réel.

Les peines qu'introduit le projet de Code, au sujet de la non-révélation, seront d'un ordre différent, selon que le complot non révélé regardera ou non la personne du Chef de l'Empire.

Art. 104, 105, 106. — Au cas de l'affirmative seulement, il y aura lieu à une peine afflictive; la réticence relative aux autres crimes d'état ne sera punie que de peines de police correctionnelle.

Art. 107. — Au surplus, le projet de loi a respecté les liens de la nature en n'imposant pas aux proches parents l'obligation qu'elle a tracée pour les autres citoyens. L'intérêt qu'a l'Etat de connaître et de prévenir les complots dirigés contre lui, ne le portera jamais à exiger d'un père qu'il lui livre son fils, ou d'un frère qu'il lui livre sa sœur.

Vous connaissez, maintenant, messieurs,

(1) Voyez notamment le *Commentaire sur le Livre des Délits et des Peines*, §. 15.

les principales dispositions du projet sur les crimes et délits contre la sûreté de l'Etat.

Ici va commencer l'examen d'une autre classe de crimes et délits, je veux dire, de ceux qui sont dirigés contre les constitutions de l'Empire.

C'est par ces constitutions que les citoyens jouissent de certains droits politiques dont l'exercice est une propriété sacrée.

Art. 109, 110. — Toutes personnes qui troublent ou empêchent cet exercice se rendent donc coupables; mais leur délit s'aggrave et peut même s'élever au rang des crimes, s'il est le résultat d'un plan concerté pour être en même-temps exécuté dans divers lieux : dans ce dernier cas, l'ordre public plus grièvement blessé réclame aussi une plus sévère punition.

Cette espèce d'infraction sera rare, sans doute, et si la loi a dû s'en occuper, elle n'a pas moins dû prévoir les délits plus communs, peut-être, qui auront lieu dans l'exercice même des droits dont il s'agit, et principalement dans les scrutins.

Art. 111, 112. — Il y a délit toutes les fois que le vœu des citoyens est dénaturé par des falsifications, soustractions ou additions de billets, et ces coupables manœuvres acquièrent un nouveau degré de gravité, lorsqu'elles sont l'ouvrage des scrutateurs eux-mêmes, car il y a, dans ce cas, violation du dépôt et abus de confiance; mais, malgré tout ce qu'a d'odieux une telle infraction, l'on a dû craindre d'ouvrir une issue trop facile à de tardives et téméraires recherches pour des faits qui ne laissent plus de traces quand le scrutin est détruit et qu'on a terminé les opérations qui s'y rapportent.

Combien, dans cette matière surtout, les espérances trompées, les prétentions évanouies, et l'amour-propre blessé, ne feraient-ils pas naître d'accusations hasardées, s'il était permis de les recevoir après coup, et hors les cas où le coupable est surpris, pour ainsi dire, en flagrant délit.

Art. 113. — Notre projet de loi, en s'occupant des délits commis dans l'exercice des droits civiques, ne pouvait rester muet sur la turpitude de ceux qui achètent ou vendent des suffrages.

Laissons aux Anglais le scandaleux privilége de briguer les suffrages de leurs concitoyens à prix d'argent et à force de dépenses; l'honneur français repousse un tel moyen, et la peine qu'encourront chez nous ceux qui achètent ou vendent des suffrages, est tracée par la nature même de leur délit; ils ont méconnu la dignité de leur caractère; ils ont profané l'un de leurs plus beaux droits; que l'exercice de ces droits leur soit donc retiré pendant un temps suffisant pour l'expiation d'un pacte honteux, et qu'il leur soit infligé une amende, comme supplément de peine due à l'esprit de corruption et de vénalité qui les a conduits.

Art. 114. — La loi qui pourvoit à ce que l'exercice des droits civiques ne soit ni entravé ni souillé, ne pouvait omettre de s'expliquer sur la garantie due constitutionnellement aussi à la liberté civile, sans laquelle tous les autres droits ne seraient eux-mêmes qu'un vain mot.

Protecteurs nés de cette liberté, les magistrats qui, étant formellement requis de faire cesser ou de constater une détention illégale ou arbitraire, ne le font point, ne sont pas moins coupables que s'ils l'avaient ordonnée eux-mêmes.

L'ordre du fonctionnaire supérieur donné à des fonctionnaires subordonnés pour effectuer une détention illégale, ne deviendra même pour ceux-ci un légitime sujet d'excuse, qu'autant qu'il sera relatif à des objets pour lesquels il était dû obéissance hiérarchique; et, dans ce cas, la responsabilité pesera tout entière sur le supérieur qui aura donné l'ordre.

Art. 115. — Mais si cet ordre émanait d'un ministre même, comment la réparation en serait-elle poursuivie? Le sénatus-consulte du 28 floréal an XII a prévu cette infraction, et, s'il n'en a point indiqué la peine, c'est un soin qu'il a évidemment laissé à la loi organique, et un devoir qu'il faut remplir en ce moment.

Quelque grave, au surplus, que paraisse d'abord cet objet, à raison de l'élévation des personnes qu'il concerne, il ne peut résulter de la répression de tels actes aucun trouble pour la société; (Art. 116.) car, d'une part, si la signature du ministre lui avait été surprise au milieu de ses nombreux travaux, il sera à l'abri de toutes poursuites en faisant cesser l'acte arbitraire, et en dénonçant les auteurs de la surprise; et, d'un autre côté, quand cet acte serait réellement son ouvrage, le ministre ne sera pas immédiatement sujet aux poursuites des personnes qui se prétendraient lésées.

Le recours préalable à la commission sénatoriale, créée pour la protection de la liberté individuelle, et la nécessité d'en obtenir une décision, ne peuvent manquer d'obvier à tous les inconvénients qui résulteraient d'une action brusque et rapide dirigée contre un si haut fonctionnaire.

Si la réclamation est mal fondée, la commission sénatoriale n'y aura aucun égard; mais si elle l'accueille, le ministre devra réparer le grief, sinon il se rendra évidemment coupable.

Sans doute, grâce à l'harmonie qui règne entre les grands pouvoirs politiques, nous ne serons pas témoins de pareils débats; mais s'ils devaient éclater jamais, il convient de leur donner dès à présent des règles qui vaudront d'autant mieux qu'elles auront été posées dans un temps plus calme.

Art. 119. — Hors le cas de désobéissance qui vient d'être prévu et qui sera puni du bannissement, la peine de la dégradation civique est celle qui a paru généralement la plus convenable à la matière.

Art. 121, 122. — Ce sera donc celle que l'on proposera d'infliger et aux officiers de police judiciaire qui, au mépris des prérogatives constitutionnelles de certains fonctionnaires, auraient concouru à les poursuivre, sans les autorisations requises, et aux juges et officiers publics qui auraient retenu ou fait retenir un individu hors des lieux destinés à cet usage, car les lois ne veillent pas seulement pour la liberté des citoyens, elles ne permettent pas de vexer ceux qui ont mérité de la perdre.

Art. 120. — A l'égard des gardiens et concierges qui auront reçu un prisonnier sans mandat, ou auront refusé, soit de le représenter, soit d'exhiber leurs registres aux magistrats chargés de cette surveillance, c'est une peine autre que la dégradation civique qui convient à une telle classe de coupables, et ils seront punis d'emprisonnement et d'amende.

Je viens de retracer les principales dispositions contenues dans le projet de loi sur les atteintes portées à la liberté; je vais parler d'une classe d'infractions qui n'appellent pas moins toute la sollicitude du législateur, ce sont les *coalitions de fonctionnaires*.

Art. 123. — Ces coalitions inquiétantes de leur nature pourraient souvent devenir funestes; elles sont toujours un mal, mais elles peuvent varier d'intensité, selon l'objet qu'elles ont.

Art. 124. — Si donc une peine de police correctionnelle a semblé suffisante pour réprimer un simple concert de mesures contraires aux lois, quand nulle circonstance plus grave n'y est jointe, une peine d'un ordre plus élevé a paru nécessaire, quand ce concert est dirigé contre l'exécution même des lois ou contre les ordres du Gouvernement.

Ce crime acquiert un nouveau degré d'intensité, quand la coalition a lieu entre des autorités civiles et des corps militaires.

Art. 125. — Il devient énorme, quand il dégénère en complot contre la sûreté de l'état.

Des peines graduées d'après ces idées obtiendront sans doute votre assentiment.

Art. 126. — Mais il ne suffisait pas d'atteindre les coalitions dirigées vers des mesures actives; il est une espèce de coalition qui se présente au premier aspect comme passive dans ses moyens d'exécution, et dont les résultats troubleraient la société à un haut degré; ce sont les démissions combinées, et dont l'objet ou l'effet serait d'empêcher ou de suspendre la justice ou tout autre service public.

Des fonctionnaires qui répondraient aussi mal à la confiance du Gouvernement et aux besoins de la cité, seront justement punis quand on leur enlevera, par la dégradation civique, des droits qu'ils ont abdiqués de fait.

Il reste, messieurs, une autre classe de crimes et délits contre les constitutions de l'Empire.

C'est par ces constitutions qu'existent avec des pouvoirs distincts et indépendants, l'autorité judiciaire et l'autorité administrative; si l'une empiète sur l'autre, l'ordre constitutionnel est troublé, et il ne l'est assurément pas moins lorsque l'une ou l'autre de ces autorités ose s'arroger la puissance législative.

Art. 127. — Ainsi, ni les juges, ni les administrateurs ne peuvent suppléer par des réglements, à des lois ou à des décrets.

Ils ne sauraient non plus, sans devenir coupables, délibérer sur la question de savoir si les lois seront ou non publiées; le temps est passé où les parlements exerçaient cette prérogative; aujourd'hui, cette prétention contraire à toute l'économie de nos pouvoirs constitués, ne serait pas un simple blasphême politique, elle serait le renversement de tout le système constitutionnel.

Nos constitutions, et l'ordre public, s'opposent aussi à ce qu'un tribunal défende d'exécuter les ordres d'une administration, ou à ce qu'une administration intime des ordres ou défenses à un tribunal.

Il n'y aurait qu'anarchie dans un état où de pareilles prétentions seraient tolérées, et où chaque autorité se croirait en droit de se faire ainsi *justice* à elle-même; c'est à un pouvoir supérieur, à un régulateur commun qu'il faut recourir, en cas de dissentiment sur les attributions respectives; et tout juge ou administrateur qui franchit cette limite, devient coupable et encourt la dégradation civique.

Art. 128, 129. — Une amende réprimera suffisamment le délit des juges qui auraient procédé au jugement d'affaires revendiquées par l'autorité administrative; ou d'administrateurs qui, après une réclamation légale, auraient retenu la connaissance d'affaires du ressort des tribunaux : hors les cas où les juges ou administrateurs sont avertis par un conflit ou acte équivalent, leurs jugements, ou arrêtés, même incompétents, pourront être cassés; mais la loi ne punira point comme des délits, ce qui peut n'être que des erreurs.

J'ai mis sous vos yeux, messieurs, les principales dispositions du projet relatives aux deux premières classes *de crimes et délits contre la chose publique*.

Parmi ces crimes, vous avez pu en remarquer plusieurs qui sont hors du ressort des tribunaux ordinaires, et dont le jugement appartiendra soit à la haute-cour, soit à des tribunaux spéciaux; mais notre projet, qui ne change rien aux règles générales ou particulières sur la compétence ou la procédure, aura atteint le seul but qu'il se proposait, si, avec les améliorations que lui ont procurées les judicieuses observations de votre commission, il est parvenu, quels que puissent être les magistrats chargés d'appliquer ses dispositions, à éclairer et alléger leur ministère, en traçant les délits avec clarté, et en graduant les peines avec sagesse.

CHAPITRE III.

Crimes et Délits contre la Chose publique.

Décrété le 16 février 1810; — Promulgué le 26 du même mois.

[Articles 132 à 294.]

Exposé des Motifs par M. le Conseiller-d'État Berlier.

Séance du 6 février 1810.

Messieurs,

Lorsque, dans votre dernière séance, nous vous avons entretenus des principales dispositions portées au nouveau projet de Code pénal sur les deux premières subdivisions *des crimes et délits dirigés contre la chose publique*, nous n'avons rempli qu'une partie de la tâche qui nous était imposée.

Pour compléter ce tableau, nous venons aujourd'hui mettre sous vos yeux la troisième subdivision, intitulée : *Des Crimes et Délits contre la paix publique.*

Ce texte est vaste, et il ne saurait être oiseux de bien déterminer son acception; car, exactement et rigoureusement appréciés, il n'est aucuns crimes ni délits qui n'altèrent la tranquillité publique à un degré quelconque; mais il en est pourtant, et même un grand nombre, qui lèsent plus spécialement le corps de l'état que les particuliers.

Du faux.

C'est à ce caractère que l'on s'est arrêté pour

qualifier les crimes et délits contre la paix publique, et vous ne serez point surpris, messieurs, d'y voir figurer au premier rang *le crime de faux.*

Fausse monnaie.

L'on ne peut prononcer ce mot sans songer d'abord à la fausse monnaie, à cause de la gravité de ce crime et des alarmes qu'il répand dans la société.

Si l'assemblée constituante réduisit aux fers la peine de ce crime, jusque-là puni de mort, l'on sait que cet essai philantropique ne fut point heureux, et que, peu après, il fallut rétablir la peine capitale.

ART. 132. — Notre projet a maintenu cette peine, et y assujétit également ceux qui contrefont ou altèrent les monnaies d'or et d'argent ayant cours légal dans l'empire, et ceux qui les distribuent, exposent ou introduisent en France.

Cette disposition avait d'abord alarmé quelques esprits (1), qui auraient desiré qu'on établit une distinction entre le fabricateur et le distributeur; mais toute inquiétude à ce sujet était vaine, car, d'une part, le distributeur qui ignore le vice de la chose ne commet ni crime ni délit, (Art. 135.) et, d'un autre côté, ceux qui ont remis en circulation des pièces qu'ils savaient être fausses, mais qu'ils avaient reçues pour bonnes, ne seront punis que d'une amende, attendu que la loi doit compatir à leur position, et ne voit en eux que des malheureux cherchant à rejeter sur la masse la perte dont ils étaient personnellement menacés.

Cela posé, qu'est-ce que peut être un distributeur ou introducteur qui connait la fausseté des pièces, et n'a pas pour lui l'excuse de les avoir reçues pour bonnes? Qu'est-il, sinon le facteur volontaire, et conséquemment le complice du fabricateur? Il subira donc la même peine.

ART. 133, 134. — Mais cette peine si grave sera-t-elle appliquée à toute espèce de fausse monnaie, à celles de billon ou de cuivre, par exemple, et aux monnaies étrangères? La valeur exigüe des premières ne cause pas le même degré d'alarme, et la valeur purement commerciale des secondes, en rend aussi la circulation moins dangereuse pour la multitude, qui, le plus souvent, ne connaitra point ces signes monétaires, et qui, d'ailleurs ne sera pas tenue de les accepter : la peine capitale ne sera donc point appliquée à ces deux classes de faux, qui seront suffisamment punis par les travaux forcés.

Au surplus, le crime de fausse monnaie, sans être précisément de la cathégorie de ceux qui sont dirigés contre la sûreté de l'état, a plusieurs points de communs avec eux.

ART. 136, 137, 138. — Vous ne serez donc point surpris, messieurs, de voir appliquer à ce crime, et la remise de la peine en cas de révélation, et la peine de réticence, comme pour les crimes d'état. Le suprême intérêt qu'a la société d'écarter ou de faire cesser un tel fléau, rend cette application légitime et nécessaire.

ART. 132. — Vous ne serez pas étonnés, non plus, d'y trouver la confiscation unie à la peine capitale : *Les pertes de l'état*, a dit un orateur, pour le cas que nous examinons (1), *peuvent être immenses; elles sont vagues et inappréciables; c'est alors qu'à titre de dommages et intérêts, il est juste et nécessaire qu'elles soient réparées par la confiscation générale des biens du condamné.*

C'est d'ailleurs notre législation actuelle, et une explication bien simple vient la justifier.

Dans les crimes et délits ordinaires où il n'y a que peu de parties lésées et où la mesure du dommage est connue ou susceptible de l'être, les réparations civiles suffisent à tout ce qui regarde l'intérêt privé; mais peut-il en être ainsi quand le dommage est disséminé sur des milliers de personnes? et si le fruit du crime devait, à défaut de parties civiles, passer nécessairement des mains du coupable à celles de ses enfants, ne serait-ce pas une espèce de prime accordée aux faux-monnayeurs sur tous les autres criminels?

En adoptant la confiscation pour ce cas, vous appercevrez aisément, messieurs, qu'elle n'a point l'odieux objet de dépouiller les familles, mais pour but unique de ne les point gratifier des dépouilles d'autrui : la justice et l'intérêt de l'état réclamaient cette disposition.

ART. 139. — Vous trouverez, sans doute,

(1) Voyez les observations de quelques-unes des Cours consultées sur le projet de Code pénal.

(1) Voyez le Discours préliminaire de M. Target, sur le Code, pages 21 et 22.

également juste et convenable que les mêmes regles et les mêmes peines soient applicables aux effets émis par le trésor public, avec son timbre, et aux billets de banque, qui ont tant d'affinité avec la monnaie même dont ils sont en quelque sorte le supplément, et dont ils remplissent l'office.

Contrefaction des sceaux, timbres, poinçons, etc.

Art. 140, 142. — Mais si la peine capitale convient à de tels crimes, et peut être appliquée aussi à la contrefaction des sceaux de l'état, des peines inférieures devront être infligées à la contrefaction des autres sceaux, timbres, poinçons et marques, en graduant ces peines selon l'importance de la destination qu'avait l'instrument contrefait.

Art. 141. — L'on a aussi distingué la fabrication d'un faux timbre d'avec le faux emploi d'un timbre vrai; cette disposition manquait dans notre législation.

Faux en écritures.

Jusqu'ici, messieurs, dans les diverses espèces de faux dont on vient de donner l'analyse, c'est l'état ou le corps social qui est principalement attaqué ou lésé: dans le faux appliqué aux écritures publiques ou privées, l'intérêt individuel joue un plus grand rôle, et peut-être eût-on pu renvoyer cette partie au chapitre *des crimes contre les particuliers*, s'il n'eût semblé nuisible de scinder cette matière.

Art. 145. — Le faux en écritures est matériel quand il s'est opéré par fausses signatures, par altération ou intercalation d'écritures, par supposition de personnes; mais il est aussi une autre espèce de faux moins facile à caractériser, et qui a lieu quand un officier public écrit des conventions autres que celles qui lui ont été tracées ou dictées, et constate comme vrais des faits faux, ou comme avoués des faits qui ne l'étaient pas.

Art. 146. — Toutefois il faut prendre garde de réputer crime ce qui ne serait qu'un malentendu ou une méprise, le rédacteur d'un acte peut mal saisir la volonté des parties, et pourtant n'être pas criminel; il ne le sera, aux termes du projet, que quand il aura *frauduleusement dénaturé la substance ou les circonstances de l'acte.* D'après ce caractère, il ne reste rien qui puisse alarmer l'innocence.

Art. 150, 151, 147, 148. — Le faux en écritures privées sera puni de la réclusion, et le faux en écritures publiques, des travaux forcés; mais, dans cette dernière espèce de faux, si la peine n'est que temporaire à l'égard du simple particulier contrefacteur d'écritures authentiques, elle sera perpétuelle à l'égard de l'officier public qui commettrait ce crime; celui-ci est doublement coupable, il a trahi la foi due à son caractère.

Art. 147. — Les faux commis en écritures de commerce et de banque ont mérité une mention spéciale sans laquelle ils eussent été confondus avec les faux en écritures privées; l'extrême faveur due au commerce a donné lieu d'assimuler ces faux à ceux commis en écritures publiques.

Faux commis dans les passe-ports, feuilles de route et certificats.

Art. 153. — Mais il est une autre espèce de faux qui, dans le silence des lois, a souvent embarrassé les tribunaux; c'est le faux commis dans les passe-ports, feuilles de routes, et certificats.

Sans doute ce serait blesser la justice que d'assimiler la contrefaction d'un passe-port à celle d'une lettre-de-change, ou la fabrication d'un certificat de maladie à celle d'une obligation que l'on créerait à son profit sur un tiers.

Art. 155. — Des peines de police correctionnelle suffiront ordinairement pour la répression des faux passe-ports, si ce n'est à l'égard des officiers publics qui auraient participé aux faux; car ils sont plus criminels que de simples particuliers quand ils abusent ainsi du pouvoir qui leur a été confié.

Art. 156, 157, 158. — Les mêmes vues ont semblé applicables aux fausses feuilles de route, mais en prenant de plus en considération la lésion que le trésor public aurait pu recevoir par le paiement de sommes non dues; car alors il y a vol joint au faux, et lieu d'appliquer des peines plus fortes.

Art. 159. — A l'égard des certificats de maladie ou d'infirmités, fabriqués dans la vue d'affranchir quelqu'un d'un service public; ou s'il s'agit d'attestations d'indigence ou de bonne conduite, fabriquées pour procurer à celui qui est désigné ou qui en est porteur, des secours, du crédit ou des places; un tel délit a semblé n'appeler que des peines de police correctionnelle; mais on a dû éviter de confondre avec des certificats de cette espèce, ceux qui auraient eu pour objet de se faire donner ou payer des sommes dues ou des effets appartenant à un tiers; car, en ce cas, c'est la peine ordinaire du faux qui devra être infligée.

Dans les actes que l'on vient de désigner, il convenait de classer non-seulement ceux qui étaient matériellement faux, mais encore ceux qui, originairement véritables, auraient été altérés pour servir à d'autres personnes.

Le projet prévoit et embrasse ces différentes espèces: il y a lieu d'espérer qu'elles seront plus efficacement réprimées par des dispositions mieux adaptées au caractère particulier de chacune d'elles.

Dispositions communes à toutes les espèces de faux.

Quelques dispositions communes à toutes les classes ou espèces de faux terminent cette partie du projet.

Art. 163. — Ainsi l'usage d'une pièce fausse étant partout puni comme sa fabrication même, il convenait de dissiper toutes les inquiétudes en exprimant que ce terrible anathème ne regarde que ceux qui ont eu connaissance du faux.

Art. 165. — La marque, rarement applicable à des peines temporaires, sera pourtant infligée à tout faussaire condamné aux travaux forcés à temps, ou à la réclusion; c'est l'état actuel de la législation; et il était difficile de le changer pour un crime qui inspire à la société de si vives alarmes, et dont les auteurs ne sauraient être trop signalés.

Art. 164. — Enfin, dans tous les cas où le faux n'entraînera ni la peine capitale ni la confiscation générale, une amende sera jointe à la peine prononcée. *Il est raisonnable, il est utile* (1) *que les crimes qui ont eu pour principe une vile cupidité, soient réprimés par des condamnations qui attaquent et affligent cette passion même par laquelle ils ont été inspirés.*

Vous connaissez maintenant, messieurs, les principales dispositions relatives aux faux: la peine du faux témoignage sera placée au chapitre des crimes contre les particuliers.

(1) Voyez le Discours de M. Target, page 21.

Crimes et délits des fonctionnaires publics dans leurs fonctions.

Art. 166. — Parmi les crimes et délits qui compromettent le plus la paix publique, il était impossible de ne pas accorder aussi un rang principal à ceux que commettent les fonctionnaires publics dans l'exercice de leurs fonctions: l'ordre est manifestement troublé quand ceux que la loi a préposés pour le maintenir sont les premiers à l'enfreindre.

Art. 167. — Tout crime commis par un fonctionnaire dans l'exercice de ses fonctions le constitue en forfaiture, et la dégradation civique est la moindre peine qui y soit attachée; mais la peine peut s'élever selon la nature et l'intensité du crime.

Crime de soustraction.

Art. 169, 170, 173. — Ainsi la peine des travaux forcés à temps est infligée au fonctionnaire public qui détruit ou soustrait les actes ou titres dont il est dépositaire, et il a paru convenable d'appliquer aussi cette peine aux soustractions de deniers publics, commises par des personnes chargées de leur perception.

Art. 171. — Cependant l'on a cru devoir admettre une modification pour le cas où la somme soustraite serait si modique, qu'il deviendrait vraisemblable que le percepteur avait le dessein de s'en servir, pendant quelque temps, plutôt que celui d'en frustrer le trésor public.

Lors donc que le déficit sera moindre du tiers de la recette d'un mois, ou ne surpassera pas le montant du cautionnement fourni et qu'en même-temps il sera inférieur à 3,000 francs, un emprisonnement de deux à cinq ans a paru une peine suffisante envers d'imprudents percepteurs qui sont coupables sans doute, mais pourtant beaucoup moins que ceux qui seraient partis avec le dépôt tout entier.

Rejeter toute distinction, dans cette conjoncture, selon quelques opinions sévères, et placer sur le même rang deux actes qui diffèrent dans leurs circonstances comme dans leurs résultats, ce n'eût pas été seulement blesser la justice, mais encore les vues saines d'une bonne administration.

Qu'arriverait-il, en effet, si un léger *déficit* et une soustraction totale étaient frappés de la même peine? Ne serait-ce pas, dès que le dépôt serait entamé pour la plus légère partie, une invitation au percepteur de soustraire le tout, puisqu'il trouverait dans ce simple et funeste calcul de plus grands bénéfices, sans s'exposer à une plus grande peine? Des dispositions pénales mal combinées seraient plus nuisibles qu'utiles à la société.

Crime de concussion.

Les concussions commises par les fonctionnaires publics ne pouvaient manquer d'appeler aussi l'attention du législateur.

Art. 174. — Ce crime existe toutes les fois qu'un fonctionnaire exige ou reçoit ce qu'il sait ne lui être pas dû, ou excéder ce qui lui est dû; et l'on conçoit aisément que s'il importe de poser des barrières contre la cupidité, c'est surtout quand elle se trouve unie au pouvoir (1).

La peine de réclusion, toute grave qu'elle est, sera donc infligée au fonctionnaire coupable de concussion, et les simples commis ou préposés seront, pour le même fait, punis de peines correctionnelles.

Je n'ai pas besoin, sans doute, de justifier cette différence dans la peine, quoiqu'il s'agisse du même délit: investi d'un plus haut caractère, celui qui doit aux autres citoyens l'exemple d'une conduite pure et sans tache, est bien plus répréhensible quand il tombe en faute; il doit donc être puni davantage, et cette idée, ainsi que ses applications, se reproduiront souvent dans le cours de cette discussion.

Délit des fonctionnaires qui s'immiscent dans des affaires incompatibles avec leur qualité.

La position spéciale des fonctionnaires publics peut aussi et doit même, en plusieurs circonstances, leur faire interdire ce qui serait licite à d'autres personnes.

Ainsi, un fonctionnaire devient coupable lorsqu'il prend directement ou indirectement intérêt dans les adjudications, entreprises ou régies, dont sa place lui donne l'administration ou la surveillance: que deviendrait en effet cette surveillance quand elle se trouverait en point de contact avec l'intérêt personnel du surveillant, et comment parviendrait-on, sans blesser l'honneur et la morale, à concilier ce double rôle de l'homme public et de l'homme privé?

Art. 175. — Tout fonctionnaire qui se sera souillé d'une telle turpitude sera donc justement puni d'emprisonnement et déclaré indigne d'exercer désormais des fonctions dans lesquelles il se serait avili.

Art. 176. — La sollicitude de la loi a pu et dû aussi embrasser, dans ses dispositions, des défenses aux commandants militaires et aux chefs d'administrations civiles, de s'immiscer dans le commerce des principaux comestibles, sous certaines peines de police correctionnelle.

Si l'ordre public s'oppose à ce que de tels fonctionnaires puissent, à la faveur de leur caractère, exercer, pour leur avantage particulier, une influence dangereuse sur le prix des principaux comestibles, l'interdiction d'un tel commerce est juste et convenable, même envers les administrateurs qui n'auraient pas la criminelle pensée d'en abuser.

En effet, il faut écarter tout ce qui pourrait inspirer aux citoyens de justes sujets d'inquiétudes ou d'alarmes; il serait fâcheux que la masse des citoyens craignît l'abus, et encore plus qu'elle y crût: la considération qui environne les fonctionnaires naît principalement de la confiance qu'ils inspirent, et tout ce qui peut altérer cette confiance ou dégrader leur caractère, doit leur être interdit.

De la corruption des fonctionnaires publics.

Que dirons-nous de la corruption?

Le fonctionnaire corrompu est celui qui met son autorité à prix, soit pour faire un acte de sa fonction non sujet à salaire, soit pour ne pas faire un acte qui entre dans l'ordre de ses devoirs.

De tels hommes sont de vrais fléaux, et la société serait bientôt dissoute s'ils étaient nombreux. La république romaine était bien près de sa ruine, quand Cicéron se plaignait de ce qu'il y était passé en maxime, qu'un homme riche, quelque coupable qu'il fût, ne pouvait pas être condamné (1).

Art. 177. — Le crime de corruption, isolé de toutes autres circonstances, ne sera jamais

(1) *Lege Juliâ 3, ff. De Leg. Jul. repetundarum.*

(1) *Pecuniosum hominem, quamvis sit nocens, neminem posse damnari.* Cic. act. 1 in Verr. n. 1.

puni d'une peine moindre que le carcan, et d'une amende double des promesses agréées ou de présents reçus.

Mais si le fonctionnaire public qui retire de ses fonctions un lucre illicite devient criminel, par ce seul fait, ce crime peut s'aggraver beaucoup quand il est commis pour arriver à un autre, et que celui-ci a été suivi d'exécution.

C'est sur-tout dans les jugements criminels que cette aggravation peut se faire remarquer; l'on sent combien serait déplorable la corruption qui rendrait un criminel à la société, et combien serait énorme et atroce celle qui ferait succomber un innocent.

Art. 178, 181, 182. — Jamais donc il ne sera pas, pour corruption pratiquée et soumise dans les jugements criminels, appliqué une peine moindre que la réclusion; mais si la corruption a eu pour résultat de faire condamner un innocent à une peine plus forte, cette peine, quelle qu'elle puisse être, deviendra le juste châtiment du fonctionnaire corrompu. La loi du talion ne fut jamais plus équitable ni plus exempte d'inconvénients.

Art. 179. — Dans tous les cas, la même peine sera subie par le corrupteur et par le fonctionnaire qui se sera laissé corrompre, et jamais le prix honteux de la corruption ne deviendra l'objet d'une restitution; la confiscation en sera prononcée au profit des hospices, et ce qui était destiné à alimenter le crime, tournera quelquefois du moins au soulagement de l'humanité.

D'autres peines seront infligées à d'autres délits.

Abus d'autorité.

Les abus d'autorité dont je vais actuellement vous entretenir, sont, par le projet de loi, divisés en deux classes, savoir, *contre les particuliers*, et *contre la chose publique*.

Abus d'autorité contre les particuliers.

Art. 184, 185, 187. — Les fonctionnaires abusent de leur autorité *contre les particuliers*, quand ils s'introduisent illégalement dans leurs domiciles, quand ils dénient de leur rendre justice après une requisition des parties et un avertissement de leurs supérieurs : enfin quand ils portent atteinte au secret de la correspondance.

Dans ces cas divers, le fonctionnaire sera puni d'une simple amende.

L'on a, dans cette matière, cherché plutôt une peine efficace qu'une peine sévère.

L'espèce de délit qu'on examine ne tire point sa source de passions viles et basses, comme les concussions ou la corruption; un zèle faux ou mal entendu peut produire assez souvent des abus d'autorité, et il importe de les réprimer, mais avec modération, si l'on veut que ce soit avec succès.

Une amende d'ailleurs a sa gravité relative aux personnes qui en sont l'objet, un fonctionnaire qui n'a point abdiqué tous les sentiments d'honneur, sera plus qu'un autre sensible à cette peine, et ne s'y exposera plus.

Art. 186. — Toutefois l'abus d'autorité qui aurait été porté jusqu'aux violences envers les personnes, sera spécialement puni d'après la nature de ces violences, car il n'y aurait plus de sûreté pour les citoyens, s'il en était autrement.

Au reste, si le plus fréquent abus du pouvoir est, par la nature des choses, celui que l'on se permet envers des personnes subordonnées, l'abus d'autorité peut aussi être dirigé contre la chose publique.

Abus d'autorité contre la chose publique.

Art. 188, 189, 190, 191. — C'est ce qui aurait lieu, si des fonctionnaires publics se permettaient de requérir ou ordonner l'emploi de la force publique pour empêcher l'exécution d'une loi, ou la perception d'une contribution légale, ou l'effet d'un ordre émané de l'autorité légitime.

Cet abus d'autorité est d'une nature fort différente de celui que nous avons examiné d'abord; c'est une espèce de révolte qui sera d'autant plus grave et susceptible de peines d'autant plus fortes, qu'elle aura eu plus de développements et d'effets.

Nous avançons, messieurs, dans le détail des crimes et délits des fonctionnaires publics, et nous en avons retracé les principaux.

Il en reste pourtant de deux espèces encore.

De quelques délits des officiers de l'état civil.

Art. 192, 193, 194, 195. — Des officiers de l'état civil inscrivent-ils leurs actes sur des feuilles volantes, ou procèdent-ils à des mariages sans s'être assurés des consentements nécessaires pour leur validité, ou admettent-ils une femme qui a déjà été mariée à un nouveau mariage, avant le terme indiqué par le Code Napoléon :

Dans ces cas divers ils compromettent l'état civil des personnes; ils se rendent coupables au moins de négligence, et le besoin de régulariser une partie aussi importante, justifiera aisément les peines de police correctionnelle qui leur sont infligées.

De l'exercice de l'autorité publique illégalement anticipé ou prolongé.

Art. 196, 197. — C'est aussi pour régulariser l'exercice même de l'autorité publique, que l'on réprimera par des peines de cette nature toutes personnes qui seraient entrées en fonctions sans avoir prêté le serment requis, ou qui s'y seraient maintenues après révocation ou remplacement.

Ces deux délits ne seront cependant pas confondus, le dernier est le plus grave et n'est jamais susceptible d'excuse : le premier peut être excusé par l'absence des fonctionnaires entre les mains desquels le serment devait être prêté, et par le besoin de pourvoir au service. Les poursuites, dans ce cas, dépendront donc des circonstances, et il eût été imprudent de poser à cet égard une règle inflexible.

Je ne puis, messieurs, terminer l'exposé de la partie relative aux crimes et délits des fonctionnaires publics, sans appeler votre attention sur une disposition finale, qui a paru aussi importante que juste.

Toujours relative aux fonctionnaires, et à eux seuls, cette disposition ne les considère plus comme délinquants dans l'exercice ou à l'occasion de l'exercice de leurs fonctions, mais comme délinquants dans l'ordre commun, et se rendant eux-mêmes coupables de quelques-uns des crimes ou délits dont la surveillance ou la répression leur étaient confiées par la loi.

Dans cette fâcheuse hypothèse, n'infligera-t-on que les peines de l'ordre commun? Et si, par exemple, un officier de police judiciaire a commis un vol, ne sera-t-il puni que comme un voleur ordinaire?

Il est difficile de ne pas considérer comme plus coupable celui qui, chargé par la loi de réprimer les crimes et délits, ose les commettre lui-même, et il a paru convenable d'élever la peine à son égard.

Art. 198. — Si donc il s'agit d'un délit de police correctionnelle, le fonctionnaire qui l'aura commis subira toujours le *maximum* de la peine attachée à l'espèce de ce délit; et s'il s'agit de crimes, il subira la peine immédiatement supérieure à celle qu'eût méritée tout autre coupable; gradation qui ne cessera qu'au point où elle atteindrait la peine de mort.

Cette disposition toute morale ne saurait qu'honorer notre législation.

Je viens de parler des crimes et délits *des fonctionnaires publics*, classe dans laquelle n'entrent pas les ministres des cultes, à qui nulle autorité temporelle n'est départie, mais dont l'influence et la conduite ne sauraient être étrangères à la paix publique.

Crimes et délits des ministres des cultes.

Le projet de loi s'occupe donc, dans un chapitre particulier, des troubles qui seraient apportés à l'ordre public, par ces ministres, dans l'exercice de leur ministère.

Cette matière est grave, sans doute, et autant la société doit de reconnaissance et d'égards à ces pasteurs vénérables dont les discours et l'exemple sont un constant hommage à la religion, aux mœurs et aux lois; autant elle doit s'armer contre ces hommes fanatiques ou séditieux qui, au nom du ciel, voudraient troubler la terre, et n'invoqueraient la puissance spirituelle que pour avilir ou entraver l'autorité des lois et du gouvernement.

Les crimes et délits des ministres des cultes dans l'exercice de leur ministère sont, par notre projet, divisés en plusieurs classes.

Des contraventions propres à compromettre l'état civil des personnes.

Les ministres qui procèdent aux cérémonies religieuses d'un mariage, sans qu'il leur ait été justifié de l'acte de mariage, reçu par les officiers de l'état civil, compromettent évidemment l'état civil des gens simples d'autant plus disposés à confondre la bénédiction nuptiale avec l'acte constitutif du mariage, que le droit d'imprimer au mariage le sceau de la loi, était naguères dans les mains de ces ministres.

Art. 199. — Il importe sans doute qu'une si funeste méprise ne se perpétue point, et ce motif est assez puissant pour punir d'une amende les ministres des cultes qui procèdent aux cérémonies religieuses d'un mariage sans justification préalable de l'acte qui le constitue réellement.

Art. 200. — Cette peine légère d'abord s'aggravera en cas de récidive, et entraînera, à la seconde récidive, ou en d'autres termes, à la troisième infraction, la peine de déportation, parce que celui qui a failli trois fois se place évidemment dans un état de désobéissance permanente et de révolte contre la loi.

Critiques, censures, ou provocations contre l'autorité publique.

Les critiques, censures ou provocations dirigées par ces ministres contre l'autorité publique, sont d'une importance qui ne permettait point le silence et appelait des mesures répressives.

Art. 201, 202, 203. — L'on a distingué la critique ou censure simple d'avec la provocation directe à la désobéissance; dans ce dernier cas, la culpabilité plus forte entraine une plus grande peine.

Art. 204, 205, 206. — L'on a distingué aussi les censures et provocations faites dans un discours public, d'avec celles consignées dans un écrit pastoral, et ces dernières sont punies davantage, comme étant le produit plus réfléchi de vues perverses, et comme susceptible d'une circulation plus dangereuse.

Correspondance avec des cours ou puissances étrangères, sur des matières de religion.

Enfin, le projet de loi proclame comme infraction de l'ordre public toute correspondance que des ministres de cultes entretiendraient sur des questions ou matières religieuses avec une cour ou puissance étrangère, sans l'autorisation du ministre de l'Empereur, chargé de la surveillance des cultes.

Art. 207, 208. — Cette disposition, d'une haute importance, ne saurait alarmer que les artisans des troubles, et les hommes, s'il en est encore, assez insensés pour croire, ou assez audacieux pour dire que *l'état est dans l'église et non l'église dans l'état.*

Cette maxime ultrà-montaine, qui put prévaloir lorsqu'un pontife étranger disposait des empires et déposait les rois, a été depuis long-temps reléguée dans la classe des erreurs qu'enfantèrent les siècles d'ignorance.

Il ne s'agit pas, au reste, de rompre les rapports légitimes d'aucun culte avec des chefs même étrangers; il n'est question que de les connaître, et ce droit du gouvernement, fondé sur le besoin de maintenir la tranquillité publique, impose aux ministres des cultes des devoirs que rempliront avec empressement tous ceux dont les cœurs sont purs et les vues honnêtes. Si cette obligation gêne les autres, son utilité n'en sera que mieux prouvée.

Nous ne sommes point au terme de la longue et pénible nomenclature des crimes et délits qui attaquent la paix publique.

Les crimes ou délits qui blessent l'autorité publique avec un caractère spécial de résistance ou de désobéissance n'ont point encore passé sous vos yeux, et ils sont nombreux, puisqu'ils se divisent en huit classes; la rebellion; les outrages et violences envers les dépositaires de l'autorité; le refus de service; l'évasion des détenus et le recélement des criminels; les bris de scellés; les dégradations de monuments; l'usurpation des titres; et enfin les entraves au libre exercice des cultes.

Je vais parcourir ces diverses espèces, sans m'arrêter particulièrement à chaque disposition, mais de manière à indiquer les vues principales du projet, relativement à chaque classe.

Rebellion.

Art. 209, 210, 211, 212, 213. — Le crime de *rebellion* est plus ou moins grave, d'après certains caractères qui sont devenus la base de la distribution des peines, en cette matière.

Les rebelles étaient-ils nombreux ou non, armés ou sans armes? l'intensité de la rebellion dépend essentiellement de ces circonstances.

Art. 219, 220. — La qualité des rebelles peut aussi n'être pas sans importance : était-ce des ouvriers attachés à des ateliers publics, des personnes admises dans des hospices, des prisonniers même? entre personnes de cette espèce, les rebellions ont un caractère d'autant plus dangereux, qu'il y a plus de tendance et d'occasions pour s'y livrer.

Les peines de la rebellion établies et graduées d'après ces idées, seront quelquefois correctionnelles, quelquefois afflictives.

Mais pour en faire une juste application et ne point confondre surtout les réunions armées ou non armées, il convenait de bien fixer le caractère de celles qui, au premier aspect, semblent mixtes, et où les rebelles sont en partie armés et en partie sans armes.

Art. 214. — Ces cas sont fréquents, et le projet de loi règle que la réunion armée sera celle où trois personnes au moins porteront des armes ostensibles.

Cette règle est juste, et les individus non armés ont au moins à s'imputer de s'être placés sous la protection ou la bannière de ceux qui avaient des armes.

Art. 213. — Il convient, au surplus, de remarquer que si la rebellion dont on traite en ce moment, dirigée contre les agents de la force publique en fonctions, a un objet différent de celui des bandes et attroupements séditieux dont je vous ai entretenu dans votre dernière séance, une telle rebellion pourra néanmoins, comme dans les cas de séditions, n'être suivie d'aucune peine envers ceux des rebelles avec attroupement qui se seraient retirés au premier avertissement de l'autorité : c'est le même motif, c'est la même alliance de l'indulgence avec la politique.

Art. 216. — Pareillement, dans l'espèce présente comme on l'a déjà observé dans l'autre, les crimes individuels commis dans le cours de la rebellion seront distingués du crime même de rebellion, et pourront donner lieu à de plus fortes peines contre ceux qui s'en seraient personnellement rendus coupables, mais ces peines spéciales ne s'étendront pas aux autres rebelles, car si, dans le tumulte qui accompagne ordinairement de telles scènes, il s'est commis sur l'un des points un crime plus grave que celui de la rebellion même, ne serait-ce pas une rigueur poussée jusqu'à l'injustice que d'en appliquer sans distinction la peine à tous les rebelles.

Sans doute ils doivent tous être punis, mais le crime de rebellion est le seul qui soit commun à tous ; et ceux qui n'ont pas pris part à d'autres crimes spéciaux, n'en sauraient être considérés comme complices.

Après le crime de rebellion, le projet de loi s'occupe des outrages et violences envers les dépositaires de l'autorité et de la force publiques.

Outrages et violences envers l'autorité.

Ici s'est offert un sujet de discussion assez grave, mais dont la solution pourtant a été facile : convenait-il de punir les outrages commis, même hors tout exercice de fonctions, de peines de différents ordres, graduées d'après la simple considération du rang plus ou moins élevé que les personnes outragées tiennent dans la société ?

Art. 222. — En agitant cette question l'on n'a pas tardé à reconnaître que l'application d'une telle idée serait impraticable ; qu'en tarifant les peines selon le rang de l'offensé, cela irait à l'infini ; qu'il faudrait aussi prendre en considération le rang de l'offenseur ; enfin, l'on a reconnu que cela était moins utile que jamais dans un système qui, assignant à chaque classe de peines temporaires *un maximum et un minimum*, laissait à la justice une suffisante latitude pour varier la punition des outrages *privés*, d'après la considération due aux personnes.

Il ne sera donc ici question que des seuls outrages qui compromettent la paix publique, c'est-à-dire, de ceux dirigés contre les fonctionnaires ou agents publics, dans l'exercice ou à l'occasion de l'exercice de leurs fonctions ; dans ce cas, ce n'est plus seulement un particulier, c'est l'ordre public qui est blessé ; et, dans un grand intérêt, les peines peuvent changer de classe et de nature, parce que le délit en a changé lui-même, et que l'outrage dirigé contre l'homme de la loi, dans l'exercice de ses fonctions ou de son ministère, quoique conçu dans les mêmes paroles ou les mêmes gestes, est beaucoup plus grave que s'il était dirigé contre un simple citoyen.

La hiérarchie politique sera, dans ce cas, prise en considération ; celui qui se permet des outrages ou violences envers un officier ministériel, est coupable, sans doute, mais il commet un moindre scandale que lorsqu'il outrage un magistrat.

L'offense envers celui-ci peut même varier d'intensité, selon qu'elle est commise dans le sanctuaire même de la justice, ou ailleurs, mais toujours à l'occasion de ses fonctions.

Art. 223. — Dans la classification de ces outrages, on a placé au moindre degré de l'échelle ceux qui sont commis par gestes ou par menaces.

Art. 224, 225, 226. — Les paroles outrageantes qui ont ordinairement un sens plus précis et mieux déterminé que de simples gestes ou menaces, ont paru être un délit supérieur à celui-ci.

Art. 228, 230, 231, 232, 233. — Au sommet de l'échelle viennent les coups, qui, punissables envers tout citoyen, sont le comble de l'irrévérence envers les dépositaires de l'autorité.

D'après ces idées générales, le projet distribue des peines quelquefois correctionnelles, quelquefois afflictives.

Art. 227, 229. — A ces peines, il pourra s'en joindre d'un ordre particulier, telles que les réparations par écrit ou à l'audience, l'éloignement pendant un temps donné, du lieu où siége le magistrat offensé; et en cas d'infraction de cette mesure, le bannissement.

Dans toutes ces dispositions, on a cherché, en observant d'ailleurs une juste gradation dans les peines, à faire respecter les organes de la justice et ses agents.

Refus d'un service dû légalement.

Le paragraphe qui traite du refus de remplir un service dû légalement, n'est pas susceptible d'observations.

Art. 234, 235, 236. — Les témoins, les jurés et les dépositaires de la force publique, requis par l'autorité civile, et ne répondant point à ses ordres, seront punis de peines correctionnelles, seules convenables pour réprimer une désobéissance qui ne dégénère point en révolte.

Evasion de détenus, recélement de criminels.

Mais parmi les actes de désobéissance à l'autorité publique, l'on peut classer aussi l'évasion des détenus et le recélement des criminels.

Art. 248. — Le délit de recélement ne s'appliquera point aux proches parents, qui trouvent dans les affections naturelles une excuse que la loi sait apprécier et admettre, mais nulles autres personnes ne pourront, sous prétexte d'humanité, soustraire le coupable à sa punition, ou le prévenu aux recherches de la justice.

Art. 245. — L'évasion constitue un délit d'une autre espèce: considérée dans la personne des détenus eux-mêmes, elle ne saurait être traitée avec rigueur. Le désir de la liberté est si naturel à l'homme, que l'on ne saurait prononcer que celui-là devient coupable, qui, trouvant la porte de sa prison ouverte, en franchit le seuil : le délit ne commence à son égard que lorsqu'il a employé des moyens criminels, tels que le bris de prison ou la violence.

Art. 237. — A l'égard de ceux que la loi a préposés à sa garde, la position est toute différente, et la simple évasion du détenu constitue ses gardiens en délit.

Art. 238, 239, 240, 241, 242, 243, 244, 246. — Ce délit sera plus ou moins grave, selon qu'il résultera de connivence, ou simplement de négligence. La gravité sera aussi mesurée d'après celle du crime ou du délit pour lequel la détention avait eu lieu, car si la peine doit être proportionnée au préjudice que reçoit la société, il est certain que l'évasion d'un homme détenu pour une rixe ne répand point le même degré d'alarme que l'évasion d'un incendiaire ou d'un assassin.

Bris de scellés, dégradation de monuments, usurpations de titres.

Art. 249, 250, 251, 252, 253, 254, 255, 256, 257, 258, 259. — Je n'arrêterai point votre attention, messieurs, sur les bris de scellés, dégradation de monuments, et usurpations de titres.

Les dispositions qui regardent ces diverses espèces d'attentats contre la paix publique, se justifient d'elles-mêmes.

J'observerai seulement que la peine du bris de scellés est graduée elle-même sur l'importance des objets qui étaient sous le scellé, et d'après les caractères auxquels la loi attache plus ou moins d'importance.

C'est sans doute une chose utile et juste, que d'appliquer cette gradation toutes les fois qu'elle est praticable, et les dispositions dont je vous ai déjà donné connaissance, ont pu vous convaincre que nulle occasion tendant à ce but n'a été négligée.

Entraves au libre exercice des cultes.

Je vais maintenant vous entretenir des peines que l'on propose d'appliquer aux entraves mises au libre exercice des cultes.

Ce libre exercice est l'une des propriétés les plus sacrées de l'homme en société, et les atteintes qui y seraient portées ne sauraient que troubler la paix publique.

ART. 260. — Nulle religion, nulle secte n'a donc le droit de prescrire à une autre le travail ou le repos, l'observance ou l'inobservance d'une fête religieuse, car nulle d'entre elle n'est dépositaire de l'autorité, et tout acte qui tend à faire ouvrir ou fermer les ateliers, s'il n'émane du magistrat même, est une voie de fait punissable.

ART. 261. — Les désordres causés dans l'intérieur d'un temple, ou dans des lieux actuellement servant aux exercices d'un culte, sont aussi un délit qu'il importe de réprimer; l'auteur du trouble est également coupable, soit qu'il appartienne au culte dont les cérémonies ont été troublées, soit qu'il lui soit étranger, car respect est dû à tous les cultes qui existent sous la protection de la loi.

ART. 262. — Le perturbateur sera donc puni, et la peine s'aggravera si le trouble a dégénéré en outrages contre des objets du culte, et si ces outrages ont été commis *dans les lieux destinés ou servant actuellement à l'exercice ou au service d'un culte.*

Mais ces expressions même indiquent la limite dans laquelle le législateur a cru devoir se renfermer : la juste protection due aux différents cultes pourrait perdre cet imposant caractère, et dégénérer même en vexation, ou tyrannie, si de prétendus outrages faits à des signes placés hors de l'enceinte consacrée pouvaient devenir l'objet de recherches juridiques; chacun de nous se rappelle la condamnation prononcée dans le siècle dernier, contre le jeune et malheureux *Delabarre*, et nul ne voudra que le jet imprudent d'une pierre lancée au milieu des rues et des champs, puisse fournir matière à une accusation de sacrilége.

ART. 263. — Renfermée dans ses vraies limites, la loi n'en sera que plus respectée; elle prononcera une peine sévère et prise dans l'ordre des peines infamantes contre quiconque oserait porter une main téméraire sur le ministre du culte en fonction; mais à moins qu'il n'y ait des circonstances aggravantes, elle ne punira les autres troubles que de peines correctionnelles graduées d'après le scandale qui aura pu en résulter; ce ne sont pas, surtout en matière de trouble de cette espèce, les peines les plus sévères qui seraient les plus efficaces.

Après avoir retracé les crimes et délits qui compromettent la paix publique sous le rapport d'une résistance plus ou moins directe à l'action de l'autorité, le projet qui vous est soumis s'occupe des dispositions relatives aux associations de malfaiteurs, aux vagabonds, et aux mendiants : je viens en trois mots d'indiquer trois classes d'individus dont le nom seul est un sujet d'alarme pour la société.

Remarquons, au reste, que les malfaiteurs dont il s'agit en ce moment, ne sont pas ceux qui agissent isolément, ou même de concert avec d'autres pour la simple exécution d'un crime. Sous ce rapport, il est déjà beaucoup de malfaiteurs dont la peine a été déterminée selon la nature de leurs crimes.

Associations de malfaiteurs.

ART. 265. — Ce que le projet de loi considère plus particulièrement ici, se sont les bandes ou associations de ces êtres pervers qui, faisant un métier du vol et du pillage, sont convenus de mettre en commun le produit de leurs méfaits.

ART. 266, 267, 268. — Cette association est en soi-même un crime qui, lorsqu'il n'aurait été accompagné ni suivi d'aucun autre, entraînera la peine des travaux forcés à temps contre les chefs, et celle de la reclusion contre tous les autres individus de la bande.

Vagabondage.

ART. 269, 270. — Mais ces bandes sont ordinairement recrutées par les vagabonds, et tout ce qui touche au vagabondage trouve naturellement ici sa place. Le projet de loi définit le vagabondage, il l'érige en délit, et lui inflige une peine correctionnelle : toutefois il ne s'arrête point là. Que serait-ce, en effet, qu'un emprisonnement de quelques mois, si le vagabond était ensuite purement et simplement replacé dans la société à laquelle il n'offrirait aucune garantie.

ART. 271, 272, 273. — Celui qui n'a ni domicile, ni moyens de subsistance, ni profession ou métier, n'est point en effet membre de la cité; elle peut le rejeter et le laisser à la disposition du gouvernement, qui pourra, dans sa prudence, ou l'admettre à caution si un citoyen honnête et solvable veut bien en répondre, ou le placer dans une maison de travail, jusqu'à ce qu'il ait appris à subvenir à ses besoins, ou enfin le détenir comme un être nuisible ou dangereux, s'il n'y a nul amendement à en espérer.

Mendicité.

Les mendiants ne sont pas dignes de beaucoup plus de faveur, aujourd'hui surtout que la bienfaisante activité du gouvernement réalise le vœu philantropique de tant d'écrivains distingués, et ouvre, sous le nom de dépôts de mendicité, des asyles où les pauvres infirmes sont nourris aux frais de l'État, qui ne leur demandera d'ailleurs que le travail dont ils seront capables.

Quand de tels établissements existeront partout, il ne restera plus de prétexte ni d'excuse à la mendicité; mais jusque-là la crainte de frapper le malheur et l'indigence, exigera quelques ménagements en faveur des mendiants invalides.

ART. 274. — D'après ces idées, le projet de loi assujétit sans distinction, à des peines correctionnelles, toutes personnes qui mendient dans des lieux pour lesquels il y a des dépôts de mendicité.

ART. 275, 276. — Dans les autres lieux, on distinguera; et la mendicité, toujours punissable à l'égard des individus valides, ne deviendra un délit à l'égard des autres, qu'autant qu'ils feindraient des plaies, qu'ils mendiraient en réunion, ou qu'ils seraient entrés dans une maison sans permission des personnes qui y demeurent.

Dans sa prévoyance, le projet de loi a posé aussi quelques règles communes aux vagabonds et aux mendiants.

Dispositions communes aux vagabonds et aux mendiants.

ART. 277, 278, 279. — Tout individu de cette qualité appelle une repression plus spéciale, s'il a été saisi travesti ou muni d'armes, de limes ou de crochets; s'il a été trouvé porteur d'effets d'une certaine valeur, ou s'il a exercé des violences, quelque légères qu'elles soient.

De la part des hommes dont on s'occupe en ce moment, il n'est aucun des signes indiqués qui ne soit propre à porter l'alarme et n'atteste un délit consommé ou prêt à l'être.

ART. 280, 282. — L'ordre public doit s'armer plus fortement contre ceux qui le menacent davantage; et c'est aussi dans ces vues que la marque sera infligée à tout vagabond ou mendiant qui aura encouru la peine des travaux forcés à temps, et qu'après toute espèce de condamnation à des peines afflictives, ou même simplement correctionnelles, les vagabonds et mendiants seront mis à la disposition de la haute police.

Réflexions générales sur les mises à la disposition de la haute police.

Cette attribution à la haute police est d'une grande importance : restreinte, par les dispositions générales du projet, aux gens sans aveu, et aux individus condamnés à des peines afflictives ou au bannissement, ne s'exerçant audelà qu'en vertu de condamnations spéciales et pour des cas bien déterminés, c'est une véritable institution dont le nom, quelque sévère qu'il puisse paraître au premier aspect, doit rassurer et non alarmer les bons citoyens.

La société n'a-t-elle donc en effet aucunes précautions à prendre, lorsque les hommes qui l'ont grièvement troublée rentrent dans son sein; et s'ils ne peuvent trouver sur toute la surface de l'empire un seul citoyen solvable qui veuille cautionner leur conduite future, n'est-ce pas un nouveau degré de suspicion qui s'élève contre eux et autorise, soit à les éloigner d'un lieu désigné, soit à leur prescrire l'habitation d'un autre, soit enfin à les arrêter et détenir s'ils désobéissent?

Eh! quand cette restriction des droits individuels du condamné pourrait être considérée comme une aggravation de la peine principale, elle serait juste encore, puisqu'elle complète la garantie sociale.

Chez un peuple voisin dont la législation, en matière criminelle surtout, a été peut-être trop vantée, quoique souvent digne d'éloges, l'obligation de fournir cette caution a sans doute été portée trop loin, quand la loi a permis de l'imposer, selon les circonstances, à tout particulier, même domicilié et non repris de justice, sur l'affirmation assermentée d'un autre citoyen, touchant le péril auquel celui-ci se prétendrait exposé (1) par suite de paroles ou démarches menaçantes.

Mais s'il y a de graves inconvénients à armer ainsi les citoyens les uns contre les autres, et si une telle législation semble plus propre à répandre du trouble et des inquiétudes qu'à

(1) *Des Lois de police et criminelles de l'Angleterre*, ouvrage traduit de l'anglais de Blackstone, par Ludot, chap. 1.

les calmer, la scène change lorsque la surveillance légale, spécialement dirigée contre des gens sans aveu, ou repris de justice, a été remise par l'autorité judiciaire, qui a déjà usé du droit de punir, à l'autorité administrative chargée du soin de prévenir de nouveaux crimes.

Dans ce système, tout se trouve en harmonie, et si cette heureuse innovation n'arrête pas toutes les récidives, elle en préviendra beaucoup, et assurera du moins, par le cautionnement même, une indemnité aux parties qui seraient lésées par un nouveau délit.

Distribution d'écrits, images ou gravures sans noms d'auteur, imprimeur ou graveur.

Parmi les innovations heureuses du projet de loi, nous espérons que l'on pourra compter aussi les dispositions qu'il a adoptées dans l'intérêt de la paix publique, contre les distributions d'écrits, images ou gravures que l'on ferait paraître sans nom, soit de l'auteur, soit de l'imprimeur ou graveur.

Sans rien préjuger sur les mesures d'un autre ordre que l'on pourrait prendre contre certains ouvrages dont la circulation serait dangereuse, il est dès ce moment, et il a toujours été reconnu, que l'émission d'un ouvrage entraîne une juste responsabilité, toutes les fois qu'il nuit, soit à l'ordre public, soit à des intérêts privés.

Mais l'on n'a pas jusqu'à présent tiré de ce principe toutes les conséquences qui en dérivaient naturellement; la première sans doute est que celui qui imprime ou fait imprimer, doit se faire connaître; car que deviendrait, sans cela, la responsabilité, dans tous les cas où il pourrait écheoir de l'appliquer.

Dans tout système qui ne dégénérera point en licence, l'on ne saurait se plaindre d'une telle obligation : si l'ouvrage est bon, ce n'est point une gêne sensible; s'il est dangereux ou nuisible, cette obligation devient un frein utile.

Disons donc que la société a de justes et grandes raisons pour connaître celui qui est responsable; si l'auteur timide et modeste n'a pas voulu se nommer, le même motif n'existe pas pour l'imprimeur. L'alternative laissée sur ce point, répond à toutes les objections que l'on pourrait élever dans l'intérêt des lettres.

Ce qu'il importe surtout ici, c'est qu'il y ait au moins une personne responsable, qu'elle soit connue, et que, par ce moyen, l'on puisse, le cas échéant, exercer toutes les actions ou poursuites que réclamerait l'ordre public.

Ainsi, puisqu'il est utile que tout ouvrage littéraire porte le nom de son auteur ou de l'imprimeur, la loi peut l'ordonner; et, par une juste et immédiate conséquence de cette première disposition, elle pourra prohiber la distribution de tous ouvrages qui ne seraient point revêtus de ce caractère.

Art. 283, 284. — Si donc on colporte un ouvrage sans nom d'auteur ni d'imprimeur, le colporteur pourra être immédiatement saisi, et, pour cette seule contravention, puni de peines correctionnelles réductibles toutefois à des peines de simple police, s'il révèle les personnes qui l'ont chargé de la distribution.

Art. 289. — Par cette voie, l'on remontera ordinairement jusqu'à l'imprimeur, et de celui-ci même jusqu'à l'auteur, sur lequel pesera toujours la plus forte peine, lorsqu'il sera découvert.

Art. 285. — Cette peine cependant variera selon la nature de l'ouvrage distribué en contravention aux lois; ordinairement correctionnelle, elle pourra devenir afflictive, si l'écrit anonyme contient provocation à des crimes.

Art. 287, 288. — Dans ce dernier cas, la peine de complicité restera irrévocablement applicable à l'imprimeur justement considéré comme ayant connu les caractères pernicieux de l'ouvrage auquel sa criminelle complaisance aura donné cours, et l'atténuation de la peine, pour cause de révélation, se bornera aux simples distributeurs; ceux-ci, aveugles instruments d'écrivains pervers, ont paru susceptibles de cette modération de peines qui d'ailleurs profitera même à l'ordre public, en intéressant les colporteurs à révéler ce qu'ils savent, pour n'être pas traités comme complices.

Dans la combinaison des mesures que je viens de vous exposer, messieurs, il n'y a rien (vous vous en convaincrez facilement) qui soit dirigé contre le sage emploi des lettres, mais seulement contre les productions clandestines; or, tout auteur qui veut porter ses coups dans l'ombre mérite bien qu'on le suive à la trace; et si, comme nous l'espérons, le projet de loi atteint ce but, il aura beaucoup fait pour le maintien du bon ordre.

Des sociétés ou réunions illicites.

Il me reste à vous parler, messieurs, des sociétés ou réunions ayant pour but de s'occuper journellement ou périodiquement d'objets religieux, politiques, ou littéraires.

Je me garderai bien de traiter ce sujet avec l'importance qu'on eût pu y mettre il y a quelques années; tout ce qui fut dit et écrit alors dérivait d'idées et de principes qui ne peuvent plus recevoir d'application sous la forme du gouvernement qui a été depuis adoptée en France.

Le droit absolu et indéfini qu'aurait la multitude de se réunir pour traiter d'affaires politiques, religieuses, ou autres de cette nature, serait incompatible avec notre état politique actuel.

Mais, si le gouvernement monarchique doit être assez fort pour repousser ce qui pourrait lui nuire, il est aussi dans son essence de n'admettre aucunes rigueurs inutiles : il n'interviendra donc point, hors les cas qui l'intéresseraient spécialement, dans ces petites réunions que les rapports de famille, d'amitié ou de voisinage peuvent établir sur tous les points d'un si vaste empire; et lorsqu'il ne se passera dans ces petites réunions rien de contraire au bon ordre, l'autorité publique, qui ne saurait être tracassière, ne leur imposera aucune obligation spéciale, eussent-elles pour objet la lecture en commun de journaux ou autres ouvrages.

Art. 291. — Cette obligation spéciale de se faire connaître de l'autorité et d'obtenir son assentiment commencera là seulement où le nombre des sociétaires serait tel qu'il pût devenir un juste sujet de surveillance plus particulière.

Art. 292. — C'est alors que de telles associations ne pourront exister qu'avec l'autorisation du gouvernement et sous les conditions qui leur seront imposées : c'est alors aussi qu'en cas d'infraction, ces associations pourront être dissoutes, et leurs chefs et directeurs condamnés à des amendes et même à l'emprisonnement.

Les dispositions du projet de loi, conforme à ces idées, vous paraîtront sans doute avoir atteint le but qu'elles se proposaient.

Ici, messieurs, se termine le tableau des crimes et délits *contre la paix publique*; tableau qui n'est lui-même que le complément du chapitre *des crimes et délits contre la chose publique*.

Cet exposé, bien que restreint aux dispositions principales, a été long, parce qu'il embrassait une multitude de matières dont plusieurs, dérivant de sources un peu abstraites, avaient besoin d'être ramenées à des termes simples, précis et tels qu'ils convinssent à une législation pénale.

Je me suis au surplus abstenu d'en comparer les détails avec ceux du Code de 1791.

Semblables sur plusieurs points, plus ou moins différentes sur d'autres, souvent ajoutées, les dispositions du nouveau projet de loi sont le résultat de méditations dans lesquelles nous nous sommes efforcés de mettre à profit les travaux mêmes de nos devanciers, et les leçons fournies par l'expérience des derniers temps.

Un travail de cette nature offrait de grandes difficultés; la plus grave sans doute était de bien graduer les peines et d'en faire une juste application aux divers crimes ou délits.

Cet effet s'obtiendrait exactement s'il existait une progression de peines parfaitement correspondante à la progression des délits, et si (selon les expressions de *Beccaria*), *la géométrie était applicable à toutes les petites combinaisons obscures de nos actions* (1).

En l'absence d'un tel guide, le législateur doit consulter son cœur au moins autant que son esprit : il doit aussi reconnaître et respecter les limites que la nature des choses a mises à sa puissance.

Dans l'application de la peine capitale, et même des peines perpétuelles, la gravité nécessairement énorme des crimes qui y donnent lieu, ne laisse pas apercevoir de nuances propres à entraîner la modification de la peine.

Il en est autrement à l'égard des crimes inférieurs, et dont la peine n'est que temporaire; plus on descendra dans cette classe, plus il deviendra évident que chaque espèce est susceptible de varier d'intensité; une sage circonspection commandait donc de laisser sur ce point une suffisante latitude aux juges, et ce parti adopté par le projet, en même-temps qu'il satisfait la justice, a paru propre à rassurer aussi la conscience du législateur.

Puisse ce nouveau travail obtenir votre approbation et répondre aux vues bienfaisantes

(1) Traité des Délits et des Peines, §. 6, pag. 32.

de l'auguste chef de cet empire! Puisse le nouveau Code dont plusieurs parties essentielles vous sont actuellement connues, obtenir bientôt une place honorable à côté de ceux qu'a déjà tracés et donnés à la France le héros législateur du dix-neuvième siècle!

TITRE II.

Crimes et Délits contre les particuliers.

CHAPITRE PREMIER.

Crimes et Délits contre les personnes.

Décrété le 17 février 1810; — Promulgué le 27 du même mois.

[ARTICLES 295 à 378.]

EXPOSÉ DES MOTIFS par M. le Conseiller-d'Etat FAURE.

Séance du 7 février 1810.

MESSIEURS,

Le projet de Code pénal offert à vos méditations, vous a présenté dans le titre premier du livre III, le tableau des crimes et délits contre la chose publique.

Le titre II du même livre a pour objet les crimes et délits contre les particuliers.

Cette seconde partie est aussi d'une extrême importance: elle embrasse un grand nombre d'attentats dont la répression est indispensable pour garantir à chacun des membres de la société, la jouissance paisible de tous les avantages qu'il a droit d'attendre du pacte social. En vain les meilleures lois civiles auraient été faites, si la violence ou la fraude, l'intérêt ou la méchanceté pouvaient se jouer impunément de la vie, de la liberté, de l'honneur et de la fortune des citoyens, ou si le vice livré aux excès les plus honteux pouvait impunément outrager les mœurs.

Ce titre se divise en deux chapitres. L'un est relatif aux attentats contre les personnes; le second concerne les attentats contre les propriétés. Le premier forme la matière dont nous aurons l'honneur de vous entretenir aujourd'hui.

Nous parlerons d'abord des actes attentatoires à la vie.

Attentats à la vie.

On attente à la vie d'une personne, soit en lui donnant la mort, soit en exerçant sur elle des actes de violence. Ceux-ci, quoiqu'ils n'entraînent pas sur-le-champ la perte de la vie, peuvent cependant en abréger le cours, ou donner lieu à des maladies ou infirmités.

ART. 295, 296. — Pour que l'homicide soit un crime, il faut qu'il soit volontaire. S'il est tel, il est qualifié meurtre. Mais si le meurtre est commis avec préméditation ou guet-à-pens, la loi le qualifie assassinat.

ART. 304. — L'assassinat est donc un plus grand crime que le meurtre, et le meurtre n'emporte la même peine que l'assassinat, que dans des cas particuliers où l'assimilation est nécessitée par l'atrocité du crime résultant soit de la qualité de la personne homicidée, soit d'autres circonstances aggravantes.

ART. 302. — La peine de l'assassinat est la mort: c'est celle du talion. Toute autre peine, quelque rigoureuse qu'elle fût, ne serait pas assez répressive, et le plus souvent produirait l'impunité. Sans cette peine, la haine ou la vengeance d'un lâche pourrait se satisfaire en jouant, si je puis parler ainsi, un jeu trop inégal contre le citoyen dont il méditerait la mort : l'un ne mettrait au jeu que sa liberté, et l'autre y mettrait sa vie.

Après avoir dit que le nouveau Code porte la peine de mort contre les assassins, nous n'avons pas besoin d'ajouter que l'homicide par poison sera puni de la même peine.

Le crime d'empoisonnement est un véritable assassinat : car il suppose nécessairement un dessein antérieur. Il est d'ailleurs de tous les crimes le plus lâche parmi les plus atroces.

Art. 301. — Le nouveau Code le définit ainsi : « Est qualifié empoisonnement tout « attentat à la vie d'une personne par l'effet « de substances qui peuvent donner la mort « plus ou moins promptement, de quelque « manière que ces substances aient été em« ployées ou administrées, et quelles qu'en « aient été les suites. »

Cette définition est plus complète que celle adoptée par la loi de 1791, en ce qu'elle comprend tout moyen dont on aurait fait usage pour commettre ce crime, et ne borne pas les tentatives au cas particulier où le poison aurait été présenté ou mêlé avec des aliments ou breuvages. Il est tant de moyens que la scélératesse peut inventer, et dont l'histoire offre l'exemple, qu'il était indispensable de recourir à des termes généraux.

D'un autre côté, il était inutile d'ajouter la disposition de cette même loi de 1791, qui porte que, si avant que l'empoisonnement ait été effectué, ou avant que l'empoisonnement des aliments et breuvages ait été découvert, l'empoisonneur arrêtait l'exécution du crime, soit en supprimant les aliments et breuvages, soit en empêchant qu'on en fasse usage, l'accusé sera acquitté.

Cette disposition était nécessaire lorsqu'elle fut adoptée, parce qu'alors il n'existait aucune loi contre les tentatives de crime. Mais l'article 2 du nouveau Code, qui les prévoit et les définit, annonce assez qu'aucune de ces tentatives ne sera considérée comme le crime même, lorsqu'elle aura été arrêtée par la volonté de l'auteur, et non par des circonstances fortuites et indépendantes de sa volonté.

Art. 299. — Quant au parricide, qui consiste dans le meurtre des pères ou mères légitimes, naturels, ou adoptifs, ou de tout autre ascendant légitime, ce crime, même commis sans préméditation ni guet-à-pens, révolte tellement la nature que, loin de pouvoir être puni d'une peine moindre que l'assassinat, il mérite une peine plus forte. Aussi est-il dit dans le premier livre du nouveau Code, (art. 13.) qu'avant d'être exécuté à mort, il aura le poing droit coupé. Nous ne répéterons point les observations qui vous ont été présentées à cet égard.

On sait que chez les Romains le coupable de parricide était condamné au supplice le plus affreux.

Art. 299. — Vous remarquerez, messieurs, que le nouveau Code assimile les pères et mères adoptifs aux pères et mères légitimes. Le Code Napoléon a consacré cette assimilation par ses diverses dispositions. Suivant l'art. 349, « l'obligation naturelle qui continuera d'exis« ter entre l'adopté et ses père et mère, de « se fournir des aliments dans les cas déter« minés par la loi, sera considérée comme « commune à l'adoptant et à l'adopté, l'un « envers l'autre. »

Ajoutons que l'article 350 accorde à l'adopté sur la succession de l'adoptant, les mêmes droits que ceux qui appartiennent à l'enfant né en mariage.

Art. 300, 302. — Le meurtre d'un enfant nouveau né, crime que le projet qualifie infanticide, sera puni de la même peine que l'assassinat. On se rappelle que la qualification d'assassinat est donnée à tout meurtre commis avec préméditation. Or il est impossible que l'infanticide ne soit pas prémédité : il est impossible qu'il soit l'effet subit de la colère ou de la haine, puisqu'un enfant, loin d'exciter de tels sentiments, ne peut inspirer que celui de la pitié. Il est hors d'état de se défendre, hors d'état de demander du secours, et par cela seul, il est plus spécialement sous la protection de la loi. Des hospices sont établis pour recevoir ceux dont on ne peut prendre soin. L'infanticide est donc, sous tous les rapports, un acte de barbarie atroce, et quand il serait quelquefois le fruit du déréglement des mœurs, une telle cause ne peut trouver d'indulgence dans une législation protectrice des mœurs.

Art. 304. — La peine de l'assassinat sera aussi celle du meurtre qui aura été précédé, accompagné ou suivi de quelque crime ou délit.

Ce concours de circonstances qui s'aggravent réciproquement, est d'une nature si effrayante qu'une peine inférieure ne suffirait pas pour tranquilliser la société.

Art. 303. — Enfin, le Code assimile aux assassins et punit comme tels tous malfaiteurs, quelle que soit leur dénomination, qui, pour l'exécution de leurs crimes, emploient des tortures ou commettent des actes de barbarie. Ces individus à qui les moyens les plus horribles ne coûtent rien pourvu qu'ils arrivent à leurs fins, et qui portent la terreur et la désolation partout où ils existent, ne peuvent être retenus que par la crainte du dernier supplice.

Quant au meurtre dénué de toute espèce de circonstances aggravantes, il sera puni de la peine qui suit immédiatement celle de mort, c'est-à-dire de la peine des travaux forcés à perpétuité. Dès que ce crime n'est point le résultat d'un dessein formé avant l'action, dès qu'il ne présente aucun des caractères dont nous avons parlé, il est sans contredit moins grave que l'assassinat, et dès-lors ne doit pas emporter la même peine. Autrement cette juste proportion qu'on ne saurait observer avec trop de soin entre les délits et les peines, et cette gradation qui en est la suite nécessaire, ne subsisteraient plus.

Le nouveau Code ne se borne pas à établir des peines contre les coupables des divers crimes dont nous venons de parler; il en établit aussi contre ceux qui se permettent des menaces d'attentats contre la vie des personnes, lorsque ces attentats, s'ils étaient commis, seraient punis d'une peine capitale ou au moins égale à celle des travaux forcés à temps.

Art. 305. — De telles menaces, lorsqu'elles sont écrites, annoncent un dessein prémédité de faire le mal. Le plus souvent l'écrit où elles se trouvent contient un ordre quelconque; par exemple, l'ordre de déposer une somme d'argent dans un lieu indiqué. Quel que soit l'ordre, la loi punit le crime de la même peine que le vol avec violence. N'est-ce pas en effet un crime semblable? La personne menacée est dans une situation d'autant plus critique, qu'elle ne peut pas se mettre continuellement en garde, et qu'elle craint toujours que si elle n'obéit point à l'ordre, tôt ou tard, et au moment où elle y songera le moins, elle ne finisse par être victime du crime dont elle est menacée. La terreur que ces menaces inspirent ne nuit pas seulement à la tranquillité de la personne qui en est l'objet, elle est partagée par beaucoup d'autres qui redoutent pour eux le même sort.

Ce que nous venons d'observer trouve également son application, si l'écrit au lieu de contenir l'ordre de déposer une somme, contient celui de remplir une condition quelconque; en ce dernier cas, il y a toujours violence, et violence préméditée avec dessein d'obtenir ce qu'on n'a pas le droit d'exiger.

Art. 306. — Lorsque la menace écrite n'a été accompagnée d'aucun ordre ou condition, on ne peut l'attribuer qu'au desir de répandre l'effroi sans aucun but de s'approprier le bien d'autrui. Le coupable doit être puni, mais il ne le sera que des peines de police correctionnelle. Ce délit est en effet bien moins grave que le premier.

Art. 307. — Le Code veut aussi que des peines de police correctionnelle soient prononcées, quoique les menaces soient verbales, toutes les fois qu'elles seront accompagnées d'un ordre ou condition. Les menaces verbales seront moins punies que les menaces écrites, parce que le coupable agissant plus à découvert, il est moins difficile de se mettre en garde contre lui, que dès-lors elles excitent une crainte moins forte; que, d'un autre côté, la préméditation n'est pas nécessairement attachée aux menaces verbales, comme elle l'est aux menaces écrites.

A l'égard des menaces verbales qu'aucun ordre ni condition n'auront accompagnées, nulle peine n'est établie. On a considéré qu'étant dénuées de tout intérêt, elles peuvent être le résultat d'un mouvement subit produit par la colère et dissipé bientôt par la réflexion.

Art. 308. — Nous observerons ici que dans les deux cas où la menace est punie correctionnellement, les coupables peuvent être mis sous la surveillance de la haute police. Cette faculté laissée aux juges leur impose le devoir d'examiner jusqu'à quel point ces individus sont dangereux, soit par leur vie habituelle, soit par leurs liaisons.

Art. 309. — Passons maintenant à l'examen des attentats qui ne portent point le caractère de meurtre, mais qui, cependant, présentent des actes de violence, que la loi doit sévèrement réprimer. Ainsi des coups auront été portés, ou des blessures auront été faites; et la personne blessée ou frappée aura essuyé une maladie, ou se sera trouvée dans l'incapacité absolue de se livrer à aucun travail personnel. Si la maladie ou l'incapacité de travail a duré plus de vingt jours, le coupable sera puni de la reclusion. Le même crime emportera la peine des travaux forcés à temps, lorsqu'il y aura eu préméditation ou guet-à-pens; et comme les juges, en appliquant la loi, auront une latitude de cinq ans jusqu'à dix, pour la reclusion, et de cinq ans jusqu'à vingt, pour les travaux forcés à temps, il leur sera facile de proportionner la peine à la gravité du fait. C'est par cette raison qu'il n'a pas été jugé nécessaire de faire entrer dans le nouveau Code les distinctions qui se trouvent dans la loi de 1791, sur les différentes espèces de mutilations.

Art. 311. — Si les blessures ou les coups sont d'une nature moins grave que ceux qui doivent donner lieu à la reclusion ou aux travaux forcés à temps, ils ne seront punis que des peines de police correctionnelle. Mais la durée de l'emprisonnement et la quotité de l'amende dépendent des circonstances dont la preuve aura été acquise. Il suffira que les juges se renferment dans les limites tracées par la loi, à l'égard de cette espèce de délit.

Art. 312. — Enfin, quelle qu'ait été la nature du crime ou délit, le Code veut que la peine soit plus forte, si la personne maltraitée est le père ou la mère légitime ou adoptif, ou tout autre ascendant légitime. Cette différence dérive du même principe que la disposition relative au parricide. La lecture de l'article fera voir que la peine est élevée dans une juste proportion, comparativement à celle que le coupable aurait subie, si le crime ou délit eût été commis envers tout autre.

On doit observer que, lorsque les blessures ou les coups seront susceptibles d'être qualifiés tentatives d'assassinat, les dispositions qui viennent d'être analysées ne seront plus applicables : il faudra se reporter à l'article du Code, relatif aux tentatives de crime; et si le cas d'attaque à dessein de tuer a été l'objet d'une disposition spéciale dans la loi de 1791, c'est parce que cette loi ne contenait aucune disposition générale sur les tentatives.

Art. 317. — L'article du nouveau Code, relatif à l'avortement, offre aussi plusieurs modifications importantes. La nécessité de punir ce crime, n'a pas besoin d'être démontrée. La loi de 1791 ne l'a pas oublié. Mais elle punit de la même peine indistinctement toute personne coupable de ce crime. Cette confusion n'existera point dans la nouvelle loi. La femme coupable du crime d'avortement sera punie de la reclusion. Mais une peine plus rigoureuse, celle des travaux forcés à temps, aura lieu contre les médecins, chirurgiens et autres officiers de santé qui auront procuré à la femme les moyens de se faire avorter. Ils sont en effet plus coupables que la femme même, lorsqu'ils font usage, pour détruire, d'un art qu'ils ne doivent employer qu'à conserver. Le chancelier d'Aguesseau rapporte à ce sujet qu'Hyppocrate, dans le serment qu'on trouve à la tête de ses ouvrages, promet solennellement de ne jamais donner à une femme grosse aucun médicament qui puisse la faire avorter. Son serment, dit-il, est suivi d'imprécations qui prouvent que ce crime était considéré comme un des plus grands qu'un médecin pût commettre. En effet, si la femme ne trouvait pas tant de facilité à se procurer les moyens d'avortement, la crainte d'exposer sa propre vie en faisant usage de médicaments qu'elle ne connaîtrait pas, l'obligerait souvent de différer son crime, et elle pourrait ensuite être arrêtée par ses remords. La disposition relative aux médecins ne se trouve point dans la loi de 1791.

Art. 319, 320. — Je ne m'arrêterai point à la partie du Code qui concerne l'homicide, les blessures, et les coups involontaires résultant du défaut d'adresse ou de précaution. Ces délits sont punis de peines de police correctionnelle, et les termes généraux dans lesquels les articles sont conçus, embrassent toutes les espèces.

Je passe aux crimes ou délits, qui, quoique volontaires, sont susceptibles d'être excusés. On se rappelle que le Code d'instruction criminelle porte, qu'aucun fait proposé pour excuse par l'accusé ne sera, quelque prouvé qu'il soit, pris en considération par le juge, s'il n'est déclaré excusable par la loi.

Art. 321. — C'est ici que le Code détermine les divers cas où des crimes et délits commis envers les personnes peuvent être excusés; il n'admet point l'excuse sans une provocation violente, et d'une violence telle que le coupable n'ait pas eu, au moment même de l'action qui lui est reprochée, toute la liberté d'esprit nécessaire pour agir avec une mûre réflexion. Sans doute, il a commis une action blâmable, une action que la loi ne peut se dispenser de punir, mais il ne peut être, aux yeux de la loi, tout-à-fait aussi coupable que si la provocation qui l'a entraîné n'eût pas existé.

Cette provocation, nous ne pouvons trop le redire, doit être de nature à faire la plus vive impression sur l'esprit le plus fort.

Art. 324. — Le Code renferme plusieurs dispositions sur les faits qui sont susceptibles d'être déclarés excusables. Je me contenterai d'en citer une seule. « Dans le cas d'adultère, « porte le Code, le meurtre commis par l'é- « poux sur son épouse, ainsi que sur le com- « plice, à l'instant où il les surprend en fla- « grant délit dans la maison conjugale, est « excusable. » Cet outrage fait au mari est une de ces provocations violentes qui appellent l'indulgence de la loi. On remarquera que la loi n'excuse ce meurtre que sous deux conditions : 1.° Si l'époux l'a commis au même instant où il a surpris l'adultère. Plus tard il a eu le temps de réfléchir, et il a dû penser qu'il n'est permis à personne de se faire justice à soi-même; 2.° s'il a surpris l'adultère dans sa propre maison. Cette restriction a paru nécessaire. On a craint que si ce meurtre commis dans tout autre lieu était également excusable, la tranquillité des familles ne fût troublée par des époux méfiants et injustes qu'aveuglerait l'espoir de se venger des prétendus égarements de leurs épouses.

Il est certains meurtres à l'égard desquels la loi n'admet point d'excuse, quoiqu'il y ait eu provocation violente.

Art. 323. — Par exemple, aucune provocation, quelque violente qu'elle soit, ne peut excuser le parricide : le respect religieux qu'on doit à l'auteur de ses jours, ou à celui que la loi place au même rang, impose le devoir de tout souffrir plutôt que de porter sur eux une main sacrilége.

Art. 324. — A l'égard du meurtre commis par l'époux envers son épouse, dans tout autre cas que celui dont nous venons de parler au sujet de la femme adultère, ou du meurtre commis par l'épouse envers son époux, le crime n'est excusable que lorsqu'au moment même où il a été commis, la vie de l'auteur du meurtre a été mise en péril par l'époux ou l'épouse homicidée. C'est en effet la seule excuse qui puisse être admise à l'égard de personnes obligées par état de vivre ensemble et de n'épargner aucuns sacrifices pour maintenir entre eux une parfaite union.

Art. 326. — Lorsque la loi déclare un fait excusable et que ce fait est prouvé, les juges ne peuvent prononcer des peines afflictives ou infamantes. Il y aurait de la contradiction à déclarer infâme en vertu de la loi celui qu'elle reconnaît digne d'excuse. Les peines de police correctionnelle sont donc les seules qui doivent être prononcées. Le Code établit sur ce point une échelle de proportion relative à la peine que le coupable eût dû subir, si l'excuse n'avait pas existé.

Art. 327, 328. — Il est des circonstances où l'homicide, les blessures, et les coups, ne sont susceptibles d'aucune peine; en un mot où il ne résulte de ces actes aucun crime ni délit.

Le cas arrive, soit lorsque ces actes étaient ordonnés par la loi, et commandés par l'autorité légitime, soit lorsqu'ils étaient commandés par la nécessité actuelle de la légitime défense de soi-même ou d'autrui.

Art. 329. — Ces mots *nécessité actuelle* prouvent qu'il ne s'agit que du moment même où l'on est obligé de repousser la force par la force. Après avoir vu la loi défendre d'exercer des violences, on la voit ici permettre de les repousser. Elle veut que les hommes écoutent et respectent cette défense dans le commerce paisible qu'ils ont ensemble. Mais elle les en dispense, lorsque l'on commet contre eux des actes hostiles : elle ne leur commande pas d'attendre alors sa protection et son secours, et de se reposer sur elle du soin de leur vengeance, parce que l'innocent souffrirait une mort injuste avant qu'elle eût pu faire subir au coupable le juste châtiment qu'il aurait mérité.

J'ai terminé mes observations sur la partie du Code relative aux attentats contre la vie des personnes.

Le Code s'occupe ensuite des attentats contre les mœurs.

Attentats contre les mœurs.

« Les peines qui sont de la juridiction cor- « rectionnelle, dit l'auteur de l'Esprit des Lois, « suffisent pour réprimer ces sortes de délits, « en effet ils sont moins fondés sur la méchan- « ceté que sur l'oubli ou le mépris de soi- « même. Il n'est ici question, ajoute-t-il, que « des crimes qui intéressent uniquement les « mœurs, non de ceux qui choquent aussi la « sûreté publique, tels que l'enlèvement et le « viol. »

La distinction établie par Montesquieu a été suivie dans le Code.

Art. 330, 331. — Le viol sera puni de la reclusion. Il en sera de même de tout autre attentat à la pudeur, consommé ou tenté avec violence, contre des personnes de l'un ou de l'autre sexe. La loi de 1791 n'a parlé que du viol. Elle s'est tue sur d'autres crimes qui n'offensent pas moins les mœurs; il convenait de remplir cette lacune. (Art. 332.) Celui qui aura commis l'un de ces attentats envers une personne âgée de moins de quinze ans accomplis, encourra la peine des travaux forcés à temps. (Art. 333.) Il est même des circonstances qui, réunies au crime, attireront sur le coupable la peine des travaux forcés à perpétuité. Ces circonstances, spécifiées par le Code, résulteront soit de la qualité du coupable, soit des moyens qu'il aura employés.

Art. 334. — Le Code prononce aussi des peines de police correctionnelle contre les personnes convaincues d'avoir débauché ou corrompu la jeunesse : il est, en ce point, conforme à l'ancienne loi; mais de plus, le coupable sera interdit de toute tutèle et curatèle, et de toute participation au conseil de famille, pendant un temps déterminé. (Art. 335.) Si c'est le père ou la mère, il sera, indépendamment des autres peines, privé de tous les droits et avantages qu'il aurait pu réclamer en vertu du Code Napoléon, sur la personne et les biens de l'enfant. Cette dernière disposition vengera les mœurs outragées par ceux qui devaient en être les plus fidèles gardiens.

Parmi les attentats aux mœurs est comprise la violation de la foi conjugale, soit que ce délit ait été commis par la femme, soit qu'il l'ait été par le mari. L'adultère de la femme est un délit plus grand, parce qu'il entraîne des conséquences plus graves, et qu'il peut faire entrer dans la famille légitime un enfant qui n'appartient point à celui que la loi regarde comme le père. (Art. 337.) Le Code pénal, en énonçant la peine qui doit être prononcée contre la femme, n'a fait que se conformer à l'article 298 du Code Napoléon; de ce Code où l'on remarque partout le respect le plus religieux pour les mœurs : il porte un emprisonnement par voie de police correctionnelle, de trois mois au moins et de deux ans au plus.

On a rappelé, dans le projet, l'article 309 de ce même Code, qui laisse le mari maître d'arrêter l'effet de cette condamnation, en consentant à reprendre sa femme. En effet, la femme n'est coupable qu'envers son mari, il doit donc avoir le droit de lui pardonner.

Art. 336. — Si la femme n'est coupable qu'envers le mari, lui seul est en droit de se plaindre; l'action doit être interdite à tout autre, parce que tout autre est sans qualité et sans intérêt.

Bien plus, le mari serait privé de cette action, s'il avait été condamné lui-même pour cause d'adultère. Alors la justice le repousserait, comme indigne de sa confiance; et n'ayant pu, comme on va le voir, être convaincu d'adultère que sur la plainte de sa femme, il serait trop à craindre qu'il n'agît par récrimination.

Art. 338. — Le complice de la femme sera condamné à la même peine, et de plus à l'amende.

Art. 339. — A l'égard de la poursuite contre le mari pour cause d'adultère, elle ne peut avoir lieu que sur la plainte de la femme, parce qu'elle seule est intéressée à réclamer contre l'infidélité de son époux, et la femme ne peut intenter cette plainte que lorsqu'il a entretenu sa concubine dans la maison conjugale. Dans tout autre cas, les recherches dégénéreraient souvent en inquisition; mais dans celui prévu par la loi, le délit est notoire : c'est d'après le même esprit que le Code Napoléon n'admet la femme à demander le divorce pour cause d'adultère de son mari, qu'en rapportant la même preuve à l'égard de la concubine. Quant au délit, il sera puni d'une amende.

La loi de 1791 avait gardé le silence sur la violation de la foi conjugale de la part de l'époux ou de l'épouse. Les dispositions du nouveau Code rempliront cette lacune.

Art. 340. — La loi proposée prévoit, comme celle de 1791, le crime commis par la personne qui a contracté un nouveau mariage avant la dissolution du premier. La peine sera celle des travaux forcés à temps, et remplacera celle des fers. Le crime est très-grave, en effet; il renferme tout à-la-fois l'adultère et le faux; car, le coupable a déclaré faussement devant l'officier de l'état civil, et même attesté par sa signature, qu'il n'était point engagé dans les liens du mariage. Nous ne parlerons point des conséquences qui résultent de ce crime pour la seconde femme et pour les enfants. Ces détails n'entrent point dans notre sujet.

Nous arrivons maintenant à la partie du

Code relative aux arrestations illégales et séquestrations de personnes.

Arrestations illégales.

ART. 341. — Il ne s'agit point ici de celles commises par des fonctionnaires publics. Cette matière est réglée par le titre I.er du troisième livre. Les dispositions actuelles n'ont trait qu'aux attentats à la liberté, commis par des particuliers. On peut être arrêté par toute personne, lorsqu'on est surpris commettant un crime ou délit que toute personne a le droit de dénoncer. On peut aussi être arrêté par celui qu'une loi autorise à cet effet, où qui est porteur d'ordre de l'autorité compétente. Hors ces cas, celui qui se permet de faire une arrestation est coupable de crime. Prêter un lieu pour séquestrer la personne arrêtée, est un acte de complicité. Ce crime appelle un châtiment rigoureux. Il porte atteinte à l'une des jouissances les plus précieuses, que la société garantit à chacun de ses membres. Le Code prononce la peine des travaux forcés à temps contre l'auteur et son complice ; (Art. 343.) il se relâche cependant de sa rigueur envers le coupable, et consent à ce qu'il ne soit condamné qu'à des peines de police correctionnelle, si avant le dixième jour accompli il a rendu libre celui qu'il avait arrêté ; alors la loi commue la peine en faveur de son repentir, et veut bien supposer que sa faute a été plutôt le résultat de l'irréflexion du moment, que d'une préméditation tenant à des combinaisons criminelles ; mais, passé le dixième jour, elle ne doute plus de la perversité de l'intention, et devient inflexible. (Art. 342.) Si même la détention ou séquestration a duré plus d'un mois, elle ne voit plus dans le coupable qu'un méchant tellement obstiné, tellement endurci, qu'il serait un fléau pour la société, s'il pouvait jamais rentrer dans son sein : elle l'en exclut pour toujours en le condamnant aux travaux forcés à perpétuité.

ART. 344. — Enfin il est des circonstances particulières qui peuvent accompagner l'arrestation illégale, et qui lui donnent un tel caractère de gravité, que la loi considère alors le coupable comme atteint de brigandage et d'assassinat, et qu'elle prononce contre lui la peine de mort, peine destinée aux brigands et aux assassins.

Ces circonstances dont la définition ne doit point dépendre de l'arbitrage du juge sont spécifiées dans le Code. Les coupables seront punis de mort, dit-il, si l'arrestation a été exécutée avec le faux costume, sous un faux nom, ou sur un faux ordre de l'autorité publique ;

Si l'individu arrêté, détenu ou séquestré, a été menacé de la mort ;

S'il a été soumis à des tortures corporelles.

Des attentats qui blessent l'ordre public à un tel degré ne peuvent être trop sévèrement réprimés ; ils doivent être mis au même rang que les plus grands crimes contre la paix publique.

Les dispositions que nous allons examiner maintenant concernent les crimes ou délits qui tendent à empêcher ou à détruire la preuve de l'état civil d'un enfant, ou à compromettre son existence.

Attentats contre l'état civil d'une personne.

Le Code pénal de 1791 ne contient qu'une seule disposition sur cette matière. Il prononce douze ans de fers contre celui qui a détruit la preuve de l'état civil d'une personne.

L'expérience a fait reconnaître que cette disposition était trop vague, et qu'il convenait de spécifier les différents cas, tels que le recélé ou la suppression d'un enfant, la substitution d'un enfant à un autre, et la supposition d'un enfant à une femme qui n'est point accouchée.

Nous ne parlerons point des édits et déclarations qui furent rendus sous la dernière dynastie, relativement aux recélés de grossesse. L'humanité eut long-temps à gémir de lois si atroces.

L'assemblée constituante fit disparaître cette législation, si contraire aux mœurs d'un peuple civilisé, et particulièrement de la nation française.

ART. 345. — Mais, pour éviter les détails auxquels s'étaient livrées les anciennes lois, elle tomba dans l'excès opposé, et ne détermina point du tout ce qui, en matière pénale, ne peut être déterminé avec trop de soin. Les expressions du nouveau Code ne laisseront point de doute que ceux-là seront condamnés à la peine de la reclusion, qui, par de fausses déclarations, donneront à un enfant une famille à laquelle il n'appartient point, et le priveront de celle à laquelle il appartient, ou qui, par un moyen quelconque, lui feront perdre l'état que la loi lui garantissait, ou enfin qui, étant chargés d'un enfant, ne le représenteront pas aux personnes qui ont droit de le réclamer.

Art. 346. — Le Code Napoléon, pour assurer cet état aux enfants, exige que les naissances soient déclarées à l'officier de l'état civil, et désigne les personnes qu'il charge de faire ces déclarations. Depuis ce Code, on a remarqué que, faute d'une loi pénale, quelques personnes s'en étaient abstenues. Cette conduite est d'autant plus blâmable, qu'elles contreviennent à une loi sage dont le but est de veiller à l'intérêt d'enfants qui ne peuvent pas y veiller eux-mêmes; que la tendresse des parents eût dû être le garant de l'exécution de la loi; qu'enfin, s'il était possible de croire que le motif de ce délit fût l'espoir de soustraire un jour ces mêmes enfants aux lois sur la conscription, ils peuvent être assurés qu'ils les exposent, au contraire, à être appelés souvent plutôt qu'ils ne le seraient s'ils étaient en état de représenter leur acte de naissance. Le Code actuel punit ce délit.

Vous verrez, messieurs, en parcourant les détails du projet, combien on a pris de précautions pour empêcher que l'intérêt personnel ou la négligence, ne prive un enfant des moyens de reconnaître un jour la famille dont il est membre, et de réclamer les droits qui lui appartiennent comme membre de cette famille.

Art. 349, 350, 352, 353. — Parmi les délits que le Code prévoit, *je citerai l'exposition d'enfant*. Les peines de police correctionnelle auxquelles ce délit donnera lieu, doivent être plus ou moins fortes, suivant le danger qu'on a fait courir à l'enfant; et ce danger est plus ou moins grand, suivant que le lieu de l'exposition est ou n'est pas solitaire. Il était impossible que la loi donnât une explication précise à cet égard, elle s'en rapporte aux juges; car le lieu le plus fréquenté peut quelquefois être solitaire, et le lieu le plus solitaire être très-fréquenté. Cela dépend des circonstances.

Art. 351. — Si l'enfant exposé dans un lieu solitaire a été mutilé ou estropié, ou si la mort est résultée de l'exposition, le coupable est puni comme s'il l'avait lui-même mutilé ou estropié, ou comme s'il lui avait lui-même donné la mort. Car il ne pouvait se dissimuler que la privation absolue où il laissait l'enfant de toute espèce de secours, l'exposait à cet événement, et il ne tenait qu'à lui de l'en préserver; dès qu'il ne l'a pas fait, la loi déclare qu'il en est la cause volontaire, et le soumet aux peines établies contre les auteurs de blessures ou d'homicides volontaires.

Il faut remarquer que, d'après le Code, l'exposition d'enfant n'est un délit que lorsque l'enfant exposé a moins de sept ans. Passé cet âge, la loi présume que l'enfant peut faire connaître les personnes entre les mains desquelles il se trouvait, et le lieu de leur demeure; qu'il peut, en un mot, fournir les renseignements nécessaires pour qu'il soit possible de retrouver la trace qu'on a voulu faire perdre.

Art. 348. — C'est par les mêmes motifs que le Code, en prononçant des peines de police correctionnelle contre ceux qui porteraient à l'hospice un enfant dont ils se sont chargés gratuitement, ou pour lequel ils reçoivent une pension qui leur a été payée avec exactitude, ne parle que de l'enfant dont l'âge est au-dessous de sept ans accomplis. Le législateur a craint que, tant qu'il n'aurait pas cet âge, il ne pût s'expliquer assez pour indiquer la maison où il a vécu jusqu'alors, et pour éclairer la justice de manière qu'elle puisse empêcher que son état civil ne soit perdu.

Tels sont les moyens par lesquels la loi tâche de mettre l'enfant à l'abri des atteintes directes et indirectes qu'on voudrait porter à ses droits.

Nous allons parler maintenant des précautions qu'elle prend contre l'enlèvement des mineurs.

Enlèvement des mineurs.

Art. 354. — Ce crime, enfanté par la cupidité ou par le dérèglement des mœurs, souvent par l'un et par l'autre à-la-fois, présente un des plus dangereux attentats contre la faiblesse et l'inexpérience; car l'enlèvement ne peut être fait que par violence ou par fraude, et en dérobant le mineur aux personnes qui le surveillaient. (Art. 355.) Le Code porte la réclusion contre celui qui se sera rendu coupable de ce crime: mais si la personne enlevée ou détournée est une fille au-dessous de seize ans accomplis, le crime étant plus grave, la peine est plus forte: c'est celle des travaux forcés à temps. Il est évident qu'un tel enlèvement n'a pu avoir lieu que pour abuser de la personne, ou pour forcer les parents à consentir au mariage. L'homme n'est pas moins coupable quand la fille l'aurait suivi volontairement; car c'est lui qui a été le corrupteur. (Art. 356.) Si, cependant, lorsqu'il a commis l'enlèvement, il n'avait pas encore vingt-un ans, la loi se borne à prononcer contre lui des peines de police correctionnelle; elle le punit comme ayant commis une action très-répréhensible, sans doute, et comme sachant très-bien que cette action était défendue par la loi : mais elle ne veut pas le punir aussi sévèrement que s'il était d'un âge qui ne permît pas de douter qu'il a senti toutes les conséquences de son crime.

Art. 357. — Si, enfin, le ravisseur a épousé la personne qu'il avait enlevée, le sort du coupable dépendra du parti que prendront ceux qui ont droit de demander la nullité du mariage. S'ils ne la demandent point, la poursuite du crime ne peut avoir lieu; autrement, la peine qui serait prononcée contre le coupable rejaillirait sur la personne dont il a abusé, et qui, victime innocente de la faute de son époux, serait réduite à partager sa honte. Il ne suffit pas même, pour que l'époux puisse être poursuivi criminellement, que la nullité du mariage ait été demandée, il faut encore que le mariage soit en effet déclaré nul : car il serait possible qu'à l'époque où l'action en nullité serait intentée, il existât une fin de non-recevoir contre les parents, soit parce qu'ils auraient expressément ou tacitement approuvé le mariage, soit parce qu'il se serait écoulé une année sans réclamation de leur part depuis qu'ils ont eu connaissance du mariage.

Ces fins de non-recevoir sont établies par le Code Napoléon (art. 183). En ce cas, dès que le mariage ne pourrait plus être attaqué, les considérations que je viens d'exposer ne permettraient pas que la conduite de l'époux fût recherchée, et, si l'intérêt de la société est qu'aucun crime ne reste impuni, son plus grand intérêt, en cette occasion, est de se montrer indulgente, et de ne pas sacrifier à une vengeance tardive le bonheur d'une famille entière.

La sollicitude du législateur s'est étendue jusqu'au moment où l'homme vient de payer le dernier tribut à la nature.

Infraction aux lois sur les inhumations.

Art. 358. — Le Code Napoléon a fixé des règles pour constater les décès, et la loi pénale prononce des peines contre ceux qui ne font point les déclarations nécessaires pour que les décès soient constatés. Il importe que les déclarations soient faites non-seulement afin de connaître les changements qui arrivent dans les familles, et de mettre les héritiers à portée de réclamer leurs droits, mais encore afin de ne pas laisser échapper la trace des crimes qui auraient pu occasionner la mort d'une personne.

Art. 359. — Ceux à qui la loi impose le devoir de faire ces déclarations, ne doivent pas perdre de vue que, dans le cas où il s'élèverait quelques présomptions de mort violente, leur négligence les exposerait à être poursuivis comme receleurs du cadavre d'une personne homicidée.

Art. 360. — Le nouveau Code n'oublie pas non plus de punir ceux qui se rendent coupables de violations de tombeaux et de sépultures; cet objet ne peut être indifférent. Les anciens ont toujours montré le respect le plus religieux pour les cendres des morts. Il suffit, pour s'en convaincre, de jeter un coup-d'œil sur leur législation, particulièrement sur celle des Grecs et des Romains. Les Gaulois étaient animés du même esprit que ceux dont ils envahirent le territoire. Une loi Salique, dit Montesquieu, interdisait à celui qui avait dépouillé un cadavre le commerce des hommes, jusqu'à ce que les parents, acceptant la satisfaction, eussent demandé qu'il pût vivre parmi les hommes. Ce respect est si naturel, que le simple récit de telles violations inspire une horreur qu'on ne saurait contenir. Chez les sauvages même, le souvenir des morts enflamme leur imagination, et produit en eux les émotions les plus vives.

Faux témoignages.

Art. 361. — Le faux témoignage est un crime qui, dans tous les temps, a été puni des peines les plus sévères. L'édit de 1531, qui portait la peine de mort contre toute espèce de faux comprenait en termes exprès le faux témoignage commis en justice. Cet édit fut modifié par celui de 1680, qui n'ordonna la peine de mort que pour les faux commis dans l'exercice d'une fonction publique, et autorisa les juges, pour les autres cas où il s'agirait de faux, à prononcer telles peines qu'ils jugeraient convenable, même celle de mort, suivant les circonstances. Les rédacteurs de la loi de 1791 ne voulurent pas abandonner à l'arbitraire la faculté de disposer ainsi de la vie des accusés.

Un des articles de cette loi porte, que le faux témoin en matière criminelle sera puni de la peine de vingt ans de fers, et qu'il sera puni de mort s'il est intervenu condamnation à mort contre l'accusé dans le procès duquel aura été entendu le faux témoin.

Le nouveau Code s'est conformé à l'esprit qui a dicté cette disposition, et n'a fait d'autres changements que celui qui était nécessité par le nouvel ordre de peines; il ne distingue pas non plus si le faux témoin a été corrompu par argent; c'est un crime extrêmement grave, quel qu'en ait été le motif, que de faire perdre à un innocent l'honneur et la liberté, quelquefois même la vie, ou de faire rentrer dans la société un coupable qui, enhardi par l'impunité même commettra bientôt de nouveaux forfaits: ainsi, en matière criminelle, la loi n'a nul égard aux ressorts qui ont pu faire mouvoir le faux témoin.

Art. 362, 363, 364. — Quant au faux témoignage dans toute autre matière, le nouveau Code prononce la reclusion; mais il punit plus sévèrement le faux témoin qui s'est laissé corrompre par argent, par une récompense quelconque, ou par des promesses, il prononce contre lui le minimum de la peine que doit subir le faux témoin en matière criminelle, c'est-à-dire, celle des travaux forcés à temps.

Art. 365. — Quant à la subornation de témoins en quelque matière que ce soit, les coupables seront condamnés à une peine d'un degré supérieur à celles que subiront les faux témoins dans la même affaire; les uns et les autres ne seront condamnés à la même peine que lorsque les faux témoins devront être punis de mort. Cette subornation est une espèce de provocation si dangereuse, qu'on a pensé que le coupable devait être puni plus sévèrement que la personne provoquée.

Art. 366. — Enfin, une disposition relative au faux serment, et qui n'existait pas dans la loi de 1791, a été placée dans le nouveau Code. Ce crime sera puni de la dégradation civique. Nulle peine ne convenait mieux au crime de faux serment que celle qui consiste dans la destitution et l'exclusion du condamné de toutes fonctions ou emplois publics, et dans la privation de plusieurs droits civiques, tels, par exemple, que celui d'être juré ou témoin. Le coupable de faux serment s'est en effet rendu indigne de jouir de ces avantages.

La poursuite de ce crime appartient surtout au ministère public. Quant à la partie, ou le serment a été déféré par elle, ou il l'a été d'office. Dans le premier cas, la partie est repoussée par l'article 1363 du Code Napoléon, qui porte que « lorsque le serment déféré ou « référé a été fait, l'adversaire n'est point re- « cevable à en prouver la fausseté. » Cette disposition a pour but d'empêcher que la partie qui est condamnée par l'effet d'une déclaration à laquelle elle a consenti, ne cherche à recommencer le procès, sous prétexte que la déclaration est fausse, ce qui ne manquerait presque jamais d'arriver. Dans le second cas, qui est celui où le serment a été déféré d'office par le juge, la partie intéressée peut être admise à prouver la fausseté de la déclaration: mais elle doit se conformer aux règles prescrites par le Code de procédure civile.

A l'égard du ministère public, la question de savoir si la partie est ou non recevable à prétendre que le serment est faux, lui est étrangère. L'intérêt de la société demande que le crime de faux serment ne reste pas impuni, et quoique la partie ne puisse agir pour son intérêt privé, la peine due au crime ne doit pas moins être provoquée par le ministère public.

La dernière partie du chapitre relative aux attentats contre les personnes, concerne le délit de calomnie.

Attentats contre l'honneur.

Les anciennes lois ne prononçaient contre la calomnie que des peines arbitraires.

Les lois rendues depuis 1789 n'en ont point parlé: il est résulté de là que la calomnie n'a pas été suffisamment réprimée, et que l'envie ou la haine n'ont pas craint d'attaquer la réputation des hommes les plus recommandables. Depuis long-temps on désirait que le législateur mît un frein à de tels excès; car, ou le fait qu'on s'est permis d'imputer à quelqu'un est défendu par la loi, ou il ne l'est pas. S'il est défendu, c'est aux juges qu'il appartient de vérifier le fait et d'appliquer la peine. Tout bon citoyen doit le dénoncer, et si, au lieu de le déclarer à la justice, il le répand dans le public, soit par ses propos, soit par ses écrits, il est évident que cette conduite est dirigée par la méchanceté plutôt que par l'amour du bien. La malignité qui saisit avidement ce qu'on lui présente comme ridicule ou odieux, convertit bientôt les allégations en preuves, et bientôt le poison de la calomnie a fait des ravages qui souvent ne s'arrêtent pas à la personne calomniée, mais portent la désolation dans toute sa famille. C'est surtout chez un peuple pour qui l'honneur est le plus grand des biens, que la calomnie doit être sévèrement réprimée.

Le nouveau Code définit en ces termes le délit de calomnie :

Art. 367. — « Sera coupable de délit de calomnie, celui qui, soit dans des lieux ou « réunions publiques, soit dans un acte authentique et public, soit dans un écrit imprimé ou non, qui aura été affiché, vendu « ou distribué, aura imputé à un individu « quelconque des faits qui, s'ils existaient, « exposeraient celui contre lequel ils sont articulés, à des poursuites criminelles ou correctionnelles, ou même l'exposeraient seulement « au mépris ou à la haine des citoyens. »

On conçoit que cette disposition ne peut s'appliquer aux fonctionnaires ou autres qui, en donnant de la publicité à certains faits, ne font que remplir l'obligation où ils sont de les révéler ou de les réprimer.

A l'égard de ceux qui ne sont point dans le cas de l'exception, ils peuvent être poursuivis comme calomniateurs.

En vain prétendraient-ils que les faits sont notoires : en vain demanderaient-ils qu'on les admette à la preuve, ils ne seraient point écoutés; de pareils débats ne serviraient qu'à donner plus d'éclat à cette publicité même qui constitue le délit. (Art. 372.) Si cependant l'auteur de l'imputation dénonce les faits, les juges doivent surseoir au jugement du délit de calomnie, jusqu'à ce qu'il soit décidé si la personne à qui ces faits sont imputés est réellement coupable. Car si elle était condamnée, on ne pourrait raisonnablement condamner le dénonciateur.

Art. 368, 369, 371. — S'il est décidé que la personne dont l'honneur a été attaqué n'est pas coupable, soit parce que les faits ne sont point prouvés, soit parce qu'ils ne sont point défendus par la loi, l'auteur de l'imputation doit être déclaré convaincu de délit de calomnie, et puni des peines portées par la loi contre les calomniateurs. Ces peines sont un emprisonnement et une amende proportionnée à la gravité du fait déclaré calomnieux.

Art. 373. — Le Code prononce une peine moindre contre celui qui, sans avoir donné auparavant de la publicité aux faits s'est contenté de les dénoncer, et a depuis été reconnu les avoir dénoncés faussement. Le mal n'étant pas aussi considérable que dans le premier cas, la peine ne peut être aussi forte : elle ne doit pas cependant être trop faible, parce que c'est toujours un acte de méchanceté très-répréhensible.

Art. 370. — Il est à remarquer cependant qu'il y a des faits qu'on peut répandre quoique très-graves, sans être déclaré calomniateur ; ce sont ceux dont on est en état de rapporter la preuve légale. Cette preuve légale résulte d'un jugement ou de tout autre acte authentique. Alors c'est au jugement, c'est à l'acte authentique que les faits doivent leur première publicité : ils ne pouvaient plus ensuite qu'être rappelés : or, la loi ne peut imputer à délit ce qui, par sa nature, doit être connu.

Art. 375. — Le Code prononce une amende de 16 à 500 francs à l'égard des injures ou des expressions outrageantes qui ne renfermeraient l'imputation d'aucun fait précis, mais celle d'un vice déterminé, lorsqu'elles auront été proférées dans des lieux ou réunions publiques, ou insérées dans des écrits imprimés ou non, qui auraient été répandus et distribués.

Reprocher, par exemple, publiquement à quelqu'un un vice tel que l'ivrognerie ou la débauche, est un outrage qui ne doit pas être laissé impuni, si la personne offensée en demande réparation; mais l'injure n'est pas aussi grande que si quelques faits étaient précisés. La vague de l'injure en atténue la force, et l'amende est une peine suffisante.

Enfin, quelle que soit la quotité de l'amende qui sera prononcée, comme peine de la calomnie ou de l'injure, elle ne nuira jamais au paiement des dommages et intérêts que la partie offensée aura pu obtenir; il suffit de se rappeler que, aux termes de l'article 54 du Code, qui s'applique à tous les crimes et délits, lorsque les biens des condamnés seront insuffisants pour acquitter la totalité des condamnations, les restitutions, et dommages et intérêts seront préférés à l'amende et à la confiscation.

Nous observerons d'un autre côté que l'auteur de l'imputation n'a nul moyen de s'affranchir de la peine. Demanderait-il qu'on l'admît à la preuve? la loi ne le permet pas. Voudrait-il dénoncer? on ne dénonce que des faits précis et qualifiés crimes, délits ou contraventions. Cela ne peut s'appliquer à l'imputation d'un vice en général.

Art. 376. — Nous n'avons point à nous occuper ici des autres injures que la loi punit, quoiqu'elles n'aient aucun caractère de publicité. Elles ne donnent lieu qu'à des peines de simple police, et ce sera l'objet du quatrième livre.

Art. 378. — Il nous reste à dire un mot sur les révélations de secrets.

A l'exception de certaines révélations que la loi exige, parce qu'elles importent au salut public, tout dépositaire, par état ou profession, des secrets qu'on lui confie, ne peut les révéler sans encourir des peines de police correctionnelle; ne doit-on pas en effet considérer comme un délit grave, des révélations qui souvent ne tendent à rien moins qu'à compromettre la réputation de la personne dont le secret est trahi, à détruire en elle une confiance devenue plus nuisible qu'utile, à déterminer ceux qui se trouvent dans la même situation à mieux aimer être victimes de leur silence que de l'indiscrétion d'autrui; enfin à ne montrer que des traîtres dans ceux dont l'état semble ne devoir offrir que des êtres bienfaisants et de vrais consolateurs. La nécessité de la peine en pareille matière est encore mieux sentie qu'elle ne pourrait être dévelopée.

Telle est, messieurs, l'analyse des principales dispositions de la partie du nouveau Code relative aux attentats contre les personnes. Vous avez remarqué les différences essentielles qu'offre la comparaison de ces dispositions avec le Code pénal et le Code correctionnel de 1791. Les lacunes que l'expérience a fait connaître ont été remplies. Les distinctions qu'elle a recommandées ont été faites. S'il s'est présenté quelques difficultés, les regards de Sa Majesté à qui rien n'échappe de tout ce qui peut être utile, les ont aperçues, et son génie les a fait disparaître. Nous espérons, messieurs, que tant de soins réunis assureront à cet important ouvrage l'avantage glorieux d'être honoré de votre assentiment.

CHAPITRE II.

Crimes et Délits contre les Propriétés.

Décrété le 19 février 1810; — Promulgué le 1.er mars suivant.

[Articles 379 à 463.]

Exposé des Motifs par M. le Conseiller-d'État Faure.

Séance du 9 février 1810.

Messieurs,

Dans la dernière séance, nous avons eu l'honneur de vous soumettre un projet de loi destiné à faire partie du Code des délits et des peines, et relatif aux attentats contre les personnes.

Sa Majesté nous charge aujourd'hui de vous présenter un autre projet dépendant du même Code : il est relatif aux attentats contre les propriétés.

Les dispositions qu'il renferme doivent être également considérées comme la sanction de la loi civile. Tandis que le Code Napoléon règle les différentes manières dont on peut acquérir la propriété; le Code pénal détermine les différents cas où l'atteinte portée à la propriété constitue un crime ou délit. Ces cas sont très-variés. Ce qui appartient à autrui peut être soustrait par fraude; il peut être enlevé par violence; il peut être détruit par imprudence, ou méchanceté. Chacun de ces actes est susceptible de nuances que le législateur doit saisir pour proportionner la peine au délit. Les motifs que nous allons donner des principales dispositions du projet, vous feront connaître les grandes et nombreuses améliorations que promet le nouveau Code.

Nous parlerons d'abord des actes qualifiés vol.

Vol.

Art. 379. — « Celui-là est coupable de « vol, dit la loi, qui soustrait frauduleusement « une chose qui ne lui appartient pas ».

Le mot *frauduleusement* prouve qu'il faut aussi, pour qu'il y ait vol, que la chose soustraite appartienne à autrui. Si elle n'appartient à personne, il ne peut y avoir de fraude ; car l'expression est corrélative, et suppose que quelqu'un peut être trompé ou dépouillé.

La soustraction frauduleuse étant un attentat à la propriété, doit être punie. Elle doit l'être plus ou moins, suivant qu'elle est précédée, accompagnée ou suivie de circonstances plus ou moins graves.

Avant de parler du degré d'influence que ces circonstances doivent avoir sur l'intensité de la peine, je ne puis me dispenser d'offrir à vos méditations un principe consacré par la nouvelle loi.

Art. 380. — Ce principe consiste à rejeter l'action publique, et à n'admettre que l'action privée, c'est-à-dire, l'action en dommages et intérêts, à l'égard de toute espèce de fraude commise par les maris au préjudice de leurs femmes, par les femmes au préjudice de leurs maris, par un veuf ou une veuve, quant aux choses qui avaient appartenu à l'époux décédé, enfin par les parents et alliés en ligne directe, ascendante ou descendante, les uns envers les autres.

Les rapports entre ces personnes sont trop intimes pour qu'il convienne, à l'occasion d'intérêts pécuniaires, de charger le ministère public de scruter des secrets de familles, qui peut-être ne devraient jamais être dévoilés, pour qu'il ne soit pas extrêmement dangereux qu'une accusation puisse être poursuivie dans des affaires où la ligne qui sépare le manque de délicatesse du véritable délit est souvent très-difficile à saisir; enfin pour que le ministère public puisse provoquer des peines dont l'effet ne se bornerait pas à répandre la consternation parmi tous les membres de la famille, mais qui pourraient encore être une source éternelle de divisions et de haines.

Loin que le silence du ministère public préjudicie à la partie privée, il ne pourra que lui être utile, puisque son action en réparations civiles lui est réservée, et qu'elle n'aura point à craindre, en la formant, que ses répétitions ne soient absorbées par les frais privilégiés d'une procédure criminelle.

Ces considérations puissantes ont nécessité la disposition spéciale dont nous venons de rendre compte. Mais comme une telle exception doit être renfermée dans le cercle auquel elle appartient, il en résulte que toute autre personne qui aurait recélé ou appliqué à son profit des objets provenant d'un vol dont le principal auteur serait compris dans l'exception, subirait la même peine que si elle-même eût commis le vol.

Souvent ces sortes de vols n'auraient pas lieu, si quelques étrangers ne les conseillaient ou ne les facilitaient.

La peine, au surplus, ne s'appliquera point à ceux qui auraient reçu les objets volés ou qui en auraient profité sans savoir qu'ils fussent volés.

Vous vous rappelez, messieurs, qu'il résulte des articles 60 et 62 du Code qu'on ne peut être puni pour avoir aidé, assisté ou facilité une action défendue par la loi, ou recélé une chose volée, que lorsqu'on l'a fait avec connaissance.

Après avoir parlé d'un cas particulier d'exception, nous allons faire connaître les peines établies par le nouveau Code en matière de vol.

Art. 401. — Si le vol n'est accompagné d'aucune circonstance aggravante, il sera puni de peines de police correctionnelle, comme il l'a été jusqu'à ce jour.

Mais, si une ou plusieurs de ces circonstances existent, la rigueur de la peine devant être proportionnée à la gravité du crime, voici les bases sur lesquelles repose l'échelle proportionnelle.

Art. 385. — La circonstance qui aggrave le plus le vol est la violence, parce que, alors, le crime offre tout-à-la-fois un attentat contre la personne et un attentat contre la propriété.

Aussi le vol fait avec violence, quoique nulle autre circonstance n'existe, et qu'il n'ait laissé aucune trace de blessure, sera puni de la peine des travaux forcés à temps, ainsi qu'il l'était par la loi de 1791.

Art. 382. — Mais si le vol outre la violence, a été accompagné de plusieurs autres circonstances aggravantes; par exemple s'il a été commis la nuit et avec armes, ou si seulement la violence a laissé quelques traces de blessures ou de contusion, ce n'est plus la peine des travaux forcés à temps, mais celle des travaux forcés à perpétuité qui sera prononcée.

En effet, lorsque le vol porte un tel caractère, il est d'une nature si grave, que toute peine moins sévère ne serait pas assez répressive.

Art. 381. — La loi du 26 floréal an v prononce la peine de mort à l'égard de tout vol commis dans une maison à l'aide de violences exercées sur les personnes qui s'y trouvaient, et lorsque ces violences auront laissé des traces; cette même loi veut aussi que la peine de mort ait lieu, si ceux qui ont commis le vol avec violence se sont introduits dans la maison par la force des armes.

Suivant le Code, le vol avec violence n'emportera la peine de mort, que lorsqu'il aura été commis avec une réunion de circonstances dont l'ensemble présente un caractère si alarmant, que le crime doive être mis au même rang que l'assassinat.

Il faudra donc que le vol avec violence ait été en même-temps commis la nuit par deux ou plusieurs personnes, avec armes apparentes ou cachées, et de plus à l'aide d'effraction extérieure, ou d'escalade, ou de fausses clefs, ou en prenant un faux titre ou un faux costume, ou en alléguant un faux ordre.

Toutes ces circonstances réunies forment un corps de délit si grave, que la loi punit les coupables de la même peine que celui qui a commis un assassinat.

Il n'est pas même nécessaire, lorsque ce concours de circonstances existe, que les coupables aient commencé à exercer des violences. Il suffit qu'ils aient menacé de faire usage de leurs armes.

Art. 383. — A l'égard des vols commis dans les chemins publics, ces sortes de crimes qui portent toujours un caractère de violence, et qui menacent la sûreté individuelle, seront punis de la peine des travaux forcés à perpétuité; ici nous supposons qu'il n'y a eu de la part du coupable aucune attaque à dessein de tuer; autrement, il subirait la peine due aux assassins.

Si le vol n'a été commis, ni dans un chemin public, ni avec violence, mais avec une ou plusieurs des circonstances dont nous venons de parler, la peine sera plus ou moins forte suivant que ces circonstances, soit par leur réunion, soit par leur nature particulière, influeront sur la gravité du délit.

Art. 386. — Nous ajouterons que le vol, quoique dénué de toutes ces circonstances, sera puni plus rigoureusement que le vol simple, à raison de la qualité de l'auteur du vol et de la confiance nécessaire qu'a due avoir en lui la personne volée, si, par exemple, le vol a été commis par un domestique envers son maître, ou par un aubergiste envers la personne qu'il aura logée, ou enfin, si c'est cette dernière qui a volé l'aubergiste.

Tous ces crimes seront punis de la reclusion. Une peine plus forte empêcherait souvent qu'ils ne fussent dénoncés. C'est ce dont l'expérience n'a fourni que trop d'exemples.

Quant au vol d'objets *exposés à la foi publique*, la loi de 1791 les punissait tous indistinctement d'une peine afflictive. Beaucoup de ces crimes restèrent impunis, parce que la peine était trouvée trop forte, et que l'on aimait mieux acquitter les coupables que de leur faire subir un châtiment qui excédait celui qu'ils paraissaient avoir mérité. La loi du 25 frimaire an VIII parut, et la connaissance de tous ces délits indistinctement fut attribuée aux tribunaux de police correctionnelle. Alors un nouvel inconvénient se fit apercevoir. La peine était insuffisante en plusieurs cas; et l'insuffisance de la peine produisit le même effet que l'impunité. Dès-lors ces sortes de délits se renouvelèrent fréquemment, et les tribunaux ont élevé de justes plaintes à cet égard.

La distinction que le nouveau Code établit apporte un remède efficace au mal.

Art. 388, 389. — Ou le vol aura été commis, à l'égard d'objets qu'on ne pouvait se dispenser de confier à la foi publique, tels que les vols de bestiaux, d'instruments d'agriculture, de récoltes, ou de partie de récoltes qui se trouvaient dans les champs; en un mot, de choses qu'il est impossible de surveiller soi-même ou de faire surveiller. En ce cas, les coupables seront punis d'une peine afflictive.

Art. 401. — Ou les objets volés pouvaient être gardés, de sorte que c'est volontairement qu'on les aura confiés à la foi publique. Dans ce dernier cas, ce n'est plus qu'un vol simple, qui dès-lors sera puni des peines de police correctionnelle.

Jusqu'à présent on avait regreté que des circonstances qui influaient sur la gravité du délit ne fussent pas définies; des interprétations arbitraires suppléaient à l'absence des définitions, ce qui était un grand mal, surtout en matière crminelle.

Art. 393, 394, 395, 396. — Le remède se trouvera dans le nouveau Code. Ainsi, par exemple, on s'est demandé sans cesse si l'effraction, pour être qualifiée extérieure, devait nécessairement être faite à l'entrée de la porte principale de la maison, ou si cette qualification appartenait également à l'effraction à l'aide de laquelle on s'était introduit dans les appartements ou logements particuliers. Le Code répond que l'effraction extérieure existe aussi dans ce dernier cas, parce que l'appartement particulier *qu'on* occupe dans une maison, est, pour celui qui l'habite, sa maison même, et que beaucoup de maisons sont trop considérables, surtout dans les grandes villes, pour que la porte principale de l'édifice puisse rester fermée constamment, et que l'édifice entier puisse être habité par la même famille.

Art. 398. — Une autre difficulté s'était présentée dans les cours criminelles. Elles n'étaient pas d'accord sur la question de savoir s'il fallait considérer comme vol fait à l'aide de fausses clefs, celui qu'on aurait commis avec des clefs non imitées, ni contrefaites, ni altérées, mais qui n'avaient pas été destinées aux fermetures auxquelles elles ont été employées.

Le Code décide cette question et prononce l'affirmative. En effet, détourner une clef de sa destination pour l'employer à commettre un crime, n'est autre chose que convertir une clef véritable en une fausse clef. En un mot, toute clef n'est véritable que relativement à sa destination.

La seule différence que la loi admet entre cette clef, dont il y a eu abus, et une clef contrefaite ou altérée, est que celle-ci est toujours fausse clef, et que la première ne le devient qu'au moment qu'on l'emploie comme on aurait fait d'une clef contrefaite.

Art. 399. — A l'égard des fausses clefs proprement dites, la loi condamne celui qui les fabrique à des peines de police correctionnelle. Elle veut même que si c'est un serrurier, il subisse la peine de la réclusion. La faute doit être punie plus rigoureusement à raison de la facilité qu'on a eue de la commettre, et la confiance nécessairement attachée à cet état exige d'autant plus de précautions.

Art. 401. — Nous terminons cette partie en observant que la tentative de vol sera punie comme le vol même, quoique le vol n'eût donné lieu qu'à des peines de police correctionnelle. Une disposition spéciale est nécessaire sur ce point, vu que l'article 3 du Code en exige une à l'égard des tentatives et délits.

Nous allons examiner une espèce d'attentat à la propriété : ce sont ceux qui ont lieu par suite d'opérations de commerce, ou à l'aide d'entreprises réelles ou simulées, ce sont d'une part, les banqueroutes, et de l'autre, les escroqueries.

L'escroquerie est à la vérité comprise dans la banqueroute frauduleuse; mais ce dernier crime est beaucoup plus grave par la cause et par ses effets.

Banqueroutes et escroqueries.

Le Code de commerce distingue deux espèces de banqueroute; la banqueroute simple, et la banqueroute frauduleuse.

Les articles 586 et 587 de ce Code déterminent les divers cas qui constituent la banqueroute simple, ils consistent tous dans des imprudences ou négligences graves.

L'article 593 détermine ceux qui constituent la banqueroute frauduleuse.

Le mot *frauduleux* indique assez en quoi il consiste : nous nous abstiendrons de rapporter ses dispositions à cause des nombreux détails qu'elles renferment.

Art. 402. — Le nouveau Code prononce, comme a fait la loi de 1791, la peine des travaux forcés à temps, contre les banqueroutiers frauduleux : on sent combien il est nécessaire d'établir une peine rigoureuse contre un crime destructif de cette confiance qui est l'ame du commerce, crime dont le contrecoup se fait souvent ressentir sur tant de familles réduites à leur tour à l'impossibilité de remplir leurs engagements.

Le nouveau Code porte contre le banqueroutier simple un emprisonnement d'un an au moins et de deux ans au plus. Il s'est conformé littéralement à la disposition de l'art. 592 du Code de commerce.

On conçoit que l'amende ne pouvait, pour ce délit, être ajoutée à l'emprisonnement; car, comment serait-il possible d'obtenir le paiement d'une amende de celui qui n'est pas en état de s'acquitter envers ses créanciers?

Art. 404. — Une autre disposition relative à la faillite des agents de change ou courtiers, est une conséquence nécessaire des dispositions du Code de commerce. Vous vous rappelez, messieurs, qu'il est expressément établi par les art. 85 et 86 de ce Code, qu'un agent de change ou courtier ne peut, dans aucun cas, ni sous aucun prétexte, faire des opérations de commerce ou de banque pour son compte; qu'il ne peut s'intéresser directement ni indirectement, sous son nom, ou sous un nom interposé dans aucune entreprise commerciale; qu'il ne peut recevoir ni payer pour le compte de ses commettants; qu'enfin, il ne peut se rendre garant de l'exécution des marchés où il s'entremet.

S'il est absolument défendu à l'agent de change ou courtier de faire le commerce, il ne peut donc faire faillite qu'en prévariquant.

Passons ensuite à l'article 89 du même Code: il porte « qu'en cas de faillite, tout agent « de change ou courtier est poursuivi comme « banqueroutier ». L'article n'avait pas besoin d'ajouter le mot *frauduleux;* car la disposition relative à la banqueroute simple ne peut évidemment s'appliquer à un cas de prévarication dans l'exercice de fonctions si importantes et si délicates, à un cas de prévarition dont les effets peuvent être si désastreux pour les maisons de commerce. Il resulte de là que l'agent de change ou courtier, s'il est en état de faillite, doit être puni comme le banqueroutier frauduleux; et que, s'il est en état de banqueroute frauduleuse, il doit être puni d'une peine plus forte que celle établie pour les cas ordinaires.

Ainsi, d'après le nouveau Code, la simple faillite de la part de l'agent de change ou courtier, emportera la peine des travaux forcés à temps; et la banqueroute frauduleuse emportera celle des travaux forcés à perpétuité.

Art. 405. — A l'égard de l'escroquerie, on a tâché, dans la nouvelle définition de ce qui constitue ce délit, d'éviter les inconvénients qui étaient résultés des rédactions précédentes.

Celle de la loi du 22 juillet 1791 était conçue de manière qu'on en a souvent abusé, tantôt pour convertir les procès civils en procès correctionnels, et par là, procurer à la partie poursuivante, la preuve testimoniale et la contrainte par corps au mépris de la loi générale; tantôt pour éluder la poursuite de faux en présentant l'affaire comme une simple escroquerie, et par-là, procurer au coupable une espèce d'impunité, au grand préjudice de l'ordre public.

La loi du 2 frimaire an II ne remédia qu'à un seul de ces inconvénients. Elle put bien empêcher la confusion du faux avec l'escroquerie, mais elle n'empêcha pas que la loi générale ne fût encore éludée.

Cet abus cessera sans doute d'après la rédaction du nouveau Code. La suppression du mot *dol* qui se trouvait dans les deux premières rédactions, ôtera tout prétexte de supposer qu'un délit d'escroquerie existe par la seule intention de tromper. En approfondissant les termes de la définition, on verra que la loi ne veut pas que la poursuite en escroquerie puisse avoir lieu, sans un concours de circonstances et d'actes antécédents qui excluent toute idée d'une affaire purement civile.

A la suite de cette définition on trouvera la réserve de peines plus graves, s'il y a crime de faux; et les caractères auxquels ce crime peut être reconnu sont indiqués dans le chapitre concernant le faux, de manière à faire disparaître jusqu'à la plus légère incertitude.

Abus de confiance.

Le Code renferme plusieurs dispositions nouvelles sur les abus de confiance.

Art. 406. — L'une atteint ceux qui auront abusé des besoins, des faiblesses ou des passions d'un mineur pour lui faire souscrire des actes préjudiciaires à ses intérêts.

Depuis long-temps on gémissait de voir que cette espèce de corrupteurs de la jeunesse pouvait impunément ruiner le fils de famille. En vain le Code Napoléon déclare que la simple lésion donne lieu à la rescision en faveur du mineur émancipé contre toutes sortes de conventions. Ces hommes sans pudeur se font payer plus cher leurs avances, à raison des risques qu'ils courent; ils prennent toutes leurs précautions pour éluder l'application de la loi civile. Mais la crainte d'une peine correctionnelle pourra les retenir, et les jeunes gens ne trouveront plus autant de facilité à se procurer des ressources désastreuses pour leur fortune, et quelquefois plus funestes encore sous le rapport des mœurs.

Une autre disposition, quoique applicable à un fait plus rare, était également sollicitée par l'expérience. Elle contient deux décisions à-la-fois. Voici l'exemple.

Art. 407. — Un blanc-seing est destiné à être rempli d'un mandat, si le besoin l'exige : il se trouve entre les mains d'un tiers. Celui-ci le remplit d'une obligation. Le signataire réclame : il prouve la fraude. Comment ce délit sera-t-il qualifié? Ce sera, répond le Code, un abus de confiance, si le blanc-seing a été confié au tiers par le signataire qui l'a chargé d'écrire au-dessus de sa signature, non pas une obligation, mais un mandat. Dans ce cas, l'écriture est celle qui devait se trouver sur l'acte : seulement le tiers a fait ce qu'il ne lui était pas permis de faire. Cette fraude est une véritable escroquerie. Mais c'est un faux, si le tiers n'a pas été chargé de remplir le blanc. Il n'y a point abus de confiance, puisque rien n'a été confié. Il y a faux, parce que la main qui a tracé l'écriture n'est point celle par qui le blanc devait être rempli; et qu'ainsi le blanc contient un *corps d'écriture* qu'il ne devait pas contenir.

Nous ne parlerons point ici de la peine que le coupable subira, s'il a commis un faux. Cette peine est déterminée dans un autre titre.

Art. 408. — S'il a commis seulement un abus de confiance, il sera condamné à des peines de police correctionnelle.

Nous passerons sous silence les modifications faites à la loi du 9 germinal an VI, sur les loteries étrangères, et à celle du 16 pluviôse an XII, sur les maisons de prêt.

Les dispositions principales de ces lois ont été placées dans le nouveau Code.

Art. 412. — Nous nous abstiendrons également de parler de la disposition relative à ceux qui, dans les adjudications, auront entravé ou troublé la liberté des enchères. Le fond de cet article a été puisé dans la loi correctionnelle de 1791, et dans la loi particulière du 24 avril 1793. La nouvelle rédaction est beaucoup plus complète, et remplit plusieurs lacunes.

Préjudice porté aux Manufactures, au Commerce, et aux Arts.

Le Code s'occupe ensuite de divers délits qui portent un préjudice notable, non pas seulement aux intérêts de quelques personnes en particulier, mais encore à ceux du commerce en général. Plus les gouvernements ont senti combien la prospérité de l'Etat était intimement liée à celle du commerce, plus ils ont pris de précautions pour prévenir les fraudes qui pouvaient y porter atteinte. Sans doute ces fraudes rejaillissent tôt ou tard sur leurs auteurs, parce qu'elles leur font perdre le crédit nécessaire au succès de leurs opérations. Mais lorsqu'elles ont pour but de tromper sur la qualité, les dimensions ou la nature de la fabrication, à l'égard des produits de nos manufactures qui s'exportent à l'étranger, un si grand mal ne doit point rester impuni. C'est pour cette raison, et pour plusieurs autres dont nous parlerons dans un instant, que la loi du 22 germinal an XI fut rendue. Les abus qu'elle prit soin de réprimer avaient été l'objet de vives réclamations, et il ne fallait rien moins que la crainte d'une juste peine pour en arrêter le cours.

Plusieurs dispositions de cette loi salutaire ont été rapportées dans le nouveau Code; d'autres, que le besoin a sollicitées, y ont également trouvé place.

Art. 414, 415. — Le nouveau Code défend, comme l'a fait la loi de 1791, les coalitions entre les maîtres contre les ouvriers, et entre les ouvriers contre les maîtres.

Les maîtres se coalisent pour faire baisser le salaire des ouvriers, et les ouvriers, pour faire augmenter leur paie.

Si cependant le salaire des ouvriers est trop modique et qu'ils ne puissent subsister en France, ils iront chercher leurs moyens de subsistance en pays étranger. Si les maîtres sont obligés de donner aux ouvriers une paie trop forte, ils seront réduits à la triste nécessité, ou de se ruiner, s'ils veulent soutenir la concurrence avec les autres établissements du même genre à qui les ouvriers ne font point la loi, ou de fermer leurs ateliers, au grand préjudice des ouvriers eux-mêmes.

Art. 416. — Tel est l'effet que produisent aussi ces sortes de défenses ou d'interdictions que les ouvriers prononcent contre les directeurs d'ateliers et entrepreneurs d'ouvrages, et qu'ils prononcent même quelquefois les uns contre les autres. Ils croient par-là servir leur intérêt aux dépens de leur maître, et ils ne nuisent pas moins à leur propre intérêt.

Le Code prononce, contre tous ces abus, des peines de police correctionnelle, graduées suivant la nature du délit.

Art. 417. — La loi regarde comme coupable de délit, celui qui, dans la vue de nuire à l'industrie française, fait passer en pays étranger des directeurs, des ouvriers ou commis d'un établissement. Si chacun doit être libre de faire valoir son industrie et ses talents partout où il croit pouvoir en retirer le plus d'avantage, il convient de punir celui qui débauche des hommes nécessaires à un établissement, non pour procurer à ces hommes un plus grand bien souvent incertain, mais pour causer la ruine de l'établissement même. Ces actes de méchanceté sont punis de peines de police correctionnelle.

Art. 418. — La loi punit aussi correctionnellement celui qui communique à des Français résidant en France les secrets de la fabrique où il est employé : celui-ci ne fait point tort aux fabriques nationales en général; mais il préjudicie en particulier à la fabrique à laquelle ce secret appartient; il enlève à l'un le fruit de son invention, pour enrichir un autre à qui cette invention est étrangère, il décourage l'industrie, par la crainte d'être frustré de sa légitime récompense.

Mais la peine de la reclusion, c'est-à-dire, une peine afflictive et infamante, attend quiconque aura communiqué de tels secrets à des étrangers ou à des Français résidant en pays étrangers. Ce n'est plus à un ou plusieurs particuliers qu'il fait tort : il nuit à la nation entière, qu'il prive d'une source de richesses; il contribue à diminuer la prospérité nationale, en contribuant à faire pencher la balance du commerce en faveur du pays étranger auquel il a sacrifié l'intérêt de la France.

Art. 419, 420. — Elles n'ont pas non plus échappé à la prévoyance du Code, ces manœuvres coupables qu'emploient des spéculateurs avides et de mauvaise foi, pour opérer la hausse ou la baisse du prix des denrées ou des marchandises, ou des papiers et effets publics au-dessus ou au-dessous des prix qu'aurait déterminé la concurrence naturelle et libre du commerce. Le Code cite pour exemple de ces manœuvres, les bruits faux ou calomnieux semés à dessein dans le public, les coalitions entre les principaux détenteurs de la marchandise ou denrée : il ajoute toute espèce de voie ou moyens frauduleux, parce qu'en effet ils sont si multipliés, qu'il ne serait guère plus facile de les détailler que de les prévoir.

La disposition ne peut s'appliquer à ces spéculations franches et locales qui distinguent le vrai commerçant. Celles-ci, fondées sur des réalités, sont utiles à la société. Loin de créer tour à tour les baisses excessives et les hausses exagérées, elles tendent à les contenir dans les limites que comporte la nature des circonstances, et par là servent le commerce, en le préservant des secousses qui lui sont toujours funestes.

Art. 421, 422. — Une disposition du Code punit aussi de peines de police correctionnelle, les paris qui auront été faits sur la hausse ou la baisse des effets publics.

La disposition suivante contient une explication essentielle. Voici les termes : « Sera « réputée pari de ce genre, toute convention « de vendre ou de livrer des effets publics qui « ne seront pas prouvés par le vendeur avoir « existé à sa disposition au temps de la con« vention, ou avoir dû s'y trouver au temps de « la livraison ».

Il résulte de cette définition que le but de la loi est de réprimer une foule de spéculateurs qui, sans avoir aucune espèce de solvabilité, se livrent à ces jeux, et ne craignent point de tromper ceux avec lesquels ils traitent. La loi soumet le vendeur seul à la preuve qu'elle exige, parce que c'est lui qui promet de livrer la chose; mais si la promesse de livrer existe de la part des deux contractants, la preuve est nécessaire pour l'un et pour l'autre; car tous deux sont respectivement vendeurs et acheteurs.

Ce moyen de repression, loin de nuire en aucune manière aux opérations des spéculateurs honnêtes et délicats, les rendra moins périlleuses en les délivrant du concours de ceux qui, n'ayant rien à perdre, osent tout risquer.

Art. 423, 424. — Le Code contient aussi des dispositions non seulement contre ceux qui font usage de faux poids ou de fausses mesures; mais encore contre ceux qui se servent d'autres poids ou d'autres mesures que ceux qui ont été établis par les lois de l'Etat. (Art. 479, n.° 6.) Ces deux actes n'étant pas susceptibles d'une assimilation parfaite, il a dû être établi quelque différence dans les peines : un mot suffira pour en faire sentir la nécessité.

En effet, l'usage de faux poids ou de fausses mesures comprend nécessairement une fraude. Il n'en est pas de même de l'usage des poids ou mesures anciennes : celui-ci peut n'être pas accompagné de fraude; et si la fraude n'existe pas, ce n'est point un délit, c'est une contravention. Sans doute cette contravention doit être réprimée; car la loi sur l'uniformité des poids et mesures est d'une utilité qui ne peut être méconnue que par l'ignorance et les préjugés : et ceux qui ne s'empressent pas de se conformer à cette loi, s'étonneront un jour d'avoir pu douter de sa sagesse. Au reste, lorsqu'ils sont trompés, ils ne peuvent prétendre que la loi doit venir à leur secours, comme s'ils l'avaient été par l'usage de faux poids ou de fausses mesures, ayant la forme légale. Dans ce dernier cas, la loi les considérerait comme victimes d'une fraude dont ils n'ont pas dû se défier. Mais lorsqu'ils consentent à ce qu'on emploie à leur égard des poids ou mesures que la loi prohibe, ils se rendent complices d'une contravention : ils ont dû prévoir les risques auxquels ils se sont exposés, et la loi leur refuse toute action pour en obtenir la réparation. Ainsi le vendeur, et même l'acheteur, quoique trompés, seront punis ; le premier pour avoir commis une fraude et une contravention, et on lui appliquera la peine relative à l'usage des faux poids et des fausses mesures : quant au second, c'est-à-dire, à l'acheteur, il sera condamné pour sa contravention à une peine de simple police.

ART. 425, 426, 427, 428, 429. —Je passe au délit de contrefaçon; il est évident que ce délit offre un attentat à la propriété. On peut contrefaire des ouvrages gravés ou peints, comme des ouvrages imprimés. Les règles d'après lesquelles la propriété d'un auteur est légalement reconnue, celles qui déterminent l'étendue et les bornes de cette propriété, ne sont point l'objet du Code pénal. Il ne s'agit ici que des peines qui doivent être subies par les contrefacteurs. Ces peines sont une amende et la confiscation de la chose contrefaite; nous avons déjà dit, dans une autre occasion, que la confiscation et l'amende ne tournent jamais au profit de l'Etat, qu'après que la partie lésée a été entièrement indemnisée.

Il est à considérer que le délit de contrefaçon exige une surveillance d'autant plus sévère, que son effet ne se borne pas à porter préjudice au propriétaire légitime ; l'impunité d'un tel délit nuirait tout à-la-fois aux arts et au commerce, par le découragement qu'il apporterait parmi les auteurs et les éditeurs, puisqu'il n'en est aucun qui ne dût craindre pour lui le même sort. Disons plus, cette fraude rejaillirait sur l'Etat lui-même, qui tire son plus grand lustre de la prospérité des arts et du commerce.

Délits des Fournisseurs.

ART. 430, 431, 432, 433. — Le Code a prévu aussi une espèce de fraude dont la poursuite est réservée au gouvernement seul, parce que l'intérêt de l'Etat est le seul qui en souffre. Je parle de l'inexécution des engagements contractés par les fournisseurs envers le gouvernement. Si cette inexécution fait manquer le service, et qu'ils ne prouvent pas qu'elle est l'effet d'une force majeure, la loi les punit très-sévèrement. Car il peut résulter les conséquences les plus fâcheuses de ce que le service n'a pas été fait au jour marqué. Le succès d'une bataille dépend quelquefois de l'exactitude la plus scrupuleuse à cet égard. Un moment perdu est souvent irréparable, ou ne peut se réparer que par de grands sacrifices. En un mot, il est impossible de calculer les suites d'une faute de cette espèce, et la peine que la loi porte contre les coupables, est celle de la réclusion : elle ajoute une amende : cet accessoire tient à la nature du délit, vu que les retards proviennent presque toujours de l'espoir d'augmenter les profits. Nous avons dit que les fournisseurs ne sont pas punis, lorsqu'il est évident qu'une force majeure a seule causé ces retards. Ils ne le sont pas non plus, s'ils prouvent que la faute ne doit être imputée qu'à leurs agents. Alors, ce sont ces derniers qui doivent subir la peine. Mais la peine est plus forte si le crime a été facilité par des fonctionnaires publics ou des agents du gouvernement. C'est un bien plus grand crime de participer au mal, lorsque par état on devait l'empêcher. La peine portée contre ces derniers est celle des travaux forcés à temps.

Nous n'avons pas besoin d'observer que ces dispositions relatives aux fournisseurs ne concernent que les fautes qu'ils peuvent avoir commises. S'ils avaient été d'intelligence avec l'ennemi, il faudrait se reporter au chapitre des crimes contre la sûreté de l'Etat (1).

Destructions et Dommages.

Le Code, après s'être occupé des attentats à la propriété, qui ont pour objet de s'enrichir

(1) Art. 75 et suiv.

aux dépens d'autrui, soit par fraude, soit par violence, s'occupe de ceux qui n'ont pour but que de satisfaire la vengeance ou la haine, et qui, dès-lors, dérivent uniquement de la méchanceté. Dans cette dernière espèce de crimes ou délits, le coupable ne prend point une chose qui appartient à autrui, afin d'en jouir lui-même. Mais il détruit cette chose pour qu'un autre n'en jouisse pas. (Art. 434, 435.) Au premier rang de ces attentats est le crime d'incendie. Ce crime, comme celui de l'empoisonnement, est l'acte qui caractérise la plus atroce lâcheté. Il n'en est point de plus effrayant, soit par la facilité des moyens, soit à cause de la rapidité des progrès, soit enfin par l'impossibilité de se tenir continuellement en garde contre le monstre capable d'un si grand forfait. L'empoisonnement même, sous certains rapports, semble n'être pas tout-à-fait aussi grave; car il n'offense que la personne qui doit en être la victime, tandis que l'autre crime s'étend jusqu'aux propriétés de ceux à qui l'on n'a voulu faire aucun mal, et tend à envelopper plusieurs familles dans une ruine commune. Il expose même la vie des personnes qui se trouvent dans le lieu incendié, et qui peuvent n'avoir pas le temps d'échapper aux flammes; ou si ce sont des récoltes qu'il incendie, ce feu peut se communiquer d'un champ à l'autre, et plonger un canton tout entier dans un état de détresse absolue. Un crime aussi exécrable mérite la mort, et telle est en effet la peine prononcée par le Code.

Art. 436. — Si le crime d'incendie doit à juste titre être mis au même rang que l'assassinat, les menaces d'incendie doivent, par le même motif, être punies des mêmes peines que les menaces d'assassinat. Je ne répéterai point les observations que j'ai présentées dans la précédente séance, au sujet des menaces d'attentats contre les personnes.

Art. 437. — On peut détruire des propriétés autrement que par le feu; comme les conséquences que ce crime entraîne ne sont pas en général aussi désastreuses que celles qui résultent du crime d'incendie, il emporte seulement la peine de la réclusion. Si cependant il en est résulté un homicide ou des blessures, celui par le fait duquel cet homicide ou ces blessures ont eu lieu, est considéré par la loi, comme les ayant faits avec préméditation; car, en détruisant ou renversant un édifice, il savait que ces accidents pouvaient arriver, et l'acte de méchanceté dont il s'est rendu coupable, ayant en effet produit ces accidents, ils doivent lui être imputés, comme s'il les avait occasionnés à dessein.

Art. 438. — Le Code défend aussi, sous des peines de police correctionnelle, de s'opposer, par des voies de fait, à l'exécution d'ouvrages que le gouvernement a autorisés. Si le gouvernement a été induit en erreur, il faut recourir aux autorités compétentes. Les retards occasionnés par les voies de fait doivent d'autant moins rester impunis, qu'ils peuvent causer un grand préjudice à l'intérêt public.

Art. 439. — Si les propriétés qui ont été détruites sont des actes ou titres, la loi punit plus sévèrement la destruction des actes authentiques ou des effets de commerce ou de banque, que celle de toute autre pièce, parce que ces actes ou effets sont bien plus précieux, à raison des priviléges particuliers que la loi leur attache, et que, dès-lors, leur perte produit un bien plus grand mal. Aussi leur destruction est-elle punie d'une peine afflictive, tandis que celle des autres pièces ne donne lieu qu'à des peines de police correctionnelle.

Art. 440. — Mais lorsqu'il s'agit de propriétés qu'on a non pas détruites, mais pillées ou dévastées, ce qui, relativement au propriétaire, produit souvent le même effet; si le pillage ou le dégât a été commis à force ouverte, ce cas présente deux crimes à la fois: 1.° l'action de piller ou dévaster; 2.° une sorte de rebellion qui a été employée pour en faciliter l'exécution. Cette complication demande une peine plus rigoureuse; et, en conséquence, le Code prononce la peine des travaux forcés à temps. (Art. 441.) La loi se relâche un peu de sa rigueur en faveur de ceux qui prouveront avoir été entraînés par des provocations ou sollicitations à prendre part à ces sortes de pillage: elle autorise les juges à ne condamner les coupables qu'à la peine de la réclusion. Je dis *autorise*, car elle ne leur en impose pas la nécessité; ils se détermineront suivant les circonstances, qui sont variées à l'infini. (Art. 442.) Enfin, si les choses pillées sont des objets de première nécessité, les coupables sont condamnés à une peine perpétuelle, et cette peine est la déportation. Ces crimes peuvent, en effet, avoir les suites les plus désastreuses. Ils peuvent amener la guerre civile; et il convient d'exclure à jamais de la société, des hommes qui, par leurs excès, commettent le double crime de porter atteinte à la propriété individuelle, et d'exposer l'État aux plus grands dangers.

ART. 443, 444, 452, 453, 454. — Je ne m'arrêterai point aux dispositions qui prononcent des peines de police correctionnelle contre ceux qui détruisent des productions de la terre nécessaires aux besoins de la vie, ou des instruments utiles à l'agriculture, ou qui font périr des animaux dont ils privent, sans aucune *nécessité*, le maître auquel ils appartiennent. La plupart de ces délits étaient prévus par les anciennes lois, mais plusieurs n'étaient pas assez punis : par exemple, l'ordonnance de 1669 ne prononçait point l'emprisonnement dans le cas d'arbres abattus ou mutilés de manière à les faire périr : l'amende qu'elle prononçait était insuffisante : de là tant d'abus auxquels le nouveau Code remédiera.

ART. 457. — A l'égard du délit qui se commet en *inondant* les propriétés d'autrui, faute d'avoir observé les réglements de l'autorité compétente sur la hauteur à laquelle on peut élever le déversoir, la loi n'avait jusqu'à présent, parlé que de moulins et usines. Le nouveau Code parle aussi des étangs; la raison est la même, et de nombreuses réclamations se sont élevées pour leur rendre commune la disposition de la loi.

Quant aux droits de l'administration à cet égard, le Code pénal n'avait point à s'en occuper : des lois et des décrets particuliers en déterminent l'étendue et les limites.

Je dois ajouter une observation.

La loi du 6 octobre 1791 ne distingue point lorsque l'inondation a causé des dégradations ou lorsqu'elle n'en a point occasionné. Ces deux cas sont trop différents pour que la peine doive être la même. Le nouveau Code établit la distinction. Si aucune dégradation n'a eu lieu; si, par exemple, il n'est résulté de l'inondation d'autre mal que d'avoir interrompu pendant quelque temps la communication par un chemin ou passage, une amende seule sera prononcée, ainsi que le veut la loi du 6 octobre.

Mais s'il y a eu des dégradations, le mal étant plus considérable, la désobéissance à l'autorité doit être plus sévèrement punie. Le Code porte un emprisonnement outre l'amende. Cet emprisonnement, quoique de courte durée, suffira pour l'efficacité de l'exemple.

Il ne me reste plus qu'à dire un mot sur quelques délits qu'on ne peut attribuer à la méchanceté; mais qui sont l'effet de l'imprudence ou du défaut de précaution.

ART. 458. — De tout temps il a existé des ordonnances et des réglements qui ont prescrit l'observation de différentes règles pour prévenir les incendies. Si l'une de ces règles avait été négligée et qu'un incendie eût eu lieu, les contrevenants étaient condamnés à l'amende. Telle était entre autres l'ordonnance de police du 15 novembre 1781, concernant les incendies, réglement fait pour la ville de Paris. La loi du 6 octobre 1791 a depuis généralisé une partie de ses sages dispositions, et elles se retrouveront dans le nouveau Code.

ART. 459. — Le Code s'est enfin occupé des précautions qui ont pour objet de prévenir les maladies épizootiques. Les lois et réglements qui concernent ces maladies, sont une branche particulière de la législation à laquelle le Code n'a point entendu porter atteinte. Il se borne à quelques mesures générales applicables à tous les temps et à tous les lieux. Une personne a-t-elle en sa possession des animaux ou bestiaux infectés de maladie contagieuse, ou soupçonnés de l'être, elle doit en avertir sur-le-champ le maire de la commune où ils se trouvent; et, sans attendre que le maire ait répondu, les tenir renfermés. Autrement, dans l'intervalle qui s'écoulerait entre l'avertissement et la réponse, la communication libre qu'on leur laisserait, pourrait occasionner une contagion parmi les autres animaux. Première précaution, ordonnée sous peine d'un emprisonnement et d'une amende.

Si l'administration trouve que ces animaux ne sont infectés d'aucune maladie contagieuse, et que dès-lors nul danger ne s'oppose à ce qu'on les laisse communiquer avec d'autres, le possesseur peut, d'après la décision administrative, leur rendre la liberté.

ART. 460. — Il doit, au contraire, se l'interdire strictement, lorsque la décision est prohibitive. Deuxième précaution, dont on ne peut s'écarter sans encourir un emprisonnement plus long, et une amende plus forte que dans le premier cas.

ART. 461. — Si même pour n'avoir pas respecté la prohibition, une contagion était survenue, le Code veut que l'emprisonnement soit de deux ans au moins, et cinq ans au plus, et que l'amende puisse être prononcée dans une proportion qui ne pourra être moindre de cent francs, ni excéder mille.

Le Code ne pourrait s'étendre davantage en cette partie, sans se livrer à une multitude de détails extrêmement fastidieux, et qui appartiennent à la classe des dispositions réglementaires.

Telle est, messieurs, l'analyse des principales dispositions du chapitre relatif aux attentats contre la propriété. (Art. 462.) A cet égard, il est beaucoup de délits emportant des peines de police correctionnelle qui seront prévenus, si les gardes champêtres, les gardes forestiers et autres officiers de police exercent, avec une sévère exactitude, la surveillance qui leur est confiée. Ils seront donc plus coupables que les autres, lorsque eux-mêmes commettront ces délits. Ainsi, une disposition particulière rend plus forte à leur égard la peine de police correctionnelle. Cette disposition ne s'applique qu'aux attentats contre la propriété.

Je terminerai par quelques observations sur une disposition générale qui s'applique à toutes les parties du Code.

Observations générales.

Au milieu d'un si grand nombre de délit de police correctionnelle que le Code a prévus, il est facile de concevoir que plus d'une fois des actes qualifiés délits seront accompagnés de circonstances particulières, qui, loin de les aggraver, les atténueront sensiblement. La justice reconnaîtra peut-être en même temps que le dommage éprouvé par la personne lésée est extrêmement modique; il pourrait dès-lors en résulter que le minimum de la peine déterminée par la loi pour le cas général serait trop fort, et que les juges se trouveraient placés dans l'alternative fâcheuse d'user envers le coupable d'une rigueur dont l'excès leur paraîtrait injuste ou de le renvoyer absous, en sacrifiant le devoir du magistrat à un sentiment inspiré par l'humanité.

Art. 463. — Une disposition qui termine la partie du Code dont nous nous occupons en ce moment, porte que si le préjudice n'excède pas vingt-cinq francs, et que les circonstances paraissent atténuantes, les juges sont autorisés à réduire l'emprisonnement, et l'amende même jusqu'au minimum des peines de police. Au moyen de cette précaution, la conscience du juge sera rassurée, et la peine sera proportionnée au délit.

Il n'était pas possible d'établir une règle semblable à l'égard des crimes. Tout crime emporte peine afflictive ou infamante; mais tout crime n'emporte pas la même espèce de peine: tandis qu'en matière de délits de police correctionnelle, la peine est toujours, soit l'emprisonnement, soit l'amende, soit l'un et l'autre ensemble.

Cela posé, la réduction des peines de police correctionnelle ne frappe que sur la quotité de l'amende et sur la durée de l'emprisonnement.

Au contraire, les peines établies pour les crimes étant de différentes espèces, il faudrait, lorsqu'un crime serait atténué par quelque circonstance qui porterait le juge à considérer la peine comme trop rigoureuse, quant à son espèce, il faudrait, disons-nous, que le juge fût autorisé à changer l'espèce de peine, et à descendre du degré fixé par la loi à un degré inférieur; par exemple, à prononcer la reclusion au lieu des travaux forcés à temps, ou bien à substituer le carcan à la reclusion. Ce changement, cette substitution ne serait pas une réduction de peine proprement dite, elle serait une véritable commutation de peine. Or, le droit de commutation de peine est placé par la constitution dans les attributions du souverain; il fait partie du droit de faire grâce: c'est au souverain seul qu'il appartient de décider en matière de crimes, si telle circonstance vérifiée au procès est assez atténuante pour justifier une commutation. La seule exception laissée au pouvoir judiciaire, est dans le cas d'excuse; encore faut-il que le fait allégué pour excuse, soit admis comme tel par la loi avant qu'on puisse descendre, en cas de preuves, à une peine inférieure.

Il résulte de ces observations qu'en fait de peine afflictive ou infamante, le juge doit se renfermer dans les limites que la loi lui a tracées; qu'il ne peut dire que la faute est excusable que lorsque la loi a prévu formellement les circonstances sur lesquelles l'excuse est fondée; et que toute application d'une peine inférieure à celle fixée par la loi, est un acte de clémence qui ne peut émaner que du prince, unique source de toutes les grâces.

Vous venez d'entendre, messieurs, les motifs des principales dispositions du projet de loi qui vous est soumis: en examinant ses détails vous serez convaincus, nous osons l'espérer, que dans cette partie, comme dans toutes les autres de la législation pénale, on a tâché d'atteindre le plus haut degré de perfection possible. Nos efforts, pour perfectionner le Code, ont été secondés par les sages observations de votre commission : si ce monument, fruit de longues et profondes méditations, est recommandé par vos suffrages, il réunira tous les titres à la confiance publique.

CODE PÉNAL.

LIVRE IV.

DES CONTRAVENTIONS DE POLICE, ET PEINES.

Décrété le 20 février 1810; — Promulgué le 2 mars suivant.

[ARTICLES 464 à 484.]

EXPOSÉ DES MOTIFS par M. le Conseiller-d'Etat RÉAL.

Séance du 10 février 1810.

MESSIEURS,

Nous avons l'honneur de vous présenter le quatrième et dernier livre du *Code des* DÉLITS ET DES PEINES, celui qui établit les *peines de police simple*, et qui définit et classe les diverses *contraventions* auxquelles ces peines seront appliquées.

Ceux qui m'ont précédé à cette tribune, vous ont parlé de *crimes*, de *délits*; et, au moment où ils ont déroulé sous vos yeux cette épouvantable série d'attentats qu'il faut prévoir, chacun de vous, jetant un regard sur le passé, a vu dans ce tableau de crimes possibles, et presque prophétisés, la véritable et sanglante histoire des passions, des fureurs, et de la dépravation de l'homme.

Je viens mettre sous vos yeux des tableaux moins sévères, rappeler des souvenirs moins tristes; et dans cette série de fautes que la morale réprouve encore, et que la loi punit, du moins vous ne verrez plus de *crimes*, plus de *délits*, mais de simples *contraventions*; dans l'énumération des peines, vous ne m'entendrez point parler de mort, de sang versé, plus de fers, plus de travaux forcés; un *emprisonnement* de quelques jours, une légère *amende*, suffiront pour proportionner ici la *peine* à la *contravention*.

Les dispositions contenues dans les trois premiers livres, les *peines* qui y sont déterminées, établissent le Code de *police de sûreté*; elles ont pour objet et auront pour résultat de s'assurer de la personne de tous les malfaiteurs qui, de temps en temps, et sur diverses parties du territoire, signalent leur funeste existence par des attentats à la vie ou à la propriété des citoyens.

Les dispositions renfermées dans le quatrième livre que nous vous présentons, ont pour objet, auront aussi pour résultat nécessaire, le maintien habituel de l'ordre et de la tranquillité dans toutes les parties de l'empire.

Cette quatrième partie, concourant par des moyens différents au même résultat, était le complément nécessaire et indispensable des trois premières.

Ainsi, par exemple, effrayés ou atteints par les dispositions précédentes, les brigands ne peuvent infester les grandes routes, et le voyageur peut les fréquenter avec sécurité. La partie du Code que nous vous présentons va plus loin; et sur ces routes devenues sûres par le bienfait des précédentes dispositions, elle maintient l'ordre qui en procure l'usage, qui en écarte les accidents; et si les précédentes dispositions mettent le voyageur à l'abri des attentats du voleur, celles que nous présentons le défendent contre l'insolence et la tyrannie du roulier. (Art. 471 et 475.)

Art. 473. — Ainsi lorsque les dispositions précédentes garantissent les propriétés des ravages de l'incendie, en punissant de mort l'incendiaire volontaire, la loi de *police* donne à la propriété une garantie nouvelle, en éveillant l'attention, en punissant les imprudences qui causent les incendies accidentels.

Au Code qui poursuit et supplicie la méchanceté qui commet les crimes, il a donc fallu joindre celui qui châtie l'imprudence, cause de tant d'accidents et de malheurs.

Et pendant que les dispositions précédentes assurent le repos de la cité, par le supplice du criminel consommé qui lui fait la guerre, les dispositions du Code de *police simple* arrivent au même but en faisant la guerre aux petites passions, à ces *contraventions* légères dont l'habitude ne conduit que trop souvent aux plus grands crimes.

Plusieurs des dispositions contenues dans ce Code ne seraient point déplacées dans un cours de morale; et c'est ainsi que le Code sévère des *délits et des peines*, ce Code vengeur des crimes, arrive par degrés aux Codes du bon voisinage et de l'urbanité.

Avant l'assemblée constituante, les dispositions qui forment aujourd'hui le *Code de police simple*, étaient disséminées et perdues dans un grand nombre de volumes, dans une infinité de réglements et d'ordonnances de police, dont plusieurs, de date très-ancienne, n'étaient plus en harmonie ni avec les mœurs, ni avec les habitudes nationales.

Chaque province, chaque ville, chaque quartier avait ses lois, ses usages locaux, sa jurisprudence particulière; et, dans cette partie de la législation qui touche de plus près le peuple, et surtout dans la partie pénale de cette législation, l'arbitraire et le caprice classaient le délit, infligeaient, graduaient et quelquefois créaient la peine.

Après s'être occupée du grand ouvrage de la *police de sûreté*, l'assemblée constituante tira du cahos la législation relative à *la police simple*, et par la loi du 19 juillet 1791, en créa le Code sous le nom de *Police municipale*.

Le Code des *délits et des peines* du 3 brumaire an 4, (Art. 595, 596.) rapporta les dispositions de la loi du 19 juillet 1791, relatives à la forme de procéder, et aux règles d'instruction à observer par les tribunaux de *police municipale* et *correctionnelle*, et interdit en conséquence aux municipalités tout exercice du pouvoir judiciaire que la loi de 1791 leur avait attribué.

Le même Code de brumaire, après avoir (art. 600.) spécifié les peines de police simple, ne consacra qu'un seul article (l'art. 605.) à la classification des délits qui en seraient passibles; et il admit au nombre de ces délits, les délits mentionnés dans le titre II de la loi du 28 septembre 1791, sur la *police rurale*, et qui, suivant les dispositions de cette loi, *étaient dans le cas d'être jugés par voie de police municipale*.

Un second article (l'art. 606.) laissait au tribunal de police le pouvoir de graduer selon les circonstances, et le plus ou le moins de gravité du délit, les *peines* qu'il était chargé de prononcer, sans néanmoins qu'elles pussent en aucun cas être au-dessous d'une amende de la valeur d'une journée de travail, ou d'un jour d'emprisonnement, ni s'élever au-dessus de la valeur de trois journées de travail, ou de trois jours d'emprisonnement.

Un troisième article (l'art. 607.), prononçait sur la récidive: et, dans ce cas, les peines devant suivre la proportion réglée par les lois des 19 juillet et 28 septembre 1791, et ces peines alors excédant la compétence du tribunal de police, ne pouvaient être prononcées que par le tribunal de *police correctionnelle*.

Enfin un quatrième et dernier acticle (l'article 608.) définissait la *récidive*.

Cette législation ainsi réduite, présentait des lacunes à remplir.

La dernière disposition de l'article 605, comparée à quelques dispositions des articles empruntés à la loi du 28 septembre, faisait naître sur la compétence quelques incertitudes.

Quelques délits soumis à la *police simple*, paraissaient assez graves pour être réclamés par la *police correctionnelle*; et réciproquement quelques contraventions attribuées à celle-ci, appartenaient évidemment à la *police simple*.

Presque en totalité les dispositions empruntées à la loi du 28 septembre, 1791, paraissent étrangères à la *police simple*, et sont réclamées par le *Code rural*.

La peine prononcée contre la *récidive*, et surtout le changement de juridiction, qui donne les juges, et qui applique les *peines du délit* à ce qui n'est qu'une *contravention*, ont paru répugner aux principes.

Enfin, cette latitude accordée au juge, par une heureuse innovation, pour l'application de la *peine*, cette latitude, dis-je, resserrait l'équité du *juge* dans un espace encore trop étroit; et la même *peine* pesait trop également sur des *délits* de force inégale.

Dans le projet soumis à votre sanction, vous trouverez les dispositions que desirait le dernier état des choses, et les lacunes seront remplies.

Les limites de la compétence ont été indiquées par des lignes très-prononcées.

On a restitué tous les *délits* à la *police correctionnelle*, qui a rendu à la *police simple* toutes les *contraventions*.

On a renvoyé au *Code rural* toutes les dispositions qui lui appartenaient franchement; quelques *contraventions* mixtes sont restées seules dans le domaine de la *police simple*.

Art. 474. — La *récidive* jugée *par les mêmes juges*, trouve une punition plus proportionnée à la *contravention* et plus conforme aux principes.

Enfin, dans ce projet, dont je vais, en très-peu de lignes, vous tracer l'économie, vous verrez que, par le moyen d'une simple classification, combinée avec une plus grande latitude donnée au juge, nous avons évité ce que l'arbitraire du juge, ce que l'arbitraire de la loi pouvaient avoir de dangereux, pour obtenir de l'équité du juge et de la sévérité de la loi une punition bien juste, bien proportionnée à la *contravention*.

Le livre IV est distribué en deux chapitres.

Le premier traite *des peines*.

Le second traite des *contraventions* et *peines*.

Le chapitre premier spécifie les *peines*, en détermine l'étendue, la durée.

Art. 464. — Ces peines sont l'*emprisonnement*, l'*amende*, et la *confiscation* de certains objets saisis.

Art. 465. — L'*emprisonnement* ne peut être moindre d'un jour ni en excéder cinq.

Art. 466. — Les *amendes* peuvent être prononcées depuis un franc jusqu'à quinze francs.

Ce projet conserve et renouvelle la disposition qui se trouvait dans le Code de l'assemblée constituante, et qui applique l'*amende* au profit de la commune où la *contravention* a été commise.

Art. 468. — On a cru devoir répéter dans ce chapitre une disposition déjà consacrée dans un des précédents, et qui statue qu'en cas d'insuffisance des biens, les restitutions et les indemnités dues à la partie lésée sont préférées à l'amende.

Art. 467. — Le paiement de l'amende, les restitutions, indemnités et frais entraîneront la *contrainte par corps*; mais avec ces différences que pour le *paiement de l'amende*, le condamné ne pourra être détenu plus de quinze jours, s'il justifie de son insolvabité; au lieu que pour le paiement des restitutions, etc., (Art. 469.) le condamné doit garder prison jusqu'à parfait paiement: à moins que ces dernières condamnations ne soient prononcées au profit de l'état.

Le chapitre II se subdivise en trois sections; et chaque section comprend une classe *de contraventions* qui est punie par une *peine* proportionnée à la gravité de la *contravention*.

Art. 471. — Les *contraventions* de la première classe sont punies d'une *amende*, depuis un franc jusqu'à cinq francs.

Art. 473. — De toutes les *contraventions* classées dans cette première section, il n'y en a que deux qui soient passibles de l'*emprisonnement*: encore le juge n'est-il point forcé de le prononcer, mais il le peut suivant les circonstances.

Dans ce cas, l'*emprisonnement* sera de trois jours au plus.

Art. 474. — L'*emprisonnement* pendant trois jours au plus sera toujours prononcé en cas de récidive.

Art. 475. — Les *contraventions* de la deuxième classe sont punies d'une *amende* qui ne peut être moindre de six francs, et qui ne peut en excéder dix.

Art. 478. — L'*emprisonnement* de cinq jours au plus est toujours appliqué en cas de *récidive*.

Art. 479. — Les *contraventions* de la troisième classe sont punies d'une *amende* de onze à quinze francs inclusivement.

Suivant les circonstances, l'*emprisonnement* pendant cinq jours au plus, *pourra* être prononcé contre quelques-unes des contraventions classées dans cette troisième section.

Art. 482. — Et l'*emprisonnement* pendant cinq jours, aura toujours lieu en cas de *récidive*.

C'est en établissant cette classification, c'est en accordant en même-temps au juge le droit d'élever, dans la proportion autorisée par la classification, la quotité de l'*amende*, ou d'augmenter, dans les cas prévus, la durée de l'*emprisonnement* que nous avous pu nous assurer que le texte de la loi ne serait ni éludé ni forcé, et que le juge jouirait cependant de l'indépendance raisonnable et suffisante dont il a besoin pour faire bonne justice : indépendance réclamée par Montesquieu, qui prononce que *dans l'exercice de la police, c'est plutôt le magistrat qui punit que la loi.*

A la suite du chapitre IV, se trouve dans l'article 484 et dernier, une disposition générale qui s'applique au Code entier, et qui mérite toute votre attention. Cet article dit :

Art. 484.— « En tout ce qui n'est pas réglé « par le présent Code, en matière de *crimes*, « *délits* et *contraventions*, les cours et tribunaux « continueront d'observer et de faire exécuter « les dispositions des lois et des réglements ac- « tuellement en vigueur ».

Cette disposition était d'absolue nécessité. Elle maintient les dispositions pénales, sans lesquelles quelques lois, des Codes entiers, des réglements généraux d'une utilité reconnue, resteraient sans exécution.

Ainsi cette dernière disposition maintient les lois et réglements actuellement en vigueur, relatifs :

Aux dispositions du Code rural, qui ne sont point entrées dans ce Code ;

Aux taxes, contributions directes ou indirectes, droits réunis, de douanes et d'octrois ;

Aux tarifs pour le prix de certaines denrées ou de certains salaires ;

Aux calamités publiques, comme épidémies, épizooties, contagions, disettes, inondations ;

Aux entreprises de services publics, comme coches, messageries, voitures publiques de terre et d'eau, voitures de place, numéros ou indication de noms sur voitures, postes aux lettres, et postes aux chevaux ;

A la formation, entretien, et conservation des rues, chemins, voies publiques, ponts et canaux ;

A la mer, à ses rades, rivages, et ports, et aux pêcheries maritimes ;

A la navigation intérieure, à la police des eaux, et aux pêcheries ;

A la chasse, aux bois, aux forêts ;

Aux matières générales de commerce, affaires et expéditions maritimes, bourses ou rassemblements commerciaux, police des foires et marchés ;

Aux commerces particuliers d'orfévrerie, bijouterie, joaillerie, de serrurerie et de gens de marteau ; de pharmacie et apothicairerie ; de poudres et salpêtres ; des arquebusiers et artificiers ; des cafetiers, restaurateurs, marchands et débitants de boissons ; de cabaretiers et aubergistes ;

A la garantie des matières d'or et d'argent ;

A la police des maisons de débauche et de jeu ;

A la police des fêtes, cérémonies et spectacles ;

A la construction, entretien, solidité, alignement des édifices, et aux matières de voieries ;

Aux lieux d'inhumation et sépulture ;

A l'administration, police et discipline des hospices, maisons sanitaires et lazarets ; aux écoles, aux maisons de dépôt, d'arrêt, de justice et de peine, de détention correctionnelle et de police ; aux maisons ou lieux de fabrique, manufactures ou ateliers ; à l'exploitation des mines et des usines ;

Au port d'armes ;

Au service des gardes nationales ;

A l'état civil, etc., etc.

Vous connaissez, maintenant, messieurs, dans son ensemble et dans ses détails, ce nouveau Code qui doit donner le mouvement au Code d'*instruction criminelle* que vous avez sanctionné dans votre avant dernière session.

Vous pouvez maintenant apprécier ce bel ouvrage, et reconnaître quelle immense supériorité lui donnent sur celui de l'assemblée constituante, les nombreuses améliorations qu'il a reçues.

Le Code des *Délits et des Peines*, de 1791, était déjà sans doute un monument magnifique élevé à l'humanité, à la raison, sur les ruines d'institutions barbares ; mais on ne peut pas se dissimuler que ses auteurs travaillaient sur un volcan, et qu'ils n'ont pas toujours pu écouter la voix de la raison.

Vingt ans, d'ailleurs, se sont écoulés depuis que cette immense machine a été mise à exécution ; et pendant ces vingt ans, au nombre desquels se trouvent les longues et instructives années qui ont précédé brumaire, pendant ces vingt ans, une expérience de tous les jours en a signalé les défauts, les parties faibles, les lacunes.

Soumises à un examen sévère, toutes les parties de ce grand ouvrage ont été l'objet d'une longue méditation; d'innombrables lacunes ont été remplies; tous les articles conservés ont été refondus; toutes les définitions, rendues plus complètes, ont gagné de clarté et de précision; des parties entières toutes nouvelles ont été ajoutées. Les juges cesseront enfin d'être les aveugles applicateurs d'un texte qui produisait, par son inflexibilité même, tous les maux d'un atroce arbitraire. L'immense bienfait de la latitude accordée aux juges, débarrassera enfin leur raison de ces entraves d'acier qui la tenaient dans un homicide esclavage; tous les crimes seront atteints, tous les criminels seront punis, parce que cette latitude permettra enfin au juge d'appliquer une peine qui, pouvant être toujours proportionnée au délit, *ne sera jamais cruelle, ne sera jamais dérisoire.* L'impunité de beaucoup de criminels est due à l'aveugle inflexibilité de la loi ancienne, autant peut-être qu'à la faiblesse des jurés et à la mauvaise composition du jury.

Ce Code présente à la société une sécurité plus grande, en plaçant les hommes repris de justice, les vagabonds et les mendiants, sous la surveillance légale de la haute police.

En insérant dans son Code ce moyen puissant d'ordre et de sûreté publics, le législateur ne hasarde point une théorie nouvelle, dont les résultats soient incertains. Ce moyen, la force des choses l'avait créé; et, en l'adoptant, en lui donnant enfin une existence légale, le législateur n'a fait autre chose que consacrer une mesure dont une longue expérience avait proclamé l'efficacité. En la légalisant, il lui imprime une nouvelle force; il la dépouille de tout ce qu'elle pouvait offrir d'inquiétant et d'irrégulier, en intéressant les tribunaux à son maintien, en les associant à son exécution.

Vous n'hésiterez donc pas, messieurs, à revêtir de votre sanction ce nouveau Code, digne de prendre place dans cette grande et majestueuse collection de Codes honorés du nom de leur illustre auteur. Ce Code portera aussi le nom de NAPOLÉON, non pas seulement parce qu'il aura été promulgué sous son règne, facile honneur, dont pouvaient se contenter les monarques dont on a dit, légèrement sans doute, qu'ils étaient seulement les rois d'un grand règne; il portera le nom de NAPOLÉON, parce qu'il est aussi son ouvrage; parce que ce guerrier législateur en a éclairé la discussion, parce qu'il l'a enrichi de ses inspirations, parce que ce Code porte l'empreinte de sa sagesse et de son génie.

Heureux, messieurs, d'associer vos travaux à ses travaux!

Heureux d'assister à cette époque où sa main puissante, sa main créatrice, lance ainsi dans l'espace des siècles ses lois immortalisées par son nom!

Epoque miraculeuse, époque héroïque, où chaque année de son règne est signalée,

Par la conquête d'un empire;

Par une paix toujours glorieuse, toujours généreuse, parce que toujours la force et la modération l'ont dictée;

Par la confection de travaux immenses;

Par des projets nouveaux dont la conception seule aurait suffi pour immortaliser un autre monarque.

S'il combat, *s'il* triomphe, *s'il* pardonne comme César, il consolide et pacifie comme Auguste;

Econome et magnifique, il change aussi la vieille cité en une cité de marbre;

Et au moment où il rétablit et agrandit encore l'empire de Charlemagne, au moment où il restitue à l'Italie régénérée la Rome des Césars, il donne à la grande nation des Codes qui feront oublier ceux qui portent le nom de Justinien.

Ainsi, couvert de tous les genres de gloire, de tous les faits glorieux qui, pris séparément, ont illustré tant de héros, tant de siècles, le héros du dix-neuvième continue de marquer, par d'impérissables monuments, chacun des pas qu'il fait dans sa marche triomphale, qui le conduit à l'immortalité.

FIN DU CODE PÉNAL.

TABLE

TABLE ALPHABÉTIQUE

DES MATIÈRES CONTENUES

DANS LE TOME SECOND DU CORPS DE DROIT FRANÇAIS.

R.

S.

T.

Fin de la Table alphabétique des Matières.

www.ingramcontent.com/pod-product-compliance
Lightning Source LLC
Chambersburg PA
CBHW031349210326
41599CB00019B/2706

* 9 7 8 2 0 1 3 5 0 8 4 7 6 *